모략고

모략고

고금동서, 인류가 창조해낸 7갈래 지혜의 보물창고

ⓒ 차이위치우·김영수 2024

초판 1쇄   2024년 08월 20일

지은이   차이위치우 外
옮긴이   김영수

출판책임   박성규
편집주간   선우미정
디자인진행   한채린
편집   이동하·이수연·김혜민
디자인   하민우·고유단
마케팅   전병우
경영지원   김은주·나수정
제작관리   구법모
물류관리   엄철용

펴낸이   이정원
펴낸곳   도서출판 들녘
등록일자   1987년 12월 12일
등록번호   10-156
주소   경기도 파주시 회동길 198
전화   031-955-7374 (대표)
        031-955-7376 (편집)
팩스   031-955-7393
이메일   dulnyouk@dulnyouk.co.kr
홈페이지   www.dulnyouk.co.kr

ISBN   979-11-5925-890-9 (04900)
        979-11-5925-900-5 (세트)

고금동서, 인류가 창조해낸 7갈래 지혜의 보물창고

고락고

차이위치우 주편

김영수 편역

일러두기

- 이 책은 1992년 2월 중국 광서인민출판사에서 처음 나와 1995년 7월에 6차 인쇄한 『모략고謀略庫』를 옮기고 엮은 것이다.

- 『모략고』는 1992년 6월에 출간된 『모략고』(속편), 1994년 10월에 나온 『모략고』(속2)와 함께 시리즈를 이루며, 『모략론謀略論』『모략가謀略家』와 함께 '모략총서'로 출간되었다.

- 번역은 가능한 한 쉬운 우리 글로 옮기려 노력했으며, 의역에 기본을 두었다. 아울러 우리 실정과 정서에 전혀 맞지 않는 조목들은 일부 빼기도 했으나 극히 일부임을 밝혀둔다. 각주는 거의가 역주이므로 원주를 일일이 밝히지 않았다.

- 본서의 내용에 지장을 주지는 않지만 서양인들의 인명 표기가 간혹 빠져 있는 것이 있다. 중국인의 외국어 표기로 인한 문제로 정확한 인명을 확인할 수 없는 경우다.

- 세부적인 체제는 원서와는 다르다. 원서의 조목들은 한자의 획순으로 되어 있으나 독자들에게 생소하여 본문의 내용에 맞추어 새로운 항목으로 분류하고 조목들을 그에 맞추어 배열했다.

- 각 모략을 정치·통치·군사·외교·언변·경제·간사 등으로 나누어 묶은 것은 원서와 같으나 각 분야 내에서 다시 중간 단위로 묶은 것은 책읽기의 편의를 위해 편역자가 임의로 편성한 것임을 밝혀둔다.

- 책의 끝에 '찾아보기'를 넣어 적절한 모략을 쉽게 찾을 수 있도록 배열했다.

- 원서에 없는 사진 자료들을 보완했다. 사진 자료는 편역자가 제공한 것이다.

- 참고문헌들에 대한 최소한의 해제가 필요하다는 판단에 주요 참고서적을 선정하여 간명하게 소개했다. 소개된 서적들은 시대순으로 나열되어 있으며, 제목을 비롯하여 작자와 시대, 주요 내용과 특징, 제원 등을 아주 간략하게 밝혀두었다.

이 책을 지은 사람들

주편　　차이위치우紫宇球

부주편　왕까이쩡王改正 양꺼杨戈

편찬위원

저우위쑤周玉书　지아치위贾启玉　왕씨엔즈王宪志　치엔꾸이钱贵

썬싼원沈善文　꾸어씨짱郭锡章　펑샤오우冯少武　위원즈宇文治

리진요우李晋有　당쭝쿠이党中奎　리동헝李栋恒　징씬취엔荆心泉

쉬창요우徐长友　왕춘쭈王存铸　씨아오창쑤肖长书　천간씨앙陈乾翔

쉬청윈徐承雲　슝꾸앙카이熊光楷　꽁꾸앙뽀龚光波　리총우李崇武

웨이티엔뽀魏天波　리샤오허李绍和　양홍쉰杨洪训　까오완차이高万才

왕요우청王友成　양춘창杨春长　양구어리앙样国梁　지앙즈깡蒋志刚

쨩윈푸张运富　저우지엔핑周建平　스쨔오위石昭玉　탕더화汤德华

（출전: 广西人民出版社, 1992년 2월 개정판）

옮긴이의 말: 제3판에 부쳐

'모략謀略'은 영어로 하면 'Strategy(또는 Strategem)'로 그 뜻은 '계획計劃' 또는 '전략戰略'에 가깝다. 일반적 의미로는 계획에, 군사라면 '전략'에 가까운 단어다. 우리는 대체로 부정적인 뜻으로 쓴다. 위키 낱말 사전에 따르면 우리가 사용하는 '모략'의 뜻은 이렇다.

> "뜻한 바를 이루기 위해 쓰는 꾀와 술책. 주로 다른 사람을 해치려는 목적으로 꾸미는 거짓된 술책."

그 아래 딸린 사용 예를 보면 '녀석은 모략을 꾸미는 것이 마치 능구렁이 같다'거나 '모략을 일삼다 보면 신용을 잃게 된다' 등이다. 사실 '모략'에는 나쁘다거나 좋다는 따위의 가치 판단이 개입되어 있지 않다. 낱글자의 뜻 역시 마찬가지다. 정작 이 단어의 주인이라 할 수 있는 중국에서 '모략'은 앞서 말한 바와 같이 계획, 전략, 방법, 방안은 물론 심지어 지혜智慧의 뜻까지 포함하는, 우리가 볼 때 아주 긍정적인 단어다. (이에 대해서는 앞서 출간된 『모략학』을 참고하기 바란다.)

요컨대 중국에서 정의하고 있는 '모략'은 대단히 실용적인 뜻을 가진 단어이다. 그리고 그로부터 나온 실로 다양한 사례들은 전문가는 물론 일반인도 일상생활에 얼마든지 적용할 수 있는 상당히 수준 높은 처세의 방법이자 기술이다. 이런 처세법과 처세술을 수천 년 역사 사례를 종합하고 분석하여 정리한 책이 바로 이 『모략고』이다. (이번 3판을 계기로 모략의 창고란 뜻의 원제 『모략고謀略庫』를 살릴 수 있어 더욱 뜻깊다는 말씀도 드린다)

『모략고』는 모략과 모략학의 원조라 할 중국, 그것도 수천 년 중국사의 풍부한 실제 경험을 통해 쌓이고 쌓인 지혜를 다듬고 이론화하여 체계적으로 정립한 여러 방면의 모략들을 현대 감각에 맞고 우리 실정에 비추어 재가공한 것이다. 수많은 사례들 중에는 중국뿐만 아니라 동서양의 다양한 사례도 포함되어 있다. 이 모략의 사례들은 우리가 세상을 바르게 살아가고, 사회적으로 성공하고, 보람차게 삶을 꾸리고, 뜻깊게 삶을 마무리하는 데 필요한 전략과 지혜를 제공한다.

나아가 이 책은 여전히 음모와 간악한 수단으로 바르고 착한 사람들을 괴롭히는 불의한 자, 또는 그런 세력들에 맞서 승리할 수 있는 확실한 이론적 무기를 장착하는 데 도움을 준다. 독자들은 이 모략의 보물창고에서 진짜 무기가 될 수 있는 보물들을 끄집어내서 확실하게 나쁜 자들을 깨부수어 다시는 정의롭고 선량한 사람들을 괴롭히지 않도록 해야 할 것이다.

또 하나 지극히 현실적인 바람의 하나로, 이 책에 소개되어 있는 모략 항목 하나하나가 기업이든 공공기관이든 조직 생활을 하는 모든 사람들의 비즈니스에도 도움이 되길 희망한다. 이런 점들을 좀더 강조하기 위해 참고로 모략의 특징을 간략하게 정리해보았다. (이 부분은 『모략학』 앞부분에 비교적 상세히 언급해두었으니 함께 참고하면 좋겠다.)

지금으로부터 약 2,500년 전 춘추시대 중후기에 본격적으로 출현하기 시작한 『손자병법孫子兵法』을 위시한 병법서들은 상당히 체계화된 모략 이론을 보여주고 있다. 이렇게 보면 본격적인 모략의 역사가 장장 2,500년에 이른다고 할 수 있다. 모략 이론과 사상의 정립에 가장 큰 영감과 통찰력을 준 것은 당연히 모든 모략이 기본적으로 갖고 있는 많은 특징들이었다. 이런 특징들을 종합하고 분석하여 모략의 특징들을 다음과 같이 정리해보았다.

모략은 독창성(Creativity)을 가장 큰 특징으로 한다. 평범하거나 상투적이어서는 실제 상황에 쓸모가 없거나 아예 적용할 수 없기 때문이다. 같거나 비슷한 모략이 반복해서 활용되는 것 같지만 잘 들여다보면 틀림없이 기존의 모략과는 다른 점을 발견할 수 있다. 실제 경험을 통해 적어도 어느 한 부분에 변화를 주었기 때문이다. 독창성 없이 무조건 과거 유용했다는 이유만으로 특정 모략을 답습했다간 크게 낭패를 본다. 또 자칫 같거나 비슷하다고 무시해서는 큰코다친다. 보이지 않는 속에 묘한 변화가 얼마든지 숨어 있을 수 있기 때문이다.

다음으로 모략은 현실성(Reality)과 가능성(Possibility)이 전제되어야 한다. 현실성이 없으면 적용하지 못하고, 가능성이 없으면 폐기된다. 따라서 독창성, 현실성, 가능성은 모략의 3대 특징을 구성하고 있다.

모략은 상대와 상황을 전제로 하는 상대성(Relativity)이 기본이기 때문에 상대와 상황에 따라 임기응변할 수 있는 가변성(Variability)과 탄력성(Elasticity, 융통성) 또한 기본 특징을 이룬다. 또 모략 자체로 교차성(Intersectionality)이 폭넓고 풍부하다는 특징도 있다. 단순히 하나의 모략만 가지고 현실에 적용하는 것이 아니라 다수 모략을 동시에 특정 상황 내지 여러 상황에 적용할 수 있기 때문이다. 따라서 모략의 또다른 특징으로는 복합성(Complexity)이 자연스럽게 따라 나온다.

이상 여덟 가지 큰 특징을 모두 갖춘 모략이라면 인류가 생존하는 한 거의 영구적인 생명력을 가질 수 있다. 수천 년 실천 경험을 다듬어 다양한 해석과 비판을 덧붙여왔고, 여기에 현대의 과학적 이론과 방법을 적용하여 더욱더 치밀해졌기 때문이다.

지금 세계는 촘촘한 그물망으로 연결되고 있다. 무한경쟁은 기본이 되었다. 창의력이 그 어느 때보다 절실하게 요구된다. 이에 따라 모략은 바야흐로 새로운 단계와 전에 없던 차원으로 승화되고 있다. 그럼에도 불구하고 그 본질과 풍부한 경험이 주는 통찰력을 제대로 인식하지 못하는 현실이다. 모략에 대한 막연한 편견과 기피가 가장 큰 원인이고, 모략과 관련한 학문을 진지하게 공부하지 않은 탓도 적지 않다.

기나긴 여정이 끝났다. 『모략학』의 출간에 이어 『모략고』 제3판도 다시 독자들을 만나게 되었다. 20만 가까운 독자를 만난 초판과 제2판에 이어 또 한 번 기존의 독자와 새로운 독자들을 많이 만날 수 있었으면 한다. 초판이 나온 지 25년이 넘어 지났다. 이 때문에 지금 현실과 어울리지 않는 항목들이 더러 눈에 들어왔다. 틈녘 박성규 주간이 이 부분을 정리해주셨다. 감사드린다.

우리가 처한 현실은 결코 녹록하지 않다. 못된 자들이 잘살고, 나쁜 놈들이 부와 권력을 독점하는 상황이 더 심화되었다. 이 책에는 이런 자들의 간교한 술수를 파헤친 '간사모략'이 있고, 이런 악한 모략을 막고 깰 수 있는 처방들이 수두룩하다. 모쪼록 진지하게 읽으면서 자신과 우리가 처한 현실을 직시하고 보다 나은 세상을 만들 수 있는 작은 무기 하나를 장착하길 희망해본다.

2024년 초여름

* 뱀의 다리: 이번 제3판 『모략고』의 출간은 『모략학』(원제 『모략론』)의 완역이 계

● 『모략고(모략)』 초판

● 『모략고(모략)』 제2판

기가 되었다. '모략'에 대한 진지한 공부와 보다 깊이 있는 이해를 원하는 독자는 『모략학』도 함께 읽어주시길 바라마지 않는다. 모든 경쟁과 승부는 공부의 질로 판가름 난다는 말씀을 사족으로 달면서 이 방대한 작업을 가능케 해주신 20만 『모략고』의 독자들께 깊이 감사드린다.

서序

깊고도 멀리 내다볼 수 있는 지혜를 가졌으면 하는 희망은 혈기왕성한 젊은이든 반백이 넘은 장년이든 누구나 꿈에서까지 애타게 바라는 것이다. 그 갈망을 달성하는 데 근본이 되는 길은 배우고 실천한 후 종합하여 한 차원 올라서는 것이다. 그런 다음 다시 배우고 실천하는 순환과 반복을 통해 끊임없이 새로운 비약을 실현해야 한다.

지난날 사람들은 "아는 것이 힘이다."라고 말했다. 깊고도 멀리 내다볼 수 있는 지혜 자체는 주로 폭넓은 지식에 뿌리를 둔다. 정보와 지식을 모두 수치로 헤아리고 있는 오늘날, 사람들은 지식은 지혜로 바뀌어야만 가치가 있다고 생각한다. 또 지혜는 지식보다 한결 중요한 것, 즉 "지혜는 곧 재산"이라 인식하고 있다. 그러나 좀더 파고들면 '지智'와 '모謀'에는 여전히 일정한 거리가 있음을 발견하게 된다. 과거의 지혜는 실용적인 꾀로 전환될 수 있을 때 의의가 있었다. 사실 식識·지智·모謀의 상호 관계는 일찍부터 살아 움직이는 말들로 또렷하게 인식되어왔다. "식識이 많아져야 비로소 지智가 넓어지고", "지智가 충족되어야 모謀를 많이 낼 수 있다." 학식이 낡고 들은 것이 별로 없거나 지력智力이 그저 그렇다면 기묘한 모계謀計를 생각해낼 수 없다. 그러나 '많이 알고 넓게 아는' 것이나 '지혜를 늘리는' 것이 '모략을 증가시키는' 것과 같을 수는 없다. 모략에는 그 나름의 생성·발전·변화의 규칙이 있어 공부하고 연구해야만 파악할 수 있고, 또 실천해야만 뜻대로 운용할 수 있다.

모략에 대한 연구는 유구한 역사와 풍부한 유산을 갖고 있어 이 방면의 저작만도 엄청나다. 모략에 대한 연구들은 대체로 군사 영역에 집중되어 있다. 모략의 사례를 들 때면 으레 전쟁과 군대를 말한다. 물론 상대성·격렬함·잔혹성 때문에 전쟁은 모략을 생성하는 중요하고도 결정적인 발원지가 된다. 그러나 인류 사회가 발전함에 따라 경쟁 영역은 더욱 넓어지고 복잡해졌으므로 군사 모략만을 차용하고 발휘해서는 수많은 영역의 다양한 필요성에 대응할 수 없게 되었다. 빌리고 본받고 결합해서 각종 사업은 물론 각계각층과 여러 분야에서 특색 있는 '모략의 그룹'들을 형성해가는 것이 현대사회 발전의 필연적 추세다. 그리고 그것은 구체적인 테크닉으로 실천되고 있다. 『삼략三略』과 『육도六韜』는 물론 『삼십육계三十六計』『백전기법百戰奇法』 등이 사회에 널리 유행하고 있는 모략서로, 주로 구체적인 모략 방법을 하나하나 간략하나마 서술해놓고 있다. 과학기술이 고도로 발전한 오늘날, 특히 종합학과·교차학과·횡단학과 등이 대두되는 상황에서, 각종 사업과 각계각층에서 격렬한 경쟁을 하다 보면 모략의 필요성은 갈수록 절실해질 것이다. 그렇게 되면 과학적 수준에서 하나의 새로운 학과, 즉 '모략학謀略學'을 창조하고 연구해야 할 필요성이 머리를 치켜들 것이다.

차이위치우紫宇球 동지를 비롯한 여러분들이 모략학을 깊이 연구하여 잇따라 '모략총서'를 펴낸다 하니 기쁘고 축하할 일이다. 그들이 과거의 총명한 재능과 지혜를 모아 연구하고 모략 유산을 계승 발전시키며 모략 연구를 하루 빨리 하나의 과학으로 끌어올리는 데 적극적인 촉진 작용을 할 수 있길 충심으로 기원한다. 아울러 여러 방면에서 열심히 모략을 연구하는 독자들의 많은 가르침을 바란다.

츠파티엔迟法田

개정판 설명

『모략고謀略庫』는 1992년 출간된 지 1년 만에 많은 독자들의 사랑을 받아 여러 차례 쇄를 거듭한 결과 20여만 부가 팔렸고, 지금도 출간되자마자 매진되는 상황이다. 그간 열렬한 독자들의 편지를 많이 받았다. 전문 교수님도 있었고 기업의 간부도 있었으며 공장 노동자나 농민과 같은 일반 국민과 청년 학생도 있었다. 편지는 우리들을 격려하는 것이었고, 아울러 『모략고』를 좀더 완전하고 충실하게 만드는 데 대단히 귀중한 의견도 많이 제시해주었다. 유럽의 중국학자들도 편지를 보내 모략 조항을 늘릴 것을 요구하면서, 앞으로 계속 교류하길 바란다고 했다. 이 자리를 빌려 이 책에 보여준 독자들의 폭넓고도 뜨거운 관심에 충심으로 감사드린다.

개정한 『모략고』에는 리루이환李瑞环 동지의 '모략총서'를 축하하기 위한 글과 글씨를 추가했고, 모략 조목의 배열 방식도 개선했다. 개별 조항에 대해서는 종류별로 조정했고, 각 조목에서 처음으로 출현하는 책과 그 응용을 보완했으며, 문자와 사실의 정확성 방면에 대해서도 수정을 가했다.

개정판『모략고』가 독자들의 끊이지 않는 관심과 가르침을 얻을 수 있길 바랄 뿐이다.

편찬위원 일동

지은이의 말

이 책은 사회의 각계각층에 흩어져 있으면서 사람들의 입에 흔히 오르내리는 기묘한 계책과 지혜를 종합해서 '모략고'란 이름으로 정리한 것이다. 각 모략의 연원과 실천 사례를 기록한 책 중에서 그것을 가장 먼저 운용한 예를 열거하고, 그 모략을 이해 하는 데 도움이 될 만한 전형적인 사례를 선택하여, "용의 눈을 그려넣는" '화룡점정 畫龍點睛' 식의 평가와 서술을 더해 힘닿는 한 사람들에게 지식을 전달함과 동시에 어 떤 계발 내지는 계시 같은 것을 주려는 데 이 책의 목적이 있다.

모략의 분류는 일종의 탐색성을 지닌 시도인데, 정치·군사·외교·언변 등 7편으로 나누어져 있다. 이는 그저 상대적 구별이란 의미를 가질 뿐이다. 어떤 조항은 정치와 군사 영역 모두에 널리 운용되면서 경제 또는 외교 면에서도 흔히 볼 수 있는, 말하 자면 폭넓은 교차성을 지닌다. 통치모략 같은 경우는 엄격하게 말해 정치모략의 한 영역이며, 언변모략은 주로 외교모략에 속한다. 분명하고 엄격하게 구분하면 특정한 부분에 귀속시키기 어려운 조목들이 적지 않다. 그러나 좀더 깊은 연구와 여러 독자 들의 다양한 필요성에 대응하기 위해 모략 조목이 생산된 배경과 활용 등 많은 영역에 기준을 두고 개략적으로 구분했다.

　　이 책의 모략은 조목조목을 따라 편성되었다. 이렇게 하는 것이 해석과 서술에 편하고 일목요연하다. 그러나 모략의 실천은 고립적인 것이 아니라 상호 제약하며 또 어떤 경우는 상호 포용하기도 한다. 포괄 범위가 비교적 넓은 모략은 포괄 범위가 좁은 모략으로 여러 갈래 가지를 쳐나간다. 예를 들어 '인적제승因敵制勝'은 적의 상황 변화에 근거하여 그에 알맞은 책략을 사용하여 승리를 얻는 모략이다. 손무孫武, 손자는 "적의 상황에 따라 승리를 얻는 것은 신神이다."라고까지 말한다. 고대의 모략가들 치고 이 모략을 중시하지 않은 사람은 없었다. 그러나 적의 상황이 여러 면에서 다르기 때문에 그 응용 방법 또한 다를 수밖에 없고, 이것이 다양한 조건하에서 하나하나 구체적인 모략으로 형성되는 것이다. 탐욕스러운 적에 대해서는 "재물로 유혹하는" 모략을 사용하고, 교만 방자한 적에 대해서는 "자신을 낮추어 상대의 교만을 부추기는" 모략을 활용하고, 적이 높은 위치에 있으면 아군은 "높은 곳을 향해 오르지 말아야" 하며, 적이 강을 건너 공격을 해오면 아군은 적이 "미처 건너기 전에 공격해야" 하는 것이다.

　　또 『손빈병법孫臏兵法』 「위왕문威王問」에서 말하는 바와 같이 양쪽의 세력이 비슷하고 모두 견고한 상황에서는 "패한 척하면서 적을 유인하는" 모략을 쓰고, 아군이 강하고 적이 약한 상황에서는 "뱀을 따라 동굴을 빠져나가듯", "할 수 있으면서도 못하는 것처럼", "활용할 수 있으면서도 활용하지 못하는 것처럼" 등과 같은 모략을 쓰며, 그 반대일 때는 "그 예봉을 피하고 흩어져 있을 때 공격하고", "한 걸음 늦추어 상대를 제압한다" 등과 같은 모략을 써야 한다. 또 상황은 다르지만 하나의 사건 안에서 많은 모략을 동시에 활용할 수 있다.

　　기원전 341년, 제齊나라와 위魏나라 사이에 벌어졌던 '마릉馬陵의 전투'를 예로 들어보자. 전체적으로 보아 제나라 군사가 승리할 수 있었던 원인은 손빈과 전기田忌가

"위나라를 포위하여 조나라를 구한다"는 '위위구조圍魏救趙'의 모략을 썼기 때문이다. 그러나 구체적인 실행 과정을 보면 여러 모략이 한데 어우러져 활용되었다. 처음 한韓을 조趙로부터 구원할 때 손빈은 "상대가 지치기를 기다린다"는 모략을 사용하자고 건의했다. 그래서 먼저 출병하여 한을 구원하겠노라 호언장담해놓고, 실제로는 병사를 움직이지 않으며 "호랑이들끼리 싸우는 것을 지켜보기만" 했다. 한은 전력을 다해 위의 군사와 싸웠으나 5전 5패 했고, 그래서 재차 급히 구원을 청했다. 이때 위군은 이미 심하게 전력을 소모한 상태였다. 제군은 한과 위가 모두 지칠 대로 지쳐 있을 때 비로소 군사를 내어 사망의 문턱에 와 있는 한을 구원하는 한편 지칠 대로 지친 위를 공격하였으니, 이것은 "화살 하나로 두 마리의 새를 잡는" 모략의 훌륭한 활용이었다. 이어 제는 "공격하면 반드시 성공한다"는 책략으로 곧장 처들어가 "위나라를 포위하여 조나라를 구하는" 책략을 활용하여 극적인 장면을 만들어냈다. 위는 군사를 되돌릴 수밖에 없었다.

손빈은 또 위군이 줄곧 제군을 깔봐왔고 그 장군 방연龐涓이 고집불통이며 승리에만 집착하여 쉽게 군사를 출동시킨다는 특징에 근거하여 "할 수 있으면서도 못하는 것처럼 보이고", "자신을 낮추어 상대의 교만을 부추기며", '한 걸음 늦추어 상대를 제압하는" 모략을 채용하고, "가마솥 수를 줄여 약세인 것처럼 보여 적을 유인"했다. 제군은 본래 적국의 경내에 깊숙이 들어가 작전을 펼쳤는데, 마릉에 매복을 설치하는 한편 "손님이 오히려 주인 노릇 한다"는 모략을 사용하여 위군을 대파했다. 동시에 이 작전들은 시종 손빈의 "적의 급소를 공격하여 반드시 승리하는" '필공불수必攻不守'라는 모략사상을 체현하는 선에서 실행되었다.

전체 전투 과정에서 많은 종류의 모략이 활용되었다. 수천 년 동안 전해 내려온 유명한 전투의 예들에서 우리는 모략이 서로 연계되어 영향을 미치고 있음을 충분히 알 수 있다. 이 책에서는 하나하나 조목별로 설명하지만, 실제 이 모략들을 운용할 때는 모략의 상호 관계와 상호 영향이라는 특성에 각별한 주의를 기울여야 할 것이다.

　우리는 모략들을 구체적으로 분류하고 배열하여 독자들이 그중 더 관심 있는 내용을 쉽게 선택할 수 있도록 했다. 예를 들어 "서러움을 당하다가 일어선 군대는 반드시 승리한다"는 의미의 '애병필승哀兵必勝'을 우리는 정치모략 편에 넣었는데, 이 모략은 실제로 정치 수단을 통해 승리하는 것을 목적으로 하는 정치적 색채가 짙은 것이다. 그러나 그것을 군사모략 편에 넣어도 안 될 것은 없다. 또 "풀을 헤집어 뱀을 놀라게 한다"는 '타초경사打草驚蛇'는 본래 의미로는 정치모략에 속하지만, 『삼십육계』에서는 군사상 적과 싸워 승리를 얻는 모략으로 설명하고 있다. 우리는 그것을 정치모략에 넣어 분류했다. 그런가 하면 "신기한 물건을 차지해두어라"는 뜻의 '기화가거奇貨可居'는 여불위呂不韋가 당시 이 모략으로 정치적 투기판을 벌였던 정치모략적 성격이 짙다. 그러나 우리는 여불위가 본래 상인으로 상업용어를 숙련되게 운용하여 정치에 반영했던 점을 고려했다. 실제 경제생활에서 '기화가거'는 어느 정도 객관적인 규칙으로 작용한다. 그래서 경제모략에 넣었다. 모략 조목의 분류는 하나의 모략이 나오게 된 배경과 거기에 반영된 중심 내용에 기준을 둔 것이다. 따라서 모략의 본래 의미 등 각 방면의 요소를 종합적으로 고려하여 구분한 상대적 의미만을 가질 뿐이다.

　많은 모략이 그 자체로 특정한 계급성을 가지는 것이 아니기 때문에 적과 내가 모두 활용할 수 있다. 우리는 이런 모략을 분류·수록하면서 그것이 나오고 실천되는 과정에서의 운용을 설명하는 데 무게를 두었다. 모략의 창조자에 대해서나 그 모략을 운용한 사람에 대해서는 일반적으로 평가를 내리지 않았다. 한 모략에 대한 풀이와 서술은 통상 그 모략의 출처와 기본적인 뜻을 지적하고, 그다음으로 이 모략을 활용한 전형적인 사례를 들었다. 모략의 계급적 속성을 분석하지는 않았으며, 예를

든 원문의 주석과 고증도 그리 엄격하지는 않다. 경제 영역에 속하는 모략 조목들 중 일부는 주로 그 모략의 구체적 운용 방법을 밝히는 데 중점을 두었고 그것이 가장 먼저 나온 출처를 조목조목 추적하지는 않았다. 예를 들어 "꽃을 빌려 열매를 맺는다"는 뜻의 '차화결과借花結果'는 상품 경영상의 수단이다. 우리는 이 모략의 운용을 이야기하면서 어떻게 미디어 등을 이용하여 시장을 개척하고 상품의 형태를 정하여 경제적으로 이익을 얻는가에 중점을 두었다. 경제 문제에 관심이 있는 사람, 특히 상품 생산에 종사하는 경영인들에게 도움이 될 것이다. 이런 모략들은 누가 장악하든 일정하게 작용할 수 있을 것이다.

이 책에는 '음모陰謀'도 들어 있다. '음모'도 모략의 한 종류다. 하지만 '음모'를 수록한 것은 그것을 칭찬하기 위해서가 결코 아니다. 서로를 속고 속이도록 선전하고 '내부 분쟁'을 조장하는 자들을 위한 무기로써 이 모략을 제공하려는 것은 더욱 아니다. 인류 사유의 전형적인 형식이자 본보기로『모략고』에서 당연히 한자리를 차지할 수 있다는 것을 보여주는 데 목적이 있다. 달리 보면 '음모'는 부정한 방법인 '궤도詭道'다. 적대세력과의 투쟁에서 쌍방은 모두 모략을 사용한다. 음모는 내 쪽의 의도를 상대에게 알리지 않으려는 것이다. 예를 들자. "두 얼굴에 세 자루의 칼"이란 뜻의 '양면삼도兩面三刀', "겉으로는 떠받드는 척하면서 몰래 어긴다"는 뜻의 '양봉음위陽奉陰違", "입으로는 그렇다고 하면서 속으로는 아니라고 한다"는 뜻의 '구시심비口是心非' 따위는 너무나도 분명한 '음모'지 '양모陽謀'는 아니다. 정직한 사람이라면 부끄럽게 여기는 것이다. 그러나 이 모략들은 동서고금을 막론하고 적지 않은 사람들이 활용해왔고, 또 그것을 활용하여 차마 사람들에게는 밝힐 수 없는 목적을 달성한 것도 사실이다. 우리는 사회에 유익한 모략을 알기 위해 애를 써야 하지만, 동시에 '음모'를 무시해서도 안 된다. 필요에 따라서는 그것을 이해하고 중시해야만 자신을 방어할 수 있다. 나아가서는 반격할 수 있는 수단과 방법도 그것에서 나온다.

모략총서를 편찬하는 과정에서 우리는 수백 종에 이르는 저작을 참고했다. 특히 역사서와 참고서 그리고 많은 전문서를 낸 저자들에게 깊이 감사드린다. 동서고금 모략가들의 실천과 창조가 없었더라면 그렇게 많은 전문학자들의 연구성과는 없었을 것이고, 이『모략고』란 책도 물론 없었을 것이다.

우리의 노력이 인류가 남긴 지혜의 보물창고를 넉넉하게 하고, 정치·경제·군사·외교 등 각 방면에 종사하는 사람들을 계발하며, 지도급 인사들의 통솔력과 청년들의 불타는 지식욕을 고무하는 데 조금이라도 도움이 되었으면 하는 바람뿐이다.

바다와 같이 망망한 자료들과 실로 다양하기 그지없는 사회적 실천을 대하노라면, 이 책에 수록된 모략 조목들이란 "하나를 잡았다 싶었는데 만 가지를 지나쳐버린" 것에 지나지 않는다. 우리는『모략고』라는 큰 문을 열고 이 책의 속편을 세상에 내놓은 후에도 계속해서 그 속편을 보완하면서 충실하게 다듬었다. 모략 연구에 관심 있는 독자들의 비판과 가르침으로 모략 조목이 더욱 보완될 수 있기를 간절히 바란다.

'모략총서'를 펴내며

'모략'은 대단히 친숙하면서도 신비한 단어다. 수천 년 동안 이 단어는 인류의 사회적 실천, 사유의 발전과 발걸음을 함께해왔다. 얼마나 많은 총명하기 이를 데 없는 사람들이 기묘한 모략을 생각해내고 좋은 대책을 마련하기 위해 갖은 머리를 다 짜냈으며, 또 얼마나 많은 어질고 뜻있는 사람들이 그 하나하나의 묘책을 실천에 옮기려고 분골쇄신 용감하게 헌신했던가?

파란만장한 인류 발전사는 모략의 창조사이자 실천사로, 시공을 초월해서 인류 지혜의 불꽃을 태우고 있다. 자연과 싸우고 생존에서 승리하는 것으로부터 국가의 통치와 민족의 중흥에 이르기까지, 군사를 통솔하고 적을 제압하여 승리를 얻는 것으로부터 상품 경제의 운용에서 국가 경제의 발전에 이르기까지, 인간 교제와 외교 활동에서부터 통제술과 스포츠 경기에 이르기까지 차원 높은 모략의 작용과 그것이 가져다주는 영향이란 물질적 가치와 양으로는 헤아릴 수 없다. 노자老子가 "아무것도 하지 않는 것 같으나 천하는 다스려진다"는 뜻의 '무위이치無爲而治'와 "부드러움으로 강함을 이긴다"는 '이유극강以柔克剛'이란 통치술을 제창한 것이나, 공자孔子가 "문으로 다스리고 무로 공을 얻는다"는 '문치무공文治武功'과 "강함과 부드러움을 함께 갖춘다"는 '강유병제剛柔幷濟'의 실천을 내세우며 "작은 일을 참지 못하면 큰일을 망친다"는 '소불인즉난대모小不忍則亂大謀'를 주장하고 '삼강오륜三綱五倫'의 운용을 주장한 사실은 일찍부터 우리 사회에 심각한 영향을 미쳤다. 그것은 마치 수천 년 동안 노예주奴隷主 계급과 봉건 통치 계급에게 형체 없는 통제의 그물을 준 것이나 다름없는 것으로, 통치 계급의 지위를 수호하고 사회 통제를 강화하며 봉건사회의 안정을 확보하는 데 지극히 중대하게 작용했다.

손자孫子의 "병兵이란 나라의 대사다", "병이란 지름길이다", "무릇 전쟁이란 정正으로 합쳐 기奇로 승리를 얻는 것이다", "제대로 된 승리를 추구하는 병은 먼저 이기고 난 다음 전투를 벌이려 하지만, 패배하는 병은 먼저 싸움부터 하고 승리를 추구한다", "싸우지 않고 상대를 굴복시키는 병" 등과 같은 모략은 일찍이 군대 통솔과 전투에서 무궁무진한 힘을 발휘했다. 상인 출신의 여불위呂不韋는 "신기한 물건은 차지해두어라"는 '기화가거奇貨可居'라는 모략으로 국가권력을 탈취했던바, 이는 경제 수단으로 심원한 정치 목적을 달성한 본보기다. 소진蘇秦의 '합종연횡合縱連橫', 범수范睢의 '원교근공遠交近攻', 모택동의 '반패反覇' 전략과 '3세계' 이론 등은 그 당대 또는 특정한 역사 단계에서 국가와 민족의 안위를 직접 결정하는 국가의 외교틀로서 엄청난 영향을 미쳤다.

모략은 정치·경제·군사·외교 또는 체육·교육 등의 영역에서 모두 중요한 작용을 한다. 이 점은 누구나 인식하고 있다. 크게는 국가의 정략과 전략의 결정에서 작게는 사람들 사이의 빈번한 교류에 이르기까지 모략과 밀접하게 관련을 맺지 않은 것이 없다. 그런 이유로 지금까지 모략 연구는 당대의 사회에서 높은 평가를 받아왔다.

이름난 모략가들은 각기 다른 방법으로 자신의 모략관을 표명해왔고, 과거의 뛰어난 모략 방법에 대해서도 유익한 연구를 많이 생산해냈다. 서주西周시대에 생산된 『주역周易』은 하늘·땅·천둥·바람·물·불·산·못의 여덟 가지 자연현상을 상징하는 팔 괘八卦를 연역하는 방법으로 '괘사卦辭'와 '효사爻辭'를 지었는데, 그중에는 황당무계한 미신적 색채가 적지 않지만 심오하고 소박한 유물주의와 변증적이고 과학적인 모략 을 적지 않게 포함하고 있으며 그 범위도 굉장하다. '역易'이란 단어를 취한 것만 보아 도 작자가 무엇을 연구대상으로 삼으려 했는지 알 수 있다.

동한東漢시대 위백양魏伯陽이 지은 『참동계參同契』는 "해와 달이 바뀐다"고 말한 것 처럼 하늘과 땅, 해와 달, 인생과 사물 변화의 대법칙을 연구한 일종의 거시적 모략서 였다. 『한비자韓非子』는 오두五·현학顯學·고분孤憤·세난說難·정법定法의 다섯 장으로 된 책 인데, 이는 다시 난세難勢·유도有度·이병二柄·관행觀行·용인用人·문변問辯·궤사詭使 등으로 세분된 한비자 자신의 모략관을 대변하는 책이다. 『논어論語』는 학이學而·위정爲政·팔 일八佾·이인里仁·공야장公冶長·옹야雍也·술이述而·태백泰伯·자한子罕·향당鄕黨·선진先進 등 의 편으로 이루어져 있는데, 제자인 안연顔淵·자로子路 등과, 위령공衛靈公과 같은 통치 자들과의 대화를 통해 공자 자신의 모략관을 펼쳐 보이고 있는 책이다. 『육도六韜』는 강태공姜太公과 주나라 문왕文王·무왕武王이 대화를 나누는 형식으로 되어 있는 책인 데, 문도文韜·무도武韜·용도龍韜·호도虎韜·표도豹韜·견도犬韜 등 여섯 부분으로 나누어져 각각 국가통치·대적책략·지휘포진 등 여러 조건하에서 채용되는 전술 등을 상세히 논술하고 있다. 『손자孫子』는 13편으로 된 모략 연구서다. 『삼십육계』는 여섯 조의 계 모計謀로 개괄되어 있는 책이다. 『백전기법百戰奇法』은 1백 종의 작전 유형에 따라 모략 을 연구한 책이다. 이런 연구들은 모두 앞사람의 모략 유산을 종합·계승한 것으로, 인류 지혜의 보물창고를 풍부하게 하는 데 대단히 적극적으로 작용했다.

인류 사유의 긴 흐름은 한 번도 끊긴 적이 없다. 인간은 실천 속에서 점차 자신 의 사유를 발전시키고 완전하게 다듬어 각종 기모묘계奇謀妙計를 창조해냈다. 뒷사람 들은 앞사람의 사유 성과를 몸소 실천하고 운용하여 앞사람들이 남긴 모략의 이론과 실천을 총결했다. 인류의 '모략사유'에 대한 연구와 총결은 지금까지 멈춰본 적이 없다. 옛사람들이 남겨놓은 지혜의 창고 속을 구경하다 보면 모략이 놀랍게도 한 번도 끊이지 않고 이어져왔다는 중요한 특성을 발견하게 된다. 그것이 굉장한 것이건 사소한 것이건 간에, 음모건 양모건 간에 늘 사람들이 수백 수천 년 동안 이어받아 사용했지만 모습은 변치 않았고 조금도 어그러짐이 없었다. 뛰어난 모략은 아주 질긴 생명력을 갖고 있다.

이 놀라운 계승력과 생명력을 대하면서 우리는 모략에 대한 연구가 앞 시대의 경험을 총결하고 기술하며 상세한 주석을 단 경우는 엄청나게 많지만 창조적인 개척은 늘 부족함을 면치 못했다는 것을 느꼈다. 예를 들어 『손자』에 대해서는 수많은 학자들이 주석을 덧붙였고 그중 이름난 것만도 11종이나 된다. 오늘날에도 주석의 열기는 식을 줄 모르고 계속되고 있다. 이 주석들은 시대가 변천하고 인류 인식이 심화됨에 따라 과거의 인식을 부단히 보충하고 완벽을 기한 것이므로 가치가 있고, 또 앞사람의 귀한 모략 유산을 계승하고 발굴하여 오늘날 사람의 지혜를 개발하는 데 도움이 될 것임은 의심의 여지가 없다. "장강의 뒷물결이 앞물결을 밀어내고", "총명한 지금 사람이 옛사람을 이긴다"는 말은 다들 인정하는 상식이다. 앞 시대의 모략 경험을 계승하고 주석을 다는 기초 위에서 한 걸음 더 나아가, 현대적 의미의 『노자』『손자』와 『논어』를 창조하는 일이야말로 더욱 긴요한 의의를 가질 것이다.

첨단 과학 이론과 방법이 대량으로 쏟아져 나오고 있는 오늘날, 모략에 대한 연구는 이제 개인의 경험을 총결하는 단계에서 집단의 지혜로 승화되고 있다. 모든 역사 단계에 흩어져 있는 인류 지혜의 결정체를 진보적이고 일관적인 기준 아래 수집·정리하고 다듬어서 특정한 학문의 틀을 뛰어넘는 넓고 깊은 종합과학으로 모습을 갖추도록 해야 할 것이다.

모략 연구를 위해 우리는 서로 다른 직업·경력·견해를 가진 동지들을 한데 모아

모략에 관한 연구성과의 기초 위에서 출발하여 '모략총서'를 펴내기에 이르렀다. 우선 모략학의 기본 구성 부분이 될 『모략론謀略論』(『모략학』)·『모략고謀略庫』·『모략가謀略家』(『역사를 바꾼 모략의 천재들』) 등 모략 연구의 기초 3부작을 펴냈다.

『모략론』은 '모략 규율학'으로 모략의 기초 이론으로부터 연구를 시작해서 모략 연원에 대한 발굴, 역사에 대한 종적 분석과 사회 각종 업종에 대한 횡적 분석 및 인류 각 계층의 분석을 거쳐 거시적 각도와 전체적 안목에서 모략의 틀을 이루는 이론·구조·방식·원칙과 모략의 창조 등 기본 문제를 통찰하고, 모략학謀略學과 전략학·심리학·사유학 등과의 관계와 차이를 검토했다. 모략 연구 입문의 기초 이론이라 할 수 있다.

『모략고』는 '모략 방법학'으로 각종 구체적인 모략 방법의 연구로부터 손을 대서, 그 근원을 추적하여 모략 방법의 기원을 고증함으로써 가장 오래되고 권위 있는 인용과 가장 전형적이고 생동감 넘치는 사례를 찾고, 아울러 간단하지만 우리의 사유를 계발할 수 있는 논평도 덧붙였다. 그렇게 모은 지혜를 다시 정치·경제·군사·외교·교육·체육·통제·언변·처세 등 서로 다른 영역에서 활용될 수 있는 모략으로 분류·정리했다. 여기에는 수준 높은 전당으로 들어선 국가통치의 책략도 있고, 일상생활 속에서의 입신과 처세나 경영 또는 돈 벌기에 활용되는 모략도 있다. 더불어 깊이 있는 모략 연구를 위해 우리는 지명도가 비교적 높은 음모나 그릇된 방법도 수집하여 세인에 대한 경고로 삼았다. 이 풍부하고 다채로운 모략의 창고는 세상 사람들이 흔히 습관적으로 바라보던 구체적 모략 방법에 대한 인식을 단숨에 바꾸었다. 우리는 역사 발전의 전후 순서에 따라 모략의 사례들을 수집했으며, 역사책 여기저기 흩어져 있고 민간에 널리 떠돌며 인구에 회자되는 기모묘계들을 여러 영역에 따라 분류하고 정리했다. 이는 각기 다른 직업과 계층에 속한 사람들이 자신에게 알맞은 모략 방법을 찾아 모범으로 삼으려 할 때 매우 편리할 것이다.

『모략가』는 '모략 행위학'으로, 인간의 모략 행위에 대한 연구에서 시작하여 역사 인물을 평가한 것이다. 다양한 역사 시대의 정치가·사상가·군사가·전략가·외교가 및 상인들은 모두가 우선은 모략가였다. 단지 활동 영역의 차이 때문에 모략의 형식이 달랐을 뿐이다. 모략이 종합성을 띤 학문 분야로 세상에 알려진 후, '제자백가'에 대해서도 모략이란 면에서 분석하고 연구할 필요가 있다는 인식이 제기되었다. 이 책에서는 먼저 수천 년 동안의 세계사에서 비교적 영향력이 크고 모략 성과가 두드러졌던 모략가 수백 명을 골랐다. 역사를 바로 보기 위해 '정수'와 '찌꺼기'가 서로 어울려 대조적인 효과를 내게 함으로써 정반正反 두 면의 거울을 동시에 볼 수 있게 했다. 우리는 또 역사상 비교적 전형적인 음모가들을 골라 그들의 계보를 그려보고 그들이 실행에 옮긴 음모와 위계를 약술하여 귀감으로 삼고자 했다.

이 기본적인 모략 3부작에 이어 우리는 '모략 심리학'이나 '모략 경제학' 등과 같은 분야별 저작을 계속 낼 생각이다. 우리의 연구가 모략 유산을 계승하여 인류의 모략 창고를 풍부히 하고 오늘날 우리의 사유를 계발하는 데 적극적인 작용을 할 수 있길 바랄 따름이다.

| 제1부 |

정치모략政治謀略

주졸보차丟卒保車 졸을 버려서 차를 지킨다

고육계苦肉計 자기 살을 도려내는 계책

연환계連環計 적을 사슬로 묶는 계책

이독공독以毒攻毒 독은 독으로 공격한다

이이벌이以夷伐夷 오랑캐는 오랑캐로 무찌른다

이대도강李代桃僵 오얏나무가 복숭아나무의 뿌리를 대신한다

좌향기리坐享其利 가만히 앉아서 이익을 누린다

장계취계將計就計 상대의 꾀를 내 꾀로 만든다

격안관화隔岸觀火 강 건너에서 불 구경을 한다

쌍관제하雙管齊下 두 자루의 붓으로 동시에 그림을 그린다

용적우아用敵于我 적이 있어야 내가 있다

일전쌍조一箭雙雕 화살 하나로 두 마리의 독수리를 잡는다

| 제2부 |

통치모략統治謀略

1절 통치의 근본   202

보민이왕保民而王 백성을 보호할 줄 알아야 왕 노릇을 할 수 있다

허회약곡虛懷若谷 깊은 골짜기처럼 크고 넓은 마음

집사광익集思廣益 여러 사람의 생각을 모으고 유익한 점은 널리 확대한다

치병이신治兵以信 병사는 믿음으로 다스린다

군책군력群策群力 여럿이 모여 책략을 짜내고 그 책략이 여럿의 힘을 하나로 모은다

여중상득與衆相得 대중과 더불어 함께 얻는다

상하동욕上下同欲 위와 아래가 같은 것을 바란다

이무위식以武爲植, 이문위종以文爲種 무를 나무로 삼고 문을 씨앗으로 삼는다

백룡어복白龍魚服 흰 용이 물고기 옷을 입다

동감공고同甘共苦 기쁨과 괴로움을 같이한다

근열원래近悅遠來 가까이 있는 자는 기쁘게 하고 멀리 있는 자는 오게 한다

유원사방귀柔遠四方歸 멀리 있는 사람을 다독이면 사방의 민심이 돌아온다

환공오자桓公惡紫 환공이 자주색 옷을 싫다고 하다

2절 통치자의 자질

문과즉희聞過則喜 잘못을 지적받으면 기뻐한다

일낙천금一諾千金 한번 승낙한 말은 천금과 같이 여긴다

근언신설謹言愼說 말을 삼가되 할 때는 신중히 한다

관맹상제寬猛相濟 너그러움과 엄격함이 조화를 이룬다

덕위병시德威幷施 덕과 위엄을 동시에 구사한다

은위병시恩威幷施 은혜와 위엄을 동시에 구사한다

장농작아裝聾作啞 귀머거리인 척하고 벙어리인 척한다

일명경인一鳴驚人 한번 울었다 하면 사람을 놀라게 한다

주불가노이흥사主不可怒而興師, 장불가온이치전將不可慍而致戰 군주는 분하다고 군대를 일으켜서는 안 되고 장수는 성난다고 전투를 벌여서는 안 된다

3절 인사정책

택인임세擇人任勢 사람을 선택했으면 그다음은 세에 맡긴다

구지우세求之于勢, 불책우인不責于人 승리를 형세에서 찾고 사람 개개인에게 책임을

묻지 않는다

용인불의用人不疑 사람을 쓰면 의심하지 않는다

신즉불기信則不欺 믿으면 속이지 않는다

병식장의兵識將意 병사들이 장수의 뜻을 알게 한다

신선사졸身先士卒 사졸보다 앞장선다

외불피구外不避仇, 내불피친內不避親 밖으로 원수라 하여 피하지 않고 안으로 친척

이라 하여 피하지 않는다

팔징지법八徵之法 사람을 검증하는 여덟 가지 방법

찰간지술察奸之術 간사함을 살피는 기술

주대상소誅大賞小 벌은 윗사람에게 주고 상은 아랫사람에게 준다

신상필벌信賞必罰 상을 주는 데는 믿음이 있어야 하고 벌을 주는 데는 '반드시'라

는 단서가 있어야 한다

벌불천열罰不遷列 벌을 줄 때는 자리를 옮기지 않는다

상불유시賞不逾時 상을 줄 때는 시기를 놓치지 않는다

이일경백以一警百 하나를 다스려 백을 다스린다

시무법지상施無法之賞, 현무정지령懸無政之令 법에 없는 상을 주고 규정에 없는 명령

을 내린다

삼령오신三令五申 세 번 명령하고 다섯 번 설명한다

병권귀일兵權貴一 병권은 통일이 중요하다

군명유소불수君命有所不受 상황에 따라 군주의 명령을 받지 않는다

장능이군불어자승將能而君不御者勝 장수에게 능력이 있는 데다 군주가 통제하지

려 있을 때는 무거운 쪽을 따르고 두 가지 손해가 맞물려 있을 때는 가벼운 쪽을
따른다

욕금고종欲擒故縱 잡고 싶거든 놓아준다

쾌도참난마快刀斬亂麻 마구 뒤엉킨 실은 칼로 자른다

호복기사胡服騎射 오랑캐 옷을 입고 말을 타고 활을 쏘다

이폭역폭以暴易暴 폭력은 폭력으로 맞선다

이화구화以火救火 불로 불을 끈다

범지이리犯之以利, 물고이해勿告以害 강점은 내세우고 약점은 말하지 않는다

투지망지연후존投之亡地然後存, 함지사지연후생陷之死地然後生 망하는 곳에 던져진
뒤라야 생존할 수 있고 죽음의 땅에 빠진 뒤라야 살 수 있다

| 제3부 |

군사모략軍事謀略

1절 군사의 근본   359

상병벌모上兵伐謀 최상의 병법은 적의 모략을 분쇄하는 것

병이정승兵以靜勝 고요한 군대가 이긴다

병이사립兵以詐立·병불염사兵不厭詐 속임으로 승리의 기를 세운다

병귀신속兵貴神速 신속함을 으뜸으로 삼는다

병귀승兵貴勝, 불귀구不貴久 승자는 전쟁을 오래 끌지 않는다

필공불수必攻不守 적이 지키지 못하는 곳은 반드시 공격한다

금적선금왕擒賊先擒王 우두머리를 먼저 잡는다

이약시강以弱示强·약이시강弱而示强 약자가 강한 척한다

강이시약强而示弱 강자가 약한 척한다

이가난진以假亂眞 거짓 모습으로 진짜를 혼란시킨다

원이시근遠而示近 멀리 있는 것을 가까이 보이게 한다

근이시원近而示遠 가까이 있는 것을 멀리 보이게 한다

형인이아무형形人而我無形 적은 드러나게 하고 나는 보이지 않게 한다

능이시지불능能而示之不能 할 수 있으면서도 할 수 없는 것처럼 보이게 한다

용이시지불용用而示之不用 쓸 수 있으면서도 쓸 수 없는 것처럼 보이게 한다

허즉실지虛則實之 허한 것을 실한 것으로 보이게 한다

실즉허지實則虛之 실한 것을 허한 것으로 보이게 한다

실이실지實而實之 실한 것을 실하게 보인다

허이허지虛而虛之 허한 것을 허하게 보인다

허허실실虛虛實實 허와 실의 교묘한 운용

허장성세虛張聲勢 큰소리로 떠벌린다

양단억장揚短抑長 단점을 드러내고 장점을 감춘다

공성계空城計 빈 성을 활용하는 계책

명수잔도明修棧道, 암도진창暗渡陳倉 겉으로 잔도를 수리하는 척하다가 몰래 진창을 건넌다

양동기적佯動欺敵·陽動欺敵 거짓 움직임으로 적을 속인다

수상개화樹上開花 나무 위에 꽃을 피운다

모명정체冒名頂替 적으로 가장한다

현양격고懸羊擊鼓 양을 매달아 북을 두드리게 한다

만천과해瞞天過海 하늘을 속이고 바다를 건넌다

목마계木馬計 목마를 활용하는 계책

이성엄폐以聲掩蔽 소리로 행동을 엄폐한다

유적생의誘敵生疑 적의 의심을 불러일으킨다

유적심입誘敵深入 적을 깊이 끌어들인다

이이유지利而誘之 이득으로 유인한다

사패유적詐敗誘敵 패한 척하여 적을 유인한다

성동격서聲東擊西 동쪽을 향해 소리치고 서쪽을 공격한다

이리동지以利動之, 이졸대지以卒待之 이익을 미끼로 움직이게 하고 기습할 순간을

기다린다

인사출동引蛇出洞 뱀을 굴에서 끌어낸다

조호리산調虎離山 호랑이를 산에서 떠나게 한다

순양적의順佯敵意 적의 의도에 따르는 척한다

인패위성因敗爲成 패배로 말미암아 승리를 이룬다

인적제변因敵制變 적의 변화에 따라 나를 변화시킨다

이노치적以怒致敵 적을 노하게 만든다

노이요지怒而撓之 노여움을 긁게 한다

안능동지安能動之 안정되어 있으면 동요시킨다

일능노지逸能勞之 편안하게 있으면 피로하게 만들어라

난이취지亂而取之 어지러우면 취한다

비이교지卑而驕之 저자세를 취하여 교만하게 만든다

살적이노殺敵以怒 분노가 적을 죽인다

이환위리以患爲利 우환으로써 유리함을 얻는다

좌우개궁左右開弓 양손으로 활을 쏜다

귀사물알歸師勿遏 물러나는 적은 추격하지 않는다

양배물종佯北勿從 패한 척 달아나는 자는 쫓아가지 않는다

이병물식餌兵勿食 미끼는 물지 않는다

사지즉전死地則戰 사지에서는 싸운다

군유소불격軍有所不擊 공격하지 말아야 할 군대

성유소불공城有所不攻 공격하지 말아야 할 성

이응외합里應外合·내외협격內外夾擊 밖에서 공격하고 안에서 호응한다

안좌질우按左扶右·안우질좌按右扶左 왼쪽(오른쪽)을 견제하면서 오른쪽(왼쪽)을 친다

안인지병按人之兵 견제하여 분산시킨다

치인이불치우인致人而不致于人 적을 조종하되 조종당하지 않는다

가도벌괵假道伐虢 길을 빌려 괵을 치다

천묵수적踐墨隨敵 적을 따라 먹줄을 퉁긴다

박기전후薄其前後, 엽기좌우獵其左右 전후를 압박하고 좌우를 사냥한다

피실격허避實擊虛 실을 피하고 허를 공격한다

반노위일反勞爲逸 피곤함을 편안한 휴식으로 바꾼다

종이공전從而攻戰 따르는 척하다가 친다

종횡패합縱橫捭闔 종·횡의 분리와 결합

구지합교衢地合交 요충지를 다툴 때는 제삼자와 외교관계를 맺는다

절충준조折沖樽俎 연회 석상에서 적의 기를 꺾다

선덕화이유원인宣德化而柔遠人 덕으로 어루만져 사방을 회유한다

5절 간첩술

무소불용간無所不用間 간첩이 소용되지 않는 곳은 없다

사막밀우간事莫密于間 간첩을 활용할 때는 철저하게 기밀을 유지한다

승의가간乘疑可間 상대가 의심하는 틈을 탄다

문간文間 문서를 이용한 간첩술

우간友間 친구를 이용한 간첩술

내간內間 내부인을 활용하는 간첩술

반간反間 적의 간첩을 역이용한 간첩술

여간女間 여자를 이용한 간첩술

서간書間 편지를 이용한 간첩술

생간生間 살아 돌아오는 간첩

사간死間 죽음을 무릅쓰는 간첩

인간因間 그 마을 사람들을 활용하는 간첩술

환간宦間 적의 측근을 이용한 간첩술

유간誘間 유혹 수단을 활용하는 간첩술

위간威間 위협 수단을 활용하는 간첩술

해간孩間 어린아이를 이용한 간첩술

이간離間 이간시키는 간첩술

은간恩間 은혜를 활용하는 간첩술

뇌간賂間 뇌물을 활용하는 간첩술

언간言間 유언비어를 활용하는 간첩술

요간謠間 창작 가요를 활용하는 간첩술

歌間가간 적의 가요를 활용하는 간첩술

승간僧間 종교인을 이용한 간첩술

작간爵間 벼슬을 미끼로 한 간첩술

화간畵間 그림을 활용한 간첩술

| 제5부 |

언변모략言辯謀略

지용상생知勇相生 앎과 용기는 서로를 낳는다

| 제6부 |

경제모략 經濟謀略

기화가거奇貨可居 신기한 물건은 일단 확보해둔다

취인지장取人之長 타인의 장점을 취한다

사금구옥舍金求玉 금을 버리고 옥을 얻는다

차계생단借鷄生蛋 닭을 빌려 달걀을 낳게 한다

차선출해借船出海 배를 빌려 바다로 나아간다

차풍행선借風行船 바람의 힘으로 배를 나아가게 한다

교차동풍巧借東風 동풍을 탄다

광구일궤匡救一簣 마지막 한 삽을 뜬다

4절 경쟁전략

용기소장用己所長 나의 장점을 활용한다

이전양전以戰養戰 싸우면서 전력을 향상시킨다

탈기공심奪氣攻心 기를 빼앗고 마음을 공략한다

의옥조옥倚玉雕玉 남의 옥을 빌려 내 옥을 다듬는다

오월동주吳越同舟 오나라와 월나라가 같은 배를 타다

창선일보搶先一步 한 발 앞서 나아간다

첩족선득捷足先得 발 빠른 사람이 먼저 얻는다

근수초월跟隨超越 뒤따르다가 앞지른다

독점오두獨占鰲頭 거북 머리를 독점한다

별출심재別出心裁 차별화로 마음을 붙잡는다

단도부회單刀赴會 칼 하나만 들고 모임에 참석하다

다로출격多路出擊 여러 길로 나누어 출격시킨다

강본구리降本求利 근본을 줄여 이득을 얻는다

지혜성본智慧成本 지혜로 근본을 세운다

| 제7부 |

간사모략妊詐謀略

제
1
부

정치모략政治謀略

정치를 어떤 이는 경제의 집중적 표현이라고 하고, 또 어떤 이는 계급과 정당 또는 사회단체와 국가가 펼치는 통제활동의 일종이라고 한다. 오늘날에 와서도 정치 해석에 대한 내용과 외연은 여전히 확대되고 있다. 정치를 다루는 정치학을 한마디로 말하자면 그것은 국가를 다스리는 진지한 학문이라 할 수 있다.

이 학문을 놓고 많은 사람들이 쉬지 않고 연구해오고 있다. 득세한 사람이건 실의한 사람이건 처음에는 정치에 대한 연구에서 시작해서 끝내는 정치무대로 진출해 권력을 다투기에 이른다. 뜻을 이룬 사람은 때와 장소, 기회 등과 같은 객관적 조건 외에도 주로 개인의 뛰어난 정치적 모략에 의지한다. 뜻을 이루지 못한 사람은 비단 경륜이 모자라지 않더라도 여러 외적 조건의 제약으로 인한 역부족에 맞닥뜨렸거나, 정치모략에 대한 연구가 부족하여 모략을 살아 있는 것으로 쓸모 있게 활용하지 못했거나, 책 속의 지식을 실제 모략으로 전환시키는 능력이 부족했다는 데서 실패의 원인을 찾을 수 있다. 믿지 못하겠다면 세속을 떠난 출가인들을 보라. 어디 어머니 배에서 나올 때부터 그들 눈에는 모든 것이 허망하게 보였겠는가? 세상을 피해 '무릉도원武陵桃源' 속에서 소극적으로 사는 은둔자들이란 어떤 존재들인가? 벼슬길에 실패하거나 세상사에 의기소침한 사람들이 아니던가? 이런 사람들치고 세상인심의 불공평함을 통탄하지 않은 사람이 없으며, 때를 잘못 만난 자신의 불우함에 한을 품지 않은 사람이 없다. 물론 이런 것들이 대단히 중요한 요인이기는 하다. 그러나 정작 그들은 개인의 정치모략의 수준이 어떠한가 하는 중요한 내적 조건을 소홀히 여겨왔다.

국가와 사회를 이상적으로 다스리고자 한다면 그것을 다스리는 학문이 있어야 한다. 국가와 사회를 다스리는 권력을 얻고자 한다면 먼저 그것을 다스리는 진정한 본령을 연구해야 한다. 결코 다른 지름길은 없다.

1절
정치의 근본

이덕위본以德爲本　덕으로써 근본을 삼는다

———————————————————

『논어論語』「위정爲政」편을 보면 다음과 같은 공자의 말이 있다.

정치를 덕으로써 한다는 것은 북극성이 제자리를 잡고 있으면 뭇별들이 모두 북극성을 향하는 것에 비유할 수 있다.

　　좀더 설명하자면 이렇다. 도덕으로 나라를 다스린다는 것은 자신이 북극성처럼 제자리를 지키고 있으면 다른 별들이 그 주위를 빙글빙글 도는 것과 같다. 정치적으로 패하지 않는 자리에 설 수 있는 데는 여러 요인이 있겠지만, 덕을 근본으로 굳게 지키는 것이 가장 중요한 요소다.

기원전 6세기 춘추시대의 한기韓起는 진晉나라의 정경正卿이었고 숙향叔向은 대부였다. 어느 날 한기는 숙향에게 불만을 늘어놓았다.

"도대체 정경이란 자리는 이름뿐이오. 걸맞은 수입도 없을 뿐더러 다른 경대부들과 교제할 비용조차 없으니 말이오."

한기는 이런 말로 숙향의 동정을 얻어볼 심산이었는데, 뜻밖에 숙향은 그를 향해 두 손을 모아 축하의 절을 올리는 게 아닌가? 어리둥절해진 한기는 숙향에게 묻지 않을 수 없었다.

"나는 궁색하기 짝이 없어 지금까지 늘 고민해왔는데 동정은 못 할망정 축하를 하다니 도대체 무슨 뜻이오?"

숙향은 직접적인 대답을 피한 채 먼저 진나라 역사상의 두 인물에 얽힌 이야기를 들려주었다.

가난하지만 덕이 있는 난서欒書라는 인물과 부유하지만 부도덕한 극지郤至란 인물이 있었다. 난서는 상경으로 규정에 따라 5백 경頃의 땅을 녹봉으로 받을 수 있게 되어 있었다. 그러나 실제로는 1백 경도 받지 못해 사당의 제사 그릇도 제대로 못 갖추고 살 정도였다. 그는 이것 때문에 불만을 품기는커녕 자신의 품성을 갈고 닦는 데 더욱 애썼다. 그는 덕행으로 전국에 이름이 알려졌다. 또한 그는 국사를 법에 따라 엄격하게 처리하여 백성의 존경과 사랑을 한몸에 받았다.

극지라는 인물은 그와 정반대였다. 그도 정경을 지냈는데, 집안의 재산이 국가 재산의 절반이 될 정도였다고 한다. 진나라 삼군 중 장군 자리는 극씨 집안사람이 반 이상을 차지하고 있었다. 그는 교만방자하고 절제가 없으며 탐욕스러웠다. 늘 자기 재산이 적고 권력이 보잘것없다며 불만을 터뜨리면서 자신의 부와 지위를 이용해 비리를 저지르고 백성들을 못살게 괴롭혔다. 그 결과 죽어 몸뚱이 하나 묻을 땅조차 없는 처지가 되었고, 집안도 풍비박산이 났다.

이 이야기를 마친 숙향은 한기에게 말했다.

"지금 당신이 난서처럼 가난하다는 것은 그와 같은 덕을 지녔기 때문이고, 그래서 제가 축하를 드린 것이오. 만약 당신이 자신의 덕을 닦는 데 관심을 기울이지 않고 재산이 부족한 것에만 신경을 쓴다면 내 어찌 축하를 드릴 마음이 나겠소? 차라리 통곡을 했으면 했지요!"

숙향의 말을 들은 한기는 크게 깨달았다. 덕행이 재물보다 중요하며, 가난하다고 걱정할 것이 아니라 난서처럼 가난할 때 좋은 덕을 쌓는 것이야말로 극지와 같은 비참한 최후를 피할 수 있는 차원 높은 처신법이라는 것을. 그는 숙향 앞에 무릎을 꿇고 머리를 조아리며 감격스럽게 말했다.

"나는 재산이 적다는 것만 생각했는데, 알고 보니 그것이 바로 몸을 망치고 집안을 망하게 하는 길이었소. 그대가 나를 살렸으니 나는 물론 내 조상과 자손들까지도 당신에게 감사드려야 할 것이오!"

"덕을 근본으로 삼는다"는 '이덕위본'은 언뜻 모략 같지 않지만, 사실은 내부의 직능에 대한 정략으로서 매우 효과적인 수단이다. 현명한 정략가치고 이를 중시하지 않는 사람이 어디 있었던가? '이정치국以正治國'이니 '이기용법以奇用法'이니 하는 것은 천고에 변치 않는 격언들이다. '이정치국'은 정확한 도덕관에 따라 백성을 교육시키고 사회를 규범화하여 국가를 다스린다는 것이다. 정확한 도덕관으로 사회와 국가를 주도하지 못하면 반드시 혼란이 초래되고 선악의 구분이 없어진다. "덕을 근본으로 삼는다"고 하는 과거 국가 통치의 큰길은 오늘날에도 여전히 현실적 의의를 지닌다.

수도보법修道保法　도를 닦고 법을 보전한다

『손자병법孫子兵法』「형形」편에 다음과 같은 대목이 있다.

　　용병을 잘하는 자는 도를 닦고 법을 보전한다. 그렇기 때문에 승패를 다스릴 수
　　있다.

　　손자가 말하는 "도를 닦고 법을 보전한다"는 '수도보법'은 각 방면에서 '선승先勝'
의 도를 닦아 "스스로를 보전하고 완전한 승리를 거두는" 법도를 확보하라는 것이다.
거기에는 정치·경제·군사·자연조건 등 여러 방면이 포함되는데, 그 요지는 장점은 살
리고 단점은 피하며 이익은 좇고 손실은 피하는 데 있다. '선승'의 도에는 '오사五事'와
'칠계七計'가 포함된다. '오사'는 다음과 같다.

　　① 도道: 백성들로 하여금 윗사람과 더불어 한뜻이 되어 함께 살고 함께 죽을 수 있
　　　　게 하고 위기에도 두려워하지 않게 하는 것이다.
　　② 천天: 음과 양, 추위와 더위, 시기에 따른 적절한 시책을 말한다.
　　③ 지地: 멀고 가까운 지역, 험하고 평탄한 장소, 좁고 넓은 땅, 죽고 사는 땅을 말
　　　　한다.
　　④ 장將: 지혜·신의·어짊·용기·엄격함이다.
　　⑤ 법法: 군대의 편제[曲制], 명령 계통[官道], 군수[主用]를 말한다.

　　한편 '칠계'란 다음을 말한다.

① 어느 군주가 정치를 잘하는가?

② 어느 장수가 유능한가?

③ 어느 쪽이 천시天時와 지리地利를 얻고 있는가?

④ 어느 쪽의 법령이 잘 시행되고 있는가?

⑤ 어느 군대가 강한가?

⑥ 어느 편 병사가 훈련이 잘 되어 있는가?

⑦ 어느 쪽의 상벌이 분명한가?

'오사'와 '칠계'의 이점을 얻어야만 비로소 '선승'을 말할 수 있다. '선승'의 목적은 "스스로를 보전하고 완전한 승리를 거두는" 데 있다. 손자는 그것을 전쟁에서 최선의 목표로 삼는다. '수도修道'는 각 방면에서, 이를테면 정치·군사·경제 각 방면의 조건 같은 것에서 미리 승리의 도를 닦고 다스리는 것을 말한다. 『손빈병법孫臏兵法』「팔진八陣」에는 다음과 같은 대목이 있다.

도를 아는 자는 위로는 하늘의 도를 아래로는 땅의 도를 알고, 안으로는 민심을 얻고 밖으로는 적의 동정을 알며, 진陣이라면 8진의 도리를 알고, 승리가 내다보이면 싸우고 보이지 않으면 군대를 움직이지 않는다. 이렇게 하면 왕도에 합당한 장수 노릇이라 할 것이다.

'보법保法'은 필승을 확보하는 법도를 가리킨다. 손자는 여기서 전쟁은 정치에 종속되며 전쟁의 승부는 정치에 의존한다는 사상을 피력한다. 현대적 용어를 빌리자면 예측 가능한 정치, 인심을 얻는 정책 그리고 엄격하고 분명한 법제를 말한다. 안으로는 정치를 바르게 하고 외교에 신중과 치밀을 기하면 자연히 안과 밖이 안정되고 평화를 누린다. 국내에서는 상하가 한마음이 되어 나라 전체가 일체감을 얻고, 대외적으로 도를 이루는 일에 도움을 많이 베풀면 천하가 따른다. 이렇게 해서 소리 없이 칼과 방패를 옥과 비단으로 바꾸면서 전쟁의 싹이 트지 못하게 미연에 소멸시키는 것이다. 이쯤 되면 전쟁을 일으키려고 생각했던 자도 함부로 행동을 하지 못한다. 사실 '수도보법'은 보이지 않게 승리하는 것으로, 지혜가 없는 것 같으면서도 명성이 귀에 들리며 용기가 없는 것 같지만 그 공이 눈에 보이게 된다.

일반 사람들은 이러한 승리가 별다른 투쟁을 거치는 것이 아니기 때문에 칭찬할 게 무엇이냐고 의심한다. 전쟁이 터져 싸워 승리하는 것만을 크게 칭찬하며 전공을 칭송한다. 그러나 싸워서 승리하는 것은 살상과 파괴라는 큰 대가를 치러야 하기 때문에 국가와 군대를 안전하게 지키는 방책이라 할 수 없다. 이는 싸우지 않고 승리하는 것이나 소리 없이 승리하는 것과는 전혀 비교도 안 되는 하책이다.

문치무공文治武功 문으로써 다스리고 무로써 안전하게 한다

'문'과 '무'는 나라를 다스리는 두 개의 커다란 기둥으로 어느 하나라도 없어서는 안 된다. '무공'은 '문치'에 의존한다. 사회가 안정되지 못해 쉽게 흔들리면 강한 무력을 보유할 수 없다. '문치' 역시 '무공'에 의존한다. 통치를 유지하는 무력이 충분하지 못하면 국가의 안정과 사직의 안전은 불가능하다. 이 둘은 상호 의존적이며 상호 촉진적이어서 어느 한쪽에만 치우치거나 어느 한쪽을 소홀히 해서는 안 된다. 공자孔子는 "문과 관계된 일을 하는 사람은 반드시 무를 갖추어야 하며, 무와 관계된 일을 하는 사람은 반드시 문을 갖추어야 한다."고 하여 문무가 서로 떨어질 수 없는 관계임을 강조했다. 공자가 '문치무공'의 변증법적 관계에 대해 깊게 인식하고 있었음을 잘 말해 주는 대목이다.

공자가 노나라에서 잠시 국정을 주도한 때가 있었다. 당시 노나라는 사방 구석구석에 위기가 잠재해 있는 다사다난한 상황이었다. 공자는 문무를 아울러 강조하고 예제를 중시하여 백성들에게 예의와 염치를 알도록 교육시켰다. 자신이 꿈에도 그리던 주공周公의 덕을 펼쳐 보였던 것이다. 동시에 기강을 세우고 내란을 평정하니 일순간 노나라에 중흥의 기운이 감돌았다.

기원전 500년, 공자는 노魯나라 정공定公과 제齊나라 경공景公을 대동하여 제와 노 국경 부근의 협곡산夾谷山 앞에서 회맹會盟을 거행하게 되었다. 노나라 정공은 생각이 단순해서 무사들로 하여금 신변을 보호하게 하는 사전 조치를 취하지 않았다. 공자는 문무는 뗄 수 없는 관계라며 그 이치를 설명하고, 송宋나라 양공襄公이 무를 갖추는 데 소홀히 하다가 권력을 잃고 만 예를 들었다. 그러고는 좌우사마左右司馬로 하여금 군사를 이끌고 수행하도록 했다. 회맹 장소에 이르러 공자는 제나라 군사가 주위에 많이 배치되어 있음을 알게 되었다. 곧 좌우사마에게 경계심을 늦추지 말고 유사시 언제라도 전투에 임할 태세를 갖추라고 명령하는 한편, 대부 자무환玆無還에게 수레 3백 승乘[1]과 병사를 이끌고 회맹지에서 10리 떨어진 곳에 대기하라고 명령했다.

사실 제나라 대부 이미犁彌는 제나라 경공에게 공자는 예법을 잘 알지만 용기가 없고 전투에 관해 문외한이라며 다음과 같이 권했다. 내일 회맹 때 3백 명가량의 래이萊夷 사람을 악단으로 가장시켜 저쪽이 방심한 틈을 타 군신을 사로잡고 수행원을

---

1   '승乘'이란 네 마리의 말이 끄는 수레를 말한다. 춘추전국시대에는 나라의 크기를 말할 때 이 '승'을 기준으로 삼았다. 대체로 1천 승의 나라면 대국에 속했다. 탱크 1천 대에 비유할 수 있겠다.

죽이면 노나라의 운명은 제나라의 수중에 들어오는 것이나 마찬가지라고.

다음 날 두 나라 군주와 재상, 네 사람이 제단에 올라 회맹식을 거행했다. 제나라 경공은 악단으로 변장한 래이족 3백 명에게 본토의 음악을 연주하라고 했다. 순간 노나라 정공은 새파랗게 질렸다. 그러나 공자는 전혀 당황하지 않고 먼저 제나라 왕에게 이적夷狄의 음악을 거두어달라고 정중하게 요청했다. 제나라 경공도 도리가 아님을 깨달았는지 래이족을 물러가게 했다. 이어서 공자는 경공에게 노나라 군신들에게 모욕을 준 지휘자와 악단을 법에 따라 처단하라고 요구했다. 경공은 거절했다. 공자는 화가 난 기색을 감추지 않고 칼을 어루만지며 눈썹을 치켜뜨고 말했다.

두 나라가 형제의 관계로 우호를 맺는다면 노나라의 집법관이 제나라의 집법관 노릇을 대신할 수도 있을 것입니다.

공자는 소매를 치켜올리며 좌우사마를 큰 소리로 불렀다. 좌우사마는 기다렸다는 듯 쏜살같이 달려왔고, 공자의 명에 따라 남녀 악단에서 지휘자 한 명씩을 골라 목을 베어버렸다. 나머지 사람들은 겁이 나 벌벌 떨며 꼼짝하지 못했다. 제나라 경공도 아연실색할 수밖에 없었다. 그제야 노나라 정공은 몸을 일으켜 제단을 내려왔다.

회맹은 개운치 않게 무산되었고, 제나라 경공은 어리석은 꾀로 일을 그르친 대부 이미를 문책했다. 제나라 쪽에서는 양국의 모순을 완화하고 실책을 만회하기 위해 안영晏嬰의 건의를 받아들여 경공 때 빼앗았던 노나라 영토를 되돌려주었다.

『한비자韓非子』「내저설內儲說·하」에는 공자가 '문치무공'의 정책을 펼침으로써 모든 일이 빠짐없이 잘 시행되어 노나라의 국력이 날로 강해지자, 상대국인 제나라 경공은 식욕을 잃고 불면증에 시달렸다고 기록되어 있다. 제나라에서는 궁여지책으

로 16명의 미녀를 노나라 애공哀公에게 보내 여색에 홀
려 국정을 돌보지 못하도록 잔꾀를 부렸다. 공자는 간절
하게 충고했으나 애공은 듣지 않았고, 공자는 노나라를
떠나 초나라로 가버렸다.

　'문치무공'이 서로 어울려 조화를 이루는 현상은 역
사상 전성기에 나타나는 공통된 특징이다. 현대사회에
서 '문치무공'이 나라를 다스리는 기본 정책이라는 것은
대다수 국가들이 인식하고 있다. '문' 없이는 나라를 다
스리기 부족하고, '무' 없이는 나라를 안전하게 만들 수
없다는 논리는 국민들 모두가 공감한다. 국제 정세가 완

● 정치에서 문무의 조화만큼 어려운 것도 없다.
공자는 일찍이 이 점을 간파하고 있었던 출중한
모략가였다.

화되고 있다 해도 전쟁 발생의 요인이 조금이라도 존재하는 한 이 모략을 소홀히 할
수는 없다.

교왕과정矯枉過正　굽은 것을 바로잡으려다 정도가 지나치다

"굽은 것을 바로잡으려다 정도가 지나쳤다"는 뜻의 '교왕과정'은 비교적 이른 시기의
『월절서越絶書』에 보이는데, 그곳에는 '교왕과직矯枉過直'으로 나온다. 이와 같은 성어는
『염철론鹽鐵論』에서도 '요왕자과직撓枉者過直'으로 표현된다. 동한시대 역사학자 반고班
固의 『한서漢書』에 와서 비로소 '교왕과정矯枉過正'으로 나오며, 이 책 「제후왕표諸侯王表」
서문에 이런 내용이 있다.

한나라가 흥기한 초기에는 내부가 새롭게 안정되었으나 동성同姓이 너무 적었다. 망한 진나라의 패배를 경계하는 의미에서 강토를 나누어 이등작二等爵을 세우니, 공신 제후들은 10여 개가 넘는 읍을 소유하게 되고, 왕이나 그 자제들은 크게는 아홉 나라를 아우르게 되는 등… 큰 나라는 주와 군을 넘어 수 개의 성을 포함했다.… 실로 '교왕과정'이라 아니할 수 없다.

당나라 때의 학자 안사고顔師古는 이 부분에 대해 다음과 같은 주를 달았다.

'교橋'는 '교矯'와 같다. '왕枉'은 '곡曲'이다. 굽은 것을 바로잡는 것을 '교'라 한다. 진나라가 집안사람이 너무 없어 고립되었던 폐단을 바로잡기 위해 자제들에게 많은 땅을 주는 바람에 그들이 지나치게 강성해져 정도를 잃어버린 것을 말한다.

『후한서』「중장통전仲長統傳」에는 중장통仲長統이 지은 『창언昌言』「이난理亂」편 중에 이 말이 보인다고 기록하고 있다. 중장통은 자가 공리公理로, 동한 헌제獻帝 때 (189-220) 상서랑尚書郞 등과 같은 관직을 역임한 인물이었다. 위인이 호탕하고 서슴없이 바른말을 하는 성격이었는데, 당시의 힘없고 어지러운 정세에 불만을 품고 늘 옛날과 현재를 비교해가며 울분을 터뜨리곤 했다. 그의 『창언』은 이런 심정을 바탕으로 쓴 것으로, 모두 34편에 10여만 자다. 거기에 이런 구절이 있다.

어지러운 시대는 길고 평화로운 시기는 짧다. 난세에는 소인이 부귀영화를 누리고 군자는 궁색해진다.… 태평성세가 온 듯하면 곧바로 '교왕과정'의 폐단에 빠지고 마는구나!

『후한서』를 지은 남북조시대 송나라 사람인 범엽范曄(398-446)은 「중장통전」에서 이를 논평하면서 "바로잡으러 나섬에도 치우친 마음이 작용한다면 왕직枉直을 지나치게 마련"이라고 했다. 그리고 이 구절 아래에는 다음과 같은 주석이 붙어 있다.

맹자는 '교왕과직矯枉過直'이라 했다. '교矯'는 바로잡는다는 뜻이며, '왕枉'은 굽은 것이다. 말하자면 "굽은 것을 바로잡다가 지나쳤다"는 것인데, 정치를 담당하는 사람이 사치를 싫어해 지나치게 검소하거나 너무 너그러운 것이 아닌가 걱정해서 지나치게 사나워지는 등 절충하지 못함을 비유하는 말이다.

일찍이 전국시대에 맹자가 '교왕과직'이라는 말을 했음을 알 수 있다.

『후한서』에서는 마무馬武 등 이른바 '중흥이십팔장中興二十八將'의 공적과 후한 광무제가 전한前漢시대에 공신들에게 내린 상이 지나치게 많았던 결점을 바로잡은 사실을 논하면서 "따라서 광무제는 지난 일의 잘못을 알고는 '교왕矯枉'하고자 하는 뜻을 가지게 되었다."고 했다. 역시 그 아래에는 이런 주가 있다.

'교矯'는 바로잡는다는 뜻이다. '왕枉'은 굽은 것을 말한다. 맹자는 '교왕자과기정矯枉者過其正'이라고 했다.

그러나 청나라 건륭 연간(1736-1796)에 이루어진 교정 인쇄본 『후한서』 무영전武英殿 판본에는 원래 있던 이 주 아래에 "지금 『맹자』에는 이런 말이 없다."는 주가 덧붙여져 있다. 대체로 이보다 앞선 판본의 『맹자』에는 '교왕과직'이니 '교왕자과기정'이니 하는 말이 있었으나, 지금 전하는 『맹자』에는 그런 구절이 없다는 말이다. 따라서 맹자가 처음 이 말을 했을 때의 의미를 고찰할 길이 없다. 후세 사람들은 이것을 어떤 결점이나 차이를 바로잡으려다 정도를 지나친 것을 비유하는 의미로 사용했다.

　한 국가 또는 단체와 조직에 나쁜 경향이나 좋지 못한 습관 따위가 나타날 때, 지도자가 그것을 바로잡으려면 어느 쪽에도 치우치지 않는 적절한 방법을 채택해야지, 힘만 믿고 처리해서는 목적을 달성할 수 없다. 문제 해결에만 급급한 지도자는 흔히 이런 '교왕과정'의 방법을 취한다. 이런 방법을 취하는 것은 마치 휜 대쪽을 곧게 펴려는 것과도 같다. 휜 대쪽을 똑바로 또는 수평이 되는 자리로까지만 눌러서는 바로 펼 수 없다. 굽은 쪽과 반대되는 방향으로 눌러 휘게 한 다음 천천히 놓아 그 탄력으로 회복되기를 기다려야 '정正'·'직直'의 수평에 이를 수 있는 것이다.

이정대화以靜待嘩　고요함으로 소란함을 응대한다

『손자병법』「군쟁軍爭」편에 나오는 말이다. 자기 쪽의 자세를 냉정하고 침착하게 가다듬고 나서 적의 들뜬 약점에 대응하는 것이다. 이와 비슷한 얘기는 당나라 태종과, 태종을 도와 중국을 재통일하는 데 큰 공을 세운 이정李靖이 주고받은 정책 전반에 관한 문답을 기록한 책인 『당태종이위공문대唐太宗李衛公問對』에도 보인다.

　가까움으로 먼 것을 응대하고, 휴식으로 피로를 응대하며, 배부름으로 굶주림을 응대한다. 이것이 그 개요이며 용병에 능한 자는 이 세 가지의 의미를 여섯 가지로 확대할 수 있다. 끌어들이는 자세로 오는 적을 응대하고, 냉정한 자세로 적이 초조해지기를 기다리며….

여기서 말하는 '이정대조以靜待躁'와 '이정대화'는 같은 의미를 지닌 모략이다. 차분히 안정된 자세로 기회를 잡아 들떠 있고 불안한 적을 공격하거나, 냉정한 태도로 불안정한 국면을 휘어잡는다. 617년 수나라 양제 대업 13년, 이세민李世民은 곽읍霍邑(지금의 산서성 곽현)으로 진격했다. 2만 명의 정예병으로 곽읍을 지키고 있던 호아장虎牙將 송노생宋老生은 성문을 굳게 닫은 채 싸우려 하지 않았다. 이세민은 형 건성建成과 함께 수 명의 기병을 거느리고 곽읍성 밑에 와서 채찍을 휘두르며 성을 포위할 듯한 자세를 취하는 한편 큰 소리로 욕을 퍼부었다. 송노생은 버럭 화를 내며 2만 명을 거느리고 성을

● 흔들리지 않는 침착함은 위기에서 더욱 빛을 발한다. 사안의 침착함은 상대의 전력을 파악했기에 가능했다.

나왔다. 결국 그는 화를 내고 경거망동하는 바람에 대패했다. '이정대조'를 활용한 전투의 한 예다.

383년, 전진前秦의 왕 부견苻堅은 90만 대군으로 동진東晉을 공격했다. 당시 동진의 군대는 15만을 넘지 않았다. 전세는 위급하게 돌아갔고 전국이 동요했다. 조정의 일을 주도하던 재상 사안謝安은 태연스럽게 평소와 다름없이 친구 사현謝玄을 찾아가 바둑을 두었다. 그런 다음 혼자 나가 밤늦게 돌아왔다. 이때 그는 전진 군대의 위 아래가 마음이 맞지 않고 전투에 염증을 느끼고 있음을 간파했다. 그는 침착하고 과감하게 군대를 움직여 전진군을 크게 무찔렀다. 당나라 때의 위대한 시인 이백李白은 이를 두고 "동산東山의 사안이 태연히 친구와 담소하며 오랑캐를 잠재웠구나."라고 노래했다.

당황하고 서두르면 실수하는 법이다. 군주의 마음이 흔들리면 신하의 마음이

혼들리고, 장수의 마음이 들뜨면 사병들의 마음도 들뜨게 마련이다. 예로부터 모략가들은 너 나 할 것 없이 침착하게 중심을 유지하고 어떤 일이 닥쳐도 놀라지 않는 것을 수양의 중요한 원칙으로 여겼다.

대지약우大智若愚 큰 지혜는 어리석은 것처럼 보인다

『노자老子』를 보면 "가장 떳떳한 사람은 마치 겸손한 것 같고, 가장 재주 있는 사람은 마치 졸렬한 것 같고, 가장 말 잘하는 사람은 마치 말더듬이 같다."라는 구절이 나온다. 『장자莊子』에서도 노자의 말을 끌어다 "위대한 기교는 졸렬하게 보인다."는 말을 하고 있다. 아주 교묘한 재주를 가진 사람은 그 재주를 자랑하거나 드러내지 않으므로 언뜻 보기에는 서툴고 어리석어 보인다는 뜻이다. 송나라 때 소식蘇軾(소동파)은 벼슬길에 오르는 사람을 위한 축하의 글에서 "위대한 용기는 겁을 먹은 것 같고, 위대한 지혜는 어리석은 것 같다. 지극한 존귀함은 면류관이 없어도 영광스럽고, 지극한 어짊은 장생長生의 묘책을 쓰지 않아도 오래간다."고 말했다. 본래 지모가 뛰어난 사람은 일부러 멍청하게 보이려 한다. 이 모략은 마음속에 품은 원대한 포부를 감추고 특정한 정치·군사적 의도를 실현시키려 할 때 사용하는 것으로, 지혜로우면서도 겉으로는 어리석게 보이고, 할 수 있으면서도 못하는 것처럼 꾸며 상대를 속이고 주도권을 장악하는 것이다.

239년, 위魏나라 명제明帝 조예曹叡가 병으로 죽자 겨우 여덟 살 난 조방曹芳이 황제 자리에 올랐다. 사마의司馬懿는 태부太傅로 승진했고, 병권은 대장군 조상曹爽이 장악했다. 조상은 조정을 마음대로 주물렀고 이 때문에 사마의와 틈이 벌어졌다. 병권을 회수할 마음을 먹은 사마의는 일부러 늙고 병들었다는 핑계로 짐짓 본색을 감추었다. 조상은 그것을 진짜로 믿고 대비책을 소홀히 했다. 249년 위魏 가평嘉平 원년 정월, 사마의는 조상이 황제를 모시고 명제 조예의 무덤인 고평릉高平陵에 제사를 지내고 돌아오는 틈을 타 태후의 가짜 의지意旨(태후가 내리는 각종 명령문서)를 내려 성문을 걸어 잠그고 사도司徒 고유高柔를 보내 조상의 군영을 점거하게 했다. 그런 다음 황제 조방에게 조상의 죄상을 고해 바쳤다. 황제는 어쩔 수 없이 조상을 면직시켰다. 이어 사마의는 군대를 보내 조상의 집을 포위하고 반역죄로 조상 및 그 일당을 모조리 죽였다. 이로써 조정의 실권은 사마의가 장악했다.

전국시대의 전략가 손빈孫臏은 동문인 방연龐涓보다 재능이 뛰어난 인물이었다. 두 사람은 함께 귀곡자鬼谷子 밑에서 공부했다. 귀곡자는 성품이 소박한 손빈에게 더 많은 애정을 쏟아 손빈의 선조인 손무孫武(손자)가 지은 병서 13편을 그에게 몰래 전수해주었다. 뒷날 방연은 위魏나라의 대장이 되었고, 손빈은 방연 밑에서 일을 하게 되었다. 그제야 방연은 손빈이 스승으로부터 자기 몰래 병서를 전수받은 사실을 알게 되었다. 손빈을 향한 방연의 질투심은 걷잡을 수 없이 타올랐다. 방연은 위나라 혜왕惠王에게 손빈이 다른 나라와 내통하고 있다고 무고하고, 손빈에게 양 무릎을 발라내는 월형刖刑[2]을 내려 도주하지 못하도록 해야 한다고 건의했다.

손빈은 영문도 모른 채 억울한 누명을 쓰고 가혹한 형벌을 당해 오도 가도 못하는 신세가 되었다. 방연은 이런 손빈을 은밀한 곳에다 데려다놓고 잘 먹이고 친절히 대하는 시늉을 했다. 손빈은 그것도 모르고 방연 앞에서 감격의 눈물까지 흘렸다. 방연은 기회를 엿보아 손빈이 전수받은 병법을 빼앗을 속셈이었다. 그러나 손빈

---

2   다리를 자르는 고대의 가혹한 형벌의 하나. 무릎을 뜻하는 '빈(臏·髕)'자를 써서 '빈형'이라고도 하는데, 양 무릎뼈를 발라내는 지독한 형벌이다.

● 사지에서 탈출하기 위해 손빈은 병법서를 불태우는 등 철저하게 자신을 위장했다. 두 발이 잘린 손빈의 모습이다.

은 그것을 기록해두지 않아 일부만 희미하게 기억하고 있을 뿐이었다. 방연은 목간木簡[3]에다 기억을 더듬어 그 내용을 베끼도록 했다. 그 일이 끝나면 손빈을 굶겨 죽일 셈이었다.

그런데 손빈을 감시하라고 방연 자신이 심어놓은 시종이 방연의 음모를 손빈에게 알려주었다. 그제야 모든 사실을 알게 된 손빈은 탈출 계획을 생각해냈다. 그는 본래 원대한 포부를 가진 군사 모략가가 아니던가! 그날 저녁으로 손빈은 실성한 사람으로 꾸몄다. 울다가 웃다가 통곡하다 폭소를 터뜨리고, 온갖 멍청한 표정은 다 지어 보이고, 침과 거품을 질질 흘리며 엎어지고 자빠지기를 마다하지 않았다. 그리고 베껴놓은 목간을 모조리 불에 태워버렸다. 방연은 그가 일부러 미친 척한다고 의심해서 손빈을 인분통 속에 처넣어 온몸에 오물을 뒤집어쓰게 해보았다. 손빈은 인분통 속을 기면서도 전혀 개의치 않는 모습을 보였다. 방연은 다시 사람을 시켜 술과 밥을 주며 은근히 떠보게 했다.

"드십시오. 방연 국상께서는 모르십니다."

그러자 손빈은 눈을 부릅뜨고 노려보며 연신 욕을 퍼부었다.

"너희들이 나를 독살시킬 속셈이지?"

손빈은 음식물을 모조리 땅에 내팽개쳤다. 이번에는 흙과 오물을 갖다주도록 했다. 손빈은 그것을 맛있는 음식이라며 마구 퍼먹었다. 방연은 그제야 손빈이 정신 이상이라고 믿고는 의심을 풀었다.

---

3   종이가 발명되기 전 글을 기록한 나무판을 말한다. 대나무로 된 것은 '죽간竹簡'이라 한다.

이때, 묵적墨翟(묵자)의 제자 금활리禽滑厘가 위나라에 왔다가 손빈의 처지를 알고는 제齊나라의 국무총리에 해당하는 상국相國 자리에 있는 추기鄒忌에게 보고했다. 추기는 이를 다시 제나라 위왕威王에게 보고했다. 위왕은 변사 순우곤淳于髡을 위나라로 보내 혜왕을 만나게 하는 한편, 몰래 손빈을 수소문해 비밀리에 제나라로 모셔 오게 했다.

지혜와 용기가 남다른 손빈은 깊고도 깊은 함정에 빠졌을 때, 냉정한 판단력으로 미치광이로 가장하여 엄청난 수치와 굴욕을 견디며 끝내 구렁텅이에서 빠져나왔다. 정치모략으로서 '대지약우'는 우리에게 냉정한 사고와 불굴의 인내가 갖는 위대한 힘을 설파한다.

대용약겁大勇若怯 참된 용사는 겁쟁이처럼 보인다

바로 앞에서 인용한 소동파의 글 중에 "참된 용사는 겁쟁이처럼 보이고, 참된 현인은 바보처럼 보인다."는 대목이 있었다. 본래 대담한 사람은 오히려 담이 작은 척한다. 표면적인 '겁' 속에 '큰 용기'를 숨기는 것이다. 대담하면서도 원대한 목표가 있음을 보여주는 것이다. 약하고 겁 많은 속에 감추어진 용기는 확실한 성공을 거둘 수 있는 기반이 된다.

'대용약겁'의 모략사상은 노자와 장자의 이론 체계에 반영되어 있다. 노자의 『도덕경』에는 이미 살펴본 대로 "가장 떳떳한 사람은 마치 겸손한 것 같고, 가장 재주 있는 사람은 마치 졸렬한 것 같고, 가장 말 잘하는 사람은 마치 말더듬이 같다."는 구절이 보인다. 인류의 모략사상은 철학을 이론적 기초로 삼는다. 노자의 『도덕경』은 소박하지만 변증법적이고 일관성 있는 모략사상으로 가득 차 있다. '대용약겁'은 철학적으로 본질과 허구의 상호 관계를 반영하며, 또 "서로 반대되면서도 일정한 조건 아래 서로 어울린다"는 '상성상반相成相反'의 모순 운동을 반영한다.

삼국시대 촉한蜀漢의 유비劉備는 소패성小沛城에서 여포呂布에게 패한 후 한 몸 의지할 곳 없어 하는 수 없이 조조曹操 밑으로 들어갔다. 조조는 유비를 허창許昌으로 데리고 갔는데, 목적은 유비를 확실히 자신의 통제하에 두려는 것이었다. 유비는 조조가 자신을 해칠지도 모른다는 생각에 대비를 게을리하지 않았다. 조조 밑에 있는 것도 견디기 힘들었지만, 조조가 자신의 큰 뜻을 눈치채지나 않을까 하는 조바심이 더 컸다. 그래서 유비는 집 뒤에다 채소밭을 일구어 손수 물을 주며 가꾸었다.

어느 날 예고도 없이 조조가 유비를 술자리에 초대했다. 술자리가 무르익어가는데 갑자기 날이 흐려지면서 비가 내리기 시작했다. 번개가 번쩍이며 천둥이 치자 조조는 용은 커질 수도 작아질 수도 있으며 날 수도 숨을 수도 있어 인간에 비유하자면 단숨에 구천 하늘을 날 수 있는 일대의 영웅과도 같다고 할 수 있지 않겠냐며, 지금 이 세상에서 영웅은 누구냐고 물었다. 유비는 원술袁術·원소袁紹·유표劉表 등을 꼽았다. 조조는 껄껄 웃으며 손을 저었다. 그러고는 대저 영웅이란 가슴에 큰 뜻을 품고 뱃속에는 지혜와 모략을 감추고 있는 자이며, 우주의 기밀을 품고 있다가 천지로 토해낼 수 있는 사람이라고 했다. 유비는 그런 영웅이 누구냐고 물었고, 조조는 손가락으로 유비를 가리킨 다음 다시 자신을 가리키고는 말했다.

"지금 천하에서 영웅이라고 한다면 그대와 나 둘뿐이지요."

속마음을 간파당한 유비는 이 말을 듣고 깜짝 놀라 손에 들고 있던 수저를 땅에 떨어뜨렸다. 그때 마침 천둥과 번개가 치며 세찬 비가 쏟아졌다. 조조는 왜 수저를 떨어뜨렸냐고 물었다. 유비는 두근거리는 가슴을 가다듬으며 대답했다.

"성인께서 말씀하시길 '천둥 번개가 치고 바람이 세차게 불면 반드시 무슨 변화가 생긴다고 하셨지요. 그 위세가 정말 굉장하군요."

"천둥 번개야 천지음양이 부딪혀 나는 소리인데 무얼 그리 두려워한단 말이오?"

"저는 어려서부터 천둥소리를 겁내서, 천둥소리만 들리면 숨을 곳이 없나 늘 걱정했습니다."

조조는 냉소를 흘리며 유비를 보잘것없는 위인이라고 생각했다.

훗날 유비는 관우關羽와 장비張飛에게 그때의 상황을 설명했다.

"내가 뒤뜰에다 채소밭을 일군 것은 조조가 나를 쓸모없는 존재로 여기게 하기 위해서였다. 수저를 떨어뜨린 것은 조조가 나를 영웅이라고 한 말에 놀랐기 때문이었고, 천둥 번개가 두렵다고 한 것은 조조가 나를 소인배로 여기도록 함이었다. 그래야 조조가 나를 해칠 마음을 품지 않을 것 아닌가."

어느 시인은 이 사건을 두고 다음과 같이 감탄했다.

갈 곳 없어 호랑이 굴에 몸을 맡겼다가
자신이 영웅이라는 말에 화들짝 놀랐더라.
지나가는 천둥 속에 교묘히 모습을 감추니
급한 자리 피하는 솜씨가 참으로 귀신같구나.

이런 일이 있은 뒤 유비는 조조에게 원술을 공격할 테니 약간의 군사를 달라고 요청했고, 조조는 별다른 생각 없이 허락했다. 유비는 밤을 새워 군기와 군마 그리고 장군을 상징하는 도장을 챙겨 서둘러 허창을 떠났다. 관우와 장비가 왜 이렇듯 서두르냐고 묻자, 유비는 다음과 같이 대답했다.

"나는 새장에 갇힌 새와 같았고 그물에 걸린 물고기와 같았지. 이번 출동은 물고기가 바다로 나가고 새가 푸른 하늘로 날아가는 것과 마찬가지네. 더 이상 그물에

● 진정한 용기는 겉으로 잘 드러나지 않는다. 때로는 숨겨야 한다. 유비는 이 점에서 고수였다. 사진은 유비가 일부러 놀라며 수저를 떨어뜨리는 모습이다.(오른쪽은 조조)

갇혀 있을 수야 없지!"

조조의 모사 곽가郭嘉는 조조가 유비에게 군대를 주어 서주徐州로 진군케 했다는 사실을 알고 서둘러 조조에게 달려가 유비는 큰 뜻을 품고 있으며 민심까지 얻고 있는 인물로 남의 밑에 오래 있을 위인이 결코 아닌지라 무슨 일을 도모할지 모른다면서, 이번에 군대를 그에게 맡긴 것은 호랑이에게 날개를 달아준 격이니 속히 조치를 거두시라고 간했다. 조조는 곽가의 말을 대수롭지 않게 여기며 말했다.

"채소밭이나 가꾸고 천둥 번개에 놀라는 것을 보면 유비가 큰일을 꾀할 인물이 아닌데 무슨 걱정이란 말인가?"

그러다 곰곰이 생각해보던 조조는 아뿔싸, 유비에게 속았다는 사실을 깨달았다. 때는 이미 늦었다. 이렇게 유비는 자립하여 삼국이 정립하는 국면을 연출해냈다. '겁'으로 '용기'를 숨김으로써 유비는 마침내 큰 뜻을 이룰 수 있었다.

2절
기회와 선택

삼군가탈기三軍可奪氣 적의 사기를 빼앗는다

이 말은 『손자병법』 「군쟁」편에 나온다.

> 따라서 적군 전체의 사기를 꺾을 수 있고 장수의 정신을 빼앗을 수 있다. 사기는 아침에는 높고 낮에는 느슨해지며 저녁에는 사라진다. 그렇기 때문에 용병에 능한 사람은 적의 사기가 높을 때는 피하고, 사기가 느슨해졌거나 사라진 때에 공격한다. 사기를 다스린다고 하는 것이 바로 이 말이다.

이 모략을 운용하는 목적은 적군의 사기를 떨어뜨리고 군의 심리상태를 흩어놓는 데 있다. 그렇게 되면 숫자가 많다 하더라도 오합지졸과 같아 전투력을 상실하고 만다. 『위료자尉繚子』「전위戰威」제4에서는 이렇게 말하고 있다.

적군의 사기를 잃게 하고 장수의 정신을 흩어놓으면 겉모양은 온전한 것 같지만 쓸모없는 존재가 되고 만다. 이것이 승리를 얻는 방법이다.

사기는 군 전투력의 중요한 요소로, 사기가 높고 낮음은 승부에 직접 영향을 미친다. 그래서 동서고금을 막론하고 이름난 장수들은 적의 사기를 꺾고 자기 부대의 사기를 높이는 것을 전략의 핵심으로 여겼다.

춘추시대 제齊나라와 노魯나라의 장작長勺 전투에서 조귀曹劌가 이끄는 제나라 군대는 세 차례나 북을 두드리며 진격했으나 반격을 받아 대패했다. 옛날 전쟁에서는 큰북을 두드리고 고함을 지르며 군의 사기를 높였는데, 제나라 군대는 연이어 세 번씩이나 북을 두드려 사기를 높이려는 바람에 오히려 힘이 떨어졌고 노나라는 단 한 번의 사기 진작으로 제나라 군대를 크게 무찔렀다.

항우項羽의 초楚나라와 유방劉邦의 한漢나라가 서로 천하를 다투던 막바지 해하垓下 전투에서 한신韓信은 초나라의 노래로 초나라 군대의 전투력을 상실하게 만들어 항우의 몰락을 가져왔다. 너무도 유명한 '사면초가四面楚歌'라는 고사는 여기에서 나왔다.

진晉나라의 대장군 유곤劉琨은 변방을 지키다가 호병胡兵에게 성을 포위당해 엄중한 위기에 몰렸다. 유곤은 어떻게 손쓸 도리가 없는 상황에서 꾀를 하나 생각해냈다. 달이 휘영청 밝고 광야에 정적만이 흐르는 밤을 택해 성 위로 올라가 호胡의 전통 피리를 불어댔다. 애끓는 고향의 곡조에 호인들은 그만 향수를 못 이겨 눈물을 철철 흘리며 물러가고 말았다.

나폴레옹은 이런 말을 남겼다.

군대의 실력은 그 4분의 3이 사기로 이루어진다.

'삼군가탈기' 모략은 적의 사기를 빼앗는 것과 우리 편의 사기를 높이는 두 방면 모두를 포함한다. 전투와 사기는 뗄 수 없는 관계며, 애국심·민족감정·병사들의 의식 등과도 뗄 수 없는 관계다. 적의 사기를 떨어뜨리건 내 부하들의 사기를 올리건 간에 모두 이 기본 요소로부터 출발해야 한다.

선성탈인先聲奪人 먼저 소리를 질러 상대를 제압한다

춘추시대 송나라 대사마大司馬 화비수華費遂에게는 화추華貙·화다료華多僚·화등華登이 라는 세 아들이 있었다. 화추는 소사마少司馬라는 직책에 있었고, 화다료는 임금 원 공元公의 측근인 어사御士라는 벼슬에 있었으며, 화등은 화해華亥·화정華定·향녕向寧 등 과 함께 반란을 일으켰다가 실패한 후 오나라로 도주했다. 화해·화정·향녕은 진陳나 라로 도망갔다.

화다료는 화추를 시기하고 질투해서 원공 앞에서 늘 화추를 헐뜯었다. 특히 화 추가 반란 때문에 국외로 망명한 자들과 관련이 있다든가, 심지어는 그들이 다시 귀 국을 시도하고 있다고 했다. 원공은 이 말을 사실로 믿고 두려움을 느껴 화비수의 가 신인 의료宜僚를 통해 이런 상황을 화비수에게 알렸다.

화비수는 아들 화다료의 모함임을 알았으나 어쩔 방법이 없었다. 원공과 상의한 끝에 화추로 하여금 사냥에 나서게 한 다음 잠시 그를 맹저孟渚 지방으로 내쫓기로 결정했다. 사냥에 앞서 원공은 화추에게 술을 내림과 동시에 그와 수행원 모두에게 상당한 재물을 주었고 아버지 화비수도 적지 않은 재물을 주었다. 화추를 보좌하는 측근 장개張丐는 사냥을 나가는 데 이렇게 많은 재물을 주는 것은 필시 무슨 까닭이 있을 것이라 의심했다. 그래서 검을 뽑아들고 의료를 다그쳐 진상을 알아냈다. 장개는 벼락같이 화를 내며 화다료를 죽여버리겠다고 했다. 화추는 급히 그를 말리며 말했다.

"아버지는 늙으셨고 화등의 반란 사건 때문에 이미 마음에 깊은 상처를 받으셨네. 더 이상 일을 일으키고 싶지 않아. 추방하겠다면 그대로 받아들이세."

화추가 떠나기 전 아버지에게 작별 인사를 드리려 하자, 화다료는 고의로 아버지에게 가마를 보내 조정 회의에 참석하게 함으로써 만나지 못하게 했다. 장개는 더 이상 참지 못하고 화다료를 살해하고, 화추와 측근들과 함께 화비수를 호위해서 도주했다. 그러고는 망명 중인 화등·향녕 등에게 서신을 보내 연락을 취했다.

『좌전左傳』 소공昭公 21년조에는 당시 화추·장개 등이 송나라 동쪽 성 남문, 즉 노문盧門의 남리南里를 점거했고, 진나라에 망명 중이던 화해·화정·향녕 등이 이 소식을 듣고 급히 돌아왔으며, 화등은 오나라 병사를 빌려 구원에 나섰다고 기록되어 있다. 송나라 원공은 송나라의 옛 성 상림문桑林門을 지키게 했고, 제나라 대부 오지명烏枝鳴은 군대를 이끌고 송나라를 도와 방위에 참가했다. 복濮이라는 이름을 가진 송나라 주읍廚邑의 대부가 다음과 같은 의견을 제기했다.

병서에 말하길 앞선 자는 상대방의 기세를 꺾는 것이 요령이고, 쫓아온 자는 상대방의 기세가 사그라지기를 기다리는 것이 요령이라고 합니다. 왜 저들 오나라 병마가 힘든 길을 달려와 아직 휴식을 취하지 못한 때를 틈타 즉각 공격하지 않습니까? 저들이 진입하여 안정되고 나면 화씨 성을 가진 자의 세력은 더욱 커질 것이고, 그러면 이기기 힘들어집니다. 그때 가서 후회해야 소용없습니다.

이 의견은 즉시 원공에 의해 접수되었다. 화씨와 오나라 군대는 제나라와 송나라 연합군의 즉각적인 공격을 받아 대패했다.

『좌전』선공宣公 12년조를 보면 진나라 군대가 정나라를 구원하고 초나라와 충돌하는 중에 초나라 영윤令尹 공숙오公叔敖도 '선인유탈인지심先人有奪人之心'이라는 말을 한 적이 있다. 이 말이 훗날 '선성탈인'으로 바뀌었다. 먼저 자기편의 위세를 과시하여 그 기세로 상대방을 누르거나 여론을 업고 재빨리 한 걸음 앞서 나아감으로써 주도권을 장악하라는 것이다.

선발제인先發制人 먼저 출발하여 제압한다

『사기』「항우본기」의 한 대목을 살펴보자. 기원전 209년 9월, 진승陳勝·오광吳廣 등 농민 봉기군이 진나라에 대항해 일어났다. 회계군會稽郡의 군수 은통殷通도 이러한 정세를 틈타 봉기하여 권력을 잡고자 항우의 숙부 항양項梁을 찾아가 이렇게 말했다.

현재 진나라의 기운은 다했다. 장강長江 북안에서는 이미 봉기군이 일어났다. 듣자 하니 "선수를 치면 상대를 제압하고, 뒤처지면 상대에게 제압당한다"고 했으니….

항양의 조카 두 사람은 진작부터 봉기할 생각이었으나 은통의 밑에 들어갈 수는 없다며 몰래 은통을 죽이고 권력의 상징인 대인大印을 빼앗아 회계군 8천 명을 통솔, "진을 반대하고 초를 부흥한다"는 기치를 높이 들었다.

『한서』「항적전項籍傳」 중에도 "선수를 치면 상대를 제압하고, 뒤처지면 상대에게 제압당한다."는 말이 보인다.

『병경백자兵經百字』「상권上卷·지부智部·선先」 항목에도 다음과 같은 대목이 보인다.

병에는 선천先天·선기先機·선수先手·선성先聲이 있다.… 선先이 최고이고 그중에서도 선천의 활용이 최선이다. 선을 활용할 수 있는 자는 모든 것을 제대로 꿸 수 있다.

요컨대 『병경백자』에서는 '선先'을 으뜸으로 꼽고 있다. '선'은 곧 '선발제인'의 뜻이다. 전쟁에서는 '선발제인'을 가장 중요하게 인식하고 있는바, 누구든지 '선발제인'의 비결을 장악하기만 한다면 주도권을 확실하게 움켜쥘 수 있다.

『좌전』 선공 12년조에는 내가 먼저 적을 치는 것이 낫지 적이 먼저 나를 치게 하지 않겠다며, '선발제인'하면 적의 의도를 깰 수 있기 때문에 선수를 쳐야 한다는 대목이 있다.

『병뢰兵壘』에도 "병가는 선수를 쳐야 상대의 마음을 빼앗을 수 있다."고 했다. 역시 '선발제인'할 수 있어야 적의 의도를 깰 수 있음을 지적한 말이다.

정치·경제·군사 등 여러 영역에서 '선발제인'의 수단을 활용하여 크게 성공을 거둔 예는 헤아릴 수 없이 많다.

1939년 9월 1일 4시 50분, 폴란드 군대가 달콤한 잠에 빠져 있을 때 독일군은 2천3백 대의 비행기와 수만 문의 대포를 출동시켜 폴란드 전역을 맹렬하게 폭격했다. 이어 독일군 64개 사단이 주야로 시속 30~50킬로미터의 빠른 속도로 진격했고, 폴란드는 한 달도 채 못 되어 패망했다.

1941년 6월 22일 4시, 독일군은 181개 사단과 218개 여단을 출동시키고 4,980대의 비행기와 3,350대의 탱크로 '벼락 치듯' 소련을 침공했다. 일주일 안에 소련 영토

수백 킬로미터를 쳐들어갔고, 소련은 전쟁 초기에 막대한 손실을 입었다.

1941년 12월 7일 4시 30분, 일본은 진주만 기습을 위한 준비를 완료하고 6시에 기습을 가해 9시 50분에 마무리를 지었다. 약 3시간에 걸친 기습으로 미군의 각종 함정 39척과 비행기 230대가 부서지고 인명 4,575명이 살상당함으로써 미군 태평양함대는 거의 궤멸하다시피 했다.

1968년 8월 20일 심야 23시에서 다음 날 새벽에 이르기까지 소련은 폴란드·동독·헝가리와 불가리아를 규합하여 25만의 군대와 8백 대의 비행기, 7천여 대의 탱크로 지상과 공중 양면에서 체코를 기습했다. 소련은 단 6시간 만에 체코 전체를 통제권 안에 넣었다.

많은 사례들이 증명하듯, 상대방이 준비가 안 되어 있을 때 갑자기 '선발제인'의 방법을 활용해서 상대를 당황하게 하고 어찌할 바를 모르게 함으로써 지휘계통과 협조체계를 뒤흔들어버릴 수 있다. 이 방법이 성공할 수 있는 비결은 나폴레옹이 자신의 성공 경험을 다음과 같이 의기양양하게 결론지은 것과 같다고 할 것이다.

나는 상대가 미처 막아낼 수 없는 상황에서 무슨 말을 해야 하고 무슨 행동을 해야 할지 잘 알고 있다.

"선수는 강하고 후수는 재난을 맞는다."는 중국의 오랜 격언도 일리가 있는 말이다.

군사상 '선발제인'을 운용한 사례들은 많기도 하거니와 대단히 전형적이다. 그러나 정치상 '선발제인'을 운용한 사례는 더 많고 더 보편적이다. 사람들이 흔히 말

● 나폴레옹은 '선발제인'이란 모략의 본질을 누구보다 잘 간파했던 인물이었다.

하는 "먼저 앉는 놈이 임자"라든가, "나쁜 놈이 먼저 고발장을 들이민다." 등등은 정치상 '선발제인'의 정수를 표현하는 것들이다. 음모가들은 흔히 담요를 뒤집어씌우고 몽둥이로 두들겨 패는 것처럼 여론이란 도구를 이용하여 정직한 사람들에게 돌연 기습을 가한다. 상대방은 미처 사건의 진상도 모른 채 어느새 몸과 마음의 자유를 빼앗긴다. 그런 상태에서는 변명의 기회도 반격의 능력도 잃고 만다. 이 모두가 '선발제인'의 방법을 운용함으로써 얻는 효과다.

후발제인後發制人 나중에 출발하여 제압한다

『전국책戰國策』 「제책齊策」 권5에 보면 이런 이야기가 있다.

> 천리마도 피곤하면 평범한 말에 뒤지며, 고대의 용사인 맹분孟賁도 힘이 빠지면 여자에게 진다. 무릇 열등한 말과 여자는 힘이라는 면에서 천리마나 맹분을 결코 따르지 못한다. 그런데도 어째서 그럴 수 있는가? 그것은 다름 아니라 게 출발하는 조건을 잘 활용한 덕분이다.

『백전기법』 「후전後戰」에는 이와 관련하여 이런 내용이 있다.

> 전투에서 적이 전열을 제대로 정비하여 날카로울 때는 싸우지 말고 단단한 벽처럼 버티고 기다렸다가 그 전열과 기가 쇠퇴한 뒤 공격하면 승이다. 이를 "남보다 뒤처졌을 때는 상대가 쇠퇴하기를 기다리는" 법이라 한다.

'후발제인'과 '선발제인'은 서로 상대되는 개념으로, 정치·군사상 흔히 사용되는 모략이다. 정치모략을 계획할 때에 주동성主動性은 지극히 중요하다. 정치상의 주동성은 정확한 도의道義에서 나온다. 상대와 각축할 때, 적이 먼저 출발하기를 기다렸다가 자신은 나중에 나서서 적이 자기를 충분히 드러내면 적의 장점을 취하고 단점을 이용하여 민심을 얻음으로써 정치·도의상 불패의 위치에 올라서는 것이다.

● '후발제인'은 참고 기다림을 필요로 한다. 황제 헌원씨는 후퇴하면서 기회를 기다렸다.

아득한 상고시대의 헌원씨軒轅氏는 판천阪泉 전투에서 이 '후발제인'의 전략을 사용했다. 당시 헌원씨 부족은 유목경제에서 농업경제로 전환을 시도하고 있었다. 그들은 유목생활에 익숙해 있어 행동이 민첩하고, 먼길을 출정할 때 소와 양을 끌고 가기 때문에 그것들로써 식량을 공급할 수 있어 후방에서 식량 등 물자를 운반하지 않아도 되는 이점을 갖고 있었다. 이 씨족과 맞붙은 유망楡罔(신농씨 부족의 제8대 왕)이 이끄는 부족은 농업생활에 익숙했기 때문에 병마가 움직이려면 양식을 먼저 운반해야 했다. 그런데 일단 농작물을 심을 수 없는 유목지구인 황야로 진입하면서 후방으로부터 물자 수송이 끊어졌고 "적지에서 양식을 얻는다"는 '인량우적因糧于敵'의 모략도 이런 황야에서는 통할 수 없어 주도권을 잃고 만다. 지략이 뛰어난 헌원씨는 상대의 이러한 약점을 정확하게 간파하여 기동성 있게 후퇴하는 전술을 운용했다. 그들은 하남河南(지금의 개봉과 정주 사이)에서 싸우다 물러나고 다시 하북에서 싸우면서 판천阪泉(지금의 하북성 청원현)까지 후퇴하여, 지형과 생활 조건 등이 자기에게 유리하고 적에게는 불리한 장소를 마지막 전투지로 택했다. 헌원씨는 이런 탄탄한 기반 위에서 결전을 벌여 단숨에 승리를 낚아챘다.

기원전 625년, 초나라는 송나라를 공격했다. 송은 진晉에 구원을 요청했다. 진나라 문공文公은 얼마 전 초나라에 굴복한 조曹·위衛 두 나라를 공격함으로써 송에 대한 초의 포위를 풀기로 했다.

초나라 성왕成王은 이 소식을 듣고 깜짝 놀라 즉시 대장 성자옥成子玉에게 빨리 송나라에서 철수하라고 명령했다. 자신만만하고 교만한 성자옥은 송에 대한 진격을 멈춘 후 군대를 진나라 쪽으로 돌려 진격해 들어갔다. 진 문공은 이전에 약속한 대로 세 번 싸움을 피하며 후퇴를 명령하여 성복城濮까지 물러나 주둔했다. 계속 후퇴만 하자 진나라 장수와 병사들은 불만을 품으며 싸우고 싶은 의욕으로 불탔다. 진 문공 중이重耳는 강력한 초나라 군대를 맞아 승부를 점치기 힘들다고 판단하여 선뜻 결단을 내리지 못하고 주저하고 있는 것처럼 보이도록 꾸몄다. 대신 호언狐偃은 장수와 병사들에게 조급해하지 말라며, "세 차례 물러나는" 것은 우선 지난날 우리 왕이 했던 약속을 실현할 수 있고, 또 초나라 군의 예봉을 피해 투지가 느슨해지기를 기다렸다가 싸우면 승리하기가 더욱 쉽다고 설득했다. 진나라 군대는 상하 모두가 합심하여 삼엄하게 진을 치며 기다렸다. 장수와 병사들의 드높은 사기는 진 문공의 자신감을 더욱 굳혀주었다.

성자옥은 초나라 군대와 진陳·채蔡 두 나라 군대를 셋으로 나눈 뒤 기세등등하게 호령했다.

"자! 진나라 군대를 공격하자. 진이 망할 때가 왔다!"

양군은 마침내 서로 대치했다. 여기서 진晉나라 군은 "약한 쪽을 먼저 치고 강한 쪽은 나중에 친다"는 '선약후강先弱後强'의 전법으로 먼저 하군下軍의 부장 서신胥臣으로 하여금 군의 우익을 공격해 들어가도록 했다. 군의 우익은 진·채 연합군으로 구성되어 있어 전투력이 비교적 약한 편이었다. 진군의 기·보병이 벼락처럼 달려들자 진·채 연합군은 혼비백산하여 걸음아 날 살려라 도망갔다.

진나라 상군上軍의 주장主將 호모狐毛는 거짓으로 중군中軍인 채 양면 깃발(당시에는 중군만이 양면 깃발을 가지고 있었다)을 치켜든 채 못 이겨 도망가는 척했다. 하군下軍의 주장 난지欒枝도 전차 위에 나뭇가지를 얹고 땅에 끌리게 하여 자욱하게 먼지를 내며 도망치는 것처럼 꾸몄다. 초나라 군은 진나라의 장수들이 정말로 못 이겨 도망가는 줄 알고는 수레를 몰아 추격하다가 기다리고 있던 중군의 총대장 선진先軫의 기습으로 병력을 절단당했다. 좌군도 호모와 호언이 지휘하는 상군에게 공격을 받아 무너졌다. 성자옥은 그제야 서둘러 병사를 수습하려 했으나 전군은 완전히 궤멸되고 말았다. 성자옥은 연곡連谷(지금의 하남성 서화현)까지 물러나 자살했다.

작전 중에 사용하는 '후발제인'의 모략은 전략적 각도에서 출발한 것으로 원래 군사적인 개념이었지만, 역량과 태세라는 방면의 요소를 가짐으로써 정치적 의의도 지니게 되었다. 전략상 '후발제인'의 정치적 의의는 때때로 군사적 의의보다 크다. 정치상 '후발제인'은 민심을 얻고 군중을 동원하고 주위의 동정과 원조를 얻기 쉽다. 동시에 군사상으로는 지구전에 유리한데, 불리한 조건에서 섣부른 결정을 피하여 시간을 벌고 승리를 얻을 수 있는 조건을 창출할 수 있다.

장기취계將機就計 기회를 이용하여 책략을 구사한다

'장기취계'에서 '장將'은 이용한다는 뜻이며, '기機'는 기회를 말한다. '계計'는 책략이다. 기회를 이용하여 상대에게 책략을 구사한다는 뜻이다.

『원곡선외편元曲選外編』에 보이는 무명씨의 '황학루黃鶴樓'와 『관장현형기官場現形記』 제34회 그리고 『수호전』 제104회 등에 이 말이 나온다.

정치 투쟁은 말할 것도 없고 군사 투쟁에서는 지혜와 모략을 구사할 때 기회를 단단히 맞추어야 한다. 기회가 맞지 않으면 사태는 예상과 어긋날 가능성이 다분하다. 현명한 정치가치고 관건이 되는 시간·장소·말·계획을 적절히 맞추어 긴요한 목표와 효과를 달성하는 데 능숙하지 않은 사람은 없다.

흔히 계획을 실행에 옮길 좋은 기회는 슬그머니 찾아왔다가 깨닫지 못하는 사이에 사라진다. 도중에 머뭇거리거나 방황해서는 안 된다. 소련의 군사전문가 수보로프 Aleksandr Vasiljevich Suvorov가 그의 아들 카라차에게 "승리는 늘 순간에 결정난다. 카이사르처럼 순간을 붙잡아내는 법을 배워야 한다."고 충고한 것도 같은 맥락에서 이해될 수 있다.

고대 로마의 총독 카이사르는 원정과 기묘한 전략으로 이름난 인물이었다. 그가 성공할 수 있었던 기본 요소는 극히 짧은 기회를 놓치지 않고 결정적인 행동을 취한 데 있었다.

기원전 48년 7월, 루비콘강을 건너 로마로 진입하던 카이사르는 첫 전투에서 실패한 후 그리스 북부 테살리아의 파르살루스 지역으로 후퇴했다. 그의 뒤를 추격하던 폼페이우스는 수적으로 우세한 병력을 믿고 경사진 언덕에 주둔한 다음 유리한 지형을 이용해 싸움에 나서지 않았다. 카이사르는 하는 수 없이 이 지역에서 철수하여 다시 한번 결전의 기회를 엿보기로 했다. 8월 9일, 카이사르의 군대는 철수 준비를 했다. 이때 꼼짝 않고 있던 폼페이우스의 군대가 진영에서 나왔다. 카이사르는 이 순간을 놓치지 않고 양옆에서 폼페이우스를 공격했다. 폼페이우스는 대패하여 이집트로 달아났고, 카이사르는 드디어 로마에 입성하여 권력을 장악했다.

1800년 6월, 마렝고 전투에서 나폴레옹군을 격파한 오스트리아군의 군기는 해이해져 있었다. 게다가 멜라스 총독이 전투지를 잠시 떠나면서 군대를 참모장에게 맡기자 오스트리아군의 지휘계통은 순식간에 혼란에 빠졌다. 나폴레옹은 이 틈을 놓치지 않고 후원병을 얻어 즉각 조직적인 반격에 나서 단숨에 패배를 승리로 역전시켰다.

시기가 적절하면 평범한 전술이나 책략으로도 신통한 효과를 거둘 수 있다. 시기가 적당하지 않으면 제아무리 치밀하게 준비해도 벽에 부딪힌다. '장기취계'는 모략 활용의 비결이자 기본 원칙이다.

비리부동非利不動 얻을 게 없으면 움직이지 않는다

『손자병법』「모공謨攻」편에 보면 "현명한 군주는 생각하고, 좋은 장수는 거둔다. 상황이 맞지 않으면 움직이지 않고, 얻을 것이 없으면 군사를 사용하지 않으며, 위기에 몰리지 않으면 싸우지 않는다."는 구절이 있다. 『사기』 권73 「백기왕전열전白起王翦列傳」에 나오는 '비리부동'의 경우를 살펴보자.

진秦나라 소왕昭王은 조趙나라의 수도 한단邯鄲을 공격하고자 병 때문에 출정하지 못하고 있던 무안군武安君 백기白起를 다시 장군으로 삼으려 했다. 백기는 진나라 장평長平에서 승리를 거두긴 했지만 진의 병사 절반이 사망했고, 국내에도 장정이 부족한 상황에서 공격하는 것은 불리하다며 장군직을 거절했다. 진 소왕은 자신의 명령을 듣지 않는 백기에게 다시 한번 간청했지만, 백기는 병을 핑계로 받아들이지 않았다.

진은 여러 달 한단을 공격했으나 함락시키지 못했다. 진의 군대는 위기에 몰렸다. 소왕은 다시 백기를 억지로 출전시키려 했지만 백기는 여전히 병이 심하다며 사양했다. 화가 난 소왕은 백기를 일개 병졸로 강등시키고 수도 함양에 머물러 있지도 못하게 했다.

상황은 여전히 진에 불리했고, 소왕은 사람을 보내 백기에게 자결을 명했다. 백기는 칼을 받아들고 자신의 목을 찌르기에 앞서 "내가 하늘에 무슨 죄를 지었기에 이런 처지가 되었단 말인가?"라고 통탄한 후, 다시 "나는 역시 죽어 마땅하다. 장평 전투에서 항복한 조나라의 병사 수십만을 땅속에 파묻어 죽였으니, 그것만으로도 죽어 마땅하다."며 자결했다.

진 소왕은 백기의 충고를 무시한 채 이해득실을 따져보지 않고 무력만 고집하다가 결국은 실패하고 백기도 잃고 말았는데, 이는 '비리부동'의 설득력 있는 사례의 하나다.

『병경백자』의 「이자利字」편은 이렇게 되어 있다.

병사를 움직이려면 국가에 이익이 있어야 하고, 창생을 구제할 수 있어야 하며, 위엄과 능력을 높일 수 있어야 한다. 얻는 것이 잃는 것만 못하면 상황을 잘못 판단한 것이다. 군대를 움직이고 작전을 펼칠 때는 상황 판단이 필수적이다.

일반적인 상황에서 전체적인 국면의 필요성이 아니면 양 군대를 비교해서 승부를 가능하는 것은 득실과 비례할 수밖에 없다. 이렇게 되면 '이利'와 '비리非利'를 어떻게 비교할 것인가 하는 문제도 생긴다. '이'에는 전체적 국면과 부분적 국면의 구분이 있다. 군사행동에는 전술·전투·전략의 구분이 있다. 때로는 전체 국면의 승리를 위해 부분적인 이익을 포기하는, 말하자면 부분적 희생이 필요하다. 부분은 '비리부동'의 논리를 내세워 명령을 거부할 수 없다. 전체적으로 따져보아 부분의 희생이 상황에 합당할 수 있기 때문이다. 장기에서 이른바 "졸을 버려 차를 취한다"는 '주졸보차丟卒保車'가 바로 그 뜻이다. 모택동이 하나의 성이나 한 지역의 득실을 따지지 않고 적의 생산력을 소멸시키는 데 중점을 두는 사상이 필요하다고 역설했던 것도 전체 국면의 이익에서 문제를 고려한 것이다.

비득불용非得不用　얻을 게 없으면 사용하지 않는다

바로 앞에서 인용했던 『손자병법』의 구절 중 "얻을 게 없다면 군사를 사용하지 않는 다"는 '비득불용'은 '비리부동'과 마찬가지로 무척 신중한 전투관이다.

'비득불용'이 말하고자 하는 것은 병사를 사용하고도 얻는 것이 없다면 사용하고도 이기지 못하는 것이니 함부로 움직이지 말라는 뜻이다. 전투에 신중을 기하라는 사상 중에서도 적극적인 사상이다. 이 사상은 『손자병법』의 첫머리 「계計」편에서 제시한, 전쟁을 국가의 생사존망의 대사로 인식하면서 진지하게 임해야 한다는 정신과 일치한다. 전쟁의 목적은 국가와 군의 안전에 있으므로 "상황이 부합하면 움직이고 그렇지 않으면 멈춘다." 또 "군주는 노여움 때문에 군사를 일으켜서는 안 되고 장수는 분하다고 싸움을 벌여서는 안 된다."

전국시대 조趙나라의 명장 이목李牧은 오랫동안 안문雁門 일대에 주둔하면서 '비득불용'의 전략을 기본으로 삼고, 한편으로는 병사들을 훈련시키면서 적에 관한 정보를 수집하며 병사들을 출전시키지 않았다. 그러고서 얻는 바가 꼭 있을 때 기회가 성숙하기를 기다려 작전계획을 확정하고 흉노군을 깊숙이 유인하여 대파했다. 흉노군은 이후 10여 년간 조나라 국경을 함부로 침범하지 못했다.

한나라 선제宣帝 때의 장수 조충국趙充國은 명령을 받고 서북 지구의 강족羌族 반란군을 토벌하게 되었다. 그 역시 싸우면 반드시 이기고 꼭 얻는 바가 있도록 하는 전략을 견지하며 섣불리 싸우지 않았다. 그러면서 이번 출정은 적을 섬멸하기 위한 것이니만치 작은 것을 탐내 섣불리 싸워서는 안 되며, 또 "반드시 승리할 싸움이 아니라면 칼을 빼어서도 안 되고, 반드시 얻을 것이 있는 공격이 아니라면 병사들을 수고롭게 해서도 안 된다."고 말했다. 그는 이러한 전투관을 견지하면서 끝내 반란을 평정했고, 한나라와 서강은 서로 편안한 관계를 유지할 수 있었다.

'비득불용'의 모략은 오늘날에도 유용한 본보기로 작용하고 있다.

비위부전非危不戰　위급하지 않으면 싸우지 않는다

'비리부동'이나 '비득불용'과 함께 나오는 말이자, '비득불용'과 마찬가지로 신중한 전투관이다. 위급하거나 부득이한 경우가 아니면 싸우지 말라는 주장이다.

전쟁은 생사존망이 걸린 대사다. 경솔하게 군대를 동원했다가는 국가에 돌이킬 수 없는 손해를 초래하게 된다. 『투필부담投筆膚談』 「본모本謀」 제1에는 다음과 같은 대목이 있다.

군을 일으키는 것은 부득이하기 때문이다. (군을 일으키는 목적은) 국가에 난리가 났거나 백성이 폭동을 일으켰을 때 그것을 제압하는 데 있다. 그렇지 않으면 잔당이 난리를 일으킨다.

전쟁에 신중을 기하라는 사상이 손자의 그것과 일치한다. '비위부전'의 원칙은 옛날 장수나 통치자들이 매우 중시했다.

기원전 279년, 연나라 대장 악의岳毅는 조趙·초楚·위魏 등과 연합하여 제나라를 공격, 제나라 군대를 대파하고 70여 성을 함락했다. 거莒와 즉묵卽墨 두 성만 남은 제나라는 풍전등화의 위기에 놓이게 되었다. 전단田單은 이 위기상황에서 군을 이끌고 대반격을 가해 끝내는 연나라 군을 국경 밖으로 몰아내고, 잇따라 제나라 70여 성을 수복했다. 전단은 멸망의 위기에서 즉묵이라는 좁디좁은 땅에 의지해 국토를 수복하는 대업을 완수했다.

'비위부전'의 전제는 역시 국가의 이익이다. 즉, 이익에 부합하면 움직이고 그렇지 않으면 멈추어야 한다는 전제가 따른다. 물론 '위危'와 '비위非危'를 가늠하고, 국력·군사력·외부 조건 등과 같은 차이점도 따져야 한다. 현대사회의 여러 조건하에서 국가·영토·주권이 외적에게 침입을 당한다면, 위급한 시기가 아니더라도 또 별다른 요구나 명령이 없어도 당연히 굳세게 반격해야 한다. 이런 상황의 '위'는 실제로 국가의 국권·존엄·안녕에 위기가 닥친 것이다. 만약 그때도 '비위부전'만 내세우고 태연하게 군다면, 그것은 이 원칙의 기본적 요구를 엉뚱하게 이해한 것이다.

이우위직以迂爲直 돌아가는 것이 지름길이다

『손자병법』「군쟁」편에 다음과 같은 대목이 보인다.

전쟁이 어렵다는 것은 돌아가지만 곧장 가는 것보다 빨리 가야 하고 불리함을 유리함으로 바꾸어야 하기 때문이다. 따라서 일부러 길을 돌아가기도 하고 이익을 주는 듯이 적을 유인하며 남보다 늦게 출발하여 먼저 도착하는 이치를 아는 자는 '우직지계迂直之計'를 아는 자라 할 수 있다.

　인간과 인간 사이의 각종 경쟁에서 목적을 달성하려면 일정한 대가를 치러야 함은 물론 여러 요소의 제약을 받게 마련이다. 그러다 보면 일을 급하게 처리하려다가 오히려 이루지 못하는 경우가 생긴다. 성질이 급하면 뜨거운 국은 먹기 어려운 법이다. 물건을 사려는 사람은 마음에 드는 물건이 있어도 사고 싶어 하는 마음이나 표정을 드러내지 말아야 한다. 만약 그런 마음이나 표정을 조금이라도 내비치면 상인은 틀림없이 가격을 비싸게 부를 것이다. '이우위직'의 가장 간단한 이치라 할 수 있다.

　현명한 모략가는 정치·군사·외교적 목적을 달성하기 위해 흔히 이 '이우위직'의 모략을 활용한다. 동쪽에 뜻이 있으면 먼저 서쪽을 건드린다. 무엇인가를 빨리 얻고 싶으면 먼저 천천히 도모한다. 표면적으로 보아 이런 행동은 이미 정한 목표와 거리가 멀어 보이지만 사실은 지름길이다.

　두 군대가 서로 싸우는 전쟁터에서 '원근遠近'·'우직迂直'은 공간적인 개념인 동시에 시간적인 개념과도 관련이 있다. 전쟁터에서 공간은 쌍방의 병력이 존재하는 공간이다. 멀지만 허점이 많으면 쉽게 나아갈 수 있고 시간과 비용도 적게 들기 때문에 멀어도 가까운 것이나 마찬가지다. 반면에 가깝지만 튼튼한 자는 공격하기가 힘들고 시간과 비용도 많이 들기 때문에 가까워도 먼 것과 마찬가지다.

　삼국시대 위나라 경원景元 4년인 263년 9월, 위나라 군대는 병사를 세 길로 나누어 촉나라를 공격했다. 진서鎭西 장군 종회鐘會는 주력군을 이끌고 정면으로 한중漢中을 공격해 들어갔다. 양평관陽平關(지금의 섬서성 면현 서쪽)을 따라 바로 내려가 일거에 검각劍閣을 탈취하여 성도成都에 압력을 가하려 했다. 촉의 장수 강유姜維는 주력을 이끌고 험한 곳에 의지해 위군을 맞아 싸웠다. 종회가 이끄는 군대는 검각에서 저지당해 더 이상 앞으로 나아가지 못했고, 쌍방은 검각에서 대치하게 되었다.

종회가 검각에서 꽤 오랜 시간 공격을 가하고도 이기지 못하자 등애鄧艾가 양평에서 좁은 길로 덕양정德陽亭(지금의 사천성 평무현 동북)을 거쳐 부성涪城(지금의 사천성 부릉현)을 공격하자고 건의했다. 부성은 검각에서 서쪽으로 4백여 리, 성도에서 3백여 리 떨어져 있다. 검각을 지키는 강유는 부성을 구원하러 나올 수밖에 없었고, 종회는 싸우지 않고도 검각으로 입성할 수 있었다. 강유가 부성을 구원하지 않았다면 부성이 한순간에 함락되었을 것이다.

한편 10월 중순, 등애는 정예군 1만을 거느리고 사람도 없는 땅 1백여 리를 행군하면서 산을 뚫고 길을 열었다. 장병들은 모두 절벽을 따라 나무를 잡고 기어올라 줄줄이 전진하는 것이 마치 군대가 하늘에서 부성으로 내려온 것 같았다. 현상적으로 보면 등애는 길을 돌아온 것이지만 촉나라 주력군을 피해 지름길을 온 셈이다. 이로써 일거에 촉은 멸망했다. 이것은 '이우위직'의 모략을 극적으로 성공시킨 좋은 본보기다.

1234년, 원나라가 금나라를 멸망시킨 전쟁이 있었다. 당시 원나라의 주력군은 유림楡林·보계寶鷄를 거쳐 서안西安을 점령한 다음 무관武關을 나와 등당鄧唐으로 내려갔다가 다시 북상해서 개봉開封을 공격했다.

1253년, 송을 멸망시킨 전쟁에서 원나라 주력군은 감숙성의 임조臨洮·송반松潘을 거쳐 운남雲南으로 내려가 대리국大理國을 멸망시킨 후 군대를 돌려 북상하여 장사長沙를 거쳐 무창武昌을 점령했다.

1934년에서 1935년에 이르는 기간 동안 공장 노동자와 농민들로 구성된 중국 홍군紅軍은 눈 덮인 산을 넘고 초원을 지나는 등 무인지경을 행군하는 악전고투 끝에 항일전선에 뛰어들었다. 이상은 모두 양 날개 끝으로부터 크게 우회하는 '이우위직'으로 승리를 얻은 경우다.

정치상 이 '이우위직'을 운용하는 모략은 셀 수 없이 많다. 어떤 정치 목적을 달성하고자 할 때, 곧장 들어가거나 곧장 나올 수 있는 경우는 흔치 않다. 돌아가거나 간접적인 방법을 잘 활용하여 직접적인 효과를 보는 것은 모든 정략가와 정치가들이 잘 알고 있는 바이므로 일일이 거론하지 않는다.

장욕약지將欲弱之, 필고강지必固强之 약하게 만들려면 먼저 강하게 만든다

이 모략은 "잡고 싶거든 풀어주라"는 '욕금고종欲擒故縱'과 가깝다. 그 기원은 노자의 『도덕경』 제36장에 있다.

> 움츠리게 하려면 먼저 펴줘야 하고, 약하게 만들려면 먼저 강하게 해줘야 한다. 끊어 없애려면 먼저 흥하게 해주고, 빼앗으려면 먼저 주어야 한다.

이 말이 의도하는 바는 적이 강력할 때 또는 상대의 진면목이 완전히 드러나지 않았거나 사람들이 제대로 모르고 있을 때는 성급하게 힘겨루기를 하지 말고 기회를 기다리다가 적의 의지가 교만방자해져 경계심을 늦추고 해이해졌을 때, 그리하여 세상 사람들이 더욱 이목을 집중하고 친구들이 적극적으로 지지할 때 비로소 행동을 개시하여 승리를 거두라는 것이다.

동주東周시대[4] 정나라 장공莊公이 언鄢에서 단段을 물리친 이야기는 잘 알려진

---

[4] 여러 가지 설들이 많지만 대개는 기원전 770년에서 기원전 256년까지가 동주시대에 해당하며, 흔히 춘추전국시대라 한다.

사실이다. 장공은 같은 어머니에게서 태어난 형제 공숙단公叔段이 내외 세력들과 결탁하여 정권을 탈취하려 한다는 음모를 일찌감치 눈치챘다. 그러나 그는 공숙단을 제지하지 않았다. 오히려 공숙단의 근거지에 성을 쌓는 것을 허락하는 등 공숙단의 일련의 준비 공작을 모르는 체했다. 어머니 강씨는 장공에게 동생 공숙단을 수도 땅에 봉해달라고 요청했다. 공자 여呂가 극구 말렸으나 장공은 태연하게 "어머니께서 바라는데 그 요구를 만족시켜주지 못하면 내가 편치 못하지요."라고 했다. 또 공숙단이 병사를 모집하고 말을 사들여 훈련시킨다는 보고를 받고도 공숙단이 나라를 위해 군사를 훈련시킨다며 짐짓 그 노고를 치켜세웠다. 공숙단이 수도 부근의 작은 성 두 개를 점령했다는 보고가 들어와 공자 여가 출병을 권했으나 장공은 그저 "의롭지 못한 행동을 많

● 상대를 확실하게 잡기 위해서는 잠시 풀어주어 자만하게 만들어야 할 때가 있다. 이런 점에서 정나라 장공은 고수였다.

이 하는 자는 반드시 자신을 망치게 되어 있으니 기다려봅시다."라고 말했다. 공숙단과 그 어머니의 음모가 완전히 드러나자 장공은 그제야 "자! 이제 그들을 수습하자!"며 주도면밀하게 준비해두었다가 공숙단과 어머니 강씨가 거사할 때 과감한 조치로 음모를 분쇄했다. 장공은 공숙단을 국외로 추방했고, 그 어머니 강씨는 성영城穎(지금의 하남성 임영현 서북)으로 귀양 보냈다.

"경보慶父가 죽지 않으면 노나라의 재난은 끝나지 않는다."라는 유명한 고사성어는 경보는 죽어서도 그 죄를 씻을 수 없는 백번 죽어 마땅한 인물이라는 말이다. 노나라 장공莊公 만년에 그의 배다른 형 경보가 왕위를 탈취하기 위해 임금을 살해하고 내란을 일으켜 백성의 원망을 샀다. 경보는 자객을 사서 공자 반般을 죽이고 겨우

여덟 살 난 민공閔公을 왕위에 앉혔다. 실권은 물론 그의 손아귀에 있었다. 민공은 제나라 환공의 외손자였으므로 환공에게 도움을 청했다. 환공은 상황을 파악한 후 병사를 보내 경보를 제거하려 했다. 이때 대부 중손추仲孫湫는 경보가 다시 나쁜 짓을 하길 기다렸다가 그를 죽여 없애자고 건의했다. 얼마 있지 않아 경보는 자객을 시켜 민공을 암살했고, 분노한 백성들이 경보의 집을 포위했다. 이런 상황에서 제나라 환공은 3천 명의 군사를 보내 공자 신申을 왕으로 세웠다. 경보는 잡혀 압송되는 도중에 스스로 목숨을 끊었다.

정나라 장공과 제나라 환공은 상대가 자신의 '논리'에 따라 충분히 행동을 드러낸 다음, 즉 사태가 극단까지 발전하여 반대 방향으로 선회하기 시작할 때 효과적인 조치를 취해 단숨에 성공을 거둔 것이다. 처음에 제멋대로 하게 내버려둔 것은 기회를 기다려 주도권을 잡기 위한 것으로 결정적인 행동을 취하기 위한, 말하자면 땅고르기 작업인 것이다.

장욕취지將欲取之, 필고여지必姑與之 빼앗으려면 먼저 주어야 한다

───────────────────────────────────────

『전국책』「위책魏策」권1에 보면 이런 대목이 나온다.

　　『주서周書』에 이렇게 말했다. 상대를 패배시키고 싶으면 잠시 상대를 도와야 하며,
　　상대를 얻고 싶으면 잠시 상대가 요구하는 것을 주어야 한다.

　　잠시 양보하고 기다렸다가 공격해 들어가는 책략이다. 앞에서 살펴본 '장욕약지,

필고강지'를 함께 참고하면 이해하기 쉽다.

『한비자』「설림說林·상」에 나오는 고사 하나를 인용해보자. 춘추 말기 진晉나라에 서는 조趙·위魏·한韓·지智·범范·중항中行, 이상 여섯 집안의 세력이 강했다. 역사책에서 는 이 세력들을 '육경六卿'이라 불렀다. 범과 중항, 이 두 집안이 합병된 후 지백智伯은 위魏 선자宣子에게 땅을 내놓으라고 요구하고 나섰다.

선자는 이유 없이 주고 싶지 않았다. 그러자 임장任章이 그에게 말했다.

"어째서 지백에게 주지 않으십니까?"

선자는 불만스럽게 말했다.

"아무런 까닭 없이 강제로 땅을 떼어달라고 하는데 어찌 주고 싶겠는가?"

"이유 없이 땅을 달라고 하는 것을 보고 이웃 나라들은 모두 그를 두려워할 것 입니다. 그는 욕심이 너무 커서 만족할 줄 모르니 계속 다른 나라의 땅을 요구할 것 입니다. 공께서는 땅을 내주십시오. 그러면 지백은 틀림없이 교만해져 상대를 깔보 게 될 것이며, 이웃나라들은 그가 두려워 자기들끼리 가까워질 것입니다. 서로 가까 워진 나라들이 연합하여 상대를 경시하는 국가에 대항하면 지백의 목숨은 머지않아 다할 것입니다. 옛날 『주서』를 보면, '훗날 상대를 패배시키고 싶으면 잠시 상대를 도 와야 하며, 상대를 얻고 싶으면 잠시 상대가 요구하는 것을 주어야 한다'고 했습니다. 그에게 땅을 주어 교만하게 만들어야 합니다. 공께서는 어째서 이런 방법, 즉 천하의 군사를 이끌고 지백을 쳐부술 수 있는 방법을 버리고 우리 위나라를 홀로 지백의 공 격을 받는 표적으로 만들려 하십니까?"

위 선자는 임장의 말이 옳다고 여겨 만 호의 백성이 사는 큰 지역을 지백에게 주 었다. 지백은 기뻐 어쩔 줄 몰라하며 다시 조나라에게 땅을 달라고 했다. 조나라가 응하지 않자 지백은 군대를 이끌고 조나라 진양晉陽을 포위했다. 그러나 얼마 후 한 나라와 위나라가 등을 돌려 지백을 외부에서 공격하고 조나라 군사도 성에서 나와 양면에서 공격을 하니 지백은 마침내 망했다.

한비자는 「유로喩老」[5]라는 편에서 이렇게 말하고 있다.

월나라 구천이 오나라에 패해 노예나 다름없는 처지로 오나라 왕 부차를 섬겼다. 오나라 왕에게 제나라를 공격하라고 권한 것은 암암리에 오나라를 지치게 하려는 마음을 갖고 있었기 때문이다. 오나라 군대는 애릉艾陵에서 제나라를 격파한 후 장강과 제수濟水까지 세력을 넓혔으며, 황지黃池에서는 진晉나라와 세력을 겨룬 끝에 태호太湖에서 상대를 제압했다. 그래서 노자는 "상대로부터 무엇인가를 빼앗고자 한다면 먼저 그의 세력을 확장시켜주어야 하고, 상대가 쇠약해지기를 바란다면 먼저 그를 강하게 해주어야 한다."고 했다.

마찬가지로 진나라 헌공獻公도 우虞를 치고자 했을 때 먼저 그들에게 보물과 준마를 선물했으며, 지백도 구유仇由의 땅을 취하고자 했을 때 먼저 그들에게 전차를 선물로 보낸 것이다. 그렇기 때문에 상대를 취하고자 한다면 먼저 그들에게 베푸는 것이 있어야 한다고 말한다. 무형 중에서 일의 발단을 일으킬 수 있다면 천하의 위대한 공을 세울 수 있다. 이것을 일러 미미한 가운데 사건의 발전을 정확히 간파해낸다는 뜻으로 '미명微明'이라 한다. 세력이 미약한 위치에 처하여 자신을 숙이고 상대를 높이는 것이 곧 "유약함이 강대함을 이기는" 도리다.

조건이 갖추어지지 않은 상황에서 어떤 것을 빼앗거나 보존하려면 잠시 그것을 내주거나 포기하고 기회를 기다렸다가 다시 조건을 창출해서 최종적으로 그것을 빼앗아 와야 한다. '취함'은 목적이요, '주는 것'은 수단이다. '주는 것'은 '취하기' 위함이

---

5   『한비자』의 한 편으로, 고사를 빌려 노자의 사상을 드러냈다고 평가받는다.

다. '주는 것'은 모두 '취함'을 전제로 한다. 전체적인 국면에서 이해득실을 살펴야 하는 것이다. 아군이 열세에 놓인 조건에서 적을 조종하여 섬멸하려면, 작은 성 하나 작은 땅 한쪽의 득실을 따져서는 안 된다. 적을 섬멸하기 위한 이런 '생산적인 포기'는 목표물을 좀더 확고하고 오래 차지하기 위해 필요하다.

현권이동懸權而動 저울질해보고 움직인다

『손자병법』「군쟁」편에는 "적의 고을을 침략하여 전리품을 얻으면 여러 군사들에게 나누어주고, 적의 땅을 탈취하여 영토를 확대하면 이익을 분배하며, 우열을 저울질하여 행동한다. 돌아가거나 바로 가는 우직迂直의 계략을 먼저 아는 자가 승리한다. 이것이 전투의 방법이다."라는 대목이 있다. "저울질하여 행동한다"는 뜻의 '현권이동'에서 '현懸'자는 '매달다'라는 뜻이고 '권權'자는 저울추를 가리킨다. 글자만 가지고 뜻을 풀어보면, 물건을 저울질할 때 먼저 저울추를 저울대에 매달고 물건의 무게에 따라 저울추를 이동한다는 뜻이다. 저울대의 양끝이 움직이지 않기를 기다렸다가 저울 위쪽의 눈금을 읽어 물체의 무게를 확인한다. 이것이 정치모략으로 활용될 때는 경솔하게 행동하지 말고 이해관계의 저울 눈금을 잘 헤아려 심사숙고한 뒤 행동에 옮길 것을 요구한다.

　이 모략을 잘 활용하는 자는 기회를 포착하여 알맞은 조치를 취함으로써 틀림없이 승리한다. 이 모략을 소홀히 했다가는 처참한 실패를 맛보기 일쑤다. 중국을 최초로 통일한 왕조로 평가받는 진나라는 불과 2대 만에 망했고, 세계의 절반을 정복했던 원나라는 그 전성기가 길지 못했다. 전국시대 조괄趙括의 군대는 장평에서 패했고, 삼국시대 촉나라의 명장 마속馬謖은 가정街亭을 지키지 못했다. 이들이 실패한 중요한 원인 중 하나는 종이 위에서만 병정놀이를 할 줄 알았지 변화에 적응하지 못한 데 있다. 즉, 그들은 '현권이동'을 몰랐던 것이다.

당나라 대종代宗 연간(763-779)에 이충신李忠臣과 마수馬燧 등은 명을 받고 이영요李靈曜 정벌에 나섰다. 이충신은 첫 전투에서 패하여 군대의 절반가량을 잃었다. 이충신은 패배 후 회서淮西로 가려 했으나 마수가 말렸다. 마수는 섣불리 싸우지 말고 굳게 지키며 틈을 엿보고자 했다. 마침내 이충신과 마수는 공동으로 이영요를 공격, 연전연승을 거두었다. 패배한 이영요의 군대는 변주汴州로 퇴각했다. 이충신과 마수가 이끄는 군대는 성을 포위했고, 이충신은 밤을 택해 날랜 기병 수백을 이끌고 적진으로 돌진, 적진을 관통하면서 수 명의 목을 베고 돌아왔다. 이렇게 되자 적군은 싸우지도 않고 흩어졌고, 이영요는 황망히 도주했다.

'현권이동'의 정수는 형세를 제대로 가늠하여 기회를 포착한 후 움직이는 데 있다. 마수는 패배한 후 섣불리 나서 싸우지 않고 굳게 지켰다. 다름 아닌 '현권이동'이란 모략을 행동으로 옮긴 것이었다.

모택동은 「항일 유격전쟁의 전략 문제」라는 글에서 전쟁의 주도권은 천재들만이 가지는 고유한 것이 아니라 의식적으로 쟁취해야 하는 것이라고 했다. '현권이동'은 바로 주도권을 쟁취하는 모략이다.

중지즉략重地則掠 적지에 깊숙이 들어가면 약탈을 한다

이 말은 『손자병법』 「구지九地」편에 나온다. 손자는 이렇게 말한다.

적지에 깊이 들어가 성과 고을을 많이 등지게 된 것을 중지重地라 한다. 중지에서는 우리 식량이 끊어지지 않도록 해야 한다.

적지 깊숙이 들어가 작전을 펼 때는 많은 성읍을 등지게 되는데, 이것을 중지의 전투라 한다. 칼이나 창과 같은 냉병기로 전투를 벌이던 시대에는 하루라도 식량이 떨어져서는 안 되었다. 군에 양식이 없으면 곧 패배한다. 적진 깊숙이 들어가면 병사들의 도망이 문제가 아니라 식량 조달이 가장 큰 걱정거리다. 그래서 손자는 이렇게 말한다.

적지에 들어가 싸우는 자의 작전법은 되도록 깊숙이 들어가는 것이다. 이런 중지에서는 군사들의 마음이 하나가 될 수밖에 없으므로 침입당한 상대가 이기지 못한다. (원정군은) 적의 풍요로운 들에서 양식을 약탈하여 군의 식량으로 충당한다.

오나라 왕 합려가 중지에서의 작전에 관해 손자에게 질문을 한 적이 있다. 이 대목은 청나라 손성연孫星衍 등이 교정한 『손자십가주서록孫子十家注敍錄』이라는 책에 보인다.

오왕: 내가 군사를 이끌고 깊숙이 중지로 들어가 많은 곳을 거치는 바람에 식량 공급로가 끊겼는데, 형세가 여의치 않아 적으로부터 양식을 얻으면서 군사도 잃지 않으려면 어떻게 해야 하오?

손자: 무릇 중지에서 싸우게 되면 병사들이 날래고 용감해집니다. 군량 보급로가 끊어지면 약탈로 공급해야 합니다. 부하에게 식량이나 옷가지 따위를 약탈해서 상관에게 바치게 해야 하는데, 많이 가져오는 자에게 상을 주면 병사들

은 도망갈 마음을 갖지 않게 됩니다. 만약 중지에서 돌아 나오려면 경계와 대비를 철저히 해야 하는데, 깊은 도랑을 파고 높은 보루를 쌓아 적에게 장기전에 돌입하려 한다는 태세를 보여주어야 합니다. 적이 길을 트려는 것으로 의심하여 요충이 되는 길을 폐쇄하면 가벼운 수레만을 끌고 몰래 조용히 움직이고 소와 말을 식량으로 삼습니다. 적이 뛰쳐나와 북을 울리고 뒤따라오면 군사를 매복시켜두었다가 때를 맞추어 안과 밖에서 함께 공격하면 적의 패배는 뻔합니다.

이 대화에서 손자는 중지에서의 작전으로 적지의 식량을 약탈하는 '인량우적困糧于敵'이란 모략을 강조한다. 군대가 적지에 있으면 어차피 민심을 얻을 수 없다. 식량을 징발하면 백성들이 반발할 것이다. 따라서 강제징발이나 약탈행위가 낯선 것은 아니었다. 옛날 장수들은 이 조항을 실전에 적용했다.

현대에 와서 다른 나라에 깊숙이 들어가 작전하는 군대가 적지로부터 식량을 얻고 중지에서 약탈하는 것은 흔히 사용하는 책략이다. 구체적으로 어떻게 운용할 것인가는 정치적 요소나 군사적 요소의 작용을 고려하여 종합적으로 이해득실을 따져야 할 것이다. 무거운 징발은 피하고 공평하게 징수해야 한다. 아울러 식량을 징발할 때도 국민의 생활을 고려해야 한다. 약탈이나 강제징수와는 차원을 달리하는 것이다.

3절
심리와 유인

상옥추제上屋抽梯 높은 곳으로 올라가게 한 뒤 사다리를 치운다

'상루추제上樓抽梯'라고도 한다. 『손자병법』「구지」편에 보면 "장수가 병사들과 더불어 전투를 하는 것은 마치 사람을 높은 곳에 올라가게 한 뒤 사다리를 치워버리는 것과 같다."는 대목이 나온다.

　　『삼국지三國志』「촉서蜀書·제갈량전諸葛亮傳」에 다음과 같은 일화가 기록되어 있다.

　　유표劉表는 막내아들 종琮을 아끼고 큰아들 기琦는 별로 좋아하지 않았다. 그래서 유기는 늘 제갈량에게 자신을 보전할 수 있는 방법을 가르쳐달라고 졸랐다. 제갈량은 이런저런 핑계를 대며 가르쳐주지 않았다. 어느 날 유기는 제갈량을 뒤뜰로 청해 놀다가 함께 높은 누각으로 올라갔다. 유기는 술자리를 차려놓고 대접하다가 사람을 시켜 누각으로 오르내리는 사다리를 치우도록 했다. 그러고는 제갈량에게 물

었다.

"이제 올라가지도 내려가지도 못합니다. 무슨 말씀이든 제 귀로만 들어가고 새어나가지 않을 텐데 못 하실 이유는 없겠지요?"

그러자 제갈량은 춘추시대 진晉나라 헌공獻公의 비 여희驪姬가 태자 신생申生과 중이重耳를 음해한 사건을 예로 들며 말했다.

"신생은 궁중 안에 있다가 화를 당했지만, 중이는 밖에 있었기 때문에 안전했지요."

유기는 정신이 번쩍 들어 즉시 아버지 유표에게 자신을 강하江夏로 보내줄 것을 요청했다. 덕분에 유기는 지배층 내부의 권력투쟁으로부터 화를 면할 수 있었다.

이 모략은 사람을 높은 곳으로 유인, 사다리를 치워 오도 가도 못하는 상황에서 상대를 꼼짝 못 하게 만드는 것이다. 『36계』에서는 이것을 제28계에 포함시키고 있다.

일부러 편하게 만들어 앞으로 나아가도록 사주한 다음 응원군을 끊어 사지에 몰아넣는다. 이런 독수에 걸리면 제자리를 지키지 못한다.

이 계략은 고의로 약점을 드러내고 적에게 유리한 조건을 제공하여 적을 우리 깊숙이 유인한 다음, 적의 전후방 응원군을 차단하고 미리 준비한 '자루' 속으로 끌어들이는 것이다. 『주역周易』「서합괘噬嗑卦」에서 "딱딱한 고기를 깨물면 이빨이 상한다."고 말한 것과 마찬가지로 적으로 하여금 얻어서는 안 될 이익을 탐내게 하여 화를 자초하게 만드는 것이다.

'상옥추제'를 잘 활용하려면, 먼저 적을 유인할 수 있는 '사다리의 설치'가 필요하다. 사다리의 설치로 적을 유인하는 것은 전기를 마련하는 과정이며 상당한 인내심을 요구한다.

사면초가四面楚歌 사방에서 초나라의 노래를 부른다

'사면초가'는 너무도 유명한 고사로, 상대의 심리를 공격하는 '공심계攻心計'에 속한다. 이 고사는 항우와 유방이 천하를 다투던 막바지 해하 전투에서 비롯되었다. 『사기』 「항우본기項羽本紀」에는 그때의 상황이 이렇게 전해져 온다.

항우의 군대는 해하 아래에 성벽을 쌓았다. 군대는 줄었고 식량은 다 떨어졌다. 게다가 유방의 한군과 여러 제후들의 군대가 성벽을 몇 겹으로 포위하고 있는 상황이었다. 그런데 밤이 깊어지자 사방에서 초나라의 노래가 들려오는 것이 아닌가! 항우는 깜짝 놀라면서 "한군이 이미 초나라 땅을 점령했단 말인가? 어찌하여 초나라 사람이 이다지도 많단 말인가?"라고 말했다.

한신은 '사면초가'의 전략으로 초나라 병사들의 향수를 부추겨 초나라 병사들의 심리상태를 혼란에 빠뜨렸다. 병사들은 하나둘 군영을 이탈하여 도망치기 시작했다. 고향을 떠나온 8천여 명의 아들과 형제들은 애간장을 녹이는 고향의 노래 때문에 전투력을 완전히 상실하고 말았다. 항우와 수년간 동고동락해온 장군들마저 슬그머니 떠났다. 심지어 숙부 항백項伯도 도망치듯 떠났다. 항우는 '사면초가' 속에서 사랑하는 우희虞姬와 이별하고 오강烏江에서 칼을 뽑아 자결했다.

심리전 모략이 성공한 가장 대표적인 본보기로 '사면초가'는 많은 사람들의 입에 오르내리고 있다. 항우와 우희의 애틋한 사랑의 노래와 함께….

● "군대는 사기를 먹고 산다."는 말이 있다. '사면초가'는 이 점을 잘 활용하여 상대의 사기를 떨어뜨린 모략이었다. 그림은 '사면초가' 당시를 그린 '십면매복十面埋伏'이란 그림이다.

전투력과 집단 전체의 사기는 뗄 수 없는 관계다. 사기는 사병들의 정서와 관계된다. 각종 수단을 동원해서 상대의 정서를 흩어놓는 한편 아군의 사기를 고무시키는 것은 장수들이 전략을 구사할 때 늘 중시하는 내용이다. 『손자병법』「구지」편을 보면 "산지散地(자기 땅)에서는 전투를 벌이지 말아야 하며, 경지輕地(적의 국경에 들어가긴 했으나 깊숙이 들어가지 않은 곳)에서는 머무르지 말아야 한다."는 대목이 있다. 좀더 설명하면 이렇다. 자기 국경 안에서 전투를 벌이는 것은 적절하지 않다. 집이 가깝기 때문에 굳이 죽을힘을 다해 진격하려는 마음을 갖지 않는다. 물러나도 돌아갈 곳이 있기 때문에 싸우면서도 군심이 흩어지기 쉽다. 또 적국의 국경 깊숙이 들어가지 않은 곳에서 머무르는 것은 옳지 않다. 본국과 멀지 않아 집과 고향 생각을 하기 쉽기 때문이다. 고향을 생각하는 정서가 사기에 영향을 미치기 때문에 예로부터 모략가들은 이 점을 매우 중시해왔다.

『삼국지연의三國志演義』에는 여몽呂蒙이 형양荊襄 전투에서 이 '사면초가'를 모방하여 승리를 거둔 일이 기록되어 있다. 여몽은 상대 병사들의 가족과 친척들을 동원하여 산 위에서 아들·형제들의 이름을 부르는 등 고함을 지르게 하여 군심을 동요시켰다. 형주의 병사들은 너 나 할 것 없이 부모 형제를 부르며 난리법석을 떨었다. 군심은 이미 흩어졌고 모두 자기를 부르는 목소리를 따라서 떠나갔다. 관우는 목이 터져라 고함을 질러댔으나 남은 부하는 3백여 명에 지나지 않았다. 천하에 위세를 떨치던 관운장도 측근들마저 다 떠나버린 외롭고 쓸쓸한 항우와 같은 신세가 되었다.

공심위상攻心爲上 마음을 공략하는 것이 상책이다

『양양기襄陽記』라는 책을 보면 이런 이야기가 있다.

건흥建興 3년(225), 제갈량이 남중南中을 정벌하러 나서자 마속馬謖이 수 리 밖까지 전송을 나왔다. 제갈량은 마속에게 말했다.

"함께 일을 꾀한 지 몇 년이 되었으니 이젠 좋은 견해를 들을 수 있겠구려."

마속이 말했다.

"남중은 그 위치가 멀고 험하다는 것만 믿고 오랫동안 복종하지 않고 있습니다. 지금 격파한다 해도 내일이면 다시 반발할 것입니다.… 무릇 용병의 도는 마음을 공략하는 것이 상책이며 성을 공격하는 것은 하책입니다. 심리전이 상책이며 병사를 동원해 싸우는 것은 하책입니다. 바라옵건대 공께서는 그들의 마음을 굴복시키십시오."

● 정치도 군사와 마찬가지로 심리전이 중요하다. 마음을 공략하는 '공심'은 모략 중에서도 상책에 속하는 우수한 모략의 하나다. 마속의 공심계를 채택하여 남중을 정벌했던 제갈량의 석상이다.

제갈량은 그의 말을 받아들였다. 『자치통감』에도 이에 대한 기록이 있다.

마속이 제기한 '공심위상'이라는 책략은 당시 촉이 서남을 정벌하려는 특수한 상황에서 나온 것이다. 서남의 소수민족 지역에 대해 "부드럽게 어루만지는 유화정책"을 견지해야 굴복시킬 수 있다는 것이 마속의 요지였다. 단순히 무력으로 정복하면 복종하지 않을 것이 틀림없으니 후환이 무궁하다는 것, 그리고 서측의 유씨 정권이 천하를 통일하려는 전체적인 국면에서 볼 때 서남에 대한 평정은 결코 한 차례 군사상의 승리로 끝날 문제가 아니라는 것이다. 관건은 서남을 장기전을 통해 편안한 후방으로 변화시키고 장차 병력을 집중시켜 중원을 도모하자는 데 있었다.

마속이 제기했듯, 단순히 군사력에만 의존해 맹획을 깨부술 수는 있지만, 만약 중원의 전쟁 상황이 일단 긴장 국면으로 접어들면 서남은 바람이 일어나듯 "빠른 속도로 배반할" 것이다. 이러한 분석은 문제의 관건이 어디 있는지 정확하게 꼬집은 '선견지명'이라 할 수 있다. 제갈량은 마속의 의견을 들은 후 감탄을 금치 못하며 "마속이 나의 폐부를 정확하게 찌르고 있구나!"라며 무릎을 쳤다고 한다. 이 모략은 제갈량을 설득시켰고, 그 결과 저 유명한 맹획을 일곱 번 잡았다 일곱 번 놓아준 '칠종침금七縱七擒'이라는 전설과도 같은 드라마를 연출하게 되었다.

'공심위상'은 『손자병법』「모공謀攻」편에 보이는 '상병벌모上兵伐謀' 사상을 계승한 것으로, 그 목표는 지혜와 모략을 겨루어 "병사를 무디게 하지 않고 날카로움을 보전케 하며", "싸우지 않고 상대를 굴복시키는 군대"를 만드는 데 있다. "삼군의 기를 빼앗고 장수의 마음(정신)을 빼앗는다."라든가 "적군을 굴복시키는 것은 싸움이 아니며, 적의 성을 함락하는 것은 공격이 아니다."는 손자의 정교한 사상은 '공심위상'을 꿰뚫고 흐르는 주제라 할 수 있다. 전쟁의 역사에서 뛰어난 장수는 적에 대해 모략을 쓸 때 "그 마음을 굴복시키는" 것에 착안하여 적에게 위엄을 보임으로써 적을 와해시키고 굴복시키는 데 중점을 두었다.

"무릇 용병의 도는 마음을 공략하는 것이 상책이며 성을 공격하는 것은 하책이다. 심리전이 상책이며 병사를 동원해 싸우는 것은 하책"이라는 마속의 모략사상은 역대 병가들에 의해 줄곧 떠받들어져왔다.

타초경사打草驚蛇 풀밭을 들쑤셔 뱀을 놀라게 한다

'타초경사'는 본래 생활 상식이었는데, 점차 정치·군사 영역에 차용되었다. 당나라 때 단성식段成式이 편찬한 『유양잡조酉陽雜俎』에 보면 오대五代 때 왕인유王仁裕가 수집한 고사가 있고, 『개원천보유사開元天寶遺事』에도 기록이 있다. 그 내용을 보면 이렇다.

당나라 때 왕노王魯라는 지방관이 있었다. 그는 당도當涂(지금의 안휘성)의 현령으로 있을 때 갖은 편법으로 재산을 긁어모았다. 관가의 말단부터 고위직에 이르기까지 너 나 할 것 없이 뒷구멍으로 뇌물을 받고 협박을 하는 등 악행을 일삼았다. 백성들의 원망의 소리가 거리에 흘러넘쳤다.

어느 날 왕노는 관가에 들어온 각종 민원서류를 검토하다가, 자기 밑의 주부主簿 벼슬에 있는 자를 고발하는 서류를 발견했다. 연명으로 올린 고발장에는 사리사욕을 채우려고 갖은 불법을 저지른 위법 사실이 여러 증거들과 함께 조목조목 밝혀져 있었다. 그 일들은 사실 왕노와도 관계가 있었다. 추궁해 들어간다면 그 대부분이 자신과 직접 관련되어 있음이 밝혀질 판이었다. 왕노는 서류를 찬찬히 살펴보면서 놀라움을 금할 수 없었다. 그는 속으로 생각했다. '이거 재미없군. 앞으로 조심해야지. 다행히 이것이 내 손에 들어왔기 망정이지!' 그는 다 읽고 난 다음 즉시 다음 여덟 자로 사주 풀이를 했다고 한다.

여수타초汝雖打草, 아이사경我已蛇警.
네가 풀밭을 들쑤셔보지만, 나는 뱀이 몸을 숨기듯 이미 경계를 갖추었노라.

'타초경사'가 많이 활용되는 곳으로 정적과 투쟁하는 과정보다 더한 곳은 없다. 미묘한 정치 수완으로 정적을 자극하여 정적이 놀라고 불안해할 때 그 정치적 의도를 폭로하는 것이다.

애병필승哀兵必勝 패배를 딛고 일어선 군대가 이긴다

이 군사적 용어는 주周나라 시대의 인물로 알려진 이이李耳(노자)의 『도덕경』 제69장에서 기원한다.

적을 깔보는 것보다 더 큰 화는 없다. 적을 경시하면 나의 보배를 잃게 된다. 따라서 무기를 들고 맞서 싸울 때는 패배를 경험한 군대가 이기게 마련이다.

노자는 군사전문가가 아니었지만 정신(심리)적 요소가 전쟁의 승부에 큰 작용을 한다고 인식했다. 두 군대가 대치하고 있는 상황에서는 모두가 감정이 격해 있고 적개심에 불타겠지만, 비분강개의 심정이 충만한 쪽이 승리를 거둘 것이다. 『손자병법』「작전作戰」편에서는 "적을 죽이는 것은 분노다."라고 말했고, 『백전기법』「노전怒戰」에서는 "적과 싸울 때는 병사를 격려해서 분노하게 만든 다음 출전시켜야 한다."고 말한다. 이것이 바로 '애병哀兵'을 수준 높은 군사예술, 병가의 권모술로 끌어올리는 것이다. '애병'의 운용방식은 위에서 말한 것뿐만 아니라 다음과 같은 것들도 있다.

충분히 공격할 수 있으나 일부러 공격 못 하는 것처럼 꾸민다.
충분히 지킬 수 있으나 일부러 지키지 못하는 것처럼 꾸민다.
충분한 전투력을 갖추고 있으나 전투력이 없는 것처럼 꾸민다.

이렇게 적을 혼란과 교만에 빠뜨려 수동적인 위치에 처하게 만든다.

싸움에서는 어느 쪽이나 승리하길 바라며 자신의 우세를 발휘하려 한다. 그래서 '애병'은 적의 심리를 자극하여 이쪽을 가벼이 여기게 할 수 있다. 또한 병사들은 자신들이 압박을 받고 능욕을 당하는 상황에 놓여 있다는 것을 알면 강렬한 승부욕으로 적극적인 준비를 갖추게 되고, 그리하여 기회를 봐서 작전을 펼치면 승리할 수 있다.

기원전 279년, 제나라 전단이 이끄는 군대는 연나라 군사에 의해 즉묵에서 포위당했다. 이미 70여 개의 성을 잃은 상태여서 즉묵은 최후의 보루나 마찬가지였다. 이런 상황에서 전단은 '애병'의 전략을 구사했다. 그는 사람들에게 이렇게 선전했다.

"나는 연나라 군사가 포로로 잡힌 제나라 병사들의 코를 베고 그들을 앞장세워 우리와 싸우게 할까 두렵다."

연나라 군대가 그 말을 듣고 그대로 했다. 성안에 있는 사람들은 연나라 군대가 항복한 제나라 사람의 코를 죄다 베는 것을 보고 화가 나 굳게 성을 지키면서 적에게 붙잡히는 것을 두려워했다.

또 전단은 간첩을 풀어 소문을 퍼뜨렸다.

"나는 연나라 군대가 우리 성밖에 있는 무덤들을 파헤쳐 조상을 욕되게 할까 두렵다. 그 생각만 하면 무서워서 간담이 서늘해진다."

연나라 군대가 무덤을 죄다 파내어 죽은 사람을 불태웠다. 성 위에서 그 광경을 바라보던 즉묵 사람들이 모두 눈물을 흘리며 함께 나아가 싸우기를 원하니, 그 분노가 절로 10배 이상 커졌다.

전단은 이제 병사들을 쓸 만하다고 판단, 몸소 판자와 삽을 잡고 병사들과 함께 노동을 분담하고 처첩까지도 군의 대열에 편입시켰다. 음식은 모두 나누어 병사들을 먹였다. 무장을 갖춘 군대는 안에 숨겨놓고, 노약자와 여자들만 성 위에 오르게 하고는 사신을 보내 연에게 항복을 약속하니 연나라 군사들은 만세를 불렀다. 전단은 또 백성들로부터 금을 거두어 큰 덩어리로 만들고는 즉묵의 부호들을 시켜 연나라 장수에게 갖다주며 말하게 했다.

"만약 즉묵이 항복하거든 내 가족과 처첩은 포로로 잡지 말고 편안하게 해주시오."

연나라 장수는 기꺼이 허락했고, 이로써 연나라 군은 더욱 해이해졌다.

전단은 소 1천여 마리를 거두어들인 다음, 비단으로 옷을 만들어 입히고 오색으로 용의 무늬를 그려 넣었다. 칼과 창을 뿔에 묶어 매고, 꼬리에는 기름을 부은 갈대를 다발로 묶어놓았다. 성벽 수천 군데에 구멍을 뚫어놓고는 밤이 되자 쇠꼬리에 불을 붙여 그 구멍으로 내보냈다. 장사 5천 명이 그 뒤를 따랐다.

소들은 꼬리가 뜨거워지자 미친 듯 연나라 군영을 향해 달렸다. 연나라 군대는 아닌 밤중에 날벼락을 맞은 듯 깜짝 놀랐다. 쇠꼬리의 횃불은 눈부시게 타오르며 광채를 내는데, 연나라 군사들이 보니 영락없는 용이었다. 연나라 군사들은 그것에 받혀 죄다 죽거나 부상당했다. 5천 명의 제나라 군사들은 물에 젖은 나뭇가지를 들고 말없이 뛰어들었고, 성안에서는 북을 두드리며 함성을 질러댔으며, 노인과 아이들도 구리 그릇을 두드리며 성원을 했다. 그 소리는 천지를 뒤흔들었다. 연나라 군대는 허둥지둥 정신없이 달아났고, 연나라 장군 기겁騎劫도 사망했다. 제나라 사람들은 도망치는 적을 뒤쫓았는데, 지나가는 성과 고을은 모두 연나라를 배반하고 전단에게로 돌아오니 군사는 갈수록 불어났다.

田單

● 전단은 군과 백성을 극도의 슬픔으로 몰아넣은 다음 이를 분노로 바꾸어 역전승하는 절묘한 모략을 구사했다.

연나라 군사는 쉬지 않고 도망친 끝에 겨우 하상河上(제나라의 북쪽 경계)에 이르렀다. 이렇게 하여 제나라 70여 성은 모두 수복되었고, 양왕襄王을 거莒에서 임치臨淄로 맞아들여 정사를 보게 했다. 양왕은 전단을 평안군平安君에 봉했다.

1115년, 금나라를 세운 태조 완안完顔 아골타阿骨打는 황용부黃龍府(지금의 길림성 농안현)를 공격하여 점령했다. 요나라 황제 야율연희耶律延禧는 벼락같이 성을 내며 몸소 70만 대군을 이끌고 정벌에 나섰다. 이와 함께 부마 소특말蕭特末에게도 기병 5만을 주어 알린락斡隣濼에서 금을 함께 공격하도록 했다. 금의 태조 완안 아골타는 엄청난 압박에 직면했다. 병사들의 마음을 하나로 합치기 위해 그는 '애병'을 활용하는 모략을 구사했다. 그는 허리춤에서 검을 뽑아 자기 얼굴을 이리저리 그은 후 피로 얼룩진 얼굴을 들어 하늘을 우러러 눈물을 흘리며 통곡했다.

"애당초 군사를 일으킨 것은 거란족의 압박을 참다못해 우리나라를 세워 굴욕과 수치를 면하고자 함이었는데, 뜻밖에 요나라가 전 병력을 동원해 우리를 정벌해 올 줄이야! 지금 커다란 화가 코앞에 닥쳤다! 죽음이 눈앞에 닥쳤다! 살기 위해서는 두 길뿐이다. 하나는 전 족속이 한마음 한뜻이 되어 결사적으로 싸워 죽음 속에서 승리를 쟁취하는 것이요, 또 하나는 우리 전 가족을 죽이고 투항하여 요나라에게 비는 길이다. 그러면 전화위복이 될 수도 있다. 가든지 따르든지 결정하라!"

각 부족의 수령들은 아골타의 얼굴에 흐르고 있는 피눈물을 보고는 분에 북받쳐 서로 부둥켜안고 눈물을 흘렸다.

"우리 모두 여진족의 독립을 위해 일어나자! 지금 사태가 여기에 이르렀으니 결사적으로 싸우는 수밖에 없다. 나, 죽음으로 맹세하건대 아골타의 명령을 따르리라!"

이런 굳센 결심과 용기에 힘입어 아골타는 불과 5만의 병력으로 요나라 70만 대군을 대파했다. 이 승리로 요·금 두 나라의 전력은 역전되어 뒷날 금이 요를 멸망시키는 기초가 마련되었다.

파부침주破釜沈舟　솥을 깨고 배를 가라앉히다

이 극적인 성어는 『손자병법』 「구지」편에 보인다.

장수가 병사들과 더불어 적국의 땅에 깊숙이 들어가 전기가 무르익으면 강을 건넌 다음 배를 태워버리고 식사를 마친 후 가마솥을 깨뜨려서 전진만이 있을 뿐 돌아오지 않을 결의를 표시한다. 마치 목동이 양떼를 몰듯이, 몰고 가고 몰고 오고 하지만 군사들은 그 가는 곳을 알지 못한다.

이 모략의 중심은 병사들을 사지에 몰아넣어 "살겠다는 마음을 버리고" 필사의 의지로 용감하게 적을 무찌르게 하는 데 있다. 『손자병법』 「구지」편에서 "사지에 빠진 후에라야 산다."고 한 말과 같다. 목적은 병사를 격려하여 적과 사투를 벌이게 하는 것이다. 어떤 부대가 절박한 상황에서 생사를 돌보지 않고 단결하여 분투한다면 일당십, 나아가서는 일당백의 용맹으로 살아 나오는 틈을 찾을 수 있다. "필사적이면 산다."(『오자병법吳子兵法』 「치병治兵」)고 한 말이 바로 그것이다.

『사기』 「항우본기」에도 비슷한 대목이 나온다.

항우는 전 병력을 이끌고 장하漳河(하북·하남 두 성의 경계를 흐르는 강)를 건넜다. 강을 건너자마자 타고 온 배를 모조리 물속에 가라앉히고 취사용 가마솥을 부순 다음 막사를 불태워버렸다. 그러고는 단 3일분 식량만을 몸에 지니게 했다. 이렇게 해서 병사들에게 돌아갈 마음을 먹지 말고 필사적으로 싸우라는 의지를 보였다.

진秦나라 말기 전국 각지에서 반란이 일어났고, 항우와 그의 숙부 항양도 군대를 일으켰다. 항우의 집안은 대대로 초나라 장군을 지냈기 때문에 초나라 땅에서 일어선 장수들은 너 나 할 것 없이 그들 밑으로 들어왔고, 항우의 세력은 점차 강대해져갔다.

항양은 대군을 이끌고 항우와 함께 산동 하남 일대에서 잇따라 진나라 군대를 격파함으로써 여러 차례 승리를 거두었다. 항우는 진나라 승상 이사李斯의 아들 이유李由의 목을 베는 성과도 올렸다. 그러나 진나라의 후원군이 대량 투입된 후 진의 장군 장한章邯은 정도定陶(지금의 산동성에 속함)에서 일전을 벌여 초나라 군을 대파했다. 이 전투에서 항우의 숙부 항양이 전사했다. 항우·유방·여신呂臣 등의 부대는 하는 수 없이 후퇴했다.

장한은 초나라 군을 격파한 뒤 초나라 땅의 전투는 일단락되었다고 판단, 곧 황하를 건너 북쪽으로 조趙 땅을 공격했다. 조 지역에서는 조헐趙歇이 왕, 진여陳余가 장군, 장이張耳가 재상으로 있으면서 거록巨鹿(지금의 하북성에 속함)으로 깊숙이 퇴각하여 그곳을 고수하고 있었다. 초나라 왕은 송의宋義를 상장군으로, 항우를 차장군으로 삼아 조를 구원하도록 했다.

초나라 군은 안양安陽(지금의 산동성 조현 동남)에서 더 이상 전진하지 않고 무려 46일을 지체했다. 항우는 참지 못하고 송의에게 빨리 강을 건너 조나라 군과 합류하여 진나라 군을 공격하자고 재촉했다. 그러나 송의는 동의하지 않았다. 진군이 피로에 지칠 때까지 기다려 틈을 엿보자면서, "무기를 들고 직접 싸우는 일에서는 내가 당신만 못하지만, 앉아서 전략을 세우는 일은 당신이 나를 따르지 못한다!"고 항우를 모욕했다. 때는 겨울인지라 춥고 눈비까지 내려 병사들은 추위에 떨고 굶주림에 고생하고 있었다. 그런데도 송의는 자기가 제나라 대신으로 임명한 아들 송양宋襄을 위해 무염無鹽까지 나가 전송하며 송별회까지 베풀어주는 등 자신의 안락만을 추구했다. 화가 머리끝까지 치민 항우는 아침 일찍 송의의 막사로 찾아가 그의 목을 베어버리고 전군에게 호령했다. 겁에 질린 장병들은 아무도 대꾸하지 못하고 그에게 복종했다. 항우는 이 사실을 왕에게 보고했고, 왕은 그를 상장군에 임명했다.

항우는 먼저 경포鯨布와 포蒲 장군에게 2만을 이끌고 장하를 건너 거록을 구원케 했다. 이어 자신은 전군을 이끌고 장하를 건너 북상했다. 강을 건넌 다음 항우는 바로 "배를 태워버리고 식사를 마친 후 가마솥을 깨뜨려서" 전진만이 있을 뿐 돌아오지 않을 결의를 표시했다.

초나라 군은 전선에 이르러 진나라 군을 포위하고 식량 운송로를 차단하는 한편, 무려 아홉 차례의 공방전 끝에 진나라 군에 결정적 타격을 가했다. 당시 거록을 구원하러 달려왔던 여러 제후들의 군대는 근처에서 수십 개의 성채를 쌓아놓은 채 감히 달려 나와 싸울 엄두를 내지 못하고 있었다. 초나라 항우가 진군을 쳐부술 때 이 장수들은 성채 위에서 팔짱을 끼고 구경만 했다. 초나라 군사들이 일당십으로 분전하는 동안, 천지를 진동하는 함성 앞에서 여러 제후들의 군대는 놀라움과 두려움에 멀찌감치 떨어져 넋을 잃고 바라볼 따름이었다.

이 전투에서 승리한 항우는 각 제후들의 장군들을 소집했다. 그들은 항우가 궁문을 들어올 때 무릎을 꿇고 기다시피 했고, 아무도 똑바로 쳐다보지 못했다. 항우는 제후들을 휘어잡았다.

'파부침주'는 중요한 정치모략의 하나로, 지도자가 사기를 높이고 사상을 통일시키며 중대한 결심을 내리는 중요한 방법이다. 일상 사회활동에서도 지도자는 '파부침주'의 결심과 기개로 부하를 다독거리고, 그들과 자신을 격려하여 하나의 목표를 달성하기 위해 분투해야 한다.

진정지곡秦庭之哭 진나라 궁정에서 통곡하다

오자서伍子胥와 신포서申包胥는 원래 친한 사이였다. 초나라 평왕平王이 무고하게 오자서의 아버지와 형을 죽이자 오자서는 오나라로 도망쳤다. 오자서는 초나라를 멸망시켜 아버지와 형의 원수를 갚겠다고 맹세했다. 신포서는 오자서에게 개인적인 원한 때문에 조국을 배반하지 말라고 충고했다. 오자서는 듣지 않았다. 신포서는 오자서에게 말했다.

"자네가 기어이 초나라를 멸망시키려 든다면, 나 또한 반드시 초나라를 부흥시키겠네!"

그때부터 두 사람은 친구 관계를 끊었다. 그 후 오자서는 오나라의 공자 광光을 도와 정권을 탈취하고 오왕(합려)으로 세웠다. 그리고 한 걸음 더 나아가 초나라 국내 사정이 혼란한 틈을 타 합려를 부추겨 초나라를 공격, 영도郢都를 점령했다. 이 당시 초나라는 평왕이 이미 사망하고 아들 소왕昭王이 왕위에 있었는데, 오나라의 공격을 받자 황급히 도주했다. 오자서는 평왕의 무덤을 파내 시체에 채찍질을 수백 번 가함으로써 원한을 청산했다.

신포서는 이런 오자서의 행동에 격분했다. 그는 소왕을 찾아가 나라를 회복할 수 있는 대계를 상의했다. 그러나 약해질 대로 약해진 초나라는 이웃 나라의 도움을 받지 않을 수 없었다. 신포서는 진秦에 구원을 요청하기로 했다. 초나라 평왕의 부인이 진 애공哀公의 딸이고, 따라서 지금의 소왕은 애공의 외손자이기 때문에 진나라는 이 사태를 그냥 보고만 있지 않으리라 판단했던 것이다. 소왕은 신포서의 건의를 받아들여 그를 특사로 임명하여 진나라로 보냈다. 신포서는 애공을 만나 초나라의 위급한 상황과 오나라의 횡포를 힘주어 알리면서, 오나라는 마치 '봉시장사封豕長蛇 (큰 돼지와 큰 뱀이란 뜻으로 침략자·악당을 비유한다)'처럼 탐욕스러워 나라를 멸망시키고 나면 그 여세를 몰아 중원에까지 세력을 확장하려 들 것이 뻔하니 진나라도 편치 않을 것임을 지적했다. 그러므로 진나라는 빨리 군사를 일으켜 오나라를 정벌하는 한편, 나라의 부흥을 돕고 아울러 진나라 자체의 안전을 도모해야 한다고 애공을 설득했다.

애공은 오나라와 싸우고 싶지 않았다. 애공은 신포서에게 그저 먼길을 오느라 수고 많았으니 휴식을 취하고 다시 얘기하자며 대화를 피했다. 신포서는 물러가지 않고 간절히 애원했다. 애공은 적당히 얼버무리다가 나중에는 아예 대꾸도 하지 않았다. 신포서는 궁궐 담벼락에 기대서서 통곡했다. 신포서의 곡소리는 밤낮으로 끊이지 않았다. 신포서는 물 한 모금 마시지 않고 그대로 서서 7일간을 통곡하다가 끝내 쓰러지고 말았다. 진 애공은 감동했다.

"초나라에 저렇듯 충성스러운 애국자가 있으니 초나라의 부흥을 걱정하지 않아도 되겠구나. 우리 진나라가 어찌 돕지 않으리오!"

진 애공은 몸소 신포서의 머리를 받쳐들고 물과 약을 먹여 깨어나게 했다. 애공은 깨어난 신포서를 향해 '무의無衣'라는 시를 읊었다. '무의'는 진나라의 시인데, 그 내용 중에 "무기와 군사를 다듬어 그대와 함께 원한을 갚으리라."는 대목이 있다. 즉, 무기를 들고 공동의 적에 대항하겠다는 뜻이었다. 신포서는 애공의 뜻을 알고는 아홉 번 머리를 조아리며 깊은 감사의 뜻을 표시했다.

진나라는 두 사람의 대장으로 하여금 전차 4백 량(합계 약 4만의 병력)을 이끌고 초나라의 병력과 함께 단숨에 오나라 군을 무찔렀다. 이때 오나라에서는 오왕 합려의 형제인 부개夫概가 자신의 군대를 동원하여 왕위를 빼앗으려고 반란을 일으켰다. 합려는 하는 수 없이 싸움을 중지하고 후퇴하여 내란을 평정했다. 초나라는 잃어버렸던 땅을 완전히 회복했고, 소왕은 정치를 개혁하고 인재를 등용함으로써 점차 강국으로서 면모를 회복해갔다.

신포서가 "진나라 궁정에서 통곡하다"라는 '진정지곡'에 얽힌 고사는 『좌전左傳』『국어國語』『사기』 등에 기록되어 있다. 이 모략은 슬픈 울음으로 상대를 감동시키는 것이다. 즉, 죽고 싶을 만큼 고통스러운 자신의 비분을 다른 사람에게 전달하여 동정심을 불러일으킴으로써 적과 싸워 이길 수 있다는 투지를 자극한다.

'진정지곡'의 모략은 오늘날 더욱 발전하여, 비분으로 상대를 감동시키는 차원을 넘어 한결 폭넓은 의의를 지니게 되었다. 예컨대 인생 선배나 성공한 사람들로부터 과거의 고생담을 진지하게 들음으로써 자신을 자극하고 격려하는 것도 이 모략을 운용하는 것이라 할 수 있다.

차용시의借用猜疑　시기심과 의심을 이용한다

저리자樗里子는 진秦나라 왕의 배다른 동생으로 장군에 임명되었고, 한때는 승상직을 맡기도 한 인물이었다.

　그런데 이처럼 막강한 배후를 가지고 있는 저리자는 책사策士 장의의 중상에 걸려들어 상당 기간 국외로 망명하지 않을 수 없었다.

　장의는 전국시대의 유명한 인물이다. 위魏나라에서 태어나 각지를 다니며 유세를 하다가 진나라 왕의 눈에 들어 진나라 재상이 되었다. 장의는 다른 나라 출신인 반면에 저리자는 진나라 왕의 동생으로서 상당한 권력을 소유하고 있었으므로 중상의 기술이 높지 않으면 화가 역으로 자신에게 미칠 판이었다. 장의의 중상술은 시기와 의심을 교묘하게 이용하는 것이었다. 이것이 바로 '차용시의'라는 모략이다.

　장의는 우선 저리자를 초나라 특사로 파견할 것을 건의했다. 국경을 접하고 있는 진나라와 초나라는 세력이 엇비슷해 늘 밀고 당기며 다투는 사이였다. 얼마 전 장의의 모략 때문에 초나라는 진나라에 두 개의 성을 빼앗겼다. 그 후 두 나라 관계는 잔뜩 긴장되었다. 저리자가 특사로 파견된 것은 이 일로 불편해진 두 나라 사이의 대립을 완화시키기 위함이었다.

　저리자가 진나라의 특사로 초나라에 도착한 후 얼마 되지 않아 초나라 특사도 진나라를 방문했다. 그런데 뜻밖에도 특사는 진나라 왕에게 이런 말을 전했다.

　"저희 왕께서는 저리자 선생의 인물됨을 매우 흠모하고 계십니다. 그분께 초나라 상국 자리를 마련해드릴까 하는데 허락해주십시오!"

특사의 이런 말은 적지 않은 파문을 몰고 올 소지가 다분했다. 진나라 왕으로 보자면 초왕의 이런 요구를 거절할 수 없었다. 그런데 이 모두가 사실은 장의가 막후에서 조종한 결과였다. 장의는 저리자를 초나라로 보내는 한편 비밀리에 초왕에 대해 공작을 진행하여 "진왕에게 저리자를 초에 머물게 해달라고 요청하라."고 부추겼던 것이다.

초나라 사신이 도착한 후 장의는 진왕을 뵙고 이런 말을 했다.

"듣자 하니 저리자가 특사로 초나라에 도착한 후 임무는 제쳐놓고 먼저 왕에게 자신을 초나라에 남게 해달라고 요청했다 합니다. 지금 초왕의 특사가 와서 하는 말을 보면 그 소문이 진짜인 듯합니다. 그가 만약 대의를 소홀히 했다면 우리 진나라를 초나라에 팔았을 가능성이 큽니다."

● 상대의 마음을 흔드는 여러 방법 중 의심과 시기심은 좋은 도구가 된다. 유세가 장의는 이를 잘 활용했다.

이 말을 들은 진나라 왕은 크게 화를 냈다. 장의가 바라던 바였다. 저리자는 귀국할 수 없었고, 그 뒤 다시 다른 나라로 도망가야만 했다.

장의의 중상이 성공할 수 있었던 것은 저리자에 대한 진왕의 경계심을 잘 이용했기 때문이다. 국왕의 형제가 국내외에서 이름을 떨치게 되면, 당시처럼 살벌한 전국시대의 상황에서는 국왕 자리가 언제 뒤바뀔지 모르는 화근이 될 수 있었다. 늘 이런 불안감에 시달리고 있던 진왕으로서는 저리자가 잠재적인 근심거리가 아닐 수 없었다. 이런 상황에서 적국이 그를 상국으로 삼겠다고 했으니, 경쟁의식과 불안감이 더욱 커질 것임은 뻔한 일이었다.

기회는 대단히 중요하다. 기회가 오지 않으면 장작은 있는데 불씨가 없는 것이나 마찬가지다. '차용시의'는 적당한 기회를 포착하여 바람을 타고 불을 붙이는 모략이다.

포전인옥抛磚引玉 벽돌을 던져서 옥을 끌어당긴다

이 고사는 당나라 현종玄宗(이융기李隆基) 개원開元 연간(713-741) 진사進士를 지냈던 상건常建의 『상건집常建集』에 나온다.

상건은 조하趙嘏의 시를 매우 좋아했다. 그러던 어느 날 조하가 오吳 지방 영은사靈隱寺에 유람을 온다는 소식을 듣고는 먼저 영은사로 가서 담벼락에 두 구절의 시를 적어놓아 조하가 보게 되면 시흥이 일도록 했다. 이윽고 조하가 영은사에 와서 미완성의 시를 보고는 뒤에 두 구절을 덧붙여 완전한 한 수를 만들었는데, 상건의 앞 두 구절보다 한결 좋았다. 당시 사람들은 상건의 이런 수법을 '포전인옥'이란 말로 평했다.

정등길程登吉의 『유학구원幼學求源』 24권에도 이 이야기가 인용되어 있는데, 거기에는 이와 함께 다음과 같은 고증이 덧붙여져 있다.

상건은 개원 15(727)의 진사고, 조하는 당 무종武宗 회창會昌 2년인 842년의 진사로 두 사람이 살았던 시간적 간격은 백 년이 넘는다. 그러니 상건이 조하라는 사람을 알았을 리 만무하다. 『상건집』의 내용은 후세 사람이 지어낸 얘기에 두 사람의 이름을 갖다붙인 것임을 알 수 있다. 그것이야 어찌되었건 이 고사가 뜻하는 바는 아주 분명하다 하겠다.

이 이야기는 북송 때 도원道原이 지은 『경덕전등록景德傳燈錄』에도 보인다.

조주임趙州稔이 대중을 향해 세상 문제에 해답을 구하는 자는 나오라고 말했더니 중 하나가 나와 절을 올렸다. 그러자 조주임은 "'포전인옥'하려 얘길 꺼냈더니 벽돌을 얻었구나."라고 말했다.

『경덕전등록』은 송나라 진종眞宗 경덕 원년인 1064년에 승려 도원이 편찬한 불교의 법어록과 전설을 모은 책이다. 조주임은 당나라 후기의 고승인 종임從稔선사(778-897)를 가리킨다. 조주趙州에 있는 관음원觀音院에 기거했기 때문에 조주임이라 불렀다. 그가 한번은 대중들을 모아놓고 세상의 의심나고 어려운 문제에 해답을 구하려는 자는 나와서 말해보라 했다. 그러자 한 중이 나와 절을 올렸다. 이에 조주임은 "내 본디 '포전인옥'해볼까 했더니 뜻하지 않게 벽돌덩이 하나를 얻었구나."라며 혀를 찼다는 것이다. 뜻인즉, 자기 같은 중(벽돌)이 여러 사람들로부터 세간의 문제에 대한 고견(옥)을 얻으려고 말을 꺼냈더니, 중(벽돌)이 나오더라는 것이다.

'포전인옥'이 정치모략으로 활용될 때는 흔히 그 자신에게는 확실한 소견이 없지만 우선 나름대로의 의견을 발표하여 다른 사람들의 좀더 좋은 견해를 끌어내는 것으로 나타난다. 또는 다른 사람의 의도와 견해를 끌어내기 위해 자기가 먼저 '미끼'가 될 만한 의견을 제기해서 모종의 목적을 달성하기도 한다. 오늘날 일상생활에서 '포전인옥'은 겸손함의 의미로도 받아들여지고 있다.

고대 병서인 『36계』에서는 '포전인옥'을 '공전계攻戰計'의 하나로 분류하고 있다. 적이 의심하지 않는 사이에 늙고 약한 잔병이나 식량 군수품을 이용하여 적을 유인하는 경우를 들 수 있다.

　　근래에 들어서 '포전인옥'의 모략은 갈수록 많이 활용된다. 일본이 진주만을 기습한 후, 미국의 한 통역 팀은 일본이 태평양 쪽으로 보내는 많은 무선전보들 중에서 'A·F' 두 글자가 유달리 많다는 사실을 발견했다. 그들은 이 AF가 미드웨이 섬일 가능성이 있는 것으로 판단했다. 더 확실한 정보를 알아내기 위해 그들은 미드웨이 섬에 주둔하고 있는 미군 해군사령부로 하여금 간단하고 쉬운 영어로 된 '미끼'를 단 무선전보를 치도록 했다. 그 내용은 미드웨이 섬에 있는 담수 시설에 고장이 발생했다는 보고였다. 얼마 후 미국 공군은 일본군의 암호 전보 중에서 과연 "AF에 담수가 부족할 가능성이 있다."는 내용을 탐지해냈다. 당초의 추측과 판단이 옳았던 것이다. 한 걸음 더 나아가 일본군이 미드웨이 섬을 공격하기 위해 전진하려 한다는 사실도 알아냈다. 미군의 '포전인옥' 전술은 그 뒤 미드웨이 전투에서 승리를 거두는 데 크게 공헌했다.

폄우포중貶寓褒中　듣기 좋은 말 속에 감춘 중상모략

'중상모략'이라고 말할 때 '중상'은 꼭 다른 사람에 대한 나쁜 말만을 가리키는 것은 아니다. 굳이 나쁘게 말하지 않아도 되는 중상을 '폄우포중'이라고 한다. 이 방법은 상대에게 죄를 짓지 않아도 된다. 그와 반대로 때로는 고맙다는 말까지 들을 수 있다.

　　『한비자』「내저설內儲說·하」에 다음과 같은 고사가 전해 온다.

　　중산국中山國에 지위가 낮은 공자가 있었다. 그가 타고 다니는 수레는 아주 낡

은 고물이었고, 수레를 끄는 말들도 볼품없이 비쩍 말라 있었다. 임금의 측근 중에 그 공자와 사이가 나쁜 신하가 있었는데, 이자가 임금에게 그를 도와주자고 청을 드렸다.

"그 공자께서는 몹시 궁색하여 말에게 먹일 사료조차 없어 야윈 말을 끌고 다니는데, 주군께서는 그분에게 사료라도 조금 내려주시지 그러십니까?"

그러나 임금은 받아들이지 않았다. 그 신하는 사람을 시켜 야밤에 몰래 사료를 저장해놓은 창고에 불을 지르게 했다. 임금은 이것이 그 공자의 소행이라 여기고 그를 잡아다 죽여버렸다.

『사기』에는 이런 이야기가 전해 온다.

한나라 제9대 황제 경제景帝의 황후가 왕자를 낳지 못해 지위가 떨어졌다. 누가 그녀의 뒤를 이어 황후가 될 것인가가 후궁들 사이에서 최대의 관심사가 되었다. 후궁 중 율희栗姬가 가장 먼저 왕자를 낳았다. 관례대로라면 장남이 황태자가 되고 생모인 율희가 황후가 되어야 한다. 그러나 율희는 시기와 질투심이 너무 강해 다른 사람들에게 나쁜 인상을 주었다. 이를 알게 된 황제도 자연히 그녀를 멀리했다. 그런데도 율희는 이런저런 상황을 눈치채지 못하고 왕자를 낳았다는 사실에만 집착해 자신의 처지를 잊고 있었다. 『사기』의 기록에 따르면, 경제가 율희에게 다른 후궁들이 낳은 왕자들을 배려하라고 부탁하자 그녀는 매우 불쾌해하며 "받아들이려 하지도 않았을 뿐 아니라 그 언행도 불손하기 짝이 없었다."고 한다. 이 때문에 경제는 더욱 그녀에게 혐오를 느꼈다. 그러나 황태자의 생모였기 때문에 마음대로 궁중 밖으로 내쫓을 수도 없는 상황이었다. 이런 낌새를 챈 왕부인王夫人은 경제의 측근 대신에게 슬며시 이런 말을 흘렸다.

"황후 자리는 잠시라도 비워둘 수 없는 자리예요. 내가 황상께 말씀드려 태자의 생모 율희를 황후로 삼도록 권해볼 참인데 경의 의견은 어떤가요?"

왕부인은 율희에 대해 단 한마디도 나쁜 말을 하지 않았다. 오히려 그녀가 황후가 되도록 도우려 한다니, 이 어찌 개인적 감정에 치우치지 않는 큰 뜻이 아니겠는가? 그 대신도 감동했거나 아니면 자기가 '율황후'의 첫 추천자가 되고 싶었을 것이다. 그는 곧장 황제에게 달려가 아뢰었다.

"태자의 모친이 일반 부인들과 같은 자리에 앉아 있을 수는 없으니 황후로 책봉하심이 옳은 줄 아옵니다."

이 말을 들은 경제는 깜짝 놀라며 의아해했다.

"경이 어찌 그렇게 말할 수 있는가?"

율희를 궁 밖으로 내쫓을까 말까 망설이고 있던 차에 그런 여자를 황후로 삼자고 했으니 황제는 버럭 화를 내면서 지체 없이 그 대신을 감옥에 가두게 하는 동시에 황태자를 폐위시켜버렸다. 율희는 "갈수록 원망과 절망에 사무쳐 이러지도 저러지도 못하다가 화병으로 죽고 말았다." 왕부인은 황후가 되었고 그녀가 낳은 아들이 황태자가 되었으니, 이가 바로 한 무제武帝다.

왕부인이 율희를 황후로 삼자고 부추긴 것이 황제의 화를 돋우었으니, 이는 그녀의 치밀한 안배가 아닐 수 없다. 만일 왕부인이 율희에 대해 나쁜 말을 했더라면 사태는 어떤 방향으로 발전했을지 알 수 없다. 그러나 좋은 말로 추천하는 방식을 통해 직접적인 중상모략 이상의 효과를 거둔 것만은 사실이다.

제복중상制服中傷 중상모략에 대처한다

아무런 정신적 준비와 방어 조치가 없는 상태에서 '중상모략'이라는 화살에 맞는다면 후회막급이다. 따라서 거의 모든 사람들이 가공할 중상에 대응할 대책을 마련한다. 권모술수가 소용돌이치는 사회에서 중상에 대응하는 숱한 대책이 나오는 것도 사실이다. 창이 있으면 방패가 생겨나고, 유도탄이라는 신무기가 나오면 즉시 그 유도탄을 막는 새로운 군사장비가 생겨나는 것과 같은 이치다. 마찬가지로 중상에 대해서도 그에 맞설 수 있는 대책이 있다.

한나라 초기 직불의直不疑라는 인물이 승진을 하자 누군가가 샘이 나 헐뜯었다.

"듣자 하니 직불의가 자기 형수와 간통을 했다더군."

이 헛소문은 얼마 되지 않아 직불의의 귀에까지 전해졌다. 사실 직불의에게는 형이 없었다. 그러니 세상에 있지도 않은 형수와 간통 운운하는 것은 근본적으로 말도 안 되는 것이었다. 따라서 직불의가 나서서 이 유언비어를 잠재우기란 어렵지 않았다. 그러나 그는 그저 혼잣말로 중얼거릴 뿐이었다.

"나한테는 형님이라고는 없는데 어떻게 그런 말이…."

유언비어나 헛소문에 대해서는 변명하면 할수록 그 전파 속도가 더 빨라진다. 직불의는 중상에 대해 근본적으로 관심을 두지 않았는데, 그에 대한 중상은 어느샌가 수그러들었다.

이런 일도 있었다. 직불의는 몇몇 사람과 함께 같은 집에 살고 있었는데, 그중 한 사람이 휴가차 왔다가 동료의 돈을 자기 것인 줄 알고 가져가버렸다. 돈이 없어진 것을 안 돈 주인은 직불의를 의심했다. 직불의는 돈 주인에게 사과하고 배상까지 했다. 얼마 후 돈을 잘못 가져간 사람이 집으로 돌아와 돈을 주인에게 되돌려주었다. 직불의를 의심했던 돈 주인은 자신이 너무 경솔했음을 깨닫고는 미안해했다. 이런 일이 있은 후 "직불의는 보통이 아닌 인물이다."라는 평가가 급속히 퍼져나갔다.(이상 『사기』 「만석장숙열전萬石張叔列傳」에서 발췌 정리)

이상은 무방비의 방비이지, 무책략의 책략이 아니다. 찬찬히 생각해보면 오히려 가장 좋은 중상 대응법이라고 할 수 있다. 직불의는 격렬한 경쟁 속에서 줄곧 이런 태도로 처신하여 어사대부까지 승진할 수 있었다. 만약 그가 사사건건 대꾸했더라면 그런 중책에 이르지 못했을 것이다. 『사기』의 저자 사마천은 이 이야기의 끝에다 이렇게 썼다.

이름 내세우기를 좋아하지 않아 세상 사람들이 그를 장자長者라 불렀다.

즉, 본인은 비록 명리를 탐내지 않았지만 세상 사람들은 그를 덕이 높고 고상한 사람이라 불렀다는 것이다.

직불의의 태도는 중상모략에 대처하는 방법이란 면에서는 비정상이다. 일반적으로는 중상에 걸려들 가능성이 있는지 미리 예측해서 사전에 대책과 준비를 갖추는 것이 필요하다. '식양息壤의 맹세'가 이 방면의 전형적인 사례에 속할 것이다. 그와 관련된 이야기를 해보자.

진秦나라의 상국 감무甘茂와 소진蘇秦 그리고 장의張儀는 같은 시대 사람들이었는데, 모두 전국시대의 유명한 모략가로 교묘하게 정적을 공격하는가 하면 늘 다른 사람의 중상에 걸려들지 않도록 경계를 게을리하지 않았던 인물들이었다.

진나라는 한韓나라의 요충지인 의양宜陽을 손에 넣고 싶어 했다. 진나라 왕은 이일을 감무에게 맡겼다. 감무는 위魏나라 군대와 연합하여 한나라 정벌에 나섰다. 그러나 작전 지역이 각국의 이해관계와 세력이 복잡하게 얽힌 지역이었다. 게다가 진나라 내부의 실권자들은 각기 나름대로 다른 국가들과 이런저런 이해관계를 맺고 있어 감무를 중상모략할 가능성이 농후했다.

진나라 군대가 한나라로 진공하기에 앞서 감무는 식양息壤에서 진나라 왕을 만나 재차 자신에 대한 신뢰 여부를 확인했다. (당초 감무는 의양 정벌을 반대했다.)

"저는 외국에서 들어온 신하에 지나지 않습니다. 저리자樗里子(어머니가 한나라의 공주)와 공손석公孫奭(본래 한나라의 공자)이 한나라를 지키기 위해 저의 방책을 이러쿵저러쿵 비방하면 왕께서도 어쩔 수 없이 두 사람의 말을 듣게 될 것입니다. 그렇게 되면 왕께서는 위나라 왕을 속이게 되고, 저는 공중치公仲侈(한나라의 재상)의 원망을 사게 될 것입니다."

왕은 고개를 끄덕이며 대답했다.

"과인은 두 사람의 비방을 결코 듣지 않겠다는 걸 그대에게 맹세하겠다."

● 정치에는 늘 중상모략이 따른다. 감무는 이를 간파하고 사전에 삭양에서 맹서를 받았다. 문무관 복장의 감무 모습이다.

감무는 병사를 끌고 의양을 쳤지만 5개월이 지났는데도 함락시키지 못했다. 저리자와 공손석은 기다렸다는 듯 감무를 비방하고 나섰다. 진나라 왕은 감무를 불러들여 전쟁을 그만두려고 했다. 감무는 말했다.

"식양의 맹세를 잊으셨단 말입니까?"

진나라 왕은 감무를 다시 신임했고, 감무는 적군 6만을 죽이고 마침내 의양을 함락했다.

퇴피삼사退避三舍 90리를 물러난다

『좌전』 희공僖公 23년(기원전 637) 조항 등에 길게 소개되어 있는 춘추시대 진晉나라 때의 상황이다.

진나라 헌공獻公은 여희驪姬를 편애했다. 여희는 자기가 낳은 아들 해제奚齊를 태자로 삼아 장차 헌공의 뒤를 잇게 하고 싶었다. 그래서 일련의 음모를 꾸며 태자인 신생申生과 공자인 중이重耳·이오夷吾를 모함했다. 헌공은 여희의 무고를 믿고 먼저 신생을 죽인 뒤 중이와 이오를 체포하려 했다. 두 사람은 각기 다른 나라로 도망쳤다.

중이가 도망칠 때 그를 따랐던 사람들로는 외삼촌 호언狐偃을 비롯하여 조최趙衰·전힐顚頡 등이 있었다. 그들은 먼저 진나라 북방의 적국狄國으로 갔다. 적국에서 중이는 계외季隗를 아내로 맞아들여 백주伯鰷와 숙유叔劉를 낳았다. 조최는 숙외叔隗를 아내로 맞아 조돈趙盾을 낳았다. 이즈음 진나라 헌공이 죽고 여희의 아들 해제도 신하에게 피살되었다. 양梁나라로 도망가 있던 이오가 귀국해서 임금의 자리를 이으니 이가 바로 혜공惠公이다. 혜공은 중이가 돌아와 자기 자리를 빼앗을까봐 두려워 적국으로 사람을 보내 그를 죽이려 했다. 중이는 다시 제나라로 도망갔다. 떠나기에 앞서 그는 아내 계외와 작별을 하며 말했다.

"내가 25년이 지나도록 돌아오지 않으면 재혼하도록 하오."

계외는 슬픈 표정을 지으며 대답했다.

"저는 이미 스물다섯입니다. 그 나이를 더 살아서 재혼하려 해도 이미 관 속에 들어갈 나이가 되어 있을 겁니다. 얼마가 되었건 기다리게 해주십시오."

중이 일행은 위衛나라를 거쳐 제나라에 머물렀다가 다시 조曹나라로 갔다. 조나라에서는 그들을 아주 푸대접했다. 조나라 대부 희부기僖負羈의 아내가 남편에게 말했다.

"제가 보기에 중이를 따르는 자들은 모두 상국 자리를 준다 해도 충분히 감당할 만한 인재들입니다. 그 공자는 언젠가 자기 나라로 돌아가 분명 제후들 중 패자가 될 것입니다. 그때가 되면 자신에게 무례하게 굴었던 우리 조나라가 먼저 화를 당할 것입니다. 그러니 기회를 놓치지 말고 그에게 성의를 다하십시오."

희부기는 아내의 말대로 사람을 시켜 진수성찬을 중이에게 보내면서 음식 속에 옥을 숨겨두었다. 중이는 매우 감격해하며 음식만 받고 옥은 돌려보냈다.

그 후 중이 일행은 다시 송과 정나라를 거쳐 초나라로 들어갔다. 초나라 성왕成王은 융숭하게 그들을 대접하면서 중이에게 이렇게 물었다.

"공자가 만약 진나라로 돌아갈 수 있게 된다면 나에게 어떤 식으로 보답하겠소?"

"초나라에는 금은보화와 비단이 있을 만큼 있으니 제가 무엇으로 보답하면 좋겠습니까?"

"그렇더라도 어떻게 보답할지 말해보시오."

"만약 왕 덕분에 제가 진나라로 돌아갈 수 있다면, 그리하여 이후 만에 하나 진나라와 초나라 사이에 전쟁이 일어나 쌍방이 중원에서 만난다면 저희 군대는 틀림없이 '피군삼사避君三舍(또는 '퇴피삼사退避三舍')'[6]함으로써 오늘 왕의 은혜에 보답하겠습니다. 그때 가서 왕께서 양해하시지 않는다면 저는 하는 수 없이 활을 뽑아 들고 왕과 싸울 수밖에 없을 것입니다."

훗날 중이는 초나라에서 진秦나라로 갔다. 진나라 목공穆公은 진나라와 친한 세력을 심어두기 위해 중이를 크게 우대하면서 다섯째 딸을 그에게 시집보내기까지 했다. 그리고 군대로 중이를 호위하여 진晉나라로 돌려보냈다. 당시 진나라의 임금은 중이의 조카인 회공懷公이었다. 중이는 진나라의 지원 아래 정권을 탈취하는 한편 자객을 보내 회공을 죽이고 스스로 임금이 되었다.

그로부터 4년 후 진나라와 초나라 양군이 성복城濮에서 충돌하는 사태가 발생했다. 이제는 진나라 문공文公이 된 중이는 과연 지난날 약속대로 군대를 90리 뒤로

---

6   '피군삼사'는 상대에게 90리를 양보하겠다는 뜻이다. 1사는 30리에 해당한다.

● 7전 8기, 고진감래, 불굴의 의지 등의 수식어로 표현되는 진 문공의 일생은 시대상의 압축판이었다. 정치에서 불굴의 의지는 필수적인 요소며 거기에서 나오는 모략은 실제적일 수밖에 없다.

물렸다. 이는 표면상으로는 중이 자신이 한 말을 지키자는 것이었지만, 실제로는 초나라 군대의 예봉을 피하고 군을 교만하게 만드는 한편 자기 군대의 사기를 격려하고 제후들의 동정을 얻고자 함이었다. 그러면서 자신에게 유리한 전투지를 선택했다. '퇴피삼사'는 정치적으로는 주도권을 쟁취하여 민심과 동정을 얻고, 군사적으로는 적을 깊숙이 유인하여 제압하는 것이다. 중이는 이렇게 해서 열세로 우세를 뒤집는 전례를 창조해냈다.

　　이 모략은 정치상 유리한 고지를 차지하기 위해 한 발 양보한 다음 상대가 틈을 보이면 힘껏 일격을 가하는 것이다. 정략에서 전략에 이르기까지, 전략에서 전술에 이르기까지 이 모략을 적용하여 성공한 예는 꽤 많다. 『수호전』을 보면 시진가柴進家에서 홍교두洪敎頭와 임충林沖이 무술을 겨루는 장면이 나온다. 홍교두는 화봉花棒을 휙휙 휘두르며 연신 덤비라고 고함을 질렀다. 임충은 먼저 한 걸음 물러서 수비 자세를 취하며 재빨리 홍교두의 약점을 잡아 상대를 땅에 메다꽂았다.

'피군삼사'나 '퇴피삼사'는 같은 말인데, 여기에서 '물러섬'은 소극적·수동적 '물러섬'이 아니라 능동적·적극적 '물러섬'이다. 후퇴와 양보를 통해 반격의 기회를 찾으면서 공격의 역량을 비축하는 것이다. 경험 있는 모략가는 먼저 정치와 전체 국면에 대한 득실을 따져야지 초기 단계에서 형세만으로 우열을 논해서는 안 된다.

4절
위기와 대비

안불망위安不忘危 안정을 이루고 있을 때 위기를 잊지 않는다

이 말은 『주역』「계사전繫辭傳·하」에 나온다.

> 군자는 태평할 때도 위기를 잊지 않고, 순탄할 때도 멸망을 잊지 않는다. 잘 다스려지고 있을 때도 혼란을 잊지 않는다. 그렇게 함으로써 작게는 내 몸을, 크게는 가정과 국가를 보전할 수 있다.

'안정'과 '위기'는 서로 맞물려 돌고 도는 관계다. 태평할 때 위기와 어려움을 예방하여 대의를 그르치지 않도록 해야 한다.

『백전기법百戰奇法』「망전忘戰」에는 이에 대해 더 상세한 설명이 보인다.

무릇 안정을 이루고 있을 때 위기를 잊지 않고, 잘 다스려질 때 혼란을 잊지 말아야 한다는 것은 성인들이 깊이 경계해온 점이다. 천하가 무사하다 해서 무武를 폐할 수 없고, 나라에 걱정이 없다 해서 방비하지 않을 수 없다. 반드시 안으로는 문덕을 닦고 밖으로는 무로 단단히 대비하며 멀리 있는 사람들을 어루만져 경계에 빈틈이 없도록 해야 한다. 늘 무의 예를 가르쳐 나라가 전쟁을 잊지 않고 있다는 사실을 심어주어야 한다. 전쟁을 잊지 않으면 백성들이 군으로부터 멀어지지 않는다.

국가나 민족이 외적으로부터 침략을 받을 때는 일반적으로 무력의 중요성을 충분히 인식하고, 있는 힘을 다해 침략자를 물리치기 위한 전쟁에 뛰어든다. 그러나 상대적으로 평화스러운 상황에 있을 때는 무를 잊고 외환을 생각하지 않는 바람에 심하면 국가를 멸망의 위기로 몰아넣는 예가 적지 않았다. 당나라 때 유종원柳宗元이 「적계敵戒」라는 글에서 "적이 있을 때는 화를 없앨 수 있더니, 적이 물러가니 잘못을 불러들이는구나."라고 한 말에 일리가 있지 않은가.

'안불망위'가 모략이 될 때, 그 의의는 전쟁의 승부와 관련된 의미를 훨씬 뛰어넘는다. 그것은 국가·민족의 생사존망과 관계된다. 따라서 이 모략은 동서고금을 통해 모략가와 정치가들이 중시해왔고, 특히 전략적 혜안을 가진 국가의 최고 통치자들이 중시해왔다. 전쟁은 역사 발전 중 일정 단계의 산물이며, 전쟁의 발발과 소멸은 인간의 의지로 바뀔 수 있는 것이 아니다. "안정을 이루고 있을 때 위기를 생각한다"는 '거안사위居安思危'를 염두에 두어 경계심을 늦추지 말고 무력을 강화해야만 돌발적 사태에도 흔들리지 않는다.

기원전 221년, 제나라가 망하고 제나라 왕 전건田建은 포로로 잡혔다. 진시황은 그를 공共(옛 국가의 이름으로 지금의 하남성 휘현 지방에 있었다)으로 옮겨 살게 했고, 전건은 오래지 않아 그곳에서 삶을 마감했다. 제나라가 망한 주된 원인은 왕이 오랫동안 무를 소홀히 한 채 현상에만 만족했기 때문이다. 일시적인 안일만 꾀하고 되는 대로 살다가 신세를 망쳤다. 제나라 왕 전건은 약 40년 동안 재위했는데, 젊은 날 나랏일을 측근과 신하들에게 아예 떠넘겼다. 중원에서 치열하게 벌어지고 있는 약육강식의 전쟁에 대해서는 나 몰라라 하면서 강대국인 진秦을 섬기고 제후들을 믿는 데 만족하며 나라를 보전하려 했다. 신하들 중 누군가가 사직을 보전하기 위해 무력을 준비하여 국위를 떨쳐야 한다고 충고했으나 받아들이지 않았다. 진나라의 대군이 국경을 압박해 왔을 때 제나라는 속수무책일 수밖에 없었다. 전건은 나라를 멸망으로 몰아넣은 치욕스러운 왕으로 낙인찍혔다. "전쟁을 잊으면 위기를 초래하게 마련"이라는 '망전필위忘戰必危'는 제나라 왕 전건이 후세 사람들에게 남긴 침통한 교훈이다.

당나라 현종 말기에 일어난 안록산安祿山과 사사명史思明의 반란(줄여서 흔히 '안사의 난'이라 한다)도 어떤 의미에서는 당나라 통치자들이 오랫동안 무력의 대비를 소홀히 한 결과라 할 수 있다. 현종은 즉위 초기 현명한 신하들을 발탁하여 국가와 백성의 이익을 추구하는 정치를 실행함으로써 이른바 '개원開元의 치治'라는 전성기를 이루었다. 그러나 통치 후기로 오면서 "태평성세를 이루었다는 자만에 빠져 천하에 무슨 근심이 있냐며 궁궐 깊숙이 틀어박혀 오로지 쾌락에만 몰두했다."(『자치통감』「통기通紀·권32」) 사치와 욕망이 극을 치달았고 "태평세월이 오래가면서 군대는 기가 빠지고 무기는 녹이 슬었고 백성은 전쟁이 무엇인지 모르게 되었다." 군의 기강 해이는 안록산과 사사명에게 반란을 일으킬 수 있는 틈을 주었다. 천보天寶 4년인 755년 11월, 안록산 등은 범양范陽(지금의 북경 서남쪽)에서 군사를 일으켜 반년도 안 되어 동경東京 낙양洛陽과 서경西京 장안長安을 잇따라 함락했다. 이 반란을 평정하는 데는 무려 7년이란 세월이 소요되었고, 당 왕조는 기력을 크게 소모하여 몰락의 길을 걷게 되었다.

로마가 강성했을 때 국민들은 너 나 할 것 없이 조국을 지키기 위해 무와 용기를 숭상하는 전통을 굳게 지켰다. 그 뒤 외환이 해소되고 생활이 안정되면서 로마인들은 더 이상 병역에 복무하는 것을 영광으로 여기지 않게 되었다. 나라의 안보는 용병들의 손에 맡겨버렸다. 결국 강성했던 로마도 쇠망을 피할 수 없었다.

이와는 반대되는 예로 오늘날의 스웨덴을 들 수 있다. 스웨덴은 1814년 중립을 선포하고 두 차례의 세계대전에 일절 개입하지 않음으로써 세계의 '꽃밭'으로 불렸다. 그러나 스웨덴의 국토방위 수준은 세계에서도 으뜸이다. 제2차 세계대전 초기 나치 독일은 스웨덴을 무장 점령하려고 시도했으나, 삼엄하게 경계심을 돋우고 기다리고 있었기 때문에 히틀러는 스웨덴 침공을 포기할 수밖에 없었다.

당나라 때 오긍吳兢은 『정관정요貞觀政要』「정체政體」 중에 나오는 "자고로 나라를 잃은 군주는 모두 편안할 때 위기를 잊었다. 그래서 오래갈 수 없었던 것"이라는 위징魏徵의 말을 인용하고 있다. 국가와 민족의 이익을 위해 '안불망위'는 실로 소홀히 할 수 없는 방략이다. 형세가 아무리 완화되었다 해도 국방관이 흐려지고 군대를 강화하지 않고 군인의 직업을 경시하는 경향은 대단히 위험하다.

프랑스의 유명한 군사이론가 조미니Henri baron de Jomini(1779-1869)는 국가를 지키기 위해 자신의 몸과 마음, 그리고 개인의 행복을 기꺼이 희생하려는 용사들의 사회적 지위가 살찐 배나 두드리는 장사꾼보다 못하다면 그런 나라는 망해도 억울할 것이 없다는 극언마저 서슴지 않았다. 평화로운 시기에 무를 숭상하는 정신의 주요 지표는 사회 전체가 군사 직업을 존경하고 아끼느냐 하는 기풍으로 나타난다. 전쟁의 승리는 전쟁 전의 준비로 판가름난다. 준비가 있어야만 근심이 없고, 늘 위기를 생각하고 있어야만 안정을 이룰 수 있다.

거안사위居安思危 편안함을 누릴 때 위기를 생각한다

춘추시대 송·제·진晉·위衛 등 12국은 연합군을 결성해 정나라를 포위, 공격했다. 당황한 정나라는 12국 중 최강국인 진나라에 강화를 요청했다. 진나라는 동의했고 나머지 11국도 진공을 멈추었다.

정나라는 진나라에 감사를 표하기 위해 많은 예물을 보냈다. 예물에는 이름난 악사 3인, 기갑병에 어울리는 전차와 그 밖에 다른 전차 1백 량, 춤추고 노래하는 가녀 16인 그리고 많은 종류의 악기가 포함되어 있었다. 진나라의 군주 도공悼公은 예물을 받고 몹시 기뻐했다. 그는 가녀의 절반인 8인을 공신 위강魏絳에게 주며 말했다.

"몇 년간 나를 위해 치밀한 계획과 전략을 세워주었기에 지금 이렇게 모든 일이 순조롭게 진행되고 있소. 음악의 화음이 어울리듯 정말 좋구려. 이제 우리 함께 즐겨 봅시다."

그러나 위강은 도공의 선물을 사절하면서 도공에게 충고를 했다. 위강의 충고는 『좌전』 양공 11년조(기원전 562)에 실려 있는데, 그 대의는 이렇다.

지금 진나라의 사정이 이렇게 순조로운 것은 첫째로는 왕의 능력 때문이며, 그다음은 동료들이 한마음이 되어 노력했기 때문입니다. 저 개인에게 무슨 공이 있겠습니까? 지금은 편안하고 즐거움을 누리고 있지만, 국가에 해결해야 할 문제가 여전히 많이 남아 있다는 점을 생각하기 바랍니다.

이와 관련하여 『서경書經』 「상서商書·설명說命」 중편에 보이는 "모든 일에 준비가 있어야 하며, 준비가 있으면 모든 근심걱정을 미리 막을 수 있다."는 말이 좋은 본보기가 될 것이다.

'거안사위'는 편안할 때 발생 가능한 위기를 생각해야 함을 알려준다. 경계하면 준비가 있고, 준비가 있으면 돌발적인 재난을 면할 수 있으니 이를 '유비무환'이라 한다.

역대 역사책에도 '거안사위'의 중요성이 자주 거론되고 있다.

- 천하가 평안하다 해도 전쟁을 잊으면 반드시 위태로워진다. _『한서』「식부궁전 息夫躬傳」
- 나라가 강하다고 전쟁을 좋아하면 망할 수밖에 없고, 천하가 평안하다고 전쟁을 잊으면 반드시 위태로워진다. _『사마법司馬法』「인본仁本」
- 군대를 오래 동원하지 않을 수 있지만, 단 하루라도 준비하지 않으면 안 된다. _『남사南史』「진목선전陳目宣傳」
- 군대를 몇 년 동안 단 한 번도 쓰지 않을 수 있지만, 단 하루도 잊어서는 안 된다. _『갈관자鶡冠子』
- 병을 잘 활용하는 자는 난이 일어나기 전에 난을 방지하며 위급하기 전에 위급함에 대비한다. _허동許洞의 『호령경虎鈴經』

역사는 증명한다. '거안사위'는 약소국이 전쟁에 직면하여 위협을 받을 때도 중요하지만, 전쟁의 위협이라고는 전혀 찾아볼 수 없는 국가나 강대국에게도 마찬가지로 중요하다는 것을.

제2차 세계대전이 일어나기 전 소련이나 프랑스 등은 모두 세계열강에 속하는 국가였다. 그러나 나치 독일에 대한 경계를 게을리하다가 엄청난 국난을 맞이해야 했다.

미국과 같은 강대국도 제2차 세계대전 초기에 경계를 소홀히 하는 바람에 진주만을 기습당했다. 전후 일부 자료를 분석해본 결과, 일본이 1941년 12월 7일 진주만을 기습하기 3개월 전 미국 정보기관은 주미 일본대사관과 하와이 주재 영사관이 도쿄와 외교문서를 자주 주고받고 있음을 확인했다. 이 공문들을 번역해보니 그중에 일본이 태평양 지구를 침략할 의도를 갖고 있음을 직접적으로 전하는 자료도 있었다고 한다. 거기에는 물론 진주만에 대한 기습 의도도 포함되어 있었다. 그러나 미국 군부는 일본과 소련 사이에만 전쟁의 위험이 있다고 판단, 이 정보를 대수롭지 않게 여겼다. 평화에 대한 주관적인 환상을 품고 있던 많은 미국인들은 싸움을 원치 않았고, 다른 나라가 자신들을 공격하리라고는 생각조차 하고 싶지 않았던 것이다. 루스벨트 대통령 같은 선견지명이 있는 정책 결정자도 미국에 대한 일본의 공격을 간파하고도 그냥 내버려두는 바람에 피의 교훈을 맛보아야 했다.

1973년 10월 6일 터진 제4차 중동전에서도 비슷한 상황이 벌어졌다. 전쟁이 터지기 5일 전인 10월 1일, 시나이반도 정면을 방어하는 이스라엘군 정보국의 한 중위는 정보부장에게 군사 상황을 보고하면서, 이집트군이 운하 서안에서 움직이고 있는 것으로 보아 동안으로 진군할 것 같다며 그에 상응하는 대비가 있어야 할 것이라고 경고했다. 정보부장은 참모본부에서 이집트군의 상황을 '추계 예행훈련'으로 판단하고 있다는 점을 잘 알고 있었기 때문에, 이 '보잘것없는 인물'의 보고를 '쓸데없는 소리'라며 일축해버리고는 금고에 처박아두었다. 전쟁이 끝난 후 이스라엘 당국은 전쟁 초반에 기습을 당해 열세에 몰렸던 원인을 조사하다가 금고에서 이 군사 정보를 찾아냈다.

무수한 사실들이 정正과 반反 두 방면에서 증명하고 있다. 지도자들은 수시로 소속 부하들에 대해 '거안사위'의 사상을 교육해두어야만 모두가 적당한 긴장감을 가지고 안정을 위해 최선의 노력을 다함으로써 필승의 위치에 설 수 있다는 것을. 레닌은 이런 말을 남겼다.

반드시 기억하라! 우리가 언제든지 각종 침략의 위험에 직면할 수 있다는 사실을. 우리는 있는 힘을 다해 이 같은 재난이 발생하지 않도록 방지해야 할 것이다.

당랑포선螳螂捕蟬, 황작재후黃雀在後　사마귀가 매미를 노리는데 그 뒤에 참새가 있다

마치 이솝 우화를 연상시키는 듯한 이 흥미로운 성어는 한나라 때 유향劉向이 편찬한 『설원說苑』 「정간正諫篇」편에 보인다.

정원의 나무 위에 매미가 살고 있었다. 매미는 높은 곳에서 울어대며 이슬을 먹고 살았다. 그런데 자신의 등뒤에 사마귀가 있는 줄 몰랐다. 사마귀는 몸을 웅크린 채 매미를 잡으려 했지만, 정작 그 자신의 바로 옆에 참새가 목을 쭉 빼고 자신을 쪼아 먹으려는 것을 몰랐다. 그리고 참새는 밑에서 누군가 자신을 향해 새총을 쏘려 하고 있다는 사실을 몰랐더라. 매미·사마귀·참새는 눈앞의 이익에만 눈이 어두워 등 뒤의 근심을 돌아보지 못한 것이다.

또 『장자』 「산목山木」에 나오는 이야기도 함께 살펴보자.

매미가 기분 좋게 나무 그늘에 앉아 자신도 잊어버린 채 신나게 놀고 있었다. 그런데 그 곁에서 사마귀 한 마리가 나뭇잎에 숨어 매미를 노리는 데 열중하느라 자신마저 잊고 있었다. 또 그 곁에는 까치가 기회를 틈타 이 사마귀를 잡으려 눈독을 들이느라 장자에게 잡히는 줄도 모르고 자신을 잊고 있었다. 장자가 이를 보고는

"아! 만물은 서로 해치고 이해는 서로 얽혀 있구나!"라며 탄식했다. 그러고는 활을 버리고 돌아왔다. 그러자 밤나무 숲을 지키는 사람이 장자를 밤을 따 가려는 도둑인 줄 알고는 뒤쫓아오면서 욕을 해댔다.

이상의 고사는 정치·군사·외교모략에 널리 인용되곤 했는데, 통치자들이 전략을 세우면서 각 방면의 요소와 이해득실을 비교하고 저울질할 때 응용되었다.

정책 결정자는 복잡한 사회 환경을 고려하지 않을 수 없다. 서로 다른 국가·민족·사회집단들이 각자의 이익과 생존 그리고 발전을 위해 상호 대립·연합·침투하면서 그물과도 같이 얽히고설킨 복잡한 관계를 형성하고 있다. 이런 관계 속에서 각 단위는 서로 견제하기 마련이다. 마치 '매미' 등뒤에 '사마귀'가, '사마귀' 뒤에 '참새'가 도사리고 있는 형세와 같다.

『삼국지연의』에 보이는 바와 같이 조조가 손권·유비 집단과 적벽에서 결전을 벌이기 전날 저녁, 서량西凉의 마등馬騰·한수韓遂가 그 틈을 타 중원으로 진격하지 않을까 걱정한 것도 같은 경우다. 그래서 조조는 서서徐庶로 하여금 군대를 이끌고 대산관大散關으로 가서 애문隘門을 지키게 함으로써 마등과 한수의 기습을 막고 후방을 튼튼히 해두었던 것이다.

또 이런 경우를 들 수도 있다.

제갈량이 주유를 굴복시킨 후 유비는 병마를 이끌고 서천西川을 취할 준비를 하고 있는데, 조조가 갑자기 동오를 향해 대규모 공격을 가했다. 손권은 서신을 띄워 구원을 요청했다. 이런 상황에서 유비가 손권을 구하지 않으면 그야말로 '순망치한脣亡齒寒'[7]의 형세가 초래되어 결국은 조조의 각개격파를 피할 수 없게 될 판이었다. 그

---

7 "입술이 없어지면 이가 시리다"는 말로, 가까운 둘 사이에서 하나가 망하면 다른 하나도 그 영향을 받는다는 뜻이다.

러나 동오를 구한다면 서천을 취할 기회를 상실하고, 따라서 자신의 역량을 크게 발전시킬 수 있는 유리한 기회도 사라지고 만다. 제갈량은 전체 국면을 살핀 다음 즉시 마초馬超에게 편지를 써서 조조의 등뒤에서 공세를 취하도록 부추김으로써 동오를 위기에서 구원했고, 유비는 순조롭게 서천으로 입성했다. 그 뒤 조조의 군대가 서촉을 호시탐탐 노리자 제갈량은 또 유비에게 권하여 "강하江夏·장사長沙·계양桂陽을 동오에게 선뜻 돌려주어" 동오가 조조를 공격하게 함으로써 서촉을 위기에서 구해냈다.

선견지명이 있는 모략가는 눈앞의 이익에만 급급하지 않고 반드시 전체 국면에서 출발하여 큰 곳에 눈을 돌리며, 자신이 처한 전반적인 환경 속에서 추세를 살펴 적을 이길 수 있는 모략을 구사한다.

장수선무長袖善舞 소매가 길어야 춤이 예뻐 보인다

『한비자』「오두五蠹」를 보면 "속된 말로 소매가 길어야 춤이 예뻐 보이고, 장사가 되려면 밑천이 두둑해야 한다."는 말이 있다. 이 말은 한비자가 만들어낸 것이 아니라 그가 인용한 속담일 뿐이다. 춤을 추는 사람은 소매가 긴 옷을 입고 추어야 날아갈 듯한 자태로 아름다운 모습을 쉽게 연출할 수 있고, 장사를 하는 사람은 밑천이 많아야 사업을 쉽게 펼쳐나갈 수 있다.

이 말은 『사기史記』「범수채택열전范睢蔡澤列傳」에도 인용되어 있다. 범수와 채택은 전국시대 말기의 이름난 인물들이다. 범수는 위魏나라 사람이다. 그는 위나라 중대부中大夫 수고須賈 밑에 있다가 수고에게 죽도록 얻어맞고는 진秦나라로 도망가 장록張祿으로 이름을 바꾼 후, 진나라 소왕昭王에게 '원교근공遠交近攻'이라는 유명한 외교정책을 건의하여 객경客卿이 된 후 상국相國을 거쳐 응후應侯로까지 봉해진 인물이다.

채택은 연나라 사람으로 일찍부터 조趙·한韓·위魏를 돌아다니며 유세했으나 등용되지 못하다가 역시 진나라에 와서 소왕을 만나 의기투합, 객경이 된 다음 상국 자리에까지 오른 인물이다. 그는 진나라에 머물고 있던 10여 년 동안 소왕을 비롯하여 효문왕孝文王·장양왕莊襄王을 거쳐 진시황 때까지 줄곧 신임을 받았고 강성군綱成君이라는 명예스러운 지위에 봉해지기까지 했다.

이 두 사람은 이른바 말을 잘한다는 '변사辯士'로, 말과 논리에 뛰어난 재주를 보여 진나라에서 신임을 얻을 수 있었다. 전국시대를 통틀어 변사가 상당히 많았는데, 어째서 유독 이 두 사람이 잇따라 진나라 왕들의 신임을 얻어 재상의 자리에까지 오를 수 있었던가? 『사기』의 작자인 사마천司馬遷은 "한비자가 '춤이 예뻐 보이려면 소매가 길어야 하고, 장사가 되려면 밑천이 두둑해야 한다'고 한 말이 확실히 일리가 있구나!"라고 평가했다. 범수와 채택은 춤을 추는 사람이 더 아름다운 무용복을 가지고 있듯, 또 상인이 두둑한 자본을 가지고 있듯 남들보다 뛰어난 말재주의 소유자들이었다.

소매가 길면 춤이 한결 돋보이고, 본전이 두둑하면 상인은 여유 있게 장사를 할 수 있다. 이는 보편적이고 정확한 이치며, 오늘날에도 여전히 폭넓은 의미를 가진다. 정치 무대에서 활약하려면 풍부한 학식과 뛰어난 정치적 두뇌를 갖추어야 한다. 군사 영역에서 두각을 나타내려면 위로는 천문에 능통하고 아래로는 지리를 잘 알아야 하며, 밖으로는 적의 정황을, 안으로는 민심의 동향을 잘 파악하고 있어야 한다. 기업계에서 남보다 앞서려면 소식과 정보에 민감한 큰 귀와 장래를 내다볼 수 있는 천리안을 가지고 적시에 시장의 흐름을 파악하여 정확하게 시장의 추세를 전망할 수 있어야 한다. 이런 것들은 모두 무용수의 '긴 소매'에 비유될 수 있다. 춤을 돋보이게 하려면 긴 소매를 절대 소홀히 해서는 안 된다.

이치대란以治待亂 나를 다스린 후에 적이 어지러워지기를 기다린다

『손자병법』「군쟁」편에 나오는 말로 "(아군을) 잘 다스려 놓고 (적이) 어지러워지는 것을 기다리며, (아군을) 조용히 해놓고 (적이) 소란스러워지기를 기다린다. 마음을 다스린다고 하는 것은 바로 이를 말한다."는 대목이 있다. 이 말은 포괄하는 내용이 워낙 넓어 국가를 편안하게 다스리는 일은 물론이고, 군대가 승리를 얻을 수 있도록 군을 다스리는 일도 포함된다. 전쟁의 승부는 최종적으로 국가의 정치·경제력에서 판가름 난다. 정국이 불안하면 난동을 감당할 수 없고 경제가 침체에 빠져 외환이 닥치면 승리할 수 없다. 두 나라의 전쟁에서 잘 다스린 자가 이기고 어지러운 자가 진다는 것은 예로부터 당연한 이치다. 국가나 군대의 '다스림'은 하루이틀 공력을 들여서 되는 일이 아니다.

기원전 564년, 진晉나라 도공悼公은 나라를 잘 다스렸다. 진이 정鄭나라를 정벌하러 나서자 정나라는 초나라에 구원을 요청했다. 초나라 군대는 밤낮을 쉬지 않고 진군하여 진나라 군대가 제대로 채비를 갖추지 못한 틈을 타 야밤에 기습을 가했다. 초나라 군이 곧장 진나라 군영까지 쳐들어가자 진나라 군은 미처 대열을 갖추지 못한 상태에서 적을 맞이해야 했다.

이런 절박한 상황에서도 진나라 군은 조금도 동요하지 않고 조용히 영내에 피워놓은 불을 다 끄고 몸을 숨긴 채 전열을 가다듬기 시작했다. 그리고 '삼분사군三分四軍'의 전법으로 군대를 나누어 초나라 군대를 상대하면서 초군을 지치게 했다. 애초에 초군은 불시에 공격을 가하면 진군이 혼란에 빠질 것으로 예상했으나, 그 예상은 완전히 빗나갔다. 진군은 침착하고 조용히 초군의 공격을 되받아쳐나갔다.

국가·군대·사회단체 등 어느 곳을 막론하고 모두 이 '다스림'에 온 힘을 쏟아야 한다. 엄하게 다스리면 악인들이 두려워하고 혼란을 방지할 수 있다. 다스림이 오래 가면 나라와 백성이 편안해지고 민심이 되돌아온다. "다스림으로 혼란을 기다린다"는 뜻의 '이치대란'은 그런 점에서 차원 높은 책략이라 할 수 있다. 반면에 "천하가 크게 혼란해진" 다음 "천하를 크게 다스린다"는 것은 임시방편에 의존하는 것이다. 이 것은 잠시 동안의 난관일지는 모르지만 백성들이 적지 않은 피를 흘려야 하므로 부 득이한 경우에나 쓰는 아주 낮은 수준의 방책이다.

미우주무未雨綢繆 비가 오기 전에 틈새를 엮어놓는다

『시경詩經』「빈풍豳風·치효鴟鴞」에 나오는 말이다. 작가는 암새 한 마리의 입을 빌려 이 시를 노래하고 있는데, 총 4절 중 제2절을 보자.

> 하늘이 흐려 장마 내리기 전에 저 뽕나무 뿌리 벗겨다가
> 창문과 출입문 엮어놓았으니
> 이제 너희들 천한 백성들이 감히 나를 넘보지는 못할 테지.

이 시를 좀더 풀어보면 이렇다. "하늘이 흐려 비가 오기 전에 뽕나무 뿌리의 껍 질을 벗겨다가 둥우리의 틈새, 즉 창문이나 출입구를 단단히 엮어놓았다. 이렇게 해 놓은 이상 이제 너희들 둥지 밑의 사람들이 나를 업신여기고 이 둥지를 허물거나 하 지는 못하리라."

역대로 『시경』을 연구한 일부 전문가들은 이 시가 약 3천 년 전 주周나라 주공이

조카 성왕成王에게 써준 것으로, 성왕에게 정사에 힘쓰고 나랏일을 잘 처리하는 데 노력하며 아울러 큰 뜻을 그르쳐서 화를 자초하지 않음으로써 내우외환을 피할 것을 충고하는 내용이라고 한다. 공자는 이 시를 다음과 같이 칭찬했다.

이 시에서 하는 말이 참으로 옳구나. 국가의 큰일을 잘 처리하는데 누가 감히 그를 기만한단 말인가!

맹자도 대화 도중에 이 시를 한 번 인용한 바 있다. 다음은 『맹자』「공손추公孫丑·상」에 나오는 내용이다.

어진 정치를 실시하면 번영하고 그렇지 못하면 치욕을 당하게 된다. 치욕을 당하는 것이 싫으면서도 어진 정치를 펼치지 않는 것은 마치 습한 것이 싫으면서도 낮은 곳에 머무르려는 것과 같다. 만약에 치욕을 당하는 것을 싫어한다면, 덕을 귀중하게 여기고 선비를 존중하여 현명하고 선량한 인사를 벼슬자리에 있게 하며, 유능한 인재에게 직책을 맡겨 국가를 편안하게 만드는 것보다 더 좋은 길은 없다. 그렇게 해서 나라의 정교와 형벌을 밝힌다면 큰 나라도 그 나라를 두려워할 것이다.

시에 "하늘이 흐려 장마 내리기 전에 저 뽕나무 뿌리 벗겨다가 창문과 출입문 엮어 놓았으니, 이제 너희들 천한 백성들이 감히 나를 넘보지는 못할 테지."라고 하였는데, 공자께서는 "이 시를 지은 사람은 정도를 알고 있었을 것이다. 자기 나라를 다스릴 수 있다면야 누가 감히 그를 모욕하겠는가."라고 말씀하셨다.

국가가 편안하다고 마음껏 즐기고 게으름을 피우고 놀기만 한다면 스스로 화를 불러들이는 꼴이 되고 만다. 화와 복이 그 자신으로부터 비롯되지 않은 예는 없다. 시에 "돌아온 천명을 영원히 내 것으로 만들기 위해 자진해서 많은 복을 찾을지어다."라고 말했고, 태갑太甲은 "하늘이 만든 재앙은 그래도 피할 수 있으나, 자기 자신이 만든 재앙은 피할 수 없다."고 하였으니 둘 다 이 점을 두고 한 말들이다.

'미우주무'는 평소에 준비를 잘 해서 미연에 화를 방지해야 한다는 뜻을 비유하는 말이다. 명나라 때 주백려朱柏廬가 지은 『치가격언治家格言』에도 "하늘이 흐려 장마 내리기 전에 저 뽕나무 뿌리 벗겨다가 창문과 출입문 엮어놓고, 가뭄에 임박해서는 우물을 파지 말아라."라는 구절이 있다.

"배부를 때 식량을 챙기고 맑을 때 우산을 챙기라."는 말은 세상 사람들이 익히 아는 속담이다. 현명한 모략가들은 멀리 내다보고 사전에 준비 계획한 다음 행동에 옮겨 후환을 미연에 방지한다.

선모후사先謀後事　먼저 꾀하고 나중에 일을 벌인다

이 말은 『고금도서집성古今圖書集成』「병략부兵略部」에 나온다. 상商나라를 정벌하는 것이 어떠냐는 질문을 받은 강태공姜太公은 "먼저 꾀하고 뒤에 일을 벌이는 자는 번창할 것이며, 그 반대인 자는 망할 것입니다."라고 답한다. 이 모략은 여러 영역에서 본질적으로 활용될 수 있는 모략이다. 어떠한 행동이든지 충분히 준비를 갖춘 기초 위에서 있어야 함은 물론이다.

기원전 1068년, 주周나라 무왕武王 희발姬發은 맹진孟津(지금의 하남성 맹진현 동북)에서 군대를 시찰한 후 태공망太公望[8] 등의 도움을 받아 일련의 조치를 취하며 상을 멸망시키기 위한 적극적인 공작에 착수했다.

사실 이보다 앞서 주 무왕의 아버지 문왕文王은 상을 정벌하기 위한 대량의 준비 공작을 일찌감치 진행해왔었다. 문왕이 죽을 무렵 상을 정벌할 시기는 이미 성숙해 있었다. 주는 "천하의 3분의 2"를 차지하여, 상 서쪽의 가장 강대한 제후국이 되어 있었다. 강태공은 일찍이 문왕에게 이런 말을 한 적이 있었다.

사나운 새가 먹이를 낚아채려면 몸을 낮추고 날개를 접습니다. 맹수가 먹이를 잡으려면 귀를 치켜세우고 몸을 엎드립니다. 성인이 움직이려면 반드시 어리석은 기색을 나타내야 합니다.

강태공은 문왕에게 상을 정벌할 기회를 잡으려면 행동을 개시하기 전에 무능한 모습으로 가장해서 상대방의 주의를 끌지 않도록 하라고 충고한 것이다.

주 무왕 11년인 기원전 1066년, 무왕은 상나라 주왕紂王의 폭정에 관한 보고를 접한다. 상나라 주왕의 숙부이자 귀족인 비간比干이 심장을 도려내는 극형을 받고 살해당했다. 비간은 여러 차례 주왕에게 충고하다 미움을 사 이런 변을 당한 것이다. 주왕의 친척인 기자箕子[9]는 주왕의 폭정과 음탕함에 대해 불만을 토로하다 감금당했다. 역시 주왕의 형뻘인 미자微子는 상나라의 운세가 위기에 처한 것을 알고는 여러 차례 충고했으나 주왕이 듣지 않자 상나라를 떠났다. 이런 상황을 알고 난 주 무왕은 강태공에게 물었다.

---

8   성은 강姜이고 이름이 상尙인, 흔히 강태공으로 알려진 인물이다. 그의 선조가 여呂 땅에 봉해졌기 때문에 여망呂望, 여자아呂子牙 또는 강자아라고도 한다.

9   기자는 대개 은의 마지막 왕 주紂의 친척으로 기록되어 있는데, 배다른 형 또는 숙부뻘이라고도 한다.

"어진 자와 현명한 자가 모두 없어졌으니 이제 상을 정벌해도 되겠소?"

강태공이 대답했다.

"먼저 꾀하고 뒤에 행동하는 자는 번창하고, 먼저 일을 저지르고 뒤에 꾀하는 자는 망하는 법입니다. 기회란 얻기는 어렵지만 잃기는 쉽습니다."

무왕은 그해 정월 수레 3백 승, 호분虎賁 3천, 갑사甲士 4만5천을 이끌고 각 제후와 맹진에서 합류했다. 2월 5일, 목야牧野에서 군대를 사열하면서 무왕은 주왕의 죄상을 신랄하게 비판한 다음 병사를 격려하고 저 유명한 '목야 전투'를 벌였다. 10여만의 상나라 군대는 순식간에 와해되어 흩어졌다. 주왕은 녹대鹿臺에 올라 분신자살했다. 상 왕조 6백여 년의 통치가 끝나는 순간이었다.

『사기』「제세가齊世家」는 문왕과 강태공이 상을 멸망시킬 계획을 수립하는 대목에서 "그는 기계奇計가 뛰어난 인물로, 훗날 병권과 주나라의 은밀한 권력이 모두 태공으로부터 비롯되었다."고 기록하고 있다. '선모후사'는 강태공이 문왕과 무왕을 도와 상 왕조를 뒤엎는 과정에서 나온 기본적인 원칙이었다. 이러한 원칙은 정치·군사

● 때를 기다릴 줄 아는 사람, 때를 기다린 사람, 때를 활용한 사람. 이 세 가지가 삼위일체를 이룰 때 정치는 제 궤도를 찾아 달릴 수 있다. 강태공(왼쪽)과 주 문왕(오른쪽)은 이 관계를 정치적으로 가장 잘 활용한 인물들이었다.

·경제 등 여러 영역에서 두루 통용되는 모략으로, 오늘날에도 여전히 중요한 의의를 가지고 있다.

실이비지實而備之 내실을 다지고 준비를 갖춘다

『손자병법』「시계始計」편에 나오는 궤도詭道 12법의 하나로 "저자세로 굽히고 들어가서 적을 교만하게 만든다."는 것이 있다.

　동서고금을 통해 모든 전쟁은 내가 이기고 상대를 패하게 만든다는 아주 간단한 차원에서 치러졌다. 모략가의 일차적인 움직임과 역할은 먼저 자기편에게 지지 않는 기초를 세워주는 데 있다. 만약 자기편 실력이 명백히 적보다 못하다는 것을 알면서도 심사숙고하지 않고 무작정 적과 싸우면 그 결과는 뻔할 수밖에 없다. 모략가의 절묘한 계산은 충분한 준비라는 기초 위에서만 위력을 발휘할 수 있다. 따라서 공격이 되었건 방어가 되었건 '실이비지'는 결코 소홀히 할 수 없는 모략이다.

　공격을 준비할 때 상대의 역량이 충실하고 전투력이 강하다면 날개를 접고 힘을 기르면서 시기를 기다려야 한다. 수세적인 입장에 처한 상황에서 적이 무기를 가다듬고 전군을 정비하여 대외 확장을 꾀한다면, 우리 쪽은 "안정되어 있을 때 위기를 생각한다"는 '거안사위居安思危'의 자세로 내부를 단단히 다스리고 외침을 막아낼 힘을 길러야 한다. 그리고 대외적으로는 이런 움직임을 드러내지 않아야 하며 정치·외교적 수단으로 적의 공격 시기를 늦추도록 해야 한다.

　봉건세력이 할거하고 열강들이 자웅을 겨루는 와중에서 이 '실이비지'는 기회를 엿보며 공격을 기다리는 책략이었다. 그중에서 '비備'자는 전투를 위한 군비 확충과 실력 증강의 정책뿐 아니라 간첩·외교 및 각종 침투 수단으로 적국의 경제를 파괴하는 등 적의 정신 무장을 흩어놓는 책략도 포함한다. 춘추시대 오나라와 월나라가 서로 다툰 경우를 대표적인 보기로 들 수 있겠다. 오가 강하고 월이 약한 상황에서 오가 허점을 보이기 시작하자, 범려范蠡와 문종文種은 월왕 구천勾踐에게 "내부(월)를 보강하고 외부(오)를 허술하게 만드는" '내보외설內補外泄'의 9대 전략을 제안했다.

① 하늘과 땅을 존중하고 귀신을 섬겨 백성의 신앙을 확고히 한다.
② 오나라에 더 많은 재물을 제공함으로써 오왕 부차夫差의 마음을 교만하게 만들어 그의 투지를 갉아먹고, 내부 간신을 뇌물로 포섭하여 오왕 앞에서 월에 대해 좋은 말을 하도록 한다.
③ 높은 가격으로 오나라의 식량을 사들여 식량 여분을 갖지 못하도록 하는 한편 국고도 고갈되게 한다.
④ 미녀를 바쳐 왕의 심신을 약하게 만들어 그의 지적 능력을 파괴한다.
⑤ 기술자와 좋은 재료를 오왕에게 제공하여 궁전 등 대규모 토목·건축 공사를 일으키게 만들어 국력을 소모시킨다.
⑥ 먹고 마시고 놀기 좋아하는 신하를 오왕에게 보낸다.
⑦ 갖가지 수단·방법으로 오나라의 간신과 충신 사이를 이간시켜 간신이 득세하고 충신은 배척당하도록 한다.
⑧ 한편 월나라는 부국강병을 꾀하는 동시에 몰래 전쟁 물자를 준비한다.
⑨ 병마를 훈련시켜 오나라를 공격할 시기를 기다린다.

구천은 이 건의를 실행에 옮겨 점차 오나라의 실력을 약하게 만들었다. 그리고 한편으로는 월의 국력을 키워 끝내 오나라를 멸망시켰다.

'실이비지'에서 옛사람들은 안(자신)은 바짝 졸라매고 바깥(적)은 느슨하게 흩어 놓아 은밀히 자신의 힘을 축적할 것을 특히 강조했다. 상대에게 의심을 사지 않기 위해서는 싸우지도 않으면서 무력을 과시하거나 넉넉하지도 못하면서 넉넉한 척 상대를 현혹시키려는 수법은 절대 피해야 한다. 은밀히 꾀하여 실상을 드러내지 않아야 하며, 상대의 말을 고분고분 따르는 척하면서 평화를 유지해야 한다. 이렇게 해야 쳐들어가도 위험을 비껴가고, 후퇴해도 매복에 빠지지 않을 수 있으며, 적이 전혀 의심하지 않는 중에 자신을 강화할 수 있다.

11세기 초, 북송 왕조와 거란 민족이 세운 요遼나라는 '단연澶淵의 맹세'를 체결하고 웅주雄州(지금의 하북성 웅현)를 두 나라의 경계를 이루는 변경의 성시城市로 삼았다. 웅주의 북쪽 교외에는 송나라 백성이 꽤 많이 살고 있었다. 그런데 주변 성곽이 없었기 때문에 적의 염탐과 빈번한 침입을 막기 어려웠다. 북송 쪽에서는 '실이비지'에 뜻을 두고 북쪽 성을 확장하려 했지만, 요나라가 트집을 잡을까봐 이러지도 저러지도 못하고 전전긍긍하고 있었다. 당시의 군사력은 요가 송보다 훨씬 강했을 뿐 아니라 조정의 대신들도 너 나 할 것 없이 구차하게 안정만 추구하는 분위기였기 때문에, 변경에서 작은 문제라도 생기면 적으로 하여금 무력을 동원하게 만드는 구실이 될 수밖에 없었다.

웅주의 방위를 책임지고 있던 지방관 이윤李允은 "몰래 교묘한 수단을 써서 바꾼다"는 뜻의 '이화접목移花接木'의 방법을 활용하기로 했다. 그는 먼저 백은으로 큰 향로를 주조하여 북쪽 교외의 사당 안에 갖다 놓게 하고는 일부러 지키는 사람을 두지 않았다. 향로는 이내 도난당했다. 이윤은 기다렸다는 듯이 사방에 방을 붙여 도둑에 대해 현상금을 걸었다. "취옹의 뜻은 술에 있는 것이 아니다."[10]는 말이 있듯이 이윤의

---

10 '취옹지의부재주醉翁之意不在酒', 줄여서 '취옹지의'라고도 한다. 술을 마시기 위해 마시는 것이 아니라 술기운을

의도는 사실 다른 데 있었다. 아무튼 이 사건은 온 장안을 떠들썩하게 만들었다. 이윤은 이 분위기에 편승해서 사당의 기물들이 벌써 여러 차례 도난당했기 때문에 성을 쌓아 지키지 않으면 안 되겠다는 말을 흘렸다. 여론의 엄호 아래 이윤은 백성을 동원하여 서둘러 북성을 쌓았다. 10일이 채 안 되어 성이 완성되었다. 강적 요나라가 이윤이 성을 쌓은 군사적 의도를 미처 깨닫기도 전에 웅주에는 이미 요와 대적할 수 있는 방어 요새가 구축되었다.

이 이야기는 심괄沈括의 『몽계필담夢溪筆談』에 나온다. 군사적 식견이 상당했던 심괄은 이 사건에 대해 대체로 이렇게 평을 하고 있다. 기묘한 모략의 오묘함은 사람을 현혹시켜 판단을 어렵게 만드는 데 있는 것이 아니라 상식에 부합하는 형식으로 자연스럽게 시행되는 데 있으며, 그것으로 적을 속이는 효과를 얻는 것이라고.

와신상담臥薪嘗膽   땔나무 위에서 잠자고 쓸개를 맛본다

춘추시대 강남의 오나라와 월나라는 대대로 원수지간이었다. 오나라 왕 부차는 즉위한 지 얼마 안 되어 월나라를 공격했다. 당시 오나라의 수도는 오吳(지금의 강소성 소주)였고, 월나라의 수도는 회계會稽(지금의 절강성 소흥)였다. 두 나라 군대는 태호太湖와 고성固城(지금의 강소성 고순현 남쪽) 일대에서 전투를 벌였고, 월나라는 대패했다. 월나라 왕 구천은 대부 문종을 전선에서 작전을 지휘하고 있던 오나라의 태재太宰 백비伯嚭에게 보내 화해를 청했다. 백비는 문종이 가져온 황금·옥 등 귀중품과 미녀를 보고

빌려 산수를 감상하기 위해 마신다는 뜻으로, 겉과 속이 다를 때 쓰는 말이다.

는 득의양양해져 문종을 왕 부차에게로 데려갔다. 문종은 부차를 만나 월나라 왕이 오나라 왕의 신하가 되길 간청하며 월나라의 토지도 오나라에 바치겠다고 했다. 부차는 그것을 받아들이는 한편 보내온 예물을 거두고 월나라 왕 구천에게 오나라로 와서 자기를 모시라고 했다.

『사기』「월왕구천세가越王勾踐世家」와 『오월춘추』에는 월나라 왕 구천이 나랏일을 문종과 다른 대신에게 맡기고 자신은 처자식과 대부 범려를 데리고 서울 회계를 떠나 오나라로 왔다고 기록되어 있다. 오나라 왕 부차는 구천을 자기의 아버지 합려闔閭(부차의 아버지로 과거 오·월 전쟁에서 전사했다)의 무덤 옆 돌방에서 말을 먹이도록 했다. 대신 범려도 그들과 함께 허드렛일을 하면서 지냈다.

구천은 3년 동안 부차의 말을 먹이며 조심조심 근신하며 참고 살았다. 부차가 매번 수레를 타고 나갈 때면 구천은 그를 위해 말고삐를 잡고 수레를 몰았다. 부차를 모시는 구천의 자세는 참으로 주도면밀했고 정성스럽기 그지없었다. 문종도 수시로 월나라 국내에서 각종 귀중품을 가져와 백비에게 갖다 바쳤고, 백비는 그의 왕 부차 앞에서 구천에 관해 좋은 말을 해주었다. 언젠가 한번은 오왕 부차가 병이 났다. 구천은 백비를 통해 부차의 침실로 들어가 손수 부차를 간호했다. 부차는 몹시 감동했고, 병이 나은 후 구천 부부와 범려를 석방하여 귀국시켰다.

구천은 고국 월나라로 돌아온 후 뼈를 깎는 노력으로 나라를 회복시킬 결심을 굳히고서 정치는 문종에게, 군대는 범려에게 맡기고 전 국민에게 분발해서 부국강병을 이루자고 호소했다. 10년간의 준비로 인구를 늘리고 재물을 축적하는 한편 국민과 군대의 교육과 훈련에도 박차를 가했다. 이것이 이른바 '십년생취十年生聚, 십년교훈十年敎訓'이었다. 구천은 자신의 투지를 확고히 다지기 위해 편안한 생활을 마다했다. 심지어는 이불도 덮지 않고 침상에는 장작을 깔아놓고 옆에는 쓸개를 준비해서 식전 또는 휴식 시간에 늘 그 쓰디쓴 맛을 보며 의지를 다졌다. 이것이 저 유명한 "장작더미 위에서 잠을 자고 쓰디쓴 쓸개를 맛본다"는 '와신상담'이다.

10년이 지나지 않아 월나라는 국세를 회복하고 날로 발전하여 강대해지기 시작하더니 단 한 번의 공격으로 오나라를 격파했다. 구천은 문종·범려와 함께 직접 대군을 이끌고 오나라로 쳐들어갔다. 오나라는 이 기세를 당해내지 못했다. 백비는 투항하고 부차는 자살함으로써 오나라는 마침내 망했다.

'와신상담', '십년생취, 십년교훈'은 훗날 각고의 노력, 비분강개, 설욕의 맹세 등을 비유하는 말이 되었다. 또 실패나 좌절을 당한 후 자신이나 상대를 격려하는 중요한 방법이 되기도 했다.

5절
위장

난득호도難得糊塗 멍청해 보이기는 어렵다

청나라 때의 서화가이자 문학가였던 정섭鄭燮(1693-1765)은 자가 극상克柔, 호는 판교
板橋로 강소성 홍화興化 사람이었다. 어려서 집이 가난했지만 과거에 응시하여 강희제
康熙帝 때 수재秀才, 옹정제雍正帝 때 거인擧人, 건륭제乾隆帝 때 진사進士가 되었다. 그 후
산동성 범현范縣(지금의 하남성에 속함)과 유현濰縣의 지현知縣을 역임했는데 난蘭과 죽
竹을 잘 그려 세상에서는 그를 '양주팔괴揚州八怪[11]의 한 사람으로 꼽았다. 그는 관직
에 있는 동안 농민들을 힘껏 돕고 어려운 일을 처리해주었으나, 그것이 도리어 권력

---

[11] '양주팔괴'란 강희·옹정·건륭 3대에 걸쳐 양주에서 그림을 팔던 '괴상한' 화가들을 가리키는데, 그들은 화풍뿐만 아
니라 사상이나 행동이 전통과는 달랐기 때문에 '양주팔괴'로 불렸다.

가의 미움을 사 관직에서 쫓겨났다. 이때 그는 '난득호도'라는 유명한 말을 남겼다.

총명하기도 멍청하기도 어렵지만, 총명함에서 멍청함으로 바뀌기란 더욱 어렵다.

이는 서로를 속고 속이는 봉건관료사회에 처해 있었던 그의 소극적인 처세 철학으로, 훗날 사람들에게 널리 본보기로 받아들여졌다. 어떤 사람은 이 '난득호도'를 처세의 경고로 여겨 정치적 권모술수와 외교 투쟁의 '좌우명'으로 삼기도 한다. "물이 너무 맑으면 고기가 모여들지 않고, 사람이 너무 깐깐하면 사람이 따르지 않는다." 때로는 조금 멍청한 척하는 것이 지나치게 민감한 것보다 한결 유리하다.

제2차 세계대전 중 미군 정보부는 미드웨이 전투에 앞서 일본의 암호를 성공적으로 해독함으로써 일본군의 해상 작전부서에 대한 정확한 정보를 얻어 작전 준비를 할 수 있었다. 그런데 중요한 순간에 냄새에 민감한 미국의 한 신문기자가 이 정보를 얻자 특종에만 눈이 어두워 겁 없이 덜컥 시카고 신문에 보도했다. 이 때문에 경계심을 잔뜩 돋운 일본인들은 암호를 바꾸고 작전부서를 조정할 수 있게 되어 미국은 미드웨이 작전에서 수동적인 입장에 처하게 되었다. 중대한 전쟁 정보의 누설로 인해 심각한 사건이 벌어졌는데도 미국 대통령 루스벨트는 모르는 척하며 책임을 묻지도 않고 조사를 지시하지도 않았다. 군 부서를 조정하기는커녕 마치 아무것도 모르는 멍청이처럼 행동했다. 그 결과 사태는 빠른 속도로 진정되었고, 일본의 정보기관도 더 이상 이 사건을 중시하지 않아 그에 상응하는 별다른 조치를 취하지 않았다. 그 결과 미드웨이 전투에서 미군은 유리한 고지를 차지했다.

허실상란虛實相亂 가짜와 진짜를 혼란시킨다

누군가와 이야기를 나눌 때 상대방의 말이 헛소리라는 생각이 들기 시작하면 그다음 말들은 모두 거짓말이 된다. 이와는 반대로 상대가 하는 말을 진실로 받아들이고 깊은 인상을 받기 시작하면 그다음 이야기들은 설사 거짓이라 할지라도 진짜로 받아들인다. 현대 심리학자들은 이것을 '선입위주先入爲主', 즉 "선입견에 사로잡힌다"고 말한다. 이를 잘 운용하면 허실을 혼동시키거나 가짜와 진짜를 혼동시키는 효과를 거둘 수 있다.

기원전 4세기, 진秦나라의 이름난 상국 감무甘茂는 바로 이 방법을 이용해서 정적을 중상하여 망친 일이 있다.

감무는 한동안 고민에 싸여 있었다. 왕이 갑자기 장군 공손연公孫衍을 중용하더니 명색이 상국인 자신을 멀리하기 시작했기 때문이다. 감무는 울화가 치밀었다. 어느 날 누군가가 왕이 상국을 갈아치우려는데 그다음 후보가 바로 공손연이라고 알려주었다. 언젠가 왕이 사적인 자리에서 공손연에게 "최근 나는 당신을 상국으로 삼으려고 고려하는 중이오."라고 말했는데, 이 말을 감무의 부하가 엿들은 것이다. 보아하니 이 정보는 틀림없는 것 같았다.

감무는 곧장 왕을 찾아가 말했다.

"대왕께서 능력 있는 상국을 발탁하시거든 모쪼록 저에게 축하를 올릴 기회를 주십시오."

이 말을 들은 왕은 깜짝 놀라 속으로 '저 사람이 어떻게 알았지?' 하고 생각하며 서둘러 말을 돌렸다.

"무슨 소리요? 내 국사를 모두 당신에게 맡기지 않았소? 그런데 또 다른 상국이 왜 필요하단 말이오?"

감무는 무례하게도 왕의 말허리를 잘랐다.

"대왕께서는 공손연을 상국으로 임명하실 생각 아닙니까?"

또 한 번 놀란 진왕은 되물었다.

"어디서 들은 유언비어요?"

감무는 잠시 머뭇거리더니 혼잣말하듯 치명적인 중상의 말을 내뱉었다.

"거참! 장군 자신의 입으로 한 말인데…."

진왕은 입만 벌린 채 아무 말도 하지 못했다. 그러면서 속으로 '공손연, 이 사람 정말 못 믿겠군!'이라고 생각했다. 얼마 후 공손연은 추방되었다. 진왕은 감무의 앞의 말을 진짜로 믿었기 때문에 뒤의 거짓말도 사실로 받아들인 것이다.

투량환주偸梁換柱 대들보를 빼내 기둥으로 바꾼다

비장의 병서 『36계』 중 제25계다. 그 원문을 보면 이렇게 되어 있다.

수시로 진용을 바꾸어 주력을 딴 곳으로 빼돌린 다음 기회를 틈타 상대를 굴복시키는 것, 이것이 수레바퀴를 꼼짝 못 하게 묶어두는 전술이다.

이에 대한 해설은 이렇다.

진용을 종횡으로 변화시켜 천형天衡(진의 전부와 후부)을 대들보로 삼고 지축地軸(진의 중앙부)을 기둥으로 삼되, 강력한 군대가 대들보와 기둥을 이룬다. 따라서 그 진을 보면 그 군대의 어디가 강한지 알 수 있다. 다른 적과 싸울 때는 수시로 진을 바꾸면서 몰래 정예병을 빼내 바꾸거나, 결국에 가서는 대들보와 기둥을 대신함으로써 진이 절로 무너지게 한다. 이 적으로 저 적을 공격하게 하는 것이야말로 으뜸가는 책략이다.

요컨대 다른 부대와 함께 적과 맞서 싸운다면 몰래 주력을 빼내고 자기 부대로 대체시킨다는 것인데, 이는 이 적군으로 저 적군을 쳐서 아우르는 으뜸가는 책략이라는 것이다.

기원전 205년, 한신은 위왕魏王 표豹를 공격하다가 위왕이 포판蒲坂에 주력부대를 포진시켰음을 알게 되었다. 그는 곧 포판 서안의 임진臨晉에다 군을 총집결시켜놓고 임진에서 황하를 건너 포판을 공격하겠노라고 공개적으로 선포했다. 그러고는 몰래 주력부대를 빼돌려 임진 북쪽의 하양夏陽에서 나무로 된 앵부罌缶[12]를 타고 황하를 건너 위왕을 공격했다. 위왕은 미처 손쓸 겨를도 없이 산 채로 잡혔다.

『36계』에서는 '투량환주'를 군사모략으로 설명하고 있지만, 사실 이 모략은 정치영역에서 더 많이 운용되고 있다. 그것은 넓은 의미로 사물의 내용을 대신하거나 바꿈으로써 상대를 속이는 목적을 달성하는 것이다. 그것에 반영되어 있는 사상은 서로 속고 속이며 기회를 틈타 다른 사람을 굴복시키는 정치적 권모술수다.

소련은 아프가니스탄을 점령하여 인도양으로 남하하려는 숙원을 실현시키기 위해 1950년대 중반부터 여러 측면으로 아프가니스탄에 침투했다. 그중 가장 중요한 침투는 군사고문을 파견해 친소세력을 심는 것이었다. 소련은 전후 6천여 명에 달하

---

12   아가리는 작고 머리는 큰, 큰 나무로 만든 고대의 용기를 말한다.

는 고문과 전문가를 파견하여 아프가니스탄의 당 기관과 군대를 통제해나갔다. 이와 동시에 갖가지 수단으로 정치적 견해를 달리하는 사람들을 위협하여 친소분자로 바꾸어나갔다. 국가와 군대의 '대들보'와 '기둥'을 도둑맞은 아프가니스탄이 1979년 12월 27일 공개적으로 침공해 온 소련군에게 맥도 못 추고 무너진 것은 당연했다.

가치부전假痴不癲 바보도 아니면서 어리석게 군다

'치痴'란 어리석고 멍청한 것을 말하고, '전癲'은 정신착란을 말한다. 거짓으로 어리석고 멍청한 체하는 것이기 때문에 정신착란이나 미친 것은 물론 아니다. 그 목적은 형세가 불리한 상황에서 속에 품고 있는 정치 포부를 숨기기 위해 겉으로 멍청하고 어리석게 보여 아무 일도 못 할 것처럼 가장함으로써 정적이 보내는 경계의 눈길을 피하는 것이다.

『36계』 제27계에서는 이 모략을 풀이하여 "거짓으로 모르는 체, 못 하는 척하는 것이 낫지, 모르면서도 아는 척 경거망동해서는 안 된다. 침착하게 본색을 드러내지 않음이 마치 겨울철에 천둥 번개가 치지 않는 것과 같다."고 했다. 이 권모술수는 흔히 물러섰다가 나아가며, 뒤에 출발하여 상대를 제압하는 것으로 표현된다.

1805년, 나폴레옹은 제4차 동맹군과 전투를 벌여 그 승세를 타고 러시아군을 추격했다. 러시아 황제 알렉산드르는 근위군과 후원부대가 이미 진열을 정비했다고 판단, 프랑스군과 결전을 벌이고자 했다. 그러나 전략적 안목이 깊은 쿠투조프 Mikhail Illarionovich Golenishchev-Kutuzov(1745-1813)는 다른 판단을 하고 있었다. 그는 현재 러시아군 전체가 전멸할 위기에 직면해 있기 때문에 신속히 그리고 계속 퇴각하면서 결전을 피하고, 전투 국면을 지구전으로 끌어 프러시아 군대를 기다렸다가 최후로 대불전쟁에 투입할 것인지의 여부를 결정해야 한다고 주장했다.

나폴레옹은 러시아군 사령부 내부에 두 가지 의견이 제기되어 서로 갈라지고 있음을 알았다. 나폴레옹은 쿠투조프가 알렉산드르 황제를 설득할까봐 두려웠다. 그렇게 되면 전투의 기회를 상실함은 물론 불리한 장기전에 돌입할 수밖에 없기 때문이었다. 나폴레옹은 전군에게 추격을 즉시 중지하라는 명령을 내리고 깊숙이 침투시켰던 전 부대도 철수시켰다. 그러고는 상대에게 전투를 중지하고 강화하자며 즉시 대표를 보내 러시아와 담판을 지었다. 이처럼 나폴레옹은 자신을 마치 무능하고 결전을 꺼리는 연약한 인물인 것처럼 꾸몄다. 러시아 황제 알렉산드르는 이에 자신감을 굳혔다. 프랑스군은 유리한 전기를 이미 놓쳤다, 나폴레옹처럼 오만한 인물이 이러지도 저러지도 못하는 상황에 몰린 것이 아니라면 자청해서 강화를 요구할 리 만무하다. 이렇게 판단한 알렉산드르는 쿠투조프의 의견을 묵살하고 프랑스군과 결전을 치르고 말았다. 그 결과 나폴레옹이 쳐놓은 그물에 걸려들었다.

모략은 지혜에서 나온다. 치밀하면 성공하고 자신을 노출하면 패한다. 현명한 지휘자는 자신의 의도를 감추기 위해 흔히 "어리석음을 가장하여" 뭇사람들의 눈과 귀를 흐리게 한다. 아무것도 할 수 없음을 보여주고 총명함을 멍청함으로 가장하는 것이 하지도 못하면서 할 수 있는 척, 멍청하면서도 영리한 척하는 것보다는 백 번 낫다.

도회지술韜晦之術 재능을 숨기고 다른 사람을 속이는 기술

'도회韜晦'란 자신의 재능을 숨기고 다른 사람의 눈과 귀를 속이는 것을 말한다. '도韜' 자의 본래 뜻은 활집(칼집)으로, '(안으로) 들어간다'는 뜻이 있다. '회晦'는 '암흑·숨김'의 뜻으로 월말에 비유되며, 또 '그믐달'로도 비유된다. 왜냐하면 음력으로 월말이면 달이 나오지 않는 '어두운 날'이기 때문이다. '도회지술'은 『한비자』,『사기』,『전국책』 등에 흔히 보이며 꽤 효과적인 처세술로 많이 사용된다.

진면목을 숨기기 때문에 자신을 보전할 수 있다. 그러다가 적절한 기회가 와서 상대방이 경계하지 않을 때 의도를 실현시킨다. 이는 "실력 있는 자는 자신을 드러내지 않으며, 드러낸 것은 가짜"라는 속된 말과 그 뜻이 매우 가깝다. 또한 이 성어는 "실력이 있을수록 겸손해야 한다."는 것을 강조하는 도덕적인 의미로도 사용된다. '도회지술'은 과거 관료사회에서 자기 몸을 지키는 방법의 하나였다. 몇몇 역사적 실례를 들어보자.

은殷나라 주紂왕은 밤낮없이 술과 쾌락에 빠져 날짜 가는 줄도 몰랐다. 그는 왕족 중에서 현자로 통하는 기자箕子에게 사람을 보내 날짜를 묻도록 했다. 기자는 옆에 있던 시종에게 이렇게 말했다.

천하의 주인이 황제 자리에 있으면서 온 천하의 사람들로 하여금 날짜를 잊게 하였으니 머지않아 온 천하가 위태롭겠구나. 천하 사람들이 모두 날짜를 알지 못하는데 나만 알고 있으면 내 자신이 위험해질 것이다. 가서 나 역시 술에 취해 모른다고 일러라. _『한비자』「설림說林·상」

역시 같은 『한비자』에 보이는 일화다.

제나라에서 벼슬을 하던 습사미濕斯彌가 당시 실권자 전성자田成子를 알현했다. 전성자는 그를 데리고 누각에 올라 사방을 둘러보면서 경치를 구경했다. 그 누각은 3면이 트여 있어 전망이 아주 좋았으나, 남쪽 습사미의 집이 있는 곳은 숲에 가려 집이 보이지 않았다. 전성자는 아무 말도 하지 않았으나 집으로 돌아온 습사미는 사람들을 시켜 나무를 베라고 했다. 도끼로 몇 차례 내리쳐 나무 밑동을 어느 정도 패어 내자 습사미는 다시 나무 베는 일을 중단시켰다.

그의 가신 중 하나가 어리둥절해하며 물었다.

"어째서 갑자기 명령을 바꾸시는 것입니까?"

습사미가 말했다.

"예로부터 이런 속담이 있지. '연못 속의 물고기를 눈으로 다 헤아려 셀 수 있으면 상서롭지 못하다.' 요사이 전성자가 큰일을 꾸미고 있는데 내가 그의 은밀한 마음속까지 읽어낸다면 필시 내 일신이 위태로울 것이야. 나무를 베지 않은 것은 죄 될 것이 없으나, 남이 말하지도 않은 것을 알고 있다면 그 죄는 심각하지."

도회인생韜晦人生　숨기면서 산다

'도회인생'이란 '도회'를 인생의 원칙으로 삼아 살아간다는 모략이다.

한나라 경제景帝 때의 낭중령郞中令들 가운데 주문周文이라는 남자가 있었다. 처음 그는 문제文帝의 어의御醫였다가 훗날 태자의 전문의에 임명되었는데 그 태자가 바로 경제였다. 경제는 즉위하자 주문을 낭중령으로 승진시켰다. 주문은 말을 매우 신중하게 하는 인물이었다. 늘 여기저기를 기운 허름한 옷을 입고 다니며 부러 깔끔하지 못한 것처럼 보였다. 경제는 그에 대해서만큼은 아주 편안한 마음을 가지고 있었고, 심지어는 침실까지 마음대로 드나들며 방사房事 때에도 자신의 곁에서 시중을 들게 할 정도였다. 경제가 신하들이 제기한 의견들에 대해 그에게 물으면 그는 "폐하께서 판단하옵소서."라고 대답하며 남에 대해서는 결코 이러쿵저러쿵하지 않았다. 경제는 두 번씩이나 그의 집을 친히 방문하여 경의를 표시했다. 그가 장안에서 양릉陽陵으로 거처를 옮기자 황제는 그에게 재물을 보냈지만 다 거절했다. 제후와 군신들도 물건을 보내왔으나 받지 않았다. 주문은 오래지 않아 중병으로 사직하고 2천 석의 녹봉을 받아 고향으로 돌아가 노후를 보냈다.(『사기』「만석장숙열전」)

같은 한나라 때 사회가 안정되었던 무제 시절, 궁중의 문서를 담당하던 동방삭東方朔이란 인물이 있었다. 그는 '도회'의 시조로 불릴 만한 인물이었는데, 역대로 글을 배운 사람들의 입에 오르내렸다. 동방삭은 장편의 글을 올려 무제의 눈에 들게 되었고, 무제는 그의 글을 붓으로 표시해가며 두 달에 걸쳐 꼼꼼하게 다 읽었다고 한다. 그는 무제의 시종이 되어 무제를 가까이에서 보좌했다. 무제는 그를 무척 좋아해서 자주 식사를 함께했는데, 동방삭은 먹고 남은 고기를 소매에 넣어 가지고 나가는 바람에 옷이 더러워지곤 했지만 아랑곳하지 않았다. 무제가 개인적으로 비단을 하사하면 그는 그것을 어깨에 메고 나갔다. 황제로부터 하사받은 돈과 비단으로 장안의 미녀를 아내로 맞아들였다가, 1년이면 내보내고 새 아내를 맞아들였다. 사람들은 그를 '미치광이'라고 불렀다.

동료들이 때로 그를 대신해 일을 처리하려면 무제는 언제나 "이 일을 동방삭에게 맡기면 너희들보다 훨씬 잘 하겠다."며 나무라곤 했다. 누군가가 동방삭에게 물은 적이 있었다.

"소진과 장의는 모두 후세에 이름을 남겼소. 그런데 선생처럼 학문과 식견이 뛰어난 분이 기이한 방식으로 살며 벼슬 승진에는 신경도 쓰지 않으시니 무슨 까닭입니까?"

이에 대해 동방삭은 엄숙한 태도로 대답했다고 한다.

"당신들은 그 이치를 모르는 것 같군. 소진이나 장의가 지금 시대에 태어나 산다면 나처럼 시랑 벼슬조차 얻지 못했을 것이야. 자고로 '천하에 재해가 없다면 비록 성인이 있다 한들 그 재주를 펼칠 길이 없고, 위아래가 화합하고 뜻을 같이한다면 어진 이가 있다 해도 공을 세울 길이 없으리라'는 말이 있지 않은가? 시대가 변하면 상황도 변하는 법, 재야에 묻혀 있지만 천하의 큰 인물도 안중에 없는 것은 태평기라 그렇거늘 무엇이 의심스럽단 말인가?"(『사기』 「골계열전」)

이상에서 소개한 '도회인생'의 모략은 현대사회에서도 주목해볼 만한 측면이 있다. 주문의 청렴함, 대세와 조화를 꾀하는 동방삭의 꾸밈없는 자세 등이 그것이다. 그들은 당시의 역사적 조건하에서 인간들의 인생철학을 존중하고 따르고자 한, 현명한 모략적 두뇌를 가진 인물들이었다. 주문의 청렴과 근면은 관료사회에서 오랫동안 그의 깨끗한 이름을 유지하게 했으며, 동방삭의 명쾌한 것 같으면서도 모호하고, 모호한 것 같으면서도 명쾌한 태도는 그 당시에도 시들지 않는 향기를 뿜어냈다.

● 치세의 기본은 말 그대로 대세에 자신을 맡기는 것이다. 이것이 곧 정치적 지혜이며 적극적인 의미를 내포한 모략이기도 하다. 정확한 상황 인식과 뚜렷한 주관을 요구하기 때문이다. 동방삭의 초상화이다.

항장무검項莊舞劍, 의재패공意在沛公   항장의 칼춤이 패공을 노리다

이른바 '죽음의 파티'라고 부를 수 있는 '홍문지연鴻門之宴'이라는 아주 극적인 사건에서 유래한 말이다. 그 당시의 상황을 재현해보면 이렇다.

기원전 206년, 유방은 진을 멸망시키고 함양咸陽에 주둔하고서 함곡관函谷關으로 병사를 파견하여 서쪽으로 진격하고 있는 항우를 막게 했다. 그러나 항우가 이끄는 대군은 함곡관을 돌파하고 지금의 섬서성 임동臨潼 동북 홍문에 이르러 유방에 대해 대대적인 공격을 준비했다. 당시 유방의 병력은 10만이 채 안 되었고, 항우의 병력은 40만으로 실력에서 현격한 차이가 났다. 유방은 하는 수 없이 정면충돌을 피하고 장량張良의 꾀에 따라 몸소 홍문으로 나아가 태도를 굽혀 항우에게 사죄했다. 연회 석상에서 항우의 모사 범증范增은 항장項莊에게 검무劍舞를 추다가 틈을 봐서 유방을 찔러 죽이라고 명령했다. 이 낌새를 챈 장양은 유방의 호위 무사 번쾌樊噲에게 검과 방패를 들고 연회 석상으로 뛰어들어 유방을 보호하도록 했다.(『사기』「항우본기」)

"항장의 칼춤, 패공을 노리다"라는 성어는, 어떤 목적을 달성하기 위해 표면적으로는 이런 말과 행동을 하지만 사실 속셈은 다른 데 있는 경우를 비유한다. 정치·외교·군사 등 모든 영역에서 이런 경우를 흔히 '항장무검, 의재패공'이라고 한다.

6절
결단, 그리고 변환과 이용

주졸보차 丟卒保車 졸을 버려서 차를 지킨다

본래 장기판에서 사용하는 전술 용어지만 지금은 사회 각 방면에서 널리 운용되고 있다. 전체 국면의 이익을 위해 때로는 부분적인 이익을 버려야 한다는 뜻이다.

　이 모략의 운용에 대해서는 모르는 사람이 거의 없을 것이다. 낚시꾼이 고기를 낚기 위해 미끼를 아끼지 않듯, 상인이 영리를 위해 고객들에게 "맛보고 사세요!"라고 말하듯, 전략가는 전술상 대가를 치르고 전략상의 주도권을 얻는다. 말하자면 대가와 주도권을 바꾸는 셈인데, 이는 적극적인 행동들이다. 반면에 '주졸보차'는 수동적인 특징을 보인다. "양쪽이 똑같이 피해를 입을 경우는 그 정도가 가벼운 것부터"라는 말도 있듯이, '장수'의 안전을 위해 수레와 말을 버리거나, 수레의 안전을 위해 '병졸'을 포기하기도 한다.

뛰어난 모략가는 여러 가지 이익을 따져볼 수 있는 계산기를 품고 다니며 수시로 이해득실의 경중과 손익표를 작성해서 작은 이익에 유혹당하지 않고 작은 피해에 영향을 받지 않도록 해야 한다. '졸'과 '차'가 차지하고 있는 각각의 비중에 따라 일을 처리하며, 전체 국면을 파악하여 여유 있게 조치를 취해야 한다. 눈앞의 작은 이익만을 좇다가 신세를 망치고, 작은 피해에도 어쩔 줄 몰라 하는 자들은 결코 큰 그릇이 될 수 없고 십중팔구는 실패한다.

고육계苦肉計 자기 살을 도려내는 계책

『삼국지연의』에 나오는 유명한 말이다. 동오東吳의 대장 황개黃盖는 '적벽대전'에서 조조의 위나라 군대를 격파하기 위해 대도독大都督 주유周瑜에게 '고육계'를 건의, 자신의 육체적인 고통을 감수하고 거짓으로 항복하여 조조의 함대를 불태우는 데 큰 공을 세웠다.

『36계』에서는 '고육계'를 제34계에 배열하고 있는데, 대체로 다음과 같은 내용으로 풀이하고 있다.

사람들은 일반적으로 육체적 고통을 원치 않는다. 따라서 상해를 입는다는 것은 심각하고 진지한 상황이 된다. 진실을 가장하여 적이 의심하지 않게 한 후, 간첩을 활용하여 목적을 실현한다.

그런 다음 『주역』의 "어린아이의 몽매함이 길하다는 것은 유순함을 따라야 한다는 것이니라."라는 '몽괘蒙卦'를 인용하고 있다. 이 괘에 대한 해석은 여러 가지가 있지만, 군사에 활용될 때는 일반적으로 적의 의도에 따라 간첩 활동을 펼쳐 적이 의심하지 않도록 만드는 것이다. 『36계』는 이에 대해 다시 설명을 덧붙이고 있다.

'고육계'는 거짓으로 간첩을 써서 사람을 이간질하는 것이다. 자기와 틈이 있는 자를 보내 적을 유인하여 서로 협력할 것을 약속하는 것 등이 모두 이 '고육계'에 속한다.

'고육계'는 일반적인 상식을 뒤엎고 스스로를 다치게 하는 것으로, 그 목적은 적이 믿도록 하는 데 있다. 그와 동시에 고육계는 흔히 '간첩'을 활용한다. 적의 이목이 이미 자신을 주목하고 있다는 사실을 알았으면 "풀을 헤집어 뱀을 놀라게 하는" '타초경사打草驚蛇'와 같은 경솔한 행동은 삼가고, 대세의 흐름에 따라 거짓 정보 따위를 흘려 적의 간첩이 그것을 활용하도록 한다. 주유가 군영 안 여러 사람이 보는 앞에서 황개를 마구 때린 것도 조조가 파견한 간첩이 주위에 잠복해 있다는 사실을 알고 있었기 때문이다. 그 간첩이란 거짓으로 항복한 채중蔡中·채화蔡和 두 사람이었다.

요컨대 주유의 목적은 그들을 통해 황개 사건을 조조에게 알리도록 하자는 데 있었다.

『오월춘추吳越春秋』「합려내전闔閭內傳」에는 이런 이야기도 있다. 춘추 말기, 검객 요리要離는 일찍이 오자서伍子胥의 추천을 받아 오나라 왕에 의해 발탁되어 위衛나라 공자인 경기慶忌를 살해하는 임무를 맡게 되었다. 요리는 경기의 신임을 얻기 위해 결행에 앞서 오왕에게 자신의 오른손을 자르고 처자를 죽여달라고 요청한 뒤, 오나라 왕에게 죄를 지은 것처럼 하고 도망쳤다. 오왕은 그의 부탁대로 요리의 처자를 잡아 죽이고 저잣거리에서 많은 사람들이 보는 가운데 시신을 불태웠다. 요리는 위나라에 도착한 다음 경기 앞에서 오나라 왕을 크게 욕하면서, 거짓으로 경기에게 오나라를 칠 계략을 일러주기까지 했다. 두 사람은 곧 의기투합했다. 그 뒤 함께 배를 타고 강을 건너는 기회를 틈타 요리는 돌연 검을 뽑아 경기를 찔러 죽였다.

『한비자』「세난說難」에는 정鄭나라 무공武公이 호胡를 멸망시키기 위해 먼저 공주를 호의 왕에게 시집보낸 후 호를 공격하자고 주장하는 대부 관기사關其思를 죽여 호를 안심시켰는데, 이 역시 '고육계'를 활용한 것이다.

제2차 세계대전 당시의 일이다. 영국 해군 정보국에 소속된 이중간첩 중 노르웨이 국적을 가진 무트와 제프라는 두 사람이 있었다. 그들은 원래 독일 간첩이었는데, 영국에 체포된 후 매수되어 독일에 가짜 정보를 제공하는 역할을 담당하게 되었다. 당시 독일이 이 두 사람에게 맡긴 주요 임무는 파괴 활동을 통해 공포 분위기를 조성하는 것이었다. 두 사람이 독일 정보국으로부터 계속 신임을 얻도록 하기 위해 영국 해군 정보국은 두 차례 주목할 만한 대형 폭발사건을 연출해야만 했다. 독일은 이것을 사실로 믿고 대단히 만족했다. 그들 두 사람은 그 틈을 타 많은 거짓 정보를 독일에 제공했다.

연환계連環計 적을 사슬로 묶는 계책

일반적으로 말해 '연환계'는 적에게 부담을 덜어버리게 하거나 고의로 적에게 부담을 주어 행동의 자유를 잃게 하는 것이다. 이 모략을 운용할 때는 적을 지치게 하는 모략과 적을 공격하는 모략을 함께 사용한다. '연환계'의 활용법은 매우 많지만, 그 목적은 전쟁의 승부를 결정하는 여러 요소 중에서 적의 관건이 되는 약점을 파악한 후에 모략을 써서 적의 행동을 부자유스럽게 하고 유리한 전기를 창조해내는 데 있다. '연환계'는 두 가지 이상의 모략을 연속적으로 사용하는 것을 가리키는데, 모략의 주된 내용은 서로 연계되어 있게 마련이다.

『삼국지연의』 제47회를 보면, 적벽대전赤壁大戰에서 유비의 모사 방통龐統은 거짓으로 조조 진영에 항복하고 조조를 종용하여 함대를 쇠사슬로 연결시키게 하는데, 겉으로 보기에는 물에 익숙하지 못한 위나라 군사를 돕는 것 같지만 사실은 배들이 빠져나가지 못하게 함으로써 주유周瑜의 화공 작전을 위해 훌륭한 조건을 창조해낸다. 전형적인 '연환계'였다.

189년, 한나라 영제靈帝가 병으로 죽었다. 이 틈을 타고 동탁董卓이 조정에서 난리를 일으켰다. 사도司徒 벼슬에 있던 왕윤王允은 동탁을 제거하려고 했다. 동탁에게는 양아들 여포呂布가 있었는데, 동탁을 제거하기 위해서 먼저 이 두 사람의 관계를 갈라놓을 필요가 있었다. 왕윤은 관찰과 정보를 통해 이 두 사람이 호색가들임을 알아냈다. 마침 왕윤의 집에 초선貂蟬이라는 미모가 출중한 시녀가 있었다. 왕윤은 초선을 자기 딸이라 속이고 그녀를 여포에게 주기로 해놓고는 먼저 동탁에게 보냈다. 하루는 여포가 동탁의 집을 방문했다가 초선이 그곳에 있는 것을 발견했다. 이때 초선이 손짓 몸짓으로 자신의 마음은 여포 당신에게 있다고 표시했다. 일이 공교롭게 되려고 했는지 이 장면을 동탁에게 들키고 말았다. 동탁은 여포가 자신의 애첩을 희롱한다고 여겨 벼락같이 화를 내면서 들고 있던 창을 여포에게 던졌다. 여포는 걸음아 날 살려라 하고 도망쳐 나왔다. 그러다 길에서 왕윤과 마주쳤는데, 왕윤은 불에 기름을 붓는 격으로 여포를 자극했다. 왕윤은 때가 무르익었다고 판단, 동탁 살해 계획을 여포에게 털어놓고 그의 협조를 약속받았다. 마침내 왕윤은 여포의 손을 빌려 동탁을 제거하는 데 성공했다. 왕윤은 초선을 이용해 동탁과 여포를 동시에 속였는데, 형식상 미인계였지만 실제로는 전형적인 '연환계'였다(간사모략 '미인계' 참조).

이독공독以毒攻毒 독은 독으로 공격한다

무협소설에 잘 나오는 이 기발한 용어는 『홍루몽紅樓夢』 제42회에 "이것이 독으로 독을 공격하고 불로 불을 공격하는 방법이라는 것이야!"라는 대목으로도 나온다. '이독공독'은 본래 의학에서 사용하는 용어로, 독약으로 중병을 치료한다는 뜻이다. 그 뒤 모략용어로 인용되어 악으로 악인을 제압하고 나쁜 방법으로 나쁜 방법에 대응하는 것을 비유하게 되었다. 정치 투쟁에서는 원수를 원수로 대처하고, 원수의 손을 빌려 원수를 제거하며, 비열한 수단으로 비열한 수단에 대응하는 경우가 많다.

『동주열국지東周列國志』에는 진晉나라 문공文公이 이 모략으로 화를 모면한 고사가 전해져 온다. 진나라 문공이 막 왕위에 오른 지 얼마 되지 않아 회공懷公 때의 옛 신하들인 여성呂省과 극예郤芮가 궁실에 불을 지르려고 했다. 그런데 이 음모가 진 문공의 원수인 사인피寺人披에게 발각되었다. 사인피는 개인적인 목적에서 진 문공을 찾아가 이 사실을 알려주었다. 문공은 이 때문에 극예 등의 음모를 막을 수 있었다.

그러나 그 일당들이 아직 많이 남아 있어, 두 사람이 피살된 후에도 날이면 날마다 유언비어를 퍼뜨리며 진나라의 안전을 위협했다. 진 문공이 이 때문에 고민하고 있던 차에 말단 관직에 있는 두수頭須라는 자가 문공을 찾아왔다. 이 사람도 문공과 묵은 원한이 있던 인물이었다. 두수는 문공에게 자기와 같은 원수를 등용하면 문공이 지난날의 감정을 버렸다는 것을 백성들이 알게 될 것이고, 그러면 자연 민심도 안정될 것이라고 했다. 문공은 그 말에 따라 두수를 높은 관리로 임용한다는 사실을 각 성에 알리게 했다. 여성과 극예의 잔당은 문공이 두수를 임용하는 것을 보고 마음을 놓았고 유언비어도 점점 가라앉아 진나라는 안정을 되찾았다.

이이벌이以夷伐夷 오랑캐는 오랑캐로 무찌른다

『후한서後漢書』「등훈전鄧訓傳」의 기록을 통해 이와 관련된 고사를 알아보자. 한漢 원화元和 3년인 86년, 황제는 등훈鄧訓을 장액張掖(지금의 감숙성 장액 서북) 태수에 임명했다. 장화章和 2년인 88년, 호강교위護羌校尉 장우張紆는 강족羌族의 미오迷吾 등을 유인하여 태워 죽임으로써 강족 부락으로부터 심한 원한을 샀다. 강족 부락은 보복을 통해 사태를 수습하려 했다. 강족의 여러 부락들은 하나로 뭉쳤고, 약 4만 명을 동원하여 얼음이 어는 결빙기를 택해 황하를 건너 등훈을 공격할 준비를 했다.

당시 이 지역에는 호족胡族의 소월지小月氏라는 소수민족이 있었는데, 그들이 보유한 2~3천의 기병은 용감하고 강력해 강족과의 싸움에서 늘 적은 수로도 승리를 거두곤 했다. 소월지와 한나라의 관계가 나쁜 편이 아니었기 때문에, 한나라는 때로 소월지를 이용하곤 했다. 미오의 아들 미당迷唐과 강족의 다른 부락이 만여 명의 병사를 연합하여 국경 경계지점에까지 이르렀으나 직접 등훈을 공격하지는 못했다. 게다가 소월지의 병력이 증원되고 있어 미당은 선뜻 싸울 수가 없었다. 이때 등훈 진영에서 누군가가 강과 호를 서로 싸우게 하면 강족 정벌에 유리할 것이라는 의견을 내놓았다. 바로 여기서 '이이벌이'란 말이 나왔다.

'이이벌이'는 송나라 때 왕안석王安石이 제기한 '이이제이以夷制夷'와 같은 뜻이다. 이 모략은 중국 역사상 통치자들에 의해 많이 활용되었다. 봉건사회에서 통치자들은 한족 이외의 소수민족을 오랑캐란 뜻의 '이족夷族'이라 불렀다. 소수민족에 대한 통치는 역대 통치자들이 중요하게 여겼던 문제였고 '이이벌이'는 그 중요한 통치방식의 하나였다고 할 수 있다.

'이이벌이'는 '이'로 '이'를 공격케 하여 그 둘 모두에게 타격을 입히자는 것이다.

● 강희제는 전통적인 정치모략의 하나인 '이이제이'를 더욱 심화시킨 뛰어난 모략가의 한 사람이었다.

이 방법을 정치·군사 영역으로까지 넓히면 '이적공적以敵攻敵'이라고 할 수도 있다. 561년, 북주北周의 장수 위효관韋孝寬은 북제北齊의 유능한 재상 곡율광斛律光을 제거하기 위해 고의로 곡율광이 반란을 일으키려 한다는 유언비어를 퍼뜨렸다. 북제의 곡율광과 원한 관계에 있던 대신 조정야祖珽也가 이것을 이용해 선동했다. 북제의 왕은 즉시 곡율광을 죽였다. 북주의 무제는 크게 기뻐하며 곧 군대를 정돈하여 577년에 북제를 정벌하여 멸망시켰다. 위효관은 적을 제거하기 위해 유언비어 술책으로 '이이벌이'의 목적을 이루었다.

역대 통치자들이 어떻게 소수민족을 통치했는가를 분석해보면, '이이벌이'는 결코 수준 높은 수단이 아니었다. 그것은 특수한 상황에서만 활용되었다. 222년, 제갈량이 「융중대隆中對」란 글에서 제기한 "서쪽으로는 여러 융戎과 화친하고, 남쪽으로는 이월夷越을 다독거린다."는 방침이 그보다는 한결 수준이 높다고 하겠는데, 이 방침은 맹획孟獲에 대한 '칠종칠금七縱七擒'을 통해 충분히 체현되었다. 청나라 강희제康熙帝·건륭제建隆帝는 소수민족의 지배층을 포섭하기 위해 소수민족의 신앙과 습속을 존중하면서 "묘당 하나를 세우고 정비하면서 10만 병사를 훈련시킨다."는 방침을 추진했다. 이는 당시에 '이이벌이'의 모략보다 훨씬 확실하게 작용했다.

이대도강李代桃僵 오얏나무가 복숭아나무의 뿌리를 대신한다

서한西漢시대 무명씨가 지은 「계명편鷄鳴篇」에는 이런 이야기가 나온다.

> 형제 네댓 명이 모두 출세하여 시중랑侍中郞이 되었다. 이들이 닷새에 한 번 집을 찾
> 아오는 날이면 구경꾼들로 길을 가득 메울 정도였다. 황금으로 말머리를 치장하는
> 등 휘황찬란하기 그지없었다.
> 복숭아나무가 길가 우물 위에서 자라나고 있었고 오얏나무는 그 옆에서 자라고 있
> 었다. 그런데 벌레가 복숭아나무의 뿌리를 갉아대자 오얏나무가 복숭아나무의 뿌
> 리를 대신했다. 나무들도 어려움을 같이 나누며 사는데 형제들이 서로 잊고 사는
> 구나![13]

동한東漢시대 반고班固가 지은 역사책 『한서』 「예악지禮樂志」에 보면 "무제武帝가 천
자가 지내는 제사의 하나인 교사郊祀의 예를 정하고 『악부』를 세웠다."고 했는데, 그
목적은 가사를 채집하여 악장樂章을 제정하는 데 있었다. 『악부』에는 각지의 가사
134편이 채집되어 있고 「계명편」은 그중 하나였다. 인용문의 대체적인 내용은 나무
들도 어려움에 처하면 서로 돕는데, 형제지간에 의리를 잊고 골육상잔을 벌인다는
뜻이다.

"오얏나무가 복숭아 뿌리를 대신한다"는 뜻의 '이수대도강李樹代桃僵'은 줄여서

---

13 이 이야기는 송나라 곽무천郭茂倩의 『악부시집樂府詩集』 「상화가사相和歌辭·계명편」과 원나라 때 좌극명左克明
의 『고악부古樂府』 「계명편」에 보인다.

'이대도강'이라고 하는데, 다른 사람의 잘못을 대신하거나 남을 위해 수고하거나 갑으로 을을 대신하는 것을 비유한 책략이다.

고대 병법인 『36계』 제11계 '이대도강' 중에는 "세는 꺾이게 마련이므로 음을 희생해서 양을 더욱 보강한다."는 구절이 있다. 뜻인즉, 어떤 국면의 발전 추세는 꺾일 때가 있게 마련이니 부분적 손실을 감수함으로써 전체 국면의 우세를 차지한다는 것이다. 『36계』의 이 조항에 대한 설명을 보면 이렇다.

나와 적의 상황에는 각기 장단점이 있다. 전쟁에서 완벽한 승리는 얻기 어렵다. 승부의 결정은 장단점을 서로 비교하는 데 있다. 그리고 장단의 비교에는 단점으로 장점을 이기는 비결이 있다. 나쁜 경주마로 적의 좋은 경주마를 대적하고, 좋은 경주마로 적의 중간 경주마를 대적하며, 중간 경주마로 적의 나쁜 경주마를 대적하는 따위는 실로 병가의 독특한 궤모詭謀라서 평범한 이치로는 추측할 수 없다.

여기서는 갑으로 을을 취하고 열세를 교묘하게 이용하여 우세를 차지하는 것들을 말하고 있는바, 손빈孫臏의 '경마'와 같은 이런 책략은 일반적 상식으로 헤아릴 수 없다는 것이다.

이해는 서로 관련되어 있고, '이대도강'은 이익을 추구하고 해를 피하려는 것이다. 그러나 어떻게 하느냐에는 일정한 규정이 없다. 봉건사회 관료들의 투쟁에는 상관이 잘못을 저질러놓고 부하에게 대신 뒤집어씌우는, 이른바 '속죄양'을 만들어 자신을 지키는 경우가 흔했다. 첩보전에서도 핵심 인물의 안전을 위해 주변 인물을 희생시키는 경우는 허다하다. 이것이 이른바 "졸을 버리고 차를 지킨다"는 '주졸보차丟卒保車'다. 전쟁에서 부분적 희생으로 전체 국면의 주도권을 잡거나 갑의 실수를 을과 바꾸는 경우는 셀 수 없을 정도로 많다. 고대 손빈이 경마 때 나쁜 말을 먼저 내보내

한 차례 지게 하고 나머지 후반 두 판에서 승리를 거둔 것, 주유가 황개黃蓋를 공격하다 늦추었다를 반복한 것 등은 '이대도강'의 성공적인 운용이다.

'이대도강'이라는 모략을 취할 때의 관건은 치밀한 계산과 사전 준비에 있다. 단순하게 승부의 링으로 뛰어들어서는 안 된다. 누가 최후의 승리를 거두느냐가 중요하다. 최후의 승리를 거두기 위해 눈앞의 승리를 희생시키는 것은 나름 가치가 있다. 그러나 계획이 적절하지 않으면 오얏나무가 뽑히고 말아 복숭아나무를 지킬 수 없다. 그래서는 "마누라도 잃고 부하마저 잃는" 꼴이 되고 만다. 또 오얏나무 자체의 가치가 복숭아나무보다 크다면, 큰 것을 버리고 작은 것을 얻는 이른바 "근본을 버리고 쓸데없는 것만 좇는" 꼴이 된다.

좌향기리坐享其利 가만히 앉아서 이익을 누린다

───────────────────────────

『전국책』「연책燕策」을 보면, 조趙나라 혜왕惠王이 연나라를 공격하려 하자 소대蘇代가 혜왕을 말리면서 "도요새와 조개가 서로 양보하지 않고 싸우다가 결국은 어부에게 둘 다 붙잡히고 말았다"는 저 유명한 '어부지리漁父之利'의 고사를 들려주는 대목이 나온다.

정치·군사 등과 같은 영역에서 성공을 거두려면 자신의 병력이나 힘을 동원하지 않고 모순 관계를 이용하여 "앉아서 이익을 누리는" '좌향기리'를 활용할 줄 알아야 한다. 상대들의 모순을 파악하여 그 모순을 이용하거나 그들 간의 충돌을 부추긴 다음, 자신은 '어부지리'를 얻는 경우가 적지 않다.

『좌전』 장공莊公 10·14년조에 나오는 경우를 한번 보자.

날로 강성해지고 있던 초나라는 자신의 기반을 더욱 확대하려 했다. 당시 식후息侯와 채후蔡侯는 모두 진陳나라 여자를 아내로 맞아들였다. 어느 날 식후의 부인 식규息嬀가 초나라를 지나게 되었다. 채후는 그녀를 손님으로 접대하지 않았을 뿐만 아니라 심한 말로 희롱까지 했다. 이 일로 식후는 채후에 대해 깊은 증오심을 품게 되었다. 식후는 초나라 왕에게 계략을 한 가지 제안했다. 즉, 초나라로 하여금 거짓으로 식을 공격하게 하여 식이 채에 구원을 요청하게 만들어 채후를 유인한다는 것이었다. 채후는 용감하지만 꾀가 없어 반드시 구하러 올 것이고, 이때 초와 식이 함께 채를 공격하자고 했다. 초나라 문왕은 식후의 계획을 받아들였고, 과연 채후는 구원하러 왔다가 초에게 속수무책으로 당했다. 채의 군대는 식의 성으로 후퇴하려 했으나, 식후는 성을 걸어 잠그고 받아들이지 않았다. 초군은 오갈 데 없는 채후를 포로로 잡았다. 채후는 그제야 식후의 계략에 걸려들었다는 사실을 알았고, 이후 식과 채 두 나라 사이의 모순은 더욱 깊어졌다.

문왕은 식과 채가 서로 완전히 등을 돌렸고, 이제는 채후가 식후를 구원하지 않으리라는 것을 알게 되었다. 문왕은 곧 채후를 석방해 돌려보냈다. 채후는 문왕이 호색가임을 알고 떠나기에 앞서 문왕에게 식후의 부인인 식규가 절세미인이니 식을 쳐서 빼앗으라고 부추겼다. 문왕은 식후를 납치하고 식을 멸망시킨 후 식규를 차지했다. 그리고 얼마 뒤 초나라는 채나라까지 집어삼켰다.

문왕은 식과 채 사이의 모순을 과감하고 결단력 있게 이용했다. 식·채 두 나라가 연합해서 공생공사의 정신으로 서로를 헐뜯으며 싸우지 않았더라면 초나라에게는 기회가 없었을 것이다. 그러나 그들은 모두 큰 나라의 힘을 빌려 상대를 제거하려고만 했다. "입술이 없어지면 이빨이 시리게 된다"는 '순망치한脣亡齒寒'의 이치를 자각하지 못했던 것이다. 그 결과 둘 다 초나라에 이용당해 차례로 패망했다.

장계취계將計就計 상대의 꾀를 내 꾀로 만든다

상대방의 모략을 충분히 이해한 바탕 위에서 정확하고 적절하게 자기의 모략을 실행함으로써 상대를 계략에 걸려들게 만든다. 『병경백자』「차자借字」에 보면 "지혜와 모략을 구사할 수 없을 때는 적의 것을 빌려라." "상대의 수단을 뒤집어 내 수단으로 삼고, 저쪽의 꾀를 내 꾀로 만드는 것이 바로 적의 모략을 빌리는 것이다."라고 했는데, 이 모략에 대한 가장 좋은 설명이 될 것이다.

이 모략은 정치·경제·외교·군사 등과 같은 영역에서 지금까지 널리 운용되어왔다. 비교적 전형적인 사례를 들어보자.

219년, 조조의 부장 조인曹仁은 촉의 명장 관우의 군대에 의해 번성樊城에서 포위당하는 곤경에 빠졌다. 이때 동오의 손권은 사람을 조조에게 보내, 강릉江陵과 공안公安 두 성을 공격해서 번성의 포위를 풀자며 비밀 유지를 당부했다. 조조는 측근 동소董昭의 건의를 받아들여 일부러 손권의 의도를 관우 쪽에 흘렸다. 포위당한 조인의 부대는 사기가 되살아났고, 관우는 머뭇거리며 결정을 내리지 못했다. 그러는 사이 손권의 군대가 당도해 강릉과 공안을 공격했다. 관우는 패했다. 손권은 조조를 이용해 관우를 견제하게 함으로써 강릉과 공안을 탈취하려 했고, 조조는 이런 손권의 의도를 간파하고는 교묘하게 손권의 병력으로 번성의 포위를 풀었던 것이다. '장계취계'의 전형이다.

『삼국지연의』 제17회를 보면 가후賈詡가 '장계취계'로 조조를 패배시킨 이야기가 나온다. 조조는 남양南陽의 장수張繡를 정벌하러 나섰으나 목숨을 걸고 저항하는 바람에 좀처럼 성을 공략하지 못했다. 조조는 몸소 말을 타고 3일 동안 성 주위를 맴돌면서 대책을 강구한 끝에 공개적으로 성의 서북쪽을 공격하겠다고 공언하고는 준비를 시켰다. 그러나 실제로는 동남쪽에서 기습을 가할 준비를 갖추라는 밀령을 내렸다. 그런데 어찌 알았으랴! 조조가 3일 동안 성 주위를 돌며 형세를 관찰할 때 성안의 가후도 조조를 3일 내내 지켜보며 조조의 의도를 간파했을 줄을! 가후는 장수에게 '장계취계'의 모략을 활용하라고 권했다. 배불리 먹은 가벼운 복장의 정예 병사는 전부 성 동남쪽에 숨겨놓고, 백성들을 군사로 분장시켜 성 서북쪽에 올라가 기를 흔들며 소리를 지르게 했다. 조조는 이 모습을 보고 장수가 자신의 계략에 걸려들었다며 회심의 미소를 지었다. 조조 군은 대낮에 성 서북쪽을 한바탕 요란하게 공격하는 척하다가 밤이 되자 서서히 정예병을 이끌고 동남쪽에서 성안으로 기어들기 시작했다. 그러나 그 결과는 오히려 가후의 꾀에 걸려들어 5만에 달하는 병사가 낙화유수처럼 전사하고 말았다.

'장계취계'가 성공할 수 있는 관건은 적의 뜻에 순순히 따르는 척하며 대세의 흐름에 따라 적이 쳐놓은 그물 밖에다 또 한 겹의 그물을 치고 적을 자신의 계획대로 움직이게 한 다음 그물 안으로 빠져들게 하는 데 있다. '장계취계'는 실행 과정에서 겉으로는 상대의 꾀에 걸려든 것처럼 가장하고 실제로는 자기의 의도를 숨기는 모략이다. 이 모략은 상대의 의도를 파악하는 것이 필수적이며, 적의 꾀 위에서 다시 꾀를 부리는 것이다.

격안관화隔岸觀火 강 건너에서 불 구경을 한다

『36계』 제9계에서는 이 모략을 이렇게 해석하고 있다.

적의 내부 모순이 격화되어 혼란이 생기면, 조용히 그 모순이 폭발하기를 기다린다.

적의 내부가 서로 등을 돌리고 으르렁대면 대세의 흐름상 자멸하기 십상이다. 이 모략은 유순한 수단이긴 하지만 앉아서 기분 좋은 결과를 기다리는 것이기도 하다. 이 모략을 시행하는 과정에서는 적에게 내분이 일어났을 때 섣불리 달려들지 말아야 한다는 점에 주의해야 한다. 잘못 했다가는 적으로 하여금 일치단결해서 맞서게 하는 역효과를 초래할 수 있기 때문이다. 통상 "산 위에 앉아서 호랑이 싸움이나 구경하는" 태도를 취하면 된다. 적의 내부 모순이 두드러져 서로의 알력이 갈수록 깊어져 가는데 성급히 "불난 틈을 타 훔친다"는 '진화타겁趁火打劫'의 모략을 실행해서는 안 된다. 조급하게 서두르다 보면 적에게 내분을 멈추고 잠시 연합하여 반격을 가할 틈을 줄 수도 있다. 일부러 한 발 양보하는 척하며 내부 모순이 발전하여 서로 죽고 죽이는 혼란이 조성되기를 기다림으로써, 적을 약화시키고 자신을 강화시키는 정치·군사 목적을 달성할 수 있다.

『삼국지연의』에는 조조가 하북을 평정할 때 두 차례 이 '격안관화'의 꾀를 활용하여 작은 대가로 큰 승리를 거두었다고 기록되어 있다.

조조가 처음 '격안관화'를 활용한 것은 『삼국지연의』 32회 중에 나온다. 원소袁紹는 창정倉亭에서 다시 패배한 뒤 울화병 때문에 이내 죽고 만다. 죽기에 앞서 원소는 어린 아들 원상袁尙을 자신의 뒤를 이어 대사마大司馬 장군에 임명했다. 이 무렵 투지에 불타고 있던 조조는 몸소 대군을 거느리고 원씨 형제를 토벌하여 단숨에 하북을 평정하고자 했다. 조조의 군대는 '파죽지세破竹之勢'로 여양黎陽을 점령하고, 빠른 속도로 기주성冀州城에 이르렀다. 원상·원담袁譚·원희袁熙·고간高干 등은 각기 네 방향으로 군대를 나누어 성을 사수했고, 조조는 총력을 다해 공격했지만 성을 함락시키지 못했다. 이때 모사 곽가郭嘉가 이런 꾀를 냈다.

"원소는 큰아들이 아닌 막내아들로 자기 뒤를 잇게 했기 때문에 형제들이 각자 권력을 나누어 가진 채 패거리를 모으고 있는 실정입니다. 이런 상황에서 서두르시면 그들이 힘을 합칠 것이지만, 느긋하게 관망하시면 조만간 서로 싸울 것입니다. 차라리 군대를 형주荊州 쪽으로 돌려 유표劉表를 치면서 원씨 형제 사이에 모종의 변화가 발생하기를 기다렸다가 단숨에 평정하는 것이 좋을 것입니다."

조조는 곽가의 말에 따라 가후賈詡와 조홍曹洪으로 하여금 여양과 관도官渡를 지키게 하고, 곧 군을 이끌고 유표 토벌에 나섰다. 아니나 다를까, 조조가 철군하자마자 맏아들 원담은 동생 원상으로부터 계승권을 빼앗고자 칼을 뽑아들었다. 골육상잔의 내부 모순이 터진 것이다. 원담은 원상을 이기지 못하고 사람을 보내 조조에게 도움을 요청했다. 조조는 때가 왔다고 판단, 곧장 북진하여 원담을 죽이고 원희와 원상을 물리침으로써 순식간에 하북을 손아귀에 넣었다.

조조의 두 번째 '격안관화'는 하북을 평정한 다음이었다. 조조에게 패한 원상과 원희는 요동으로 달아나 요동 지방의 실권자 공손강公孫康에게 투항했다. 하후돈夏侯惇 등은 조조에게 의견을 제출했다.

"요동 태수 공손강은 오랫동안 복종하지 않았습니다. 지금 원희·원상이 그에게로 투항했으니 후환이 될 것이 뻔합니다. 그들이 아직 움직이지 않고 있을 때 속히 정벌하여 요동을 장악하는 것이 좋을 듯합니다."

그러나 조조는 싱긋이 웃으며 말했다.

"공들이 나서서 굳이 힘쓸 필요가 있겠소? 모르긴 해도 며칠 후면 공손강이 원씨들의 머리를 보내올 것이오."

장수들은 물론 믿지 않았다. 그런데 며칠 되지 않아 공손강이 원희와 원상의 머리를 보내왔다. 장군들은 경악했다. 조조의 신출귀몰한 예견에 탄복하지 않을 수 없

● 역대 수많은 모략가들 중에서도 단연 출중했던 조조에 대한 평가가 지금도 엇갈리는 것은 시대상에 대한 정돈되지 못한 인식에서 비롯된다. 정치모략 역시 시대상에 대한 정확한 판단과 인식을 요구한다.

었던 것이다. 조조는 통쾌하게 웃으며 말했다.

"그 사람의 예상이 빗나가지 않았군!"

조조는 곽가가 죽기 전에 조조 앞으로 남긴 편지 한 통을 꺼내 보여주었다. 그 편지에는 대략 이렇게 쓰여 있었다.

'지금 듣자 하니 원희·원상이 요동으로 도망갔다고 하는데, 공께서는 서둘러 병사를 동원하지 마십시오. 공손강은 오랫동안 원씨에게 먹힐까봐 두려워했으니 두 원씨의 투항을 분명 의심할 것입니다. 이런 상황에서 강경하게 공손강을 치면 반드시 서로 힘을 합쳐 대항하고 나설 것이니, 서둘러서는 굴복시킬 수 없습니다. 느긋하게 관망하고 있으면 공손강과 원씨는 서로를 노릴 것이 뻔합니다.'

원소는 살아 있을 당시 늘 요동을 손에 넣고 싶어 했고, 공손강은 이런 원씨 집안에 대해 뼈에 사무치는 원한을 품고 있었다. 그러던 차에 원씨 형제가 자신에게 투항해 오자 공손강은 이들을 제거하고 싶었다. 다만 조조가 요동을 공격할까 겁이 나 두 사람을 이용하려 했다. 그래서 원희·원상 두 사람이 요동에 도착한 뒤에도 곧장 그들을 만나주지 않고 신속히 사람을 보내 조조의 동정을 알아보게 했다. 첩자는 조조의 군대가 역주易州에 주둔하고 있으며, 요동에 대해서는 마음이 없는 것 같다고 보고했다. 공손강은 즉시 원희·원상의 목을 베어버렸고, 조조는 손에 피 한 방울 묻히지 않고 목적을 달성했다.

이상 두 고사는 역사 사료에도 기록되어 있다. 다른 점이 있다면 사료에서는 조조의 두 번째 '격안관화'가 곽가에게서 나온 것이 아닌 조조 그 자신에게서 나온 것으로 되어 있을 뿐이다. 『삼국지』「위지魏志·무제기武帝紀」에는 다음과 같이 기록되어 있다.

요동 선우單于 속부환速仆丸 및 요서와 북평北平의 여러 실력자들이 자신들의 종족을 저버렸고, 원상·원희는 요동으로 도망갔지만 아직 기병 수천을 보유하고 있었다. 당 요동 태수 공손강은 자신의 통치구역이 멀리 떨어져 있다는 사실만 믿고 복종하지 않았다. 공손강은 공(조조)이 오환烏丸을 격파하고 자신을 정벌한다고 하자 원상 형제를 잡았다. 공이 말했다.

"내 장차 공손강으로 하여금 원상·원희의 목을 베도록 할 테니 번거롭게 병사를 동원할 필요 없다."

9월, 공은 병사를 이끌고 유성柳城에서 돌아왔고, 공손강은 곧 원상·원희 및 속부환 등의 목을 베어서 보냈다. 여러 장수들이 놀라면서 물었다.

"공께서 돌아오시자마자 공손강이 이들의 머리를 보내오니 어찌된 일입니까?"

공이 말했다.

"공손강은 본래 원상 등을 두려워했는데, 내가 성급히 공격하면 서로 힘을 합칠 것이고 느긋하게 관망하면 저들끼리 서로를 노릴 것이 뻔하지 않은가."

『손자병법』「화공」편 뒷부분에 보면, 전쟁은 이익의 쟁탈이므로 싸워 이겼다 하더라도 쓸모없는 텅 빈 성 몇 개만 차지하면, 즉 실질적인 이익이 없다면 괜스레 인력과 물자만 소모한 셈이고, 따라서 장기간 외지에서 체류하고 있는 군대로서는 불행한 일이라고 했다. 어쨌든 공격해서 싸우는 문제는 신중을 기해야 한다. 감정에 치우쳐 충동적으로 이성을 잃어서는 결코 안 된다. 병사 동원에 신중을 기하고 적을 얕보는 것을 경계하는 이런 사상은 '격안관화'의 뜻과 맞아떨어진다. '격안관화'는 완전히 손을 놓고 앉아서 마냥 구경만 하는 것이 아니라 기회가 무르익기를 기다려 '앉아서 보는 것'에서 '출격'으로 전환해야 하는 것임을 알 수 있다.

쌍관제하雙管齊下 두 자루의 붓으로 동시에 그림을 그린다

장조張璪(어떤 사료에는 張藻로 되어 있다)는 자가 문통文通이며 당나라 오군吳郡(지금의 강소성 소주) 사람으로 소나무와 돌을 잘 그린 산수화가였다. 그는 독창적인 기법과 독특한 작품 스타일로 당·송 회화사에서 나름의 위치를 차지하고 있다. 당나라 현종玄宗 때에는 검교사부원외랑檢校祠部員外郎이란 벼슬을 지냈다. 그 뒤 강등되어 장안을 떠나 무릉군武陵郡(지금의 호남성 상덕)의 사마司馬가 되었다.

송나라 때 곽약허郭若虛의 『도화견문지圖畵見聞志』에 따르면, 장조는 회화 창작에서 절묘한 기법을 가지고 있었다고 한다. 그는 두 손에 붓을 하나씩 들고 동시에 소나무 두 그루를 그렸는데, 한 손에 든 붓으로는 "봄의 윤택한 기운이 흐르는 생기발랄한" 소나무를, 또 한 손에 든 붓으로는 "가을의 처량한 기운이 완연한" 비쩍 마른 소나무를 그렸다고 한다. 그런데 이 대조적인 두 소나무가 모두 생동감이 넘쳐서 '쌍관제하'라는 그의 특기에 감탄하지 않는 사람이 없었다고 한다.

두 자루의 붓으로 동시에 그림을 그리거나 글씨를 쓰는 것을 '쌍관제하'라 한다. 이 말은 그 뒤 하나의 고사성어가 되어, 두 가지 방법을 동시에 펼치거나 두 가지 일을 동시에 하는 것을 가리키게 되었다.

이 '쌍관제하'가 일종의 모략으로 운용되면서 넓은 영역에 침투해 있는데, "남은 밑천을 다 걸고 최후의 승부를 거는" '고주일척孤注一擲'이나 "외곬으로 고집스럽게 한 길만을 고수하는" '일조도이주도흑一條道而走到黑'과는 뚜렷한 대조를 이룬다.

어떤 모략을 시행하려면 때로는 문에, 때로는 무에 의존해서 그것을 적절하게 사용해야 한다. 정치 수단을 사용한 후 다시 경제·군사·외교 수단 등을 사용해야 할 때도 있다. 이런 의미에서 보면 '쌍관제하'는 그저 기본적인 모략 방법일 뿐이고, 크고 많은 문제에 부딪히면 '삼관제하' 내지는 '다관제하'도 활용해야 한다. 상품 생산의 경우 대량생산 체제가 조직되고 난 다음 판매에 나서는 것이 아니라, 때로는 시범 생산 단계부터, 심지어는 설계가 완성되자마자 광고와 선전을 병행하면서 판매를 연결시키는, 이른바 선전·판매·시험·생산을 동시에 진행시키기도 한다. 방법상 어떤 일을 하든 오로지 한 길에만 의존하는 것은 옳지 않다. 적어도 '두 가지 길'은 마련해두고 좌우에서 근원을 찾아 들어가도록 힘써야 한다.

용적우아用敵于我 적이 있어야 내가 있다

적을 씨도 남기지 않고 모조리 없애려는 생각은 생각이 짧아도 아주 짧은 사람의 행동방식이다. 권모술수를 노련하게 운용할 줄 아는 사람이라면 적조차도 필요한 존재로 남겨놓고 이용한다.

『전국책』「한책韓策」에는 이런 얘기가 실려 있다.

한韓나라 재상 공숙公叔과 한나라 왕이 아끼는 아들 궤슬几瑟은 권력을 놓고 늘 서로 대립했다. 이 정쟁은 결과적으로 궤슬이 국외로 망명하는 것으로 마무리되었다. 그러나 공숙은 여전히 마음이 놓이지 않아 궤슬이 망명하기 전에 자객을 보내 궤슬을 암살하려 했다. 그러자 측근 하나가 말리고 나섰다.

"그러지 마십시오. 태자 백영伯嬰은 재상을 매우 주목하고 있습니다. 왜 그렇겠습니까? 그것은 다름이 아니라 궤슬이란 존재 때문입니다. 궤슬을 견제해야 하기 때문에 재상께서 중용될 수 있는 것입니다. 만약 궤슬이 죽는다면 재상이 표적이 될 것이 분명합니다. 궤슬이 존재해야만 태자도 어쩔 수 없이 재상의 역할에 의존하게 되는 것입니다."

정적의 존재 가치를 말해주는 대목이자, 적의 역량을 적극적으로 이용하고 있는 좋은 본보기라 할 수 있다. '적'은 어쨌거나 좋을 것이 없다. 그러나 상대의 작용에 대해 여러 각도에서 분석하여 냉정히 따져보고 난 후 힘의 균형을 추구함으로써 자신의 책략을 생동감 있게 조정할 줄 알아야 한다.

적대적인 힘이 존재한다는 것은 자신이 저지를지도 모르는 실수를 방지하는 경계 신호로 작용할 수도 있고, 어떤 유용한 목표가 될 수도 있으며, 자기 진영의 단결을 다지는 모종의 자극제가 될 수도 있다. 나아가서는 실수와 사고를 해명하는 구실이 될 수도 있다. 그 이해득실은 간단하게 논할 성질의 것이 못 된다. 역사상 일부 정치 모략가들은 정치적 필요성에서 고의로 반대파를 남겨놓곤 했는데, 그 모략이 의미심장하기 짝이 없다.

일전쌍조一箭雙雕 화살 하나로 두 마리의 독수리를 잡는다

이 말은 『북사北史』 「장손신전長孫晨傳」에 나온다.

> 두 마리 새가 날면서 서로 먹이를 다투고 있었다. 화살 두 개를 장손신에게 주면서 쏘아 잡으라고 했다. 장손신이 말을 몰아 달려가 보니 새들이 서로 뒤엉켜 있었다. 장손신은 한 발로 두 마리를 맞혔다.

이 말은 그 뒤 '일거양득一擧兩得'을 비유하게 되었다.

동한東漢(25-220)을 재건한 광무제光武帝 건무建武 5년인 129년, 동한의 장수 경감耿弇은 군사를 이끌고 봉기군의 우두머리 장보張步를 진압하러 나섰다. 당시 장보는 지금의 산동성 창락昌樂 서쪽에 해당하는 극현劇縣을 도읍으로 삼고, 그 동생 장람張藍에게 정예군 2만을 이끌고 요충지인 서안西安을 지키게 했다. 아울러 여러 군의 태수들로 하여금 만여 명의 군사를 합쳐 임치臨菑를 지키게 했다. 서안과 임치의 거리는 40여 리에 지나지 않았다. 경감의 군대는 두 성의 중간 지점에 주둔하고 있었다. 경감은 이런저런 상황을 살핀 후에 다음과 같은 전략을 구사하기로 했다.

서안성은 작지만 튼튼하고 장람의 정예군이 지키고 있다. 반면에 임치성은 크기는 하지만 여러 태수들이 군사를 합쳐 지키고 있는지라 군기가 통일되지 않아 비교적 쉽게 빼앗을 수 있다. 경감은 "서쪽을 치기 위해 일부러 동쪽을 시끄럽게 한다"는 '성동격서聲東擊西'의 전략을 구사하여 여러 장수들에게 5일 후 서안을 공격할 테니 단단히 준비하도록 명령하고, 이 사실을 모든 사람이 알도록 크게 떠벌렸다.

5일 후, 경감은 한밤중에 장수들을 모아놓고 내일 새벽 일찍 서안이 아닌 임치성을 전면 공격한다는 명령을 내렸다. 어리둥절해하는 장수들을 향해 경감은 말했다.

"서안의 군사들은 우리가 공격할 것이라는 소식을 접하고는 밤낮으로 경계를 게을리하지 않을 것이며, 장란은 어디에 구원병을 요청할 것인지 고민하고 있을 것이다. 그와 반대로 임치 쪽에서는 우리가 먼저 서안을 치는 줄 알고 전혀 준비를 하고 있지 않을 것이다. 따라서 임치를 기습하면 하루를 버티지 못할 것이다. 임치를 손에 넣으면 서안도 고립된다. 게다가 서안과 극현은 멀리 떨어져 있기 때문에 장보도 어쩔 도리가 없을 것이다. 우리는 '하나를 쳐서 둘을 얻는' 것이다."

경감의 군대는 동쪽 임치로 진군하여 한나절 만에 임치를 점령했다. 서안을 지키던 장란은 임치가 함락되었다는 소식에 고립무원의 상황임을 직감하고 서안에서 철수했다.

제2차 세계대전 중에 미군은 이탈리아 시칠리아 섬을 진공 준비 지역으로 택하고, 수송기를 동원하여 시칠리아 섬으로 공수부대를 공수하기로 결정했다. 이 정보를 입수한 독일군은 비행 중인 미군 수송기를 레이더로 교란시켜 미 공군 기지와 수송기 사이의 통신 연락망을 파괴했다. 그런 다음 독일은 폭격기를 출동시켜 돌아가면서 영미 연합군의 해상 함대에 폭격을 가했다. 독일은 또 무전으로 미군 수송기들에게 가짜 명령을 내려 미군 수송기들을 독일이 폭격을 가하고 있는 영미 연합군의 함대 상공으로 유도했다. 독일로부터 폭격을 받은 함대는 다시 적기가 공습해 오는 것으로 판단, 일제히 대공포격을 퍼부어 많은 미군 조종사들이 얼떨결에 고기밥이 되었다.

'일전쌍조'는 정치모략으로써 널리 활용되고 있다. 정치가들치고 정책을 수립하면서 '일전쌍조' 나아가서는 '일전다조一箭多雕'의 효과를 거둘 수 있는 기발한 책략을 강구하지 않는 사람은 없다. 이 모략의 운용 범위는 매우 넓어 일찍부터 사람들의 입에 오르내렸다.

제
2
부

통치모략統治謀略

세상의 모든 기술 중 지도자의 통치술만큼 복잡하고 간파하기 어려운 것도 없다.

예를 들어보자. 닭 한 마리 잡을 힘조차 없는 허약한 사람이 전투라면 이골이 난 용맹한 장수를 발아래에 놓고 부려먹는다. "낫 놓고 기역자도 모르는" 무식한 사람이 유식한 사람들을 주위에 줄줄이 거느리고 다닌다. 찢어지게 가난한 선비가 수많은 추종자들을 거느린다. 잘나지도 못한 사람이 사회의 존경과 숭배를 한몸에 받고 산다.

조직 속에서 단결과 협조를 통해 자신들의 성을 쌓아올린 사람들은 어떤 어려운 시련이 닥쳐도 무너지지 않고 흩어지지 않는다. 그들은 정책 결정자의 한마디 명령에 몸을 희생시키면서도 결코 후회하지 않는다. 왜 그럴까? 무엇 때문일까?

이는 매우 복잡한 명제이며, 그 원인도 지극히 복잡하다. 그러나 그 속에는 중요하고도 절실한, 사람을 이끄는 지도자라면 반드시 갖추어야 할 통치술이 있다.

『신당서』「가서요전哥舒曜傳」에 이런 구절이 있다.

가서요는 부하들에 대한 통치 요령이 아주 졸렬해서 그저 죽이기만 했다. 그 결과 병사들은 그를 두려워했지만 존경하거나 아끼지는 않았다.

통치에는 통제·지배·조종의 뜻이 있다. 통치모략은 힘이 아닌 방법으로 사람을 제어하길 요구한다. 통치는 부하에 대한 통솔과 통제를 가리킨다.

동서고금을 통해 정치가·전략가·모략가·지도자들치고 이 학문에 대한 연구에 관심을 기울이지 않았던 사람은 없다. 그들은 다른 어떤 기술과 방법보다도 통치술에 대한 연구를 중시했다. 그 이유는 독일의 전쟁 전문가 클라우제비츠Carl von Clausewitz가 말했듯이 "고도의 지혜에 보통의 용기를 겸비한 것이 출중한 용기에 평범한 지혜를 겸비한 것보다 훨씬 큰 힘을 발휘하기" 때문이다.

노자의 『도덕경』에는 이런 구절이 있다.

최상의 정치란 다스림이 없는 경지에 이른 정치로, 백성들은 그것이 있다는 사실조차 전혀 깨닫지 못한다.… 모든 일들이 저절로 성사되고 좋은 결과가 나타나는 까닭에 백성들은 저마다 자기가 무위자연無爲自然의 존재라고 생각하게 된다.

뛰어난 지도자가 "말없이 행한다."는 가르침에 따라 주어진 일을 잘 해내고 임무를 완성하면 백성은 각기 그 본성에 따라 안정된 생활을 갖게 된다는 말이다. 그렇게 되면 너 나 할 것 없이 "우리들은 본디 이렇게 자연스럽다."고 말하게 된다.

예나 지금이나 수많은 통치자들은 이와 비슷한 말을 좌우명으로 삼거나 중요한 통치모략으로 떠받들어왔다. 이것은 성공적인 통치술의 면모를 잘 나타내는 말이다. 구성원들이 사업상의 성공과 발전을 자신의 일로 여기고 그 어떤 스트레스나 제약도 느끼지 않게 하는 것은 지도자의 몫이다.

『노자』에 "큰 나라를 다스리는 것은 마치 작은 생선을 요리하는 것과 같다."는 말이 있다. 이 말은 큰 나라를 관리하는 것이 마치 생선을 요리하는 것과 같다는 것인데, 작은 생선을 요리하다 보면 조심해서 뒤집어야지 그렇지 않으면 생선살이 다 흩어져버리고 만다. 이러한 통치술의 관점은 오늘날까지도 우리에게 중요한 의미를 던져준다.

과학기술이 빠르게 발전하고 있는 오늘날, 지도자의 통치모략은 없어서는 안 될 요소다. 다음에 모아놓은 통치모략이 각종 사업, 각계각층의 지도자에게 유익했으면 한다.

1절
통치의 근본

보민이왕保民而王 백성을 보호할 줄 알아야 왕 노릇을 할 수 있다

지배자의 입장에서 '백성'의 소중함을 여실히 드러내주는 이 말은 『맹자』 「양혜왕梁惠王·상」에 실려 있다.

춘추시대(기원전 770-기원전 480)에서 전국시대(기원전 480-기원전 222)로 넘어갈 무렵, 중원의 열국들은 이미 전면적인 봉건사회로 진입했고, 그에 따른 생산관계의 극렬한 변화는 의식 형태의 전환을 가져왔다. 지배자는 백성의 지위와 동향을 자신들의 통치를 공고히 해줄 수 있는 관건으로 여기기 시작했다. 『좌전』만 해도 "백성이 국가의 근본이다"는 '민유방본民惟邦本'의 사상이 여러 곳에 반영되어 있다. 맹자는 더욱 확실하게 "백성이 가장 귀중하며 사직은 그다음이고 이에 비하면 군주는 오히려 가볍다."는 신념 아래 통치자들이 "백성을 근본으로 여기고", "백성을 보호해야 왕 노

룻을 할 수 있다."는 사실을 인식하길 바랐다.

『전국책』「조책趙策」을 보면 이런 이야기가 나온다.

제나라 왕 건建이 사자를 조나라로 보내 위후威后에게 문안편지를 올렸다. 그러자 위후는 편지를 뜯어보지도 않고 먼저 물었다.

"금년에 흉년은 들지 않았는가? 백성들은 모두 별 탈 없는가? 왕도 역시 안녕하신가?"

사신은 약간 불쾌해하며 대꾸했다.

"제가 우리 왕의 사명을 띠고 왕후께 왔는데 우리 왕의 안부는 묻지 않으시고 먼저 곡식과 백성을 물으시니, 어찌 천한 것을 먼저 물으시고 귀한 것은 뒤로 미루십니까?"

위후가 대답했다.

"그렇지 않다. 만약 흉년이 든다면 어찌 백성이 있겠으며, 백성이 없다면 어떻게 왕이 존재할 수 있겠는가? 그럴진대 본本을 버리고 말末을 취하는 물음이 어디 말이나 되는가?"

조나라 위후는 백성이 없으면 군주도 없으므로 백성이 근본이라는 사상을 분명히 밝히고 있는데, 이는 군주를 귀하게 여기고 민을 천하게 여기는 사상과는 상반된다. 위후는 또 왕이 "백성을 기르고 그들을 편히 쉬게 하는 데 도움을 주는", 민생과 민심에 유익한 현자를 중용해야 한다면서, 그렇게 하지 않고서 "어떻게 나라 임금으로 떳떳하게 행세를 할 수 있는가?"라고 반문한다.

● "백성이 중요하고 군주는 가볍다."는 말로 민본주의의 핵심을 제기했던 맹자는 통치의 기본을 누구보다 극적으로 보여준다.

맹자는 "백성이 중하고 군주는 오히려 가볍다"는 '인정仁政' 사상을 제기하면서 '인화人和'야말로 승리를 얻는 근본이라 했다. 그는 다음과 같이 말하고 있다.

영토의 경계가 분명하다고 해서 백성들이 나라 안에 사는 것이 아니고, 산이나 골짜기가 험하다고 해서 나라의 방위가 견고한 것이 아니며, 무장이 예리하다고 해서 천하에 위세를 떨치는 것이 아니다. 정도를 얻은 사람은 도와주는 사람이 많고, 정도를 잃은 사람은 도와주는 사람이 적다. 도와주는 사람이 적으면 친척한테도 배반당하고, 도와주는 사람이 많으면 온 천하가 따른다. 온 천하가 따르는 힘으로 친척에게마저 배반당하는 사람을 공격하기 때문에, 군자는 전쟁을 하지 않을 수는 있어도 일단 전쟁을 하면 반드시 이긴다.(『맹자』「공손추·하」)

『손자병법』첫머리에 "다섯 가지 요건(五事)을 기본으로 한다."는 말이 나오는데, 그 '오사'의 첫째가 바로 '도道'다. 손자가 말하는 '도'란 "백성이 윗사람과 한마음이 되게 하는 길"이다. 그 뜻 역시 백성과 통치자의 의견 일치에 있다.

이렇게 보면 '보민이왕'은 국가의 운명과 관계되는 대전략이라 말할 수 있다. 이 '보민'이 오늘날 우리가 말하는 "국민의 지위는 그 어느 것보다 높다."는 말과 같을 수는 없지만, 옛날 군사전략가나 정치전략가들이 승리를 가져다주는 근본으로 민중을 인식했다는 것만 해도 대단히 진일보한 것이다.

역사상 왕조의 멸망은 민심의 이탈과 밀접하다. 주나라 평왕平王이 동쪽으로 도망간 후 시작된 동주시대에 열국들은 서로 치열하게 패권을 다투었다. 제나라 환공, 진晉나라 문공, 진秦나라 목공, 초나라 장공, 오나라 부차, 월나라 구천은 모두 앞서거니 뒤서거니 하면서 한 지역 또는 중원의 패자가 되었다. 그들이 중원의 패자가 될 수 있었던 중요한 원인은 한결같이 민중의 신임을 얻기 위해 온 힘을 다했다는 데 있었다.

유방이 세운 한나라는 봉건사회 전반기 역사 발전의 최고봉을 이루었는데, 그 발전상은 중국을 최초로 통일한 진나라는 물론 당나라 이전까지 그 어떤 왕조와도 비할 수 없었다. 역사의 동인으로 보아 유방은 "무도한 자를 정벌하고 포악한 진나라를 친다."는 시대적 사명에 힘을 기울였을 뿐 아니라 진나라가 왜 망했는가를 거울삼아 민생을 안정시키고 생산력을 회복시키는 정책을 시행하여 그 뒤에 등장한 많은 봉건왕조에 중대한 영향을 주었다.

당나라 초기의 강성함은 당 태종이 취한 정책과 직결되는데, 태종은 청렴한 관리를 등용하고 탐관오리는 징계했다. 또한 세금을 줄이고 민중이 편히 생업에 종사하는 데 역점을 두었으며, 균전제均田制라는 토지제도를 시행하는 등 백성을 위한 정책을 널리 시행했다.

역사를 훑어보면 '보민이왕'이야말로 통치술 중에서도 귀한 보배라는 것을 인정하지 않을 수 없다. "민심을 얻는 자 천하를 얻을 것이요, 민심을 잃는 자 천하를 잃을 것이다."는 말은 역사상 현명한 제왕과 장수 그리고 재상들이 금과옥조처럼 받아들인 것이다. 군사전문가 오기는 위나라 문후에게 나라를 다스리는 정책을 건의하면서 "먼저 백성을 가르쳐 만민과 친해지라."고 권고했다. 그리고 신흥 봉건계급이 내세우는 '도道·의義·예禮·인仁'의 사덕四德으로 민중을 이끌고 다스리며 다독이라고 했다. 이 사덕을 잘 닦으면 나라는 강성해지고, 사덕을 버리면 나라가 망한다. 사덕을 잘 닦으면 국민과 군이 화합을 이루어 정복전쟁을 수행해서 패권을 차지할 수도 있다.

"백성이 편히 생업에 종사하고 관리들과 친해져야" 생산이 발전하며 국가의 안전을 유지할 수 있다. 『육도』에서는 이 문제를 보다 명확하게 논하고 있다. 강태공은 이렇게 말한다.

천하는 한 사람의 천하가 아니라 만민의 천하다. 만민의 이익을 함께하는 자는 천하를 얻고, 만민의 이익을 혼자만 차지하려는 자는 천하를 잃는다.

현명하고 덕이 있는 군주는 "자신에 대해 엄격하고 부역을 매우 적게 부과하므로 만백성이 부유해지고 굶주리거나 추워하지 않으며, 임금을 해와 달처럼 받들고 부모처럼 가깝게 여긴다."는 말을 늘 염두에 둔다. 나라를 다스리는 요체는 오로지 백성을 아끼는 것이다.

허회약곡虛懷若谷 깊은 골짜기처럼 크고 넓은 마음

이 심오한 말은 『노자』 곳곳에 보인다.

- 넓게 트인 허심탄회한 품은 마치 깊은 산골짜기 같고….(제15장 현덕顯德)
- 현세의 영광을 누릴 수 있으면서도 비천한 자리를 지킨다면 천하의 골짜기가 될 수 있다.(제28장 반박反朴)
- 가장 높은 덕은 골짜기와 같다.(제41장 동이同異)

그 뜻은 통치자란 가슴이 넓고 편안해야 천하 사람을 자기에게로 귀속시킬 수 있다는 것이다. 통치 영역에서 천여 년 동안 받들어져온 금과옥조와 같은 격언이라 할 수 있는 말이다.

『사기』「맹상군열전孟嘗君列傳」에는 다음과 같은 이야기가 실려 있다.[14]

맹상군은 자기 밑에 많은 식객들을 끌어들였다. 심지어는 죄를 짓고 도망친 사람까지 맹상군의 문하로 몰려들었다. 맹상군은 재산을 아끼지 않고 그들을 잘 대우했기 때문에 천하의 인물들이 거의 다 그에게로 몰려들었다. 맹상군이 모여드는 인재들을 한결같이 잘 대우했으므로 모두가 맹상군과 자기가 친하다고 생각하게 되었다.

풍환馮驩이란 자가 맹상군이 식객을 좋아한다는 말을 듣고 짚신을 끌고 찾아왔다. 맹상군은 그를 반갑게 맞이하며 말했다.

"선생께서 먼길을 오시느라 고생하셨소. 그래, 무엇을 나에게 가르쳐주시렵니까?"

풍환이 대답했다.

"당신께서 선비를 좋아하신다기에 가난한 신세지만 의지할까 해서 찾아왔습니다."

맹상군은 풍환을 열흘 동안 하등 식객이 머무는 방인 전사傳舍에 머물게 했다. 그런 후에 객사를 담당하는 자에게 물었다.

"저 객인은 무엇을 하는 사람인가?"

"풍환 선생은 매우 가난합니다. 그런데 한 자루의 칼을 늘 손으로 퉁기면서 '장검아, 돌아갈거나. 밥을 먹으려 해도 생선이 없구나!'라고 노래를 부르고 있습니다."

이 이야기를 들은 맹상군은 풍환을 중등 식객이 머무는 행사幸舍로 옮기게 했다. 닷새가 지나자 풍환은 "장검아, 그만 돌아갈거나. 외출하려고 해도 수레가 없구

---

14   이와 동일한 이야기가 『전국책』 「제책齊策」에도 나와 있다. 거기에는 풍환馮驩이 풍훤馮諼으로 되어 있고 이야기 줄거리도 약간 다르다. (간사모략 '교토삼굴' 참조)

나!"라는 노래를 불렀다. 맹상군은 상등 식객이 머무는 대사代舍로 그를 옮겨주었다. 또 닷새가 지나자 풍환은 역시 칼을 어루만지며 살림집이 없다고 노래를 불렀다. 맹상군은 불쾌한 표정을 지었다.

1년이 지났는데도 풍환은 아무런 득이 될 만한 일을 하지 않았고 쓸 만한 말도 하지 않았다. 맹상군은 자기 밑에 있는 3천 명에 이르는 식객을 먹여 살려야 하는데, 이 무렵 빌려준 돈이 제대로 회수되지 않아 심각한 곤경에 처하게 되었다. 맹상군은 객사를 담당한 우두머리의 말에 따라 풍환에게 이 일을 맡겼다. 그런데 풍환은 돈을 빌려간 사람들에게 소를 잡아 푸짐하게 대접하는가 하면 지불 능력이 없는 사람들의 차용증서를 모아 불살라버렸다. 맹상군이 그 까닭을 묻자 풍환은 대답했다.

"술과 고기를 대접하지 않고는 돈을 빌린 사람을 모을 수 없습니다. 따라서 누가 갚을 여유가 있는지 누가 능력이 없는지 알 수가 없습니다. 여유가 있는 자에게는 갚을 날짜를 정해줄 수 있지만, 지불 능력이 없는 자는 10년을 재촉해봤자 결국은 받지 못합니다. 만약 성급하게 재촉하면 공은 힘없는 백성을 사랑할 줄 모르는 사람이 되고, 또 빚진 자는 빚진 자대로 돈을 떼먹었다는 오명을 얻게 됩니다. 그러니 제가 한 행동은 공의 명성을 높이기 위한 것입니다. 아직도 미심쩍은 점이 있습니까?"

맹상군은 손뼉을 치면서 사과했다.

맹상군의 명성은 갈수록 높아져 군주를 능가할 정도였다. 그러자 제나라 군주는 맹상군을 파면시켰다. 식객들은 맹상군이 파면되자 모두 떠나갔다. 실의에 빠진 맹상군에게 풍환이 말했다.

"저에게 진秦나라로 갈 만한 수레 한 대만 마련해주십시오. 그러면 제나라가 공을 다시 중용할 수 있게 하고, 봉지도 더욱 넓혀드리겠습니다."

풍환은 서쪽의 진나라로 가서 왕에게 유세했다.

"제나라가 천하의 중요한 존재로 등장할 수 있었던 것은 맹상군 때문입니다. 그런데 제왕은 헛소문만 듣고 그를 파면했습니다. 맹상군은 원한 때문에 조만간 제나라를 배반할 것입니다. 따라서 왕께서 맹상군을 중용하시면 제나라의 상황을 모조리 알려줄 것이고, 왕께서는 제나라 땅을 얻을 수 있을 것입니다. 시기를 놓치면 제나라가 다시 맹상군을 기용할지도 모릅니다."

진왕은 매우 기뻐하며 후한 예물로 맹상군을 초빙했다.

이어 풍환은 제왕을 찾아가 진왕에게 했던 것과 같은 방법으로 제왕에게 유세했다. 제왕이 사람을 시켜 국경을 살피게 했더니, 과연 진나라의 사신이 후한 예물을 가지고 제나라의 국경 쪽으로 오고 있었다. 제왕은 곧 맹상군을 불러 재상의 자리에 복귀시키는 한편, 맹상군의 원래 영지에 1천 호의 영지를 더 주었다.

맹상군이 재상직에서 파면되자 뒤도 돌아보지 않고 떠났던 많은 식객들을 풍환이 다시 맞아들이려 했다. 식객들이 몰려오기 전에 맹상군은 크게 한숨을 내쉬며 말했다.

"나는 언제나 빈객들을 좋아했기에 잘 대접하려 노력했소. 그래서 3천여 명의 식객들이 몰려들었소. 그런데 그들은 내가 파면되자 다들 나를 버리고 뒤도 안 보고 떠났소. 다행히 선생의 도움으로 다시 복직되었지만 그들이 무슨 면목으로 나를 다시 만나겠소. 나를 다시 만나려는 자가 있다면 내 그자의 얼굴에 침을 뱉어 욕을 보이겠소."

이 말을 들은 풍환은 말고삐를 매어놓고 마차에서 내려 맹상군에게 절을 했다. 맹상군도 수레 안에서 답례하며 물었다.

"선생께서 빈객들을 대신해서 사과하는 것이오?"

"빈객들을 위해 사과하는 것이 아닙니다. 공의 말씀이 잘못되었기 때문입니다. 만물에는 어쩔 수 없는 결과가 있으며, 일에는 당연히 그렇게 되는 도리가 있습니다."

"무슨 말씀인지?"

"생명을 가진 것은 언젠가는 죽게 마련입니다. 이는 필연적인 결과입니다. 부귀하면 많은 사람이 모이고 비천하면 벗이 적어지는 것은 당연한 이치입니다. 아침 일찍 시장에 가보신 적이 있습니까? 새벽에는 어깨를 비비다시피 하며 앞을 다투어 문으로 들어가지만, 해가 저물면 팔을 휘저으며 돌아보지도 않고 돌아갑니다. 그것은 사람들이 아침은 좋아하고 해가 저무는 것은 싫어해서가 아닙니다. 기대하는 이익이 해가 저물면서 다 사라졌기 때문입니다. 공께서 지위를 잃어 사람들이 떠나는 것을 원망할 일도 아니고 지위를 되찾아 돌아오는 것을 막을 일도 아닙니다."

맹상군은 두 번 절하며 풍환의 말을 따르겠다고 했다.

맹상군은 천하의 명사답게 풍환의 말을 듣자 마음을 고쳐먹고 다시 모여든 식객들을 예전과 똑같이 대우했다. 이 이야기는 "대인관계에서 신망을 잃어서는 안 된다."는 아주 기본적인 사고방식을 잘 보여준다. 흔히 분노는 어떤 방면에서 상대방에게 지나친 기대를 갖고 있기 때문에 생긴다. 빈객들은 맹상군의 곁에 있으면 무엇인가 공을 세울 수 있을 것이라는 기대 때문에 맹상군을 찾아온다. 그런 기대가 없다면 식객 노릇을 할 동기 또한 없는 것이다.

남을 통치하는 사람이 자신의 영향력을 최대한 발휘하려 할 때, '허회약곡'은 중요한 '사유의 스타일'이자 모략 수단이 된다. "군자의 덕은 바람과 같다."고 했듯이, 관용은 부하들을 감동시키고 인심을 얻는 중요한 원천이 된다.

집사광익集思廣益 여러 사람의 생각을 모으고 유익한 점은 널리 확대한다

'집사광익'은 제갈량이 동료와 부하들에게 공개적으로 쓴 편지에 나오는 말로, 그 내

용을 쉽게 간추리면 다음과 같다.

정치는 모든 사람의 의견 제시가 이루어져야 더 크고 더 좋은 효과를 얻을 수 있다. 벌을 받을까봐 두려워하거나 논쟁을 피하기 위해 타인과 다른 의견을 제시하기를 꺼린다면 큰 손실을 입게 된다. 모든 일은 반복된 토의를 거친 후에라야 가장 정확한 결론을 얻어낼 수 있다. 서원직徐元直(서서)은 이 방면에서 완전무결했다. 또 동유재董幼宰(동화)는 7년을 재직하는 동안 어떤 일에 완전치 못한 점이 있으면 반드시 의견을 제출하도록 했는데, 어떤 때는 심지어 10여 차례 이상 반복 제기하도록 하여 성심성의껏 서로 의견을 나누었다.

당시 제갈량의 동료 중에서 서서와 동화 이 두 사람이 자신의 의견을 과감하고 솔직하게 표출했다. 제갈량은 이 편지에서 모두에게 이 두 사람을 본받으라고 호소하면서, 서서의 10분의 1이라도 배우고 동화의 근면하고도 진지한 태도를 배운다면 나라에 큰 이익이 되며 개인의 잘못을 줄이는 데도 도움이 될 수 있다고 말하고 있다.

이 짧은 편지는 오늘날에 보아도 그 뜻이 생생하다. 앞에서 말한 "여러 사람의 생각을 모으고 충성스럽고 유익한 점을 확대한다."는 뜻의 '집중사集衆思, 광충익廣忠益'이 '집사광익'의 본래 말이다. '집중사'는 "여러 사람의 생각을 모은다"는 뜻이고, '광충익'은 "일의 효과를 확대한다"는 뜻이다. 따라서 '집사광익'은 여러 사람의 지혜를 모아 공동으로 일을 잘 처리한다는 말이 된다.

고명한 지도자는 단순히 자신의 총명한 두뇌에만 의지하지 않는다. 가장 중요한 것은 '집사광익'의 본질을 이해하고 옆 사람들과 많이 그리고 자주 상의할 기회를 가지는 것이다. 한나라를 세운 유방은 전쟁터의 승부를 결정하는 능력에서는 장량에 미칠 수가 없었다. 또한 백만 대군을 통솔해서 공격하면 꼭 깨뜨리고 싸우면 반드시 이긴다는 점에서는 한신을 도저히 쫓아갈 수 없었다. 국가를 안정시키고 백성을 다독거리며 군수물을 징발하고 군량이 끊어지지 않게 하는 면에서는 소하를 따를 수 없었다. 유방의 뛰어난 점은 다름 아닌 '집사광익'을 잘 활용해서 여러 사람의 지혜를 효과적으로 수렴한 데 있다.

원나라 말기 주원장이 금릉金陵(지금의 남경)을 점령하자 진우량陳友諒이 공격해 왔다. 대군이 변경을 압박해 오는 중과부적의 상황에서 측근들은 싸우자는 쪽과 항복하자는 쪽으로 갈라져 논의가 분분했다. 그런데 측근 중에서도 유기劉基는 한마디도 하지 않고 있었다. 주원장은 여러 사람의 의견을 들어본 후 서둘러 결단을 내리지 않고 유기와 독대하여 적을 물리칠 수 있는 대책을 논의했다. 유기는 장수와 병사들에게 큰 상을 내걸어 군심을 단단히 다진 다음, 병사를 매복해두었다가 틈을 타서 공격하자는 견해를 말했다. 주원장은 그의 견해를 전폭 받아들였고, 결과적으로 큰 승리를 거두었다.

"신기료 장사 셋이 모이면 제갈량 하나를 당해낸다."는 속담은 '집사광익'이라는 모략이 가져다줄 수 있는 커다란 효과를 생동감 넘치게 표현하는 말이다. 고집불통으로 남의 의견은 듣지 않고 멋대로 결정을 내려서는 큰일을 이룰 수 없다.

치병이신治兵以信 병사는 믿음으로 다스린다

이 말은 『악기경握奇經』 「팔진총술八陣總述」에 보인다. 『악기경』은 전설시대 헌원軒轅 황제의 대신 풍후風后가 지은 것이라고 하는데, 강태공이 다시 자세하게 풀어썼고, 한나라 무제 때의 승상 공손홍公孫弘이 해석을 가했다. 진晉나라 무제 때 서평西平 지방의 태수 마융馬隆은 『팔진도총술八陣圖總述』을 지었다. 『악기경』은 상商·주周 시대 방진方陣의 대형과 변화 문제를 주로 논술한 책이다. 바로 이 책에 "병사는 믿음으로 다스리며, 승리는 기계奇計로 얻는다. 믿음은 바꾸어서는 안 되고 전쟁은 정해진 규칙이 없다."는 대목이 있다. '믿음'은 병사를 다스리는 방법이고, '기계'는 승리를 만들어내는 전술이다. 전쟁 때건 평화 때건 '믿음'이 모자라서는 안 된다. 그것은 고대에나 현대에나 마찬가지다. '기계'는 싸우는 방법으로, 그 변화가 무상하기 때문에 정해진 규칙이 없다는 것이다.

'믿음'으로 병사를 다스리는 방법은 "믿으면 속이지 않는다"는 '신즉불기信則不欺'에도 반영되어 있다. '신즉불기'는 상하가 서로 믿으면 서로 속이지 않는다는 뜻이며, 그러한 바탕 위에서 명령이 하달되면 병사들이 용감하게 따른다는 것이다. '치병이신'에서 믿을 '신信'자가 포함하는 내용을 좀더 살펴보자.

손자는 『손자병법』 「계」편에서 '신信'을 장수가 갖추어야 할 다섯 가지 품성의 하나로 꼽았다.

『오자병법』 「치병治兵」 제3에서 위나라 무후는 오기에게 부대의 행군에서 가장 먼저 어떤 문제를 장악해야 하느냐고 물었다. 오기는 먼저 '사경四輕'·'이중二重'·'일신一信'을 명확히 해야 한다고 대답했다. 그중 '일신'은 상벌을 엄격하고 신뢰성 있게 집행함을 말한다.

『사마법』 「인본仁本」 제1에는 천하를 다스리는 특수한 수단이 전쟁이라며, 이 특수한 수단을 사용하려면 원칙을 준수해야 한다고 했다. 그중 하나가 "믿음은 믿음으로 되돌아온다"는 '신견신信見信'으로, 남을 신용하면 남에게 신임을 받는다는 말이다.

『손빈병법』 「찬졸纂卒」에서는 군대의 전투력이란 안정된 상벌에 달린 것이라고 했다.

『백전기법』「신전信戰」에서는 "믿으면 속이지 않는다."는 말에 대해 "대체로 적과 싸울 때 병사들이 죽음의 땅을 밟고 나가는 것을 두려워하지 않고 후회하지 않는 것은 지휘관을 믿고 따르기 때문이다. 윗사람이 믿음과 정성을 다하면 아랫사람은 정으로 윗사람을 의심하지 않는다. 따라서 싸워 이기지 않을 수 없다."고 해설하고 있다.

『병뢰』「신信」에서는 두 가지를 말하고 있는데, 하나는 백성들과 다른 나라를 속이지 않는 것이며 또 하나는 상하가 믿어야 한다는 것이다.

'믿음'으로 군대를 다스린다는 말은 이 밖에도 더 많은 예를 들 수 있지만, 그 모두가 다음 몇 가지 방면의 내용을 벗어나지 않는다.

① 신용을 지킨다. 이웃 나라와 자기 백성을 속이지 않는다. 예를 들어 제나라 환공桓公이 조말曹沫과의 맹세를 잊지 않고 빼앗은 땅을 돌려준 것이나, 위나라 문후文侯가 우虞 지방의 산골에 사는 하급 관리와 사냥을 가기로 약속했다가 비가 와서 사냥이 어렵게 되자 비를 무릅쓰고 그 하급 관리가 있는 곳까지 가서 사냥을 못 가겠다고 알린 것이나, 동한시대 등훈鄧訓이 은혜와 믿음으로 호인胡人 소월지小月氏 부락을 정복한 것 등이 그러하다.

② 상벌이 틀림없어야 한다. 진나라 효공은 상앙商鞅의 개혁 법안인 변법變法에 따라 남문에다 나무를 세워놓고 이를 북문으로 옮기는 자에게 틀림없이 금 50냥을 상으로 내렸다.

③ 장수와 병사가 서로 믿고 한마음으로 협력해야 한다. 연나라 소왕昭王은 악의岳毅를 신임하여 승리했고, 혜왕惠王은 악의를 신임하지 못해 패배를 자초했다. 제갈량은 병사를 믿었고, 병사들은 제갈량에게 충성했다. 주원장은 항복해 온 적의 병사들을 위로하고 그들의 근심을 해결해주면서 그중 5백 명을 뽑아 호위대

에 충당함으로써 믿음을 샀다. 감동한 3만여 항복 병사들은 주원장의 충실한 부하가 되어 몸과 마음을 다 바쳤다.

이와 반대로 믿음으로 병사들을 다스리지 않아 상하의 마음이 갈라져 전쟁에서 패하거나 자신의 목숨까지 잃은 예도 적지 않다. 삼국시대 장비는 그 용맹함으로 말하자면 타의 추종을 불허했지만 병사들을 제 몸같이 아끼지 않고 지나친 벌로 병사들을 마구 죽이는 바람에 끝내 부하인 장달張達과 범강范疆에게 살해되고 말았다.

'치병이신'은 예나 지금이나 중요한 의미를 갖고 있다. 믿음으로 병사들을 다스려 승리를 이끌어낸 예와 그 반대의 예는 정과 반의 두 측면에서 장수를 비롯한 지도자들에게 심각한 계시를 준다. 용병과 전쟁에서는 믿음이 곧 보배라는 점을.

군책군력群策群力 여럿이 모여 책략을 짜내고 그 책략이 여럿의 힘을 하나로 모은다

한나라 때 양웅揚雄이 지은 『법언法言』「중려重黎」에 나오는 말이다. 진나라 말기 초와 한이 천하를 놓고 겨루다 결국은 유방의 한이 승리한다. 패왕 항우는 해하 싸움에서 대패하여 오강에서 자살한다. 그는 죽기 전에 끝까지 남은 28명의 기병들에게 이런 말을 남겼다.

"내가 군사를 일으킨 지 8년, 실전에 직접 참가한 것이 70여 차례나 된다. 나는 상대를 모두 쳐부수었고 내가 공격하면 모두가 항복했다. 지금껏 나는 한 번도 패배라는 것을 모르고 지내왔다. 그래서 천하의 패자로 군림할 수 있었다. 그런데 이제 와서 이렇게 궁색해지다니, 이는 하늘이 나를 버려서 그런 것이지 내 전술이 서툴렀

● 통치자에게 요구되는 수많은 자질들 중에서도 '믿음'은 대단히 어려운 항목이다. 통치자를 비극으로 몰고 가는 가장 중요한 요인이기 때문이다. 항우는 그런 비극적 영웅의 대명사이다.

기 때문이 아니다. 오늘은 죽음을 각오하고 너희들을 위해 가슴이 툭 트이는 싸움을 해서 반드시 세 번 승리해 보이겠다. 너희들을 위해 이 포위망을 뚫어 적장을 베고 군기를 찢어버림으로써 하늘이 나를 버린 것임을 똑똑히 보여주겠다."

애초에 항우는 동쪽 오강에서 강을 건너 강동으로 달아날 생각이었다. 오강의 선착장에서 정장亭長이 나룻배를 준비하고 기다리고 있다가 항우에게 말했다.

"강동은 비록 땅이 좁기는 하지만 땅은 사방 천 리, 인구가 수만이나 됩니다. 거기에서 다시 왕이 되기에 부족함이 없을 것입니다. 자, 어서 배에 오르십시오. 지금 이곳에 있는 배는 이 한 척뿐입니다. 한나라 군사가 뒤쫓아오더라도 강을 건널 수 없을 것입니다."

항우는 웃었다.

"아니다. 하늘이 나를 버렸는데 내가 강을 건넌들 무슨 소용이 있겠느냐. 강동으로 말하자면 일찍이 내가 그곳 강동 젊은이 8천 명을 이끌고 서쪽으로 진격한 적이 있다. 그런데 지금은 다 죽고 나 혼자만 남았다. 설령 강동 젊은이들의 부모가 나를 불쌍히 여겨 왕으로 삼아준다 해도, 내가 무슨 얼굴로 그들을 대할 수 있겠는가. 그들이 입으로 말하지 않는다 해도 내 자신이 부끄러워 견딜 수 없을 것이다."(이상 『사기』「항우본기」 발췌 정리)

양웅은 『법언』에서 유방과 항우의 흥망을 평하여 이렇게 말했다. 초와 한이 서로 다투다 한이 이기고 초가 망한 것은 "한은 여러 사람의 책략을 다 짜냈고, 그 책략이 여러 사람들의 힘을 남김없이 끌어모았다는 차이 때문이다." 요컨대 양웅의 말은 한왕 유방이 여러 사람의 지혜와 힘을 최대한으로 발휘한 반면, 항우는 한 사람의

'평범한 용기'에만 의존하고 부하들의 적극성과 그들의 건의를 제대로 활용하지 못해서 실패한 것인데 "하늘이 나를 망하게 했다."는 말이 대체 무슨 소리냐는 것이다. 그 뒤로 양웅의 이 말은 '군책군력'이라는 성어로 변했고, 지도자가 한시라도 소홀히 해서는 안 되는 중요한 모략이 되었다.

"한 울타리에 말죽통이 세 개요, 한 영웅 밑에 파派가 세 개"라는 속어가 있다. 지도자가 군중의 지혜를 충분히 끌어내지 못하고, 집단의 역량으로부터 도움받지 않고 그저 '혼자의 능력'만 믿는다면 그런 지도자는 지도자라 할 수 없다.

여중상득與衆相得 대중과 더불어 함께 얻는다

'여중상득'은 『손자병법』「행군行軍」편에 나오는 말이다.

평소에 국가의 명령이 잘 시행되어 백성들이 믿고 따르도록 하면 전시에 백성들이 잘 복종하지만, 평소에 명령이 실행되지 않아 백성들이 믿지 않는 습성을 가지게 되면 전시가 되어도 백성들이 복종하지 않는다. 명령이 평소에 신뢰성이 있고 공명정대하게 실시되면 여러 사람이 마음으로 복종할 것이다.

손자는 '도道'를 군사행동의 근거이자 전쟁 승부의 결정적인 요소로 보고 있다. 그는 또한 이 책의 첫머리(「계計」편)에서 이렇게 말하고 있다.

도란 백성으로 하여금 윗사람과 한마음이 되게 하는 길이다.

그러면서 손자는 '도'를 '오사五事'의 으뜸에 올려놓고 있다. '여중상득'은 상하의 한마음을 강조하는 말이며, "바탕이 되는 믿음으로 명령한다"는 '영소신令素信' 또한 국가의 법령이나 명령을 관민·상하 모두가 지키게 하면 병사들이 잘 복종한다는 뜻을 지니고 있다. 평소 병사들에게 복종하는 습관을 기르게 한 위에, 법·명령·규율 등이 믿고 따를 만하게 시행되면 장수와 병사의 관계는 융합하게 된다. 이런 군대는 당연히 싸움에서 승리를 거둔다.

은나라의 마지막 왕 주紂가 포악무도하여 신하와 백성이 다들 증오했다. 주나라 무왕武王이 정벌에 나섰을 때 주는 이미 민심을 완전히 잃은 상태였고, 백성들은 주에 대한 적개심에 불타 있었다. 무왕은 왼손에는 누런 큰 도끼를 오른손에는 흰 깃발을 들고 친히 전투를 지휘했고, 각 제후들의 병력은 한마음으로 협력했다. 그 결과 주왕의 17만(일설에는 70만이라고도 한다) 군대는 무왕의 5만이 채 안 되는 군대를 당해내지 못했다. '목야牧野 전투'를 끝으로 은나라는 망했다. 주나라 무왕은 '여중상득'으로 승리를 거두었고, 은나라 주왕은 민심을 잃어 목야 전투에서 대패했다.

초나라 패왕 항우는 그 힘이 산을 뽑고 그 기세가 세상천지를 뒤엎는다는 '역발산力拔山, 기개세氣蓋世'를 자랑하는 인물이었지만, '해하垓下 전투'에서 패해 도망가다 한 노인이 엉터리로 가르쳐준 길로 잘못 들어 결국 큰 늪 가운데에서 한군의 추격을 허용하고 말았다.

그 상황에서 항우가 할 수 있는 것이라곤 스스로 목숨을 끊는 것뿐이었다. 그역시 민심과 인재를 얻지 못했기 때문에 당한 결과였다.

『삼략』에서는 "훌륭한 장수는 자기를 용서하듯이 남을 용서하는 방식으로 군을 통솔한다."고 했다. 『관자管子』에서는 "상하가 화합하지 못하면 겉으로 안정되어 보여도 속은 늘 위태롭다."고 지적하고 있다. 명나라 때의 장거정張居正도 "화합하면 일당 백이요, 불화하면 숫자가 아무리 많아봐야 소용없다."고 말한 바 있다. 모두가 '여중상득'의 통치사상을 반영하는 말들이다.

손자는 '여중상득'을 군사상 보편적 의의를 갖춘 원칙으로 제기했고, 이는 전쟁의 규율과 맞아떨어진다. 또한 군은 국민의 아들이므로 '여중상득'은 군대와 국민 모두에게 근본적인 이익이 된다. 이는 군이 승리를 거둘 수 있는 관건이 되는 요소다.

상하동욕上下同欲 위와 아래가 같은 것을 바란다

『손자병법』「모공謀攻」편에서 제시하는, 승부를 미리 알 수 있는 다섯 가지 '지승知勝'법 중 하나다. 그 다섯 가지는 다음과 같다.

① 싸움을 걸어도 좋은 상대인가, 아니면 싸움을 피해야 할 상대인가를 제대로 판단하는 쪽이 이긴다.

② 군사의 숫자와 군 장비의 우열에 따른 용병법을 제대로 알고 있는 쪽이 이긴다.

③ 상하가 어떤 목적·목표·행동에 관하여 서로의 의견이 완전히 일치하는 쪽이 이긴다.

④ 충분한 경계태세를 갖추고 면밀한 계산을 한 뒤에 상대의 허술한 경비와 태세를 조용히 기다리는 쪽이 이긴다.

⑤ 지휘자가 충분한 재능을 갖추고 있고, 군주가 그 능력을 신임하여 간섭을 하지 않는 쪽이 이긴다.

『손자병법』 첫머리에 등장하는 "도란 백성으로 하여금 윗사람과 한마음이 되게 하는 길"이라는 명제는 상하가 한마음이 되어 적과 싸우는 부대가 실전에서 승리할 수 있음을 말하는 것으로, 실제 전쟁 사례들이 이 점을 충분히 증명하고 있다. 장예 張預는 이에 대해 "장수들이 한마음이 되고 전군이 힘을 합쳐 기꺼이 싸우려 한다면 거리낄 것이 없다."[15]고 주를 달았다. 『육도六韜』「문도文韜·문사文師」에서 "천하의 이익을 함께 나누려는 자는 천하를 얻고, 이익을 혼자 차지하려는 자는 천하를 잃는다."고 한 말 역시 상하일치를 강조한 것이다.

두 군대가 대적하여 서로 죽이고 죽는 와중에서 정책 결정권은 장수에게 있겠지만, 전쟁의 최후 승리는 역시 전군의 전투 준비에 좌우될 수밖에 없다. 군의 기초는 사병이다. 전체 병사가 싸울 준비를 갖추고 있지 못하면 제아무리 뛰어난 전략이 있어도 실현하기 어렵다. 따라서 전쟁에서 승리를 바랄 수 없다. 손자는 '상하동욕'을 승리를 향한 하나의 길로 보았다. 이것은 군을 다스리고 작전을 펼치는 데 중요한 규율의 하나임에 틀림없다.

주나라 난왕赧王 시대(기원전 314-기원전 256) 연나라 소왕昭王은 악의岳毅를 상장 군으로 기용하고 6국의 군대를 연합하여 제나라 정벌에 나섰다. 연나라 소왕과 악의의 의견은 통일되어 있었고 전략도 일치했다. 악의가 전선에서 전투에 참여하고 있을 때, 소왕은 악의의 집안에 옷과 재물을 보냈을 뿐만 아니라 악의 본인에게도 많은 예물을 보내는 한편, 그를 제왕齊王으로 삼음으로써 강한 신임을 표시했다. 악의는 그것을 받지 않았으며 편지를 통해 소왕에게 목숨을 바쳐 충성할 것을 맹세했다. 연나라 군대는 겨우 반년 만에 제나라 70여 성을 빼앗았고, 제나라는 단 두 개의 성만을 간신히 보전하며 명맥을 유지했다.

기원전 279년, 악의가 최후의 승리를 눈앞에 둔 시점에서 소왕이 세상을 뜨고

---

15 이 말은 장문목張文穆의 『손자해고孫子解故』에 인용된 장예의 말이다.

혜왕惠王(재위 기원전 278-기원전 272)이 즉위했다. 혜왕은 태자 때부터 악의에게 불만을 품고 있었다. 제나라의 전단田單은 이 틈을 타 '이간책'을 활용, 혜왕으로 하여금 장군 자리를 악의에서 기겁騎劫으로 교체하게 만들었다. 악의는 혜왕이 속마음이 음흉하여 본심을 헤아리기 힘든 인물이라는 것을 잘 알고 있었다. 귀국하면 피살당할 것이 뻔했기 때문에 병권을 기겁에게 넘겨주고 조趙나라로 도망갔다. 연나라의 장군과 병사들은 이 때문에 큰 불평을 품게 되었고 군심은 순식간에 흩어졌다. 제나라는 패배의 구렁텅이에서 헤어나 마지막 승리를 움켜쥐었다.

이 같은 역사적 사실은 정과 반의 두 측면에서 "상하가 함께 하려는 자는 승리하고, 그 반대면 패배한다."는 사실을 잘 보여준다.

이무위식以武爲植, 이문위종以文爲種 무를 나무로 삼고 문을 씨앗으로 삼는다

『위료자』「병령兵令·상」 제23을 보면 문과 무에 대한 훌륭한 구절이 있다.

군을 통솔할 때는 무를 나무로 삼고 문을 씨앗으로 삼는다. 무는 겉이고 문은 속이다. 이 둘의 관계를 살필 줄 알면 승패를 알 수 있게 된다.

이는 군을 다스리는 방법이기도 하다. 옛날 장수들은 문무를 겸비하는 데 힘을 쏟았다. 문무는 서로 대비되면서 표리를 이룬다. 『사기』「역생육고열전酈生陸賈列傳」에서는 "문무겸비는 나라를 오래도록 유지시키는 법술이다."라고 했다. 『손자병법』「행군」편에서는 "문(어짊·은혜)으로 명령을 세우고 무(법·규율)로 이를 실행하면 반드시 승리한다."고 했다. '문무' 병행은 고대에서 군을 다스리는 기본 수단이었다. 병사들을 통솔하려면 교육이 있어야 하고 규율도 집행해야 한다. 이 둘은 변증법적으로 통일되어 있어 하나라도 없어서는 안 된다.

『좌전』 희공僖公 27·28년조의 기록을 보자.

기원전 636년 봄, 진晉나라 문공은 중원을 제패하기 위해 정복전쟁을 적극적으로 준비했다. 그는 먼저 백성이 편안하고 즐겁게 각자의 생업에 종사할 수 있도록 장려하는 정책을 시행했다. 또 이름뿐이긴 하지만 주周나라 천자의 행동을 존중함으로써 각국의 호의를 얻어두었다. 그해 문공은 주나라 천자가 자신에게 준 봉토인 원原(지금의 하남성 제원현)을 공격했다. 출병하기 전에 문공은 3일만 공격하겠노라 선포했다. 그는 3일이 지나도록 점령하지 못하자 그 지역 인민들이 곧 투항할 것이라는 믿을 만한 정보가 들어왔음에도 이를 기다리지 않고 미리 약속한 대로 90리 밖으로 물러났다. 그러면서 문공은 특별히 전문기구를 설치하여 관리의 등급 및 규율과 관련된 문제를 처리했다.

그 뒤 문공은 진나라 백성들이 정부를 믿으며 서로 신의를 지키고 자진해서 질서를 바로잡는 등 백성들의 교양이 이미 성숙했음을 알게 되었다. 기원전 632년, 문공은 마침내 군대를 출동시켜 초나라와 성복城濮(지금의 산동성 복현 남쪽)에서 싸워 승리를 거두고, 진나라를 마침내 천하의 패자로 만들었다.

북송 말기에서 남송 초기에 이르는 기간, 송나라 군의 대부분은 금나라 군대의 일격조차도 견뎌내지 못하는 상황이었다. 그러나 악비岳飛와 한세충韓世忠 등이 이끄는 군대는 강력한 전투력을 자랑하고 있었다. 특히 악비는 우국충절의 사상으로 군대를 정신무장시키고 엄격한 규율로 병사를 다스려 "군사를 움직일 때 추호도 그릇된 행동을 하지 않았다." 악비의 군대는 백성들의 지지를 얻었고 여러 차례 강력한 금나라 군대와 당당히 맞섰다. 적국인 금나라 군대조차도 "산은 움직이기 쉬워도 악가岳家의 군대는 깨기 힘들다."고 실토할 정도였다.

백룡어복白龍魚服 흰 용이 물고기 옷을 입다

『초사楚辭』「천문天間」에 이런 재미있는 이야기가 실려 있다.

하백河伯(황하의 신)이 흰 용으로 변해 물가에서 놀고 있었다. 제후인 예羿가 이를 보고 활로 왼눈을 쏘아 맞혔다. 하백은 하늘에 이 일을 일러바쳤다. 천제가 말했다.

"네가 만약 신의 영역을 굳게 지켰더라면 예가 어떻게 활을 쏠 수 있었겠느냐? 누가 너더러 용으로 변하라 했더냐? 예가 활을 쏜 대상은 동물인데, 대체 무슨 죄를 씌우란 말이냐?"

서한시대 유향劉向이 편찬한 『설원說苑』 권10 「정간正諫」에도 이런 설화가 실려 있다. 흰 용 한 마리가 물고기로 변해 인간 세상으로 가서 놀았다. 어부 예차豫且가 이 고기를 보고 작살을 쏘아 한 눈을 맞혔다. 흰 용은 아파하며 도망치고는, 천제에게 예차가 신룡을 다치게 한 큰 죄를 지었으니 벌을 내려달라고 호소했다. 천제는 어부란 본래 물고기를 잡는 것을 업으로 하는 사람이고 어부인 예차가 쏜 것은 물고기일 뿐인데, 너는 용이면서도 왜 물고기 옷을 입고 있었느냐고 되물었다.

통치자의 지위에 있는 사람은 모든 실제 상황을 구체적으로 접촉하고 이해하는 데 다소 어려운 점이 있다. 예로부터 지금까지 제왕·장수·재상들 가운데 의식 있는 사람들은 허름한 옷을 입고 몰래 돌아보는 방법으로 민간의 실상을 이해하려고 했다. 이런 활동은 때로 진실한 상황을 확실히 이해하게 함으로써 통치자의 정확한 정책 결정에 믿을 만한 근거를 제공한다. 이런 통치 수단을 "흰 용이 물고기 옷을 입는다"는 뜻의 '백룡어복'이라 한다. 이 방식은 여러 원인 때문에 보통 사람들을 거의 접촉할 수 없는, 지위가 높고 통치 범위가 매우 넓은 최고 통치자에게만 한정 적용될 수 있다.

동감공고同甘共苦 기쁨과 괴로움을 같이한다

─────────────

『회남자淮南子』「병략훈兵略訓」에서는 "장수는 병사들과 동고동락하며 배고픔과 추위도 함께해야 한다. 그래야 병사들이 죽을힘을 다한다."고 했다. 『의시육언醫時六言』「장將」편 권1에서는 "위급한 정세에서는 상하가 함께 운명을 같이해야 한다. 장수가 병사와 동고동락 함께 수고하고 쉬며 질병과 상처를 위문하고 어루만지는 것이 마치 집안의 아버지와 아들 사이 같아야 민심이 비로소 돌아온다."고 했다. "무릇 장수된 자의 도리는 부하들과 동고동락하는 데 있다. 위험한 처지에서 혼자만 살자고 부하들을 버려서는 안 되며, 난관에 임해서 구차하게 빠져나가려 해서는 안 된다. 두루두루 호위하며 공생공사해야 한다. 이렇게 하면 삼군의 병사들이 어찌 장수를 잊겠는가!"

『황석공삼략』「상략」에는 이런 대목이 보인다.

무릇 장수된 자는 병사들과 음식의 맛을 같이하고, 안전과 위험을 함께해야만 적에게 더 큰 위협을 줄 수 있다.

『경무요략經武要略』에도 비슷한 대목이 있다.

병사와 동고동락하여 여러 사람의 마음을 얻으면 (따르는 자가) 많아지며, 그 반대로 여러 사람의 마음을 잃으면 (따르는 자가) 적어진다.

또『기효신서紀效新書』「기효혹문紀效或問」 권1에는 이런 구절이 있다.

이른바 음식 맛을 함께한다는 것은 비단 어렵고 힘들 때만이 아니라 평상시에도 그렇게 한다는 것이다.

『위료자』「전위戰威」 제4에서는 이렇게 말하고 있다.

병사를 수고롭게 하려면 장수 자신이 앞장서야 한다. 축축하고 더운 여름에 깔개를 깔지 않으며, 추운 겨울에 속옷을 더 껴입지 않으며, 험한 곳은 먼저 발을 디디며, 병사들의 우물이 만들어진 다음에 물을 마시며, 병사들의 밥이 다 된 다음 밥을 먹으며, 병사들의 보루가 완성된 후 막사를 지으며, 일하거나 쉬는 것을 반드시 함께해야 한다. 이렇게 하면 병사들은 전쟁이 길어져도 그 힘이 무디어지지 않는다.

이 밖에『국어國語』「제어齊語」에서는 "함께 동고동락하고 공생공사하면 지킴에서 튼튼하고 싸움에서 강하다."고 했다. 그리고『병뢰』·『연병실기練兵實紀』·『병경백자兵經百字』 등과 같은 책에도 '동감공고'에 대한 논술이 있는데, 이 문제는 군을 다스리고 부하를 통솔하는 모략이라는 점에서 역대 군사전문가들이 중요하게 여겼다. 『황석공삼략』「상략」에서는 이것을 이른바 '장수의 기본 예의'라는 뜻의 '장례將禮'라 했다.

그 옛날 월나라 왕 구천이 군대를 이끌고 전쟁에 나서자 누군가가 술을 한 병 보내왔다. 구천은 그 술을 냇물에 쏟아 흐르게 한 다음 병사들과 함께 그 흐르는 물을 마셨다고 한다. 술 한 병을 냇물에 쏟아봐야 술맛이 제대로 날 리 없겠지만, 장수들과 병사들은 왕이 자기들과 함께 '동감공고'한다는 데 감격하고 흥분해서 기꺼이 죽을힘을 다해 싸우고자 했다. 이때 구천은 『군참軍讖』의 다음과 같은 말을 인용했다.

병사들의 우물이 아직 준비가 되지 않았는데 장수가 목마르다고 해서는 안 되며, 병사들의 막사가 만들어지지 않았으면 장수가 피로하다고 해서는 안 된다. 병사들의 취사용 솥에 불을 지피지 않았는데 장수가 배고프다고 해서는 안 되며, 겨울에 걸옷을 껴입지 않고, 여름에 부채를 잡지 않으며, 비가 와도 덮개를 펴서는 안 된다. 이를 장수의 예라고 한다.(『황석공삼략』, 「상략」)

이 모략의 요점은 장수와 병사의 '동감공고', '공생공사'에 있다. 그럼으로써 장수는 병사들을 감화시켜 자발적으로 전투에 나서게 하고, 삶과 죽음을 함께하면서 적과 싸운다는 목적을 달성하게 된다.

기원전 279년, 즉묵卽墨이라는 작은 성에서 노약한 잔병으로 강력한 연나라 대군을 물리친 바 있는 제나라의 명장 전단田單은 보잘것없는 적읍狄邑 하나를 놓고 3개월 동안 함락시키지 못하며 고전하고 있었다. 전단은 노중련魯仲連에게 그 원인을 물었다. 노중련은 이렇게 대답했다.

"장군께서 즉묵에서 싸울 때는 앉으면 가마니를 짜고 서 있을 때는 호미를 들고 일을 하면서 병사들의 본보기가 되었습니다. 장수가 스스로를 희생할 결심을 가지고 있으면 병사들도 구차하게 살려는 마음을 갖지 않습니다. 그 옛날 장군이 연나라 대군을 물리친 원동력은 바로 거기에 있었습니다. 그런데 지금은 상국이 되어 많은 세금을 거두고 금띠를 두르고 화려한 수레를 타고 다니며 그저 향락만 좇고 희생할 마음이 전혀 없으니, 병사들이 어떻게 장군과 함께 죽을힘을 다하겠습니까?"

이 말을 들은 전단은 크게 깨달은 바가 있었다. 다음 날 그는 친히 말을 타고 북을 울려 병사들의 사기를 높이고 전쟁터로 나갔다. 그는 자신의 몸을 돌보지 않고 화살과 돌이 빗발치는 곳에서 친히 북채를 잡고 병사들을 지휘했다. 이렇게 제나라 군은 용감하게 싸워 이내 적읍을 점령했다.

75년, 한나라 장군 경공耿恭은 유중성柳中城(지금의 신강성 선선 서쪽)을 지키고 있었다. 그때 마침 명제明帝가 세상을 떠나고 장제章帝가 즉위하는 국가대사가 발생하는 바람에 구원병이 파견되지 못했다. 흉노군과 반란군은 연합하여 경공을 공격했고, 상황은 극히 위험해져갔다. 경공은 침착하게 적을 막아냈다. 경공과 병사들은 공생공사의 정신으로 뭉쳤다. 먹을 것이 다 떨어지자 가죽으로 된 활집을 삶아 먹으면서도 결코 흩어지지 않았다. 수십 명밖에 남지 않았지만 완강하게 저항한 결과, 마침내 구원병이 도착하자 적을 물리치고 개선했다. 이때 살아남은 사람은 13인이었다.

병사들과 동고동락하면 그들의 신임을 얻을 수 있다. 말하자면 한 사람의 마음으로 만인의 마음을 얻어 일치단결하여 용감하게 싸울 수 있는 것이다. 이런 역사적 사례는 매우 많다. 역대 장수들은 모두가 이를 군을 다스리고 작전에 임하는 기본 원칙의 하나로 여겼다.

통치자는 인심을 얻기 위해 이 방법을 통치 영역에서 활용했다. 이 모략은 군을 다스리는 기본 규칙이지만, 평화로운 시기에 더욱 적극적이고 현실적인 의의를 갖는다.

근열원래近悦遠來 가까이 있는 자는 기쁘게 하고 멀리 있는 자는 오게 한다

『논어』「자로子路」편에 이런 말이 있다.

> 섭공葉公이 정치(정사)에 관해 물었다. 공자는 "가까이 있는 사람들은 기쁘게 하고, 멀리 있는 사람들은 오도록 만드는 것"이라고 대답했다.

공자는 여러 나라를 두루 돌아다녔는데, 위衛·조曹·송宋·정鄭·진陳·채蔡를 거쳐 당시 초나라의 섭읍葉邑에 이르렀을 때의 일이다. 섭공이 공자를 접대하면서 대화를 나누다가 공자에게 한 지방을 어떻게 다스리는 것이 잘하는 정치냐고 물었다.

이런 큰 문제에 대한 공자의 대답은 단 여섯 자였다. '근자열近者悅, 원자래遠者來.' 이 여섯 글자의 본뜻은 이렇다. 가까이 있고 경계 안에 있는 백성은 원망이 없도록 기쁘게 해야 하며, 멀리 있거나 경계 밖에 있는 백성들은 마음을 이쪽으로 향하게 하여 오고 싶도록 해야 한다.

'근열원래'는 국가를 다스리는 중요한 방침이다. 역사적으로 부강했던 나라들은 이 '근열원래'라는 치국의 방법을 근본으로 삼아 각종 조치를 취함으로써 백성이 편안히 생업에 종사하게 하여 진심으로 복종하도록 만들었다. 이렇게 하면 멀리 떨어져 있는 민족과 민중도 점차 따르게 되고 뜻있는 선비도 자진해서 국가를 위해 헌신하게 된다.

유원사방귀柔遠四方歸 멀리 있는 사람을 다독이면 사방의 민심이 돌아온다

『예기禮記』「중용中庸」에 "멀리 있는 사람을 다독이고 제후를 품어 안으면 천하가 그를 두려워한다."는 말이 있다. 이른바 '회유'책은 봉건사회 통치자의 통치 책략이었다. 그들은 정치적 매수로 인심을 구슬려 자신의 통치를 유지하고, 제후나 지방 세력들을 다독거려 자기 정권으로 귀순하게 만들었다.

269년, 진晉의 사마염司馬炎은 오吳나라를 멸망시키기 위한 준비의 하나로 상서복야尙書僕射 양호羊祜로 하여금 형주荊州의 여러 군대를 통솔해 양양襄陽을 지키도록 했다. 여기서 양호는 "덕과 신의를 닦는 데 힘쓰는" 회유책을 썼다. "항복한 오나라 사람들 가운데 돌아가고 싶어 하는 자는 모두 돌려보내고", 사냥을 나가서는 오나라 사람에게 먼저 상처를 입었지만 나중에 진나라 군에게 잡힌 사냥물들을 모두 오나라에 되돌려주었다.

한번은 양호가 부하들을 데리고 사냥에 나섰다가 역시 사냥 나온 오나라 장수 육항陸抗과 마주쳤다. 양호는 즉각 명령을 내려 진나라 군사들이 경계를 넘어가지 못하도록 했다. 밤이 되자 양호는 친히 사냥에서 잡은 동물들을 살펴보고는 오나라 사람에 의해 먼저 상처를 입은 것은 돌려주었다. 육항은 매우 감격해서 그 보답으로 특별히 "자신이 손수 담은" 좋은 술을 보냈다. 또 양호는 오나라 사신으로부터 육항이 병들어 누워 있다는 소식을 듣자 친히 약을 지어 보냈다. 그 약을 먹고 육항은 과연 병이 나았다. 그리고 양호는 오나라 땅을 행군하면서 그 지역의 곡식을 베어 양식으로 삼았는데, 이것을 계산해서 비단 등으로 보상했다. 이렇게 되자 동오東吳의 강릉江陵, 남군南郡 일대의 군민들이 모두 마음을 돌렸다.

환공오자桓公惡紫 환공이 자주색 옷을 싫다고 하다

이름난 사람, 요즈음으로 말하자면 스타나 셀럽을 숭배하여 그들의 행동거지나 의상 등을 흉내내는 것은 인간 행위의 보편적 현상이다. 지도자라는 존재는 그 자체로 늘 일종의 영향력을 미치게 된다. 부하들을 이끌기 위해 지도자는 그들에게 미치는 자신의 영향을 무시해서는 안 된다. 지도자가 무엇을 좋아하고 무엇을 싫어하느냐는 지도자 개인의 일로만 국한되지 않는다. 자신이 통치하는 사람들의 행위를 결정하는 데 영향을 주기 때문이다.

제나라 환공이 자주색 옷을 좋아하니 온 백성이 그를 흉내냈다. 환공이 이를 막으려 하자, 관중管仲은 내일 아침 조회 때 여러 군신들 중 자주색 옷을 입은 사람에게 그 옷이 보기 싫다고 말씀하시라고 일러주었다. 백성들은 환공이 자주색 옷을 싫어한다는 이야기를 듣고 더 이상 자주색 옷을 입는 사람이 없었다.(『한비자』「외저설」좌상)

이와 비슷한 이야기가 『안자춘추晏子春秋』「내편잡하內篇雜下」에도 실려 있다. 기원전 547년, 제나라 영공靈公이 즉위한 후 궁중 궁녀들 사이에 남자 복장이 유행하자 제나라 부녀들이 모두 그것을 흉내내기 시작했다. 영공은 담당관에게 그러한 유행을 금지시키라고 말하면서 "남자 옷을 입은 여자를 발견하면 입고 있는 옷을 벗겨 찢어버려라!"고 엄명했다. 그러나 그런 강경 조치도 별다른 효과를 보지 못했다. 하루는 영공을 찾아온 안영晏嬰에게 어째서 여자들이 남자 옷을 입는 유행이 근절되지 않느냐고 물었다. 안영은 궁중의 유행을 먼저 금지시키면 바깥 부녀들도 더 이상 남자 복장을 하지 않을 것이라고 답했다. 영공은 그 말에 따라 궁내의 남자 복장을 금지시켰다. 그로부터 한 달이 채 안 되어 국내의 부녀들은 더 이상 남자 옷을 입지 않게 되었다.

『한비자』「이병二柄」에는 "초나라 영왕이 가는 허리를 좋아하자 나라에 굶는 사람이 많이 생겼고, 심지어는 굶어 죽는 일까지 일어났다."는 기록도 있다. 『의림意林』「관자管子」에도 이와 비슷한 기록이 있다. "초나라 왕이 가는 허리의 여자를 좋아하자 미인들이 먹지 않았고, 오나라 왕이 검을 좋아하자 사람들이 목숨을 가볍게 여겼다." 이런 예들은 한결같이 윗사람이 좋아하는 대상을 아랫사람은 더 좋아하게 된다는 것을 말한다. 남을 다스리는 지위에 있는 사람이 좋아하거나 싫어하는 대상은 그가 다스리는 사람들에게 아주 크게 작용한다.

'환공오자'는 말하자면 소리 없는 통치 명령이라 할 수 있다. 환공·영공·영왕은 제왕이라는 지위에 있으면서 이 점을 미처 인식하지 못했다. 관중과 안영이 오히려 그 오묘함을 깊이 인식했다. 현대인들이 볼 때 이는 매우 보편적인 이치가 아니겠는가? 그러나 그것을 일종의 통치술로 인식하기까지는 역사상 상당히 오랜 인식 과정을 거쳐야 했다. 이런 의미에서 '환공오자'는 오늘날 더 큰 현실적 의의를 지닌다고 할 수 있다.

2절
통치자의 자질

문과즉희聞過則喜 잘못을 지적받으면 기뻐한다

맹자는 제자들에게 비평을 받아들이는 문제를 이야기하면서 역사상 유명한 세 사람을 거론했다. 그 세 사람이란 공자의 제자인 자로子路와 우禹 임금 그리고 순舜 임금이었다.

> 자로는 남이 자신에게 잘못이 있다고 일러주면 기뻐했고, 우 임금은 좋은 말을 들으면 절을 했다. 위대한 순 임금은 그보다 더 대단해서 남과 잘 어울리고, 자기 생각을 버리고 남의 의견에 따라 남의 의견에 취해서 즐거이 선을 행했다.(『맹자』「공손추·상」)

● 제대로 된 통치를 위한 숱한 요인들 중에서 비판을 받아들이는 마음은 극히 중요하다. 자로(왼쪽)와 순(가운데) 그리고 우 임금(오른쪽)은 잘못을 꼬집어주면 기뻐했던 인물들이었다.

자로는 춘추시대 노나라 사람으로 성은 중仲, 이름은 유由다. 공자의 제자로 사람이 성실하고 강직하며 용감했다. 그는 남이 자신의 단점을 지적해주기를 무척이나 바라는 사람이었다. 누군가가 자신의 잘못이나 단점을 지적하면 화를 내기는커녕 매우 기뻐했다고 한다. 이런 그를 두고 "잘못을 들으면 기뻐했다"는 '문과즉희'라는 말이 생겨났다.

우 임금은 고대 전설에서 하夏 왕조를 세운 임금으로, 그 당시 천하의 근심거리였던 홍수를 다스린 일로 유명하다. 그는 요·순 임금과 더불어 고대의 성인으로 존경받았다. 성격이 허심탄회하여 누구라도 자기에게 좋은 말을 해주거나 충고하면 그 사람에게 절을 하며 고마워했다고 한다.

순 임금도 고대 전설 속의 성군으로, 사람들은 그를 '대순大舜'이라고도 부른다. 우 임금의 자리는 바로 순 임금이 양보한 것인데, 이를 흔히 '선양禪讓'이라는 말로 표현한다. 맹자는 순 임금은 우 임금보다 더욱 위대했다면서 "남과 잘 어울리고, 자기 생각을 버리고 남의 의견을 따르고 취해서 즐겨 선을 행했다."고 말했다. 이른바 "남과 잘 어울린다"는 뜻의 '선여인동善與人同'은 무슨 일이든 잘한 것을 자기 혼자 한 것으로 생각하지 않고 여러 사람들과 함께한 것으로 여긴다는 의미를 내포한다. 또한 "자기 생각을 버리고 남의 의견에 따른다"는 뜻의 '사기종인舍己從人'은 자신의 결점을 버리고 남의 우수한 점을 따른다는 의미를 지닌다. 순 임금은 일찍이 역산歷山에서 농사를 짓고 물가에서 그릇을 굽고 연못에서 물고기를 잡으며 살았다. 말하자면 그는 농부이자 도공이며 어부에서 천자가 된 인물로, 그의 모든 장점은 다른 사람에게서 배운 것이었다.

지도자들은 자신의 지휘 행위가 완전무결하기를 바란다. 그들은 자신의 능력을 다해 정책을 결정하며, 적어도 자신이 한 일을 최선이라 여긴다. 그러나 동서고금의 숱한 지도자들이 자신들에게 주어진 권한의 크기와는 상관없이 실수를 저질러왔다. 총명한 지도자는 '문과즉희'를 좌우명의 하나로 삼을 필요가 있다. 부하들에게 언로를 열어놓아 상하가 한마음이 되게 함으로써 일이 완성되도록 해야 한다. 자기 독단으로 모든 것을 깔보며 제멋대로 행동하는 통치자와는 반대로 '문과즉희'할 수 있는 통치자라면 그 마음 씀씀이가 깊고 넓다고 할 수 있다.

일낙천금一諾千金 한번 승낙한 말은 천금과 같이 여긴다
_____

지도자의 '일낙천금'은 부하 병사들로 하여금 지도자에 대한 신뢰감을 갖게 하고 그로써 효과적인 통치 목적을 달성하게 한다. 이 말은 『사기』「계포난포열전季布欒布列傳」에 나온다.

진나라 말기, 초와 한이 서로 다투고 있을 때의 일이다. 계포는 초나라 출신으

로 의기가 있고 사내다워 초나라에서 이름을 떨쳤다. 항우 휘하에서 장군이 된 그는 한왕 유방을 자주 궁지에 몰아넣는 공을 세웠다. 항우가 멸망하자 한 고조 유방은 현상금을 걸어 계포를 잡아들이라 하면서 "감히 계포를 숨기는 자가 있으면 그 죄가 삼족에 미칠 것이다."라고 경고했다.

그 뒤 유방은 하후영夏侯嬰의 간언에 따라 계포에 대한 체포령을 풀고 그에게 관직을 주도록 했다.

초나라 출신 조구曹丘는 변사로서 권력가에게 빌붙어 돈만 밝히는 인물이었다. 그는 높은 지위에 있던 환관 조동趙同 등을 섬기고 한 문제 두 황후의 오빠 두장군竇長君과도 친했다. 계포가 이런 사정을 알고 편지를 두장군에게 보내 "조구는 덕이 있는 인물이 아니라 들었습니다. 그와 사귀지 마십시오."라고 충고했다.

조구는 귀향하면서 두장군의 소개장을 얻어 계포를 만나고자 했다. 두장군은 "계 장군은 당신을 좋아하지 않으니 만나지 않는 게 좋을 것이야."라고 말했다. 하지만 조구는 기어이 소개장을 얻어 가지고 떠났다.

조구는 먼저 사람 편으로 소개장을 보냈다. 아니나 다를까, 계포는 크게 화를 내며 조구를 기다리고 있었다. 조구는 계포에게 절을 하고는 이렇게 말했다.

"초나라 사람들의 속담에 '황금 백 근을 얻느니 계포의 승낙 한마디를 얻는 게 낫다'는 말이 있는데 귀하는 어떻게 해서 이런 명성을 양梁·초楚 지방에서 얻을 수 있었습니까? 저 또한 초나라 사람이고 귀하도 초나라 사람인데, 제가 천하를 돌아다니며 귀하의 명성을 널리 자랑하고 다니면 귀하의 명성이 양·초 지역뿐 아니라 온 천하에 무게를 더할 것 아닙니까? 그런데 귀하께서는 저를 왜 그토록 심하게 거절하십니까?"

계포는 조구의 말에 매우 흡족해하며 그를 여러 달 머무르게 하면서 상객으로 대우하고 떠날 때는 많은 돈을 주어 보냈다. 그 후 계포의 명성이 더욱 높아진 것은 조구가 널리 자랑하고 다녔기 때문이다.

'일낙천금'은 이후로 그 의미가 변화되기 시작하여 통치자가 신임을 얻는 기술로서 통치모략에서 중요한 자리를 차지하게 되었다.

모략가는 적과의 투쟁에서 "무릇 병이란 상대를 속이는 것조차 마다하지 않는다."는 격언을 받들지만, 친구와 자기 진영의 내부를 대할 때도 속임수와 같은 부정한 방법을 사용한다면 부하와 측근들은 배반하거나 곁을 떠나고 말 것이다. 따라서 동서고금의 모략가들치고 신뢰와 명예를 으뜸으로 강조하지 않은 사람은 없었다. 그들은 한결같이 '믿음'을 입신의 근본으로 삼았다. "말은 신뢰감이 있어야 하며, 행동에는 결과가 있어야 한다."고 했듯이 일단 승낙한 것은 반드시 지켜야 한다. '일낙천금'과 그것을 통해 얻은 신임은 각종 모략을 펼치는 데 기초로 작용한다.

'일낙천금'은 성실을 근본으로 삼아야 하며, 그것이 공수표로 끝나서는 결코 안된다. 큰소리와 경솔한 승낙은 신임을 잃게 만든다. 『묵자墨子』「수신修身」에서 "행동이 믿음직스럽지 못한 자는 결국 그 이름에 먹칠을 하고 만다."고 한 말도 같은 이치다.

근언신설謹言愼說 말을 삼가되 할 때는 신중히 한다

통치자가 말을 삼가지 않고 신중하지 못하게 입에서 나오는 대로 함부로 내뱉는 것은 인심을 잃는 중요한 원인이 된다. 인간의 집단생활에서 자신의 몸을 제대로 지키려면 말을 신중하게 삼가는 것이 매우 중요하다. 특히 두 사람 사이에 한 말을 무의식중에 제삼자에게 발설하면 완전히 신뢰를 잃게 된다.

『한비자』에서는 군주가 경계해야 할 원칙들 중 하나로 다음과 같은 이야기를 하고 있다.

> (세 가지 경계해야 할 것의 첫째는) 어떤 신하가 재상의 실책을 비판한다거나 정책을 주
> 관한 사람들의 잘못을 문책하려 한다든지, 또 아첨하는 자의 본모습을 군주에게
> 알릴 때에 군주가 그 말을 듣고서 마음속에 간직해두지 않고 총애하는 다른 신하
> 에게 이 사실을 누설하는 것이다. 군주의 이러한 행동으로 총애를 누리고 있는 무
> 리들은 비판적 의견을 올리는 것을 꺼리고 군주의 뜻에 영합하는 말만 하려 들 것
> 이다. 이렇게 되면 정직한 말을 올리는 신하는 군주에게서 멀어지고 마침내는 서서
> 히 도태되고 만다.(『한비자』「삼수三守」)

알고 있는 사실을 말하지 않기란 매우 힘들다. 말하고 싶은 것이 인지상정이다.
다른 사람의 비밀을 알고 있을 때 제삼자에게 그것을 발설하지 않기란 때로는 고통
스럽기까지 하다. "너한테만 하는 말인데"라는 식의 말은 지금까지 수도 없이 반복
되어왔다. 한 사람의 신뢰도를 시험하기 위해 그 사람에게 "이 이야기는 너한테만 하
는 것인데"라고 말한 다음, 그가 그 말을 발설하는지 여부를 관찰하는 것도 한 수단
이다. 일단 "입을 꼭 다물어" 신뢰를 얻기만 하면, 정보는 자연 그 사람에게로 집중된
다. 이 역시 보신을 위한 강력한 무기가 된다.
　지도자가 말을 삼가고 신중하게 말을 하는 것은 수양이라는 측면에서도 중요한
모략이다. 모든 일에 대해 자신이 먼저 태도를 보이고 한바탕 큰소리치고 나면, 부하
들은 그와는 다른 의견이 있어도 발표하기 힘들어진다. 바른말이나 좋은 지혜를 얻
는 길이 막히게 된다. 따라서 젊은 지도자들에게 '신중한 말'은 자아 수양의 기초로
서 결코 소홀히 할 수 없는 중요한 요소다.

관맹상제寬猛相濟 너그러움과 엄격함이 조화를 이룬다

춘추시대 정나라의 공손교公孫僑는 자字가 자산子産(흔히 정자산으로 많이 알려진 정치가다)인데 당시로서는 혁신파 정치가라 할 만했다. 정나라에서 집권 20여 년 동안 그는 완고한 수구세력을 타파하는 데 힘을 쏟았다. 충성과 근검을 강조하고 '사치'에 반대했으며, 토지제도와 군사제도를 개혁했다. 법을 통해 특권을 제한하고 정치의 기강을 바로잡았다. 작고 보잘것없던 정나라의 국력은 크게 증강되었고 국위도 높아졌다. 정자산이 정치·통치술로 실행한 것은 바로 이 '관맹상제'라는 모략이었다. 이러한 자산의 공적은 봉건시대 통치자들에 의해 높이 평가받았다.

"너그러움과 엄격함의 조화"를 뜻하는 '관맹상제', 이 말은 기원전 522년인 『좌전』 소공昭公 20년조에 나온다.

> 정나라 자산이 병이 났다. 자산은 자대숙子大叔에게 당부했다.
> "내가 죽으면 그대가 정치를 맡게 될 것이 틀림없다. 덕 있는 자만이 너그러움으로 백성을 따르게 할 수 있다. 그다음은 엄격함으로 대하는 것이 상책이다. 대저 불이 뜨거우면 백성이 이를 보고 두려워한다. 그러므로 불 때문에 죽는 자는 드물다. 물이란 약해 보이므로 사람들이 업신여겨 물장난을 하다가 죽는 자가 많다. 너그럽게 다스리는 것이란 어려운 일이다."

정자산은 백성을 통제할 때 지나치게 엄해도 지나치게 너그러워도 좋지 않다고 했다. 지나치게 엄격하면 백성들이 무서워하고, 지나치게 너그러우면 게을러지기 쉽다. 그러나 우선은 너그러워야 하고, 그다음에 엄해야 한다. 너그러움은 엄격함에 비해 훨씬 장악하기 힘들다. 자산이 죽은 뒤 집권한 자대숙은 '엄격함'을 버리고 '너그러움'으로 정치를 했는데, 나라가 이내 혼란에 빠지고 도적이 벌떼같이 일어났다. 그는 그제야 엄격하게 다스려야겠다고 결심했다.

　　당시 노나라의 공자는 이 얘기를 듣고는 "훌륭하도다! 정치가 너그러우면 백성이 게을러지는데, 게을러지면 엄격함으로 바로잡는다. 엄격하면 백성이 잔인해지는데, 잔인해지면 너그러움을 베푼다. 너그러움과 엄격함이 서로 조화를 이루는 것이 바로 정치다."라고 감탄했다. 『공자가어孔子家語』「정론해正論解」에도 거의 같은 대목이 있다.

● 통치에서는 속된 말로 '당근과 채찍'이라는 두 가지 수단을 적절하게 구사해야 한다. 군대에서 말하는 '상과 벌'이 바로 그것이다. 이때 중요한 것은 물론 원칙이다.

　　정자산과 공자의 통치 이론은 수천 년 역사를 통해 군주·장수·재상들에 의해 떠받들어져왔다. 통치모략으로서 엄격함과 너그러움의 결합은 지금도 본받을 만한 가치가 충분한 지도방식이다.

덕위병시德威幷施　덕과 위엄을 동시에 구사한다

'덕위병시'는 통치 효과를 크게 높일 수 있는 모략이다. 이른바 통치 효과란 지도자가 부하를 통솔하면서 개인적 특권이나 조직이 부여한 권력에 의존하는 것이 아니라, 설득력과 지도력 그리고 영향력으로 부하들이 원하는 바를 통일시켜 집단의 목표를 실행하기 위해 공동으로 노력할 수 있게 만드는 것이다. 지도자들은 고상한 도덕적 풍모와 훌륭한 사상적 품격 그리고 높은 명망으로 부하의 신뢰를 얻음으로써 '덕위병시'의 통치 효과를 획득하지 않으면 안 된다.

지도자들은 일이 닥치면 적시에 유효적절한 방법을 생각해내고, 아울러 부하들의 사상 변화(심리 변화)를 잘 살펴서, 일을 처리하는 과정에서 발생할 수 있는 마찰·의견 차이·심리 충돌 따위를 해소할 수 있는 유효한 수단을 찾아냄으로써 전체 부하들의 존경과 신뢰를 얻을 수 있다. 이것이 곧 부하를 통솔하는 데 필요한 실제적인 권력을 형성한다. 이 '실제 권력'은 조직 및 부하의 활동 심리와 행위를 자극하는 영향력 있는 요소다. 그것은 뜻하지 않은 복잡하고 강렬하게 소용돌이치는 상황에 부닥치면 특히 효과적으로 작용한다. 이런 권력이 없으면 직무와 관련된 권력을 획득하고 장악하는 객관적 기반을 잃게 된다. 권력 없는 지도자가 그 직책과 사명을 실현할 수 없음은 물론이다.

'덕'으로 얻은 통치 권력은 궁극적으로 사람들에게 감염되어 영향력을 미치게 된다. 그것은 직무에서 직접 생산되는 힘이 아니며, 또 상부의 명령으로 주어지는 것도 아니다. 직위와 직무에서 나오는 영향력보다 더욱 중요한 것은 지도자의 행위 능력과 소질인데, 그것을 통상 '위신威信'이라 한다. 위신은 지도자의 덕·지식·재능·학력 등 여러 방면의 우수한 자질에서 나온다. 지도자 개인의 내적 잠재력과 인격적 특징을 통해 자연스럽게 침투되는 사상, 의식, 도덕적 품격, 생활방식, 지식, 재능, 감정 등 여러 가지 요인에 힘입어야 얻을 수 있는 것이다.

지도자는 위신과 명망이 있어야 할 뿐 아니라 위엄도 있어야 한다. 부하들로 하여금 경외심을 갖게 하는 것은 심리학적 각도에서 말하자면 존경심과 두려움을 동시에 갖도록 하는 것이다. 덕을 베풀 때는 너그러움의 폭이 넓어야 사람을 깊게 감동시킨다. 위엄을 과시할 때는 그 호령이 산과 같이 무게 있고, 말을 꺼냈으면 반드시 실행에 옮겨야 한다. 이 두 가지를 결합해야 비로소 정상적인 통치 효과를 발휘할 수 있다.

은위병시恩威幷施 은혜와 위엄을 동시에 구사한다

은혜와 덕, 무력과 위엄을 병행하는 것은 역대 장수와 군주들이 중시한 통치모략의 하나다. 『백전기법』「애전愛戰」에 이런 대목이 나온다.

적과 싸우는데 부하들이 나아가 죽으면 죽었지, 물러나 살기를 꺼리는 것은 장군이 은혜를 베풀기 때문이다.

『손자병법』「지형地形」편에는 "장수가 졸병 보기를 어버이가 사랑하는 아들을 보는 것처럼 해야 한다. 그러면 장수와 병사는 함께 더불어 죽을 수 있다."는 대목도 보인다. 손자는 부하를 통솔할 때 반드시 은혜와 위엄을 동시에 구사할 것을 강조한다. 그러면서도 손자는 "그러나 장수가 졸병을 지나치게 후하게 대하여 부릴 수 없게 되고, 사랑이 한도를 지나쳐 명령이 통하지 않으며, 기강이 문란해져 다스리지 못하게 된다면 이는 아무짝에도 쓸모없는 방자한 자식에 비유할 수 있다."는 경고를 잊지 않았다.

『한진춘추漢晉春秋』「후주後主」에는 이런 이야기가 실려 있다.

건흥建興 3년(225), 제갈량이 남중南中을 정벌하러 나서자 마속馬謖이 수십 리 밖까지 전송을 나왔다. 제갈량은 마속에게 말했다.

"함께 일을 꾀한 지 몇 년이 되었으니 이젠 좋은 견해를 들을 수 있겠구려."

마속이 대답했다.

"남중은 그 위치가 험하고 멀다는 것을 믿고 오랫동안 복종해오지 않고 있습니다. 이제 그를 격파한다 해도 내일이면 다시 반발할 것입니다.… 무릇 용병의 도는 마음을 공략하는 것이 상책이며 성을 공격하는 것은 하책입니다. 심리전이 상책이며 병사를 동원해 싸우는 것은 하책입니다. 바라옵건대 공께서는 그들의 마음을 굴복시키십시오."

제갈량은 그의 말을 받아들였다. 5월, 제갈량은 노수瀘水(지금의 운남성 보산현 서북)를 건너 맹획을 사로잡았다. 제갈량은 맹획에게 자신이 쳐놓았던 진의 형세를 보여주며 물었다.

"이 진이 어떤가?"

그러자 맹획이 대답했다.

"전에는 그 허실을 잘 몰라 실패했지만, 지금 진의 형세가 이와 같다면 쉽게 승리할 수 있을 것 같소이다."

공명은 웃으며 그를 풀어주고는 다시 싸워보라고 했다. 이렇게 해서 제갈량은 맹획을 일곱 번 놓아주고 일곱 번 잡아들였다. 일곱 번 잡은 후에도 다시 놓아주려 하자, 맹획은 떠나려 하지 않으면서 말했다.

"승상의 위엄이 이러하니 우리 남인南人은 더 이상 반발하지 않겠습니다."

이리하여 제갈량은 진지滇池에 이르기까지 익주益州·영창永昌·장가牂牁·월휴越巂의 네 개 군을 모두 평정했다. 제갈량은 그들의 수령들로 하여금 그 지방을 통치하게 하고, 남중 각지에 관리도 군대도 두지 않았다. 이후 그 지방 사람들은 스스로 기강을 잡고 서로 화목하게 지냈다.

이정李靖은 당나라 초기의 걸출한 군사가였다. 『신당서』의 기록에 따르면, 처음 이연李淵(당 태종 이세민의 아버지인 당 고조)이 수나라에서 태원太原 지방의 관리로 일할 때 이정과 사이가 좋지 않았다고 한다. 이연이 수 왕조에 반발하여 병사를 일으키려 하자 이정이 이 사실을 고해바쳤다. 그 뒤 이연이 장안을 점령해 이정을 사로잡아 죽이려는 찰나 이세민의 만류로 이정은 죽음을 면했다.

616년, 이연은 이정에게 소선蕭銑을 정벌하도록 명했다. 처음 이정은 공을 세워 큰 상을 받았으나 곧이어 대패하고 말았다. 크게 화가 난 이연은 이정을 질책하고 목을 베려 했으나 누군가가 말리는 바람에 또다시 목숨을 살려주었다. 이정은 공을 세워 죄를 씻으리라 굳게 마음을 먹었다. 620년, 이정은 8백 명의 정예군을 이끌고 개주開州(지금의 사천성 개현)의 만족 우두머리 염조칙冉肇則을 크게 무찔러 5천여 명을 포로로 잡았다. 아울러 그 승리의 여세를 몰아 개주와 통주通州를 수복했다. 이연은 이정에게 이전의 잘못은 이미 염두에 두지 않은 지 오래니 개의치 말라며 위로했다. 이정은 이연을 위해 있는 힘을 다해 좋은 계략을 짜냈다. 이정에 대해 이연이 사용한 통치방법이 바로 '은위병시'의 전형적인 보기라 하겠다.

장농작아裝聾作啞   귀머거리인 척하고 벙어리인 척한다

당나라 대종代宗(재위 763-779) 때 곽자의郭子儀는 '안사의 난'을 평정하는 과정에서 큰 공을 세우고 당 왕조를 다시 일으킨 최고의 공신이 되었다. 대종은 그를 무척 존중하여 딸 승평升平공주를 곽자의의 아들 곽애郭曖에게 시집보냈다. 그런데 이 젊은 부부는 각기 자기 부모의 배경만 믿고 서로에게 고분고분하지 못했다. 그 때문에 부부싸움이 끊일 날이 없었다.

어느 날, 젊은 부부는 또 하잘것없는 일로 다투었다. 곽애는 아내가 너무나 잘난 척하며 남편을 안중에도 두지 않는 것에 분이 받쳐 불쑥 내뱉었다.

"당신이 뭐 볼 것 있어? 아버지가 황제라는 것만 믿고 큰소리지! 사실 말이지, 당신 아버지의 강산이라는 것도 알고 보면 내 아버지가 안록산을 물리쳤기 때문에 보전할 수 있었고, 내 아버지가 황제 자리에 연연해하지 않았기 때문에 지금 황제가 있을 수 있었단 말이야!"

봉건사회에서 황제는 '유아독존'이요 '지존무상'이다. 누구라도 황제가 되고 싶어 한다는 것이 알려지면 9족이 몰살되는 끔찍한 화를 당한다. 승평공주는 남편의 실로 대담하기 짝이 없는 이야기를 듣고는 단숨에 궁중으로 달려가 아버지 대종에게 남편이 반역을 꾀하고 있다고 일러바쳤다. 공주는 황제인 아버지가 남편에게 중벌을 내려 자신의 분을 풀어줄 것으로 믿었다. 대종은 딸의 이야기를 듣고도 전혀 동요하지 않고 조용히 말했다.

"애야, 네가 뭘 모르는구나. 사실 네 남편의 말은 구구절절이 옳은 이야기란다. 지금의 천하는 네 시아버지께서 보전한 것이다. 만약 네 시아버지가 황제가 되려고 마음만 먹었다면 벌써 그렇게 되었을 것이고, 천하도 일찌감치 이씨 집안의 손에서 떠났을 게야."

그러면서 대종은 남편의 말 한마디를 가지고 '반란'이란 끔찍한 누명을 씌우면 어쩌냐면서 싸우지 말고 잘 살라고 공주를 타일렀다. 아버지의 이런 태도를 본 공주는 의기소침해서 시집으로 되돌아갔다.

이 일은 곧 곽자의에게 알려졌다. 곽자의는 놀라지 않을 수 없었다. 젊은 두 아이의 부부싸움이야 별것 아니지만 아들이 내뱉은 헛소리는 정말 반역과 다름없는 것이었다. 전전긍긍하던 곽자의는 아들을 붙잡아오라고 엄명을 내린 다음, 급히 궁중으로 들어가 황제를 만나 아들에게 엄벌을 내려주십사 요청했다. 대종은 전혀 죄를 물을 뜻이 없다며 부드러운 목소리로 말했다.

"젊은 애들이 말다툼을 벌이다 보면 말이 좀 지나칠 수 있지요. 그런 것을 가지고 우리 노인들이 심각하게 받아들여서야 되겠소? '귀머거리와 벙어리 안 되고서는 한 집안의 어른이 아니다'라는 속담도 있지 않소? 여자들이 규방에서 하는 말을 어떻게 진짜로 믿을 수 있단 말이오. 우리 같은 노인들이 그런 얘길 들으면 귀머거리 벙어리가 되어 못 들은 척해야지요."

나이든 황제의 이런 정감 넘치고 이치에 합당한 이야기에 무거웠던 곽자의의 마음은 순식간에 편안해졌다. 한바탕 난리를 치러야 될 것이라고 예상했던 일이 사소한 일로 변하는 순간이었다. 그러나 곽자의는 아들의 망나니 같은 언동을 따끔하게 나무라기 위해 귀가한 후 아들에게 볼기 수십 대를 치게 했다.

젊은 부부의 말다툼은 화가 뻗치면 앞뒤 가리지 않고 격한 말들을 주고받는다. 이 말을 모두 심각하게 받아들이면, 집안은 단 하루도 편할 날이 없을 것이다. 당나라 황제 대종은 "노인 노릇 제대로 하려면 못 본 척, 못 들은 척해야 한다."는 태도로 딸의 입방아를 그저 젊은 부부 사이에서 흔히 일어날 수 있는 사랑싸움으로 받아들임으로써 자칫 큰 화를 불러일으킬 수도 있었던 위기를 넘겼다. 그리고 그 부부는 마침내 좋은 사이가 되었다.

어떤 일들은 너무 진지하게 대하다 보면 골치가 더 아파진다. 그럴 때는 반대로 못 본 척, 못 들은 척하는 것이 한결 만족스러운 결과를 얻을 수 있다.

지도자로서 소속된 범위 내에서 모든 사람을 다 만족시킨다는 것은 불가능에 가깝다. 하찮은 일을 침소봉대해서 사람을 원망하고 심지어는 여기저기 욕을 하고 다니며 지도자를 헐뜯는 사람도 있을 것이다. 이런 상황에서 경험 있는 지도자는 그 예봉을 피하고 다른 사람의 쓸데없는 말을 듣지 않는다. 사태가 잠잠해졌을 때 잘 생각해서 처리하면 그 효과가 훨씬 크다. '장농작아'는 통치자의 정신적 수양을 위해 무시할 수 없는 모략이 될 수 있다.

일명경인—鳴驚人 한번 울었다 하면 사람을 놀라게 한다

이 말은 『사기』 「골계열전滑稽列傳」에 나온다. 순우곤淳于髡은 전국시대 제나라 사람으로 꾀가 많고 말을 잘했다. 그는 역사상 키가 작기로 유명한 난쟁이였다. 그러나 여러 차례 외교사절로 다른 나라를 방문했지만 한 번도 굴욕을 당한 적이 없었다고 한다. 『사기』의 기록을 바탕으로 그와 관련된 이야기를 들어보자.

당시 제나라 위왕威王은 방탕하기 짝이 없었던 모양이다. 밤낮을 가리지 않고 음주와 쾌락에만 빠져 나랏일을 돌보지 않았다. 정국은 혼란에 빠졌고 각 제후들은 제나라를 넘보며 침탈했다. 나라가 오늘내일할 정도로 위기에 처했는데 충고하는 사람은 아무도 없었다. 순우곤은 위왕이 수수께끼를 아주 좋아한다는 사실을 알고는 위왕을 찾아가 이런 말을 해주었다.

"나라에 큰 새가 있어 왕의 뜰에 내려와 앉아서는 3년이 되도록 날지도 울지도 않습니다. 왕께서는 이 새가 어떤 새라고 생각하십니까?"

위왕이 대답했다.

"그 새는 날지 않을 뿐이지 한번 날았다 하면 하늘을 찌르고, 울지 않을 뿐이지 울었다 하면 사람을 깜짝 놀라게 하겠지."

그 후로 위왕은 정사에 힘을 쏟고 국가를 다스리는 고삐를 늦추지 않았다고 한다. 직무에 충실하고 지방 관리에 탁월한 능력을 보인 즉묵卽墨 지방의 태수에게는 큰 상을 내리고, 왕실 사람에게 뇌물을 먹여 헛된 명예를 추구한 아대부阿大夫는 삶아 죽였다. 제나라에는 상하 모두가 자기 일에 최선을 다하는 기풍이 크게 일어났다. 관리들은 사치와 겉치레를 하지 않았으며 각자 맡은 바 직무에 있는 힘을 다 쏟았다. 군대를 정비하고 국방을 강화하며 침략에 대비했다. 제후들도 그 위세에 눌려 빼앗은 땅을 모두 제나라에 돌려주었다.

『사기』「초세가楚世家」에 이와 비슷한 이야기가 또 있다. 춘추시대 초나라 장왕莊王은 즉위한 지 3년이 지나도록 아무런 명령도 내리지 않고 밤낮으로 여자와 춤, 술과 노래에 빠져 있었다. 그러면서 "감히 이러쿵저러쿵하는 자가 있으면 죽음을 면치 못하리라!"는 엄명을 내렸다. 오거伍擧가 수수께끼로 장왕에게 충고했다.

"어떤 산 위에 새가 한 마리 둥지를 틀고 사는데 3년 동안 날지도 울지도 않았다면 이 새는 어떤 새입니까?"

"그 새는 날지 않을 뿐이지 한번 날았다 하면 하늘을 찌르고, 울지 않을 뿐이지 울었다 하면 사람을 깜짝 놀라게 하는 새겠지."

장왕의 대답이었다. 장왕은 "오거, 당신의 뜻을 알았으니 그만 나가보시오."라고 했다. 그러나 장왕은 내 일은 내가 알아서 한다는 식으로 전보다 더욱 방탕해졌다. 대부 소종蘇從이 죽음을 무릅쓰고 충고하자, 장왕이 이마를 찌푸리며 물었다.

"내 일에 대해 왈가왈부하는 사람은 죽음을 면치 못하리라는 명을 듣지 못했소?"

소종이 대답했다.

"이 몸 하나 죽어 군주가 정신을 차린다면 죽어도 여한이 없습니다."

그 말에 장왕은 마침내 정사에 힘을 쏟기 시작했다. 간신을 죽이고 현자를 등용했다. 오거와 소종에게 나랏일을 맡기니 나라는 크게 번창했다.

『한비자』「유로喩老」와 『여씨춘추呂氏春秋』「중언重言」에도 글자만 조금 다를 뿐, 이 '일명경인'과 관련된 거의 비슷한 기록이 있다. 이 기록들에서 초나라 장왕은 "이 새가 3년을 움직이지 않은 것은 그 의지가 굳건함이고, 3년을 날지 않은 것은 날개를 크게 펼치기 위함이며, 3년을 울지 않은 것은 민정을 관찰하기 위함이다."라고 했다.

통치술의 각도에서 본 '일명경인'은 주로 속셈을 가슴속 깊이 감추고 있는 것을 말한다. 평소 때는 별다른 표현을 않고 묵묵히 듣고만 있는 것 같지만 실제로는 준비를 게을리하지 않고 있다가, 일단 시기가 무르익으면 행동을 개시하여 국민의 지지를 얻고 부하들의 힘을 돋우는 모략이다.

속에다 원대한 계략을 숨기고 있는 정치가나 모략가들은 자신의 관점과 견해를 종알종알 떠벌리지 않고, 깊고도 먼 식견과 생각으로 품고 있다가 적절한 기회에 다시 이야기를 꺼낸다. 말을 하지 않을 뿐이지, 했다 하면 대중을 설득시키고야 만다.

와룡선생臥龍先生 제갈량이 남양南陽 산간벽지 융중隆中에 파묻혀 있으면서도 천하가 셋으로 나누어진다고 예언한 것이나, 명나라 태조 주원장의 모사 주승朱升이 "담을 높이 쌓고 식량을 비축해놓고서 왕의 선포를 늦춘다."고 말한 것 등은 모두 '일명경인'이 중요한 모략이라는 점을 여실히 증명하는 사례들이다.

주불가노이흥사主不可怒而興師, 장불가온이치전將不可慍而致戰 군주는 분하다고 군대를 일으켜서는 안 되고 장수는 성난다고 전투를 벌여서는 안 된다

『손자병법』 「화공火攻」편에 나오는 의미심장한 말이다.

> 싸워서 이기고 쳐서 빼앗더라도 그 결과를 닦아 다스리지 않으면 흉한 것이다. 그런 것을 이름하여 비류費留라고 한다. 그렇기 때문에 현명한 군주는 결과를 생각하고, 능력 있고 좋은 장수는 결과를 닦아 다스린다.
> 국가에 유리한 것이 아니면 전쟁을 일으키지 말아야 하고, 국가에 얻는 것이 없으면 군대를 움직이지 말아야 하며, 국가가 위급한 경우가 아니면 응전하지 말아야

한다. 군주는 한때의 분노 때문에 전쟁을 일으켜서는 안 되며, 장수는 성난다고 해서 전투를 벌여서는 안 된다. 국가의 이익에 합치하면 움직이고, 국가의 이익에 합치하지 아니하면 그쳐야 한다.

손자는 전투에 신중을 기할 것을 주장한다. 그래서 『손자병법』 첫머리에서 "전쟁은 나라의 중대한 일이다. 국민의 생사와 국가의 존망이 달려 있다. 그러니 신중해야 한다."고 했던 것이다. 군주는 순간적인 분노 때문에 군사를 일으켜서는 안 되고, 장수는 순간적인 울분으로 적과 싸워서는 안 된다. 손자는 또 "국가에 유리한 것이 아니면 전쟁을 일으키지 말아야 하고, 국가에 얻는 것이 없으면 군대를 움직이지 말아야 하며, 국가가 위급한 경우가 아니면 응전하지 말아야 한다."는 것과 "국가의 이익에 합치하면 움직이고, 국가의 이익에 합치하지 않으면 그쳐야 한다."는 사상을 제기한다. 그러면서 "화나 노여움은 기쁨이나 즐거움으로 변할 수 있지만, 한번 멸망한 국가는 다시 존재할 수 없으며 죽은 자는 다시 살아날 수 없다."고 경고한다. 역사상 일시적인 분노나 개인적인 원한 따위로 인해 군대를 일으키고 전쟁을 벌였다가 국가를 위기로 몰고 간 예가 적지 않다.

『사기』 「진세가」에 이런 내용이 기록되어 있다.

진나라 문공이 송나라를 구하기 위해 선진先軫이 제안한 "조曹의 군주 조위曹衛를 잡아 그의 땅을 송에게 주자"는 책략을 채택했다. 그러자 초나라 장수 자옥子玉은 완춘宛春을 진에 보내 "위후衛侯를 다시 조曹에 봉하면 우리도 송의 포위를 풀겠다."고 전했다. 선진은 다시 "문공께서는 개인적으로 몰래 조위에게 다시 봉하겠노라 약속하고, 완춘을 붙잡아둠으로써 초나라의 화를 돋우십시오."라고 계책을 권했다. 문공은 선진의 말에 따라 완춘을 위에다 감금했다. 그리고 조위에게 은밀한 제안으로 유혹함으로써 조위를 초나라와 절교하게 만들었다. 자옥은 화가 나 즉시 진으로 군대를 출동시켰다. 진나라 군사는 후퇴했고, 초나라 군도 물러나려 했으나 자옥의 고집 때문에 추격하다가 성복城濮에서 싸워 대패했다. 자옥은 잔병을 수습하여 퇴각했다.

『자치통감』「위기魏紀」에는 이런 이야기가 기록되어 있다.

221년 6월, 유비는 관우를 살해한 원한을 갚기 위해 손권을 치고자 했다. 조운趙雲(조자룡)은 유비에게 이렇게 충고했다.

"나라를 빼앗은 자는 조조이지 손권이 아닙니다. 조조의 위를 먼저 쳐서 멸망시키면 손권은 저절로 굴복하고 투항해 올 것입니다. 큰 적인 위나라를 한쪽으로 제쳐 놓고 오나라와 먼저 싸움을 벌이는 것은 옳지 않습니다. 전쟁이란 일단 시작되면 빨리 끝나지 않습니다. 오나라를 치는 것은 결코 상책이 아닙니다."

조운과 비슷한 논지로 유비에게 충고한 신하들이 많았지만 유비는 듣지 않고 222년 대군을 출동시켜 오나라를 향해 진격했다. 그 결과 육손陸遜의 화공에 말려 대부분의 병력을 잃어버렸다. 그 후 촉나라는 더 이상 위세를 떨치지 못했다.

이와는 반대되는 예가 사마의司馬懿의 경우다. 사마의는 제갈량에게 참을 수 없는 치욕을 당하고도 섣불리 싸움에 나서지 않음으로써 끝내 촉군을 대파했다.

이 대조적인 사실들은 군주와 장수 모두가 국가의 안위를 우선하여 "군주는 한때의 분노 때문에 전쟁을 일으켜서는 안 되며, 장수는 성난다고 해서 전투를 벌여서는 안 된다."는 지적을 잘 설명한다. 지도자는 분노와 개인의 화를 억제하고 대국을 돌아보는 자세를 중시해야 한다.

3절
인사정책

택인임세擇人任勢 사람을 선택했으면 그다음은 세에 맡긴다

이 말은 『손자병법』 「세勢」편에 나온다.

> 용병을 잘하는 자는 승리를 세勢에서 찾지 병사들에게 책임을 묻지 않는다. 그런
> 까닭에 적재적소에 인재를 골라 쓰고 그다음은 세에 맡긴다.

"사람을 선택한다"는 뜻의 '택인'은 적의 상황에 따라 우수한 지휘관을 선택하는
것을 말한다. 여기서 말하는 '사람'이란 한편으로는 자기 사람을 가리키지만 또 한편
으로는 적의 인물을 가리키기도 한다. "세에 맡긴다"는 뜻의 '임세'는 주체적인 노력
을 통해 유리한 전쟁 상황을 조성하는 것을 가리킨다. 적의 정세가 변하면 용병술도

달라진다. 동시에 지휘관이 다르면 용병 방식도 달라진다. 『무경총요武經總要』에 보면 "대장이 임무를 맡으면 먼저 사람을 골라야 하는데, 인물의 용기와 비겁, 재능의 정교함과 거침을 파악하여 알맞게 배치해야 한다. 이것이 군을 잘 다스리는 정치다."라는 대목이 나온다. 고급 장수의 중요한 기능은 인재를 골라 그 인물이 자신의 능력을 다 발휘할 수 있도록 하는 데 있다.

215년, 조조는 인재를 기막히게 활용함으로써 병력이 열세인 상황에서도 장요張遼 등으로 하여금 합비合肥를 고수하게 하여 손권의 10만 대군을 크게 무찔렀다.

228년, 제갈량은 군을 이끌고 북벌에 나섰다. 위나라 명제明帝는 서둘러 5만 대군을 동원해 우장군右將軍 장합張郃으로 하여금 서쪽으로 가서 촉나라 군대를 막도록 했다. 이때 촉군은 선봉대장을 선발해 요충지인 가정街亭을 지켜야만 했다. 많은 사람들이 오랫동안 전장에서 경험을 쌓은 위연魏延이나 오의吳懿가 가장 적합하다고 했다. 그러나 제갈량은 "여러 사람들의 뜻과는 달리 마속을 뽑았다." 결과는 장수를 잘못 기용하는 바람에 가정을 지키지 못했고, 그 때문에 전체 국면이 뒤흔들려 촉군은 "아무것도 얻지 못한 채" 이미 손에 넣었던 농서隴西 3군마저 포기하고 한중漢中으로 퇴각할 수밖에 없었다. 제갈량은 이 북벌이 실패로 돌아갈 수밖에 없었던 교훈을 되새기면서 "사람을 잘못 택했다."고 후회했다. '읍참마속泣斬馬謖'이라는 유명한 고사가 여기에서 나온다.

역시 삼국시대에 원소 밑에는 모사가 구름같이 모여들고 장수는 내리는 빗방울만큼 많았다고 할 정도로 인재가 넘쳐흘렀다. 그러나 원소는 인재를 적재적소에 쓸 줄 몰랐다. 전풍田豊과 저수沮授는 바른 소리를 하다가 옥에 갇혔으며, 허유許攸·장합·고람高覽 등은 당초 원소를 능력이 있는 인물이라 생각했다가 점차 회의를 품고 조조 진영으로 도망가버렸다. 장수 선발을 제대로 못 하고 사람을 적재적소에 활용하지 못한 것이 원소가 그렇게 빨리 무너지게 된 중요한 원인이 되었다.

'택인'과 '임세'는 한 문제의 두 측면이다. 병사를 통솔하는 작전에서 '택인'이 없으면 어떻게 용병할지 모르게 되고, '택인'이 없으면 장수의 우열을 알 수 없다. 적의 정세를 알아야 비로소 정확하게 '임세'할 수 있다. 장수의 우열을 알면 각 부서가 타당하게 배치되었는가를 알 수 있다. '택인임세'는 완전한 승리를 얻는 큰 모략으로, 통치술에서 결코 소홀히 할 수 없는 문제다.

구지우세求之于勢, 불책우인不責于人 승리를 형세에서 찾고 사람 개개인에게 책임을 묻지 않는다

지휘에 능한 사람은 형세를 이용해 승리를 얻지 부하 탓을 하지 않는다. "그런 까닭에 용병에 능한 자는 승리를 형세에서 찾지 병사 개개인에게 책임을 묻지 않는다."(『손자병법』「세勢」편)

전투를 하다 보면 싸우기를 무서워하거나 죽음을 겁내는 병사가 있게 마련이다. 그러나 전체적으로 용감하고 두려움을 모른 채 분전하는, 말하자면 부대의 '기세'가 전체적으로 통제되는 상황에서는 그런 일부 겁 많고 나약한 병사들도 용감하게 바뀐다.

대국적인 측면에서 보아 통치자는 여론을 창출하여 대세의 흐름에 영향을 줌으로써 대중을 자신이 생각하는 방향으로 이끄는데, 이를 '구세지술求勢之術'이라 한다.

『손자병법』에서는 형세를 이용하려면 특수한 재능을 가진 사람을 선발하고, 적극적이면서 유능한 인재를 기용해야 한다고 주장한다. '세勢'는 처음부터 강력한 힘을 가지는 것이 결코 아니다. 형성되고 난 다음에는 강한 관성慣性을 가질 수도 있지만,

우선은 힘 있는 원동력이 있어야 한다. 이런 원동력을 만들 수 있는 존재가 바로 특별히 선발된 인재다. "적재적소에 인재를 골라 쓴 다음, 세에 맡긴다."고 한 것이 바로 이런 이치다.

용인불의用人不疑 사람을 쓰면 의심하지 않는다

『삼국지』「위서魏書·곽가전郭嘉傳」의 배송지裴松之가 단 주를 보면 『부자傅子』라는 책의 다음과 같은 말이 인용되어 있다. "사람을 쓰면 의심하지 말고, 오로지 재능만을 중시하라." 송나라 때의 구양수歐陽修는 이렇게 말했다.

사람을 쓰는 도리는 의심하지 않는 데 있다. 섣불리 신임하고 난 다음에 금세 믿지 않는 것보다는 어렵게 사람을 택하는 것이 차라리 낫다.[16]

어떤 경우가 되었든지 인재는 승리의 결정적인 요소다. 제대로 뽑은 후에는 믿고 마음껏 활용해야 한다. 의심하지 않으려면 사람을 아는 '지인知人'이 전제되어야 한다. 현명한 군주라면 사람을 쓰되 의심하지 않아야 신하들이 정치에 있는 힘을 다하고 장수는 외부와의 전쟁에서 있는 힘을 다해 보답한다. 현대사회에서 '용인불의'는 인재의 능력을 충분히 발휘하게 함으로써 사회에 공헌하게 하는 요소로 활용되어야

---

16 이 내용은 사람을 임용하는 큰 줄기는 의심하지 않는 것이라는 논의를 담은 '논임인지체論任人之體, 불가의찰자不可疑札子'라는 글에 보인다.

한다.

『닉슨 회고록』에 따르면 키신저는 원래 록펠러의 친구였다. 그는 록펠러와 닉슨이 공화당 대통령 후보 지명을 두고 경쟁할 때마다 록펠러를 지지하고 닉슨에 대해서는 공개적으로 반대했다고 한다. 그러나 닉슨은 대통령이 된 후 지난날의 감정은 묻어두고 국가안전고문이라는 막강한 중책을 키신저에게 맡겼다. 키신저는 닉슨 외교정책의 고급 두뇌가 되었다.

신즉불기信則不欺 믿으면 속이지 않는다

『육도』「용도龍韜·논장論將」에 이런 대목이 보인다.

무왕이 태공에게 물었다.

"장수를 논하는 길이란 어떤 것입니까?"

태공이 대답했다.

"장수에게는 오재五材와 십과十過가 있습니다."

"그것이 무엇입니까?"

"오재라 함은 용勇·지智·인仁·신信·충忠입니다. 용감하면 감히 범하지 못하고, 지혜가 있으면 어지럽히지 못하고, 어질면 사람을 사랑하고, 믿음이 있으면 속이지 않고, 충성스러우면 두 마음을 품지 않습니다."

손자는 '믿음'을 장수가 당연히 갖추어야 할 다섯 가지 조건의 하나로 보면서 "장수란 지智·신信·인仁·용勇·엄嚴이다."라고 했다. 장수가 목숨을 아까워하지 않고 죽음을 두려워하지 않는 병사들을 통솔할 수 있으려면, 평소 '믿음'으로 병사를 이끌고 속이지 않으며 성의 있게 병사들을 대우해야 한다. 그런 후에 병사들을 싸움터로 나서게 해야 한다. 그런 병사들은 충심으로 지휘에 복종하고 싸우면 반드시 승리한다.

춘추시대 제나라 환공은 천하 제후들을 규합하면서 맹약을 어기지 않고 이전에 빼앗은 노나라 땅을 전부 돌려주었다. 진나라 문공은 "90리를 양보해 물러나겠다"는 '퇴피삼사退避三舍'의 약속을 지키고도 초나라 군대를 대파하고 패자로 우뚝 섰다. 또 진 문공은 원原이란 땅을 정벌하면서, 열흘 이내로 함락시키지 못하면 철수하겠다고 한 약속을 지켰다. 측근들이 계속 공격할 것을 주장했으나, 그는 이미 병사들에게 열흘만 공격하겠다고 약속했으니 믿음을 저버릴 수 없다고 했다. 원 땅을 공격해서 점령하느니 병사들의 신임을 버리지 않겠다는 것이었다.

제갈량이 농서隴西로 진공하기 위해 준비하고 있을 때의 일이다. 장사 양의楊儀가 현재 4만 군사가 돌아가 쉬어야 할 때라고 보고했다. 제갈량은 즉각 짐을 꾸려 그들을 돌려보내라고 명령했다. 4만 명이 막 길을 떠나려는데, 위나라 군사가 기습을 가해 왔다. 양의는 이들 4만 명을 전투에 가담시켜 싸움이 끝난 후 다시 돌려보내자고 건의했다. 제갈량은 군사를 부리고 장수에게 명령을 내릴 때는 신의를 근본으로 삼아야 하며, 이익을 위해 신의를 잃는 행위는 옛날 사람들도 안타까워했다고 말하면서 명령대로 그들을 돌려보내라고 했다. 군대의 상황이 아무리 급해도 한번 한 말의 신의를 잃을 수 없다는 것이 제갈량의 뜻이었다. 제갈량은 해당 병사들에게 때맞추어 출발하라고 한 다음, 떠나기에 앞서 그들에게 부모·형제·처자식들이 이제나저제나 하면서 문고리를 잡고 기다리고 있을 텐데 어찌 너희들을 붙잡아둘 수 있겠느냐고 말했다. 병사들은 너무 감격해서 몇 번이나 돌아가라고 명령했는데도 떠나지 않았다. 이쯤 되자 제갈량도 하는 수 없이 그들을 참전시켰다. 먼길을 달려온 위나라 군대는 이 같은 촉나라 군대와 맞붙어 단 한 번에 패하고 말았다.

병사들로부터 신임을 얻는 것은 승리의 지름길이다. 총명한 장수라면 특히 부하 병사들의 신임을 귀중하게 여긴다. 일단 부하의 신임을 잃으면 돌이킬 수 없는 손실이 초래된다.

『병뢰』「신信」에 보면 다음과 같은 대목이 있다.

옛날 왕들은 사해四海를 속이지 않았고 패자는 사방四方을 속이지 않았다. 나라를 잘 다스리는 자는 백성을 속이지 않는다.… 따라서 군자는 믿음을 큰 보배로 여긴다.… 윗사람이 아랫사람을, 아랫사람이 윗사람을 불신하여 상하의 마음이 갈라지면 패배는 불을 보듯 뻔하다.… 믿고 또 믿어 몸에 질게 배이게 하면 천하와 통한다. 이로써 병사를 다스리면 무적이다.

『백전기법』「신전信戰」에서는 이렇게 말한다.

적과 싸울 때 병사들이 죽음의 땅을 밟고 나아가는 것을 두려워하지 않고 후회하지 않는 것은 지휘관을 믿고 따르기 때문이다. 윗사람이 믿음과 정성을 다하면 아랫사람은 정으로 윗사람을 의심하지 않는다. 따라서 싸워 이기지 않을 수 없다.

제갈량이 병사들로 하여금 앞다투어 필사의 정신으로 적과 싸워 대승하게 만든 관건은 군과 병사들에게 신임을 얻었다는 데 있다. 이름난 많은 장수들은 모두가 이 '신信'을 군을 다스리는 귀중한 보배로 여기고 전투의 실제 상황에 적용해왔다.

고대의 군주와 장수들은 대부분 '신즉불기'의 무궁한 위력을 잘 알고 있었다. 비록 이론과 실제에 차이가 있고 그 출발점을 받아들일 수 없기는 하지만, 과거의 것을 오늘에 되살린다는 과학적 태도에 입각해서 보면 옛사람들의 훌륭한 정신은 본받고, 낡고 불합리한 부분은 제거하여 새로운 가치를 발견할 수 있을 것이다. 상하의 목표를 하나로 일치시키고 서로 믿어 함께 적과 싸우도록 하는 것은 평시든 전시든 항상 적극적인 의미를 지닌다.

병식장의兵識將意　병사들이 장수의 뜻을 알게 한다

『병경전집兵鏡全集』권1에 보면 다음과 같은 장순張巡의 말이 인용되어 있다.

> 임기응변은 순식간이다.… 병사들이 장수의 뜻을 알게 하고, 장수는 병사의 분위기를 알아 전투에 임하면 마치 손이 손가락을 부리듯이 할 수 있다.

군사상의 행위는 종종 임기응변이 불가피하고 순간적으로 결단을 내려야 할 때가 있다. 그러므로 부하들은 상관의 의도를 잘 알아야 하고 상관은 부하들의 상황을 이해하는 것이 필요하다. 이런 군대는 마치 자신의 열 손가락을 마음대로 움직이는 것처럼 일사불란한 군대가 될 수 있다. 이는 단순하지만 대단히 중요한 모략사상이다. 과거 몇몇 지휘자들은 병사를 어리석게 만드는 정책을 취해 병사들을 마치 양떼처럼 이리 몰고 저리 몰기도 했다. 그러나 "병사들이 장수의 뜻을 알게 하는" '병식장의'를 용병과 작전에서 승리를 거둘 수 있는 조건의 하나로 중요시한 현명한 장수들도 적지 않았다. 민주적인 군대에서 이 모략은 군대의 본질을 이루는 중요한 요소다. 병사는 누구를 위해 싸우는지, 무엇 때문에 싸우는지 알고 싸워야 주관적 능동성을 최대한 발휘하여 전투에서 승리를 거둘 수 있다. 지휘관은 먼저 긴장감 넘치는 학습을 통해 자신이 병사들의 상황을 분명히 알 수 있도록 애써야 한다. 그래야 '똑똑한 병사'를 더 많이 길러낼 수 있다.

『신당서』권192 「장순전」에 기록되어 있는 내용이다. 장순이 병사들을 거느리고 적과 사투를 벌였는데, 수비하면서도 적의 작전상 특징에 정확하게 대응했다. 장순은 이렇게 말했다.

"호인胡人들은 매우 저돌적이고 구름과 비둘기가 흩어지듯 그 변화가 무쌍하다. 우리는 잠시 멈춘 다음 병사가 장수의 뜻을 알게 하고, 장수는 병사들의 상황을 이해하여 상하가 서로 친숙해지도록 해야 한다. 그러면 모두가 스스로 나서서 싸울 것이다."

장순 그 자신이 "병사들의 상황을 이해"했기 때문에 "병사들도 그 정성에 감동하여 모두 일당백의 기세로 죽을힘을 다해 싸워 적은 수로 많은 수의 적을 물리쳐 승리했다."

좋은 지휘관이라면 당연히 "병사들이 장수의 뜻을 알게 하고, 장수는 병사의 분위기를 알도록" 해야 한다. 오늘날에도 이는 중요한 의미를 지닌다. 전쟁에서 이 두 가지를 실천할 수 있으면 그 군대는 강력한 전투력을 갖추어, 공격하면 반드시 이길 수 있다. 평상시 상하의 목표를 일치시켜 한마음으로 협력하여 좋은 군대를 만드는 데 힘쓰고 군사훈련을 엄격하게 하여 전군의 기본 자질을 한껏 높이면, 힘이 넘치고 언제든 능력을 최대한 발휘할 수 있는 군대가 될 것이다.

신선사졸身先士卒 사졸보다 앞장선다

『기효신서紀效新書』「기효혹문紀效或問」에 이런 대목이 있다.

> 병사들보다 앞장서라는 말은 꼭 진의 앞에 서라는 말만이 아니라 평소나 어려울 때
> 도 늘 앞장서야 한다는 뜻이다.
> 함께 나누어 먹으라는 말은 어려울 때만이 아니라 평소에도 함께 나누어 먹으라는
> 뜻이다.

『삼국지연의』 제72회를 보면 조조의 둘째 아들 조창曹彰에 관한 이야기가 나
온다.

조창은 어려서부터 말타기와 활쏘기를 좋아했으며, 힘이 남달리 세어서 맨손으
로 맹수와 싸울 정도였다. 조조는 이런 조창에게 책은 좋아하지 않고 그저 무예만
좋아하는 것은 평범한 사내의 용기에 지나지 않으므로 높은 차원이 아니라고 충고했
다. 조창은 대장부라면 한나라 때의 장군 위청衛靑이나 곽거병霍去病처럼 수십만 대군
을 이끌고 사막을 달리며 천하를 누비는 것을 배워야 마땅하지 공부는 왜 하느냐고
대답했다.

일찍이 조조가 아들들에게 장래의 희망을 물었을 때 조창은 장군이 되고 싶다
고 했다. 장군이 되면 어떻게 할 것이냐는 조조의 잇따른 질문에 조창은 "갑옷을 입
고 무기를 들고 어려움에 처해서도 자신을 돌보지 않고 솔선수범하며 상과 벌을 분
명하고 믿음 있게 하겠습니다."라고 답했다. 조조는 크게 웃었다. 그 뒤 조창은 싸움
터에서 과연 용감하게 병사들보다 앞장서 나갔다.

『군참軍讖』에는 이런 구절이 있다. "훌륭한 장수는 군대를 통솔할 때 자신을 용서하는 마음으로 남을 다스리며, 은혜를 베풀어 병사들의 힘을 날로 새로워지게 한다. 싸우면 바람이 이는 것 같고, 공격하면 강둑이 터지는 것 같다."

『황석공삼략』「상략」에서는 이 구절을 인용한 뒤 이렇게 말하고 있다. "따라서 그 수를 헤아릴 수는 있어도 당해낼 수 없고, 그 밑에 있을 수는 있으나 이길 수는 없다. 자신의 몸을 남보다 앞세우므로 그 군대는 천하의 용감한 군대가 된다." 이 중 "자신의 몸을 남보다 앞세운다"는 '이신선인以身先人'이 곧 '신선사졸'과 같은 뜻이다.

『위료자』「전위戰威」제4에는 "전쟁이란 반드시 솔선해서 여러 병사들을 격려하는 데 근본을 두어야 한다. 그것은 마치 마음이 사지를 부리는 것과 같다."고 했다. 여기서 말하는 "솔선해서 여러 병사들을 격려하는 데 근본을 두어야 한다."고 한 것 역시 장수로서 '신선사졸'하여 스스로 모범이 되어 부하를 격려해야 한다는 뜻이다. 이런 군대는 장수의 지휘가 마치 자신의 두뇌로 사지를 부리는 것과 같이 마음먹은 대로 자유자재다. 이 점을 "전쟁의 근본적인 이치"로 본 것이다.

576년, 제나라 군대는 진주晉州(평양平陽)를 포위하고서 공격했다. 망루와 성벽이 죄다 파괴되고 성은 겨우 일곱 자 정도만 남는 등 쌍방의 전투는 잔혹할 정도로 격렬했다. 주周나라의 수비군 양사언梁士彦은 비분강개해서 부하들에게 "오늘은 죽는 날, 내가 앞장선다!"며, 부하들이 보는 앞에서 앞서 달려나가니 부하들도 용기백배하여 고함을 지르며 일당백의 기세로 싸워 이겼다.

917년, 진晉나라의 장수 이사원李嗣源은 군대를 이끌고 유주幽州를 구원하기 위해 현재의 북경 방산현房山縣 서북을 지나 계곡의 작은 강을 따라 전진했다. 이사원은 부장 이종가李從珂에게 3천 기병을 거느리고 선봉에 서게 했는데 산 입구에 이르러 거란의 1만여 기병과 맞닥뜨렸다. 이종가는 기겁하여 나아가지도 후퇴하지도 못하며 당혹해하고 있었다. 이런 위기 상황에서 이사원은 기병 1백 명을 이끌고 자신이 앞장서서 적진으로 돌진하길 세 차례 반복하면서 거란의 적장 하나를 목베었다. 진나라 군대는 이에 힘입어 일제히 진격하여 적을 후퇴시키고 산 입구를 빠져나올 수 있었다.

고대의 장수들은 군을 다스릴 때 '신선사졸'을 매우 중시했다. 오늘날 우리가 자주 쓰는 "솔선수범이 가져다주는 힘은 무궁하다."는 말이나 "앞장서서 이끄는 행동은 소리 없는 명령"이라는 말도 이런 이치에서 나왔다.

장수가 맹렬하면 병사도 맹렬하다. 장수가 '신선사졸'하는 것은 한 군대가 적을 물리치고 승리를 거둘 수 있는 중요한 보물이나 마찬가지다.

외불피구外不避仇, 내불피친內不避親 밖으로 원수라 하여 피하지 않고 안으로 친척이라 하여 피하지 않는다

춘추시대 진晉나라의 대부 기해祁奚는 도공悼公 때 중군위中軍尉라는 벼슬을 지낸 정직하고 공평무사한 인물이었다. 『사기』「진세가晉世家」에는 이 인물과 관련하여 이런 일화가 기록되어 있다.

기해는 나이가 많아 퇴직하려 했다. 도공은 그의 청을 받아들이는 한편, 그의 후임으로 재능 있는 인물을 추천해보라고 했다. 기해는 서슴지 않고 해호解狐를 추천했다. 도공은 깜짝 놀라며 물었다.

"해호? 그 사람은 당신과 개인적인 원한을 갖고 있는 사람이 아니오?"

기해는 태연하게 대답했다.

"저에게 재능 있는 인물을 추천하라고 하지 않으셨습니까? 개인적으로 감정이

있건 없건 저는 그런 점에 신경쓰지 않습니다."

도공은 해호를 기해의 후임으로 발탁했다.

그런데 뜻하지 않게 일을 맡기 전에 해호가 세상을 떠나고 말았다. 도공은 기해에게 다시 적절한 인물을 추천하도록 했다. 기해는 망설임 없이 기오邪午를 추천했다. 이번에도 도공은 놀라지 않을 수 없었다.

"기오? 당신 아들이 아니오?"

"적절한 인물을 추천하라고 하시지 않았습니까? 제 아들이든 아니든 저는 그런 것에는 신경쓰지 습니다."

도공은 즉시 기해의 아들 기오를 후임으로 발탁했다.

이 이야기는『좌전』양공襄公 3년조(기원전 570)에도 기록되어 있다.

봉건사회에서 인사 관리는 군주의 말 한마디면 그만이었다. 진나라 도공은 자진해서 신하에게 의견을 물었고, 기해도 공평무사하게 추천했으니 후대의 칭찬을 받기에 충분하다. 도공이 취한 행동은 비교적 수준 높은 통치방식이라 할 수 있다. 기해의 추천은 도공의 의지에 부합했고 도공의 묵인이 있었기에 실현될 수 있었다. 통치자는 자신을 위해 힘쓰는 인재를 망라해야 한다. "인재를 천거할 때 밖으로는 원한을 꺼리지 않고 안으로는 친인척이라 해서 꺼리지 않는다"는 '외거불피구外擧不避仇, 내거불피친內擧不避親'도 이런 전제하에서만 비로소 통할 수 있다.

사회가 발전하고 과학이 진보함에 따라 능력 있는 간부의 선발과 활용은 개인의 인상을 표준으로 삼던 것으로부터 과학적인 시험과 면접 등으로 바뀌었다. 이제는 선발과 임용제도가 완전히 갖추어진 다음에라야 제대로 사람을 알고 적절한 인물을 뽑을 수 있다. 그렇지 않으면 지도자는 간부 임용 때 자신의 개인적 감정을 개입시키게 되어 '외불피구'는 근본적으로 불가능해지며, '내불피친' 또한 오히려 많은 사람들이 당파를 짓게 하는 구실로 작용하기 십상이다.

팔징지법八徵之法 사람을 검증하는 여덟 가지 방법

'팔징지법八徵之法'은 병서로 유명한 『육도六韜』「용도龍韜·선장選將」이라는 장수 선발편에 나온다. 장수는 나라를 보좌하는 신하다. 장수를 임명하려면 신중하게 생각하고 그 인물 됨됨이를 관찰해야 한다. 사람을 쓰려면 그 사람의 행동거지를 살펴야 한다. 그러나 사람의 행동거지가 반드시 내심의 진실을 반영하지는 않는다. 『육도』에서는 한 개인의 밖으로 드러나는 행동과 그 속마음이 일치하지 않는 경우로 열다섯 가지를 들고 있다. 장수를 살피고 선발하는 것은 통치술의 중요한 내용이다. 그런데 어떻게 해야 겉모습과 속마음이 일치하는지 살필 수 있겠는가? 여기에는 여덟 가지 검증법이 있다고 한다. '팔징법'의 원리는 그 사람에게 어떤 행동을 하게 하여 그 반응을 근거로 진면목을 판단하는 것이다. 『육도』에는 다음과 같은 여덟 가지 검증법이 열거되어 있다.

① 문지이언이관기상問之以言以觀其詳

　어떤 문제를 내서 그 이해의 정도를 살핀다.

② 궁지이사이관기변窮之以辭以觀其變

　꼬치꼬치 캐물어 그 반응을 살핀다.

③ 여지간첩이관기성與之間諜以觀其誠

　간접적인 탐색(또는 간첩)으로 충성 여부를 살핀다.

④ 명백현문이관기덕明白顯問以觀其德

　솔직담백한 질문으로 그 덕행을 살핀다.

⑤ 사지이재이관기염使之以財以觀其廉

재무관리를 시켜 청렴과 정직 여부를 살핀다.

⑥ 시지이색이관기정試之以色以觀其貞

여색을 미끼로 그 품행(정조)을 살핀다.

⑦ 고지이난이관기용告之以難以觀其勇

어려운 상황을 만들어 그 용기를 살핀다.

⑧ 취지이주이관기태醉之以酒以觀其態

술에 취하게 하여 그 자세를 살핀다.

행동의 결과에 근거하여 사람을 살피는 것은 평상시 보편적으로 채용하는 방식이다. 그러나 '팔징법'은 결과를 기다려 판단하는 것과는 다르다. 그 특징은 연못에 돌을 던져 일부러 파문을 일으켜 그 움직임 가운데서 사람을 인식하는 데 있다.

통치술에서 사람을 쓰는 구체적인 방법은 위의 여덟 가지에 한정되지는 않는다. 그러나 『육도』에서 장수의 식별과 기용을 "왕이 군대를 일으키고", "뛰어난 장수를 다듬어 선발하는" 차원의 높은 수준에서 다루고 있는 것으로 보아 확실히 통치모략의 최대 관건을 이루고 있음을 알 수 있다.

찰간지술察奸之術 간사함을 살피는 기술
___

"간사한 자를 식별해내는" '찰간술'은 『한비자』 「내저설·좌상」에 나온다. 이 책은 군주의 통치술을 주제로 한 것이기 때문에 어떻게 하면 신하들의 속마음을 꿰뚫어볼 수 있는가에 대해 많은 지면을 할애하고 있다.

『한비자』의 '찰간술'에는 '관청법觀聽法'·'일청법一聽法'·'협지법挾智法'·'도언법倒言法'·'반찰법反察法' 등이 있다.

첫째, 관청법觀聽法. '관청'이란 말 그대로 보고 듣는 것이다. 단편적인 사실에만 근거하지 않고 종합적이고 전면적인 판단을 내리는 것을 말한다. 보고 들은 것을 서로 참고하고 비교하여 증명하지 않고는 진상을 제대로 알거나 이해할 수 없다. 사람들은 흔히 습관적으로 자신이 좋아하는 것은 기꺼이 받아들이고 싫어하는 일은 물리친다. 만약 '보는' 것이 사람을 유쾌하게 하면 이 일과 관련된 부정적 평가는 '들으려' 하지 않는다. 만약 '듣는' 것이 사람을 기쁘게 하면 이 일과 관련된 열악한 현실에 대해서는 '보려' 하지 않는다. 군주의 이런 약점을 간파한 간신은 달콤한 말로 군주가 좋아하는 것만 보고 듣게 한다. 이것을 방지하려면 만족스러운 말을 들은 이후에는 반드시 다수의 의견에 귀를 기울여야 한다. 이는 정보의 진위를 판단하는 사유思惟상의 기본 준비 자세이기도 하다.

둘째, 일청법一聽法. '일청'이란 일일이 들어본다는 뜻이다. 그리하여 집단 속에 드러나지 않고 숨어 있는 "재능도 없이 머리 숫자만 채우고 있는" 자들을 간파해내는 것을 가리킨다. "일일이 들어보지 않으면 지혜로운 자와 우둔한 자를 구분할 수 없다." 만약 하나하나 개인의 의견을 들어보지 않는다면 여러 사람들 틈에 이리저리 섞여 있는 개인의 능력을 알아낼 수 없다. 『한비자』에서는 이와 관련하여 다음과 같은 우화를 예로 들고 있다.

제나라 선왕宣王은 우竽(피리 비슷한 악기의 일종) 연주를 몹시 좋아했는데, 특히 합주를 좋아해서 궁중에는 3백 명이나 되는 합주단이 있었다. 남곽南郭이란 처사는 자칭 우 연주의 명수라며 늘 합주에 참여하여 많은 봉급을 받았다. 선왕이 죽고 민왕緡王이 뒤를 이었다. 새로운 왕은 합주를 좋아하지 않고 한 사람 한 사람 독주를 시켰다. 이 소식을 들은 남곽 처사는 얼른 줄행랑을 쳤다.

이 방법은 꼭 "각 개인의 의견을 청취하는" 데만 국한되지 않고 개별적으로 교묘하게 응용되기도 한다. 또한 이 방법은 확실하지 않은 애매한 태도로 책임을 회피하려는 자에게 책임을 추궁하여 그 진심을 간파하는 데도 활용된다.

셋째, 협지법挾智法. '협지'란 알고 있으면서도 짐짓 모르는 체한다는 뜻이다. 즉, 모르는 척하면서 상대를 시험하는 것이다. 이와 관련해서는 다음과 같은 일화가 있다.

한韓 소후昭侯가 하루는 가위로 손톱을 자르다 일부러 잘린 손톱이 없어졌다며 "손톱이 없어진 것은 불길한 징조니 어떻게든 찾아내라!"고 엄명을 내렸다. 측근들이 온 방안을 다 뒤지기 시작했지만 없는 손톱이 있을 리 없었다. "없을 리 있나? 내가 찾아보지."라며 소후가 직접 찾아 나서려 하자 한 측근이 몰래 자기 손톱을 잘라 내밀며 "찾았습니다, 여기!"라고 외쳤다. 소후는 이런 방법으로 누가 거짓말을 하는지 알아냈다.

『한비자』에서는 간신을 찾아내는 이 '협지법'을 "모르는 척 물어보면 알지 못하던 것이 나타나고, 어떤 사물을 깊게 알아보면 감추어져 있었던 것들이 모두 드러난다."고 설명하고 있다. 다시 말해 "알고 있는 것을 모르는 것처럼 감추고 물어보면 모르던 사실도 알게 되며, 한 가지 일을 세세히 탐지하게 되면 감추어져 있던 것들이 드러난다." 상대에게 내가 이미 알고 있다는 사실을 눈치채게 하면 상대는 곧 그에 상응하는 대책을 세운다. 모르는 척해야 비로소 경계 없이 그 본래 모습을 드러내게 된다. 그러나 처음부터 일체의 면목을 다 드러낸다면 끝내는 우롱을 당하게 마련이다.

넷째, 도언법倒言法. 이 방법은 황당한 말로 상대를 시험하는 것이다. '도倒'자는 '뒤바뀌었다'는 뜻으로, '도언'이라 하면 그 말을 뒤집어 한다는 뜻이다. 사실과 상반된 얘기를 해서 상대방의 심리를 꿰뚫는 방법이다. 이런 고사가 있다.

연나라에서 상국의 자리에까지 오른 자지子之란 인물이 있었다. 한번은 그가 부하들과 얘기를 나누다 불쑥 "방금 문 입구에서 뛰어나간 것이 백마 아닌가?"라고 물

● 사람을 잘 살펴 인사정책에 반영하는 일은 조직사회 운용의 핵심이다. 한비자의 '찰간술'은 섬뜩하리만큼 날카롭고 가공스럽지만 귀담아들을 만하다.

었다. 물론 이 말은 거짓이었다. "아닙니다. 아무 말도 뛰어 나가지 않았습니다." 다들 이구동성으로 보지 못했다고 했다. 그런데 그중 한 사람이 문밖으로 뛰어나갔다 와서는 "분명 백마 한 필이 뛰어 나갔습니다."라고 보고하는 것이 아닌가. 자지는 이렇게 해서 자기 주위에서 누가 진실하지 않은가를 알았다. 이 방식은 요즘 말로 하자면 "올가미를 쳐놓고 시험한다."고 할 수 있다.

다섯째, 반찰법反察法. 상반된 입장에서 동기를 찾는 것을 뜻하는 말이다. 어떤 사건이 발생했을 때 그 일로 누가 이득을 보느냐 하는 것을 살피는 것이다. 이런 고사가 있다.

한韓의 희후喜侯가 목욕을 하다가 욕조에서 작은 돌을 발견했다. 희후는 시종을 불러 "욕실을 담당하고 있는 자를 파면하면 그 후임자가 있겠느냐?"고 물었다. "예, 있습니다." "그자를 불러오너라." 희후는 그자를 심하게 나무랐다. "어째서 욕조에 돌이 있느냐?" 그러자 그자는 "담당관이 파면되면 제가 그 자리를 맡으리라는 생각에서 돌을 넣었습니다."라고 말했다.

주관적 분석에만 한정하지 않고 상대의 입장에서 그 동기를 찾는 것, 이것이 상대를 간파하고 그 상대를 부리는 방법이다.

고대사회에서 통치자와 부하, 통치 집단 내부인들 사이의 관계는 서로 이용하고 시기하고 충돌하는 관계였다. 고대의 통치자들은 자신의 이익을 위해 타인의 심리를 통찰하는 많은 모략 방식을 창조해왔다. 따라서 현대인들은 이 모략을 이해하고자 할 때 그 시대적 제한성에 대해서도 충분히 주의를 기울여야 할 것이다.

4절
상벌

주대상소誅大賞小 벌은 윗사람에게 주고 상은 아랫사람에게 준다
___

상벌은 규율을 엄하고 바르게 하기 위해 아랫사람들의 용기와 적극성을 자극하는 방법이다. 통치자는 아랫사람들을 격려하는 이 최종 목적에 착안점을 두어야 한다. 고대 장수들이 이 목적을 위해 상벌을 집행할 때 "벌은 상관에게 상은 부하에게"라는 '주대상소'에 중점을 두곤 했다. 『육도』「용도龍韜·전위戰威」에는 이런 대목이 있다.

장수는 높은 지위에 있는 사람을 벌함으로써 위엄을 세우고, 낮은 사람에게 상을 줌으로써 규율을 분명히 한다. 벌을 분명히 함으로써 금지사항들이 지켜지고 명령이 수행된다. 한 사람을 죽여 전군이 두려워할 수 있다면 그렇게 하는 것이고, 한 사람에게 상을 주어 전군이 기뻐할 수 있으면 그렇게 하는 것이다. 벌을 주는 일은

그 대상의 직위가 높은 데 중점을 두고, 상을 주는 일은 그 대상의 지위가 낮은 데 중점을 둔다. 중요한 자리에 있는 자를 벌로 죽일 수 있다면 이는 형벌이 지극히 높은 자에게도 미칠 수 있음을 말하는 것이요, 소를 치는 자, 말을 씻는 자, 마구간을 청소하는 자 등에게 상을 내릴 수 있다면 이는 상이 하잘것없는 자에게도 이를 수 있음을 말하는 것이다. 이로써 장수의 위엄이 세워진다.

'주대상소'는 역대로 장수들에 의해 중시되어왔다. 장수가 전체 군사들이 보는 앞에서 '주대상소'할 수 있다는 것은 사실상 군법의 위엄과 장수의 법 집행에 대한 강한 의지를 나타내는 것이기 때문이다. 공명정대한 마음과 추호도 거짓이 없는 진실성은 전체 병사들이 감히 군법을 얕보지 못하게 하고 마음으로 기꺼이 복종하도록 하기 때문에 졸병들이 상을 받으면 공을 세우고자 하는 마음을 한시라도 잊지 않게 된다.

손자는 오나라 왕이 아끼는 궁녀를 죽여 단번에 궁녀들을 복종시켰으며, 사마양저司馬穰苴는 장고莊賈의 목을 베어 적의 걸음을 멈추게 했다. 이는 군법을 어긴 영향력 있는 인물의 목을 베는 것이 얼마나 큰 작용을 하는가를 잘 보여준다. 한번 생각해보자. 일반 병사들이 조금만 잘못해도 극형을 받고, 고위 장교들은 군법을 어겨도 처벌받지 않는다면 어떻게 전군을 움직일 수 있겠는가.

당나라 때 고구려 출신의 명장 고선지高仙芝의 부하였던 절도판관節度判官 봉상청封常淸의 엄격한 법 집행은 유명한 일화로 전해온다. 고선지를 키운 유모의 아들 정덕전鄭德詮이란 자는 낭장郎將이었는데, 고선지와의 특수한 관계를 믿고 "군에서 그 기세가 자못 등등했다." 그가 군법을 위반했을 때 봉상청은 그를 잡아들이고 "낭장이 어찌 이렇듯 무례할 수 있단 말인가? 모름지기 이 낭장을 죽여 우리 군대를 바로잡으리라."고 했다. 그리고 문을 걸어 잠그고 그를 매질해서 죽이고는 얼굴을 땅으로 향하게 하여 질질 끌고 나가게 함으로써 군기를 확실히 잡았다. 고선지의 아내와 유모는 문밖에서 애타게 사정했으나 들어주지 않자 이 일을 고선지에게 알렸다. 고선지도 깜짝 놀랐으나 공정한 법 집행이었으므로 뭐라 할 수가 없었다.(『신당서』 권135 「봉상청전」)

오기吳起는 공이 있는 자에게는 반드시 상을 주어야 한다고 강력하게 주장했다. 전투가 끝나고 나면 위魏 무후武侯는 궁정에서 연회를 베풀어 가장 큰 공을 세운 사람들은 맨 앞자리에 앉혀 귀한 그릇을 사용하게 했으며 소·양·돼지고기를 마음껏 먹을 수 있게 했다. 이렇게 공에 따라 차등 대우했으므로 공을 세워 상을 받은 사람들의 부모와 처자식도 그 고을에서 존경을 받았다. 3년 후, 진나라가 출병하여 서하西河 근처에까지 이르렀다. 이 소식을 접한 위나라 병사들은 명령이 있기도 전에 스스로 장비를 챙겨 적과 대항하려 나서니 그 수가 1만을 넘었다고 한다.

'주대상소'는 몇몇 소수에 대해서만 잘잘못을 처리하는 것이지만, 그것이 전체 국면에 미치는 영향은 엄청나다. 그러니 신중에 신중을 기해야 한다. 전형적인 것을 잘 선택해서 단번에 전체를 움직일 수 있게 해야 한다. 벌은 먼저 법을 어긴 상관으로부터 시작해야 한다. 윗사람이 바르지 못하면 아랫사람이 바를 수 없다. 상은 제일선에서 땀 흘리는 보잘것없는 병사들에게 중점을 두고 시행되어야 한다. 그렇게 사기를 높여 병사들이 적극성을 발휘할 수 있게 해야 한다.

'처벌'과 '상'은 통치 수단의 두 면으로서 어디까지나 수단일 뿐 목적이 아니다. 따라서 다른 방면의 수단을 배합하여 부하들에게 군법 준수의 습관을 교육시키고, 장수 자신도 수양과 자기 교육을 더욱 강화해야 한다.

신상필벌信賞必罰 상을 주는 데는 믿음이 있어야 하고 벌을 주는 데는 '반드시'라는 단서가 있어야 한다

상벌은 역대로 통치자들이 대단히 중시한 문제였다. 정치·경제·군사 등 각 영역에서 통치와 피통치의 관계가 존재하는 이상 이 모략은 실질적인 의의를 가진다. 『손자병법』 첫 장에서 '오사五事'와 '칠계七計'를 거론하면서 '상벌'의 문제를 말하고 있는 것만 보아도 손자가 이 문제를 얼마나 중시했는지 알 수 있다.

『한비자』 「외저설·우상」에는 다음과 같은 고사가 있다.

진나라 문공이 호언狐偃에게 물었다.

"과인이 감미로운 음식을 전당에 두루 차리고 온갖 술과 고기를 접시에 담아 궁실에 가득 벌여놓고서 군민들을 위한 연회를 벌였소. 술은 맑아지기도 전에 만들어지는 대로 사람들에게 날라야 했고, 고기는 상에 차릴 틈도 없이 도살되는 즉시 모조리 먹이게 했소. 소 한 마리를 잡으면 수도 안에 있는 백성들이 고루 받을 수 있게 했고, 한 해 내내 짠 포布로 군사들에게 옷을 만들어 입혔소. 이 정도면 백성들을 움직여 전쟁에 나서도 되지 않겠소?"

호언이 대답했다.

"부족합니다."

문공이 물었다.

"그러면 어찌해야 백성들을 이끌고 전쟁을 할 수 있겠소?"

"백성들로 하여금 전쟁을 하지 않을 수 없게 만드십시오."

"그건 어찌해야 하는 것이오?"

"신상필벌 하십시오. 그러면 백성들을 움직일 수 있어 전쟁을 수행할 수 있습

니다."

"그렇다면 형벌의 표준은 어디에 두어야 하오?"

"친하고 귀한 자를 가리지 말 것이며 가장 아끼는 자라도 똑같이 벌을 주십시오."

문공은 호언의 말대로 법 집행을 엄격하고 공평하게 해서 전쟁에 나섰다. 진 문공이 승리를 거두었음은 물론이다. '신상필벌'이라는 말은 여기서 나왔다. '신상필벌'은 동서고금의 군사가들이 극단적으로 중시한 통치모략의 하나였다.

법도와 명령 계통이 분명히 서 있지 않고 상벌을 엄정히 하지 않으면 징을 쳐 정지하라는 명령을 내려도 멈추지 않고, 북을 울려 진군하라는 명을 내려도 앞으로 나아가지 않는다. 이러한 병사가 백만이 있어야 무슨 소용이 있는가?(『오자병법』「치병」)

오자는 '신상필벌'을 적과 맞서 싸울 때 승리를 얻는 중요한 요건의 하나로 간주했다.

용감하게 진격하여 잘 싸우는 자에게 상을 주고, 비겁하게 도망치는 자에게는 무거운 형벌을 가한다. 그리고 어디까지나 이것을 믿음직하게 행한다. 이 두 가지를 이중일신二重一信이라 한다. 이를 잘 헤아려 그 이치에 통달하게 되면 필승이다.(『오자병법』「치병」)

『삼략』「상략」에서는 "장수는 명령을 바꾸지 않아야 하고, 상벌은 반드시 믿음직하게 해서 천지와 같아야만 비로소 사람을 부릴 수 있다."고 했다. 『육도』「문도文韜·상벌賞罰」에도 이런 내용이 있다.

"상은 권하는 것이고, 벌은 징계를 보이는 것입니다. 하나를 상 줘서 백을 권장하며, 하나를 벌해서 대중을 징계하려 합니다. 이를 위해서는 어떻게 해야 합니까?"
태공이 말했다.
"무릇 상을 베푸는 데는 믿음이 소중하고, 벌을 내리는 데는 '꼭'이라는 말이 중요합니다."

"상 줄 것을 주지 않으면 잘하는 것을 막게 되고, 벌 줄 것을 주지 않으면 간신을 키우게 된다."[17] 군법과 군령을 만들어 공포했다면 집행할 것은 철저하게 집행해야지, 법이 있는데도 믿지 않고 명령이 내려졌는데도 실행되지 않게 만들어서는 안 된다. 만약 단 한 번이라도 상벌이 엄하게 집행되지 않아 전군에 대해 신뢰를 잃게 되면, 일체의 군령이 지속적으로 집행되기 어렵다. 제갈량은 기산祁山에서의 1차 출병에 실패한 후 눈물을 머금고 가정을 빼앗긴 마속의 목을 베고 공을 세운 왕평王平에게 큰 상을 내리는 한편, 자신에게도 책임이 있다 하여 스스로 세 계급의 강등을 후주 유선劉禪에게 상소했다. 이런 것이 '신상필벌'의 전형적인 본보기이자 촉나라 군대 전투력의 원천이었다.

『삼국지』에서는 제갈량을 언급하면서 "실로 충성을 다하고 보탬이 된 인물은 원수라 해도 반드시 상을 주었고, 법을 어기고 태만히 한 자는 친하다 해도 반드시 벌을 내렸다.… 그리하여 모두가 그를 두려워하면서도 사랑했고 형벌이 준엄해도 원망하는 자가 없었으니, 이는 그 마음 씀씀이가 공평하고 징계가 분명했기 때문이다."라

---

17 이 말은 중국 군사과학원에서 펴낸 『중국고대병법선집』에 인용된 청나라 주호周鎬의 말이다.

고 했다.(『삼국지』 권5 「촉지蜀志」) 그래서 제갈량이 죽자 그에게 벌을 받았던 사람들조차 슬프게 눈물을 흘렸다고 한다.

한편 '신상필벌'이 통치 수단이 되기 위해서는 일정한 '한도'가 있어야 한다.

벌이 많고 상이 적은 것은 벌이 없는 것이나 마찬가지고, 상이 많고 벌이 적으면 상이 없는 것이나 마찬가지다. 벌이 지나치면 착한 자가 없어지고, 상이 지나치면 간신배가 많아진다.(『신기제적태백음경神機制敵太白陰經』)

상벌의 기준을 제대로 잡아야 상벌 두 가지 수단을 잘 운용하여 군대와 나라를 다스릴 수 있다는 뜻이기도 하다. 역사상 어떤 장수들은 통치계급의 본성 때문에 병사들을 마구 죽이곤 했는데, 이는 당연히 배제되어야 한다.

『위료자』 「병령兵令·하」에서는 "예로부터 용병에 능한 자는 병사의 반을 죽이는 자고, 그다음은 열에 셋을, 그다음은 열에 하나를 죽이는 자"라고 하여 병사를 사람 취급도 하지 않고 많이 죽이면 죽일수록 좋다고 주장했는데, 이는 민주적인 군대의 성격과는 그 격이 맞지 않는 것이다.

벌불천열罰不遷列 벌을 줄 때는 자리를 옮기지 않는다

벌은 그 자리에서 주어야 한다. 그래서 백성들로 하여금 나쁜 짓을 하면 좋지 않은 결과가 온다는 사실을 즉시 볼 수 있게 해야 한다.(『사마법』 「천자지의天子之義」)

● 상벌의 문제를 정리情理로 풀었던 척계광의 상벌론은 시사하는 바가 크다. 상벌에 대한 수긍이라는 근본적인 문제를 정확하게 건드리기 때문이다.

상과 벌은 동서고금을 통해 장수들이 군대를 다스리는 두 가지 수단으로 사용되어왔는데, 이 두 가지 수단은 서로 보완 작용을 한다. '벌불천열'이란 즉시 징벌하여 신속하게 규율을 집행함으로써 때맞추어 군중을 교육하라는 뜻이다. 손빈은 한 걸음 더 나아가 "상은 하루를 넘기지 말고, 벌은 그 면전에서 행하라."고까지 말한다. 상벌의 목적은 여러 사람을 채찍질하고 경고하는 의미가 강하므로 시간과 장소를 놓치면 효력이 없어지고 만다는 것이다.

군대에는 강철 같은 규율이 있어야만 명령이 수행되고, 금지사항이 지켜져야 전투력을 높일 수 있다. 이른바 "병사는 엄한 규율이 먼저고 승리를 도모하는 것은 그다음"이라는 말도 바로 이런 뜻이다. 송나라 때의 명장 악비岳飛가 이끄는 '악가군岳家軍', 명나라 때 척계광戚繼光의 '척가군戚家軍'은 모두 상벌이 엄하고 분명했기 때문에 강적을 두려워하지 않고 용감하게 선전했다.

척계광은 직접 군을 이끌었던 경험을 바탕으로 상벌이 '정리情理'에 부합해야 한다고 말했다. '정리'란 여러 사람의 '마음의 소리'다. 다시 말해 누군가를 장려하려면 반드시 여러 사람이 좋아하고 사랑하고 우러러보도록 해야 하며, 누군가를 징벌하려면 모두가 가슴 아파하고 앞으로 그렇게 하지 않도록 만들어야 한다. 선악이 분명하고 잘잘못이 뚜렷해야만 상벌이 엄격하고 명확해진다. 상을 주거나 벌을 주기 전에 먼저 도리에 맞게 분명히 이야기해야 모두들 왜 상을 받고 벌을 받는가 알게 되고, 그래야 진정으로 그 가르침을 받아들여 원한을 품지 않게 된다.

규율은 공평무사해야 한다. 형벌은 개인적인 친분이 있다 해서 피하거나 신분이 귀하다 해서 두려워해서는 안 된다. 그래야 법이 권위를 지니고 명령은 호소력을 갖게 된다. 전쟁사를 들춰보면 엄격하게 법을 집행한 일화가 많이 전해온다. 손자가 훈련을 시키다 아름다운 궁녀들의 목을 벤 것이나, 사마양저가 군영의 문 앞에서 본보기로 장고의 목을 벤 것, 주아부周亞夫가 가는 버들잎으로 군령을 지휘한 것, 조조가 자신의 머리카락을 잘라 스스로에게 벌을 가한 것, 제갈량이 눈물을 흘리며 마속의 목을 벤 것 등은 후세 사람들에게 교훈이 될 만한 일화들이다.

상불유시賞不逾時 상을 줄 때는 시기를 놓치지 않는다

> 상은 시기를 놓치지 말고 주어서 백성들이 빨리 선행의 이로움을 알도록 해야 한다.(『사마법』 「천자지의」)

상을 주어 부하를 장려하는 것은 역대 병가들이 군을 다스리는 중요한 제도로 인정해왔다. 상의 목적은 투지를 북돋우고 사기를 고무하는 데 있다. 적절히 활용해서 장점을 살리면 장수와 병사들의 적극성을 자극해 부대의 전투력을 높일 수 있다.

삼국시대 조조는 상벌제도를 잘 활용해서 군을 효율적으로 다스린 모범적인 인물이었다. 그는 적을 공격해서 노획한 재물들을 공을 세운 부하들에게 나누어주었다. 큰 공을 세워 마땅히 상을 받아야 할 병사들에 대해서는 천금이라도 아끼지 않았다. 공도 세우지 않고 상을 받으려는 망상을 가진 자들에게는 "국물도 못 돌아가게" 했다. 그래서 장수와 병사들은 너 나 할 것 없이 앞다투어 공을 세우려 용감하게 분전했다. 조조는 특히 상을 주고 좋은 의견을 수렴하는 데 능했고 또 공평무사했다.

207년, 조조는 원소를 물리친 후 북으로 오환烏桓과 요동을 정벌할 준비를 갖추었다. 정책을 결정할 때 일부 장수들은 너무 깊이 진군해 들어가면 고립되어 불리할 것이라며 출병에 반대했다. 조조는 반대 의견을 받아들이지 않았고, 북벌은 단행되었다. 도중에 적의 초소가 곳곳에서 길을 가로막고 있었고, 비가 계속 내려 진흙탕 속을 행군해야 했다. 하는 수 없이 길을 바꾸어 산을 뚫고 계곡을 메우는 식의 고생스러운 행군을 할 수밖에 없었다. 물과 양식이 끊기는 바람에 군마 수천 마리를 잡아 식량으로 충당해야 했다. 행군은 고난의 연속이었다. 오환의 군대가 주둔하고 있는 곳으로부터 2백여 리 떨어진 지점에 이르렀을 때, 조조의 군대는 적의 주력부대와 갑자기 맞닥뜨렸다. 대단히 위급한 상황에서 조조는 몸소 진의 선두에 서서 병사들을 독려하여 일전을 성공적으로 마쳤다.

개선하여 돌아온 후 논공행상을 하는 자리에서 조조는 이번 북벌에 반대했던 사람이 누구냐고 물었다. 조조에게 반대 의견을 냈던 장수들은 두려움에 벌벌 떨며 조조 앞에 무릎을 꿇고 벌이 내리길 기다렸다. 조조는 껄껄 웃으며 그들을 벌주기는 커녕 각자에게 큰 상을 내렸다. 그러면서 이번 북벌은 하마터면 전군이 전멸할 뻔했으나 다행히 모험을 감행한 것이 성공했을 뿐이라고 말했다. 사실 당초 그대들의 의견이 정확했다는 칭찬도 잊지 않았다. 조조의 논공행상은 확실히 나름대로의 철학을 가진 독특한 것으로, 상을 받는 자로서 감사를 느끼지 않는 자가 없었으며 옆에서 지켜보는 사람들도 감탄을 금치 못했다. 이로부터 부하들은 더 적극적으로 의견과 계략을 건의했다.

영웅주의적 명예감과 개인주의적 욕심은 흔히 한 마음의 바닥에 동시에 깊이 숨겨져 있다. 적절한 상의 의미는 명예감을 자극하는 데 있지, 탐욕의 씨앗을 키우는 데 있는 것이 아니다.

이일경백以一警百 하나를 다스려 백을 다스린다

'이일경백'은 '살일경백殺一儆百'이라고도 하는데, 『한서』「윤옹귀전尹翁歸傳」에 보이는 말이다.

옹귀翁歸는 동해 지방을 잘 다스렸다.… 그가 취한 방법은 '이일경백'으로, 관리와 백성이 모두 마음으로 납득하는 가운데 스스로 잘못을 바로잡도록 이끌었다.

규율이 없는 군대는 단 일격에 무너질 수 있다. 여기서 말하는 '이일경백'은 장수가 선악을 분명히 가리고 상벌을 명확하게 함으로써 부하들에게 경고를 내리라는 것이지, 사람을 죽이는 방법에만 의존해 군기를 잡으라는 말이 아니다. 군기는 군대 응집력의 표현이다. 군기가 없으면 어떤 좋은 모략도 쓸모가 없다. 이런 의미에서 본다면 '이일경백'은 확실히 군을 다스리고 승리를 창출할 수 있는 모략의 하나라 할 수 있다.

손자가 오나라 왕 합려가 아끼는 후궁을 죽여 규율을 잡은 것이나, 사마양저가 제나라 경공景公의 측근을 벤 것 등은 지휘자나 부하들의 간담을 서늘하게 만든 행동이었다.

손자와 사마양저는 둘 다 역사상 이름난 군사전문가였는데, 두 사람의 공통점은 군을 엄하게 다스리고 법을 엄하게 집행했다는 데 있다. 군기를 위반한 자는 법으로 다스려 '이일경백'의 효과를 충분히 살렸다. 오나라 왕이 서쪽으로 강국 초나라를 쳐부수고 북으로 제·진晉을 제압한 것이나, 제나라 경공이 패배의 구렁텅이에서 빠져나와 극적으로 진晉·연을 제압하여 국토를 회복한 것은 이 두 군사전문가가 군을 엄격하게 다스린 것과 직접적인 관계가 있다.

'이일경백'은 일종의 수단이자 군을 다스리는 모략이기도 하다. 동서고금을 통해 성공한 군사가는 이 모략의 작용을 중시했다. 고대 군사가들은 상부에 대해서는 무거운 벌로, 아랫사람에 대해서는 큰 상으로, 지위가 높은 자의 위법에 대해서는 군법으로 엄격하게 다스려 병사들에게 규율 앞에서는 지위고하가 없다는 사실을 인식하게 만들고, 약속은 반드시 지킨다는 자각심을 높여야 한다고 말한다.

시무법지상施無法之賞, 현무정지령懸無政之令 법에 없는 상을 주고 규정에 없는 명령을 내린다

규정에 없는 파격적인 큰 상을 주고, 특별한 정령을 발표하여 군사들의 사기를 격려한다. 전군의 많은 군사들을 마치 한 사람 부리듯 움직인다.(『손자병법』 「구지」)

손자는 이 대목에서 주로 어떻게 병사를 통솔해 작전할 것인가 하는 문제를 얘기하고 있다. 그는 용병을 잘하는 자는 전군을 마치 한 사람을 부리듯 해서 전투에 임하게 만든다고 한다. 전장의 상황과 정세가 급박하면 일치단결해서 분전할 수밖에 없다. 따라서 전쟁이라는 비상사태로 돌입하면 관례적인 포상 범위를 벗어난, 즉 법에서 벗어나는 상도 주어야 하며 규정에서 벗어난 명령도 내려서 전 병사들이 위험을 무릅쓰고 전투에 임하도록 해야 한다. 이렇게 하면 전군의 전투를 마치 한 사람이 전투하는 것처럼 만들 수 있다는 것이다.

어떤 군대든 상벌에 관한 규정이 없는 군대는 없다. 이에 관한 각종 정책들은 일반적인 상황이라면 그 규정에 따라 상벌을 결정한다. 그러나 적진 깊숙이 들어가 결사적으로 싸워야 하는 경우라면 병사들을 격려하고 자극하기 위해 규정에 얽매이지 않고 구체적인 상황에 근거하여 임기응변의 조치로 상벌과 명령을 결정해야 할 것이다. 그래서 비상시에는 "규정에 없는 파격적인 큰 상을 주고 특별한 정령을 발표하여" 삼군을 고무시켜 전투에 임하도록 해야 한다고 주장하는 것이다.

이렇게 하는 것은 옳기도 하거니와 필요하기도 하다. 병사들이 목숨을 무릅쓰고 전투에 임하는 것은 결코 죽음을 좋아해서가 아니라, 사실은 큰 상을 기대하고 엄한 벌을 면하기 위해서다. 큰 상과 엄벌이라는 두 가지 항목은 용감하게 나아가 죽는 것을 영광으로 여기고 비겁하게 물러나 목숨을 보전하는 것을 굴욕적인 것으로 여기게 만드는 보증이다. 그것이 적을 격파하여 승리를 얻게 한다.

『황석공삼략』「상략」에 인용된 『군참』을 보면 "맛있는 미끼에 물고기가 몰리고, 큰 상에 목숨을 아끼지 않는 병사가 있게 마련"이라는 대목이 있다. 『백전기법』「상전賞戰」에서도 "큰 상이 따르면 용감한 병사가 나온다."고 했다. 이들 모두가 고대 전쟁이라는 조건하에서 일반 상식을 초월하는 상과 명령만이 승리를 이끌 수 있음을 말하고 있다.

한나라를 세운 고조 유방은 볼품없는 한신을 대장으로 발탁했으며, 결점이 많은 진평陳平에게 큰 상을 내리고 그의 계략을 받아들여 막대한 자금으로 초나라 군신을 이간시키는 동안 자금의 지출을 결코 따지지 않았다. 한나라는 진과 초를 무너뜨리고 끝내는 천하를 손에 넣었다.

나폴레옹도 "규정에 없는 파격적인 큰 상을 주고 특별한 정령을 발표하여 병사를 격려하는" 것을 중시하여 병사들의 공명 심리를 만족시켰다. 이러한 것들이 그가 여러 영웅들을 물리치고 일시에 전 유럽 위에 군림하면서 혁혁한 전공을 세우게 되는 중요한 요인으로 작용했다.

전쟁의 실례들은 전쟁이라는 비상시에 "규정에 없는 파격적인 큰 상을 주고 특별한 정령을 발표하여 병사를 격려한다."고 한 손자의 책략이 앉아서 말로 할 수 있는 것일 뿐 아니라 일어서서 실행할 수 있는 것이라는 사실을 증명하고 있다.

5절
기강

삼령오신三令五申 세 번 명령하고 다섯 번 설명한다

이 말은 『사기』「손자오기열전孫子吳起列傳」에 나오는데, 그에 얽힌 이야기를 살펴보자.

손자는 이름이 무武인데 제나라 사람이다. 병법에 밝았던 그는 오나라 왕 합려를 만나게 되었다. 합려가 말했다.

"그대가 저술한 13편의 병서는 나도 읽어 잘 알고 있소. 괜찮다면 시험 삼아 실제로 군을 지휘해볼 수 있겠소?"

"좋습니다."

"그렇다면 여자들도 괜찮소?"

"물론입니다."

이리하여 궁중의 미녀들을 180명 뽑았다. 손자는 이들을 두 부대로 나누고 왕

이 아끼는 두 사람을 대장으로 삼아 대원들 모두에게 창을 들게 한 후에 다음과 같이 명령했다.

"너희들은 자기의 가슴과 두 손 그리고 등을 알고 있는가?"

"압니다."

"그러면 '앞으로' 하면 가슴을 보고, '좌로' 하면 왼손을 보고, '우로' 하면 오른손을 보고, '뒤로' 하면 등을 보아라. 알겠는가?"

이렇게 약속된 바를 선언하고는 큰 도끼[18]를 놓고 명령을 세 번 되풀이하고 다섯 번 설명했다. 그런 다음 북을 쳐서 "우로!" 하고 호령했다. 궁녀들은 웃고 있을 뿐 움직이지 않았다.

"약속이 분명치 않고 호령이 철저하지 못한 것은 주장主將의 책임이다. 그러나 이미 약속이 분명한데도 법대로 따르지 않는 것은 지휘자인 대장의 책임이다."

손자는 이렇게 말하고 좌우 두 대장의 목을 베려 했다. 오나라 왕 합려가 보고 있다가 깜짝 놀라 전령을 보내 부탁했다.

"장군이 용병에 능하다는 것은 알겠소이다. 나는 그 두 사람이 없으면 먹어도 맛을 모르는 신세가 될 터이니 제발 베지는 마시오."

"신이 이미 명을 받아 장군이 되어 진중에 있는 이상 임금의 명이라도 들을 수 없습니다."

손자는 대장 둘의 목을 베어 본보기를 보이고, 다른 두 사람을 대장으로 삼았다. 다시 북을 울리자 여자들은 전후좌우 무릎을 꿇고 일어나는 동작이 규칙에 들어맞고, 감히 웃거나 소리 내는 사람은 하나도 없었다. 손자는 전령을 보내 왕에게 보고했다.

---

18 주장主將이 가지는 권한의 상징물로, 명령을 어긴 자가 있으면 이것으로 목을 베어 군기의 엄함을 보였다.

"군병은 이미 정돈되었습니다. 왕께서 몸소 내려오셔서 시험 삼아 열병하심이 어떠하온지. 왕께서 부리고 싶으신 대로 물이면 물, 불이면 불에라도 뛰어들게 할 수 있을 것이옵니다."

"장군은 피곤할 테니 숙소로 돌아가셔서 휴식을 취하시오. 나는 내려가서 볼 마음이 없으니."

"왕께서는 용병의 이론만 좋아하실 뿐 그것을 실제로 응용하시지는 못하는 것 같습니다."

합려는 손자의 용병 능력을 알게 되고, 마침내 그를 장군으로 기용했다. 오나라가 서쪽으로 강력한 초나라를 꺾어 그 도읍인 영郢에 진입하고, 북으로는 제나라와 진나라를 위협하여 제후들 사이에서 명성을 떨칠 수 있었던 것은 손자의 힘이 컸다.

모략가가 자신의 꾀와 계획을 펼칠 때 부하들이 한결같이 "말과 계획에 잘 따르는" 것은 결코 아니다. 이미 정해진 결심과 방침을 관철하려면 늘 "세 번 명령하고 다섯 번 설명한다"는 '삼령오신'의 방법을 채용해야 한다. 한 번으로 안 되면 두 번, 두 번으로 안 되면 세 번, 이렇게 어떤 정책과 책략을 설명하여 여러 사람의 이해와 지지를 얻고 동시에 적극적으로 집행해야만 소수의 반대가 있더라도 '대세의 흐름'으로 장애 없이 전체 국면을 이끌어나갈 수 있다. 이것이 정책을 추진하고 "대세를 창출해 내는" 중요한 방법이다.

병권귀일兵權貴一 병권은 통일이 중요하다

명대의 『병경오자십삼편兵鏡吳子十三篇』 권9 「계전計戰·하」에 보면, 전투에서 모략과 기밀의 중요성 등을 말하면서 "병권은 하나로 통일되어야 한다"는 '병권귀일'을 강조하고 있다. 일찍이 손자는 장수가 외지, 즉 전쟁터에 나가면 군주의 명령을 받지 않는다는 사상을 제기한 바 있는데, 군주가 군사에 대해 잘 모르면서 사사건건 개입하게 되면 장수가 임기응변을 못하게 됨은 물론 자기 군대의 장점을 활용하지 못하여 전기를 놓치고 실패하게 된다는 점을 지적한 것이었다.

757년, 반란군의 수령 안경서安慶緖는 잔병 약 7만을 수습하여 업성鄴城 일대를 거점으로 당나라 군대에 저항하고 있었다. 이듬해 10월, 당나라 조정에서는 곽자의郭子儀 등 7명의 절도사 및 병마사 동진董秦 등을 파견하여 기·보병 20만을 거느리고 안경서를 정벌케 했다. 여기에 이광필李光弼 등 두 명의 절도사로 하여금 돕게 하니, 그 위세가 장관이었다. 그러나 숙종肅宗 이형李亨은 어찌된 일인지 총사령관을 임명하지 않고 환관 어조은魚朝恩을 시켜 군대를 감시하게 했다. 어조은은 군대의 일을 알지도 못하는 인물로, 군의 총지휘를 근본적으로 감당할 수 없는 자였다. 결국 어조은이 정당한 건의 사항을 무시하고 그 때문에 시기를 놓쳐 통일된 작전을 구사하지 못했다. 이 때문에 곤경에 처해 있던 안경서의 잔병들이 한숨을 돌리고 결사적으로 저항할 수 있는 틈을 주고 말았다. 20만 당군의 명령 계통이 하나로 통일되지 못한 탓에 병사들은 피곤함을 견디지 못했다. 반란군 사사명이 그 틈을 타 공격을 가하니 당군은 단 한 번의 싸움으로 대패했다.

현대의 관리학은 계통 구조의 질서 여부가 정책을 결정하는 지도자의 통치술과 권위에 완전히 좌우되고 있음을 잘 보여준다. 얼마간 문제가 있더라도 통일된 정책 하나가 논쟁이 끊이지 않는 10개의 '고견'들보다 훨씬 값지다. 군사 지휘관은 정책 결정과 지휘라는 가장 높은 자리에서 적극적으로 주어진 직권을 행사하여 군대 행동의 신속함과 협조를 확보해야 한다.

1943년이 저물어가던 때, 크리미아 전투를 앞둔 소련군 최고 사령부에서는 보로실로프Voroshilov(1881-1969)와 쉬테멘코Shtemenko(1907-1976)를 크리미아 지구로 보내 흑해 함대, 아조프해 함대, 연해군과 일부 포병 및 공군을 소집해 구체적인 공격 계획과 협동 체계를 논의하도록 했다. 마지막으로 스탈린에게 보고하기에 앞서 보로실로프는 회의에 참석한 대표 모두의 서명으로 보고하자는 의견을 관철시켰다. 보고서를 받아든 스탈린은 다음과 같이 비판했다. "한 사람의 우두머리가 자신의 정책 결정에 대해 책임을 지려 하지 않는다는 것은 자기 의견에 대한 자신감이 없음을 반증한다. 이러한 행동은 농장의 집단 투표와 같은 것이지, 전쟁이라는 특수한 상황에 기초를 둔 과감한 정책 결정은 아니다."

현대적 장비의 발전과 전쟁 상황의 다변성은 군대의 작전 지휘에 대해 더 집중적이고 통일된 계통을 요구한다. 집중·통일된 유효적절한 정책 결정은 없어서는 안 될 필수적인 것이다.

'병권귀일'은 전제적인 독단이나 외고집을 의미하는 것이 결코 아니다. 고대 군사 전문가들도 지휘의 통일성을 중시했을 뿐 아니라, 식견 있는 참모들과 부하들의 의견과 지혜를 두루 청취하고 수렴하는 일에도 주의를 기울였다. 이렇게 지휘권이 집중·통일되어야 결정된 정책이 전쟁의 실제에 부합하고, 따라서 싸움에서 승리를 거둘 수 있다.

군명유소불수君命有所不受   상황에 따라 군주의 명령을 받지 않는다

『손자병법』「구변」편에 보이는 의미심장한 말이다. 고대 전쟁에서는 교통·통신 수단이 낙후되어 있었기에 군주가 순간적으로 변하는 전장의 상황을 수시로 파악할 수 없었다. 전선의 지휘관은 승리를 위해 전쟁 상황의 변화에 근거하여 지휘해야 한다. 지휘관은 전장의 실제 상황과 맞지 않는 군주의 명령을 무조건 기계적으로 접수해서는 안 된다.

물론 정상적인 상황에서라면 부하는 상관에게 복종해야 한다. 그렇지 않으면 의지와 행동이 통일되지 않는다. "군주의 명령을 받지 않을 수 있다"는 '군명유소불수'에는 원칙이 있고 조건이 따른다. 즉, 그것이 항명의 구실이 되어서는 결코 안 된다는 것이다. 『손자병법』 「지형」편에서는 이렇게 말하고 있다.

전쟁의 상황으로 보아 반드시 승리할 것이 예견되면 군주가 싸우지 말라고 하더라도 꼭 싸워야 한다. 전쟁의 상황으로 보아 승리할 수 없다고 판단되면 군주가 반드시 싸우라고 하더라도 싸우지 말아야 한다.
장수는 공명 때문에 진격하는 것이 아니고, 벌을 피하려고 후퇴하는 것도 아니다. 오로지 국민을 보호하고 국가의 이익에 합치하기를 바랄 뿐이다. 이런 장수야말로 국가의 큰 보배다.

이는 '군명유소불수'의 원칙이라 할 수 있는데, 개괄적으로 말해 "국가의 이익에 합치할 때"를, 즉 전쟁의 전체 국면으로 보아 유리한가를 표준으로 삼는다. 전선의 지휘관이 스스로 판단하기에 "군주의 명령을 받아들일 수 없는" 상황일 때는 당연히 보고해야 한다.

'군명유소불수'의 원칙은 국가와 국민의 이익에 부합해야 하며, 전쟁의 전체 국면이 유리해야 한다. 고대 전쟁에서는 전선과 군주 간의 의사 전달이나 의사소통이 매우 곤란했기 때문에 이 '군명유소불수'를 강조한 것은 한결 중요한 의의가 있었다. 현대에 와서는 정찰·통신 기구가 크게 발전해서 전쟁의 심도와 넓이가 고대 전쟁과는 비교도 안 될 정도로 확대되었고, 그만큼 전쟁의 지휘도 집중·통일되어가고 있다. 이는 우리가 충분히 주목해야 할 점이다. 전쟁의 전체 국면에 관한 전략·전투 행동의 확정과 정책 결정은 반드시 통일되어야 한다.

이 모략이 오늘날 지휘관들에게 던져줄 수 있는 가치는 전쟁의 상황이란 순식간에 변하는 것임을 명심하여 융통성 없이 기계적으로 명령을 집행해서는 안 된다는 것이다.

장능이군불어자승將能而君不御者勝 장수에게 능력이 있는 데다 군주가 통제하지 않는다면 승리한다
___

『손자병법』「모공」편에 보이는 "승리를 아는" '지승知勝'의 다섯 가지 방법 중 하나다. 전쟁에서 완전한 승리를 거두기 위해 손자는 두 가지 필수적인 조건을 제시하는데 하나는 현명한 군주며, 또 하나는 현명한 장수다. 손자는 군주가 군사 문제에서 지휘를 잘못하는 경우로 다음 세 가지를 지적한다.

① 전진해서는 안 되는데 전진을 명령하고 물러서서는 안 되는데 물러서라고 명령하는 것으로, 이를 "군을 속박한다"는 뜻의 '미군縻軍'이라고 한다.
② 군대의 행정을 모르면서 군사 행정에 간섭하면 병사들이 정신을 못 차린다.
③ 군대의 명령 계통을 무시하고 군령의 일에 참여하면 병사들이 의심한다.

그러면서 손자는 "삼군이 정신을 못 차리고 또 의심하게 되면 제후에게 혼란이

일어날 것이다. 이를 두고 군을 혼란하게 만들어 적의 승리를 끌어들이는 것이라 한다.”고 경고한다. 군주가 이렇게 군의 지휘를 엉망으로 만들지 않고, 군사상의 특징에 따라 정확하게 지도하고 장수와 한마음 한뜻이 되어 간섭하지 않는 그런 군주가 바로 손자가 말하는 ‘명군’이다. 군주와 장수는 결코 대립해서는 안 되며, 둘의 관계는 하나라도 없어서는 안 되는 수레바퀴와 같아서 서로 의지하고 도와야 한다.

『병경兵經』「임任」에는 다음과 같은 요령 있는 지적이 나온다.

위(군주)에서 통제하면 질질 끌려다니고, 아래(부하)에서 대들면 군(장수)은 위엄을 잃고 가벼워진다. 따라서 장수는 모름지기 지휘권을 장악해야 한다.… 감시해서는 안 된다. 감시하면 서로 갈라질 수밖에 없다. 의심의 눈초리로 보지 말라. 그러면 잘못된 소리를 듣게 마련이다. 헐뜯는 말을 듣지 말라. 헐뜯는 말을 피하지 않으면 이간질당한다. 그렇기 때문에 장수는 밖(전장)에 나가 있으면, 누군가가 아뢰기를 기다리지 말고 상벌을 분명히 해서 기회를 보아 나아가고 멈춰야 한다. 장수가 병사를 통제해야지 군주가 장수를 통제해서는 안 된다. 장수를 잘 거느리는 것은 오로지 일을 그에게 맡겨두는 것뿐이다.

손자를 위시한 많은 군사사상가들이 군주가 군사 지휘에 간섭해서는 안 된다는 것을 군사상의 중요한 원칙으로 인식했음을 볼 수 있다. 전쟁의 역사에서도 이 점은 입증되고도 남는다. 군주가 장수에 간섭하지 않고, 장수는 자신의 주관을 가지고 능력을 충분히 발휘하며, 전쟁의 실제 상황에 맞게 정확한 전략·전술을 구사하면 결코 패할 수 없다. 군주가 장수를 신임하지 않고 지나치게 장수를 억제하면 전쟁의 실제 상황과 어긋나 큰 착오와 실패를 초래하는 경우가 적지 않다.

현대 군사이론에 등장하는 위탁식 지휘법은 “군주는 장수를 통제하지 않는다”

는 '군불어장君不御將'의 완전한 발전이다. 전쟁을 지휘할 때 독립성과 자유는 지휘관이 창조력을 발휘할 수 있는 조건이 된다. 이 독립성과 자유는 군주의 '불간섭'을 전제로 한다.

물론 이 원칙은 "장수가 능력이 있고 아울러 군주가 통제하지 않으면 승리한다."는 말이다. 달리 말해서 "장수에게 능력이 없으면" 전쟁의 승부는 '군주의 불간섭'만으로 결정나지 않는다. 이 역시 소홀히 할 수 없는 문제다. "군주가 장수를 통제하지 않는다."의 전제는 '능력 있는 장수'다.

장수에게 어떤 '능력'이 있으며, 어느 방면의 '능력'이 필요한가는 또 다른 문제다. 현대적 조건에서는 '능력 있는 장수'와 '군주의 불간섭'을 강조할 뿐만 아니라, '군주(대통령·주석·수상 등)'가 적시에 전쟁 상황과 과정을 파악하여 전체적인 국면에서 전쟁을 지휘할 것을 동시에 요구한다.

득주전제得主專制 군주로부터 지휘권의 독립을 얻는다

손빈이 내세운 싸움에서 승리하는 '승장勝仗'에 관한 다섯 가지 모략의 하나가 '득주전제'다. 『손빈병법』 「찬졸纂卒」에는 항상 승리할 수 있는 다섯 가지 조건을 다음과 같이 제시하고 있다.

① 군주의 신임을 얻어 마음껏 지휘하면 이긴다.
② 도를 알면 이긴다.
③ 대중을 얻으면 이긴다.

④ 좌우가 화합하면 이긴다.

⑤ 적의 계략을 헤아리면 이긴다.

'득주전제'에서 '전제專制'는 지휘권의 독립을 인정받아 임기응변하며 제약을 받지 않음을 가리킨다. 장수가 군주의 신임을 받아 독립된 지휘권을 보장받으면 이긴다. 이와 동시에 손빈은 승리할 수 없는 다섯 가지 요소도 지적하고 있는데, 그중에서 '득주전제'와 반대되는 것이 '어장御將'이다. 장수가 외지(전쟁터)에서 지휘권의 독립을 얻지 못하고 위기 상황에서 결단을 내릴 권리를 갖지 못한 채 군주에 의해 원격조종을 받는다면 승리할 수 없다. 이 모략은 군주와 장수 사이의 통치 관계가 전쟁의 승부에 대해 일으키는 작용을 말하고 있다.

● 조직의 기강은 조직을 이끄는 사람의 독립된 지휘권과 뗄 수 없는 관계에 있다. 전쟁터를 방불케 하는 경쟁의 현장에서 독립된 지휘권은 더욱 중요하다. 이런 면에서 황제의 명령이라도 받지 않을 수 있다고 한 주아부의 말은 대단히 의미심장하게 다가온다.

이 사상은 『손자병법』「구변」편에도 언급되어 있다. 손자는 이렇게 말한다. "장수는 군주의 명을 받아 군대를 모은다. 하지만 군주의 명령이라도 받아들일 수 없는 것이 있다." 전쟁터의 상황은 수시로 변하기 때문에, 장수는 독립된 지휘권을 가지고 임기응변으로 결단을 내리고 상황에 따라 적절히 통제할 수 있는 권한을 행사해야 비로소 정확하고 적절하게 지휘해서 승리를 확보할 수 있다. 그렇지 않고 군주가 중간에 나서서 견제하게 되면 장수는 어찌할 바를 모르게 되어 패배는 불을 보듯 뻔하다.

한나라 전반기의 명장 주아부周亞夫는 문제文帝 후원后元 6년(기원전 158), 세류細柳(지금의 섬서성 함양 서남 위수 북쪽 기슭)에 군대를 주둔시키고 있었다. 그의 군대는 군령이 엄격해서 황제인 문제도 군령이 아니면 진영 안으로 들어올 수 없을 정도였다. "장수가 외지에 나가 있으면 군주의 명을 받지 않을 수 있다."는 원칙을 단적으로 보여준 일화였다. 문제는 그 일로 주아부를 나무라지 않았고 오히려 그를 '진짜 장군'이라며 칭찬했다. 기원전 154년, 주아부는 오초吳楚의 난을 석 달도 안 되어 평정했다.

『구당서』「열전」 제54에 기록되어 있는 사실이다. 755년, '안사의 난'이 터진 후 반군은 일거에 당나라의 동쪽 수도 낙양을 공격하여 함락하고, 계속 동관潼關으로 진격하여 장안을 위협했다. 이때 당나라 현종은 가서한哥舒翰을 병마부원수로 삼아 20만 대군을 지휘하여 동관을 지키게 했다. 가서한은 적의 예봉을 몇 차례 꺾음으로써 전세를 안정시켰다. 다음 해 6월, 반격할 수 있는 전략적 조건이 미처 무르익지도 않은 상황에서 현종은 그저 이기려는 욕심에만 눈이 어두워 가서한·곽자의·이광 등의 건의를 묵살하고 간신배 양국충楊國忠의 무고만 듣고는 가서한을 윽박질러 출격하게 했다. 가서한은 어쩔 수 없이 눈물을 머금고 출격했다. 영보靈寶(지금의 하남성 영보)를 막 지나려는 찰나 적의 복병으로부터 기습을 받고 20만 대군이 거의 전멸하다시피 했다. 결과적으로 동관을 지키지도 못했고 장안도 함락되고 말았다. 현종은 사천으로 피난했고, '안사의 난'은 그로부터 무려 8년이란 세월 동안 지루하게 계속되었다. 이는 군주가 중간에서 "장수를 견제한" 결과였다. 그래서 옛사람들은 지도부의 통일을 강조한다.

전쟁터에서는 창칼이 부딪히는데 정책 결정이 궁중에서 이루어져서는 안 되며, 기회는 순식간에 변하므로 계략은 (궁중의) 천리 밖에서 결정되어야 한다.(『육선공전집宣公全集』)

6절
통치의 지혜

도리불언桃李不言 복숭아나무와 오얏나무는 말하지 않는다

한나라 초기의 용장 이광李廣은 말타기와 활쏘기의 명수로 이름을 날렸다. 그는 문제文帝 때부터 경제景帝를 거쳐 무제 시대에 이르기까지 거의 매년 흉노와의 전쟁에 참여했다. 흉노는 이광의 지략을 두려워했기 때문에 한나라 병사들은 너 나 할 것 없이 그와 함께 전투에 참여하길 바랐다. 이광은 위인이 솔직담백하고 자신이 받은 상을 부하들에게 나눠주며 병사들과 함께 먹고 잤다. 그는 40년 동안 관직에 있었지만 죽어서 재산도 거의 남기지 않았다. 행군 중에 병사들이 다들 물을 마시기 전에는 물 근처에도 가지 않았고, 병사들이 모두 먹기 전에는 밥 한 숟갈 입에 넣지 않았다. 병사들에게 가혹하지 않고 너그럽게 대했다. 말재주도 없고 말을 많이 하는 것도 싫어했지만, 병사들은 기꺼이 그의 명령에 따랐고 그를 존경했다. 하지만 불행히도 60

여 세의 고령을 무릅쓰고 흉노와의 전투에 참가했다가 정치 군인들의 핍박으로 자결했다. 당시 모든 장수들과 병사들은 비통하게 울부짖었고, 이 소식을 들은 백성들도 슬픔을 가누지 못했다.

사마천은 『사기』 「이장군열전李將軍列傳」에서 이광의 일생을 소개하고, 맨 뒤에 이런 평가를 덧붙였다.

● 통치의 지혜는 어디서 오는가? 통치자의 말없는 실천에서 나온다. 말없는 실천에 감동받은 부하들의 마음이 다시 통치자에게 전달되어 지혜의 샘을 이루기 때문이다. 명장 이광은 그 이치를 인간성으로 보여주었다.

세상에 전하기를 "자기 몸이 바르면 명하지 않아도 시행되며, 자기 몸이 바르지 못하면 명을 내려도 따르지 않는다."(『논어』 「자로」편)고 한다. 이는 이 장군을 두고 한 말일 것이다. 내가 이 장군을 본 적이 있는데, 성격이 소박하여 촌사람처럼 말도 잘 못했다. 그가 죽자 천하의 사람들은 그를 알건 모르건 진심으로 슬퍼했다. 그의 충실한 마음씨가 참으로 사대부를 믿게 한 것이었다. 속담에 "복숭아와 자두나무는 말을 하지 않지만, 그 나무 밑에는 절로 큰 길이 생긴다."고 했는데, 이 속담은 보잘것없는 것을 말하고 있지만 사실은 큰 것을 비유하는 말일 수도 있다.

복숭아나무 등은 자신을 선전하지는 않지만 그 나무 아래를 지나는 사람이 끊이지 않기 때문에 나무 아래에 자연스럽게 길이 생겨난다. 그것은 이 나무가 아름답고 향기로운 꽃을 피우고 달고 맛있는 열매를 맺으며 묵묵히 사람들을 위해 공헌하기 때문이다. 그래서 떠벌리지 않아도 저절로 사람들에게 환영을 받는 것이다.

'도리불언'은 통치술 중에서도 '말없는 가르침'을 가리킨다. 한 지도자가 끊임없이 부하를 교육시키는 '말에 의한 교육' 외에 말하지 않고도 부하를 깨우칠 수 있는 가르침도 매우 중요하다. 자신의 몸을 원칙으로 삼아 병사들과 동고동락하고 운명을 같이하면서 병사들을 자기 주위로 단단히 뭉치도록 주의를 환기시키면, 부하들은 불 속이라도 뛰어들고 목숨을 바쳐 충성을 다한다. 모략가가 통치모략을 실행하는 과정에서 청산유수와 같은 능란한 말재주로 지지를 얻는 것도 좋은 모략이다. 그러나 때로는 떠벌리지 않고 '도리불언'의 방법을 채용해야 대중을 설득할 수 있다. 따라서 이 방법 또한 없어서는 안 된다.

교이불어敎而不語 말하지 않고 가르친다

북송시대 신종神宗 희녕熙寧 연간(1068-1077) 어느 날 동파東坡 소식蘇軾은 당시의 재상 왕안석王安石을 방문했는데 마침 왕안석은 집에 없었다. 왕안석의 집을 둘러보던 소동파는 우연히 책상 위 벼루 밑에 깔린 미처 완성하지 못한 시 한 수를 발견했다.

어젯밤 서풍이 불더니
뒤뜰의 국화 꽃잎이 떨어져
마치 황금이 땅에 가득 쌓인 것 같구나

이 시를 본 소동파는 생각했다.

'가을이 되면 서풍이 부는 것은 당연하지만 국화는 서릿발이 심한 속에서도 굴하지 않는 오상지골傲霜之骨이라 가을이 아주 깊어서야 시들기는 하되 꽃잎을 떨어뜨리지 않는데, 어째서 꽃잎이 황금이 땅에 깔린 것 같이 쌓였다고 했을까? 왕공께서

는 참으로 멍청하구나. 실로 우스운 일이야!'

그래서 소동파는 그 시 아래에다가 이렇게 적어놓고는 자리를 떴다.

가을꽃은 봄과 달라 떨어지지 않거늘

시인께 잘 살피시라

한 말씀 드리노라

왕안석이 돌아와 시를 계속 쓰려다 소동파가 다녀간 것을 알게 되었다. 소동파의 시를 본 왕안석은 혼잣말로 중얼거렸다.

"이 젊은 친구가 지나치게 자부심이 강하군. 내 이 친구에게 실질적인 교육을 시켜주리라."

얼마 후 왕안석은 황제에게 소동파를 호북성 검부茨府의 단련부사團練副使로 보낼 것을 건의했다. 소동파는 이 조치를 자신을 무시한 것이라 생각해서 몹시 불쾌해했다. 그래서 부임해 간 뒤로 일을 제대로 하지 않았다. 그러던 어느 날, 친한 친구 진계상陳季常과 뒤뜰에서 국화를 감상하며 술을 마셨다. 그런데 며칠 동안 큰바람이 불어 뒤뜰의 수 그루나 되는 국화에 꽃잎이 하나도 매달려 있지 않았다. 황금이 땅을 수놓은 듯 온 마당을 가득 메운 국화 꽃잎이 이리저리 흩날리고 있었다. 이를 본 소동파는 잠시 눈을 감고 아무 말도 하지 않았다. 진계상이 어리둥절해하며 물었다.

"국화 꽃잎을 보더니 왜 그렇게 놀라는가?"

소동파는 왕안석의 집에서 국화에 관한 시를 자신이 고쳐 쓴 일을 이야기하면서, 이제야 어떤 지방에서는 국화도 꽃잎을 땅에 가득 차도록 떨어뜨린다는 것을 알았다고 했다. 진계상은 고개를 끄덕였다. 소동파는 감개무량하게 말했다.

● 많은 말보다 실물 하나를 보여주는 것이 효과적일 때가 있다. 소동파(오른쪽)의 재능을 아낀 왕안석(왼쪽)은 소동파를 지방으로 발령 내서 스스로 깨닫게 했다.

"작년 이곳 검부로 발령이 나자 나는 왕형공王荊公[19]이 자신의 단점을 지적한 데 앙심을 품고 보복을 하는 것으로 알았는데, 형공의 잘못이 아니라 내가 어리석었음을 누가 알았으랴. 얄팍한 재주로 하나만 알고 둘은 몰랐으니, 이번 일로 크게 깨우쳤네. 무릇 모든 일에 겸손하고 신중해야지, 섣불리 자신의 총명함만 믿고 큰소리치다간 남의 비웃음거리가 되기 십상이지."

그 뒤 소동파는 왕안석에게 자신의 잘못을 인정했다.

엥겔스는 이런 말을 했다.

어떤 방면의 학습이건 자기가 범한 잘못을 통해 배우는 것보다 빨리 배우는 것은 없다.

---

19 1079년. 왕안석은 관문전대학사觀文殿大學士에 임명되면서 형국공에 봉사해졌기 때문에 왕형공이라 불렸다.

소식이 국화 시를 함부로 고치는 잘못을 범한 것은 아는 것이 많지 않으면서도 지나치게 자부심을 가졌기 때문이었다. 왕안석은 그를 말로 가르치려 하지 않고 국화 시에서 말한 그 옛날 자신이 있었던 그 지방으로 소식을 발령 냄으로써 자신의 눈과 귀로 직접 사실을 확인하게 하고 이를 통해 젊은이의 생각을 고쳤으니, 말하지 않는 방법으로 말하는 것보다 나은 효과를 거두었다.

일석삼조一石三鳥 돌멩이 하나로 세 마리의 새를 잡는다

『전국책』「송위중산책宋衛中山策」에 나오는 이야기 하나를 소개한다.

중산국中山國의 상국 사마희司馬熹는 국왕의 신임을 한몸에 받고 있는 인물이었다. 그런데 왕이 총애하는 음간陰簡이라는 여자가 사마희를 아주 미워했다. 음간은 늘 베갯머리에서 사마희를 헐뜯었다. 왕이 그 말을 믿는 날에는 큰일이 날 판이었다. 역사적으로 왕이 아끼는 여자에게 잘못 보여 죽임을 당하거나 쫓겨난 예들이 무수히 많았기 때문이다. 사마희도 이 점을 잘 알고 있었다.

당시 중산국에는 전간田簡이라는 지혜로운 자가 있었는데, 사마희가 이런 곤경에 처해 있다는 사실을 알고는 슬며시 이렇게 저렇게 하라며 대책을 알려주었다.

얼마 후 이웃 조趙나라에서 사신이 왔다. 조나라는 전국시대 칠웅七雄[20]의 하나로 중산국과 같은 소국으로서는 대접을 소홀히 할 수 없는 존재였다. 상국인 사마희

20 전국시대 천하의 세력을 다투었던 7대 강국을 '전국칠웅'이라 한다. 진秦·초楚·연燕·전제田齊·조趙·위魏·한韓을 말한다.

는 거의 한순간도 떨어지지 않고 사신에게 붙어 다니며 접대했다. 연회 석상에서 사마희는 사신에게 아무렇지 않게 이렇게 물었다.

"듣자 하니 조나라에는 음악에 능숙한 미녀가 많다던데, 우리 중산국에도 보기만 해도 놀라 자빠질 정도로 아름다운 여인이 있지요. 그녀는 우리 왕께서 총애하시는 음간이라는 여자인데, 마치 선녀와도 같지요."

『전국책』「중산책」에서는 이 부분을 다음과 같이 묘사하고 있다.

그 용모와 자태가 실로 절세가인이라 할 수 있죠. 눈·코·피부·눈썹·머리 모양이 실로 제왕의 황후감이지 결코 제후의 첩은 아니지요.

이 이야기를 들은 조나라 왕은 아니나 다를까, 직접 보지도 못했지만 이미 마음이 움직이기 시작했다. 그래서 다시 사신을 중산국으로 파견해 음간을 달라고 했다. 사마희의 책략이 적중하는 순간이었다. 조나라 왕의 요구대로 중산국 왕이 음간을 바친다면 사마희는 곤경에서 쉽게 빠져나올 수 있다. 여기까지가 전간이 가르쳐준 '첫 단계'였다.

그러나 중산국 왕은 승낙하지 않았다. 신하들은 당황하지 않을 수 없었다. 조나라의 요구를 거절할 경우 중산국은 곤경에 처할 것이 뻔했기 때문이다. 중산국 왕은 속수무책이었다. 속으로 회심의 미소를 지은 사람은 사마희 한 사람뿐이었다. 이 중요한 시기에 사마희는 '제2단계'를 실천에 옮겼다. 사마희는 틈을 타 국왕에게 대책을 올렸다.

"저에게 조나라 왕의 청도 거절하고 우리나라의 안전도 확보할 수 있는 방법이 있사옵니다만."

"뭐요? 그런 기막힌 대책이 있단 말이오?"

"이참에 음간을 아예 정식 왕후로 봉하십시오. 그러면 청을 거절해도 조나라가 어쩌지 못할 것입니다. 제가 보기에 이 밖에 다른 뾰족한 방법은 없을 것 같사옵니다."

이렇게 해서 중산국은 위기를 모면했고, 음간을 왕후로 앉히는 데 힘을 다한 사마희는 더 이상 음간의 미움을 받지 않게 되었다.

전간의 꾀로 사마희는 곤경에서 빠져나왔을 뿐만 아니라 음간을 왕후로 세움으로써 더 이상 음간에게 미움을 받지 않게 되었다. 게다가 조나라의 요구를 적절히 거절하여 중산국의 체면을 살렸으니 정말이지 빈틈없는 '일석삼조'의 모략이었다.

물이삼군위중이경적勿以三軍爲衆而輕敵　군대가 많다고 적을 가벼이 보지 않는다

이 말은 『육도』 「용도龍韜·입장立將」에 나온다.

> 삼군이 많다고 해서 적을 가볍게 보지 말라. 명령이 중하다고 해서 꼭 목숨을 버리려고 하지 말라. 자기 몸이 귀하다고 해서 다른 사람을 천시하지 말라. 자기 혼자만의 견해로 여러 사람을 어기지 말라. 말로 꼭 그렇다고 하지 말라.

요컨대 자기 군대의 숫자가 많다고 적을 깔보지 말라는 말이다. 창이나 칼 같은 냉병기로 싸우던 시대에 무기나 군 장비는 기본적으로 그다지 다를 게 없었고 작전 형식도 단순했다. 따라서 승부는 일반적으로 군대의 수에 달려 있었다. 『관자管子』 「칠법七法」에서는 "많은 수로 적은 수를 치면… 십전 십승이요 백전백승"이라고 했다.

그러나 전쟁은 인류의 모략과 연계되어왔고, 역사상 소수로 다수를 물리친 예는 얼마든지 있었다. 이 경우 승리를 거둔 쪽은 늘 지혜와 모략으로 승리를 거두었다. 패한 쪽은 대부분 지혜가 부족했거나 적을 깔보았거나 기회를 놓쳤기 때문이었다.

전쟁은 국가의 생사존망에 관계된다. 장수가 명을 받고 군을 통솔한다는 것은 국가 존망의 큰 책임을 짊어지는 것으로, 승리하면 국가가 생존하겠지만 패배하면 나라가 망한다. 따라서 언제 어디서든지 "이익에 합치되면 움직이고 그렇지 않으면 멈춘다."(『손자병법』 「모공」)는 기본 전략을 상기하고, 군을 자신의 개인 병력으로 여겨서도 안 되며, 숫자가 많다고 적을 얕잡아 보아서도 안 된다. 그렇지 않았다가 패하면 만고의 역적 내지는 죄인이 되어버린다. 장수는 신중하고 또 신중하여야 한다.

삼국시대의 유명한 관도官渡 전투에서 원소袁紹는 정예 보병 10만과 기병 1만으로 허창許昌을 공격하려 했다. 대장 저수沮授는 우리 힘을 기르면서 상대가 지치기를 기다렸다가 공격하자는 합리적인 계획을 건의했다. 모사 전풍田豊도 상대방이 미처 예상치 못한 기묘한 계략으로 제압하자며 습격을 제안했다. 그러나 원소는 병력 수만 믿고 조조를 "손바닥 뒤집듯 쉬운" 상대로 깔보았다. 조조의 병력은 1만에 지나지 않았지만 모략을 잘 활용하고 또 측근의 건의를 잘 받아들여, 때와 대세를 살피면서 기민한 작전을 구사함으로써 주도권을 장악해나갔다. 조조는 '성동격서'의 전략으로 원소의 군이 지치기를 기다렸다가 끝내 원소를 크게 물리쳤다. 원소는 무려 7만여 병사를 잃었다.

382년, 전진前秦의 왕 부견苻堅은 동진東晉을 공격하려고 했다. 이때 누군가가 동진은 장강長江이라는 험난한 지역을 확보하고 있고 백성들도 기꺼이 앞장서서 힘을 내고 있어 승리하기 힘들다며 공격하지 않는 게 좋다고 건의했다. 그러나 부견은 우리 숫자가 많아 "말채찍만 던져도 강을 막을 수 있고, 발만 담가도 그 흐름을 끊을 수 있는데" 동진이 무슨 수로 우리를 막느냐며 충고를 무시했다. 이듬해 부견은 무려 87

만이라는 대군을 이끌고 동진에 대한 공격에 나서 비수淝水에서 전투를 벌였다. 그러나 87만 대군은 8만 군에게 대패를 당했다. 자기 숫자만 믿고 상대를 얕잡아 본 결과였다.

537년, 동위東魏 고환高歡은 20여만의 대군으로 서위西魏를 공격했다. 당시 서위의 승상 우문태宇文泰의 군은 1만이 채 안 되었다. 고환은 숫자만 믿고 충고도 듣지 않은 채 곧장 진격해 들어갔다. 전략이나 전술은 아랑곳하지 않고 무작정 밀고 들어갔다. 반면에 우문태는 중과부적의 형세에서 적의 정황을 면밀히 정찰하고 지형을 교묘히 이용했다. 숲속에 병사를 매복시켜놓고 동위의 군대가 다가오기를 기다렸다가 갑자기 북을 울리며 공격해서 동위군을 대파했다. 동위군은 8만 명이 전사했고 갑옷과 무기 18만 점을 잃었다.

군은 국가의 안위에 직결됨에도 고환은 그 중요성을 인식하지 못했다. 이 싸움에 앞서 후경侯景은 고환에게 이번 출병은 규모가 방대하기 때문에 만에 하나 실패할 경우 그 후환이 엄청날 것이라고 충고했다. 고환이 이 말을 받아들여 신중하게 군사를 활용했더라면 승리할 수 있었을 것이다. 또 만약 고환이 때를 기다렸다가 공격하자는 장사長史 설숙薛琡의 건의를 받아들였거나, 점진적으로 조금씩 공격해 들어가자는 후경의 전략을 따랐다면 결과는 고환의 승리로 끝났을 가능성이 컸다. 고환은 그저 "삼군의 숫자만 믿고 적을 얕잡아 보아" 합리적인 의견을 받아들이지 않고 독단적으로 군을 움직이는 바람에 대패했다.

이상의 몇몇 사실들은 "삼군이 많다고 해서 적을 가볍게 본" 결과임을 알 수 있다. 숫자만 믿고 적을 깔보는 것은 장수가 가장 기피해야 할 사항이며, 장수된 자들은 이에 충분한 주의를 기울이지 않으면 안 된다.

누군가로 하여금 무엇을 하게 하는 것만으로는 그 사람을 완전히 조종한다고 할 수 없다. 타인의 어떤 행동을 멈추게 하는 것도 필요하다. 그렇다고 강제로 제지한다는 것을 의미하지는 않는다. 비강제적으로 중지시켜야 수준 있는 권모술수라 할 수 있다.

따라서 중지하지 않으면 그 피해가 자신에게 되돌아온다는 사실을 깨닫게 만드는 방법이 필요하다. 『전국책』「제책齊策」에 보면 초나라 군대가 북상하여 위를 공격했을 때의 이야기가 실려 있다.

초나라의 대부 소양昭陽이 위나라를 공략해 대승을 거두어 8개 성을 얻었다. 이어서 방향을 바꾸어 이번에는 제나라를 공격하려 했다.

그러자 진진陳軫이 제나라를 대신해 소양을 만나 승리를 축하했다. 그리고 이렇게 물었다.

"초나라 법은 이런 대승을 거둔 사람의 관작을 얼마나 높여줍니까?"

"관官은 상주국上柱國을 주고 작爵은 상집규上執珪를 주지요."

"그보다 더 높은 관작은 무엇입니까?"

"오직 영윤令尹이 있을 뿐이지요."

"맞습니다. 영윤은 둘이 있을 수 없지요. 왕은 어쨌거나 영윤을 두 사람 둘 수는 없을 것입니다. 공을 위해 비유해서 한 말씀 드리지요. 초나라에서 어떤 사람이 제사를 지내고 수고한 사람들에게 술을 내렸습니다. 그 사람들은 서로 의논해서 말하길 '여럿이 마시면 부족하고 혼자 마시면 남을 것 같으니, 땅에다 뱀을 먼저 그리는 사람이 마시기로 하자'고 결정했습니다. 그중 한 사람이 뱀을 다 그리고는 술잔을 당겨 곧 마시려 했습니다. 그는 왼손에 술잔을 들고 오른손으로 뱀을 그리면서 '나는 뱀 다리까지 그릴 여유가 있다네'라고 말했습니다. 미처 다리를 다 그리기 전에 다른 사람이 뱀을 다 그리고는 술잔을 뺏어 들고 '뱀에 무슨 다리가 있다고 발까지 그리나?'라며 그 술을 자신이 마셔버렸습니다. 결국 뱀 다리를 그린 자는 술을 빼앗기고 만 것입니다. 지금 공은 초나라의 재상으로 위나라를 공격하여 8개 성을 얻었습니다. 그리고 군대의 강함을 믿고 제나라까지 공격하려 합니다. 제나라는 지금 엄청나게 겁을 먹고 있습니다. 지금 공에게는 이만한 관작이 있는데, 공을 더 세운다고 해서 관작을 더 줄 것도 아니지 않습니까? 싸움에서 계속 이긴다고 그칠 때 그칠 줄 모르는 자는 몸도 죽고 관작도 뒷사람에게 빼앗기는 법이니, 다름 아닌 뱀의 다리를 그린 자와 뭐가 다르겠습니까?"

소양은 이 말에 일리가 있다고 여겨 곧 군대를 철수시켰다.

진진은 소양이 제나라를 공격하는 것을 중지시킬 때 직접적으로 소양의 행동을 막으려 하지 않았다. 그저 소양의 이해관계에 입각해서 소양이 제나라를 치고 난 후에 그 자신에게 닥칠 손익을 가지고 이야기했을 뿐이다. 당시 군왕이나 신하의 행동은 모두가 이해득실에 입각해서 이루어졌다. 일단 자기의 행동이 화를 몰고 올 가능성이 있다는 것을 발견하면 주저 없이 자신의 행동을 포기한다. 따라서 상대방의 약점을 발견하면 이를 이용해서 행동을 중지하도록 압력을 가하는 것이다.

『한비자』「설림說林」에는 이런 이야기가 실려 있다.

오자서가 초나라의 현상수배를 피하여 다른 나라로 빠져나가는 도중에 국경 수비병에게 체포당했다. 오자서는 그 병사에게 말했다.

"초나라 왕이 나를 잡고자 하는 것은 내가 진귀한 보석을 가졌기 때문이다. 그런데 나는 그 보석을 잃어버렸다. 네가 나를 체포하여 왕에게 넘기면 나는 왕에게 '네가 내 보석을 빼앗아 삼켰다'고 말하겠다. 그러면 왕은 네 배를 가르고 말 것이다."

병사는 오자서의 속임수에 넘어가 죽을까 겁이 나 오자서를 놓아주었다.

오자서의 협박 공갈은 그 병사를 겁주기에 충분했다. 오자서를 놓아주지 않았다가는 배를 갈라야 할 판이었으니까. 이렇게 해서 오자서는 탈출에 성공해 오나라로 가서 군사전문가 손자와 협력하여 오나라를 강국으로 만드는 데 큰 역할을 했다. 수비병이 오자서를 놓아준 것도 알고 보면, 오자서가 수비병의 행동이 가져올 피해를 지적함으로써 오자서를 놓아주지 않을 수 없게 만들었기 때문이다. 상대방의 약점을 이용하는 이런 방법은 위협적인 수단을 사용해서는 안 되며, 교묘하고 부드러운 방식으로 깨닫게 하는 방법이 더욱 적절할 것이다.

동주공제同舟共濟 같은 배를 타면 서로 돕는다

『손자병법』「구지」편에 보면 군대 통치에 관한 다음과 같은 요점이 제시되어 있다.

> 따라서 용병을 잘하는 자는 군대를 부리는 것이 마치 '솔연率然'과도 같다. 솔연이란 상산常山에 사는 뱀이다. 머리를 치면 꼬리가 달려들고, 꼬리를 치면 머리가 달려들며, 허리를 치면 머리와 꼬리가 함께 달려드는 뱀이다.
> 군대를 솔연처럼 움직이게 할 수 있는가? 그렇다. 원래 오나라 사람과 월나라 사람은 원수지간이었다. 그러나 그들이 한배를 타고 강을 건너다가 사나운 풍랑을 만나면 어쩔 수 없이 왼손 오른손처럼 서로 도와야 한다. 사정이 부득이하기 때문이다. 그런 까닭에 말을 매어두고 수레바퀴를 파묻어 다시 쓰지 않을 각오로 결사적으로 싸울 약속을 하더라도 그것이 그저 말뿐인 경우에는 믿을 것이 못 된다.

군대 전체를 한 사람같이 용감하게 만드는 것은 군을 다스리는 방법에 달려 있고, 강한 자나 약한 자 모두를 죽을힘을 다해 싸우도록 만드는 것은 지리地利를 활용하는 데 있다. 따라서 용병을 잘하는 자가 전 군대를 한 사람의 손을 잡고 이끌듯 할 수 있는 것은 그렇게 하지 않으면 안 되게 만들기 때문이다.

'동주공제'의 본뜻은 함께 같은 배를 타고 강을 건넌다는 것이다. 그러나 지금의 의미는 공동의 적에게 공격을 받거나 곤경에 처했을 때 서로가 한마음으로 협력하여 난관을 물리치는 것을 가리킨다. 손자는 그것을 이용해 군대가 작전할 때란 함께 배를 타고 가다 큰바람을 만났을 때 서로 돕는 것과 같다고 설명하고 있다.

'솔연'은 전설 속에 나오는 뱀의 일종이다. 『신이경神異經』 「서황경西荒經」에 보면 "서방 산속에 뱀이 있는데 머리와 꼬리가 매우 크고 길며 다섯 가지 색을 띠고 있다. 머리를 건드리면 꼬리가 따라오고, 꼬리를 건드리면 머리가 따라오며, 허리 부분을 건드리면 머리와 꼬리가 함께 따라오는데 솔연이라 불렀다."는 기록이 있다. 『진서晉書』 「손작전孫綽傳」에는 "몸이나 손으로 통증과 가려움증 따위를 해결하는 것을 '솔연'의 꼬리와 머리가 서로 응한다는 말로 표현한다."는 기록이 있다.

상산은 본래 이름이 항산恒山으로, 주봉은 지금의 하북성 곡양曲陽 서북쪽에 있는 오악五岳 중의 북악北岳에 해당한다. 서한西漢시대 문제文帝의 이름이 유항劉恒이었으므로 '항'자를 피해 '상산'으로 고쳤다가 북주北周시대 무제 때 다시 항산으로 불렀다. 『신이경』 「서황경」의 주석에는 "회계會稽 상산에 이 뱀이 가장 많다."고 되어 있다. 손자는 군대의 전투가 이 '솔연'이란 뱀 모양으로 앞을 공격하면 뒤가 몰려오고, 뒤를 공격하면 앞이 몰려오고, 가운데를 치면 앞뒤가 다 몰려오는 것이 어떠냐며 문제를 제기하고, 그렇다고 대답한다. 그것을 실현하는 방법이 바로 '동주공제'다. 위기에 직면했을 때 공동으로 대적하여 승리를 구하려면 전군을 마치 한 사람 부리듯 하라는 것이다.

『황석공삼략』「상략上略」에는 이런 대목이 있다.

좋은 장수는 병사를 자기 몸과 같이 다룬다. 그러므로 삼군을 한마음같이 해서 완전한 승리를 거두는 것이다.

『맹자』「공손추·하」에서는 "지리적 이점이 아무리 좋아도 인화人和만 못하다."고 했다. 명나라 때의 장거정張居正은 "화합하면 일당백 할 수 있지만, 화합하지 못하면 숫자가 많다 해도 써먹을 수 없다."고 했다.[21] 고대 용병에서는 장수와 병사의 일치단결과 삼군을 한 사람 부리듯 해야 함을 강조하고 있다. 부대의 일치단결을 강조하기 위해서는 '동고동락'이 요구된다. 고대의 장수들이 군을 다스리고 부하를 통제하는 이와 같은 기술을 강조한 것은 시대적인 한계가 있어 오늘날 군대에는 그대로 적용시킬 수 없다.

'동주공제'를 손자의 원래 뜻에서 보자면 장수와 사병을 자각시켜 일치단결하게 한다는 말이 아니라, 군대를 부득이한 상황에 처하게 하여 서로 돕고 분전하는 상태로 몰아넣는 것을 말한다. 상호 원수지간에 있는 사람들이 함께 배를 타고 가다가 위험에 처하게 되었을 때는 서로 오른손 왼손처럼 돕게 된다. 공동의 적을 눈앞에 둔 전쟁터에서는 조직적이고 구속력 있는 군대만이 이렇게 할 수 있다. 이런 '부득이'한 상황에서 마치 "한 사람의 손을 잡아끌 듯" 할 수 있다는 것은 확실히 그 시대 장수들의 용병의 실제를 반영한다 하겠다. 당시 전쟁에서 장수는 병사를 전쟁터로 달려가게 해서 "높은 곳으로 올라가게 한 뒤 사다리를 걷어버리듯" 하여 내려오지 못하게

---

21 중국 군사과학원에서 펴낸 『중국고대병법선집』에 인용된 장거정의 말이다.

하고 전진은 있되 후퇴는 없게, 마치 양떼를 몰 듯 이리저리 몰고 다녔다.

이는 또 손자·손빈·오기 등과 같은 유명한 군사가들이 한결같이 병사들의 죽음을 아끼지 말고 군대의 작전을 구사할 것을 강조한 것과 같은 맥락이다. 병사들은 엄한 군법을 두려워하고, 그것이 가족들에게까지 미칠까봐 어쩔 수 없이 용감하게 싸운다. 또 다른 측면에서 보자면, 옛날 전쟁에서는 패배하여 포로가 되면 살해되기 십상이었기 때문에 패배는 곧 죽음을 의미했다. 따라서 싸우지 않아도 죽고 물러서도 죽는다. 오로지 싸워야만 살아날 가능성이 있었다. 이런 상황에서는 '동주공제'의 정신으로 공동으로 적과 맞서 싸우는 길밖에는 없다. 손자가 강조한 '동주공제'는 이처럼 수동적인 성격을 띤다 하겠다.

남북조 시기인 450년, 송나라의 심박沈璞은 우이盱眙(지금의 강소성 우이)를 지키고 있었다. 동료 장수 장질臧質이 전투에서 패해 심박에게 입성시켜줄 것을 요구했다. 심박의 측근들은 그들을 받아들이면 성안이 너무 비좁아지기 때문에 받아들여서는 안 된다고 주장했다. 심박은 '동주공제' 식의 꾀를 생각해내고 패잔병들에게 함께 힘을 합쳐 싸우지 않으면 적은 우리를 살려두지 않을 것이며, 행여 살아남더라도 멀리 북쪽으로 쫓겨나 노비가 될 것이라고 했다. 그런 후에 패잔병들을 받아들여 함께 힘을 합쳐 우이를 지켰다. 위나라 군대는 진격해 온 지 40여 일이 지나도록 함락시키지 못하자 공격용 공구를 불태우고 물러갔다.

위의 예는 우리가 군대를 다스리는 문제에서 강조한 '동주공제'와 크게 다르지 않다. 우리가 강조하려는 것은 장수와 병사들이 근본적인 이익의 면에서 일치하며, 사람과 사람 사이의 정이 마치 손발과 같다는 것이다. 모두가 전체 국면에 대한 인식을 바탕으로 일체감을 조성하고 밀접한 협동 의식을 수립하여 완벽한 전투력을 형성할 필요가 있다.

『손자병법』「모공」편에 나오는 다섯 가지 "승리를 아는" '지승知勝'법 중 하나다. 그 원칙은 쌍방 병력에 대한 상황 대비를 잘 분석하여 정확한 전법을 택함으로써 전투에서 승리하는 것이다. 손자는 계산을 잘하면 이기고 그렇지 못하면 진다고 강조한다. 숫자의 많고 적음을 활용하는 것도 그 내용의 하나다. 전쟁에서 군대의 숫자는 전쟁의 승부를 결정하는 주요한 조건의 하나다. 특히 창이나 칼과 같은 냉병기 위주로 전쟁을 하던 시대에는 더욱 그랬다.

"군대 숫자의 많고 적음을 알고 그것을 잘 활용하는" 것은 많은 수로 적은 수를 이기는 문제뿐만 아니라 적은 수로 많은 수를 이기는 문제도 포함한다. 그저 숫자만 믿고 적을 가볍게 여기고 치밀하지 못한 권모술수로 군을 제대로 운용하지 못하면 자기보다 적은 수의 적에게 패하기 일쑤다. '적벽대전'에서 주유와 유비가 조조를 물리친 것이나, 비수淝水의 전투에서 사현謝玄이 부견을 상대해 승리를 거둔 것 등은 수적으로 우세한 부대가 열세인 부대에게 패배한 보기들이다. 오기가 전차 5천 승에 기마 3천 필로 서하西河에서 진秦나라 50만 대군을 격파한 것이나, 송나라 악비가 5백 기병으로 김올술金兀術의 10만 대군을 주선진朱仙鎭에서 물리친 것 등도 소수가 다수를 이긴 경우다. 이렇게 보면 군대의 수는 승리의 절대 요건은 결코 아니다. 손자는 그저 "군대 수의 많고 적음을 알아 활용하는 것"만을 제기했지, 구체적인 방안은 말하지 않았다. 이 방안은 구체적인 시간과 환경 속에서 쌍방의 구체적 상황을 살핀 다음 결정되어야 할 것이다. 조본학趙本學은 일찍이 이 문제에 대해 이렇게 말했다.

많으면 나누고 적으면 합해야 한다. 많으면 두텁게 적으면 가볍게 해야 한다. 많으면 편하게 적으면 험하게 해야 한다. 많으면 펼치고 적으면 간결해야 한다. 많으면 느긋하게 적으면 빠르게 해야 한다. 많으면 아침에 적으면 밤에 해야 한다. 그 차이점이 이와 같다.[22]

손자는 병력의 운용에 대해 이렇게 말했다.

아군의 병력이 적의 10배면 적을 포위하고, 5배면 공격하며, 2배면 적의 병력을 분산시킨다. 병력이 엇비슷하면 전력을 다해 결전한다. 아군의 병력이 적으면 굳게 지키고 맞서 싸우지 않는다. 아군의 병력이 아주 열세일 때는 후퇴한다.

여기에 별다른 요소는 강조되고 있지 않다. 그러나 손자는 '완전한 승리'를 얻는 사상이 '병력'이라는 요소 하나만은 아니라고 강조한다. "병력의 많고 적음을 알아 활용할" 때의 관건은 '앎'에 있다. 알지 못하면 활용할 수 없고, 설령 활용하더라도 그것은 맹목적인 용병일 뿐이다.

『백전기법』「중전衆戰」과 「과전寡戰」에서는 아군의 숫자가 많을 때는 험한 지역에서 싸우지 말고 반드시 넓고 평탄한 땅에서 싸워야 한다고 했다. 『사마법』「용중用衆」제5에서는 "많은 숫자의 군대를 나아가고 멈추게 하는 활용법"을 이야기하고 있다. 적은 수로 많은 수를 대적할 때는 날이 어두울 때나 깊은 풀 속에 매복하거나 험한 길을 막아 싸워야 한다. 『오자병법』「응변應變」에는 이런 대목이 나온다.

대체로 평탄한 장소는 적이 진격하기에 유리하므로 이런 곳에서는 싸우기를 피하

---

22 이상은 장문목의 『손자해고孫子解故』에 인용된 조본학의 말이다.

고 험한 곳으로 유인하여 섬멸해야 한다. 이런 곳에서는 적이 행동의 제약을 받기 때문에 열 명의 병사가 한 명의 몫밖에 하지 못한다.

그러므로 "한 명의 병사로 열 명의 적을 물리치는 최선의 방도는 좁은 지형을 잘 활용하는 데 있으며, 열 명의 병력으로 백 명의 적을 무찌르는 최선의 방법은 험한 지형을 활용하는 데 있다. 또 천 명의 병력으로 만 명의 적을 공격하는 최선의 방법은 높고 험난한 지형을 활용하는 것"이라는 말이 있다.

가령 얼마 되지 않는 병력이 갑자기 좁은 길목에서 나타나 징을 치고 북을 쳐대면 적은 아무리 병력이 많아도 놀라 소동을 일으키지 않을 수 없다. 그러므로 흔히 "다수의 병력을 거느린 자는 되도록 평탄한 지역에서 싸우려 하며, 그 반대면 될 수 있는 대로 좁은 곳에서 싸우려 한다."고 말하는 것이다.

『병뢰』「과寡」에는 숫자가 적을 때의 장점을 전문적으로 논하고 있다.

숫자가 적으면 정세를 쉽게 연관시킬 수 있고, 마음과 힘을 쉽게 합할 수 있고, 기계 설비를 쉽게 갖출 수 있고, 음식물도 쉽게 공급할 수 있고, 쉽게 움직이고 모일 수 있고, 함께 돌아가기 쉽다.

명나라 때의 책인 『초려경략草廬經略』에도 병력의 많고 적음을 활용하는 것에 대해 상세하게 논술한 부분이 있다. 용병의 본령은 숫자의 많고 적음에 있는 것이 아니라 "병력의 많고 적음을 알아 활용하는" 데 있다. 적과 나의 정세에 근거하여 합당하고 교묘하게 병사를 활용하면 필승이다. 『손자병법』「계」편이나 「형」편에서는 병력의 많고 적음의 문제에 대해 논술하고 있는데, 모두 실제 상황에 근거하여 전투 행동을 지도함으로써 최소한의 대가로 최대한의 승리를 얻도록 해야 한다고 강조하고 있다.

장착취착將錯就錯 어긋남은 어긋남으로 대한다

상대와 맞서서 때로는 일반적인 대응과는 반대로 상대에게 순응하면서 상대방을 제지하거나 좀더 이상적인 결말을 이끌어내는 것을 뜻하는 말이다.

진秦나라 왕이 성품이 강직한 신하 중기中期와 논쟁을 벌였으나 당해내지 못하고 말았다. 중기가 마음을 가라앉히고 물러가자 진왕은 몹시 화를 냈다. 중기가 곤경에 처할 것 같은 험악한 상황에서 한 신하가 진왕에게 말했다.

"중기는 아주 제멋대로인 사람입니다. 천만다행으로 대왕같이 너그럽고 현명한 군주를 만났기에 망정이지, 걸이나 주 임금 같은 폭군을 만났다면 벌써 저세상에 있을 것입니다."

진왕은 이 말을 듣고 중기에게 벌을 내리지 않았다.(『전국책』「진책秦策」)

진시황이 한번은 정원을 확장하는 문제를 놓고 신하들과 상의했다. 진시황이 생각하고 있는 정원의 규모는 동으로는 함곡관函谷關에 이르고 서쪽으로는 옹雍·진창陳倉에 이르는 어마어마한 것이었다. 당시 진나라 궁정의 우전優旃이라는 이름을 가진 (오늘날로 말하자면 블랙 코미디를 연기하는) 광대[23]가 이 이야기를 듣고는 비꼬았다.

"그것 잘됐군! 넓은 땅에다 각종 금수를 놓아기르다가 동방에서 적이 쳐들어올 때 그 금수들을 풀어 적을 물게 하면 충분히 이길 수 있을 거야!"

---

[23] 이들을 골계연원滑稽演員이라 불렀는데, 사마천은 『사기』「골계열전」을 통해 이들에 대한 전문적인 기록을 남겼다.

이 말을 들은 진시황은 그 계획을 중지했다.(『사기』「골계열전」)

상대방이 하고자 하는 일에 대해 오히려 더 적극적으로 과격한 태도를 취하면 상대방은 그 일을 그만두게 된다. 한나라 무제는 어린 시절 자신을 키워준 유모에 대한 정이 남달랐다. 황제 자리에 오른 후 무제는 유모의 청이라면 무엇이든 다 들어주었다. 유모 집안의 권세는 날이 갈수록 높아져 심지어는 그 집안 노비까지도 세도를 마구 부리고 다녔다. 어찌나 설치고 다니는지 법을 집행하는 관리조차 통제하지 못할 정도였다. 하는 수 없이 무제의 허락을 받아 유모 일가를 먼 지방으로 내쫓기로 했다. 떠나야 할 날짜가 다가오자 유모는 입궁하여 무제와 작별 인사를 나누고자 했다. 이에 앞서 그녀는 예전부터 잘 알고 지내던 궁정의 광대 곽사인郭舍人을 만나 자신의 처지를 이야기하면서 눈물을 주룩주룩 흘렸다. 곽사인은 하도 딱해 그녀에게 이런 말을 해주었다.

"작별 인사를 하고 돌아가시면서 자꾸 뒤를 돌아다보시오. 그런 다음에는 내가 나서서 알아서 하지요."

유모는 곽사인의 말대로 무제와 작별을 하고 나오면서 자꾸 뒤를 돌아다보았다. 이때 무제 곁에 서 있던 곽사인이 큰 소리로 고함을 질렀다.

"이런, 고약한 늙은이 같으니! 빨리 안 가고 뭘 자꾸 돌아보는 거야! 폐하께서는 이미 성인이 다 되셨단 말이다. 아직도 늙은이 당신의 젖이나 빨던 어린애인 줄 아나! 왜 자꾸 돌아보고 그래?"

이 말에 무제는 애틋한 마음이 솟구쳐 명령을 취소했다.

우전과 곽사인은 진시황과 무제의 마음에 따라 그 심정을 극단으로까지 치닫게 했다. '장착취착'의 모략은 상대방을 어떤 기로에 서게 하는 수법으로, 상대를 통제하거나 설득하는 데 큰 효력이 있다.

망매지갈望梅止渴 매실을 바라고 갈증을 참는다

『세설世說』「가휼假譎」에 이런 일화가 기록되어 있다.

조조가 군을 이끌고 행군을 하고 있었다. 그런데 날은 덥고 물은 찾을 수 없어 갈증과 피로에 지친 병사들이 거의 움직이지도 못할 지경이었다. 이때 조조는 한 가지 꾀를 내서 모두에게 말했다.

"조금만 더 가면 매화나무 숲이 있다. 빨리 그곳으로 가서 달콤한 매실을 따서 먹으면 갈증을 해결할 수 있다."

매실이 있다는 얘기를 들은 병사들의 입안에는 군침이 돌았고, 그리하여 모두 힘을 내서 계속 전진했다.

『삼국지연의』에는 이런 이야기가 덧붙어 있다.

한번은 조조가 유비와 함께 뒤뜰에서 술잔을 기울이며 서로의 뜻을 이야기하다가 우연히 푸른 매실을 보고는 그때 일이 생각나 유비에게 한바탕 들려준 다음, 장수張繡를 정벌하는 길에 있었던 일이었노라 덧붙였다.

지도자로서 부하들이 직면한 어려움을 해결할 필요가 있지만 주·객관적 조건의 제약 때문에 왕왕 능력이 못 미치거나 마음만큼 힘이 따라주지 않는 경우가 있다. 이런 상황에서 지도자는 있는 힘을 다해 부하들의 곤란한 문제를 해결하려 애쓰는 외에도, 당분간 자신의 힘으로는 해결할 수 없는 문제에 대해서는 사실을 부하들에게 정확하게 인식시켜주어야 한다. 불시에 나타난 해결할 수 없는 문제나 시간이 급해 해결되지 않는 문제에 직면해서도 부하들의 활동을 최대한 동원해야 한다면, 때로는 이런 '망매지갈'과 같은 수로 발등의 불을 끌 수도 있다. 그러나 이 모략이 부하들에 대해 어떤 저의를 품고 속이는 것과는 결코 같을 수 없다. 이 모략을 함부로 쓰는 것은 좋지 않다. 자주 사용하면 신용도 떨어지고 효능을 발휘할 수도 없다.

회적도광晦迹韜光 발자국을 숨기고 빛을 감춘다

이 말은 여러 곳에 나오는데 금나라 때 마옥馬鈺이 지은 「만정방滿庭芳」에 "아름다운 옥을 품고도 그 빛을 은근히 숨긴 지 20년이라."는 대목이 보인다. 『수서隋書』「설도형전薛道衡傳」에 보면 "신이한 흔적을 몰래 감추니 자줏빛 기운이 하늘로 솟구치는구나!"라는 구절이 있다. 청나라 때 정관응鄭觀應의 『성세위언盛世危言』 서문에도 "재능을 감추고 드러내지 않는다"는 '도광양회韜光養晦'라는 표현이 보인다. 모두가 재능이나 지혜를 감춘 채 드러내지 않는다는 뜻이다. 본색을 드러내지 않고 잠시 날카로움을 거두어들였다가 때가 되면 움직인다는 모략이다.

봉건사회에서 통치자와 피통치자 사이에는 많은 갈등이 존재했다. 통치자 내부에서도 서로 간에 시기와 질투가 난무했다. 이익을 위해서라면 수단과 방법을 가리지 않고 서로를 공격했다. 자신의 본색을 감추는 '도회술韜晦術'을 가장 강조한 인물은 한비자였다. 그는 군주가 자기 몸을 보호하기 위해서는 신하들에게 진심을 내보여서는 절대 안 된다고 주장한다. 그러면서 법제를 통해 중앙집권을 강화해야 한다고 했다. 그는 권세 있는 신하들의 정변으로부터 군주의 방어책에 이르기까지 거의 모든 통치술을 연구한 인물이었다. 『한비자』에는 군주의 통치술에 관한 많은 기록들이 있다. 그중에서도 "군주는 자신의 진심이나 애증을 공개적으로 드러내서는 안 된다."는 점을 특히 강조하고 있다.

그 책 「이병二柄」에 이런 대목이 있다.

군주가 어떤 일을 싫어한다는 것을 신하들이 알면 신하들은 작은 일이라도 군주가 싫어하는 것이라며 감춘다. 마찬가지로 군주가 무엇을 좋아한다는 것을 알게 되면 할 수 없는 일이라도 할 수 있다고 꾸민다. 군주가 하고자 하는 일이 신하들에게 드러나면 그들은 그것에 기대거나 이용하려 애쓴다. (중략)

군주는 자신이 애호하는 것과 싫어하는 것을 버려야 한다. 즉, 감추어두라는 말이다. 그래야 신하들은 본바탕을 드러내고, 군주는 눈과 귀에 가림을 당하는 일이 없다.

또 「외저설·우상」에는 이런 대목도 있다.

일설에 신자가 이렇게 말했다고 한다. "네가 말하는 것이 신중하다면 사람들이 너에게 동조하려 할 것이고, 네가 일을 처리하는 것이 신중하다면 사람들이 너를 따를 것이다. 너의 지혜가 드러나면 사람들은 너를 가늠하려 할 것이다. 만일 네가 진정으로 지혜로운 자라면 사람들은 너에게 감추려 들 것이고, 너에게 지혜가 없다는 것을 알면 너에게 자신의 뜻을 실행하려 할 것이다. 그래서 무위無爲만이 사람들의 추측과 변신을 꿰뚫어볼 수 있다고 한다."

가탁왕명假托王命 거짓으로 왕명을 빌린다

왕조 지배체제 아래에서 황제의 권한은 지존무상이었다. 누구든 황제의 눈에 들기만 하면 엄청난 힘을 가지게 된다. 춘추시대 주周 천자는 이미 지난날의 절대적인 권위를 잃은 지 오래였지만 제후국들은 패권을 쟁탈하는 과정에서 갖은 수단을 동원하여 주 왕실의 영향력을 이용하려 했다. 요컨대 천자가 갖고 있는 명분을 이용하자는 것이었다. 더 구체적으로는 주 왕실을 지킨다는 기치를 앞장세워 자신의 패업을 달성하려 했다.

정나라 장공莊公은 송을 정벌하고 싶었지만 송은 나라도 크고 그 지위도 높은지라, 주 천자의 명의를 빌리고 제후국들의 지지를 얻어야만 했다. 이에 장공은 제족祭足을 데리고 주 천자를 조회하여 주 천자가 정나라를 신임한다는 인상을 심으려 했다. 주 환왕桓王은 장공을 싫어하던 차라 일부러 장공을 골탕 먹이려고 연회도 베풀어주지 않았고 수레 열 대 분량의 기장쌀만 보내 가뭄 때 쓰라고 했다. 환왕의 냉대를 받은 장공은 괜히 왔다며 후회했다. 그러자 동행했던 제족이 주 천자로부터 받은 수레 열 대 분량의 기장쌀에 '천자의 은총'이란 글을 붙이고 기장쌀을 실은 수레들을 비단으로 덮어 마치 보물인 양 꾸며, 주나라 도성을 떠날 때 천자가 내려주신 것이라 선전하면서 "송나라는 오랫동안 조공도 바치지 않고 있으니 내가 친히 천자의 명을 받아 병사를 이끌고 송을 정벌하리라!"며 허풍을 떨라고 권했다. 사람들은 모두 진짜로 믿었다.

이 소식이 송나라에 전해지자 송나라 상공殤公은 사태가 심상치 않다고 느끼고 정나라와 강화를 맺으려 했다. 장공은 이에 응하지 않고, 동시에 천자의 이름으로 제나라와 노나라에 명하여 정이 송을 정벌하는 데 동참하라고 했다. 장공은 삼국 연합군을 이끌고 "천자를 받들어 죄를 다스린다."는 기치 아래 송을 정벌하여, 파죽지세로 고郜·방防 두 성을 취했다.

정나라 장공은 천자의 명을 빌려 송나라를 정벌함으로써 소기의 목적을 달성했다. 그 후로 정나라는 춘추 초기에 가장 강성한 제후국이 되었다.

진 문공의 '존왕양이尊王攘夷'와 동한 말기 조조의 "천자를 끼고 제후를 호령한다"는 '협천자이령제후挾天子以令諸侯'도 이 모략을 발전적으로 운용한 경우다.

선관풍색善觀風色 풍색을 살핀다

『손자병법』「행군」편을 보면 "적의 상황을 살펴 아는 방법"인 '적정찰지법敵情察之法'이 나온다. 이는 상대방에게서 나타나는 각종 징후에 대한 관찰에 근거해서 "상대를 아는" '지피知彼'의 목적을 달성하는 것이다. 그 주요 대목들을 발췌해 정리하면 아래와 같다.

① 적에게 접근했는데도 안정된 상태를 유지하고 있으면 적은 험준한 지형을 믿고 있는 것이다.

② 적이 멀리 있으면서도 도전해 오는 것은 아군의 진격을 유인하자는 것이다.

③ 적이 말로는 저자세를 취하며 뒤로 준비를 늘리는 것은 사실은 진격할 계획을 세우고 있는 것이다.

④ 적의 말이 허무맹랑하며 무리하게 앞으로 달려드는 것은 실은 퇴각할 의사가 있다는 것이다.

⑤ 적이 조금 전진하기도 하고 조금 후퇴하기도 하면서 비겁한 태도를 보이는 것은 아군을 유인하려는 것이다.

⑥ 유리한 점을 보여주어도 전진하지 않는 것은 적이 지쳐 있다는 증거다.

⑦ 밤에 부르짖는 것은 적이 겁에 질려 있다는 증거다.

⑧ 군관이 함부로 화를 내는 것은 적이 싸움에 지쳐 있다는 증거다.

⑨ 지휘자가 병사들과 더불어 간곡하게 화합하는 모습으로 천천히 이야기하는 것은 병사들의 신망을 잃었다는 것이다.

⑩ 자주 상을 주는 것은 지휘자가 병사들을 통솔하는 데 궁색해졌기 때문이며, 자주 벌을 주는 것은 통솔하기 곤란하기 때문이다.

⑪ 지휘관이 병사들을 우선 난폭하게 다루어놓고는 배반이 두려워 달래는 것은 가장 졸렬한 통솔법이다.

⑫ 교전 중에 있는 적이 사신을 보내 정중하게 사과하고 휴전을 청하는 것은 휴식을 원하고 있는 것이다.

⑬ 성난 듯 달려와서는 오래도록 대치한 상태에서 싸우지도 않고 물러가지도 않는 적은 반드시 계략을 감추고 있으니 신중하게 적의 정세를 살펴야 한다.

고대 동양철학은 만물이 음양 이원으로 구성되어 있다는 것을 기본 관점으로 삼는다. 해와 달, 남과 여, 하늘과 땅, 흑과 백 등등이 그 평범한 예들이다. 마찬가지로 모든 사물은 그 자체와 대립되는 면을 가진다. 표면에 대한 내용이 있고, 내용에 대한 표면이 있다. 따라서 겉을 보고 속을 살피고, 속을 보고 겉을 아는 것이다.

장군가탈심將軍可奪心 장수의 심리를 빼앗는다

『손자병법』 「군쟁軍爭」편에 나오는 유명한 말이다.

적군 전체의 사기를 꺾을 수 있고 장수의 심리를 빼앗을 수 있다. 사기는 아침에는
높고 낮에는 해이해지며 저녁에는 사라진다. 그렇기 때문에 용병에 능한 사람은 적
의 사기가 높을 때는 피하고, 사기가 해이해졌거나 사라진 때에 공격한다. 이것이
바로 사기를 다스린다고 하는 것이다.

지휘관은 적장의 심리적 특징을 이용하여 가상으로 적을 속이는 온갖 방법을
동원해 적장의 정신을 어지럽게 만들 줄 알아야 한다. 그럼으로써 측근들과의 사이
가 멀어지게 하고, 모든 사람을 의심하여 번민에 빠지게 하며, 일의 결정을 못 내리게
만든다. 또는 각종 방법으로 적장으로 하여금 자신의 입장을 내팽개치고 항복하게
만드는 것도 "적장의 심리를 빼앗는" '장군가탈심'의 방법이다.

심리란 장수에 의해 주재되는 것이다. 화를 내게 만들어 교란시키고 이간질시키며
교만하게 만드는 것이 곧 상대의 심리를 빼앗는 것이다.(『손자병법』 「군쟁」)

심리를 빼앗는 것은 곧 마음을 공략하는 것이다. 전쟁에서 지휘관의 사상·의지
그리고 품성상의 결함이나 개인적 특성은 모두 "심리를 빼앗을 수 있는" 틈으로 작용
할 수 있다. 용감하기는 하나 지혜가 모자라고, 교만방자하여 적을 깔보고 쉽게 경거
망동하면 "할 수 있으면서도 못 하는 척하는" 적의 함정에 빠지기 십상이다.

성격이 너무 급해 슬쩍 건드리기만 해도 펄쩍 뛰는 사람은 감정상의 충동을 못이겨 "장수를 자극하는" 방법인 '격장술激將術'에 견디지 못한다. 지나치게 공을 세우려 하고 자신의 능력을 너무 믿는 사람은 작은 이익을 쉽게 탐내기 때문에 적의 '유인계'에 쉽게 걸려든다. 명분을 지나치게 따지고 자존심이 강한 사람은 허영심 때문에 적의 모욕을 견디지 못하고 쉽게 이성을 잃는다. 돈과 여자를 밝히는 사람은 쉽게 투지를 잃기 때문에 재물과 여색을 동원한 적의 유혹을 견디지 못한다. 두뇌가 단순하여 적을 깔보고 의심이 많은 사람은 사기를 잘 당한다. 성숙한 지휘관은 "심리를 빼앗는" '탈심'의 모략을 중시하며, 또 늘 '탈심'당하지 않도록 주의한다.

삼국시대 제갈량은 용병과 작전에서 이 '공심攻心'을 대단히 중시했다. 그는 일찍이 "용병의 도는 '공심'이 상책이고, '공성攻城'은 하책이다. 심리전이 수준 높은 싸움이며, 병사로 싸우는 싸움은 수준이 낮은 것"이라는 탁월한 관점을 제기한 바 있다. 그가 '칠종칠금'으로 맹획을 굴복시킨 것은 적장의 심리를 빼앗은 전형적인 본보기라할 수 있다.

1942년 11월, 소련군은 스탈린그라드 지역에서 반격 작전을 펼쳤다. 작전의 제1단계에서 돌격 임무를 맡은 서남 방면의 제26 탱크부대는 페레라죠프스키 부근으로 돌진한 후, 독일군이 돈강을 향해 철수하기 시작하는 것을 발견했다. 독일군의 퇴로를 신속히 차단하기 위해 로딘 소장은 밤을 틈타 비밀리에 1개의 탱크부대를 선발대로 파견해, 적진 깊숙한 지점에 자리잡고 있는 카라치 부근을 뚫고 돈강의 유일한 교량을 점거하도록 했다. 야간에 비밀리에 침투하려면 모든 불빛을 엄격하게 통제하고 완벽한 위장으로 언제든지 전투할 수 있는 대형을 갖추어야 한다. 로딘 소장은 이런 야간 침투의 상식을 완전히 뒤엎었다.

그는 부대를 종대로 행군하게 하면서 모든 불을 환하게 밝힌 채 태연하게 독일군 방어진지를 지나 강을 건너는 지점으로 향했다. 탱크에서 뿜어 나오는 강한 불빛이 대지를 뒤덮은 하얀 눈에 반사되어 장관이었다. 탱크부대는 하나하나 독일군의 코앞에까지 이르렀다. 이때 독일군이 양옆에서 협공을 가하는 날이면 꼼짝없이 전멸당할 판이었다. 그러나 독일군 지휘관은 질서정연하고 급하지 않게 조용히, 게다가 최소한의 정찰 수단도 취하지 않고 행군하고 있는 탱크 행렬을 철수하는 자기편 부대로 착각하고는 녹색 등을 환하게 켜서 길을 비켜주기까지 했다. 소련 탱크군은 총알 한 발 사용하지 않고 방어선 안 40킬로미터가량 깊숙이 침투하여 돈강 통로를 장악했다. 소련군이 감행한 이 대담무쌍한 침투 행위는 '탈심'을 생생하고도 성공적으로 활용한 본보기라 할 수 있다.

격장지술 激將之術 장수를 자극시키는 방법

'격장술'은 군사 지휘관이 말이나 행동을 통해 적의 장수와 병사 또는 자기 장수와 병사의 자존심을 건드리거나 상하게 해서 그들의 분노·원한 또는 격정을 불러일으키고, 다시 그것을 전투의 열기로 승화시켜 자신의 의지와 이미 짜놓은 계획으로 유도한 뒤 일정한 작전 목적을 달성하는 모략이다. 이 모략은 인간 특유의 자존심을 활용한다. 자존심이란 자아 평가로부터 나오는 자애·자아존중이며, 다른 사람·집단·사회로부터 존중을 받고자 하는 감정이다. 동서고금의 전쟁사에서 이 모략을 운용해 성공한 예가 적지 않다.

　나폴레옹이 이탈리아를 정복하는 만토바 전투 초기에 프랑스군은 오스트리아군에게 대패해 공세를 저지당했다. 이때 두 개 사단의 프랑스군은 적을 두려워하여 황망히 견고한 진지를 포기하려 했다. 나폴레옹은 이 사단의 주둔지에 도착하여 병사들을 모아놓고 비통하고도 분노에 찬 목소리로 프랑스군에게 훈시했다. 그는 강한 어조로 적을 두려워하지 말 것이며 우리의 진지를 포기해서는 안 된다고 했다. 그러고는 참모장에게 사단 깃발에 "우리는 더 이상 이탈리아 방면의 군대에 속하지 않는다."고 쓰게 했다.[24]

심한 질책을 받은 병사들은 견디기 힘든 부끄러움에 눈물을 흘리면서 자신들에게 이런 치욕을 당하지 않도록 다시 한번 용기를 시험할 수 있는 기회를 달라며 애원했다. 과연 그 이후의 전투에서 프랑스군은 용감하게 싸워 전체 전투를 승리로 이끄는 두드러진 공을 세웠다.

『동주열국지東周列國志』제66회를 보면 손괴孫蒯가 '격장술'을 활용해 식작殖綽을 유인한 뒤 살해한 고사가 실려 있다.

식작은 원래 제나라의 용감한 장수였는데, 진晉나라에서 반란을 일으킨 난영欒盈을 도와 진을 정벌하라는 제나라 장공의 명을 받고 정벌에 나섰다가 패해 위衛나라 헌공獻公에게 몸을 맡겼다. 위나라 헌공은 한때 자리에서 쫓겨났다가 복위한 식작을 정적 손임부孫林父를 토벌하는 데 보냈다. 손임부는 손괴·옹저雍鉏 두 장수를 보내 응전하도록 했다. 이 두 장수는 식작이 용감무쌍한 장수임을 잘 알고 있던 터라 싸우기도 전에 지레 겁을 먹고 위축되고 말았다. 손임부는 그런 두 사람을 신랄하게 꾸짖었다.

"귀신에게도 담이 있는데 하물며 사람인 너희들이! 식작 한 사람이 너희들을 이 꼴로 겁을 주었으니 위나라 헌공의 군대까지 도착하는 날에는 싸우지도 않고 놀라 죽겠구나! 너희들에게 기개가 있다면 나가 싸우고, 만약 승리하지 못하면 살아서 내 얼굴을 볼 생각하지 말아라!"

---

24 당시 나폴레옹이 이끄는 프랑스군을 '이탈리아 방면의 군대'라 불렀다.

손임부의 책망은 매우 준엄했다. 이 책망은 과연 두 장수를 자극했다. 두 장수는 적을 유인하는 계략을 세웠다. 옹서는 소수 부대를 이끌고 식작을 매복병이 있는 작은 산촌으로 유인했다. 식작은 경험이 풍부한 장수답게 복병이 있을 것으로 의심해서 추격을 멈추었다. 이때 마을의 작은 산 위에 있던 손괴가 식작의 이름을 크게 부르며 욕을 퍼부었다.

"제나라에서 쫓겨난 이 쓰레기 같은 놈아! 난영의 집에서도 쓸모가 없어 쫓겨난 이 폐물아! 그런데 이제 위나라로 도망가 밥을 구걸하다니 정말 부끄럽구나. 지금 손씨 집안의 8대 세신世臣인 내가 보니, 정말 용기도 없고 무식한 것이 짐승만도 못하구나!"

식작의 약점을 있는 대로 찔러대는 이 욕설에 식작은 눈이 돌아버렸다. 그는 매복이고 뭐고 살펴볼 것도 없이 총공격을 명했고, 결국은 손괴가 파놓은 구덩이에 병사와 전차가 빠지고 말았다. 복병들은 일제히 활을 쏘아대며 닥치는 대로 공격했고, 식작은 비명에 전사했다.

'격장술'은 적에게도 사용할 수 있지만 자기 쪽에도 사용할 수 있다. 자기 쪽에 사용하는 목적은 장수·부하·사졸의 격정을 자극하여 적을 물리치는 힘을 증강하자는 데 있다. 나약함을 나무라며 용기를 자극하고, 어리석음을 꾸짖어 지혜를 자극한다. 군인이라면 누구나 강렬한 명예심과 영웅심을 가지고 있다. 이런 명예심과 영웅심은 일단 폭발하면 감당할 수 없는 힘으로 변할 수 있다. '격장술'은 바로 이런 정서에 불을 붙이는 부싯돌이라 할 수 있다.

'격장술'의 운용은 장수의 모략을 체현하는 예술이다. 적에 대해서건 나에 대해서건 이 모략을 활용해서 성공하는 자는 인간의 심령 깊은 곳에 자리잡고 있는 자존·자애·허영·경쟁·승부욕 등과 같은 감정적 요소를 이용하고 조절할 줄 안다.

물론 '격장술'은 일종의 모략으로, 적과 나 쌍방이 갖가지 계략으로 전쟁을 치르는 중에 발휘할 수 있다. 현명한 지휘관이라면 '격장술'을 잘 활용하고 또 적이 활용하는 '격장술'을 간파하고 대응할 수 있어야 한다. 명나라 때의 『투필부담投筆膚談』에서 "적을 내 쪽으로 유혹해서 이득을 보려는 자는 그 재난을 고려해야 한다. 나를 자극해서 분노케 하려면 그 변화를 고려해야 한다."고 한 것이 바로 그것이다. 역대 군사이론가들은 후대 사람에게, 장수는 절대 함부로 감정을 터뜨리지 말 것이며 앞뒤 돌보지 않고 나가서는 안 된다고 경고하고 있다. 손자는 적의 능욕에 쉽게 경거망동하는 것을 장수의 "다섯 가지 위험"인 '오위五危'의 하나로 보았다.

장수는 어떠한 상황에 놓여 있든 간에 맑은 정신과 이성으로 자신의 감정을 통제하고, 적의 '격장술'이나 전투 상황에 영향을 받아 쉽게 분노·비분·초조·광분해서 자신의 행위를 제어할 수 없게 만들어서는 안 된다. 의식적으로 이 방면의 수양을 강화하는 것이 꼭 필요하다. 삼국시대 제갈량은 사마의에게 여자 옷을 한 상자 보내 사마의의 비겁함을 비웃음으로써 나와서 싸우도록 자극했다. 사마의는 거기에 말려들지 않고 침착하게 대응함으로써 지모가 뛰어난 제갈량도 결국은 헛물만 켜고 돌아갈 수밖에 없었다. '격장술'의 성공 여부는 자기 쪽에도 있지만 적에게도 있음을 잘 보여주는 일화다. 끝까지 누가 자신을 더 잘 통제하느냐가 승부의 관건이 된다.

졸선이양지卒善而養之 포로는 우대해서 아군으로 양성한다

전차전에서 적의 전차 10승 이상을 노획했으면 노획한 자에게 상을 준다. 그리고 그 수레에 달렸던 적의 깃발을 아군의 깃발로 바꾸어 달고 아군의 전차 대열에 편입하여 사용한다. 포로는 우대해서 아군으로 양성한다. 이것이 적에게 승리함으로써 더욱 강해진다고 하는 것이다.(『손자병법』「작전」)

"포로는 우대해서 아군으로 양성한다"는 뜻의 '졸선이양지'는 포로를 어떻게 우대할 것인가에 관한 모략사상이다. 포로로 잡힌 적의 병사를 우대하여 적대감을 없애고 호감을 갖게 하여 내 쪽에 필요한 사람으로 활용함으로써 무기에 피를 묻히지 않고 이기는 무형의 승리를 얻는다. 손자가 살았던 시대에는 통치권을 쟁탈하기 위한 전쟁은 일반적으로 잔인하기 짝이 없어 잡힌 포로를 산 채로 파묻어 죽이곤 했다. 그런데도 손자가 포로를 우대해 자기편으로 만들자고 주장하면서 그것을 전력향상의 한 방안으로까지 제기한 점은 참으로 보기 드문 귀한 것이 아닐 수 없다.

실제 전쟁에서 포로를 잔혹하게 죽이는 것은 어리석은 짓이다. 그러한 행위는 적으로 하여금 결사적으로 전쟁에 임하게 만들어 자기 쪽에 불리하게 작용할 수밖에 없다. 포로를 우대하고 다방면으로 교육시켜 그들이 갖고 있는 적대 심리를 없앤 다음, 다시 그들을 진정으로 우리 편에 복속하게 만들면 그것이 곧 적의 역량을 약화시키는 길이 된다. 『맹자』에서도 힘으로 상대를 굴복시키는 것과 덕으로 굴복시키는 것의 근본적인 차이를 이야기하고 있다. 또 『삼략』에서는 "복종하는 자는 살려주고, 항복하는 자는 용서한다."고 했다. 이 모두 "포로는 우대해서 아군으로 양성한다."는 의미를 내포하고 있다.

기원전 650년, 제나라 관중管仲은 북벌에서 영지국令支國의 왕을 잘 우대하여 군중의 심리를 안정시켰으며 포로들도 우대했다.

『신당서』「열전」 제14에 실린 기록을 보자. 진왕秦王 이세민(훗날 당 태종)은 명령을 받고 왕세충王世充 정벌에 나섰는데 여러 장수들은 위지경덕尉遲敬德을 의심하여 이세민에게 그를 죽여 없애야 한다고 주장했다. 이세민은 그 말을 따르지 않았을 뿐만 아니라, 그를 침실로 불러들여 후한 상을 내리면서 떠나고 싶으면 떠나라고 했다. 그 뒤

이세민이 사냥을 나갔다가 왕세충의 기병에 포위를 당하는 곤경에 처하게 되었다. 이때 위지경덕이 쏜살같이 달려와 이세민을 보호하여 포위망을 뚫고 위기를 벗어나게 했다. 이후 이세민은 적군을 대파했다. 이세민은 포로를 우대하여 포로들이 자신을 위해 목숨까지 바치게 만들었다. "포로는 우대해서 아군으로 양성한다."는 모략의 작용과 값어치를 잘 보여주는 대목이다.

7절
선택과 결단

상기이행相機而行 　시기를 맞추어 행동한다

화공火攻은 천시天時를 장악해야 한다. 이른바 천시란 날씨가 건조한 날을 가리킨다.

불을 놓는 데는 때가 있다.… 때란 건조한 날을 말한다.(『손자병법』「화공」편)

이는 『손자병법』 중 화공에 관한 대목인데, 사람의 마음에 불을 붙이는 것도 이와 비슷한 점이 있어 불을 놓는 때가 다르면 상대방의 반응도 완전히 다르게 나타난다. 상대방의 정서가 쉽게 불붙을 수 있는 상태에 있을 때는 약간의 자극만 있어도 확 타버리지만, 그 반대로 불을 붙이기 어려운 상태라면 불씨를 당기기조차 힘들어진다.

통치자는 시기의 작용을 고려해야 한다. 같은 일이라 해도 시기가 적절한가에 따라 상대방으로부터 완전히 다른 반응을 이끌어낼 수 있다. 이는 누구나 경험한 바일 것이다. 같은 일에 대해 가장 이상적인 효과를 얻기 위해서는 시기를 합리적으로 선택해야 한다.

초나라 왕이 아끼는 신하 가운데 단段이라는 인물이 있었다. 그는 특별한 공을 세운 것도 아니고 가문과 혈통이 좋은 것도 아니었는데 매우 높은 지위까지 오른 인물이었다. 어느 날 단은 강을江乙이라는 지자智者로부터 이런 충고를 듣는다.

"재물을 통해 쌓은 우정은 재물이 다 떨어지면 끝장이 납니다. 여색을 이용한 교제라면 그 꽃이 시들면 감정도 멀어지게 마련입니다. 애첩이니 총신이니 하는 사람 사이의 관계도 순간적인 것입니다. 공께서 지금 권세를 누리고 계시지만, 왕의 감정이 일단 변하면 권세는 더 이상 존재하지 않게 됩니다. 그러니 왕과의 관계를 좀더 돈독히 하심이 어떤는지요?"

"어떻게 말이오?"

단은 솔깃해서 물었다.

"먼저 왕께 왕이 돌아가시면 함께 죽겠다는 뜻을 나타내십시오. 그러면 초나라에서 공의 지위는 더욱 굳어질 것입니다."

"정말 그렇겠군요. 내 그대로 하겠소이다."

그런데 단은 3년이 지나도록 강을이 하라는 대로 하지 않았다. 강을은 노골적으로 불만을 터뜨렸다.

"제가 말씀드린 건의를 아직도 실행에 옮기지 않으셨군요. 저의 계책을 채용하지 않으시려면 앞으로 더 이상 저를 찾지 마십시오."

"선생의 가르침을 내 어찌 잊을 리 있겠소? 다만 아직 좋은 기회가 오지 않았을 뿐이오."

그로부터 얼마 후 초나라 왕은 이전에 운몽택雲夢澤이라 불렸던 호수 지역으로 사냥을 나가게 되었다. 이곳은 장강 중류에 위치한 동정호 부근의 크고 작은 호수들이 총집결해 있는 곳으로, 이름 그대로 화려하면서도 신비로운 절경을 자랑했다. 초나라 왕의 사냥은 수천 필의 말이 이끄는 화려한 수레가 형형색색의 깃발을 휘날리며 하늘과 땅을 뒤덮는 그야말로 거창한 행차였다. 왕은 친히 활을 잡고 들소를 사냥했다. 그러다가 왕은 하늘을 향해 큰 웃음을 터뜨리더니 한숨을 내쉬며 말했다.

"즐겁구나, 이번 사냥이! 그러나 천년만년 이런 쾌락을 누릴 수는 없겠지…."

이때 옆에 있던 단이 눈물을 줄줄 흘리면서 말했다.

"지금 신은 곁에서 대왕을 모시고 있사옵니다만, 천년만년 후에라도 대왕을 따라 곁에서 모시며 충성을 다하고 싶사옵니다."

왕은 이 말에 감격해서 즉시 단에게 땅을 주고 그를 안릉군安陵君에 봉했다.

『전국책』에서는 이 이야기를 기록하고 그 뒤에다 "군자가 이 이야기를 듣고는 '강을이 좋은 계책을 일러주었다면, 안릉군은 때를 알았다고 할 것이다'라고 평했다."는 구절을 덧붙이고 있다. 이 이야기는 보잘것없는 속임수 같아 보이지만, 큰 인물이 죽으면 따라 죽는 순장의 풍습이 남아 있던 당시로서는 왕의 마음을 확실히 움직일 수 있는 기회를 잡은 것이었다. 만약 안릉군의 이런 이야기가 왕이 불쾌할 때 나왔다면 반응은 사뭇 달랐을 것이다. 사람은 배가 부르면 아무리 맛있는 음식이라도 입맛이 당기지 않지만, 배가 고프면 보잘것없는 음식이라도 맛있게 먹는다. 모든 일은 그 자체로 남을 부릴 수 있게 만드는 좋은 기회를 감추고 있다.

인형용권因形用權　적의 형세를 파악하고 작전을 펼친다

전쟁에서 긴요한 것은 우선 적군의 대장이 어떤 사람인가 알아보고 그 재능을 상세히 관찰하는 동시에, 적의 형세에 따라 적당히 대처해나가는 일이다. 이렇게 해야만 크게 힘들이지 않고 공을 세울 수 있다.(『오자병법』「논장論將」)

지도자로서 "재능을 상세히 관찰하는 동시에 적의 형세에 따라 적당히 대처해나가는" '인형용권'의 능력을 가지고 있느냐의 여부는 그 지도자의 통치 수준을 가늠하는 저울이다. 정치상 '인형용권'은 통치 원리를 깊이 있게 인식하여 그것을 활용하는 데 필수적이다. 군사상 '인형용권'은 상대 지휘자의 개성 및 특징과 맞아떨어져야 효력을 발휘할 수 있다. 이는 "상대를 아는" '지피知彼'의 중요한 내용이기도 하다. 능숙한 지휘관은 자신을 잘 알고 적장의 특징도 잘 파악한 연후에 대책을 세운다. 이와 관련하여 다음과 같은 우스운 일화가 전해온다.

송나라 때 북요北遼 정권의 8대왕들이 10만에 달하는 번병番兵을 이끌고 중원을 침범해 왔다. 그들은 국경 관문에서 10여 리 떨어진 곳에 진을 치고 두 명의 병사를 송으로 보내 서신을 전달했다. 8대왕들은 하나같이 교만방자하여 송나라를 깔보았는데, 이 서신에는 상련만 있고 아래 구절은 없는 시가 한 수 적혀 있었다. 그들은 송쪽에서 아래 구절을 지어내기만 한다면 자진해서 병사를 거두어 물러가겠노라고 했다. 그 시 같지도 않은 시의 상련은 이러했다.

큰 활을 당기고 준마를 탄 금슬비파 같은 8대왕,

왕들은 모두 높은 자리에 앉아 창 하나만 들고 홀로 싸우는구나.

송 진영의 장군들은 돌아가며 이 시를 보았지만 막상 아래 구절에 마땅히 대구할 사람이 없었다. 그런데 웬 서당 선생이 이 소식을 듣고는 밤을 새워 송 진영으로 달려와 순식간에 아래 구절을 지어냈다.

사람 같지도 않은 용의 옷을 훔쳐 입은 여덟 마리 귀신,
그 귀신들이 모두들 곁에 서서 손을 마주 잡아끄는구나.

서당 선생의 아래 구절은 참으로 절묘했고, 내용상 8대왕을 통쾌하게 혼내주는 것이었다. 병사는 돌아가 이 아래 구절이 적힌 편지를 8대왕에게 전했다. 요의 장군들이 보고는 수치와 분노를 참지 못하고 철수는커녕 그날 밤으로 송나라 진영에 기습을 가해 왔다. 송 군영에서는 편지를 보면 8대왕들이 틀림없이 격분하여 쳐들어오리라고 예상하고 미리 병사들을 매복시켜두었다. 그와 아울러 적병이 공격해 오는 틈을 타 방어가 허술한 적 진영을 기습했다. 매복군과 싸우는 동안 후방 자기 진영을 기습당한 요병은 퇴로를 차단당한 채 제대로 싸우지도 못하고 무너졌다. 8대왕 중 일부는 전사하고 일부는 사로잡혔다. 이 전투 이후 요나라 정권은 30여 년 동안 중원을 함부로 넘보지 못했다.

위 예는 적장의 개성과 특성을 깊이 이해한 기초 위에서 성공을 거둔 좋은 본보기다. 적장이 모든 것을 깔보는 안하무인의 정서를 갖고 있다는 점을 잘 활용하여 적장을 분노케 하고, 교묘하게 병사를 포진시켜 승리를 거둔 것이다.

내 계책이 유리하다고 판단되어 채용했다면, 곧 정적인 계책을 동적인 세력으로 전환시켜 밖으로 나타나게 함으로써 전력에 도움이 되게 해야 한다. 세勢라는 것은 유리함에 따라 임기응변의 계책으로 조종해야 한다.(『손자병법』 「계」편)

상황이 유리한지의 여부에 근거하여 그것에 맞는 행동을 취하라는 뜻이다. 지도자가 군사 투쟁을 지휘할 때는 이익은 추구하고 손해는 피하는 것을 기본 원리로 삼지 않을 수 없다. 혹자는 무엇이 유리하며 어떻게 행동해야 하느냐고 묻는다. 유리한지의 여부를 어떻게 가늠할 것이냐에 대해 『손자병법』 「계」편에서는 '오사'와 '칠계'를 제기한다. '오사'란 도道·천天·지地·장將·법法을 말한다.

① 도란 백성으로 하여금 윗사람과 한마음이 되게 하는 길이다. 그러므로 생사를 같이할 수 있는 것이다. 그리하여 백성은 위험도 두려워하지 않게 된다.

손자는 도를 '오사'의 맨 앞에 놓고 있는데, 정치적인 요인이 전쟁의 승부를 결정하는 요소의 하나임을 강조하고 있다.

② 천은 천시天時라는 뜻이다. 음양의 이치, 추위와 더위의 변화, 시기에 따른 적절한 시책을 말한다.

이는 자연조건을 가리키는 것으로, 객관적 존재이자 조건이다. 그것을 잘 파악하여 운용하면 자기 쪽에 유리하다.

③ 지는 지리적 이점을 말한다. 거리가 먼가 가까운가, 지세가 험한가 평탄한가, 넓은가 좁은가, 막다른 곳인가 트인 곳인가 등을 가리킨다.

이 역시 객관적 조건이다. 손자는 지리 형세가 전쟁에 중대한 영향을 미친다고 인식하여 어떻게 지리 조건을 이용하느냐는 군사가 소홀히 할 수 없는 관건이라고 했다. '지'의 개념은 현대 전쟁에서 더욱더 넓어졌다. 육지·해양·공중, 나아가서는 우주 공간까지도 전쟁의 손을 뻗칠 수 있는 곳이 되었다.

④ 장은 장수를 말한다. 장수는 지혜·신망·인애·용기·위엄을 갖춘 사람이라야 한다.

이는 지휘관의 자질을 가리킨다.

⑤ 법은 군제·계급·재정·군수·군장비 등의 제도를 말한다.

군대의 조직·편제 등과 같은 제도를 가리키며, 여기에는 각 계급의 직책 구분, 통괄, 관리제도 등이 포함된다. 또 군수물자, 군용 기계, 군사비용의 공급과 관리까지 두루 포괄한다.

한편 '칠계'에 대해서는 이렇게 말하고 있다.

① 어느 군주가 정치를 더 잘하는가?

② 어느 편의 장수가 유능한가?

③ 천시天時와 지리地利는 어느 쪽이 얻고 있나?

④ 어느 법령이 잘 시행되고 있는가?

⑤ 군대는 어느 쪽이 강한가?

⑥ 어느 군대가 더 잘 훈련되어 있는가?

⑦ 상과 벌은 어느 쪽이 분명한가?

이상의 '오사'와 '칠계'에 근거하여 나에게 유리한지의 여부를 판단한다. 따져보고 비교한 후 비로소 결심하고 계획을 세운다. 그 후에 "세라고 판단되면" 즉시 병력을 적절하게 배치한다. 포진하는 과정에서 유리한 작전 원칙에 근거하여 기민하게 병력을 배치하여 활용한다. 이것이 '인리제권'의 모략사상이다.

제2차 세계대전 때인 1944년, 미·영 연합군은 두 번째 전투지를 열기 위해 프랑스 서북부에서 노르망디 상륙작전을 펼쳤다. 이 작전에서 미국과 영국은 5천 척의 배와 5천여 대의 비행기를 동원해 150만 병력을 상륙시켰다. 아이젠하워는 상륙작전을 계획할 때 쌍방의 기본 상황을 면밀히 비교하는 것 외에도 부대가 상륙한 후 연합군의 증원 속도가 독일군의 증원 속도를 능가할 수 있는가도 고려했다. 연합군 37개 사단이 상륙하는 데는 1주일 정도가 필요했는데, 이 1주일 동안에 독일군이 얼마나 증원될 것인가, 어느 방향에서 올 것인가, 전투지와의 거리는 얼마나 떨어져 있으며 교통 상황은 어떤가, 독일군을 어떻게 견제할 것인가, 어떻게 독일군의 전략적 교통 요지와 전투지 교통을 파괴 또는 저지하여 독일군의 증원을 억제할 것인가, 날로 증가하는 원병을 수용할 수 있는 대규모 육상기지 공간을 확보할 수 있는가 등과 같은 일련의 동태적 상황에 대해 면밀히 분석하고 연구했다. 그런 다음 연합군에 유리하고 독일군에 타격을 줄 수 있는 조치를 취해 최종적으로 상륙작전을 성공으로 이끌었다. 이런 것들이 '인리제권'이란 모략을 실천 속에서 활용한 보기에 속한다.

양리상권종기중兩利相權從其重, 양해상형추기경兩害相衡趨其輕 두 가지 이익이 맞물려 있을 때는 무거운 쪽을 따르고 두 가지 손해가 맞물려 있을 때는 가벼운 쪽을 따른다

군사적으로 대치 국면에 있는 쌍방은 이익을 위해 싸우고 이익을 위해 빼앗지 않을 수 없다. 틈을 타 이익을 취하고 전기를 포착하는 것은 모든 지휘관이 공유하는 주관적 희망사항이라 할 수 있다.

이익과 손해는 긴밀하게 연관을 맺고 있다. '새옹지마塞翁之馬'라는 유명한 고사에 나오는 그 '새옹'도 말을 잃은 것이 복이 될 줄 어찌 알았겠는가. 그래서 손자가 「구변」편에서 말한 "지혜 있는 자가 일을 생각할 때는 반드시 이로운 점과 해로운 점을 아울러 참작한다."는 대목은 군사 행동에서 이익과 손해 두 방면을 아울러 참작해야 한다는 지적이 아닐 수 없다. 이로울 때 손해를 생각하고, 손해라고 판단될 때 이익을 고려해야 비로소 맹목성에서 벗어날 수 있다.

"두 가지 이익이 맞물려 있을 때는 무거운 쪽을 따르고, 두 가지 손해가 맞물려 있을 때는 가벼운 쪽을 따른다." 현명한 지휘자는 전체 국면을 염두에 두고 여러 경우를 고려하여 이해를 잘 저울질하면서 이익은 추구하고 손해는 피하며, 작은 이익 때문에 큰 손해를 입지 않도록 하고, 한 숟갈 먹자고 밥그릇 전체를 뒤엎는 어리석음을 범하지 않는다.

또 한편으로는 주도권을 장악한 상황에서 일부러 파탄을 노출하여 적을 끌어들인다. 그러나 일부 아둔한 장수들은 공리에만 눈이 어둡고 전략적 두뇌는 결핍되어 있어 승리만 따지고 패배는 생각지 않으며, 이익만 알고 손해는 모르며, 얻는 것만 보고 잃는 것은 보지 않으며, 작은 것만 보고 큰 것은 보지 못하며, 현재에만 밝고 장래에는 어두우며, 눈에 보이는 것만 좇고 무형의 것은 보지 못한다. 복잡한 전쟁터에서 이런 사람은 섣불리 행동하며, 이익을 보면 다투어 달려가고 틈만 보이면 파고들어 머리만 보고 꼬리를 돌보지 못해 상대에게 속을 수밖에 없다.

제2차 세계대전 중인 1940년 11월 14일, 영국의 코벤트리는 독일 전투기의 폭격을 받았다. 폭격 받기 48시간 전, 영국의 '수퍼 기밀' 암호해독기는 이미 독일군의 폭격 계획을 해독해냈다. 만약 제때 조치를 취했더라면 코벤트리는 그토록 처참한 손실을 입지는 않았을 것이다. 그와 동시에 '수퍼 기밀' 암호해독기도 정체를 드러낼 수밖에 없었을 것이다. 이후 장기간의 작전을 통해 이 암호해독기가 제공한 정보로부터 얻을 이익은 코벤트리의 손실을 훨씬 보상하고도 남는 것이었다. 그래서 당시 영국의 수상 처칠은 공습경보를 울리지 않는 고뇌에 찬 결단을 내릴 수밖에 없었다. 손해가 맞물려 있을 때는 가벼운 쪽을, 두 가지 이익이 맞물려 있을 때는 무거운 쪽을 따른다는 모략사상의 구체적인 체현이었다.

욕금고종欲擒故縱 잡고 싶거든 놓아준다

이 말의 어원은 『노자』와 『귀곡자鬼谷子』까지 거슬러 올라간다.

> 무엇을 빼앗고 싶으면 먼저 주어야 한다.(『노자』)
> 가려는 자 놓아주고, 놓아주었으면 가게 하라.(『귀곡자』「모謀」편)

'욕금고종'의 고사는 『한진춘추漢晉春秋』 「후주」에 보인다. (통치모략 '은위병시' 참조)

『36계』에서는 '욕금고종'을 제16계에 놓았는데, 기력과 투지를 흩어버린 다음 붙잡아야 한다는 식으로 설명을 하고 있다. '놓아준다'는 뜻의 '종縱'은 그냥 놓아준다는 것이 아니라, 상대를 따라다니면서 느슨하게 만든다는 뜻을 포함한다. "도적을 구석에 몰되 너무 바짝 뒤쫓지는 말라."는 말도 이와 비슷하다. 뒤쫓지 않는다는 것은 따라다니지 않는다는 말이 아니라, 그저 바짝 다그치지 않는다는 것일 뿐이다. 제갈량의 '칠종칠금'은 놓아주고는 살금살금 뒤따라가는 것으로, 이리저리 몰고 다니면서 결국은 불모의 땅에까지 이르게 했다. 제갈량이 일곱 번 놓아준 뜻은 땅을 개척하자는 데 있었다. 그래서 맹획을 이용하여 여러 세력들을 복속시켰던 것이다. 이는 병법이라 할 수는 없다. 만약 전쟁이었더라면 잡았다가 놓아주는 일은 결코 없었을 것이다.

두 군대가 싸우는 중에 이 모략을 이용하고자 할 때는 적의 기세가 셀 때 일부러 약한 모습을 보여 적이 교만에 빠져 사기가 해이해지고 경계심이 느슨해진 뒤 틈을 타서 도모하는 것이다. '잡는다'는 뜻의 '금擒'은 목적이요, '종縱'은 수단이다. 수단은 목적을 위해 봉사한다. 따라서 '종'은 호랑이를 산으로 놓아 보내주는 것이 아니라, 목적을 가지고 한 걸음 늦추어주는 것이다.

'욕금고종'이 더욱 광범위하게 운용되는 분야는 역시 통치 활동이다. 특히 과거 관료사회의 내부 투쟁에서 더욱 그 효력을 발휘했다. 또 정치 영역에서도 적용되는데, 고의로 상대방을 마비시키고자 상대가 멋대로 행동하도록 만들고 나중에 한꺼번에 처리하는 것이 그것이다. 정나라 장공이 고의로 동생 공숙단公叔段을 종용해 그를 극단으로까지 치닫게 하고 일거에 쳐부순 것도 '욕금고종'의 모략이라고 볼 수 있다.

쾌도참난마快刀斬亂麻 마구 뒤엉킨 실은 칼로 자른다

남북조시대 고환高歡은 북조 동위東魏 효정제孝靜帝(재위 534-550) 때 승상을 지낸 사람이다. 『북제서北齊書』라는 역사서에는 그에 관한 이런 일화가 기록되어 있다.

고환이 한번은 자식들의 지혜를 시험해보고자, 마구 뒤엉킨 삼을 한 다발 주며 누가 가장 빨리 정리할 수 있는지 시합을 시켰다. 다른 아들들은 삼을 한 가닥 한 가닥 뽑아내서 정리하려 했다. 생각 같아서는 그렇게 하는 것이 빠를 것 같았지만 그게 제대로 되지 않자 모두들 조급해졌다. 그런데 고양高洋이란 아들은 쾌도를 꺼내더니 다발을 자르는 것이 아닌가? 이 아들은 근본적으로 이리저리 뒤엉킨 덩어리에는 아랑곳하지 않았다. 그가 제일 먼저 정리를 끝냈음은 물론이다. 아버지 고환은 어찌해서 그런 방법을 택했느냐고 묻자, 아들은 "어지럽게 엉킨 것은 잘라야만 합니다."라고 대답했다. 고환은 이 아들이 기특하기도 했고 또 기뻤다. 장차 큰일을 할 것이라고 생각했기 때문이다.

그 뒤 과연 고양은 효정제의 황제 자리를 빼앗아 북제北齊의 문선제文宣帝가 되었다. 소년 시절의 이런 일화는 그렇게 '전승' 자료로 『북제서』에 실리게 되었다. 그의 "어지럽게 엉킨 것은 잘라야만 한다."는 말은 훗날 통치계급에 의해 백성들을 억누르는 '격언'으로 받아들여졌다.

오늘날 우리는 이것을 복잡한 문제를 신속하고 과감하게 처리하는 것에 비유하여 흔히 '쾌도참난마'라 한다. 이 말은 대단히 자주 사용되고 있는 모략이다. 사방이 의문으로 둘러싸여 있어 아무리 생각해도 풀 길이 없을 때, 의기소침하여 오갈 데 없는 상태에 놓여 있을 때 이 '쾌도참난마'를 활용하여 문제의 세부적인 부분은 포기하고 극히 간단한 방법으로 모호한 문제를 처리해버리는 것이다. 과감한 조치로 한두 차례의 '풍파'를 헤친 다음, 밝은 국면을 열어나가면 되는 것이다.

전설에 의하면 고대 페르시아의 다리우스 왕은 '매듭' 하나를 묶어놓고, 누구든지 이 매듭을 풀 수 있는 사람이 소아시아 전체를 통치할 수 있을 것이라고 선포했다고 한다. 많은 사람들이 그 매듭을 풀려 했지만 하나같이 성공하지 못했다. 알렉산드로스 대왕이 그것을 살펴보더니 칼을 뽑아 두 동강을 내버렸다. 이런 가장 간단하고 과감한 방법은 흔히 지혜와 사고가 고갈되었을 때 미로를 헤쳐나가는 데 도움이 될 수 있다.

호복기사胡服騎射 오랑캐 옷을 입고 말을 타고 활을 쏘다

이와 관련한 고사는 『사기』 「조세가趙世家」에 나온다. 전국시대(기원전 480-기원전 222)로 접어들면서 사회 생산력이 크게 발전하고 그에 따라 전쟁의 규모도 커졌다. 전쟁에 투입되는 병사의 수가 증가했고 전투 지역도 확대되어 전차는 더 이상 제 기능을 발휘하지 못하는 전쟁 수단이 되었다.

당시 조趙나라는 흉노나 진秦나라 같은 강국들의 위협을 받으면서도 여전히 전차를 주로 한 전법을 답습하는 바람에 기동성 넘치는 흉노 기병을 당해낼 수 없었다. 국가를 위기에서 구하고 조나라를 부강하게 만들기 위해 무령왕武靈王은 군사 편제와 모략사상에 일대 변혁을 일으키기로 결심했다.

무령왕은 조나라 전군에 대해 땅에 질질 끌려 행동이 부자유스러운 종래의 헐렁한 옷을 버리고, 호인들이 입는 간편하고도 행동하기에 자유로운 좁고 짧은 기마복으로 바꿔 입을 것을 명령했다. 아울러 호인의 기마술과 훈련법도 널리 보급시키기로 했다. 기원전 307년, 무령왕은 신하들을 소집해 군대의 대사를 상의하는 자리에서 중요한 문제를 거론했다.

"이제부터 우리도 백성들에게 호복을 입고 말을 타고 활을 쏘는 것을 교육하려는데 어떻게 생각하오?"

낡은 인습에 얽매여 있던 당시의 늙은 신하들은 당연히 무령왕을 말렸다. 무령왕의 숙부인 공자 성成은 병을 핑계로 조회에 아예 참석조차 않을 정도로 노골적인 반감을 드러냈다. 무령왕은 국가의 존망이 걸린 큰 개혁의 차원이라며 숙부를 설득하여 그에게 호복을 입도록 했다. 다음 날 공자 성은 호복 차림으로 조회에 나와 국사를 논했다. 무령왕은 전국에 호복으로 복장을 바꾸라는 '호복령胡服令'을 선포했다. 무령왕은 조야의 들끓는 반대에도 아랑곳하지 않고 몸에 달라붙는 가볍고 간편한 호복을 입고, 말을 타고 활을 쏘는 기병을 훈련시키는 등 기마전의 작전 방식을 택했다.

결국 조나라는 강력한 기마군을 보유하게 됨으로써 날로 강성해져 북으로는 흉노를 몰아내고, 서로는 막강한 진과 맞설 수 있었으며, 동으로는 연나라와 제나라를 정벌했다. 조나라는 일약 진나라의 동진을 막는 최강적으로 떠올랐다. 중원의 여러 나라들도 너 나 할 것 없이 조나라를 본받아 전통적인 전차 전법을 개혁했다.

조나라 무령왕이 추진한 '호복기사'는 중국 역사상 중대한 군사 개혁으로, 그 의의는 이 일로 조나라가 강성해졌다는 사실 자체를 훨씬 뛰어넘는 것이었다. 그 어떤 군사상의 개혁도 많은 피의 대가를 전제로 하게 마련인데, 무령왕의 개혁은 여러 차례의 실패로 국가가 어려울 때 제기되었다는 사실이 특히 큰 의미를 갖는다. 모든 개혁은 전통적 습관과 사고방식을 고집하려는 세력의 저항을 받게 마련인데, 무령왕은 이런 수구세력의 반발에도 결코 머뭇거리지 않고 용감하게 나아가는 용기와 결심으로 개혁을 추진했다. 자신이 솔선수범하여 여러 대신에게 대의를 천명하고, 비중 있는 인물인 숙부 공자 성을 설득한 것도 개혁 성공의 중요한 요소였다. 이는 통치자의 실제 언행과 행동이 국민과 병사들에 대한 살아 있는 교과서이자 가장 호소력 있는 통치술이라는 점을 잘 말해준다.

초나라 왕이 가는 허리의 여자를 좋아한 것이나, 제나라 왕이 자주색 옷을 싫어한 것, 의공懿公이 꼬리가 긴 닭을 좋아한 것 등이 이런 이치를 잘 보여주는 예들이다. 다만 좋아하는 대상이 달라 결과가 달리 나타났을 뿐이다.

이폭역폭以暴易暴 폭력은 폭력으로 맞선다

『사기』「백이열전伯夷列傳」에는 이런 이야기가 있다.

백이伯夷와 숙제叔齊는 고죽군孤竹君의 두 아들이다. 고죽군은 백이의 아우인 숙제로 하여금 자기 뒤를 잇게 하려고 했다. 아버지가 세상을 떠나자 숙제는 형인 백이에게 왕위를 양보했다. 백이는 백이대로 "아버지의 명이니 어길 수 없다."며 도망가버렸다. 숙제 역시 임금 자리가 싫어 도피했다. 나라 사람들은 중간 아들을 왕으로 세웠다.

백이와 숙제는 "듣자 하니 서백西伯 창昌(주 문왕)이 늙은이를 잘 모신다고 하니 그에게 몸을 맡기는 것이 좋지 않겠는가?"라며 서백에게로 갔다. 가서 보니 서백은 세상을 떠나고 그 아들 무왕武王이 아버지의 나무 신주를 수레에 싣고 문왕이라는 존호尊號를 올리고서 동쪽 은나라의 주왕을 정벌하려 하고 있었다. 백이와 숙제는 무왕의 말고삐를 붙잡고 간곡히 말했다.

"아버지가 돌아가셨는데 장례도 마치지 않고 전쟁을 일으키려 하다니 효도가

● '이폭역폭'은 부득이한 경우에만 사용해야 한다. 강태공은 이 점을 잘 알아 무왕에게 건의했다. 초상화는 무왕이다.

아니다. 또 신하인 제후가 임금인 천자를 시해하려 하니 이 어찌 어진 일이라 할 수 있는가?"

무왕의 좌우에 있던 군사들이 그를 죽이려 하자, 태공망太公望 여상呂尙(강태공)이 "그들은 의로운 사람이다."라며 돌려보내게 했다.

무왕이 은나라의 난을 평정하자 온 천하가 주나라를 종주국으로 받들었다. 그러나 백이와 숙제는 이를 부끄럽게 여기고 의리를 지켜 주나라의 곡식을 먹지 않고 수양산首陽山에 들어가 고사리를 캐 먹고 지냈다. 그 뒤 굶어 죽게 되었을 때, 이런 노래를 지어 불렀다.

저 산에 올라가 고사리를 캔다네.
무왕은 포악한 방법으로 주왕의 포악함을 대신하였건만, 그 잘못을 모르네.
신농神農·우순虞舜·하우夏禹의 도가 홀연히 사라졌으니,
내 어디로 가서 몸을 맡길 것인가?
아아, 죽어야겠다, 명이 다했구나!

그러고는 마침내 수양산에서 굶어 죽었다.

여기서 "포악함으로 포악함을 대신한다"는 뜻의 '이폭역폭'이 나왔다. 후대 사람들이 이 말을 사용하면서 뜻이 변화되어, 흔히 폭력으로 폭력을 대신하는 모략을 '이폭역폭'이라 부르게 되었다. 또는 폭력의 수단으로 폭력에 맞서는 것을 말하기도 한다. 올바르게 사용하기만 한다면 이 역시 중요한 모략이 된다.

고대 함무라비 법전에서 나왔다고 하는 복수법의 전형인 "눈에는 눈, 이에는 이", "피는 피로" 등이 모두 이 '이폭역폭'과 일맥상통한다.

이화구화以火救火 불로 불을 끈다

『장자』「인간세人間世」에 보면 다음과 같은 의미심장하면서도 냉소적인 일화가 기록되어 있다.

> 안회顔回가 공자에게 하직 인사를 하니 공자가 물었다.
> "어디로 가려느냐?"
> "위나라로 가렵니다."
> "무얼 하러 거길 가려느냐?"
> "듣자 하니 위나라 임금은 나이가 젊고 그 행동이 독재적이라 경솔하게 백성을 부리면서도 잘못을 모르고, 죽은 백성들이 연못을 메울 정도로 가득하며 볏단같이 수북이 쌓여 있어 백성들이 어찌할 바를 모른다고 합니다. 저는 전에 선생님께 이런 말을 들었습니다. '잘 다스려지는 나라를 떠나 어지러운 나라로 가라. 의사의 집 문 앞에는 환자가 많다.' 제가 들은 바를 실천하면 위나라를 고칠 수 있지 않겠습니까?"
> "허! 가봐야 잡혀 죽지 않을까 걱정이다. 대저 도라는 것은 잡다해져서는 안 된다. 잡다하면 많고, 많으면 어지러워지고, 어지러워지면 걱정이 생기고, 걱정이 생기면 구제할 수 없다. 그러므로 옛날 현자들은 먼저 자기를 세우고 난 다음에 다른 사람을 세우거늘, 하물며 자신도 세우지 못하면서 어느 겨를에 사나운 사람의 소행에

간섭한단 말인가? 그리고 덕이 혼란해지면서 지혜가 생겨나는 것을 아는가? 덕은 명예를 추구하면서 혼란해지고, 지혜는 다투면서 생겨나는 법이다. 명예는 서로 해치는 것이요, 지혜는 서로 다투는 기구가 된다. 이 두 가지는 흉기라 그것으로 사람을 이끌 수는 없다. 또 덕이 두텁고 신용이 확실해도 남의 기분을 다 맞추지 못하고 명예를 다투지 않아도 남의 마음에 통하지 못하거늘, 인仁이니 의義니 법도法道니 하는 말로 사나운 사람 앞에서 지껄이는 것은 남의 악을 핑계 삼아 나의 미덕을 과시하려는 것이나 마찬가지다. 이런 사람을 가리켜 남을 불행하게 만드는 사람이라 한다. 남을 불행하게 만드는 사람은 그 역시 남에게 불행을 당하게 마련이다. 그러니 너도 모르긴 해도 남에게 불행을 줄 것이다. 또한 진실로 그 임금이 어진 이를 좋아하고 불초한 자를 미워한다면 무엇 때문에 너를 등용해서 특이한 일을 하려 하겠는가? 너는 말하지 말아라. 그 나라 왕은 틀림없이 남의 약점을 틈타 꼭 이기려 들 것이다. 그러면 너의 눈은 현혹될 것이고, 너의 안색은 변할 것이며, 너의 입은 변명하게 될 것이고, 너의 기색은 공손해질 것이며, 마음 또한 그의 비위를 맞추게 될 것이다. 이는 '불로 불을 끄고, 물로 물을 막는 격이라', 이런 것을 '한술 더 뜬다'고 하는 것이다."

오늘날 사람들은 이 '이화구화'에 대해 좀더 깊이 있는 이론과 실천을 보여주고 있다. 산불을 진화할 때 바람의 방향에 따라 맞불을 놓으면 그 불길이 약해진다. 사람들이 사회생활을 영위하는 중에 이 '이화구화'도 점차 하나의 모략이 되어가고 있다. 지도자가 어떤 일을 성취하거나 어떤 사건을 막고 싶을 때, 정상적인 부드러운 방법으로는 여러 사람의 반발을 사는 경우가 왕왕 있다. 만약 대세의 흐름을 타고 행동하면서 어떤 인식과 행동을 극단으로 끌어올려 그 약점을 충분히 드러낸 후 다시 그것을 바로잡으면 오히려 사람들을 설득시킬 수 있다. 이것이 대세의 흐름에 따라 이익을 끌어들이는 통치술이다.

범지이리犯之以利, 물고이해勿告以害 강점은 내세우고 약점은 말하지 않는다

전국시대에 주조周躁라는 이름의 유세를 주로 일삼는 변사가 있었다. 그는 벼슬자리라도 하나 얻을까 해서 제나라의 벼슬아치인 친구 궁타宮他를 찾아가 자신을 추천해 달라고 했다.

"자네가 나를 위해 제나라 왕께 이 몸이 외교 신하가 되고 싶어 한다고 말을 좀 해주게나. 제나라가 나에게 힘을 빌려주면 위魏나라로 가겠네."

친구 궁타가 말했다.

"그건 안 될 말이네. 그렇게 되면 제나라에서 자네를 가볍게 여기게 될 게 뻔하네. 그러니 자네는 먼저 위나라가 자네를 중요시한다는 걸 보여주어야 하네. 자네는 제나라 왕께 이렇게 말하게. '왕께서 위나라에게 바라시는 것을 위나라가 들어주도록 하겠습니다.' 그러면 제나라는 필시 자네에게 힘을 줄 것이고, 자네는 제나라에서 얻은 그 힘으로 위나라를 움직이면 되는 것이지."

이 이야기를 풀어서 설명하자면 이렇다. 주조가 바라는 것은 제나라의 특사가 되어 위나라를 방문하고 싶다는 것이었다. 만약 제나라 왕이 자신을 지지해주면 위나라를 제나라와 친하게 만들어보겠다는 것이다. 반면에 친구 궁타는 그 생각에 반대를 표시하면서 이렇게 말한다. "그건 안 된다. 그렇게 말하는 것은 자네 스스로가 위나라에서 환영을 못 받는 사람이라고 말하는 것이나 마찬가지다. 그런 사람을 제나라 왕이 임용하겠는가." 여기서 주조는 그럼 어떻게 말해야 되는지 물었을 것이다.

이에 궁타는 다음과 같이 요령을 일러준다. "자신감 넘치게 제나라 왕에게 가서 '위나라에게 무엇을 바라십니까? 제가 위나라의 힘을 기울여 왕께서 바라시는 것을 만족시켜드리겠습니다'라고 말하라. 그러면 제나라 왕은 자네를 임용할 것이다. 그런 다음 자네가 그 힘으로 위나라로 가면, 위나라 왕도 자네가 제나라에서 권세가 있다는 것을 인정하고 자네를 깔보지 않을 것이다. 이렇게 하면 자네는 제나라 왕도 움직일 수 있고 위나라 왕도 움직일 수 있게 된다."

주조는 원래 무명의 인물로 제나라에서 벼슬을 얻는다는 것이 쉽지 않으리라 생각했는데, 친구 궁타가 좋은 방법을 강구해주었다. 위나라의 이름을 빌려 자신을 높임으로써 제나라에서 벼슬을 얻는 목적을 달성하고, 다시 제나라의 이름을 빌려 자신의 위세를 높인 후에 위나라가 자신을 소홀히 할 수 없도록 한 것이다.

역시 전국시대의 유명한 책사의 한 사람이었던 소진蘇秦도 이 책략을 효과적으로 사용했다. 그는 '합종책合縱策'을 제안해 이름을 날렸다. 전국시대 7웅 가운데 서쪽의 진秦나라가 점점 강해지기 시작하자, 다른 여섯 나라는 남북으로 연합하여 '반진동맹反秦同盟'을 결성했는데, 이를 '합종'이라 했다. 소진은 각국의 군주들을 찾아다니며 유세한 끝에 이 동맹을 성립시키고, 그 자신은 동맹의 사무총장과 같은 자리를 확보했다.

소진은 각국의 군주들을 설득하는 방법으로 우선 해당 나라들의 정세를 철저히 조사해서 그 장점을 뽑아냈다. 그리고 군주를 만날 때 그 점을 더욱 과장하고 보태어 군주에게 그 점에서 이렇듯 뛰어난 나라는 본 적이 없다면서, 잊지 못할 인상을 남기는 데 최대한 신경을 썼다. 그러나 그 나라의 단점에 대해서는 어떻게든 언급하지 않고 피해나갔다. 예를 들어 병력은 많지만 지세가 불리한 A국에서 유세할 때는 병력이 많은 장점을 극구 강조한다. 그리고 병력은 적지만 지세가 유리한 B국에 대해서는 유리한 지리 조건을 강조한다. 진나라에 대해 줄곧 두려움을 느껴오던 군주들은 이런 설득을 거치면서 이내 자신감을 갖게 된다. 그때쯤이면 소진은 "A국의 병력과 B국의 지리적 이점을 합치면 어렵지 않게 진나라를 물리칠 수 있습니다."라는 식으로 말한다.

자신감을 높이는 것, 이는 성공적인 지도자가 취해야 할 가장 유력한 방법의 하나다.

투지망지연후존投之亡地然後存, 함지사지연후생陷之死地然後生 망하는 곳에 던져진 뒤라야 생존할 수 있고 죽음의 땅에 빠진 뒤라야 살 수 있다

매우 극적인 이 말은 『손자병법』「구지」편에서 나왔다.

사실로써 움직이게 하되 말로 이르지 말아야 하며, 유리한 것으로써 움직이게 하되 해로운 것은 말하지 말아야 한다.
망하는 곳에 던져진 뒤라야 생존할 수 있고, 죽음의 땅에 빠진 뒤라야 살 수 있다. 무릇 전군을 위험한 전투지에 빠지게 한 뒤라야 병사들이 제각기 결사적으로 분전하여 승리를 결정짓게 할 수 있다.

이와 관련하여 손자는 '죽음의 땅'인 '사지死地'란 "빨리 결전하면 생존할 수 있으나 빨리 싸우지 않으면 망할 위험이 있는 곳"이라 했다. 손자는 전쟁에서 승리하기 위해 때로는 부대를 절박한 지역에 몰아넣음으로써 오히려 승리를 얻고 군대를 보전할 수 있다고 본 것이다. 피할 수 없는 살육의 상황에서 싸우지 않으면 죽을 수밖에 없고 싸우면 꼭 죽지 않아도 되는 경우라면, 부대를 격려해서 사투의 정신을 갖고 싸움에 임하게 함으로써 승리를 거둘 수 있다. 또 『손자병법』 「구지」편에는 다음과 같은 대목이 보이는데, 부대가 본국을 떠나 적국에 진입해서 어떻게 작전할 것인가를 논하고 있다. 그중에는 부대를 사지에 몰아넣어 승리를 거두는 모략도 있다.

군대를 벗어날 수 없는 위기의 땅에 투입하면 군사들은 죽을지라도 달아나지 않는다. 죽는 것 외에 아무것도 얻을 게 없기 때문에 병사들은 죽을힘을 다해 싸운다. 군사들이 극히 위험한 처지에 빠지면 오히려 두려워하지 않고, 벗어날 길이 없으면 단결은 더욱 단단해진다. 적지 깊숙이 들어가면 서로를 묶어놓은 것처럼 도망치지 않으며, 막다른 길에 몰리면 싸우지 않을 수 없다.

말하자면 싸우는 것 외에 별다른 출구가 없는 상황에 놓이게 함으로써 차라리 죽는 게 낫다는 정신을 가지게 하여 승리를 이끌어내는 것이다. 죽음을 두려워하지 않는데 어떤 적인들 못 이기겠는가? 병사들은 한마음이 되어 고군분투한다.

『오자병법』 「치병治兵」 제3에서는 "필사의 정신이면 살고 요행히 살기를 바라면 죽는다."고 했고, 『백전기법』 「사전死戰」에서는 "적이 강성해서 아군이 머뭇거리며 움직이려 하지 않으면 사지로 몰아넣어야 한다. 살려고 하는 마음을 끊어버리면 필승이다."라고 했다. 또 『위료자』 「제담制談」 제3에서는 도적 하나가 검을 휘두르며 저잣거리를 활개치고 다니는데 다른 사람들이 모두 숨거나 도망치는 것은 도적이 용감하거나 다른 사람이 그만 못해서가 아니라 '필사'와 '필생'이라는 두 가지 정신에서 차이가 나기 때문이라고 했다. 『오자병법』 「여사勵士」 제6에도 이와 비슷한 내용이 있다. 목숨을 두려워하지 않는 도둑이 광야에 숨었다고 할 때, 천 명이 그를 잡으러 쫓아갈지라도 저마다 무서워 벌벌 떠는데, 그것은 언제 어디서 도둑이 나타나 달려들지 모르기 때문이다. 따라서 목숨을 내놓은 한 명이 천 명을 두려움에 떨게 할 수 있다. 5만의 군사를 이처럼 죽음을 두려워하지 않는 병사들로 만들어 그들을 지휘하며 적과 싸운다면 아무리 강적이라도 당하지 못한다.

부대를 "사망의 전투지로 몰아넣는 것"은 전쟁에서 지휘관이 계획적으로 취하는 군사 행동의 하나다. 전쟁사에서 이 모략으로 승리를 거둔 예들은 적지 않다.

기원전 204년, 한신이 이끄는 군대는 조나라에서 싸우고 있었다. 20만 조나라 군대는 정형구井陘口를 지키고 있었고, 한신의 군대는 열세에 놓여 있었다. 한신은 병사들을 분전케 하기 위해 일부러 위험한 상황으로 군대를 몰아넣기로 했다. 절박한 상황에서 살아남기 위해서는 필사적으로 싸워야 한다는 사실을 잘 알고 있는 그는 그 유명한 '배수의 진'을 쳤다. 그 결과 한나라 군대는 큰 승리를 거둘 수 있었다.

기원전 206년, 항우는 부대를 필사의 정신으로 싸우게 하기 위해 병사 1인당 단 3일분의 식량만을 휴대하게 하고, 가마솥을 부수고 타고 온 배를 물에 침몰시켰다. 병사들은 과연 살아 돌아갈 생각을 버리고 필사적으로 싸워 진나라 군대를 대파했다.

이 모략은 부대를 사지에 몰아넣어 생존을 구하는 것으로, 손자가 처음 제창했다. 그러나 이는 특수한 조건하에서만 실행 가능한 모략이다. 왜냐하면 전쟁이란 위험천만한 생사의 땅으로 들어가는 것이며, 부대가 곤란을 극복하고 희생을 두려워하지 않는 정신을 갖추려면 말에 시체를 싣고 돌아올 각오가 서 있어야 하기 때문이다. 사망의 땅에 놓이게 되면 죽을힘을 다해 분투해야 한다. 이런 군대는 형세가 자기에게 유리한 상황에서는 더욱 확실한 승리를 거둔다.

우리는 이 모략을 비판적으로 받아들일 필요가 있다. 우선 이 모략을 사용하는 데는 조건이 따른다. 시간·장소·사람의 차이를 고려해야 하기 때문이다. 삼국시대 촉한의 장수 마속馬謖은 가정街亭을 지키고 있었는데, 제갈량의 명령을 따르지 않고 물을 버리고 산으로 올라갔다. 그는 부장 왕평王平의 건의도 받아들이지 않았다. 그는 산 위에 진을 쳐야 적에게 포위를 당하더라도 "사지에 빠진 뒤라야 살 수 있다"는 '함지사지연후생'의 효과를 거둘 수 있다고 판단했다. 위나라 장수 장합張郃은 이런 지리적 조건에서 마속의 약점을 이용했다. 먼저 물길을 차단한 후에 포위망을 좁혀간 것이다. 산 위에서 식수가 끊긴 채 포위당한 마속의 군대는 결사의 정신조차 불러일으킬 수 없이 완전히 무너지고 말았다.

병사들의 용감한 정신은 전쟁의 성질과 군대 통치의 본질로 결정된다. 정의로운 전쟁이건 진보적인 군대건 간에 부대가 강대한 전투력을 갖추려면 강력한 정치·사상 교육을 통해 평소에 엄격하게 훈련시켜야지, 무작정 사지에 몰아넣어 전투심을 불러일으키려는 것은 오래가지도 못할 뿐더러 성공을 기대하기 어렵다.

제 3 부

군사모략軍事謀略

동서고금의 전쟁사를 살펴보면 작은 나라가 큰 나라를 물리치고 약한 군대가 강한 군대를 이긴 예가 적지 않았다. 두 다리가 없는 손빈은 수레 위 의자에 앉아 여러 모략을 펼침으로써, 전투에 익숙하고 용감무쌍하며 우세한 전력을 가진 방연의 군대를 전멸시켰다. 닭 한 마리 잡을 힘조차 없었던 유방은 '역발산기개세'의 항우를 물리쳤다. 우아하게 부채를 흔들던 제갈공명, 막사 안에서 계략을 세웠다는 장량 등은 전쟁이라는 무대에서 무예가 절륜했던 장수들보다 그 작용과 영향 면에서 훨씬 더 돋보이는 존재들이다. 이러한 사실들은 한결같이 보편적이면서 심오한 이치를 증명한다. 즉, 피가 튀고 불길이 난무하는 전쟁터에서 지혜의 정도와 모략의 수준이야말로 전쟁의 승부와 뗄 수 없는 관계를 맺고 있음을 말이다.

전쟁은 힘겨루기의 장이기 전에 지혜의 각축장이다. 군사 영역은 예로부터 모략이 쏟아져 나오는 토양이었고, 군사 투쟁은 기묘한 계략들이 탄생하는 요람이기도 했다. 인류의 모략 창고를 열어보면 전쟁에 기원을 두고 있는 모략이 가장 많고, 가장 넓고, 가장 돋보인다는 사실을 쉽게 알 수 있다. 그리고 그것은 또 다른 여러 영역 속으로 깊숙이 침투해서 그 영역들과 단단히 손을 잡고 있다.

역대 정치가·사상가·외교가들치고 군사모략에 대한 연구를 중시하지 않은 사람은 없었다. 역대 병법가들은 특히 모략 연구를 가장 중요한 자리에 올려놓았다. 실로 명나라 때 사람 유백온劉伯溫이 했던 "무릇 군대를 활용하는 방도로는 꾀가 으뜸이다."라는 말과 통하지 않을 수 없다. 수없이 많은 군사 서적 속에서 어떤 병서를 들추어봐도 모략을 거론하지 않은 책은 거의 없다. 손자는 말한다. "최상의 전쟁은 적의 계획을 분쇄하는 것이고, 그다음은 적의 외교를 파괴하는 것이고, 그다음은 무기로 정복하는 것이고, 가장 못한 방법은 적의 성곽을 공격하는 것이다." 군사는 정예군을 중시하고 장수는 모략을 중시한다. 용감하되 꾀가 없으면 도살꾼과 같은 일개 무인에 지나지 않는다. 이런 자는 병가에서 쓸모없는 존재로 취급받는다. 모략으로 승리하는 것이야말로 군사의 최고 법칙이다.

군사모략을 배우고 연구하는 데 편의를 제공하기 위해 우리는 여러 병서에 흩어져 있는 모략들을 뽑아 150여 항목으로 분류하는 한편, 이들 모략을 운용한 비교적 전형적인 사례를 각 항목 뒤에 안배하여 본보기가 되도록 했다.

1절
군사의 근본

상병벌모上兵伐謀 최상의 병법은 적의 모략을 분쇄하는 것

『손자병법孫子兵法』「모공謨功」편에서는 이렇게 말하고 있다.

　　최상의 전쟁은 적의 계획을 분쇄하는 것이고, 그다음은 적의 외교를 파괴하는 것
이고, 그다음은 무기로 정복하는 것이고, 가장 못한 방법은 적의 성곽을 공격하는
것이다. 성을 공격하는 방법은 부득이한 경우에나 쓰는 것이다.

　　내 쪽의 모략으로 적을 패배시키는, 말하자면 싸우지 않고 적을 굴복시키는 방
법을 '벌모伐謀'라고 한다. '상병上兵'은 가장 훌륭한 전쟁 수단을 가리키는데, 손자는
'벌모'를 가장 유리한 것으로 생각했다. '벌모'의 실질은 적이 계획하거나 계획을 실행

하려 할 때, 그 모략을 간파하여 나의 정치·군사 목적을 실현하는 데 있다.

조조曹操는 자신의 경험에 근거하여 '상병벌모'에 대해 다음과 같은 해석을 내리고 있다.

군사를 일으켜 멀고도 깊숙이 들어가 그 성곽을 접거하여 내외를 단절시킴으로써 적으로 하여금 나라를 들어 굴복케 하는 것이 최상이다.

조조는 '상병벌모'의 목적이 강대한 군사적 역량을 근간으로 삼고 여기에 '벌병伐兵'과 '공성攻城'을 배합하여 최소한의 희생으로 최대한의 승리를 낚아 적 전체를 항복하게 만드는 데 있다고 보았다. 이는 군사 투쟁의 해소를 위한 것도 아니고 또 죽어라고 싸우는 단순한 군사적 공격과도 다르다. 우수한 지휘자는 먼저 모략 싸움에서 이기는 것을 중시한다. 피를 흘리지 않고 완전한 목적에 이르는 것이다.

기원전 204년, 한신韓信은 조趙를 멸망시킨 후 조나라 광무군廣武君의 건의를 받아들여 군대를 쉬게 하고 조나라 백성을 안심시켰다. 그리고 변사를 연燕나라에 보내 곧 연나라를 치겠다는 의사를 전달하고, 군의 위세를 한껏 떨쳐 보임으로써 연을 굴복시켰다.

『구당서舊唐書』「곽자의열전郭子儀列傳」에 보면, 765년 토번吐蕃·회흘回紇·당항黨項·강혼羌渾·노자奴剌 등 변방 민족과 산적 세력인 임부任敷·정정鄭庭·학덕郝德·유개원劉開元 등이 30여만 군사를 이끌고 당을 공격한 기록이 나온다. 당나라 수도는 바야흐로 긴장 상태로 돌입했다. 조정에서는 황급히 곽자의를 불러 군대를 맡겼다. 곽자의는 지금의 병력으로는 도저히 싸워 이길 수 없음을 알았다. 그러나 곽자의는 상대가 대부분 자신의 옛 부곡部曲[25]과 관련이 있고, 평소 자신에게 은혜를 입은 자들이 많기 때문에 저들이 차마 자신에게 칼날을 겨누지는 못할 것이라고 판단했다. 곽자의는 몸소 몇 명만 거느린 채 회흘 진영으로 곧장 달려갔다. 회흘의 여러 추장들은 너 나 할 것 없이 말에서 내려 곽자의에게 절을 올렸다. 곽자의는 비굴하지도 거만하지도 않고 솔직담백하게 약속을 어긴 그들을 나무랐다. 추장들은 사과했고, 곽자의는 그들을 불러 연회를 베푸는 한편 비단 등의 재물을 주어 환심을 사고 애당초 맺었던 동맹을 회복했다. 곽자의는 회흘과 토번 사이의 알력을 이용하여 회흘과 동맹을 맺음으로써 토번을 고립시켜 물러갈 수밖에 없게 만들었다. 이로써 당나라 전역을 공포로 몰아넣었던 위기가 해소되었다.

손자의 '상병벌모' 사상은 중국 수천 년 역사상 정치·군사 영역의 투쟁에 엄청난 영향을 주었을 뿐 아니라, 다른 근대 국가에도 상당한 영향을 주었다. 『손자신연구孫子新研究』「총론」에 보면, 독일의 빌헬름 2세가 실각하여 네덜란드로 망명 왔다가 『손자병법』을 읽고 나서는 왜 좀더 일찍 이 책을 읽지 못했던가 하며 한탄하고 후회했다는 내용이 있다. 현대 전쟁의 양상이 어떻게 발전하든 '상병벌모'는 그 의의를 결코 잃지 않을 것이다.

병이정승兵以靜勝 고요한 군대가 이긴다

전국시대의 책으로 알려진 『위료자尉繚子』「정권政權」을 보면 다음과 같은 의미심장한 구절이 나온다.

---

25 주로 수공업자들이나 범죄자들을 따로 모아 살게 한 특수 정치·행정단위를 말한다.

고요한 군대가 승리하고, 힘과 마음을 하나로 통일한 나라가 승리한다. 힘이 분산 되면 약해지고, 마음에 의심이 생기면 배반한다.

이 모략의 요지는 고요한 군대가 적을 제압할 수 있다는 것이다. 『회남자淮南子』 에서는 "군대가 냉정하고 침착하면 견고해진다."고 했다. 또 『초려경략草廬經略』 권4 「상정尙靜」에서는 "무릇 3군이란 시끄러우면 혼란에 빠지고, 고요하면 잘 다스려진다." 고 했다. 『병뢰兵壘』 「정靜」에서는 이에 대해 비교적 상세한 설명을 하고 있다.

병兵이란 무武를 다루는 일이다. 따라서 고요함을 위주로 한다. 고요하면 형체가 없 지만, 움직이면 형체가 드러난다.… 호랑이나 표범이 움직이지 않으면 함정에 빠지 지 않고, 사슴이나 고라니가 움직이지 않으면 덫에 걸리지 않으며, 물고기가 움직이 지 않으면 새의 부리 따위에 쪼이지 않듯 모든 움직이는 물체는 제압당하게 마련이 다. 때문에 옛 성인들은 고요함을 중요하게 여겼다. 고요하면 서두르지 않는다. 그 런 다음에 서두름에 응할 수 있다.

한 군대가 고요함으로 상대를 제압할 수 있는 까닭은 첫째, 고요하면 형체가 없 어 적이 나의 행적을 종잡을 수 없고, 따라서 나의 의도와 허실을 알 길이 없기 때문 이다. 내가 어디를 막고 있는지, 나의 어디가 약한지 모르기 때문에 어디로부터 나 를 공격해야 할지 모른다. 또 내가 어디를 공격해 들어갈지 모르기 때문에 어디를 막 아야 할지 모른다. 둘째, 고요하면 서두르지 않아 자신의 약점을 쉽게 드러내지 않기 에 적이 기회를 잡을 수 없기 때문이다. 장수가 냉정하고 꼼꼼히 문제를 살펴 판단을 내리고 '기계奇計'를 구사하면 "승산이 큰 싸움"을 벌일 수 있다. 군대가 훌륭한 방어태 세, 엄격한 규율과 질서를 유지하면 명령을 확실하게 집행하고 긴밀한 협동 체제를 세울 수 있다.

기원전 154년, 오吳·초楚 등 7국이 서한西漢 정권에 반기를 들었다. 이른바 '오초 7
국의 난'이다. 주아부周亞夫는 명령을 받고 반란군 정벌에 나서 창읍昌邑(지금의 산동성
금향 서북)에 이르러 튼튼한 성을 거점으로 수비태세에 들어갔다. 오·초군은 양梁의 수
양睢陽으로 진군했다. 양에서는 사신을 보내 주아부에게 구원을 요청했다. 한 경제景
帝도 주아부에게 양을 구원하라고 했다. 그러나 주아부는 병력을 움직이지 않았다.
다만 날랜 기병 한 부대를 보내 오·초의 식량 보급로를 차단했다. 오·초군의 공격은 계
속되었지만 상황은 좀처럼 진전이 없었다. 거기에다 식량이 떨어지자 오·초는 결전을
서둘렀다. 그래도 주아부는 출전하지 않고 수비에만 치중했다. 오·초군은 싸움도 제
대로 해보지 못하고 굶주림에 시달려 사기가 급속도로 떨어지자 하는 수 없이 퇴각
하기 시작했다. 이때를 놓칠세라 주아부는 정예병으로 오·초군을 맹렬히 공격하여
대파했다.

317년, 봉기군의 수령 두증杜曾의 군대가 전국에 그 위세를 떨치고 있었다. 진晉
의 원제元帝는 예장豫章 태수 주방周訪을 파견해 토벌하게 했다. 당시 봉기군의 사기는
왕성하여 파죽지세였다. 싸움이 시작되자 주방은 몸소 중군을 이끌어 군심을 안심
시키고, 자신은 후방에서 사냥이나 하면서 여유를 보였다. 그는 이미 속으로 이 전투
의 손익계산서를 다 세우고 있었고, 그래서 위기에 처해서도 전혀 흔들림이 없었던
것이다. 전투가 격렬해지자 주방은 정예병 8천을 뽑아 술과 음식을 마음껏 들게 한
다음, 절대 함부로 움직이지 말라고 명령했다. 봉기군의 수령 두증이 빠른 속도로 주
방의 30보 앞까지 접근하자, 그제야 주방은 몸소 북을 울리며 병사를 격려해 나가 싸
우도록 했다. 두증은 이 갑작스러운 움직임에 크게 당황했고, 그의 군사들도 혼비백
산하고 말았다. 이 틈에 주방은 창을 휘두르며 맹공을 가해 두증을 무당武當으로 패
주시켰다.

'정靜'은 '동動'과 모순되는 양면이다. 그리고 절대적인 '정'이란 존재하지 않는다. '병이정승'이 강조하는 바는 정(고요함)으로 동을 제압하고, 정으로 이기는 것이다. 먼저 고요함을 갖춘 다음 움직이자는 것인데, 그 속에도 움직임이 있다. '정'은 결국 '동'을 위한 것이다. '동'이 없다면 '정'은 그 의미를 잃고 만다.

전쟁의 승부는 적과 나 사이에 벌어지는 일련의 세력 활동으로 결판난다. 주아부가 양의 구원 요청과 황제의 명령에도 아랑곳하지 않고 병력을 움직이지 않은 것은 총체적으로 보아 '정'이지만, 동시에 날랜 기병을 보내 식량 보급로를 차단한 것은 '정' 가운데 '동'이 있음을 보여준 것이다. '정'이 안고 있는 의미를 깊게 이해해야 '병이정승'의 모략을 펼칠 수 있다. 예를 들어 깊은 연못을 지나거나 얇게 언 얼음 위를 지나갈 때 절대 경거망동해서는 안 되는 이치와 같다. 그렇다고 '정'을 보수적이고 소극적인 것으로 이해하여 마냥 기다리거나 관망만 하고 있다가 전기를 놓쳐서도 안 된다.

병이사립兵以詐立 · 병불염사兵不厭詐 속임으로 승리의 기를 세운다

『손자병법』「군쟁軍爭」편을 보면 "병은 속임으로 성립하고, 유리한 것을 차지하기 위해 움직인다. 병을 나누기도 하고 합하기도 해서 임기응변한다."는 대목이 있다. 이에 대해 당나라 사람 두목杜牧은 "적을 속여서 나의 정체를 모르게 해야 승리할 수 있다."는 주를 달았다. 『여씨춘추呂氏春秋』「의상義賞」에는 춘추시대 진晉과 초楚 사이에 벌어진 '성복城濮 전투'의 고사가 실려 있다.

진 문공이 호언에게 물었다.

"초나라 군대는 수가 많고 우리는 적은데, 어떻게 하면 승리할 수 있겠소?"

호언이 대답했다.

"예의범절을 따지는 군주는 아무리 꾸며도 모자란다 하고, 호전적인 군주는 늘 속임수가 모자란다고 합니다. 공께도 오직 속임수가 있을 뿐입니다."

이 말의 뜻을 좀더 풀어보면 이렇다. 예의를 중시하는 군주는 예절이 아무리 많아도 귀찮아하지 않고, 호전적인 군주는 전쟁이 아무리 많아도 속이기를 싫어하지 않는다. 그러니 당신도 속임수를 사용하는 것이 좋다. 『한비자韓非子』 「난일難一」에서는 "예절을 좋아하는 군자는 충忠과 신信을 싫어하지 않고 전쟁을 벌이는 가운데서도 속임수 쓰기를 싫어하지 않는다."고 했다.

진 문공은 옹계雍季에게도 물었다.

"초와 전쟁을 시작하려고 하는데, 적의 수가 많고 우리는 적으니 어떻게 해야 하겠소?"

옹계가 대답했다.

"숲을 태워 밭을 일구면 짐승을 많이 잡을 수 있겠지만 짐승들이 멸종하고 맙니다. 거짓말로 사람을 속이면 단기간의 이익을 얻을 수 있겠지만 이후로는 거짓말이 통하지 않게 됩니다."

진 문공은 이런 옹계의 말을 좋은 말이라고 칭찬했지만 역시 호언의 계책을 채택하여 끝내 대승을 거두었다.

『손자병법』 「시계始計」편에서는 간결하게 "병이란 궤도詭道(적을 속이는 법)"라고 정의했다. 조조는 이에 대해 "병이란 일정한 형체가 없기 때문에 궤도를 이치로 삼는 것"이라고 주를 달았다 당나라 때의 이전李筌은 "병은 속이기를 마다하지 않는 것이다(병은 기꺼이 상대를 속인다)."는 주를 달았다. 청나라 때의 육이첨陸以湉은 『냉려잡식冷廬雜識』이라는 책에서 용병에 정통한 자는 "모두 기계奇計로 승리를 거둔다. 이른바 병

● 싸우지 않고 이기는 것이 최상이라고 주장하는 손자의 병법은 동서양을 막론하고 최고 수준의 군사모략으로 인정받고 있다.

은 속이는 것을 꺼리지 않는 것이니, 보잘것없는 유생이 할 바가 아니다."라고 했다. "병은 속이는 것으로 성립한다."는 말이나, "병은 속이는 것을 꺼리지 않는다."는 말은 "병은 곧 궤도"라는 기본 사상을 반영한 말들이다. 적에게 이기려면 모략과 속임수에 의존해야 한다.

동한東漢시대 우허虞詡는 무도武都 태수에 임명되어 가던 도중에 진창陳倉 효곡崤谷에서 강羌의 군대 수천 명에게 포위당하는 위기에 처했다. 이 상황에서 그는 구원병이 뒤따라오면 같이 행동할 것이라고 큰소리를 치면서 취사용 솥을 늘리라고 명령했다. 강족 군대는 그의 말이 진짜인 줄 알고 더 이상 뒤쫓지 못했다.

1360년, 안휘·강서 일대를 점령한 진우량陳友諒의 군대는 자신들의 세력이 꽤 강하다고 자부하면서 남경을 점령한 주원장朱元璋의 군대를 섬멸하려 했다. 이에 주원장은 속임수를 써서 부장 강무재康茂才로 하여금 진우량에게 거짓으로 항복하게 한 다음, 몰래 대량의 복병을 숨겨두었다가 안팎으로 호응하여 진우량을 대파했다.

'속이기'는 동서고금 군사전문가들의 기본적인 용병 원칙이었고, 그것으로 성공을 거둔 전례는 수도 없이 많았다. 적대세력 간의 이해 충돌이 존재하는 한, '병이사립'의 모략은 생명력을 잃지 않을 것이다.

병귀신속兵貴神速 신속함을 으뜸으로 삼는다

이 말의 뿌리는 『손자병법』 「구지九地」편의 "작전은 신속한 것이 으뜸"이라는 '병지정주속兵之情主速'에 있다. 『삼국지三國志』 「위서魏書·곽가전郭嘉傳」에 보면 "태조가 원상袁尙 및 삼군三郡의 오환烏丸을 정벌하고자 했다.… 곽가는 '병은 신속함이 으뜸'이라고 말했다."는 기록이 있다. 무릇 모든 용병 작전에서 선수로 상대방을 제압할 때도 신속함이 중요하고, 주동적인 공격에도 속도가 중요하며, 전기를 포착할 때도 빠름이 중요하다. 끈질기게 전략을 수립해야 하는 내선內線 작전에서도, 전투를 진행해야 하는 외선外線 작전에서도 속전속결은 마찬가지로 중요하다.

천둥과 번개는 귀를 막을 틈도, 눈 깜박할 틈도 주지 않는다. 군대가 오랫동안 굳게 지키고 있는 성 아래에 노출되어 있으면 날카로움이 꺾여 둔해질 수밖에 없다. 속전속결해야 비로소 파죽지세를 살릴 수 있다. 따라서 "병은 교묘하여 느린 것보다 거칠어도 빠른 것을 중요시한다. 빠르면 기회를 타겠지만 느리면 변화가 발생한다."(『등단필구登壇必究』 권16)고 말하는 것이다.

명나라 때의 『찬집무편纂輯武編』에서는 "병은 빠른 것이 상책이다. 전기戰機는 그 빠름 속에 숨어 있다. 마치 토끼 사냥할 때 매를 날리는 데 잠시만 한눈을 팔아도 놓치는 것과 같다."고 했다.

러시아의 유명한 군사령관 수보로프는 군대의 신속한 행동과 전광석화와 같은 공격을 "전쟁의 진정한 영혼"이라고까지 말했다. "1분이면 전투가 결정나고, 한 시간이면 전쟁 전체의 승부가 결정나며, 하루면 제국의 운명이 결정난다."는 말은 그가 처해 있던 시대적 상황에서 나온 당찬 목소리였다.

엥겔스는 이 점에 대해 더운 분명하고 철저한 논의를 펼치고 있다. 그는 「터키

전쟁의 진행 과정」이라는 글에서 "나폴레옹이 그렇게 하고 난 연후에 모든 군사 담당자들은 행동의 신속함이 군대의 부족함을 보충할 수 있음을 알게 되었다. 왜냐하면 그렇게 해야 적이 미처 병력을 집중시키기 전에 습격을 가할 수 있기 때문이다. '시간이 돈'이라는 말과 마찬가지로, 전쟁에서는 '시간이 곧 군대'라고 말할 수 있다."고 했다.

● 철학자 엥겔스는 전쟁에서 속전속결의 중요성을 정확하게 인식했다.

군대의 신속한 행동은 강한 기동력의 표현이다. 그리고 이는 군 장비의 발전을 기초로 한다. 이것은 동시에 고도의 조직과 지휘술의 표현이기도 하다. 지휘관은 갖가지 모략으로 판단을 내리고 과감하게 일을 처리해야 함은 물론, 규범을 깨는 행동으로 속도 면에서 우세를 차지할 수 있어야 한다.

『자치통감資治通鑑』「후당기後唐紀」를 보면 다음과 같은 역사적 사실이 기록되어 있다. 923년, 후량後梁의 주우정朱友貞은 주력군을 움직여 몇 갈래 길로 나누어 후당을 공격했다. 그러다 보니 수도 대량大梁이 텅 비게 되었다. 후당의 이존욱李存勖은 일부 병력으로 주우정의 공격을 막게 하고 주력을 운주鄆州에서 곧장 남하하게 했다. 10월 17일, 이존욱은 중도中都(지금의 산동성 문현)에서 후량의 명장 왕언장王彦章을 사로잡는 전과를 올렸다. 그리고 강연장康延章과 이사원李嗣源의 건의를 받아들여, 적의 수도 대량이 텅 비어 있는 틈을 타서 밤낮으로 길을 재촉하여 10월 22일 저녁 이사원의 군대로 하여금 대량을 습격하게 했다. 대량을 지키고 있던 병사들은 이 갑작스러운 습격에 순식간에 무너졌고, 후량은 그길로 멸망했다. 이 전투는 먼길을 달려 기습적인 속전속결로 승부를 낸 유명한 전례의 하나로 꼽힌다.

227년, 위나라의 신성新城(지금의 호북성 방현) 태수 맹달孟達은 비밀리에 촉·오와 결탁하여 반란을 꾀했다. 당시 완성宛城(지금의 하남성 남양시)에 주둔하고 있던 사마의는 이 중요한 정보를 듣고 맹달을 토벌하기 위한 준비를 갖추었다. 관례대로라면 사마의가 반란을 평정하기 위해서는 먼저 낙양에 있는 군주에게 보고를 올려 승낙을 받아야 했다. 그런데 완성에서 낙양까지는 왕복 1천6백 리로 가는 데만 보름 이상이 걸리고, 완성에서 맹달이 반란을 꾀하고 있는 상용성上庸城까지는 1천2백 리로 가는 데만 약 열흘이 걸린다. 군주의 허락을 받은 다음에 반란을 평정하러 나설 경우, 맹달이 거사한 후 한 달이 지나야 상용성을 구경할 수 있는 상황이었다.

위군과 맹달의 병력은 수적인 면에서 4 대 1로 위군이 절대 우세했지만, 위군의 식량이 1개월 분량도 남아 있지 않은 반면에 맹달의 식량은 1년을 버틸 수 있을 만큼 많았다. 다시 말해 위군이 낙양으로부터 허락이 떨어진 다음 움직인다면, 상용성에 도착할 무렵에는 이미 식량이 바닥날 판이었다. 맹달은 이 한 달 동안 응전 준비를 충분히 갖출 것이다. 요컨대 '시간'이 쌍방 간에 주도권을 잡을 수 있느냐 없느냐의 관건이었다.

지혜롭고 꾀 많은 사마의는 시간을 벌기 위해 속도전으로 승부를 가렸다. 그는 관례를 무시하고 위왕의 진군 명령을 받지 않은 상황에서 몰래 대군을 이끌고 반란군을 토벌하기로 과감한 결단을 내렸다. 삼군을 여덟 부대로 나누어 이틀 거리를 하루에 행군하여 8일 만에 상용성 앞에 이르렀다. 한 달 이상 준비 기간을 벌었다고 만족해하던 맹달은 깜짝 놀라 "거사한 지 8일 만에 저 군대가 성 밑에 이르다니, 대체 얼마나 빠르기에!"라며 감탄을 금치 못했다. 준비도 제대로 갖추어져 있지 않고 성을 수리하는 공사도 마무리되지 않은 상태에서 우세한 위군의 공격을 받자 군심이 동요해 오래 버티지 못하고 무너졌다. 맹달의 조카 등현鄧賢과 부장 이보李輔 등은 성문을 열고 나가 항복했고, 성안으로 진입한 위군은 맹달의 목을 베었다. 1만 명 이상이 포로로 잡혔고, 불과 16일 만에 난은 평정되었다.

사마의의 신속한 행동은 식량 부족의 단점을 피하고 우세한 병력의 장점을 잘 살린 것이었다. 반면에 맹달은 식량이 풍족한 우세한 조건을 발휘하지 못했기 때문에 견고하지 못한 성과 열세인 병력을 메울 시간을 놓치고 말았다.

현대 전쟁에서는 신속함을 더욱 강조한다. 소련이 체코와 아프가니스탄을 침공한 사례는 신속함의 중요성을 유감없이 보여주었다. 3천만 인구에 평소 10만 정도의 군인을 보유하고 있던 이스라엘이 48시간 내에 무려 40만에 달하는 대군을 전선에 내보낸 것은 전쟁 동원의 속도 면에서 전 세계를 경악시킨 경우였다.

아르헨티나는 포클랜드를 점령하기에 앞서, 영국과 포클랜드의 거리가 너무 멀어 대규모의 즉각적인 군사대응을 하지 못할 것이라고 판단했다. 그러나 영국은 전쟁이 일어난 그다음 날 즉시 전시내각을 구성하여 특수 임무를 띤 기동함대를 조직하고 병력과 전쟁 물자를 신속하게 소집했다. 아울러 상선을 징발하여 구조를 변경한 다음 특수기동대에 편입시켰다. 그리고 본토에서 1천3백 킬로미터나 떨어진 작전 지구로 19일 만에 병력을 투입시켰다.

이상은 '병귀신속'이 승리를 위해 얼마나 중요한 것인지 잘 말해주는 사례들이다.

병귀승兵貴勝, 불귀구不貴久 승자는 전쟁을 오래 끌지 않는다

이는 손자가 전쟁에서 인력·물자·재력의 상호의존 관계로부터 출발하여 제기한 속전속결의 방침으로 『손자병법』「작전作戰」편에 나온다. 손자는 날이 갈수록 길어지는 지구전은 군대를 피곤하게 만들며 날카로움도 꺾어놓는다고 인식했다. 오랫동안 외지에 나가 싸우게 되면 국가의 지원이 달리게 되고, 그 틈을 노리고 제후가 침범하면

뒷감당하기가 벅찰 수밖에 없다. 손자는 전쟁의 실제 상황, 특히 교통·재력·물자 등과 같은 조건의 한계를 고려한 끝에 "전쟁을 잘하는 자는 장정을 두 번 징발하지 않으며, 군량을 세 번 이상 나르지 않게 한다."는 구체적인 요망사항까지 제기했다. 이는 당시 사회의 생산 수준에 부합하는 요구였다.

진시황은 대장 몽염蒙恬에게 북벌을, 도수屠睢에게는 수군을 이끌고 남쪽을 정벌하도록 했다. 이 정벌 전쟁은 10년 이상이나 계속되었다. 장정들은 갑옷을 입고 싸움에 참여했고, 젊은 여성들은 전쟁 물자를 날라야만 했다. 그로 인해 주요 생산수단인 농사와 베짜기가 중단되었다. 진시황이 죽고 불과 4년 만에 나라가 망했는데, 역사가들은 이를 두고 "전쟁을 남발하다 불러들인 화"란 뜻으로 '궁병지화窮兵之禍'라고 했다.

한 무제 유철劉徹은 앞 임금들인 문제文帝·경제景帝가 평화기에 쌓아놓은 튼튼한 경제력을 대외정벌에다 모조리 소모하는 바람에 천하가 불황에 허덕이게 만들었다. 미국은 월남전에 50만 군대를 투입했고, 매년 약 3백억 달러를 쏟아부었지만 돌아온 것은 비난의 화살뿐이었다. 아랍과 이스라엘의 전쟁을 비롯한 각종 전쟁들은 예외 없이 지구전의 폐단을 입증했다.

전쟁은 적대적인 쌍방이 서로 대립함으로써 존재한다. 갑이 지구전에서 실패했다는 것은 을이 지구전에서 승리했음을 말한다. 때로는 갑 쪽에서는 속전속결을 원하지만 을 쪽에서는 지구전을 꾀하면서 상대방을 끌어들이려는 경우도 있다.

'병귀승, 불귀구'는 전쟁의 일반적인 규율을 말한 것이다. 현대전의 조건과 특징은 이미 그 옛날 춘추시대와는 비교가 안 되며, 전쟁으로 인한 소모의 규모도 "하루에 황금 한 수레" 운운하던 시대와는 엄청난 차이가 있다. 전쟁 준비도 냉병기 시대와는 크게 다르다. 그럼에도 이 사상의 생명력은 여전하다.

필공불수必攻不守 적이 지키지 못하는 곳은 반드시 공격한다

전국시대 군사사상가들의 중요한 모략사상이다. '필공불수'의 모략은 『손빈병법孫臏兵法』「위왕문威王問」에 기록되어 있다. 대장 전기田忌와 손빈의 대화를 잠시 엿들어보자.

전기: 상과 벌은 용병에서 가장 긴요한 것입니까?

손빈: 아닙니다. 상은 병사들을 격려하여 죽음을 두려워하지 않게 만듭니다. 징벌은 군기를 정돈하며 상급자들을 존경하고 두려워하게 합니다. 이 모두는 전쟁에서 승리하는 데 도움이 되지만, 용병에서 가장 긴요한 요소는 아닙니다.

전기: 그렇다면 권權·세勢·모謀·사詐가 가장 긴요한 것입니까?

손빈: 아닙니다. 이른바 권술權術은 그것으로 군대를 모으는 것입니다. 형세形勢는 병사들로 하여금 용감하게 싸우지 않으면 안 되게 합니다. 음모陰謀는 적이 예방 조치를 취하지 못하게 합니다. 변사變詐는 적을 곤경에 빠뜨립니다. 이 모두는 전쟁에서 승리하는 데 도움이 되지만 용병에서 가장 긴요한 요소는 아닙니다.

전기: (다소 신경질적으로) 이 여섯 방면은 용병에 능한 자라면 늘 활용하는 것인데, 어째서 당신은 용병에서 가장 긴요한 것이 아니라고 말하는 것이오?

손빈: (침착하게) 적의 정세를 분석하고 지형을 연구하여 반드시 거리의 멀고 가까움을 잘 알고 있어야 하는 것,… 이것은 장수로서 갖추어야 할 원칙입니다. '필공불수'의 전략을 취하는 것, 이것이 바로 용병에서 가장 긴요한 일입니다.

이 대목에서 손빈은 '필공불수'를 그 어느 용병술보다 우위에 놓고 있다. '필공必

攻은 힘차게 공격하는 것, 또는 반드시 공격하는 것을 말한다. '불수不守'는 방어할 수 없는 곳, 다시 말해 적이 막지 못하거나, 막을 수 없거나, 허약한 곳을 가리키는 말인데, 이는 동시에 단 한 번의 타격으로 전체 국면에 변화가 초래될 수 있는 적의 급소를 가리키는 말이기도 하다. 『손자병법』「허실」편의 "공격하면 반드시 빼앗는 것은, 적이 지키지 않는 곳을 공격하기 때문이다."라든지, "튼튼한 곳을 피하고 허점을 친다." 등과 같은 맥락에서 이해되는 말이다. 『사기』「손자오기열전」에서 손빈이 말하는 "급소인 목을 움켜쥐고 허를 찌른다."와 같은 말이다.

손빈은 당시의 역사적 조건하에서 '필공불수'라는 모략사상을 제기했는데, 우선 작전방식을 변혁시켜야 한다는 시대적 필요성을 반영하고 있다는 점에서 중요한 의의를 찾을 수 있다. 춘추시대 이전의 전차전 위주의 전투방식이 전국시대 이후에는 보·기병전 위주로 바뀐다. 이는 전쟁의 역사에서 획기적인 변혁이었다. 대규모 기동작전이 가능해짐에 따라 '필공불수'는 그 작전을 이론적으로 뒷받침하는 것이 되었다. 이 이론은 우세를 차지하고 있는 쪽에 대해서는 신속하게 승리를 거둘 수 있는 가능성을 제시하고 있다. 그리고 열세에 놓인 쪽에 대해서도 기동성 있게 튼튼한 곳을 피하고 허점을 공격, 적을 흔들어놓음으로써 불리한 국면을 승리의 국면으로 바꿀 수 있는 가능성을 열어주었다. 이것은 실로 전쟁 지휘술을 새로운 수준으로 끌어올린 이론이었다.

'필공불수'의 사상은 전쟁의 목적, 즉 자신을 보존하고 적을 소멸한다는 중요한 측면을 체현하고 있다. 적의 소멸을 으뜸으로 삼아 전쟁 지휘의 출발점과 귀결점으로 삼고 있는 것이다. 동서고금의 모든 전쟁에서 강자와 약자, 공격과 수비를 불문하고 적을 소멸해야 비로소 진정한 승리를 거두었다고 말할 수 있다. '필공불수'의 정신은 적을 소멸시킨다는 한 가지 점에 집중되어 있다. 대단히 적극적이고 보편성을 갖춘 『손빈병법』의 이 이론은 『손자병법』을 뒤이은 중요한 발전의 하나로 평가할 수 있다.

　손빈은 '필공불수'를 "용·병에서 가장 긴요한 것"으로 보았다. 이 '필공불수'야말로 정확한 공격 지점의 선택, 즉 작전 전체의 승부·안위·승패·주동 또는 피동과 관계되기 때문이다. 이 모략을 주요한 작전 방침으로 삼은 계릉桂陵 전투에서, 전기는 조나라에 대한 위의 공격을 풀기 위해 위나라 군대와 정면으로 맞붙기로 하고 공격 지점을 한단邯鄲으로 선택했다가 위나라 주력군과 정면으로 부딪히게 된다. 여기서 위군을 맞상대한다면 그 결과를 장담할 수 없는 상황이었다. 이때 손빈은 전기에게 공격 목표를 적의 빈틈이자 급소인 대량大梁으로 바꾸자고 제안했다. 전기는 손빈의 의견을 받아들였고 전세는 급격하게 변했다. 위나라 혜왕惠王은 대경실색하여 어쩔 줄 몰라 했고, 방연龐涓이 밤새 달려와 구원하려 했으나 이미 만반의 준비를 갖추고 기다리고 있던 제나라 군대에 의해 계릉에서 참패했다. 그야말로 "주객이 뒤바뀐" '반객위주 反客爲主' 꼴이었다.(외교모략 '반객위주' 참조) 이 전투는 '필공불수' 모략의 진수를 제대로 구현한 본보기였다.

　전쟁사에서는 이와 비슷한 상황이 자주 보인다. 『자치통감』 권71에는 이런 일도 기록되어 있다. 228년, 제갈량은 촉군의 주력 6만을 거느리고 한중漢中 서쪽의 기산 祁山(지금의 감숙성 서화현 북쪽)을 나와 농우隴右로 진군했다. 초반에 촉군은 가는 곳마다 승리를 거두어, 농우의 천수天水·남안南安·안정安定 등 세 군이 잇달아 촉의 수중에 들어갔다. 관중 지역 전체가 동요하기 시작했고, 위나라도 내심 두려움을 금치 못했다. 위나라 명제明帝 조예曹睿는 급히 우장 장합張郃으로 하여금 보·기병 5만을 거느리고 서쪽의 제갈량의 기세를 막도록 했다. 장합은 촉군의 주력군과 맞상대하지 않고 측면 날개 부분으로 곧장 쳐들어가 일거에 가정街亭(지금의 감숙성 천수현 동남 가자구)을 점령했다. 가정을 빼앗긴 촉군은 측면과 후방으로부터 위협을 당할 수밖에 없었다. 제갈량은 하는 수 없이 전군의 철수를 단행했고, 농우 지구는 다시 위의 수중에 들어갔다. 위군은 아주 가볍게 상황을 전환시켜 잃었던 땅을 회복하고 방어를 강화할 수 있었다. 이는 촉군에서 보자면 깊은 교훈을 남긴 사례가 되었다. 마속이 제갈량의 통제에 따르지 않는 바람에 가정을 제대로 지키지 못했던 것이다. 제갈량이 이 일에 대한 책임을 물어 "눈물을 흘리며 마속의 목을 베었"던 '읍참마속泣斬馬謖'의 고사는 바로 여기서 유래한다. 한편 이 일은 위나라에서 보자면 장합이 공격 지점을 정확하게 선택하여 "급소인 목을 움켜쥐고 공격"하는 '필공불수'를 펼친 것이었다.

이렇게 볼 때, 손빈이 강조한 '필공불수'가 참으로 "용병에서 가장 긴요한 것"임을 알 수 있다. 이 모략사상은 적극적이고도 주동적이며 또한 정확하다. 강자건 약자건, 공격이건 수비건 모든 경우에서 대단히 중요하게 작용하는 모략사상이 아닐 수 없다.

금적선금왕擒賊先擒王 우두머리를 먼저 잡는다

이 말은 당나라 때의 시인 두보杜甫의 『출새곡出塞曲』 중에서 「전출새前出塞」라는 시에 나온다.

> 활을 당기려면 세게 당기고
> 화살을 쏘려면 멀리 쏘아라.
> 사람을 쏘기 전에 먼저 말을 쏘고
> 적을 잡으려면 먼저 왕을 잡아라.
> 사람을 죽이는 것에도 한계가 있고

여러 나라들에는 각기 경계가 있다.

실로 침략을 잘 통제할 수 있다면

거기에 어찌 많은 살생이 있으리.

두보(712-770)는 24세 때 낙양에서 치른 진사 시험에 낙방한 후, 40세 무렵 잠시 하급 관리 생활을 했다. 44세 때 안록산의 난을 피해 섬서·사천으로 갔다가, 다시 호북·호남 등지로 평생 유랑을 하게 된다. 이 '전출새'라는 시는 남이 자신을 침략하는 것에 반대하고, 남을 침략하는 것도 반대하는 인도주의 사상을 나타내고 있다. 아울러 '금적선금왕'이라는 평범하면서도 중요한 모략도 나타나고 있다.

『36계』에서는 '금적금왕'을 제18계로 편입시키고 있는데, 그에 대한 풀이를 보면 "단단한 곳을 뿌리 뽑고 그 우두머리를 빼앗아 몸을 해체한다. 그러면 바다의 용이 들에 나와 싸우듯 그 처지가 절박해진다."라고 되어 있다. 즉, 적의 주력을 허물어뜨리고 수령을 잡으면 그 전체 역량을 와해시킬 수 있다는 것이다. 이 모략의 기본 정신은 전쟁에서 적의 주된 모순을 단단히 움켜쥐어 철저히 승리를 챙기라는 것이다.

예로부터 병가에서는 전투를 지휘함에 전체 국면을 가슴에 품고 처음과 끝을 꿰뚫어보며 대승을 거둘 수 있는 전기를 놓치면 절대 안 된다는 점을 강조해왔다. 적을 무너뜨리고 완전한 승리를 얻을 수 있는데도 적의 주력을 소멸시키지 못하고 그 우두머리를 잡지 못한다면, 그것은 마치 다 잡은 호랑이를 산으로 놓아주는 것과 마찬가지로 후환이 무궁무진하다.

옛 전쟁에서는 살생의 대부분이 얼굴을 맞대고 싸우는 '육박전'에서 이루어진다는 사실을 지휘자들 모두가 잘 알고 있었다. 따라서 혼전 중에 한쪽이 패하여 도주할 상황이라면 그편의 장수는 위장을 하고 도망가는 것이 일반적이었다. '금적선금왕'은 적의 장수를 드러나게 하여 잡는 것으로서 고대에서는 대단히 중요한 모략으로 취급되었다.

『신당서』「장순전張巡傳」에는 다음과 같은 내용을 전하는 기록이 있다. 당 숙종 때 장순張巡과 윤자기尹子奇가 전투를 벌인 적이 있다. 장순의 군대가 적장의 깃발이 있는 군영을 향해 곧장 공격하여 적장 50여 명과 병사 5천여 명의 목을 잇달아 베니 적진은 삽시간에 혼란에 빠졌다. 이때 장순은 윤자기를 찾아 죽이려 했으나 그의 얼굴을 몰랐다. 장순은 병사들에게 쑥 줄기를 화살로 삼아 적을 향해 쏘도록 했다. 그 화살에 맞은 적들은 자신이 멀쩡하자 매우 기뻤다. 병사들은 장순 군대의 화살이 바닥난 것으로 알고는 서둘러 윤자기에게 이를 보고했다. 이렇게 해서 윤자기를 찾아낸 장순은 즉각 부장 남제운南霽雲에게 진짜 강한 화살을 쏘게 하니, 그중 한 발이 윤자기의 왼눈을 맞혔다. 깜짝 놀란 윤자기가 병사들을 수습하려 했으나 이내 포로가 되고 말았다.

현대 전쟁에서는 전쟁 양식 자체가 근본적으로 변했다. 이 모략을 운용하려면 적의 지휘 기구를 파악해야 하는데, 통상 정면 작전에 기습 수단을 배합해서 운용한다. 특히 낙하산과 비행기가 전쟁에 출현하면서 '금적선금왕'은 더욱 기묘하고도 다양한 특징을 띠게 되었으며, 일반적인 전술 동작에서 전략적 행동으로 발전했다. 또 소규모 기습에서 대규모 기습으로도 발전했다. 흔히 전쟁 도발자는 정치적 기만술과 외교적 위장술로 진정한 의도를 가린 채 갑작스럽게 적국의 수도나 전략적 요충지를 엄습하여 단숨에 상대의 목덜미를 움켜쥐고 통수기관의 저항을 눌러버림으로써 아군이 힘 안 들이고 침투할 수 있는 조건을 만들어낸다. 제2차 세계대전 중 히틀러가 낙하산 부대를 노르웨이에 투하한 것이나, 70년대 말 소련군 낙하산 부대가 아프가니스탄의 카불에 투하된 것 등이 모두 이런 예에 속한다.

전승불부戰勝不復 똑같은 승리는 결코 반복되지 않는다

적의 형세에 알맞은 작전을 펼쳐 승리를 거두더라도 많은 사람들은 승리의 원인을 알지 못한다. 사람들은 내가 승리할 때의 군의 형세는 알겠지만, 내가 승리하기 위해 운용한 방법의 형세는 알지 못한다. 따라서 한 번 사용하여 승리를 거둔 방법은 다시 사용하지 않으며 정세 변화에 따라 무궁무진한 전술로 대처해야 한다.(『손자병법』「허실」편)

이 모략은 우선 전투에서 승리가 늘 똑같은 방식으로 반복되지 않는다는 점을 지적하고 있다. 따라서 적 정세의 변화·발전에 적응하여 끊임없이 전술과 전법을 바꿀 것을 요구한다. 일체의 사물이 모두 변화·발전하는 과정에 있듯이, 전쟁도 동태적動態的인 것이다. "흐르는 물에 일정한 형태가 있을 수 없듯이, 군사에서 정해진 형세란 없다." 나의 승리는 곧 적의 패배다. 쌍방의 지휘관을 놓고 볼 때, 실패한 쪽이 승리한 쪽보다 정신을 차릴 가능성이 크다. 따라서 이번 승리 때 사용한 방법을 다음에 다시 사용하다가는 되레 큰코다치기 십상이다.

군사전문가가 기존의 군사이론을 배우는 데만 힘을 기울인다면 시야가 좁아질 수밖에 없다. 그런 사람의 모략사상은 과학기술의 발전보다 뒤떨어질 것이 틀림없다.

제2차 세계대전 중에 프랑스가 나치 독일에게 점령당하자 국내외 군사평론가들은 "마지노선에서 독일군의 진공을 저지하는 능력보다 현대 전쟁에 대한 프랑스의 이해력이 훨씬 모자랐다."고 지적했다.

프랑스는 나폴레옹의 조국이며, 나폴레옹은 한때 유럽의 내로라하는 전략가들 중에서도 단연 두드러진 존재였다. 일부 평론가들의 분석에 따르면 나폴레옹의 전략

·전술은 대체로 다음 네 가지 원칙으로 귀납된다고 한다.

① 공격이 최선이다.

② 반드시 먼저 주력을 공격하여 "적장을 잡는" '금적금왕擒賊擒王'의 목적을 달성한다.

③ 공격행위는 적이 손쓸 틈 없이 전광석화처럼 빨라야 한다.

④ 언제 어디서 공격을 가하든 간에 신속하게 병력을 집중시켜 단숨에 결행해야 한다.

이상 네 가지 원칙은 결국은 '공세 작전'으로 귀결된다.

제1차 세계대전 이전에 프랑스군은 줄곧 나폴레옹의 용병법을 본받아 "공격 이외에는 아무것도 모를" 정도로 공격을 만능이라 여겼다. 제1차 세계대전이 시작된 후에도 프랑스군은 여전히 "적을 만나면 즉각 공격한다."는 입장을 고수했다. 그러나 당시는 이미 기관총이 등장한 시대라 진지에서 수비하며 화력을 발사하는 편이 움직이는 것보다 단연 유리했다. 프랑스군의 '공격 만능론'은 전쟁 초반에 여지없이 깨어지고 말았다. 프랑스군은 재빨리 전술을 바꾸어 '진지 방어'를 채택했다. 이 전술은 독일군의 베르덩 요새 공격을 저지하는 데 큰 역할을 했다. 그러나 이 승리는 프랑스군의 작전 사상을 180도 바꾸어놓았다. 즉, 이제는 '방어 만능'이라는 군사사상이 프랑스군 수뇌부에 의해 금과옥조처럼 떠받들어지게 된 것이다. 이것은 제2차 세계대전 초기의 마지노 정신을 탄생시키는 근원이 되었다. 제2차 세계대전이 시작되자 구식 전술을 고집해온 프랑스군 사령부는 현대 공격전술의 진보를 읽지 못하고 모든 희망을 마지노선에 걸면서 다시 한번 '베르덩 방어전'의 승리를 꿈꾸었다. 그러나 결과는 처참한 비극이었다.

똑같은 방법에 의한 승리는 두 번 이상 반복되지 않는다. 전술·전역을 펼칠 때는 활기 있고 기동성 있게 적의 상황에 따라 변화를 가져야 한다. 여기서 말하는 '반복되지 않는다'는 말은 전술 원칙과 모략사상의 변화를 가리키는 것이 아니라, 서로 다른 조건하에서 전법의 변화를 구체적으로 운용하라는 뜻이다. 예로부터 병가에서는 매복·기습으로 승리를 얻은 예가 적지 않았지만 그 방법은 각각 달랐다. "적을 깊숙이 유인하는" '유적심입誘敵深入, "한 발 늦게 출발해서 적을 제압하는" '후발제인後發制人, "몰래 진창을 건넌다"는 '암도진창暗渡陳倉', "위를 포위해 조를 구한다"는 '위위구조圍魏救趙' 등의 모략사상은 병가에서 얼마나 반복 사용했는지 모르지만, 그것을 사용해서 승리를 거둔 자는 당시의 정황에 맞추어서 이런 방법을 창조적으로 활용했다. "승리는 같은 방법으로 반복되지 않는다"는 '전승불부'는 앞사람의 경험을 취할 수 없다는 말이 아니라, 시간과 장소, 적의 상황, 아군의 상황을 고려하지 않고 그저 앞사람 또는 지난번 방법을 '복제'하는 일은 없어야 한다는 말이다.

물론 적의 의표를 찌르기 위해 이 금기를 깨고 일부러 반복 사용하는 경우도 있기는 하다. 사실 성공하기만 한다면 이렇게 반복된 용병술이야말로 진정한 '전승불부'가 될 수 있다. 왜냐하면 그것은 적의 심리 변화를 교묘하게 이용한 것이기 때문이다. 아군의 첫 매복에 당한 적은 아군이 설마 두 번 다시 매복하지 않으리라고 추측할지도 모른다. 아무튼 그 성공은 "적의 변화에 따라 변화할 수 있는" '인적제변因敵制變'에 있다고 하겠다.

2절
정공과 기습

공점지법攻點之法, 종이자시從易者始 약한 부분부터 먼저 공격한다

단순하고 명쾌해 보이지만 실천에 옮기기에 결코 쉽지 않은 이 모략은 명나라 때 하동서何東序의 『산정무고익지록刪定武庫益智錄』「난이難易」편에 나온다.

공격해서 차지하는 법은 쉬운 곳으로부터 시작한다. 적이 여러 곳을 수비하고 있다면 강한 곳과 약한 곳, 병력이 많은 곳과 적은 곳이 있게 마련이다. 이에 강한 쪽을 멀리하고 약한 곳을 공격하며, 병력이 많은 곳은 피하고 적은 곳을 공격하면 필승이다.

적을 공격할 때 먼저 이기기 쉬운 약한 곳에서부터 손을 쓰라는 모략이다.

기원전 707년, 정鄭나라는 천자의 나라 주周 환왕桓王이 이끄는 채蔡·진陳·곽虢·위衛 4국 연합군과 유갈濡葛(지금의 하남성 장갈현 북쪽)에서 전투를 벌였다. 정나라 장공은 바로 이 싸움에서 위의 모략을 운용하여 승리를 거둔다.

춘추시대에 들어오면서 주 천자의 통치력은 날로 쇠약해져 제후들이 서로 패권을 다투었다. 정나라 장공은 자루 속에서 송곳이 비어져나오듯 유별나게 천자와 심한 갈등을 빚었다. 기원전 707년, 주 환왕은 몸소 진·채·곽·위 네 나라의 연합군을 이끌고 정나라 정벌에 나섰다. 환왕은 전통적인 전법에 따라 군대를 좌·중·우 3군으로 나누어 '품品'자 형태로 배열하고 중군을 앞에 내세웠다. 정나라 군대도 3군으로 대응했다. 그러나 정은 전통적인 전법을 바꾸어 좌·우군을 주력으로 삼고 중군은 뒤에 처지게 하였다.

주 천자의 좌군은 주로 진나라 군대로 이루어져 있었는데, 군의 정신력도 굳세지 못했고 전투력도 약한, 말하자면 연합군 중에서도 가장 약한 부분이었다. 정군의 자항子亢이 이 점을 간파하여 먼저 진나라 군대를 치면 필시 도주할 것이고 그렇게 되면 채·위의 역량도 약해질 것이니, 그때 주력을 집중시켜 주 천자의 군대를 공격하면 필승일 것이라는 전략을 건의했다. 전투가 시작되자 과연 좌군을 구성하고 있는 진나라 군대는 급속도로 무너져 혼란에 빠졌고, 채와 위의 군대도 황망히 패주했다. 이에 정군은 삼군을 집중하여 주 천자의 군대를 공격하여 대승을 거두었다.(군사모략 '선타약적' 참조)

공기무비攻其無備 무방비 상태를 공격한다

『손자병법』「계」편에 나오는 말이다. 무방비 상태를 공격하고 뜻밖의 전략이나 공격을 창출하라는 이 말은 손자가 말하는 "병은 속이는 것으로 성립한다"는 '병이사립兵以詐立'의 정수다. 이것은 역대 병가들이 중시해온 진공 작전의 모략을 운용하는 기본 원칙으로서 군사들의 좌우명으로 영원히 기억될 모략이다.

전쟁사는 우리들에게 입증하고 있다. 적이 경계와 대비를 하지 않을 때 뜻밖의 시간·지점에서 갑작스런 기습을 가하면 군사적으로 그리고 심리적으로 엄청난 효과를 거둘 수 있으며, 혼란 중에 상대가 판단에 착오를 일으켜 잘못된 계획과 행동을 저지르게 함으로써 연속적인 실패로 몰아넣을 수 있다는 사실을.

고대 전쟁에서 무기와 장비는 원시적이었고 기동력과 공격력도 낮았기 때문에, '공기무비'는 일반적으로 전술적인 범위, 즉 단거리 기습에 많이 적용되었다. 특수한 정치·군사·외교적 상황에서 위장을 배합해야 전략적인 범위에서 '공기무비'를 실현할 수 있었다. "지친 군대가 먼길을 와서 기습한다는 말을 들어보지 못했다."(『좌전』 희공 32년조) 이 말은 군대가 먼길을 행군하다 보면 지치고 시간도 많이 소비되어 군사적 의도가 쉽게 노출되게 마련이므로 먼길을 와서 기습한다는 것은 근본적으로 불가능하다는 것이다. 이른바 "천리를 행군하는 군대를 누군들 모르겠는가!"라는 말이 바로 그 말이다. 당시의 전쟁은 준비가 간단해서 일단 의도가 드러나면 상대방의 '무비'는 곧 '유비'로 변한다. '섬격전閃擊戰'을 모델로 하는 돌연한 기습전법이 생겨남으로써 '공기무비'는 비로소 전략적인 범위에서 진정한 의미를 갖기 시작했다.

전략상 '공기무비'는 적으로 하여금 잘못된 작전계획과 방침을 실행하게 만들거나 그릇된 전략 행동을 취하도록 압박함으로써 첫 공격의 효과를 보증하려는 것이다. 그 방법은 다양해서 정치·군사적 속임수를 활용하기도 하고, 사실의 진상을 왜곡하기도 하며, 적을 현혹시키는 정보를 흘리기도 하고, 인심을 혼란시키는 유언비어를 퍼뜨리기도 한다. 이렇듯 상대방의 사상을 완전히 혼란 상태로 몰아넣어 통일된 작전 행동을 취하지 못하게 하는 것이다.

전술상 무방비를 공격한다는 것은 전투지에서 대담하고 확고한 행동을 취하는 것을 말하며, 지리적 이점과 공간을 교묘하게 이용하는 것을 말한다. 그러기 위해서는 현재 보유하고 있는 병력과 무기를 사용하되 새로운 전술을 펼치며 전기戰機를 놓치지 않고 적의 허점을 확실하게 움켜쥐어야 한다. 여기서는 참신한 전술 수단이 가장 중요하다. 처음 사용하는 전술은 적이 헤아리기 어렵다. 전투에서 기적을 창조해내는 영웅은 새로운 수단의 창조자가 아니라 기존의 수단을 참신한 방식으로 활용할 줄 아는 자다.

1940년 5월 10일, 나치 독일군이 벨기에를 기습한 것은 전술상 '공기무비'의 모델로 꼽을 만한 사례였다. 독일군은 에버트 운하의 남부 방위선을 지탱하고 있는 요새를 기습했는데, 이 방어선은 마지노선과 나란히 거론될 만큼 유럽에서 이름난 군사·방위체계였다. 독일이 네덜란드와 벨기에를 정복하고 한 걸음 더 나아가 길을 돌아 프랑스를 침입하기 위해서는 먼저 이 '자물쇠'를 열지 않으면 안 되었다.

'공기무비'라는 군사 목적을 달성하기 위해서는 전통적인 기습 방식이 아닌 기묘한 방법을 구사할 필요가 있었다. 독일은 포병과 공중 화력의 뒷받침이 전혀 없는 상황에서 겨우 백 명밖에 안 되는 낙하산 부대를 야밤에 수송기를 이용하여 요새 정상에 투입했다. "하얀 눈꽃이 정상을 뒤덮듯" 이 기습 전술은 군사사상가들의 낡은 사유 방식의 틀을 여지없이 깨어버렸다. 열 배에 가까운 벨기에 군대가 독일군의 진공에 대비하여 충분한 방어벽을 구축하고 있었지만 이처럼 모두가 잠든 밤에 하늘로부터 내려올 줄은 미처 생각하지 못했다.

공기불수攻其不守 지키지 않는 곳을 공격한다

공격하면 반드시 빼앗는 것은 그들이 지키지 않는 곳을 공격하기 때문이다.(『손자병법』「허실虛實」편)

이것은 '시형법示形法'의 하나로서, 주도권을 쟁취하는 모략이다. 적이 방어하지 않거나 방어가 튼튼하지 못한 곳을 공격하여 손에 넣는다. 공·수는 대립되는 양극이다. 내가 공격하면 상대는 수비하고, 내가 수비하면 상대는 공격한다. 손자는 "반드시 다투어야 할 곳"은 공격만으로 얻을 수 없다 하더라도 꼭 얻어야 하고, 굳이 사수할 필요가 없더라도 잃어서는 안 된다고 했다.(군사모략 '쟁지물공' 참조) 언뜻 모순된 주장 같지만 거기에는 결코 무시할 수 없는 깊은 이치가 내포되어 있다. 이것의 관건은 계란에 돌을 던지듯, 적의 요충지나 빈틈을 공격하는 데 있다. 적과 나 쌍방이 꼭 차지해야 하는 '쟁지爭地'를 적이 먼저 차지했다면 적은 분명 많은 군사를 배치하여 요충지를 튼튼하게 지킬 것이므로 섣불리 공격할 수 없다. 그런 곳은 자꾸 공격해봤자 손해만 본다. 또 오래 공격할 수도 없고, 공략하여 차지하더라도 득보다는 실이 많은 곳이다. 이런 경우에는 군대를 나누고 날랜 병사들은 '쟁지' 밖으로 내보내 "호랑이를 산에서 이끌어내는" '조호리산調虎離山'의 모략을 펼침으로써 적이 포기할 수 없는 또 다른 중요한 거점을 공격한다. 그런 다음 '쟁지'의 빈틈을 타서 숨겨둔 병사들로 재차 습격을 가하게 한다.

반대로 이러한 '쟁지'에서는 적도 있는 힘을 다해 맹공을 퍼부을 것이므로 내 쪽에서는 각종 방법으로 적의 주의력을 다른 곳으로 돌려 '쟁지'를 끝내 내 손아귀에 넣도록 한다. 이는 마치 손자가 "공격을 잘하는 자는 내가 공격할 곳을 적이 알지 못하

게 하며, 수비를 잘하는 자는 적이 공격할 곳을 모르게 한다."(『손자병법』「허실」편)고
한 것과 같다.(군사모략 '필공불수' 참조)

공기필구攻其必救　반드시 구해야 할 곳을 공격한다

　내가 전투를 하고 싶을 때 적이 비록 보루를 높이 쌓고 참호를 깊게 파고 지키면서
싸움을 피하더라도 더불어 싸우지 않을 수 없게 만드는데, 이는 내가 적이 반드시
구원하러 나오지 않으면 안 되는 곳을 공격하기 때문이다.(『손자병법』「허실」편)

　이는 진공 작전에서 중요한 지도 원칙의 하나로, 역대 병가들이 중시해온 모략
이다. 공격할 때는 적이 반드시 구원하러 나올 곳을 공격하여 적의 행동을 제어할 필
요가 있다. 손빈과 전기가 위나라를 포위하여 조나라를 구했다는 역사적 사실에서
나온 '위 위구조圍魏救趙'라는 고사성어는 이 모략을 구체적으로 운용한 본보기였다.
제나라 장수 전기는 두 차례나 손빈의 모략을 받아들여 위의 대량大梁을 공격했다.
대량은 위나라의 수도였으므로 그곳의 안위는 위의 존망과 직결되는, 다시 말해 위
군으로서는 구하지 않을 수 없는 곳이었다. 두 차례의 모략은 모두 성공을 거두었다.
　'공기필구'의 목적은 적을 조종하려는 데 있다. "반드시 구해야" 하는 '필구必救'의
땅은 적의 요충지이자 이해관계가 민감하게 얽힌 곳이며, 때로는 적 병력의 공백점이
되기도 하는 곳이다. '필구'의 땅이 아니라면 그곳을 공격하여 전체적인 국면을 흔들
어놓을 수 없으며, 그곳을 차지하더라도 근본적인 주도권을 잡을 수 없다. 따라서 적
을 끌어내지 못한다. 또한 공격하려는 곳이 적의 강력한 방어로 인해 공격이 여의치

않을 때도 역시 적을 '필구'에 나서도록 만들 수 없다.

『자치통감』「위기魏紀」에 보이는 사례다. 238년, 사마의는 요동을 평정하기 위해 나섰다. 그런데 공손연公孫淵은 수만 명을 요수遼水(지금의 요령성 안산시 서쪽)에 주둔시키고 무려 20여 리에 이르는 보루를 튼튼히 쌓았다. 사마의의 부장들은 빨리 공격하자고 건의했다. 사마의는 적이 튼튼한 보루를 쌓고 나오지 않는 것은 우리를 끌어들이려는 속셈일 터, 진공했다가는 계략에 걸려들 것이라고 판단했다. 사마의는 이곳에 주력군이 배치되어 있다면 분명히 양평襄平에 빈틈이 있을 것으로 보고, 적의 예봉을 피해 곧장 반란군의 소굴인 양평으로 쳐들어갔다. 공손연은 황급히 구원에 나설 수밖에 없었고, 사마의는 그 틈에 적의 주력을 섬멸하기 위한 창조적인 조건을 마련했다.

대체적으로 '공기필구'의 모략은 진공 작전 중에 "특정한 지점을 포위하여 적이 구원에 나서도록 하는" '위점타원圍點打援'의 모략을 구사한 다음, "구원 나온 적을 섬멸하는" '섬기구자殲其救者'로 구체화된다. 새로운 역사적 조건하에서 새로운 과학기술이 군사 투쟁에 널리 활용됨으로써 '공기필구'의 모략은 그 운용 면에서 새로운 난관에 부딪히게 되었다. 그러나 이 모략은 여러 가지 '시형법'으로 자신의 의도를 감추면 여전히 효과를 발휘할 수 있다.

출기제승出奇制勝 변칙적인 전술로 승리를 거둔다

모든 전쟁은 정공법正攻法으로 대치하고 기계奇計로 승리를 거둔다. 그런 까닭에 기계를 자유자재로 변화시켜 구사하는 자는 그 기계가 천지와 같이 무궁하고 강의

흐름처럼 다하는 일이 없다.(『손자병법』「세」편)

이에 대해 두우杜佑는 이렇게 주를 달았다. "정이란 적과 맞서는 것이고, 기는 측면에서 적이 대비하지 않은 틈에 공격을 가하는 것이다. 정도正道로 맞붙어 싸우며, 기변奇變으로 승리한다."『백전기법』「기전奇戰」에서는 "모든 전쟁에서 이른바 기奇라는 것은 적의 무방비를 공격하고 적의 예상을 벗어나는 행동을 하는 것"이라고 했다. 『손빈병법』「기정奇正」편에서도 '정正'과 '기奇'에 관해 논하고 있다. '정'은 일반적이고 정상적인 것을 가리키며, '기'는 특수하고 변화무상한 것을 가리킨다.

손자는 말한다. "전쟁의 형세를 결정짓는 것은 결국 정공법과 기계에 지나지 않지만, 기와 정의 변화에서 나오는 전략이나 전술은 이루 다 헤아릴 수 없다. 기계와 정공법은 서로 조화를 이루어 돌고 도는 고리처럼 끝이 없다." 손자는 현명한 장수라면 상황 변화에 따라 기·정을 변화시켜가며 전술과 전법을 구사할 수 있어야 한다고 인식했다. 천지와 같이 변화무쌍하게, 강과 바다가 쉼 없이 흐르듯 기병奇兵을 잘 활용하여 적을 꺾어야 한다. 손자는 이와 관련하여 상대에게 허상을 보여주는 '시형示形'과 갖가지 수단으로 상대를 헛되이 움직이게 만드는 '동적動敵'을 '출기제승'의 중요한 수단으로 강조하고 있다.

'기정'이 전술로 운용될 때 대체로 다음과 같은 내용이 포함된다.

① 작전 부서의 측면에서 수비 임무를 담당하는 것을 정, 기동력의 집중을 기라 한다.
② 견제 담당을 정, 기습 담당을 기라 한다.
③ 작전 방식의 측면에서 정면공격을 정, 우회 측면공격을 기라 할 수 있다. 또 낮에 공격하는 것은 정, 밤에 공격하는 것은 기다.

④ 역시 작전 방식의 면에서 일반적인 전법은 정, 특수 전법은 기라 할 수 있다. 또 일상법은 정, 편법은 기다.

전쟁사에서 '출기제승'의 모략을 채택하여 돋보이는 성공을 거둔 예는 얼마든지 있다. 기원전 718년, 정나라가 위衛를 공격하자 연燕이 구원에 나서 정의 군대와 북제北制(지금의 하남성 형양현 경계)에서 교전을 벌였다. 정은 삼군의 부서를 연의 정면에 배치하고, 다른 부분의 병력을 연의 측면과 후방으로 돌려 기습을 가했다. 연군은 정면 방어에만 주의를 기울이고 있다가 기습을 받아 대패했다.

출기익복出奇匿伏 변칙 전술로 매복을 숨긴다

명나라 때의 『초려경략草廬經略』「수험守驗」에 보면 험준한 곳을 수비하는 요령의 하나로 "예상 밖의 매복"이라는 뜻의 '출기익복'을 거론하고 있다. 『백전기법』「지전地戰」에 이런 대목이 보인다.

무릇 적과 싸울 때 삼군이 지리적 이점을 얻는다면, 적은 숫자로 많은 수의 적을 대적할 수 있고 약함으로 강함을 꺾을 수 있다. 이른바 저쪽을 알면 공격할 수 있고 내 쪽을 알아도 공격할 수 있으나, 지리적 이점을 모르면 반쪽 승리밖에 거두지 못한다. 이는 '지피지기'하고도 지리적 이점을 얻지 못하면 완전한 승리가 될 수 없다는 말이다.

『위료자尉繚子』「전위戰威」제4에서는 심지어 "천시天時가 지리적 이점만 못하다."고까지 말했다. 적의 예상을 벗어난 매복으로 적을 공격하는 것은 '출기제승出奇制勝'의 구체적인 방법이다. 이 모략의 성공은 적의 정세, 나의 상태, 지세地勢에 대한 전면적이고 깊은 이해에 달려 있다. 먼저 적을 알아야 한다. 적장, 적의 병사, 적의 행동반경, 적의 행동 형태, 나에 대한 적의 정보량 따위에 대해 숙지하고 있어야 한다. 그다음으로 나를 알아야 한다. 아군의 장수와 병사 등에 대해 알아야 한다. 마지막으로는 지세를 알아야 한다. 매복은 지세를 이용하지 않고는 불가능하다. 지세라는 조건이 없으면 '출기익복'은 근본적으로 불가능하다.

병가에서는 선수先手가 중요하다. 그렇기 때문에 적의 마음을 공략할 수 있다.… 예로부터 전투에 능한 자들치고 먼저 유리한 전투지를 차지하고 난 다음 적을 상대하지 않은 자는 없었다.

싸우는 쌍방은 서로 지혜를 겨루며, 상대보다 수준 높은 한 수를 구사하려 한다. 따라서 '매복'이 성공하려면 오로지 자기만 생각해서는 안 되고 객관적 조건을 함께 고려해야 한다. 적과 나 그리고 지세를 알아야만 비로소 정확한 결심을 내릴 수 있을 것이다.

231년, 제갈량은 위나라 공격에 나서 사마의와 기산祁山에서 맞붙었다. 식량이 떨어져 제갈량의 촉군이 후퇴하려 하자 사마의는 장합을 보내 추격하게 했다. 목문木門까지 추격했을 때 촉군의 복병들이 높은 지세에서 비 오듯 화살을 퍼부었다. 장합은 화살에 맞아 전사했고, 촉군은 무사히 후퇴를 마칠 수 있었다.

출기불의出其不意 불의에 기습한다

『손자병법』「계」편에 보이는 말이다.

> 용병은 적을 속이는 궤도詭道다. 적의 무방비한 곳을 공격하고 적이 예상치 못한 곳
> 을 노려야 한다. 이는 용병가가 실전에 대처하여 승리하기 위한 기계奇計의 전략이
> 므로 사전에 새어나가서는 안 된다.

이 모략을 제대로 활용하려면 적의 '사유思惟의 빈틈'을 움켜쥘 수 있어야 한다.
만약 내 쪽의 어떤 행동이 적의 예상권에서 벗어나지 못한다면, 예상 밖의 행동을 창
출해낼 수 없다. 적의 예상에서 벗어나려면 일반적인 규칙·법·상식을 뛰어넘거나 벗
어나야 한다.

이소李愬가 눈 내린 야밤을 틈타 채주蔡州를 기습한 것은 적이 예상치 못한 시기
를 정확하게 선택한 것이었다. 한신이 밤을 이용하여 진창陳倉을 건넌 것은 적이 예기
치 못한 길을 정확하게 선택한 경우였다.(군사모략 '명수잔도, 암도진창'·'정합기승' 참조)

제3차 중동전쟁에서 이집트 공군은 처음 공격을 받은 후 서둘러 남은 폭격기들
을 이스라엘에서 9백 킬로미터 떨어진 룩소르와 바나스 비행장으로 옮겼다. 이 거리
는 이스라엘 비행기의 작전 지역을 넘어서는 것이었다. 이집트군은 이 점을 믿고 경
계를 소홀히 했다. 그러나 이스라엘 공군은 전통적인 작전 원칙을 뒤집었다. 작전 반
경이 가장 큰 '콘돌' 비행기를 골라 가장 유리한 속도와 고도를 유지한 채, 엔진 하나
를 끄고 단발 비행을 유지하다가 이집트 비행장에 접근하여 전속력으로 기습공격을
가했다. 이스라엘에서 9백 킬로미터 떨어진 이집트 비행장은 또 한 번 불의의 기습을

받아 엄청난 타격을 입었다.

1982년에 일어난 레바논 전쟁에서 이스라엘은 시리아의 대공 유도탄 기지를 공격하면서 사람이 타지 않은 비행기로 레이더 계기와 유도탄 발사를 유도했다. 그런 다음 폭격기로 정신없이 상대를 혼란시켜 시리아의 레이더와 유도탄을 무용지물로 만들었다. 이어서 폭격기들이 맹공을 퍼부어, 단 6분 만에 시리아 대공미사일 기지를 쑥밭으로 만들었다.

출기불추出其不趨, 추기불의趨其不意

적이 달려가지 않을 곳으로 나아가며 적이 예상하지 못한 곳으로 달려간다

적이 달려가지 않을 곳으로 나아가며, 적이 뜻하지 않은 곳으로 달려간다.(『손자병법』「허실」편)

이것은 진공 작전에서 중요한 원칙의 하나다. 적이 빨리 구원할 수 없는 곳, 즉 허점을 쳐야 한다. 바꾸어 말하면 적이 예기치 못한 곳으로 진군하라는 것이다. 이는 손자가 말한 "적의 무방비한 곳을 공격하고 적이 뜻하지 못한 곳을 노려야 한다."를 구체화한 것이다. 이것은 공격의 돌발성을 강조하는 말이다. 즉, 교묘한 전법으로 적이 미처 생각하지 못한 시기와 지역에서 갑자기 기습을 가하는 것이다. 『관자管子』에서도 만약 적의 튼튼한 곳을 공격 목표로 선택한다면 적을 무너뜨릴 수 없을 뿐 아니라, 적의 허술하고 약한 곳까지도 견실하게 만들어준다고 지적하고 있다. 『오자병법』「요적料敵」에서는 "용병에서는 반드시 적의 허실을 잘 살펴서 적의 위태로운 곳으로 달려가야 한다."고 주장하면서 13종에 이르는 적의 허점을 공격할 전기戰機를 늘어놓고 있다. 『손빈병법』에서도 적의 요충지를 공격하고 나의 약한 곳을 방어하는 것을 전쟁의 요점으로 인식하고 있다.

유불우지도由不虞之道, 공기소불계攻其所不戒

적이 생각하지 못한 길을 거쳐 경계하지 않는 곳을 공격한다

『손자병법』「구지」편에 이런 대목이 있다.

> 작전은 신속함이 으뜸이다. 적의 힘이 아직 미치지 못한 빈틈을 타고 적이 미처 생각하지 못한 길을 거쳐 적이 경계하지 않고 있는 곳을 공격한다.

이 말의 요지는 적이 예상치 못한 방법과 뜻밖의 공격으로 용병술을 펼쳐야 한다는 것이다. "상대의 빈틈을 탄다"는 뜻의 '병귀승인兵貴乘人'을 구체화한 것이 "적이 미처 생각하지 못한 길을 거쳐 적이 경계하지 않고 있는 곳을 공격한다"는 '유불우지도, 공기소불계'다.

『사기』「회음후열전」에 실린 이야기다. 기원전 204년, 한신은 조趙를 공격하고 있었다. 이좌거李左車는 조나라 장수 성안군成安君 진여陳余에게 정형井陘(지금의 하북성 정형 동쪽)의 도로는 좁아 전차가 다닐 수 없고 기병도 전열을 제대로 갖출 수 없으니 주

력부대로 하여금 도랑도 깊고 요새도 높은 정형을 지키게 하는 한편, 따로 3만 군사로 한군의 식량 보급로를 차단한다면 한신은 싸우지도 못하고 물러서지도 못할 것이며, 민간의 식량을 약탈할 수도 없으니 금세 무너질 것이라는 대책을 건의했다. 그러나 진여는 이 건의를 받아들이지 않았다. 이런 상황을 눈치챈 한신은 곧장 공격을 가하여 조군을 대파해버렸다.

263년, 위나라 장수 종회鍾會와 등애鄧艾가 촉을 공격했다. 촉의 장수 강유姜維는 패하여 검각劍閣(지금의 사천성 검각)으로 물러나 전열을 가다듬고 험준한 곳을 선택해 종회에 대항했다. 종회가 이끄는 군대는 여러 차례 공격했으나 별다른 전과를 올리지 못했다. 게다가 식량 보급로가 멀고 험한 데다 군량마저 떨어져 후퇴를 준비하는 수밖에 없었다. 반면에 등애는 기세를 타고 계속 진군했는데, 감숙과 사천성 사이의 좁은 음평초陰平抄에서 출발하여 검각을 빙 돌아 황무지를 7백여 리 행군했다. 산을 뚫어 길을 내고 계곡에서는 임시 다리를 놓고 나무를 베어 절벽을 연결하는 고난의 행군을 단행한 끝에 곡강曲江에 이르렀다. 여기서 등애는 곧장 촉군을 향해 쳐들어가 그 주력군을 섬멸했다.

고대 전쟁은 정찰·통신장비가 발달되어 있지 않았기 때문에 적이 방비하지 않고 경계하지 않는 도로를 내 쪽에서 이용하기만 한다면 경계가 없는 곳을 공격하는 효과를 거둘 수 있었다. 현대전은 각종 정찰 능력과 통신기술이 크게 발달하여, 설사 적이 경계하지 않는 길을 이용한다 해도 대부대의 움직임은 금세 발각되고 만다. 새로운 전쟁 조건 아래에서 어떻게 경계하지 않는 길을 따라 그 허점을 공격하느냐 하는 것은 대단히 중요한 문제다. 이 용병 사상, 즉 대비가 없는 틈을 타서 갑자기 기습한다는 원칙은 영원히 시들지 않는 만고불변의 원칙이다.

파습전破襲戰 습격의 전법

적의 후방에서 소규모 병력을 운용하여 적의 교통로·송유관·통신설비·비행장·후방 설비·공장 설비 등을 파괴하거나 습격함으로써 적의 행동·연락·보급 등에 타격을 주는 방법이다. 이는 유격대나 민병대 등 '비정규부대'뿐 아니라 '정규부대'에서도 대단히 중시하는 전법이다. 적진을 습격하고 교통을 파괴하고 전선을 끊는 등의 활동은 승리를 거두는 중요한 밑거름이 된다.

소련군의 아프가니스탄 침공을 보자. 아프가니스탄 유격대는 "집중된 것을 분산시키는" '화정위영化整爲零'과 "치고 빠지는" '히트 앤 런hit and run' 전술을 채택하여, 적의 기름 탱크·도로·철도·교량을 파괴하는가 하면 수송부대를 습격하는 등의 '파습전'으로 소련군을 무척 곤혹스럽게 만들었다.

포클랜드 전쟁에서 영국군 특공대는 아르헨티나 공군기지를 습격하여 전투기를 모조리 폭파시킴으로써 영국 함대에 대한 최대의 위협을 제거했다. 이러한 예들은 '파습전'이 현대 전쟁에서 큰 작용을 하고 있음을 여실히 보여주고 있다.

미래 전쟁에서도 '파습전'은 대단히 유용할 것이다. 남의 나라를 침입한 적은 지리나 풍속 등에 익숙하지 못하고 또한 보급 라인이 길어지게 마련이다. 따라서 군민들이 적의 이같은 단점을 십분 이용하고 내 쪽의 장점을 충분히 발휘하여 적의 교통로를 차단하거나 각종 수단으로 적을 습격한다면 적의 역량을 약화·소모시키고 나아가 적을 섬멸할 수 있는 창조적인 조건을 만들어낼 수 있다.

3절
선공

선타약적先打弱敵 약한 적을 먼저 친다

이 전략은 언뜻 보아 수동적인 것 같지만 결코 그렇지 않다. 이 모략은 주동적이다. 전쟁사의 여러 예들은 이 모략이 승리를 가져다주는 적극적이고도 주동적인 모략임을 충분히 증명하고 있다.

실전을 통해 이 모략이 활용된 가장 이른 전례는 기원전 707년에 있었다. 주周 천자 환왕桓王의 군대와 제후국 정나라 군대가 수갈繻葛(지금의 하남성 장갈현 동북)에서 벌인 전투를 보자.

춘추시대에 들어오면서 주 천자의 통치력은 날로 쇠약해져 제후들이 서로 패권을 다투었다. 정나라 장공莊公은 유별나게 주 천자와 심한 갈등을 빚었다. 기원전 707년, 주 환왕은 몸소 진陳·채蔡·괵虢·위衛 네 나라의 연합군을 이끌고 정나라 정벌에 나섰다. 환왕은 전통적인 전법에 따라 군대를 좌·중·우 3군으로 나누어 '품品'자 형태로 배열하고 중군을 앞에 내세웠다. 정나라 군대도 3군으로 대응했다. 그러나 정은 전통적인 전법을 바꾸어 좌·우군을 주력으로 삼고 중군은 뒤에 처지게 했다.

주 천자의 좌군은 주로 진나라 군대로 이루어져 있었는데, 연합군 중에서도 가장 취약한 부분이었다. 정군의 자항子亢은 먼저 진나라 군대를 칠 것을 건의했다. 전투가 시작되자 과연 좌군을 구성하고 있는 진나라 군대는 급속도로 무너져 혼란에 빠졌고, 채와 위의 군대도 황망히 패주했다.(군사모략 '공점지법' 참조)

여러 나라의 군대로 구성된 강적을 맞이할 때는 먼저 그들 중에서 가장 약한 쪽을 공격하여 부순 다음 다른 쪽을 상대한다. 이것은 전쟁사에서 강적에게 승리를 거두는 효과적인 전법이 되었다. 먼저 약한 곳을 섬멸하면 아군의 사기를 높일 수 있을 뿐만 아니라 적을 두렵게 만들어 전과를 확대하는 데 유리하다. "적의 예봉은 피하고 적의 느슨한 곳을 친다."는 것도 사실은 먼저 약한 적을 공격한 후에 다시 강적을 부수는 전법이다.

선성후실先聲後實 먼저 목소리를 높이고 나중에 실력을 드러낸다

『주서周書』「최유전崔猷傳」에 보면 "무릇 병이란 '선성후실'에 힘써야 백전백승할 수 있고 약함을 강함으로 바꿀 수 있다."는 대목이 나온다. 명나라 때의 『행무요약行武要略』「정집正集 2권·진법陣法」에도 다음과 같은 대목이 있다.

예로부터 군을 잘 다스리는 자는 진陣을 치지 않으며, 진을 잘 치는 자는 싸우지 않는다고 했다. 이는 모략으로 변화에 대처하고, '선성후실'함을 말한다. 군의 의지는 본디 적의 마음을 빼앗는 것이지 요새를 쌓고 군기를 나부끼며 화살이 날아다니기를 기다리는 것이 아니다. 승부는 그 전에 판가름난다.

요컨대, 먼저 기세와 위엄으로 적의 사기를 무너뜨린 후 실력으로 섬멸하라는 것이다. '선성先聲'에서 '성'은 기세와 위엄 등 겉으로 드러나는 모습을 가리킨다. '후실後實'에서 '실'은 군대의 진짜 역량을 가리킨다. 군대의 진짜 역량을 발휘하기에 앞서 기세와 위엄으로 상대를 제압할 수 있어야 한다. 『사기』 「회음후열전淮陰侯列傳」에 나오는, 한신이 조나라를 격파한 후 그 기세와 위엄으로 연을 굴복시킨 사례가 이 모략을 이해하는 데 좋은 본보기가 될 것이다.

명나라 정덕제正德帝 14년인 1519년, 주신호朱宸濠(명나라를 세운 주원장의 자손)는 남창南昌에서 봉기한 후 곧장 남경으로 쳐들어가겠다고 큰소리를 쳤다. 병부상서兵部尚書 이윤사李允嗣는 이 소식을 듣자마자 몸소 군을 이끌고 요충지를 지켰다. 그는 거짓으로 명령을 내려 10만 관군의 절반은 남경에, 나머지 절반은 안경安慶에 집결하고 호광湖廣 등지의 병사도 육로와 수로를 통해 결집하여 때맞추어 주신호를 공격할 것이라고 했다. 이어 이윤사는 1천여 명을 선발하여 각종 깃발 따위를 나부끼면서 1백 척의 쾌속선에 태워 북을 두드리며 전진하게 했다. 이러한 위세에 눌린 주신호의 군대는 순식간에 와해되었다.

이윤사가 주신호에게 승리할 수 있었던 것은 "먼저 기세와 위엄으로 상대의 심리를 빼앗는다"는 '선성탈인先聲奪人'의 모략이 주효했기 때문이다. 이윤사는 각종 수단으로 주신호의 군대를 놀라움과 두려움 속으로 몰아넣음으로써 싸우기도 전에 승리한 셈이었다. '선성후실'이나 '선성탈인'은 본질적으로 같은 모략에 속한다.

선승이후구전先勝而後求戰 먼저 이겨놓고 싸운다

이 말은 『손자병법』 「형形」편에 나온다.

> 승리하는 군대는 먼저 이겨놓은 다음 싸우려 하고, 패배하는 군대는 먼저 싸우자고 달려든 다음에 승리를 구하려 한다.

'선승先勝'이란 정확한 전략과 전술 그리고 주도면밀하고 실제 상황에 알맞은 작전계획과 준비를 전제로 한다. 정확한 전략과 전술은 머릿속 상상에서 나오는 것이 아니라 확실하고 오차 없는 군사정보에 근거하여 적과 나의 군사 실력을 과학적으로 대비하는 '지피지기'에서 나온다. 손자는 말한다. "현명한 군주와 장수가 움직였다 하면 승리하고 다른 사람들보다 뛰어난 성공을 거두는 까닭은 적을 먼저 알기 때문이다."(『손자병법』 「용간」편) '선승'은 군사모략의 기본적 요구사항이자 조건이다. 동서고금을 통해 성공적이고 돋보이는 전례치고 지휘관의 '선승이후구전'이라는 군사사상이 반영되지 않은 것은 없었다.

명나라 말기 이자성李自成이 양양襄陽 회의에서 정확한 진군 계획을 수립한 다음, 순조롭게 북경에 진군하여 명 왕조의 봉건 통치를 뒤엎은 것도 이 모략사상의 의미를 충분히 설명해준다.

1643년 5월, 이자성이 이끄는 봉기군은 호북湖北 양양에서 회의를 소집하여 봉기군의 북벌에 따른 전략을 수립하고자 했다. 이 회의에서는 북벌의 기본 전략에 관해 대체로 두 가지 의견이 제기되었다. 하나는 하북으로 진격하여 곧장 북경을 치자는 것이고, 또 하나는 병력을 움직이지 않고 양양을 거점으로 수비하면서 북경으로 가

● '선승'은 나의 철저한 준비와 상대에 대한 정확한 파악이 관건이다. 이자성은 이 모략으로 명나라를 무너뜨렸다.

는 명나라 군대의 식량 운송을 단절시키고 기회를 엿보자는 것이었다. 당시 병부종사兵部從事 지위에 있던 고군은顧君恩은 이 두 가지 의견에 모두 반대하고 나섰다. 그는 다음과 같은 견해를 제시했다. 곧장 북경으로 쳐들어갔다가 만약 승리하지 못한다면 후방의 안정을 보장할 수 없다. 그러나 이 의견은 너무 성급한 면이 있다. 양양에 체류하다 보면 장기간 장강의 중하류에 머무르는 꼴이 되어 명 왕조를 뒤엎는 대업을 빨리 완성할 수 없다. 따라서 이 견해는 너무 느리다.

그는 대안을 내놓기를, 먼저 하남을 거쳐 관중을 탈취하자고 주장했다. 섬서 지역은 봉기군 총수 이자성의 고향으로 민중의 지지 기반이 튼튼하므로 이곳에 거점을 세우는 것이 마땅하다는 것이었다. 그런 다음에 그곳의 인력과 물자를 가지고 산서를 공격한 후 북경을 취한다. 이렇게 하면 전진하면 공격할 수 있고 물러나면 지킬 수 있으니 만전을 기할 수 있는 책략이라는 것이었다.

이자성은 고군은의 주장을 받아들였다. 봉기군은 빠른 속도로 동관潼關을 탈취하고, 서안으로 진군했다. 서안에서 봉기군은 양양에 건립한 정권 조직을 더욱 단단히 다지고 확대하는 한편, 섬서성과 감숙성 각지를 공략하여 섬서성 근거지를 확보했다. 이듬해 봉기군은 섬서성의 근거지에 의지하여 북방 명나라 군대가 약해진 틈을 타서 산서로 진격했다. 그리고 10월, 순조롭게 북경으로 진군하여 명나라 왕조 통치에 마침표를 찍었다.

미래의 전쟁은 군사력의 대결일 뿐만 아니라 경제력을 포함한 종합적 국력의 싸움이다. 이른바 '총력전'이다. 또 전쟁 실력의 겨루기일 뿐 아니라 전쟁 잠재력의 총체적 비교다. 강력한 전쟁 잠재력을 갖춘 쪽이 승리를 쟁취하기 위한 기초를 닦는 것은 싸우지 않고 미리 승리하는 창조적 조건을 갖추는 것과 다름이 없다.

선위불가승先爲不可勝, 이대적지가승以待敵之可勝　먼저 나를 이길 수 없게 한 연후에 적을 이길 수 있는 때를 기다린다

『손자병법』「형」편에 다음과 같은 대목이 나온다.

> 예전에 용병을 잘한다고 하면, 먼저 적이 나를 이길 수 없도록 준비를 갖추고 내가 적을 이길 수 있는 때를 기다리는 것이었다.
> 적이 나를 이기지 못하게 하는 것은 나 자신에게 달려 있고, 내가 적을 이기는 것은 적에게 달려 있다. 따라서 용병을 잘하는 자는 적이 나를 이기지 못하게 할 수 있으나 내가 반드시 이길 수 있도록 적을 그렇게 만들 수는 없다. 그래서 이기는 것을 미리 알 수는 있으나 이길 수 있게 만들 수는 없다고 말하는 것이다.

군대는 먼저 자신을 정비하고 약점을 극복하는 등 준비를 잘 갖추어 적이 나를 이길 수 없는 형세를 만든다. 그런 다음 적을 이길 수 있는 시기를 기다리거나 포착한다. 즉, 먼저 패할 수 없는 자신의 기반을 닦은 후에 적의 허점이나 틈을 찾아 싸우면 승리한다는 말이다.

『구당서舊唐書』「태종본기太宗本紀」의 기록을 보자. 618년, 당나라 태종 이세민은 서진西秦의 설인고薛仁杲와 전투를 치르고 있었다. 이세민의 군대는 고척성高摭城(지금의 섬서성 장무현 북쪽)에 이르렀다. 설인고는 대장 종나후宗羅睺를 보내 막도록 했다. 그는 몇 차례 당군에게 도전했다. 이세민의 부하 장수들은 모두 응전할 것을 주장했으나 이세민은 도무지 나아갈 기미를 보이지 않았다. 그는 엄하게 말했다.

"우리는 방금 전 한 차례 패하는 바람에 사기가 떨어져 있고, 적은 승리에 취해 오만하게 우리를 깔보고 있는 상황이다. 적이 교만해져 있을 때 우리가 분발하면 단 한 번의 싸움으로 적을 물리칠 수 있다. 그러니 감히 출전하자고 하는 자가 있으면 군법에 따라 처리할 것이다!"

두 군대는 60일 이상을 대치했다. 설인고의 군대는 양식이 다 떨어졌고, 당군에 투항하는 병사들도 늘어갔다. 이세민은 적군의 마음이 흩어져 있음을 간파하고, 기회를 놓칠세라 장군 양실粱實을 천수원淺水原(지금의 섬서성 장무현 동북)으로 보내 진을 쳐서 적을 유인하도록 했다. 과연 종나후는 유인작전에 걸려들었다. 그는 정예군을 모조리 동원해서 양실을 공격했다. 양실은 굳게 버텼다. 종나후가 며칠 동안 계속 공격을 가했지만 양실은 무너지지 않았다. 이세민은 이제 적이 지쳤을 것이라고 판단, 총공격 명령을 내렸고 종나후는 참패했다.

이 전례는 '이대적지가승'이 결코 소극적인 기다림이 아니라 적극적인 모략사상임을 입증해주는 본보기다. 손자는 위에 인용한 대목에 이어서 "따라서 싸움을 잘하는 자는 패하지 않을 위치에 굳게 서서 적의 패배를 놓치지 않는다."고 했다. 먼저 "자신을 보전"하고 패할 수 없는 위치에 선 다음 틈을 타서 적을 격파하는 것, 이것이 바로 "적이 나를 이기지 못하게 하는 것은 나 자신에게 달려 있고, 내가 적을 이기는 것은 적에게 달려 있다."는 말이다.

자신의 약점을 극복하려면 주관적 노력이 있어야 한다. 그리하여 도를 닦고 법을 지키는 것, 이것이 승패의 정치다. 적의 틈을 뚫으려면 적에게 뚫릴 만한 틈이 있어야 하듯, 적을 유인하려면 적이 걸려들 가능성을 가지고 있어야 한다. 전투에 능한 자는 적이 나를 이기지 못하게 하지만, 나는 적을 이용해 승리를 거둔다. '필승'은 자기에게만 달려 있는 것이 아니라 적에게도 달려 있기 때문이다. 전쟁을 벌이고 있는 쌍방은 주관적 능동성을 고도로 발휘하려고 애를 써야지 적을 어리석은 존재로 생각해서는 결코 안 된다. 하지만 고명한 장수는 여러 가지 수단을 펼쳐 적으로 하여금 어리석은 행동을 저지르게 만든다. 적의 약점과 잘못을 발견하고 이용한 후에 싸우면 승리할 수 있다.

『백전기법』「수전守戰」에서는 다음과 같이 말한다.

싸움에서 이른바 지키는 자라고 하는 것은 자신을 아는 자를 말한다. 자신에게 아직 승리할 만한 근거가 없는 것을 아는 자는 더욱 굳게 지킬 것이다. 적을 이길 만한 근거가 있을 때까지 기다렸다가 군을 출동시켜 공격하면 승리하지 않을 수 없다.

'이대적지가승'은 주관적 능동성에 의존하여 이길 수 있는 조건을 발견하는 것을 말한다. 소극적으로 기다리기만 하고 적시에 적의 약점과 잘못을 발견하지 못하면 승리는 아무리 '기다려도' 오지 않는다.

알적지봉遏敵之鋒 적의 예봉을 꺾는다

명나라 때의 『투필부담』「본모本謀」 제1에 나오는 말로, 적의 예봉을 꺾는 데 의미를 두고 있다. 역대 군사전문가들은 용병이란 견실함을 피하고 허점을 공격하며 먼저 약한 곳을 치는 것이라 했다. 그런데 이 모략은 적의 예봉을 저지하고 날카로움을 날카로움으로 맞서라고 직접 요구하고 있으니 어찌 모순이 아니겠는가? 사실 이는 문제의 양면이다. 내 쪽에 적의 예기를 꺾을 능력이 없거나 조건이 마련되어 있지 않을 때는 당연히 그 예기를 피하고 약한 곳을 골라 공격해야 한다. 그러나 적극적으로 적을 맞상대해서 타격을 줄 수 있다면, 그 타격은 훨씬 강력한 것이 될 것이며 적이 받는 심리적 타격이나 놀라움 또한 훨씬 클 것이다.

과거나 지금이나 초전에 적의 예기를 꺾는 것을 중시하는 인식은 달라진 바 없다. '알적지봉'은 적에게 가할 심리적인 충격이라는 점에서 적지 않은 의의를 가진다. 그것은 적에게 직접적인 공포심을 주며 사기를 저하시키고 마음을 흩어놓는다.

『삼국지』「위서魏書·장요전張遼傳」에 이 모략과 관련한 사례가 보인다. 215년, 위나라 장수 장요 등은 7천여 군사로 합비合肥(지금의 안휘성 합비시)를 지키고 있었는데, 손권이 10만 대군으로 공격해 왔다. 조조는 장요를 비롯한 여러 장수들에게 적이 포위하기 전에 맞상대해서 그 예기를 꺾어 군심을 안심시킨 후에 성을 고수하라고 명령했다. 그날 밤으로 장요는 결사대를 조직했다. 날이 밝자 장요는 직접 갑옷을 입고 창을 휘두르며 맨 앞에 서서 적진을 향해 돌격하여 장수 둘과 병사 수 명의 목을 베고는 곧장 손권의 깃발이 있는 곳으로 달려갔다. 좌충우돌 용감하게 달려드는 장요를 당해내지 못하고 손권의 군대는 이리저리 흩어졌다. 이 때문에 사기가 크게 꺾인 오나라 군대는 서둘러 도망치고 말았다.

미래의 전쟁에서도 이 모략사상은 대단히 중시될 것이다. 충분한 준비를 갖춘 기초 위에서 제1라운드 격돌을 승리로 장식한다면 전투의 전체 국면을 승리로 이끌 수 있는 가능성은 한결 커질 것이다. "적의 예봉은 맞서 꺾어야 한다. 적의 기를 살려놓으면 싸움 전체가 고달파진다."

세험절단勢驗節短 맹렬한 태세를 갖추어 신속하게 돌진한다

『손자병법』「세」편에 보면 "전투를 잘하는 자는 그 기세가 맹렬하고, 그 절도는 빠르고 간결하다."는 구절이 있다. 여기에서 '세험절단勢驗節短'이라는 성어가 나왔다. '세勢'는 '태세'다. 활시위를 잔뜩 당겨 곧 쏠 것 같은 '태세'를 말한다. '절節'은 원근과 거리를 줄인다는 뜻이다. 유인劉寅은 『손무자직해孫武子直解』「병세」제5에서 "절節이란 그 힘을 줄인다는 뜻으로, 틀림없이 그곳에 이르러 실수가 없도록 하는 것"이라고 했다. '험驗'과 '단短'에 대해서는 "험은 빠르다는 뜻과 같고, 단은 가깝다는 뜻과 같다."는 주석이 있다.

'세험절단'은 손자가 제기한 용병과 전투의 두 가지 중요한 원칙이다. '세험'은 부대의 행동이 "사납게 흐르는 물이 돌을 뜨게 하는" 것처럼 신속해야 함을 강조한다. '절단'은 부대가 적과 부딪쳐 싸울 때 접전 거리가 "사나운 매가 빠른 습격으로 새의 날개를 꺾고 몸을 부수는" 것과 같아야 함을 강조한다. 전투에 앞서 역량을 집중하여 마치 활시위를 잔뜩 당겨놓은 태세를 취해야 한다는 것이다. 일단 명령이 떨어지면 갑작스럽게, 민첩하게, 빠르게, 뜻밖에 공격하여 적이 방비하지 못하게 한다. 이렇게 하면 전투력을 충분히 발휘할 수 있다.

동한 말기, 원소와 공손찬公孫瓚은 계교界橋 남쪽 20리 지점에서 싸우고 있었다. 공손찬의 병력은 3만 명 정도로 그 공세가 대단히 사나웠다. 원소는 국의麴義에게 정예병 8백을 선발하여 튼튼하고 성능이 좋은 활 1천 대를 좌우로 휴대하도록 했다. 국의와 정예병들은 몸을 숨긴 채 움직이지 않고 활시위를 잔뜩 당겨놓고는 공손찬의 군대를 기다렸다. 공손찬의 군대가 사정거리 안에 들어오자 일제히 강궁을 발사했다. 적은 맞는 족족 고꾸라졌다. 공손찬의 군대는 심각한 타격을 입었다. '세험절단'

의 전술을 사용하여 승리를 거둔 본보기의 하나다.

『병뢰』「돌突」에서 "만약 돼지가 마구 날뛰듯, 게가 집게발로 집듯, 살쾡이가 발톱으로 할퀴듯, 토끼가 사력을 다해 도망가듯 갑작스레 일어났다 홀연히 다가온다면 누가 그것을 막을 수 있단 말인가?"라고 한 것도 폭발적이고 갑작스런 공세로 적이 "미처 막아내지 못하도록" 해야 할 것을 강조한 말이다.

'세험절단'은 정예병으로 하여금 갑작스럽고 맹렬한 기세로 적진을 기습하여 단숨에 전투 목적을 달성하는 모략이다. 현대 전쟁은 부대의 기동력이나 화력의 집중력 면에서 그 어느 때보다 엄청나게 발전했다. 따라서 '세험절단'은 군사적으로 여전히 중시되어야 할 모략이다. 미국이 리비아를 기습했을 때 거리는 아주 멀었지만 기습 시간도 짧고 행동도 돌발적이었다. 미국은 단 12분 만의 공격으로 예상한 효과를 거두었다.

4절
위장

이약시강以弱示强 · 약이시강弱而示强　약자가 강한 척한다

『백전기법』「약전弱戰」을 보면 이런 대목이 눈에 띈다.

전투에 임하여 적이 많고 아군이 적으며 적이 강하고 아군이 약하면 반드시 깃발 따위를 많이 세우고 솥을 많이 늘려서 아군의 힘이 강하다는 것을 과시한다. 그리 하여 적이 아군의 숫자와 전력의 강약에 대한 판단을 어렵게 하면, 적은 쉽게 싸우 지 못할 것이다. 이때 빨리 퇴각하면 전군의 피해를 막을 수 있다.

『손자병법』「세勢」편에서는 "강약은 형形이다."라는 매우 의미심장한 말을 하고 있 다. 이른바 '시형법示形法'은 약하지만 강하게 보이거나 강하지만 약하게 보이는 '가상

假像'을 창조해내는 방법이다. 이는 전쟁에서 수도 없이 사용된 대단히 유용한 모략이다.

전쟁은 힘겨루기인 동시에 지혜 겨루기다. 일정한 물질적 기초 위에서 상대에게 이기려면 전쟁터의 상황에 따라 알맞은 '시형법'을 취함으로써 적을 속이거나 유혹하여 물리칠 수 있는 모략을 터득해야 한다.

『자치통감』「한기漢紀」에는 이런 기록이 있다. 서기 115년, 강족羌族이 한 왕조의 통치에 반발하여 무도武都(지금의 감숙성 성현 서쪽)를 공격해 왔다. 등태후鄧太后는 우허虞詡가 장수로서의 자질이 뛰어나다고 판단, 그를 무도 태수로 임명했다. 우허는 군사 3천을 이끌고 진창陳倉(섬서성 보계)에 이르렀을 때 갑자기 강족 군대와 마주쳤다. 우허는 세력 면에서 열세에 놓인 것을 알고 진군을 멈추게 하고는, 조정에서 구원병을 보냈으니 구원병을 기다렸다가 함께 무도를 공격하겠다고 큰소리를 쳤다. 그와 동시에 여러 방식으로 구원병을 기다리는 듯한 태도를 보였다. 이 모습을 본 강족은 군대를 나누어 부근의 각 현을 약탈하기 시작했다. 우허는 강족의 군대가 흩어진 틈을 타서 이틀 거리에 해당하는 1백여 리를 하루 만에 행군하는 한편, 병사들에게 각각 두 사람분의 식사를 짓게 하고 그 양을 매일 두 배로 늘려나갔다. 강족은 구원병이 도착한 것으로 오인하여 감히 진격해 들어오지 못했다. 한 부하가 우허에게 물었다.

"손빈은 취사기구를 줄이라고 했는데, 오히려 늘리고 있으니 무슨 까닭입니까?"

우허는 이렇게 대답했다.

"적의 숫자가 많고 아군의 숫자는 적다. 적이 우리의 취사도구가 늘어나는 것을 보면 분명 우리 병력이 증원되었다고 판단, 감히 쳐들어오지 못할 것이다. 그 옛날 손빈은 일부러 자신의 약한 모습을 보였지만, 지금 우리는 그 반대로 강한 모습을 보여야 한다. 상황이 그때와 다르기 때문이다."

우허는 취사용 솥을 늘리는 방법으로 강족의 군대를 벗어나 순조롭게 무도군 경내의 적정赤亭(지금의 감숙성 성현 서남)에 이르렀다. 그런데 느닷없이 1만에 달하는 강족 군대에 포위당해 열흘 밤낮을 대치하게 되었다.

여기서 우허는 이전과는 반대로 일부러 약한 모습을 보이는 모략을 썼다. 병사들에게 멀리 나가지 않는 약하고 작은 활을 사용하게 하여 강족 군대가 한군을 깔보고 공격해 들어오게 만들었다. 예상대로 강족의 군대가 진군해 오자 우허는 강한 활을 쓰는 궁수 20명을 선발해 목표를 정확하게 겨누어 일제히 발사하게 했다. 강족은 많은 사상자를 내고 후퇴하고 말았다. 우허는 때를 놓치지 않고 추격하여 다시금 강족을 격파했다. 다음 날 우허는 이번에는 강하게 보이는 '시강법示强法'으로 적을 현혹시켰다. 3천 명에 불과한 병사들을 서문을 나서 북문으로 들어오게 하고, 다음 날에는 장비를 바꾸어 남문을 나가 북으로 들어오게 했다. 이렇게 몇 차례 반복하고 나니, 강족은 성안에 병력이 많다고 착각하여 지레 겁을 먹고 철수할 준비를 했다. 이러한 낌새를 눈치챈 우허는 정예병 5백으로 밤을 틈타 강족을 공격해 승리를 거두었다. 이로써 무도는 안정을 되찾았다.

우허는 두 번씩이나 '이약시강'을 활용하여 성공을 거두었다. 용병법에서는 반복하지 않는 것이 중요하다고 한다. 그러나 같은 모략이라도 상황이 다르면 결과도 다르게 나타날 수밖에 없다. 그 성공 여부는 "운용의 묘는 마음(심리)에 달려 있다."고 했듯이 장수가 때와 장소 그리고 적의 상황과 형세에 따라 어떻게 모략을 활용하느냐에 달려 있다.

현대 전쟁은 교통수단, 정찰수단, 상황 분석력 등 종합적인 능력에서 고대 전쟁과 비교가 안 될 정도로 발달해 있다. "취사용 솥을 줄이거나 늘리는" 방법으로 적을 현혹하는 따위는 이미 실질적인 느낌을 주지 못한다. 그러나 각종 수단을 통해 '허허실실'의 모략을 운용하여 적이 나의 허실을 모르게 하고 내 쪽에서 적의 행동을 조종할 수 있도록 해야 할 것이다. 이 모략은 언제나 지휘관들이 중시해야 할 가치가 있다.

강이시약強而示弱 강자가 약한 척한다

『백전기법』「강전强戰」에 이런 대목이 있다.

> 적과 싸울 때 내 쪽의 수가 많고 강하면 일부러 겁먹은 것처럼 보여 적을 유인한다.
> 적은 틀림없이 공격해 올 것이다. 그때 정예군으로 치면 반드시 적을 패배시킬 수
> 있다.

이는 내 쪽이 강하고 적이 약한 상황에서 활용하는 모략이다. 일부러 약한 것처
럼 보여 적을 유인해 싸우게 한 다음, 정예군으로 불의의 타격을 가한다. "능력이 있
으면서도 싸우지 못하는 척한다"는 '능이시지불능能而示之不能'의 구체적 운용이다.

기원전 342년, 위魏·조趙 연합군이 한을 공격했을 때 손빈이 취사용 솥을 줄이고
일부러 겁먹은 듯 피하며 적을 유인하여 마침내 방연을 죽음으로 몰고 간 것도 바로
이 '강이시약'의 모략을 아울러 구사한 결과였다.(군사모략 '위위구조' 및 정치모략 '대
지약우' 참조)

당시 대장군 전기와 손빈은 강한 군사를 거느리고 있어 적과 싸울 힘이 충분했
다. 그런데도 적에게 허점을 보인 것은 위나라 군의 교만함과 상대를 깔보는 심리를
이용하여 적의 오판을 유도, 최후의 승리를 거두기 위해서였다.

나폴레옹은 아우스터리츠 전역에서 적의 상황을 정확하게 판단하여 우세한 프
랑스군의 전력을 충분히 발휘했다. 러시아와 오스트리아 동맹군을 유인해서 빨리 결
전을 벌이기 위해 나폴레옹은 일련의 기만술을 썼다. 우선 고의로 취약한 부분을 노
출시키는 한편, 교통로가 끊기는 것을 몹시 두려워하는 모습을 암시하고 심지어는

유리한 진지에서 철수하는 등의 기만작전으로 철저히 자신의 의도를 엄폐했다. 이 때문에 적은 잇따라 판단 착오를 저질렀다. 나폴레옹은 동맹군의 계산 착오를 통찰하자마자 즉각 반격을 가했다. 1만2천 명의 비교적 적은 사상자를 낸 반면, 2만7천여 명의 동맹군을 살상하고 대포 155문을 노획하는 전과를 올렸다. 나폴레옹은 이 전역에서의 승리로 유럽 최고의 명장으로 떠올랐다.

이가난진以假亂眞 거짓 모습으로 진짜를 혼란시킨다

이 모략은 "가짜를 보여 진짜를 감춘다"는 '시가은진示假隱眞'과 같은 '시형법'에 속하지만, '시가은진'보다 훨씬 능동적이고 적극적인 의미를 강조하는 모략이다. 전쟁을 벌이고 있는 당사자들은 수단과 방법을 가리지 않고 '가상假像'을 만들어내어 자기의 진정한 의도를 감추려 한다.

1947년 겨울, 등소평鄧少平이 이끄는 군대는 황하 북안에 당도했다. 황하 남안에 주둔하고 있는 국민당 군대의 보병은 야간에 탐조등을 비추다가 북안 수면 위에 쇠투구를 눌러 쓴 병사들이 소리 없이 남안으로 헤엄쳐 오는 것을 발견했다. 국민당 군의 지휘관은 병사들에게 큰 소리로 명령했다.

"공산군의 도하부대가 사정권 내에 들어오면 총과 대포를 발사해 적을 황하 속에 모조리 수장시켜버려라!"

도하부대는 점점 남안으로 접근하고 있었다. 발포 명령이 떨어지자 일제히 총과 대포가 발사되었다. 강 위로 쇠 투구가 터져 튀어 오르고 선혈이 순식간에 강을 붉게 물들였다. 그런데 갑자기 국민당 군대의 등뒤에서 격렬한 총소리가 들려왔다. 국민당 군대는 순식간에 혼란에 빠졌다.

실제 상황은 이렇게 된 것이었다. 공산군의 주력은 일찌감치 밤을 틈타 상류로부터 배와 뗏목으로 황하를 건너와 기다리고 있다가 등뒤에서 공격을 가한 것이다. 이 전투에서 공산군은 적장을 생포하는 전과를 올렸다.

도하부대란 사실은 표주박 위에 쇠 투구를 묶고 그 안에 붉은 물감을 가득 채운 돼지 오줌보를 매달아놓은 것이었다. 표주박 위에는 돼지 창자를 매달아 연결시켰다. 이 '이가난진'의 계략을 알고 난 포로들은 놀라움에 입을 다물지 못했다고 한다.

'이가난진'을 실행에 옮기려면 먼저 모든 가능한 조건을 이용, '가짜'를 '진짜'처럼 보이게 하여 적을 착각에 빠뜨려야 한다. 그런 다음 '진짜'로 진짜 목적을 달성하는 것이다. 만약 진짜 같지 않으면 적이 그 허점을 역이용하게 되어 심각한 곤경에 처할 수도 있다.

원이시근遠而示近 멀리 있는 것을 가까이 보이게 한다

『손자병법』「계」편에서 제기하는 '궤도 12법' 중 하나다. 이 모략 역시 일종의 '시형법'이다. 자신의 군사적 의도를 엄폐하기 위해 본래 "먼 곳에서 진군해 오면서 가까운 곳에서 진군하는 것처럼 꾸민다."

『백전기법』「원전遠戰」에 나오는 관련 대목을 소개한다.

적과 물을 사이에 두고 대치하고 있을 때, 아군이 멀리서 물을 건너려 한다면 배를 많이 만들어 가까이에서 건너는 것처럼 꾸민다. 적은 틀림없이 많은 병력으로 이에 응전해 올 것인데, 아군이 그 빈틈으로 가서 물을 건넌다.

또 『역대명장사략歷代名將事略·하책下冊』「탈험奪驗」에는 이런 내용이 있다.

저쪽이 물을 막고 지키고 있으면 내 쪽에서는 진을 치고 물을 건너는 척한다. 그리고 몰래 일부 병사를 보내 다른 나루터를 찾게 해서 재갈을 입에 물고 조용하고 신속히 건너가게 한다. 그런 다음 불의의 기습을 가하면 적은 놀라 혼란에 빠질 것이고, 그 틈에 대군으로 공격하면 승리하지 못하는 경우는 거의 없다.

이 모략은 예로부터 강이나 하천을 방어선으로 삼고 있는 적을 돌파할 때 많이 사용되었다. 상대를 속이는 행동과 기습을 가하는 방법을 운용하여 적을 제압한다. 그 구체적인 운용법은 이렇다. 멀리 건너 적을 공격하고자 한다면, '먼 것'을 '주요 공격점'으로 삼고 '가까운 것'을 '보조 공격점'으로 삼아 가까이서 건너는 것처럼 꾸민다. 이렇게 적의 병력을 끌어내고, 주요 공격점으로 삼은 먼 곳의 빈틈을 타서 서서히 물을 건너 공격하는 것이다. 반대로 '가까운 곳'을 주요 공격점으로 삼을 수도 있다. 그 것이 바로 '근이시지원近而示之遠'의 모략이다.

'시형법'으로 적을 속이는 목적은 자기의 의도를 감추는 데 있다. 가상을 만들어 내어 '거짓 움직임'으로 적의 오판을 이끌어내면 나의 진정한 의도는 가려진다. 또 그 것을 바탕으로 적을 조종하여 내 틀 속으로 끌어들인다. 적병이 흩어지고 세력에 틈이 생겼을 때 불의의 기습으로 적을 섬멸한다.

1945년 극동 전역이 발발하기 전날 밤, 일본군 사령부는 소련군이 우기에는 진군해 오지 못할 것으로 판단하고 있었다. 우기에 기계화 중장비군단이 움직이기에는 여러모로 불편하기 때문이었다. 날이 좋아진 다음 다시 진군해 올 것이 틀림없어 보였다. 그럴 경우 빨라도 9월 중순이 되어야 움직일 수 있다. 주요 공격 방향에 대해서도 일본군은 소련 장갑부대가 사막과 대흥안령大興安嶺 산맥의 원시림을 뚫고 진격하기란 불가능하다고 판단했다. 그 지역은 기계화된 장갑군단의 이동이 거의 불가능에 가까운 금기 구역이나 마찬가지였기 때문이다. 그러나 소련군은 상식을 비웃기라도 하듯 진격 시기를 우기에 해당하는 8월 9일로 선택했을 뿐 아니라, 주요 공격을 담당한 탱크 기계화병단을 일본군이 예기치 못한 몽골 동부에서부터 대흥안령의 산림을 뚫고 사막을 지나 직접 심양瀋陽으로 진격하게 했다.

근이시원近而示遠 가까이 있는 것을 멀리 보이게 한다

'원이시근'과 상대되는 이 모략 역시 『손자병법』「계」편이 그 출전이다. "가까운 곳에서 진군해 오면서 먼 곳에서 진군하는 것처럼 꾸민다." 『백전기법』「근전近戰」에서는 "가까운 곳을 공격하고자 한다면 오히려 먼 곳을 공격하려는 것처럼 보여, 적이 먼 곳을 대비할 때 가까운 곳을 기습한다."고 했다. 이 모략은 '원이시근'과 같이 진공 노선, 주공격 방향, 공격 지점을 은폐하는 모략에 속한다. 본래는 거리가 매우 가깝지만 먼 곳에서 돌아오는 것처럼 보인다. 본래는 곧장 공격할 계획이지만 조건이 아직 무르익지 않아 장차 공격할 준비를 하고 있는 것처럼 위장한다. '성동격서聲東擊西'나 '명수잔도明修棧道, 암도진창暗渡陳倉' 등이 '근이시원'을 포함하고 있는 모략사상들이다.

『자치통감』「진기晉紀」에 실린 경우를 한번 살펴보자. 392년, 후연後燕의 왕 모용수慕容垂는 중산中山(지금의 하북성 정정)으로부터 병사를 이끌고 활대滑臺(하남성 활현)

의 적소翟釗를 향해 진군하여, 여양진黎陽津(활현 북부)에서 강을 건널 준비를 했다. 이 때 적소는 강 남쪽 기슭에 정예병을 포진해놓는 등 만반의 태세를 갖추고 있었다. 모용수는 도하작전을 성공적으로 이끌기 위해 고의로 부대를 이곳에서 40여 리 떨어진 서쪽 나루로 이동시킨 후 쇠가죽으로 만든 배 1백여 척을 이용하여 '의병疑兵'[26]을 싣고 강을 건너는 것처럼 꾸몄다. 적소는 이를 진짜로 믿고 즉각 주력군을 서쪽 나루 맞은편 기슭으로 이동시켰다. 모용수는 자신의 '시형술'이 성공한 것을 보자, 부장 모용진慕容鎭에게 명하여 여양진에서 밤을 틈타 강을 건너게 했다. 모용수의 군대는 날이 밝을 무렵 맞은편 기슭에다 진영을 칠 수 있었다. 속았다는 사실을 안 적소는 서둘러 회군했으나 이미 때는 늦었다. 급히 되돌아오느라 지친 군대는 결국 모용수의 공격을 견디지 못하고 대패했다.

형인이아무형形人而我無形 적은 드러나게 하고 나는 보이지 않게 한다

『손자병법』「허실」편에 이런 대목이 나온다.

적의 모습을 드러내게 하고 아군의 모습을 보이지 않게 하면 아군은 집중할 수 있고 적은 흩어지게 된다.

아군이 하나로 집중하고 적은 열로 분산된다면, 이것은 열로 하나를 상대하는 것이나 마찬가지다. 즉, 아군은 많고 적은 적어진다. 다수의 병력으로 소수의 병력을

---

26 '의병'이란 상대에게 혼란과 의심을 일으키기 위해 일부러 내보내는 병사나 군대를 가리키는 고대 병가의 전문용어다.

공격할 수 있다면 아군이 더불어 싸울 상대는 가볍다.

이 모략이 뜻하는 바는 '시형법'으로 적을 속여 적이 의도를 드러내게 유인하며, 내 쪽은 흔적을 드러내지 않아 허실을 모르게 하고 실체를 헤아릴 수 없게 한다는 것이다. 그런 다음 병력을 집중하여 적을 향해 진군한다.

『백전기법』「형전形戰」에서는 이렇게 말한다.

적의 병력이 많을 때 가상을 만들어 그 세력을 나누면, 적은 나누어진 병력으로 아군을 대하게 된다. 이미 적의 세력이 분산되었다면 그 병력은 적어질 수밖에 없다. 이때 아군이 병력을 집중하면 우세를 차지할 수 있다. 우세한 병력으로 열세에 놓인 적을 공격하는데 승리하지 않을 수 있겠는가.

전쟁에서의 군사적 목적은 적을 소멸하고 나를 지키는 데 있다. 이 목적을 실현하기 위해서는 반드시 여러 가지 교묘한 위장과 기만술로 자신의 의도를 은폐해야 한다. "모략의 성공과 실패는 치밀함과 허술함 사이에서 결정난다." 어떤 전법이 되었건 "적의 변화에 따라 변화할 수 있어야 한다." 생각해보라. 내 쪽의 행동과 의도가 적에게 파악되었다면 전쟁의 주도권을 어떻게 잡을 수 있겠는가. 그래서 역대 병가들이 그토록 '시형법'을 중시해왔던 것이다.

『삼국지』권1에 실린 구체적인 본보기를 보자. 200년, 조조와 원소는 관도官渡에서 대치하고 있었다. 원소는 곽도郭圖·순우경淳于瓊·안량顔良으로 하여금 조조의 부장이자 동군東郡의 태수인 유연劉延을 백마성白馬城(지금의 하남성 활현 동쪽)에서 포위, 공격하게 했다. 그리고 원소 자신은 여양黎陽(지금의 하남성 준현 동쪽 황하 북쪽 기슭)에서 강을 건널 준비를 했다. 조조는 군사를 이끌고 북진하여 유연을 구원하려 했다. 모사 순유苟攸가 말리며 다음과 같은 전략을 건의했다.

"적은 우리보다 수가 많으므로 직접 북진하여 구원에 나서는 것은 불리합니다. 원소의 병력을 분산시켜야 승산이 있습니다. 일부 병력을 연진延津(지금의 하남성 급현 동쪽의 옛 황하 나루)으로 보내 강을 건너 '뒤쪽으로 전진하는 척' 준비를 하면, 원소는 틀림없이 '서쪽으로 와서 응수'할 것입니다. 이렇게 원소의 병력을 흩어놓고, 그 틈을 타 날랜 병사로 대비가 덜 된 백마를 공격하면 안량을 잡을 수 있습니다."

조조는 순유의 건의를 받아들였다. 원소는 조조가 강을 건너려 한다는 보고를 듣자 즉시 서쪽으로 병사를 보내 대응하게 했다. 그때 조조는 곧장 백마로 쳐들어갔다. 안량은 깜짝 놀라 급히 맞서 싸웠으나 장요張遼·관우關羽에게 죽임을 당했다. 백마의 포위는 이렇게 해서 풀렸다.

'관도 전투'에서 조조는 '형인이아무형'이라는 속임수 행동을 동반한 '시형법'을 활용하여 "나의 힘은 집중시키고 적은 분산시켜" 적은 수로 많은 수를 이기는 성공적인 전례를 남겼다.

능이시지불능能而示之不能 할 수 있으면서도 할 수 없는 것처럼 보이게 한다

『손자병법』「계」편에서 제기하고 있는 '궤도 12법'의 하나다. 본래는 공격할 수 있고 수비할 수도 있고 전투력도 있으면서 일부러 그렇지 못한 것처럼 가장한다는 뜻이다. 『육도六韜』「무도武韜·발계發啓」 제12에서는 이와 관련하여 "사나운 새가 다른 새를 습격하려고 할 때는 날개를 움츠리고 나직이 날고, 맹수가 다른 짐승을 노릴 때는 귀를 세우고 엎드리며, 성인聖人이 움직이려고 할 때는 반드시 어리석은 듯한 얼굴빛을 한다."고 했다. 이는 막판에 가서 단숨에 성공을 거두기 위한 행동이다.

『오월춘추吳越春秋』「합려내전闔閭內傳」에는 이런 내용이 있다. 춘추시대 오나라의 명장 오자서의 친구 요리要離는 체구도 작고 몸도 비쩍 말랐지만 무적의 검객이었다. 그는 다른 사람과 겨룰 때면 언제나 수비 자세를 취해 상대방이 먼저 공격해 들어오게 만들었다. 상대의 검이 자신의 몸에 닿으려 할 때 아주 교묘하게 피한 다음 상대를 찌른다. 오자서가 그에게 승리의 비결을 묻자 요리는 다음과 같이 말해주었다.

적을 마주 대하면 능력이 없는 척하여 적을 교만하게 만든다. 그런 다음 다시 이득이 될 만한 것을 이용하여 적의 탐욕스러운 마음을 부추긴다. 적이 성급하게 헛된 공격을 해 오기를 기다렸다가 그 허점을 틈타 별안간 공격해 들어가는 것이다.

검객의 논리치고는 자못 의미심장하다.

양군이 대치하고 있을 때 총명한 장수는 가상으로 적의 착각을 불러일으킨다. 대적할 힘이 없는 것처럼 보여 적이 나를 깔보게 만든 다음, 적극적인 준비를 갖추고 기회를 엿보다가 적을 제압한다. 능력이 있으면서도 없는 것처럼 보일 때, 할 수 없는 모습은 가짜고 할 수 있는 모습이 본질이며 기본이다. 이렇게 해야만 적이 마비되었을 때 적에게 타격을 가해 승리를 이끌어낼 수 있다. 이 모략은 전쟁의 전체 국면에 대해 전면적으로 파악해야 성공할 수 있으므로 소극적인 것이 아니라 적극적이고 주동적인 것이다. 적을 다루는 모략이자 적에게 통제당하지 않는 모략이기도 하다.

용이시지불용用而示之不用 쓸 수 있으면서도 쓸 수 없는 것처럼 보이게 한다

『손자병법』「계」편을 보면 다음과 같은 용병의 기본 원칙이 제시되고 있다.

> 용병은 적을 속이는 '궤도'다. 능력이 있으면서도 능력이 없는 것처럼 보이게 하고,
> 쓸 수 있으면서도 쓸 수 없는 것처럼 보이도록 한다. 가까운 곳을 노리고 있으면서
> 먼 곳에 뜻이 있는 것처럼 보이게 하고, 먼 곳을 노리면서 가까운 곳에 뜻이 있는
> 것처럼 꾸민다. 적에게 이익을 줄 것처럼 유인해 끌어내고, 적을 혼란시켜놓고 공격
> 한다. 적의 병력이 견실하면 내 쪽에서도 태세를 정돈하여 대비하고, 적이 강하면
> 자중하여 정면충돌은 피한다. 적을 화나게 만들어 어지럽히고, 저자세를 취하여
> 적을 교만하게 만든다. 적이 편안히 휴식을 취하고 있으면 집적거려서 피곤하게 만
> 들고, 적이 서로 친밀하면 이간시켜야 한다.

이 모략의 요점은 이렇다. 공격하려는 의도를 가지고 있으면서 일부러 공격하지
못하는 척한다. 어떤 계략을 쓰려고 하면서 일부러 쓰지 않을 것처럼 또는 쓸 수 없
는 것처럼 가장하여 적을 현혹하고, 그 틈을 엿보아 행동을 취한다. 『고시원古詩源』에
보면 "날려면 날개를 접어야 하고, 달리려면 다리를 구부려야 한다. 잡아서 물려면
움켜쥐어야 하고, 꾸미려면 바탕을 깨끗하게 해야 한다."는 말이 있다.

용병에 능한 자는 모략이 밖으로 새어나가지 않게 하고, 자신의 의도로 여러 사
람을 시끄럽게 만들지 않는다. '용이시지불용'의 목적은 상대가 나를 의심하지 않게
하여 나에 대한 대비를 갖추지 않도록 해놓고, 때가 무르익기를 기다렸다가 불시에
기습을 가하는 데 있다. '용이시지불용'의 구체적 형식은 복합적이기 때문에 정책 결

정자는 시기와 흐름, 적의 상황에 따라 활용해야 한다. '시지불용'은 '용用'을 위한 것으로, 적이 무방비인 때와 장소를 더욱 잘 '활용'하기 위한 것이다.

1941년, 일본 해군함대는 태평양 미군 함대 기지인 진주만을 기습하면서 일련의 위장전술을 펼쳤다. 호화 유람선 '류타마루龍田丸'를 미국으로 보내 교포들을 철수시키고, 해군사관학교 생도 3백 명을 함대 수병으로 복무시켜 12월 5일과 6일 이틀간 유람하게 하면서 함대가 항구에 정박해 있는 것처럼 가짜 무전을 쳐서 미국 정보원들을 속였다.

이런 보기는 '용이시지불용'의 구체적인 운용이었다. 지휘관은 전쟁과 관련한 각종 상황, 특히 적의 행동에 대해서는 진지하게 연구·분석하여 본질을 발견하되, 적의 어떤 행동을 다른 행동들과 떼어놓고 보아서는 절대 안 된다.

허즉실지虛則實之 허한 것을 실한 것으로 보이게 한다

모략의 운용은 변화가 무상하다. 모든 모략은 한결같이 "적을 계산하고 적에게 계산당하지 않기 위해" 주도권을 쟁취하고 수동적인 위치에서 벗어나는 것을 목적으로 하고 있다. '허즉실지'는 자신이 불리한 형세에 놓여 있을 때 고의로 실력이 센 것처럼 위장하여 상대에게 위협을 가하고 함부로 진군하지 못하게 만드는 것이다.

『백전기법』「허전虛戰」에서는 "아군의 형세에 허점이 있을 때 거짓으로 그 허점을 튼튼한 것처럼 보여 허실의 소재를 가늠하지 못하게 함으로써 감히 아군과 싸우지 못하게 하면 전군을 보전할 수 있다."고 했다. 이것은 가짜로 진짜를 혼동시키는 모략이다.

● 최초의 통일제국 진나라는 장량의 '허즉실지'의 모략으로 맥없이 멸망했다. 사진은 장량이 신비의 노인으로부터 병법서를 받는 모습이다.

기원전 207년, 유방은 요관嶢關(지금의 섬서성 남전현 동남쪽에 자리잡은, 관중평원에서 남양분지로 통하는 교통요지)을 차지하기 위한 전투에서 '허즉실지'의 전법을 구사했다. 그해 8월, 유방은 군대를 이끌고 무관武關(지금의 섬서성 상남현 서남쪽, 섬서성과 하남·호북성의 경계 지점)에 이르렀다. 당시 진의 승상 조고趙高는 2세 황제(진시황의 아들)를 협박하여 자살하게 만들고, 자영子嬰을 무리하게 황제로 세웠다. 9월, 자영은 조고를 암살하고 군을 정비하여 요관을 거점으로 삼아 유방의 군대가 서쪽으로 전진하는 것을 막도록 했다. 이 소식을 접한 유방은 신속하게 요관을 향해 진군하려 했다. 장량이 나서 가로막으며 이렇게 말했다.

"현재 진나라 군대의 힘은 상당히 강합니다. 가벼운 마음으로 섣불리 공격해서는 안 됩니다. 먼저 일부 병사를 보내 무관 주위의 산꼭대기에 아군의 깃발을 꽂게 하여 진의 군대로 하여금 아군의 허실에 대해 의심하고 두려운 마음을 갖게 해야 합니다. 그런 다음 역이기酈食其와 육고陸賈에게 많은 예물을 주어 진의 장수들을 매수하는 것이 좋을 것 같습니다."

유방은 장량의 건의에 따라 '허장성세虛張聲勢'의 모략으로 자신의 역량을 뽐내는 한편, 역이기로 하여금 후한 뇌물을 진의 장수에게 보내 현 상황의 이해관계를 들어 회유 또는 협박의 강·온 양면책으로 유방과 함께 진의 수도 함양으로 쳐들어가자며 설득하게 했다. 그리고 때를 기다려 갑자기 진군을 공격했다. 유방은 요관을 돌아 궤산蕢山을 넘어 남전 이남에서 진군을 대파하고, 빠른 속도로 함양咸陽(지금의 함양시 동쪽)으로 진군하여 진 왕조를 끝장냈다.

유방은 장량의 꾀에 따라 '허즉실지'의 모략을 채용하여 진나라 군대에게 겁을 주어 복속시켰으며, 자영은 옥새를 들고 "백마가 이끄는 빈 수레를 타고" 성을 나와 유방에게 항복했다.(정치모략 '허실상란' 및 군사모략 '허장성세' 참조)

실즉허지實則虛之 실한 것을 허한 것으로 보이게 한다

명나라 때의 『초려경략』 권6 「허실虛實」에는 "튼튼하지만 허점이 있는 것처럼 하고, 나의 튼튼함으로 저쪽의 허점을 공격하면 파죽지세다."라는 대목이 있다. 본래 역량이 강대하지만 허약함으로 위장하여 상대방을 마비시킨 뒤 틈을 타서 적을 물리친다. 내쪽이 적보다 우세하고 주동적인 지위에 있을 때 적을 유인하는 모략이다. 실제 운용에서는 여러 가지 표현 형식이 있다. 함정은 없지만 고의로 파탄을 보이거나 허점을 보여 적이 걸려들게 한다. 특히 교만한 적이 성급하게 싸움을 서두를 때, 이 '시형법'은 더 확실하게 활용될 수 있다. 손빈이 취사용 가마솥을 줄여가며 방연을 속인 것이나, 백기가 약점을 보여 조괄趙括을 유인한 것 등이 이 모략의 성공적인 본보기다.

1944년, 미국을 비롯한 연합군은 노르망디 상륙작전을 펼치기 전에 '쌩 메르 에 글리즈'에서 낙하산 투하작전을 펼쳤다. 이 군사 행위를 엄호하기 위해 연합군은 낙하 예정지의 양옆 지역에 음향장치와 실탄 발사 모형장치를 지닌 가짜 낙하산병을 투하했다. 이 가짜 낙하산병들이 지면에 접근할 때면 진짜 전투를 벌이는 듯한 음향이 터져 나와 독일군이 낙하지를 포위하도록 ·유인했다. 이렇게 잇따라 몇 차례 독일군을 허탕치게 하면서, 독일군의 기동력을 크게 마비시켜나갔다. 그러다가 마침내 연합군은 진짜 낙하산부대를 투하했다. 독일군은 이번에도 가짜 낙하산부대인 줄 알고 신속하게 대처하지 않았다. 이렇게 연합군 낙하산부대는 힘 안 들이고 목표지점에 병력을 투입할 수 있었다.

현대 전쟁에서 공방전을 벌이는 쌍방은 군대의 최대 활동력을 보장하기 위해 진짜와 가짜를 결합하고 허와 실을 아우르는 수법을 사용하여 적의 의심과 오판을 불러일으키려고 한다. 예를 들어 방어하는 쪽에서는 진짜 공사와 가짜 공사를 섞어놓는다거나, 진짜 진지와 가짜 진지를 번갈아 지키거나, 가짜 부서와 진짜 부서를 바꾸거나 하는 방법을 활용한다. 공격하는 쪽에서는 진짜 진지와 가짜 진지, 진짜 유도탄과 가짜 유도탄, 진짜 폭격기와 가짜 폭격기 등 허실을 병용하거나 교대로 출전시키는 방법을 채용한다.

1941년 11월, 영국 제8군단은 시리아와 이집트 변경에 설치된 독일군 방어선을 향해 진군했다. 이를 위해 영국군은 광활한 사막에 대형 철도 종착역을 건설하여 대량의 전쟁 보급품을 저장·운반할 수 있는 시설을 갖추었다. 독일군을 현혹시키고 이 기차역에 대한 독일군의 폭격 가능성을 줄이기 위해 영국군 총사령부는 이 역에서 그리 멀지 않은 곳에 비밀리에 가짜 보급기지를 만들어놓고, 아울러 진짜 종착역과 가까운 보급기지 사이에 정상적인 속도로 달릴 수 있는 가짜 철로를 놓았다. 그리고 철로 위에 기차·석탄차·유조차 등을 설치했다. 이 차량들은 수시로 차례를 바꾸어 가며 분주하게 물자를 운반하고 군대를 이동시키는 모습을 연출했다. 또 기지의 공터에는 대량의 트럭·장갑차·탱크와 기타 보급품을 쌓아놓았다. 그러고는 이 전쟁 물자들을 수시로 위치를 바꾸어 바쁘게 화물을 운반하고 교체하는 느낌을 주었다. 물론 기지 내에 있는 차량과 작전에 필요한 물자들은 모두 가짜였고, 기차도 모형이었다. 모형 기차에서는 밤낮없이 굴뚝에서 연기와 불길이 뿜어져 나오고 있었다. 이와 동시에 영국군은 특별히 트럭 수송부대가 끊임없이 가짜 기지 안을 왕래하도록 안배했다. 가짜 기지의 주위에는 몇 대의 높은 포루를 배치하여 사실감을 높였다. 독일 정찰기의 접근을 효과적으로 저지함으로써 가짜 기지가 탄로나는 것을 막자는 의도에서였다. 독일군은 영국군이 시행한 '실즉허지'의 현혹술에 걸려들었다. 가짜 기지는 대규모의 독일 폭격기를 견제하여 종착역의 안전을 엄호했을 뿐 아니라 영국군에 대한 독일군의 작전 행동에 착오를 일으키게 했다.(군사모략 '허즉실지' 참조)

실이실지實而實之 실한 것을 실하게 보인다

이 말은 『초려경략』 권6 「허실」에서 나온다.

> 허실은 나한테 달려 있으므로 적의 오판을 유도하는 것이 중요하다.… 튼튼한 곳을 튼튼하게 보임으로써 적으로 하여금 내 쪽에 혹 허점이 있는 것이 아닌가 의심하게 만든다.

"튼튼한 곳을 튼튼하게 보인다"는 '실이실지'는 적과 싸울 때 일부러 내 쪽의 실력을 드러내는 모략사상이다. 이 모략은 내 쪽과 적의 실력이 엇비슷하거나 내 쪽에 충분한 준비가 있고 부서를 주도면밀하게 배치한 기초 위에서 실시해야 한다.

394년, 후연의 왕 모용수慕容垂는 서연西燕(지금의 산서성 남부)을 공격하기 위해 병력을 부구滏口(지금의 하북성 무안현 남쪽)에 주둔시키고, 일부 병력은 호관壺關(지금의 산서성 장치현 동남)에 주둔시켰다. 그리고 자신은 일부 병력을 이끌고 사정沙庭(지금의 하북성 임장현 서남)에 주둔했다. 모용수는 병사들에게 각자의 배치 지역으로 진입하게 하는 동시에, 자신의 실력을 믿고 공개적으로 선전포고를 했다. 서연의 왕 모용영慕容永은 적군이 국경을 압박해 들어온다는 소식을 듣고 군대를 나누어 각 도로의 관문을 지키게 하는 한편, 군량을 쌓아놓은 대벽臺壁(지금의 산서성 여성현 서쪽)에 만여 명의 병사를 보내 지키게 하는 등 응전태세에 들어갔다.

사정에 진입한 모용수는 이러한 상황을 알고도 어찌된 일인지 병사를 움직이지 않았다. 모용영은 의심하지 않을 수 없었다. 모용영은 사정에 주둔하고 있는 모용수의 군대는 가짜고, 진짜 목적은 남쪽에서 우회하려는 것으로 생각했다. 그는 일부 병력을 대벽에 남겨놓고 나머지는 모두 지관軹關(지금의 하남성 제원현 서북)에 결집시켜 태항산太行山 입구를 방어하도록 했다. 서연이 주력군을 다시 안배하는 것을 보고 난 다음, 모용수는 친히 주력을 이끌고 태항산 북쪽 끝에서 부구를 나와 천정관天井關(지금의 하북성 무안현 서쪽)을 공격해 들어갔다. 5월, 모용수는 대벽을 줄기차게 공격하여 점령했다. 그러고는 즉각 부장에게 명령하여 천여 명의 기병을 매복시키게 했다. 모용영과 접전을 벌인 후 모용수는 거짓으로 패한 척하면서 적을 유인했다. 이런 사실도 모르고 모용영은 계속 추격하다가 복병에 의해 퇴로를 차단당하고 말았다. 그 순간 후연의 군대가 사방에서 일제히 공격을 가해 서연군을 크게 무찔렀다.

모용수는 이 작전에서 자신의 목적을 공개적으로 드러내어 상대방에게 알리는

'실이실지'의 모략을 구사했다. 또한 전투를 실시하는 과정에서 적의 상황에 맞추어 구체적이고 다양한 조치를 실시함으로써 마침내 서연을 멸망시킬 수 있는 결정적인 승리를 이끌어냈다.

'실이실지'는 적으로 하여금 내 쪽의 '튼튼함'을 '허점'으로 잘못 판단하게 하는 모략이다. 말하자면 진짜를 진짜로 말함으로써 오히려 적이 그것을 가짜라고 의심하게 만드는 모략이다.

전쟁은 속이기를 꺼리지 않는다. 진짜와 가짜, 그것을 운용하는 묘는 무궁무진하다. 이것은 심리전의 일종이며, '시형법'이기도 하다. 진짜를 진짜로 보이는 방법이 때로는 적을 현혹할 수 있음을 잊지 말아야 한다.

허이허지虛而虛之 허한 것을 허하게 보인다

이 말은 『초려경략』 권6 「허실」의 다음과 같은 대목에서 나온다.

> 허실은 나한테 달려 있으므로 적의 오판을 유도하는 것이 중요하다. 허점이 있으면서도 일부러 튼튼한 것처럼 보이고, 튼튼하면서도 일부러 허점이 있는 것처럼 보인다. 때로는 허점이 있는 모습을 그대로 드러내어 적으로 하여금 튼튼한 것이 아닌가 의심하게 만든다. 또 튼튼한 모습을 그대로 튼튼하게 보임으로써 적으로 하여금 내 쪽에 혹 허점이 있는 것이 아닌가 의심하게 만든다.

'허이허지'의 모략은 본래 허점이 있는데 그것을 그대로 드러내어, 적이 오히려 내 쪽에서 무슨 준비를 하고 있는 것이 아닌가 의심하게 만드는 모략이다. 역사적으로 사실 여부가 입증되진 못했지만 제갈공명의 '공성계空城計'는 이 모략을 운용한 전형적인 사례라 할 수 있다.(군사모략 '공성계' 참조)

219년 봄, 조조는 대군을 이끌고 장안으로부터 사곡斜谷을 지나서 한중漢中으로 곧장 쳐들어갔다. 유비는 험준한 곳에 의지해 수비에 치중하면서 맞붙어 싸우지 않았다. 한번은 조조의 병사들이 북산 아래에서 식량을 운반하고 있는 모습을 보고는 황충이 식량을 빼앗으러 병사를 이끌고 나갔다. 그런데 시간이 지나도 돌아오지 않았다. 이에 조운趙云(조자룡)은 날랜 기병 수 명을 거느리고 적을 정찰하다가 공교롭게도 조조의 대군과 맞닥뜨렸다. 좁은 길에서 양군이 갑자기 맞닥뜨린 상황에서 조운은 임기응변으로 급히 기병을 움직여 주동적으로 공격을 가했다. 그리고 싸우면서 물러나고 싸우면서 물러나기를 반복했다. 조조의 군대는 조운의 군영 코앞까지 추격해 왔다. 자신의 군영까지 몰린 조운은 지금의 병력으로는 조조 군대를 당해내기 힘들다고 판단, 영루로 후퇴하여 "문을 활짝 열어놓고 깃발을 내리고 북 치기를 멈추었다." 조조의 군사들은 "복병이 있지 않을까 의심하여 물러가버렸다." 이때 조운은 병사들에게 북을 두드리고 함성을 지르게 하고, 강력한 활로 적을 향해 화살을 발사하면서 복병이 뛰쳐나오는 것처럼 위장했다. 조조의 군대는 깜짝 놀라 황급히 도주하다가 서로를 밟고 밟히는 등 적지 않은 사상자를 냈다. 이튿날, 유비가 조자룡의 군영을 순시하러 왔다가 전날 작전을 보고받고는 "조자룡의 담이 실로 크구나. 그 몸 전체가 대담 그 자체로구나!"라며 감탄했다.(군사모략 '공성계' 참조)

제2차 세계대전 중 독일군을 맞아 싸우던 소련군에게 다음과 같은 일화가 전해져 온다. 어느 날 밤, 소련군 폭격기 한 대가 독일군 비행장에 추락했다. 불길이 치솟는 비행기를 향해 독일군들이 달려왔다. 소련군 조종사는 낙하산을 이용해 탈출하는 데 성공했으나 공교롭게도 독일군 비행장 안에 떨어지고 말았다.

'자! 이제 어떻게 적의 소굴에서 빠져나간다?'

생각에 잠겼던 소련군 조종사는 순간적으로, 불빛이 환한 전방은 비행기가 줄지어 정착해 있어서 끊임없이 사람 소리가 들려오고 있으나 반대쪽은 어둡고 조용하다는 사실을 발견했다. 그는 곰곰이 분석해보았다. 어둡고 적막한 곳은 미지의 장소이기 때문에 더 큰 위험이 도사리고 있을지도 모른다. 그는 대담하고도 침착하게 적의 비행 승무원들이 머무르고 있는 작은 건물을 지나 환한 대낮과 같이 밝은 전방을 향해 걸어갔다.

그곳에는 독일군 비행기 한 대가 이륙할 준비를 하고 있었다. 동행하는 승무원들은 이미 자리를 잡고 앉아 있는데 조종사가 아직 도착하지 않았다. 아마도 그 조종사는 어딘가에서 꾸물거리고 있는 것이 틀림없었다. 소련군 조종사는 잠시 머뭇거리다가 용감하게 비행기에 올라 비행기를 조종하기 시작했다.

엔진에 불이 붙고 비행기는 높이 날아올랐다. 비행장의 소란은 이미 시야에서 사라졌다. 뒷좌석에 앉은 승무원 중 그 누구도 이 소련군 조종사를 의심하지 않았다. 날이 밝을 무렵, 이 소련군 조종사는 독일군 비행기를 몰고 자기 비행장에 무사히 착륙했다.

허허실실虛虛實實 허와 실의 교묘한 운용

수도 없이 강조해왔지만 "병兵이란 궤도詭道다." 마찬가지로, '허허실실'도 일정한 규칙이 있는 것이 아니다. 병은 속이는 것을 꺼리지 않는다.(군사모략 '병불염사' 참조) 전쟁에서는 각종 수단으로 적을 현혹하고 속인다. 허점이 있으면서도 튼튼한 척, 튼튼하면서도 허점이 있는 척한다. 또 허점이 있을 때 그 허점을 그대로 보여 적으로 하여금 오히려 튼튼한 것이 아닌가 의심하게 만들고, 튼튼할 때 그 튼튼한 모습을 그대로 보여 적으로 하여금 오히려 허점이 있는 것이 아닌가 의심하게 만든다. 그 운용의 묘미란 한가지로 규정할 수 없다.

『자치통감』권155에 나오는 역사적 실례를 보자. 북위 효무제 때인 532년, 고환 高歡은 이주조爾朱兆를 정벌하는 과정에서 '허허실실'로 큰 성공을 거두었다. 이주조는 수용秀容(지금의 산서성 삭현 서부)에 주둔하고 있었는데, 어느 날 갑자기 고환의 대군이 진양晉陽을 떠나 머지않아 수용에 이를 것이라는 급보를 받았다. 이주조는 고환에게 패한 경험이 있는지라, 자라 보고 놀란 가슴 솥뚜껑 보고도 놀란다는 식으로 서둘러 준비태세를 갖추라고 명령했다. 그런데 어찌된 일인지 며칠이 지나도록 고환의 군대는 그림자도 보이지 않았다. 사람을 보내 알아보니 고환은 이미 군영으로 되돌아갔다는 것이었다. 헛물만 켜고 만 이주조는 맥이 쭉 빠졌다.

십여 일이 지난 어느 날, 염탐꾼으로부터 지난번과 똑같은 소식이 전해져 왔다. 의심하고 있을 수만 없는 노릇이라 이주조는 다시 만반의 태세를 갖추도록 명령했다. 그러나 병사들은 크게 신경을 쓰지 않았다. 한 차례 긴장된 분위기가 이주조의 진영을 휩쌌지만 별다른 움직임은 없었다. 그런데 며칠 후 고환이 출병한다는 보고가 또 들어왔다. 이번에는 이주조 자신도 반신반의했다. 그러나 대비를 하지 않을 수는 없었다. 결과는 전과 마찬가지였다. 이주조는 설마 또 같은 상황이 일어나겠냐며 긴장을 풀었다. 며칠 후 다시 고환의 군대가 진양을 출발했다는 보고가 들어왔다. 이주조는 다시 허겁지겁 군을 정비했으나 이번에도 역시 허탕이었다. 이주조는 고환이 관중과 조정의 반대 세력에 맞서 병력을 집중하기 위해 고의로 '허장성세'하는 것이라 판단했다. 이주조는 고환에 대한 우려를 씻고 경계태세를 완전히 늦추었다.

이주조가 경계를 늦추었다는 정보를 접한 고환은 자신의 모략이 성공했음을 알고 일거에 진군한다는 과감한 결단을 내렸다. 만반의 준비가 끝났다. 때는 마침 한 해가 저무는 마지막 날이었다. 고환은 이주조가 분명 밤에 잔치를 베풀 것이라 판단하고, 새해 첫날 이주조를 습격하기로 결정했다. 533년 정월 하루, 고환은 정예병을 이끌고 이주조를 습격했다. 전혀 준비를 하지 못하고 있던 이주조 군대는 순식간에 혼란에 빠졌고, 이주조는 적령赤嶺(지금의 산서성 이석현)까지 도주했다. 자신의 명이 다했음을 직감한 이주조는 부하에게 자기 목을 베어 투항해서 상을 타라고 했다. 부하들이 차마 하지 못하자 이주조는 자신이 타던 말을 찔러 죽이고 큰 나무에 목을 매달아 자결했다.

'늑대와 양치기 소년'의 우화는 우리들에게 "거짓말하지 말라"는 교훈을 준다. 그러나 적과 나 쌍방이 목숨을 걸고 싸우는 상황에서는 "늑대다!"라는 거짓말은 지극히 정상적인 현상이다. '허허실실'을 운용한 모략은 실제로는 "늑대다!"와 같은 현상이다. 이 모략을 어떻게 운용하고 간파하느냐는 모략가들이 중시하는 문제다. 적에 대해서는 '허허실실'을 구사하되 내 쪽에서는 한시라도 경계를 늦추어서는 안 된다. 이 모략을 실시할 때는 있는 힘을 다해 적을 마비시키고 경계심을 늦추게 해서 진짜와 가짜를 구분하지 못하게 만들어야 한다.

허장성세虛張聲勢 큰소리로 떠벌린다

당나라 때의 문인 한유韓愈는 『창려선생집昌黎先生集』「논회서사의장論淮西事宜狀」에서 이소李愬가 오원제吳元濟를 토벌할 때, 치청淄靑·항기恒冀 지방의 관리들은 오원제를 구원할 생각을 갖고 있었으나 겁 많고 나약한 자들이었기 때문에 그저 '허장성세'했을 뿐이라고 적고 있다. 이것이 "큰소리로 떠벌린다"는 뜻의 '허장성세'가 직접 거론된 대목이다.

병은 궤도다. '허장성세'도 병가에서 보자면 궤도의 하나에 속한다. 그 뜻은 가짜를 진짜로 혼란시켜 적을 현혹시킨다는 것이다. 고대 전쟁에서 이것은 약세에 놓인 쪽이 자신을 보존하고 때를 기다렸다가 반격하는 모략으로 활용되곤 했다.『백전기법』「허전虛戰」에서 "아군의 형세에 허점이 있을 때 거짓으로 그 허점을 튼튼한 것처럼 보여 허실의 소재를 가늠하지 못하게 함으로써 감히 아군에게 싸움을 걸지 못하게 하면 전군을 보전할 수 있다."라고 말한 바와 같다.

'시형법'은 아주 다양해서 때와 장소, 나와 적의 형세에 따라 변하게 마련이다. 본래 허점이 많은 형세지만 일부러 튼튼한 것처럼 보여 적이 내 역량이 강하다고 여기게 만든다. 적은 나의 진짜 실력을 모르는 상황에서 섣불리 맞붙어 싸울 수 없게 된다. 그러면 내 쪽에서는 군대를 온전히 보존하고, 주도적인 입장에서 때를 기다려 움직일 수 있다.

기원전 555년, 진晉이 제齊를 정벌하면서 치른 '평음平陰 전투'는 '허장성세'로 승리를 거둔 대표적인 사례에 속한다. 그해 여름, 제군은 노나라의 북쪽 국경을 향해 진군했고, 진 평공平公은 원수 순언荀偃으로 하여금 제를 정벌하게 했다. 10월, 진군은 동으로 황하를 건너 송宋·위衛·정鄭·조曹·거莒·주邾·등滕·설薛·기杞·소주小邾 등 10국의 군대와 노나라 국경 안쪽 제수濟水 남안에서 합류하여 곧장 제나라 국경을 향해 진군해 들어갔다.

이 소식을 접한 제나라 영공靈公은 몸소 대군을 지휘하여 적을 맞이했다. 쌍방은 평음성平陰城(지금의 산동성 평읍) 아래에서 전열을 가다듬고 싸울 태세에 돌입했다. 제 영공의 부하들은 군사를 나누어 평음 이남의 험준한 요새인 태산泰山을 지키자고 건의했으나, 영공은 듣지 않고 도랑을 깊이 파고 보루를 높이 쌓아올리는 한편 참호를 깊이 파고 수비태세에 들어갔다. 진군은 제군이 섣불리 맞서 싸우지 않으리라 예상했던 터라 주력군으로 평음을 공격하게 하고, 일부 부대는 노魯·거莒 두 나라 국경을 우회하여 기몽산沂蒙山 지구를 넘어 제나라 수도인 임치를 습격하게 했다.

군대가 나누어지고 작전이 개시되었다. 진군의 사령관 순언은 중군의 부사령관 사개士匃에게 명령하여 평소 사이좋게 지내던 제나라 대부 자가子家에게 귀띔하도록 했다.

"진은 노·거 두 나라와 함께 이미 전차 1천 승(사실은 '허장성세'였다. 당시 진과 나머지 10국의 총 병력은 만이 조금 넘는 정도였다)으로 노·거 국경에서 곧장 제나라 수도 임치를 향해 질풍과 같이 달려가고 있다. 임치가 함락되면 제나라는 망하는 것이니 빨리 대책을 마련해야 되지 않겠느냐?"

순언은 임치를 공격하는 병력을 크게 과장하여 말했다. 그 말을 입증하기 위해 순언은 평음 이남의 산과 늪으로 둘러싸인 험준한 곳에다 가짜 깃발을 꽂아 마치 진지인 것처럼 꾸몄다. 또한 허수아비를 잔뜩 만들어 갑옷을 입히고 전차 위에 세워놓았다. 전차는 모두 왼쪽에 한 사람만 타게 했다. 나무를 베어 가지를 전차 뒤에 묶어 산길을 끌고 다니며 땅에 자국을 내서 진군의 수가 많다는 것을 과시했다. 순언은 상·중·하 3군을 좌·중·우 세 방향에서 평음성을 향해 진군하도록 격려했다. 제 영공이 평음 동북의 무산巫山(지금의 산동성 비성 서북)에 올라가 진군을 내려다보니 산과 늪지대의 험준한 요충지마다 모조리 깃발이 휘날리고 전차가 마구 왔다갔다하며 자욱하게 먼지를 일으키고 있었다. 이 장면을 본 영공은 진군의 위세에 그만 겁을 집어먹고 즉시 철군 명령을 내려 그날 밤 동쪽으로 퇴각했다.

진군은 제군에서 말 울음소리와 말발굽 소리가 나는 것을 들었다. 다음 날 새벽 평음성에는 새떼들만 잔뜩 몰려들었고, 제군은 이미 도주하고 없었다. 이렇게 진군은 평음성을 차지하고 맹렬한 공격전을 펼쳐나갔다. 철수하는 제군은 조직이 제대로 잡혀 있지 않은 상태였는데 내부에 알력까지 생겼다. 영공은 자신의 목숨만 돌보며 임치성으로 줄행랑을 쳤다. 12월 3일, 진의 주력군은 우회해서 온 부대와 임치에서 합류하여 공세를 펼쳤다. 사면에서 공격을 당하던 영공은 일부 병력으로 포위를 뚫고 우당郵棠(지금의 산동성 즉묵현 남쪽)으로 달아났다.

평음 전투에서 진과 연합군은 수적인 면에서 우세에 있었지만 절대 우세는 아니었다. 제나라 영공이 부하의 건의를 받아들여 유리한 지세와 넉넉한 병력을 이용했더라면 실패하지 않았을 것이다. 영공은 군사모략을 제대로 모르는 인물로, 그저 참호만 깊게 파고 적을 방어하는 전술을 취했고, 적의 '허장성세'에 넘어가 성을 버리고 도주했다.

『병경兵經』「의疑」에서는 "병은 궤도다. 반드시 의심해야 하지만, 잘못 의심하면 패한다."고 했다. 근거 없는 의심은 실패를 불러들일 수밖에 없다는 요지다. 병은 속이는 것을 꺼리지 않는다. 이는 군사 투쟁의 커다란 특징이다. '허장성세'는 일종의 '기만술'이다. 상대를 의심하게 만드는 전술에 능하면 상대를 제압하되 제압당하지 않으며, 소수로 다수를 물리칠 수 있으며, 적은 대가로 많은 것을 얻을 수 있다. 반면에 상대를 의심하게 만드는 데 능숙하지 못하거나, 지나치게 의심이 많아 적의 '시형법'에서 적의 '실체'를 읽어내지 못하여 적에게 이용당하면 병력이 적보다 많더라도 이기지 못한다. 총명한 지휘관이라면 '시형법'으로 적을 현혹하여 적을 착각과 오판에 빠뜨리는 데 능해야 하며, 또 분석에 능해 하잘것없어 보이는 것을 보더라도 그 진위를 구별하여 정확한 판단을 내릴 줄 알아야 한다. '허장성세'의 성공은 지휘관의 지능과 용병술의 수준에 달려 있다고 해도 과언이 아니다.

양단억장揚短抑長 단점을 드러내고 장점을 감춘다

병법을 보면 장점을 키우고 단점을 피하는 모략에 많은 주의를 기울이고 있음을 어렵지 않게 알 수 있다. 그런데 이와는 반대의 뜻을 가진 '양단억장'도 매우 수준 높은 모략이다. 소순蘇詢의 「심술心術」이란 글을 보면 다음과 같은 대목이 나온다.

> 나의 단점은 과감하게 드러내어 그것을 의심하게 만듦으로써 (상대가 나를) 기피하게 하고, 장점은 은밀히 길러 (상대가) 그것(내 장점)에 가까이 접근하여 그 속에 빠지게 한다. 이것이 장단점의 활용술이다.

좀더 설명하자면 이렇다. 나의 단점은 공개적으로 드러내어 적이 의혹을 품고 기피하게 하고, 나의 장점은 은밀하게 감추어두고 길러서 적이 그 큰 뜻을 파악하지 못하게 마비시켜 내 그물 속에 빠지게 만든다. 이것이 장점과 단점을 현명하게 활용하는 방법이다. 손빈과 전기가 위나라를 포위하여 조나라를 구원할 때, 위군이 계속 한단邯鄲을 공격하여 힘을 소모하도록 만들기 위해 일부러 무능한 장수를 보내 평릉平陵을 공격하는 척함으로써 위나라 장수 방연으로 하여금 제나라 군 지휘관을 무능하게 보도록 만들었다. 바로 '양단억장'이라는 모략사상을 구체적으로 체현한 실례였다.

단점으로 장점을 가리고 장점을 숨겼다가 틈을 엿보는 것은 어떤 문제에 대해 과학적으로 대처하는 방법이다. 이것은 기술 역량의 발휘에도 적합할 뿐만 아니라 전술상 교묘하게 '기정奇正'을 활용하는, 즉 가장 졸렬한 수단으로 고차원의 행동을 감추는 경우에도 적합한 모략이다.

한신은 조나라를 격파한 전투에서 먼저 적의 정면에다 '배수의 진'을 침으로써 조나라 군대로부터 비웃음을 샀다. 조나라에서 한신이 용병술을 모른다고 비웃고 있을 때 한신이 이끄는 비밀 부대는 은밀히 그들의 후방을 공략하고 있었다.

일부러 드러내는 것은 더욱 깊이 감추기 위함이다. 일부러 억제하는 것은 더욱 크게 떨치기 위함이다. 이것이 군사 변증법의 오묘한 이치다.

탱크부대로 공격을 가할 때 단점의 하나는 목표가 너무 커서 그 의도가 아주 쉽사리 드러난다는 것이다. 그러나 소련군의 제3근위 탱크군단은 1944년 키예프 전투에서 "상식을 벗어나" 모든 탱크로 하여금 동시에 전조등을 켜고 경보기를 울리며 적진으로 돌진하게 했다. 이는 야간 공격의 상식에 비추어볼 때 '미친 짓' 그 자체였지만 결과는 놀랍게도 대성공이었다.

공성계空城計 빈 성을 활용하는 계책

『삼국지』「촉서·제갈량전」에 기록되어 있는 '공성계'에 관한 이야기다. 촉의 승상이자 군사軍師인 제갈량은 양평陽平에 주둔하고 있으면서 위연魏延 등을 보내 위군을 공격하도록 했다. 성에는 늙고 나약한 잔병들만 남아 성을 지키게 되었다. 이 정보를 재빨리 입수한 위군의 대도독 사마의는 대군을 이끌고 기세당당하게 쳐들어왔다. 성을 지키고 있던 군사들이 이 소식에 겁을 집어먹고 어찌해야 할 바를 몰랐다. 그러나 제갈량은 조금도 당황하지 않고 성문을 활짝 열게 하는 한편 문 앞의 도로를 깨끗하게 청소해놓고 사마의의 입성을 맞아들였다. 제갈량 자신은 성루에 올라가서 단정히 앉아 금琴(우리나라의 거문고와 비슷한 중국 현악기의 하나)을 뜯었다. 그 자태는 너무도 차분했고, 거문고 소리는 전혀 흐트러짐이 없었다. 성 바로 앞까지 쳐들어온 사마의는 제갈량의 이런 모습을 보고는 의심이 생겨났다.

"지금까지 제갈량이 일을 처리하는 모습을 보면 신중하기 짝이 없어 좀처럼 섣불리 모험을 하지 않는데, 오늘은 어째서 저렇단 말인가? 성안에 복병을 이미 배치해놓고 나를 유인하는 것이 아닐까? 그래! 내가 그 수에 걸려들 수는 없지!"

사마의는 이내 군대를 철수시켜 돌아갔다.

제갈량의 계책을 두고 훗날 사람들은 '공성계'라 불렀다. 그러나 역사학계에서는 당시 제갈량이 사마의와 양평 지구에서 교전한 적이 전혀 없다고 한다. 『삼국지』에 훌륭한 주를 단 배송지裴松之도 이런 얘기를 하고 있는 것으로 보아, 제갈량이 양평에서 '공성계'를 구사한 적이 없음은 틀림없는 것 같다. 아무튼 '공성계'의 고사는 이렇게 해서 나왔다.

그러나 역사적으로 보면 '공성계'로 적을 물리친 예는 적지 않다. 기원전 666년, 초나라의 영윤令尹 벼슬을 하던 자원子元은 병사와 전차 6백 승을 이끌고 정나라 정벌에 나서 곧장 정나라 수도(지금의 하남성 신정)로 진격했다. 정나라는 풍전등화의 위기에 몰렸다. 이때 신하 숙첨叔詹이 문공에게 이런 대책을 제시했다. 군대를 성안에 매복시켜놓고 한 사람도 보이지 않게 한다. 성문을 활짝 열어놓는 것은 물론 성안의 '현문懸門'도 내려놓도록 한다. 거리의 백성들은 평소 때와 마찬가지로 왕래하는 등 도성의 질서는 평시와 다르지 않게 했다. 초군은 분명 속임수가 있을 것이라 판단, 입성후 정나라의 함정에 빠질까봐 성 아래에서 진군을 멈추었다. 군의 사령관은 만에 하나 잘못되면 돌아가 그 질책을 어떻게 감당할 것이며, 또 안팎으로 협공을 받지나 않을까 겁이 나 곧 철수를 명령하고 말았다.(『좌전』 장공 21년조) 일찍이 누군가 이 사건을 가리켜 "정나라의 '공성계'였다."고 평했는데, 그렇다면 이것은 공성계 중에서 가장 오래된 사례라 할 수 있을 것이다.

제갈량과 같은 시대의 인물인 왕평王平은 마속이 자신의 간곡한 만류를 듣지 않은 결과 가정을 빼앗기자, '공성계'로 위나라 장수 장합이 이끄는 군대를 철수시켰다. 그는 이 공으로 참군參軍이라는 벼슬로 승진했을 뿐만 아니라 정후亭侯라는 작위도 받았다.(『삼국지』「촉서·왕평전」)

삼국시대 촉한에는 무예와 용맹으로 이름난 대장 조운(조자룡)이 있었는데, 그 역시 '공성계'를 구사한 적이 있다. 219년, 조조의 대군은 한중에 이르렀다. 조조 측의 황충이 이끄는 부대와 조자룡의 부대가 맞붙어 몇 차례 싸웠다. 조자룡의 부대는 고전을 면치 못했다. 게다가 부장 장저張著가 중상을 입는 바람에 전세는 더욱 다급해졌다. 조자룡은 영루로 후퇴하여 "문을 활짝 열어놓고 깃발을 내리고 북 치기를 멈추었다." 조조의 군사들은 "복병이 있지 않을까 의심하여 물러가버렸다."

조조 휘하의 대장 문빙文聘은 226년 석양石陽(지금의 호북성 황파 서쪽)에 주둔하고 있었다. 손권이 몸소 5만 대군을 거느리고 공격해 왔다. 그런데 "비가 너무 많이 와서 성책이 무너져내리는" 바람에 성을 지키기가 어려웠다. 문빙은 '공성계'로 적의 의심을 불러일으킬 생각으로 성안의 사람들에게 아무도 집밖으로 나오지 말고 꼭 숨어 있으라고 명령했다. 손권은 과연 의심을 했다.

"우리가 왔는데도 움직이지 않는 걸 보니 은밀한 계략이 있지 않으면 외부에서 구원이 올 모양이다."

손권은 감히 공격하지 못하고 물러갔다.(『삼국지』「위서·문빙전」 주에 인용된 『위략魏略』)

남북조시대인 430년, 유송劉宋의 제남濟南 태수 초승지肖承之는 겨우 수백 명 남짓한 병사로 제남을 지키고 있었다. 북위군은 군대를 대거 결집하여 제남을 공격하려 했다. 승지는 부하들에게 "지금 사태는 이미 위급해져 있다. 나약한 모습을 보였다가는 개죽음을 당할 것이 뻔하니, 강경하게 맞선다는 모습을 보여주는 것만이 살길이다."라고 말하고, 병사들에게 몸을 숨기고 성문을 열어두라고 명령했다. 북위군은 제남의 허실을 제대로 파악하지 못하고 "복병이 있지는 않을까 의심이 들어 물러갔다."(『남제서南齊書』「고제기高帝紀·상」)

543년, 동위는 서위를 공격했다. 서위의 대장 왕사정王思政이 막 홍농弘農(지금의 하남성 영보 북쪽)에 도착했으나 병력이 워낙 적어 싸울 수가 없었다. 그래서 "성을 활짝 열어놓고 옷을 벗은 채 벌렁 드러누워 병사들을 위로하면서 전혀 두려워하지 않는 모습을 보였다." 며칠 후 동위의 군대가 수천 기병을 이끌고 성 아래에 이르렀는데 그 모습을 보고 주저주저하며 감히 돌진하지 못하다가 이내 돌아갔다.(『북사北史』권 62「왕사정전王思政傳」)

당나라 정관貞觀 연간(627-649), 당 태종의 배다른 동생인 곽왕霍王 이원궤李元軌는 정주定州(지금의 하북성 정현) 자사에 임명되었다. 그런데 돌궐이 정주를 공격해 와 급박한 상황에 몰리게 되었다. 이원궤는 성문을 활짝 열고 깃발을 내리게 했다. 돌궐군은 의심이 들어 감히 침입하지 못하고 밤이 되자 사라지고 말았다.(『신당서』「고조제자열전高祖諸子列傳·곽왕원궤」) 이는 지금까지 거의 알려지지 않은 성공적인 '공성계'의 본보기다.

당나라 고종 인덕麟德 연간(664-665), 최지온崔知溫이 난주蘭州 자사로 있을 때의 일이다. 당항黨項의 3만여 명이 난주성을 침략해 왔는데, 성안에 군사가 적어 모두들 겁을 집어먹고 어찌할 바를 몰라 했다. 최지온은 성문을 활짝 열고 도적들을 맞이하라고 명령했다. 도적들은 혹 매복이 있지는 않을까 의심이 들어 함부로 들어오지 못했다. 이윽고 장군 권선재權善才의 구원병이 당도해 당항의 무리를 대파했다.(『구당서』「최지온전」) 이 역시 잘 알려지지 않은 '공성계'의 본보기다.

공성계는 일종의 심리 전술이다. 실력으로 적을 제압하는 것이 아니라, 적장의 심리 상태를 연구하여 꾀로 승리를 거두는 것이다. 이 모략은 『36계』중 제32계로 편입되어 있는데, 그에 대한 설명을 보면 "허점을 있는 그대로 드러내면, 의심 속에 또 의심이 생긴다. 강함과 부드러움의 틈 사이에 그 기묘함과 오묘함이 숨어 있다."고 했다. 병력에 허점이 있을 때는 일부러 방어를 하지 않는 것처럼 하여 적이 그 의도를 헤아리기 힘들게 만든다. 적의 숫자가 우세한 상황에서 이 용병법은 특히 그 묘미를 발휘한다. 그러나 공성계는 특수한 상황에서 아주 위급할 때 사용하는 '완병계緩兵計(적의 공격을 늦추고 숨 돌릴 시간을 벌자는 계략)'에 지나지 않는다. 그래서 『36계』에서는 그것을 '패전계敗戰計'의 두 번째로 거론한 것이다. 최종적으로 적에게 승리를 거두려면 실력에 의존해야 하고 실력을 활용해야 한다.

537년, 북제北齊 범양范陽 사람 조정祖珽은 북서주北徐州(지금의 안휘성 봉양 동북쪽) 자사로 부임한 지 얼마 되지 않아 남진南陳 군대의 갑작스런 공격을 받아 급박한 상황에 몰리게 되었다. 이 위기 상황에서 조정은 전혀 당황하지 않고 성문을 활짝 열어놓고 군대를 전부 성 밑 길바닥에 조용히 앉아 쉬게 했다. 성 전체가 순식간에 침묵으로 뒤덮었다. 적군은 이 상황에서 순간적으로 의심이 들어 진군의 발걸음을 멈추지 않을 수 없었다. 바로 이때 조정은 병사들에게 일제히 고함을 지르게 했다. 천지가 진동하는 듯한 함성에 남진의 군대는 싸우지도 않고 자중지란이 일어나 뿔뿔이 흩어졌다.

북송 진종眞宗 때(998-1022), 마지절馬知節이 연주延州(지금의 연안)의 지주知州로 있을 때, 변방 도적떼들의 대대적인 공격을 받았다. 마지절은 자신의 병력으로는 도저히 이들을 상대할 수 없음을 잘 알고 있었다. 그때가 마침 정월 대보름이어서 마지절은 "등불을 환히 켜놓고 대문도 열어놓은 채 밤늦게 잔치를 베풀며 실컷 놀도록" 명령을 내렸다. 도적들은 그 의도를 헤아리지 못해 곧 물러갔다.(『송사』「마전의전馬全義傳」에 딸린「마지절전」) 이 역시 지금까지는 주목받지 못했던 '공성계'의 하나라 할 수 있다.

남송시대인 1140년, 유명한 장수 유기劉錡는 순창順昌(지금의 안휘성 부양) 방어전을 승리로 이끌었다. 전투 초기에 유기는 문들을 모두 활짝 열어 금의 군대로 하여금 의심을 품게 해서 감히 진입하지 못하게 만들었다.(『송사』「유기전」) 이 전투에서 유기는 병력이 열세여서 싸우지 않은 것이 아니라, 미처 전투 준비를 갖추지 못한 상태에서 손실을 피하기 위해 '공성계'를 사용한 것이다.

원나라 때인 1287년, 원의 장수 철가鐵哥는 원 세조를 따라 내안乃顔 정벌에 나섰다. 군대가 살이도撒爾都에 이르렀을 때, 적의 수령 탑불대塔不臺의 대군이 갑자기 기습을 가해 와 상황이 다급해졌다. 철가는 중과부적인 상황이라 유리할 것이 없으니 적이 의심을 하게 만들어 물리쳐야 한다고 판단했다. 원 세조는 이런 철가의 판단을 받아들였다. 그리하여 세조는 음악을 연주하게 하면서 상을 차려놓고 철가와 유유자적 술을 마셨다. 탑불대가 병사를 시켜 살피게 한 뒤 매복이 있지 않을까 의심하여 곧 철수했다.(『원사』「철가전」)

명나라 때로 들어서면 '공성계'에 관한 사례는 더욱 많아진다. 주원장이 군웅들과 세력을 다툴 때의 일이다. 등유鄧愈가 휘주徽州(지금의 안휘성 흡현)를 지키고 있었는데, 성안의 군사가 너무 적은 상황에서 묘족苗族의 군대가 쳐들어왔다. 등유는 병사들을 격려하면서 사방의 문을 열어놓고 그들을 맞아들이게 했다. 묘족은 의심이 들어 감히 들어서지 못했다.(『명사기사본말明史紀事本末』권2)

가정嘉靖 연간(1522-1566), 왕의王儀는 산서에서 몽고 기병을 방어하기 위해 청원淸源(지금의 산서성 청서현)에 주둔하고 있었다. 몽고군이 청원성에 이르자 왕의는 성문을 열어놓았다. 몽고군은 의심이 들어 물러갔다.(『명사』「왕의전」)

역시 가정 때의 일이다. 마방馬芳은 산서 서북부에서 몽고병을 맞이해 싸우고 있었다. 한번은 마방이 마련보馬蓮堡에 도착하자 적 십만 대군이 마련보를 향해 진군해 왔다. 마련보의 담은 이미 무너져 있는 상태여서 성을 지키기가 상당히 곤란했다. 마방은 사방의 문을 다 열어놓고 깃발을 내려놓아 아무도 없는 것처럼 꾸몄다. 저녁이 되자 들불을 환히 피워놓고 왁자지껄 떠들며 아침까지 놀았다. 마방은 해가 중천에

뜰 때까지 자리에서 일어나지 않았다. 적병은 계속 염탐하면서도 어찌할 바를 몰랐다. 그래서 감히 입성하지 못하고 물러갔다. 마방은 적이 철수할 때를 기다렸다가 날랜 군사로 뒤쫓아 공격하여 대승을 거두었다.(『명사』「마방전」)

마방과 거의 같은 시대 사람인 장신張臣이 가정 말기 선부宣府(지금의 산서성 대동) 부근의 선방보膳房堡에 주둔하고 있을 때의 일이다. 몽고군이 갑자기 경내로 진입하여 모두를 에워싸고 공격을 가하면서 장신을 사로잡으려 했다. 장신은 부하를 불러 물을 술처럼 삼아 서로 기분 좋게 노래까지 부르며 마셔댔다. 몽고군이 이를 보고는 어찌할 바를 몰라 감히 보루로 오르지 못했다.(『명사』「장신전」)

이상 모두는 '공성계'로 성공한 전례들이다.

외국 전쟁사에도 '공성계'가 보인다. 16세기, 일본 에도 막부 시대의 장군 도쿠가와 이에야스德川家康와 또 다른 군벌인 다케다 신겐武田信玄이 서로 충돌했다. 1591년, 다케다가 먼저 도쿠가와를 공격했다. 양군은 도토미遠江에서 전투를 벌였고, 도쿠가와의 군대는 낙화유수처럼 패배하여 하마마쓰성浜松城으로 피신했다. 다케다는 계속 추격해서 일거에 하마마쓰성을 점령할 채비를 갖추었다.

다케다의 군대가 하마마쓰에 이르러 보니, 어찌된 일인지 성문이 모두 활짝 열려 있고 성안에서는 불빛만 웅웅거리며 타고 있을 뿐 성 전체가 적막에 휩싸여 있었다. 다케다는 당시 이름난 군사이론가로, 『손자병법』에 통달해 있는 사람이었다. 그는 단번에 도쿠가와가 공성계를 구사하고 있다는 것을 간파하고는 즉시 성으로 진입하려 했다. 그러다 불현듯, 도쿠가와 정도면 자신이 '공성계'를 쉽게 간파할 것이라는 사실을 잘 알 텐데, 어찌 이렇게 대담한 전략을 구사할 수 있을까 하는 의심이 들었다. 분명 다른 안배가 있을 것으로 판단했다. 다케다는 섣불리 성안으로 들어가지 못하고, 일단 성밖에다 병사를 주둔시켰다. 이때 3천 명에 달하는 도쿠가와의 후방 수비대가 하마마쓰성을 향하고 있었다. 그들을 복병이라고 생각한 다케다는 더욱 성으로 진입할 수 없었다. 얼마 후 다케다는 들에서 노숙하다가 폐병을 얻어 죽었다.

도쿠가와가 구사한 것은 분명 '공성계'였다. 당시 그는 어쩔 수 없는 처지였다. 성을 지킬 힘이 없으니 나가 싸워봐야 패할 것은 뻔했다. 그는 다케다가 병서에 능통하여 지혜가 뛰어나지만 과단성이 부족하고 지나치게 신중하다는 것을 잘 알고 있었다. 다케다가 하마마쓰성 때문에 지금까지의 승리를 쉽게 버리지 않을 것이라는 판단을 내린 도쿠가와는 다케다가 승리를 굳혀 이름을 떨치려는 포부를 가지고 있음을 잘 알았고, 그래서 과감하게 '공성계'를 구사했던 것이다.

『손자병법』「허실」편에서는 "따라서 한 번 사용하여 승리를 거둔 방법은 다시 사용하지 않으며, 정세 변화에 따라 무궁무진한 전술로 대처해야 한다."고 했다. 역사상 적지 않은 장수들이 '공성계'로 적에게 승리를 거두었지만, 그저 무턱대고 상투적으로 이 수법을 따라 반복한 것은 결코 아니었다. 거기에는 새로움과 변화가 가미되었다. '공성계'는 부득이한 상황에서 활용하는 모략으로 그 자체가 모험이다. 현대전에서는 정찰 기술이나 장거리 화기가 크게 발전했기 때문에 고대의 이런 '공성계'는 더 이상 사용할 수 없다. 그러나 그것이 반영하고 있는 모략사상은 영원한 귀감으로 작용할 것이다.

명수잔도明修棧道, 암도진창暗渡陳倉 겉으로 잔도를 수리하는 척하다가 몰래 진창을 건넌다

이 모략은 정면공격을 하는 척하거나 움직이는 척하는 양공陽攻 또는 이른바 양동陽動으로 적을 현혹시켜 공격 노선과 돌파점을 위장하는 것이다. 기만작전의 하나라 할 수 있다. 이 말은『사기』「회음후열전」과『자치통감』「한기漢紀」권9·10의 기록에서 나왔다. 진나라가 막 무너지자 항우는 파巴·촉蜀과 한중漢中(지금의 산서성 서남 산지) 등 세 군을 유방에게 주어 한왕으로 봉하고, 한중의 남정南鄭을 도읍으로 삼도록 했다. 항우는 이렇게 유방을 한쪽으로 치우친 산간 지방에 가두어놓고, 관중을 세 부분으로 나누어 진에서 항복해 온 장수 장한章邯·사마흔司馬欣·동예董翳에게 나누어줌으로써 유방이 동쪽으로 세력을 뻗어나갈 수 있는 출로를 차단했다. 항우는 스스로를 패왕이라 하고 아홉 군을 차지하는 한편, 장강 중·하류와 회하 유역 일대의 넓고 비옥한 땅을 점령하고 팽성彭城(지금의 강소성 서주)을 도성으로 삼았다.

천하를 독차지하고 싶은 큰 야심을 가진 유방으로서는 항우의 이런 속셈이 마땅할 리 없었다. 다른 장수들도 자신들에게 나누어준 좁은 땅덩어리가 불만이었다. 그러나 항우의 위세에 눌려 감히 대놓고 반항하지는 못하고, 각자에게 주어진 지역으로 부임하는 수밖에 없었다. 유방도 어쩔 수 없이 병사를 이끌고 서쪽을 거슬러 올라 남정으로 갔다. 유방은 장량의 계책을 받아들여 지나온 수백 리 잔도棧道를 모조리 불태워 못쓰게 만들어버렸다. 잔도란 험준한 절벽에 나무로 만들어놓은 길을 말한다. 잔도를 불태워버린 목적은 방어에 유리하도록 하자는 데 있었지만, 그보다 더 중요한 목적은 항우를 현혹하자는 데 있었다. 즉, 유방이 자신의 근거지에서 더이상 밖으로 나올 의사가 없다는 것을 항우에게 보여줌으로써 유방 진영에 대한 경계를 늦추자는 것이었다.

남정에 도착한 유방은 부장들 중에 출중한 군사이론가가 있음을 발견했다. 바로 한신이었다. 유방은 한신을 대장으로 삼아 그에게 동쪽으로 세력을 뻗쳐 천하를 손아귀에 넣을 수 있는 근거지와 군사작전을 마련할 것을 부탁했다.

한신의 첫 단계 계획은 먼저 관중을 차지하여 동쪽으로 나아갈 수 있는 길을 열어 초를 멸망시킬 근거지를 마련하는 것이었다. 그는 병사 수백 명을 보내 지난번 불태워버린 잔도를 복구하도록 했다. 관중 서부 지구를 지키고 있던 장한은 이 소식을 듣고는 비웃었다.

"그러게 누가 너희더러 잔도를 불태우라고 했더냐? 그게 얼마나 큰일인데 겨우 병사 몇 백이 달려들다니, 어느 세월에 다 복구하겠는가?"

장한은 유방과 한신의 행동에 대해 전혀 개의치 않았다.

얼마 후 장한은 급한 보고를 받게 된다. 유방의 대군이 이미 관중에 들어와 진창陳倉(지금의 보계시 동쪽)을 점령했으며, 그곳 장수가 피살되었다는 소식이었다. 장한은 이 보고를 믿으려 들지 않았다. 그러나 그것이 사실로 밝혀지자 허둥지둥 전열을 가다듬어 방어를 서둘렀지만 이미 때는 늦었다. 장한은 자살을 강요받았고, 관중 동쪽을 지키던 사마흔과 북부의 동예도 잇달아 항복했다. '삼진三秦'으로 불리던 관중 지구는 이렇게 해서 순식간에 유방의 손아귀에 들어갔다.

원래 한신은 겉으로 잔도를 복구하여 그곳을 통해 출격하려는 태세를 취하면서, 실제로는 유방이 이끄는 주력군으로 하여금 몰래 작은 길을 따라 진창을 습격하게 하여 장한이 대비하지 못한 틈을 타 승리를 거머쥔 것이었다. 이것이 "겉으로는 잔도를 복구하는 척하면서 몰래 진창을 건넌다"는 뜻의 '명수잔도, 암도진창'이라는 고사가 유래하게 된 배경이다.

'명明'과 '암暗'은 용병의 '기정奇正' 관계를 반영한다. 정상적인 용병 원칙에 따라 적이 내 쪽의 행동을 판단하도록 유도할 수 있어야 비로소 '출기제승出奇制勝'의 목적을 이룰 수 있다. 따라서 '암도진창'은 적의 주의력을 분산시키기 위한 '명수잔도'가 있어야 가능하다.

1944년, 미·영 연합군이 성공적으로 노르망디에 상륙한 것은, 현대적 조건하에서 이루어진 '명수잔도, 암도진창'의 본보기였다. 정상적인 상황에 따른다면, 영국 동남부로부터 칼레 해협(도버 해협)을 건너 맞은편 프랑스의 파 드 칼레 지구로 상륙하는 것이 영국 남부에서 영국 해협을 건너 노르망디에 상륙하는 것보다 거리도 짧고 운송도 편리했으며, 공군의 지원을 받기도 쉬운 이상적인 공격 노선이었다. 따라서 독일군은 주방어력을 칼레 지구에 집중시켜놓고 있었다. 연합군은 상륙작전을 성공적으로 이루기 위해 가짜 진지를 설치했다. 즉, 칼레 맞은편 잉글랜드 동부에다 미군 '제1사단'을 가짜로 만든 다음, 무전망도 설치하여 패튼을 군사령관으로 임명한다는 가짜 정보도 흘렸다. 독일군은 이 부대를 상륙작전을 준비하는 주력으로 오인했다. 연합군은 영국 동남부 각 항구와 템즈강 하구에 함대를 상륙시켜 가짜로 각종 물자와 기재 등을 대량으로 선적하는 활동까지 벌였다. 그리고 칼레 지구에 맹렬한 포격을 퍼부은 반면 노르망디에는 일상적인 포격만 퍼부어 독일군의 착각을 더욱 확고하게 만들었다. 이렇게 해서 연합군은 돌발적인 노르망디 상륙작전을 성공적으로 연출할 수 있었다.

양동기적伴動欺敵·陽動欺敵 거짓 움직임으로 적을 속인다

이것은 거짓 동작으로 적을 속여 자신의 진정한 의도를 감추고 적에게 불의의 타격을 가하는 모략이다. 말하자면 양동작전陽動作戰의 한 방법이자, 군사상의 기만술에 속한다. "서쪽을 치기 위해 동쪽에서 소란을 피운다"는 '성동격서'나, 후퇴하기 위해 고의로 또는 거짓으로 적을 공격하는 것 등등이 '양동기적'의 구체적인 운용이다.

　『자치통감』「한기·1」에 보면 기원전 205년 한신이 위왕 표豹를 공격했을 때의 상황이 잘 기록되어 있다. 위왕 표는 병력을 포판蒲阪(지금의 산서성 영제현 서쪽)에 집중시켜 황하를 건너기 위한 지점인 임진臨晉(포진관이라고도 하는데 지금의 산서성 영제현 서쪽과 섬서성 조읍현 동쪽의 황하 서쪽 기슭의 황하를 건너기 위한 하구다)의 통로를 단절했다. 이에 한신은 적을 의심하게 만들기 위한 '의병疑兵'을 많이 배치하고 임진에 배들을 배열해놓아 마치 이곳에서 강을 건너 포판을 공격하려는 움직임을 취했다. 그러고는 몰래 주력을 이끌고 황하 상류인 하양夏陽(지금의 섬서성 한성현 남쪽)에서 황하를 건너 위의 도읍인 안읍安邑(지금의 산서성 하현 북쪽)을 공격했다.

기원전 204년, 한신의 수만 군대는 조왕의 20만 대군과 대치하고 있었다. 한신은 먼저 강을 등진 채 진을 치고 적으로 하여금 상대를 깔보는 마음을 일으키게 함으로써 적을 마비시켰다. 그리고 거짓으로 깃발과 북을 버리고 패퇴하는 척하여 조군의 추격을 유인했다.

『손자병법』「용간」편의 "고의로 거짓 정보를 흘린다."는 말 역시 '누설'의 방법으로 적을 속이는 것이다. 제2차 세계대전 중에 히틀러는 프랑스를 기습하기에 앞서 무려 29번이나 공격 시간을 바꾸었는데, 그때마다 상대에게 공격 시간을 알렸다. 계속된 거짓 정보 때문에 프랑스는 이번에도 또 으레 그런 것이려니 하며 경계심을 늦추고 말았다. 그 결과 정보원들이 히틀러가 진짜 공격한다는 시각을 프랑스군 최고 수뇌부에 보고했지만, 수뇌부에서는 히틀러가 고의로 연출한 '신경전'이라고 여겨 무시해버렸다.

거짓 정보로 적을 속이는 것은 적의 눈과 귀를 어지럽혀 적의 신경을 흩어놓음으로써 판단 착오를 일으키게 하는 것이다. 그렇게 하여 '양동기적'의 목적은 달성된다.

군사에서 '양동'은 적을 속이고 유혹하는 효과적인 방법으로 역대 병가들에 의해 중시되어왔다. 『손자병법』「계」편에서 말하는 "용병은 적을 속이는 '궤도'다. 그런 까닭에 능력이 있으면서도 능력이 없는 것처럼 보이고, 쓸 수 있으면서도 쓸 수 없는 것처럼 보이게 한다. 가까운 곳을 노리고 있으면서 먼 곳에 뜻이 있는 것처럼 보이고,

먼 곳을 노리면서 가까운 곳에 뜻이 있는 것처럼 꾸민다.”고 한 것이나, 한신이 사용한 ‘명수잔도, 암도진창’의 모략, 몽고메리가 ‘알람 할파 전역’에서 ‘사막의 여우’ 롬멜에게 사용한 “가짜로 진짜를 감추는” ‘시가은진示假隱眞’의 모략 등등은 모두 ‘양동기적’이란 모략의 표현 방식이었다.

　‘양동기적’은 부족한 병력을 보완하고 수동적인 국면을 전환시켜 심지어는 전쟁의 기적도 창조해낼 수 있는 모략이다.

수상개화樹上開花 나무 위에 꽃을 피운다

『36계』에서 제29계를 보면 “국면을 잘 이용하여 세력을 포진하면 힘이 작더라도 기세가 대단해 보일 수 있다.”는 풀이가 있다. 그리고 계속해서 『주역』 제53괘인 ‘점漸’괘를 인용해서 “물새가 큰 산 위를 날면 그 날갯짓이 더욱 화려해 보이고 그 기상은 대범해 보인다.”고 했다. 이것이 이른바 “나무 위에 꽃을 피워라”는 뜻의 제29계 ‘수상개화’다. 전쟁에서의 여러 국면을 이용하여 유리한 진지에 포진하면, 병력이 약소하더라도 진용은 강대해 보인다는 뜻이다. 이렇게 하면 적은 진짜와 가짜를 구분하기 어려워지고, 이로써 적을 압도할 수가 있다. 뛰어난 군사가들은 불리한 형세에서 전기를 기다리거나 창조하기 위해 흔히 이 모략을 사용하여 적을 흔들어놓곤 한다.

"다른 사람 또는 적으로 가장하여" 일정한 작전 목적 또는 정치 목적을 달성하는 '시형법'의 하나다. 가짜로 진짜를 감추고, 가짜로 진짜를 혼란시키는 기만 모략술의 운용 형식이다. 마치 『병경백자』「혼자混字」에서 "군과 장수를 혼란시키면 적이 알지 못한다. 적을 혼동시키기 위해 아군의 장수와 군대, 성과 진영 등을 위장한다. 적과 같은 깃발·갑옷·복장을 하고 틈을 타 적진 깊숙이 들어가 내부를 공격하여 적을 섬멸한다. 내 쪽에서는 구분할 수 있지만 적은 구별하지 못하게 하는 것, 이것이 혼란에 정통한 것"이라고 한 대목과 같다. "가짜로 진짜를 혼란시키는" '이가난진以假亂眞', '손으로 물을 휘저어 물고기를 잡는' '혼수모어混水摸魚'의 모략은 동서고금의 전쟁에서 흔히 볼 수 있다.

『후한서』권45에 기록된 200년의 관도官渡 전투를 보자. 당시 조조는 항복해 온 장수 허유許攸의 꾀에 따라 오소烏巢의 양식을 탈취하러 가기에 앞서, 보·기병 5천 명을 원소 군대의 복장으로 갈아입히고 원소의 군대와 같은 깃발을 내걸게 하는 등 원소군으로 위장했다. 지나가던 사람들이 물으면 조조가 등뒤에서 몰래 공격해 올까봐 군대를 더 보내 경계를 강화하는 것이라 대답했다. 원소의 군대는 이 말을 진짜로 믿고 이들의 행동에 주의하지 않았다. 조조의 군대는 원소군의 식량을 태우고 관도 전투의 주도권을 잡았다.

『사기』권7·8과 『자치통감』「한기」에 실린 역사적 사실을 보자. 기원전 204년 5월, 초·한 양군은 형양에서 1년이 넘게 대치하고 있었다. 형양성의 식량은 거의 바닥이 나 있었다. 한군의 기신紀信은 어느 날 깊은 밤, 천 명가량의 부녀자들에게 갑옷을 입히고 솥을 지게 한 다음 성문 동쪽을 통해 **빠져나가게** 했다. 초군은 그들이 한군인 줄 잘못 알고 사방에서 포위해 들어왔다. 이때 기신은 유방으로 변장하여 유방이 평소에 타던 수레에 앉아 마치 한왕인 것처럼 하고는 동문을 나섰다. 뒤따르는 한군들은 일제히 "성안의 식량이 모두 바닥이 나서 한왕이 투항하려 한다!"며 고함을 질렀다. 초군은 유방이 투항하러 나오는 줄 알고는 모두들 다투어 성 동쪽으로 우르르 달려갔다. 이 틈에 유방은 수 명의 친위병만 거느리고 서문을 통해 탈출했다.

『주서周書』「달해무전達奚武傳」에는 이런 사실이 기록되어 있다. 남북조시대 주나라 태조는 달해무達奚武에게 세 명의 기병을 거느리고 홍농弘農(지금의 하남성 영보현 남쪽)에 가서 적의 정세를 염탐하도록 했다. 달해무와 부하들은 적군의 복장을 하고 적의 상황을 전면적이고도 구체적으로 정찰했다. 태조는 염탐해 온 정황에 근거하여 제齊나라 신무神武의 군대를 격파할 수 있었다.

1944년, 연합군은 적을 현혹시켜 기습적으로 승리를 거두기 위해 독일군의 방어력이 약한 노르망디에 상륙작전을 감행하면서, 정보팀에서 정말 희한하고 극적인 기만전술을 전개했다. 제임스 중위라는 사람을 몽고메리 장군인 것처럼 꾸며 일련의 기만술을 펼침으로써, 적군의 판단 착오를 유도했던 것이다. 이것이 상륙작전을 승리로 이끄는 중요한 역할을 해냈음은 물론이다.

1944년 12월, 나치 독일군의 친위대 중령 슐츠는 특공대를 이끌고 아르덴느 산림 지대로 분산·침투하면서 특공대를 미군 헌병처럼 변장시켰다. 그들은 미군 작전지역에다 바리케이드를 설치하여 교통에 불편을 주고 도로 표지판을 멋대로 바꾸는가 하면, 미군 전령병을 잡아 사살하는 등의 활동으로 연합군의 진공을 지체시켰다.

1973년 10월, 제4차 중동전쟁에서 이스라엘군도 이집트군으로 위장한 특공대를 이집트군 깊숙이 침투시켜 전세를 뒤집음으로써 서부 전선을 통제하기에 이르렀다.

'모명정체'의 모략이 동서고금의 전쟁에서 그 예가 적지 않았음은 이상의 예를 통해서도 확인할 수 있다. 이 모략은 전형적인 기만술이다. 이 모략은 위험 부담을 감수해야 한다. 대결하고 있는 쌍방 모두가 기만술을 활용하려 하고, 또 온갖 방법으로 상대의 기만술을 간파하려 하기 때문이다. 이 모략에 조금이라도 소홀함이 있으면 전혀 상반된 결과가 빚어진다. 따라서 이 모략을 운용할 때는 "적과 같은 깃발·갑옷·복장을 하고 틈을 타 적진 깊숙이 들어가 내부를 공격하여 적을 섬멸한다. 내 쪽에서는 구분할 수 있지만 적은 구별하지 못하게 하는 것, 이것이 혼란에 정통한 것"이라는 점이 강조되는 것이다. 적의 외모·언어·생활습관 등을 세심히 연구해야 함은 물론, 적의 구령이나 암호 등에 대해서도 잘 알고 있어야 한다. 적을 많이 알고 잘 알수록 상대에게 쉽게 간파당하지 않는다.

현양격고懸羊擊鼓 양을 매달아 북을 두드리게 한다

전쟁사에는 '허장성세'로 적을 현혹시킨 예가 아주 흔했다. '현양격고'도 '허虛'로써 적을 제압하는 모략이다. 그 뜻은 양을 매달아 두 발을 버둥거리게 하여 마구 북을 두드리게 한다는 것이다. 이 모략의 요지는 적을 헷갈리게 만드는 데 있다. 송나라 때 장수 필재우畢再遇는 금나라 군대와 작전하는 중에 이 방법을 썼다.

『자치통감』에 나오는 이야기다. 1206년, 필재우는 보루를 쌓아놓고 금군과 대치하고 있었다. 금군은 군대 수를 갈수록 늘렸고, 중과부적이라고 판단한 송군은 철수를 결정했다. 금군과 대치하면서 필재우는 낮부터 밤까지 쉬지 않고 북을 두드리게 했다. 이는 적에게 위협을 가하기 위한 것이었지만, 다른 한편으로는 병사들의 사기를 높이기 위한 것이기도 했다. 철수하면서 북소리가 끊기면 적이 틀림없이 이상하게 여길 것이라고 생각한 필재우는 적을 속이고 안전하게 철수를 마치기 위해 바로 '현양격고'의 모략을 운용했다. 우선 양 몇 마리와 북을 준비했다. 저녁이 되자 양을 거꾸로 매달아 북에 양의 앞발굽이 닿을 수 있도록 했다. 거꾸로 매달린 양은 피가 머리 쪽으로 쏠리자 고통스러운 나머지 마구 발버둥을 쳤고, 그 발이 계속 북을 두드렸다. 양이 북을 두드리는 동안 송나라 군대는 북소리를 뒤로한 채 슬그머니 사라졌다.

금군은 송군 진영에서 끊임없이 북소리가 들리자 별다른 의심 없이 병사들을 정비하는 등 언제 벌어질지 모르는 전투에 대비하고 있었다. 며칠이 지나도록 금군은 이것이 속임수라는 사실을 몰랐다. 금군이 속임수에 걸려들었다는 사실을 알았을 때는 송군은 이미 흔적도 없이 떠난 뒤였다.

『설악전전說岳全傳』 제57회에도 악비가 적군에게 착각을 일으키게 하기 위해 "몰래 각 원수들에게 통보하여 각 진영마다 가짜 깃발을 내걸고 양을 거꾸로 매달아 북을 치도록 명령했다."는 기록이 있다.

무기의 발전은 전쟁 형태에 엄청난 변화를 가져다주었다. 따라서 '현양격고'의 방법으로 적을 현혹하는 것은 이미 새로운 전쟁 형세에 적응할 수 없게 되었다. 그러나 이 방법도 시대의 변화와 발전에 따라 새로운 형식으로 변화되었다. 소련군의 주코프Georgy K. Zhukov 원수는 드니에페르강 전역에서 이 모략을 활용했다. 그는 밤을 틈타 독일군 진지 전방 40미터 앞에서 고음의 나팔을 불고 전축을 이용해 기계부대가 이동하는 소리를 틀어놓았다. 커졌다 작아졌다 하면서 이 소리는 밤새 끊이지 않았고, 독일군은 주코프가 대량의 장갑부대를 이동시키는 줄로 착각했다.

만천과해瞞天過海 하늘을 속이고 바다를 건넌다

이 모략은 어떤 의도를 실체가 너무도 분명한 사물 속에 감추는 것이다. 사람들은 흔히 보는 사물에 대해서는 왕왕 의심하지 않고 그냥 지나친다. 바로 그런 것에 자신의 의도를 숨겨 목적을 달성한다.

'만천과해'의 본뜻은 "하늘(또는 황제)을 속이고 바다를 건넌다"는 것이다. 이 말과 관련된 이야기는 명나라 때의 『영락대전永樂大全·56』「설인귀정요사략薛仁貴征遼事略」에 나온다. 당 태종이 몸소 30만 대군을 거느리고 장사귀張士貴를 사령관으로 삼아 요동을 지나 망망대해에 이르렀다. 태종은 바다의 위세에 질려 그만 출정을 후회하며 각 부 사령관들을 불러 모아놓고 "바다를 건널 작전"을 물었다. 이때 설인귀와 장사귀는 꾀를 내어 주저하고 있는 태종을 속이기로 했다. 바다의 변화를 잘 알고 있는 노인에게 태종을 지상의 막사와 똑같은 모양을 한 배 위로 모시게 했다. 태종은 거기가 배가 아니라 지상인 줄만 알았다. 이윽고 사방에서 파도 소리와 바람 소리가 들리면서 술잔이 흔들리고 몸도 흔들리기 시작했다. 이상한 느낌이 든 태종은 장막을 걷고 밖을 내다보았다. 아, 그런데 이게 웬일인가! 망망한 바다 위에 자신이 떠 있는 것이 아닌가! 깜짝 놀란 태종은 여기가 어디냐고 물었다. 그러자 장사귀가 일어나 대답했다.

"실은 신이 생각해낸 꾀입니다. 바람의 힘을 얻어 30만 대군이 바다를 건너 동쪽 연안에 도착할 것입니다."

태종이 주위를 둘러보니 자신뿐 아니라 30만 병사들도 배를 타고 동쪽 해안을 향하고 있었다.

'만천과해'란 이 고사를 개괄한 것이다. 『36계』에서 이 고사성어는 제1계로 꼽히고 있다. 이는 가짜로 진짜를 감추는 '의병계疑兵計'로서, 주로 군대의 결집, 공격 시기, 공격 장소 등을 위장하는 데 활용된다.

『수서隋書』「하약필전賀若弼傳」에 실린 이야기다. 수 문제文帝(양견) 때인 588년, 수나라는 진국陳國(557년 진패선이 황제로 자칭하고 국호를 진이라 했다)을 대거 공격했다. 수의 사령관 하약필은 대군을 이끌고 광릉廣陵을 나와 과주瓜洲에서 강을 건너 진을 공격했다. 하약필은 좋은 배를 많이 구입해 숨겨놓고, 부서진 배 오륙 척을 강가에 내놓아 진나라 정찰대의 눈에 쉽게 띄도록 했다. 이를 본 진의 군대는 수나라 군대에 배가 없어 강을 건너지 못할 것으로 판단했다. 전투에 앞서 하약필은 강가의 수비대 조직을 빈번하게 개편하는 한편, 매번 바뀌는 수비대는 반드시 광릉에 집결시켜놓고 거창하게 사열식을 가졌다. 이런 움직임을 알아챈 진군에서는 수군이 진격해 올 것으로 판단, 총력을 기울여 수비를 강화했다. 그런데 잠시 후 결집시켰던 군대가 이미 철수했다는 보고를 받게 되었다. 이후에도 수군은 계속 부대를 교환했고, 진군도 이를 예사로 여겨 더 이상 경계를 하지 않았다. 진의 경계태세가 허술해졌음을 안 하약필은 일부 병사들로 하여금 강가 일대에서 사냥을 하게 하는 등 일부러 허풍을 떨며 소란을 피웠다. 이 사실은 곧 진군 진영에 퍼져나갔다. 처음에는 이 행동 역시 진의 경계 대상이 되었으나, 시간이 지나면서 역시 무관심으로 바뀌었다. 강을 지키는 진의 방어태세가 흩어진 것을 본 하약필은 숨겨두었던 성능이 좋은 배로 강을 건너 불의의 기습을 가해 단숨에 경구京口를 점령했고, 진의 서주자사 황각黃恪도 사로잡았다.

● '만천과해'는 완벽하지 않으면 성공하기 어려운 모략이다. 하약필은 여러 방법으로 이 모략을 구사하여 성공했다.

제2차 세계대전이 막바지로 치달을 무렵 연합군은 노르망디 상륙작전을 위해 준비공작을 하는 과정에서 '만천과해'의 수단을 유감없이 활용한 바 있다.(군사모략 '명수잔도, 암도진창', '모명정체', '실즉허지' 참조)

제4차 중동전쟁 때의 일이다. 아랍은 제3차 중동전쟁에서 얻은 교훈을 거울삼아 매년 관례에 따라 군사훈련을 실시하면서 병력을 수에즈 운하 쪽으로 집결시켰다. 그들은 낮에는 운하 서안에 1개 여단을 결집시켰다가 야간이 되면 철수시키곤 했는데, 철수 때 일부 병력을 몰래 남겨두는 방법을 취했다. 상대방 이스라엘은 그저 일상적인 군사훈련인 줄 알고 경계심을 늦추었고, 그 덕분에 아랍 연합군은 순조롭게 결집을 완료할 수 있었다.

사람들은 평소 익히 보던 것은 눈여겨보지 않고, 늘 보는 것은 의심하지 않는다. '만천과해'는 인간의 이런 사유상의 착오를 교묘하게 이용하여 진짜 의도를 감추는 모략이다.

목마계木馬計 목마를 활용하는 계책

'목마계'는 고대 그리스 시인 호메로스의 서사시 『일리아스』에서 유래한다. 신화나 전설에 따르면, 아킬레우스의 부모가 성대한 혼례식을 거행하면서 다른 신들은 다 초대했는데 전쟁의 신 아레스만 빼놓았다고 한다. 아레스는 이 자리에 참가하여 "불화를 가져다주는 황금사과"를 내던지며, 그 위에다 "가장 아름다운 여인에게 바치노라!"라고 썼다. 과연 헤라와 아테나 그리고 아프로디테는 서로 황금사과를 차지하려고 싸웠다. 트로이의 왕자 파리스가 사과를 손에 넣어 아프로디테에게 주었다. 그 뒤 아프로디테는 파리스가 그리스 스파르타의 왕 미노스의 궁전에서 국왕 메넬라오스의 아내인 아름다운 헬레네를 유혹해 많은 재물과 함께 도망치는 것을 도와주었다. 그리스의 각 도시국가들은 메넬라오스의 형이자 미케네의 왕인 아가멤논을 총사령관으로 추대하여 트로이 정벌에 나섰다. 전쟁은 무려 10년 동안 계속되었고, 신들은 두 편으로 갈라져 트로이와 그리스를 도왔다. 그리스는 마지막으로 이타케의 왕 오디세우스의 꾀에 따라, 정예군을 거대한 목마 속에 숨겨 트로이성 밖에 내버려두고는 군영을 불태우고 배를 타고 퇴각하는 것처럼 꾸몄다. 트로이 사람들은 목마를 전리품이라 생각하여 성안으로 끌어다놓고서 승리를 축하하는 술자리를 거창하게 벌였다. 밤이 깊어 트로이 사람들이 모두 술에 곯아떨어지자 그리스군들은 목마에서 나와 성문을 열고 안과 밖에서 트로이를 공격하여 성을 함락했다.

훗날 '트로이의 목마계'로 상징되는 이러한 '내외호응'의 전법은 군사행동에 널리 활용되어 매우 가치 있는 모략으로 자리잡았다. 이 모략의 대단한 점은 "손오공이 철선鐵扇공주의 배 속으로 뚫고 들어가는" 방법을 취했듯이, 적의 심장부 깊숙한 곳에서 기습·파괴공작을 벌여 적의 내부 혼란을 조성하는 데 있다. 모택동은 일찍이 「모순론」에서 『수호지』에서 송강이 세 번째로 축가장祝家莊을 칠 때 '목마계'와 비슷한 방법으로 적 진영에 복병을 숨겨두었다가 최후의 승리를 거두었다고 지적한 바 있다.

이성엄폐以聲掩蔽 소리로 행동을 엄폐한다

순식간에 변화하는 전쟁에서 소리로 자기의 행동을 엄폐하여 적을 속이고 작전의 돌발성을 이룸으로써 적이 이러지도 저러지도 못하게 만드는 모략이다. 현명한 지휘관이라면 소홀히 할 수 없다.

817년, 당나라 장수 이소李愬는 채주蔡州를 공격했다. 이소의 부대는 눈 내리는 밤에 70리를 행군하여 날이 밝기 전 채주성 밖에 도달했다. 그런데 9천여 명에 달하는 군사와 말들을 무사히 성 근처로 접근시키려면 최대한 정숙을 유지해야 하는데, 아무리 애를 쓴다 해도 작은 소음까지 억누를 수는 없는 노릇이었다. 수비군에게 들키기라도 하는 날에는 상대는 방비를 더욱 강화할 것이고, 그렇게 되면 성을 공략하기가 더욱 어려워질 판이었다. 이렇게 많은 인원과 말이 소리를 내지 않고 행군한다는 것은 근본적으로 불가능에 가까웠다. 이소는 고심했다. 그런데 마침 성 주변에 오리떼가 꽤 많이 몰려 있다는 보고가 들어왔다. 이소는 즉시 묘안을 생각해내고, 병사 몇몇을 보내 몽둥이로 오리떼를 쫓도록 했다. 오리들이 놀라 꽥꽥 소리를 질러댔고, 그 틈에 이소의 군대는 신속하게 성 아래로 접근할 수 있었다.

1918년 5월, 영·불 연합군은 독일군의 솜므강 방어선을 돌파할 준비를 갖추었다. 연합군 지휘관은 솜므강 서쪽 끝 남안에 큰 늪지대가 있는데 매일 저녁이면 개구리가 울어대서 주위 10리 안이 시끄러울 정도라는 사실을 알아냈다. 지휘관은 작전 의도를 엄폐하기 위해 연합군의 모든 병력을 야간에 이동시키기로 결정했다. 와글와글 울어대는 개구리 소리는 공병부대가 임시가교를 설치하는 소리와 그 밖의 모든 소리들을 집어삼켰다. 부대는 신속하게 작전 준비를 완료한 다음, 갑자기 독일군을 향해 진군해 들어가 일거에 맞은편 진지를 점령했다.

"소리로 무엇을 감춘다"는 '이성엄폐'의 사례는 현대 전쟁에서 그 예를 헤아리기 힘들 정도로 많다. 확성기 설비로 탱크 소리를 흉내내거나, 폭죽 소리로 기관총 소리를 대신하는 등이 그렇다. 미래 전쟁에서는 정찰 수단의 수준이 엄청나게 높아질 것이고, 그러면 소리를 탐지하는 기술도 진보하여 '이성엄폐'의 운용이 어려워질 것이다. 따라서 변화된 조건에 맞추어 새로운 '이성엄폐'의 방법이 창조되어야 한다.

5절
유인과 반격

유적생의誘敵生疑 적의 의심을 불러일으킨다
_____

시형법으로 적을 속이는 방법은 수없이 많고 변화무쌍하지만, 결국 그 목적은 적의 오판을 이끌어내자는 데 있다. 『병경백자』「의자疑字」를 보면 "병법이란 반드시 (적을) 의심하게 만들어야 하며, 잘못 의심하면 반드시 패한다."고 되어 있다. 의심하게 만들려면 나의 모습을 때와 장소 그리고 적에 따라 변화시켜야 한다. 용병은 일방적일 수 없다. 한쪽의 유인계가 성공한다는 것은 곧 다른 한쪽의 판단이 잘못되었음을 의미한다. 관건은 누가 높은 수를 구사하느냐에 있다. "나의 속임수로 상대의 오판을 유도하며", "상대의 오판을 유도하되 상대가 그것을 실수로 여기게 해서는 안 된다." 유능한 지휘관은 늘 적과 나의 정세를 깊이 있게 이해한 기초 위에서 '시형법'으로 적의 의심을 유도하여 오판을 일으키게 한다.

『사기』「이장군열전李將軍列傳」의 기록을 통해 그 본보기를 살펴보자. 흉노가 상군上郡을 대대적으로 침입해 왔다. 한 경제는 중귀인中貴人(황제의 신임을 받는 환관)에게 이광李廣을 따라 병사를 통솔하여 흉노를 치게 했다. 중귀인은 기병 수십을 거느리고 제멋대로 달리다가 흉노 병사 3인을 발견하자 어울려 싸웠다. 병사는 원을 그리면서 돌다가 활을 쏘아 중귀인에게 부상을 입혔고, 한나라 기병을 거의 전멸시켰다. 중귀인은 이광에게로 도망쳐 왔다. 이광이 이 이야기를 듣고 말했다.

"그놈들은 분명 수리를 쏘는 놈들일 것이다."

그는 기병 백 명을 거느리고 그 3인을 급히 추격했다. 3인은 말을 잃어 걷고 있었으므로 수 리 떨어진 지점에서 발견되었다. 이광은 부하 기병들을 좌우로 전개시키고 이광 자신이 3인 중 둘을 쏘아 죽이고 하나는 포로로 잡았다. 과연 그들은 흉노의 수리를 쏘는 패들이었다.

사로잡은 놈을 묶은 뒤 말에 올라 흉노 쪽을 바라보니 기병 수 명이 보였다. 적은 이광의 군을 보자 자신들을 유인하기 위한 기병이라 생각하고 깜짝 놀라 산으로 올라가 포진했다. 이광의 부하들도 크게 놀라 도망치려 했다. 그러나 이광은 오히려 전진을 명령했다.

"우리는 부대에서 수 리나 떨어져 있어 여기서 섣불리 달아나려 하다가는 흉노의 추격을 받아 다 죽고 말 것이다. 그러나 우리가 여기에 그대로 머무르면 흉노는 우리들이 대장군에 앞서 자신들을 유인하는 것이라 생각하고 우리를 공격하지 못할 것이다."

그는 흉노와 겨우 2리 떨어진 곳에 진을 치고 다시 명령했다.

"모두 말에서 내려 안장을 풀어라."

부하들이 의아해하며 물었다.

"흉노는 수도 많고 가까운 거리에 있는데, 습격하면 어떡합니까?"

이광이 대답했다.

"적은 오히려 우리가 도망가기를 바라고 있다. 지금 우리가 안장을 풀어 달아나지 않을 것이라는 의지를 보여주면, 우리가 자신들을 유인하기 위한 기병이라고 생각한 그들의 당초 판단을 굳혀줄 것이다."

흉노의 기병은 섣불리 쳐들어오지 못했다. 흉노의 진중에 백마를 탄 장군이 병사들을 순시하고 있었다. 이광은 말을 타고 기병 십여 명을 거느리고 돌격하여 그 장군을 사살한 후, 다시 돌아와 안장을 풀고 누워 쉬게 했다. 이윽고 날이 저물었지만, 흉노의 병사들은 시종 이상하게 여기면서도 감히 쳐들어오지 못했다. 한밤중에 한나라 군이 매복해 있다가 밤을 틈타 흉노의 진지를 점령하려 할지 모른다고 생각하여 모두 철수해버렸다. 날이 새자 이광은 부대로 무사히 돌아왔다.

이광이 위험에서 벗어날 수 있었던 것은 적을 의심하게 만드는 모략을 썼기 때문이다. 부하를 이끌고 황망히 도망치려 했다면 그 결과는 완전히 달라졌을 것이다.

유적심입誘敵深入 적을 깊이 끌어들인다

이는 강적이 공격해 올 때 계획적으로 일부 지역을 포기함으로써 적을 아군의 포위망 속으로 깊숙이 유인하여 섬멸하는 모략이다.

기원전 632년, 진晉·초楚의 '성복城濮 전투'에서 진군은 90리를 퇴각하여 적을 깊숙이 유인, 초나라 장수 자옥子玉이 이끄는 군대를 대파했는데, 바로 '유적심입'의 모략을 체현한 본보기였다.(정치모략 '퇴피삼사' 참조)

1643년 5월, 이자성은 양경襄京에서 군사회의를 소집하여, 상대와 자신의 형세를 분석하고 전략 계획과 진군 노선을 연구했다. 그 결과 먼저 관중을 취한 다음 산서를 공략하고 다시 북경으로 쳐들어간다는 기본적인 작전 방침이 결정되었다. 회의가 끝난 후 이자성은 몸소 백만 대군을 이끌고 하남으로 북상, 사수汜水와 형양滎陽에 주둔하면서 정예병을 파견하여 서안을 공격할 준비를 갖추었다. 이때 명나라 조정에서는 패배 국면을 만회하기 위해 더 큰 규모의 군사적 진압 작전을 계획하고 손전정孫傳庭을 병부상서로 임명하여 섬서·산서·하북·하남·호남·사천·귀주·강북의 군사를 총감독하게 했다. 그러고는 장병을 소집·배치한 후 동쪽 하남으로 진군하여 봉기군과 일대 결전을 벌이고자 했다. 손전정은 군대를 동관潼關에 주둔시켜놓고 3만 대의 '화차'를 만들어 이자성 군대 중에서 가장 강한 기병을 상대하게 했다. 동관은 한쪽은 험준한 산이고 다른 한쪽은 물살이 급한 황하가 흐르는 지세가 험준한 곳이어서, 지키기는 쉬워도 공격하기는 무척 어려운 곳이었다. 따라서 이곳을 일찌감치 차지하고 있는 손전정의 군대와 섣불리 전투를 벌인다는 것은 엄청난 손실을 각오하는 것이나 마찬가지였다. 이를 잘 아는 이자성은 먼저 손전정의 군대를 농민군이 점령하고 있는 지역으로 깊숙이 유인한 다음, 자기 쪽의 우세한 주도권을 바탕으로 불의의 기습을 가해 단숨에 승리를 거두고 이어서 그 나머지를 처리한다는 방침을 세웠다. 아니나 다를까, 적은 이 모략에 여지없이 걸려들었다. 손전정은 농민군의 조직적이고도 계획적인 전략상 후퇴를 자신들의 승리로 착각하여 포위망 깊숙이 빠져들고 말았다.

9월 초, 쌍방의 주력은 겹현郟縣과 여주汝州(지금의 하남성 임여현)에서 맞부딪쳤다. 이자성은 겹현의 적을 포위만 하고 싸우지 않으면서, 정예부대를 보내 불시에 그 식량 보급로를 끊음으로써 적의 심리를 동요시켰다. 상황이 불리하다고 본 손전정은 군대를 세 길로 나누었다. 한 군대는 여주를 지키게 하고, 나머지 두 부분은 자신이 몸소 이끌며 양식을 날랐다. 그가 군영을 비우자 군심은 더욱 흩어졌다. 이때를 놓치지 않고 이자성은 공격을 가했다. 이 전투에서 이자성은 적 4만을 죽이고 엄청난 병기를 노획했다. 봉기군은 4백 리를 추격하여 맹진孟津(지금의 하남성 맹현 부근)에서 손전정이 친히 이끄는 식량 운송부대와 부딪쳤다. 손전정은 혼비백산, 황하를 건너 동관으로 퇴각했다. 10월 초, 봉기군은 동관을 함락했고 손전정은 전투 중 피살되었다.

이이유지利而誘之 이득으로 유인한다

이 말의 출전은 『손자병법』 「계」편이다. 그 뜻은 작전에 앞서, 또는 작전 중에 적의 탐욕스러운 심리에 초점을 맞추어 작은 이익을 미끼로 던져놓고 일부러 약점이나 파탄을 노출시켜 적으로 하여금 상황을 오인케 하여 미리 쳐놓은 그물 속으로 뛰어들게 하는 것이다. 손자 이전에도 정나라의 세자 홀忽과 제나라 희공僖公이 이 방법을 사용하여 역성歷城에서 북융北戎을 크게 무찔렀다.

기원전 706년, 초나라 무왕武王이 수隨를 침략하자 수에서는 대부 소사少師를 보내와 동맹을 맺게 했다. 소사는 허풍이 세고 겉치레를 중시하는 위인이었다. 초왕은 대부 두백비斗伯比의 꾀를 받아들여, 정예병들을 숨겨놓고 늙고 약한 병사들만 열병시켜 소사가 보는 앞에서 사열식을 가졌다. 아니나 다를까, 소사는 이 정도 군대라면 단 한 번의 공격으로 박살낼 수 있다고 판단, 돌아가는 즉시 수후隨侯에게 초와 싸우자고 건의했다. 기원전 704년, 초·수 양군은 속기速杞에서 전투를 벌였다. 초나라는 관습에 따라 왕이 좌군에 자리를 잡았다. 이는 곧 좌군이 강하다는 것을 의미했다. 수의 대부 계량季良은 초의 우군이 약한 곳이니 우군을 치자고 했다. 우군이 무너지면 좌군도 자연히 무너질 것이라는 계산이었다. 소사는 계량의 의견에 반대했다.

"초왕이 있는 좌군을 치는 것이 낫습니다. 초군은 우리의 상대가 되지 못합니다."

수후는 소사의 말대로 초의 좌군을 공격하다가 크게 패했다.

기원전 700년, 초나라는 교絞(지금의 호북성 운현 서북쪽)로 진공했다. 양 군대는 교성의 남문에서 대치했다. 교군은 성문을 굳게 닫고 수비로 일관했다. 이를 보고 초의 대부 막오굴하莫傲屈瑕가 말했다.

"교는 약소하고 경솔합니다. 경솔하다는 것은 모략이 모자란다는 뜻입니다."

그는 한 가지 꾀를 건의했다. 먼저 일부 병사들을 나무꾼으로 변장시켜 교군을 유인하고, 매복으로 적을 섬멸하자는 것이었다. 왕은 막오굴하의 건의를 받아들여 일부 병사들을 나무꾼으로 변장시켜 산에 올라가 나무를 해 오도록 시켰다. 그리고 돌아오는 길에 일부러 교군을 자극하여 그들이 성에서 나와 나무를 빼앗아가도록 했다. 그와 함께 병사들을 두 갈래로 나누어 산속에 매복시키는 한편, 퇴로를 차단했다. 다음 날 교군은 앞다투어 나무꾼으로 변장한 초군을 잡기 위해 성을 나왔다. 교성 북문 밖 산속에 매복해 있던 초군은 교군이 쫓아오자 일제히 일어나 기습을 가했다. 다른 한 부대는 퇴로를 끊어놓고 성을 맹렬히 공격했다. 초 무왕은 교의 항복을 받은 후 군대를 철수시켰다.

처음에 교가 성을 굳게 닫고 수비했을 때는 초군이 아무리 강한 공격을 퍼부어도 끄떡하지 않았다. 그야말로 철옹성이었다. 그렇게 몇 달을 끌었더라면 초군은 승리할 수 없었을 것이다. 그런데 막오굴하가 성안에 땔감이 부족하다는 사실을 알고 땔감으로 적을 유인하자 교군은 그 미끼에 걸려들었다. 결과는 예상을 빗나가지 않았다. 교군이 낚싯바늘에 걸려든 것은 성안에 땔감이 떨어져 걱정하고 있었기 때문이다. 이런 상황에서 나무꾼으로 변장한 초군이 병사들의 호위도 받지 않은 채 삼삼오오 산에 나무를 하러 나오는 모습을 보자 교군은 저들의 나무를 빼앗아야겠다는 생각을 하게 되었다. 초 무왕은 며칠 동안 땔감·옷·식량 따위를 빼앗아가도록 그냥 내버려두었다. 교군의 배짱은 갈수록 커졌다. 그들은 보잘것없는 이익 때문에 판단력이 흐려져 초군이 왜 저런 행동을 하는지 생각해보지도 않았다. 그러다 결국은 나라가 망했다.

『한비자』「설림說林·하」에도 "어리석은 자가 나라를 잘못 이끈" '우인오국愚人誤國'의 우화가 실려 있다. 지백知伯이 구유仇由를 치려고 했으나 길이 험해 힘들다고 판단, 우선 큰 종을 만들어 구유의 군주에게 보냈다. 구유의 적장만지赤章曼枝는 군주를 말렸다.

"안 됩니다! 큰 종을 만들어 보내는 것은 작은 나라가 큰 나라를 섬길 때나 하는 행동인데, 지금은 그 반대이니 반드시 종을 보내고 나면 군대가 뒤따라올 것입니다. 절대로 종을 받아서는 안 됩니다!"

구유의 군주는 그의 말을 듣지 않고 종을 받아들였다. 적장만지는 제나라로 도망쳤다. 적장만지가 제나라로 도망간 지 7일째 되던 날 구유는 망하고 말았다.

『백전기법』「이전利戰」에 이런 대목이 있다.

적과 싸울 때 적장이 우둔하여 변화의 이치를 모르면 이익으로 그를 유인한다. 그가 이익을 탐내면서도 그 피해를 모르는 것 같으면 복병을 배치하여 공격한다. 그런 군대의 패배는 뻔하다.

'이이유적'의 모략을 실시하는 데는 조건이 따른다. 이익을 탐하는 자라야 유인하여 낚싯바늘에 걸려들게 할 수 있다. 탐욕스럽지도 어리석지도 않은 적에 대해서는 이 모략은 효력을 발휘하기가 힘들다. 하지만 어떤 전쟁이 되었건 당사자들은 이익을 위해 싸운다. 총명한 장수라면 언제든지 방법을 강구하여 이익을 탐내는 적을 유인한다.

이해관계는 언제나 긴밀하게 얽혀 있다. 이익 그 자체에 손해가 잠재해 있게 마련이고, 그 반대도 마찬가지다. 그러나 이익에도 크기가 있고 손해에도 경중이 있으므로 반드시 전체 국면을 잘 고려하고 저울질하여 이익이 크고 손해가 작으면 실행에 옮기고 그렇지 않으면 섣불리 움직이지 말아야 한다. 손자는 이에 대해 "지혜로운 자의 생각은 언제나 이해관계와 맞물려 돌아간다."는 말로 요령 있게 압축하고 있다. 군사적 행동에 앞서 이해의 두 측면을 주도면밀하게 살펴 맹목성을 최대한 줄이고 밑천을 갉아먹는 행위는 아예 하지 않거나 부득이한 경우에도 최소한이 되도록 신경 써야 한다.

이해관계가 한데 얽혀 있는 전쟁터에서 적을 어떻게 이익으로 유인하고, 유인해 내면 어떤 방법으로 섬멸할 것이며, 내 쪽은 어떻게 이익을 추구하고 손해를 피할 것인가 등의 문제는 오래된 것들이긴 하지만 여전히 현실적인 과제가 아닐 수 없다. 현대 전쟁도 이해의 충돌이란 점에서는 고대의 전쟁과 다를 바 없다. 이해의 변증법적 관계를 어떻게 파악하여 '이이유적'의 모략을 활용할 것인가는 군사전문가들이 매우 중시해야 할 사항이다.

사패유적詐敗誘敵 패한 척하여 적을 유인한다

'사패유적'의 모략은 『손자병법』에 나오는 "할 수 있으면서도 못하는 것처럼 보이게 한다"는 '능이시지불능能而示之不能'의 구체적 운용이다.

『동주열국지東周列國志』 제51회를 보면 다음과 같은 사실이 나온다. 기원전 606년, 초나라 장왕莊王은 선조의 패업을 다시 한번 재현하고자 내정을 개혁하고 대외적으로 정벌전쟁을 벌였다. 장왕에 대해 전부터 원한을 품고 있던 두월초斗越椒는 때를 기다리지 않고 장왕이 북벌을 나간 틈에 성급하게 반란을 일으켜 영도郢都를 점령하고서 장왕의 귀로를 차단했다. 장왕은 돌아오는 도중에 장서漳澨에서 반란군과 마주치게 되었다. 첫 전투에서 장왕의 군대는 적지 않은 손실을 입었다. 이에 장왕은 한 가지 계략을 생각해냈다. 거짓으로 군대를 후퇴시키는 척하면서 은밀히 대군을 사방에 매복시켜놓고 한 부대로 하여금 적을 유인하도록 했다. 적이 있는 힘을 다해 추격해 오면 상대가 지치기를 기다렸다가 집중 공격을 퍼부어 섬멸한다는 전략이었다. 과연 두월초는 상대가 패하여 도주하는 줄로만 알고 정신없이 추격을 하다가 뒤늦게 계략에 걸려든 것을 알았다. 그러나 이미 때는 늦었다. 두월초는 화살에 맞아 전사하고 반란군은 섬멸되었다.

남북조시대인 580년, 양견楊堅(수나라 문제)은 우중문于仲文에게 위효관韋孝寬의 작전을 지원하라는 명령을 내렸다. 우중문의 군대는 양梁의 서울인 수양睢陽(지금의 하남성 상구 서남)에서 약 7리 떨어진 요제蓼隄에서 단양檀讓이 이끄는 수만 군대와 마주쳤다. 우중문은 정예병을 진영 뒤에 매복시켜놓고 일부러 늙고 힘없는 병사들을 이끌고 진을 나가 도전했다. 단양은 상대의 형편없는 모습을 보고는 즉시 공격해 왔다. 늙고 힘없는 병사들은 단 한 번만 싸우더니 되돌아 도망쳤다. 단양은 주저 없이 추격했다. 그 순간 양옆에 숨어 있던 정예병들이 우르르 몰려나와 맹공을 퍼부었다. 단양은 속수무책이었고, 군대는 순식간에 큰 혼란에 빠졌다. 단양은 잔병을 이끌고 간신히 성무成武로 도주했다.

504년, 북위 탁발원영拓跋元英은 평양平陽(지금의 하남성 신양시)을 포위하고는 공격을 가했다. 남양南梁의 마선병馬仙琕이 군을 이끌고 구원에 나서 탁발원영의 보루를 성급하게 공격했다. 탁발원영은 북쪽으로 도망가는 척했다. 마선병은 계략인 줄도 모르고 험준한 곳을 거점으로 하여 지킬 생각은 않고 평지 쪽으로 추격해 왔다. 이때 위나라 군대가 갑자기 공격을 퍼붓기 시작하자 마선병의 군대는 여지없이 박살나고 말았다.

『삼국연의三國演義』제72회를 보면 조조가 유비의 '사패유적' 모략에 크게 당한 내용이 실려 있다. 조조는 몸소 군을 이끌고 한수漢水를 탈취했다. 제갈량의 건의에 따라 한수를 건너 배수의 진을 친 유비는 교전을 치르다가 당해내지 못하고 도주하기 시작했다. 조조의 군대는 일제히 함성을 지르며 추격했다. 촉군은 한수 쪽으로 도주하면서 군영은 물론 말과 장비도 길에다 버렸다. 추격하던 조조의 군사들은 그 물건들을 보자 서로 차지하려고 난리법석을 떨었다. 이때 갑자기 조조가 징을 울려대며 병사들을 철수시키라는 명령을 내렸다. 부하 장수들은 유비를 거의 손아귀에 넣을 판인데 왜 갑자기 철수 명령을 내리느냐고 되물었다. 조조는 촉군이 애당초 물을 등지고 군영을 설치한 것도 이상하다면서 빨리 철수시키라고 했다. 그리고 촉군의 물건에 손을 대기만 해도 그 자리에서 목을 베어버리겠다고 엄명했다. 조조의 군대는 퇴각을 서둘렀다. 그러나 때는 이미 늦어 있었다. 군대를 막 돌리려는 찰나 촉군이 좌우에서 튀어나와 습격을 가했고, 조조의 군은 큰 낭패를 보았다.

'사패유적'의 관건은 "패한 척한다"는 '사패詐敗'에 있다. 진짜로 패하는 것이 결코 아니다. 강적을 맞이하여 죽기 살기로 싸울 수밖에 없을 때는 반드시 강한 적을 약하게 만드는 방법을 강구해야 한다. 예컨대 『36계』에서 말하는 "줄행랑이 상책"이라는 말도 수동적인 입장을 주동적인 입장으로 바꾸는 책략임에 유의해야 한다. '사패'가 적을 유인하는 목적을 달성할 수 있느냐의 여부는 자신에 의해 결정나기도 하지만 적에 의해 결정날 수도 있다. 쌍방 모두 상대방의 의도를 간파하여 서로를 이기려고 애쓰기 때문이다. '속이기'를 잘못하면 적의 '속임수'에 걸려들게 마련이고, 적의 '속임수'를 간파하지 못하면 적의 덫에서 벗어나기 힘들다. 따라서 '사패'는 사건과 장소가 교묘하게 맞아떨어져야지, 너무 빠르면 적에게 간파당하기 쉽고 너무 늦으면 몸을 빼기 힘들어진다. '정도'가 알맞아야 여러 가지 가상을 만들어내서 적을 현혹·유인·조종할 수 있는 것이다.

초나라 장왕은 '사패'를 활용할 때, 복병을 배치해놓고 몸소 일부 병력을 거느리고 새벽에 패주하는 척했다. 동시에 백성으로 가장한 병사들을 두월초의 진영에 보내 지금 장왕의 군대가 청하교清河橋에 이르렀다고 '밀고'하도록 조치했다. 그리고 다리 북쪽에서 아침을 짓는 것처럼 꾸미고 있다가 두월초가 추격해 오자 취사도구를 버리고 도주함으로써 적군을 완벽하게 유인했다. 장왕은 또 두월초가 자신을 사로잡고 싶어 한다는 심리를 이용하여 후방 병사들에게 "장왕이 바로 앞에 있다!"고 떠들게 함으로써 적군이 서둘러 달려오도록 만들었다.

'사패'는 적을 유인하기 위함이요, 적을 유인하는 것은 적을 섬멸하기 위함이다. '패배'할 때는 적으로 하여금 진짜로 패한 것처럼 믿게 만들어야지, '속임수 패배'라는 의심을 갖게 만들어서는 결코 안 된다. 또한 자기 부대원의 정서를 잘 헤아려 사상 공작을 운용함으로써 패배주의와 같은 정서가 생겨나지 않도록 미리 방지해야 한다. 그리고 반격의 기회를 잘 잡아야 한다. 이 점은 '사패유적'의 모략을 운용할 때 가장 돋보이는 단계 또는 차원이라 할 수 있다.

현대 전쟁은 기동력이 크게 높아졌을 뿐 아니라, 전투지에 대한 관찰과 정보 분석의 능력 면에서도 냉병기 시대와 비교가 되지 않는다. 그러나 부대 장비와 전쟁 무기가 아무리 발전했다 해도 이 모략의 운용은 여전히 큰 의미를 갖는다.

성동격서聲東擊西 동쪽을 향해 소리치고 서쪽을 공격한다

'성동격서'의 사상은 많은 옛 서적에 언급되어 있다. 대부분 군사적인 면을 가리키는 말이었으나 점차 다른 영역으로까지 확대되었다. 이와 관련된 사례는 전국시대 한비자가 정리했다는 『한비자韓非子』「설림·상」에 처음 나온다.

"지금 초나라가 군대를 일으켜 제나라를 친다고 하는 것은 소문일 뿐이고, 사실은 우리 진秦나라를 침공하는 것이 진짜 목적이라고 생각됩니다. 이에 대한 방비를 서두르는 것이 옳을 것입니다."
이에 강공康公이 동쪽 변경의 수비를 명령하니, 초가 제를 치겠다던 움직임을 멈추었다.

서한시대 유안劉安의 『회남자』「병략훈兵略訓」에는 다음과 같은 대목이 보인다.

용병의 이치는 부드러움을 보이고 강함으로 맞이하는 것이며, 약함을 보이고 강함으로 틈을 타는 것이다. 숨을 들이쉬기 위해서 숨을 내뿜듯, 서쪽에 욕심이 있으면 동쪽에 모습을 보이는 것이다.

『육도六韜』「무도武韜·병도兵道」에서는 "서쪽에 욕심이 있으면 동쪽을 기습한다."고 했다.
『백전기법』「성전聲戰」에서는 "동쪽에서 소리치고 서쪽을 공격하며, 저쪽에서 소리치고 이쪽을 공격하여 적이 어디를 지켜야 할지 모르게 만들면, 내가 공격하는 곳은 적이 지키지 않는 곳이 된다."고 했다.
또 『역대명장사략歷代名將事略』「오적誤敵」에서도 "동쪽에 욕심이 있으면 서쪽에 모습을 드러내고, 서쪽에 욕심이 있으면 동쪽에 모습을 드러낸다. 진공하고 싶으면 물러나는 것처럼 보이고, 물러나고 싶으면 진군하는 것처럼 보인다."고 했다.
당나라 때 두우가 편찬한 『통전通典』「병전兵典」에도 "동쪽을 치겠다고 떠들어놓고 사실은 서쪽을 친다."는 말이 나온다.

한편 『36계』에서는 '성동격서'를 승전계 제6계에 갖다 놓았다.

『통감기사본말通鑑紀事本末』「칠국지반七國之版」에 기록된 사례를 보자. 서한 경제景帝 때, 오·초 등 7국이 반란을 일으켰다. 한의 장수 주아부周亞夫는 창읍에 주둔하면서 나가 싸우지 않았다. 오군은 '성동격서'의 모략으로 짐짓 성의 동남쪽을 공격하는 척하며 실제로는 서북쪽을 공격하고자 했다. 주아부는 상대의 모략을 간파하고 서북쪽을 단단히 지키라고 명령했다. 아나나 다를까, 과연 오군은 성 서북쪽을 공격해 왔다. 오군은 계속된 공격으로도 성을 함락시키지 못하자 사기가 떨어져 후퇴하고 말았다. 주아부는 때를 놓치지 않고 정예병으로 추격하여 오군을 크게 무찔렀다.

『후한서』「잠팽전岑彭傳」에는 이런 사실이 기록되어 있다. 동한의 광무제는 지방 세력을 통일하기 위해 잠팽岑彭에게 남군南郡(지금의 호북성 강릉)의 진풍秦豐을 정벌하도록 했다. 잠팽이 이끄는 3만 군대는 하남 등현鄧縣에서 진풍과 대치했다. 그러나 전투 상황은 좀처럼 진전이 없이 장기전으로 접어들 판이었다. 광무제는 사람을 보내 잠팽을 문책했다. 앞으로 나아가지도 못하고 물러나지도 못하는 상황에서 후방으로부터 문책까지 당하는 쓸쓸한 처지가 된 잠팽은 문득 한 가지 모략을 생각해냈다. 그는 밤중에 병력을 결집해놓고 서쪽 산도山都(호북성 양양 서북) 쪽으로 진공하겠다고 큰소리를 치고는 일부러 포로들을 풀어주었다. 이는 그들로 하여금 이 소식을 진풍에게 전달하도록 하기 위해서였다. 이 소식을 접한 진풍은 전군을 소집해 산도 쪽으로 진군했다. 이 틈에 잠팽은 동쪽의 면수沔水(한수)를 건넜다. 뒤늦게 이를 알아챈 진풍이 급히 군대를 되돌렸으나 잠팽에게 격퇴당했다.

'성동격서'는 고의로 어떤 태세를 취하여 상대에게 가상을 심어주어 상대를 현혹시킨 후, "기계奇計로 승리를 거둔다"는 '출기제승出奇制勝'하는 모략이다. '성동격서'는 기본적으로 적에게 착각을 주는 방법으로 인식되었지만, 점차 새로운 내용이 첨가됨으로써 보다 발전된 전략·전술이 되었다.

'성동격서'는 역대 군사전문가들이 잘 알고, 또 흔히 활용한 모략이기 때문에 쉽게 간파당할 수 있다는 약점도 있다.

『후한서』「주준전朱儁傳」을 보면 주준이 '성동격서'의 전략으로 봉기군 한충을 대파한 사실이 기록되어 있는데, 『후한서』를 편찬한 범엽范曄은 이 사실을 두고 "성동격서의 책략은 모름지기 적의 의지가 혼란스러운지를 잘 살펴서 결정해야 한다. 혼란스러우면 승리할 수 있지만, 그렇지 않으면 자멸하기 십상이다. 이것은 위험한 책략이다."라고 평했다. 따라서 이 모략을 성공적으로 운용하려면 반드시 적이 나의 정세를 헤아리고 있는지를 잘 살펴야 한다. '성동격서'를 기계적으로 적용해서는 절대 안 된다. 자칫 잘못하면 "상대의 계략에 따라 계략을 이용한다"는 '장계취계將計就計'에 걸려 함정에 빠지기 일쑤다.

이리동지以利動之, 이졸대지以卒待之 이익을 미끼로 움직이게 하고 기습할 순간을 기다린다

————

『손자병법』「세」편에 나오는 다음 대목을 음미해보자.

적을 능숙하게 조종할 줄 아는 자는 아군의 태세를 거짓으로 불리하게 만들어 적이 반드시 그 계략에 걸려들게 하고, 적에게 무엇인가를 주는 척하여 적이 그것을 가지려 하게 만든다. 작은 이익을 미끼로 삼아 적을 움직이게 만들어놓고 기습할 순간을 기다린다.

이 모략은 적을 조종하여 유인하는 방법이다. 작은 이익을 미끼로 적을 움직이게 한 다음 틈을 엿보다 공격을 가하는 것이다. 손자는 군사행동이란 "그 기세가 맹렬하고 절도가 있어야 한다."고 했다. '이리동지, 이졸대지'는 맹렬한 기세와 절도를 이룰 수 있는 수단이다. 『손자병법』「계」편에 나오는 궤도 12법 중에서도 "이익으로 적을 유혹하는" '이이유지利而誘之'의 모략 수단이 제기되었지만, 여기서는 "적을 움직이게 한다"는 각도에서 좀더 구체적으로 설명하면서 적을 흔들어놓은 후 "군대로 공격할" 것을 지적하고 있다.

적장이 탐욕스러우면 재물로 유혹할 수 있다. 『백전기법』「이전利戰」에도 이와 관련한 대목이 있다. "무릇 적과 싸울 때 적장이 우둔하여 변화의 묘를 모른다면 이익이 되는 것으로 유혹할 수 있다. 이익을 탐내면서도 그 해를 모른다면 복병을 두어 공격할 수 있다." 고대 전쟁은 모두 이익을 위한 것이었다. 이해는 서로 관련되어 있다. 손해가 있으면 이익이 있게 마련이고, 그 반대도 마찬가지다. 이익의 크기를 잘 저울질해서 이익이 손해보다 클 때 실행에 옮기는 것이 중요하다. 작은 이익 때문에 큰 손해를 초래해서는 안 된다. "두 가지 이익이 함께 있을 때는 무거운 쪽으로 저울질하고, 두 가지 손해가 함께 있을 때는 가벼운 쪽을 따라야 한다."(정치모략 '양리상권종기중, 양해상형종기경' 참조) 손자는 "지혜로운 자의 깊은 사려는 이해관계 사이에서 복잡하게 얽혀 있게 마련"이라는 의미심장한 말을 남기고 있다. 물고기를 낚으려면 미끼가 있어야 한다. 미끼를 버리고 물고기를 얻는다면 "이익을 위해 움직였다"고 할 수 있고, 또 작은 것을 잃고 큰 것을 얻었다고 할 수 있다.

춘추시대 초나라는 기원전 700년에 教絞를 정벌하면서, 나무꾼을 이용해 그 지방 사람을 유인한 뒤 산 아래에 매복해 있던 군사가 공격을 가하고, 북문을 막아 대파함으로써 성 아래에서 항복의 맹세를 얻어냈다.(군사모략 '이이유지' 참조)

인사출동引蛇出洞 뱀을 굴에서 끌어낸다

적을 유인해 견고한 진지를 벗어나게 한 다음, 미리 마련해놓은 전쟁터로 끌어들여 적을 섬멸한다는 모략이다. 이 모략은 "포위를 하려면 반드시 구멍을 마련해놓고 포위하라"는 '위사필궐圍師必闕'과 비슷하다. 둘 다 호랑이를 산으로 놓아주는 척 거짓으로 살길을 남겨놓고 은밀히 함정을 마련하는 모략이다.

춘추시대 초나라 목왕穆王이 정鄭을 정벌하려 했다. 정나라 목공은 진晉에 구원을 요청하는 한편, 초나라 군대를 막기 위해 출전했다. 그러면서 견고한 성에 의지해 굳게 지키고 나가 싸우지 말라고 장수들에게 당부했다. 초군이 연일 싸움을 걸었으나 정나라 군대는 모른 척했다. 초군의 부장 위고蔿賈는 두월초斗越椒에게 진의 원군이 오기 전에 정의 군대를 끌어내서 쳐부수어야지 질질 끌면 우리 쪽에 불리하다면서 적을 끌어내는 '유인계'를 제안했다. 두월초는 명령을 내려 병사들에게 촌락의 양식을 약탈하도록 했다. 자신은 막사에서 하루 종일 먹고 마시며 놀았다.

정은 초가 갑자기 싸움을 걸어오지 않자 의심이 생기기 시작했다. 공자 견堅은 사람을 보내 상황을 염탐하도록 했다. 돌아온 염탐꾼의 보고 내용은 이러했다. 초군은 사방을 다니며 양식과 재물을 약탈하고 있고 적장 두월초는 하루 종일 막사에서 먹고 마시며 놀고 있다. 그런데 두월초는 술이 취하면 정나라 놈들은 모두 밥만 축내는 버러지 같은 놈들이어서 도대체 싸우려들지 않는다며 욕을 해대고 있다. 공자 견이 이 보고를 듣고 가만히 생각해보니, 군이 사방으로 약탈하러 다닌다면 그 진영이 분명 비어 있을 것이고 장군이 하루 종일 술이나 마시며 놀고 있다면 부대의 기강이 흩어져 있을 것이니, 오늘 밤 적진을 기습하면 틀림없이 승리할 것 같았다. 공자 방龐과 낙이樂餌도 공자 견의 분석에 동의했다. 그날 밤, 세 사람은 군대를 셋으로 나누어 차례로 초 진영으로 접근했다. 멀리서 바라보니 환한 불빛과 함께 악기와 노랫소리가 들려왔다. 정 군대는 벼락같은 함성을 지르며 진영으로 쳐들어갔다. 악사들이 혼비백산 이리저리 흩어지는데, 두월초는 멍하게 앉아서 꿈쩍도 하지 않았다. 다가가 보니 허수아비였다. 아차! 함정임을 직감한 공자 견이 급히 군대를 돌리려 했으나 때는 이미 늦었다. 두월초와 위가가 앞뒤에서 협공을 가해 왔다. 공자 견을 비롯한 세 사람 모두가 포로가 되었고, 정 목공은 초에 투항할 수밖에 없었다.

● 상대를 끌어내리면 상대를 자극하는 것은 물론 나를 위장할 줄 알아야 한다. 두월초는 '인사출동'의 사례를 잘 남겼다.

조호리산調虎離山 호랑이를 산에서 떠나게 한다

본래의 뜻은 호랑이를 산에서 떠나게 한다는 것인데, 나중에 적을 조종하는 모략을 가리키는 성어가 되었다. '호랑이'는 강적을 가리키며, '산'은 튼튼한 진지와 같은 유리한 조건을 비유하는 말이다. 강적에다 지리적 조건마저 유리하다면 호랑이에 날개가 달려 있는 꼴이다. 이런 적을 움직여 원래의 진지에서 벗어나게 한다면 적은 우세한 조건을 잃게 될 것이다. 『36계』 제15계에는 "자연조건이 적에게 불리할 때는 기다렸다가 적을 포위하여 곤경에 빠뜨리며, 인위적으로 거짓 모습을 조작하여 적을 유인하고 기만한다. 직접적인 진공이 어려우면 적이 나를 공격하도록 하는 방법을 생각한다."는 대목이 있다.

실전에서 이 모략을 운용하는 데는 두 가지 방법이 있을 수 있다. 하나는 적을 유인하여 자신의 거점을 벗어나 내 틀 속으로 들어오게 하는 것이다. 또 하나는 내가 차선으로 생각하고 있는 방향 또는 적에게 불리한 또 다른 지역으로 적을 유인하여 정면대결이 초래할 압력을 줄이거나 그런 전투 지역이 안고 있는 위험에서 벗어나는 것이다.

'조호리산'의 모략에서는 무엇보다도 '조調'에 어려움이 있다. 즉, 호랑이를 "움직이게 만드는 데" 어려움이 있다. 지휘관의 감정은 새롭게 나타나는 각종 상황에 따라 좌우되기 쉽고, 이 때문에 판단과 결심에 영향을 받게 된다. 이 모략을 제대로 활용하려면 적의 착각을 이용하여 각종 가상현실을 교묘하게 조작해내고, 그 세의 흐름을 타고 '소의 코'를 꿰야 한다.

1944년 6월 5일, 영·미 연합군은 노르망디 상륙작전을 개시했다. 프랑스의 코탕탱 반도 북부에서 연합군 공군부대는 일대 격전을 치른 끝에 해병 상륙부대와 접촉했다. 이때 범람지구 뒤편에 있던 미국 공군사단은 독일군에게 포위당하는 위기에 처하게 되었다. 그러나 독일군은 코탕탱 반도에 상륙한 연합군의 규모가 그리 크지 않은 줄로만 알고 중시하지 않았다. 6월 7일이 되어서야 독일군은 예비 병력까지 동원하여 코탕탱 반도 범람지구로 진격했다. 바로 이때 독일군은 북방과 서방에 대규모의 연합군 공군이 나타났다는 보고를 접하게 된다. 또한 독일군 예비 병력이 미처 전열을 갖추기도 전에 3백여 대의 연합군 비행기가 쎙로 서쪽 지구에서 상당수의 낙하산부대를 투하하고 있다는 급보가 날아들었다. 사실 이 모두는 나무로 만든 가짜 낙하산부대였다. 독일군 원수 롬멜은 이것을 연합군의 대규모 상륙작전의 전주곡으로 오판하고 전 예비 병력을 그쪽으로 이동시켰다. 이는 '사막의 여우' 롬멜의 중대한 오판이었다. 독일군이 서쪽으로 이동한 틈을 타 미 공군사단은 범람지구를 빠져나와 위기에서 벗어났다.

순양적의順佯敵意 적의 의도에 따르는 척한다

용병의 요점은 적의 의향을 신중히 자세하게 살피는 데 있다. 적 전체를 상대로 작전계획을 세워 천리 먼 곳에 있는 적을 쳐부수고 장수를 죽일 수 있다. 이를 두고 교묘한 방법으로 일을 성취한다고 하는 것이다.(『손자병법』「구지」편)

이 모략은 적의 의도에 따르는 척하면서 대세의 흐름을 좇는 것이다. "잡으려면 잠시 놓아주어라"는 '욕금고종欲擒故縱'의 모략을 아울러 구사하면서 적의 행동을 극단으로 치닫게 유도하여 잘못을 저지르게 한 다음 병력을 집중시켜 진군하는 것이다(통치모략 '욕금고종' 참조). 조조는 이에 대해 "적이 전진하려 하면 매복으로 격퇴시키고, 물러가려 하면 길을 터주고 공격한다."는 주를 달았다. 모략 예술의 목적은 주도권을 쟁취하기 위한 것인바, 적을 잘 다루어야지 거꾸로 적에게 당해서는 안 된다. 물살을 따라 배를 밀고 나아가듯, 비탈길로 노새를 몰아가듯 상대의 비위를 맞추는 목적은 적이 내 범위 안으로 들어오도록 부추기자는 데 있다.

『병경백자』「순자順字」에 다음과 같은 대목이 있다.

> 견고한 자에 대해 억지로 거스르는 것보다는 거기에 따르다가 틈을 이끌어내는 것이 낫다. 적이 전진하고 싶어 하면 약한 척 전진하게 해주고, 물러나고자 하면 길을 열어주어 멋대로 후퇴하도록 한다. 적이 강함을 믿고 대들면 예봉을 멀리하여 굳게 지키면서 교만함을 부추기고, 적이 위엄을 부리고 나오면 거짓으로 받들어주는 척하면서 내실을 기해놓고 나태해지기를 기다린다. 대접해주는 척하면서 갑자기 공격을 가하고, 놓아준 다음 잡아들이며, 교만하게 만든 다음 그 틈을 타고, 풀어지기를 기다렸다가 수습한다.

역시 적의 본래 의도대로 따라줌으로써 적의 착오를 끌어낼 것을 강조하고 있다. '순양적의'의 핵심은 적의 심리와 판단의 준거가 되는 사고의 틀에 맞추는 데 있지, 단순히 적의 행동에만 따르는 데 있지 않다.

제2차 세계대전 중 소련이 독일군의 침공을 막는 과정에서 이런 일이 있었다. 1943년 9월 독일군이 소련에서 철수할 때, 소련군 지휘관은 정찰군의 보고에 근거하여 적이 철수 행위를 통해 마을에 복병을 숨겨놓은 사실을 은폐하려는 것으로 판단했다.

적의 복병을 섬멸하기 위해 소련군은 일부 병력으로 하여금 몰래 마을 뒤쪽을 돌아 적의 등뒤를 공격하도록 준비시켰다. 이와 동시에 또 다른 부대를 아무 일도 없는 듯 정면에서 적의 매복권으로 전진시켰다. 즉, 적의 의도를 전혀 눈치채지 못한 것처럼 행동한 것이다. 이같이 부대를 둘로 나누어 양동작전을 펼친 것은 적이 틀림없이 상대가 접근해 올 것을 예상하고 매복을 배치했으리라는 점을 근거로 한 행동이었다. 따라서 소련군은 적에게 접근하는 과정에서 어떤 은폐 동작이나 수단을 취하지 않다가 총격을 가할 수 있는 사정권 내에 진입한 후 병사들을 일제히 땅에 엎드리게 했다. 독일군이 영문을 몰라 어리둥절해하는 순간, 마을 뒤쪽에서 요란한 총소리가 들렸다. 이어 엎드려 있던 병사들도 일제히 공격을 가하니 독일군 복병은 순식간에 섬멸되었다.

인패위성因敗爲成 패배로 말미암아 승리를 이룬다

『자치통감』「진기晉紀」에 보이는 사건이다.

303년 7월, 진의 하간왕河澗王 사마옹司馬顒은 도독 장방張方으로 하여금 함곡관函谷關(지금의 하남성 영보 경내)에서 낙양으로 진공하게 했다. 진의 혜제惠帝는 좌장군 황보상皇甫商에게 이 공격을 막도록 했다. 몇 차례 전투를 치른 끝에 황보상은 패배했고 장방은 승기를 몰아 낙양으로 진군해 왔다. 황보상은 혜제에게 몸소 출전할 것을 권했다. 혜제는 황보상의 말을 받아들였다. 장방이 이끄는 관병들은 멀리서 혜제가 앉아 있는 수레를 보자 겁을 먹고 뒷걸음질을 쳤다. 장방이 제지했으나 소용없었다. 장방의 군대는 크게 패하여 사상자가 길거리에 넘쳐흐를 정도였다. 장방은 성 서쪽으로 후퇴하여 다리 부근에 주둔했다. 부대의 사기는 이미 꺾일 대로 꺾여 있었고 모두들 밤을 틈타 도망갈 궁리만 하고 있었다.

장방은 부하들을 격려했다.

"이기고 지는 것은 병가지상사다. 용병을 잘하는 자는 패배를 성공으로 이끄는 자라 했다. 지금은 오히려 전진하여 보루를 만들고 불의의 기습을 가하는 것이 좋은 묘책일 것이다."

장방은 야밤을 이용하여 곧장 낙양성 밖까지 전진한 뒤 보루를 쌓고 진격해 들어갔다. 대승을 거둔 황보상은 장방이 이미 걱정할 만한 존재가 못 된다고 판단, 경계를 취하지 않고 있다가 되레 장방에게 크게 당하고 말았다.

이 모략은 불리한 형세에서 적이 승리에 들떠 경계를 늦춘 틈을 타 기습을 가함으로써 패배를 승리로 바꾸는 것이다.

승패는 병가지상사다. 용병과 전투에 능한 장수는 실패 속에서도 승리의 계기를 발견할 줄 안다. 『손자병법』「허실」편에는 "적의 허와 실에 따라 전략을 변화시켜 오로지 승리를 취하는 자를 용병의 신이라 한다."는 구절이 있다. 『병뢰』「인因」에서는 "병이란 '인因'을 소중하게 여긴다. '인'이란… 적의 승리를 '인'으로 삼아 극복하는 것이며,… '인'을 잘 살펴 승리를 굳히면 완전하다. 3대의 보물 중 이 '인'만 한 것이 없다.… '인'의 이치를 알면 무적이다."라고까지 말하고 있다. "패배로 말미암아 승리를 창출한다"는 '인패위성'은 "적의 상황 변화에 근거하여 그에 알맞은 책략을 사용해서 승리를 얻는" '인적제승因敵制勝'이라는 원칙의 구체적인 수법이다.

기원전 205년, 한왕 유방은 팽성彭城(지금의 강소성 서주로 당시 항우의 도읍이었다)을 공략한 다음 성대한 연회를 열어 승리를 축하하느라 전투 준비를 소홀히 했다. 항우는 팽성이 함락되었다는 보고를 듣고 즉각 정예부대 3만을 이끌고 황급히 달려와 경계가 허술한 한군을 대파하고 팽성을 되찾았다. 이 전투에서 유방의 아버지 태공太公과 처자식이 포로로 잡혔고, 유방 자신도 자칫하면 포로가 될 뻔했다.

이 모략은 불리한 상황에서도 유리한 측면을 고려하여 수동적 상황을 능동적 상황으로 변화시킬 것을 요구한다. 물론 실패할 때마다 매번 '인패위성'할 수 있는 것은 아니다. 이 모략의 성공에는 조건이 따른다. 성공은 자신에 의해서 결정날 뿐 아니라 적에 의해서도 결정되는 것이다. 실패한 후 '인패위성'을 운용하고자 할 때는 적이 승리한 이후에 자신이 "진정한 승리를 거두었는지" 다시 한번 생각하고 더욱 방비를 철저히 할 수 있다는 점을 염두에 두어야 한다.

따라서 '인패위성'은 '지피지기'와 "적의 변화에 따라 적절하게 통제하는" '인적제의因敵制宜'의 모략을 잘 활용하여 기회를 엿보면서 행동하는 데 그 관건이 있다.

인적제변因敵制變 적의 변화에 따라 나를 변화시킨다

손자는 말한다.

> 군의 행동에는 일정불변의 태세가 없다. 이는 물에 일정한 형상이 없는 것과 마찬가지다. 적의 허와 실에 따라 전략을 변화시켜 승리를 취할 수 있는 자를 용병의 신이라 한다.(『손자병법』 「허실」편)

중국의 철학 사상 가운데 "화로 말미암아 복이 되고, 실패를 성공으로 바꾼다."는 논리가 있듯이, 군사 영역에서는 "적으로 말미암아 승리한다"든지 "적의 변화에 따라 나를 변화시킨다"는 '인적제변'과 같은 모략이 흔히 활용되고 있다. 이는 적의 실제 상황에 근거하여 승리를 거둘 수 있는 대책을 결정할 것을 요구한다. 적 정세의 허실과 변화에 의거하여 그에 따라 대응책을 변화시킨다. 한 가지 방법에 얽매여서는 안 된다. 승리가 계속 반복된다고 말할 수 없으므로 새로운 것을 내놓아야 한다. 그렇지 않으면 새로운 형세와 상황이 발생할 때 패하기 쉽다. 그렇다고 장수가 주관적 노력을 포기하고 오직 적만 따라 움직이라는 것은 아니다. 객관적 상황과 적의 정세 변화에 근거하고 '지피지기'의 기초 위에서 "적이 변하면 나도 변한다"는 '적변아변敵變我變'의 방법과 수단을 취하라는 것이다.

오대五代(907-979) 때 후량後梁과 진晉(후당)은 위주魏州를 놓고 서로 다투었다. 당시는 진군이 이미 위주를 차지한 상황이었다. 양의 장수 유심劉鄩은 신현莘縣을 굳게 지키며 기회를 엿보다가 진격한다는 작전방침을 세웠다. 그런데 작전에 대해서는 손톱만큼도 모르는 양의 임금 주우정朱友貞은 이 정확한 작전방침을 받아들이지 않았을 뿐 아니라, 유심이 적을 공격할 생각이 없다고 질책하면서 2차, 3차로 억지 출전을 명령했다. 그 결과 앞뒤로 협공을 받아 7만 양나라 군대는 대부분 전사하고, 유심은 겨우 수 명을 거느린 채 간신히 도주했다. 이 싸움에서 양이 실패한 주요 원인은 변화된 적의 정세를 보지 못하고 오로지 자기 생각만 하며 싸움을 지휘한 데 있었다.

손빈은 "싸움을 잘하는 자는 그 형세에 근거하여 유리하게 이끈다."(『사기』「손자오기열전」)고 말하고 있다. 이 역시 '인적변화因敵變化와 같은 뜻이다. 『백전기법』「변전變戰」에서는 이렇게 말한다.

무릇 병법의 요령은 변화에 적응하는 데 있다. 옛것을 좋아하고 병법을 익혀서, 거동할 때 반드시 적을 먼저 헤아려야 한다. 적의 변동이 없으면 기다린다. 변화를 타고 거기에 응하면 이득이 있다.

이 모두가 '인적제변'하여 생동감 넘치게 용병하라는 말이다.

세상의 모든 일은 변화 속에 놓여 있다. 전쟁은 변화무상한 괴물이다. 거기에는 불변의 상황도, 고정된 행동양식도 없다. 복잡다단하고 변화무상한 전쟁에서 자신을 지키고 적을 섬멸하려면 객관적 상황에 의거하여 적의 정세 변화에 대응하면서 그에 맞는 대책을 취하는 것이 필수적이다. 이는 보편적 의의를 지니는 군사 원칙이다.

6절
교란

이노치적以怒致敵 적을 노하게 만든다

─────────────────────────────

이 말의 어원은 『역대명장사략歷代名將事略』이라는 책에 나온다.

> 적을 속이는 방법은 이루 헤아릴 수 없이 많다.… 그 방법의 하나는 상대를 의심하게 만드는 것인데, 움직이면서도 마치 조용히 있는 것처럼 해서 적으로 하여금 아군이 휴식을 취하고 있는 것이 아닌가 의심을 하게 한다.
>
> 또 하나는 어떤 모습이나 행동을 보이는 것인데, 동쪽에 욕심이 있으면 서쪽에 모습을 나타내거나 움직이고, 서쪽에 욕심이 있으면 동쪽으로 움직이거나 모습을 보이는 것이다.
>
> 또 하나는 상대로 하여금 무엇인가를 드러내도록 자극하는 것인데, 감정을 자극해

서 화를 내게 하거나 모종의 행동을 취하게 해서 손해를 초래시키는 것이다.

이상 상대를 의심하게 만들고 가상의 모습을 보이고 상대를 자극하는 것들이 모두 적을 착각하게 만드는 요점들이다.

이 모략의 핵심은 적장을 자극하여 화를 내게 하는 데 있다. 그러면 적장은 이성을 잃고 파탄을 드러내게 된다.

『자치통감』「진기」에 나오는 예를 보자. 357년, 후진後秦의 요양姚襄은 군사를 이끌고 황락黃落(지금의 섬서성 동천 남쪽 30리)을 점령했다. 전진前秦의 군주 부생苻生은 대장 황미黃眉·부도苻道·등강鄧羌 등으로 하여금 보·기병 1만5천을 이끌고 요양을 공격하게 했다. 그런데 요양은 수비만 할 뿐 나와 싸우려 하지 않았다. 등강이 황미에게 이런 건의를 했다.

"요양은 이미 환온桓溫·장평張平에게 패했기 때문에 날카로운 기세가 꺾여 있는 상태입니다. 게다가 요양이란 자는 성질이 급해서, 전투 깃발을 높이 치켜들고 큰 소리로 욕을 해대며 그의 진영으로 몰려가 싸움을 걸면 화를 내며 달려 나올 것입니다. 그때 그를 잡을 수 있습니다."

등강은 날랜 기병 3천을 이끌고 대담하게도 황락 성문 가까이 다가가 진을 치고 위세를 과시했다. 물론 요양에게 갖은 욕설도 퍼부어댔다. 자존심이 상한 요양은 버럭 화를 내며 전군을 이끌고 나와 싸웠다. 등강은 거짓으로 패한 척하며 도망갔다. 요양은 삼원三原(섬서성 삼원 동북쪽 30리)까지 추격해 왔고 급기야는 황미가 처놓은 매복권 안으로 들어왔다. 이때 등강이 군사를 되돌려 반격에 나서고 매복해 있던 황미의 대군도 일제히 공격을 가하니 요양은 완패했다.

어떤 모략이 되었건 그 성공 여부는 자신에 의해서 결정날 뿐만 아니라 적에 의해서도 결정난다. 만약 상대편에서 '이노치적'이라는 모략을 구사한다면, 나는 "지나

● 오장원은 수많은 군사병법모략이 교환되었던 기념비적인 장소다. 당시의 치열했던 모략 대결의 상황을 지금은 바람만이 전하고 있다.

치게 화를 내면 사고에 변화가 생긴다"는 '격노사변激怒思變'을 명심하여 감정에 좌우되지 않고 냉정하게 기다리며 침착하게 대응해야 한다.

『진서晉書』「고조선제기高祖宣帝紀」의 기록을 보자. 234년, 제갈량은 위나라 공격에 나서 오장원五丈原(지금의 섬서성 주지 서남)으로 진군했다. 위나라 장수 사마의는 위수渭水를 건너 보루를 쌓고 저항했다. 제갈량이 몇 차례 자극적인 도전을 했으나 사마의는 꿈쩍도 하지 않고 수비만 했다. 제갈량은 부하에게 여자 복장을 입게 해서 사마의를 모욕하고 화를 돋우어 싸움에 나서도록 자극했다. 사마의는 움직이지 않았다. 뛰어난 지략가 제갈량의 '이노치적'에, 사마의는 '격노사변'의 의미를 되새기며 움직이지 않았다. 제갈량으로서는 실로 맞수다운 맞수를 만난 셈이었다.

노이요지怒而撓之 노여움을 끓게 한다

『손자병법』「계」편에서 말하는 '궤도 12법'의 하나다.(군사모략 '비이교지' 참조)

이것은 적장의 조급한 성격, 강한 자존심 따위와 같은 특징에 맞추어 "장수를 자극하는" '격장술'을 운용, 고의로 도발·자극·유인함으로써 상대방으로 하여금 지구전의 의도를 버리게 만들거나, 객관적 상황을 무시하고 감정적으로 일을 처리하게 하거나, 맹목적인 행동을 저질러 불리한 조건에서 결전을 치르게 만드는 모략이다.

『사기』「진세가」의 기록을 보자. 기원전 632년, 진·초의 성복 전투에서 초군이 패배한 원인의 하나는 초군의 주장이 진군의 감정 자극술에 말려들어 충동적으로 행동하는 바람에 형세가 대단히 불리해진 상황에서 결전을 치렀기 때문이다. 당시 초나라의 장수 자옥은 주전파였다. 초왕은 진 문공이 매우 신중하고 백성의 어려움을 몸소 보살피는 인물이므로 맞서 싸워서는 이길 수 없다고 말하면서, 자옥에게 절대 진군과 맞붙어 싸우지 말라고 경고했다. 그러나 자옥은 자신의 고집을 굽히지 않았다. 왕도 어쩔 수 없이 천여 명의 병력으로 자옥을 지원하며 요행히 승리하길 바랐다. 자옥은 완춘宛春을 진에 사신으로 보냈다. 진군의 주장 선진先軫은 은밀히 조와 위를 꼬드겨 초나라와 국교를 끊도록 하는 동시에 완춘을 붙잡아 돌려보내지 않음으로써 초나라를 자극했다. 진 문공은 선진의 꾀에 따라 완춘을 위나라에 억류시켰다. 초군의 주장 자옥은 화가 머리끝까지 뻗쳐 진군을 공격했다. 진군은 '퇴피삼사退避三舍'의 모략으로 미리 눈여겨봐둔 유리한 전투지 성복까지 90리를 후퇴했다.(정치모략 '피군삼사' 참조) 초군의 장수들은 추격을 멈추자고 했으나 자옥은 듣지 않았고, 결과는 처참한 패배로 끝났다. 자옥은 자살로써 패전의 책임을 대신했다.

기원전 204년 10월, 패왕 항우는 동쪽으로 팽성을 공격했고, 초의 장수 조구曹

쌈와 사마흔司馬欣은 성고城皐를 거점으로 수비하고 있었다. 유방은 모사 역이기酈食其의 꾀에 따라 군을 이끌고 강을 건너 성고에 있는 군에 도전했다. 초의 장수 조구는 처음에는 항우의 경고대로 나가 싸우지 않았다. 그러나 한군의 집요한 욕설과 자극을 견디지 못하고, 벼락같이 화를 내며 출격하고 말았다. 초군이 막 사수氾水를 건너려 할 때, 한군이 도중에서 공격을 가해 초군을 대파했다. 조구와 사마흔은 사수에서 스스로 목숨을 끊어 물고기 밥이 되었다.

너무 곧으면 부러지게 마련이고, 지나치게 바르면 굽게 마련이다. 『관미자觀微子』를 보면 "군자는 남이 참지 못하는 것을 참고, 남이 용서하지 못하는 것을 용서하며, 남이 거처하지 못하는 곳에 거처한다."는 대목이 있다. 남이 견디지 못하는 것을 견뎌야 남이 하지 못하는 일을 해낼 수 있다. 멀리 내다볼 수 있는 지혜가 있어야만 깊은 모략을 실행할 수 있고, 이익은 얻고 손해를 피할 수 있다. 일시적인 감정에 지배되어서는 이러한 경지에 이를 수 없다. 적의 '도전장'이나 열 사람의 '격장술'을 못 본 척 못 들은 척 외면할 수 있어야지, 그것 때문에 움직였다가는 낭패를 보게 된다. 자제력이 있어야 용감하고 지혜로운 장군이라 할 수 있다. 자옥처럼 "건드리기만 해도 펄쩍 뛰는" 도살꾼과 무인을 모략가와 나란히 거론할 수는 없다.

필부는 욕을 먹으면 칼을 빼들고 온몸으로 부딪쳐 싸운다. 이것은 용기라 할 수 없다.(소식蘇軾, 「유후론留侯論」)

이와 반대로 "갑작스런 상황이 닥쳐도 놀라지 않고, 까닭 없이 화를 내지 않는" 경지야말로 진정한 영웅본색이라 할 수 있다. 전쟁에서는 갖가지 복잡한 현상이 일어난다. 인간은 누구나 감정에 좌우되는 동물이다. 총명한 지휘관은 적을 자극하여 적이 불리한 조건에서 격전하게 하는 데 능하며, 나아가 자신의 모략 수양을 강화하여 급한 상황에서도 서두르지 않는다. 이렇게 해야 적이 아무리 강하고 교묘한 자극을 가해 오더라도 "끓어오르는 화"를 누르고 침착·냉정하게 문제를 되씹을 수 있다.

안능동지安能動之 안정되어 있으면 동요시킨다

적으로 하여금 제 스스로 오게 만들 수 있는 것은 오면 이득이 있을 것같이 만들기 때문이고, 적으로 하여금 오지 못하게 만드는 것은 오면 혹 피해가 있지 않을까 두렵게 만들기 때문이다.

따라서 적이 편안하면 피로하게 만들고, 배부르게 먹고 있으면 굶주리게 만들며, 안정되어 있으면 동요시킬 줄 알아야 한다.(『손자병법』「허실」편)

"적이 안정되어 있으면 동요시킨다"는 뜻의 '안능동지'에서 '안安'은 울타리에 의지해 수비하고 있는 적을 가리키며, '동動'은 움직이고 있는 적을 가리킨다. 전쟁 경험으로 보면 움직이고 있는 적을 공격하는 쪽이 버티고 있는 적을 공격하기보다 쉽다. 특히 무기 등의 장비 면에서 열세에 있고 적의 방어진지를 부술 능력에 한계가 있는 상황에서는 견고한 진지나 성에서 나오도록 적을 자극하여 적이 움직이는 동안 섬멸하는 방안을 모색해야 한다. 기원전 206년 진·조의 '장평대전長平大戰'과 기원전 204년 한·조의 '정형井陘 전투'에서 진의 장수 백기白起와 한의 장수 한신은 적이 견고한 방어진지에서 나오도록 유인하거나 측면으로 우회하여 퇴로를 공략함으로써 오랫동안 사람들의 입에 오르내리는 훌륭한 전과를 창출할 수 있었다.

적이 아끼는 것을 빼앗거나 반드시 구원하지 않으면 안 되는 곳을 공략하는 것은 "뱀을 구멍에서 끌어내는" '인사출동引蛇出洞'의 전략이다. "적을 움직이게 만드는 것"은 적을 치기 위함이다. 그 방법은 천변만화千變萬化여서 상대와 환경에 따라 적절하고 기민하게 운용해야 한다. 적을 움직이게 해놓고도 적을 무찌르지 못하면 적에게 주도권을 넘겨주는 꼴이 된다.

일능노지逸能勞之 편안하게 있으면 피로하게 만들어라

민간 설화나 괴담을 주로 모아놓은 책인『요재지이聊齋志異』에 이런 우화가 나온다. 목동 두 명이 깊은 산속 이리 굴에 들어갔다가 새끼 이리 두 마리를 발견한다. 그들은 각자 한 마리씩 안고 약 10보 떨어진 큰 나무 위로 올라갔다. 그 순간 어미 이리가 돌아와 새끼를 찾았다. 한 목동이 새끼 이리의 귀를 당기며 장난을 치자 새끼가 죽는다고 울어대기 시작했다. 어미는 새끼의 울음소리가 들리는 쪽으로 황급히 달려가 나무 아래에서 울부짖으며 둥지를 마구 할퀴었다. 다른 나무에 있던 목동이 어미 이리의 울부짖음에 깜짝 놀라 새끼 이리의 다리를 꽉 잡아당겼다. 그 이리 새끼도 죽는다고 울어댔다. 어미 이리는 이번에는 그 나무로 달려갔다. 이 나무에서 저 나무로, 저 나무에서 이 나무로…. 이렇게 두 나무 사이를 미친 듯이 왔다갔다하며 울부짖던 어미 이리는 그만 탈진하여 죽는다.

이처럼 상대를 정신없이 움직여 피로하게 만들고, 우왕좌왕하는 혼란 속에서 행동의 자유를 잃게 만드는 것을 '일능노지'라 한다.

'일능노지'에서 '일逸'은 편안하다는 뜻을 가진 '일佚'과 같다. 이 말의 출전은『손자병법』「허실」편이다. "따라서 적이 편안하면 피로하게 만들고, 배부르게 먹고 있으면 굶주리게 만들고, 안정되어 있으면 동요시킬 줄 알아야 한다."『손자병법』에다 전문적인 주를 단 『십일가주손자十一家注孫子』에서 매요신梅堯臣은 "적이 편안하게 안정되어 있으면 적을 피로하게 만드는 것이 중요하다."고 했다

『태평천국신군운동전太平天國新軍運動戰』이라는 기록에 보이는 장종우張宗禹의 말을 빌리자면 "적에게 싸울 능력이 있으면 맞붙어 싸우지 말고 오직 피로하게 만들어야 한다." 안정되어 있을 때는 힘을 비축할 수 있지만, 지치면 사기가 떨어지고 전투력이 감소된다는 사실은 실제 전쟁에서 이미 증명되었다. 이 때문에 모종의 방법으로 적을 지치게 만드는 것은 병가에서 보편적으로 주목하는 모략이다.

기원전 512년, 오나라는 초나라 정벌에 나섰다. 병력 면에서는 초나라가 우세했다. 오나라 장수 오원伍員(오자서)은 군대를 셋으로 나누어 돌아가며 초군을 괴롭혔다. 초군은 모든 군사를 다 동원하여 이를 상대했다. 오군은 치고 빠지는 전략을 구사하여 1년 동안 모두 일곱 차례 초군을 괴롭히며 지치게 만들었다. 최후에는 전군을 동원하여 총공격을 퍼부어 초를 물리쳤다.

북송 때의 명장 조위曹瑋는 군사를 거느리고 당항黨項에서 강족과 작전을 펼쳤다. 당항 지역의 강족은 몇 차례 전투에서 좌절당하자 자진 후퇴하여 기회를 엿보려고 했다. 조위는 적과 일대 결전을 벌여 완승을 거두려고 했지만 적군의 추격을 끌어낼 수가 없었다. 적은 아주 멀찌감치 물러나 있는 것 같았다. 조위는 부하들에게 소나 양과 같은 가축과 군수품을 추스르게 하면서 천천히 군대를 되돌렸다. 그러다 보니 대열이 자연 흩어지게 되고 군기도 다소 어수선해졌다. 이때 수 리 밖에 있던 당항의 강족이 조위의 군대가 흩어졌다는 보고를 듣고 서둘러 반격을 가해 왔다. 조위는 이 상황을 보고받고도 전혀 당황하지 않았을 뿐 아니라 오히려 부대를 더욱 느슨하게 풀어놓았다. 그러다가 유리한 지형에 이르자 군대를 멈추고 정비하여 적을 맞도록 했다. 적군이 접근하자 뜻밖에도 조위는 사신을 보내, 먼길을 오느라 지쳤을 터인

데 우리는 상대가 지친 틈을 타서 공격하고 싶지 않으니 휴식을 취한 후 싸우는 것이 어떠냐는 뜻을 전달했다. 적장은 매우 기뻐했다. 그들이 어찌 알았으랴! 느긋하게 심신을 풀고 휴식을 취하기 무섭게 느닷없이 조위의 군대가 사나운 기세로 공격을 펼쳐 왔던 것이다. 조위는 당항의 강족을 크게 무찔렀다. 한 부하 장수가 이 승리의 묘미를 제대로 이해하지 못하자, 조위는 다음과 같이 설명해주었다.

"적군이 후퇴한 후에 아군은 가축과 물자를 탐내는 듯한 거짓 모습을 꾸며냈다. 이는 적을 다시 돌아오게 하여 싸우자고 고의로 행한 작전이었다. 적이 물러났다가 다시 오면 쉬지 않고 백 리 이상을 움직이게 되는 것이므로 상당히 지친 상태가 된다. 그렇다고 바로 싸운다면 적의 예기가 아직 완전히 꺾이지 않은 상태이므로 이기더라도 상당한 대가를 치러야 할 것이다. 그래서 쉬었다가 다시 싸우자고 해서 적의 투지를 흩어놓은 것이다. 잘 알다시피 먼길을 온 사람이 일단 휴식을 취하게 되면 금세 힘이 빠지고 따라서 싸울 의지도 사라진다. 바로 이때 공격하면 호랑이가 양떼를 쫓는 것과 같다."

난이취지亂而取之 어지러우면 취한다

『손자병법』「계」편에서 제기하고 있는 '궤도 12법'의 하나다(군사모략 '비이교지' 참조). 이 모략은 적이 혼란한 상태를 틈타 적을 공격하여 바라던 목적을 달성하는 것이다.

'난亂'이란 먼저 적진의 혼란, 즉 부대의 무절제를 가리킨다. 그리고 작전계획의 혼선, 다시 말해 상부집단 내부에 혼선이 일어나 사령관이 결심을 못 내리는 상황을 가리킨다. 이 두 가지는 서로 연결되어 전자는 흔히 후자의 결과로 나타나며, 후자는 전자의 주요 원인이 된다. '취取'란 싸워 승리를 거두는 것을 가리키는데, 쉽게 손에 넣는다는 뜻이 포함되어 있다.

'난이취지'는 기다렸다가 기회를 틈탄다는 내용을 포함한다. 복잡한 전쟁터에서는 적군이 내 영역으로 깊숙이 들어와 재물을 약탈하는 따위로 혼란을 조성하거나, 돌연한 기상 변화로 인해 길을 잘못 들어 혼란이 일어나거나, 오랫동안 식량 공급이 안 되어서 굶주림과 배고픔에 지쳐 먹을 것을 서로 빼앗으려는 혼란이 일어나거나 하는 등의 일이 있을 수 있다. 이때 상대가 혼란에 빠진 틈을 타서 습격하는 것이다.

진秦·진晉의 '비수淝水 전투'에서 진晉의 선봉장 사현謝玄은 진秦 군대의 대부분이 도중에 수습하거나 새로 모집한 오합지졸들이라 내부가 안정되어 있지 못하고 규율도 느슨한 데다가 장수가 교만하고 지략이 모자란다는 약점을 알아챘다. 그는 장병을 자극하는 '격장술激將術'을 써서 비수를 건너 일전을 치르고자 했다. 진秦의 장수 부견符堅은 진晉이 비수를 반쯤 건넜을 때 역공하려는 속셈으로 후퇴에 나섰다. 하지만 그의 예상은 완전히 빗나갔다. 전면에 있던 군대가 철수하기 시작하자 진열이 곧 흩어져 전군이 큰 혼란에 빠졌다. 게다가 항복해 온 진晉의 장수 주서朱序가 창끝을 돌려 반격을 가하면서 "진군秦軍이 패했다! 진군이 패했다!" 하고 고함을 질러대는 통에 뒤쪽의 병사들이 지레 겁을 먹고 도망쳐버렸다. 이 틈에 진군晉軍은 맹렬한 공격을 가해 대승을 거두었다. "말채찍만 던져도 흐르는 강물을 막을 수 있다."는 대규모 병력을 거느리고 전투에 임했던 부견은 이처럼 "바람 소리와 학의 울음소리만 들어도 모두 적병으로 의심하고", "풀과 나무가 모두 적병으로 보인다"는 '풍성학려風聲鶴唳'와 '초목개병草木皆兵'이라는 웃지 못할 고사를 남기게 되었다.

기원전 284년, 연나라 소왕昭王은 악의를 상장군으로 삼아 진秦·위魏·한韓·조趙·초楚와 함께 6국 연합군을 이끌고 제齊나라 정벌에 나섰다. 제수濟水 서쪽(지금의 산동성 고당현과 요성현 일대)에서 제군을 무찔렀다. 악의는 연나라 군대를 이끌고 곧장

● 악의는 제나라의 혼란 상황을 정확하게 인지했기 때문에 '난이취지' 모략을 성공시킬 수 있었다.

제나라 수도 임치臨淄로 쳐들어갔다. 이때 모사 극신劇辛이 악의에게 너무 깊숙이 들어가지 말고 변방의 성들을 먼저 점령할 것을 권했다. 이에 대해 악의는 "제나라 민왕湣王은 무도한 데다가 군이 이미 패했으므로 지금 이 기회를 틈타면 제나라 국민들이 틀림없이 왕에게 반기를 들 것"이라며 자신의 판단을 굽히지 않았다. 제나라 민왕이 이미 민심을 잃었고 제나라 군대의 주력이 격파당한 상황이니 국내가 혼란에 빠져 있을 것이 분명했다. 악의는 이 기회를 이용하여 수도인 임치를 직접 치면 일거에 제나라를 멸망시킬 수 있을 것으로 확신했던 것이다. 이 기회를 놓친다면 제나라가 다시 소생할 것이고, 그때는 공격하기 어려워진다. 이런 판단이 선 악의는 극신의 건의를 물리치고 곧장 임치로 쳐들어갔고 임치는 이내 큰 혼란에 빠졌다. 악의는 피 한 방울 흘리지 않고 임치를 점령했다. 제나라 민왕은 도주했다. 이상 두 사실은 '난이취지'의 모략을 운용한 좋은 전례들이다.

혼란은 안에서 생겨 밖으로 드러난다. 모략으로 적을 어지럽히는 가장 효과적인 방법은 적 내부를 파고들어 물을 휘저어 흐려놓는 것이다. 적이 저절로 혼란을 일으키든 아니면 적의 혼란을 유도하든 간에 지휘관은 전쟁의 상황과 흐름을 민감하게 주시하면서 '난이취지'의 모략을 실시할 수 있는 기회를 놓치지 말아야 한다. 그렇지 못하면 적에게 혼란이 생겨도 공격하여 얻을 수 없다.

비이교지卑而驕之 저자세를 취하여 교만하게 만든다

용병은 적을 속이는 '궤도'다. 그런 까닭에 능력이 있으면서도 능력이 없는 것처럼 보이고, 쓸 수 있으면서도 쓸 수 없는 것처럼 보이게 한다. 가까운 곳을 노리고 있으면서 먼 곳에 뜻이 있는 것처럼 보이고, 먼 곳을 노리면서 가까운 곳에 뜻이 있는 것처럼 꾸민다. 적에게 이익을 줄 것처럼 유인해 끌어내고, 적을 혼란시켜놓고 공격한다. 적의 병력이 견실하면 내 쪽에서도 태세를 정돈하여 대비하고, 적이 강하면 자중하면서 정면충돌은 피한다. 적을 화나게 만들어 어지럽히고, 저자세를 취하여 적을 교만하게 만든다. 적이 편안하게 휴식을 취하고 있으면 집적거려서 피곤하게 만들고, 적이 서로 친밀하면 이간시켜야 한다.(『손자병법』「계」편)

"저자세를 취하여 적을 교만하게 만든다"는 뜻의 '비이교지'에는 일반적으로 두 가지 상황이 있다. 하나는 겸손하게 자신을 낮추는 말로 적을 대함으로써 적의 마음을 교만하게 만드는 것이고, 또 하나는 계략을 써서 적에게 교만한 마음이 생기게 만드는 것이다. 그 어느 것이 되었건 목적은 적의 교만함을 조성하는 데 있다. 교만해지면 상대를 깔보게 되고, 상대를 깔보면 그 결과는 패배로 귀착된다. 『백전기법』「교전驕戰」에서는 다음과 같이 말한다.

적이 강성하여 손에 넣을 자신이 없으면 말을 공손히 하고 후한 예물 등을 보내 적의 마음을 교만하게 만든 다음, 틈을 타서 단숨에 격파한다.

『노자』 69장에서는 "적을 깔보는 것보다 더 큰 화는 없다. 적을 깔보면 내 보물을 잃게 된다."고 말하고 있다. 오자吳子는 심지어 "문을 나서면 모든 것을 적을 대하듯 하라."고 후세 사람에게 경고하고 있다. 조조는 「횡삭부시橫槊賦詩」에서 우세한 병력을 가지고도 교만한 마음 때문에 적벽에서 참패했음을 자인했다. 부견은 백만에 가까운 대군만 믿고 교만하게 적을 깔보며 "말채찍을 던지면 강물의 흐름도 막을 수 있다."고 큰소리치다가 8만 동진 군대에 의해 낙화유수 꼴이 되어 쫓기다 끝내는 전진의 붕괴를 재촉했다.

무릇 장수의 교만함은 대체로 수양이 성숙하지 못한 데서 비롯된다. 세력이 강하면 교만해지기 쉽고, 학문이 모자란 자가 교만하기 마련이며, 병력의 강성함만 믿고 적을 깔보면 교만한 마음이 생기기 쉽고, 계속 이기면 해이해져 교만함은 더욱 커진다. 교만한 장수 밑에는 틀림없이 교만한 병사가 있다. 『한서』「위상전魏相傳」에 "나라 큰 것만 믿고 백성 숫자 많은 것을 뽐내며 적에게 위세를 떨려 하는 것, 이것이 바로 교만한 군대"라는 구절이 있다.

'비이교지'는 상대의 마음을 빼앗고 그 모략을 어지럽히는 데 뜻을 둔다. 강하면서도 약한 척하고, 할 수 있으면서도 못하는 것처럼 보이게 만든다. 교만한 마음이 생긴 적장은 정확한 판단과 객관적인 역량 비교를 할 수 없다. 그래서 능력 있는 장수는 적이 나를 깔보는 것에 개의치 않고 오히려 적이 나를 깔보도록 수를 쓴다.

기원전 207년, 흉노국에서 있었던 사실이다. 태자 묵특冒頓은 아버지를 죽이고 스스로 최고 권력자인 선우單于가 되었다. 이때 병력이 강성한 동호東胡의 우두머리가 사신을 보내 무리하게도 천리마를 요구했다. 묵특은 이웃 나라와 화목을 유지한다는 명목으로 신하들을 설득하여 정중하게 귀하디귀한 천리마를 동호로 보냈다. 동호의 우두머리는 묵특이 감히 자신을 거스르지 못한다고 생각하고는 한술 더 떠서 이번에는 미녀를 요구했다. 묵특은 이번에도 군신들의 열화와 같은 반대를 무릅쓰고 자신이 아끼는 미녀를 동호로 보냈다. 동호의 우두머리는 더욱 교만해져 이번에는 흉노의 땅을 내놓으라고 했다. 묵특은 이제야말로 동호의 욕심을 제지해야 할 때라고 판단하고 동호를 습격했다. 묵특을 깔보며 방비를 하지 않고 있던 동호는 묵특의 갑작스런 기습을 받고 망하고 말았다.

삼국시대 때 관우는 그 무예가 당대에 필적한 만한 사람이 없을 정도로 절륜했다. 그러나 그것이 교만함으로 발전했을 때 형주를 잃었고, 맥성麥城의 실패를 맛보았다. 당초 여몽과 관우는 오랫동안 서로 대치하고 있었는데, 형주는 군기가 엄하고 강을 따라 봉화대가 잘 갖추어져 있어 여몽으로서는 뾰족한 수가 없었다. 그러자 여몽은 병을 핑계로 나오지 않았는데, 육손이 다음과 같이 건의했다.

"관운장은 영웅으로 자처하며 천하무적을 뽐내고 있지만 그가 걱정하고 있는 상대는 오직 장군뿐입니다. 그러니 장군께서는 이 기회를 이용하여 병을 핑계로 사직하시고 육구陸口를 다른 사람에게 맡기십시오. 그런 다음 후임자로 하여금 정중하고 겸손한 자세로 관우를 칭찬하여 그 마음을 교만하게 만들면 저쪽은 틀림없이 형주에서 군사를 철수시켜 번성으로 갈 것입니다. 형주가 무방비 상태에 놓이면 소수의 병력으로 기습을 가해도 장악할 수 있을 것입니다."

여몽은 육손의 건의에 따라 병을 핑계로 사직서를 올렸다. 손권도 그 계책을 받아들여 여몽을 건업으로 불러 쉬게 하고, 젊고 아직 이름도 알려지지 않은 육손을 우도독으로 삼아 여몽을 대신해 육구를 지키게 했다.

육구에 부임한 육손은 곧 한 통의 편지와 명마, 비단, 좋은 술 등과 같은 예물을 번성에 있는 관우에게 보냈다. 관우는 이것이 모략인 줄 모르고 사신 앞에서 손권과 육손을 비꼬았다.

"손권의 눈이 멀었나보구나. 이런 애송이를 장군으로 삼다니!"

사신은 땅에 엎드려 이렇게 아뢰었다.

"육 장군께서 예물과 함께 편지를 보내신 것은, 첫째는 장군을 찾아뵙고 인사를

● 전쟁에서 교만함은 바로 죽음이다. 경험과 이론의 무장에 자기수양과 자기통제가 절대적으로 요구되는 현장이 바로 전쟁터다. 관우(왼쪽)의 교만함을 육손(오른쪽)은 제대로 꿰뚫어보았고, 이는 관우의 죽음으로 귀결되었다.

올리자는 것이고, 둘째는 양쪽의 우호를 원하시기 때문입니다. 모쪼록 쾌히 거두어 주십시오."

관우가 편지를 뜯어보니 그 말투가 아주 정중하고 공손했다. 편지를 다 읽고 난 관우는 큰 소리로 웃어젖히며 예물을 거두었다. 이후 관우는 육손에 대한 경계심을 늦추고, 형주에 주둔하고 있던 병력을 대부분 번성에 배치했다. 육손은 그 틈에 병사를 상인으로 변장시켜 배를 타고 가서 봉화대 아래에 몸을 숨겼다가 밤에 봉화대를 습격하는 데 성공했다. 또 항복한 군인들로 하여금 몰래 형주 성문을 열게 해서 가볍게 형주를 손에 넣었다. 옹고집으로 자신만만해하던 관우는 오·위군의 협공을 받고 잔병을 이끌고 맥성으로 패주했으나, 끝내는 생포되어 형장의 이슬로 사라졌다.

괴기소지乖其所之 적의 의도를 어긋나게 한다

내가 싸우기를 원치 않을 때 땅바닥에 선을 그어놓고 지키기만 하더라도 적이 나와 더불어 싸우지 못하는 것은 적이 의도하는 바를 어긋나게 만들기 때문이다.(『손자병법』「허실」편)

"적이 의도하는 바를 어긋나게 만든다"는 뜻의 '괴기소지'에서 '괴乖'는 '어긋남'을 뜻하며, '개변改變'의 뜻도 가지고 있다. '지之'는 '간다'는 뜻이다. 말하자면 일반적인 규칙을 벗어나 적의 의도를 어긋나게 하거나 바꾼다는 것이다.

'괴기소지'는 두 가지 방면의 내용을 포함한다. 하나는 상대를 헷갈리게 만드는 것이다. 즉, 속임수로 적을 의심하게 만들어 나의 허실을 헤아리지 못하고 스스로 물러나게 한다. 또 하나는 적을 조종하는 것이다. 즉, 이득이 될 만한 것으로 유혹하여 적을 내가 의도하는 방향으로 유도한다.

방어에 능한 장수는 진지의 견고함만 믿고 싸우지 않는다. 적을 흩어놓을 수 있는 갖가지 방법을 놓고 늘 주판알을 퉁긴다. 위장을 잘하는 부대는 단순히 몸을 숨기는 것만 잘하는 것이 아니라, 적의 생각 속에 '의심의 그물'을 치기 위해 온 힘을 기울인다.

공격자에게 공격 목표를 선택하고 공격 시간을 확정할 자유가 있다면, 방어자는 허실을 함께 구사하여 적의 의도를 바꾸어놓을 수 있다. "공격을 잘하는 자는 적이 어디를 지켜야 할지 모르게 하고, 수비를 잘하는 자는 적이 어디를 공격해야 할지 모르게 한다."

1877년에서 1878년 동안 벌어졌던 러시아와 터키 사이의 전쟁에서 "호령으로 적을 물리친" 재미있는 일화가 전해진다. 한 차례 격렬한 전투를 통해 공격하는 입장을 확보한 터키군은 러시아군 진지를 향해 맹렬한 공격을 퍼붓고 있었다. 터키군이 러시아군 참호 앞까지 돌진하자 러시아군은 매우 위급한 상황에 몰렸다. 이때 터키군의 호령을 잘 알고 있는 러시아 병사 하나가 갑자기 '퇴각' 명령을 외쳤다. 이렇게 해서 러시아군은 진지를 공고히 할 수 있는 시간을 벌었다. 터키군이 꿈에서 깨어났을 때는 이미 기회가 사라진 뒤였다.

'괴기소지'는 통상 "아군이 싸울 의사가 없는" 열세의 입장에 있을 때 사용하는 모략이다. 적이 펼치는 수단을 역이용하여 방어태세를 안정시키고 필요한 시간을 버는 모략이다. 혼란스러운 방법으로 적 지휘관의 신경을 흩어놓아야만 적을 잘못된 길로 들어서도록 조종할 수 있다.

1943년 5월, 미군은 이탈리아의 시칠리아 섬으로 진군한다는 작전계획을 세우고 수송기로 공수부대를 투하하기로 결정했다. 이 정보를 입수한 독일군은 비행 중인 미군 수송기를 레이더로 교란시켜 미 공군 기지와 수송기 사이의 통신 연락을 파괴했다. 그런 다음 폭격기를 출동시켜 돌아가면서 영·미 연합군의 해상 함대에 폭격을 가했다. 또 무전으로 미군 수송기들에게 가짜 명령을 내려 수송기들을 독일이 폭격을 가하고 있는 영·미 연합군의 함대 상공으로 유도했다. 독일로부터 폭격을 받은 함대는 다시 적기가 공습해 오는 것으로 판단, 일제히 대공 포격을 퍼부어 많은 미군 조종사들이 얼떨결에 고기밥이 되고 말았다(정치모략 '일전쌍조' 참조). 독일군은 이 '괴기소지'와 "꽃을 옮겨 나무에 붙이는" '이화접목移花接木'의 모략을 사용하여 영·미 연합군이 독점하고 있던 해상과 공중을 혼란에 빠뜨려 자기편끼리 공격하는 중대한 실수를 범하게 만들었다.

착미장捉迷藏 숨바꼭질 전법

포클랜드 전쟁에서 아르헨티나 공군은 미사일 하나로 유도탄을 장착하고 있는 현대화된 영국 구축함을 침몰시켰다. 서방 군사계에서는 이 사건을 해전의 전통적인 전법에 도전장을 던진 것으로 평가하고, 아울러 해전 전술의 변혁을 가져올 것이라 전망했다. 일부 군사전문가들은 이에 근거하여 "현대 해전은 일종의 '숨바꼭질 놀이'가 될 것"이라고 예언했다.

여기서 말하는 '숨바꼭질'이란 적은 병력과 불규칙한 전술로 공격을 가한 후에 잽싸게 숨고, 숨었다가는 다시 공격하여 적으로 하여금 아군의 실력과 의도에 대해 갈피를 못 잡게 함으로써 적을 속이고 정신을 어지럽히고 유인하는 등의 목적을 달성하는 것을 비유하는 말이다.

해상 '숨바꼭질'도 다른 것과 마찬가지겠지만, 그 나름의 양면성을 지니고 있다. 공격하는 쪽은 현대화된 유도탄과 전자 제어장치를 보유하고 있어 상대방이 보이지 않는 상태에서도 '치고 달리기'가 가능해졌다. 그러나 방어자는 바로 이러한 점을 역이용하여 방어의 기회를 벌 수 있다. 예컨대 공격자는 장거리 레이더로 목표를 찾게 되는데, 이때 상대방이 설치한 가짜 목표에 속기 쉽다. 포클랜드 해전에서 영국 함대는 레이더에 나타난 섬들을 아르헨티나의 전투기로 오인하고 섬들을 향해 유도탄을 발사했다. 이러한 사실은 장거리 목표를 수색하는 데 상당한 결함이 있었음을 말해 준다. 방어자는 전투 지역 안에다 가짜 목표물을 잔뜩 설치해놓고 공격자를 미로 속으로 끌어들인다. 공격자는 장거리에서 유도탄을 발사할 때 유도탄이 진짜 목표에 명중했는지 파악할 수 없게 된다.

아르헨티나의 비행 조종사 베라카라츠는 슈페르 에텡다르를 조종하여 영국의 세필드 구축함을 공격하고 기지로 돌아온 몇 시간 뒤에야 신문 보도를 통해 자신이 세필드 호를 격침시켰다는 엄청난 사실을 알았다고 한다. 이런 상황에서 공격자는 전투지의 전체 형세에 대해 정확한 분석과 결단을 내리기 쉽지 않으며 적의 허실을 판별하기도 쉽지 않다.

이런 경우도 있었다. 아르헨티나 공군이 영국군의 '무적'호 항공모함을 공격하기 위해 출격했다. 조종사는 레이더에 나타난 목표물을 향해 유도탄을 발사한 후 득의 양양하게 귀환했다. 아르헨티나 공군 조종사들은 목표물을 명중시켰다고 만족스러워하며 이 사실을 언론에까지 자랑스럽게 알렸다. 사실은 달랐다. 유도탄은 영국군의 방어용 무기에 의해 목표에 이르기 전 공중 폭파되었다. 방어자가 이런 상황을 잘 파악하여 "적의 모략에 따라 모략을 구사하는" '장계취계'를 활용한다면 상대방에게 속수무책 의 타격을 가할 수도 있다.(정치모략 '장계취계' 참조)

'숨바꼭질'은 열세에 놓인 방어자 쪽으로 보자면 '피차간에 보이지 않는 상황'을 적절히 이용해서 '치고 빠질 수 있는' 장점이다. 하지만 그렇게 하기 위해서는 상대를 '교란시키고' 잘 '숨어야' 한다. 갖은 방법으로 적의 정찰을 혼란시켜야 하는데, 전자파를 이용해 적기의 레이더와 유도탄을 식별하는 각종 레이더를 교란시키는 방법을 그 한 예로 들 수 있다. '숨기'로 말하자면 치밀한 위장을 통해 가짜로 진짜를 가릴 수 있는 '숨기'가 되어야 한다. '교란'과 '숨기'의 방법은 다양하겠지만, 이 두 가지가 교묘하게 이루어져야 "하늘을 속이고 바다를 건널" 수 있다.

'숨바꼭질' 전법은 공수 양쪽 모두에게 '잡기'와 '숨기'란 문제를 던져준다. 잘 교란시키고 꼭꼭 숨는 것 외에도 방어자는 적극적이고 효과적인 조치로 상대방을 '잡아서' 수세를 공세로 전환시킬 수 있어야 한다. 해상 작전에서 공격자를 '잡기' 위해서는 적은 병력을 상대의 비행장이나 항구 등으로 밀파하여 비행기와 함대를 감시하거나, 소형 잠수함을 이용하여 해상 유격을 가하는 외선작전外線作戰을 실행할 수도 있고,

특공대를 보내 상대의 기지·중계소·레이더 기지 등을 습격할 수도 있다. 상대방 후방의 해상 보급라인을 공격할 수도 있다. 이렇게 주도권을 쟁취하면 상대에게 '잡히지' 않고 상대를 압도할 수 있다.

마작전麻雀戰 참새 전법

'마작麻雀'이란 참새를 말한다. 떼를 지어 정신없이 짹짹거리는 참새처럼 상대가 정신을 못 차리게 공격을 가하는 유격전이 '마작전'이다. 대개 해당 지역의 민병들로 구성된 유격대는 지형에 익숙하다는 유리한 조건을 이용하여 몇 명씩 팀을 만들어 산림지역, 들, 마을에 수시로 나타났다가 사라지면서 적에게 돌발적이고 정확한 타격을 가하여 적을 살상하거나 역량을 소모시키거나 현혹하거나 지치게 한다.

참새떼가 우르르 함께 몰려다니듯 적이 미처 방비할 수 없고 안정을 취할 겨를이 없을 때를 틈타 기습공격을 가한다. 이 전법은 적을 지치게 하고 적의 예리한 기세를 꺾어버리는 등 작은 승리가 쌓여 큰 승리를 이루는 데 작지 않은 작용을 한다. 언뜻 별것 아닌 것 같지만 차츰차츰 적의 역량을 소모시켜 끝내는 전체 국면에 심각한 영향을 초래하게 된다.

7절
포위

위지즉모圍地則謀　위지에서는 모략을 구사한다

비지圮地에서는 집(군영)을 짓지 말 것이며,… 위지圍地에서는 모략을 구사하고, 사
지死地에서는 싸워야 한다.(『손자병법』「구편」)

들어가기에는 길이 좁고 막혀 있으며, 돌아올 때는 우회해야 하고, 소수의 적이 다
수의 아군을 공격할 수 있는 지형을 위지圍地라 한다.… 따라서 산지散地에서는 싸
우지 말아야 하고… 위지에서는 기계奇計를 써서 빠져나와야 한다.

험하고 견고한 곳을 등지고 있고 좁은 곳이 눈앞에 있는 지형을 위지라 한다.… 위
지에서는 아군은 출구를 스스로 막고 병사들로 하여금 결사적으로 분전하게 해야
한다.(『손자병법』「구지」)

'위지'는 진입로는 좁고 퇴로는 꼬불꼬불하고 멀어서 적이 소수의 병력으로도 많은 수의 아군을 공격할 수 있는 지형을 가리킨다. 이런 지형적 조건에서 작전할 때는 '기병奇兵'을 활용해야지 '정병正兵'은 적합하지 않으며, 속전속결해야지 지구전으로 가서는 안 된다. 수비하는 쪽은 흔히 매복을 사용하며, 공격하는 쪽은 임기응변을 많이 구사한다.

제갈량 하면 아낙네와 아이들까지 모르는 사람이 없을 정도로 이름난 모략가였지만, 기산祁山에서 최후의 패배를 맛보고 오장원五丈原에서 파란만장한 일생을 마감하고 만다. 그런데 이 기산이야말로 병법에서 말하는 '위지'로서, 지키기에는 유리하지만 공격하기에는 불리하며 '변칙 공격'에는 유리하지만 '정공'에는 불리했다. 제갈량은 기계奇計로 대처하자는 위연魏延의 건의를 물리치고, 마속을 선봉장으로 삼아 양평관을 돌아 무도武都·천수天水를 거쳐 기산에 이르렀다. 10만 촉군은 숭산崇山이라는

● 전쟁에서 승리하기란 참으로 어렵다. 지략가로 소문난 제갈량도 실은 열에 일곱 정도는 패했다고 한다. 그럼에도 그의 모략이 오늘날까지도 영향을 미치는 것은 그가 가진 인간에 대한 따뜻한 신뢰 때문이었을 것이다. 사진은 제갈량의 무덤이다.

험준한 산길을 우직하게 행군하는 바람에 극도의 피로에 시달렸다. 그 사이에 위군은 시간을 벌어 구덩이를 깊게 파고 보루를 쌓은 뒤 지칠 대로 지친 촉군을 기다리고 있었다. 마속이 가정을 지키지 못하고 잃을 때까지도 제갈량은 이 작전이 가져다줄 뼈아픈 교훈을 실감하지 못했다.

제갈량은 그 뒤 북벌에서도 험준한 산길을 피해 동쪽으로 돌아 적 후방 깊숙이 침투하는 작전을 취하지 않고 자신의 고집대로 우직스러운 공격만을 고수했다. 이는 제갈공명이 죽고 난 뒤, 위의 진서장군鎭西將軍 등애鄧艾가 음평陰平에서 위험을 무릅쓰고 별안간 촉의 한가운데를 공격하여 촉 정권을 순식간에 무너뜨린 작전에 비하면 크게 손색이 난다. 『삼국지』를 지은 진수陳壽가 제갈량을 두고 "군대를 다스리는 데는 능숙했지만 기모奇謀는 짧았고, 백성을 다스리는 능력이 장수로서 계략을 구사하는 능력보다 나았다."고 평가한 것도 무리는 아닌 것 같다.

위사필궐圍師必闕 포위할 때는 반드시 구멍을 뚫어놓는다

————————————————

『손자병법』「군쟁」편에서 제기한 '용병 8원칙'의 하나다. 이 모략의 기본 요구사항은 이미 포위한 적에 대해서는 일부러 한 군데 정도는 구멍을 마련해놓고 그곳에다 매복을 설치하라는 것이다. 고대 전투에서는 성을 포위하는 상황이 무척 많았다. 성을 공격하는 쪽은 성을 지키는 군민들의 심리를 잘 고려해야 한다. 포위를 당한 군민들이 성이 함락당한 후의 끔찍한 결과를 예상하여 성과 생사를 같이하겠다고 결심하면 함락하기 어려워지기 때문이다. 그래서 『호령경虎鈐經』에서는 "압박을 가하여 수십 일이 지나도 달라지는 것이 없다면 그것은 적을 이기는 술책이 못 된다."고 했다. 『육도』

「호도虎韜·약지略地」에서 "적이 달아날 수 있게 일부러 빈구석을 마련해두어서 그들의 심리를 이용한다."고 지적한 것이나, 흔히 역대 병가에서 "포위의 이치는 사방을 포위하되 반드시 한 귀퉁이를 열어서 활로를 보여주어야 한다."(『백전기법』「위전圍戰」)고 한 것과 같은 이치다.

한 귀퉁이를 열어주는 목적은 적을 향해 "살길을 보여주는" 것이다. 포위당한 성안의 군민들은 살길을 찾기 위해 성문을 나와 포위를 뚫으려고 하는데, 서로 자기 살길을 찾으려 하기 때문에 군심이 흩어져 성안에서 지키고 있을 때만큼 마음이 일치될 수 없다. 이때 성을 공격하는 쪽에서 미리 "정예병을 숨겨두는 등" 준비를 갖추었다가 공격하면 포위를 뚫고 나오는 적을 섬멸할 수 있다.

'위사필궐'의 모략은 잡고 싶으면 놓아주고, 섬멸하고 싶으면 일부러 풀어주라는 점을 강조한다. 그러기 위해서는 먼저 적에게 패할 수밖에 없는 대세라는 점을 인식시켜 "곤경에 몰린 짐승이 달려드는" 식의 국면이 발생하지 않게 만들 필요가 있다.

단순히 형세로만 볼 때 '위사필궐'은 소극적인 것처럼 보인다. 그러나 이 모략은 적을 섬멸하여 완전한 승리를 추구한다는 점에서 대단히 적극적인 사상이라 할 수 있다. 적에게 싸우지 않고도 탈출하여 목숨을 보존할 수 있다는 환상을 품게 하여 공격하기 까다로운 "곤경에 처한 야수"를 "활만 보아도 깜짝 놀라는 새"로 변질시켜 쉽게 공격할 수 있기 때문이다.

『삼국지』권9에는 다음과 같은 전례가 기록되어 있다. 206년, 조조는 원소의 부하 고간高干이 이끄는 잔병을 호관壺關에서 포위했다. 사방을 완전히 포위하고 오랫동안 공격했으나 뜻대로 되질 않았다. 조조는 울화통을 터뜨리며 말했다.

"성을 함락시키고 나면 성안의 살아 있는 것들을 모조리 산 채로 파묻어버리겠다!"

이 말을 전해들은 성안 사람들은 너 나 할 것 없이 죽을 각오로 성을 지키겠노라 다짐했다. 또 며칠이 지났다. 침체된 분위기가 지속되자 조조의 측근 조인曹仁이

다음과 같이 건의했다.

"성을 포위할 때는 지나치게 포위해서는 안 됩니다. 활로를 하나 정도는 남겨두어야 합니다. 성을 이렇게 숨막히게 포위하고 있는 데다가 성안의 살아 있는 것을 모조리 산 채로 파묻어버리겠다고 하셨으니, 저들이 차라리 죽을힘을 다해 고수하려 하는 것은 당연한 일입니다. 게다가 호관성은 견고하고 식량도 많이 비축되어 있어 무턱대고 공격만 하다가는 손실이 막대할 것입니다. 견고한 성을 죽을힘을 다해 지키려는 적에게 무턱대고 공격을 가하는 것은 상책이 아닙니다."

조조는 이 건의를 받아들여 한 귀퉁이를 열어놓아 성을 고수하고 있는 사람들이 성밖으로 빠져나갈 수 있게 해주었고, 결국 튼튼한 호관성을 함락시켰다.

'위사필궐'은 견고한 성을 공격할 때 활용될 뿐 아니라 매복 공격전에서도 활용된다. 두우杜佑는 『통전』에서 다음과 같은 오왕과 손자의 문답을 기록하고 있다.

오왕: 만약 아군이 적을 포위할 때는 어떻게 하면 되겠소?
손자: 산과 계곡이 험준하면 넘거나 지나가기 어려운데, 이런 처지에 놓인 자를 궁구窮寇라고 합니다. 궁구를 공격하는 법은 병졸을 매복시켜놓고 빠져나갈 수 있는 길을 열어놓아 도망갈 길이 있음을 보여줌으로써 적이 살기 위해 나오도록 유도하는 것입니다. 적은 이미 투지가 없어진 상태가 되므로 공격하면 그 수가 많다고 해도 격파할 수 있습니다.

손자의 말은 지형을 잘 이용하여 매복을 설치해놓고 '위사필궐'을 운용하는 구체적인 방법을 제시한다.

그러나 '위사필궐'이 병가에 의해 보편적인 용병 원칙으로 인식된 후, 그 안에 포함된 술수가 쉽게 간파당하기 시작했다. 출로를 한 군데 열어놓는 것은 분명 속임수다. 경험 있는 지휘관이라면 그 앞에 위험이 도사리고 있음을 어렵지 않게 간파한다. 따라서 현명한 지휘관은 이 원칙을 기계적으로 적용하지 않는다. 실전을 거치면서 '위사필궐'이라는 이 고대의 군사사상은 "세 군대만 포위하고 한 군데는 열어놓는다", "그물의 한쪽을 터놓는다", "일부러 활로를 남겨놓는다", "몰래 자루(함정)를 설치해놓는다" 등과 같은 새로운 전법으로 발전했다.

이 모략은 상황에 따라서 변형되어야 한다. 필요하다면 사정없이 바짝 조여 포위권 안에서 굶겨 죽임으로써 적을 섬멸할 수도 있는 것이다.

위성타원圍城打援 성을 포위하여 적의 지원군을 무너뜨린다

모택동은 「중국 혁명전쟁의 전략 문제」라는 글에서 다음과 같은 말을 한 적이 있다.

> 전투의 실행에는 많은 문제가 따른다. 예를 들어 정찰, 판단, 결심,⋯ 강한 것을 피하고 약한 것을 공격하는 것, 성을 포위하여 구원하러 온 적을 공격하는 것, 가상공격, 방공, 여러 적 사이에 끼었을 때⋯ 정예병을 비축할 필요성 등등이 있을 수 있다.

이 모략은 일부 병력으로 성이나 요새 등을 지키는 적을 포위함으로써 다른 곳의 적이 구원에 나서도록 유인한 다음, 주력군을 집중시켜 구원에 나선 적을 섬멸하는 것이다. 손자의 '공기필구攻其必救'라는 모략사상을 구체적으로 활용한 것이다.(군사모략 '공기필구' 참조) 『손자병법』 「허실」편에서 "내 쪽에서 전투를 원하면 적이 비록 보루를 높이 쌓고 참호를 깊게 파고 지키면서 싸움을 피하더라도 더불어 싸우지 않을 수 없게 만드는데, 이는 내 쪽에서 적이 반드시 구원하러 나오지 않으면 안 되는 곳을 공격하기 때문"이라고 한 것이 바로 그것이다.

동한시대인 29년 10월, 광무제 유수는 경감耿弇에게 동쪽의 장보張步를 공격하게 했다. 장보는 대장군 비읍費邑을 역하歷下(지금의 산동성 역성현 서남쪽)에 주둔하게 했다. 그리고 비읍의 동생 비감費敢은 거리巨里(지금의 산동성 역성현 동쪽)를 지키게 했다. 경감은 적을 움직이게 만들려고 일부러 성을 공격하는 무기를 갖추게 한 다음, 3일 이내에 거리로 진격하겠다고 큰소리를 쳤다. 이 얘기를 들은 비읍은 몸소 군대를 이끌고 구원에 나섰다가 도중에서 기다리고 있던 경감의 습격을 받아 전사하고 말았다.

손빈의 '위위구조' 전략도 이런 전례에 속한다고 할 수 있다.(군사모략 '위위구조' 참조) 『자치통감』 「위기·6」에 기록된 238년의 사마의가 요동을 평정하기 위한 전투에서 양평을 포위해 공손연을 구원에 나서도록 끌어낸 것도 이 모략의 활용이었다.

현대전에서는 새로운 정찰 기술이 널리 이용되어 전투의 '투명도'가 높아짐에 따라 이 모략은 간파당하기 훨씬 쉬워졌다. 따라서 이 전법이 새롭게 전쟁에 활용되려면 더욱 참신한 '시형법'과 위장 수단이 필요하므로 군사전문가들의 좀더 깊은 탐색이 요구된다.

위위구조圍魏救趙 위나라를 포위하여 조나라를 구하다
_____

『사기』 「손자오기열전」을 보면 전국시대 제나라가 위나라를 포위하여 조나라를 구한

사실이 나온다. 이것이 '위위구조'라는 고사성어의 출전이다. 그 기본 사상은 반드시 구원하러 나올 대상을 포위 공격함으로써 구원하러 나온 적을 섬멸하며, 반드시 후퇴할 곳을 공격하여 후퇴하는 적을 섬멸하는 것이다. 이렇게 이익을 좇고 손해를 피하면서 기동성 있게 적을 섬멸하는 목적을 달성한다.

위가 조를 치니 조의 형세가 위급해졌다. 조는 제에게 구원을 요청했다. 제의 위왕은 손빈을 장군으로 삼으려 했으나 손빈은 "허물이 많은 사람이라 적당하지 않습니다."라며 사양했다. 그래서 전기를 장군으로 삼고 손빈을 군사로 삼아 수레에 태운 후 계략을 세우도록 했다. 손빈이 말했다.

"무릇 엉킨 실을 풀려면 주먹으로 때려서는 안 되며, 맞붙은 싸움을 말리려면 그저 공격만 해서는 안 됩니다. 급소인 목을 움켜쥐고 허를 찌르면 형세가 불리하게 되어 절로 풀리게 됩니다. 지금 위는 조와 맞붙어 싸우면서 날랜 정예병을 다 동원한 탓에 나라 안에는 노약한 잔병들만 남아 있을 것입니다. 따라서 적의 허약한 곳을 찌르는 전술을 써서 신속히 위의 수도인 대량으로 달려가 점령하는 것이 상책입니다. 적은 틀림없이 조를 버리고 자기 나라를 지키기 위해 달려올 것입니다. 이렇게 하는 것이 조의 포위를 단숨에 풀고 위를 갉아먹는 방법입니다."

전기는 그 계략에 따랐다. 과연 위는 조의 서울인 한단邯鄲에서 철수하여 제군과 계릉桂陵에서 싸웠으나 크게 패하고 말았다.

'위위구조'의 성공은 우선 위나라와 조나라가 서로 다투어 심신이 지쳐 있는 유리한 시기를 선택했고, 다음으로는 정확한 작전 방향을 취해 적을 수동적인 상태로 몰아넣었기 때문이다.

손빈은 그로부터 13년 뒤인 기원전 341년 한韓을 구원하는 전투에서도 이 모략을 또 한 번 사용했다. 다만 시행 과정에서 전쟁터의 실제 상황에 근거하여 취사용 솥을 줄이는 계략으로 적을 유인, 위나라 군을 대파하고 꿈에서도 잊지 못하던 자신

의 원수 방연龐涓을 죽이는 데 성공하게 된다.(정치모략 '대지약우' 참조)

13년 뒤, 위가 조와 함께 한을 공격했다. 위기에 몰린 한은 제에게 구원을 요청했다. 제는 전기를 장군으로 삼아 곧장 위의 수도인 대량으로 진격하게 했다. 위의 장군 방연은 이 소식을 듣고 한에서 철수하여 귀국했으나 제군은 이미 국경을 넘어 서쪽으로 진격, 위나라 안까지 침입하고 있었다. 손빈은 이런 상황에서 전기에게 다음과 같은 계책을 건의했다.

"저 삼진三晉(한·위·조)의 병사는 원래 사납고 용맹하여 제나라를 경멸하고 겁쟁이로 여기고 있습니다. 그러나 전쟁을 잘하는 자는 적의 세력을 이용하여 내 쪽에 유리하도록 만들 줄 압니다. 병법에도 '백 리 밖에서 승리하고자 급히 진격하다가는 상장군을 전사하게 만들고, 승리에 눈이 어두워 오 리 밖에서 진격하다가는 병사의 절반밖에 도착하지 못한다'고 했습니다."

제군은 위나라 땅에 들어가 10만 개의 취사용 솥을 만들게 한 뒤, 그다음 날에는 5만 개, 그다음 날에는 3만 개로 줄여나갔다. 방연은 이런 제군을 사흘 추격하고 난 다음 기뻐하며 이렇게 말했다.

"내 본디 제나라 군사들이 겁쟁이인 줄은 알고 있었지만 우리 땅에 침입한 지 사흘도 안 되어서 도망친 병사가 반이 넘을 줄이야."

방연은 보병을 버리고 날랜 정예기병만을 이끌고 밤낮없이 제군을 추격했다. 손빈은 방연의 군대가 해질 무렵이면 마릉馬陵에 이를 것이라 예측했다. 마릉은 길이 좁고 양옆에 험한 산이 많아 병사들을 매복시키기에 안성맞춤이었다. 손빈은 큰 나무를 하얗게 깎고 그 위에다 "방연은 이 나무 밑에서 죽을 것이다!"라고 썼다. 그리고 제나라 군사들 중에서 활을 잘 쏘는 자 1만을 골라 좁은 길 양옆에 매복시켜놓고 단단히 일러두었다.

"해 질 무렵이 되어 불빛이 오르는 것을 보면 일제히 발사하라!"

밤이 되어 그 나무 밑에 도착한 방연은 과연 거기에 쓰인 글을 자세히 보기 위해 부싯돌을 쳐서 불을 밝혔다. 순간, 글을 다 읽기도 전에 1만 명에 달하는 제나라 사수들이 일제히 활을 당겼다. 방연은 자신의 지혜가 다하고 패배했음을 직감하고 한탄했다.

"마침내 더벅머리 애송이(손빈)가 명성을 얻게 되는구나!"

방연은 목을 찔러 자결했다. 제군은 승세를 몰아 적군을 모조리 무찌르고 태자 신申을 사로잡아 개선했다. 이로써 손빈의 이름이 천하에 알려졌고, 그의 병법도 전해지게 되었다.

'위위구조'의 모략은 역대 군사전문가들에 의해 많은 칭송을 받아왔으며, 『36계』에서는 제2계로 편입되었다.

이소위다以少圍多 적음으로 많음을 포위한다

대체로 포위 공격은 적의 병력보다 아군의 병력이 배 이상일 때 실행하는 것이 일반적이다. 심지어 손자는 "열 배면 포위하라!"고 말하기도 했다. 그렇다면 적보다 적은 병력으로 포위하여 적을 섬멸할 수 있다면 그것은 창조적인 행동이라 할 것이다.

칸나이 전투에서 카르타고의 명장 한니발이 이끄는 보병은 고의로 적에게 약점을 노출하여 유인한 다음, 기병으로 우회적인 협공을 가하게 하여 훨씬 많은 로마 군대를 섬멸했다. 한니발은 이 과정에서 열세의 병력으로 우세한 적을 포위 공격하여 섬멸하는 탁월한 조직력과 지휘력을 보여주었다.

한니발(기원전 247-기원전 183)은 카르타고(지금의 튀니스 지역)의 장군이자 전략가였다. 그는 유명한 장수 하밀카르의 아들로, 카르타고와 로마가 지중해 해상권을 놓고 다투던 전쟁기에 태어나 어려서부터 아버지를 따라 종군하면서 남다른 군사적 재능을 키웠다. 기원전 221년(진시황이 중국을 통일한 해), 한니발은 스페인에 주둔하고 있는 카르타고 군대의 최고사령관에 임명되었다. 기원전 218년, 그는 10만 대군을 이끌고 스페인을 출발하여 만년설의 알프스산을 넘어 이탈리아로 잠입함으로써 제2차 포에니전쟁의 막을 올렸다.

기원전 216년 가을, 한니발이 이끄는 카르타고 군대는 이탈리아 남부의 칸나이에 이르러 로마의 집정관 바로가 이끄는 군대와 마주쳤다. 쌍방은 여기서 제2차 포에니전쟁을 통해 규모가 가장 컸던 이른바 '칸나이 전투'를 치르게 된다.

이 전투에 참가한 로마군은 보병 8만에 기병 6천이었고, 한니발의 카르타고군은 보병 4만에 기병 1만4천이었다. 전투에 앞서 로마군은 칸나이 부근의 평원에 진을 쳤다. 집정관 바로는 보병을 중앙에 밀집된 네모꼴로 배치하여 주력으로 삼고 기병을 양날개에 배치하여 엄호하게 함으로써 보병의 맹렬한 공격으로 한니발의 군대를 일거에 무너뜨릴 작전을 세워두고 있었다. 한니발은 로마의 보병이 기동성이 떨어진다는 점과 이 지역이 정오가 되면 늘 동남풍이 강하게 분다는 기상 변화에 착안하여 전 군대를 동남쪽을 등지게 한 다음 일부 보병을 중앙에 배치하고 양옆과 뒷부분에 강력한 기병과 기동성이 뛰어난 경장비 보병을 배치하여 중앙이 '철凸'자처럼 볼록하게 나온 반달 모양을 이루도록 했다. 한니발은 정면을 견제하면서 양날개에서 우회하여 협공하는 전술로 로마군을 섬멸하려 했다.

8월 2일 오전 9시경 전투가 시작되었다. 바로는 보병에게 한니발군의 중앙을 뚫고 진격하라는 명령을 내렸다. 한니발의 중앙 보병은 싸우면서 후퇴하여 적을 깊숙이 유인했다. 바로는 이것이 계략인 줄 모르고 기세를 몰아 맹공을 가하여 한니발의 보병을 점차 '요凹'자 꼴로 몰아갔다. 말하자면 아가리가 큰 자루 모양이 형성된 것이다. 이때를 놓칠세라 한니발은 병사 5백 명을 로마군에 거짓으로 투항하게 했다. 바로는 이들에게 무기를 나누어주어 카르타고와 싸우게 했다. 나머지 보병들이 자꾸 후퇴하자 바로는 한니발군이 이미 패색이 짙다고 판단, 마음놓고 추격했다. 로마군은 한니발이 쳐놓은 자루 모양의 진에 완전히 빠지고 말았다.

적이 포위망에 완전히 빠진 것을 본 한니발은 즉시 양 측면의 기병에게 명령을 내려 로마 보병을 포위하여 협공하게 했다. 로마 보병은 불의의 공격을 받아 이리 뛰고 저리 뛰는 등 혼란에 빠졌다. 한니발은 날개 격인 기병에게 명령을 내려 도망가는 적을 추격하게 하고, 좌측 기병에게는 우회하여 적의 후방을 공격하게 함으로써 퇴로를

● 칸나이 전투에서 기막힌 군사모략으로 막강한 로마군을 물리친 한니발의 작전은 지금도 연구 대상이다. 어느 분야가 되었건 전형적인 사례는 그 생명력이 무한하다.

차단했다. 쌍방은 치열한 살상전을 전개했다. 정오가 가까워지면서 동남풍이 세차게 불기 시작했다. 광풍은 흙과 모래를 동반하고 비정하리만큼 강력하게 로마군을 덮쳤다. 흙과 모래 때문에 눈을 뜰 수 없는 상황에서 로마군의 진영은 아수라장이 되었다. 바로 그때 거짓으로 투항했던 5백 명의 한니발 병사들이 무기를 뽑아들고 닥치는 대로 로마군을 공격하기 시작했다. 사방에서 포위 공격을 당하고 있는 데다가 자기 진영의 심장부에서마저 공격을 당하고 보니 로마군은 어찌할 바를 몰랐다. 시체가 평원을 뒤덮었다. 12시간 동안 지속된 전투가 끝난 후, 로마군 7만여 명이 사망하고 1만여 명이 포로로 잡혔다. 바로는 겨우 2백여 명과 함께 야밤을 틈타 탈출했다. 한니발군은 6천여 명이 죽거나 부상당했다.

궁구물박窮寇勿迫 궁지에 몰린 적은 압박하지 않는다

『손자병법』「군쟁」편에 보이는 '용병 8원칙'의 하나다. 『후한서後漢書』「황보숭전皇甫嵩傳」에도 '궁구물박'이란 말이 나온다. 세력이 다한 적을 추적할 때도 책략을 강구해야지 성급하게 서둘러서는 안 되며, 또 무심하게 핍박을 가해서도 안 된다. 그렇지 않으면 적이 필사적으로 반항할 수도 있어 적을 섬멸하는 데 지장을 겪게 된다. 『손빈병법』「위왕문威王問」에 나오는 이야기다. 위왕이 손빈에게 물었다.

"탈출로가 없는 궁지에 몰린 적을 공격하려면 어떻게 해야 하오?"
"지나치게 압박하지 말고 적이 활로를 찾길 기다렸다가 적을 소멸해야 합니다."

동한시대 말기인 184년, 한충韓忠이 거느리는 봉기군은 완성宛城을 굳게 지키고 있었다. 한의 장수 주준朱儁은 몸소 정예병을 거느리고 성 동북쪽을 공격하여 외성外城으로 진입했다. 한충은 군을 이끌고 성안으로 물러나 주준에게 투항할 뜻을 전달했다. 주준은 이를 받아들이지 않았다. 주준은 단숨에 섬멸시킬 작정으로 성을 에워싸고 공격을 퍼부었으나 여의치 않았다. 주준은 토산에 올라 성안의 형세를 관찰하다가 수행하던 장초張超를 보며 말했다.

"이렇듯 엄중한 포위에 급박한 공격을 퍼붓고 항복마저 받아들이지 않았으니, 죽음 한 길뿐이라 생각하고 죽자사자 싸울밖에. 만인이 한마음이 되면 그 기세를 누구도 쉽게 감당할 수 없는데 하물며 저들의 수가 10만이나 되니!"

주준은 몸소 관찰한 뒤에야 비로소 '궁구물박'의 이치를 깨쳤다. 압박하면 적은 죽을힘을 다해 저항한다는, 언뜻 보면 단순한 이치를 주준은 값비싼 대가를 치르고 깨달았다. 그는 마지막으로 모략을 하나 짜내어 성을 포위하고 있던 군대를 철수시키고 몰래 복병을 배치해두었다. 한충은 이것이 계략인 줄 모르고 성을 나와 적을 추격하다가 복병의 기습을 받아 만여 명이 전사하는 참패를 맛보았다

384년, 연燕의 군대는 오래도록 업성鄴城을 포위하고 있었다. 성안의 식량은 다 떨어져 군사들이 소나무를 벗겨 말을 먹일 정도였다. 그러나 부비苻丕의 일사불란한 지휘 아래 굳세게 싸우면서 조금도 항복할 의사를 보이지 않고 있었다. 연왕 모용수慕容垂는 여러 장수들을 모아놓고 말했다.

"부비는 궁지에 몰린 적이다. 그러니 항복할 리가 있겠는가. 비향肥鄉의 신흥성新興城으로 물러나 부비에게 서쪽 길을 열어주는 것이 낫겠다."

연군은 잠시 업성의 포위를 풀고 신흥성으로 물러났다.

당초 연군은 성을 포위했고, 성안의 진군은 궁지에 몰렸으나 전혀 항복할 의사를 나타내지 않았다. 그러나 연군은 '궁구물박'의 이치를 알았기 때문에 포위를 일단 풀었다. 오래가지 않아 제풀에 지친 부비는 업성을 포기하고 장안으로 돌아갔으며, 업성은 마침내 모용수의 차지가 되었다.

1661년 5월, 대만으로 진군한 정성공鄭成功은 너무 급박하게 성으로 접근하다가 성을 지키던 네덜란드 군대의 대포 공격을 받아 큰 손실을 입었다. 이는 적에게 지나치게, 또는 급하게 접근하면 낭패를 보기 십상이라는 교훈을 남긴 본보기였다.

'궁구물박'을 구체적으로 운용할 때는 상황을 주시하며 민첩하게 대처해야 한다. 만약 적을 섬멸할 수 있다는 정확한 판단이 섰는데도 '궁구물박'에 얽매여 병력을 집중하여 섬멸하지 않는다면 그것은 사실상 "적의 상황 변화에 따라 용병 원칙을 변화시킨다."는 기본적인 용병 원칙을 위배하는 것이다. 노신魯迅은 물에 빠진 개는 맹렬히 두들겨 패야 한다는 정신을 주장했다. '궁구물박'의 모략이 가진 부족한 점을 메워주는 유익한 주장이라 할 수 있다.

관문착적關門捉賊 문을 닫아걸고 적을 잡는다

『36계』중 제22계의 "약한 적은 포위한다. 그러나 성급하게 멀리까지 추격하는 것은 불리하다."는 것이다. 그 뜻을 좀더 음미해보면 이렇다. 약소한 적에 대해서는 포위해 들어가면서 섬멸해야 한다. 이리저리 흩어진 얼마 안 되는 적은 그 세력이야 보잘것없겠지만 행동이 자유스럽기 때문에 섣부른 속임수로는 막기 힘들다. 따라서 성급하게 멀리 추격하는 것은 불리하다. 사방으로 포위하여 물샐틈없는 그물을 쳐서 단숨에 섬멸해야 옳다. 『36계』에서는 이 모략을 '착적관문'이라는 말로 표현하고 있다. "문을 닫아걸고 적을 잡아라." 이 모략은 적이 도망쳐서 다른 사람의 손에 들어가는 것을 경계하며, 또 도망치는 적을 추적하다가 오히려 내가 유인계에 말려들 수 있다는 점을 경계한다. '관문착적'에서 '적賊'은 '기병奇兵'을 가리키는 표현이기도 하다. '기병'은 출입이 일정치 않고 갑자기 기습을 가해 아군을 피로하게 만들 수 있는 병력이나 군대를 말한다. 그런 '적'을 포위망을 뚫고 도망가게 한 뒤에 추격한다면, 적은 다시 포위되지 않겠다는 의지로 죽을힘을 다해 싸우게 된다. 그러므로 처음부터 퇴로를 차단한 다음 서서히 포위해 들어가야만 틀림없이 제압할 수 있다. 약소한 적은 포위해 들어가면서 섬멸해야 한다는 것이다.

이것은 "상대를 포위할 때 반드시 구멍을 남겨둔다"는 '위사필궐圍師必闕'의 모략과 상호 보완 작용을 한다. '관문착적'의 전제는 약소한 적에 대한 조건적 포위와 섬멸이다. 적의 세력이 강하다면 적을 포위·섬멸하기가 힘들다. 때로는 궁지에 몰린 짐승이 마지막 발악을 하는 것과 같은 상황이 초래될 수도 있다. 그러면 내 쪽에 유리할 것이 없으므로 다른 대책을 강구하는 것이 옳다. 『36계』에서는 이 모략에 대해 좀더 설명을 덧붙이면서 끝에다 "따라서 적을 막다른 궁지로 몰면 안 된다. 놓아주는 것이 좋다."고 말하고 있다.

'관문착적'은 일종의 섬멸 사상이다. 비단 "약소한 적을 궁지에 몬다."는 것에만 한정되지 않는다. 전쟁의 주도권을 장악한 상황에서 적과 나의 역량을 비교하고 그 것에 근거하여 적의 주력병을 섬멸하는 데도 활용할 수 있는 모략이다. 때로는 함정을 파놓고 적을 그 안으로 끌어들일 수도 있다.

『자치통감』과 『사기』「백기왕전열전白起王翦列傳」에는 다음과 같은 경우가 기록으로 남아 있다. 기원전 260년, 진과 조 사이에 벌어졌던 장평 전투에서 진의 장수 백기는 조괄趙括이 종이 위에서만 용병을 논한다는 약점을 파악하고는 함정을 파놓고 조나라 군대를 유인하는 한편 2만5천의 날랜 병사로 조군의 후방을 막아 퇴로를 끊었다. 동시에 별도로 기병 5천 명을 조군 진영과의 사이에 박아두고 조군의 출격 부대와 진영 수비대를 각각 포위했다. 그리고 일찌감치 준비해놓은 경장비 부대로 계속 조군을 공격하면서 포위망을 좁혀 들어갔다. 조군은 전세가 불리해지자 공세에서 수비태세로 작전을 바꾸었다. 진의 왕은 전국 15세 이상 장정들에 대해 총동원을 내려 참전시켰다. 그리고 "포위는 하되 공격은 하지 않는다"는 '위이불타圍而不打'의 전략을 기본 방침으로 정했다. 식량이 떨어지고 구원도 받을 수 없는 상황에 몰리자 조의 병사들은 서로를 잡아먹는 등 극한 상황에까지 치닫다가 결국은 무장해제를 당하고 항복하고 말았다. 백기는 40만에 달하는 조군 포로들을 생매장시켰다.

'관문착적'의 모략사상을 운용하려면 전체적인 국면을 면밀히 살펴 '관문'의 시기와 지점을 정확하게 선택해야 하며, 형세에 따라 계략을 달리 구사하고 정세에 따라 변통變通해야 한다.

8절
첩보

이적차적以敵借敵   적을 빌려 다른 적을 약화시킨다

명나라 때 게훤揭喧이 엮었다고 하는 『병경백자兵經百字』「차자借字」에 보면 이런 대목
들이 있다.

> 지혜와 모략을 구사할 수 없을 때는 적의 것을 빌려라.
>
> 상대의 수단을 뒤집어 내 수단으로 삼고, 저쪽의 꾀를 내 꾀로 만드는 것이 바로 적
> 의 모략을 빌리는 것이다.
>
> 힘이 달리면 적의 힘을 빌리고, 죽이기가 힘들면 적의 칼을 빌려라. 재물이 부족하
> 면 적의 재물을 빌려라. 장군이 부족하면 적장을 빌리고, 지혜와 모략으로 안 되면
> 적의 모략을 빌려라.

이 모략이 달성하고자 하는 목적은 자신이 하기 어려운 일은 다른 사람의 손을 빌려 할 수도 있으므로 굳이 손을 쓰지 않고 앉아서 이득을 보자는 데 있다. 또한 적을 부려서 다른 적을 견제하게 하거나 그 적을 다시 이용하여 나의 의도를 달성하기도 한다. 나아가 적을 이용하여 기회를 반전시킴으로써 다시 아무것도 모르는 사이에 내 목적을 달성하기도 한다.

"적을 빌린다"는 뜻의 '차적借敵'은 동서고금의 군사전문가들이 중시해온 모략이다. 적을 이용하여 또 다른 적을 약화시켜 승리하는 것은 힘을 적게 들이고 큰 효과를 볼 수 있는 '고차원'의 책략이다. 사실 이 모략의 본질을 곰곰이 생각해보면 섬뜩하기까지 하다.

『자치통감』「위기魏紀」에 이런 내용이 보인다. 삼국시대 말기(257-258) 위나라의 정동대장군征東大將軍 제갈탄諸葛誕은 사마소司馬昭가 권력을 독단하는 것에 반대하다가 사마권司馬權의 군대에 의해 수춘壽春(지금의 안휘성 수현)에서 포위당하는 위기에 처하게 된다. 당시 동오東吳의 손권은 제갈탄에 대해 동정과 지지를 보내고 있던 터라, 문흠文欽·전역全懌·주이朱異와 대장군 손침孫綝 등을 잇달아 파견하여 구원케 했다. 문흠과 전역은 수춘성으로 진입했으나, 주이와 손침은 사마소에게 패했다. 이때 사마소는 수춘성 내에 있는 제갈탄은 물론 동오의 문흠과 전역을 철저히 소멸시키기 위해 '이적차적'의 모략을 운용하여 적진 내부에 변화를 일으키고, 외부에서 공격을 가해 대승을 거두었다.

사마소가 던진 첫수는 유언비어의 날조였다. 즉, 동오의 구원병이 곧 올 터인데 우리는 식량이 부족해 오래 버티지 못할 것이라며, 짐짓 늙고 힘없는 일부 병사들을 회북淮北 일대로 보내 식량을 조달하도록 했다. 이 조치는 제갈탄을 안심시켰고, 제갈탄이 지키는 수춘성 내의 사람들은 마음껏 먹고 마셨다. 그러나 며칠이 지나도록 온다던 동오의 구원병은 오지 않고 성안의 식량에 문제가 생겼다. 그러자 제갈탄의 측근 장수인 장반蔣班과 초이焦彝가 속전속결을 주장하며 동오 쪽의 문흠과 주도권 다툼을 벌였다. 제갈탄이 그 둘을 모조리 죽여버리려 하자 장반과 초이는 겁을 먹고 사마소에게 투항했다.

사마소의 두 번째 수는 성안에 있는 동오의 장수 전역의 가족 문제를 이용하는 것이었다. 이를 위해 사마소는 적의 첩자를 역이용하는 '반간계反間計'를 사용했다. 건업建業에 있던 전역의 조카 전휘全輝와 전의全儀는 가족 사이에 갈등이 생기자 그 어머니와 일부 가족들을 데리고 사마소에게로 도망쳐 왔다. 사마소는 종회鍾會의 꾀를 받아들여 비밀리에 전휘와 전의에게 성안에 있는 전역의 가족한테 편지를 쓰게 했다. 그 내용은 동오의 손권이 수춘을 손에 넣지 못하고 있는 것에 화가 나서 건업에 있는 전역의 가족들을 몰살시키려 한다는 것이었다. 이 편지를 받은 전역은 수천 명을 거느리고 성문을 나와 사마소에게 투항했다.

사마소의 수는 여기서 그치지 않았다. 그의 세 번째 수는 성내의 제갈탄과 문흠의 사이가 나빠져 문흠이 살해되자 문흠의 아들 문앙文鴦과 문호文虎가 투항하려는 것을 이용하는 것이었다. 사마소는 기병 수백을 보내 그들을 호위하게 하면서 성밖을 한 바퀴 돌게 했다. 그러면서 큰 소리로 성안에 있는 사람들에게 외치게 했다.

"문흠의 아들을 우리가 어쩌지 않는데, 다른 사람을 어찌 해치겠는가?"

성을 지키던 사람들은 이 말에 적지 않게 동요했다. 순식간에 민심이 와해되어 성안 병사들은 겨누고 있던 활을 내려놓고 만다. 사마소는 기회다 싶어 대거 공격을 가해 제갈탄을 소멸시키고 최후의 승리를 얻었다.

시단치장示短致長 단점을 내보이고 장점을 발휘한다

명나라 때의 『병경백자』 「측자測字」라는 책에 이런 대목이 보인다.

두 군대가 서로 대치하고 있을 때 장수들은 반드시 상대를 헤아려야 한다. 적을 헤아려 튼튼한 곳을 피하고 허름한 곳을 공격할 수 있어야 한다. 적이 나를 헤아리는 것을 알면 일부러 단점을 내보이고 자신의 장점을 발휘해야 한다. 허점을 잘못 헤아리게 되면 되레 적의 계략에 말려든다. 한 번의 헤아림으로 양쪽 모두를 경계하고 미처 대비하지 못한 곳을 대비하는 것, 이것이 완전한 전술이요 장수의 기본이다.

이상은 적이 나의 의도를 어떻게 판단하느냐 하는 상황에서 취해야 할 책략이다. 자신의 약점을 일부러 드러내어 상대를 속이고, 자신의 장점을 한껏 발휘할 것을 요구하는 모략이다.

적의 상황에 따라 군대를 활용하는 것은 기본적인 용병 원칙이다. "적의 상황에 따른다."는 것은 대단히 복잡한 과정이다. 적의 상황에 대한 정확한 판단을 내리기 위해서는 주도면밀한 정찰과 정찰 자료를 연결시킬 수 있는 사색이 필수적으로 요구된다. 이런 사색과 판단은 지휘관의 모략 수준을 가늠하는 지표가 된다.

『손자병법』에서 말하고 있는 적의 정황에 대한 '32가지 관찰법'은 지휘관의 상황 판단을 위한 일반적이고도 규칙적인 인식을 제공한다. '시단치장'은 "적이 나를 헤아리고 있다는 사실을 알고 있다."는 것을 전제로 해야 비로소 그에 알맞은 전술과 속임수를 배합하여 적을 착각에 빠뜨릴 수 있다. 이는 '이중적' 또는 '쌍방향적' 사유라

할 수 있다. 즉, 적이 생각하는 바를 알아내고 적보다 한 발 앞서 수를 내다보면서 적을 자신의 틀 속으로 유인하는 것이다.

기원전 200년, 유방을 평성平城에서 포위한 흉노의 묵특冒頓 선우單于는 바로 이 '시단치장'의 모략을 써서 유방을 곤경에 빠뜨렸다. 당시 묵특은 대곡代谷(지금의 산서성 대현 서북)에 주둔하고 있었다. 진양晉陽까지 온 유방은 일거에 적을 섬멸하여 북쪽 변방 지역의 근심거리를 뿌리 뽑을 생각이었다. 묵특은 유방을 유인하기 위해 정예군과 살찐 소·말을 감추어둔 채, 나약하고 비쩍 마른 병사와 가축만을 내보냈다. 유방은 10여 차례 묵특 진영을 정찰한 결과, 공격이 가능하다는 보고를 받았다. 이에 고무된 유방은 몸소 32만의 대군을 이끌고 출격했다. 그 한편으로 유경劉敬을 다시 흉노 진영에 보내 정세를 염탐하게 했다. 대군이 구주句注(산 이름으로 지금의 산서성 안문산)에 이르렀을 때 유경이 황급히 유방에게 말했다.

"진군을 멈추십시오. 섣불리 진격했다간 큰일나겠습니다!"

유방은 버럭 화를 내며 유경을 겁쟁이라 다그쳤다. 유경은 이렇게 말했다.

"양군이 진을 치고 대치하고 있는 것은 실력으로 자기 군의 위세를 과시하려 함이고, 기세로 적을 제압하려는 것입니다. 그런데 흉노는 늙고 허약한 병사들과 쓸모없는 말들만 우리에게 보여주었습니다. 이는 결코 흉노의 진면목이 아닐 것입니다. 제가 보기에 묵특 선우는 정예병을 따로 숨겨놓고 일부러 약하고 무능한 것처럼 꾸며 우리를 유인하는 것 같습니다. 섣불리 공격해서는 절대 안 됩니다."

유방은 자신이 파악하고 있는 정보에 착오가 있을 리 없고, 설사 상황에 약간의 차이가 있더라도 수만 대군이 있는데 무엇이 두렵겠느냐며 유경의 건의를 나약하기 짝이 없는 헛소리라고 일축했다. 유방은 노기등등하게 쓸데없는 소리 하지 말라며, 군심을 동요시켰다는 죄목으로 유경을 광무廣武(지금의 산서성 안문관 남쪽)로 압송시켜버렸다. 그러고는 전군을 신속하게 진군시켰다. 묵특은 겁을 먹은 척 도주했다.

흉노의 소멸과 묵특의 생포가 눈앞에 이르렀다고 생각한 유방은 몸소 부대의 맨 앞에 서서 채찍을 휘두르며 말을 몰았다. 후속부대는 멀찌감치 뒤로 처졌다. 순식간에 평성에 이르러 성밖 백등산白登山에서 적의 상황을 살피는데, 갑자기 묵특의 복병이 사방에서 일어나 천지를 뒤흔들 듯 고함을 내지르며 물샐틈없는 포위망을 구축했다. 그제야 계략에 걸려든 것을 안 유방은 산 정상에 올라가 산 입구의 요충 도로를 지키면서 후속부대가 오기만을 기다렸다. 그러나 어찌 알았으랴! 흉노의 40만 대군이 일찌감치 한의 선두부대를 분할하여 포위하고 있을 줄을. 후속부대와의 거리는 아직도 까맣게 멀어서 단시일 내에 포위를 풀 길은 없었다. 유방은 7일간 꼼짝 못하고 포위당했다. 식량도 물도 끊어진 절체절명의 위기에 처한 것이다. 그러다 진평陳平의 꾀에 따라 엄청난 금은보화를 묵특의 아내 알씨閼氏에게 뇌물로 주어 안개 낀 날을 택해서 간신히 포위망을 뚫고 탈출할 수 있었다.(외교모략 '내간' 참조)

절체절명의 위기에서 간신히 탈출한 유방은 광무로 와서 유경을 풀어주며 간곡하게 말했다.

"내가 그대의 충언을 듣지 않고 경솔히 굴다가 하마터면 목숨까지 잃을 뻔했다. 진짜와 가짜도 구별 못 하는 자들의 말을 가볍게 믿은 내 탓이다."

유방은 그 자리에서 유경을 건신후建信侯에 봉하는 한편, 흉노를 공격하자고 권고한 자를 죽여버렸다.

묵특은 '시단치장'으로 유방을 이겼다. 반대로 유방은 "적을 제대로 헤아리지 못했고", "적이 나를 헤아리고 있는 것도 알지 못했으니", 실로 "허점을 잘못 헤아리면 도리어 적의 계략에 걸려든다."는 말을 그대로 입증한 셈이었다. 이는 "거친 것을 버리고 정교함을 취하고, 가짜를 버리고 진짜를 보존하며, 이것에서 저것에 이르고, 겉에서 속으로 이르도록 한다."는 모택동의 상황 관찰법과도 일맥상통하는 면이 있다.

인적제승因敵制勝 적으로 말미암아 승리를 이룬다

『손자병법』「허실」편에는 다음과 같은 대목이 있다.

> 군대의 형태는 물과 같아야 한다. 물은 높은 곳을 피하고 아래쪽으로 흐르게 마련
> 이다. 군대의 형태는 적의 실을 피하고 허를 쳐야 한다. 물은 땅의 형세에 따라 흐
> 름의 형태가 규정되고, 군대는 적의 정세를 이용하여 승리를 취하는 것이다.

이 모략은 적의 정세 변화에 근거하여 거기에 알맞은 작전과 전략을 사용해야
승리를 거둘 수 있다는 것을 강조하고 있다. 손자의 모략사상 중에서도 아주 중요한
작전 지도의 원칙이다. 이 모략사상은 목표, 작전 방향, 작전 행동을 어떻게 올바로
선택할 것인가와 관련하여 중요한 의의를 지닌다.

적을 모르면 승리할 수 없다. 승리를 얻으려면 반드시 "적의 변화에 따를 수 있
어야 한다." 여기서 중요한 전제는 적을 아는 '지적知敵'이다. 적을 모르면 "적의 변화
에 맞추어 따를 수 없고", "적을 제압하여 승리하기란" 더욱 불가능하다. 손자가 제기
하는 32가지 "적의 모습을 살피는" 방법은 적의 정세에 대한 주도면밀한 관찰과 각종
징후에 대한 객관적 분석을 행하여 정확한 판단을 내릴 것을 요구하고 있다. 손자는
또한 실전 경험으로부터 적의 정세를 어떻게 판단할 것이냐에 대한 구체적인 방법을
개괄하고 있다. 이를테면 "적에게 접근했는데도 적이 안정된 상태 그대로 있다면 그
것은 적이 험한 지형을 믿고 있는 것이다", "적이 멀리 떨어져 있으면서도 도전해 오는
것은 아군의 진격을 유도하고자 함이다", "적이 힘차게 고함을 질러대며 무리하게 앞
으로 달려오는 것은 실은 퇴각할 뜻이 있다는 것이다." 등이 그런 것들이다. 이 방법

들은 당시의 전쟁 수준에서 나온 개괄적인 요점으로 낡고 간략하긴 하지만 의미심장한 철학을 담고 있다.

적의 진정한 상황과 의도를 이해하기 위한 구체적인 방법으로 손자는 여러 가지 대책을 제안하고 있다. 예를 들어 탐욕스러운 적에게는 이익을 미끼로 유혹할 것을, 교만한 적에 대해서는 자신을 낮추는 등 일부러 나약한 모습을 보여 적의 투지를 느슨하게 흩어놓을 것을 제안한다. 쌍방은 병력이 다르고 전법도 다르다. "수비한다는 것은 공격하기에 힘이 모자라기 때문이며, 공격한다는 것은 지키고도 힘이 남기 때문이다." 병력의 우세함 정도가 다르면 공격법도 달라진다. "병력이 열 배면 포위하고, 다섯 배면 공격하고, 두 배면 병력을 나누어라." 특수한 상황에서는 특수한 결단과 조치가 필요하다. "거치지 말아야 할 길이 있으며, 공격하지 말아야 할 병력이 있고, 공격하지 말아야 할 성이 있고, 다투지 말아야 할 땅이 있다."

손빈도 『손빈병법』 「위왕문」에서 '인적제승'의 논리를 펼치고 있다. 그 한 예를 들어보자. 양군이 만나 쌍방의 장수들이 대치하고 있는 상황에서 피차간의 진세가 견고하여 누구도 감히 선제공격을 취할 수 없을 때는 먼저 소수의 가벼운 병력으로 적진을 탐색해볼 수 있는데, 지위가 낮으면서 용감한 자를 앞세워 적을 유도한다. 그리고 주력을 군진 속에 숨겨두었다가 맹렬하게 적의 양날개를 습격하면 승리를 거둘 수 있다. 또 양군의 세력이 비슷하면 먼저 적을 현혹시키는 방법으로 적의 병력을 분산시킨 다음 내 쪽의 병력을 집중, 적을 소멸하는 방법도 있다. 이렇게 하기 위해서는 반드시 비밀을 유지하여 적이 나의 의도를 모르게 해야 한다. 만약 적의 병력이 분산되지 않으면 아군의 병력을 움직이지 말고 안정시켜야 하며, 적이 고의로 내보낸 '의병疑兵'을 공격해서도 안 된다.

'인적제승'은 전쟁 지휘의 일반적인 규율을 반영하는, 동서고금의 군사전문가들이 매우 중시해온 모략사상이다.

경예상적輕銳嘗敵 가벼운 정예병으로 적을 시험한다

"가벼운 정예병으로 적을 시험(탐색)해본다"는 뜻의 이 말은 『오자병법』「논장論將」제4에 나온다. 그곳의 무후武侯와 오기吳起가 나눈 대화를 들어보자.

> 무후: 양군이 서로 대치하고 있는데 적장에 대해 전혀 모를 경우 이를 외형으로 알아내는 좋은 방법은 없겠소?
>
> 오자: 신분은 낮더라도 용기가 있는 자에게 몇몇 정예 부하를 딸려 보내 탐색전을 전개해야 합니다. 이때 적이 쳐들어오면 싸우지 말고 도망을 치도록 일러둡니다. 그러면서 적의 태도를 살피는 것입니다. 뒤쫓아오는 적이 질서정연하게 움직이고, 도망치는 우리 탐색대를 추격하면서도 일부러 힘에 부치는 듯한 시늉을 하고 싸움에 깊이 말려들지 않으며, 또한 전투가 적에게 유리하다는 듯이 보여주어 유인하려고 해도 모르는 척하며 결코 미끼에 걸려들지 않으면 그 대장은 지혜로운 장수임에 틀림없습니다. 그럴 때는 섣불리 상대하여 싸우지 않는 것이 안전합니다. 이와 반대로 적병이 왁자지껄 떠들며, 깃발을 난잡하게 흔들고, 상부의 명령계통이 서 있지 못하여 병사들이 개인행동을 하며, 일부러 쫓기는 우리 정찰대의 뒤를 무작정 추격하고, 눈앞의 전리품을 보고 앞다투어 뛰어들려고 한다면 이들을 지휘하는 자는 어리석은 장수임에 틀림없습니다. 이럴 때는 적의 병력이 아무리 많아도 쉽사리 무찌를 수 있습니다.

이 모략은 양군이 대치하고 있을 때 적장의 본실력을 판단하기 위해 싸움을 걸

어보고 승산이 있는가를 결정하는 것이다. 먼저 지위는 좀 낮지만 용감한 자로 하여
금 날래고 싸움을 잘하는 소부대를 이끌고 공격하게 함으로써 적의 실력을 탐색해
본다. 그 임무는 패배한 척하고 후퇴하는 것이지만, 목적은 적이 추격해 오도록 유인
하는 데 있다. 그런 다음 적의 추격 행태를 관찰한다. 그 행태가 질서정연한데도 마
치 추격하지 못하는 것처럼 꾸미거나, 패배한 소부대가 일부러 버린 재물이나 병기
를 보고도 못 본 척한다면 그런 적군을 이끄는 장수는 현명한 장수다. 이럴 때는 싸
움을 서둘러서는 안 된다. 추격해 오는 적군의 행태가 소란스럽고 깃발 따위가 어지
럽고 병사들이 제멋대로인 데다가, 흘린 재물을 보고 서로 주우려 한다면 그런 부
대를 이끄는 장수는 아둔하게 마련이다. 이런 적군은 숫자가 많아도 싸워 이길 수
있다.

　적장을 관찰하는 이런 방법은 서로 마주보고 싸우던 냉병기 시대에는 대단히
유용한 모략이었다. 그러나 전쟁 형태가 근본적으로 변해버린 근·현대 전쟁에서는
적장을 관찰할 때 이 방법에 매달려서는 안 된다.

창주량사唱籌量沙　큰 소리로 모래알을 센다

단도제檀道濟는 남북조시대 송나라 무제武帝(유유劉裕)가 나라를 세우는 데 공을 세운
무장으로, 일찍이 군대를 이끌고 북으로 전진前秦을 정벌하여 큰 공을 세운 바 있었
다. 송 문제文帝(유의륭劉義隆)는 무제에 이어 왕위에 오른 후 단도제를 정남대장군征南
大將軍으로 삼고 무릉군공武陵郡公에 봉했다.

　『남사』「단도제전檀道濟傳」에는 단도제가 사용한 '창주량사'의 모략에 관한 기록

이 있다. 431년, 단도제는 북위 정벌에 나서 "위군과 잇달아 30여 차례 싸워 승리를 거두고" 역성歷城(지금의 제남시 교외)에 이르렀다. 그러나 식량이 바닥나서 철수를 준비할 수밖에 없었다. 투항한 병사로부터 송군의 식량이 떨어져 철군을 꾀하고 있다는 보고를 받은 위군은 몰래 사람을 보내 송나라 군영을 정탐하게 했다. 단도제는 일찌감치 이런 동정을 알고, 비밀리에 군량미를 담당하고 있는 관리에게 저녁이 되면 양식을 점검하면서 병사들에게 모래를 쌀처럼 됫박으로 재게 했다. 병사들은 쌀(모래)을 됫박으로 퍼담으면서 "한 되, 두 되,⋯ 한 석, 두 석,⋯ 열 석" 하며 큰 소리를 질러댔다. 쌀(모래)이 한 가마 두 가마 높이 쌓여갔다. 주위에는 진짜 쌀알을 어지럽게 흩어놓았다. 위군의 밀정이 돌아가 송군에 양식이 넉넉하다고 보고했다. 이 소식을 접한 위군은 섣불리 쳐들어가지 못했을 뿐 아니라 항복해온 송의 병사를 죽여버렸다. 송군은 안전하게 철수할 수 있었다.

이후 "큰 소리로 외쳐가며 모래를 센다"는 뜻의 '창주량사'는 가짜로 진짜를 숨기는 모략으로 널리 운용되었다.

9절
보급과 후방전

포능기지饱陵飢之 배부른 적을 굶게 한다

『손자병법』「허실」편에 나오는 말로 "적이 편안하면 피로하게 만드는" '일능노지佚能勞之'나 "안정되어 있으면 동요시키는" '안능동지安能動之'와 마찬가지로 적으로 하여금 진짜가 아닌 허상을 좇도록 유인하여 주도권을 쟁취하는 방법의 하나다.(군사모략 '안능동지'·'일능노지' 참조)

　　군대에 식량이 떨어지면 군심이 동요한다. 굶주린 병사는 싸우지도 못하고 절로 무너진다. 두 군대가 대치하는 중에 적의 후방 보급로를 파괴하는 것은 밥을 끓이고 있는 아궁이에서 장작을 꺼내는 것과 같은 결정적인 작용을 한다. 고대 병법에는 이와 비슷한 조목이 적지 않게 보인다. 현대 전쟁에 와서는 후방으로부터의 물자 확보가 더욱 중시되고 있다. 전쟁 당사자들은 '정면 작전'을 성공적으로 수행하기 위해 적

후방의 보급기지와 운송노선을 기습하는 행위를 중시한다. 따라서 이 모략은 더욱 두드러지게, 더욱 치열하게 운용되고 있다.

기원전 154년, 주아부는 오·초 7국의 난을 평정하는 장도에 올랐다. 당시 오왕 유비劉濞를 수령으로 하는 반란군은 풍족한 식량을 확보하여 함곡관에서 서쪽으로 진격, 한의 도성인 장안을 곧바로 탈취하려 했다. 주아부는 부장 조섭趙涉의 건의를 받아들여, 적의 매복 지역을 피해 비밀리에 빠른 속도로 낙양으로 우회해 들어가 형양滎陽의 적군 군비창고와 오창敖倉의 식량창고를 차지했다. 한군은 지리적으로 험준한 곳에서 식량과 무기를 충분히 보급받으면서 지구전에 돌입할 수 있었다.

주아부는 조섭으로 하여금 창읍昌邑을 공격하게 하여, 한 주력군 좌측의 안전을 도모함과 동시에 오·초와 제·조의 연결 고리를 끊었다. 이때 오·초군은 양梁나라로 진공하고 있었다. 양왕이 주아부에게 구원을 요청했으나, 주아부는 출전하지 않고 양왕에게 굳게 성을 지키면서 오·초의 서진을 저지하라고 했다. 주아부의 구원을 받을 수 없음을 안 양왕은 한 경제에게 직접 구원을 요청했다. 경제는 주아부에게 구원을 명령했으나, 주아부는 현실적인 계산에서 구원을 하지 않고 다만 날랜 기병을 보내 오·초의 식량 보급로를 끊고, 주력을 하읍下邑에 집결시켜 굳건한 방어태세에 돌입했다. 양을 함락시키지 못한 오·초군은 한의 주력을 서둘러 격파해야겠다는 생각에 주아부가 지키고 있는 하읍을 공격하기 시작했다. 오·초군은 연일 강공을 퍼부었으나 성공하지 못했고, 심혈을 기울인 '성동격서'의 전략도 주아부에게 간파당하는 등 고전을 면치 못했다. 게다가 식량이 떨어져 굶주림과 피로에 지친 병사들의 마음이 흔들리기 시작했다. 하는 수 없이 철수하려는 찰나, 때를 기다리고 있던 주아부의 공격을 받아 대패하고 말았다.

제2차 세계대전이 막바지로 치닫고 있을 때, 미국은 태평양전쟁의 속도를 가속화하기 위해 공업은 발달해 있지만 자원이 모자라서 대량의 석유·석탄·철광석·식량 등을 수입에 의존해야 하는 일본의 약점에 초점을 맞추어 이른바 적을 굶기는 '기아 전역戰役'을 전개했다. 우선 일본에 대해 대규모 어뢰 봉쇄작전을 실시했다. 1945년 3월 27일 시작된 이 계획은 대단히 빠른 속도로 일본 근해를 봉쇄하여 배들이 주요 항구를 드나들지 못하게 함으로써 일본과 외부의 항로를 완전 차단했다. 이는 전쟁에 필요한 각종 물자가 일본으로 들어가는 것을 봉쇄하는 것으로, 일본 내 공장들은 가동될 수 없었고 국민들은 식량난에 시달리는 등 나라 전체가 마비 상태에 빠졌다. '기아 전역'은 일본 군국주의의 철저한 패망을 가속화했다.

나폴레옹은 "군대는 위胃를 가지고 싸운다."는 명언을 남겼다. 병사들의 배부름·배고픔은 전쟁의 전체 국면을 좌우할 수 있는 요소다. 따라서 이 모략은 가장 근본적인 부분을 파고드는 대단히 중요한 모략이라 할 수 있겠다.

견벽청야堅壁淸野 들판을 깨끗이 거둬들이고 보루를 지킨다

『삼국지』「순욱전荀彧傳」에 이런 고사가 있다. 동한 말기 당시만 해도 조조의 실력은 그다지 크지 않았다. 그러나 몇 차례 전투에서 승리하고, 특히 산동성 연주兗州 일대에서 여포를 격파한 후 그의 세력은 상당히 커졌다.

연주 근처의 서주徐州는 그 지세가 험한 요충지인 데다가 각종 산물이 풍부해서 조조는 진작부터 이 지방을 손에 넣고 싶었다. 그러나 서주를 지키는 도겸陶謙이라는 인물이 워낙 인심을 얻고 있는지라 한 차례 전투를 벌여보았지만 여의치 않았다. 그 뒤 도겸이 죽었다는 소식을 듣자 조조는 곧 서주를 공격하려고 했다. 이때 조조의 모사 순욱荀彧이 반대하고 나섰다.

"연주 땅은 우리가 아직 기반을 잡지 못한 곳인 데다가 여포도 기회를 엿보고 있는 곳입니다. 우리가 군대를 동원하여 서주를 공격하면 내부가 텅 비게 되고, 그때 여포의 공격을 받으면 큰일입니다. 서주 공략이 만에 하나 실패로 돌아가는 날에는 우리는 어디로 간단 말입니까?"

순욱은 다음과 같이 상황을 분석하고 그에 대한 대책을 함께 제시했다.

"지금 도겸이 죽었다고는 하나, 우리가 이미 그쪽과 한 번 겨루어보았기 때문에 그쪽 부장들은 우리에 대해 경계심을 늦추지 않고 습격에 대비하고 있을 것입니다. 그들은 분명 '견벽청야'의 전법으로 우리를 상대할 것입니다. 공격하여 성과를 올리지 못하고 논밭의 식량도 거두지 못한다면 대단히 위험한 처지에 빠질 것이 뻔합니다."

조조는 순욱의 분석을 듣고 일리가 있다고 판단하여 서주 공격을 유보했다.

『진서晉書』「석륵전石勒傳」에 나오는 이야기다. 서진西晉 말기, 후조後趙의 국왕 석륵은 몸소 군대를 이끌고 진晉군과 전투를 벌였다. 진군은 싸우는 족족 패하여 후퇴에 후퇴를 거듭했다. 진군은 수춘壽春(지금의 안휘성에 속함)에서 '견벽청야'의 전법을 취하여 적이 먹을 것을 구하지 못하도록 했다. 석륵의 군대는 식량을 얻지 못해 굶주리게 되었고, 급기야는 서로를 잡아먹는 극한 상황까지 벌어져 더 이상 진군하지 못하고 후퇴했다.

뒷날 '견벽청야'는 전력이 우세한 적의 공격에 대항하는 모략이 되었다. '벽壁'은 보루를 의미한다. 따라서 '견벽堅壁'은 보루를 굳게 지킨다는 뜻이 된다. '야野'는 논밭을 의미한다. 따라서 '청야淸野'는 논밭의 식량과 보관해둔 기타 물자를 깨끗하게 거두어들이거나 처리한다는 뜻이다. 이는 적을 굶겨 죽이거나 곤경에 빠뜨리는 작전 방식이다.

인량우적因糧于敵 적지에서 식량을 징발한다

『손자병법』「작전」편에 보면 "용병에 뛰어난 장수는 한 번 동원으로 적을 물리쳐 전쟁을 끝내지, 양식을 세 차례씩이나 운반하지 않는다. 군수 물자는 국내에서 가져다 쓰지만 식량은 적지에서 징발해야 군대에서 먹는 것이 부족하지 않게 된다."는 대목이 있다. 또 『초려경략草廬經略』이라는 책의 식량 공급에 관한 부분을 보면 "장기간 지키려면 논밭을 일궈야 하고, 곧장 진격하려면 식량 운송로를 닦아야 하며, 적진 깊숙이 들어가려면 식량을 적지에서 얻어내야 한다."고 했다. 식량을 적지에서 징발한다는 것은 싸우면서 전력을 향상시키는 것을 가리킨다.

고대의 전쟁에서 후방이 주로 하는 일은 식량 운반이었다. 그래서 "군사와 말이 움직이기 전에 식량이 먼저 간다."는 말도 있다. 교통과 운송 장비가 낙후되어 있던 고대에 적지 깊숙이 들어가 작전을 펼치게 되면, 전선이 너무 길고 교통이 불편하기 때문에 부대의 식량 공급을 전적으로 본국의 운송에 의존하기가 매우 곤란하다. 따라서 "적지에서 식량을 징발하는" 이 방법은 고대의 군사전문가들에 의해 유효하게 운용되었다. 어떤 사람은 '약탈'과 같은 잔인한 방법으로 군수 공급의 문제를 해결할 것을 제안하기도 했다. 『백전기법百戰奇法』이라는 병서에 보면 "정벌에 나서서 적진 깊숙이 들어가게 되면 식량이 부족할 수밖에 없으므로 병사를 나누어 약탈하게 해야 하는데, 창고를 점거하여 비축된 식량을 탈취해서 군량으로 공급해야 승리할 수 있다."고 되어 있다. 이 방법은 현지 백성들의 재산과 생명에 심각한 피해를 주는 것과 다를 바가 없다. 항전 시기에 일본 제국주의 침략자의 '삼광三光' 정책(모조리 죽이고, 모조리 태우고, 모조리 약탈한다는 세 가지 말살책)은 지극히 비인도적인 잔혹 행위를 반영하는 것이었다.

중국 남북조시대(386-589), 북주北周의 하약돈賀若敦이 상주湘州를 구원하는 전투에서 "적지에서 양식을 징발"하는 방법으로 군수 공급의 문제를 해결했다. 상주는 원래 남조 양梁나라 땅이었는데, 승성承聖 3년(554) 서위西魏가 강릉江陵을 함락시킨 후 상주와 파주巴州가 모두 서위의 수중에 들어가게 되었다. 진패선陳覇先이 양을 대신해 황제로 자처한 지 3년이 흐른 559년, 진패선은 후진侯瑱 등에게 군대를 이끌고 상주를 탈환하도록 했다. 북주의 임금 명제明帝 우문육宇文毓은 허약돈을 보내 상주를 구원하게 했다. 그런데 공교롭게도 가을비가 너무 많이 내려 강물이 넘치는 바람에 수로가 끊어졌다. 양식을 운송할 길이 없어진 상황에서 군사들이 동요하기 시작했다. 하약돈은 병사를 보내 양식과 물자를 약탈하게 하여 부대에 보충했다. 그리고 후진 군대에 양식이 부족하지 않다는 것을 보여주기 위해 군영 주위에 흙으로 언덕을 쌓고 그 겉을 쌀로 덮었다. 또 부근 마을 사람들을 불러다 일부러 여기저기를 구경시키고 이것저것을 물어본 뒤 돌려보냈다. 이들의 입을 통해 식량이 풍족하다는 것을 후진에게 전하기 위함이었다. 그런 다음 하약돈은 진영을 정비하고 창고를 쌓도록 하여 지구전의 양상으로 돌입했다. 하약돈은 후진과 1년간 대치했다.

적진아진敵進我進 적이 나아가면 나도 나아간다

적이 정면으로 진군할 때 나도 정예군을 보내 기동성 있게 적의 양 측면과 후방으로 가서 작전을 펼친다. 적이 내 구역으로 진군하면 내 쪽에서도 그 기회를 타서 적의 구역을 공격하여 차지한다. 이 모략은 적의 후방을 유효적절하게 교란하여 정면공격의 역량을 견제하고 약화시켜 적의 봉쇄나 포위를 깨는 것이다. "끓는 가마솥 밑에서

장작을 꺼내버리는" '부저추신釜底抽薪'의 효과를 거둘 수 있는 모략이다.(군사모략 '부저추신' 참조)

　　1973년, 제4차 중동전쟁에서 이스라엘군은 처음 열세에 놓여 있었다. 전쟁이 제3단계에 접어들면서 이스라엘은 전세를 만회하고 국면을 전환하기 위해 북부 전선에서는 시리아군과 계속 대치하면서 서부 전선에다 새로운 병력을 투입, 3개 기계화여단을 조직하여 이집트군을 향해 전면적인 반격에 나섰다. 운하 중간과 남단의 이집트군에 대한 정면공격에 중점을 두면서, 동시에 운하 서안을 향해 대담한 돌파작전을 시도했다. 이스라엘군은 미국의 스파이 위성과 고공정찰기가 제공하는 정보에 근거하여, 이집트 제2·3군단이 경계지점에 7~10킬로미터 간격으로 배치되어 있으며 이집트군의 주력은 제1선으로 이동하여 후방이 비어 있다는 사실을 발견했다. 이스라엘군은 돌격부대를 조직하여 이집트군의 후방을 습격하기로 결정했다.

　　이스라엘의 제45장갑사단의 사단장 샤론은 제3차 중동전쟁에서 노획한 이집트의 소련제 탱크와 장갑수송차를 집결시켜 이집트군의 표시를 찍고, 아랍어에 능숙한 장교와 병사를 수백 명 선발하여 이집트 군복을 입히고 소련제 무기를 휴대하게 하는 등 장갑 특공대를 구성했다. 그리고 전선에서 후방으로 합류하는 이집트군으로 위장시켜 이스마일리아 이남의 이집트군이 설치해놓은 부교를 건너 수에즈운하 서안을 뚫고, 이집트군의 대공유도탄 기지와 고사포 진지를 파괴했다. 특공대는 비행장과 이스마일리아 부근의 후방 기지를 점령하여 이집트군 대공유도탄 기지의 4분의 1을 파괴함으로써 이집트군 전략예비대의 전진 노선 및 전후방 연계선을 단절했다. 줄곧 수세에 놓여 있던 이스라엘군은 빠른 속도로 국면을 전환시켜

● 전투에서 후방전은 때때로 승부를 결정짓는 절대적인 영향을 담당한다. 스키피오는 맹장 한니발을 이 모략으로 물리쳤다.

서부 전선의 주도권을 잡아나갔다.

이스라엘군의 성공 원인은 '적진아진'의 모략을 취해 특공대와 같은 '기병奇兵'으로 후방 깊숙이 쳐들어가 이집트군의 보급선을 끊은 데 있었다.

고대 로마시대에 한니발이 로마에 침투하여 작전할 때 로마의 젊은 장군 스키피오는 한니발과 같은 강적은 정면 격돌로는 이길 수 없다고 판단, "적이 진군하면 나도 진군한다."는 책략을 세워 한니발의 후방인 스페인으로 진군하여 카르타고 본토에서 결전을 벌였다. 스키피오는 적의 역량을 소모시켰을 뿐만 아니라 한니발을 본토로 되돌아오게 만들었다. 실전 결과는 스키피오의 모략이 정확했음을 입증했다.

부저추신釜底抽薪 가마솥 밑의 장작을 빼낸다

이 말은 서한시대 유향劉向의 『회남자淮南子』「본경훈本經訓」에 나온다.

끓는 물을 끓지 않게 하려면 그 물을 덜어냈다가 다시 붓는 것으로는 안 된다. 불을 빼내는 것만이 근본적인 방법이다.

동탁董卓의 「상하진서上何進書」에도 "신이 듣기로는 끓는 물을 끓지 않게 하려고 그 물을 덜어냈다가 다시 붓는 것은 장작을 덜어내느니만 못하다고 들었습니다."라는 구절이 있다. "장작을 덜어내서 끓는 것을 멈추게 한다"는 '추신지비抽薪止沸'는 그 뒤 "가마솥 밑에서 장작을 덜어낸다"는 '부저추신'으로 발전했는데, 이것은 "끓는 물을 멈추게 하여" 문제를 근원적으로 해결한다는 의미를 지니고 있다.

『36계』「혼전계混戰計」의 제1계를 보면 "적을 힘으로 맞설 수 없으면 그 기세를 소모시켜라."는 풀이가 있다. 부드러움으로 강함을 이기는 방법으로 상대를 제압한다는 것이다. 이어서 "물이 끓는 것은 화력에 의한 것이므로 장작이 불의 힘이 되며, 장작은 접근이 가능하다. 따라서 적의 역량을 맞상대할 수 없더라도 그 기세를 소모시키거나 약화시킬 수는 있다."는 설명도 있다. 역량이 강대하고 예리하여 상대할 수 없는 적에 대해서는 그 예봉을 피하고 모략을 운용하여 적의 공세를 삭감시킬 수 있다.

동한 말기의 원소와 조조 사이에 벌어진 '관도官渡 전투'에서 원소는 10만 병력과 충분한 식량을 가진 반면 조조는 2만 병력에 식량도 부족한 상황이었다. 실력이 두드러지게 차이가 나는 상황에서 조조는 허유의 '부저추신'이라는 모략을 받아들여, 5천 병사를 이끌고 식량을 쌓아놓은 오소烏巢를 습격했다. 원소의 군대는 심리적으로 동요되어 싸우지도 못하고 흩어졌다. 조조는 이 틈을 타서 공격을 퍼부어 원소군을 대파했다.

"군에 양식이 없으면 전투에서 패한다."는 말은 고대 전쟁에서 무척 실감나는 것이었다. 군사전문가들은 상대방의 식량을 습격하거나 운송로를 끊는 용병술을 적을 쳐부수는 근본으로 여겼다. 현대 전쟁에서는 후방에 의존하는 경향이 더욱 커졌다. 따라서 적의 후방 기지나 창고를 습격하고 송유관을 파괴하는 등의 행동은 여전히 '부저추신'의 모략을 실행하는 중요한 면이 되고 있다.

'부저추신'은 주된 모순을 제대로 장악한다는 데 그 의의가 있다. 전쟁의 전체 국면에 영향을 줄 수 있는 관건을 장악한다는 것은 달리 말하면 적의 약점을 쥔다는 것이다.

해전은 제2차 세계대전 때 항공모함이 출현함으로써 비로소 입체화되었으며 제공권이 제해권에 결정적인 영향을 미치게 되었다. 그리하여 항공모함의 생존 여부는 해상 통제권을 탈취하고 유지하는 '부저추신'이 되었다. 미드웨이 전역에서 일본군 장교들은 항공모함을 주요 지원 단위로 삼았다. 일본이 미드웨이 섬에 대한 제2차 공격에 전력을 집중하고 있을 때, 미국 태평양함대 사령관 니미츠 제독은 함대의 일부분을 몰고 서서히 일본군 잠수함의 경계선을 지나 미드웨이 섬 북쪽에 도착하여 기회를 기다리고 있었다. 이때 미군 정찰기가 일본 항공모함의 위치를 발견했다. 미군은 일본의 폭격기들이 미드웨이 섬을 폭격한 후 항공모함으로 돌아가는 시간을 추정한 후, 즉시 50여 대의 급강하 폭격기를 출동시켜 순식간에 일본의 항공모함을 폭격했다. 그 결과 네 척의 항공모함이 격침되었고, 혼전 중에 생존한 일본 비행기들은 착륙할 곳을 잃고 헤매다 연료가 바닥나 결국 바다로 추락하고 말았다.

10절
공격의 시기

승적불급乘敵不及 적이 미처 손쓸 겨를이 없는 틈을 탄다

이 말은 『손자병법』「구지」편에 나오는 말로 원문은 '승인지불급乘人之不及'으로 되어 있다. 손자는 이와 관련하여 다음과 같이 말한다.

예로부터 용병을 잘하는 자는 적을 혼란하게 만들어 적의 전후 부대의 연락을 끊어버림으로써 대부대와 소부대가 응원하지 못하게 하고, 장교와 사병이 서로 구원하지 못하게 하며, 상급기관과 하급기관이 서로 돕지 못하게 하고, 군사들이 흩어져 다시 모일 수 없게 하며, 군사들이 모여도 질서가 정연하지 못하게 한다.

손자는 용병작전의 기본 규칙으로서 적이 미처 손쓸 겨를이 없는 틈을 타라고

주장한다. 『병뢰』「승乘」에서는 "필승술은 변화에 잘 맞추고 틈을 교묘하게 타는 데 있다. 틈을 탄다는 것은 상대가 미처 손쓸 겨를이 없는 틈을 타 경계를 하지 않는 곳을 공격하는 것"이라고 했다. 만약 "상대가 미처 손쓸 겨를이 없는 틈을 타지" 못한다면 승리의 기회가 제아무리 많아도 소용없다.

어떻게 적의 틈을 타느냐에 관해서는 『오자병법』「요적料敵」에 13가지 상황이 열거되어 있고, 이 밖에도 8가지의 "점쳐볼 것도 없이 나아가 싸워야 하는" '불복이전不卜而戰'의 기회를 열거하고 있다. 『병뢰』에서는 다음 10가지 상황을 늘어놓고 있다.

① 교만한 틈을 타라.

② 지친 틈을 타라.

③ 느슨해진 틈을 타라.

④ 굶주린 틈을 타라.

⑤ 목마른 틈을 타라.

⑥ 어지러운 틈을 타라.

⑦ 의심하여 머뭇거리는 틈을 타라.

⑧ 두려워하는 틈을 타라.

⑨ 곤경에 처해 있는 틈을 타라.

⑩ 위험에 처해 있는 틈을 타라.

『투필부담投筆膚談』「달권達權」제3에서도 "따라서 병을 아는 자는 먼저 스스로의 허점을 단단히 대비한 후에 적이 대비하지 못한 허점을 틈탄다."고 했다. 그리고 틈을 탈 수 있는 10가지 기회를 나열하고 있다.

① 적의 의심을 틈타면 이간시킬 수 있다.

② 적의 피로를 틈타면 공격할 수 있다.

③ 적의 배고픔을 틈타면 곤경에 몰아넣을 수 있다.

④ 적의 흩어짐을 틈타면 도모할 수 있다.

⑤ 적의 허점을 틈타면 놀라게 할 수 있다.

⑥ 적의 어지러움을 틈타면 얻을 수 있다.

⑦ 적이 아직 이르지 않은 틈을 타면 교란시킬 수 있다.

⑧ 적이 아직 출발하지 않은 틈을 타면 제압할 수 있다.

⑨ 승리한 틈을 타 빼앗을 수 있다.

⑩ 패한 틈을 타 후퇴할 수 있다.

이러한 것들만으로 적을 향해 진군하는 시기를 전부 개괄할 수는 없겠지만, 장병들에게 적의 빈틈을 발견하는 데 주의를 기울여 적이 미처 손을 쓰지 못하는 틈을 타 승리를 거둘 수 있도록 교육시킬 수 있다.

사람의 대뇌가 사물을 반영할 때는 관찰·사고·판단의 과정을 거친다. 이 과정에서 준비와 무방비, 침착과 당황이 대비되는데, 언제나 전자가 유리하다. 전쟁사에는 인간의 대뇌에 반영되는 어떤 문제의 '시간차'를 이용하여 전쟁의 형세를 뒤집은 사례가 매우 많다.

기원전 632년, 진·초의 '성복城濮 전투'에서 초의 장수 자옥이 병사를 이끌고 추격해 오자, 진의 장수 서신胥臣은 호랑이 가죽을 말 등에 씌워 갑자기 적진으로 돌진하게 하여 군을 당황하게 만든 다음 반격하여 대승을 거두었다.

기원전 496년, 오·월 양군은 취리檇李에서 대치하고 있었다. 월왕은 죄인으로 구성된 3개 소대를 진지 앞에서 자결하게 했다. 오군은 무슨 일인가 싶어 진지 앞으로 바짝 나와 구경하려 했고, 그 바람에 전열이 많이 흩어졌다. 월군은 이때를 놓치지 않고 맹공을 퍼부어 오군을 대파했다.

제2차 세계대전 중 소련군 유격대는 독일군이 철통같이 지키고 있는 다리를 폭파시키고자 했다. 유격대는 먼저 목장에다 붉은 깃발을 꽂아 소들이 미쳐 날뛰게 만들었다. 이를 본 독일군들이 소를 잡느라 정신이 없을 때 유격대는 다리를 폭파시켜버렸다.

승노가공乘勞可攻 지친 틈을 타 공격한다

적이 지친 틈을 타 공격을 가하는 것은 역대 군사전문가들이 중요시해온 모략의 하나다.

222년, 유비는 대군을 이끌고 장강 남안으로부터 산과 고개를 넘어 오를 향해 대대적인 공격을 가했다. 오나라 장수 육손은 전투를 서두르고 있는 유비의 심리를 교묘하게 이용하여 촉군을 기진맥진하게 만든 다음, '화공火攻'을 퍼부어 유비의 촉군을 대파했다.

『진서』「유곤전劉琨傳」에 실린 316년의 일이다. 유곤劉琨은 10만 군을 이끌고 석륵石勒을 공격하러 나섰다. 장군 희담姬澹이 보·기병 2만으로 선봉에 나섰다. 석륵의 진영에는 희담의 군대가 기세당당하고 정예병이라 맞붙어서는 승산이 없다는 견해가 제기되었다. 그러나 석륵은 상대가 먼길을 오느라 체력이 떨어져 호령이 제대로 먹히지 않는 등 오합지졸이나 마찬가지이므로 단번에 무찌를 수 있으리라 생각했다. 석륵은 상대가 지친 틈을 타기로 결심하고, 험준한 요지에 숨어서 적을 기다렸다. 전투가 시작되자 석륵은 거짓으로 패한 척하며 매복권으로 적을 유인해서 유곤의 군대를 대파했다.

승허이공乘虛而攻 허점을 틈타 공격한다

이 말은 『위료자尉繚子』 「병권兵權」 제5에 나온다. 그 원문은 이렇다.

> 성읍이 비어 있고 물자가 다 떨어진 자에 대해서는 그 허점을 틈타 공격한다. 병법에서 '무인지경에 들어가 적이 미처 저항할 틈을 주지 않고 공격하여 차지한다'라고 말한 것이 바로 이것이다.

『자치통감』 「당기唐紀」에 실린 817년의 일이다. 당나라는 '안사의 난' 이후 지방 세력들이 자신들의 군대를 양성하여 각 지역을 나누어 차지하고 있었다. 당 헌종憲宗은 대장 이소李愬로 하여금 채주蔡州(지금의 하남성 여현)에 근거지를 틀고 있는 회서淮西 절도사 오원제吳元濟를 정벌하게 했다. 당에 항복한 장수 이우李祐는 이소에게 건의했다.

"채주의 정예병은 지금 회곡洄曲 및 사방 경계지역에서 수비하고 있기 때문에 성을 지키고 있는 군사는 모두 늙은 자들뿐입니다. 이 틈을 타서 곧장 성으로 쳐들어가면 오원제를 잡을 수 있을 것입니다."

훗날 사람들은 "틈을 타서 곧장 성으로 쳐들어간다"는 '승허직저기성乘虛直抵其城'이라는 말을 '승허이입乘虛而入'이라는 말로 넓혀서 사용했다. 이는 '승허이공乘虛而攻'의 방식과 같다.

1944년 여름, 소련군은 바그라치온 전역에서 주요 돌파 방향을 탱크부대가 행동하기에 편한 우크라이나 지구가 아닌 벨라루스 삼림과 호수 지대를 선택하여 적의 경계가 취약한 곳을 공격했다. 경계가 약한 곳에는 허점이 있게 마련이고, 따라서 이 전술도 '승허이공'이라 할 수 있다.

히틀러가 프랑스를 '벼락같이 습격'(섬격전)했을 때, 통상적인 용병법을 깨고 아르덴느 산맥을 돌아 프랑스군이 미처 손쓸 겨를이 없는 틈에 공격을 가한 것도 그 좋은 예다.

1945년 8월, 소련군은 극동 전역을 치르고 있었다. 일본군은 상식과 습관에 따라 소련군의 주요 돌진 방향을 분석했다. 그러나 예상을 뒤엎고 삼림 지대인 대홍안령이 소련군 탱크부대가 일본군을 향해 곧장 진격하게 하는 데 엄호 역할을 해주었다.(군사모략 '원이시근' 참조)

승피불우乘彼不虞 적이 방심한 틈을 타 공격한다

명나라 때의 『초려경략』에 보면 다음과 같은 의미심장한 대목이 있다.

병이란 기회를 만나 행동으로 옮기는 것이다.… 또한 먼저 늦추었다가 나중에 빠르게 하는 방법도 있는데, 늦추는 것은 상대의 경계를 느슨하게 만드는 것이고, 빠르게 하는 것은 적이 미처 준비하지 못한 틈을 타는 것이다. (내가 늦춤으로써) 대비를 느슨하게 만들어 미처 준비하지 못한 틈에 쳐들어가면 이기지 않을 수 없고 적중

하지 않을 수 없다

　이것은 적이 느슨하게 흩어져 있는 틈을 타 예상 밖의 행동을 취함으로써 성공하는 모략이다. 『병뢰』「승乘」에서도 어떻게 적의 빈틈을 타서 공격할 것인가에 대해 전문적으로 논의하고 있다. 『손자병법』「구지」편에서는 "적이 미처 손을 쓰지 못한 틈을 타서 경계가 없는 길을 통해 무방비를 공격한다."고 했다. 전쟁사는 실패가 대비의 허술함에서 비롯된다는 사실을 잘 증명해주고 있다. 따라서 '승피불우'는 역대 병가들이 중시해온 승리의 원칙이었다.

　378년, 전진前秦의 부견苻堅은 7만 군사를 이끌고 동진東晉의 군사 요충지인 양양襄陽(지금의 호북성 양번시)을 공격했다. 동진의 장수 주서朱序는 한수漢水가 가로막고 있으며 민간인 배들을 일찌감치 남안으로 대피시켰으므로 부견이 한수를 건너지 못할 것이라고 판단했다. 그래서 전진의 대군이 공격해오는데도 별다른 신경을 쓰지 않고 경계를 소홀히 했다. 전진의 장수 석월石越은 5천 기병을 거느리고 한수를 헤엄쳐 건넜다. 주서는 어쩔 바를 모르고 황급히 군사를 거두어 성으로 들어갔다. 전진군은 몇 차례 공격을 가했지만 성을 공략하지 못하자 군영으로 후퇴했다. 주서는 승리에 도취해 방어를 강화하기는커녕 경계를 다시 늦추었다. 그 결과 양양은 적의 손에 들어가고 주서 자신도 포로 신세를 면치 못했다.

　이 전례는 동진의 주서가 적과 맞서 승리할 수 있는 능력이 충분했음에도 "대비를 소홀히 하는" 바람에 실패했고, 전진은 '승피불우'했기 때문에 승리한 사실을 잘 보여준다. 『병뢰』「승」에서는 "틈을 탈 수 있는" 10가지 상황을 나열하고 있는데, 그 조항 가운데 "느슨해진 틈을 타라"는 '해가승懈可勝'이 있다. 물론 적의 "소홀한 준비와 경계"는 다양하게 나타난다. 적의 틈을 간파하여 제때에 이용할 수 있다면 적을 물리치고 승리하는 중요한 조건이 마련되는 셈이다.

승간격하乘間擊瑕 빈틈을 타서 취약점을 공격한다

『역대명장언행록歷代名將言行錄』제28권에 나오는 명나라 때의 명장 원숭환袁崇煥의 말 중에 다음과 같은 것이 있다.

> 튼튼하게 벽을 쌓고 들을 깨끗하게 비워놓는 것을 근본으로 삼고, 기회(틈)를 타서 적의 약점을 공격하는 것을 활용법으로 삼아 싸우면 비록 수가 모자라도 지키고도 남음이 있다. 지키고도 남음이 있다면 싸워도 모자랄 것이 없다.

이 모략은 빈틈을 노려 적의 약점을 공격하는 것이다. '승간격하'에서 '승乘'은 '이용'의 뜻이며, '간間'은 '빈틈'을 말한다. 따라서 '승간'은 "기회를 이용한다"는 뜻이 된다. '하瑕'는 '빈틈' 또는 '취약한 부분'을 말한다. '승간격하'의 관건은 언제 어느 곳에 틈이나 취약한 부분이 있는가를 발견하는 데 있다. 『병뢰』「승」에서 "필승술은 변화에 잘 맞추고 틈을 교묘하게 타는 데 있다. 틈을 탄다는 것은 상대가 미처 손쓸 겨를이 없는 틈을 타 경계하지 않는 곳을 공격한다는 것이다.… 틈을 탈 수 있는 기회를 잘 예측하여 그 틈을 타면 적을 제대로 제압할 수 있다."고 했다. 제갈량은 틈을 타서 치고 들어가는 것을 승의 전법이요, 변화에 적절히 대응하는 형식이라고 보았다. 예기치 않게 틈을 타서 치고 들어가는 것은 진공 시기를 선택하는 기본 원칙이다.

다음은 『정성공수복대만기鄭成功收復臺灣記』에 기록되어 있는 사실이다. 1661년 4월 하순, 정성공은 몸소 장수 백여 명과 육·해군 2만여 명 및 군함 백여 척을 이끌고 대만 원정에 나섰다. 4월 말, 정성공은 대만 남단의 외사선外沙線과 녹이문鹿耳門 부근에 이르렀다. 녹이문에는 남북 두 갈래의 뱃길이 나 있다. 남쪽 길은 수심이 깊어 배가 드나들기 쉬워 상륙하기에 편했다. 그러나 이곳은 적이 포대를 설치해놓고 지키고 있어 공격하기가 쉽지 않다. 반면에 북쪽 길은 수심이 얕아 배가 다니기 어려운 데다가 암초가 많아 배가 파손될 위험이 도사리고 있는 길이었다. 반면 적의 방비가 허술해서 틈을 탈 수 있는 곳이기는 했다. 정성공은 이 북쪽 항로를 통해 상륙하기로 결정했다. 그는 작은 배로 갈아타고 자신이 앞장서서 맨 먼저 대만 땅을 밟았다. 장병들은 이런 정성공의 모습을 보고는 크게 감동하여 용감하게 전진했다.

● 상대의 빈틈을 파악하는 데는 정확한 정보가 뒷받침되지 않으면 안 된다. 정성공이 대만 원정에 성공할 수 있었던 것도 정확한 정보와 그에 대한 치밀한 분석이 있었기에 가능했다.

　　정성공이 적의 방어가 허술한 곳을 이용하여 상륙한 것은 '승간격하'의 구체적인 형식이었을 따름이다. 전쟁터의 상황은 복잡하고 변화무상해서, 적과 내가 언제라도 파탄을 드러낼 여지가 많다. 관건은 누가 제때에 상대의 빈틈을 발견하여 신속하게 공격하느냐에 달려 있다.

　　1940년, 독일군 중앙부대는 영국해협으로 전진한 후, 마치 솜씨 좋은 백정이 소를 잡아나가듯 한 줄로 좁고 길게 영·불 연합군 부대의 사이를 신속하게 갈라나가는 공격을 취함으로써 순식간에 영·불 연합군의 전략 방어를 와해시켜버렸다.

　　적의 취약점을 파악할 때 공간 개념에만 사로잡혀서는 안 된다. 화력의 타격 거리와 범위가 크게 확대된 현대 전쟁에서는 이 점을 주의하지 않으면 안 된다. 자칫 조금이라도 소홀히 하면 '호랑이 입'에 빠지거나 적군의 '불구덩이' 속으로 뛰어드는 꼴이 되고 만다.

반도이격半渡而擊 · 반제이격半濟而擊 강을 다 건너기 전에 공격한다

적이 강을 건너올 때는 강을 다 건너기 전에 공격을 가해야 한다. '반도이격'이란 바로 그런 뜻이다. 다시 말해 완전히 물을 건너 정돈을 마치기 전에 공격하라는 것이다. 이때는 적의 앞뒤가 미처 정리가 안 되어 있어 행렬이 어지럽기 때문에 공격에 유리하다. 이 전략은 쌍방이 물을 사이에 두고 싸우던 고대 전쟁에서 흔히 사용하던 것이다.

『손자병법』「행군行軍」편에서는 이렇게 말하고 있다.

적이 물을 건너 공격해 오면 물가에서 공격하지 말고 반쯤 건너게 한 다음 공격하는 것이 유리하다.

주周나라 경왕敬王 14년인 기원전 506년, 채蔡의 소후昭侯는 진晉을 구원하려다 뜻을 이루지 못하고 돌아오는 길에 심沈을 정벌하려 했다. 그런데 오히려 초의 공격을 받아 오吳에 구원을 요청하게 되었다. 오나라의 왕 합려는 손자를 장군으로, 오자서와 백비伯嚭를 부장으로, 공자 산山(합려의 아들)을 선봉으로 삼고, 삼군 전체를 동원하여 당·채와 연합해서 초나라 정벌에 나섰다. 오군은 백거柏擧(지금의 호북성 한천 이북)에서 군을 물리친 후 승기를 몰아 청발수淸發水(지금의 호북성 육서의 운수)까지 군을 추격했다. 합려가 총공격을 명령하려 할 때 동생 부개夫槪가 이를 말렸다.

"쥐새끼도 막다른 골목에 몰리면 무는 법입니다. 하물며 사람이야 오죽하겠습니까!"

그는 "반쯤 건너게 한 다음 공격하는 것이 좋다"는 '반도이격'을 건의했다. 합려도 동의했다. 오군은 초군의 일부가 물을 건너고 나머지는 아직 건너지 못하고 있는 혼란스러운 상태에서 공격을 가하여 초군을 대파했다. 그리고 다시 옹서雍澨(호북성 경산 서남)까지 추격하여 초의 원군을 무찌르고, 마침내 11월 29일 초나라 수도 영성 郢城을 점령했다. 역사상 비교적 오래된 '반도이격'의 사례다.

군사모략은 사회·전쟁·사유의 발전과 함께 발전한다. 춘추시대 이전의 용병작전에서 보이는 이른바 "군자는 두 번 상처를 입히지 않는다." 등과 같은 '인의仁義'를 강조하는 인식들이 춘추시대에 들어와서도 여전히 영향을 미치고 있었다.

주나라 양왕襄王 14년인 기원전 638년, 송·초의 홍수泓水(지금의 하남성 상구현과 자성현 사이) 전투에서 '반도이격'을 무시하여 스스로 패배를 불러들인 송나라 양공襄公의 어리석은 인의仁義 도덕이 이런 영향력의 좋은 본보기였다. 당시 송나라 양공은 초군을 국경 근처에서 맞아 싸우려고 홍수 이북에 주둔하며 군이 오기를 기다렸다. 11월 1일, 초군은 홍수 남안에 이르러 강을 건너기 시작했다. 송의 대사마 공손고公孫固는 초군에 비해 수적으로 크게 열세인 것을 직시하고, 초군이 강을 반쯤 건넜을 때 공격하는 '반도이격'의 전법을 건의했다. 양공은 좋은 방법이긴 하지만 우리 군대는 인의를 중시하는 군대인데 어찌 상대가 위험할 때 공격하여 요행을 바랄 수 있겠냐며 공손고의 건의를 물리쳤다. 초군은 조용히 홍수를 건너 포진하기 시작했다. 이번에는 공자 목이目夷가 초군의 전열이 완전히 정비되기 전에 공격하자고 권했다. 송 양공은 또다시 거절했다. 결과는 송의 대패로 끝났고, 송 양공은 중상을 입고 이듬해 여름 세상을 떠나고 말았다. 그는 죽으면서도 자신의 어리석음을 깨우치지 못했다. 이러한 고리타분한 사고방식은 두고두고 웃음거리가 되었다.

군대가 물을 미처 다 건너지 못한 상황이면 대오는 흩어져 있어 전체 전투력이 결집될 수 없다. 이때 공격을 받으면 버티기 힘들다. 『오자병법』「요적料敵」제2에서도 무후武侯가 반드시 적을 공격해야 할 때가 언제냐고 묻자 오기는 "물을 반쯤 건너왔을 때 공격해야 한다."고 대답한다. 『백전기법』 「수전」에서는 "만일 적이 강을 건너 도전해 오면 적이 반쯤 건너왔을 때를 살펴 공격하면 유리하다."고 말하고 있다. '반도이격'은 특정한 조건 하에서 승리를 낚아챌 수 있는, 소홀히 할 수 없는 모략이 되었다.

현대적 조건에서는 작전 방식이 지상에만 국한되지 않는다. '반도이격'에도 새로운 요소가 많이 첨가되었고, 제약도 많아졌다. 예를 들어 '도하작전'을 펼치기 위해서는 먼저 도하할 장소의 상황을 정찰하여 장애물을 깨끗이 소탕하거나, '성동격서'의 전략으로 가짜 도하 지역을 만들어 도하 시 예상되는 적의 공격을 피하기도 한다.

순수견양順手牽羊 남의 양을 순조롭게 끌고 간다

이 말은 본래 남의 양을 슬그머니, 그리고 아주 쉽게 끌고 간다는 뜻이다. 즉, 남의 손에 있는 물건을 쉽게 가져가는 것을 비유하는 말이다. 이 말이 군사에서 쓰일 때는 틈을 타 적의 약한 곳을 공격하여 이익을 얻거나 주요 임무를 완성하는 과정에서 역량이 비교적 약한 적을 손쉽게 공략하는 것을 가리킨다. 그러나 주요 공격 방향에 대해 영향을 주어서는 결코 안 된다. 이 모략은 '양을 끌고 오는' 과정이 '순조로울' 것을 요구한다. 만약 순조롭지 못하거나 주요 공격 임무에 영향을 주게 되면 전체 국면이 불리해져 '양'을 순조롭게 끌고 오지 못하게 된다.

『36계』에서는 이 모략을 제12계에 놓고, "미미한 틈이라도 있으면 반드시 타야 하고, 미세한 이득이라도 있으면 반드시 얻어야 한다."고 말하고 있다. 적의 소홀함을 나의 승리로 바꾼다. 여기에는 지적하지 않은 하나의 전제가 있는데, 그것은 주요 작전 목표를 실현한다는 것이다. 이 전제 하에 적의 빈틈을 포착하여 순조롭게 손을 쓴다. 『36계』에서 말하는 '미미한 틈'이란 일반적으로 갑자기 드러난 것을 가리키며, '미세한 이득'이란 원래의 작전계획에서는 계산하지 못했는데 부담이 안 가는 방법으로 손쉽게 얻을 수 있으면서도 주요 목표의 실현에 영향을 주지 않고 득이 되는 것을 가리킨다.

기원전 658년, 진晉 헌공獻公은 우虞의 길을 빌려 괵虢의 하양下陽을 점령했다. 기원전 655년, 헌공은 또다시 우에게 괵을 정벌하기 위한 길을 빌려 괵을 멸망시켰다. 헌공이 이끄는 진의 군대는 돌아오는 길에 우에 주둔하게 되었는데, 우의 경계가 허술한 것을 보고 돌연 우를 습격, 아주 손쉽게 우마저 멸망시켜버렸다. 우나라의 멸망은 진 헌공이 '순수견양'을 활용한 전형적인 본보기였다.('가도벌괵' 항목 참조)

『좌전』 희공 23년조(기원전 637)에는 이런 사례도 기록되어 있다. 진秦 목공穆公이 군대를 일으켜 정鄭을 습격하면서 활滑나라를 지나다 정나라 상인 현고弦高를 만났다. 현고는 진군을 위로하는 척하면서 몰래 사람을 정에 보내 진군의 습격을 알리도록 했다. 진의 정나라 정벌은 이 때문에 무산되었다. 그러나 진의 대장 맹명孟明은 정을 멸망시킬 가망이 없어지자, 손쉬운 상대인 활을 어렵지 않게 멸망시킨 후 군사를 되돌렸다. 진군이 활을 멸망시킨 것 역시 '순수견양'의 본보기라 할 수 있다.

피기예기避其銳氣, 격기타귀擊其惰歸 사기가 날카로우면 피하고 느슨해지면 공격한다

『손자병법』「군쟁」편에 이런 대목이 나온다.

용병에 능한 자는 적의 사기가 날카로우면 피하고, 사기가 느슨해졌거나 사라진 때를 공격한다. 이를 '기를 다스린다'고 한다.

이 대목은 군의 '사기'를 주제로 삼고 있다.(통치모략 '장군가탈심' 참조) 작전 중인 군대는 초기에는 사기가 날카롭지만, 어느 정도 시간이 지나 힘이 소모되면 사기도 점점 떨어지다가 막바지에 이르면 완전히 바닥을 드러낸다. 이 모략은 전투 초기에 예리한 적의 사기를 피하고, 사기가 해이해지거나 완전히 바닥이 났을 때 공격할 것을 요구하고 있다. 적의 사기에 근거하여 결전의 시기를 선택하라는 것이다.

손자는 이미 2천 수백 년 전에 '사기'를 군대 전투력의 중요한 구성 성분으로 보았다. 손자 이전에도 전쟁의 실천을 통해 사기가 전쟁의 승부에 영향을 미친다는 점에 주목한 사람이 있었다. 『좌전』 선공 12년조(기원전 597)에 인용된 고대의 병서 『군지軍志』에서는 "먼저 상대의 마음을 빼앗으라."고 말하고 있다. 선배들의 사상을 이어받은 손자는 '사기'의 장악과 운용법을 더욱 체계적으로 정리하여 이를 적을 제압하는 방법으로까지 발전시켰다.

기원전 684년, 제나라가 노나라를 공격하여 장작長勺에서 전투가 벌어졌다. 노나라 장공은 제나라 군대가 지치길 기다리지 않고 바로 출전하려다가 조귀의 만류로 멈추었다. 그리고 제나라 군대가 큰북을 세 번씩이나 울리며 진군해 왔다가 실패한 후, 반격을 가해 물리쳤다. 이 전투가 끝난 다음 장공이 조귀에게 승리할 수 있었던 이치를 묻자, 조귀는 다음과 같이 대답했다.

"무릇 전투는 용기입니다. 단 한 번의 북소리로 기세를 올려야지, 두 번이면 힘이 빠지고 세 번이면 기진맥진입니다. 저쪽의 힘이 다하고 우리 쪽이 넘치면 이길 수 있는 것입니다."

이어서 조귀는 이런 말을 덧붙였다.

"제나라와 같은 대국은 얕잡아 보아서는 절대 안 됩니다. 병사를 매복시켜놓고 우리를 유인할지도 모르지 않습니까? 그래서 제가 바퀴 자국을 살피고 저들의 깃발을 관찰한 연후에 추격하라고 한 것입니다."

이는 작전 중에 군대의 사기를 장악한 전형이라 할 수 있다.(통치모략 '일고작기' 및 군사모략 '양배물종' 참조)

『백전기법』「피전避戰」에서는 "싸움에서 적이 강하고 내 쪽이 약하며 초반에 적의 기세가 날카로우면 그를 피하는 것이 마땅하다. 그러면서 적이 지친 틈을 엿보아 공격하면 틀림없이 이긴다."고 했다. 189년, 한의 장수 황보숭皇甫嵩은 진창陳倉 전투에서 왕국王國을 물리칠 때 이 모략을 성공적으로 구사했다. 당시 왕국은 진창을 포위하고 있었는데, 좌장군 황보숭과 동탁은 4만 군대를 이끌고 구원에 나섰다. 동탁은 "속히 구하면 보전할 수 있겠지만, 그렇지 못하면 성은 끝장"이라는 생각에 속전속결을 주장했다. 그러나 황보숭은 '백전백승'을 한다 해도 싸우지 않고 상대를 굴복시키는 것만 못하다며, 용병에 능한 자라면 먼저 상대가 나를 이기지 못하게 만든 다음 적을 이길 수 있는 기회를 기다리는 법이라고 말했다. 진창은 작기는 해도 튼튼해서 쉽게 함락될 성이 아니었다. 왕국이 강하긴 하지만 진창을 공격해 함락하지 못하면 병사들이 지칠 것이고, 바로 그때 공격하면 완벽한 승리를 거둘 수 있다는 것이 황보숭의 상황 분석이었다. 그리하여 진격을 멈추어 예봉을 피하고 적이 쇠퇴해졌을 때 공격한다는 기본 방침이 정해졌다. 왕국은 겨울부터 봄까지 80여 일 동안 성을 공격했지만 이기지 못했다. 바로 이때가 전기라고 판단한 황보숭은 적을 추격하려 했다. 이번에는 동탁이 나서서 "궁지에 몰린 적은 쫓지 말고 철수하는 군대는 막지 말라."는 병법을 들먹이며 반대했다. 그러나 황보숭은 동탁의 반대를 물리치고 왕국의 군대를 추격하여 만여 명을 베었다.

현대 전쟁의 형식을 천여 년 전의 그것과 비교할 수는 없다. 또 적의 사기도 지휘관이 수레에 앉아서 파악할 수 없다. 그러나 적의 예기를 피하고 기회를 엿보다가 적을 섬멸한다는 이 사상은 그 본질 면에서 여전히 귀감이 될 수 있다.

견가이진見可而進 가능성이 보이면 진격한다

이 말은 『좌전』 선공 12년조(기원전 597)에 나오는데 관련 대목을 보면 이렇다.

> (승리의 가능성이) 보일 때 진격하고, 어렵다는 것을 알면 물러나는 것이 군대를 잘 다스리는 것이다.

『오자병법』 「요적」 제2에는 이런 구절이 보인다.

> 이 모든 조건이 적에 뒤떨어질 때는 생각할 것도 없이 싸움을 피해야 한다. (가망이) 보일 때 진격하고, 어렵다고 생각되면 물러나는 것이다.

이 모략은 '진군할 기회'가 보일 때 과감하게 진격할 것을 요구한다. 이는 마치 『백전기법』 「진전進戰」에서 "무릇 적과 싸울 때 적을 이길 수 있는 이치를 알았다면 빨리 군사를 전진시켜 공격해야 한다. 그러면 필승이다."고 한 것과 같다. 여기서 '이길 수 있는'이라고 한 것은 역량뿐 아니라 기회도 강조하고 있는 말이다.

『신당서』 「이정전李靖傳」에는 다음과 같은 일화가 실려 있다. 이정이 정양定襄의 총사령관이 되어 돌궐을 격파하니, 돌궐의 우두머리 힐리가한頡利可汗은 철산鐵山으로 도망갔다. 그는 사신을 당에 보내 사죄하는 한편 당에 복속하겠다는 뜻을 전했다. 당 태종은 이정으로 하여금 그를 맞아들이게 했다. 사실 힐리는 표면적으로는 당에 복속하겠다고 했지만 속셈은 그것이 아니었다. 이정은 이 점을 이미 염두에 두고 있었다. 태종은 당검唐儉 등을 보내 힐리를 위로하도록 했다. 그러나 이정은 장공근張公謹에게 정예병 1만을 거느리고 돌궐을 습격하도록 했다. 장공근이 이정에게 물었다.

"황상께서 그들의 귀속을 허락하시고는 위로할 사람까지 보내셨는데 어떻게 그럴 수 있습니까?"

"기회를 놓칠 수는 없는 법! 한신韓信이 제齊나라를 쳐부술 수 있었던 것도 바로 기회를 놓치지 않았기 때문이오!"

마침내 병사들을 독촉하여 신속하게 진군한 끝에 당군은 음산陰山에 이르렀다. 여기서 당군은 힐리의 경계부대 1천여 명을 전부 포로로 잡아 함께 데리고 계속 전진했다. 한편 힐리는 당나라에서 파견한 사신을 접하고는 몹시 기뻐하고 있었다. 그는 당나라의 대군이 들이닥치리라고는 꿈에도 생각하지 못했다. 이정의 선봉군이 안개가 잔뜩 낀 틈을 타 힐리가 있는 7리 밖까지 접근한 뒤에야 힐리의 군대는 이정의 군대를 발견했다. 미처 전열을 가다듬을 시간도 없이 당군은 물밀듯이 쳐들어왔다. 1만여 명이 죽고 10만여 명의 남녀가 포로로 잡혔다. 힐리의 아들 첩라시疊羅施도 사로잡혔고 힐리의 아내 의성義成공주는 살해되었다. 힐리는 간신히 도주했으나, 얼마 후 대동大同의 부사령관 장보상張寶相에게 잡혔다.

진晉 무제武帝 때인 279년, 진은 대군을 결집하여 오吳나라를 멸망시키기 위한 전투를 개시했다. 280년 정월,

● 승기를 잡았을 때 늦추면 상황은 역전된다. 이정이 황제의 명령을 기다리지 않고 적을 공격한 것도 승기를 잡았을 때 적을 섬멸해야 한다는 이치를 잘 알고 있었기 때문이다.

각 군은 예정된 목표를 향해 진군했다. 3월 오나라의 주력군은 판교板橋에서 왕혼王渾 휘하의 손주孫疇·주준周浚의 부대와 맞붙었으나 대패했다. 왕혼은 대강大江으로 전진하여 상류에서 내려오는 왕준王濬의 수군을 기다렸다. 양주揚州의 별가別駕 하운何惲은 자사刺史 주준에게 이렇게 건의했다.

"지금 오나라는 주력군이 대패한 이후 모두가 두려워하고 있을 것입니다. 왕준이 이미 무창武昌(지금의 호북성 악성현)을 함락시키고 승세를 몰아 동쪽으로 내려오고 있으므로 오나라는 멀지 않아 멸망할 것입니다. 그러니 우리는 빠른 속도로 강을 건너 곧장 건업建業(지금의 강소성 남경)을 취하는 것이 좋습니다."

주준은 그의 말에 일리가 있다고 여겨 그를 직접 왕혼에게 보내 계획을 말하게 하려고 했다. 하운은 고개를 저으며 말했다.

"왕혼은 일에 때가 있다는 것을 전혀 모르는 위인입니다. 그는 그저 실수만 하지 않으면 그만이라는 생각에 빠져 있기 때문에 우리의 주장에 귀를 기울일 리 만무합니다."

주준은 자신이 몸소 왕혼을 찾아가 이 계획을 강력하게 건의했다. 아니나 다를까, 왕혼은 이렇게 답했다.

"폐하께서는 내게 강북을 지키면서 오군을 막으라고만 하셨지 섣불리 진공하라고는 하시지 않았소. 당신네들 양주 군사들이 잘 싸우기는 하나 독자적으로 강동을 깨끗하게 평정할 수 있소? 내가 속히 건업으로 진격하라는 명령을 내려 승리한다 해도 그 공로는 별 볼 일 없을 것이고, 만에 하나 패한다면 그 죄를 어찌한단 말이오. 하물며 폐하께서는 이미 왕준의 군대를 내 휘하에 두라고 분명히 말씀하셨거늘, 당신들은 그저 배를 준비해두었다가 왕준이 온 다음 강을 건너면 되는 것이오."

하운이 나서서 말했다.

"왕준은 만리의 도적을 물리쳐 혁혁한 공을 세웠는데 어찌 당신의 통제를 받는 단 말씀입니까? 게다가 당신도 장군의 몸이므로 승리의 가능성이 보이면 진격해야지 이렇게 앉아서 명령만 기다리면 어떻게 합니까? 당신이 정 그런다면 모두 불만을 품게 될 것입니다."

그래도 왕혼은 꿈쩍도 않고 대군을 강북에 그대로 주둔시켜두었다.

왕준은 무창에서 순조롭게 동쪽으로 내려온 다음 건업으로 향했다. 왕준의 해군이 삼산三山(지금의 남경 서남 5백 리)을 지날 무렵 오나라 군주 손호孫皓는 완전 탈진 상태에 있었다. 그는 광록훈光祿勳 설영薛瑩과 중서령中書令 호충胡沖의 꾀를 받아들여, 왕혼·왕준·사마주司馬伷 세 사람에게 항복하겠다는 편지를 각각 따로 보냈다. 세 사람이 서로 공을 다투게 하여 내분을 끌어내기 위한 모략이었다. 이때 진나라 군대는 왕준의 부대만 빼고 왕혼과 사마전 등이 모두 강북 기슭에 주둔하고 있었다. 왕혼은 항복 편지를 받자 왕준에게 강을 건너와 상의하자고 했다. 왕준은 "바람 때문에 배를 댈 수 없다."는 구실을 대고, 곧장 건업으로 쳐들어갔다. 3월 15일, 손호는 왕준의 압박을 견디지 못해 항복하고 말았다. 강동에서 57년간 세력을 유지했던 손오孫吳 정권은 이렇게 해서 무너졌다.

17세기 영국에서 일어난 제2차 내전에서 크롬웰 장군은 군을 이끌고 국왕의 친위군을 공격했다. 크롬웰의 군대가 목표에 바짝 다가갔을 때 보급품이 동났다. 상식대로라면 크롬웰은 곧장 진격, 속전속결의 전략을 펼치고 지구전을 피해야 했다. 그러나 그는 튼튼한 적의 진지를 파괴할 수 있는 확실한 기회를 찾지 못했기 때문에 진격을 과감하게 포기하고 철수함으로써 진지로부터 적을 끌어내서 추격케 한 다음 적을 섬멸할 기회를 찾고자 했다. 그러나 추격해 오는 적이 안전한 공격법을 취하는 통에 크롬웰은 좀처럼 반격의 기회를 찾지 못했다. 크롬웰의 군대는 적을 이리저리 끌고 다닐 수밖에 없었고, 그 과정에서 몇 차례 바짝 뒤쫓기는 위기도 있었다. 부하들은 맞부딪쳐 싸우자고 아우성을 쳤지만 그는 엄청난 자제력으로 감정의 준마에 재갈을 물려 결코 쉽게 싸우려 들지 않았다. 20여 일이 지났다. 비바람과 천둥 번개가 몰아치던 어느 날 크롬웰은 피로에 지쳐 허둥대는 적의 왼편 부대가 좁은 계곡 사이에 끼인 꼴이 되어 있음을 발견했다. 그 부대는 경계도 흩어져 있었다. 크롬웰은 즉시 전력을 다해 맹공을 퍼부었고, 적진은 큰 혼란에 빠져 전군이 궤멸되고 말았다.

지휘관의 결심은 전쟁의 실제 상황에 근거하여 적시에 과감하게 이루어져야 한다. 왕혼은 장군의 몸으로 "승기를 잡고도 전진하지 않고" 그저 기계적으로 "강북에 주둔한 채 함부로 전진하지 말라."는 명령에만 매달렸다. 주관이 없었고 지나치게 수동적이었던 것이다. 이러한 사실은 우리들에게 상급부의 지시·명령에 대한 집행은 실제 상황에 근거하여 이루어져야지 멍청하게 하라는 대로만 따라서는 안 된다는 사실을 말해준다.

'견가이진'의 '가피'는 전체 국면을 분석한 기초 위에 서 있는 것이지, 부분을 보고 판단하는 '가'와 '불가'는 아니다. 국부적으로 보아 전진이 가능하더라도 그 전진이 전체 국면에 불리하다면 전진해서는 안 된다. 지휘관이 '견가이진' 하려면 반드시 전체 국면에 대한 정확한 분석과 판단이 있어야 한다.

11절
지연

완병지계緩兵之計 지연술

'병귀신속兵貴神速'과 상대되는 이 '완병지계' 역시 중요한 지휘술의 하나다. 전쟁에서 시간이라는 요소는 쌍방 모두에게 공평하게 주어진다. 그러나 쌍방이 처한 입장의 차이와 내부 상황의 차이 등으로 인해 시간에 대한 필요성이 달라질 수밖에 없다. 같은 군대라 하더라도 각기 다른 상황에 놓여 있다면 시간에 대한 요구는 큰 차이를 보일 것이다. 그렇기 때문에 용병술에서 '완급'의 비중은 매우 크지 않을 수 없다.

『병경백자』「애자挨字」를 보면 이 모략의 사용 시기에 대해 논하면서, 다음과 같은 상황에서 사용하라고 일러준다.

① 적이 우세한 병력으로 진군해 오는데 그 기세를 맞아 오래 버틸 수 없을 때

② 상황이 적에게 불리해져 적이 속전속결을 벌이려 할 때

③ 전투가 막 시작되어 적이 유리하고 아군이 불리할 때

④ 상황으로 보아 침착한 대응이 요구되고, 먼저 손을 쓰면 위험할 때

⑤ 적군이 여러 나라로 구성된 동맹군으로, 서로 시기하여 내분이 일어났을 때

⑥ 적의 작전 구사가 다양하고 변화무상하나 내부에서 누군가 견제하고 있을 때

⑦ 천기와 지형이 적에게 불리하여 그 기세가 점차 꺾여갈 때

이 모략을 운용할 때의 관건은 적의 상황에 대한 세심한 관찰과 연구 그리고 파악에 있다. 적을 무너지는 쪽으로 끌어들인 후 모략으로 도모하면 내 쪽에서 우세를 차지할 수 있고, 전쟁 국면이 순조롭게 풀려 적은 투입으로도 큰 수확을 거둘 수 있다. 삼국시대의 사마의가 요동을 평정할 때 바로 이 '완병지계'를 활용했다.

238년, 사마의는 4만 병력을 거느리고 요동에 세력을 틀고 있는 공손연을 토벌하러 나섰다. 전쟁 막바지에 사마의가 이끄는 위군은 양평에서 공손연을 포위했다.(군사모략 '공기필구'·'안좌질우' 참조) 당시 공손연은 병력 면에서는 사마의보다 우세했으나 식량이 모자랐다. 반면에 위군은 식량은 충분했으나 성을 공격할 준비를 채 갖추지 못한 상황이었다. 여기에 큰비가 내려 땅에 몇 자씩 웅덩이가 파이는 바람에 성을 공격하기가 더욱 어려워졌다. 사마의는 서둘러 속전속결을 시도하다가는 적이 우세한 병력을 이용하여 육박전으로 나오거나 포위를 돌파하고 달아날 가능성이 크다고 분석했다. 그와 반대로 어느 정도 시간을 끌면 공손연의 식량 문제가 더욱 커져 군심이 흩어질 것이니 그사이에 위군은 사기가 떨어지지 않도록 잘 다듬어놓으면 된다는 계산이 나왔다. 사마의는 '완병지계'를 쓰기로 결정했다. 그는 전투를 서두르지 않으면서도 군영을 옮겨 포위를 풀어주지 않았다. 현재의 상태대로 양군의 대치 국면을 유지하려는 작전이었다.

적이 포위 돌파를 단행하지 않도록 하기 위해 사마의
는 큰비가 내리는 틈을 타 적이 성을 나와 나무를 하거나
방목하는 것에 대해 전혀 공격을 가하지 않았다. 즉, 자기
쪽의 약한 모습을 일부러 노출시킴으로써 적의 심리를 마
비시키려는 것이었다. 공손연은 자기 군대가 수적으로 우
세한 데다가 큰비가 내리므로 위군도 어쩔 수 없을 것으
로 판단, 성을 지키며 방관만 하고 있었다. 쌍방은 빗속에
서 30여 일 동안을 전투 없이 대치했다. 위군의 일부 장수
들은 적을 포위하고서도 공격을 않는 점에 불만을 표시하
기도 했으나, 사마의는 인내심을 가지고 기다리라고 설득
했다.

● 제갈량의 호적수로 이름난 사마의는 '기다림
의 철학'이란 경지를 개척한 인물이라 할 수
있을 정도로 신중했다.

　비가 그치고 날이 개자 위군은 흙으로 산을 쌓고 땅 밑으로 통로를 파서 대거
성을 공격하기 시작했다. 이때 공손연 진영의 식량은 이미 바닥나 있었고, 급기야는
서로를 잡아먹는 참상마저 일어났다. 공손연은 잔병을 모아 성을 버리고 포위를 뚫
으려 했으나 성밖에서 기다리고 있던 위군에게 전멸당했다.

이근대원以近待遠　가까움으로 먼 것을 기다린다

『손자병법』「군쟁軍爭」편에 나오는 대목이다.

　'가까운 곳에서 먼길을 온 적을 기다리고', 아군을 편안하게 해놓고 피로한 적을 기

다리며, 아군을 배불리 해놓고 굶주린 적을 기다린다. 이는 체력을 다스리는 방법이다.

자기편이 전장에서 가깝다는 유리한 조건을 이용하여 먼길을 행군해 온 적군을 맞아 승리하는 비결을 말하고 있는 대목이다.

『자치통감』 권42·43의 기록을 예로 들어보도록 하자. 36년 12월, 동한의 장수 오한吳漢은 약 3만 군사를 이끌고 이릉夷陵으로부터 장강을 거슬러 올라가 촉의 공손술公孫述을 공격했다. 이보다 앞서 동한의 광무제는 오한에게 다음과 같은 경계의 말을 해주었다.

"성도成都에는 약 10만 군대가 있으니 섣불리 함락시키려 해서는 안 된다. 광도廣都에서 단단히 수비하며 공손술이 출병하여 공격하기를 기다려야지 맞붙어서는 안 된다. 공손술이 쉽사리 공격해 오지 않으면 진영을 천천히 전진시켜가며 그를 압박해서 지치기를 기다렸다가 공격해야 할 것이다."

그러나 오한은 광도를 내버리다시피 하며, 보·기병 2만을 이끌고 성급히 성도를 공격했다. 오한은 적으로부터 20여 리 떨어진 강북에 주둔했다. 이 사실을 보고받은 광무제는 크게 놀라며 오한을 꾸짖었다.

"내가 그렇게 만반의 주의를 기울이라고 일렀거늘 어째서 일을 이렇게 어렵게 만든단 말인가! 섣불리 적 진영 깊숙이 들어가고 또한 유상劉尙과 별도로 진영을 쳤으니, 만약 긴급한 상황이라도 발생하면 서로 호응할 수 없지 않은가? 적이 출병하여 너를 공격하고 다른 부대로 유상을 공격하면 유상도 너도 모두 깨지고 말 것이다. 아직 그런 상황이 벌어지지 않았으니 속히 광도로 부대를 돌려라!"

아니나 다를까, 광무제의 명령이 떨어지기도 전에 공손술은 대사도 사풍謝豊 등으로 하여금 10만 대군으로 오한을 공격하게 하는 한편, 1만여 군대로 유상을 공격하여 구원하지 못하도록 했다. 오한은 하루 동안 격전을 치렀으나 실패하고 진영으로 후퇴했다. 상황이 이 지경에 이르자 오한은 각 장수들을 소집하여 격려의 말을 했다.

"우리는 이미 여러 차례 곤경을 겪었으며 천리 길을 달려와 적진 깊숙이 침투하여 이제 적의 성 바로 앞까지 이르렀다. 그런데 지금 유상도 포위를 당해 서로 호응할 수 없게 되었으니 참으로 위험한 상황이 아닐 수 없다. 그러니 비밀리에 포위를 뚫고 강남에서 유상의 부대와 합류하여 적과 상대해야 할 것이다. 모두 한마음이 되어 자발적으로 싸움에 임한다면 적을 물리치고 승리를 얻을 것이요, 그렇지 못하면 패배할 것이다. 성공과 실패의 관건은 바로 여기에 있다."

오한은 전군의 정신을 통일한 후 병사들의 식사를 개선하고 말과 식량을 증강하여 군영을 굳게 닫은 채 3일 동안 싸움에 임하지 않았다. 그러면서 곳곳에 불붙인 깃발을 꽂아 연기가 나게 했다. 밤이 깊어지자 오한의 부대는 슬그머니 유상의 부대와 합류하기 시작했다. 사풍의 군대는 이를 눈치채지 못했다. 다음 날 사풍은 일부 병력을 보내 강북의 한나라 군을 공격하게 하는 한편, 자신은 몸소 강남의 한군을 공격했다. 오한은 전 병력으로 새벽부터 해가 질 때까지 치열하게 맞서 싸워 공손술의 군대를 대파했다. 이 싸움에서 오한은 적장 사풍과 장군 원길袁吉 등의 목을 베는 전과를 올렸다. 이어서 그는 군을 광도 쪽으로 철수시키고 유상의 부대를 남겨 공손술을 방어하게 했다. 오한은 지금까지의 상황을 광무제에게 보고하는 한편, 자신의 잘못을 깊이 뉘우쳤다. 광무제는 이런 말로 그를 위로했다.

"광도로 철수한 것은 정말 시기적절한 조치였다. 공손술은 쉽게 유상을 공략하지 못할 것이다. 공손술이 만약 유상을 공격한다면, 장군은 광도에서 보·기병을 데리고 50리 정도 행군하여 응원하라. 그때쯤이면 공손술의 군대는 피로에 지쳐 있을 때라 분명 물리칠 수 있을 것이다."

이후 오한은 광도와 성도 사이에서 공손술과 여덟 번 싸워 모두 이기고 마침내 성도를 손에 넣었다.

광무제 유수劉秀가 오한에게 광도를 굳게 지키라고 한 것은 '이근대원'의 전략에서 나온 것이었다. 처음 오한이 이를 받아들이지 않고 섣불리 적진 속으로 들어갔다가 결과적으로 양면에서 적을 상대하게 되어 고전을 면치 못했다. 그 뒤 '이근대원'의 모략을 취함으로써 연전연승할 수 있었다. 이 모략은 말하자면 '대기待機' 전략의 하나라 할 수 있다.

● 황제이자 뛰어난 전략가였던 광무제 유수는 기회를 기다리며 엿보는 전략에 능숙했다. 이는 그가 천하를 차지할 수 있었던 원동력의 하나이기도 했다.

이포대기以飽待飢 배부름으로 굶주림을 기다린다

'이근대근'과 함께 『손자병법』에서 나온 말이다. 아군의 식량이 넉넉하고 적의 식량 보급선이 제대로 갖추어져 있지 않을 때 취할 수 있는 모략이다. 『백전기법』 「양전糧戰」에서는 이렇게 말한다.

적과 진지를 쌓고 대치하는 상황에서 승부가 나지 않을 때는 식량이 넉넉한 쪽이 승리한다.… 적에게 식량이 없으면 병사들이 틀림없이 도망갈 것인데, 그때 공격하면 이긴다.

『손자병법』「군쟁」편에서는 이렇게 말한다.

군대에 군수품이 없으면 패배하고, 식량이 없으면 패배하며, 비축된 물자가 없으면 패배한다.

총명한 장수는 아군의 식량 공급을 중시할 뿐 아니라 적군의 식량 부족과 사기의 저하 따위를 잘 살펴 적시에 공격하여 승리를 거둘 줄 안다.

619년 8월, 산서 북부를 거점으로 세력을 키우고 있던 유무주劉武周는 신강新絳 지역에 압박을 가하여 하진河津을 탈취하기 위해 송금강宋金剛으로 하여금 하동河東 지구에 군대를 주둔시키게 했다. 이에 맞서 진왕秦王 이세민(훗날 당 태종)은 군을 이끌고 정벌에 나서 신강 일대에서 유무주의 주둔 부대와 대치하게 되었다. 이세민의 군대는 식량 부족으로 사기가 떨어져 있었다. 이세민은 후방으로부터의 식량 운송을 독촉하는 한편, 약간의 병력으로 적 후방을 공격하여 적에게서 식량을 취하는 작전을 구사했다. 작지만 두 차례 승리를 거두었고 이로써 사기는 회복되었다. 여러 장수들은 이를 전기로 삼아 공세를 취하자고 했다. 이세민은 고개를 가로저었다.

"송금강의 군대는 깊숙이 들어와 있기 때문에 축적된 식량이 없고 노략질로 충당할 수밖에 없다. 따라서 속전속결로 나올 것이 뻔하다. 우리는 진영을 굳게 지키며 힘을 비축해놓고 송금강의 식량이 다 떨어지기를 기다리면 된다. 그러면 적은 제풀에 지쳐 물러갈 것이다. 지금 속전속결하는 것은 옳지 않다."

620년 4월이 되자 송금강의 군대는 과연 식량이 떨어졌고 보급도 어려워졌다. 이제 후퇴하는 길 외에 다른 방도는 없었다. 이때 이세민은 이들을 추격하여 여주呂

州(산서성 곽현)·작서곡雀鼠谷 등지에서 송금강의 군대 수만을 죽이거나 포로로 잡았다. 유무주는 송금강이 대패했다는 소식을 듣고 태원太原으로 도주했다.

고대 전쟁에서 식량의 충족 여부는 전쟁의 승부를 결정하는 데 큰 영향을 미쳤다. 이른바 "군사와 말이 움직이기 전에 식량이 앞서간다."는 말이 그 점을 잘 대변한다. 이세민이 처음 송금강과 대치했을 때는 식량 부족으로 진공할 수 없었다. 그런데 식량 조달이 해결되어 공세를 취할 수 있게 되자 오히려 '이포대기'의 모략을 취하여 끝내는 적을 대파했다. 이는 당시의 군사작전에서 식량이 부족한 군대는 적극 공세를 취하지 않아도 절로 무너진다는 사실을 말해준다.

현대전에서는 새로운 특징들이 나타나긴 하지만 후방, 특히 병사들의 가족에 대한 생활 보장은 전투력의 발휘에 심각한 영향을 미친다. 요컨대 '이포대기'가 전투에 직접 참여하는 군사들뿐 아니라 후방의 가족들까지를 포함하는 개념이 되었다는 것이다. '이포대기'의 모략은 현대전에 임하는 지휘관들에게 중요한 귀감으로 작용할 수 있는 값어치가 있다.

이중대경以重待輕 무거움으로 가벼움을 기다린다

이 말의 근원은 『손자병법』이지만 더 구체적인 내용은 당 태종과 군사전문가 이정李靖이 나눈 『당태종이위공문대唐太宗李衛公問對』라는 책에 나온다.

태종: 손자가 말하는 '힘을 다스린다'는 '치력治力'이란 무엇을 말함이오?

이정: 『손자병법』에서 '가까운 곳에서 먼길을 온 적을 기다리고, 아군을 편안하게

해놓고 피로한 적을 기다리며, 아군을 배불리 해놓고 굶주린 적을 기다린다. 이것이 힘을 다스리는 방법이다'라고 한 것이 바로 그 말입니다. 용병에 능한 자는 이 세 가지 기다림을 다시 여섯 가지로 늘려 구체적으로 활용합니다. 즉, 유인작전으로 적이 오길 기다리며, 냉정함으로 적이 초조해지기를 기다리며, 무거움으로 가벼움을 기다리며, 엄격함으로 해이해짐을 기다리며, 정돈된 모습으로 적의 혼란을 기다리며, 수비로 공격을 기다리는 것입니다.

여기서 말하는 "무거움으로 가벼움을 기다린다"는 '이중대경'은 안정감 있고 침착한 방법으로 적이 경거망동할 때를 공략하라는 것이다.

진시황 21년인 기원전 226년 10월, 진시황은 군대를 이끌고 남쪽으로 내려가 초나라를 공격할 태세를 갖추었다. 진시황은 장수들에게 이 작전에 얼마나 많은 병력이 필요하냐고 물었다. 젊은 장수 이신李信은 20만이면 충분하다고 답했고, 노장 왕전王翦은 초나라를 정벌하는 데는 60만 이상이 안 되면 불가능하다고 대답했다. 진시황은 왕전이 늙고 용기도 없다며 힐책하고, 이신의 의견을 받아들여 이신과 몽염蒙恬 등으로 하여금 20만으로 초를 정벌하게 했다. 왕전은 병을 핑계로 빈양頻陽(지금의 섬서성 부평 북쪽)으로 낙향해서 문을 걸어 잠그고 아무도 만나지 않았다.

기원전 225년, 이신은 초나라의 평여平輿(지금의 하남성 상채현 동남쪽)를 점령했고 몽염은 침구寢丘(지금의 안휘성 임천현 경계)를 점령하는 등 진군은 어느 정도 승리를 거두고 있었다. 이신은 형양荊陽을 소탕하여 초를 멸망시키는 대업을 완수할 것이라며 자신만만해했다. 초의 대장 항연項燕은 이신의 군대가 진군해 들어오자 주력군으로 그 뒤를 따르게 하며 3일 밤낮을 연속해서 이신의 군대를 괴롭혔다. 진나라 군대는 여기를 막다 보면 저기가 터지고 저기를 막다 보면 여기가 터지고 하는 통에 여간 피곤한 것이 아니었다. 말하자면 항연은 게릴라전을 구사한 것이다. 이어서 항연은 진나라 군이 상대를 깔보고 마구 돌진하거나 쉽사리 도발에 응한다는 심리를 이용하여, 우선 패한 척 물러서다 복병으로 불시에 공격을 가하게 하여 진나라 군을 대파했다. 이신이 앞서 세웠던 공은 모두 허사가 되고 말았다.

진시황은 이신이 대패했다는 보고를 받고 크게 화를 냈다. 진시황은 노장 왕전에게 사람을 보내 자신의 실수를 인정하고 다시 군을 맡아달라고 요청했다. 왕전은 두세 번 거절하다가 "나라 안의 장정들을 모조리 동원해도 좋다."는 승낙을 받고 나서야 60만 대군을 조직해서 자신이 대장군이 되고 몽염을 부장으로 삼아 초나라 정벌에 나섰다.

왕전이 이끄는 60만 대군이 평여 일선에 이르자 초나라는 전국의 병력을 동원해서 방어태세에 들어갔다. 왕전은 즉각 공격에 나서지 않았다. 진영을 안정시킨 후 철벽같은 방어태세를 갖추고는 싸움에 나서려 하지 않았다. 초나라 장수들은 여러 차례 도발하면서 진영 앞에서 욕을 퍼붓기도 했으나 왕전은 꿈쩍하지 않았다. 왕전은 진지를 굳게 지키며 병마를 조련하는 한편, 식량을 충분히 조달하여 병사들의 식생활을 개선했다. 그렇게 1년의 기간을 대치 국면으로 보냈다. 초나라 대장 항연은 진나라 군이 장기간 싸우지 않고 수비만 하는 것을 보고 전진할 의사가 없다고 판단했다. 그렇다고 쉽게 공격할 수도 없는 노릇이어서 기다릴 수밖에 없었다. 시간이 흐를수록 초군은 심리적으로 동요하기 시작했고, 사기도 떨어져만 갔다. 이에 항연은 부대를 동쪽으로 철수시키려 했다. 이 기회를 놓칠세라 진군은 초군을 추격했다. 진군은 기남蘄南(지금의 안휘성 숙현 이남)에서 초군을 일거에 섬멸했고, 항연은 자살했다. 승세를 몰아 진군은 초의 성과 진영을 마구 공략했다. 1년 후인 기원전 223년, 왕 부추負芻가 포로로 잡힘으로써 초나라는 완전히 멸망했다.

이신은 적을 가볍게 여기고 함부로 전진하다가 실패했고, 왕전은 노련하게 '무거움'을 유지해 승리했다. 싸움에 앞서 왕전은 냉정하게 적의 상황을 분석, '이중대경'이라는 작전 원칙을 확립했다. 작전 과정에서 왕전의 군대는 적진 깊숙이 들어가 있는 점에 유의하여, 아군의 전력이 강함만을 믿는 섣부른 출전을 감행하지 않았다. 여기에 보루를 쌓는 등 수비태세를 튼튼히 하고 겁이라도 먹은 듯한 자세를 고수하여 적의 투지를 느슨하게 만들었다. 그러다 일단 전기가 형성되자 비축해두었던 힘으로 일거에 적을 섬멸해버렸다.

이엄대해以嚴待懈 엄격함으로 해이해짐을 기다린다

『당태종이위공문대』에서 이정이 한 말이다. 그 뜻은 아군의 군기를 엄격하고 분명하게 잡고 경계태세를 삼엄하게 한 후 적군의 마음이 흩어지고 부대의 기강이 느슨해졌을 때 공격한다는 것이다.

기원전 203년 한신이 제나라를 격파한 전투와 625년 이정이 힐리가한頡利可汗과 벌인 전투가 바로 이 '이엄대해'의 모략을 체현한 본보기였다. 『사기』 「역생육고열전酈生陸賈列傳」의 기록을 먼저 보자.

기원전 204년, 제나라 왕 전광田廣은 한나라 군의 진공을 막기 위해 역하歷下(지금의 산동성 제남)에 대군을 주둔시켰다. 유방은 역생酈生을 제왕 전광에게 보내 한왕 유방의 항복을 받아들이고 역하의 대군을 철수시켜달라며 전광을 유혹하게 했다. 기분에 들뜬 전광은 날마다 역생과 어울려 술과 놀이판을 벌였다. 한신은 역생이 전광을 설득하는 데 성공했다는 소식을 듣자 상대의 흩어진 틈을 타 역성을 습격, 제나라의 수도 임치를 점령해버렸다.

630년, 이정은 기병 3천을 이끌고 마읍馬邑(지금의 산서성 삭현)에서 악양령惡陽嶺

(지금의 내몽고 화림격이현 남쪽)을 향해 빠른 속도로 전진했다. 힐리가한은 깜짝 놀랐고 병사들도 두려움에 떨었다. 이정은 몰래 간첩을 잠입시켜 힐리가한의 심복을 이간질하고 야밤에 정양定襄을 기습하니, 힐리는 몸만 빠져나와 적구磧口(지금의 내몽고 고양현 서북)를 거쳐 철산鐵山(지금의 내몽고 고양현 북쪽)으로 달아났다. 그는 사신을 보내 사죄하고 나라 전체를 당에 바치겠다고 했다. 이정이 나가 맞이하고, 태종도 당검唐儉을 보내 위로하게 했다. 이정은 거기에 그치지 않고 힐리가 당의 융숭한 대접에 정신을 놓고 해이해진 틈을 타 다시 기습을 가하여 기어이 그를 사로잡고야 말았다.

이우대불우以虞待不虞 경계함으로 경계하지 않음을 기다린다

손자가 말하는 승리를 아는 다섯 가지 도리 중 하나다.

승리를 미리 아는 것에는 다섯 가지가 있다.… 조심스러운 경계로 적이 경계하지 않는 것을 기다릴 줄 아는 자는 승리한다.

경계와 대비를 갖춘 군대로 그렇지 못한 군대에 맞서거나 공격하게 하면, 수비에서도 완벽함을 기할 수 있고 공격에서도 빈손으로 물러나지 않는다. 이는 상식이자 승리를 예상하는 중요한 원칙의 하나다.

'경계와 대비'의 관건은 '지피지기'에 있다. "상대를 알고 나를 알면 백 번 싸워도 위태롭지 않다." 싸우기 전에 적과 나의 상황을 충분히 이해하고 쌍방의 주요한 조건들을 종합하여 전면적으로 비교·분석·연구한 다음, 정확한 판단을 내리고 충분히 준비하면 승리는 틀림없다. 저쪽만 알고 나를 모른다거나 나만 알고 상대를 모르는 상황에서 일단 싸움이 붙으면 맹목적인 상태에서 자신의 약점은 적에게 이용당하고 적의 강점은 나에게 부담으로 작용함으로써 승패를 전혀 파악하지 못할 가능성이 높다.

『회남자』「병략훈兵略訓」에 이런 대목이 있다.

용병에 능한 자는 반드시 먼저 자기의 심신을 완전하게 수양한 후에 남에게 요구하며, 먼저 이길 수 없는 경우를 계산한 다음에 승리를 구한다. 자신이 해야 할 수양을 남에게 요구하는 것은 적에게 승리를 구걸하는 것이나 마찬가지다. 이는 자기수양이라는 목적을 아직 달성하지 못한 것이다. 이런 상태에서 상대의 혼란을 틈타 공격을 가하는 것은 마치 불로 불을 끄고 물로 물에 대응하려는 것과 같으니, 이래서야 어떻게 적에게 승리할 수 있겠는가.

『좌전』에도 "준비하지 않고 경계하지 않으면 군사를 이끌 수 없다."(은공 5년조[기원전 718년])든지, "준비하면 패하지 않는다."(선공 12년조[기원전 597년]) 등과 같은 대목들이 보인다. 미리 준비하고 적의 계략을 헤아려 싸우기 전에 먼저 이기고 그 이후에 싸움을 고려하라는 말들이다. 자기 자신을 준비해놓고 적의 무방비를 찌르면 승리는 필연적이다.

220년, 삼국시대 위나라 장수 만방滿寵은 문제文帝 조비曹조를 수행하여 남으로 동오東吳 정벌에 나섰다. 군을 통솔하여 정호精湖에서 진을 치고 적과 물을 사이에 두고 대치하게 되었다. 그런데 마침 바람이 세차게 불었다. 만방은 오군이 화공법으로 군영을 공격해 올 것으로 예상하고 부대에 전투 준비를 완전히 갖추라고 명령했다. 밤이 되자 오군은 과연 진영을 불지르기 위해 기습을 해 왔다. 기다리고 있던 만방의 부하들이 갑자기 튀어나와 오군을 대파했다.

손자가 '이우대불우'라는 모략사상을 제기한 후 역대 군사전문가들은 이 전승全勝의 도道를 대단히 중시해왔다. 준비가 안 된 싸움이나 파악이 안 된 싸움은 피하라고 했다. 『병경백자』「예자預字」에는 이런 대목이 있다.

모든 일이 뜻하지 않게 닥치면 놀라게 마련이다. 마음이 놀라면 갑자기 꾀를 낼 수 없다. 패배의 징조다.… 어렵고 힘들고 위험한 일들은 반드시 두루두루 헤아려 일정한 법칙에 따라 처리하도록 힘쓰는 동시에, 불규칙적인 방법으로 꾀를 낸 후 심기를 안정시켜 갑작스런 상황에도 놀라지 않게 하고 경계를 강화한다. 옛 선인들이 군대를 이끌다가 위험을 겪고 그 난관을 빠져나오면서 안정되게 움직일 수 있었던 것은 무슨 별다른 지략이 있어서가 아니다. 그저 미리 대비했을 따름이다.

대비하고 경계하면 일이 제대로 진행되지만, 그렇지 못하면 일이 엉망이 된다. 군사 투쟁은 수시로 변화할 수 있는 요인이 곳곳에 도사리고 있다. 이처럼 개연성이 크기 때문에 곳곳에서 조심해야 하고 여러 가지 수를 한꺼번에 준비해야 한다. 현대 전쟁은 냉병기 시대의 전쟁에 비해 더욱 복잡하고 다변적이다. 지휘관은 '이우대불우'의 모략사상을 더욱 투철하게 견지하여 전면적인 준비를 갖추고 발생 가능한 모든 어려운 상황을 예상하여 그것들에 대처해야 한다. 전쟁터의 주도권은 싸우기 전의 준비에서 결정난다 해도 지나친 말은 아닐 것이다. 준비가 충분할수록 승리의 확률도 그만큼 높아진다.

축영대갈蓄盈待竭 넘침으로 고갈을 기다린다

『위공병법衛公兵法』「장무병모將務兵謀」에 보면, 적장이 꾀가 많으면 기회가 있더라도 쉽사리 움직이지 말고 내 쪽의 정예병과 힘을 한껏 비축해두면서 적이 지치기를 기다렸다가 기회를 잡아 작전하라는 내용이 나온다. 여기서 말하는 "내 쪽의 정예병과 힘을 한껏 비축해두었다가 적이 지치기를 기다린다."는 대목이 '축영대갈'에 대한 풀이다. 이 모략은 적장이 지략이 뛰어나고 부하들을 잘 단속하고 있어 쉽사리 이길 수 없는 상황에서 채택하는 것이다.

『자치통감』 권41 「한기」에 보면 이런 일이 기록되어 있다. 29년, 봉기군의 우두머리 소무蘇武와 주건周建이 한의 장수 왕패王覇가 있는 영루 가까이로 와서 도전했다. 왕패는 도전에 응하지 않고 영내에서 잔치와 오락을 베풀면서 병사들을 위로했다. 부하들이 싸우자는 의견을 내놓았지만 왕패는 거부했다. 소무의 군대는 먼길을 왔기 때문에 식량이 모자랄 것이므로 영루를 굳게 닫고 병사를 쉬게 하면서 시간을 보내면 저들의 사기가 점점 떨어져 우리를 공격하지 못하리라는 것이 왕패의 생각이었다. 소무와 주건은 싸움을 걸어도 받아주지 않자 하는 수 없이 물러갔다.(군사모략 '이수대공' 참조)

동한 초기 방맹龐萌은 3만 군사를 이끌고 도성桃城(지금의 산동성 영양현)을 급히 포위했다. 유수(후한 광무제)는 몸소 날랜 기병 2천과 보병 수만을 이끌고 정벌에 나서서 도성에서 60리가량 떨어진 임성任城(지금의 산동성 제녕시)에 주둔했다. 방맹이 달려와 도전했으나 유수는 싸움에 응하지 않았다. 여러 장수들이 싸우자고 했으나, 유수는 병사들을 쉬게 하면서 힘을 기르게 했다. 적의 예봉은 점차 무디어져갔다. 유수는 오한吳漢 등의 부대를 임성으로 이동하게 했다. 방맹이 20일 동안 성을 공격했지만 여의치 않았다. 병사들은 지쳐갔다. 오한의 부대가 도착하자 유수는 즉각 반격에 나서 방맹을 대파했다.(『통전通典』 권153)

예졸물공銳卒勿攻 날카로운 곳은 공격하지 않는다

『손자병법』「군쟁」편에서 제기하고 있는 용병 8원칙 중 하나다. 간단히 말해 적의 강한 부분이나 날카로운 곳은 공격하지 말라는 것이다. 이와 관련하여 손자는 '피기예기, 격기타귀' 의 원칙을 제기한 바 있다.(군사모략 '피기예기, 격기타귀' 참조) '예졸銳卒'이란 적의 '사기'를 가리킬 뿐 아니라, 특히 적 부대의 우수한 장비, 평소 훈련 상태, 우수한 병사 등과 같은 부분을 가리킨다. 이런 적은 잠시 피했다가 기회가 무르익은 후에 공격해야 한다.

『관자管子』「제분制分」을 보면 적을 공격할 때 강하고 날카로운 부분을 공격하는 것은 못 끝을 때리는 것과 같이 장애에 부딪히지만, 약한 곳을 공격하면 성공하기 쉽다는 요지의 내용이 있다. '예졸물공'은 우리에게 강한 적군에 대해서는 강공을 취하지 말고 가능한 한 피할 것을 경고하고 있다.

29년, 광무제 유수는 마무·왕패 등에게 봉기군을 공격하도록 했다. 2월, 봉기군의 장수 소무蘇武가 오교병五校兵을 이끌고 구원했다. 소무와 주건의 군대는 연합하여 마무의 군대를 공격했고, 마무의 군대는 참패했다. 일부 병사들은 왕패의 군영으로 몰려와 구해달라고 아우성을 쳤다. 왕패는 냉정히 거절했다.

"오교병의 기세가 저렇듯 사나우니 우리가 섣불리 나서 싸웠다간 깨질 것이 뻔하다. 이런 위급한 상황에서 자신들의 힘으로 적을 상대하게 놔두는 것이 상책이다."

왕패는 전군에게 철저한 방어태세를 취하라고 명령했다. 일부 장수들이 출격을 주장했지만 왕패는 여전히 거부했다.

"소무의 군대는 현재 그 기세가 대단하니 우리가 나가 싸워봤자 패할 것이 뻔하다. 우리는 지금 이 자리를 고수할 것이며 구원하러 나가지 않는다. 그러면 적은 경솔하게 공격해 올 것이고, 마무의 군대도 구원의 가망이 없다는 것을 알면 지금보다 더 힘을 내서 분투할 것이다. 그리하여 소무의 군대가 피로해지기를 기다렸다가 그 허를 찌르면 승리할 수 있다."

얼마 후 왕패의 부하 장사 수 명이 삭발까지 하고 싸우겠다고 나섰다. 그제야 왕패는 정예병을 이끌고 소무의 배후를 공격했다. 소무와 주건은 앞뒤에서 공격을 받고 혼란에 빠져 패주했다.

얼마 뒤, 소무와 주건은 다시 군사를 모아 도전해 왔다. 왕패는 꼼짝도 않고 병사들을 위로하는 연회를 베풀며 즐겁게 마시고 놀았다. 소무의 군대는 빗발처럼 화살을 군영으로 날렸고 그중 하나가 왕패가 앉아 있는 술상 위의 술병 속으로 떨어졌지만, 왕패는 앉은 자리에서 미동도 하지 않았다. 일부 장수들이 출전하자고 졸라댔다.

"소무의 군대는 지난번 이미 기세가 꺾인 상태라 이제는 쉽게 물리칠 수 있습니다."

왕패는 여유만만하게 대답했다.

"그렇지 않다. 소무가 여기까지 먼길을 달려온 것은 식량이 부족하기 때문이다. 그의 속셈은 몇 차례 도전해서 일시적인 승리를 거두자는 것이다. 지금 우리가 문을 단단히 걸어 잠그고 병사를 쉬게 하는 것은 말하자면 '싸우지 않고 적군을 굴복시키는' 것이다."

소무와 주건은 몇 차례 도전해봐도 왕패가 반응을 보이지 않자 병사들을 이끌

上谷太守淮陽侯王霸

● 기세가 강한 상대를 바로 공격하는 일은 피하는 것이 좋다. 왕패는 내 군사들의 사기를 올리면서 기다렸다가 지친 상대를 공격하여 승리했다.

고 군영으로 되돌아가버렸다.(군사모략 '이수대공' 참조)

778년, 당나라 대종代宗 때 회흘回紇 군대가 변경을 대거 침략하여 그 선봉이 태원성太原城까지 이르렀다. 이자량李自良은 다음과 같이 건의하고 나섰다.

"지금은 회흘의 기세가 날카로워 맞상대하기 어려우니 적의 귀로에 급히 보루를 쌓고 병사를 보내 지키게 한다. 회흘군이 이쪽에 닿으면 우리는 출전하지 않고 굳게 지키고 있다가 적군이 지쳐 물러갈 때 추격함과 동시에 미리 쌓아둔 보루의 군사들이 귀로를 막으면, 앞뒤로 협공을 가할 수 있어 틀림없이 대승을 거둘 것이다."

하동 절도사 유후포留后鮑는 이 건의에 동의하지 않고 대장 초백유焦伯瑜로 하여금 50리 밖에서 적과 교전하게 했다. 초백유는 단 한 번의 전투에서 만여 명의 사상자를 내는 처참한 패배를 맛보았다. 유후포는 '예졸물공'의 원칙을 인식하지 못하는 바람에 실패를 자초했던 것이다.

'예졸물공'은 양 군대의 병력 비교에 근거를 둔 모략이다. 내 병력이 적보다 절대적으로 우세하여 적을 완전히 섬멸할 수 있는데도 '예졸물공'을 고수하는 것은 어리석은 짓이다.

마고전蘑菇戰 버섯 전법

적이 강하고 내가 약해서 승리하기 어려울 때 적을 질질 끌고 당기는 모략이다. 즉, 적과 어울려 빙빙 돌면서 적을 지치게 하고, 어지럽게 하며, 끌어당겨 넘어지게 한 후에 적절한 시기를 택해 치명적인 타격을 가하는 것이다.

> 적의 전투력이 강하면 맞붙어 싸우지 말아야 한다. 이리저리 끌고 다니면서 지치게 만들어야 내가 살 수 있다.(『태평천국신군운동전』 중 장종우張宗禹의 말)

'마고蘑菇'란 본래 버섯을 가리키는 단어다. 이 뜻이 전화되어 '치근거리다', '귀찮게 달라붙다'와 같은 추상적인 뜻이 되었다. 버섯이 자라는 모습에서 추상적인 뜻을 끌어낸 것이다.

'마고' 전법은 적을 자극하여 이리저리 끌고 다니며 지치게 만드는 전법이다. 그러면 적은 사기가 떨어지고 지휘 계통도 흩어져 여기저기 허점이 생긴다. 이때 기회를 잘 포착하여 적을 섬멸한다. 이 모략은 열세로 우세를 극복하는 효과적인 전법이다.

12절
지형

고릉물향高陵勿向 높은 언덕은 올려다보지 않는다

『손자병법』「군쟁」편에서 말하는 '용병 8원칙'의 하나다. '고릉물향'에서 '고릉高陵'은 높고 큰 흙산을 말한다. '향向'은 마주 대한다는 뜻이다. 요컨대 적이 높은 산을 차지하고 진지를 구축해놓았다면, 무리하게 올려다보면서 공격하지 말라는 것이다. 제갈량은 『편의십육책便宜十六策』「치군治軍」 제9에서 "산과 언덕에서의 전투는 높은 곳을 올려다보고 치러서는 안 된다."고 했다. 이는 구체적인 전술적 지휘 모략이다. 손자는 8가지 용병법을 제기했는데, 이는 당시 전쟁과 무기의 특징 등을 근거로 한 것이었다. 그러나 군사 활동은 언제 어디서든지 변화하는 것이므로 이 8가지 상황으로 전쟁을 개괄하기란 어림도 없다. 관건은 구체적인 상황에 근거하여 원칙을 활용하는 데 있다. 손자가 활약하던 시대의 작전은 주로 전차와 짧은 병기에 의해 이루어졌다. '높은 고지'를 차지한 적을 올려다보고 공격한다면 대개는 성공하기 어렵다. 설사 성공한다 하더라도 희생이 너무 커서 득보다는 실이 많다. 손자는 「행군行軍」편에서 부대가 산지를 통과할 때는 계곡을 따라 행군해야 하는데, 시계가 트이고 위치가 높은 곳을 차지해야 한다고 강조했다. "적이 높은 곳에 있으면서 싸움을 걸어오면 올라가서는 안 된다"는 '전륭물등戰隆勿登'의 모략도 이런 이치에서 나온 말이다. 이런 상황에서는 정면공격을 피하고 적의 취약한 부분을 선택, 공격해야 한다.

전국시대 말기에 조나라는 조사趙奢로 하여금 진秦의 공격을 받고 있는 한韓을 구원하게 했는데, 조사는 진군을 대파하고 한에 대한 포위를 풀었다. 조사가 성공할 수 있었던 중요한 원인의 하나는 군사전문가 허력許歷의 계략에 따라 먼저 북산北山의 '높은 고지'를 차지했기 때문이었다. 진군이 이르렀을 때는 이미 늦었다. 진군은 올려다보며 공격을 가할 수밖에 없어 고지를 빼앗지 못했다. 조사는 높은 곳에서 아래를 내려다보며 공격하여 진군을 대파했다. 이 전례는 냉병기로 작전하던 시대적 조건에서 높은 곳을 차지하고 있는 적을 올려다보고 공격하는 것이 쉽지 않았음을 말해주는 것이다.

현대 전쟁은 무기를 비롯한 전쟁 장비가 손자가 살던 시대와는 확연히 다르다. 원거리 화기와 공중 무기의 출현으로 이 전술 원칙은 이미 그 보편적 의의를 잃어버렸다. 이제는 '고릉'도 올려다보고 공격할 수 있게 된 것이다. 하지만 냉병기 시대에도 '고릉물향'이 절대적으로 작용한 것은 아니었다. 그 시대에도 '고릉'을 차지하는 것이 전쟁의 전체 국면을 좌지우지하거나 궁극적으로 아군의 고통을 덜어주는 것이라면 그 어떤 대가를 치르더라도 탈취해야 했다. 어떤 모략이든 일정한 시대적 한계에서 나오게 마련이다. 따라서 오늘날 상황에서 이 모략을 있는 그대로 받아들여서는 안 된다. 그것의 실질성을 인식한 기초 위에서, 때, 장소, 적의 변화 등에 따라 발전시키고 역동적으로 운용할 수 있어야 한다.

『오자병법』「응변應變」에 보이는 짤막하고 기본적인 모략이다.

다수의 병력을 거느린 자는 되도록 평탄한 지역에서 싸우려고 한다.

대부대가 작전할 때는 평탄한 지역을 선택할 수 있도록 주의를 기울이라는 말이다. 『백전기법』「중전衆戰」에서는 다음과 같이 말하고 있다.

대개 전투에서 내 쪽의 군대가 많고 적이 적으면 험한 곳에서 싸우지 말아야 한다. 평탄하고 넓은 지형이 중요하다.

『사마법司馬法』「용중用衆」 제5에서는 이렇게 말한다.

많은 병력이 진군할 때의 관건은 멈추는 데 있다.

이상은 모두 내 쪽의 군사가 수적으로 많은 상황에서 마땅히 지켜야 할 원칙을 지적하고 있다. 병력의 많고 적음이 전쟁에서 승리를 좌우하는 기본 원칙이라는 것은 의심할 여지가 없다. 그러나 지형 조건의 좋고 나쁨도 적을 누르고 승리를 얻는 중요한 조건이 된다. 전쟁사에서 지형을 이용하지 못하거나 이용할 줄 몰라 패배하고, 반면에 지형을 잘 이용하여 승리를 거둔 사례는 아주 많다.

383년에 있었던 유명한 비수淝水의 전역에서 부견苻堅은 숫자만 믿고 적을 깔보다가 백만 대군을 가지고도 참패를 맛보아야 했다. 부견은 지세가 좁아 대군을 움직이기 어려운 비수 연안에 대군을 풀어놓았다가 전군의 대열을 혼란에 빠뜨렸다. 이 틈을 타고 진晉의 군대는 물을 건너 공격, 대승을 거두었다. 수적으로 많은 군대를 활용할 줄 몰라 당한 대표적인 사례였다.

1805년, 나폴레옹은 러시아·오스트리아 연합군과 결전을 치를 전투지로 오스트리츠를 선택했다. 그는 지세를 교묘하게 이용하여 단 한 번의 싸움으로 두 나라 황제를 굴복시켰다. 이로써 나폴레옹이라는 이름이 전 세계를 진동시켰다.

북아프리카와 아랍의 사막 지역 및 소련의 쿠르스크에서 탱크 기계화 병단은 그 위세를 마음껏 발휘할 수 있다. 그러나 월남의 밀림 지대나 아프가니스탄의 힌두쿠시 산악 지대에서는 최첨단의 미군과 소련군의 중장비 병력도 속수무책이었다. 이 것만 봐도 병력의 많고 적음을 활용할 때 지형의 영향이 얼마나 큰지 잘 알 수 있다.

용소무애用少務隘　적으면 협소한 지형을 택한다

'용중무이'와 상대되는 말로, 역시 『오자병법』 「응변」에 나온다.

소수의 병력을 거느리고 있는 자는 될 수 있는 대로 비좁은 곳에서 적과 싸우려 한다.

『백전기법』에서는 "적의 수가 많으면 어두워졌을 때 무성한 풀숲에 복병을 숨기거나, 계곡 입구의 좁은 길을 막고 적을 공격해야 승리를 거둘 수 있다."고 했다. 이

모략은 고대 전투에서 적은 수로 많은 수를 이기는 '이소승다以少勝多'의 중요한 원칙이었다.

일반적으로 산악이나 밀림, 깊은 늪지대나 험한 계곡에서는 대부대가 이동하거나 작전을 펼치기가 쉽지 않다. 반면에 소부대는 조용히 전열을 배치할 수 있다. 전쟁사를 통해 훌륭하게 입증되었듯이, 소수의 병력으로 많은 적을 맞아 싸울 때는 강공으로 승리하기가 힘들며 가장 좋은 방법은 은폐할 수 있는 험한 지형을 선택하여 매복하거나 차단한 다음 공격하는 것이다. 그것만이 유효적절하게 자신을 보호할 수 있고,

● 전력이 모자라면 전투 공간을 줄여야 한다. 이것이 '용소무애'고 우문태는 이를 잘 활용했다.

기습의 목적을 쉽게 달성할 수 있다.

『북사北史』「주태조본기周太祖本紀」에 실린 경우를 보자. 537년, 우문태宇文泰가 위곡渭曲에서 동위 고환高歡의 군대를 맞아 격파한 전투가 바로 '용소무애'의 군사 원칙을 체현한 대표적인 사례였다. 병력 면에서 고환은 20만 대군을 보유하고 있었고, 우문태의 군대는 1만이 채 안 되었다. 우문태는 엄청나게 많은 병력을 상대하고도 전혀 두려워하지 않았다. 당시 여러 장수들은 중과부적이니 고환이 재차 서쪽으로 전진해 오기를 기다렸다가 출격하자고 했다. 그러나 우문태는 만약 고환이 장안으로 진격하게 되면 민심이 크게 동요되어 혼란에 빠질 것이라며, 적이 먼길을 달려오느라 피로한 틈을 타 즉시 공격해야 한다고 했다. 그는 병사들에게 3일분의 식량만 지니게 한 채 위수渭水를 건너 사원沙苑(지금의 산서성 고릉현)으로 향했다. 그리고 고환과 60리 떨어진 곳에다 진을 쳤다. 우문태는 부하 장수 이필李弼의 건의를 받아들여 먼저 위곡에서 "동서로 배수의 진을 치고" 병사들을 갈대숲에 숨겨 북소리를 신호로 일제히 공격하도록 조치했다. 밤이 되자 고환의 군대가 도착했다. 고환은 우문태가 직접 군

을 거느리고 나오는 것을 보고 결전태세를 갖추는 한편, 우문태가 이끄는 서위의 군대가 수적으로 적은 것을 보고 곧장 진격해 들어왔다. 쌍방이 뒤엉켜 싸우려는 찰나 우문태는 북을 울려 갈대숲에 숨어 있던 군사들에게 공격 신호를 보냈다. 갈대숲에 숨어 있던 병사들이 여기저기서 튀어나왔다. 장수 우근于謹과 이필이 각기 횡으로 공격을 가하여 고환 군대의 허리를 잘랐다. 무수히 많은 사상자를 낸 채 고환은 더 이상 싸울 기력을 잃고 그날 밤으로 강을 건너 동쪽으로 후퇴했다. 이 전투에서 고환은 정예군 8만을 잃었다. 우문태가 위곡 전투에서 대승을 거둘 때 사용한 모략이 바로 '용소무애'였다.

교지무절交地無絶 교지에서는 연결이 끊기지 않게 한다

『손자병법』「구지」편에 보이는 말이다. 손자는 이렇게 말한다. "도로가 교차하고 교통이 편리하여 공격하기에 편하고 적군이 와서 공격하기에도 편한 곳을 교지交地라 한다." 즉, 도로가 교차하는 지역을 교지라 한다. 이어서 손자는 교지에서의 작전 원칙에 대해 "교지에서는 각 부대 사이의 연락이 끊어지지 않게 해야 한다", "교지에서 내쪽은 수비를 신중히 해야 할 것"이라고 말한다.

"교지에서는 연락이 끊어지지 않게 한다"는 뜻의 '교지무절'은 여러 갈래의 도로가 만나 왕래가 빈번하고 사통팔달이며 막거나 끊을 수 없는 곳에서는 '신중하게 지키는' 것이 마땅하다는 것을 가르치고 있다. '신중하게 지킨다'는 말은 높은 벽이나 보루를 쌓아 모든 도로를 단절하라는 말이 결코 아니다. 이런 지형에서 '사수'하는 것은 어리석다. 여기서 말하는 '끊어지지 않게 한다'는 것은 섣불리 넘어서거나 건너지 말라는 것이다. 이런 지형을 넘어서서 작전하게 되면 '교지'가 후방이 되는데, 교지는 교통이 편리하고 사통팔달이어서 적에게 쉽게 뒷길을 차단당할 우려가 있고, 또한 공격해 오는 적보다 아군의 병력이 많다는 전제가 있어야 한다. 그래서 손자는 "내 쪽은 수비를 신중히 해야 한다."고 한 것이다. 오왕과 손자가 나눈 대화를 기록한 『오왕손무문대吳王孫武問對』 중에서도 이 문제가 거론되고 있다.

> 오왕: 교지에서는 적의 허리를 끊어 공격해 오지 못하게 하고, 근처 우리의 성을 굳게 지켜 통로를 확실히 끊어야 한다고 했소. 그런데 만약 이런 조치를 미리 해 두지 않아서 적이 먼저 그에 대한 대비책을 세우고 공격해 오는데 나가 맞싸우지도 못하고, 병력도 서로 비슷하다면 어찌해야 하오?
>
> 손자: 아군이 나갈 수 없는데 적이 공격해 오는 상황이라면 병사들을 나누어 일부는 숨겨놓고 일부는 허술한 곳을 지키는 척하여 허약함을 내보입니다. 그런 다음 적이 오면 매복해 있던 병사들로 불시에 기습을 가하게 하여 승리할 수 있습니다.

여기서 손자는 적이 교지를 먼저 차지하여 아군이 그 지역으로 진입할 수 없는 상황에서의 전법을 말하고 있다. 손자는 적이 이미 점령한 '교지'에서는 그곳을 넘어가는 데 중점을 둘 것이 아니라, 병사를 나누어 매복해두고 허약함을 일부러 보여 적이 공격해 들어오면 불시에 공격할 것을 주장하고 있다. 그러나 오왕이 말한 대로 "교지에서는 적을 차단하고 주변에 있는 성을 고수하면서 통로를 끊는" 전법은 손자의 '교지무절'의 모략사상과 부합하지 않는다. 다만, 손자는 여기서 오왕의 이런 인식에 대해 평가를 내리지 않았을 따름이다. 『손자병법』에서 말하는 '교지무절'은 자기 쪽이 먼저 '교지'를 차지해야 한다는 용병 원칙을 가리킬 뿐만 아니라, 적이 '교지'를 먼저 차지했을 때의 용병 원칙도 함께 가리키고 있다.

비지무사圮地無舍 비지에서는 머무르지 않는다

『손자병법』「구변九變」편에 "비지圮地에서는 집을 짓지 말라."는 말이 있다. 또「구지」편에서는 "산림이나 험준한 곳, 또는 늪이나 연못 등이 있어 행군하기 어려운 곳을 비지라 한다.… 비지에서는 아군의 행진을 빨리하여 신속히 통과해야 한다."고 했다. 요컨대 군대가 비지를 지날 때는 신속하게 통과해야지 멈추어서는 안 되며, 이런 지형에 군영을 치고 주둔해서는 안 된다는 말이다.

이 비지에 대해서는 여러 사람이 나름대로의 해석을 가하고 있다. 조조는 "비지란 물 때문에 허물어진 곳을 말한다."고 했다. 또한 이전李筌은 "땅 아래를 비지라 한다. 행군할 때 반드시 물이 덮친다. 이는 제갈량이 말하는 '지옥地獄'인데, 여기서 '옥獄'이란 가운데가 낮고 사방이 높은 곳을 말한다."고 했다.

이러한 해석들은 그 의미에 별다른 차이가 없다. 어쨌든 '비지'는 지나기 어려운 땅을 말하는데, 산림·늪·험한 길 등이 이에 속한다. 『오왕손무문대』를 보면 비지에서의 작전에 관해 오왕과 손자가 나눈 대화가 있다.

오왕: 비지에 들어가면 산천이 험하여 지나가기도 어렵거니와 오래 행군하면 병사들이 지친다고 하오. 적이 앞에 있고 뒤에는 매복이 있으며 왼쪽에는 적의 군영이 있고 오른쪽도 지키고 있으면서 정예병을 동원하여 우리의 길을 막으려 한다면 어찌해야 하오?

손자: 먼저 가벼운 수레를 전진시켜 군대와 10리 정도 떨어져 앞으로 접하게 될 험준한 길의 형세를 살피게 합니다. 그리고 병사를 좌 또는 우로 나누어 행군하게 하면서 대장은 사방을 두루 관찰하여 빈 공간을 택해야 하는데 모두가 가운데 길에서 만나게 해야 합니다. 피로해지면 즉시 멈추어야 합니다.

679년, 당나라의 대장 배행검裵行儉은 명령을 받고 동쪽으로 돌궐을 공격하게 되었다. 군대가 적과의 경계지점에 이르자 날이 어두워졌다. 군대는 군영을 설치하고 참호도 팠다. 그런데 배행검은 돌연 높은 언덕으로 군영을 옮기라는 명령을 내렸다. 부하 장수들은 어리둥절해하며 반대 의사를 표시했으나 배행검은 듣지 않고 높은 언덕에 군영을 치게 했다. 밤이 되자 천둥과 번개를 동반한 비바람이 세차게 몰아쳐 애당초 군영을 설치하려 했던 곳이 순식간에 물바다가 되고 말았다. 여러 장수들은 놀라지 않을 수 없었다. 이는 '비지무사'의 아주 좋은 본보기가 아닐 수 없다.

『백전기법』「택전澤戰」에서는 이렇게 말한다.

출정하여 행군하다가 늪이나 못 또는 무너진 언덕을 만나면 행군 속도를 배로 높여 빨리 통과해야지 지체해서는 안 된다. 부득이 그런 지형에서 빠져나오지 못하고 날이 저물어 야영하게 되면, 반드시 거북이 등처럼 불룩한 곳을 택하여 가운데가 높고 사방이 낮은 곳에 진을 치고 적을 맞아야 한다. 빗물로 인한 위험을 막고 사방의 적에 대비하기 위한 것이다.

'비지'와 같이 지나기 어려운 길은 피해 가거나 빨리 통과해서 예기치 못한 돌발 상황을 예방해야 한다.

쟁지물공爭地勿攻 쟁지에서는 공격하지 않는다

이른바 '쟁지爭地'란 정치·경제·군사적 요충지로, 병가들이 반드시 얻으려고 다투는 땅을 말한다. 손자의 해석에 따르면 "내 쪽에서 차지하면 내게 유리하고, 상대가 차지하면 상대에게 유리한 땅을 쟁지라 한다."(『손자병법』「구지」) 그런데 손자는 반드시 다투는 이 땅에 대해 '공격하지 말고' '그 뒤를 쫓을 것'을 제안하고 있다. 그 말은 자신에게 유리한 '쟁지'의 탈취를 포기하라는 것이 아니라 거기에 맞는 전법을 채택하여 탈취하거나 고수하라는 것이다. 이 문제에 대해 손자와 오왕은 다음과 같은 대화를 나누고 있다.

오왕: 적이 먼저 당도하여 유리한 지역을 거점으로 삼고, 잘 훈련된 병사들로 싸우기도 하고 방어하기도 하면서 아군의 기습이나 각종 공격에 대비한다면 어떻게 해야 하오?

손자: '쟁지'에서의 법[27]은 먼저 유리한 지점을 차지하는 것입니다. 적이 그것을 먼저 차지했다면 신중해야지 섣불리 공격해서는 안 됩니다. 여러 가지 방법으로 적을 현혹시켜야 하는데, 병사를 이끌고 거짓으로 철수하는 척하며 아군을 미리 매복해놓고 적이 아끼는 곳이나 중요하게 여기는 곳을 빼앗습니다. 그러면 적은 반드시 구원하러 나올 것입니다. 상대가 욕심내면 주고 상대가 버리면 취하는 것, 이것이 선수를 차지하는 이치입니다. 내가 먼저 차지하고 적이 이 방법을 사용한다면, 내 쪽에서는 정예병을 선발하여 그곳을 지키고

---

27 장예張預가 인용한 주제는 이 뒤에 "양보하면 얻을 것이요, 얻으려 하면 잃을 것"이라는 구절이 더 있다.

날랜 병사로 추적하면서 험한 곳에 복병을 숨겨놓고 적과 싸울 때 복병이 용감하게 공격하게 합니다. 이것이 완벽한 승리법입니다.

'쟁지물공'은 '쟁지'를 공격하여 취하지 말라는 것이 아니다. '선점先占'과 '후점後占'에 따라 다른 전법을 취하라는 것이다.

『백전기법』「쟁전爭戰」에서는 이렇게 말하고 있다.

적과 싸울 때 형세가 더 유리한 곳을 먼저 차지하고서 싸우면 이길 수 있다. 적이 먼저 차지했다면 공격해서는 안 된다. 적의 변화를 살핀 후 공격해야 유리하다.

'쟁지'에 대한 『백전기법』의 인식도 『손자병법』과 다르지 않음을 볼 수 있다.

234년, 제갈량은 10만 병사를 이끌고 북진하여 북원北原의 요충지를 차지할 생각이었다. 이렇게 하면 "농도隴道를 단절하여" 위나라 군대를 출전케 할 수 있기 때문이었다. 위의 장수 곽회郭淮는 제갈량의 이런 속셈을 알아채고 먼저 북원을 차지해버렸다. 곽회는 요충지를 거점으로 촉군을 맞이해 잘 싸웠다. 제갈량이 북원을 공략하지 못했음은 물론이다.

제갈량은 '쟁지불공'의 이치를 깊이 터득하고 있었다. 그는 며칠 뒤 사기가 왕성한 병사들을 거느리고 서쪽으로 진군했다. 곽회의 부장들은 제갈량이 북원이라는 요충지를 포기하고 위군의 본영으로 진군하는 것으로 판단했다. 제갈량의 의도는 적이 먼저 요충지를 차지했기 때문에 일부러 물러나는 척하며 적이 중요하게 여기는 곳으로 달려감으로써 적이 구원에 나서도록 유인하자는 것이었다. 그러나 이 의도 역시 곽회에게 간파당했다. 그는 "제갈량이 서쪽에 모습을 보이는 것은 필시 동쪽을 치기 위함이다."라고 판단했다. 아니나 다를까, 그날 밤 촉군이 북원 동쪽 끝의 양수陽

遂를 공격해 왔다. 미리 준비하고 있던 곽회는 제갈량의 공격을 잘 물리쳤다. 제갈량의 북진은 실패로 끝났다.

'쟁지물공'은 공격하지 말라는 얘기가 아니며 차지하지 말라는 것도 아니다. 모략으로 승리하라는 것이다. '쟁지'는 누구든 먼저 차지하는 쪽이 유리하다. 군사전문가들은 한결같이 선제공격을 통해 먼저 차지할 것을 강조한다. 쟁지를 빼앗는 전쟁에서 어떻게 작은 대가를 치르고 승리하느냐는 어느 쪽의 모략이 더 뛰어난가에 달려 있다.

쟁지에 대해서 이 두 가지 처리 방법밖에 없는 것은 물론 아니다. 또 다른 상황들이 있다. 요충지가 비어 있어 쌍방이 힘을 다해 쟁탈전을 벌이면 승부는 좀처럼 판별나지 않는다. 이런 상황에서 누가 먼저 차지하느냐의 여부는 요충지와의 거리, 도로 상황, 운송 수단, 진군 속도 등에 달려 있다. 부대를 빨리 진군시켜 요충지의 후방에 이르면, 적이 들어올 도로에 유리한 진지를 치고 적의 진군을 막음으로써 주력부대의 진지 점령을 엄호한다. 만약 적이 이미 쟁지를 차지했다고 하더라도 아직 안정된 기반을 내리지 못해 민심이 불안하고 아군의 실력이 절대 우세라면, 그 기세로 공격을 가하는 것이 옳다. 반대로 아군이 요지를 차지했지만 병력 면에서 적이 절대 우세여서 고수하기 힘들다면, 과감하게 그 땅을 포기하여 적이 차지하게 한 후에 적을 분산시키는 전략을 쓰며 기회를 엿보다가 적을 습격하여 우세를 차지한다. 그런 다음 조건이 무르익었을 때 재탈환하는 것이 옳을 것이다.

경지무지輕地無止 경지에서는 멈추지 않는다

『손자병법』「구지」편에 나오는 말이다. '경지輕地'란 군대가 적지에 그다지 깊숙하게 들어가지 않은 지역을 말하는데, 본토와 그다지 멀리 떨어져 있지 않아 위급하면 가볍게 얼른 돌아갈 수 있기 때문에 '경지'라 한다. 일찍이 손자는 오왕의 질문에 대해 "군대가 적의 땅에 진입했는데 적이 굳게 지키며 싸우지 않으면 병사들이 돌아가고 싶어 합니다. 물러나고 싶어 하기 때문에 쉬이 싸우려 하지 않는 곳을 경지라 합니다."고 대답한 바 있다.

대대적으로 적국을 침입한 군대는 군사상의 우세를 믿고 적의 허점을 틈타려고 한다. 따라서 일단 전투가 시작되면 적극적인 공격력을 발휘하여 신속하게 적지 깊숙이 들어가 상대가 새로이 방어망을 구축하기 전에 섬멸함으로써 전략 목적을 달성하려 할 것이 뻔하다.

1939년 9월, 독일군은 폴란드를 습격하여 빠른 속도로 폴란드 전역을 점령했다. 1941년 6월 22일, 독일군은 소련에 대한 공세작전을 펼쳐, 7월 9일에는 이미 소련 경내 3백~6백 킬로미터 지점까지 깊숙이 침투하여 '경지무지'의 작전 모략을 체현했다.

'경지'에서의 전략에 관해 오왕과 손자의 대화를 들어보자.

> 오왕: 아군이 적의 경계인 '경지'에 들어섰는데, 병사들이 돌아가고 싶어 하여 전진하기는 어려워도 후퇴하기는 쉽소. 그렇다고 뒤에 험준한 방패막이가 있는 것도 아니어서 삼군이 모두 겁을 먹고 있소. 대장은 전진하고자 하는데 병사들이 후퇴하고 싶어 해서 상하가 일치하지 못하오. 적은 성루를 지키며 전열을 가다듬어 아군의 앞을 막거나 등뒤를 공격해 올지도 모르는데 어쩌면 좋

겠소?

손자: 군대가 경지에 있으면 병사들은 깊숙이 들어가려 하지 않고 전투도 잘 하려 하지 않습니다. 그렇기 때문에 적의 땅에 가까워지더라도 성이 있다고 알리지 말고 거쳐 지나온 통로를 모르게 해야 합니다. 마치 물러가는 것처럼 꾸밉니다. 그런 후에 훈련이 잘된 기병을 뽑아 재갈을 물려 조용히 침투시켜 소·말 등 가축을 약탈합니다. 3군이 그것을 보면 전진하는 것을 두려워하지 않습니다. 그리고 좋은 병사들을 가려 몰래 매복시켜놓고 적이 오면 가차없이 공격하고, 오지 않으면 즉시 떠납니다.

'경지'에서의 작전은 불리한 점이 많다. 손자는 '경지'에서의 작전에 따른 각종 요소를 인식해야 할 뿐 아니라, 작전의 특징에 맞추어 모략과 전법을 택하라고 지적하고 있다. 이는 냉병기 시대에 대단히 중요한 의의를 지니고 있었으며, 현대 전쟁에서도 여전히 본받을 만한 점을 지니고 있다.

산지무전散地無戰 산지에서는 싸우지 않는다

『손자병법』「구지」편에 나오는 말이다. '산지散地'란 제후가 자기 영역 안에서 적과 작전할 때 위급하면 병사들이 쉽게 도망갈 수 있는 지역을 말한다. '산지무전'이라 해서 절대 싸우지 말라는 뜻은 아니다. 적이 쳐들어온다는 것은 전력이나 기세 면에서 자신의 우세를 믿고 있기 때문이며, 따라서 수비하는 쪽은 상대적 열세에 놓인다. 그렇기 때문에 '산지'에서의 작전 모략은 지나치게 급한 결전을 피하고 수비태세를 취하여 서서히 적의 역량을 소모시키다가 기회를 엿보아 적을 섬멸시킬 것을 요구한다. 옛사람들은 '전戰'을 '공세'라 하고 '수守'를 '수세'라 했다. '무전無戰'은 공세를 취하지 않고 수세를 주된 작전 노선으로 삼는 것을 말한다.

오왕과 손자의 대화를 통해 '산지무전'의 모략을 좀더 자세히 알아보자.

> 오왕: '산지'에서는 집이 가까워 병사들이 언제든지 돌아갈 수 있기 때문에 싸우지 말고 굳게 지키라고 했소. 그런데 적이 우리의 작은 성을 공격하여 논밭을 약탈하고 땔나무를 못 하게 하고 중요한 길을 막아놓고는, 우리에게 빈틈이 생기기를 기다렸다가 공격해 오면 어찌해야 하오?
>
> 손자: 적이 우리 땅 깊숙이 들어오면 대체로 자신들의 성읍을 멀리 등지게 되므로, 병사들은 군대를 자기 집으로 여기고 투지가 왕성해집니다. 반면에 우리 군은 나라 안에 있기 때문에 마음이 느긋해지고 살겠다는 마음을 품게 됩니다. 훈련을 시켜도 적극적으로 응하지 않게 되어 싸워 이기기 힘듭니다. 이럴 때는 사람들을 한데 모으고 곡식과 옷감을 비축해놓고 험한 곳을 택하여 성을 단단히 지키도록 준비한 뒤에, 날랜 병사들을 보내 적의 식량 운송로를 끊습니다. 도전을 해도 받아주지 않고 물자가 운반되지 못하게 하며 들에서도 식량을 약탈할 수 없게 하면, 적은 굶주림 등으로 곤경에 처하게 됩니다. 이때 그들을 유인하면 성공할 수 있습니다. 만약 야전을 치르고자 한다면 험준한 지세에 의지하여 매복을 설치해야 합니다. 험준하지 못하면 흐리거나 어두운 날 또는 안개가 낀 날을 택하여 불시에 적을 습격하면 성공할 수 있습니다.

위의 대화 내용으로 보면 손자가 말하는 '산지무전'이 결코 소극적으로 앉아서 죽기를 기다리는 것이 아니라, 적극적 방어 또는 '공세적 방어' 모략임을 알 수 있다.

손자는 이와 함께 "산지에서는 장병들의 뜻이 하나가 되게 해야 한다."고 강조한다. 이는 적이 우리 땅 깊숙이 들어왔을 때 아군은 정치상 우세를 차지하여 백성을 동원, 적개심을 불태우고 용감하게 적을 물리쳐 나라를 지켜야 함을 지적하는 대목이기도 하다.

도유소불유途有所不由 거쳐서는 안 될 길

『손자병법』「구지」편에 "길이라도 거치지 말아야 할 길이 있다."는 대목이 있다. 이를 『십일가주손자』「구변九變」편에서는 "길이 가깝기는 하나 험하다면 기습이나 복병과 같은 돌발 상황이 있을지 모르니 통과하지 않는다."고 풀이했다. 이 모략은 정상적인 상황이라면 당연히 거쳐가야 할 길을 거치지 않고 돌아가거나 난관이 많은 길을 선택하여 적의 예상을 빗나가게 하는 것이다.

기원전 154년, 한의 장수 주아부는 군대를 이끌고 장안을 출발하여 동쪽의 오·초 반란군 공격에 나섰다. 패상霸上(장안 동쪽)에 이르렀을 때, 주아부는 조섭趙涉의 건의에 따라 오·초가 효산殽山(지금의 하남성 낙녕 서북)과 민지澠池(지금의 하남성 민지) 사이에 배치해놓은 간첩과 복병을 피하기 위해, 원래 효산과 민지를 지나 곧장 낙양으로 쳐들어간다는 단거리 작전 노선을 바꾸어 이틀가량 더 걸리는 먼길을 돌아가기로 했다. 그 결과 순조롭게 낙양에 당도하는 한편 형양을 점령하여 오·초 7국의 난을 평정할 수 있는 유리한 조건을 창출해냈다.

47년, 동한의 광무제 유수는 마원馬援·마무馬武·경서耿舒 등으로 하여금 4만 군사를 이끌고 오계五溪(지금의 호남성과 귀주의 경계 지점)를 공격하게 했다. 한군은 임향臨

鄉(무릉현 고성산)에서 오계의 군사와 마주쳤다. 양군은 서둘러 교전에 들어갔고 그 결과 오계의 군은 대패하여 도주했다. 마원은 승기를 몰아 오계의 소굴을 뿌리 뽑을 작정이었다. 그런데 오계의 본거지로 가는 데는 두 길이 있었다. 하나는 호두산壺頭山을 지나는 길로 가깝긴 하지만 어려운 길이었다. 또 하나는 충현充縣을 지나는 길로 평탄하여 행군하기 쉬웠지만 다소 멀었다. 부장 경서는 멀기는 하지만 평탄한 충현 길로 가자고 주장했다. 마원은 시간이 걸리고 식량이 너무 많이 든다고 판단하여 호두산을 통과하는 길로 전진하겠다고 광무제에게 보고했다. 그는 부대를 이끌고 호두산에서 적진 깊숙이 전진했다. 한군은 호두산에 들어서기가 무섭게 적의 매복권에 빠졌다. 오계의 군은 높고 험준한 곳에 자리잡고 있다가 갑자기 북을 울리고 고함을 지르며 공격을 가했다. 한군으로서는 당해낼 수도, 도망갈 수도 없는 꼴이 되고 말았다. 하는 수 없이 적당한 곳을 찾아 진을 치고 주둔하는 수밖에 없었다. 때는 푹푹 찌는 더운 여름이어서 이 지방의 기후와 물에 익숙하지 않은 병사들이 적지 않게 죽어갔다. 마원은 부대를 둘로 나누어 한 부대는 진영을 지키게 하고, 또 한 부대는 절벽에 동굴을 파서 부대원들이 더위를 피하게 한 다음, 적의 포위를 뚫고 나가 자신들의 역량을 충분히 발휘할 수 있는 평원에서 오계군을 물리치려고 했다. 하지만 양 군대는 그 후로도 몇 달 동안을 더 대치했고, 이사이에 오계는 한군을 여러 차례 습격하여 탈진시켰다. 마원도 병에 걸려 목숨을 잃었다. 마원은 전쟁터에서 숱하게 공을 세운 명장이었지만 단 한 번 노선을 잘못 택하는 바람에 전력 면에서 우세한 군대를 적의 수중에 내던지고 말았으며, 게다가 싸워 이기기도 전에 자

● 단 한 번의 판단 실수로 목숨까지 잃은 명장 마원은 병법모략에서 말하는 '가지 말아야 할 길'을 가는 바람에 대세를 그르쳤다. 군사와 병법에서 지형은 지금도 아주 중요한 요소다.

신이 먼저 죽고 말았다.

'도유소불유'는 임기응변책에 속한다. 상황에 따라 변화가 생기면 지휘관은 제때에 과감하게 행동 방향과 노선을 바꾸어 전쟁터에서 생기는 '갈라진 틈' 사이에서 무사히 생존하고 주도권을 장악할 수 있어야 한다. '갈라진 틈'은 접합부, 방어가 약한 지대, 방어벽이 없는 지대에 많이 생기고, 또 일반적으로 돌파 행동에 불리하다고 생각되는 지형 또는 상대방의 예비 부대와 일선 부대 사이의 아직 메우지 못한 간격 지대 등에서 생겨날 수 있다. 그러나 변화하는 전쟁터에서 이런 '갈라진 틈'은 언제든지 상대방이 메울 수 있다. 따라서 시간과 공간이라는 중대한 의미에서 적의 의표를 찔러야만 비로소 슬그머니 왔다가 이내 사라지는 전쟁터의 '갈라진 틈'을 승리의 '통로'로 바꿀 수 있다.

지유소부쟁地有所不爭 다투지 말아야 할 장소

『손자병법』「구지」편에 나오는 말이다. 『손자병법』에 관한 주석을 모아놓은 책『십일가주손자十一家注孫子』에서는 이를 두고 "크게 이득이 안 되는 땅을 다투어 얻었다가 잃는다면 차라리 다투지 않는 쪽이 낫다."고 했다.

성 하나, 작은 땅 한 곳의 득실을 따지지 말고 적의 생산 역량을 소멸시키는 데 역점을 두라는 말도 이와 같은 맥락에서 이해된다. 총체적인 전략 목표를 위해서라면 때로는 일부 지역을 포기할 수 있어야 한다.

617년, 당나라를 세운 고조 이연李淵은 수나라 정벌에 나섰다. 그는 잇따라 곽읍霍邑(지금의 산서성 곽읍)·용문龍門(지금의 산서성 하진)을 점령한 후 주력을 집중하여 하동河東을 포위, 공격했다. 하동의 수나라 장수 굴돌통屈突通은 견고하게 수비했다. 이연은 여러 차례 공격했으나 별다른 성과를 거두지 못했다. 이때 이연은 하동을 돌아 곧장 장안으로 쳐들어가려고 했다. 부장 배적裴寂은 굴돌통의 병력이 적지 않으므로 여기를 내버려두고 그냥 간다면 장안을 공략하지 못했을 경우 앞뒤로 적을 상대해야 하는 위험한 상황에 몰릴 것이라며, 먼저 하동을 돌파한 후에 전진할 것을 건의했다. 그런데 배적의 의견과는 달리 이세민李世民(당 태종)은 "허점을 틈타 쳐들어가 천하를 호령한다."는 기본 전략에 입각하여, 높은 지붕에 올라가 병에 든 물을 쏟아붓듯 일단 유리한 입장을 차지할 것을 강조했다. 즉, 지금의 기세로 곧장 장안으로 쳐들어간다면 장안이 공포에 떨 것이고, 그렇게 되면 "지혜가 있어도 제때 계략을 세울 수 없게 되고, 용기가 있어도 제때 결단을 내리지 못하게 될 것이므로" 쉽게 공략할 수 있겠지만, 그렇지 않고 시간만 끌다 보면 적이 차분히 수비태세를 가다듬게 되어 더욱 성공하기 어려울 것이라는 주장이었다.

이연은 아들 이세민의 의견을 받아들여 소수 병력으로 계속 하동을 공격하게 하는 한편, 몸소 주력군을 이끌고 번개처럼 빠른 속도로 강을 건너 장안으로 치달으니 수나라 관리들이 속속 항복하였다. 이연은 전광석화처럼 장안을 공략했고, 이어서 관중을 손에 넣었다. 하동의 장수 굴돌통은 대세가 이미 기울었음을 직감하고는 순순히 투항했다.

13절
방어와 후퇴

이전위수以戰爲守 · 이공대수以攻代守 공격함으로써 수비한다

『찬집무편纂輯武編』「수守」의 수비에 관한 대목 중 이런 것이 있다.

성안에 설비가 이미 갖추어져 방어태세가 완료되었다면, 나가 싸우는 것으로 방어를 대신하는 기묘한 속임수를 낸다. 공격으로 포위를 푸는 것이다.

공격과 방어는 사물의 양면이다. 전쟁사에서 방어적 공격 또는 공세적 방어와 단순 소극적 방어가 모두 쓴맛을 보았던 것은 결코 아니다.

성을 지키는 쪽이 성안에서만 '고수방어固守防禦'하다 보면 식량과 무기가 떨어지고 적의 힘을 소모시킬 수 없기 때문에, 장기간 포위당하면 성안에 갇힌 채 고생하다

가 죽고 만다. 송나라 때의 나대경羅大經이라는 사람은 『학림옥로鶴林玉露』 「갑편甲編」 권1에서 "성을 지키기만 하고 공격하지 않으면 지키다 죽을 뿐"이라고 했다. 성을 제대로 지키기 위해서는 병력을 조직하여 수시로 출격하지 않으면 안 된다. 또 포위망을 뚫고 원군과 연락을 취하는 등 방어를 하면서도 '부분적 진공'을 행해야 한다. "싸우면서 지킨다"는 '이전위수'의 전술은 '적극적 방어'의 모략사상이다. 성을 지키면서도 최후의 승리를 거두는 쪽은 대부분 이러한 '이공위수'나 "지키는 가운데 공격이 있다"는 '수중유공守中有攻'의 전술을 취했기 때문이다.

삼국시대 위나라의 장수 장요張遼는 7천 병력으로 합비合肥를 지키고 있었다. 이곳을 손권의 10만 대군이 공격해 왔다. 장요는 조조의 작전에 따라 지키면서 공격을 가하는 '이전위수'의 전략으로 "상대의 기를 꺾어 여러 사람을 안심시킨 후 지켰다." 그리고 8백여 명의 결사대를 조직하여 성문을 열고 갑자기 손권의 군대를 공격하여 "오나라 군대의 기를 빼앗았다." 손권은 10여 일 동안 포위, 공격했으나 "성을 함락시키지 못하고 후퇴했다."(『삼국지』 「위서·장요전」) 장요는 약한 군대로 저 유명한 합비 방어전의 승리를 창출해냈다.

서진西晉 말, 대장 왕준王浚은 선비족鮮卑族 단질육권段疾六眷과 말배末杯 등의 군대를 포함한 약 5만의 군대를 파견하여 양국襄國(지금의 하북성 형대 서남)에서 석륵石勒을 포위, 공격했다. 석륵은 중과부적으로 절체절명의 위기에 처했다. 부장 장빈張賓과 공장孔萇이 건의했다.

"적군은 많은 숫자가 먼길을 왔는데 우리가 이렇게 계속 방어만 하고 나가 싸우지 않으면, 그렇지 않아도 열세인 판에 군사들의 기강도 해이해질 것이 뻔하여 성을 사수할 수 없을 것입니다. 그러니 빨리 북쪽 보루에다 돌문突門[28]을 20여 개 내서 적

---

28 '돌문'이란 성벽을 뚫고 낸 작은 문을 가리키는 용어인데, 밖을 공격하려 할 때 갑자기 뚫고 나갈 수 있도록 되어 있

이 아직 전열을 가다듬지 못하고 있을 때 불의의 기습을 가해 적의 간담을 서늘하게 해야 합니다. 작전이 미처 수립되기 전에, 말하자면 미처 귀를 막기 전에 천둥을 치는 격입니다."

석륵은 이 건의를 받아들였다. 그는 일단 병사들로 하여금 성 위에서 북을 요란하게 두드리며 함성을 지르게 하여 적의 주의를 딴 곳으로 유인한 다음, 느닷없이 성 아래 돌문을 뚫고 나갔다. 돌문 밑에 숨어 있던 병사들이 일제히 출격하여 대승을 거두고 승세를 몰아 적을 추격하니 시체가 30여 리나 널렸고 기마 5천을 노획했다.(『진서晉書』「재기載紀·제4·석륵·상」)

당나라 때 '안사의 난'을 평정하는 과정에서 이광필李光弼이 지휘한 태원太原 방어전에서도 위와 비슷한 상황이 벌어졌다. 이광필은 여러 차례 땅 밑으로 길을 뚫고 나와 적을 기습하여 적진을 파괴하는가 하면, 거대한 투석기도 만들었는데 "2백 명이 끌어야 했고, 돌에 맞으면 한 번에 수 명이 죽었다." 최후에는 "결사대를 출전시켜 적을 공격, 7만 명의 목을 베니" 적은 패주하고 태원의 포위는 마침내 풀렸다.(『신당서』「이광전」)

역시 안사의 난을 평정하는 과정에서 장순張巡은 옹구雍丘(지금의 하남성 기현)를 수비하고 있었다. 약 4만의 적군이 성 아래에 이르자 성내 군민들은 두려움에 떨었다. 장순은 "적병의 기세가 예리하긴 하나 우리를 깔보는 마음으로 가득 차 있으니 지금 불의의 기습을 가하면 놀라 흩어질 것이다. 적의 기세가 다소 꺾인 후에 성을 굳게 지키면 된다."고 판단했다. 그래서 "몸소 1천 명을 몇 부대로 나누어 벼락같이 문을 열고 나가 맨 앞에서 적을 향해 돌진하니" '사람과 말이 놀라 무서워 뒷걸음질을 쳤고 적은 마침내 후퇴했다." 얼마 뒤 장순은 유명한 수양睢陽(지금의 하남성 상구현

기 때문에 '돌문突門'이라 하는 것이다.

남쪽) 방어전에서 같은 전술로 큰 전과를 올렸다.(『자치통감』 「당숙종지덕원년唐肅宗至德元年」)

『송사宋史』 「유기전劉錡傳」을 보면 이런 일이 기록되어 있다. 1140년, 남송의 유기는 동경東京(지금의 개봉) 부유수副留守로 임명되어 3만여 명을 이끌고 임안臨安(지금의 항주)을 거쳐 동경으로 가서 금나라의 진공을 막게 되었다. 유기의 군대가 순창順昌(지금의 안휘성 부양현)에 이르렀을 때 동경이 이미 함락되었다는 보고를 받았다. 유기는 순창성을 지켜 금의 남침을 막기로 했다. 그는 일반적인 방어 부서를 설치하는 것 외에도 기계 설비를 징집하여 성 위에다 방어용 활과 같은 시설물도 설치했다. 또 외성外城[29] 밑에 흙담을 구축하고 그 위에 적의 동정을 관찰하기에 편리하고 활을 쏘기에도 좋은 구멍을 뚫었다. 성 부근에는 복병을 두어 적을 습격하여 포로를 잡을 수 있도록 준비시켰다. 6일 후, 적이 접근해 오자 유기는 습격을 명령했고 그 결과 적의 진공을 좌절시키고 적장 두 명을 사로잡았다. 적장을 신문한 결과 성에서 30리 떨어진 백사와白沙窩에 적의 대군이 주둔하고 있으며, 그날 밤 습격해 올 것이라는 사실을 알아냈다. 유기는 적을 혼동시킬 목적으로 모든 성문을 열어놓도록 했다. 과연 적군은 매복이 있을 것으로 의심해서 감히 접근하지 못하고 먼 거리에서 활만 쏘아댔다. 유기의 부대는 방어와 활쏘기에 유리한 시설물을 가지고 있었기 때문에 사상자가 적은 반면 적의 사상자는 매우 많았다. 금군이 퇴각하자 유기는 그 퇴로를 끊어 금의 대부대를 영하潁河에 빠뜨려 익사시켰다.

적군은 성에서 20리 떨어진 이촌李村 부근으로 퇴각하는 한편, 병력을 증강하여 재차 공격할 준비를 갖추었다. 유기는 이런 동정을 눈치채고 "한 발 앞서 상대를 제압한다"는 '선발제인先發制人'의 수단을 취하여, 적이 쳐들어오기 전에 용장 염충閻充에게

---

[29] 고대의 성은 흔히 안과 밖에 내성과 외성을 쌓았으며, 때로는 삼중으로 성벽을 쌓기도 했다.

5백 명의 전사를 이끌고 천둥 번개와 비바람이 몰아치는 야밤을 틈타 습격을 가하게 했다. 금군은 다시 중대한 타격을 입고 30리 밖으로 후퇴했다. 이튿날 밤, 유기는 또다시 천둥 번개가 치고 비바람이 심한 기상 조건을 이용하여 병사 1백 명을 출전시키기로 했다. 유기는 각 병사들에게 무기를 지니게 하는 외에도 대나무로 만든 호루라기를 하나씩 지참하고 습격에 나서도록 했다. 번개가 번쩍하면 일제히 호루라기를 불어대며 적군을 향해 달려들고 번갯불이 지나가면 일제히 엎드려 움직이지 않도록 하니, 금군은 갈피를 못 잡고 자기편끼리 죽고 죽이는 일대 혼란에 빠졌다. 시체가 곳곳에 널렸고, 금군은 다시 멀찌감치 노파만老婆灣까지 후퇴하지 않을 수 없었다.

금군의 최고사령관 김올술金兀術은 몇 차례 잇단 패배 소식을 접하자 몸소 10만 대군을 이끌고 개봉으로부터 지원에 나섰다. 유기는 주력군 간의 전투에서 승리를 거두어야 한다고 판단, 다시 기묘한 전법들을 구사했다. 먼저 두 명의 용사를 골라 전투 중에 일부러 말에서 떨어져 금군의 포로가 되게 했다. 김올술이 이 두 용사를 신문하자, 용사들은 유기를 가리켜 위인이 늘 놀고 마시기만 좋아하고 싸움은 할 줄 모르는 난봉꾼이라고 비난했다. 김올술은 적을 깔보는 교만한 마음을 갖게 되어 유기쯤은 단숨에 쳐부술 수 있다고 자신하게 되었다. 유기는 김올술의 부화를 돋우어 자신이 쳐놓은 함정으로 유인할 요량으로 고의로 사람을 보내 김올술을 자극했다.

"김올술, 네가 영하를 건너와 나와 싸울 수 있다면 부교浮橋(뜬 다리) 다섯을 설치해 기꺼이 너를 맞이하겠다."

김올술은 감정을 이기지 못하고 버럭 화를 내며 자신이 발끝만 움직여도 순창성은 금세 함락될 것이라며, 내일 아침 강을 건너겠노라 대답했다. 유기는 정말로 영하 위에 다섯 개의 부교를 설치해놓았다. 그리고 강 상류와 금군이 강을 건넌 후 점령하게 될 지역 구석구석에 독을 뿌려놓았다. 금군은 강을 건넌 후 대부분 독에 중독되었다. 게다가 날이 무척 더워 무거운 갑옷을 입은 병사들이 피로와 고통에 시달

● 상황에 따라서는 최선의 공격이 최선의 수비가 될 수 있다. 이때 그 공격은 임기응변에 강해야 한다. 전략과 전술을 수시로 바꾸어가며 공격해야 효과를 거둘 수 있다. 이광필(왼쪽), 장순(가운데), 유기(오른쪽)는 모두 이 모략에 능했던 명장들이다.

리니 전군의 사기가 완전히 처지고 말았다. 반면에 유기의 부대는 돌아가며 휴식을 취하고 있었기 때문에 사기가 왕성했다. 유기는 적이 피곤해 있을 때 공격하는 전형적인 전법을 취했다. 한낮이 되자 금군은 이미 지칠 대로 지쳤다. 유기는 수백 명을 서문 쪽에서 내보내 크게 고함을 지르며 금군을 향해 돌진케 했다. 금군의 주의력이 서문 쪽으로 집중되자, 이번에는 수천 명이 예리한 칼과 도끼를 들고 남문을 나와 공격했다. 금군은 대패했고 시체가 산더미처럼 쌓였다. 격렬한 전투의 와중에서 김올술이 몸소 이끄는 이른바 '철부도鐵浮圖'와 '괴자마拐子馬' 등 정예부대도 유기 군대의 공격에 고전을 면치 못하고 있었다. 정예군은 열에 일고여덟이 희생되었다. 대세를 만회할 길이 없다고 판단한 김올술은 잔병을 이끌고 개봉으로 도주했다. 유기는 승기를 몰아 금군을 추격하여 다시 수만을 섬멸했다. 유기가 지휘한 순창 방위전은 적극적 수단과 상대를 속이는 기발한 계략으로, "싸움(공격)으로 지키는 것(수비)을 대신하는" 모략을 훌륭하게 체현했다.

이수대공以守待攻 수비로써 공격을 기다린다

이 말은 『당태종이위공문대』에 보인다. 방어태세를 취할 때 유리한 시기를 찾아 공격으로 전환하여 적군을 격파한다는 것이다. 이 전법은 두 가지 상황에서 선택할 수 있다. 첫째는 적의 전력이 뚜렷하게 우세해서 어쩔 수 없이 방어를 취하면서 지원군을 기다리거나, 시간을 벌면서 전기를 기다리다가 역공을 취하는 경우다. 둘째는 적이 상대적인 우세에 있을 때 먼저 유리한 지세를 택하여 잠시 수세에 몰린 척하다가 적의 약점이 보이면 즉시 공세로 전환하는 것이다.

"예리한 기세는 피하고, 흩어져 있을 때 공격하라."는 말은 용병작전에서 기본이 되는 전술이다. 방어의 묘미는 그것이 언제든지 공격으로 바뀔 수 있다는 데 있다.

겁방용전怯防勇戰 겁으로 막고 용기로 싸운다

『손자병법』「세」편에 보면 다음과 같은 대목이 보이는데 다분히 철학적이다.

혼란한 것처럼 보이지만 사실은 다스림에서 나온 것이고, 겁을 먹은 것처럼 보이지만 사실은 참된 용기에서 나온 것이며, 약한 것처럼 보이지만 사실은 강함에서 나온다.

손자는 용감한 소질을 갖추려면 겁먹고 약한 마음으로 적을 막고, 현명하고 용기 있는 기세로 적을 공격할 것을 강조한다. 『병경백자』「근자謹字」에는 다음과 같은 대목이 보인다.

용병에⋯ 위태롭지 않은 때가 없으니 늘 삼가야 한다. 군영에 들어가서는 정찰하듯 하며, 국경을 나서면 엄숙한 태도를 취하고, 외교 교섭에 임하면 손에 넣는 것이 해가 없는지 조사하며, 험준한 산이나 숲을 지날 때는 반드시 첩자가 있는지 수색해야 하며, 적의 음모가 있지 않나 헤아리고, 내 쪽에서 여유 있는 계략을 세워야 한다.

"겁을 먹고 방어한다"는 '겁방怯防'은 적을 두려워한다는 뜻이 결코 아니다. 적을 방어할 때 각별히 조심해야 한다는 말이다. 전투 과정에서 위험이 존재하지 않는 경우는 없다. 늘 삼가고 신중해야 한다. "용감하게 싸운다"는 '용전勇戰'은 일단 싸움이 시작되면 승리의 신념과 두려움 없는 기개로 용감하게 적과 싸워야 한다는 말이다.

남조 양나라 무제 때인 503년의 일이다. 남양南梁의 태수 풍도근馮道根은 북조 동위東魏와 국경을 접하고 있는 변방의 중요한 군사기지인 부릉阜陵에 주둔하라는 명령을 받았다. 그는 부임하자마자 사람들을 동원하여 전쟁 준비를 진행했다. 성을 단단히 수리하는 한편 사람을 보내 적의 상황을 정찰하게 하는 등 정작 적이 진짜로 쳐들어오기라도 하는 날에는 아무 일도 안 할 사람처럼 지나치게 철저한 대비를 했다. 사람들은 그가 적을 너무 두려워한다며 비웃었다. 풍도근은 모두에게 이것이 바로 '겁방용전'의 이치라며 전쟁 준비를 계속시켰다.

그로부터 얼마 되지 않아 부릉성의 수리가 미처 끝나기도 전에 동위의 장수 당법종黨法宗이 군사 2만을 이끌고 쳐들어왔다. 성안의 많은 사람들은 당황해하며 부릉성을 못 지키면 어쩌나 걱정을 했다. 풍도근은 침착한 태도를 유지하고 결코 서두르지 않았다. 그는 적이 표면적으로는 사기가 왕성해 보이지만, 실제로는 수만 믿고 무조건 공격만 하려 들며 수비태세가 안 되어 있기 때문에 역공하면 쉽게 무너뜨릴 수 있다고 판단했다. 풍도근은 2백 명의 용감한 정예군을 뽑아 위군이 미처 전열을 가다듬기 전에 갑자기 성을 나와 적진을 향해 맹렬하게 달려들었다. 불의의 습격을 받은 위군은 순간적으로 큰 혼란이 벌어져 싸우지도 못하고 무너졌다. 용감한 부릉 군민과 뛰어난 지휘력을 가진 풍도근을 보고 겁에 질린 당법종은 잔병을 수습해 퇴각했다.

방어는 튼튼하게 하는 데 힘을 써야 하며, 공격은 허점을 찾는 데 주목해야 한다. 튼튼하게 힘을 기울여 먼저 자신을 패할 수 없는 자리에 올려놓는다. 두려움 없는 정신과 지혜로운 담력으로 물질적 역량의 차이를 메운다. 그래야 적의 허점을 찾아낼 수 있는 것이다.

적에 대한 방비를 충분히 해놓지 않고 적을 깔보는 것은 패배를 자초하는 것이나 마찬가지다. 전투의 함성이 이미 울려 퍼졌는데도 지나치게 적을 헤아리고 있다가는 낭패를 당하기 십상이다. 예로부터 방비 없이 승리를 거두려는 군대 안에는 '모험'으로 성공을 기도하는 장수가 있게 마련이라고 했다. 이런 모험은 도박이나 투기와 다를 바가 없다.

'겁방'과 '용전'은 상반되지만 서로 어울려야 제힘을 발휘할 수 있는 두 측면이다. '겁방'이 있어야만 적에 대한 연구가 중요하다는 것을 알게 된다. 적의 행동을 깊게 연구하고 파악해야만 적을 꺾고 승리하는 굳센 자신감과 용기를 가질 수 있는 것이다.

기승약부旣勝若否 이긴 후에도 이기기 전과 같이 한다

『사마법』「엄위嚴位」제4에 이런 내용이 있다.

어느 정도의 병력을 운용하여 이미 승리를 얻었다 해도 승리하지 않았을 때와 마찬가지로 신중하고 조심스러워야 한다. 병기의 예리함, 튼튼한 갑옷, 견고한 전차, 좋은 말 따위는 말할 것도 없다. 아군의 병력이 저절로 많아지는 것이 아니며, 작전 능력도 싸울수록 떨어지기 때문이다. 하물며 최후의 목표에 도달하지 못했음에야!

이 모략은 승리했더라도 승리하기 전과 마찬가지로 고도의 경계심을 유지할 것을 요구하고 있다. 이는 지휘관의 수양 수준과 정도를 나타내준다. 『백전기법』「승전勝戰」에서는 "만일 내 쪽이 승리하고 적이 패했더라도 교만해서는 안 된다. 승리한 그날 밤 삼엄하게 대비하여 기다리면 적이 공격해 와도 피해는 없다."고 했다. "교만한 군대는 반드시 패한다."는 말은 군사 투쟁에서 명언 중의 명언이다. 이는 전쟁사를 통해 수도 없이 증명되고 있다. 물론 교만한 장수가 없으면 실패하지 않는다는 그 반대의 명제도 함께 증명된다. 특히 승리를 거두고 난 뒤, 그 승리를 정확하게 인식하지 못하고 교만한 마음을 갖기 쉬운데, 이 교만함은 해이함을 낳고 해이함은 경계를 흐트러놓아 결국 승리가 패배로 뒤바뀌고 만다.

『사기』권7에 실린 경우다. 진나라 말기, 진에 반대하여 봉기한 군대 중에서 그 기세가 대단했던 항량項梁은 여러 차례 승리를 맛보았지만 끝내는 진군에게 패해 전사하고 말았는데, 그 원인은 승리를 거둔 후 교만방자해져 적을 깔보았기 때문이다. 측근 송의宋義는 진작부터 그에게 충고했다.

"승리한 후에 장수가 교만해지고 병사가 나태해지면 반드시 실패합니다. 지금 우리 병사들은 이미 해이해져 있고 진나라 군대가 오히려 강해져 있으니 매우 걱정스럽습니다."

그러나 항량은 귀를 기울이지 않았다. 이 본보기에서 알 수 있듯이, 장수는 늘 "승리했지만 승리하지 않은 것처럼 한다"는 '기승약부'의 사상을 잊지 말아야 한다.

지휘관은 언제 어디서나 적의 해이함이 곧 내가 이용할 좋은 기회가 되듯이 나의 승리 또한 적의 돌발적인 보복을 초래하는 화근이 될 수 있다는 점을 잊어서는 안 된다. 고대 전쟁사에서 흔히 이런 상황을 볼 수 있다. 승리한 군대가 모두 기쁨에 들떠 있을 때 장수는 오히려 "적이 바로 오늘 밤 군영을 기습해 올지도 모른다."고 생각한다. 그는 자기편의 역량에 근거하여 즉시 위험한 지역에서 물러나거나, 표면적으로 경계하지 않는 듯한 모습을 보이면서 몰래 복병을 배치해놓고 보복해 오는 적을 섬멸하여 다시 한번 적에게 실패의 쓴잔을 안겨다준다. 이 모략사상은 오늘날에도 여전히 값어치를 잃지 않고 있다. 다른 점이 있다면 현대적 조건에서 적은 대단히 빠른 반응력을 가지고 있으므로 보복 행위가 눈 깜박할 사이에 이루어진다는 사실이다. 전투에서 이긴 후, 지휘관의 신경은 더욱 긴장되고 예민해질 필요가 있다.

주위상계走爲上計 줄행랑이 으뜸이다

_____

『남사南史』「단도제전檀道濟傳」에 다음과 같은 사실이 기록되어 있다. 유송劉宋의 정남대장군征南大將軍 단도제檀道濟가 북위北魏 정벌에 나섰다. 먼길을 행군하느라 병사들은 지쳤고 식량도 제때 보급되지 않아 상당한 곤경을 치르고 있었다. 역성歷城(지금의 산동성 역성현)에 이르자 마침내 식량이 바닥을 드러냈다. 여기서 단도제는 모래를 가마니에 담아 식량인 것처럼 쌓으면서 병사들로 하여금 "양식 가마니 수를 큰 소리로 세게" 하는 '창주량사唱籌量沙'의 모략으로 적을 속이고 무사히 귀환했다.

역시 『남사』 「왕경칙전王敬則傳」에 실린 내용이다. 남조의 송나라가 망한 후 소도성蕭道成이 스스로 황제라 칭하니 그가 바로 제齊 고조이고, 이로써 남제南齊라는 왕조가 시작되었다. 왕경칙王敬則은 소도성 밑에서 보국장군輔國將軍이라는 자리에 있었다. 글은 몰랐지만 위인이 교활하고 야심이 컸다. 명제明帝 소란蕭鸞 때 왕경칙은 드디어 반란을 일으켰다. 당시 명제는 중병을 앓고 있던 차라 금세 위기상황이 닥쳤다. 명제의 아들 소보권蕭寶卷은 도망갈 준비를 했다. 이 소식을 들은 왕경칙은 득의만면해서 비꼬았다.

"저들 부자는 자신들이 지금 무슨 방법을 취하려는지도 모를 것이다. 단공檀公의 36계 중 '줄행랑이 으뜸'이라는 계책이다. 암! 일찌감치 달아나는 것이 좋을 것이다."

'36계'는 계책이 많다는 뜻이지, 계책이 모두 합쳐 36가지라는 뜻이 아니다. 뒷날 완성된 『36계』도 군사모략이 36개라는 것이 아니라, 음양 학설 중 태음太陰에 해당하는 수인 '6×6=36'이란 뜻으로 이루 다 헤아릴 수 없는 모략을 비유했을 뿐이다. 그 조목들 몇 가지를 예로 들면, "하늘을 속이고 바다를 건넌다"는 '만천과해瞞天過海', "제삼자로 하여금 나의 경쟁자를 치게 한다"는 '차도살인借刀殺人', "매미가 껍질을 벗듯 후퇴한다"는 '금선탈각金蟬脱殼', "잡으려면 일단 놓아주라"는 '욕금고종欲擒故縱', "호랑이를 산에서 떠나게 유인하라"는 '조호리산調虎離山' 등등이다. 그중에서 '주위상계'는 맨 마지막의 제36계다.

'주위상계'는 불리한 형세에서 적과의 결전을 피하기 위한 방법으로, 투항·강화·퇴각이 포함되어 있다. 세 가지를 서로 비교해보면, 투항은 철저한 실패, 강화는 절반쯤의 실패, 퇴각은 실패를 성공으로 바꿀 수 있는 여지를 남겨놓는 방법이라 할 수

있다. 그래서 이런 상황에서는 '도망'이 상책이라고 말하는
것이다. 그러나 이 말은 '도망'이 각종 모략들 중에서 상책
이라는 뜻이 결코 아니다.

단도제의 안전한 퇴각이나, 송필재宋畢再가 "양을 거
꾸로 매달아 북을 치게 하는" '현양격고顯羊擊鼓'의 모략으
로 안전하게 군대를 퇴각시킨 것 등은 적이 절대 우세를 차
지하고 있어 도저히 이길 수 없는 상황에서 나온 상책이
다.(군사모략 '현양격고' 참조)

"싸워 이길 것 같으면 싸우고, 그렇지 못하면 달아나
라."는 말도 결국은 같은 말이다. 무엇을 위해, 어떻게 달아
나느냐 하는 것에는 반드시 임기응변이 필요하다. 현대적
조건에서는 군대의 기동력, 반응력, 정보 수집력이 엄청나
게 발전해 있기 때문에 제대로 도망갈 수 있느냐 하는 것이 대단히 중요한 문제로 떠
오르고 있다.

● 상황이 여의치 않을 때 후퇴하거나 도망가
는 것을 모략가들은 부끄러워하지 않는다.
36계 중에서도 줄행랑이 으뜸이라는 말은
그냥 나온 것이 아니다. 그만큼 결단을 내리
기 어렵기 때문이다. 단도제는 줄행랑을 위
해 또 다른 모략을 적절하게 구사한 지장이
었다.

지난이퇴知難而退 어려우면 물러난다

『오자병법』「요적料敵」제2에 보면 이런 구절이 나온다.

다음으로 점쳐볼 것도 없이 적과의 교전을 피해야 하는 경우가 여섯 가지 있다.…
이 모든 조건이 적군에 뒤떨어질 때는 생각할 것도 없이 싸움을 피해야 한다. 어

디까지나 승리할 가능성이 있을 때 진격하고, 승산이 없다고 생각하면 물러나야 한다.

『좌전』 선공 12년조(기원전 597)에는 "나아갈 만하면 나아가고, 어려우면 물러서는 것이 군대를 제대로 다스리는 것"이라는 구절이 있다. '지난이퇴'는 일반적으로 말하듯이, 곤경에 처하면 곧 후퇴하라는 뜻이 결코 아니다. 전쟁의 상황에 근거하여 움직이고, 승산이 없는 작전인가를 잘 파악하여 계획적으로 퇴각함으로써 다시 싸울 수 있는 기회를 창조하라는 뜻이다. 이는 『백전기법』 「퇴전退戰」에서 "적이 많고 내가 적으며 지형이 불리하여 싸울 힘이 안 되면 적을 피해 물러나 군대 전체를 보호해야 한다."고 한 것과 마찬가지다. 이 모략과 "진군할 수 있는 가능성이 보이면 진군한다"는 '견가이진見可而進'은 상반되면서도 서로 보완 작용을 하는 모략이다.(군사모략 '견가이진' 참조)

적의 정세·지형, 아군의 정세 등의 차이에서 '진'과 '퇴'가 결정난다. 진군할 수 있으면 망설이지 말고 진군할 것이며, 그 반대면 주저 없이 물러나야 한다.

『진서』 「문제기文帝紀」에 이런 역사적 사실이 기록되어 있다. 삼국시대인 244년, 위의 장수 조상曹爽은 6~7만 군대를 거느리고 촉의 한중을 공격해 들어갔다. 이때 한중의 촉군은 3만이 채 안 되었다. 위군이 몇 차례 도발을 해보았지만 촉군은 좀처럼 싸움에 응하지 않았다. 사마소는 여러 장수들에게 "촉군이 험한 곳을 의지해 수비에만 치중하고 있어 공격해도 함락할 수 없으니, 돌아갔다가 시기를 보아 다시 싸우는 것이 좋겠다."고 말했다. 결국 위군은 철수를 단행했다.

'지난이퇴'의 '퇴退'는 진공 중의 '퇴'이자 움직이는 중의 '퇴'며, 새롭게 작전 방향과 작전 목표를 선택하기 위한 '퇴'다. 견고하게 방어만 하면서 이 모략을 사용했다가는 상대에게 되레 혼쭐나고 말 것이다.

금선탈각金蟬脫殼 매미가 껍질을 벗다

'금선金蟬'이란 여름날 나무 위에서 맴맴 울어대는 '매미'다. 수컷 매미의 배 부분에는 특수한 '울음 기관'이 있어 울음소리를 낼 수 있다고 한다. 매미가 성충으로 변할 때는 유충의 껍질을 벗는다. '금선탈각'은 매미의 삶에서 반드시 거쳐야 할 단계이자 길이다. 이 말은 『서유기』 제20회에 나온다. 당나라 승려 삼장법사가 천축으로 불경을 구하러 가던 도중에 맹호에게 봉변을 당하게 되는데, 이때 맹호는 가죽만 홀랑 벗어놓고 삼장법사를 납치해 간다. 손오공과 저팔계는 그것도 모르고 빈껍데기뿐인 맹호를 열심히 두드렸다. 이 맹호가 사용한 껍질 벗기가 바로 '금선탈각계'다.

'금선탈각'은 적에게서 벗어나기 위해 자신을 이동시키거나 철수하는 '분신술分身術'이다. 여기서 말하는 '탈脫'은 당황하여 도망가는 소극적인 의미가 아니라, 껍질(형체)은 남겨놓고 본질은 사라지게 하는, 즉 도망갔지만 도망가지 않은 것처럼 보이게 하여 위기에서 벗어나는 것이다. "양을 거꾸로 매달아 북을 두드리게 한다"는 '현양격고懸羊擊鼓'라는 모략도 사실은 '금선탈각'의 한 예다.(군사모략 '현양격고' 참조)

1943년, 소련군은 드니에페르강에서 전투를 치렀으나 실패했다. 최고사령부에서는 주요 돌파 방향을 적의 방어력이 비교적 약한 키예프 북쪽으로 변경하기로 하고, 제3사단 근위 탱크부대 등 주력부대를 천천히 드니에페르강 동쪽으로 이동시킨 다음 전선을 따라 북쪽으로 올라가도록 함으로써 행군을 은폐하고, 키예프 이북 약 40킬로미터 지점에서 다시 강을 건너 상륙하여 공격을 개시하기로 했다. 그러나 이 기계화부대가 적의 바로 코앞에서 이동하기란 대단히 곤란한 일이었다. 소련군은 행동을 은폐하기 위해 이 방면의 군대에게 일시 진공을 멈추고 방어태세로 들어가라는 거짓 명령을 내렸다. 그리고 전사한 시체 한 구에 대위 군복을 입히고 가짜 명령문서를 서류 가방에 넣어 강 연안 적진 앞에 버리도록 했다. 연안 가까이 있는 돌격 병단에게는 적이 가벼운 반격을 해 올 때 거짓으로 패한 척하고는 제2참호 속으로 철수하여, 독일군이 그 '대위'의 몸에서 가짜 명령서를 찾을 수 있는 기회를 마련해주라고 했다.

소련군은 전체 전선을 고수하는 쪽으로 방침을 바꾸고, 부크린에서 새로운 진군 준비를 하는 듯한 거짓 행동을 취했다. 주력부대가 야간에 철수하고 나면 그 자리에 지휘소와 무전 시설 등을 그대로 남겨놓는 등 여러 방면에 걸쳐 대부대가 결집하는 인상을 만들어냈다. 그리고 결집 지역 내에서 적극적으로 반공습과 공격에 대한 준비를 갖추는 분위기를 연출했다. 이를 본 독일군은 소련군 주력이 부크린에서 움직이지 않고 수비한다는 인상을 받게 되었다. 독일군은 폭격기로 소련군의 가짜 진지를 일주일에 걸쳐 열심히 폭격하고, 부크린으로 진격할 대대적인 준비를 갖추었다. 소련 주력군은 이미 '금선탈각'하고 사라진 뒤였다.

강이피지强而避之 강하면 피한다

『손자병법』「계」편에서 말하는 '궤도 12법'의 하나다. 이 모략은 강적이 코앞에 닥치면 잠시 그 날카로운 기세를 피했다가 기회를 엿보아 다시 공격할 것을 요구한다. "공격해서 이길 것 같으면 공격하고, 아니면 후퇴하라."는 말이 바로 이 모략을 잘 설명해주고 있다.

여기서 '피하라'는 말은 피하기만 하고 공격하지 말라는 것이 아니다. 불리한 결전을 피하고, 약한 부분에 대한 공격을 택하라는 뜻이다. 이는 흔히 "전진을 위한 후퇴"니 "멀리 뛰기 위한 움츠림"이니 하는 말처럼 적극적인 의미의 표현이며, 적을 깊숙이 유인하여 기회를 엿보다 격파하는 것이다. 날카로운 기세를 피하고 나태해졌을 때 공격하는 것, 약한 부분을 집중 공략하는 것, 적의 팔다리 부분을 야금야금 갉아 들어가는 것 등 여러 가지 형식이 있을 수 있다.

기원전 202년, 북아프리카의 노예제 왕국 카르타고에서 벌어진 자마 전역에서 로마의 명장 스키피오는 그 이름도 유명한 카르타고의 명장 한니발을 물리쳤다. 이 전역이 바로 '강이피지'를 기본 개념으로 하여 "강한 기세를 피하고 약한 부분을 공격하여" 승리를 거둔 전형적인 본보기였다.

당시 한니발은 군의 대열을 배치할 때 머리 부분은 단단하고 엉덩이 부분은 무겁게 했다. 즉, 군대를 3선으로 나열했는데 80마리의 코끼리 부대를 제1선에 '일—'자로 배열하고, 정예 보병부대를 가장 뒤에, 그리고 기병을 좌우 양옆에 배열했다. 그의 작전 의도는 이러했다. 코끼리 부대가 일거에 스키피오 군대의 정면을 돌파하여 제1선 진격부대를 막고 있는 적의 저항력을 감소시킨다. 그러면 제2선과 제3선의 정예병과 양날개의 기병이 최후의 승리를 거둔다.

스키피오는 한니발의 진세陣勢를 관찰한 후 임기응변으로 그에 상응하는 진세를 갖추었다. 스키피오 역시 군대를 3선으로 배열했다. 그러나 그는 앞 제1선 각 부대 사이사이의 틈을 뒤에 있는 제1선 부대로 엄호하고 메우게 하는 통상적인 '물고기 비늘식' 배열법을 깨고 각 선상의 병력을 모두 중첩 배열하고 진중에 통로를 하나 남기는 동시에, 그 통로에다 기회를 봐서 철수할 수 있는 경장비 보병을 배치하여 한니발의 코끼리 부대가 그곳을 뚫고 들어오더라도 자기 진영의 안정을 유지할 수 있도록 했다. 동시에 스키피오는 동맹군의 강력한 기병을 좌우 양옆에 배치하여, 한니발 군대의 전진에 때맞추어 반격할 수 있도록 했다. 이 밖에도 제1선 보병에게 호각을 주어 필요하면 언제든지 호각을 불어 코끼리를 놀라게 하도록 했다. 전체 작전 의도는 "예봉을 피하고 한 걸음 뒤에서 상대를 제압하는" 것이었다.

전투가 시작되자 쌍방의 기병이 가볍게 수를 교환했다. 이어 한니발은 "기선을 제압하기" 위해 코끼리 부대로 공격을 가했다. 코끼리 부대가 상대의 제1선에 접근하자 갑자기 귀를 찢는 듯한 호각 소리가 들려왔다. 코끼리들은 놀라 전진하지 못하거나 심지어는 뒷걸음질까지 치는 바람에 한니발의 제1선은 흩어지고 말았다. 물론 일부 코끼리 부대는 순조롭게 스키피오가 미리 마련해놓은 통로를 뚫고 지나갔다.

한니발의 가장 막강한 코끼리 부대가 무너지자 군 전체가 동요하기 시작했다. 스키피오는 때를 놓치지 않고 강력한 기병으로 양옆에서 출격하여 신속하게 한니발의 기병을 제압했다. 한니발의 제1선 부대는 기병이 패하자 퇴각을 서둘렀다. 그러나 스키피오의 보병들이 통로를 가로막고 나섬으로써 피차간에 잔혹한 살육전이 전개되었다.

이때 스키피오는 다시 신속하게 제2선과 제3선의 병력을 움직여 제1선의 보병과 합류시킨 다음, 한니발 군대의 정면을 공격했다. 여기에 양옆의 기병이 우회하여 옆과 뒤에서 한니발의 제3선 부대를 습격하니 한니발의 군대는 크게 무너지고 말았다. 한니발은 일부 기병의 호위를 받으며 가까스로 탈출했고, 그 나머지는 전사하거나 포로로 잡혔다. '강이피지'의 바탕 위에서 '피강격약避强擊弱'을 잘 활용한 스키피오는 단숨에 그 명성을 전 로마에 떨쳤다.

14절
원칙과 변칙

수즉부족守則不足, 공즉유여攻則有餘 지키는 것은 부족하기 때문이고 공격하는

것은 남기 때문이다

수비한다는 것은 공격하기에는 힘이 모자라기 때문이며, 공격하는 것은 지키고도

힘이 남기 때문이다.(『손자병법』「형」편)

역시 같은 「형」편에는 "적이 아군을 이길 수 없는 것은 아군이 수비하기 때문이

며, 아군이 적을 이길 수 있는 것은 적에게 공격할 빈틈이 있기 때문"이라는 대목도

보인다. 적이 나를 이기지 못하게 하려면 '수비'태세를 취해야 하고, 내가 적을 이기려

면 '공격'태세를 취해야 한다. '수비'에 '공격'이 배제되는 것은 물론 아니다. '수비'라는

방식을 통해 "이길 수 없게 하는" 조건을 창출하고, 기회를 잡아 적을 공격한다는 것

이다. 그것은 단순히 병력의 많고 적음을 가리키는 것이 아니라 주로 승리의 조건을 가리키는 것이며, 먼저 이기고 나중에 싸우는 것을 말한다. 전쟁을 수행하다 보면 간혹 이런 상황이 일어날 수도 있다. 수세에 놓인 쪽이 상대의 공격 의도·방향·병력 등을 제대로 파악하고 있지 못한 상황에서 자신의 전략을 세우려다 보면 적의 방향과 지역 등으로부터 제한을 받을 가능성이 있기 때문에 곳곳을 돌아보고 여러 곳을 지키지 않으면 안 되는데, 그러다 보면 자연 병력이 부족하고 허술한 점이 많다는 것을 느낄 수밖에 없다. 반대로 공세를 취하는 쪽은 지키는 쪽의 빈틈이나 허술한 부위를 찾는 데 전력을 기울여 수비하는 쪽보다 절대 우세한 병력으로 공격하게 된다. 이런 상황에서는 공격하는 쪽이 남고 지키는 쪽이 모자랄 것이 틀림없다.

전국시대 오·초 전쟁에서 오군은 정예병 3만으로 20만 군을 격파했다. 3만 병력으로 수비한다면 병력이 절대 부족이지만, 공격을 가한다면 공격 시간과 공격 지점에 대한 주도권이 있기 때문에 집중된 병력으로 역량이 분산된 병력을 공격하게 되어 "공격하여 남는" 경우가 될 수 있다.

그러나 전쟁술이라는 각도에서 보면, 공수 쌍방의 병력이 엇비슷할 때 수비하는 쪽이 요충지를 거점으로 삼아 단단히 지키려 할 것인바, 공격하는 쪽에서 그것을 공격해 이기려 한다면 적의 병력보다 반드시 우세해야 하는 것이 당연하다. 이 경우에는 지키면 남고 공격하면 모자라는 상황이 나타날 수 있다. 전쟁 경험을 통해 볼 때, 부족한 병력으로 진군하고자 할 때는 일시적으로 '수비태세'를 취할 수 있는데, 이때 지형의 도움을 받으면 "지키면 남는다"는 목적을 달성할 수 있다. 『손자병법』 「모공謀攻」편에서 "병사의 많고 적음을 알아 활용할 줄 아는 자가 승리한다."고 한 것이 바로 이 이치다. 쌍방의 병력이 어떠한가에 근거하여 각각 다른 전법을 채용하는 것이 승리할 수 있는 조건이다. 역량이 우세하면 공격하여 이길 것이고, 공격해 이기기 부족하면 지켜서 자신을 보존할 것이다. 같은 상황에서 적은 병력으로 적을 공격하면 부족하겠지만 그 병력으로 지키면 남게 되는 것이다. 의미심장한 '공·수의 변증법적 관계'다.

약수강공弱守强攻 약하면 지키고 강하면 공격한다

이 모략은 전략을 결정할 때 '지피지기'를 정책 결정의 기본 사상으로 삼아야 한다는 점을 강조한다. 『백전기법』 「수전守戰」에서 "자신을 아는 자는 지킨다. 자기에게 아직 승리할 이치가 없다는 것을 아는 자는 한층 굳게 지킬 것이고, 적을 이길 수 있는 이치가 보일 때까지 기다렸다가 군을 출동시켜 공격하면 승리하지 않을 수 없다."고 한 것과 같다. 또 『손자병법』 「형」편에서는 "이길 수 없으면 지키고, 이길 수 있으면 공격하라."고 했다. 공·수는 밀접하게 관련되어 있다. 공격은 방어의 전기轉機며, 방어는 공격의 수단手段이다. '약수강공'의 실질은 시간과 공간의 운용으로 전기를 창조하고 이용하는 데 있다.

전국시대 말기 조나라의 명장 이목李牧은 일찍이 안문雁門 일대에 오랫동안 주둔하며 흉노족의 침략을 저지해왔다. 그는 모든 병사들에게 늘 이런 엄명을 내렸다.

"흉노가 침입한다는 경보를 들으면 즉각 성안으로 들어가 지켜야지, 멋대로 나가 적을 포로로 잡는 자는 군법에 따라 처리한다."

이목은 무려 10년간을 수비만 하고 공격하지 않았다. 조왕은 이목이 자기 책임을 다하지 못한다고 그를 문책하여 해임시켜버렸다. 그러나 그 뒤로부터 조군은 계속 손해만 보았다. 조왕은 하는 수 없이 이목을 다시 기용했다. 이목은 여전히 전과 마찬가지로 굳게 지키기만 하고 공격은 하지 않았다. 흉노는 여러 차례 공격을 해 왔으나 아무런 소득도 얻지 못했다.

서한 경제 때 대장 주아부周亞夫는 오·초 7국의 난을 평정하는 전쟁에서 먼저 지킨 다음 나중에 공격하는 공·수 결합의 적극적 방어 전략을 성공적으로 운용했다. 당시 오·초 연합군은 7국 중에서도 가장 강한 군대였다. 따라서 오·초 연합군과 싸워 이기는 것이 곧 7국의 반란을 평정하는 관건이었다. 주아부는 초군은 용맹하고 오군은 날카롭다는 객관적 상황 분석에 근거하여, 양梁나라에서 식량을 조달하고 창읍을 굳게 지키면서 적이 지친 틈을 타서 공격한다는 작전 방침을 세웠다. 오와 초가 서쪽의 관중關中을 뺏기 위해서는 양나라를 반드시 거쳐야 하기 때문에 한군이 이 지역에서 식량을 충당하며 굳게 지키면 오·초 연합군의 힘이 소모되어 창읍에서 결전을 치를 수 있다는 것이었다. 주아부는 창읍에 거점을 잡은 후 도랑을 깊이 파고 보루를 높이 쌓아 출전하지 않고 계속 수비에 치중하면서 결전을 위한 충분한 병력을 보존했다. 그리고 오·초 연합군의 식량 보급로를 차단하여 일시적으로 그들을 피로와 굶주림에 몰아넣어 철수하지 않을 수 없게 만들었다. 이제 결전의 시기가 무르익은 상황에서 주아부는 때를 놓치지 않고 진격하여 오·초 연합군을 대파했다.

내 쪽의 실력이 총체적으로 보아 적에 못 미칠 때 전략적 방어로 자신의 힘을 보존하고 키운다. 그리고 적과 나의 역량에 질적인 변화가 발생하면 때를 놓치지 않고 적과 전략적 결전을 벌인다.

정합기승正合奇勝　정과 기를 배합하여 승리한다

『손자병법』「세」편에 보면 "모든 전쟁은 정공법正攻法으로 대치하고 기계奇計로 승리를 거둔다."는 대목이 있다. 『손자병법』에 주석을 단 사람들에 따르면, '정正'이란 적과 한데 어울려 싸우는, 즉 정상적인 방법으로 행동하는 것을 말한다. '기奇'란 적의 의도를 벗어나는 것을 말하는데, 적의 예상을 벗어나면 적을 꺾을 수 있는 기회를 잡을 수 있다. '정병正兵'은 규칙적인 전법으로 싸우며, '기병奇兵'은 적의 허점을 찌르는 예상 밖의 방법으로 적을 속수무책으로 만든다. 다음은 정과 기에 대해 역대 병가들이 말한 것들이다.

> 장예張預: "기와 정에 관해서는 여러 사람의 설이 달랐다. 위료자尉繚子는 '정병'은 선수가 중요하며, '기병'은 후수가 중요하다고 말했다. 조공원曹公元은 먼저 어울려 싸우는 것을 '정'이라 하고, 뒤에 나서는 것을 '기'라 한다고 했다."
>
> 매요신梅堯臣: "동動은 기奇며, 정靜은 정正이다."
>
> 이전李荃: "적과 맞서는 것은 정이라 하고, 옆으로 비켜나는 것은 기라 한다."
>
> 하씨何氏: "군대가 의로움으로 일어서면 정이요, 적을 맞아 적절히 변하는 것은 기다."
>
> 왕석王晳: "기와 정은 용병의 관건이요 승리의 기틀이다. 적을 맞아 임기응변하며 끊임없이 돌아야지 막히면 패한다."
>
> 이정李靖: "기를 정으로 삼는다는 것은 적이 정에 뜻을 두면 우리는 기로 공격한다는 것이다."

정면으로 맞서 싸우는 것과 기발한 꾀로 적을 제압하는 이 두 가지는 서로 조화를 이룰 때 제대로 기능을 발휘한다. 공격이라는 면에서는 다음과 같은 식으로 구사될 수 있다.

① 정면을 견제해놓고 측면이나 후방으로 돌아 공격한다.

② 양날개를 배합하여 중간을 돌파한다.

③ '성동격서'의 전략을 구사한다.

④ 여기를 보여주면서 주로 저기를 공격한다.

방어 면에서는 정면으로 저항하면서 적 뒤에서 "알맹이를 빼 가거나" 여러 길을 막아서 한길을 에워싸 섬멸하는 방법 등이 있을 수 있다.

작전의 목적상 '이정합以正合'은 '이기승以奇勝'을 위해 활용된다. 수단으로 말하면 '정'은 밝고 '기'는 어두운 것이다. 이 둘은 '벌모伐謀'와 '벌병伐兵'의 결합이다.(군사모략 '상병벌모' 참조)

제2차 세계대전 중 독일군의 주력부대가 은밀하게 아르덴느산맥을 우회하여 순조롭게 프랑스를 기습공격할 수 있었던 것은, '마지노 방어선' 정면에 배치된 독일 C군단(17개 사단)이 프랑스 사령부의 시선을 어지럽히면서 프랑스 주력군을 견제했기 때문이다. 만약 이런 '이정합以正合'이 없었다면 프랑스 사령부는 독일군의 주요 공격 방향에 대해 새로운 판단을 내렸을 것이다. 이와 마찬가지로 한신이 "몰래 진창陳倉을 건너" 불시에 삼진三秦을 평정한 것은 "겉으로는 부서진 길을 수리하는" '명수잔도明修棧道'의 전략으로 적의 정신을 흩어놓았기 때문이다.(군사모략 '명수잔도, 암도진창' 참조) '출기제승出奇制勝'의 오묘한 점을 알려면 먼저 '이정합'을 배워야 한다.

'이정합'은 대체로 공격하는 척하면서 몰래 움직이는 것이다. 척하는 것은 "적으로 하여금 믿도록 하는 데" 중점을 둔다. 적을 속이지 못하는 헛수를 쓴다면 자신의 진짜 움직임을 감추기 힘들다. 춤추는 척하면서 사실은 노래를 부르는 식의 전략은 그 노래가 이치에 맞아야 하고 논리에 맞아야 한다. 어느 군대가 전면 공격을 취하고 있으면서 일부가 퇴각하고 있다면 적은 그런 거짓 정보를 믿으려 하지 않을 것이다.

공격하는 척하면서 몰래 움직이는 전술이 자기의 습관과 전쟁터의 객관적 실제 상황에 어긋난다면, 적은 상황 판단에 의문부호를 달 것이 틀림없다. 반대로 나에 대한 적의 판단에 맞추어 하는 척할 수 있다면 적은 의심하지 않고 믿을 것이다. 그러나 적 역시 상대에게 당한 것으로부터 교훈을 얻으려 하고, 따라서 더욱 경계한다는 점도 유념해야 할 것이다. 구태의연한 속임수는 금세 탄로나며 원리원칙만 고집해서는 적을 속이는 목적을 달성할 수 없다.

기정상생奇正相生 기와 정의 상호 보완

『손자병법』「병세」편에 이런 대목이 있다.

전쟁의 형세를 결정짓는 것은 결국 정공법과 기계에 지나지 않지만 기와 정의 변화에서 나오는 전략이나 전술은 이루 다 헤아릴 수 없다. 기계와 정공법은 서로 조화를 이루며 돌고 도는 고리처럼 끝이 없다.

기·정의 활용술과 변화법은 지휘관이 어떤 상황을 맞이하든 반드시 알아두어 갖추고 있어야 할 원리다. 넓디넓은 전쟁터에서 '기정'의 변화는 하늘과 땅처럼 무궁무진하며 강과 바다처럼 마르지 않는다. 언제나 발을 내딛는 기본자세는 나의 '기奇'로 적의 '허虛'를 공격하며, 나의 '정正'으로 적의 '실實'에 대응하는 데 있다. 군사가는 이 '끝없는 순환'에서 오로지 '기'로 '허'를 공격하는 데 능해야만 '기정 변화'의 요지를 깨달을 수 있다.(군사모략 '정합기승'·'출기제승' 참조)

대체로 적의 용병 의도를 판단할 때 지휘관들은 전통적인 습관과 일반적인 병법 원칙에 따라 상황을 분석한다. 그러나 기계奇計를 짜내 용병하는 '변법變法'은 대부분 일반적 규칙이나 법과는 반대된다. 예를 들어 산악·밀림 지역과 강·호수·늪지대는 탱크부대가 행동하기에 불편하기 때문에, 지휘관은 주요 돌파 방향과 진공 노선을 선택할 때 통상 탱크부대의 활용 원칙에 의거하여 가능한 한 이런 불리한 지형을 피하려 한다. 그러나 제2차 세계대전 중에 주요 돌파 방향과 진공 노선을 탱크부대가 움직이기에 불편한 지형을 선택함으로써, 즉 '기계'로 적의 허점을 공격한 유명한 전례가 있다.

1944년 여름, 소련은 벨라루스 전역에서 주요 돌격 방향을 탱크부대가 행동하기에 편리한 크림 지구로 선택하지 않았다. 벨라루스의 삼림·호수 지역의 지형을 살피다가 짚으로 만든 신을 보고 깨달은 바가 있어, 나무를 베어 땅에 깔아 길을 만들고 그 위로 탱크를 지나가게 함으로써 난관을 헤쳐나갔다.

또 하나 깊이 생각해볼 만한 경우가 있다. 히틀러의 독일군이 프랑스를 '전격電擊'했을 때, 일반적인 용병 원칙을 깨고 아르덴느산맥을 돌아 무방비 상태의 프랑스를 공격했다. 그러나 독일군도 정작 수세에 몰려 상대방의 주요 돌격 방향을 판단할 때, 오히려 일반적인 규칙과 습관으로 문제를 보는 바람에 상대에게 틈을 주고 말았다.

전쟁이란 간단하게 말해서 과거 전쟁의 승패와 결과에 의거하여 다음 전쟁의 작전 형식을 결정하는 것이다. 이때 공격자가 일반적인 습관을 거슬러, 다시 말해 '정공법'을 뒤집어 사용한다면 뜻밖에 적의 무방비를 공격할 수 있다.

'정'이 늘 피는 꽃이라면, '기'는 참신한 열매라 할 수 있다. 이 둘은 상대적이다. '출기용병'의 방법이 보편적으로 인식되어 채택되거나, 군대의 작전 명령이나 군사 원칙으로 고정되어 실천으로 옮겨지면 이 '기법'도 '정법'이 된다. 공격에는 통상 정면공격이 '정'이고, 측면이나 후방공격은 '기'다. 그러나 군대가 측면이나 후방공격을 보편적인 전술 원칙으로 삼아 실천하고 나면 이 인식은 바뀐다.

요컨대 '기정상생'은 용병의 변증법을 말하는 것이며 절대화를 거부한다. 지휘관은 "진을 치고 전열을 가다듬은 후에 싸우는 것이 병법의 정상적인 틀이지만, 운용의 묘는 오로지 마음에 달려 있다."는 이치를 깊이 알고 있어야 하며, 또 "정을 활용할 줄도 모르면서 어찌 기를 활용한단 말인가."라는 지적에도 귀를 기울여야 할 것이다.

이렇게 볼 때 수비하는 쪽이 구태의연한 용병 사상의 틀을 벗어나지 못할 때는 늘 수동적인 처지에 놓일 수밖에 없음을 알 수 있다. 공격자가 온갖 방법으로 자신의 수법을 창조·변화시키는데, 수비자가 여전히 낡은 틀 속에서 대응책을 강구한다면 그의 실패는 보지 않아도 뻔할 것이다.

살적이노殺敵以怒 분노가 적을 죽인다

적을 죽이는 것은 분노다.(『손자병법』「작전」편)

병사를 싸우게 만드는 것은 기氣며, 기를 자극하는 것은 분노다.(『건곤대략사탁서乾坤大略四槖書』)

적과 싸우려면 반드시 병사들을 격려하고 분노케 한 후 출전해야 한다.(『백전기법』「노전怒戰」)

이상은 병사들로 하여금 용감하게 적을 죽이게 하려면 적에 대한 병사들의 원한을 자극해야 한다는 것을 지적하고 있다. 용병에 능한 장수는 병사들의 사기를 높이고 정신력을 쌓는 데 많은 신경을 쓴다. 그리하여 "용감한 기세와 충만한 노기"가 갖추어졌을 때 적과 싸운다.

『자치통감』 권4에 실린 유명한 사실이다. 기원전 284년, 연나라 소왕昭王은 악의樂毅를 상장군으로 기용, 6국의 군대를 연합하여 제나라 정벌에 나섰다. 연나라 소왕과 악의의 의견은 통일되어 있었고 전략도 일치했다. 악의가 전투에 참여하고 있을 때, 소왕은 악의 집안에 옷과 재물을 보냈을 뿐만 아니라 악의 본인에게도 많은 예물을 보내고 그를 제왕齊王으로 삼는 등 강한 신임을 표시했다. 악의는 그것을 받지 않았으며 편지를 통해 소왕에게 목숨을 바쳐 충성할 것을 맹세했다. 연나라 군대는 겨우 반년 만에 제나라 70여 성을 빼앗았다. 제나라는 단 두 개의 성만을 보전하며 간신히 명맥을 유지했다.

기원전 279년, 악의가 최후의 승리를 눈앞에 둔 시점에서 소왕이 세상을 뜨고 혜왕惠王(재위 기원전 278-기원전 272)이 즉위했다. 혜왕은 태자 때부터 악의에 대해 불만을 품고 있었다. 제나라의 전단田單은 이 틈을 타 '이간책'을 활용, 혜왕으로 하여금 장군 자리를 악의에서 기겁騎劫으로 교체하게 만들었다. 악의는 혜왕이 속마음이 음흉하여 본심을 헤아리기 힘든 인물이라는 것을 잘 알고 있었다. 귀국하면 피살당할 것이 뻔했기 때문에 병권을 기겁에게 넘겨주고 조趙나라로 도망갔다. 연나라의 장군과 병사들은 이 때문에 큰 불만을 품게 되었고 군심은 순식간에 흩어졌다. 전단은 즉묵을 단단히 지키면서 이런 말을 퍼뜨렸다.

"우리가 가장 두려워하는 것은 연나라 군사들이 포로들의 코를 베어 그들을 공격 부대의 전면에 배치하는 것이다. 그렇게 되면 즉묵을 지키는 사람들은 적이 겁나 제대로 싸우지도 못할 것이다."

연군이 이 말을 듣고 포로들의 코를 모조리 베어버렸다. 즉묵성의 사람들은 적이 자기편 포로들의 코를 베어버린 것을 보자 분노에 치를 떨었고, 즉묵성을 사수해야겠다는 결심을 굳혔다. 전단이 다시 간첩을 이용해 연 군영에 이런 말을 퍼뜨렸다.

"우리가 가장 두려워하는 것은 연나라 군사들이 즉묵성 밖의 무덤을 파헤치는 것이다. 그렇게 되면 제나라 군민은 상심해서 전의를 잃고 말 것이다."

이 소문을 들은 연나라 군사들은 제나라 사람들의 조상이 묻힌 무덤들을 모조리 파헤쳐 해골들을 제나라 군민들에 시위하듯 보여주었다. 즉묵성에서 이런 광경을 지켜보는 제나라 군민들은 타오르는 분노의 눈물을 억누르며, 전단에게 속히 결전을 벌여 원한을 씻게 해달라고 아우성을 쳤다. 전단은 때가 왔음을 직감했다. 대대적인 반격을 위해 준비를 갖추기 시작했다. 전단은 먼저 거짓으로 항복하는 척 연군의 마음을 흩어놓은 다음, 쇠꼬리에 불을 붙여 적진으로 돌진하게 하는 '화우진火牛陣'으로 연을 대파했다. 물론 잃어버린 땅도 모두 수복했다.(정치모략 '애병필승' 참조)

이환위리以患爲利 우환으로써 유리함을 얻는다

『손자병법』「군쟁」편에 나오는 말이다.

전쟁을 수행하는 절차는 장수가 군주의 명령을 받아 군대를 소집하여 적과 진영을 맞대고 주둔하는 것으로 이루어진다. 전투를 통해 승리를 쟁취하기란 지극히 어려운 일이다. 전쟁이 어렵다는 것은 우회함으로써 곧바로 가는 것보다 빨리 가고, 근심을 이익으로 바꾸어야 하기 때문이다. 따라서 일부러 길을 돌아가기도 하며 이익을 주는 듯이 적을 유인하고 남보다 늦게 출발하여 먼저 도착하는 것, 이를 아는 자는 '우직지계迂直之計', 즉 '우회'를 아는 자다.

불리한 조건을 승리를 위한 유리한 조건으로 잘 변화시키는 것은 중요한 모략사상이 아닐 수 없다.

전쟁을 치르다 보면 각종 모순이 아주 복잡하게 전개되는 탓에 근심과 화근이 유리함으로 변화하는 상황이 적지 않게 일어난다. "사망의 구렁텅이로 몰아넣은 다음에라야 비로소 생존할 수 있다."고 한 것도 바로 이런 이치에서 나온 말이다. "사지에 빠진다"는 것은 큰 우환이다. 그러나 바로 그것이 병사들에게 결사적으로 싸워야 한다는 결심을 불러일으키기도 한다. 일정한 객관적 조건 하에서 주관적인 노력을 통해 패배를 승리로, 죽음을 생존으로, 우환을 유리함으로 바꿀 수 있는 것이다.

『좌전』 문공 16년조(기원전 611)에 나오는 내용이다. 나라에 가뭄이 들자 융족戎族이 서남쪽 땅을 빼앗고 부산阜山을 점령한 후 부대를 대림大林에 집결시켰다. 그리고 다시 동남쪽 땅을 빼앗고 양구陽丘를 점령한 다음 계속해서 자지訾枝를 공격했다. 용庸나라도 이 틈에 각 부락을 이끌고 초나라에 반항했다. 균인麇人도 백복百濮 부락을 이끌고 선지選池에 집결한 후에 초나라 공격을 준비했다. 초나라는 이 때문에 중원에 혼란이 생길까봐 섣불리 신申·식息 지역에 있는 부대를 남쪽으로 보내지 못하고, 각 족속과 작전 중인 부대를 험준한 지역으로 분산시키는 작전을 고려하고 있었다. 이때 위고蔿賈가 나서서 만류했다.

"그렇게 하시면 안 됩니다. 우리 군이 갈 수 있는 곳이라면 적도 갈 수 있습니다. 물러서느니 차라리 용나라를 공격하는 것이 낫습니다. 균인과 백복은 지금 우리가 가뭄과 기근이 들어 싸우지 못할 것이라 생각하고 있습니다. 그렇기 때문에 우리를 공격하려는 것입니다. 우리 군이 주동적으로 진군한다면 저들은 두려워 도망갈 것이고 백복 부락은 사분오열될 것입니다."

그의 말대로 군을 동원하여 공격을 가하니 보름도 안 되어서 백복은 패하여 흩어졌다. 초나라 장왕莊王은 몸소 전차를 몰며 두 길로 군대를 나누어 용나라를 공격했다. 자월子越이 이끄는 군대는 석계石溪에서 전진했고, 자패子貝가 이끄는 부대는 인지仞地 쪽으로 전진해 들어갔다. 진秦과 파巴가 그 소식을 듣고 초나라 군대를 따라 가세하여 용나라를 멸망시켰다.

200년, 조조와 원소는 관도官渡(지금의 하남성 중모 동북)에서 대치하고 있었다. 조조는 군사도 적고 식량도 부족한 데다가 병사들이 피곤에 지쳐 있었다. 더욱이 후방까지 불안하여 완전한 열세였다. 조조는 허창許昌으로의 철수를 서둘렀다. 그러나 모사 순욱荀彧은 아군이 절대 열세인 병력으로 원소의 군대를 반년 이상 저지해왔으니 원소의 군대도 이미 지칠 대로 지쳐 있을 것이라고 판단했다. 그래서 지금이야말로 기지로 상대를 제압하여 국면을 전환시킬 수 있는 절호의 기회라고 건의했다. 조조는 순욱의 의견을 받아들여 수비를 강화하면서 틈을 타 적을 격파하기로 했다. 조조군은 오소烏巢의 양식을 탈취하여 원소의 진영을 한 차례 흔들어놓은 다음, 대대적인 반격을 가하여 저 유명한 '관도의 전투'를 승리로 이끌었다. 이것은 나의 근심이 곧 적의 근심이라고 판단하여 신중하게 기회를 기다리다가 불리한 국면을 유리하게 전환시킨 성공적인 사례다.

항우가 솥을 깨고 배를 침몰시킨 뒤 거록巨鹿에서 진의 주력을 섬멸한 것이나, 한신이 배수의 진을 치고 조나라 군을 대파한 것도 '이환위리'의 본보기다. 현명하고 지혜로운 장군은 불리한 상황에서 소극적으로 방관하지 않고 오히려 적극적으로 나서 불리한 국면을 유리하게 변화시켜 '이환위리'의 극적인 승리를 연출해낸다.

좌우개궁左右開弓 양손으로 활을 쏜다

본래 이 말의 뜻은 무예가 높아 양손으로 활을 쏠 수 있다는 것이다. 『원곡선元曲選』
과 백인보白仁甫가 쓴 『오동우梧桐雨·계자契子』에 보면 이런 이야기가 있다. 안록산이 거
란과의 전투에서 패하고 유주幽州 절도사 장수규張守珪에 의해 장안으로 압송되어 현
종 앞에서 처분을 받기에 이르렀다. 현종이 안록산에게 물었다.

"너의 무예 솜씨는 어떠냐?"

"나는 오른손과 왼손으로 활을 쏠 수 있고, 18가지 기본 무예를 못하는 것이
없다."

이 말이 군사모략에서는 전체 국면을 살펴 여러 방향에서 적을 공격한다는 뜻으
로 쓰인다.

병력의 집중은 용병작전의 기본 원칙이다. 적과 나 모두가 자신의 역량을 한데
모아 상대의 흩어진 곳을 찾아 공격하는 데 힘을 쏟는다. 그렇게 할 수 있어야 공격
을 분산시키지 않고, 좌우에서 협공당하는 상황에 몰리지 않게 된다. 동시에 갖은 계
략으로 상대의 힘을 분산시켜 상대를 협공할 수 있는 상황을 조성하고자 한다. 때로
는 군을 좌우 두 부대로 나누어 적을 견제하기도 하고, 때로는 주력군을 동원하여
중간을 돌파하기도 한다.

이 '좌우개궁'의 용병술을 그저 병력을 분산시키는 뜻으로 이해해서는 안 된다.
이 모략의 진격 목표는 집중적이기 때문이다. 실제로 운용하는 가운데 '좌·우'가 서로
호응하고 보완 작용을 함으로써 성공을 거두는 실례가 많다.

기원전 478년, 유명한 고사 '와신상담臥薪嘗膽'의 주인공들인 월나라 왕 구천勾踐
과 오나라 왕 부차夫差가 이끄는 두 군대는 입택笠澤(지금의 강소성 태호 동쪽의 오송강)에

서 물을 사이에 두고 진을 치고 있었다. 월왕 구천은 부대를 셋으로 나누어 좌우 양군이 상·하류 5리 지점에서 북을 치고 고함을 지르며 오군을 공격하는 것처럼 꾸몄다. 오군의 주력을 두 방향으로 분산시키려는 유인책이었다. 그리고 나서 구천은 정예병인 중군을 은밀히 강을 건너게 하여 오군의 중앙을 공격하고, 이어 좌우 양군이 기세를 몰아 협공하게 했다. 오나라 군대는 대패했다. '좌우개궁'의 전술로 적을 견제하고 주력으로 중앙을 돌파한 전형적인 본보기였다.

귀사물알歸師勿遏 물러나는 적은 추격하지 않는다

이 말은 『손자병법』 「군쟁」편에 보이는 용병 8원칙의 하나다.

> 높은 구릉에 진치고 있는 적은 쳐다보고 공격하지 말아야 한다. 구릉을 등지고 있는 적은 맞서서 응전하지 말아야 한다. 거짓으로 패한 척하고 달아나는 적은 추격하지 말아야 한다. 적의 정예병은 정면공격하지 말아야 한다.
> 낚시의 미끼처럼 아군을 유인하기 위해 보낸 적군은 공격하지 말아야 한다. 철수하는 군대는 돌아가는 길을 막지 말아야 한다. 적을 포위할 때는 반드시 구멍을 터놓아야 한다. 벗어날 수 없는 막다른 지경에 빠진 적군은 압박하지 말아야 한다.

이 모략은 본국으로 철수하는 적군을 가로막지 말 것을 요구하고 있다. 당시의 역사적 조건과 인식의 한계 때문에 이 모략에 대한 손자의 과학적인 인식은 충분하고 전면적이라고 할 수 없다. "돌아가는 군대"인 '귀사歸師'를 가로막아 공격할 것이냐 아니면 추격할 것이냐 하는 것은 구체적인 분석과 상황에 따라 선택해야지, 철수하는 적을 무조건 막거나 추격해서는 안 된다는 말은 성립하지 않는다. 『백전기법』「귀전歸戰」은 이 모략에 대해 손자에 비해 진보된 인식을 보여주고 있다.

적과 공방전을 벌일 때, 적이 별다른 까닭 없이 퇴각하면 반드시 잘 살펴야 할 것이다. 적이 지쳐 있고 양식이 떨어져 있으면 정예군으로 유린하라. 적이 귀국하려 하면 막지 말라.

이는 '귀사물알'이라는 모략을 구체적으로 분석한 대목이다. '귀사'는 진짜 패해 퇴각하는 경우일 수도 있고, "패한 척 적을 유인하는" 능동적인 퇴각일 수도 있다. 상황을 구분하지 않고 맹목적으로 행동했다가는 적의 덫에 걸려 전기를 잃는다.

『삼국지』「위서魏書·무제기武帝紀」에 기록된 경우를 보자. 198년 3월, 조조는 친히 군을 이끌고 양穰(지금의 하남성 등현성 밖 동남쪽 귀퉁이)에서 장수張繡를 공격했다. 그런데 얼마 되지 않아 원소가 허창許昌을 습격하려 한다는 정보가 입수되어 포위를 풀고 북으로 철수했다. 그러자 장수는 군대를 몰아 추격에 나섰다. 이때 유표劉表는 험준한 요새와 같은 안중安衆(지금의 하남성 등현 동북)을 고수하며 조조의 퇴로를 막았다. 앞뒤로 적을 맞아 조조는 더 이상 전진할 수 없었다. 조조는 야밤을 틈타 복병을 곳곳에 설치해놓고 장수의 추격을 기다렸다. 날이 밝자 장수는 조조가 패해 달아나는 것으로 오판, 전군을 몰아 추격하다가 복병에게 습격을 당해 크게 패했다. 이 일이 있은 후 조조는 순욱荀彧과 대화를 나누는 자리에서, 장수의 패배는 "퇴각하는 우리 군대를 막아 우리 군대와 사지死地에서 전투를 벌였기 때문"이라고 말했다.

돌아가는 군대를 막을 것이냐 아니냐의 여부는 반드시 돌아가는 군대의 특징과 퇴각의 진위를 잘 판단해서 결정해야 한다. 조조의 후퇴는 맹목적인 퇴각이 아니라 돋보이는 모략 활동의 일환이었다. 장수는 조조가 그저 황급히 도망가는 줄로만 알 았다가 크게 걸려들었다.

양배물종伴北勿從 패한 척 달아나는 자는 쫓아가지 않는다

『손자병법』「군쟁」편에서 제기하는 용병 8원칙의 하나다. 이 모략은 패할 까닭이 없는 데도 패퇴하는 모습을 보이는 적은 추격하지 말고 신중하게 대처해서 매복이나 기습 에 당하지 말 것을 요구한다. 『십일가주손자十一家注孫子』「군사軍事」편에서는 이렇게 말하고 있다.

　적이 달아날 때는 반드시 그 진위를 잘 살펴야 한다. 만약 깃발과 북이 제구실을 다 하고 호령도 통일되어 있다면 물러가는 것 같지만 패한 것은 아니다. 틀림없이 계략 이 있을 것이니 추격해서는 안 된다.

　패한 척하는 것은 적을 유인하기 위함이다. 칼과 창이 주된 무기였던 냉병기 시 대의 '회마창回馬槍(말 머리를 돌리라고 창으로 보내는 퇴각 신호)', '살수간撒手鐧(불시에 몸 을 돌려 표창을 상대에게 던지는 수법)', '타도계拖刀計(칼을 끌면서 패하는 것처럼 하여 적이 오 기를 기다렸다가 갑자기 기습하는 전술)' 등은 가짜로 패한 척하여 적을 유인하는 구체적 용병술이다. 목적이 있거나 계획적인 퇴각은 적을 깊숙이 유인하여 기습으로 상대를 물리치기 위함이다.

　'양배물종'의 관건은 적의 정세를 정확하게 판단하는 데 있다. 기원전 684년에 발생한 제齊·노魯의 '장작長勺 전투'에서 조귀曹劌는 큰북을 단 한 번 울려서 승리를 이끌어냈다. 제·노 양군은 장작長勺(지금의 산동성 곡부현 북쪽)에 진을 쳤고, 바야흐로 전투가 벌어질 판이었다. 제나라 군은 큰북을 두드려 병사들의 사기를 진작시키며 진격해 왔다. 노나라의 장공도 북을 두드리며 맞아 싸울 준비를 갖추려 했다. 이때 조귀가 얼른 나서서 말렸다.

"잠깐 기다리십시오."

제나라 군은 노나라 쪽에서 별다른 반응이 없자 다시 한번 세차게 큰북을 두드렸다. 그리고 또 한 번, 이렇게 연달아 세 번 북을 두드렸지만 노나라 군은 도무지 움직일 줄 몰랐다. 제나라에서 큰북을 세 차례나 두드리고 나자 비로소 조귀가 말했다.

"지금이 진격할 때입니다."

노나라 군은 단 한 차례 큰북을 두드려 크게 사기를 높인 다음, 단숨에 적진으로 돌격했다. 그 맹렬함을 견디어내지 못하고 제나라 군은 대패하여 퇴각했다. 장공이 추격하라는 명령을 내리려 하자 조귀가 다시 가로막고 나섰다.

"잠시 늦추십시오."

조귀는 수레에서 내려 먼저 지면을 자세히 관찰했다. 제나라 군의 수레바퀴가 지나간 흔적을 살피려는 것이었다. 그는 적의 후퇴 상황을 주의 깊게 내려다본 후 말했다.

"이제 추격하십시오."

장공은 즉시 명령을 내렸고, 제나라 군은 국경을 넘어 달아났다. 노나라 장공은 조귀가 왜 그렇게 지휘하게 했는지 궁금했다. 조귀는 이렇게 답했다.

"무릇 전투란 용기입니다. 단 한 번의 북소리로 기세를 올려야지, 두 번이면 힘이 빠지고 세 번이면 기진맥진입니다. 저쪽의 힘이 다하고 우리 쪽이 넘치면 이길 수 있는 것입니다."

조귀는 이어서 이런 말도 덧붙였다.

"제나라와 같은 대국은 얕잡아 보아서는 절대 안 됩니다. 병사를 매복시켜놓고 우리를 유인할지도 모르지 않습니까? 그래서 제가 바퀴 자국을 살피고 저들의 깃발을 관찰한 후에 추격하라고 한 것입니다."(통치모략 '일고작기' 참조)

보·기병전이 차츰 과거의 전차전을 대체하게 된 후 '궤도詭道'가 성행하게 되었고, 전쟁은 "안개 속과 같은 종잡을 수 없는 상황"에서 진행되는 경우가 많아졌다. 진위와 허실을 판별하기가 여간 어려운 일이 아니었다. 제·위의 '마릉馬陵 전투'에서 손빈은 밥을 짓는 가마솥을 줄이는 방법으로 상대에게 일부러 약한 모습을 보였다. 방연은 이것이 모략인 줄 모르고 "백 리 밖에서 승리하고자 성급히 진격하면 훌륭한 장수를 잃고, 50리 밖에서 승리하려고 성급히 진격하면 군대의 절반만 도착한다."는 전통적인 경험만을 고수하다가 유혹과 사망의 골짜기로 깊숙이 발을 들여놓고 말았다.

삼국시대 오·촉의 '이릉彝陵 전투'에서 육손은 적의 예봉을 피한 다음, 적이 지치기를 기다렸다가 공격하기 위해 전략상 후퇴를 단행했다. 관우의 원수를 갚겠다는 마음만 앞서 있던 유비는 육손의 의도도 모른 채 깊숙이 추격해 들어갔다가 군영까지 불타버리는 수모를 당했다.

역사적 경험은 우리에게 다음과 같은 점들을 알려준다. 역량이 있는 적이 중대한 손실을 입지 않았는데도 갑자기 진공을 포기하거나 굳게 잘 수비하고 있다가 퇴각할 때는 적의 거동을 의심해야 한다. 내 쪽이 초전에 승리(결코 결정적인 승리가 아니라)를 거두자 적이 곧 퇴각할 때는 절대 승리자의 자세로 적의 역량을 과소평가해서는 안 된다.

나폴레옹은 실제 전쟁 경험을 통해 "전쟁을 지휘하는 자에게는 정확하고도 확실한 눈이 계략보다 훨씬 중요하며 한결 유용하다."는 사실을 체득했다. 레닌은 「맨손의 혁명가」라는 글에서 "모략을 쓰지 않는 전쟁은 없다."고 했다. 지휘관은 순조로움 속에 감추어져 있는 위기의 낌새를 눈치챌 줄 알아야 하며, 곤경 속에서 국면의 희망적 전환을 내다볼 수 있어야 하고, 적의 패퇴에서 진위를 분석해낼 수 있는 눈이 있어야 하며, 복잡한 현상들 속에서 적 행위의 본질을 밝혀 '전쟁의 배'를 승리의 피안으로 몰고 갈 수 있어야 한다.

이병물식餌兵勿食 미끼는 물지 않는다

『손자병법』「군쟁」편에서 제기하는 '용병 8원칙'의 하나다. '이병餌兵'이란 곧 '유인병'을 말한다. 이 모략은 이익으로 아군을 유인하려는 적에게 걸려들지 않음으로써, 적에게 틈을 주지 말아야 함을 강조하고 있다. '이餌'란 원래 '미끼'라는 뜻인데, 적이 던지는 '이익'을 비유하는 말이다. 이런 '이익'의 형태는 다양하다. 이와 관련하여 『백전기법』「이전餌戰」에서는 다음과 같이 말하고 있다.

> 싸움에서 미끼라 하는 것은 군대의 음식에 독을 넣는 것이 아니라 모종의 이익으로 유인하는 것인데, 이런 것을 이병餌兵이라 한다. 서로 교전하고 있을 때 소나 말 그리고 재물을 버리거나 수레 따위를 내다버리더라도 그것을 취해서는 안 된다. 그랬다가는 틀림없이 당한다.

'이병'에는 이 밖에도 몇 가지 형태가 더 있을 수 있다. 소규모 부대나 거짓 정보를 이용하여 고의로 파탄을 노출시켜 적을 올가미 속으로 유인할 수도 있고, 대규모 부대의 작전을 은폐하기 위해 수시로 부대를 내보내 적에게 기회를 주고 나아가서는 적의 주력을 헝클어놓거나 견제하는 목적을 달성할 수도 있다. 어쨌거나 적은 눈앞의 작은 이익 때문에 커다란 전기를 놓치게 된다.

향기로운 미끼에 고기가 달려들게 마련이다. 군대도 이익을 위해 싸우는 집단이다. 따라서 이익에 현혹되기 쉽다. "주어라! 그러면 적은 틀림없이 가지려 할 것이다. 작은 이익을 미끼로 삼아 적을 움직이게 만들어놓고 기습할 순간을 기다린다." 손자의 명쾌한 진단이다.

『삼국지』「위서·무제기」 제1에 나오는 상황이다. 원소는 몸소 군을 이끌고 조조를 공격하기 위해 나섰다. 조조의 군대는 남판南坂(지금의 하남성 연진 남쪽)에 주둔하고 있었는데, 기병 6백 명에 지나지 않았다. 반면 원소의 군대는 그보다 10배에 가까운 오류천을 헤아리고도 남았다. 조조는 부하들에게 말안장을 풀고 적이 오고 있는 쪽으로 말을 매놓고 쉬도록 했다. 그리고 군수 물자를 도로 위에 흩어놓게 했다. 부장들은 적 기병의 숫자가 많으니 보루로 돌아가서 수비하자고 했다. 조조의 모사 순유荀攸가 설명했다.

"이것은 적을 낚싯바늘에 걸려들게 하는 유인계입니다."

원소의 군대는 길에 떨어져 있는 군수 물자를 서로 차지하려는 바람에 군열이 흩어졌다. 이때를 놓칠세라 조조의 군대는 반격을 가해 승리를 거두었다.

1916년, 독일 해군은 유틀란트 해전을 치르면서 스카게라크해협에서 전투순양함으로 양동작전을 펼쳐 영국 함대 중 일부 병력을 독일군 주력군이 있는 쪽으로 유인하려 했다. 영국군은 무선을 통해 이 계획을 알아내고, 전 해군 함대를 동원해서 독일군의 의도를 무산시켜버렸다. 이 또한 '물식이병勿食餌兵'의 한 본보기다.

저 유명한 『전쟁론』을 남긴 군사이론가 클라우제비츠는 다음과 같은 말을 남겼다.

전쟁에서 행동의 근거가 되는 상황의 4분의 3은 안개 속에 가려져 있거나 어느 정도는 불확실하다. 따라서 이런 상황에서는 먼저 예민한 지혜의 힘으로 정확하면서도 신속하게 진상을 파악해야 한다.

● 군사병법모략도 여느 것과 마찬가지로 원칙과 변칙이 있다. 원칙이 되었건 변칙이 되었건 중요한 것은 상황 파악이며 정확한 판단과 과감한 결단이다. 전쟁의 상황은 4분의 3이 안갯속에 가려져 있는 것이나 마찬가지라는 클라우제비츠의 말은 바로 이 점을 염두에 둔 명언이다.

상황이 복잡하고 급변하는 전쟁터에서 지휘관의 두뇌 속에 들어 있는 자료는 흔히 다음과 같은 두 가지 모순 사이를 왔다갔다한다. 이익인가, 아니면 미끼인가? 기회인가, 아니면 적이 만든 함정인가? 적의 행동에 구멍이 난 것인가, 아니면 의도적으로 안배한 것인가? 때와 장소로 인해 만들어진 우연한 기회인가, 아니면 적이 일반적 논리 법칙을 깨고 조작해놓은 모략인가? 이러한 모순 사이에서 두뇌가 단순하고 경직되어 있는 지휘관은 미끼에 걸려들거나, 아니면 좋은 기회인데도 머뭇거리다가 절호의 한 수를 놓쳐버린다. 행동을 나중으로 미루고 먼저 치밀하게 계산해보는 것은 비교적 타당한 조치라 할 것이다. 가능한 한 진짜 상황을 전면적으로 이해한 기초 위에서 정확한 결심을 내리는 것이다.

사지즉전死地則戰 사지에서는 싸운다

빨리 결전하면 살 수 있으나, 그렇지 않으면 멸망할 소지가 있는 위험한 곳을 사지死地라 한다.… 사지에서는 사력을 다해 싸우는 수밖에 없다.(『손자병법』 「구지」)

군이 '사지'에 몰리더라도 죽을 각오로 싸우면 살 수 있다. 이것이 곧 '필사즉생必死則生'이다. 그러나 그 반대면 멸망은 뻔하다. 요행히 살기를 바라면 죽는다. 즉, '행생즉사幸生則死'다. 이런 사지에 몰려서는 병사들에게 처지와 상황을 알려 필사의 결심을 갖고 용감하게 싸우게 해야만 죽음 속에서 살아 나올 수 있다.

『오왕손무문대』에는 '사지'에서의 작전에 관해 다음 같은 구절이 있다.

오왕: 우리 군대가 국경을 넘어 적의 땅에 들어갔소. 적의 대군이 와서 겹겹이 포위했소. 돌파를 해야 하는데 사방이 막혀 있소. 병사들을 격려해서 목숨을 걸고 포위를 뚫어야겠는데 어쩌면 좋겠소?

손자: 구덩이를 깊이 파고 요새를 높이 쌓아서 수비태세로 들어가야만 합니다. 차분히 안정을 취하며 함부로 움직이지 않으면서 우리 군의 능력을 가늠합니다. 그리고 삼군 전체에 부득이한 상황을 알립니다. 소를 죽이고 수레를 태워 땔감으로 삼아 병사들을 배불리 먹입니다. 양식을 다 태우고 샘과 아궁이를 모두 메우며 머리카락을 자르고 관을 버림으로써 살고자 하는 마음을 완전히 끊어버리고 필사의 전투 의지를 갖도록 합니다. 아울러 무기를 정비하고 그 기세로 진군의 북을 울리며 쏜살같이 적의 양옆을 공격하면 적은 당해내지 못할 것입니다. 정예병을 나누어 역시 질풍과도 같이 뒤쪽을 공격하는 것, 이것이 바로 길을 잃은 상황에서 살아 나오는 방법입니다. 그래서 포위당해 있으면서 꾀를 내지 못하는 자는 막다른 골목에 몰리고, 막다른 골목에 몰려서도 싸우지 않는 자는 망한다고 한 것입니다.

이는 '사지'에서의 전법에 관한 손자의 구체적인 해석이다.

『십일가주손자』에서 두목杜牧은 당나라 때의 유명한 군사전문가 위공衛公 이정

李靖의 말을 빌려 '사지'의 구체적인 상황 및 그로부터 빠져나오는 방법을 얘기하고 있다.

행군을 하다가 향도가 없어 적에 의해 통제되는 위기에 빠지는 경우가 있다. 좌우는 산과 계곡으로 둘러싸인 험한 길이다. 앞뒤는 길이 끊긴 상황이다. 전열은 미처 다 정비되지 않았고 강적이 곧 눈앞에 닥칠, 오갈 데 없는, 싸워도 안 되고 지켜도 안 되는 상황이다. 멈추면 한이 없고 움직이면 앞뒤로 적을 맞이해야 하는 형편이다. 들에는 물도 풀도 없고 군량미가 떨어져가며 말과 병사는 점점 지쳐 힘도 지혜도 모두 동이 나버린다. 한 사람이 험한 곳을 지키면 만 명이 갈 곳이 없어진다. 요지는 적이 먼저 차지하고 있다. 아군은 이미 모든 이점을 다 잃은 이런 상황에서 무슨 방법인들 소용이 있겠는가?

'사지'의 특징에 관한 이정의 구체적인 묘사다. 전법에 대해 그는 "만약 이런 사지에 몰린다면 빨리 싸우면 생존할 수 있고 그렇지 못하면 망한다. 위아래가 한마음이 되어 죽을 각오로 앞으로 나아가야만 패배를 공세로 바꾸고 화를 복으로 변화시킬 수 있다."고 말한다.

전쟁에서 전투는 실력·의지·지혜를 겨루는 장이다. 사지에 처한 쌍방 가운데 한쪽이 목숨을 걸고 곤경에서 빠져나온다면 다른 한쪽이 사지에 놓이게 된다. 승부는 첫째 장수의 지혜에 달려 있고, 둘째로 병사들의 투지 정도에 달려 있다.

'사지즉전'은 "망하는 곳에 던져진 뒤라야 생존할 수 있고, 죽음의 땅에 빠진 뒤라야 살 수 있다."는 말과는 다르다.(통치모략 '투지망지연후존, 함지사지연후생' 참조). 왜냐하면 후자는 장수가 때와 장소에 따라 능동적으로 취하는 계획된 행동이기 때문이다. 그러나 전자는 지휘의 잘못이나 예기치 못한 원인 등으로 인해 피동적인 작전 국면에 빠진 경우다. 따라서 구체적인 처방에서 차이가 날 수밖에 없다.

군유소불격軍有所不擊 공격하지 말아야 할 군대

『손자병법』「구변」편에 나오는 자못 의미심장한 말이다. "적군이 있어도 공격하지 말아야 할 경우가 있다." 이 모략은 진공할 수 있는 적에 대해 곧장 공격하지 않고 다른 목표를 선택할 것을 지적하고 있다.

전쟁에서는 충분히 공격할 수 있으면서도 할 수 없거나 하지 말아야 하는 상황이 매우 많이 일어난다. 예컨대 적을 막다른 골목까지 몰고 갔으나 방어하는 적이 죽을힘을 다해 반항할 가능성이 있기 때문에 잠시 공격하지 않고 적의 마음이 흩어지면 다시 공격하는 경우 등이 그렇다. 소수의 적을 만나 뒤엉키게 되면 현실적으로 보아 싸우지 않는 것이 낫다. 적이 강하고 내 쪽이 약해 당장 공격할 수 없다면 기회를 봐서 야금야금 적을 먹어 들어가는 방법을 취하는 것이 좋다. 전쟁터에서는 공격해야 할 때와 공격해서는 안 되는 경우가 늘 함께 존재한다. 그러나 공격하지 않을 경우라도 그 목적은 최종적으로 적을 섬멸하는 데 있다. 만약 오로지 공격만을 위해 병사들을 분산시키면 필연적으로 수동적인 처지에 빠질 수밖에 없다.

『사기』권3에 기록된 유명한 '장평 전투'가 좋은 보기가 될 것이다. 진나라 장수 백기는 조의 장수 조괄을 포위권으로 유인해놓고도 곧장 공격하지 않고 적의 원군이 올 것을 예상해서 도로와 식량 보급로를 끊었다. 그렇게 무려 46일 동안 조군을 굶겼다. 그 결과 조군은 서로가 서로를 잡아먹는 차마 말로는 못 할 극한 상황까지 몰려 항복하고 말았다.

'군유소불격'은 변화·발전하는 상황을 잘 파악하여 과감하게 방침을 세우고 기존의 계획을 바꾸는 측면도 포함하는 모략이다. 본래 당면한 적을 공격할 수 있어 공격의 결심을 굳히고 계획도 세웠지만, 그 결심과 계획을 실행으로 옮기는 과정에서 상황 변화 또는 정찰 결과나 판단 착오, 나아가서는 적이 나의 의도를 알고 부서를 변화시키거나 함정을 판 경우 등을 발견했다면 적의 변화에 따라 내 쪽도 변화시켜 잠시 공격을 멈추어야 할 것이다.

성유소불공城有所不攻 공격하지 말아야 할 성

『손자병법』「구변」편에 "공격하지 말아야 할 성이 있다."는 말에서 유래한다. 여기서 말하는 '성유소불공'은 이해의 두 방면을 고려해야 하는데, 적의 정세와 내 쪽의 상황에 따라, 즉 총체적인 목표에 의거하여 땅이 있다고 해서 무턱대고 싸우거나 성이 있다고 해서 섣불리 공격해서는 안 된다는 말이다.

성을 공격하느냐 마느냐는 내 멋대로 '공격하지 않는' 것이 아니다. '공격하지 않는' 것은 전체 국면에 비추어보아 그것이 유리하기 때문에 공격하지 않는 것이다. 공격할 힘은 있지만 전체 국면으로 보아 불리하면 공격하지 말아야 한다. 그러나 전체 국면이 유리한데도 공격하지 않는다면 전기를 놓치거나 전체 국면을 그르칠 수도 있다.

이응외합里應外合·내외협격內外夾擊 밖에서 공격하고 안에서 호응한다

밖에서 공격하고 안에서 호응하며, 안팎으로 힘을 합치고, 공개·비공개적으로 공격하는 방법을 서로 섞어 사용하는 모략이자 전략이다.

다음은 『자치통감』 권39에 실린 내용이다. 23년, 녹림군綠林軍이 정권을 세워 자칭 한군漢軍이라 칭하면서 군대를 나누어 북벌을 단행했다. 녹림군은 곤양昆陽(지금의 하남성 엽현)을 함락하는 등 기세를 올렸다. 그 기세에 놀란 왕망王莽은 서둘러 43만 대군(백만이라고 큰소리를 쳤다)을 모아 단숨에 녹림군을 섬멸시키고자 했다. 왕망 휘하의 대사공大司空 왕읍王邑이라는 자가 병력의 숫자만 믿고 곧장 왕봉王鳳·왕상王常·유수劉秀(후한 광무제)가 있는 곤양을 압박해 왔다. 측근들은 말렸으나 왕읍은 듣지 않고 오히려 큰소리를 쳤다.

"백만 군대가 한번 쓸고 지나가면 적은 전멸이다. 이제 이 성을 짓밟음에 피를 밟고 전진할 것이며, 앞에서는 노래 부르고 뒤에서는 춤을 출 것이니, 어찌 생각만 해도 유쾌하지 않겠는가!"

40만 대군이 곤양성 밑에 빽빽이 집결하여 수 겹으로 에워싸니, 설치한 군영만도 수백 개, 그야말로 검은 구름이 성을 짓누르며 당장이라도 깔아뭉개버릴 기세였다.

당시 녹림군의 주력은 전략의 요충지인 완성宛城을 포위 공격하고 있던 터라 곤양을 지키는 군사는 8~9천에 불과했다. 따라서 왕망의 맹렬한 공격을 받아 그야말로 풍전등화의 위기상황이 아닐 수 없었다. 여기서 왕봉은 유수의 건의를 받아들여 병력을 집중해서 곤양을 굳게 지켜 완성을 공격하고 있는 주력군을 엄호하는 한편, '내외협격' 또는 '내외호응'의 모략으로 적을 섬멸하기로 결정했다. 왕봉은 곤양을 굳게 지켰고, 유수는 언성鄢城(지금의 하남성 언성현)과 정릉定陵(지금의 하남성 무양현 동북)을 돌아다니며 병력을 모아 왕망의 군대에 협격을 가할 준비를 갖추어나갔다.

6월, 유수는 1만여 병력을 모아 곤양을 구원하는 데 투입했다. 자신이 직접 선봉에 나서서 왕망의 군대와 불과 4~5리 떨어진 곳에 진을 쳤다. 왕읍은 녹림군의 수가 얼마 되지 않는 것을 보고 수천 명만 내보냈다. 녹림군은 첫 전투에서 승리를 거두었다. 여기서 유수는 곤양성 안에 있는 병사들의 사기를 높이고 왕망 군대의 사기를 떨어뜨리기 위해 거짓으로 녹림군이 완성을 점령했다는 소식을 활에 매달아 성안으로 쏘아 전달했다. 그리고 일부러 왕망의 군영에도 소식을 떨어뜨렸다.(그런데 이때 녹림군은 정말로 완성을 점령했다. 다만 소식이 아직 곤양에 전달되지 않았을 뿐이었다.)

이 소식이 전해지자 성안 사람들의 사기는 크게 높아졌고, 반면에 성밖 왕망 군대의 사기는 크게 꺾였다. 유수는 때를 놓칠세라 정예병 3천을 거느리고 적의 예상을 깨고 성 서쪽을 돌아 곤수를 건너 왕망 군대의 본영을 공격했다. 왕읍은 친히 1만여 군사를 거느리고 나와 싸우면서 각 군에 대해 함부로 행동하지 말라는 명령을 내렸다. 유수가 이끄는 용사들의 맹공을 받아 왕읍의 군대는 혼란에 빠졌지만, 함부로 행동하지 말라는 엄명 때문에 여러 장수들은 구원에 나서지도 못했고 결국 왕읍의 군대는 대패했다. 성안에 있던 녹림군은 왕망의 군대가 흩어진 모습을 보자 성을 나와 협공을 가했다. 왕망의 군대는 전 대열이 붕괴되었다.

곤양 전투는 왕봉·왕상·유수가 '내외협객' 또는 '이응외합'의 전술로 우세한 전력의 왕망을 대패시킨 전례다. 조건이 열세인 상황에서도 주동적으로 움직여 적의 포위를 깨부수는 유명한 전례를 창출해냈다.

안좌질우按左挟右·안우질좌按右挟左 왼쪽(오른쪽)을 견제하면서 오른쪽(왼쪽)

을 친다

___

고고학 발굴에 의해 죽간竹簡에 기록된 『손자병법』과 『손빈병법』이 발견됨으로써 손자와 손빈이라는 두 인물의 실체는 물론, 두 병서의 실존도 확인되었다. 이렇게 발견된 『손빈병법』 「객주인분客主人分」에 이런 대목이 있다.

> 군사에서 상대의 의지(투지)를 뺏으면 승리를 얻을 수 있다. 왼쪽을 견제하면서 오른쪽을 쳐 패배시키면 견제를 당하는 왼쪽에서는 구원에 나설 수 없다. 그 반대도 마찬가지다. 이렇게 되면 군대가 패하여 일어나지 못하고, 피하려 해도 소용이 없고, 가까이 있어도 수가 적어 활용하기에 모자라고, 멀리 있는 것은 엉성하여 쓸 수 없으니….

"왼쪽을 견제하면서 오른쪽을 친다"는 '안좌질우'에서 '안按'은 억제·견제를 가리키며, '질挟'은 타격과 같은 뜻이다. 이 모략은 적의 왼쪽 날개를 견제하면서 오른쪽 날개를 공격하는 것을 말한다. 오른쪽 날개의 적을 격파하면 견제를 당하고 있는 왼쪽 날개는 구원할 방도가 없어진다.

『자치통감』 「위기」에 기록된 238년의 일을 보자. 위나라 장수 사마의는 요동 지방에서 연왕燕王을 자처하고 있는 강력한 지방 세력 공손연을 공격하기 위해 대군을 이끌고 요수遼水(지금의 요녕성 요하)를 건너 진영과 보루를 구축한 다음, 요수遼遂(지금의 요녕성 해성 서쪽 60리)를 지키고 있는 적과 대치했다. 공손연은 수만 명을 요수에 주둔시키고 무려 20여 리에 이르는 보루를 튼튼히 쌓아놓고 있었다. 사마의는 견고한 방어망을 가진 요수를 공격하지 않고 견제만 하게 해놓고는, 곧장 적의 후방인 양평襄平(지금의 요녕성 요양 북쪽 70리)으로 전진했다. 사마의의 부장들이 왜 요수를 공격하지 않느냐고 물었다. 그러자 사마의는 적이 튼튼한 보루를 쌓고 나오지 않는 것은 우리를 끌어들이려는 속셈이므로 진군했다가는 계략에 걸려들 것이라고 했다. 사마의는 이곳에 주력군이 배치되어 있으니만치 양평에는 분명 빈틈이 있을 것이라 보고 적의 예봉을 피해 곧장 반란군의 소굴인 양평으로 쳐들어갔다. 공손연은 황급히 구원에 나설 수밖에 없었고, 사마의는 그 틈에 적의 주력을 섬멸하기 위한 창조적인 조건을 마련했다. 과연 전세는 사마의의 예상을 벗어나지 않았다.(군사모략 '공기필구' 참조)

안인지병按人之兵　견제하여 분산시킨다

'안좌질우'에서 본 바와 마찬가지로 적병의 견제를 강조하는 말이다. 이 말 역시 『손빈병법』「객주인분」에 나온다. 이 모략은 적의 병력을 견제하고 분산시켜 적과 나의 전세를 바꿈으로써 자기의 우세를 조성하는 것이다. 손빈은 자신에게 유리하고 적에게 불리한 상황을 이용하고 창조하는 데 대단히 많은 주의를 기울이고 있다.

　『손빈병법』은 곳곳에서 '세勢'를 거론하고 있는데, 그중에서도 특히 「세비勢備」편에서 '세'의 문제를 집중적으로 논하고 있다. 손빈은 전쟁 중의 '세'는 전환시킬 수 있으며, 또 창조할 수 있다고 생각한다. '안인지병'은 자기에게 유리한 전세를 창조해내는 수단이다. 이 모략을 잘 구사하면, 적은 병력으로도 큰 효과를 거둘 수 있다. 그렇지 못하면 적보다 숫자가 많아도 모자라는 꼴이 되고 만다.

물론 '안인지병'의 사상은 이미 손자 당시에 제기된 바 있다.(군사모략 '형인이아무형' 참조)

적의 모습을 드러나게 하고 아군의 모습을 보이지 않게 하면, 아군은 집중할 수 있고 적은 흩어지게 된다.

아군이 하나로 집중하고 적이 열로 분산된다면, 이것은 열로 하나를 상대하는 것이나 마찬가지다. 즉, 아군은 많고 적은 적어진다. 다수의 병력으로 소수의 병력을 공격할 수 있게 되면, 아군이 더불어 싸울 상대는 가벼운 것이다.(『손자 병법』「허실」편)

이 모략은 온갖 방법과 수단으로 적의 역량을 견제·분산시키고, 동시에 모든 조치를 동원하여 내 쪽의 역량을 발휘하여 우세한 국면을 조성하는 것이다.

기원전 478년, 오·월 양군은 입택笠澤(지금의 강소성 오송)에서 물을 사이에 두고 대치하고 있었다. 월왕 구천은 이런 교착상태를 깨고 계속 진군하기 위해 야밤을 틈타 '좌우구졸左右句卒'의 모략을 활용했다. 이 모략은 일부 병력이 좌우 양측에서부터 강을 건너는 것처럼 꾸며 오군의 주력을 좌우로 분산시킨 후, 자기 주력으로 병력이 약해진 오군의 중앙 진영을 돌파하는 것이었다. 구천은 이 모략을 구사하여 오군을 대파했다.('구졸'은 설나라 군진을 가리킴.)

『자치통감』과 『삼국지』에는 이런 이야기가 실려 있다. 263년, 위나라 장수 등애鄧艾와 종회鍾會는 각기 군대를 거느리고 촉 정벌에 나섰다. 촉의 장수 강유姜維는 종회와 검각劍閣 지역에서 대치하게 되었다. 등애는 사마소에게 이렇게 건의했다.

"강유가 검각에서 종회에 의해 견제당하고 있으니, 제가 지금 음평도陰平道(지금의 감숙성 문현에서 사천성 평무에 이르는 작은 길)에서 직접 금양錦陽을 취하면 강유는 틀림없이 후퇴하여 수비태세에 들어갈 것입니다. 금양을 탈취한 후 적의 의표를 찔러 성도成都를 공격하면 촉을 평정할 수 있을 것입니다."

10월, 등애는 자신의 아들 등충鄧忠이 이끄는 정예병 5천에게 도끼로 나무를 베어내어 부서진 길과 다리를 놓게 하고 뒤를 따라 전진했다. 높은 산과 깊은 계곡을 지나는 행군은 매우 위험했다. 길가에는 인가나 논밭이라곤 전혀 찾아볼 수 없어 식량을 제대로 공급할 수도 없었다. 이렇게 20여 일 동안 7백 리를 행군하면서 여러 차례 위기를 넘겼다. 강유江油 북쪽의 마천령摩天嶺에 이르렀을 때는 절벽을 만나 더 이상 전진할 수 없는 상황에 놓이기도 했다. 이때 등애는 다음과 같은 말로 장병들을 격려했다.

"호랑이 굴에 들어가지 않고 어떻게 호랑이를 잡을 수 있겠는가? 우리가 천신만고 끝에 여기까지 왔는데 지금 중지하면 아니 온 것만 못하다. 오로지 전진만이 살길이요, 후퇴는 절대 안 된다!"

● 견제가 적절하면 적의 전력은 분산된다. 등애의 사례는 '안인지병' 모략의 핵심을 잘 보여준다.

그는 우선 무기와 장비들을 절벽 아래로 떨어뜨리게 한 후, 자신이 먼저 몸에 담요를 둘둘 말고 산 아래로 굴러 내려갔다. 이를 본 장병들은 힘을 얻어 같은 방법으로 산 아래로 굴러 내려갔다. 담요가 없는 병사들은 밧줄로 서로의 허리를 묶고서 나무줄기를 잡고 한 사람 한 사람씩 내려갔다. 마천령을 넘어서자 등애는 장병들에게 외쳤다.

"우리에게는 앞으로 나아갈 길은 있어도 물러날 길은 없다. 강유성에 있는 식량과 물자들은 전부 우리 것이다. 전진하면 살 것이요, 후퇴하면 죽음뿐이다! 모두들 분발하여 강유성을 함락하자!"

강유성에 대한 등애의 공격이 시작되자, 촉의 장수 마막馬邈은 하늘에서 내려온 군대가 자신을 공격하는 것이 아닌가

하여 깜짝 놀라 어쩔 줄 몰라 하다가 싸워보지도 않고 항복했다. 등애는 승기를 몰아 금죽관錦竹關에서 제갈첨諸葛瞻을 사살하는 등 촉군을 대파했다. 촉의 후주 유선劉禪은 순순히 항복했고, 이로써 촉은 멸망했다.

장수 등애가 촉을 멸망시킨 전역에서 취한 '안인지병'의 작전법은 종회가 정면에서 촉장 강유의 병력을 견제하고 있는 틈에 난관을 뚫고 뒤쪽에서 공격을 가하여 승리를 거둔, 말하자면 "기계奇計로 승리를 끌어낸" '출기제승'의 본보기였다.

치인이불치우인致人而不致于人 적을 조종하되 조종당하지 않는다

손자가 제기한 중요한 용병 원칙이자 전체 국면의 주도권을 장악하는 모략사상이다. 『손자병법』「허실」편에 그 사상이 보인다.

> 용병을 잘하는 자는 적을 조종하지 적에게 조종당하지 않는다. 적이 제 스스로 오게 할 수 있는 것은 오면 이득이 있는 듯 보이게 만들기 때문이고, 적이 오지 못하게 만드는 것은 오면 피해가 있지 않을까 두려워하게 만들기 때문이다.

『당태종이위공문대』에서 이정은 고대 병법의 수많은 구절들 중에서 아무리 중요한 것도 '치인이불치우인'에 지나지 않는다고 했다. '치인致人'의 결과로 얻어지는 주도적 지위는 가만히 앉아서 얻을 수 있는 것이 결코 아니다. 반드시 주관적 노력을 거쳐 쟁취해야 하는 단계다. 싸우기 전에 "먼저 싸움터를 잡고 적을 기다리며", "적보다 먼저 작전부서를 완성하여 적이 지치기를 기다리는" 유리한 입장에서 차분히 작전을 펼쳐나간다. 만약 주도권을 잃게 되면 적에게 코를 꿰이게 되어, 그저 눈을 뜬 채 두들겨 맞는 수밖에 없다.

전국시대 진秦은 한韓을 정벌하기 위해 알여閼與에 군대를 주둔시키고 있었다. 조趙나라에서는 조사趙奢를 보내 구원하게 했다. 조사는 진군을 대파하고 한에 대한 포위를 풀었다. 조사가 성공할 수 있었던 중요한 원인의 하나는 군사전문가 허력許歷의 계략에 따라 먼저 북산北山의 '높은 고지'를 차지했기 때문이었다. 진군이 이르렀을 때는 이미 늦었다. 진군은 올려다보며 공격을 가할 수밖에 없어 고지를 빼앗지 못했다. 조사는 높은 곳에서 아래를 내려다보며 공격하여 진군을 대파했다.(군사모략 '고릉물양' 참조) 여기서 조사는 '치인이불치우인'의 원칙을 잘 운용하여 전체 국면을 통제하는 주도권을 잡아 결정적인 승리를 얻었다. 반대로 진군은 이 원칙을 위배하는 바람에 공격을 당하는 피동적 입장에 빠졌다.

'치인'의 방법은 구체적인 상황에 근거해서 결정해야 한다. 손자는 12가지 '치인법'을 제기했다. 그중 몇 가지 예를 들면, "반드시 구원하러 나올 곳을 공격하라"는 '공기필구攻其必救', "뜻밖의 곳을 노리거나 기계奇計를 내라"는 '출기불의出其不意', "적이 의도하는 바를 어긋나게 만들라"는 '괴기소지乖其所之' 등이다. 『초려경략』 권9 「오적誤敵」에서는 다음과 같이 말하고 있다.

성급하게 움직이도록 자극하거나, 욕심을 부리도록 유혹하거나, 어쩔 수 없이 가도록 압박을 가하거나, 걱정하지 않도록 늦추거나, 동쪽에 욕심을 두고 서쪽을 치는 척하거나, 실제로 전진하기 위해 후퇴하는 척하여 지켜야 할 곳을 못 지키게 하거나, 모여야 하는데 못 모이게 하거나, 꼭 달려가지 않아도 되는 곳으로 달려가게 하거나, 지킬 필요가 없는 곳을 지키게 한다.

'치인법'은 정正과 기奇가 반복되어 변화도 무쌍하다. 관건은 장수가 때와 장소, 적의 상황에 따라 그것을 활용할 수 있느냐에 있다.

가도벌괵假道伐虢 길을 빌려 괵을 치다

이 말은 『좌전』 희공 2년조(기원전 658)에 나오는 아주 유명한 고사성어다.

진晉의 순식荀息이 괵虢을 치기 위해 굴屈에서 나는 말과 수극垂棘에서 나는 옥을 뇌물로 써서 우虞로부터 길을 빌리려고 했다. 진 헌공獻公은 난색을 표명했다.

"그것들은 모두 내 보물들이다."

순식이 말했다.

"우나라가 만약 길을 빌려주기만 한다면 보물을 외부 창고에 넣어두는 것이나 마찬가지입니다."

"그렇지만 우나라에는 궁지기宮之奇가 있지 않은가?"

"궁지기는 위인이 나약해서 강력하게 얘기하지 못할 것입니다. 게다가 임금과는 어려서부터 함께 자라서 스스럼이 없는 사이기 때문에 충고한다 해도 임금이 듣지 않을 것입니다."

헌공은 순식에게 이 보물들을 뇌물로 하여 우나라의 길을 빌리도록 했다. 순식은 우나라 임금에게 가서 말했다.

"지난날 무도하기 짝이 없는 기冀(지금의 산서성 하진 동북)가 전령顚嶺(산서 평육 동북)의 고개를 넘고 명郮(평륙 동북 20리)의 삼문산三門山까지 공격하다가 병든 신세가 된 것은 오로지 이 나라 임금의 덕입니다. 그런데 지금 괵이 무도하게도 귀국을 발판으로 우리의 남쪽 국경을 침범하고 있습니다. 괵을 치도록 길을 빌려주십시오."

우공은 이를 허락했을 뿐 아니라 내심으로는 제발 진이 괵을 쳐주기를 바랐다. 궁지기가 충고했으나 듣지 않았다. 여름이 되어 진의 순식과 이극里克이 군사를 거느리고 우나라 군과 함께 괵을 치고 하양을 쳐 없앴다.

괵과 우는 서로 이웃한 작은 나라들이었다. 진나라는 이 두 나라를 모두 손아귀에 넣으려고 먼저 괵을 공격할 계획을 세웠다. 그러나 진군이 괵으로 가려면 먼저 우를 거쳐야 했다. 우가 진을 막거나 괵과 연합하여 진에 맞선다면 진이 강하다 해도 성공하기 어려울 판이었다. 그래서 대부 순식의 꾀를 받아들여 뇌물로 우의 임금을 꼬드겨 길을 빌리는 데 성공했다. 진은 큰 힘 들이지 않고 괵을 멸망시켰다. 진군은 승리를 거두고 돌아오는 길에 군대를 정돈한다는 구실로 우에 주둔했다. 우는 의심하지 않고 경계를 전혀 하지 않았다. 진군은 갑자기 군대를 동원하여 단숨에 우까지 멸망시켜버렸다. 우의 임금은 포로로 잡혔고, 뇌물로 주었던 귀중한 명마와 옥은 다시 진 헌공의 손으로 돌아갔다. 순식은 "그사이에 옥이 더 좋아진 것 같고 말은 이빨이 더 길어진 것 같구나."라며 교활하게 웃었다.

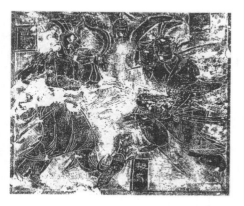

● '가도벌괵'은 길을 빌리려는 상대국의 상황을 정확하게 파악해야만 가능하다. 순식은 우나라 군주를 잘 파악하고 있었다. 그림은 순식(오른쪽)과 진 영공 모습의 벽돌그림이다.

『36계』에서는 이것을 '혼전계'의 하나로 편입시켰다. 먼저 갑을 발판으로 을을 소멸시킨 후에 다시 갑마저 소멸시킨다. 또는 상대방에게 길을 빌려달라는 구실을 대고 상대방의 견실한 힘을 소모시키기도 한다. 『36계』는 이에 대해 기세를 타고 병력을 순조롭게 침투시켜 적을 통제하고 갑자기 습격을 가하기 위한 모략으로 풀이하면서, 아울러 곤란한 입장에 처했을 때 남의 말을 가볍게 믿어서는 안 된다는 충고도 보태고 있다. 우의 임금은 이 이치를 모르고 적을 친구로 여기는 바람에 나라를 멸망으로 몰아넣었다. 진 헌공이 이 모략으로 두 나라를 한꺼번에 멸망시킨 사례는 두고두고 후세 사람들에 경종을 울리는 본보기로 남아 있다.

천묵수적踐墨隨敵 적을 따라 먹줄을 퉁긴다

『손자병법』「구지」편에 보면 이런 대목이 나온다.

> 적국의 사람이 와서 문을 열려고 하거든 반드시 급히 맞아들여서 먼저 그가 좋아하는 것을 선사하고 가만히 밀약을 맺는다. 침묵을 지키면서 정세에 따르다가 갑자기 전투를 결행한다.

이 모략은 계획을 실시할 때 적의 정세 변화에 따라 수시로 변화를 줄 것을 요구하고 있다. 즉, 전장의 변화된 상황에 근거하여 기동성 있게 전법을 바꾸라는 것이다. '천묵踐墨'은 '획묵劃墨'이라고도 하는데, '천'자와 '획'자는 서로 바꾸어 쓸 수 있다. '묵'은 목수들이 사용하는 '먹줄'로 건축에 사용하는 중요한 공구다. 당시의 목공에서는 반드시 나무에다 먹줄을 퉁긴 후 그 줄을 따라 재료를 자르거나 다듬었다. 여기서는 이 '먹줄'이 작전계획에 비유되고 있다. '천'은 이행·실행이란 뜻이다. 따라서 '천묵'이란 작전계획을 실시한다는 뜻이다. 목공에서 재료를 시공하기 위해서는 먹줄로 정확하게 줄을 퉁겨야 작업 과정에서 변형이 생기지 않는다. 물론 작전계획을 실시하는 것은 이와는 좀 다르다. 적의 정세나 내 쪽의 정세가 수시로 변화하기 때문에 작전계획이 그 변화된 상황에 맞지 않을 수 있고, 심지어는 예상한 것과 완전히 다른 상황이 나타날 수도 있다. 따라서 작전계획을 움직일 수 없는 불변의 것으로 간주해서는 절대 안 된다.

『삼국지』 권56에 기록된 222년의 상황을 한번 보자. 조인曹仁은 수만의 군대를 이끌고 오나라 유수濡須를 향해 진군하여 주상州上을 탈취할 준비를 갖추었다. 그는 이에 앞서 동쪽의 이계羨溪를 먼저 치겠다고 큰소리를 쳤다. 오의 장수 주환朱桓은 즉시 군대를 이계로 보내 구원하게 했다. 군대가 이미 출발했는데 갑자기 위군이 유수 70리 근처까지 진군해 있다는 보고가 날아들었다. 주환은 급히 이계 쪽으로 출발한 군대를 되돌리도록 했다. 그러나 부대가 미처 돌아오기도 전에 조인의 주력부대가 유수에 들이닥쳤다. 당시 주환에게는 불과 5천 명밖에 없었다. 장병들은 위군의 위세에 눌려 잔뜩 겁을 집어먹었다. 주환이 즉각 적의 정세에 근거하여 작전계획을 바꾸었다. 부대원들에게 싸움을 피하면서 약하고 무능한 모습을 보여 조인을 함정으로 유인하도록 명령했다. 과연 조인은 아들 조태曹泰를 시켜 유수성을 공격하라고 명령하는 한편, 대장 상조常雕에게 제갈건諸葛虔·왕쌍王雙 등을 거느리고 기름배를 타고 중주中州를 습격하게 했다. 중주는 오나라 장병의 가족들이 있는 곳이었다. 그리고 조인 자신은 만여 명의 군사를 이끌고 탁고橐皋를 지키며 조태의 후방을 지원했다. 이에 주환은 반격을 취하여 주력부대가 기름배를 탈취하고, 또 다른 부대는 상조의 부대를 공격했으며, 주환 자신은 조태를 맞이해서 싸웠다. 조태는 주환을 이기지 못하고 군영을 불사른 뒤 후퇴했다. 주환은 상조를 죽이고 왕쌍을 사로잡는 등 대승을 거두었다. 위군은 천여 명 이상의 사상자를 내고 패퇴했다. 불과 5천여 명의 병사로 수만에 달하는 조인의 군대를 상대할 수 있었던 것은 바로 '천묵수적'의 모략 때문이었다. 형세에 따라 모략을 활용하고 상황에 따라 계획을 변화시켰기 때문이다.

적의 정세 변화에 근거하여 작전계획을 변화시키는, 말하자면 적이 변하면 나도 변한다는 것은 중요한 용병 원칙이다. "병이 수만 가지나 되듯, 약도 수만 가지다. 병세가 변하면 처방약도 달라져야지 그렇지 않으면 치료할 수 없다."(『병뢰』「변變」) 적의 변화를 틈타 그에 상응하는 대책으로 상대하면 이길 수 있다. 계획을 끝까지 지키려고만 하고 변화를 모르면 기다리는 것은 실패뿐이다.

박기전후薄其前後, 엽기좌우獵其左右 전후를 압박하고 좌우를 사냥한다

『육도』「견도犬韜·전기戰騎」에 보면 이런 대목이 있다.

> 적이 막 당도하여 아직 진열이 정비되지 못하여 전후가 서로 연결되지 못했을 때, 앞 기병을 무너뜨리고 좌우를 공격하면 적은 틀림없이 달아날 것이다. 적의 진열이 정비되어 있고 견고하며 병사들의 투지가 왕성하더라도 우리 기병이 날개에서 떠나지 않으면서 바람과 같이 빠르게 달려가고 달려오며, 천둥과 같이 사납게 행동하며, 환한 대낮인데도 어두운 것같이 자주 깃발을 바꾸고 복장을 변화시킨다면 그런 군대도 이길 수 있다. 적의 진열이 견고하지 못하고 병사들에게 투지가 없다면, 그 앞뒤를 바짝 조이고 좌우로 쳐들어가 양날개에서 공격하면 적은 틀림없이 두려워할 것이다.

이 모략은 적의 전·후방을 압박하고 좌·우 양날개를 위협함으로써 사방을 향해 싸우지 않으면 안 되는 곤경에 빠지게 하여 주도권을 빼앗고 승리를 거두려는 것이다.

『사기』권7·8과『자치통감』「한기」및『통감기사본말通鑑紀事本末』에는 항우와 유방의 대립 상황이 잘 기록되어 있다. 항우는 스스로를 패왕이라 부르며 팽성彭城(지금의 강소성 서주)에 도읍을 정했고, 유방은 한중漢中에서 항우를 공격할 준비를 갖추어나갔다. 기원전 205년 4월, 유방은 항우가 산동을 공격하기 위해 출병한 틈을 타서 팽성을 점령했다. 항우는 즉시 군대를 돌려 유방을 공격, 그 군대를 크게 무찔렀다. 유방은 수십 명만 거느리고 간신히 포위를 뚫고 나와 형양滎陽(지금의 하남성 형양)·성고成皋(지금의 하남성 사수 서북) 일대로 퇴각하여 방어망을 구축했다. 유방은 남은 군을 수습해서 초군의 추격을 저지했다. 이때부터 초·한 사이에 이른바 '성고 전역'이 벌어졌다.

초·한 양군이 성고와 형양에 이르는 전선에서 서로 대치한 후, 전투는 병력이 우세한 항우가 끊임없이 유방을 공격하는 형태로 진행되었다. 유방은 한편으로는 방어를 견지하면서, 또 한편으로는 일련의 적극적인 군사·외교활동을 펼쳐 결전을 향한 유리한 국면을 개척해나갔다. 유방은 한신을 시켜 초에 항복한 동쪽의 위魏·조趙·연燕·제齊 등을 공격하게 했다. 아울러 정치 수완을 발휘하여 항우 휘하의 명장 영포英布를 매수, 초를 배신하고 한에 귀순시켜 한군에 큰 힘이 되게 했다. 또 초군의 후방에서 활동하고 있는 팽월彭越의 부대를 한군의 '유격대'와 비슷하게 만들어 항우의 심장부를 위협했다. 그리고 이간책을 활용하여 항우와 그의 유력한 측근인 범증의 사이를 갈라놓았다. 기원전 203년 6월, 형양을 점령한 항우는 그 기세를 몰아 성고를 포위했다. 유방은 불리한 조건에서의 결전을 피하기 위해 성고를 포기했다. 그런 후에 군사를 모집하는 한편, 군의 식량 보급로를 차단하고 건실한 방어태세를 유지하면서 전기를 기다렸다.

이러한 대치 상황이 2년 이상 지속되었다. 기원전 203년 10월, 한신이 제나라의 도성을 공격하자 제는 즉각 항우에게 구원을 요청했다. 항우는 대장군을 시켜 20만 대군을 이끌고 구원하게 했다. 결과는 항우의 참담한 패배로 끝났다. 이 틈에 군의 후방에서 활동하고 있던 팽월의 부대가 17개 성을 함락시켜 팽성에서 성고에 이르는 초군의 모든 전쟁 물자 공급선을 끊어버렸다. 이때부터 초군은 전략상 완전히 수동적인 처지에 빠졌다.

끊어진 식량 보급선을 수복하기 위해 항우는 몸소 병사를 이끌고 팽성을 공격하려고 했다. 항우는 성고를 조구曹咎에게 맡기면서, 절대 나가 싸우지 말고 굳게 지키라고 했다. 이제 결전의 시기가 무르익었다고 판단한 유방은 적극적으로 반격을 가하기 시작했다. 유방은 조구의 성질이 급하고 난폭한 데다가 병법에 관한 소양이 그다지 높지 않은 약점을 이용, 매일 초군을 향해 갖은 욕설을 퍼부으며 조구를 약올렸다. 화가 난 조구는 사수를 건너 한을 공격해 왔다. 군이 강을 반쯤 건넜을 때 한군이 맹렬한 공격을 가했다. 순식간에 초군은 무너졌고, 도주하는 초군을 계속 추격한 한군은 성고를 다시 빼앗았다. 이 보고를 받은 항우는 급히 군대를 돌려 달려왔지만 대세는 이미 돌이킬 수 없는 상황으로 바뀌어 있었다.

성고 전역 이후 전쟁의 주도권은 완전히 유방으로 넘어갔고, 한은 최후의 승리자가 될 수 있는 유리한 조건을 창출했다. 초·한의 성고 전역에서 유방은 전체 국면을 파악한 기초 위에서, 정면은 굳게 지키고 남북 양날개는 견제하며, 적 후방을 교란시키는 입체적인 작전을 펼쳤다. 이것이 바로 '박기전후, 엽기좌우'의 방법이다. 이로써 강력한 군을 사방을 향해 작전하지 않으면 안 되는 곤경에 몰아넣음으로써 전쟁의 주도권을 잃게 만든 것이다.

피실격허避實擊虛 실을 피하고 허를 공격한다

군대의 형태란 적의 튼튼한 곳을 피하고 약한 곳을 공격하는 것이어야 한다.(『손자병법』 「허실」편)

즉, 주력이 있는 곳은 피하고 힘이 약한 곳을 공격하라는 것이다. 이를 '피실취허避實就虛'라고도 하는데,『회남자』「요략훈要略訓」에서는 "튼튼한 곳을 피하고 빈틈을 찾는 것이 마치 양떼를 모는 것과 같다."고 했다. '피실격허'를 운용하여 빈틈을 치면 튼튼함이 약해진다. 공격을 가하는 쪽이 작전 목표를 선택하여 진공 노선과 주요 공격 방향을 확정할 때, '피실격허'를 잘 활용하면 그 작전은 노련한 백정이 소를 잡듯 순조롭고 여유가 생긴다.

전쟁사에서 '피실격허'의 전례는 매우 많다. 전국시대 위나라가 조나라를 공격했을 때, 제나라가 조나라를 구원하러 나섰다. 제나라 위왕은 전기를 장군으로 삼고 손빈을 군사로 삼았다. 전기는 대군을 이끌고 곧장 조나라로 달려가려고 했다. 그러자 손빈은 전기를 말리며 다음과 같은 말을 했다.

"복잡하게 얽혀 있는 것을 풀려면 함께 얽혀서는 안 되며, 싸움을 구원하러 나선 자가 함께 어울려 치고받아서는 안 됩니다. '적의 요충지나 빈틈을 공격하는' '비항도허批亢搗虛'의 모략으로 형세를 절도 있게 통제하면 저절로 풀리는 법입니다."

여기서 손빈이 말하는 '비항도허'가 바로 '피실격허'와 같은 말이다.(군사모략 '위위구조' 참조) 이 전법은 수천 년 동안 군사전문가에 의해 연구되고 운용되어왔다.

반노위일反勞爲逸 피곤함을 편안한 휴식으로 바꾼다

『병경백자兵經百字』「갱자更字」를 보면 이런 내용이 보인다.

무武란 함부로 사용해서는 안 된다. 쉬지 않고 계속 싸우면서도 병사들을 피곤하지 않게 하려면 오로지 교대시켜주는 것밖에는 없다. 내가 한 번 싸울 때 상대는 여러 번 대응하게 해서 (적의) 휴식을 피로로 바꾸어야 하고, 상대가 여러 번 싸울 때 나는 여러 번 쉼으로써 (나의) 피로를 휴식으로 바꾸어야 한다. 편안하면 이기고 지치면 진다. 국력을 바닥내지 않고 군에 공급할 수 있어야 하고, 군대의 힘을 바닥내지 않고 전투를 할 수 있어야 한다. 그러면 승리는 걱정하지 않아도 된다.

『병경백자』의 주된 논지는 돌아가며 싸우는 방법을 활용하라는 것이다. 즉, 피곤한 아군을 휴식할 수 있는 편안한 상태로 바꾸어줌으로써 부대의 왕성한 사기를 유지하여 승리를 거두라는 것이다. '반노위일'을 구체적으로 운용할 때는 적은 움직이게 하고 나는 움직이지 않는 방법을 함께 활용하여, 내 피로는 휴식으로 적의 휴식은 피로로 바꾸어 적을 물리친다.

『신당서』권155 「마수전馬燧傳」에 보이는 경우다. 782년, 당나라 장수 마수馬燧 등은 명령을 받고 전열田悅을 토벌하기 위해 장수漳水(지금의 하북성과 하남성 경계)에 집결했다. 전열의 군대를 정신없이 들쑤셔놓기 위해 마수는 병사들을 밤에 기상시켜 밥을 먹이고 비밀리에 원수洹水를 건너 위주魏州를 습격하게 했다. 그리고 적이 추격해오면 진군을 멈추고 태세를 가다듬었다. 전열이 이끄는 군대가 강을 다 건너자 마수는 다리에 불을 질러버렸다. 전열의 보·기병 4만여 명이 원수를 가로지르는 다리를 건너자, 전열의 추격을 감지한 마수는 사방 1백 보 이내의 풀과 나무를 모조리 베어내고 그곳을 전투지로 택했다. 마수는 진을 치고 5천 명의 용감무쌍한 병사를 선봉으로 삼아 전열의 군이 다가오기를 기다렸다가 전열의 군대가 가쁜 숨을 채 가라앉히기도 전에 맹공을 가해 대파했다. 전열의 부대는 퇴각하여 원수에 이르렀으나 다리는 이미 불타 없어진 지 오래였다. 부대는 큰 혼란에 빠졌고, 익사자만도 헤아릴 수 없이 많았다. 이 전투에서 전열의 군대는 2만 이상이 죽고 3천 이상이 포로로 잡혔다.

마수는 식량이 부족하고 피로에 지친 상태에서 전열을 공격하라는 명령을 받았다. 그는 일단 적을 들쑤셔 자기편의 피로를 휴식으로 바꾸어놓고, 그 상태에서 적이 지치기를 기다림으로써 적을 대파했다.

종이공전從而攻戰 따르는 척하다가 친다

『백전기법』「모전謀戰」을 보면 "적이 무엇인가를 꾀하기 시작하면 내 쪽에서는 그것에 따라 대응·공격하여 적의 꾀가 다 없어지게 해서 굴복시킨다."라는 대목이 있다. 즉, 적이 나를 침공하려고 하면 알맞게 대응하여 그 시도를 실패로 돌아가게 함으로써 적을 굴복시킨다는 것이다.

춘추시대 진晉나라 평공平公이 제齊나라를 정벌하고자 대부 범소范昭를 제나라로 보내 정세를 염탐하게 했다. 제나라 경공景公은 범소를 불러 술자리를 베풀어주었다. 그 술자리의 상황에 대한 『백전기법』의 기록을 요약해보자.

술자리가 익어가자 범소가 경공에게 술잔을 청했다. 경공이 이에 응하며 말했다.

"과인의 잔을 손님에게 드리지."

범소는 술잔을 들어 쭉 마셨다. 제나라의 재상 안자晏子는 범소가 술잔을 돌리려 한다는 의도를 간파하고, 연회 담당자에게 술잔을 바꿀 때가 되었다면서 새 잔을 가져오게 했다. 범소는 일부러 취한 척하며 불쾌한 듯 일어서서 춤을 추려고 하며 태사에게 말했다.

"성주成周의 음악을 연주할 줄 아는가? 내 그것에 맞추어 춤을 추지."

태사가 말했다.

"소인은 못난 놈이라 미처 배우지 못했습니다."

그러자 범소는 그 자리를 떠나버렸다. 경공은 안자를 향해 걱정스러운 표정으로 말했다.

"진나라는 대국이오. 지금 저들이 우리의 정치를 보러 왔는데, 그대가 대국의 사신을 화나게 만들었으니 어쩔 셈이오?"

"범소가 예의를 모르는 사람이 아닌데 우리를 모욕하려 하기에 제가 일부러 그렇게 한 것입니다."

귀국한 범소는 평공에게 보고했다.

"제나라는 정벌하기 곤란합니다. 신이 제나라 군주를 욕보이려 했으나 안자가 그 의도를 알아챘고, 무례하게 천자의 음악을 연주하게 했더니 태사가 눈치챘습니다."

안자가 범소의 의도를 간파하고 맞대응한 까닭은 당장에 그 의도를 폭로하기 위함이 아니라 적의 의중에 따르는 척하면서 은근히 상대를 제압하기 위함이었다. 공자는 이런 높은 수를 듣고는 이렇게 감탄했다고 한다.

"술잔 사이를 넘지 않고도 천리 밖까지 절충했으니 과연 안자로다!"

"그것의 뜻을 따라서 그것을 활용하고, 그 길을 따라 걸어간다."고 했듯이, 순종하면서 적을 공격할 방법을 찾고 거짓으로 따르는 척하면서 은근히 적을 제압하는 것이야말로 '종이공전'이라는 모략의 진수라 할 수 있다.

제
4
부

외교모략外交謀略

외교는 국가와 사회집단의 일정한 이익을 달성하는 기본 수단의 하나다. 따라서 사회 상층부와 뗄 수 없는 밀접한 관계에 있다. 오랫동안 사람들은 외교가가 외교 석상에서 외교의 목적을 달성하기 위해 구사하는 '외교사령'에 대한 연구를 매우 중시해 왔다. 사실 외교사령은 외교적 접촉과 시도의 외재적인 표현으로, 그 이면에 결정적 작용을 하는 외교모략을 감추고 있다.

외교활동의 주요 참가자인 외교가는 국가의 주권을 대표하는 사람이다. 외교가는 개인의 소질로 볼 때 고도의 정치이론, 예민한 관찰력과 문제 분석력, 뛰어난 사고와 판단력, 돌발사태에 대처하는 능력 및 풍부한 외교 경험을 갖추고 있어야 하며, 특히 고도의 외교모략을 겸비하고 있어야 한다. 고도의 외교모략을 운용하는 것은 외교에서 승리를 얻는 기본 조건이다.

전국시대(기원전 480-기원전 222) 주나라 왕실이 쇠퇴해지자 각지에서 군웅들이 일어나 서로 대치하는 가운데 호시탐탐 상대를 노리는 상황이 펼쳐졌다. 하루도 쉴 날이 없는 전쟁·연합·분열·이간·포섭, 빈번한 왕복외교, 무궁한 음모와 계략 등으로 전국시대 특유의 복잡한 정국이 조성되었다. 이러한 정세는 갈수록 복잡해졌고 그에 따라 외교모략이 더욱 절실해지는 상황이 마련되었다.

당시 한 국가의 흥망성쇠는 무력에만 달려 있는 것이 아니었다. 이른바 "정치(외교)로 결정나지 무력으로 결정나는 것이 아니다. 조정과 종묘사직의 안위는 모략과 정책에서 결정나지 전쟁터에서 군대가 서로 마주치는 것으로 결정나지 않는다."(『전국책』)는 말 그대로였다. 이 말의 뜻은 정치를 활용해야지 무력에만 의존해서는 안 된다는 것이다. 즉, 외교에서 승리를 거두어야지 전쟁에서 승리를 얻는 것만으로는 되지 않는다는 뜻이다.

모략으로 적을 굴복시키는 것이야말로 모두가 가장 높이 평가하는 책략이다. 성 밖에서 벌이는 야전은 수준 낮은 책략에 불과하다. 당시에는 각국의 세력이 흥하고 쇠퇴하는 모순의 틈을 이용하여 확실한 책략으로 외교를 펼침으로써 위급한 상황을 타개하고, 마침내 싸우지 않고 승리를 얻는 경우가 적지 않았다. 당시의 외교전문가 이사李斯는 이렇게 말한다.

"지금 바야흐로 대국들이 서로 다투고 있지만, 그 일을 주도하는 사람은 유자游者(유세가)들이다."

정곡을 찌른 말이다. 이보다 앞서 가난하고 "그 몰골이 남루하기 짝이 없었던" 소진蘇秦은 "천하를 두루 돌아다니며 제후들에게 유세"함으로써 당시 6국을 대표하는 재상의 인장을 목에 걸 수 있었다. 남다른 담력과 지략 그리고 총명한 지혜로 열두 살에 불과한 나이에 세 치의 혀로 여러 차례 국가를 위기에서 구했던 감라甘羅도 있었다. 이들은 외교가와 외교모략의 효용성을 잘 보여준 사람들이었다.

과학이 그리 발달하지 못했던 시대에 외교는 외교가의 고유 업무였다. 한 나라에서 필요로 하는 외교가는 손으로 꼽을 정도로 몇 되지 않았다. 그러나 오늘날 지구촌은 과학기술의 눈부신 발달로 좁아질 대로 좁아져 있다. "개나 닭 울음소리조차 들을 수 있는 가까운 곳에 살면서도 죽을 때까지 왕래 한 번 없던" 그런 시대는 이미 지나갔다. 국가 간의 정치·경제·군사·과학·문화·기술 등의 교류는 그 옛날 이웃집과 왕래하던 것보다 더 자주 이루어지고 있다. 그러나 국가 간의 관계는 대단히 복잡하고 미묘하며 더욱 위험하고 격렬해지고 있다. 외교 수단이 아니면 해결이 불가능한 경우가 한결 많아지고 있다. 이런 상황에서 외교는 국가 간의 모든 교류를 푸는 실마리가 된다. 또 외교는 국가의 생활과 생산에 직접 관계된다.

이제 외교모략에 대한 연구는 이미 국가 외교관 고유의 업무를 벗어나 있다. 국제무대에서 경제·과학·기술·문화·예술을 교류하는 단체와 개인이라면 모두가 외교모략을 배우고 연구할 필요가 있다. 외교모략을 연구하는 독자들에게 조금이라도 도움이 되고자 보편적인 외교모략들을 모아보았다.

1절
외교의 근본

부전이굴인不戰而屈人 싸우지 않고 굴복시킨다

『손자병법』「모공謀攻」편에 보면 이런 의미심장한 대목이 나온다.

> 백 번 싸워 백 번 이기는 것만이 최상은 아니다. 싸우지 않고 적을 굴복시키는 것이
> 야말로 최선이다.

여기서 "싸우지 않는다"고 하는 것은 무장을 포기하고 전쟁을 하지 말라는 뜻이
아니라, 적과 직접 맞붙어 싸우지 않고 적을 굴복시키는 것을 가리킨다. 이는 전쟁에
대해 손자가 갈망하고 있던 가장 이상적인 경지다. 그래서 손자는 다음과 같은 고도
의 전쟁론을 제기하고 있다.

전쟁하는 방법 중에 최상은 적국을 온전한 채로 두고 굴복시키는 것이고, 적국을 쳐부수어 굴복시키는 것은 차선이다.… 따라서 전술이 우수한 자는 적군을 굴복시키려 싸우지 아니하고, 적의 성을 함락하기 위해 공격하지 아니하며, 적국을 부수는 데 지구전의 방법을 쓰지 않는다. 책략으로 적을 굴복시킨다. 병력을 손상하는 일 없이 완전한 승리를 거둘 수 있다. 이것이 책략으로 적을 굴복시키는 전쟁법이다.

"싸우지 않고 적을 굴복시키기" 위한 수단은 정치·외교상의 '벌모伐謀'·'벌교伐交'와 군사상의 '벌병伐兵'으로 표현된다. 벌모·벌교·벌병을 구체적으로 실시할 때는 구체적인 방법이 많이 따르지만, 총체적으로 보아 천하를 다툴 때 칼에 피를 묻히지 않고 이익을 보전할 것을 요구한다.

손자의 이러한 '부전이굴인'이라는 모략은 춘추시대라는 시대적 특징과도 들어맞는다. 춘추시대는 대국들이 세력을 다투면서 전쟁이 잦았던, 말 그대로 약육강식의 시대였다. 제후국들 사이의 모순과 갈등은 복잡하기 그지없었고, 정치·외교 투쟁도 격렬하고 복잡했다. 국가의 멸망을 피하고 강대국에 항거하기 위해 중·소국들은 여러 방면으로 군사동맹을 맺거나 아니면 대국을 떠받드는 수밖에 없었다. "싸우지 않고 적을 굴복시킨다"는 '부전이굴인' 사상은 바로 국가와 군대를 안전하게 보전하는 상책으로 통치자와 군사전문가들이 중시해왔다.

기원전 630년, 진秦·진晉 연합군은 정鄭나라를 포위했다. 정나라는 두 나라 대군에 의해 국경을 압박당하는 위기 상황에 놓이게 되었다. 정나라 대부 촉지무燭之武는 진·진 두 나라가 이익을 놓고 근본적인 모순을 보이고 있다는 점을 교묘하게 파악하여, 진秦나라의 앞날과 이익에 관심이 있는 척 꾸며 진秦 목공穆公에게 이해관계를 일깨워줌으로써 두 나라의 동맹을 이간질했다. 그 결과 진晉 문공文公이 주도적으로 계획한 정나라 정벌은 물거품이 되었을 뿐만 아니라, 정나라는 진秦나라와 동맹관계를 맺고 정나라 안에 진나라의 대장군 세 명을 체류시켜 혹 있을지도 모를 진晉의 공격에 대비했다. 이로써 정나라는 위기에서 벗어날 수 있었다.

기원전 627년, 정나라를 습격한 진秦나라 군대는 중도에서 정나라 상인 현고弦高를 만난다. 현고는 자기 군주의 명을 받고 군대를 위문하러 왔다며 네 장의 쇠가죽과 열두 마리의 살진 소를 진나라 군에 주면서 정나라는 일찌감치 충분한 전쟁 준비를 갖추고 있음을 은근히 암시했다. 이렇게 현고는 정나라가 위기 상황에서 벗어나는 데 큰 몫을 담당했다.

이상은 외교수단으로 '부전이굴인'의 목적을 달성한 전형적인 사례들이다.

'부전이굴인'은 결코 무력을 무시하지 않는다. 실력도 없이 입만 놀려서 전쟁과 혼란을 막으려 하는 것은 일시적인 효과가 있을지 모르나 끝까지 전란을 피하지는 못한다. 따라서 이 모략을 운용하려면 '전승全勝'의 사상을 갖춘 다음, 강력한 군사 실력을 구축하는 데 힘써야 한다.

'부전이굴인'은 군사·정치적으로 이상적인 경지임에는 틀림없다. 이는 모략에 대한 수양이 성숙해 있고, 원대한 정치적 포부와 넓은 포용력을 가진 장수만이 장악할 수 있는 경지다. 이러한 경지는 공과 이익을 탐내고 그저 승리만을 추구하는 잔인한 자는 얻을 수 없다. 힘으로만 이기려 하고 모략으로 승리하려 하지 않으며, 성과 땅만 공격할 줄 알았지 군을 온전하게 하는 도를 모르는 지휘관은 절대로 이 경지를 터득할 수 없다.

'부전이굴인'의 모략은 새로운 역사 시기에 새로운 의의를 갖는다. 세계적인 군사 대국치고 이 전략을 존중하지 않는 나라는 없다. 특히 핵무기의 출현은 전략가들로 하여금 국가와 군을 안전하게 지키는 도를 더욱 중시하고 새로운 역사적 조건에서 '부전이굴인'의 이상적인 길을 추구하게 만들었다.

부쟁천하지교不爭天下之交, 불양천하지권不養天下之權 천하의 외교를 다투지 않고 천하의 패권을 기르지 않는다

무릇 패왕覇王의 군대를 동원하여 대국大國을 정벌하면 그 나라는 미처 자국의 군대를 집결시키지 못한다. 또 세력이 서로 엇비슷한 나라에 무력으로 위협을 가하면 그 나라는 제3국과 외교관계를 맺을 수 없다. 그것은 이쪽에서 미리 외교적인 선수를 치고, 지리적 이점을 완전히 이용하며, 정통한 정보원을 채용하여 군사행동에 최선을 다하고 있기 때문이다.

따라서 굳이 천하의 외교무대에서는 외교적 승리를 쟁취하려 하지 않고, 천하의 강자가 될 수 있는 패권을 기르려 하지 않으며, 자신의 힘을 믿고 팽창시켜 세력이 엇비슷한 나라를 힘으로 위압하면 그 성을 함락시키고 그 나라를 패망시킬 수 있을 것이다.

이상은 『손자병법』「구지」편에 나오는 외교의 중요성을 설파한 대목으로, 그 해석을 놓고 논란이 많은 부분이기도 하다. 정치·군사 투쟁에서 모든 행동은 일정한 이해관계에서 나온다. 자국의 생존과 승리의 희망을 우방국에만 맡길 수 없으며, 또한 다른 나라의 권력을 유지하기 위해 자국의 인력과 물자를 지나치게 지출할 수도 없다. 가장 요긴한 점은 자신의 의도를 믿고 자신의 역량을 발전시키는 것이다. 이것이 이 모략의 기본적 의의다.

전쟁은 고립된 현상이 결코 아니다. 그것은 왕왕 정치·경제·외교 정세에 의해 좌우된다. 때로는 매우 공고해 보이던 동맹도 전쟁에서 어느 한쪽이 불리해지면 금세 금이 가고, 우방도 관망 내지는 중립의 자세를 취하기 일쑤다. 심하면 적으로 돌변하는 현상도 심심찮게 나타난다.

수·당시대는 여기저기서 군벌이 날뛰던 시대였다. 두건덕竇建德은 황하 이북을 차지하고서 하왕夏王을 자처했으며, 왕세충王世充은 하남에 거점을 두고 낙양에 도읍을 정하여 정왕鄭王을 자처했고, 당 태종 이세민의 아버지 이연은 장안을 차지하고 당왕唐王이라 했다. 당의 이세민이 정을 공격하자, 정은 하에게 구원을 요청했다. 하의 중서시랑 유빈劉彬은 당은 강하고 정은 약하기 때문에 추세로 보아 정이 버티기 힘들 것인바, 만약 정이 망하면 하도 혼자 버티기 힘들다고 판단하여 정을 구하려고 했다. 동시에 정이 안에서 버티고 하가 밖에서 공격하면 당은 물러갈 것이라고 판단했다. 그는 당이 퇴각하기를 기다려 정세를 관망하다가 정을 빼앗을 수 있으면 빼앗기로 했다. 그런 다음 하·정 연합군이 지친 당군을 공격하면 천하를 얻을 것이라는 계산이 섰다. 유빈은 즉시 정나라 왕세충에게 사신을 보내 하가 군대를 보내 지원하겠다고 했다. 그러면서 별도로 예부시랑 이대사李大師를 당에 보내 낙양 공격을 중지해줄 것을 요청했다. 그러나 이세민은 이대사를 붙잡아놓고 적은 병력으로 낙양을 포위하게 하는 한편, 주력부대로 호뢰虎牢 지구에서 하의 군대를 섬멸시켜버리게 했다. 정이 곧바로 항복했음은 물론이다.

이 전투는 우리에게 정치·군사 투쟁에서는 친구라고 꼭 믿어서는 안 된다는 교훈을 일깨워주고 있다. 두건덕은 명분상 왕세충을 구원한다고 했지만, 실제로는 정을 손에 넣으려는 야심을 품고 있었다. 이세민은 "천하의 외교무대에서 굳이 외교적 승리를 쟁취하려 하지 않고, 천하의 강자가 될 수 있는 패권을 기르려 하지 않으면서" 자신의 힘만을 믿고 결정적인 승리를 거두었다.

제후들의 전쟁에서 각 제후국들은 자신의 이익을 축으로 행동을 계획하고 결정해야 했다. 이들의 싸움에서 신용이니 명예니 하는 말은 통하지 않았다. 그래서 손자는 승리란 자기 역량의 기초 위에 서 있어야 한다고 주장했던 것이다. 현대 전쟁에서도 마찬가지다. 아무리 외교와 그를 통한 우방과의 군사동맹이 중요하다 해도 자신의 실력이 최우선이다. 그리고 단결 또 단결해야 한다. 이런 의미에서 본다면 "굳이 천하의 외교무대에서 외교적 승리를 쟁취하려 하지 않고 천하의 강자가 될 수 있는 패권을 기르려 하지 않는다."는 대목은 여전히 현실적인 의의를 가진다.

벌교伐交　적의 외교를 파괴한다

『손자병법』「모공」편에 이런 대목이 있다.

> 최상의 전쟁은 적의 계획을 분쇄하는 것이고, 그다음은 적의 외교를 파괴하는 것이고, 그다음은 무기로 정복하는 것이고, 가장 못한 방법은 적의 성곽을 공격하는 것이다. 성을 공격하는 방법은 부득이한 경우에나 쓰는 것이다.(군사모략 '상병벌모' 참조)

손자는 "외교 수단을 통해 승리를 얻는" '벌교伐交'의 방법은 "적의 계획을 미리 분쇄하는" '벌모伐謀'를 통해 승리를 거두는 것보다는 못하지만, "무기로 정복하는" '벌병伐兵'이나 "성을 공격하는" '공성攻城'보다 나은 대책이라고 했다. 이는 '벌교'가 모략 중에서 중요한 위치에 있음을 말해준다. '공격'과 '외교'의 결합은 역대 모략가들이 중시했고, 많은 명장들이 외교 수단을 성공적으로 운용하여 전쟁의 무대에서 멋들어진 활극을 연출했다.

주 양왕 22년(기원전 630) 9월 13일, 진晉의 문공文公과 진秦의 목공穆公은 군사를 이끌고 정鄭을 포위했다. 대군이 국경을 압박하는 위급한 상황에서 정나라의 문공文公은 일지호佚之狐의 건의를 받아들여, 먼저 말을 잘하는 촉지무燭之武를 보내 두 나라 사이의 관계를 이간시켜 목공이 철수하도록 했다. 촉지무는 야밤을 틈타 정나라 성 아래로 밧줄을 타고 내려와 두 군대의 포위망을 뚫고 목공의 군영으로 달려가 대성통곡을 하며 목공을 만나게 해달라고 했다. 목공을 만난 촉지무는 목공에게 대체로 다음과 같은 내용의 말을 했다.

"지금 진·진 두 나라가 정을 포위하는 바람에 정나라 사람들은 곧 멸망하는 줄 알고 있다. 만약 정나라의 멸망이 진秦에 득이 된다면 그 자체로 당신에게 매우 값어치가 있을 것이다. 그러나 바로 이웃한 진晉나라를 넘어서 정나라 땅 한 덩어리를 차지한다는 것이 얼마나 힘든 일인 줄 아는가? 어째서 정나라를 멸망시켜 진晉의 강토를 넓혀주려 하는가? 진晉의 실력이 커진다는 것은 상대적으로 진秦의 세력이 약해지는 것과 같은 말이다. 정나라를 동쪽 길의 주인으로 그대로 남겨두어 당신네 사신들이 왕래하면서 쉬어갈 땅이라도 있다면 그것으로 좋지 않겠는가? 과거 진晉 혜공惠公은 진秦의 힘을 빌려 귀국하여 군주가 되었고, 일찍이 허許나라도 초焦·하瑕의 땅으로 진에게 보답했는데 그는 귀국 후 그것을 인정하지 않았다. 그 사실을 잊었단 말인가? 진晉의 욕심에 끝이 있을 것 같은가? 동쪽 우리 정나라를 차지하면 서쪽으로 확장하려 할 것이 뻔한데, 그렇게 되면 가장 먼저 피해를 보는 쪽은 다름 아닌 진秦이다. 그러니 두루두루 잘 살피기 바란다."

진 목공은 촉지무의 얘기를 듣자 꿈에서 깨어난 듯 즉시 정나라와 동맹을 맺는 한편, 세 사람의 대장군을 정나라에 남게 해서 정나라 방위를 돕게 하고 자신은 친히 주력부대를 이끌고 철수했다.

진晉에게 이 소식이 전해지자 자범子犯은 진나라 군대를 추격하자고 주장했다. 진 문공은 이 주장에 대해 이렇게 대답했다.

"그건 안 된다. 당초 진 목공이 나를 도운 것은 남의 힘을 빌려 남을 치자는 것으로, 그것은 바르지 못한 것이었다. 그것은 우리도 마찬가지였다. 이렇게 해서 동맹국을 잃는 것은 현명하지 못하다. 진·진 두 나라는 본래 동맹국이다. 진을 공격하는 것은 혼전과 연맹을 맞바꾸는 것이나 마찬가지다. 이것은 진정한 무력의 덕이 아니다. 그러니 철수하는 것이 좋겠다."

진 문공도 군을 철수하여 귀국했다.

기원전 606년, 초나라 장왕莊王은 주 왕조 변경에서 군대를 사열하며 시위를 벌였다. 주의 정왕定王은 대신 왕손만王孫滿을 초군으로 보내 상황을 파악하도록 했다. 장왕은 주의 세발솥 정鼎의 무게가 얼마나 나가느냐고 물었다. 주나라의 청동 정은 천자의 상징이자 지존무상으로서 타인이 그것에 대해 함부로 물을 수 없는 것이었다. 따라서 장왕의 질문은 실질적으로 주 천자의 권력에 대해 물은 것이었다. 왕손만은 곧 장왕의 의도를 간파하고, 엄숙한 표정으로 주 왕실의 통치는 덕에 있지 정의 무게에 있는 것이 아니라고 대답했다. 국가의 정치가 밝고 분명하면 정이 작아도 함부로 옮길 수 없으며, 국가의 정치가 혼란스러우면 정이 아무리 크다 해도 언제든지 옮길 수 있다. 주나라가 7백 년 동안 지속할 수 있었던 것은 천명이다. 지금 주왕의 권력이 쇠퇴했다고는 하지만 천명이 아직 바뀌지 않았으니, 아무도 정의 무게를 물을 권리는 없다. 왕손만의 대답은 대체로 그러했다. 이 말을 들은 장왕은 자신이 주 왕실을 대신하기에는 아직 힘이 모자란다는 것을 깨닫고 병력을 철수시켰다.

제2차 세계대전 전에 히틀러는 유럽을 정복하고 세계를 정복할 야심을 키웠다. 그러나 다른 한편으로 유럽 각국이 연합해서 자신을 공격할까 두려워, 먼저 외교적 공세를 전개해나갔다. 그는 서방 연맹의 타협주의 정책을 이용해 쟁점을 평화적인 대화로 해결하는 척하면서 "독일은 결코 함부로 무력을 사용하지 않는다."고 떠벌렸다. 폴란드를 침공하기 전날 저녁, 그는 무솔리니를 통해 영국·프랑스 등과 외교활동을 진행했다. 히틀러가 대전 초반에 군사적인 면에서 큰 승리를 거둘 수 있었던 것도 외교상의 성공이 중요한 원인으로 작용했기 때문이었다.

전쟁 기술이 발전한다고 해도 '벌교'의 작용은 전혀 감소되지 않는다. 강대한 군사·정치력 뒤에 탄탄한 외교적 역량이 도사리고 있어야 한다는 사실을 현대 모략가들은 소홀히 해서는 안 된다.

2절
주도권

반객위주反客爲主 손님을 주인으로 바꾼다

─────────────────────────────

『당태종이위공문대唐太宗李衛公問對』에 보면 아래와 같은 대목이 나온다.

> 신이 주객主客의 일을 비교·검토해보니 객이 주로, 주가 객으로 변하는 방법이 있음
> 을 알게 되었습니다.

'반객위주'의 본뜻은 주인이 손님 대접을 잘못하여 오히려 손님에게서 대접을 받
는다는 뜻이다. 군사에서는 일반적으로 적진 깊숙이 들어가 작전하는 것을 '객', 본국
에서 방어하는 것을 '주'라고 한다. 두목杜牧은 손자의 공격과 방어에 대한 주장을 해
석하여, "아군이 주인이고 적이 손님일 때는 적의 양식을 끊고 퇴로를 지킨다. 만약

입장이 뒤바뀐 경우라면 그 군주를 공격한다."고 했다. 주객의 전환이라는 점에서 분석해보면, 거기에는 피동을 주동으로 변화시켜 전쟁의 주도권을 쟁취하는 모략사상이 내포되어 있다. 『36계』제30계에 대한 해설에서는 이렇게 말하고 있다.

틈을 타서 발을 들이밀고 그 주도권을 틀어쥐어 점차 전진한다.

남에게 부림을 당하는 자는 노예며, 떠받듦을 받는 자는 주인이다. 발을 내딛지 못하면 일시적인 손님이 되지만, 발을 제대로 내딛으면 오랜 손님이 된다. 손님 역할을 오래 하고도 일을 주도할 수 없는 자는 천박한 손님이다. 따라서 '반객위주'의 국면은 첫 단계로 손님 자리를 차지하는 것이고, 둘째 단계는 틈을 타는 것이고, 셋째 단계는 발을 들이미는 것이며, 넷째 단계는 요점을 장악하는 것이요, 마지막 단계는 주인이 되는 것이다.

『36계』에서 말하는 이 모략의 본뜻은 동맹군을 원조하는 틈을 타서 입지를 단단히 굳히고, 한 걸음 한 걸음 군영을 설치하여 동맹군을 아우르거나 통제하라는 것이다.

'객'에서 '주'로 변하기 위해서는 힘이라는 측면에서 하나의 과정을 거친다. 역량이 모자라고 형세가 불리할 때는 그저 '손님 자리'에 있으면서 실력을 확충하며 형세가 변화되기를 기다리거나, 형세를 서서히 변화시키다가 때가 되면 '주인 자리'를 탈취한다. 또한 틈을 타서 별안간 맹렬하게 전진해야지 느릿느릿 전진해서는 안 된다.

당인불양當仁不讓 어진 일에 임해서는 양보하지 않는다

이 말은 『논어』 「위령공衛靈公」에 "어진 일을 할 경우가 닥치면 스승에게도 양보하지 않는다."고 한 데서 비롯되었다. 주희朱熹는 이에 대해 "어진 일을 할 경우라는 것은 그 어진 일을 자신이 책임진다는 말로, 비록 스승이라 해도 사양해서는 안 된다. 용감하게 반드시 행해야 한다."고 주를 달았다. 요컨대 도의에 합당한 일은 결코 양보할 수 없다는 것이다.

외교에서 '당인불양'을 견지한다는 것은 나라의 체면을 유지하는 중요한 측면이다. 그것은 물러섬으로써 나아가고 돌아감으로써 뻗어나가는 각종 모략과 함께 어울려 완전함을 이루게 된다.

1945년 7월, 미·중·영·소 4국은 일본의 무조건 항복을 촉구하는 포츠담 회담을 열어 극동국제군사법정을 설립, 일본의 수도에서 전범 재판을 진행했다. 중국은 접수국의 하나가 되었고, 매여오梅汝璈는 중국의 법관으로 재판에 참가했다.

1946년 봄, 극동국제군사법정에 출석할 11개국의 법관들이 도쿄에 모였다. 우선 관심사로 떠오른 것은 법정에서 각국의 법관이 앉을 자리의 배열과 순서였다. 연합군의 최고사령관 맥아더의 지정에 따라 재판장은 오스트레일리아의 명망 높은 법관이 맡게 되었다. 재판장 외에 미·영·중·소·캐나다·프랑스·싱가포르·네덜란드·인도·필리핀의 10개국 법관들이 참석했다. 재판장은 당연히 가운데에 앉았고, 재판장의 왼쪽 자리는 미국 법관으로 결정되었다. 그렇다면 오른쪽 자리는 어느 나라 법관에게 배정되어야 하는지를 두고 법관들은 열띤 토론을 벌였다. 이 재판에서 자리의 순서가 그 법관이 소속된 국가의 지위를 표시한다는 사실을 모르는 사람은 아무도 없었다.

국가의 체면을 위해 중국 대표 매여오도 두 번째 자리를 차지해야겠다고 마음 먹었다. 당시 중국은 '세계 4대 강국'의 하나로 꼽히고는 있었지만, 국력이 약해서 이름뿐이었다. 사정이 이런데 어떻게 해야 하는가?

"개인의 자리를 논하는 것이라면 저는 근본적으로 신경도 쓰지 않겠습니다. 그러나 우리가 각자의 나라를 대변하는 만큼, 저로서는 본국 정부의 지시를 받아야 하겠습니다."

매여오의 이 말에 참석자들은 깜짝 놀랐다. 법관들 모두가 본국의 지시를 받는다면 어느 세월에 토론을 벌이고 재판을 진행한단 말인가? 놀라 어쩔 줄 몰라 하는 동료 법관들의 얼굴을 바라보면서 매여오는 계속해서 다음과 같이 말했다.

"그리고 저는, 법정의 자리 배열은 일본이 항복했을 때 항복을 받아들인 국가가 서명을 한 순서대로 앉는 것이 가장 합리적이라고 생각합니다. 일본 전범들의 심판을 앞둔 지금, 중국은 가장 많은 피해를 입었고 항전 기간이 가장 길어 희생 또한 가장 컸습니다. 따라서 8년간 피를 흘리며 싸운 중국이 이치상 당연히 두 번째 자리를 받아야 합니다. 그리고 일본의 무조건 항복이 없었다면 오늘의 이 재판도 없었을 테니, 항복을 받아들인 나라들이 서명을 한 순서대로 자리를 배정하는 것이 순리라 생각합니다."

중국 법관 매여오는 여기까지 말한 뒤 잠시 한숨을 돌리고 가벼운 미소를 지으며 농담까지 곁들였다.

"물론 각국의 친구들이 이 의견에 찬성하지 않는다면, 몸무게 순으로 앉는 것도 괜찮다고 생각합니다만."

중국 법관의 말이 채 끝나기도 전에 각국 법관들은 참지 못하고 폭소를 터뜨렸다. 재판장 윌리엄 웹이 가볍게 응수했다.

"당신의 건의는 매우 좋습니다만, 그건 운동 경기에나 적용되는 것 아닙니까?"

매여오도 곧장 응수했다.

"만약 서명한 순서대로 자리를 배열하는 것에 반대할 경우 체중에 따라 정하자는 것이지요. 그렇게 해서 제가 제일 마지막 자리에 앉게 된다 해도 기꺼이 받아들일 것이며, 조국도 제 의견을 존중할 것입니다. 만약 본국에서 제가 제일 끝자리에 앉는 것이 합당하지 않다고 판단한다면 저보다 뚱뚱한 사람을 저 대신 보낼 것입니다."

그는 이 말로 다시 한번 좌중을 폭소의 도가니로 몰아넣었다.

웃음은 웃음으로 돌아오는 법. 웃는 낯에 침 뱉으랴! 재판장도 끝내 웃음을 참지 못하고 탁상을 두드리며 파안대소했다. 웃음의 물결이 한바탕 법정을 쓸고 지나가자, 재판장은 입장 순서를 미·영·중·소·프랑스·캐나다 등의 순서로 선포했다. 그런데 만족할 줄 알았던 중국 대표 매여오는 즉각 이 결정에 대해 단호한 어조로 항의하고 나섰다. 그는 법관을 상징하는 검은 법복을 벗으면서 '리허설' 참여를 거부했다.

"오늘 리허설은 많은 기자들과 영화 제작에 종사하는 사람들이 지켜보고 있습니다. 내일이면 언론 보도를 통해 이 사실이 발표될 것입니다. 제 건의에 대해 동지들 사이에 별다른 이의가 없다 해도, 저는 제 건의를 표결에 부칠 것을 요구합니다. 그렇지 않으면 저는 리허설에 참석하지 않고 귀국하여 정부에 사표를 낼 것입니다."

재판장은 법관들을 소집, 이 안건을 표결에 부쳤고, 그로 인해 리허설이 예정 시간보다 30분 늦어졌다. 입장 순서는 중국 대표 매여오가 제안한 대로, 미·중·영·소·캐나다·프랑스 등의 순서로 정해졌다.

10개국 법관들과 벌인 매여오의 설전은 실로 돋보이는 것이었다. 그는 먼저 법정에 참여하지 못하는 일이 있더라도 자신의 견해를 관철시키고자 했다. 이는 정신적인 면에서 상대를 압도하는 것이었다. 동시에 그는 자신의 주장을 뒷받침하는 두 가지 가장 강력한 이유를 여러 사람들에게 환기시켰다. 하나는 이 법정이 일본의 전범들을 재판한다는 것이었고, 또 하나는 중국이 "가장 오래 항전하면서 누구보다도 처참한 희생을 치른" 나라라는 것이었다. 이 두 가지 이유는 너무도 당연한 사실이었고, 따라서 다른 사람들도 달리 할 말이 없었던 것이다.

침봉상대針鋒相對 바늘로 몽둥이를 상대한다

외교활동에서 상대를 맞이해 날카롭고 힘 있게 정면으로 반박하여 상대방의 공세를 막고, 미처 숨 돌릴 틈도 없이 상대의 추태를 드러나게 하여 대응을 궁색하게 하며, 끝내는 자신을 유리한 입장에 놓이게 하는 것이 '침봉상대'의 모략이다.

'침봉상대'를 사용한 전술로는 이런 것들이 있다.

모순 관계에 대한 분석을 자유자재로 운용, 적의 오류를 정확하게 지적하여 상대의 말 또는 행동의 실질을 폭로한다. 정면으로 강공을 가하면서 요점을 파악하고 썩은 부분을 완전히 도려내는 전투력을 발휘하여 상대가 정체를 감출 수 없게 만든다.

1983년, 미국 국무장관 슐츠가 중국을 방문하여 등소평을 만났을 때의 일이다. 쌍방은 호광湖廣 철도 채권 문제를 놓고 설전에 가까운 대화를 나누었다. 등소평은 이른바 호광철도 채권으로 빚어진 사태는 일부 사람들의 주머니 속에 들어 있는 물건에 불과할지 모르지만, 언제든지 중·미 관계에 타격을 주는 골칫거리로 떠오를 가능성이 있으므로 미국 정부는 이 행위를 중지시켜야 마땅하다고 지적했다. 다음은 두 사람 간에 오고간 대화다.

슐츠: 미국의 사법제도는 독립되어 있어 정부가 어쩌고저쩌고할 권한이 없다. 따라

서 기소된 일부 미국인들은 약간의 배상을 요구한 것이지 사건을 일으킨 것이 아니다.

등소평: 그렇게 말한다면 미국은 실제로 국회·내각·법원이라는 세 개의 정부를 가지고 있는 셈인데, 그럼 도대체 어느 정부와 상대해야 한단 말인가? 만약 미국인들이 우리에게 배상을 청구할 권리가 있다면, 우리 중국인들이 백여 년 이상 제국주의의 침략과 압박 때문에 입은 막대한 손실을 당신들이 모두 배상하겠단 말인가? 당신이 나를 보자마자 이 문제를 제기한다면 이번 회담에서 무슨 발전적 관계를 맺을 수 있겠는가?

등소평은 슐츠의 변명에 맞추어 실제로 존재하는 현상 및 본질로부터 분석해 들어가, 미국에는 세 개의 정부가 있는 셈인데 대체 어느 것이 미국을 대표하는 것이냐고 지적했다. 횡적으로 모순을 분석해 들어간 것이다. 또 중·미 관계의 역사 발전 관계에 맞추어 종적인 분석도 아울러 했다. 등소평은 종적인 사고와 횡적인 사고방식을 결합하여 종횡으로 모순을 분석함으로써 그 문제의 실질을 드러내 반박했던 것이다.

영화〈풍우하종산風雨下鐘山〉을 보면 이런 장면이 나온다.

주은래를 대표로 하는 중국 공산당 대표단과 장치중張治中을 대표로 하는 국민당 대표단이 북평北平(지금의 북경)에서 회담을 가졌다. 회담이 막바지에 이르렀을 때 인민해방군이 남경을 점령했다는 소식이 전해졌다. 장치중은 고개를 숙이고 탄식했다.

"하늘의 뜻이로다!"

주은래는 장치중의 이런 관점이 인민의 혁명적 역량을 긍정하지 않고, 국민당 정부가 인심을 얻지 못해 필연적으로 망할 수밖에 없었다는 본질을 감추려는 의도라고 생각했다. 그래서 주은래는 장치중의 말을 겨냥하여 그가 한 말 중에서 '하늘'이라는 단어를 바꾸어 응수했다.

"인민의 뜻이로다!"

'침봉상대'는 돌발적으로 상대의 말이나 의도를 겨냥하는 것이어야 한다. 그 겨냥이 정확하면 할수록 전투력은 더욱 강해진다. 언젠가 영국 보수당 의원 윌리엄이 의회에서 연설을 하는데 처칠이 연신 머리를 가로저으며 윌리엄의 말에 동의하지 않았다. 이런 처칠의 모습을 본 윌리엄은 참지 못하고 이렇게 말했다.

"존경하는 의원님께 주의를 환기시켜드리고자 합니다. 저는 지금 제 자신의 의견을 발표하고 있을 뿐입니다."

처칠은 즉각 응수했다.

"저 역시 연설하시는 분께 주의를 환기시켜드리고자 합니다. 저는 지금 제 머리를 흔들고 있을 뿐입니다."

한쪽이 자신의 관점을 발표할 자유가 있듯이, 다른 한쪽도 그 의견에 동의하지 않을 자유가 있다. 처칠은 '침봉상대'의 역량을 유머를 통해 발휘했던 것이다.

어떤 국제회의 석상에서 한 서방 외교관이 중국 대표에게 도전적인 발언을 했다.

"만약 당신들이 미국에 대해 무력으로 대만 문제를 해결하지 않겠다는 확답을 하지 않는다면, 그건 평화적으로 문제를 해결하려는 의지가 없다는 것을 의미합니다."

중국 대표는 이렇게 응수했다.

"대만 문제는 중국의 내부 문제입니다. 어떤 방식으로 해결하든 중국 국민들이 알아서 하는데, 다른 나라에 무슨 확답을 하란 말입니까? 당신네 존슨 대통령더러 중국에게 무슨 보증이나 확답을 하라면 하겠습니까?"

● 외교에서 주도권은 국가의 자존심과 연계되기 때문에 사안의 본질을 단단히 움켜쥐고 '침봉상대'하는 능력이 요구된다. 등소평(왼쪽)과 주은래(오른쪽)는 이러한 능력을 잘 보여준 인물들이다.

외교 중의 논쟁은 전쟁과 마찬가지로 힘과 지혜를 겨루는 싸움이다. 주관적 인식이 확고한 바탕 위에서 날카롭고 깊이 있는 웅변력을 갖춘다면 승리는 확고부동이다.

시기이불시인恃己而不恃人 나를 믿고 남을 믿지 않는다

유사 이래 외교활동은 자기 국가의 정치를 위해 봉사하는 것이었다. 타국의 지지에만 의지하여 국가의 생존을 도모한다는 것은 근본적으로 불가능하다. '자강自强'하여 자신의 힘으로 외교상의 주도권을 쟁취해야 한다. 국가가 무능하고 힘이 약하면 외교에서도 수동적일 수밖에 없다.

중국 역사에서 당나라는 역대 왕조들과 국력을 비교해볼 때 단연 최강이었다. 위징魏徵은 당 태종을 위해 "중국이 안정되어 있어야 사이四夷가 절로 복종한다."는 외교전략을 입안했다. 정관貞觀 연간(627-649), 문무는 조화를 이루어 전에 없던 전성기를 맞이했다. 국내는 안정되었고 국력이 부강해졌다. 당 태종이 내세운 외교전략의 근본은 "나를 믿어야지 남을 믿지 않는다"는 '시기이불시인恃己而不恃人'에 있었으며, 외교를 국내의 안정과 강성이라는 기초 위에서 성공적으로 구축했다. 그는 정치적으로는 내정을 개선하고 경제를 발전시키는 등 자신의 힘을 키우는 데 있는 힘을 다했다. 그런 다음 북방의 강적 돌궐과 싸워 승리함으로써 국위를 선양하고 외부의 중요한 근심거리를 제거했다. 또한 이웃 국가에 대해 덕으로 어루만지고 다독거리는 회유정책을 취했다. 문성文成공주를 장족壯族 지역으로 시집보냈으며, 천축·일본·대식大食 등과도 경제·문화 교류를 활발하게 가졌다. 이러한 외교상의 성공으로 당시 수도 장안은 각국의 외교 사절과 상인들로 북적댔다.

이와 아주 선명한 대조를 이루는 것이 송나라 때의 외교였다. 총체적으로 송나라는 부패한 왕조였다. 국력이 날로 쇠퇴해감에 따라 외교도 그 성격이 흐려질 수밖에 없었다. 송대의 외교는 자신조차 믿을 힘이 없어 그저 구차하게 편안함만 추구하고 자강에 힘을 기울이지 않았다. 송은 적으로 또 다른 적에 대항케 한다는 외교노선을 내세워 금金과 결합하고 요遼에 대항했으나, 결국은 요도 망하고 북송도 망했다. 이 과정에서 나온 '단연지맹澶淵之盟'은 외교 실패의 본보기로 평가받고 있다.

금나라가 일어나면서 송은 날로 쇠퇴해갔고, 내부의 부패는 더욱 심해졌다. 간신배 채경蔡京·동관童貫은 휘종徽宗을 졸라 금과 연합해서 요에 대항하게 했다. 그러나 금의 군대는 연승가도를 달렸고, 송은 계속 패하기만 했다. 금이 요를 멸망시킨 후 그 기세를 몰아 송의 수도를 함락하니, 북송은 끝내 망하고 말았다. 간신히 명맥을 유지한 남송도 여전히 무사안일만 추구한 탓에 상황은 악화일로를 치달았다. 남송의 이종理宗은 국세를 부흥시키는 데는 관심조차 두지 않았다. 그는 금의 세력이 약해진 틈을 타 몽고와 연합하여 금을 멸망시킬 생각으로, 먼저 몽고에게 금 정벌을 위한 길을 빌려준 뒤에 몽고와 동맹을 체결했다. 그러나 어찌 알았으랴! 몽고가 금을 멸망시킨 후 즉시 남송마저 멸망시킬 줄을!

청나라 후기에도 왕조의 부패로 국세가 쇠약해졌고, 외교 방면에서도 계속 실리를 잃어갔다. 청나라 전기에는 나라의 문을 걸어 잠그고 자신을 굳게 지키는 등 그런대로 쇄국정책을 유지했으나, 막판에 가서는 심지어 "이적夷狄이 될지언정 집안의 노예는 되지 말라."는 극단적인 외교정책을 취하여 국권을 상실하고 온갖 실리를 빼앗기는 치욕적인 조약을 숱하게 체결했다.

『전국책』「동주서주책東周西周策」에도 일찍이 주의 관리들이 난왕赧王에게 "한·위를 믿고 진을 경시"하지 말 것을 권고하면서 다음과 같은 실례를 들었다는 기록이 보인다.

완宛이 진秦나라를 믿고 진陳을 경시하다가, 진秦이 굶주리자 완은 망했다. 정鄭이 위魏를 믿고 한韓을 경시하다가, 위가 채蔡를 공격하자 정은 망했다. 주邾·거莒는 제齊에게 망했고, 진陳·채蔡는 초楚에게 망했다. 이 모두가 후원국만 믿고 가까이 있는 적을 얕보았기 때문이다.

역사를 상하좌우로 훑어서 긍정과 부정 두 측면에서 살펴보면, 외교상의 성공 여부에서 가장 근본이 되는 요소는 '시기이불시인'에 있었음을 알 수 있다. 역사는 자기 나라가 부강하지 못하면 외교상의 주도권을 결코 쟁취할 수 없다는 교훈을 절실하게 보여주고 있다.

3절
견제와 중립

분열대수分裂對手 분열시켜 서로 싸우게 한다

이런 속담이 있다. "싸움과 설날 떡은 크면 클수록 좋다." 즉, 남의 싸움은 심하면 심할수록 재미있다는 것이다. 이는 왁자지껄한 광경을 구경하고자 하는 사람들의 솔직한 심정을 대변하고 있다. 그렇다. 자기가 다치지 않는 한 남의 싸움을 구경하는 것만큼 재미있는 일도 없다. 많은 사람들의 심리 상태가 이렇다. 비양심적이기까지 한 이런 태도는 아주 해로운 것이지만, 그것을 없애는 일 역시 매우 어렵다.

　　인간관계와 국가 간의 관계를 같은 선상에 놓고 저울질할 수는 없다. 그러나 이런 심리 상태는 국가 관계에 직접 영향을 미치고 있다. 다른 나라 사이의 투쟁이 그치지 않아서 내 나라가 중간에서 '어부지리'를 얻기를 바라는 것도 알고 보면 이런 개인의 심리 상태가 극대화된 것이라 할 수 있다.

한韓·위魏·제齊 3국은 동맹을 맺고 남방의 강대국 초나라를 공격하기로 했다. 그러나 당시 초나라는 서북방 강국 진秦과 우호 관계를 맺고 있었기 때문에 섣불리 공격했다가는 진나라가 나설 판이었다. 정국은 묘한 기류에 휩싸였다.

3국은 먼저 초나라에 사신을 보내 우호적인 태도를 보였다. 그런 다음 초나라에게 진나라를 공격하자고 제안했다. 초나라는 지금은 진나라와 우호관계에 있지만, 과거 진의 침략을 받아 땅을 빼앗긴 적이 있었다. 3국의 제안은 초나라 쪽으로 보자면 잃어버린 땅을 되찾을 수 있는 절호의 기회를 마련해주는 것이었다. 초나라는 자연스럽게 진나라 공격에 동의했다.

그런데 뜻밖에도 3국이 갑자기 태도를 바꾸어 초나라를 공격하기 시작했다. 당황한 초나라는 진나라에 구원을 요청했다. 진나라가 도와줄 리 있는가? 3국은 대담하게 초나라를 공략하여 대승을 거두었다.

전국시대라는 약육강식의 역사를 되돌아보면 이런 사례가 얼마든지 있다. 상대를 공격하기에 앞서 공격 대상과 동맹자의 관계를 분열시켜 고립시킨 다음 공격한다. 또는 적대 집단에게 공격을 받을 때 모략으로 적의 분열을 촉진시키기도 한다.

상대를 분열시키는 수단은 다양하다. 앞의 사례는 3국이 초나라의 묵은 원한과 눈앞에 보이는 땅에 대한 욕심을 이용한 경우였다. 어찌되었든 가장 직접적이고 효과적인 방법은 미끼를 던져주고 서로 싸우게 하는 것이다. 이 점과 관련하여 『전국책』「진책秦策」에 다음과 같은 유명한 고사가 있다.

천하의 책사策士들이 합종合縱을 위해 조趙나라에 모여서 진秦나라를 공격할 계획을 세우고 있었다. 한편 진나라에서는 재상 응후應侯 범수가 소왕昭王을 다음과 같은 말로 안심시켰다.

"대왕께서는 걱정하지 마십시오. 제가 그런 걱정을 없애드리겠습니다. 조나라에 모인 사람들이 진나라에 대해 원한이 있어서 진을 공격하려는 것이 아닙니다. 서로가 자기 이익을 노리고 있을 뿐입니다. 예를 들어 대왕께서 기르고 있는 개를 보십시오. 그 개들은 잠을 자건 깨어 있건, 걷건 서 있건 서로 상관하지 않습니다. 그러나 일단 뼈다귀를 하나 줘보십시오. 금세 이빨을 드러내고 으르렁댈 것입니다. 왜 그렇겠습니까? 뼈다귀를 빼앗으려고 그런 것 아니겠습니까?"

그는 위나라 사람 당저唐雎에게 악대와 5천 금을 주어 조나라의 무안武安에 가서 큰 잔치를 베풀게 했다. 책사들을 이간질시키기 위한 것이었다. 아니나 다를까, 황금을 조금이라도 받은 자는 진나라를 형제처럼 대했다. 그 후 범수는 다시 사람을 보내면서 이런 말을 했다.

"그대는 진을 위해 공을 세워주면 된다. 금을 누구에게 주든 묻지 않겠다. 그 금을 다 쓰면 성공이다. 그러면 내가 다시 5천 금을 보내주마."

과연 당저가 그곳에 가서 3천 금을 다 쓰기도 전에 책사들이 서로 다투게 되었고, 합종책은 어느새 와해되고 말았다.

서로를 싸우게 만드는 '뼈다귀'는 물질적 측면에 국한되는 것이 아니라 심리적 측면도 있다. 진나라가 자신은 손가락 하나 까딱 않고 조나라와 연나라를 서로 싸우게 한 수법이 그 좋은 보기일 것이다. 진나라는 애초에 지리적으로 조나라를 건너뛰어 연나라에 접근해서 인적·물적 교류를 진행했다. 지리적 위치로 보아 조나라는 진나라와 연나라의 중간에 놓여 있었다. 당연히 진과 연의 접촉은 조나라를 불안하게 만들 수밖에 없었다. 그 후 진나라는 모사를 조나라에 보내 이런 제안을 했다.

"만약 너희 나라가 다섯 개 성을 우리에게 양보하면, 연나라와 우호관계를 끊고 너희와 함께 연나라를 공격하겠다."

조나라는 즉시 이 제안에 동의하고 연나라 공격을 결정했다. 그리고 전쟁의 성과는 진나라와 나누었다.

이 상황에서 조나라와 연나라의 적대감을 격발시킨 데는 두 가지 원인이 있었다. 진나라와 연나라가 접근하는 것에 대한 시기·질투와 두 나라에게 협공을 당할지도 모른다는 두려움이 그것이었다. 시기·질투심과 두려움은 물질적 욕망보다 더욱 강력하게 인간의 행동을 결정한다. 진나라는 이 점을 이용해 분열을 선동했던 것이다.

이와 반대로 전체 국면을 제대로 보지 못하고, 시기·질투와 두려움 때문에 가볍게 행동하고 결정하는 바람에 동맹관계가 깨어지고 예기치 못한 함정에 빠지고 마는 경우도 있다.

차이제이借夷制夷 오랑캐의 힘을 빌려 오랑캐를 제압한다

중국은 한나라 때부터 "이夷로 이夷를 견제한다"는 '차이제이' 또는 '이이제이以夷制夷'의 외교모략을 실천해왔다. 중국인은 전통적으로 자신들을 세계의 중심이라 생각하여 나라 이름을 중국中國이라 불렀다. 이러한 사상이 바로 '중화사상'이다. 중국인들은 나머지 주변 국가들을 모두 오랑캐를 나타내는 글자로 써서 동쪽을 이夷, 서쪽을 융戎, 남쪽을 만蠻, 북쪽을 적狄이라 불렀다. 그 가운데 '이'라는 글자는 동쪽의 국가는 물론 중국 이외의 국가를 두루 포괄하는 대명사로 의미가 확대되었다.

한나라 때 중요한 외교 상대는 흉노였다. 외교적으로 어떻게 흉노를 굴복시키느냐 하는 것은 한나라의 안정과도 직결되는 대단히 중요한 문제였다. 그래서 한은 서역西域과 교류하여 흉노를 고립시키는 정책을 취했다. 이 정책을 추진하기 위한 조치의 하나로, 기원전 138년 한 무제는 흉노를 협공하기 위해 후한 상을 내걸고 대월지大月氏로 갈 사람을 모집했다. 여기에 훗날 서역을 개척하여 이름을 떨친 장건張騫이 뽑

● 개척자와 선구자를 필요로 하는 분야치고 외교만 한 분야도 없을 것이다. 장건은 2천 여 년 전 중국의 전통적이면서도 오늘날까지 고전으로 남아 있는 외교 철학을 수립하는 데 결정적인 역할을 한 개척자였다.

했다. 장건은 대월지로 가는 도중에 두 번씩이나 흉노에게 붙잡혔다가 기원전 126년 장안으로 돌아왔다. 12년 만의 귀국이었다.

장건의 출사는 목적을 달성하지 못했지만, 서역과 관련된 대단히 귀중한 자료들을 수집해 왔다. 기원전 119년, 한나라는 사막 북쪽으로 진군해 들어갔다. 북으로 숨은 흉노는 알타이산을 근거로 삼아 한에 대항했다. 무제는 서역과 통교하여 흉노를 고립시킨다는 기본 전략을 세우고 대규모 사절단과 함께 장건을 서역으로 파견하여, 오손烏孫·대완大宛·월지月氏·강거康居 등 여러 나라들과 외교관계를 수립하고 사신을 주고받았다. 흉노는 한과 서역의 통교를 저지하기 위해 서역에 이르는 요충지 누란樓蘭과 차사車師에 강한 압력을 가했다. 무제는 군대를 파견하여 누란왕을 포로로 잡고 차사를 격파함으로써, 오손이 흉노에서 떨어져 나와 한과 손을 잡도록 만들었다.

그 후 동한시대에 반초班超는 전후 31년 동안 서역을 넘나들며 서역의 군대와 식량을 빌려 서역 지역의 반란을 제압하고 흉노를 꺾음으로써 서역 50여 나라를 한에 예속시켰다.

이 외교모략은 뒷날 외교정책에 직접적인 영향을 미쳤고, 역대 외교정책에서 유효하게 활용되었다. 역사상 중국 왕조와 북방 소수민족의 모순이 끊이지 않고 계속되었기 때문이다. 강적은 대부분 북방에 존재했다. 한나라 때의 흉노, 수당시대에는 돌궐, 송대의 여진, 명대의 티무르 왕조, 청대에는 사아沙俄가 그런 존재들이었다. 역대 통치자들은 모두 상대의 모순을 이용하여 외부의 힘으로 주요한 적을 고립시키고 공격하는 데 힘을 쏟았다. '차이제이'는 중국의 오랜 외교모략이라 할 수 있다. 동한

시대에 반초는 명제에게 상소를 올려 "이적夷狄으로 이적을 공격하는 것이 좋은 계책입니다."라고 했다. 이는 기록상으로 확인되는 최초의 '이이제이' 모략이다.

이 모략의 성공 여부는 모략 자체에 있는 것이 아니라, 이 모략을 실시하는 조건에 있다. 하나는 내적 조건, 즉 자기의 강한 힘과 실력이 뒷받침되고 거기에 유능한 외교가가 있어야 한다. 한나라가 이족을 제압할 수 있었던 것은 한편으로 '차이제이'의 모략에 의존하고 또 한편으로 강한 통치력에 의존했기 때문이다. 만약 한나라의 통치자가 외교 공세를 펼침과 동시에 능력도 없이 무력 정벌을 감행했거나, 장건이나 반초와 같은 위대한 외교가가 없었더라면 그런 외교적 성공은 거두지 못했을 것이다. 두 번째는 외재적 조건, 즉 당시 형세가 이 외교모략을 실행하는 데 유리한가의 여부다.

청나라 때도 '차이제이'의 외교모략을 취했지만 오히려 실패했다. 청은 전반기에는 문을 걸어 잠그고 스스로 지키면서 서양인들이 중국에 들어와 장사를 못 하도록 엄격하게 금지했다. 말하자면 쇄국정책을 내세웠던 것이다. 이른바 "하늘이 내리신 것 가운데 청 왕조에는 없는 것이 없으니, 오랑캐 물건을 통상할 이유가 없다."는 식이었다. 외교 교섭에서도 늘 외국 사신들의 무릎을 꿇려 절을 하게 했고, 그렇게 하지 않으면 내쫓았다. 그러나 1800년을 전후하여 청은 부패가 극심해졌고, 외교적으로 국권을 상실하는 예가 잦아졌다. 이때 이후로 청의 외교는 '이이제이'의 모략으로 바뀌었다. 이홍장李鴻章은 일찍이 이런 글을 올린 적이 있었다.

왜인은 러시아를 호랑이보다 더 무서워합니다. 그러니 왜인들에게 많이 양보하고도 왜인들이 우리를 돕지 않게 하는 것보다는, 러시아에게 조금만 양보하여 그들로 하여금 왜인을 겁주게 하는 것이 낫습니다.

그러나 청이 선택한 '차이제이'의 모략은 '이'의 힘을 '빌리지'도 못했고, 더욱이 '이'의 침략을 제지하지도 못한 채, "중화의 풍부한 산물로 다른 나라의 환심을 사는" 비참한 꼴이 되고 말았다. 이는 '차이제이'의 외교모략이 만병통치약이 아니며 그것이 성공하기 위해서는 조건이 따른다는 것을 잘 보여준 본보기였다.

모구중립謀求中立 제삼자로 하여금 중립을 지키게 한다

외교 투쟁에서 승리하려면 제삼자의 존재를 잊어서는 결코 안 된다. 물론 제삼자를 자기편으로 끌어들이는 것이 가장 이상적이지만, 여의치 않을 때는 적어도 제삼자가 중립을 지키도록 만들어야 한다. 특히 제삼자가 적 쪽으로 가지 않도록 만전을 기해야 한다. "제삼자로 하여금 중립을 지키도록 한다"는 뜻의 '모구중립'은 외교무대에서 적지 않은 의의를 가진다. 제삼자를 친구로 만들거나 중립을 지키게 만든 전형적인 예를 보자.

초나라가 제나라를 침공하려 하자 제나라가 믿고 있던 노나라는 초나라와 연합해버렸다. 제나라 왕은 걱정이 이만저만이 아니었다. 그때 장개張丐가 나서서 "제가 노나라로 하여금 중립을 지키도록 하겠습니다." 하고는 노나라 임금을 만났다.

"제나라 왕께서는 두려워하고 있는가?"

"그건 제가 알 바 아니지요. 제가 온 것은 왕을 조문하러 온 것입니다."

"조문이라니?"

"대왕의 계획이 잘못 짜여졌기 때문입니다. 대왕께서는 이길 수 있는 나라와 가까이하지 않고 질 나라와 연합했으니, 이게 웬일입니까?"

"그럼 당신은 제와 초, 어느 나라가 이기리라 보시오?"

"그것은 귀신도 모르지요."

"그렇다면 무엇 때문에 나를 조문한단 말이오?"

"제와 초는 막상막하의 힘을 가지고 있습니다. 그것은 노나라의 존재와는 상관없는 현실입니다. 그런데 노나라는 어째서 두 나라가 다 싸우고 난 연후에 어느 한편을 들지 않는 것입니까? 초가 제를 이기고 나면 좋은 병사와 훌륭한 모사들이 많이 희생될 것이고, 제가 초를 이겨도 마찬가집니다. 바로 그때 노나라가 병사를 이끌고 제나라를 도와 초를 치는 것입니다. 그러면 비록 싸움이 끝나고 난 후에 베푸는 덕이라 해도 매우 클 수밖에 없습니다. 제나라도 그 은혜를 매우 크게 느낄 것입니다."

노나라 왕은 그럴듯하게 여겨 군대를 물렸다.

또 제나라와 초나라 사이에 싸움이 벌어졌다. 제나라는 중립국 송나라를 위협하여 송나라를 자기편으로 끌어들였다. 한편 초나라는 송나라로 하여금 중립을 지키도록 하기 위해 특사를 보내 다음과 같이 권고했다.

"우리나라는 온건한 수단을 사용하다가 귀국의 지지를 잃었다. 그렇다면 이제부터 초나라는 제나라처럼 강경 수단을 동원하지 않을 수 없다. 제나라는 위협적인 수단으로 귀국의 지지를 얻었다. 그렇다면 이제부터 초나라도 그렇게 하겠다. 다시 말해, 귀국이 중립정책을 포기했기 때문에 초와 제는 목적을 달성하기 위해 강경 수단을 취하는 것이 훨씬 효과적이라는 사실을 깨닫게 된 것이다. 그렇다면 귀국의 장래는 뻔하다. 만일 제나라가 이긴다 해도 귀국을 그대로 놔둘 리 없을 것이고, 또 진다면 작은 송나라가 큰 초나라를 공격한 결과가 될 것이니 그 영향은 모르긴 해도 상당히 오래갈 것이다."

이 말을 들은 송나라는 중립정책을 표방할 수밖에 없었다.

어옹지리漁翁之利 어부가 이득을 얻다

친구 사이에 또는 이웃 사이에 서로 견제하고 대립하면 반대 세력이 이익을 얻을 뿐이다. 사람들은 흔히 '어옹지리' 또는 '어부지리漁父之利'의 평범한 고사를 잊고 산다. 이 고사는 바로 이런 경우를 경고하기 위해 나온 말이다. 『전국책』「연책燕策」이 이 고사의 근원지다.

전국시대 중국 동북쪽에 위치한 연나라는 서로는 조와, 남으로는 제와 국경을 접하고 있어 끊임없이 침략의 위기에 시달리고 있었다. 어느 해 연나라가 기근이 들어 고생하고 있을 때, 조나라가 침략하려 했다. 연은 많은 병력을 제나라에 보낸 터라 조와 싸우고 싶지 않았다. 그래서 소대蘇代를 보내 조왕을 설득해보기로 했다.

소대는 합종책으로 유명한 소진의 동생으로, 형이 죽은 후 종횡가로서 맥을 이어 연왕 쾌噲로부터 소왕에 이르기까지 여러모로 연을 위해 힘을 쓴 사람이다. 조나라로 건너간 소대는 혜문왕을 자신 있게 설득했다.

"제가 오늘 이 나라를 오면서 역수易水(조와 연의 경계를 흐르는 강)를 지나다 무심코 강가를 보았더니 민물조개가 입을 벌리고 햇볕을 쬐고 있었습니다. 그때 도요새가 날아와 그 민물조개의 살을 쪼았습니다. 그러자 깜짝 놀란 조개는 급히 껍질을 닫아 새의 부리를 물고 놓아주질 않았습니다. 어떻게 될까 궁금해서 가만히 걸음을 멈추고 보았더니 도요새가 이렇게 말하더군요. '야! 이대로 있다가 오늘도 내일도 비가 오지 않으면 너는 말라 죽을 수밖에 없어.' 그러자 민물조개도 지지 않고 쏘아붙였습니다. '흥! 내가 오늘도 내일도 너를 놓아주지 않으면 너도 죽어.' 양쪽 모두가 고집을 부리며 말다툼만 했지 화해하려 하지 않았습니다. 그때 지나가던 어부가 그것을 보고는 아주 간단하게 둘 다 잡아버렸습니다. 이때 번개같이 제 머릿속을 스쳐가는 생각이 있었습니다. 왕께서 지금 연을 공격하실 생각인 것 같습니다만, 제 말씀을 들어보십시오. 연나라가 민물조개라면 조나라는 도요새입니다. 연과 조가 쓸데없이 싸워 백성들을 못살게 만든다면, 저 강력한 진나라가 어부가 되어 힘 하나 안 들이고 두 나라를 집어삼킬 것입니다."

조 혜문왕은 조와 접한 진의 위력을 무시할 수 없음을 깨닫고 연의 공격을 포기했다.

입장을 바꾸어 말한다면 '어옹지리'보다 더 유리한 일도 없다. 자신의 손을 더럽히지 않고 '어옹지리'를 달성할 수 있다면 그것처럼 좋은 일이 없을 것이다. 『전국책』 「초책楚策」에 실린 이야기를 보자.

위나라와 조나라가 싸움을 벌였다. 위나라의 대군이 조나라 수도를 포위하여 조나라의 운명은 풍전등화의 처지에 놓이게 되었다. 이런 상황에서 가장 기뻐한 나라는 초나라였다. 두 나라가 서로 죽어라고 싸우면 나라는 그만큼 안전해진다. 그렇다면 이때 초나라는 어떤 행동을 취해야 하는가? 조정 회의에서 의견들이 분분했다. 장군 소해휼昭奚恤이 말했다.

"우리는 어느 편도 들지 않고 그들끼리 서로 싸우게 만들어 양쪽 모두가 감당할 수 없을 만큼 지치게 만드는 것이 가장 좋습니다."

아무도 이 의견에 이의를 제기하지 않을 것 같았다. 그런데 경사景舍라는 사람이 다음과 같이 이의를 제기하고 나섰다.

"그냥 내버려둔다면 조나라는 멸망합니다. 이전에 조나라는 우리나라를 믿을 수 없는 나라라고 생각해왔습니다. 따라서 위나라에 투항하면 곧 두 나라가 동맹하여 우리나라에 대항할 것입니다. 지금 당장은 두 나라를 계속 싸우게 하되 조나라에 약간의 원조를 보내야 합니다. 초나라가 뒤에서 후원한다는 사실을 알면 조나라는 사기가 올라 계속 싸울 것이고, 반면에 위나라는 초나라의 원조가 보잘것없다는 사실을 알면 별다른 두려움 없이 물러서지 않고 계속 싸울 것입니다. 이렇게 해야만 두 나라를 계속 싸우게 만들 수 있고, 그 결과 둘 다 피로를 감당할 수 없게 될 것입니다."

경사의 건의가 채택되었고, 초나라는 '어옹지리'를 얻어 조나라의 땅을 약탈했다.

4절
연합

합종연횡合縱連橫 종과 횡으로 연합한다

여러 세력이 뒤섞인 혼란이 일어나고 있을 때 약자가 안전하게 생존할 수 있는 방법
으로 다음 두 가지가 있을 수 있다.

① 약자들끼리 단결하여 강자에 대항한다. 이 경우는 자주성을 유지할 수 있지만,
   강자에게 각개격파당할 가능성이 있다.
② 강자의 보호막 아래로 들어간다. 이 경우 자주성을 상실할 위험성이 있다.

전국시대 후기로 접어들면서 진秦이 점차 강성해져갔다. 다른 여섯 나라인 제·
연·한韓·위魏·조趙·초는 진의 침공을 두려워하고 있었다. 그리하여 6국이 단결하여 강

대한 진에 대항하기로 했는데, 이것이 바로 '합종合縱'책이었다. '종縱'은 세로 방향이란 뜻으로, 서방의 진에 대응하여 남북으로 늘어선 6국이 연합한다는 것이었다. 이 정책을 추진한 인물은 모사 공손연公孫衍과 소진蘇秦이었다.(외교모략 '합종항강' 참조)

이와 상대되는 것으로 진나라와 연맹하여 안전을 보전하려는 정책이 '연횡連橫'책이다. '횡橫'은 가로 방향이란 뜻으로, 서쪽의 진과 그 동쪽 나라들이 연합하는 것을 말한다. 진은 6국이 '합종책'으로 대항함에 따라 고립되었다. 그래서 적극적으로 '연횡'을 추진했다. 그 추진자는 장의張儀였다.

소진은 6국을 두루 돌아다니며 '합종'을 강조하는 데 필사의 노력을 기울였다. 이 정책은 한때 효과를 거두어 진나라를 고립무원의 처지로까지 몰고 갔다. 그러나 얼마 되지 않아 진의 분리 공작으로 몇몇 나라의 사이가 벌어졌고, 소진마저 암살당해 '합종'은 끝내 와해되었다.

한편 장의는 진의 상국이 되어 6국을 분열시켜 각기 진과 연합케 하는 '연횡' 공작을 추진하고 있었다. 오래지 않아 장의를 신뢰하던 진 혜왕이 세상을 떠났고, 신변의 위협을 느낀 장의는 망명하여 타향에서 객사했다. 그 후에도 진은 각개격파 전술을 계속 유지하여 천하를 통일했다.

'합종'이건 '연횡'이건 그 형태는 비록 다르지만, 둘 다 다수를 끌어들여 벌이는 공작이라는 점에서는 같다. 즉, 공동 행동으로 자신의 안전을 도모하는 동시에 적진영을 분열시키는 데 힘을 기울여 통일된 역량을 발휘하지 못하게 하는 것이기도 하다.

'합종연횡'의 역사는 후세에 각종 경험과 교훈을 남겼다. 그중 가장 큰 교훈은 국가 외교에서는 자주권이 독립되어 있어야 한다는 것이다. '합종연횡'은 자기 역량을 저장하는 수단으로 작용할 때 비로소 의의를 갖는다. 복잡하고 번잡한 외교적 허상에 미혹되어 주체성을 잃어버리면 결국에는 자신을 망치게 된다. '합종'과 '연횡' 사이에서 우왕좌왕하던 초나라 회왕懷王은 결국 진의 계략에 걸려들어 진나라에 감금 당했다가 객사했다.

합종항강合縱抗強 종으로 연합하여 강자에 대항한다

이는 전국시대 말기 진나라에 의한 천하통일의 기운이 무르익어갈 무렵, 공손연과 소진이 제기한 모략이었다. 이 모략은 연·조·한·위·제·초 등 6국을 백 년 이상 유지시 키려는 것이었다.(외교모략 '합종연횡' 참조)

이 모략은 기원전 333년에 뿌리를 두고 있다. 진나라는 상앙商鞅의 변법을 통해 국세가 날로 강성해져 전국 7웅 중에서 가장 실력이 막강한 나라가 되었다. 이제 중 원의 각국은 혼자의 힘만으로는 진의 침략을 막아낼 수 없게 되었다. 먼저 공손연 은 기원전 324년에 '5국의 공동 재상'이 되어 '합종'으로 진에 대항하자고 제안한 바 있 었다.

동주東周의 낙양 사람 소진은 전략적 안목이 뛰어나고 말을 아주 잘하는 모략가 였다. 그는 먼저 진나라로 가서 혜왕에게 패업을 이룰 수 있는 방법에 대해 열 차례 이상 글을 올렸지만 받아들여지지 않았다. 그 후 소진은 차분히 연구에 연구를 거듭 한 끝에, 당시 6국 모두가 진이 강해지는 것을 두려워한다는 전략적 형세에 근거하여 6국이 '합종'하여 강적 진에 대항한다는 모략을 펼치기 시작했다.

기원전 314년, 소진은 연나라로 가서 연 문공에게 백 리밖에 떨어져 있지 않은 조나라와 연합하여 천 리 밖의 강적 진을 막으라고 권했다. 연 문공은 그의 건의를 받아들이는 한편, 그를 무안군武安君으로 봉해 재상의 도장을 주었다. 그리고 전차

백 승, 비단 천 필, 백 쌍의 백옥, 황금 만 냥을 주어 각국에 가서 '합종 모략'을 설파하여 진을 억제하도록 했다.

소진은 먼저 조나라로 가서 숙후肅侯에게 진이 감히 조를 공격하지 못하는 것은 한·위가 그 후방을 기습할까 두려워하기 때문이라는 요지로 유세했다. 만약 진이 한·위 두 나라를 먼저 격파한다면 조나라의 운명은 불을 보듯 뻔하다. 6국의 땅을 모두 합치면 진의 5배에 이르고, 군대는 10배나 된다. 6국이 하나로 합쳐 한마음으로 진에 대항한다면 진을 멸망시킬 수도 있다. 소진은 숙후에게 한·위·제·연·초 등의 군주들과 만나 6국이 연합하여 진에 항거하기로 동맹을 체결한다면, 진은 6국 중 어떤 나라도 함부로 공격할 수 없을 것이라고 설득했다. 소진의 말을 들은 조나라 숙후는 몹시 기뻐하며 후한 상을 내리는 한편, 소진에게 각국을 돌며 회맹의 약속을 받아올 수 있는 특사 자격을 부여했다.

소진은 한·위·제·초를 차례로 방문하여 각국이 처한 전체적인 전략적 국면에 근거하여 각자의 이해득실을 밝힘으로써, 마침내 6국을 연합시켜 공동으로 진에 항거하는 동맹에 동참시켰다. 각국은 원수洹水(지금의 하남성 안양하)에 사절을 보내 회맹을 개최하여 '합종항진合縱抗秦'을 결의했다. 즉, 여러 약자들이 힘을 합쳐 강자 하나에 대항하기로 한 것이다. 소진은 6국을 대표하는 재상의 도장을 쥐고 종횡무진 활약하였고, 마침내 6국은 다음과 같은 약속을 체결했다.

① 진이 초를 공격하면 제·위는 정예군을 발동하여 구원하고, 한은 진의 군량 운송로를 차단하며, 연은 상산常山 이북을 지키고, 조는 장하漳河를 건너 서쪽으로 향한다.

② 진이 만약 한·위를 공격하면 초는 진의 후로를 차단하고, 제는 초를 도와 작전을 펼치며, 연은 제·초를 후원하고, 조는 장하를 건너 한·위를 지원한다.

③ 진이 조를 공격하면 한은 의양宜陽을 나오고, 초는 무관武關을 나오며, 위는 황하 밖을 나오고, 제는 청하淸河를 건너며, 연 역시 정예병을 출동시켜 조를 돕는다.

④ 진이 만약 제를 공격하면 초는 진의 후로를 차단하고, 한은 성고成皋를 지키며, 위는 진의 진격을 저지하고, 연은 출병하여 제를 구원하며, 조는 장하를 봉쇄한다.

⑤ 진이 만약 연을 공격하면 조는 상산을 지키고, 초는 무관을 나서며, 제는 바다를 건너 지원하고, 한·위 역시 출병하여 구원한다.

소진의 '합종책'은 6국이 강한 진에 대항할 수 있는 거의 유일하고도 확실한 상책이었다. 그러나 6국의 이해관계가 서로 달라 각국은 대부분 자신의 이익이란 측면에서 독자적인 외교정책을 고려하고 있었고, 게다가 진이 각종 수단으로 합종을 분쇄했기 때문에 어렵게 맺어진 합종의 맹약은 얼마 가지 않아 와해되었다. 하지만 이 모략은 6국이 진을 경계하는 기본 정책이 되어, 이후로 6국을 보전할 수 있는 유일한 방안으로 자리잡았다. 그 뒤에 등장한 제·조·초·위의 식견 있는 모사들은 모두가 이 모략을 계속 발전적으로 추진했다. 이는 6국을 백 년 동안 유지시켜줄 수 있는 가장 중요한 외교모략이었다.

『한비자』「오두五蠹」에 보면 "종縱이란 약자 여럿이 강자 하나를 공격하는 것"이라고 되어 있다. 합종 모략은 6국이 "힘 안 들이고 싸우지 않으면서도" 진이 섣불리 군사를 일으키지 못하도록 하는 것이었다. 그러나 이 모략은 계속 견지되지 못하고 끊어졌다 이어졌다 하면서 끝까지 그 위세를 떨치지 못했다. 6국은 각기 파멸하여 진나라에 아부하는 수밖에 없었다. 합종은 '이해관계' 때문에 맺어졌다가 역시 '이해관계' 때문에 흩어졌다. 6국은 대국적인 측면에서 출발하였으나 전체 국면을 고려하지 못함으로써 끝내는 진에게 모두 합병당했다. 그러나 결과가 좋지 않았다고 해서 이 모략이 옳지 않았다고는 말할 수 없다. 그보다는 이 모략을 각국이 굳게 견지하지 못했다는 점을 눈여겨보아야 할 것이다.

약소한 여러 세력들이 하나의 강적과 맞서고 있는 상황에서, 대국에게 먹히지 않는 가장 좋은 모략이 '합종항강'임은 역사가 증명한다.

삼국시대 촉나라는 가장 약한 나라였다. 오나라는 내부적으로 은근히 문제가 많았고, 전체적으로 보아 위나라가 가장 강했다. 따라서 촉과 오가 연합하여 위에 대항하는 것이 가장 합리적인 외교정책이었다. 그러나 촉과 오의 이해관계가 충돌하는 바람에 오·촉 연맹은 동상이몽이 되었고, 위·촉이 싸울 때 오는 대체로 수수방관했다. 형주를 탈환하기 위해 손권은 서슴지 않고 동맹관계를 깼을 뿐 아니라 위와 함께 관우를 협공하기까지 했다. 제갈량은 여섯 번씩이나 기산祁山에서 나와 오에게 호응하기를 요청했으나, 오는 겉으로만 호응하는 척할 뿐이었다. 오의 장수 육손은 촉이 위를 공격하는 위급한 시기를 틈타 중원을 취했다. 오와 촉이 끝내 패망한 것은 통일된 연합의 의지 없이 그저 서로를 이용하려 했기 때문이었다.

연횡공약連橫攻弱 횡으로 연합하여 약자를 공격한다

이는 '합종'책에 상대되는 외교전략이며, '합종항강'에 대항하는 모략이다.(외교모략 '합종항강' 참조) 『한비자』 「오두」에서는 "형衡이란 강한 자 하나가 약한 자 여럿을 치는 것"이라고 했다. 장의는 공손연과 소진이 추진한 합종책에 맞서 '연횡'을 적극 주장하여, 6국의 합종을 흩뜨리고 무력으로 세력을 끊임없이 확장함으로써 6국을 잇따라 굴복시켰다.

기원전 328년, 장의는 제·초 두 나라 상국을 뇌물로 매수하는 한편, 이해관계라는 측면에서 제·초를 설득하여 합종 연맹에서 탈퇴시키고 진나라와 우호관계를 맺게 함으로써 한·위를 고립시켰다. 이후 장의는 다시 위나라로 가서 위나라가 진에 굴복하여 다른 나라들도 본받도록 하라고 권했다. 위왕은 이를 당연히 거절했고, 장의는 진군에 밀령을 내려 위나라를 공격하게 했다.

기원전 318년, 위·한·조·연 4국은 제·초와 연합하여 진나라 정벌에 나서려 했다. 그러나 제·초는 군사를 동원하려 하지 않았다. 4국 연합군은 함곡관函谷關에서 진군의 반격을 받아 크게 패했다. 진은 승기를 잡아 한을 정벌하여 8만 명의 목을 베는 대승을 거두니, 다른 나라는 모두 공포에 떨었다. 장의는 고삐를 늦추지 않고 위나라 양왕襄王에게 진에 복종하라며 위협을 가했다. 그 내용은 대강 이런 식이었다.

6국 합종의 연맹은 근본적으로 성공할 수 없고, 형제 부모가 재물을 놓고 서로 죽고 죽이는 싸움을 벌일 텐데 6국이 어떻게 소진의 몇 마디 말에 연합한단 말인가? 만약 위나라가 진에 굴복하지 않는다면 진은 즉각 출병할 것이고, 그렇게 되면 위는 위험에 빠질 것이 뻔하다.

위 양왕은 어리고 무능한 데다가 연합군이 패하고 한이 순식간에 무너지는 것을 눈으로 목격했으니, 장의의 이 위협에 더 이상 버티지 못했다. 양왕은 맹약을 저버리고 진과 강화를 체결했다. 장의는 다시 한번 한나라를 정벌하겠다는 식으로 한을 위협하고, 한의 태자 창倉을 인질로 보내라고 협박했다. 장의는 이렇게 종횡무진 활약하며 한·위를 정복했고, 갖은 계략으로 제·초의 연맹을 방해했다.

진이 잇따라 손을 뻗는 기세를 타고, 장의는 계속해서 6국을 유세하며 연횡책을 추진함으로써 정복에 유리한 기반을 닦아나갔다. 장의는 위협과 회유의 수단을 동시에 구사해가며 초나라로부터 검중黔中을 떼어 받고 우호관계를 체결했다. 한나라도 진의 위세에 겁을 먹고 '연횡'을 받아들였다. 제·조·연도 잇따라 장의의 협박에 겁먹고 진을 섬겼다. 장의는 '연횡'책으로 6국의 '합종'책을 이간시키고, 6국을 위협하여 그들이 진에 땅을 떼어 주고 진을 섬기게 했다. 진은 칼에 피를 묻히지 않고 여러 차례 6국의 땅을 손에 넣곤 했다.

원교근공遠交近攻 먼 곳과 교류하고 가까운 곳을 친다

'원교근공'은 범수范雎가 진秦나라 소왕昭王에게 제안한 것으로, 『전국책』「진책秦策」과 『사기』「범수채택열전」에 나온다.

범수는 원래 위魏나라 사람이었는데, 수고須賈의 모함을 받아 재상에게 죽도록 얻어맞은 후 이름을 장록張祿으로 바꾸고 진나라로 가서 소왕에게 유세했다. 그는 주장하기를, 대외적으로 "원교근공책을 쓰면 한 치의 땅을 얻어도 왕의 땅이 되고, 한 자의 땅을 얻어도 왕의 땅이 된다."고 했으며, 대내적으로는 귀족 세력을 대표하는 외척인 재상 위염魏冉을 몰아내야 한다고 했다. 소왕은 그가 제시한 정책을 받아들였고, 기원전 266년에 그를 재상으로 발탁했다. 당시 진나라는 장평長平(산서성 고북 북쪽) 전투에서 백기白起가 조나라 군을 대파했다. 백기의 공을 시기한 범수는 음모를 꾸며 백기를 죽이고, 자신이 이름을 바꾸고 진나라로 들어오는 데 도움을 준 왕계王稽·진안평陳安平을 임용했다. 그러나 결과적으로 진안평은 싸움에 패해 조나라에 항복하고, 왕계는 제후들과 모반을 꾀하다가 피살당했다.

'원교근공'은 지리적 조건을 따져 외교정책을 결정하는 책략이다. 『36계』에서는 "지리적 조건의 제한을 받을 때는 가까운 적을 취하는 것이 먼 곳의 적을 취하는 것보다 유리하다. 불길이 위로 치솟고 물이 아래로 흐르듯 대책에는 각기 차이점이 있게 마련"이라고 했다. 나아가 그것에 대한 부연 설명으로 "가까운 곳에 이해가 서로 얽혀 있다면 변화가 쉽게 발생하기 때문에 가까운 곳에 대해서 공격책을 취하는 것"이라고 말한다.

이 책략은 상호 투쟁이 끊이지 않았던 전국시대의 형세에 적응하기 위해 나타난 것이다. 후세 사람들은 보편적으로 '이웃과의 화목'이 '근공'에 비해 국가의 안녕과 번영에 훨씬 유리하다고 인식하고 있다. 과학기술이 발전하고 시대적 특징이 새롭게 변함에 따라 '외교'와 '공격'을 확정하는 표준은 더 이상 '멀고 가까움'에 얽매일 수 없다.

종횡패합縱橫捭闔 종·횡의 분리와 결합

전국시대에는 여러 나라들이 세력을 다투었다. 전쟁이 잦았고 각국은 자국의 이익을 위해, 또 복잡한 이해관계 속에서 상대에게 먹히지 않기 위해 나라를 다스리고 안정시키는 정치·외교모략에 대한 연구를 매우 중요시했다. 따라서 공명을 얻고 각 정치 집단에 기여하려는 유사游士와 모사謀士들이 널리 활약했다. 그들은 각국의 이해와 충돌의 관계를 깊이 연구하여 각 군주들에게 유세하며, 정치·군사·외교 등 각 분야에서 자신들의 주장을 제기했다. '종縱'·'횡橫'·'패捭'·'합闔'은 그런 시대에 나타난 네 종류의 책략이다.

'종'은 즉 '합종'이다. 책사 소진은 이 모략을 완성하기 위해 엄청난 노력을 기울였다. 그는 처음에 '연횡'을 주장했으나 진 혜왕이 받아들이지 않았다. 그래서 소진은 각고의 노력 끝에 『주서양부周書陽符』를 찾아내어 연구에 연구를 거듭했다. 졸음을 쫓기 위해 머리를 대들보에 매달기도 하고 송곳으로 허벅지를 찌르기도 했다. 그리하여 마침내 각 나라 군주들의 마음을 움직일 수 있는 비결을 찾아내 '합종'을 주장하기에 이르렀다. 그는 '합종'설로 조나라 왕을 설득하는 데 단숨에 성공했고, 그 후 6국을 대표하는 재상이 되어 천하를 누비고 다녔다.

'횡'은 '연횡'을 말한다. 장의가 적극 주장한 이 모략은 약육강식을 기본 철학으로 삼고 있다. 소진이 6국의 '합종'으로 진나라에 대항하자 장의는 여기에 맞서 6국을 흩어놓는 것을 목적으로 하는 모략을 진왕에게 건의했고, 진왕은 이를 받아들였다. 이 모략은 결국 '합종'을 무너뜨리고 진나라가 6국을 통합, 천하를 통일하는 데 크게 기여했다.

6국이 연합하여 진에 대항하자는 모략이 '합종'이고, 진나라가 제후국들과 각각 연합하자는 주장이 '연횡'이다. 남북을 '종'이라 하고 동서를 '횡'이라 한다. 6국이 효산崤山 동쪽에 자리잡고 남북 방향으로 분포하고 있었기 때문에 '종'이라는 이름이 붙었고, 진나라가 서쪽에 있어 6국과 동서 방향을 이루기 때문에 '횡'이라는 이름이 붙었다.

'패'와 '합'은 어둡고 밝음, 열리고 닫힘을 가리키는 단어다. 이것이 모략으로 활용될 때는 분화分化와 결탁結託이라는 두 가지 수단을 가리킨다. 귀곡자鬼谷子가 편찬했다고 하는 『귀곡자』 「패합捭闔」편에 보면 "패는 열림·말함·밝음이다. 합은 닫힘·침묵·어둠이다", "패합은 도의 큰 변화이자 말의 변화다. 따라서 그 변화를 미리 살피지 않으면 안 된다", "이 천지음양의 도는 사람에게 유세하는 법이기도 하다."는 구절들이 있다. 뒷날 사람들은 전국시대 종횡가들의 유세술을 가리켜 전체적으로 '패합'이라 불렀다. 정치·외교무대에서 연합과 대항, 분화와 결탁은 당시의 각종 이해관계에 따라 각기 다른 방식을 취해야 했는데, 이는 국가의 안위와 관계되는 모략 예술이었다.

구지합교衢地合交 요충지를 다툴 때는 제삼자와 외교관계를 맺는다

이 말은 『손자병법』 「구지」편에 나온다.

> 제후의 땅이 세 나라가 인접해 있는 곳이어서 마치 모든 사람이 통행하는 길과 같
> 아, 먼저 이곳에 와서 차지하면 천하의 중망衆望을 얻을 수 있는 곳을 구지衢地라
> 한다.

그리고 "구지에서는 나와 제3국의 외교관계를 굳게 결속시켜야 한다."고 했다. 춘추전국시대에는 제후들이 우후죽순처럼 솟아나 서로가 서로를 차지하려 했다. 한 국가가 여러 국가와 연합하여 다른 나라 하나를 무력으로 공격하기도 했다. 이럴 경우에는 그 영향을 직접 받는 국가가 생겨나기도 하고, 다른 국가를 이용해야 할 필요성이 제기되기도 했다. 그래서 싸움에 앞서 다른 국가를 자기 쪽으로 끌어들이는 일이 중요하게 대두되었다.

오나라 왕이 손자에게 물었다.

"구지는 반드시 먼저 차지해야 한다고 했는데, 우리는 길도 멀고 출발도 뒤늦어 수레와 말이 제아무리 빨리 달린다 해도 늦을 수밖에 없소. 어찌하면 좋겠소?"

"제후의 땅이 세 나라가 인접해 있는 곳이어서 마치 모든 사람이 통행하는 길과 같아 먼저 이곳에 와서 천하의 중망을 얻을 수 있는 곳을 구지衢地라고 합니다. 즉, 나와 적이 맞서고 있고 그 옆에 다른 나라가 있는 상황입니다. 먼저 가서 차지하라는 것은 먼저 사신으로 하여금 후한 예물을 들고 빨리 이웃 나라로 가서 그 나라와 우호관계를 맺게 하면, 군대가 좀 늦는다 해도 여러 이웃이 이미 내 쪽에 확보된 것이나

마찬가지이기 때문에 그렇게 말한 것입니다. 여러 세력이 나를 돕고 적이 그 패거리를 잃었다면, 여러 나라가 함께 전진의 나팔을 불고 북을 울리며 일제히 공격할 텐데 어찌 그 힘을 감당할 수 있겠습니까?"

손자는 '구지'에서 전쟁을 치르는 모략에 관해 얘기하면서 '외교'의 중요성을 설파한 것이다. 그래서 손자는 「구지」편에서 "구지에서는 이해관계가 있는 제3국과 외교관계를 맺어야 한다."는 '구지합교'를 주장하고 있다. '합교'는 전쟁이 시작되고 난 다음 허겁지겁 실행해서는 안 되며, 평소에 화목·우호정책으로 동맹관계를 맺어두어야 한다. 일반적으로 우방과의 수호 동맹은 전쟁이 일단 시작되고 나면 쉽게 이루어질 수 없다. 따라서 평소에 우호적인 기반을 마련해두어야 한다. 전쟁이 일단 터지면 동맹관계도 전쟁 승부의 변화에 따라 변할 수밖에 없다. 다른 나라가 우리나라와 우호관계를 유지하고 싶게 만들고 국제정세를 내 쪽에 유리하게 만들려면 "그 관계를 더욱 확고하게 다지는" 수단을 중시해야 한다. '동맹을 다지기' 위한 수단으로는 경제적 혜택, 이익 분배, 군사적 위협, 인질 등이 있다. 외교 수단은 군사 투쟁과 떼려야 뗄 수 없는 관계에 있다.

춘추시대에는 전쟁이 잦았기에 군사·외교 투쟁도 대단히 격렬했다. 그중 대표적인 예를 보자. 진晉이 괵虢을 치기 위해 우虞에 대해 길을 빌려달라고 했다. 또 자기 나라에 흉년이 들자 진秦에게 식량 원조를 요청했다. 그러자 진秦은 "이웃을 구한다"는 명목으로 그 요청에 응했는데, 그 목적은 진晉으로 하여금 더 큰 규모로 되갚게 하기 위해서였다. 만약 되갚지 않으면 그 나라 백성들은 군주를 믿지 않고 배반할 것이고, 그 틈을 타서 정벌할 수 있기 때문이었다. 민심을 잃은 상황에서 진晉이 버틸 수 없을 것이라는 계산이 섰던 것이다.

동한 말기 조조는 손권과 연합하여 번성樊城의 포위를 풀었다. 당시 관우가 번성을 포위하고 있어 조조에게 불리한 형세였다. 조조는 도읍 자체를 하북으로 옮길 작정이었다. 그런데 사마의가, 손권과 유비가 겉으로는 친한 것 같지만 사실은 서로를 경계하며 멀리하고 있다는 모순을 이용하여 하나의 계책을 건의했다. 사마의의 모략에 따라 조조는 오나라로 사람을 보내 강남을 손권에게 할양하겠다는 미끼를 던져 손권·유비의 동맹을 깨버렸다. 손권은 조조가 던진 미끼에 눈이 어두워 관우를 후방에서 공격했고, 관우는 하는 수 없이 번성을 버리고 물러나야 했다.

절충준조折沖樽俎 연회 석상에서 적의 기를 꺾다

『전국책』「제책齊策」에 이런 이야기가 실려 있다.

진晉 평공平公이 제나라를 칠 준비를 하면서 대신 범소范昭를 보내 제의 허실을 염탐해 오도록 했다. 제나라 경공景公이 베푼 연회 석상에서 범소는 제나라의 위세를 시험해볼 요량으로 두 차례 경공에게 모욕을 주었다. 범소는 처음에 경공의 술잔으로 술을 마셨고, 이어서 취한 척 일어나 춤을 추면서 악사에게 주 천자의 음악을 연주하라고 했다. 그러나 경공의 술잔으로 술을 마시다가 그 자리에서 제나라의 이름난 대신 안영晏嬰에게 주의를 들었고, 천자의 음악을 요구했다가는 음악을 담당한 태사太師에게 거절당했다. 진으로 돌아온 범소는 평공에게 제나라를 함부로 공격해서는 안 되겠다고 보고했고, 평공은 정벌 계획을 취소했다. 이 말을 들은 공자는 크게 감탄했다.

"훌륭하도다! 술잔과 그릇 사이를 벗어나지 않고도 천리 밖의 적을 물리쳤으니, 안자와 태사를 두고 한 말이로다."

'절충준조'라는 고사는 공자의 이 말에서 나온 것이다. '준조樽俎'는 고대의 술과 고기를 담는 그릇을 말하는데, 흔히 '연회'를 가리키는 대명사가 되었다. '절충折沖'의 '절'은 부수거나 끊는다는 뜻이며, '충'은 고대에 적의 전차를 공격하는 것을 말한다. 상주시대 및 춘추시대는 전차가 군대의 주된 장비였고, 전투방식도 주로 전차전이었다. 따라서 적을 제압하고 승리하는 것이 '절충'이다. 술자리를 베푸는 연회 석상에서 외교적 담판을 통해 적의 기를 꺾고 적의 우세를 압도하여 싸우지 않고도 상대를 굴복시키는 것이 바로 '절충준조'다.

손자는 "외교로 상대를 공략한다"는 '벌교伐交'를 "모략으로 상대를 공략한다"는 '벌모伐謀' 다음가는 투쟁 수단으로 보았다. 연회 석상에서 상대를 제압하는 것도 모략가들이 추구해온 이상적인 수단이었다. 전국시대 진나라는 상앙의 계책에 따라 위나라와 제·초 등의 연맹을 흩어놓음으로써 힘 하나 안 들이고 앉아서 위나라 서하西河 바깥 땅을 차지했다.

동서고금의 정치·군사 투쟁에서 외교 투쟁이 떨어져나간 적은 없었다. 현대사회에서 이런 '절충준조'를 추구하여 국가를 안정시키려는 외교활동은 더욱 빈번해지고 있다. 현재 강대국의 지도자들은 1년에 평균 20에서 40여 차례의 정상회담을 갖는다. 다자간 회담의 횟수와 회담에 참여하는 인원은 급격히 늘어나고 있다. 나라와 나라 사이, 사회집단과 사회집단 사이에는 각자의 이익을 위한 광범위한 외교활동이 펼쳐지고 있다. 이제 이러한 외교활동이나 연회 석상에서의 담판들은 그 옛날 2천여 년 전 유방이 홍문에서 항우를 만나 가졌던 연회에서 항장이 칼춤을 추며 유방을 찔러 죽이려 기회를 엿보던 것처럼 검광이 번득이는 살벌한 장면도 없어졌고, 15세기 서양 군주들의 정상회담에서 다리 위에 상대방의 저격을 피하기 위해 나무로 상자를 만들어놓고 그 속에서 두 나라 군주가 창을 사이에 둔 채 대화를 나누던 우스꽝스러운 분위기도 사라졌다. 미소 띤 얼굴로 대화를 나누면서 쌍방은 각종 수단을 운용하여 자신의 국가와 이익집단을 위해, 정치·경제·군사 및 기타 각 방면의 이익을 쟁취하려 애쓴다.

핵무기 시대에 들어선 지금은 전쟁 방지를 위해, 특히 인류의 멸망을 막기 위해 국제간의 담판이 더욱 절실해졌다. 경제발전, 과학기술혁명, 사회 교류 등이 국가의 운명과 더욱 밀접하게 연결됨에 따라 회담의 폭과 깊이도 더욱 커지고 있다. '절충준조'는 정치·경제·문화·과학기술 등 각 영역에 미친다. 상대방을 연회 석상에서 제압하여 승리할 수 있느냐 하는 것은 여러 가지 요인으로 결정된다. 옛날 안영이 지혜로 범소를 물리쳤던 것보다 상황이 더욱 복잡해진 것이다.

선덕화이유원인宣德化而柔遠人 덕으로 어루만져 사방을 회유한다

이는 명나라 성조成祖가 시행한 외교정책의 골자다. "밖으로 사이四夷를 어루만지는" '외무사이外務四夷'를 통해 친목·우호관계를 돈독히 함으로써, "사이가 따르면 곧 중국이 편해진다"는 '사이순즉중국녕四夷順則中國寧'을 추구하는 것이다.

당나라 태종은 일찍이 "중국이 편안하면 사이가 모두 절로 복종한다"는 '안녕중국安寧中國, 사이자복四夷自服'이라는 외교정책을 펼쳤다. 당은 대내적으로 문무 두 방면을 고루 닦고 내정을 개선하며 경제를 발전시켜 자신의 힘을 키운 다음, 사방의 이웃에 대해서 "덕으로 어루만져 사방을 회유"해서 큰 성과를 거두었다.

명나라 성조는 태조의 유언에 따라, 중국을 침략하여 괴롭히는 왜구와 북쪽에서 일어난 강적 티무르 왕조에 대해서는 "막는다"는 '방防'을 기본 방침으로 하여 바닷가 군민들에게 개인적으로 그들과 통교하는 것을 엄격하게 금지했다. 그와 동시에 회유정책에 더욱 힘을 기울여 "사해가 한 집안"이라는 '사해일가四海一家', "모든 것

● 외교의 기본은 멀리 있는 상대를 가까이 오게 하는 것이다. 정화의 7차에 걸친 대항해는 이의 실천이었다.

을 평등하게 사랑한다"는 '일시동인一視同仁', "많이 보내고 적게 받는다"는 '후왕박래厚往薄來', "서로를 성실하게 대한다"는 '이성상대以誠相待', "귀하고 새로운 물건을 사들인다"는 '무채침이貿采琛異' 등을 대외 교류의 기본 조항으로 삼아 주도적이면서도 적극적으로 사이와 조공무역을 전개해나 갔다.

정화鄭和가 일곱 차례 서쪽 바다를 항해한 것은 성조가 펼친 '회유' 외교의 이정표였다. 성조 영락永樂 3년(1403)부터 선종宣宗 선덕宣德 7년(1432)까지 무려 30년 동안 정화는 일곱 차례 서쪽 바다를 항해하면서 37개국을 돌아다녔다. 그의 발자취는 남양 군도를 두루 거쳐 멀리 동아프리카에까지 미쳤다. 정화가 이끄는 함대는 배의 숫자가 2백여 척에 수행 인원과 병사들이 2만7천에 이르렀다. 가장 큰 배의 규모는 길이 148미터, 폭 50미터에 이를 정도였다. 정화는 해외를 돌아다니면서 명나라의 국위를 다른 땅에 떨치는 한편 우호관계를 전파했다.

명나라 성조의 성공적인 외교전략은 명나라에 엄청난 영향을 미쳤다. 각국과의 우호관계가 증진되어 경제·문화교류가 촉진되었을 뿐만 아니라, 명이 주체가 되어 국제적인 평화 분위기를 조성할 수 있었다. 역사 기록에 따르면 16국의 사신 1천2백 명이 동시에 명을 방문하는 엄청난 외교 잔치가 벌어질 정도였다고 한다.

5절
간첩술

무소불용간無所不用間 간첩이 소용되지 않는 곳은 없다

『손자병법』「용간用間」편에 이런 대목이 나온다.

따라서 삼군에서 가장 믿어야 하고 가장 후한 상을 내려야 할 대상은 첩자다. 또 가장 은밀한 기밀을 부여받은 것도 첩자다.

사람을 알아보는 뛰어난 지혜가 있는 자가 아니면 첩자를 활용할 수 없다. 인의仁義를 겸비해서 사람을 진심으로 복종하도록 만들 수 있는 자가 아니면 첩자를 부릴 수 없으며, 미세한 곳까지 살필 줄 아는 명철한 판단을 가진 자가 아니면 첩보의 진실을 분간할 수 없다.

미묘하고도 미묘한 것이 첩보활동이다. 첩자와 첩보활동이 소용되지 않는 곳은

없다.

첩보전은 쌍방이 힘을 기울여 각축을 벌이는 중요한 부분이자 수단이다. 『손자병법』 총 13편 중에는 첩자 활용에 관해 전문적으로 서술한 「용간」편이 있는데, 간첩을 활용하는 "용간이 소용되지 않는 곳이 없다."는 고도의 인식을 보여주고 있다. 적의 정세를 장악하고 주도권을 쟁취하기 위해 손자는 첩자에게 후한 상을 내릴 것을 강조하면서 "다섯 가지 간첩에 의한 첩보활동이 함께 전개되어도 적으로 하여금 아군이 어떻게 자신들의 정세를 알아내는지 알지 못하게" 해야 한다는 점과 정보원을 널리 개척할 것을 강조한다. 『백전기법』 「간전鬪戰」에서는 이렇게 지적하고 있다.

정벌을 하려면 먼저 첩자를 사용하여 적의 숫자와 허실 및 동정을 엿본다. 그런 후에 군을 일으키면 큰 공을 세우기 쉽고, 따라서 필승이다.

현대의 과학기술이 갈수록 발전하면서 상대의 정보를 얻는 일은 더욱 중요해지고 있다. 정확한 정보는 전쟁의 승부를 결정할 수도 있다.

전국시대 위공자魏公子 신릉군信陵君은 간첩을 적절히 활용하여 사태를 미리 파악하곤 했다. 『사기』 「위공자열전魏公子列傳」 중에는 이런 이야기가 실려 있다.

언젠가 공자가 위왕과 함께 쌍륙雙六[30]을 놀고 있는데 북방의 국경에서 봉화가 오르더니 "조나라 군이 기습하여 방금 국경선을 돌파하려 하고 있다."는 보고가 들어

---

30 고대 중국에서 행했던 오락의 한 가지로, 두 개의 주사위를 던져 나오는 숫자대로 말을 움직여 궁宮에 들여보내는 것을 겨루는 놀이다.

왔다. 위왕이 쌍륙을 그만두고 대신들을 소집하여 상의하려는데 공자가 이렇게 말했다.

"조왕이 사냥을 하고 있는 것일 뿐입니다. 침공이 아닙니다."

그러고는 태연히 쌍륙 놀이를 계속했다. 그래도 왕은 걱정이 되어 쌍륙에는 관심이 싹 사라져버렸다. 잠시 후 다시 북방에서 전령이 와서 "조왕이 사냥을 한 것이지 침공한 것이 아니랍니다."라고 보고했다. 위왕은 크게 놀라며 물었다.

"공자는 어떻게 그 사실을 알았소?"

"신의 식객 중에 조왕의 비밀을 탐지하고 있는 자가 있습니다. 그가 조왕의 일거수일투족을 낱낱이 알려주기 때문에 이번 일도 알고 있었던 것입니다."

이 일이 있은 후로 위왕은 공자의 능력이 두려워 그에게 국정을 맡기려 하지 않았다.

위공자 신릉군은 식객들을 첩자로 삼아 조나라 사령부에 침투시켜놓고 조나라의 일거일동을 모두 파악하고 있었다. 『사기』의 기록에 따르면 신릉군은 『위공자병법魏公子兵法』이라는 책을 썼다고 하는데, 그 책에 간첩 활용에 관한 나름대로의 견해가 많이 실려 있을 것으로 생각되지만 아쉽게도 지금은 전해지지 않는다. 그런데 이렇듯 간첩을 잘 활용했던 신릉군도 그 뒤 위나라 왕이 진秦나라의 반간계反間計(이중간첩계략)에 걸려드는 바람에 위왕의 신임을 잃고 서글픈 신세가 되었다.

이를 통해 춘추전국시대부터 이미 간첩전이 대단히 높은 수준에까지 이르렀음을 엿볼 수 있다.

제2차 세계대전 당시 소련군 총사령부는 반격 작전을 결정해야 하는 시점에서 시베리아군단을 움직일 것이냐를 놓고 고민하고 있었다. 당시 나치 독일군은 이미 모스크바까지 육박해 있었다. 이런 상황에서 시베리아군단은 반격 임무를 수행할 수 있는 기동력을 가진 유일한 존재였다. 만약 이 전력을 독일과의 전투에 투입한다면 동쪽에 공백이 생겨 일본의 침공을 초래할 가능성이 컸다. 그렇게 되면 소련은 양면에서 협공을 받아 곤경에 빠질 것이 분명했다. 그러나 이 군단을 파견하지 않으면 독일군에 대한 반격이 불가능했다. 시시각각 다가오는 위급한 순간에 사령부는 동경에 밀파되어 있는 스파이 조르그로부터 "1941년 9월 15일 이후로 소련 극동은 일본 방면으로부터의 위협을 배제할 수 있을 것으로 생각됨"이라는 내용의 보고를 받았다. 이 정보를 바탕으로 사령부는 신속하게 시베리아군단을 반격 전략에 투입하기로 결정했다. 그것을 계기로 타개책이 보이지 않던 국면이 곧 활기를 띠기 시작했다.

사막밀우간事莫密于間 간첩을 활용할 때는 철저하게 기밀을 유지한다

『무비집요武備集要』에는 "용병에서 간첩 활용보다 더 잘해야 하는 것도 없다. 용간술은 끝까지 예측하지 못하도록 철저한 기밀을 유지해야 한다."는 대목이 보인다. 『병경백자』「비자秘字」에서는 "모략의 성공은 비밀 유지에 있고 실패는 기밀의 누설에서 비롯된다."고 했다. 제아무리 훌륭한 계획이라도 일단 기밀이 새어나가 적의 의심을 사게 되거나 적에게 파탄을 노출하면, 적이 역으로 활용하여 '장계취계將計就計'하게 되어 의심할 여지 없이 내 쪽이 패배하게 된다.

　　『병경백자』에는 어떻게 기밀을 감추고 유지하는가에 대한 구체적인 설명이 있는데, 그 기본 원칙은 "한 사람의 일을 남에게 발설하지 말 것이며, 내일 일을 오늘 말하지 말라."는 것이다. 간첩 계획을 세울 때는 각 부분 부분을 세밀히 연구·검토하여 조금도 소홀함이 없도록 조심해야 한다. 또한 행동을 하거나 대화를 나누다가 무심코 기밀이 새어나가지 않도록 유의해야 한다. 대화를 나눌 때는 표정 관리에 조심해야 한다.

『간서間書』에 이런 이야기가 있다. 서하西夏와 북송이 군을 이끌고 서로 대치하고 있었다. 서하의 왕 이원호李元昊 밑에는 야리왕野利王과 천도왕天都王이라는 각기 자신의 정예병을 통솔하고 있는, 이원호의 부하들 중에서도 가장 독한 장군들이 있었다. 송의 장수 종세형種世衡은 이 두 명의 적장을 제거하기로 마음먹었다.

자산사紫山寺에 법숭法崧이라는 중이 있었다. 종세형이 그를 가만히 살펴보니 건실하고 강인한 성품을 지니고 있어 쓸 만한 인물이라는 판단이 들었다. 종세형은 법숭을 군중으로 불러들여 종군하라고 권했다. 법숭은 작전에서 공을 세웠고, 종세형은 그를 파격적으로 승진시켰다. 그와 아울러 법숭 집안사람들의 의식주를 해결해주니 법숭이 매우 감격해했다.

어느 날 종세형은 갑자기 법숭에게 크게 화를 내며 나무랐다.

"나는 너를 아들처럼 대해주었거늘 네 놈은 적과 내통하고 있다니, 어찌 은혜와 의리를 이렇게 저버릴 수 있단 말이냐?"

그는 법숭에게 수일 동안 잔인한 형벌을 가했다. 그러나 법숭은 끝까지 종세형을 원망하지 않았다.

"나 법숭은 대장부다. 종공께서 간사한 자의 무고를 듣고 그러시는 것이니, 나를 죽인다 해도 그저 한목숨에 불과할 뿐이다."

반년이 지나도록 법숭이 전혀 원망의 말을 하지 않는 것을 보고 종세형은 그를 자기 집으로 불러 친절히 위로하면서 그간의 일을 해명했다.

"너에게는 애초부터 죄가 없었다. 내가 너를 시험해본 것일 뿐이다. 그 까닭은 너를 간첩으로 파견하고자 해서였다. 간첩 일은 지금까지 네가 겪은 것에 비해 훨씬 고통스러운 일이기 때문이다. 절대 기밀을 누설하지 않겠다고 약속할 수 있겠는가?"

법숭은 감격의 눈물을 흘리며 종세형의 계획에 동의했다.

떠날 때 종세형은 법숭에게 임무를 알려주면서 많은 예물과 야리왕에게 보내는 편지를 함께 주었다. 편지는 밀랍으로 단단히 봉한 후 다시 법숭의 섶에 꿰맸다. 종세형은 법숭에게 마지막으로 당부의 말을 했다.

"죽음에 임박해서가 아니면 절대 누설해서는 안 된다. 만약 누설할 때는 '내가 장군의 큰 은혜를 입고도 임무를 완성하지 못하는구나!'라고만 말해라."

종세형은 거북 그림과 대추나무 가지를 하나 주면서 야리왕에게 갖다주라고 했다. 그리고 서하에 도착하면 어떤 방법을 써서라도 야리를 만날 수 있도록 하라며, 야리를 통하지 않고는 그들 내부를 치고 들어갈 수 없노라고 일러주었다.

법숭을 만난 야리는 그가 가지고 있는 대추나무 가지와 거북을 보고는 분명 편지가 있을 것으로 생각했다. 왜냐하면 대추를 뜻하는 '조棗'자와 거북 '귀龜'자는 "빨리 돌아오라!"는 '조귀早歸'와 발음이 같기 때문이었다. 그래서 법숭의 몸을 수색하게 했으나 찾지 못했다. 야리는 대추나무 가지와 거북 그림을 잘 싸서 법숭과 함께 이원호에게 보냈다. 이원호는 법숭을 모질게 고문했고 법숭은 마침내 편지를 꺼내 주었다. 그 편지는 종세형이 야리왕에게 보내는 것으로, 말투가 너무도 친근하고 은밀했다. 이원호는 야리가 배반했다고 의심하여 바로 그를 죽여버렸다.

야리가 죽자 종세형은 이번에는 천도왕을 제거하기로 했다. 종세형은 국경 근처에 제단을 세워놓고 야리를 추모하면서 제문을 지어 읽고 태웠다. 그 제문에는 야리·천도 두 장군이 송에 귀순하기로 약속하여 일을 잘 추진하고 있었는데, 뜻밖에 실패하고 말았다는 내용이 포함되어 있었다. 종세형은 제문을 기록한 목판을 종이돈에 섞어 태우다가 적이 달려오자 얼른 도망쳤다. 시간상 목판 위의 글자는 미처 다 타지 않았는데, 상대는 그것을 수습해 이원호에게 갖다 바쳤다. 이원호는 천도왕마저 의심하여 그에게 벌을 내렸다.

종세형의 용간술은 매우 주도면밀하다고 할 수 있다. 그는 간첩을 선발하여 파견하기에 앞서 엄격한 테스트를 거쳤다. 그리고 기밀이 누설되지 않도록 만전을 기했다. 그는 간첩을 활용할 때 위조한 편지의 내용이 무엇인지, 자신이 정확하게 무슨 임무를 띠고 파견되는지 모르게 했다. 이렇듯 적이 끝내 간첩의 임무를 모르게 했으니, 실로 절묘한 용간술이 아닐 수 없다.

승의가간乘疑可間 상대가 의심하는 틈을 탄다

명나라 때의 『투필부담』 「달권達權」 제3을 보면 적의 의심을 이용하여 적을 이간시키는 책략에 대해 이렇게 말하고 있다.

> 병을 아는 자는 반드시 자신의 모자라는 점을 제대로 갖춘 다음에 상대의 미비점을 노린다. 상대의 의심을 틈타면 상대를 이간시킬 수 있고, 상대의 피로를 틈타면 공격할 수 있다. 따라서 병법에서는 상대의 틈을 타는 것을 중요하게 여기며, 상대에게 틈을 주는 것을 기피한다.

적이 의심하지 않으면 이간은 성공할 수 없다. 적의 군주와 신하, 장수와 병사가 일치단결하여 서로를 믿으면 이간은 어렵고도 힘들다. 투쟁 중에는 적대관계에 있는 쌍방 모두가 갖은 방법으로 기회를 틈타 유언비어나 허위를 날조하고, 그리하여 적 내부에 시기와 의심의 분위기를 조성함으로써 위아래의 마음을 갈라놓고 서로를 질투하게 만들어 최후의 승리를 거두려 한다.

다음은 『사기』 「위공자열전魏公子列傳」에 실린 이야기다.

당시 위공자魏公子[31]는 천하에 위세를 떨쳐 제후의 빈객들이 너 나 할 것 없이 자신들이 쓴 병법서를 공자에게 바쳤다. 공자는 이 병법서들에 직접 이름을 붙여주었고, 따라서 세상에서는 이를 『위공자병법』이라고 불렀다. 진왕은 이를 우려하여 만근이나 되는 금을 위나라에 풀어 진의 왕비 밑에 있던 빈객을 매수하여 위왕에게 가서 위공자에 대해 이런 중상모략을 퍼뜨리게 했다.

"공자가 위에서 도망하여 외국에 머물기를 10년, 지금은 위의 장군이 되었고 제후 밑의 장군들도 모두 그의 밑에 붙어 있습니다. 제후들에게는 공자라는 존재만 눈에 보일 뿐 왕의 존재는 아랑곳하지 않습니다. 공자도 이때를 이용하여 왕이 되려 합니다. 제후들도 공자의 위세를 두려워해서 다들 협동하여 공자를 왕 자리에 앉히려 합니다."

또한 진은 간첩을 활용하여 자주 위공자를 찾아가 축하의 말을 올리게 했다.

"공자께서는 왕이 되셨습니까, 아직 안 되셨습니까?"

매일 이 같은 중상모략을 들은 위왕은 마침내 그 말을 믿지 않고는 못 배기게 되었다. 위왕은 공자를 갈아치우고 다른 사람을 장군에 임명했다. 위공자는 자신이 중상모략으로 물러난 것을 알자 병을 구실로 입조하지 않고, 빈객들과 어울려 밤낮으로 술과 여자에 묻혀 세월을 보냈다. 위공자는 결국 4년 만에 술 중독으로 죽고 말았다. 그해, 위나라 왕(안리왕)도 죽었다.

위공자가 죽었다는 소식을 들은 진나라는 장군 몽오를 파견하여 위를 공격, 20여 성을 빼앗고 처음으로 동군東郡(지금의 하북성 남부 및 산동성 서북부)을 두었다. 진은

---

31 위공자는 이름이 무기無忌인데, 흔히 신릉군信陵君으로 불렸다. 제나라의 맹상군, 초나라의 춘신군, 조나라의 평원군과 함께 전국시대 4공자의 한 사람으로 꼽힌다.

점차 위나라를 점령해 들어가 18년 후에는 위왕을 사로잡고 대량大梁(지금의 하남성 개봉)을 차지했다.

진나라가 위왕을 성공적으로 이간시킬 수 있었던 것은 위나라 내부의 모순을 이용하고, 또 남의 말을 쉽게 믿는 위왕의 성격을 이용했기 때문이다. 진은 위왕의 손을 빌려 신릉군 위공자를 제거하는 큰 목적을 이루어냈다.

문간文間 문서를 이용한 간첩술

『병경백자兵經百字』「간자間字」에서 제기하고 있는 16가지 간첩 활용법인 '용간법用間法'의 하나가 '문간'이다. 이것은 우선 고의로 자기 작전 관련 문서를 흘려 적을 걸려들게 한 다음 계획에 따라 행동에 옮기는 모략이다.

제2차 세계대전 중에 영국 정보기관, 영·미 연합참모총본부와 런던의 영국 3군 참모장이 친히 비준한 '분쇄육 작전(민스미트 작전, Operation Mincemeat)'은 이 모략을 절묘하게 보여주는 본보기다. 윌리엄 마틴 소령이 몸에 지니고 있던 문서 때문에 독일군 최고 수뇌부의 결단이 흔들리게 되어 작전부서가 혼란에 빠졌다. 이처럼 군사 행동의 돌발성을 성공적으로 끌어낸 결과 연합군은 중요하고도 큰 승리를 거두게 되었다.

전쟁에서 가짜 기밀문서로 적을 속이는 예는 흔히 보는 일이다.

우간友間 친구를 이용한 간첩술

『병경백자』「간자」에서 말하는 16가지 간첩 활용법의 하나다. 그 방법은 적진에 있는 친구를 이용해 친구로부터 정보를 얻거나 정황을 조작해 친구에게 흘림으로써 적을 속이는 것이다.

원나라 말기 면양沔陽 사람인 진우량陳友諒은 홍건군紅巾軍에 가입했다가 한왕漢王으로 자립했다. 그는 자신의 세력을 확장하기 위해 조정의 태위太尉 장사성張士誠과 결탁하여 주원장이 차지하고 있는 건강建康(지금의 강소성 남경)을 공격하려고 했다.

이 정보를 입수한 주원장은 진우량과 왕래가 있는 지휘관 강무재康茂才를 불러들여, 진우량이 공격해 올 모양이니 그를 이곳으로 유인해 격멸하자는 계획을 알려주었다. 주원장은 강무재로 하여금 투항해서 진우량이 이곳을 공격하면 강무재 자신은 안에서 내응하겠다는 편지를 진우량에게 보내 그를 유인하도록 했다. 강무재는 자기 집의 문지기 노인이 과거 진우량을 모신 적이 있기 때문에 그에게 편지를 전달하게 하면 진우량도 믿을 것이라 생각했다.

노인의 편지를 받아든 진우량은 몹시 기뻐하며 강무재가 어디 있느냐고 물었다. 노인은 강무재가 지금 강동江東의 다리를 수비하고 있다고 했다. 이어 진우량은 다리의 종류를 물었고, 노인은 나무다리라고 대답했다. 진우량은 술과 고기로 노인을 대접한 후 돌아가서 강무재에게 곧 그곳으로 가겠노라고 전하라 했다. 그러면서 자신이 그곳에 도착하면 '노강老康'이라는 암호를 외칠 테니 그때 안팎으로 행동하자고 했다.

보고를 받은 주원장은 그날 밤으로 나무다리를 잘라내고 쇠와 돌로 바꾸었다. 동시에 장수와 병사들을 매복시켜놓고 진우량을 기다렸다. 진우량은 대군을 이끌고 배를 타고 유유히 강동교로 접근하였다가 대패했다.

내간內間 내부인을 활용하는 간첩술

『손자병법』「용간」편에 보이는 '오간五間' 중의 하나다. 손자는 여기서 "내간이란 적국의 관민들을 첩자로 이용하는 것"이라고 말한다. 즉, 적국의 관리나 백성들을 매수해서 간첩으로 삼으라는 것이다. 적 진영에 어떤 사람이 있든 간에 자기 간첩으로 만들 가능성은 늘 존재한다. 두목杜牧은 이에 대해 다음과 같은 주를 달고 있다.

> 적의 관리 중에는 현명하지만 실직한 자, 잘못을 범해 벌을 받은 자, 총애를 받으면서 재물을 탐내는 자, 굴욕을 참으며 낮은 자리에 있는 자, 자리를 못 얻은 자, 한때 낭패를 당했으나 자신의 재능을 펼쳐 보이려는 야심을 가진 자, 늘 바뀔 수 있는 극단적인 이중인격자 등이 있을 수 있다.
> 이런 관리들은 모두 은밀한 접촉을 통해 돈 따위로 매수하여 관계를 맺을 수 있다. 이를 통해 그 나라의 정세를 파악하고 우리 쪽에 대해 무슨 일을 꾀하는지 살핀 후, 다시 그 군신을 이간시켜 불화를 일으키도록 한다.

적의 내부 모순이나 일부 인사들의 사사로운 감정을 이용해서 그들로부터 정보를 얻어 자기 쪽에 유리하도록 활용하는 것이다.

한나라를 세운 유방이 진양晉陽에 있을 때 흉노왕 묵특冒頓이 대곡代谷에 주둔하고 있다는 말을 듣고 공격하려고 생각했다. 이때 묵특은 유방을 유인하기 위해 정예군과 살진 소·말을 감추어둔 채, 나약하고 비쩍 마른 병사와 가축만을 전시했다. 유방은 전후 10여 차례 묵특 진영을 정찰한 결과, 공격이 가능하다는 보고를 받았다.

기원전 200년, 유방은 몸소 32만 대군을 이끌고 출격했다. 그러나 결국에는 묵특의 40만 정예병에 의해 백등산白登山(지금의 산서성 대동 동쪽)에서 완전히 포위당하고 말았다. 곤경에 빠진 유방은 진평陳平의 꾀를 받아들여 묵특의 아내 알씨閼氏에게 후한 예물을 보내 포위를 풀 수 있도록 도와달라고 요청했다. 한의 사신이 보내온 번쩍이는 금은보화를 보자 알씨는 마음이 흔들렸다. 이때를 놓칠세라 한의 사신은 미인도 한 폭을 내보이면서 알씨의 심기를 건드렸다.

"중원의 황제께서는 대왕께서 군대를 돌리지 않으시면 어쩌나 걱정이 되셔서 중원의 제일가는 미인을 대왕께 바치려 하십니다. 그래서 이 미인도를 먼저 대왕께 보여드리고자 가지고 온 것입니다."

알씨는 속으로 흠칫 놀라며 황급히 그것은 필요 없다면서, 자신이 곧 선우單于[32]에게 말해 철수시키겠노라 약속했다. 그날 밤 알씨는 묵특에게 왕황王黃과 조리趙利의 군대가 오기로 약속했는데 아직 오지 않고 있다는 말을 했다. 이 말에 묵특은 그 두 사람이 한나라 군과 내응한 것이 아닌가 하는 의심이 들어 포위망 한쪽을 트도록 명령했다. 유방은 그 틈에 서둘러 포위망을 빠져나갔다.

1977년, 미국 카터 대통령의 비밀 특별조사위원회는 아주 맥 빠지는 소식을 접하게 된다. CIA에서 크렘린궁에 심어놓은 암호명 '두더지'라는 고급 간첩이 소련 정보기관 KGB에 체포되어 '내란죄'로 사형당했다는 것이었다.

'두더지'는 라토프라는 이름의 소련 외교관이었다. 1976년, 그는 소련 주재 알제리 대사관에서 수행원으로 일하다 미국 CIA의 미인계에 걸려들어 CIA의 '내간'이 된

---

32 '선우'란 흉노의 우두머리를 일컫는 말로, '왕'이나 '천자'의 뜻을 지니고 있다.

인물이었다. 그 뒤 라토프는 모스크바 외교부에서 일하면서, 미국 CIA에서 제공하는 간첩활동에 필요한 장비로 본격적인 첩보공작을 시작했다.

1962년, 미국이 소련 내부에 심어놓은 '두더지' 판케프스키가 모스크바에서 체포된 이후로, 라토프는 미국이 소련 내에서 고급 기밀정보와 접촉할 수 있는 유일한 간첩이었다. CIA가 심어놓은 간첩들이 어째서 소련 내부에서 거듭 실패를 하는 것일까? 이 문제는 CIA 내부에서 격렬하고 공격적인 논쟁을 불러일으켰다. 그로부터 수십 년이 지난 지금도 이 논쟁은 결말을 보지 못하고 있다. 한쪽에서는 KGB가 CIA 내부에 그들의 '내부 라인'을 성공적으로 정착시켜놓았기 때문이라고 주장했다. 이 때문에 1963년 CIA 반정보처 차장 제임스 엔젤톤은 내부 감사를 실시하여 네 명의 용의자를 색출해내기도 했다. 그러나 이 같은 방법으로도 실마리를 찾지 못하고 궁지에 몰리자, 아예 CIA 소련 담당 부서가 매우 민감한 정보들과 접촉하지 못하게 하는 강경 조치를 취하기도 했다.

1976년 입각한 신임 CIA 국장 제임스 컬비는 또 다른 쪽을 대표하는 인물이었다. 그는 '두더지'의 체포가 KGB의 정상적인 첩보 수집 과정에서 얻은 것이거나 아니면 미 정보기관의 실책 또는 불운 때문에 생긴 것이라고 생각하는 인물이었다. 컬비는 '두더지' 때문에 내부 분열이 일어나 사기가 떨어지고 정신이 분산되는 것을 원치 않았다. 그래서 그는 아예 엔젤톤을 해임시켜버렸다. 그렇다고 논쟁이 결말난 것은 결코 아니었다. 1977년, KGB가 또 한 번 '두더지'를 찾아내자, CIA의 많은 반정보 요원들은 '두더지'의 체포가 자기 기관 내부에 숨어 있는 KGB 끄나풀의 소행임을 인정하지 않을 수 없었다.

반간反間 적의 간첩을 역이용한 간첩술

『손자병법』「용간」편에는 "반간이란 적의 간첩을 활용하는 것을 말한다."고 되어 있다. 두목杜牧은 이에 대해 다음의 설명을 덧붙였다.

> 적의 간첩이 우리의 정황을 살피러 오는 것을 우리 쪽에서 반드시 먼저 알아 뇌물로 유혹함으로써 도리어 우리를 위해 활용한다. 또는 눈치채지 못한 척하면서 거짓 정보를 흘려주는 것도 적의 간첩을 활용하는 것이 된다.

『36계』제33계에서는 "반간이란 적의 간첩으로 하여금 간첩활동을 하게 하는 것"이라고 했다. 그리고 적을 속이는 수단에다 또 한 겹의 '미로' 내지는 '연막'을 설치하여 적진 내부의 간첩을 우리 일을 돕는 쪽으로 이용하면, 자신을 효과적으로 보전하고 승리를 쟁취할 수 있다고 했다.

'반간계'의 수단은 가짜와 진짜를 혼란시키는 것이다. 이는 다음 두 가지 방면을 포함한다. ① 적의 간첩을 발견하거나 체포한 후 공개적으로 신문하지 않고 은밀하게 재물 등으로 매수하여, 우리 통제 하에서 적에게 거짓 정보를 제공하는 이중간첩으로 만든다. ② 적의 간첩을 발견하면 침투한 의도를 은밀히 알아낸다. 그리고 이 같은 사실을 모르는 척하면서 거짓 정보를 흘려 소기의 목적을 달성한다.

『후한서』「반초전班超傳」에 실린 내용을 보자. 반초班超(32-102)가 우전于闐(지금의 신강성 화전현) 등지의 병력 2만을 동원해서 사차莎車를 공격할 당시의 상황이다. 귀자국龜玆國의 왕은 5만 군사를 보내 사차를 구원케 했다. 반초는 각 군의 군관들을 모아 놓고 말했다.

"지금 전력으로는 적을 이길 수 없으니, 계략에 따라 각자 흩어진다. 우전의 군대가 동쪽으로 철수하면 장사長史가 이끄는 군은 서쪽으로 철수하는데, 야간에 북을 울리며 행군한다."

그러고는 슬그머니 귀자국 포로들을 풀어주었다. 포로들은 반초의 결정을 자기 왕에게 보고했다. 귀자국 왕은 뛸 듯이 기뻐하며, 몸소 기병 1만을 거느리고 서쪽 경계지점에서 반초를 막아 공격하고 온숙국溫宿國의 기병 8천도 동쪽 경계지점에서 우전의 군대를 막아 공격하도록 했다. 한편 상대의 이러한 동정을 일찌감치 탐지하고 있던 반초는 각 부장들에게 즉시 사차로 진군하도록 명령을 내렸다. 각 부대는 닭이 울 무렵 사차 군영에 이르렀고, 적진은 순식간에 혼란에 빠져 사방으로 흩어졌다. 반초는 대승을 거두었고 사차는 항복했다. 귀자국의 군대도 철수할 수밖에 없었다. 이로부터 반초는 그 명성을 서역에 크게 떨치기 시작했다.

『송사』「이윤칙전李允則傳」에 실린 '반간계'를 보자. 간첩을 붙잡은 이윤칙은 그의 포박을 풀어주고 잘 대접해주었다. 간첩은 연경燕京의 대왕이 파견했다고 자백하면서, 자신이 지금까지 수집한 송나라 변방군의 식량 사정, 병마의 양과 수 등을 털어놓았다. 그러자 이윤칙은 "네가 조사한 수치에 잘못이 있다."면서 담당 군관을 불러 실제 수치를 알려주었다. 간첩은 그 정보를 이윤칙의 도장을 찍어 보증해달라고 했다. 이윤칙은 그렇게 했을 뿐 아니라 적지 않은 재물을 곁들여서 간첩을 돌려보냈다. 그로부터 얼마 되지 않아 간첩은 다시 이윤칙에게 돌아왔다. 간첩은 이윤칙이 도장까지 찍어주었던 정보를 뜯지도 않고 되돌려주었을 뿐 아니라, 거란군의 병마·경비·재정·지리 등에 관한 상세한 정보까지 가지고 왔다.

『송사』「악비전岳飛傳」에 실린 경우도 한번 보자. 악비는 명을 받고 조성曹成을 정벌하러 나섰다. 악비군은 하주賀州(지금의 광서성 장족 자치구 동부) 경내에 진입하여 조성이 파견한 간첩 하나를 잡았다. 간첩은 꽁꽁 묶인 채 악비의 막사 밖에까지 끌려왔다. 악비는 막사 안에서 나오면서 군량미의 상황을 참모에게 물었다. 군량을 담당한 참모가 말했다.

"군량이 이미 바닥이 났는데, 이 일을 어쩌면 좋겠습니까?"

악비는 그 간첩이 들을 수 있게 일부러 큰 소리로 말했다.

"잠시 다릉茶陵으로 철수하도록 하자!"

말을 마친 악비는 막 잡혀 온 간첩을 그제야 발견한 듯 당혹스러운 표정을 지었다. 그는 군기를 누설했으니 후회막급이라는 표정으로 황급히 막사 안으로 몸을 감추었다. 그리고 은밀히 사람을 시켜 간첩을 도망가게 했다. 간첩은 탈출한 후 자신이 들은 바를 조성에게 보고하며 악비가 철수할 것 같다고 말했다. 조성은 크게 기뻐하며 다음 날 악비의 군대를 추격하기로 결정했다. 이때 악비군은 이미 서서히 길을 돌아 조성의 군대가 주둔하고 있는 태평장太平場으로 진격해서 요새를 격파했다.

'반간'의 활용은 적의 간첩을 '이중간첩'으로 매수하는 것은 물론, 적의 계략에 따

● 외교에서 첩자 활용은 기본이었다. 오늘날 그것은 정보 수집이라는 점잖은 말로 바뀌긴 했어도 본질에서는 별반 다르지 않다. 다만 모든 활동은 외교의 큰 틀과 흐름을 존중하는 선에서 이루어져야 한다. 반초(왼쪽)와 악비(오른쪽)는 이 이치를 잘 알고 첩자 활용에 신경을 썼다.

라 계략을 취하고 간첩으로써 간첩을 활용하는 것 등 교묘한 '편법'을 써야 한다. 이러한 '편법'을 사용하기 위해서는 완전히 거짓을 만들어내는 것이 아니라, 실제 상황을 바꾸거나 중점을 바꾸는 데 능숙해야 한다. 이때는 적의 의심을 사지 않기 위해 간혹 실제 상황을 흘려야 할 필요성도 있다. 어떤 이는 반간이라는 '편법'을 활용하고자 할 때, 실행자가 자신의 힘을 정보가 가져다줄 효과에 집중시켜야지 그 자체의 내용에 지나치게 치중해서는 안 된다는 견해를 제기하기도 한다. 이 점을 달성하기 위해서는 적의 정책 결정자가 어떤 정보에 근거하여 어떻게 결정을 내리는가를 파악할 수 있어야 한다. 적의 정책 결정자가 어떤 정보를 장악하고 있는가를 안다면 그 판단력에 영향력을 행사할 수 있다. 어떤 인물이 정보에 대해 어떤 관점을 가지고 있는지 알게 되면 유리한 행동을 펼칠 수 있다. 적이 가져간 정보의 내용이나 중점을 바꾸면 적의 행동을 우리에게 유리한 쪽으로 유도할 수 있고, 나아가서는 전체적인 정책 결정을 감독하여 필요에 따라 전략을 바꿀 수도 있다.

여간女間 여자를 이용한 간첩술

『병경백자』「간자」에 나오는 16가지 간첩 활용법의 하나다. 이 방법은 미녀를 이용해 적의 정세를 염탐하는 것이다. 그런즉, '미인계'라고도 할 수 있다. 차이점이라면 '미인계'가 오나라 왕이 서시에게 빠진 경우처럼 여자의 미색으로 적을 마비시키거나 투지를 꺾는 데 중점을 두는 반면에, '여간'은 미녀를 이용해서 정보를 얻는 데 중점을 둔다. 현대사회의 정치·경제·군사·외교무대에서 '미인계'는 일반적으로 이 두 기능을 함께 가지고 있다.(경제모략 '미인계' 참조).

편지나 각종 문서 등 글로 된 자료를 이용해 적 상호 간의 시기를 조장하는 방법이다.

남북조시대(420-589) 동위東魏의 대장 단침段琛은 양주자사陽州刺史 우도항牛道恒을 파견하여 서위를 공격하게 했다. 538년, 서위의 위효관韋孝寬은 간첩을 동위 진영 깊숙이 침투시켜 비밀리에 우도항의 필적과 도장 등을 입수한 뒤, 필적을 잘 흉내내는 사람을 구해 우도항의 이름으로 위효관 자신에게로 우호적인 편지를 쓰게 하고, 도장을 잘 파는 사람에게 우도항의 도장 모양대로 도장을 파게 해서 편지 위에 찍었다. 그리고 이 편지를 일부러 불에 태우고 타다 남은 조각을 단침의 막사 입구에 떨어뜨려놓게 했다. 이 편지를 본 단침은 우도항을 의심하기 시작했고, 더 이상 그의 계책을 채택하지 않았다. 위효관은 상대 진영의 마음이 서로 벌어진 틈을 타 공격을 단행하여 단침과 우도항을 사로잡았다.

788년, 토번吐蕃이 10만 대군으로 당나라의 사천 서부지역을 침략했다. 동시에 운남왕雲南王을 함께 출병하도록 협박했다. 당시 운남왕은 이미 당나라에 귀순하겠다고 한 상태였지만, 그렇다고 감히 토번을 거스르기도 힘들어 수만 명을 노수瀘水(지금의 사천성 아롱강 하류) 북쪽에 주둔시켜놓고, 한편으로는 관망하면서 다른 한편으로 토번과 함께 작전을 펼칠 준비를 했다. 사천을 지키고 있던 당나라의 장수 위고韋皋는 머뭇거리고 있는 운남왕의 이런 심리 상태를 탐지하고, 토번과 운남왕의 연맹을 분열·와해시키기로 했다. 그는 자신의 이름으로 운남왕에게 거짓 편지를 보냈다. 그 내용은 운남왕이 토번을 배반하고 당 왕조에 귀순한 성의를 한껏 치켜세우는 것이었다. 그는 이 편지를 은으로 된 상자에 넣어 토번인의 손에 들어가도록 안배했다. 토번왕은 이 편지를 보자 운남왕을 증오하게 되었고, 급기야 2만 명의 대군을 파견하여 운남에서 사천에 이르는 요로를 통제하게 했다. 운남왕은 크게 화가 나 토번 지원에 나선 병마를 모두 철수시키고 당 왕조로의 귀순 결심을 더욱 굳혔다. 운남의 원조를 잃은 토번은 그 위력이 반감되어 여러 차례 위고에게 패했다.

생간生間 살아 돌아오는 간첩

『손자병법』「용간」편에 나오는 '5간' 중의 하나다.

> 생간이란 적국 내에 잠입하여 첩보활동을 하고, 살아 돌아와 보고하는 간첩을 말한다.
> 반간을 통해 적의 사정을 잘 알 수 있으므로, 우리 편의 생간을 보내 첩보활동을 하고 기일 내에 돌아와 보고하게 할 수 있는 것이다.

간단히 말해 살아 돌아와 상황을 보고하는 간첩이 '생간'이다. 동서고금의 간첩 활동 중에서 가장 많이 활용된 간첩 형식이 바로 이 '생간'이다. '생간'을 활용할 때는 어떤 경우가 되었건 간에 각종 방식으로 적이 눈치채지 못하게 첩보활동을 벌이고 안전하게 돌아오게 해야 한다.

능력 있는 자를 뽑아 열국을 떠돌아다니며 유세하거나 적국의 관료 기구에 침투하게 한다. 각종 직업으로 신분을 위장하고 적국에 섞여 들어가 전략적으로 장기간 잠복하게 하거나, 모종의 구체적인 작전에 대한 정보를 신속히 보고하게 한다. 또는 거짓으로 투항하여 상대를 헷갈리게 하거나, 기회를 틈타 적에게 불의의 기습을 가하기도 하고, 나중에 아군이 공격해 올 때 내응하게 한다.

옛사람들은 간첩과 방첩의 모순된 투쟁이라는 관점에서 '생간'은 지혜롭고 능력 있는 자가 아니면 맡기 어렵다고 생각했다. 그래서 '생간'을 선발하는 표준에 대해 역대로 많은 견해가 있었다.

① 생간은 내심은 영리하나 겉으로 우둔해 보이며, 겉모습은 못나 보이지만 속은 비장해야 한다. 또 걸음이 날래고 용감해야 한다. 배고픔·추위·더러움·수치 따위를 잘 견디는 자만이 할 수 있다.

② 몸은 공적인 일을 수행하지만 마음은 사적으로 은밀히 (적의 동태를) 살펴 해를 입지 않고 돌아와 보고할 수 있어야 한다.

③ 현명하고 지혜로운 자를 뽑아 적의 귀한 신분과 내통케 하여 그 동정을 살피면서 적의 계획을 알아내는 것인데, 저쪽의 동정을 내 쪽에서 사실대로 알아내야 한다.

전국시대 위공자魏公子 신릉군信陵君 무기無忌는 자신의 문객을 첩자로 삼아 각 제후국의 정보를 염탐케 했는데, 조나라 왕이 무슨 행동을 하건 간에 즉각 알 수 있었다고 한다.(외교모략 '무소불용간' 참조).

한나라의 명장 한신은 정형井陘에서 조를 공격할 때, 간첩을 보내 성복군成復君이 이좌거李左車의 계책을 받아들이지 않고 있다는 상황을 탐지케 한 후 정형을 향해 진격하기로 결정했다.

'생간'은 적 탐지의 목적을 달성하는 동시에 자기 간첩의 생명을 보전해야 한다. 그래서 장수가 '생간'을 활용할 때는 허락되는 범위 내로 한정해야 한다. '생간'은 '사간

死間'과 상대되는 말이다. 때로는 한 간첩이 '생간'의 임무를 수행하다가 사정이 여의치 않을 때 '사간'이 되기도 한다. 역이기酈食其가 그런 경우였다. 처음 유방은 그를 진秦의 장수에게 보내 첩보활동을 벌이게 하여 그 결과를 바탕으로 진군을 크게 무찌를 수 있었다. 역이기는 진의 장수를 매수해서 죽음을 면하고, 한나라 진영으로 살아 돌아왔다. 그러나 두 번째 간첩활동에서 역이기는 유방을 위해 목숨을 바쳤다.

사간死間 죽음을 무릅쓰는 간첩

이 역시 『손자병법』 「용간」편에서 말하는 '5간'의 하나다.

> 사간은 이편에서 일부러 거짓 사건을 꾸미고 그것을 아군의 간첩으로 하여금 적에게 전하게 하거나 누설하게 하는 간첩 작전이다. 대체로 피살되게 마련이므로 사간이라고 한다.
> 반간을 활용하면 우리가 어떤 거짓 정보를 적에게 알리는 것이 가장 적절한가를 알 수 있다. 그러므로 거짓 사건을 저지르고 사간이 그것을 적에게 알릴 수 있는 것이다.

손자의 해석에 따르면 이른바 '사간'은 조작된 사건을 적 진영에 잠입해 있던 우리 간첩에게 전달함으로써 적을 속여 함정에 걸려들게 하는데, 일단 사실이 폭로되면 죽음을 면키 어렵다. 그래서 '사간'이라 부른다. 고대 전쟁에서 '사간'을 운용한 예도 적지 않다.

궁타宮他는 서주에서 도망 나와 동주로 가서 비밀 정보를 모두 동주에게 털어놓았다. 동주는 크게 기뻐했고, 서주는 크게 화를 냈다. 이때 서주의 풍단馮旦이 임금에게 계책을 올렸다.

"제가 그 간첩을 죽여버리겠습니다."

서주 임금은 풍단에게 금 30근을 주었다. 풍단은 사람을 시켜 금과 편지를 간접적으로 궁타에게 전하게 했다. 그 편지에는 이렇게 쓰여 있었다.

'궁타에게 말하노라. 공작이 이루어질 만하면 힘써 진행하라. 만약 힘들거든 빨리 도망쳐 되돌아오라. 시간이 길어 누설되겠거든 자살하라.'

그와 동시에 다른 사람을 시켜 동주의 문지기에게 말하게 했다.

"오늘 저녁에 간교하고 나쁜 놈이 들어올 것이다."

문지기가 보니 정말 밤에 편지를 들고 오는 자가 있어, 잡아다 동주 임금에게 끌고 갔다. 편지를 읽은 임금은 궁타가 간첩이라 여기고 그 자리에서 죽여버렸다.

전국시대의 유명한 변사 소진蘇秦도 알고 보면 '사간'이라 할 수 있었다. 『사기』「소진열전」을 보자.

소진은 연나라 역왕易王과 모의하여 연나라에서 죄를 지은 것처럼 꾸미고 제나라로 도망쳐 제왕의 신임을 얻었다. 소진은 비밀리에 연나라가 제나라를 쳐부술 수 있는 일련의 활동에 착수했다. 그러다 자객의 기습을 받아 중상을 입었는데 그 자객은 잡히지 않았다. 소진은 꾀를 내어 제왕에게 자신이 죽으면 시체를 갈기갈기 찢어 저잣거리에 내다버려 많은 사람들이 보게 하고, 소진이 연나라 간첩이었다고 발표하도록 했다. 그러자 소진을 찔렀던 자객이 스스로 나타나 적국의 간첩을 죽이려 한 공으로 상을 받으려 했다. 제왕이 이 자객을 잡아죽였음은 물론이다. 제왕은 그 뒤에 가서야 비로소 자신이 소진에게 당했음을 알게 된다. 소진이 대단히 성공적인 활동을 벌인 '사간'이었음을 보여주는 얘기다.

『한비자』「세난說難」에 나오는 얘기도 보자.

옛날 정鄭 무공武公이 호胡를 치고자 먼저 자신의 딸을 호 임금에게 시집보내 그의 마음을 들뜨게 했다. 그러고는 여러 신하들에게 물었다.

"과인이 출병하고자 하는데 어느 나라를 정벌하는 것이 좋겠는가?"

대부 관기사關其思가 대답했다.

"호를 치는 것이 좋겠습니다."

무공은 버럭 화를 냈다.

"호는 형제와 같은 나라다. 그대가 호를 정벌하라 하니 이게 무슨 소린가?"

무공이 대부를 처벌했다는 소리를 듣자 호의 임금은 정나라와 자기 나라가 친하다고 여기게 되었다. 그 결과 정나라에 대한 방비가 소홀해졌고, 때를 기다리고 있던 정의 군대는 호를 공격하여 손아귀에 넣었다. 관기사는 자기 나라 문밖을 나서지 않고도 '사간' 역할을 해낸 셈이다.

사간의 형식은 하나로는 부족하다. 상황에 따라 다양하고 기민하게 활용해야 한다. 손자가 말한 뜻으로 보면 '사간'은 남의 칼을 빌려 사람을 죽이거나, 배반하고 도망간 자를 처치하는 모략이다.

『삼국지』「오서吳書·육항전陸抗傳」에 이런 고사가 기록되어 있다. 오나라 서릉西陵(지금의 호북성 회수현 서남)을 지키고 있던 장수 보천步闡이 성을 내주고 진晉에 항복했다. 이 소식을 들은 육항陸抗(육손의 아들)은 군사를 이끌고 밤낮으로 행군하여 서릉에 이르렀다. 육항은 먼저 서릉성 밖에서 진의 구원병을 막을 수 있도록 물샐틈없는 방어벽을 치는 한편, 안으로는 보천을 완전 포위하여 곤경에 빠뜨렸다. 그러나 육항은 결코 서둘러 성을 공격하지 않았다. 이윽고 진에서는 양조楊肇를 보내 서릉을 구원하도록 했는데, 오나라 군대의 전방을 담당한 도독 유찬兪贊이 갑자기 도망가서 양조에 투항하는 뜻밖의 사건이 발생했다. 이 보고를 접한 육항은 이렇게 말했다.

"유찬은 우리 군중에 오래 있었던 사람으로 우리의 허실을 너무 잘 알고 있다. 아군의 이민족 병사들은 평소 엄격한 훈련을 받지 못해 전투력이 떨어진다는 것을 유찬은 잘 알 것이다. 그런데 지금 유찬이 적에게 항복했으니, 적은 틀림없이 이민족 군대가 지키고 있는 진지를 공격해 올 것이다."

그날 밤 육항은 이민족 군대를 모조리 전투 경험이 풍부한 노련한 병사들로 교체했다. 이튿날 양조는 과연 유찬이 알려준 정보에 근거하여 원래 이민족 군대가 지키고 있던 진지를 공격해 왔다. 이러한 상황을 예상하고 있던 육항은 노련한 병사들을 이끌고 맞서 싸웠다. 화살과 돌이 비오듯 쏟아지는 상황에서 양조는 더 이상 버티지 못하고 그날 밤으로 도주하고 말았다. 육항은 추격하지 않고, 부대원으로 하여금 북을 두드리고 고함을 지르게 해서 마치 추격하는 것처럼 꾸몄다. 패배해 도망가던 양조는 오나라 군이 미리 함정을 파놓은 것이 아닌가 하는 의심이 들었다. 마침내 그는 유찬이 자신을 속였다고 생각하고는 유찬을 죽여버렸다. 이어 육항은 서릉을 탈환했고, 양조는 보천마저 죽여버렸다.

도주한 배신자에 대해서는 그가 적에게 알려줄 정보에 따라 적이 움직일 것을 예상하여 원래 부서를 조정하거나 상황을 변화시켜 적을 유인하고, 나아가서는 적의 손으로 배반자마저 죽이게 한다. 이는 '사간'을 운용할 때 대단히 두드러진 수법이라 할 수 있다. 심지어는 여건을 조성하여 '사간'을 자기 쪽에서 만들어낼 수도 있다.

손자 이래로 군사전문가들은 '사간'에 대한 해설과 용법에 대해 다음 두 가지 상황을 얘기하고 있다.

첫째, 내 쪽의 약점을 알고 있는 배반자가 정보와 작전계획을 적의 내부에 흘리면 때맞추어 내 쪽의 약점을 바꾸거나 거짓으로 약점을 덮어 적으로 하여금 정보를 제공한 자를 의심하게 하고 나아가서는 그 배반자를 죽이게까지 한다.

섬서성 인주麟州는 황하 밖에 있는 서하西夏를 통제하는 요충지다. 그런데 성안에 우물이 없었다. 송나라 인종仁宗 경력慶歷 연간(1041-1048), 서하 사람 하나가 국주 이원호李元昊에게 인주에는 우물이 없어 보름 정도만 포위하면 수비군과 거주민들이 목말라 죽을 것이라고 했다. 이 말을 들은 이원호는 즉시 출병하여 인주를 포위했다. 며칠 지나자 성안에는 물이 메말라 아주 위급한 상황이 초래되었다. 이때 송 진영의 한 군사가 다음과 같은 꾀를 냈다.

"적이 포위를 풀지 않는 것을 보면 분명 우리 성안에 물이 없다는 것을 알고 우리가 죽기를 기다리는 것 같습니다. 그러니 도랑의 진흙을 파서 성의 높은 곳의 풀 위에다 발라 성안에 물이 있다는 것을 보여주어야 합니다."

인주의 대장은 이 꾀를 받아들였다. 이원호는 풀 위에 발린 흙탕물을 보고는 급히 정보를 제공한 서하 사람을 불러 다그쳤다.

"성안에 물이 없다더니 어째서 저런 흙탕물이 있는가?"

이원호는 즉시 서하인을 죽여버리고 철수했다.

둘째, 유리한 전기를 잡기 위해 자기 쪽에서 적으로 보낸 외교 정보원이 아직 돌아오지 않았더라도, 군사행동을 개시하여 적이 우리 쪽에서 파견한 외교 정보원을 의심하게 하여 결국 그를 죽이게 하는 경우다.

당 태종 정관 4년(630), 당 태종은 이정을 보내 돌궐을 공격하게 했다. 돌궐왕 힐리가한頡利可汗은 패배하자 강화를 요구했다. 당 태종은 당검唐儉 등을 보내 힐리가한의 항복을 위로하게 했다. 힐리가한은 표면적으로는 복종했지만 내심으로 불쾌해하고 있었다. 이때 이정은 여러 장수들에게 힐리가한이 비록 이번에는 실패했지만 아직 10만 군사를 보유하고 있다며 경계심을 늦추지 말라고 했다.

"만약 그들을 대사막 이북으로 도망가게 하면 통제하기가 매우 어려워질 것이다. 지금 쌍방이 담판을 짓고 있으니 힐리는 틀림없이 경계를 늦출 것이고, 그 틈을 타서 우리는 정예 기병으로 그들을 공격한다. 그들이 준비를 미처 갖추지 못할 때 공격하면 적의 생산력을 소멸시킬 수 있으니 이번이야말로 정말 만나기 어려운 기회다."

그러나 여러 장수들은 우려를 표명했다.

"우리 사신들이 아직 그쪽에 있는데 어떻게 합니까?"

이정은 "기회는 놓칠 수 없고 한번 지나간 시간은 다시 오지 않는다."며, "당검 등 몇 사람을 희생한다고 해서 무슨 큰일이 나겠는가?"라고 했다. 그러면서 이것이 바로 한신이 괴통(蒯通의 계략을 채용하여 일거에 제나라를 격파한 이치라고 했다. 당군은 돌궐 진영으로 진격해 돌궐을 대파했다.

인간因間 그 마을 사람들을 활용하는 간첩술

손자는 이 모략에 대해 『손자병법』 「용간」편에서 다음과 같이 해석하고 있다.

인간因間이란 그 마을 사람을 이용하는 것이다.

'인간'은 손자가 말하는 '5간' 중의 하나로, '향간鄉間'이라고도 한다. '인因'은 '빌리다, 근거하다'는 뜻이다. 이 모략은 동향·동창·동료·친척·친구나 포로 등을 간첩으로 삼아 적군의 정보를 염탐하거나 적군을 와해시키는 것이다.

『진서晉書』 「조적전祖逖傳」을 보면 이런 얘기가 나온다. 조적祖逖은 자기 부하를 매우 아끼고 백성에 대해 어진 정치를 베풀며 현명한 선비는 공경해마지 않았다. 또 관계가 깊지 않은 친구나 비천한 노비에게도 은혜를 베풀고 예의 바르게 대우했다. 그래서 황하 이남의 땅이 계속 진나라의 소유가 되었다. 강기슭의 작은 성에 사는 일부 집안의 자제들이 호인胡人 쪽으로 가서 일을 했지만, 조적은 결코 그들을 추궁하지 않고 그들을 각기 호와 진에 나누어 귀속시켰다. 아울러 늘 순찰 부대를 보내 이들 집안들을 일부러 약탈하는 것처럼 꾸며 이들이 진에 귀순할 뜻이 없음을 보이게 하여 호인의 의심과 박해를 피하도록 해주었다. 이렇게 하여 조적은 백성들의 사랑을 듬뿍 받았고, 은혜를 입은 호병의 가족들은 곧 그의 눈과 귀가 되어 호인 쪽에 무슨 특별한 동향이나 정보가 있으면 즉시 조적에게 보고했다. 조적이 많은 지방을 공격해 이길 수 있었던 것은 모두 이런 '향간'들이 제공해준 정보 덕이었다. 그들이 아주 작은 공이라도 세우면 조적은 즉각 상을 주었는데, 상을 줄 때 단 하루를 넘기는 법이 없었다.

303년, 진의 개주자사盖州刺史 나상羅尙은 그의 부장 외백隈伯을 보내 유랑민을 모아 봉기한 봉기군의 수령 이웅李雄을 비성郫城(사천성 비성)에서 공격하게 했다. 이웅은 나상과 같은 고향인 무도武都 사람 박태朴泰를 찾아내 피가 나도록 채찍질을 한 다음, 나상이 성을 공격하면 자기가 내응해서 불을 피워 신호를 보내겠노라며 나상을 유인하도록 보냈다. 나상은 박태의 이 말을 진짜로 믿고 정예병을 동원해 양양驤陽에서 박태를 따라 이웅을 공격했다. 박태는 기다렸다는 듯이 성안에서 긴 사다리를 밖으로 내려놓고 불을 피웠다. 불길을 본 외백의 병사들은 다투어 사다리를 타고 성 위로 올라갔고, 박태는 밧줄을 이용해 나상의 군사 백여 명을 성으로 끌어올려 모조리 죽여버렸다. 여기에 미리부터 매복해 있던 이웅의 부하 장군인 이양의 군사들이 뛰쳐나와 공격해서 외백을 사로잡았다.

이웃한 국가의 국경 지역에 사는 민중 사이에는 공통된 민족 습관이 존재하고 복잡한 교류가 이루어지기 때문에 경계선을 분명히 가를 수 없다. 일단 양국 관계가 깨지고 군사 충돌이 일어나면 '향간'은 가장 유용한 정보 수단이 된다. '향간'은 비교적 간단하고 낮은 차원의 간첩모략으로, 그것을 통해서는 그저 일반적인 상황을 이해할 수 있을 뿐이다. 또 상대에게 발각당하기 쉬워 오히려 적이 "계략을 파악해 계략으로 맞선다"는 '장계취계將計就計'의 모략으로 함정을 파놓고 아군을 위기에 몰아넣을 수도 있다. 그러니 '향간'을 운용할 때는 신중하고 현명하게 살펴야 한다.

환간宦間 적의 측근을 이용한 간첩술

'환간'이란 환관(내시)이나 측근들을 통해 간첩활동을 벌이는 것이다. 명나라 말기 후금後金은 요동을 공격했다. 명나라 군대가 계속 패하자 조정에서는 원숭환袁崇煥에게 요동의 군대를 맡겼다. 원숭환은 지략과 담력이 뛰어나고 병법에도 정통할뿐더러 변경의 정세에 대해서도 밝은 명장이었다. 원숭환이 작전을 지휘하기 시작하면서 금군의 진공은 주춤해졌다. 그러자 후금은 간첩활동을 더욱 강화하기 시작했다. 조정의 환관들을 매수하여 원숭환이 적과 내통하여 성 아래에서 동맹을 체결했다는 유언비어를 퍼뜨리게 했다. 또 후금은 원숭환과 함께 공격하기로 밀약을 맺었다는 것을 날조하고, 이것을 잡혀온 명의 환관에게 넌지시 알린 다음 그를 놓아주었다. 경성으로 돌아간 이 환관은 명나라 의종毅宗에게 이 유언비어를 보고했다. 의종은 이 말을 의심해보지도 않고 원숭환을 갈기갈기 찢어 죽여버렸다.

원숭환의 전임자였던 웅정필熊廷弼과 손승종孫承宗도 지략이 뛰어난 장수들이었지만, 후금에게 매수당한 환관과 그 일당의 모함으로 죽거나 자리에서 쫓겨났다. 원숭환이 죽은 후 명에는 더 이상 적과 대항할 수 있는 유능한 장수가 없어졌다. 이것이 명이 멸망한 중요한 원인의 하나였다.

유간誘間 유혹 수단을 활용하는 간첩술

'유간'은 유혹의 수단으로 간첩활동을 펼치는 것이다. 『사기』「장의열전張儀列傳」을 보자. 기원전 313년, 진나라는 제나라를 공격할 준비를 갖추고 있었다. 진왕은 제와 초의 연맹을 깨뜨리지 못하면 이기기 어렵다고 판단했다. 그래서 상국 자리에 있는 장의를 초나라 회왕懷王에게 보냈다. 회왕을 만난 장의는 회왕을 다음과 같은 말로 설득했다.

"진국은 본래 귀국과 우호관계를 맺고 싶어 했고, 제나라와는 원한이 쌓여 있습니다. 지금 진국이 제나라에 본때를 보여주려고 준비하는데, 귀국이 제나라와 연맹하고 있기 때문에 진국은 귀국과 우호관계를 맺을 길이 없어졌고 저도 대왕을 위해 신하의 도리를 다하지 못하게 되었습니다. 대왕께서 제나라와 단교하신다면 제가 저희 왕께 아뢰어 6백 리 땅을 귀국에게 할양하도록 하겠습니다. 진과 우호관계를 맺고 제나라를 약화시키면 귀국은 또 다른 6백 리 땅을 얻을 수도 있을 것이니, 이야말로 일거삼득이 아닙니까?"

회왕은 6백 리 땅의 유혹을 견디지 못하고 즉시 제나라와 단교를 선언함과 동시에 진으로 사람을 보내 땅을 받는 절차를 밟게 했다.

진으로 돌아온 장의는 술에 취해 수레에서 떨어져 다리를 다쳤다는 것을 핑계로 무려 석 달 동안 집에서 나오지 않았다. 일부러 초나라 사신을 만나지 않으려는 속셈이었다. 회왕은 장의가 제나라에 대한 자신의 태도가 확고하지 않다고 의심하는 것이 아닌가 해서, 용사를 제나라에 보내 제나라 왕에게 모욕을 주었다. 제나라 왕은 크게 화가 나 마침내 초나라와 단교하고 진나라와 우호관계를 맺었다. 그제야 장의는 초나라 사신을 만나 이렇게 비꼬았다.

"어째서 아직도 우리가 할양하겠다는 6백 리 땅을 안 가져가고 있소?"

『전국책』에는 장의가 사신에게 지도를 펴 보이며 6리의 땅을 주겠다고 했고, 사신이 6백 리라고 하지 않았냐며 항의하자 나같이 보잘것없는 사람에게 6백 리 땅이 어디 있겠느냐며 오리발을 내밀었다고 되어 있다.

사신은 귀국하여 초왕에게 보고했다. 초왕은 그제야 장의에게 당했다는 것을 알았다. 화가 머리끝까지 치민 초왕은 즉각 진을 공격했다. 그러나 진·제 연합군이 일찌감치 대비하고 있던 터라 초나라는 대패했다. 초는 되레 두 개의 성을 진나라에 할양할 수밖에 없었다.

위간威間　위협 수단을 활용하는 간첩술

『병경백자』「간자」에서 제기한 16가지 '용간법'의 하나다. 위협 수단으로 간첩활동을 벌이는 것을 가리키는 말이다.

기원전 681년, 제나라의 군주 환공桓公과 노나라의 군주 장공莊公이 가柯라는 곳에서 회담을 가졌다. 두 나라 군주가 높은 제단에 서서 맹약을 맺으려는데 갑자기 노나라의 무사 조말曹沫이 비수를 들고 제단으로 뛰어올라와 곧장 제 환공에게로 다가갔다. 이 상황에서 제나라 사람들은 조말이 환공을 해칠까봐 감히 어떤 행동도 하지 못하고 있었다. 제 환공이 질린 표정을 지으며 조말에게 물었다.

"무엇 때문에 이러는 것이냐?"

"제는 강하고 노는 약한데, 당신네 제나라는 노나라를 지나치게 기만하고 있소. 과거에 빼앗아갔던 땅을 돌려주시오. 만약 그렇게 하지 않는다면…"

그러면서 조말은 손에 들고 있는 비수를 번득이며 다시 한번 환공을 다그쳤다.

"자, 어떻게 하겠소?"

제 환공은 조말의 위협 때문에 하는 수 없이 노나라 땅 전부를 돌려주겠다고 약속했다. 환공의 약속을 받아낸 조말은 비수를 버리고 제단을 내려왔다. 안전을 확인한 환공은 크게 화를 내면서 방금 한 약속을 뒤집으려고 했다. 그러자 대신 관중管仲이 나서서 말렸다.

"대왕께서는 약속을 어기시면 안 됩니다. 만약 약속을 어기시면 여러 제후국들 앞에서 위신을 잃는 일이 될 것이고, 이후 무슨 일이 있어도 그들은 협조하지 않을 것입니다. 그러니 노나라 땅은 돌려주어야 합니다."

노나라는 잃어버린 옛 땅을 회복했다. 이 땅은 조말이 장군으로 있을 때 제나라와 세 차례 싸워 패하는 바람에 잃어버린 것들이었다.

"모수毛遂가 자기 자신을 추천했다"는 '모수자천毛遂自薦'은 인구에 회자되는 유명한 고사 중 하나다. 모수가 평원군平原君을 수행하여 초나라에 가서 초나라 왕으로 하여금 '합종'에 동의하게 만든 것도 성공적인 '위간' 사례라 할 수 있다. 평원군과 왕이 '합종' 건을 놓고 회담을 가지는데, 아침부터 시작해서 해가 중천에 오를 때까지도 타결을 보지 못하고 있었다. 모수는 검을 들고 회담장으로 쳐들어가 '합종'의 이해관계는 단 두 마디면 끝날 일인데 어째서 한나절이 지나도록 타결을 보지 못하느냐고 다그쳤다. 초왕이 사람 살리라고 고함을 지르자, 모수는 검을 움켜쥐고 겁을 주었다.

"10보 안에 당신이 믿는 나라 사람은 아무도 없소. 당신의 목숨은 내 손아귀에 달려 있소."

모수는 계속해서 간결하고도 심각한 논리로 이번 일의 이치를 얘기함으로써 상대를 설득했다. 목숨을 잃을까봐 두려워한 초왕은 얼떨결에 말하지 않을 수 없었다.

"맞네, 맞아! 그대 말이. 그렇다면 지금 내 모든 사직을 걸고 '합종'에 따르도록 하지."

　'위간'은 또한 현란한 위력을 과시하는 방식으로 적의 내부 역량을 분산시키고 내부 모순을 이끌어내기도 한다. 전쟁사에서 어느 한쪽의 내부에서 상대방의 위력에 겁을 먹고 강대한 쪽에 복종하려 할 때는 흔히 강경파와 온건파로 틈이 벌어지게 되고, 그것이 내부 모순으로 발전하여 약한 틈을 보이게 되는 사례가 적지 않았다.

　'위간'의 성공적인 기초는 자기 쪽의 일정한 실력에 달려 있다. 자신의 역량이 적보다 약하고 자기 쪽의 상황 또한 적이 장악하고 있다면 이 수단은 힘을 쓸 수 없다.

　외교의 승리는 각종 요소가 종합적으로 작용한 결과물이다. '위간'은 특정한 조건하에서 채택할 수 있는 수단일 뿐이다. 그러나 적시에 사용하면 싸우지 않고 상대를 굴복시키는 효과를 거둘 수 있다.

해간孩間　어린아이를 이용한 간첩술

'해간'이란 아이를 이용해 간첩활동을 벌이는 것을 말한다.

　기원전 232년, 연나라는 태자 단丹을 진나라에 인질로 보냈다. 진나라는 장당張唐을 연나라에 보내 상국 자리를 맡게 해서 두 나라가 공동으로 조나라 공격을 준비하게 했다. 연으로 떠나기에 앞서 장당은 진나라 재상 여불위呂不韋에게 일찍이 자신이 조나라를 공격한 적이 있기 때문에 조나라가 자신을 몹시 저주하여 누구든 자기를 잡는 사람에게 백 리의 땅을 주겠다는 현상금까지 걸었다면서 "이번에 연나라로 가려면 조나라를 거쳐야 하는데 나는 죽기 싫소."라며 연나라 행을 거부하고 나섰다. 이 때문에 일이 묘하게 꼬이기 시작했다.

여불위의 가신들 중 감라甘羅라는 소년이 있었는데, 이미 세상을 떠난 진나라의 재상 감무甘茂의 손자였다. 이 감라가 자신이 장당을 설득해보겠노라며 나섰다. 여불위는 매우 언짢은 표정을 지으며 꾸짖듯 말했다.

"물러가라! 내가 명령해도 듣지 않는데, 네까짓 것이 무슨 수로 설득한단 말이냐?"

그러자 감라는 이렇게 말했다.

"항탁項橐은 일곱 살 때 이미 공자의 선생이 된 적이 있습니다. 그런데 저는 벌써 열두 살이 넘었습니다. 어째서 저를 시험해보실 생각은 않고 오히려 나무라십니까?"

여불위는 감라를 시험해보기로 했다. 감라는 장당을 찾아가 과거와 현재를 이야기하면서 이해관계를 밝혀, 결국 장당이 연나라 행을 승낙하도록 설득하는 데 성공했다.

장당이 떠나기 며칠 전, 감라는 여불위에게 자신에게 수레 다섯 량을 주면 먼저 조나라를 다녀오겠노라고 요청했다. 여불위는 진나라 왕 영정嬴政(뒷날의 진시황)에게 요청해 감라를 사신으로 임명하여 조나라로 보냈다. 조나라 왕은 몸소 성밖 근교까지 나와 감라를 맞이했다. 감라는 조왕에게 물었다.

"대왕께서는 연나라 태자 단이 진에 인질로 간 사실을 알고 계십니까?"

들어서 알고 있다는 조왕의 대답에 감라는 다시 물었다.

"그럼 장당이 연나라로 가서 재상이 된다는 얘기도 들으셨군요?"

조왕이 역시 그렇다고 대답하자 감라는 이렇게 말했다.

"진과 연이 연맹을 맺는 목적은 조나라를 치기 위함이니 조나라는 지금 매우 위험한 상황에 몰려 있습니다. 대왕께서는 진나라에 5개 성을 할양해서 진나라로 하여금 연나라 태자 단을 본국으로 돌려보내게 하고, 조나라는 다시 연나라를 공격하는 것이 좋지 않겠습니까?"

조왕은 감라의 말에 동의했다. 조나라는 다섯 성을 진에 떼어준 후 연의 30개 성을 공격하여 빼앗고, 그중 11개 성을 진나라에 내주었다. 이렇게 해서 진나라는 힘 하나 안 들이고 앉아서 조나라 5개 성과 연나라 11개 성을 차지했다.

이간離間 이간시키는 간첩술

이 모략은 정치·군사·경제 등 여러 영역에서 지금도 널리 활용되고 있다. 훗날 사람들은 '이간책'을 이용해 군주를 이간시키고, 친척을 이간시키고, 유능한 자를 이간시키고, 시종을 이간시키고, 유세객들을 이간시키고, 우호관계에 있는 나라를 이간시켰다. 이것들은 모두 적 내부 진영의 모순을 이용하여 서로 의심하고 시기하게 만들어 힘을 소모하게 만든다.

항우가 형양滎陽에서 유방을 포위했을 때, 유방은 진평의 계략에 따라 사람을 시켜 "항왕의 부하 장수인 종리매鍾離眛·용차龍且·주은周殷이 한 유방에게 투항하려 한다."는 유언비어를 퍼뜨리게 했다. 아니나 다를까, 항우는 그들을 의심했다. 이렇게 상당 기간 대치하다가 유방은 항우에게 화친을 청했다. 이에 대한 응답으로 항우는 사신을 한에 보냈다. 사신을 보자 진평은 일부러 큰 소리로 말했다.

"나는 아보亞父(항우의 중요한 정책 브레인의 하나인 범증을 말한다)의 사신인 줄 알았더니, 항왕의 사신이었군!"

이것은 물론 항우와 범증 사이를 이간시키려는 목적에서 나온 의도적인 말이었다. 자기 진영으로 돌아간 사신은 이 말을 항우에게 보고했고, 항우는 범증을 크게 의심하기 시작했다. 아보 범증은 속히 형양성을 공격하자고 재촉했으나 범증을 믿지 못하는 항우는 더 이상 그의 말을 들으려 하지 않았다. 항우가 자신을 의심한다는 것을 안 범증은 크게 화를 냈다.

"천하의 대사는 정해져 있거늘, 군왕이 마음대로 하겠다면 차라리 해골이 되어 돌아가게 해달라!"

그는 고향으로 돌아가겠다고 항우에게 요청했고, 결국 고향으로 돌아가는 도중에 악성 종기 때문에 죽었다.

주나라 난왕赧王 36년인 기원전 279년, 연의 명장 악의岳毅는 연·진秦·위魏·한韓·조趙의 연합군을 이끌고 제나라 정벌에 나섰다. 제나라의 명장 전단田單은 즉묵卽墨에서 포위당해 위급한 상황에 몰렸다. 그런데 공교롭게도 악의를 신뢰하던 연나라 소왕이 죽고, 악의에 대해 좋지 않은 감정을 가지고 있던 혜왕이 즉위하는 돌발적인 사태가 발생했다. 이때 전단은 간첩을 풀어 악의가 무엄하게도 스스로 왕으로 자처하고 다닌다는 유언비어를 살포시켜 혜왕과 악의 사이를 더욱 악화시켰다. 혜왕은 악의를 소환하고 그 자리에 기겁騎劫을 앉혔다. 죽음이 자신을 기다리고 있는 상황에서 악의는 연으로 가지 않고 조나라로 도망갔다. 연의 군대는 이 때문에 서로 불화하게 되었고, 전단은 소꼬리에 불을 붙여 적진으로 돌진하게 하는 '화우진火牛陣'으로 연을 대파했다.

'첩보전'은 동서고금을 통해 모든 모략가들이 중시한 것이었다. 『백전기법』「간전間戰」에서는 이렇게 말한다.

적을 정벌하려면 먼저 첩자를 이용하여 적의 숫자와 허실 및 동정을 엿본다. 그런 다음 군사를 일으키면 큰 공을 세우기 쉽고 따라서 필승이다.

병법에서는 "간첩이 필요치 않은 곳은 없다."고 말한다.

전쟁의 역사 자체가 적에게 이기려면 적을 알아야 한다는 평범한 진리를 증명하고 있다. 적을 알려면 가능한 모든 수단을 동원하여 적의 상황을 염탐하는데, 그중에 가장 효과적인 수단이 첩보전이다. '첩보전'은 모든 전쟁에서 보편적인 의미를 가진다.

은간恩間 은혜를 활용하는 간첩술

『병경백자』「간자」에서 말하는 16가지 '용간법' 중의 하나다. 방법은 적국의 국민들에게 널리 은혜를 베풀어 인심을 정복함으로써, 그 나라 백성들이 자발적으로 내 쪽에 상황을 알려주도록 만드는 것이다.

219년 10월, 여몽呂蒙은 남군南郡을 점령했다. 남군은 촉나라 군의 중요한 거점으로, 관우와 그 휘하의 많은 장수 및 병사들의 가족들이 살고 있었다. 여몽은 남군으로 진입한 후 그들을 박해하지 않았을 뿐만 아니라, 오히려 그들을 위로하고 편안하게 해주었다. 병사들이 함부로 개인 재산을 빌리거나 빼앗지 못하게 했다. 한번은 여몽과 같은 고향인 여남汝南 출신의 한 병사가 백성의 비옷인 도롱이를 가져다가 갑옷을 덮었다. 여몽은 군법을 어긴 이 병사를 눈물을 흘리며 처형했다. 장수와 병사들은 벌벌 떨며 다시는 백성의 물건을 가지려 하지 않았다. 여몽은 매일 아침과 저녁에 측근을 보내 노인과 병자를 돌보고 식량이 떨어진 사람들에게 양식을 나누어주었다. 관우는 사람을 보내 상황을 알아보게 했다. 정탐병은 여몽이 하고 있는 일들과 남군의 가족들이 너 나 할 것 없이 여몽에 대해 극히 호감을 갖고 있다는 사실을 보고했다. 이 이야기를 들은 관우의 군대는 전투 의지가 급격히 흩어져 여몽을 공격하라는 관우의 명령을 들으려 하지 않았다. 이때 손권의 대군이 도착하자 관우의 병사들은 앞다투어 손권에 투항했고, 관우는 패하여 맥성麥城으로 물러났다.

269년, 서진西晉의 양호羊祜는 오나라 정벌에 나섰다. 오나라는 장강을 천연의 방패로 삼고 있는 데다 병력도 비교적 강했다. 양호는 무력으로는 단시일 내에 승리할 수 없다고 판단하고, '은간' 모략을 활용하기로 했다. 오나라에서 투항해 온 사람들 중에 돌아가고 싶어 하는 자들은 자유롭게 돌아가도록 했고, 부하 사졸들에 대해서도 매우 잘 대우해주었다. 그러자 많은 오나라 군사들은 적의를 버리고 투항해 왔다. 누군가가 오나라 어린애 두 명을 잡아오자 양호는 즉각 아이들을 안전하게 돌려보냈다. 그 후 두 아이의 아버지는 아이들을 데리고 양호에게 투항했다. 오나라 군대의 내부는 빠른 속도로 무너져내렸고 오나라는 마침내 평정되었다.

뇌간賂間 뇌물을 활용하는 간첩술

『병경백자』「간자」에서 분류한 16가지 '용간법'의 하나다. 그 방법은 뇌물로 상대국의 군주 또는 장수의 심복 등을 매수한 다음 그로 하여금 계속 무고한 말을 군주나 장수에게 올리게 하여 적의 유능한 장수 등을 제거하는 것이다. 이렇게 되면 적국의 모든 정책이나 계략도 혼란에 빠지게 된다.

『사기』「진승상세가陳丞相世家」에 이런 사실이 기록되어 있다. 기원전 204년, 천하를 두고 벌어지는 초와 한 사이의 다툼은 패왕 항우가 우세를 차지하고 있는 형세였다. 열세에 놓인 유방은 진평에게 물었다.

"천하가 이렇듯 어지러운데 언제쯤 안정되겠소?"

진평은 다음과 같이 건의했다.

"항우 밑에 있는 유능한 충신은 범증·종리매·용차·주은 등 몇몇에 지나지 않습니다. 대왕께서 황금 수만 근을 내서 간첩활동을 펼쳐 그들의 군신관계를 무너뜨리고, 우리는 그 틈을 타서 항우를 공격하면 틀림없이 초를 멸망시킬 수 있을 것입니다."

유방은 이 계략이 실현 가능성이 크다고 보고, 진평에게 황금 4만 근을 주어 이 계략을 실행하는 데 사용하도록 했다. 진평은 이 황금으로 항우 군중의 일부 인물들을 매수하여, 그들로 하여금 다음과 같은 유언비어를 퍼뜨리게 했다. 대장군 종리매 등이 항우를 여러 해 동안 따르며 많은 공을 세웠으나 왕이나 제후로 봉해주지 않아 유방과 모의하여 항우를 멸망시키고 각자 봉토를 나누어 스스로 왕이 될 준비를 하고 있다고. 이 유언비어를 들은 항우는 과연 종리매 등 장수들을 더 이상 신임하지 않았다.

항우는 부하 장수들이 의심스러워 사신을 유방 진영에 보내 그 소문들의 진상을 알아 오게 했다. 유방은 이 사신들을 위해 성대한 연회를 베풀고는 짐짓 놀라운 표정을 지으며 말했다.

"범증 대부가 보낸 사신들인 줄 알았는데, 알고 보니 항왕의 사신들이었군."

그리고 성대한 연회를 취소시키고 조촐한 식사로 바꾸어버렸다. 이런 보고를 받은 항우는 범증이 변심한 것으로 의심하여 더 이상 그의 정책 건의를 받아들이지 않았다. 화가 난 범증은 관직을 버리고 낙향하다가 도중에 객사했다.

항우가 유언비어를 믿는 바람에 지혜로운 모사와 용감한 장수들은 중용되지 못했고, 실망한 그들은 속속 항우 곁을 떠났다. 결국 항우는 해하 전투에서 패해 자결했다. 천하를 재통일한 한나라 고조 유방은 기원전 202년 낙양에 모인 군신들에게 이런 말을 했다.

"항우에게는 범증이 있었지만 그를 제대로 기용하지 못했다. 내가 항우를 이긴 까닭이 거기에 있었노라."

『투필부담投筆膚談』「첩간諜間」 제5에서는 다음과 같이 말하고 있다.

적의 정세를 알고 싶으면 천금을 아껴서는 안 된다. 천금을 아끼다 간첩을 잃으면 실패한다. 천금을 내어서 적의 정세를 얻으면 이긴다. 이 승패의 기틀을 잘 살피지 않으면 안 된다.

간첩에게 후한 상을 주어 있는 힘을 다하도록 만들어야 성공할 수 있지, 그렇지 못하면 목숨을 바쳐 일하지 않는다는 점을 강조하고 있다. 간첩을 위해 많은 돈을 쏟는다 해도 성공에 따르는 이익을 생각한다면 아까울 것이 없다.

물론 '뇌간'은 아무 곳에서나 써먹을 수 없다. 눈앞의 이익을 보면 의리도 잊고 돈을 탐내는 사람에게만 적용할 수 있다. 이런 자들은 신조도 없고 시시비비도 없고 그저 돈만 주면 기꺼이 있는 힘을 다한다. 따라서 돈의 많고 적음에 따라 자기와 일할 대상을 결정하는 이런 간첩은 흔히 적에게 역으로 매수당할 가능성이 많다. 당나라 때의 군사전문가 이정은 이렇게 말한다.

물은 배를 움직이게도 하지만 배를 뒤엎을 수도 있다. 간첩은 일을 성사시키지만 일을 그르칠 수도 있다.

간첩을 이용하되 간첩에 의존해서는 안 된다. 천금을 내어 간첩을 잘 활용함으로써 적의 형세를 염탐할 수 있으나, 정보의 진위를 살피지 않고 간첩에게만 절대적으로 의존하면 곤경에 빠지기 일쑤다.

언간言間 유언비어를 활용하는 간첩술

『병경백자』「간자」에서 말하는 16가지 간첩 활용법 중의 하나다. 그 실시 방법은 갖가지 유언비어를 퍼뜨려 적의 군주가 자신의 장수를 의심하게 하고, 장수들 사이와 부하들 사이에 시기심이 싹트게 해서 적의 내부 단결을 와해시키는 것이다.

기원전 260년, 조나라의 장군 염파廉頗는 군대를 이끌고 진나라 군을 맞아 싸우고 있었다. 진의 승상 범수范雎는 유언비어를 퍼뜨리는 방법으로 조왕이 노장 염파를 의심하게 만들어 결국은 장수를 조괄趙括로 교체하게 했다.

제1차 세계대전 당시 독일은 유언비어로 프랑스 국민들이 정부를 증오하게 만들어 정부와 대립하게 했다. 이 또한 프랑스를 패망의 구렁텅이로 빠지게 한 원인의 하나였다.

제2차 세계대전 때 히틀러는 네덜란드를 기습 공격하는 동시에 네덜란드 국내에 유언비어를 대대적으로 살포하여 네덜란드 국민들의 마음을 흩어놓고 공포심을 조장하며 사상을 혼란시켜 서로를 믿지 못하게 하고 나아가서는 저항력을 상실하게 만들었다.

1954년, 미국 대통령 아이젠하워는 칼날에 피 한 방울 묻히지 않고 과테말라 대통령 구스만 아르벤스Guzman Arbenz,(1913-1971, 대통령 재임 1951-1954)를 제거했는데, 아이젠하워 자신은 표면에 전혀 나서지 않고 일을 성사시켰다. 그 주요 수단은 간첩과 유언비어를 이용하여 과테말라 대통령과 국민을 이간시킨 것이었다.

미국 중앙정보부 CIA의 서방 담당 국장 데이비드 립스의 지휘 아래 CIA는 과테말라의 반군 장교 아마스를 포섭하고, 그로 하여금 전원 과테말라 사람들로 이루어진 약 150명의 팀을 조직하게 했다. 그런 다음 구식 B-26 폭격기를 동원하여 과테말라 국경 내에 유언비어를 적은 전단을 뿌렸다. 그 내용은 누군가가 과테말라 각 지구를 침입할 테니 해당 지역 국민들은 잘 대비하고 있으라는 것이었다. CIA는 또 비밀 방송국을 설치해 아마스가 이끄는 군대가 6월 1일 국경을 넘어 과테말라로 진입할 것이며, 그때 지금 대통령 아르벤스는 군대를 외국에 팔아넘길 것이라는 유언비어를 방송했다. 과테말라 국민들은 믿으려 하지 않았다. 이어 신문을 통해서도 반란군이 과테말라 일부 지역에서 여러 차례 큰 승리를 거두고 빠른 속도로 진격하고 있다고 보도했다.

6월 1일, 아마스가 이끄는 '군대'는 과연 과테말라 국경 10킬로미터 지점까지 진입했다. 미국 포드 관광버스를 타고 아무런 제지도 받지 않고 들어왔다. 한편 CIA는 반란군이 지금 곳곳에서 승리를 거두고 있다고 보도하는 한편, 도표로 어떤 시가 함락되었다는 것까지 설명했다. 이 유언비어는 사람들을 동요시키기에 충분했다. 아마스의 군대는 그날 밤낮을 달려 수도로 쳐들어갔고, 사람들은 모두 그의 주위로 모여들었다. 대통령 아르벤스는 혼란을 틈타 다른 나라로 망명했다. 결국 미국은 한 사람도 다치지 않고 아르벤스를 하야시켰다.

'언간'은 적의 내부 분열과 혼란을 조장하는 중요한 수단으로서, 예로부터 이를 활용한 예가 적지 않았다. 현대사회에서도 유언비어를 이용해 일을 꾸미는 경우가 많다. 따라서 적과 정치·군사·경제·외교 각 방면에서 투쟁하고 있는 상황에서는 언제 어디서든지 적이 현대화된 각종 전파매체를 활용하여 민심을 현혹할 수 있다는 점을 잊지 말아야 할 것이다.

요간謠間 창작 가요를 활용하는 간첩술

『병경백자』「간자」에서 말하는 16가지 '용간법'의 하나다. 방법은 가요를 만들어 적 군 중에 퍼뜨리는 것으로, 노래를 이용하여 나에게 절대적으로 장애가 되는 자를 제거 하거나 적 내부에 혼란을 일으켜 그 틈을 타려는 것이다.

'가간歌間'·'언간言間'·'요간'은 그 수법 면에서 대체로 일치하지만 '요간'의 형식은 '가 간'이나 '언간'에 비해 더욱 효과적으로 사람들을 유혹할 수 있다. 형식이 활발하기 때 문에 전파 속도가 빠르며, 실체도 없고 흔적도 없기 때문에 추적이 불가능하다. 그렇 기 때문에 적을 더욱 곤혹스럽게 만들 수 있어 적지 않은 성공을 가져다준다.

『북제서』「곡율광전」에 이런 사실이 기록되어 있다. 북주北周의 훈주勛州(지금의 산 서성 직산현)자사 위효관韋孝寬은 옥벽玉璧(산서성 직산 서남)에 진을 치고 지키고 있었다. 그런데 북제의 함양왕 곡율광斛律光은 용감하고 전쟁에 능하며 그 사람됨이 정직해 서 쉽게 상대할 수 없는 인물이었다. 위효관은 그를 제거하여 북주에 대한 위협 세력 을 없애기로 했다.

위효관은 곡율광이 조야의 여론을 좌지우지하고 있는 상서 조정祖珽에 대해 상 당히 불만을 품고 있다는 사실을 알아내고, 몰래 다음과 같은 가요를 지었다.

> 백승비상천百升飛上天, 명월조장안明月照長安.
> 고산불추자붕高山不推自崩, 곡수불부자수斛樹不扶自竪.

그는 간첩을 제나라의 수도 업성鄴城(지금의 하북성 임장)에 보내 이 가요를 널리 퍼뜨리게 하여 업성의 아이들이 길거리를 다니며 부르게 할 정도로 만들었다. 조정은 이 노래를 들은 후 회심의 미소를 지으며, 은밀히 그 뒤에다 다음과 같은 두 구절을 덧붙였다.

맹안노공배상대부盲眼老公背上大斧,
요설노모부득어饒舌老母不得語.

옛날 그릇의 용량을 재는 단위는 승升이었는데 10승이 1두斗가 되고 10두, 즉 1백 승이 1곡斛이 된다. 곡은 곡율광의 성을 의미하며, 명월은 그의 자다. 따라서 이 가요는 곡율광을 주인공으로 한 것임을 암시한다. 북제 황제의 성이 고高이기 때문에, 고산高山은 북제의 왕을 암시한다. 따라서 이 가요는 이런 뜻이다.

곡율광이 하늘을 날아오르니,
그의 밝은 빛이 장안을 비추네.
고씨는 밀지 않아도 절로 무너지고,
곡씨는 바치지 않아도 절로 서는구나.

북제의 황제 고위高緯가 조정을 불러 이런 가요를 들어보았냐고 물었다. 조정과 육영훤陸令萱은 들었노라 대답했다. 조정은 맹인이었고, 육영훤은 북제 후주의 유모였다. 육영훤은 '요설노모'는 자신을 가리키는 것이고 '맹안노공'은 조정을 가리키는 것이라고 말했다. 그녀는 조정과 몰래 짜고 이 노래를 가지고 후주에게 곡율광을 모함한 것이었다. 조정이 덧붙인 뒤 두 구절의 뜻은 이러했다.

눈먼 노인 조정, 하릴없이 등뒤에 큰 도끼를 지고 다니며,

말 잘하고 말 많은 노모 육씨, 말을 못하는구나.

곡율광 일가는 대대로 대장군을 지냈고 곡율광 자신도 전쟁에서 공을 세워 그 명성을 관서關西 지방에 떨쳤다. 그 동생 곡율이斛律羨는 돌궐에서 명성을 날리고 있고, 곡율광의 딸은 지금 황후며, 아들은 공주를 아내로 얻은 부마여서 그 집안의 권세라는 것은 실로 막강하기 짝이 없다. 따라서 이런 가요는 심상치 않은 것으로 경계하지 않을 수 없었다. 조정과 육씨는 이런 식으로 곡율광을 중상모략했다. 후주는 대신 한장난韓長鸞에게 이 일을 처리해야 하느냐고 물었으나, 한장난이 안 된다는 바람에 사건은 일단락되었다.

그러나 연약하고 겁 많은 후주는 곡율광이 반란을 일으킬까봐 끝내 곡율광을 죽음으로 몰았다. 물론 여기에는 조정의 끊임없는 모함이 크게 작용했다. 위효관은 가요를 이용하여 적을 이간시키는 데 성공했다. 그는 자기 손이 아닌 적의 손을 빌려 적의 장수를 죽였고, 북제는 이 때문에 곧 망하고 말았다.

가간歌間 적의 가요를 활용하는 간첩술

『병경백자』「간자」에서 말하는 16가지 '용간법' 중의 하나다. 그 방법은 음악이나 노래를 이용하여 적군의 사기를 떨어뜨림으로써 적군을 와해시키는 것이다.

기원전 203년 12월, 초나라 10만 군대는 해하에서 포위당했다. 한신이 이끄는 30만 한나라 군대가 겹겹이 초나라 군을 포위했고, 한신은 군을 철저히 궤멸시키기 위해 한나라 군사들로 하여금 밤에 초나라 노래를 부르게 했다. 노랫소리는 초나라 군사들에게 빨리 항복하라고 권하는 것 같았고, 그 가사는 슬프디슬프게 울부짖는 것 같았다. 강동 지방 출신의 8천 명에 이르는 젊은 병사들은 애간장이 끊어질 것 같았다.

집 떠나온 지 10여 년,

부모와 생이별하고,

아내는 홀로 쓸쓸한 방을 어떻게 지키고 있을까.

이 노래를 들은 항우는 대경실색했다.

"아니! 유방이 이미 서초西楚를 손에 넣었단 말인가. 어찌하여 초나라 사람이 저렇게도 많을까?"

군은 순식간에 혼란에 빠졌다. 싸움에 싫증이 나 있던 군사들은 속속 도망갔다. 심지어는 항우를 오랫동안 보좌한 측근 장수들마저 말 한마디 없이 곁을 떠났고, 숙부 항백도 슬그머니 사라졌다. 항우는 초나라의 처량한 노랫소리 속에서 스스로 목숨을 끊었다.

승간僧間 종교인을 이용한 간첩술

'승간'이란 종교인을 이용하여 간첩활동을 벌이는 것을 말한다. 남당南唐의 후주 이황李煌은 불교를 독실하게 신봉한 인물이었다. 송나라 태종은 남당을 멸망시키고 전국을 통일하는 과정에서 이황이 불교를 신봉한다는 특성을 이용하여 승려를 남당에 보내 간첩활동을 벌이게 했다.

어느 날 북방에서 한 승려가 남당으로 왔다. 사람들은 그를 '소장로小長老'라 불렀다. 이황은 소문이 자자한 이 '소장로'를 불렀고, 소장로는 이황에게 절을 짓고 탑을 세워 부처의 힘으로 나라를 보살펴달라고 기원하라고 권했다. 실은 남당의 국력을 소모케 하자는 속셈이었다. 소장로는 이황의 허락을 얻어 남당의 수도 금릉金陵 서남쪽에 자리잡은 우두산牛頭山 위에 무려 1천여 칸짜리 절을 세웠다. 그리고 1천여 명의 승려들을 소집해서 매일 법회를 가졌는데, 엄청난 음식을 장만하고 남은 음식물을 산과 들에 뿌리게 하면서 승려들과 음식물을 얻으러 온 백성들에게 유언비어를 퍼뜨려 민심을 동요시켰다. 이황의 전폭적인 지원 하에서 소장로의 불사는 날이 갈수록 번창했다.

975년, 송나라 대군이 남당을 공격했다. 송의 군대는 장강을 건너 금릉을 압박하면서 우두산의 절을 주둔 기지로 이용했다. 그리고 또 한 명의 승려가 장강을 건너 남쪽 기슭의 채석기採石磯(지금의 안휘성 당도현)에 이르러 벽돌로 탑을 세웠다. 이 승려는 늘 풀로 엮은 누더기옷에 채소를 먹고 살면서, 이황이나 남당 사람이 보내온 음식이나 물건을 결코 받지 않았다. 그 뒤 송의 군대가 남당에 진군하면서 뜬 다리를 놓아 장강을 건넜는데, 이 다리의 한끝은 이 승려가 쌓은 돌탑과 연결되었다. 이 두 승려는 송에서 보낸 간첩, 즉 '승간'이었다.

작간爵間 벼슬을 미끼로 한 간첩술
_____

『병경백자』「간자」에서 열거한 16가지 '용간법'의 하나로, 벼슬이나 높은 지위를 미끼로 적진 사람들을 꼬드겨 나를 위해 일하도록 만드는 것이다.

『사기』「오자서열전伍子胥列傳」에 실려 있는 경우를 보자. 오자서가 초나라에서 송나라로 도망갔는데, 마침 송나라 대신 화씨華氏가 정변을 일으키는 바람에 태자 건建과 함께 정나라로 도망갔다. 정나라에서는 그를 매우 잘 대해주었으나, 태자 건은 정을 떠나 진晉으로 갔다. 진 경공頃公은 태자 건에게 말했다.

"태자는 정나라 군신들과 관계가 좋고 정나라도 태자를 신임하오. 태자가 우리 진나라를 위해 정나라 안에서 내응해준다면, 내가 대군을 이끌고 정을 공격하여 정나라를 멸망시킬 수 있을 것이오. 정나라를 멸망시킨 후 큰 벼슬과 함께 그 나라를 태자에게 넘겨주겠소."

태자 건은 경공의 계획에 동의하고 다시 정나라로 돌아갔다. 그런데 태자 건을 수행하던 자가 이 사실을 정나라 정공定公에게 일러바쳤다. 정공과 정자산은 태자 건을 잡아 죽였다.

이 이야기에서 진은 벼슬과 지위를 미끼로 태자 건을 꼬드겨 정나라를 멸망시키려 했고, 태자 건도 벼슬이라는 미끼 때문에 간첩을 자청했다. 그러나 철저하게 비밀스럽게 일을 추진하지 못하는 바람에 되레 죽임을 당했다. 이는 어떤 일을 추진할 때 치밀하게 보안을 유지하면 성공하고, 비밀이 새어나가면 실패한다는 평범한 교훈을 증명하고 있다. 아무리 좋은 계획이라도 적이 먼저 알아채면 예상한 목적을 달성하기 어렵다.

화간畵間 그림을 활용한 간첩술

'화간'이란 그림을 이용해서 간첩활동을 벌이는 것을 말한다.

유방이 백등산白登山에서 흉노의 대군에게 포위당하자 진평이 미녀도를 흉노 선우인 묵특의 아내 알씨에게 보내 포위를 풀도록 한 것은 모두가 잘 아는 사실이다.

송나라를 세운 후 송 태조 조광윤趙光胤은 전국을 통일하기 위해 각 지방에 할거하고 있는 정권을 점차적으로 소멸시키는 일에 착수했다. 이러한 조치에 대해 남당南唐의 후주後主 이황李煌은 몹시 겁을 먹었다. 강남에서의 자기 지위를 유지하기 위해 그는 송 태조에게 사람을 보내 스스로 남당이라는 국호를 버리고 강남 국주로 깎아내리겠다고 자청하면서 복종을 맹세했다. 송 태조는 전체적인 국면을 고려해서 남당과의 우호관계를 수립하는 데 일단 동의했다.

남당의 대신들 가운데 임인조林仁肇는 송이 차지한 강북 땅을 수복하고 싶어 했다. 언젠가 그는 이황에게 비장한 건의를 올렸다.

"회남淮南(지금의 강소성 양주 지구)에 주둔하고 있는 송의 군대는 그 수가 매우 적습니다. 게다가 후촉後蜀을 멸망시키고 지금은 남한南漢을 탈취하느라 몹시 지쳐 있을 것입니다. 신은 수만 병력으로 강북의 옛 땅을 수복하고 싶습니다. 출병하는 날 왕께서는 제가 반란을 일으켰다고 선언하여 송나라 쪽에 알리십시오. 이것이 성공하면 우리나라의 이익이 될 것이고, 실패하더라도 반란을 명분으로 신의 가족 전부를 몰살시키면 송을 자극하는 결과를 초래하지 않을 것입니다."

이황은 송과 남당의 힘을 가늠해본 후 임인조의 건의를 받아들이지 않았다.

이러한 사실을 안 송 태조는 임인조에게 원한을 품게 되어, 남당을 멸망시키는 데 가장 큰 장애물인 임인조를 제거하기로 결심했다. 972년, 송 태조는 남당으로 사람을 보내 임인조의 부하를 매수하여 임인조의 얼굴을 그린 그림을 훔쳐내게 했다. 그리고 그 그림을 다른 사신을 대접하는 집에다 걸어놓고, 남당의 사신을 불러 보여주었다. 송의 간첩은 그림을 가리키면서 사신에게 물었다.

"누군 줄 아시오?"

사신은 임인조임을 금세 알아보았다. 간첩은 때를 놓치지 않고 말했다.

"임인조가 장차 투항하려는 뜻을 전하면서, 우선 이 그림을 신표로 보낸 것이오."

이어서 간첩은 비어 있는 공관 건물 한 채를 가리키며 덧붙였다.

"저 공관은 임인조를 위해 마련해놓은 것이지요."

사신의 보고를 받은 이황은 임인조를 독살했다. 그로부터 3년 후 송은 남당을 멸망시켰다.

제
5
부

언변모략言辯謀略

말과 사람은 한순간도 떨어질 수 없다. 고상한 곳에서나 시장판에서나, 어떤 곳이든 언어의 지혜는 필요하다.

선진시대(기원전 221년 이전) 책들을 펼쳐보면 '말 잘하는' 재능과 재주꾼에 대한 기록이 적지 않다. 전투에 대해 말한 조귀曹劌, 가난함을 예찬한 숙향叔向, 낙관적인 오자吳子 계찰季札, 조태후를 설득한 촉섭觸讋, 제나라 왕에게 풍자로 건의를 받아들이게 한 추기鄒忌, 제왕 통치술을 읽은 상앙商鞅 등은 언변에 정통한 언어의 대가들이었다.

수많은 세력들이 난무했던 춘추전국시대(기원전 770-기원전 222)에는 이 언변술이 대단히 중요했다. 순자는 『순자荀子』 「비상非相」편에서 언변술의 원칙·방법·태도 등을 논술하면서 '군자필변君子必辯'이라는 유명한 관점을 제기한 바 있다. 한나라 때 유향劉向은 이런 순자의 사상을 이어받아 『설원說苑』 「선설善說」편에서 한 걸음 더 나아가 "좀더 분명히 말하고 자신의 의지를 굳게 견지하며 상대방이 좋아하는 것과 의기투합할 수 있다면, 그 말은 듣기에 신기하고 귀한 것이 된다. 분명하면서 분간하기 쉬워 상대방의 내심을 흔들어놓을 수 있는데도 그 말을 듣고 실행에 옮기지 않는 자는 일찍이 천하에 없었다. 이것을 가리켜 말을 잘한다고 하는 것이다."라고 말하기까지 했다.

오늘날 사회가 발전하고 사람과의 교류가 빈번해지면서, 정치·외교·법률·문화·교육 등 각 방면에서 언변 능력의 중요성이 날로 높아지고 있다. 『논어』에서는 "시를 배우지 않고는 말을 하지 말라."고 했는데, 고대에 이 말은 나름대로 일리가 있었다. 그러나 오늘날에는 이 구절에 새로운 의미를 부여할 필요가 있다. 이를테면 "말 잘하는 것을 배우지 않고는 말을 하지 말라." 정도로 말이다. 크게는 무한한 우주 공간, 작게는 분자와 원자의 미립자 세계에 이르기까지 일에는 크고 작은 것이 있고 이치 면에서 깊고 얕음이 있게 마련인데, 그 모두가 언변을 필요로 함은 말할 것도 없다.

사법 방면의 일과 언변의 관계는 누구나 다 잘 알고 있는 바다. 법률 소송이라고 말할 때 '송訟'자는 논쟁·쟁의·변명·변호 등을 의미한다. 위험한 국면을 역전시키고 주위를 놀라게 만드는 법률가의 웅변 재능은 모든 사람이 감탄하고 흠모해마지 않는 점이다.

정치가와 외교가가 말을 잘한다는 것은 모략의 지혜를 더욱 빛내주는 요소가 아닐 수 없다. 주은래周恩來는 국제회의 석상에서 다음과 같은 유명한 말을 남긴 바 있다.

해타락구천咳唾落九天, 수풍생주옥隨風生珠玉.
침이 구천에서 떨어지면, 바람이 구슬로 만든다.

그는 말 한마디 한마디가 귀중하다는 의미의 외교사령으로 중국의 명예와 민족의 자존심을 지켰는데, 이는 지금까지도 훌륭한 일화로 전해오고 있다.

언변은 특히 과학적 연구 영역에서 진리를 탐구하는 수단이 되기도 한다. 프랑스의 과학자 프루스트Proust와 베르톨레Berthollet가 벌였던 '일정 성분비의 법칙'(훗날 돌턴이 제시한 원자론의 기초가 된다)에 관한 논쟁은 무려 9년간 계속되었다. 최후로 프루스트가 '일정 성분비의 법칙'을 발견함으로써 대논쟁의 승리자가 되었는데, 그는 자신의 논쟁 상대였던 베르톨레에 대해 감격 어린 목소리로 이렇게 말했다.

당신의 질책이 없었더라면 나는 깊이 있게 이 '일정 성분비의 법칙'을 연구하기 어려웠을 것입니다.

언변이 사유를 촉진하고 지혜를 높인 좋은 본보기라 하겠다.

언변이 모략사상을 풍부히 해주고 동시에 지력을 개발하는 작용을 한다는 것은 국내외 교육심리학자들이 공인하는 바다. 언변은 사람들에게 흔히 보이는 '동질성 추구', '습관적 관성', '정체성停滯性' 등과 같은 사유상의 약점을 극복하고 창조적 능력을 발전시킨다.

이렇게 중요한 언변모략을 어떻게 장악할 것인가? 전설을 예로 들어 간접적으로 설명해보자. 이 전설은 남송시대 도교 전진파全眞派의 북오조北五祖 중 한 사람인 여동빈呂洞濱에 관한 것이다. 득도한 여동빈이 산을 내려와 지혜로운 인물을 찾아서 자신의 도술을 전수하고자 했다. 그는 도중에 젊은 나무꾼을 만나 작은 돌멩이를 금으로 바꾸어 보이며 가지겠냐고 물었다. 나무꾼은 고개를 저었다. 여동빈은 다시 커다란 바위를 금빛 찬란한 금덩이로 만들어서 가지겠냐고 물었다. 나무꾼의 대답은 마찬가지였다. 여동빈은 이 젊은이가 황금 보기를 돌같이 하는 심지가 아주 굳은 인물로 판단하고 도술을 전수해 자신의 뒤를 잇게 하리라 마음먹었다. 그는 물었다.

"그대는 어째서 황금을 원치 않는가?"

나무꾼의 입에서는 뜻밖의 대답이 나왔다.

"나는 금이 아니라 돌을 금으로 바꾼 당신의 그 손가락을 가지고 싶습니다."

여동빈은 속으로 '흥! 알고 보니 아주 탐욕스러운 놈이었군!'이라고 욕을 하고는 바람처럼 사라졌다고 한다. 그러나 우리가 조금만 더 생각해보면 여동빈이 잘못 생각했음을 알 수 있다. 그 젊은 나무꾼이야말로 진짜 지혜로운 사람이었던 것이다. 그가 필요로 했던 것은 결과물이 아니라 결과물을 얻는 방법이었다. 이제 소개할 언변모략들이 "돌을 금으로 만드는" 기술에 도움이 될 수 있다면 기쁘겠다.

1절
언변의 원칙

입향수속入鄕隨俗 그 고장에 가면 그곳의 풍속에 따른다

흔히 하는 말로 "그 고장에 가면 그 고장 풍속에 따르고", "산에 가면 산의 노래를 불러라."는 말이 있다. "로마에 가면 로마법을 따르라."는 것이다. 언변은 반드시 대상을 보고 그 대상에 따라 정확하게 알맞은 대화 방식을 취해야 한다.

1921년 가을, 광동성의 날씨는 아직 더웠다. 팽배彭湃는 이른바 '백통모白通帽'를 쓰고 흰색 줄무늬의 학생복에 밑창이 고무로 된 신발을 신고, 적산赤山의 한 농촌으로 내려와 농민운동을 벌이기 시작했다. 농민들은 그의 차림새를 보고 고향에 와서 잡세 따위를 거두어 가는 탐관오리인 줄 알고 그를 피했다. 팽배는 지나가는 사람들을 붙들고 해명했다.

"나는 세금을 거두러 온 사람이 아닙니다. 나는 힘들게 일하는 당신들의 친구가

되기 위해 온…."

"아! 그러서? 선생, 쓸데없는 고생 말고 가서 차나 드시오, 차나!"

농민들은 비꼬는 말을 던지며 총총히 사라졌다. 팽배는 한 집 한 집, 한 마을 한 마을 찾아다녔지만 다들 싸늘한 반응을 보일 뿐이었다. 팽배는 몹시 실망하지 않을 수 없었다.

팽배는 잠조차 제대로 이룰 수 없었다. 어떻게 하면 농민들이 그를 무서워하지 않고 가깝게 느낄 수 있을까? 한참을 생각한 끝에 그는 마침내 문제점을 찾아냈다. 즉, 지금 같은 차림새와 말투로는 농민들의 신임을 얻을 수 없다는 결론을 내린 것이다. 그는 낡은 작업복 차림에 모자도 밀짚모자로 바꿔 썼으며 맨발에 담배쌈지를 가지고 다니는 등 농민과 비슷한 차림새를 갖추었다. 그러고는 산 아래 사당 앞에서 지나가는 농민들을 상대로 계몽 선전을 시작했다. 이렇게 해서 일단은 농민들과 가까워질 수 있었다. 그는 지나가는 농민들에게 농민들이 지금 받고 있는 고통의 원인을 얘기하면서, 지주의 착취 증거를 열거하고 농민들의 단결을 주장했다. 그러나 농민들은 대부분 듣는 둥 마는 둥 하며 그 자리에서 슬그머니 사라졌다.

'어쩌지?'

그는 또 생각에 생각을 거듭했다. 어느 날, 농민 몇몇이 사당 앞을 지나가자 팽배는 갑자기 큰 소리로 "호랑이다! 호랑이!"라며 고함을 질렀다. 농민들은 그의 말을 진짜로 믿고 모두 도망쳤다. 그러다 큰 용수나무 아래에 호랑이가 아닌 팽배가 서 있는 것을 발견하고는, 정신병자인가 싶어 슬금슬금 그의 주위로 몰려들었다. 그는 이때다 싶어 큰 소리로 말했다.

"저는 정신병자가 아닙니다. '지주'들이야말로 사람을 잡아먹는 '호랑이'입니다."

그는 농민들을 착취하는 지주들의 잔인함과 그 무도함을 얘기하며 다시 농민들의 단결을 강조했다. 그리고 압박에 항거하며 자유와 행복에 찬 삶을 쟁취하자고 했다. 이번에는 무슨 별다른 결과를 얻지는 못했지만 말라버린 우물 같았던 농민들의 마음에 작은 파문을 일으키는 데는 성공했다.

농민들에게 혁명의 당위성을 선전하느라 팽배는 피곤함에 몸이 마를 정도였다. 상황은 좀처럼 나아지지 않았다. 어느 날 저녁, 팽배는 그동안 안면을 익힌 임패林沛, 이노사李老四 등을 청해서 상의했다. 팽배는 허심탄회하게 물었다.

"내가 매일 이렇게 계몽 선전을 하는데도 농민들은 도무지 나를 받아들이지 않으니 무슨 까닭일까요?"

임패가 대답했다.

"요즈음은 농민들이 틈이 없어요. 게다가 선생님의 말씀이 너무 어려워 어떤 때는 저도 못 알아들을 정도지요. 더욱이 선생님은 농민들과 낯이 익은 사람과 함께 다니지 않고 혼자 다니기 때문에 농민들이 신뢰감을 갖지 못하는 것입니다."

이노사도 거들었다.

"선생님께서 향촌에서 계몽 선전을 하시려면 절대 농민들의 고유한 신령을 배척해서는 안 됩니다."

이 말에 팽배는 눈앞이 트이는 것 같았다. 그는 흥분해서 그날 일기장에 이렇게 썼다.

'곧 성공할 것 같다!'

이후 팽배는 선전 방식을 다시 바꾸었다. 우선 임패 등 농민과 친한 사람을 데리고 다녔다. 농민들은 점차 팽배에 대한 의심을 풀기 시작하면서 때로는 그와 진지한 대화를 나누기도 했다. 팽배는 매일 저녁 7시에서 8시 사이에 부근 몇몇 마을로 계몽 선전을 하러 다녔고, 한가한 농민들이 그와 얘기를 나누었다. 그는 선전 방식을 문답식으로 바꾸고, 대화 사이사이에 농민들 특유의 거칠지만 친근한 속어를 끼워 넣기도 했다. 축음기를 사용해 노래를 들려주기도 했다. 이렇게 해서 그의 강연을 듣는 사람은 갈수록 늘었다. 농민들은 그가 마을에 오기 전에 자진해서 탁자를 마련하고 불을 켜놓고 기다릴 정도가 되었다. 지주들에 대한 농민들의 투쟁을 고무하기 위해 팽배는 몸소 신가요를 편곡해 목동들에게 가르쳤다. 낮에는 땀 흘리며 농민들과 함께 일했다. 농민들을 도와 고민을 해결하고 학교도 세웠다.

어느 날 팽배는 팽씨 집안의 땅을 소작하는 사람들을 모아놓고 그들이 보는 앞에서 소작인 계약서를 불태워버리고 토지를 소작인들의 소유라고 선포하는 한편, 주위 청중들에게 그 당위성 등에 대해 한바탕 연설을 했다. 실로 장관이 아닐 수 없었다.

팽배의 각고의 노력 덕분에 농민들이 일어섰고, 마침내 1923년 1월 1일 10만 명으로 구성된 '해풍현총농회海豊縣總農會'가 성립되었다.

농민에 대한 팽배의 선전은 농민들에게 신임을 얻기까지 복잡한 과정을 겪어야 했다. 그는 끊임없이 자신을 반성하며 '입향수속'했는데, 이는 피선전자들의 신임을 얻는 기본 조건이었다.

인인시언因人施言 사람에 따라 말을 골라 한다

"어떤 사람인가 보고 말하라."라는 속담이 있다. 이것을 좀더 적극적으로 이해하면, 상대를 설득하기 위해서는 먼저 상대의 개성을 파악하고 그것에 근거하여 올바른 언변 방법을 취해야 한다는 말이 된다.

공자가 제자들을 어떤 식으로 가르쳤는지 살펴보자.

자로가 물었다.

"좋은 말을 들으면 즉시 실행에 옮겨야 합니까?"

공자가 대답했다.

"부모 형제가 살아 계시는데 어찌 듣는 즉시 행동에 옮기겠느냐?"

또 다른 제자 염유冉有가 물었다.

"들으면 즉시 행동으로 옮겨야 합니까?"

"듣거든 즉시 행동으로 옮기거라."

공자가 각기 다른 대답을 하는 것을 보고 공서화公西華가 영문을 몰라 그 이치를 물었다. 그러자 공자는 이렇게 대답했다.

"자로는 너무 적극적이기 때문에 실수가 많다. 그래서 부형에게 물어본 다음 행하도록 억제를 한 것이고, 염유는 성격이 소극적이기 때문에 자극을 준 것이니라."

공자는 제자의 성격에 맞추어 각각 다른 처방을 내린 것이다. 성질이 급한 자로에 대해서 공자는 "자로는 나보다 훨씬 용감하지만 사리분별이 모자란다."는 말도 했다. 염유에 대해서는 그가 공자의 가르침을 실행하는 데 힘이 모자란다고 하자 "힘이 모자라는 자는 중도에서 그만둔다. 지금 너는 스스로 한계선을 긋고 있다."라고 말했다. 이처럼 공자는 두 제자의 서로 다른 성격에 맞추어 각기 다른 교육 방식을 취했던 것이다.

한 사람을 설득하기 위해서는 먼저 상황을 파악하고 그 사람의 개성을 제대로 탐색해야 한다. 여기에는 개인의 흥미·능력·기질·성격 등이 포함된다. 공자는 제자들의 기질과 천성에 근거하여 각기 다른 교육 방식을 취했는데, 이런 방법은 오늘날에도 폭넓은 교육적 의의를 지닌다고 할 수 있다.

지인자지知人者智 상대를 아는 사람이 지혜로운 사람이다

변론에 앞서 상대의 상황에 대해 객관적으로 이해할 것을 가르치는 말이다. '지피지기'할 수 있어야만 비로소 상대에 따라 각기 다른 언변 대책을 세울 수 있다. 논쟁 상대를 이해하지 못하고 성급하게 대응하는 것은, 맹인이 눈이 먼 말을 타고 달리거나 한밤에 깊은 늪지를 건너려는 것과 같다. 이기고 싶은 마음만 앞설 뿐 일은 필연적으로 어긋나고 만다. 『노자』 제33장에 이런 말이 있다.

남을 아는 것을 지혜라 하고, 자신을 아는 것을 현명이라 한다.

남을 인식할 줄 아는 사람은 각기 다른 대상에 근거하여 각기 다른 언어 방식을 운용할 줄 안다. 지식이 많은 사람은 지식욕을 자극하는 논제에 큰 흥미를 갖게 마련이다. 이런 사람은 천박하고 통속적인 말을 하찮게 여기므로 박학다식을 충분히 드러내서 추상적 추리와 각종 문제 간의 내재 관계를 밝히는 데 힘을 기울여야 한다. 고상한 논리 따위에는 관심이 없는, 문화 수준이 낮은 사람에 대해서는 분명한 사례를 들어 설득해야 한다. 순순히 유혹하기에 적절하지 않은 고집불통의 상대에 대해서는 겉과 속이 같은 말로 받아들이게 하고, 유인계로 서서히 설득해야 한다. 말이 없는 상대에 대해서는 말문이 트이도록 도발해야지, 그렇지 않으면 오리무중으로 빠지고 만다. 성질이 급한 상대는 지루한 설명을 싫어하므로 간결하고 직접적인 단어를 골라 사용해야 한다. 사상이 완고한 사람에 대해 딱딱한 공격은 국면을 냉각시키고 날카롭게 만들기 때문에 상대가 가장 흥미를 보이는 부분에 맞추어서 대화를 전환해야 한다.

말을 통해 상대를 이해하는 것은 논쟁에서 승리할 수 있는 관건이다. 우리는 말의 미묘한 차이를 보고서 상대방 성격의 특성과 내면 활동 따위를 관찰할 수 있다. 『맹자』에 나오는 한 대목을 보자.

말이 어느 한쪽에 치우쳐 있다면 그 사람은 분명 어떤 사상에 의해 가려져 있는 것이고, 진실을 잃은 과장으로 자신의 주장을 합리화하려 한다면 그 사람은 어떤 사상의 지배를 받고 있는 것이다.

억지소리를 늘어놓거나 말을 이리저리 꾸미는 사람은 진리를 돌아보지 않는 자다. 말이 왔다갔다 일정치 않으면 이미 대응이 궁색해졌다는 것이다.

『주역』에는 이런 대목이 있다.

말이 자연스럽지 못하고 부끄러워하는 기색을 드러내면 그자의 마음에는 미안한 일이 있는 것이다. 말이 집중되지 못하고 연약하기 짝이 없는 사람은 어떤 사물에 대한 자기주장이 결핍되어 있다. 말이 구슬을 꿰는 것 같은 사람은 성격이 급하다. 위선적인 사람은 그 말이 이리저리 일정치 않고 진실하지 못하다.

논증의 기초가 튼튼하지 못하면 입을 열어봤자 자신 있고 솔직한 말을 못 하게 된다. 성격이 강하고 자신이 넘치는 사람은 "저…", "음…", "에…", "그게…" 따위와 같은 말투는 거의 사용하지 않는다. 반대로 소심하고 조심스러우며 신경질적인 사람은 흔히 이런 말투를 사용한다.

상대가 무의식중에 드러내는 태도와 모습을 통해 그의 심리와 성격을 이해하면, 때때로 언어로 표현하는 것보다 더 진실하고 미묘한 생각을 포착할 수 있다. 심리학에서는 인간의 대뇌에 미치는 외부 사물의 자극은 왕왕 인체 내부의 상응하는 조직에 대해 단시간 내에 이상 현상을 나타내게 하는 기능을 발휘할 수 있다고 한다.

예컨대 상대가 팔짱을 끼고 있으면 문제를 골똘히 생각하고 있다는 표시다. 머리를 감싸고 있으면 어찌할 바를 모르고 있음을 나타낸다. 고개를 떨어뜨리고 발걸음도 무겁게 길을 걷고 있다면 그가 의기소침해 있음을 알 수 있다. 머리를 치켜들고 가슴을 쫙 펴고 큰 소리로 이야기를 한다면 자신감에 차 있다는 표현이다. 여성이 말은 않고 손만 만지작거리고 있다면 말을 하고는 싶은데 무슨 얘기부터 꺼내야 할지 모르고 있는 상태다. 진짜 자신 있고 실력이 있는 사람은 공손한 자세로 다른 사람의 말을 경청한다. 손가락으로 탁자를 두드리거나 볼펜 따위를 만지작거리고 있는 것은 상대의 얘기가 무미건조하다는 의사표시다. 상대의 취약한 부분을 건드렸는데도 태연한 모습을 보이면 상대의 반박을 경계해야 할 것이다.

인간의 사상과 감정이 그 사람의 말·표정·동작으로 표현되기는 하지만, 한 방면만 가지고 착오 없이 정확하게 논적을 파악하려 해서는 아무래도 충분하지 못하다. 인간은 자연적 속성을 갖추고 있을 뿐만 아니라 사회적 속성도 함께 갖고 있기 때문이다. 인간은 자기 통제력을 갖고 있어 자신의 말과 행동을 제약하고 지배할 수 있다는 사실을 잊어서는 안 된다. 뛰어난 모략가와 웅변가의 자제 능력은 특히 두드러져 보인다. 따라서 우리는 상대방의 경력·경험·이론·언변 수준 등을 종합하여 전면적으로 사유하고 깊이 있게 연구함으로써 정확한 판단을 내릴 수 있도록 해야 할 것이다.

언변 대상에 대한 이해는 조용히 관찰하는 데만 머물러서는 안 되며, 적극적인 관찰로 나아가야 한다. 이를 위해서는 일정한 탐색 대책을 채택하여 상대의 정서를 격발시켜야 비로소 신속하고도 정확하게 상대방의 사상적 맥락과 동태를 파악할 수 있다. 예를 들어 언변을 시작하기 전에 상대와 철학·경제, 나아가서는 패션·주택·사회생활 등에 관해 한담을 나누면서 상대방의 취미·기호·지식·경험 등을 관찰할 수 있다.

상대방이 권태로워한다 해도 당신은 신경쓸 필요가 없다. 언변에 앞서 상대의 심정을 어지럽게 만드는 외에 다른 불리한 점은 없기 때문이다. 상대방이 흥미를 갖고 있는 사물을 거론하면서 상대방이 입을 열도록 유도하여 상대방의 표정 변화 및 심리 활동의 일반적 특징을 관찰한다. 언변 중에 일련의 자극적인 문제를 적당히 운용하면, 상대는 흥분하여 감정 통제력을 잃게 되고 자연히 자신의 내심을 나에게 털어놓게 된다. 이때 상대방의 성격을 드러내기에 앞서 상대가 나를 겁 많고 힘없는 사람으로 오인하게 만들 수도 있다.

공심복적攻心服敵 마음을 공략하여 복종시킨다

'공심복적'은 상대방의 심리를 응용하는 대책이다. 고대 그리스의 철학자 소크라테스는 학생들의 그릇된 관점에 대해 즉각적인 비판과 시정을 가하지 않고, 먼저 가깝고도 쉬운 예로부터 점차 멀고 심오한 암시를 주어 문제 해결을 위한 사유를 이끌어낼 수 있게 했다. 그러고는 상대방이 제기한 각종 문제와 대답에 일일이 반박을 가했다. 그리하여 최종적으로 상대방은 자연스럽게 그가 받아들이기를 희망하는 결론을 이끌어낸다. 그런 다음 소크라테스는 다시 그것이 바로 네가 원래 갖고 있던 관점이라고 말해준다. 그는 이런 방법을 '조산술' 또는 '산파술'이라 불렀고, 자신은 그저 '산파'의 역할을 통해 학생들이 정확한 결론의 '새 생명'을 '분만'할 수 있도록 도울 뿐이라고 했다.

당신이 만약 자신의 말솜씨만 믿고 논쟁의 초반부터 상대의 의견을 압도하여 상대가 겉으로는 굴복하지만 마음으로는 결코 받아들이지 못하는 심리적 상태를 만들

● 상대가 진정 마음으로 설복하는 소크라테스의 '산파술'은 언변의 최고 수준을 보여준다.

어버리면, 인식의 통일은 매우 어려워진다. 그래서 맹자는 변론 과정에서 상대의 심리를 어루만지는 것을 중시했다. 맹자는 상대방의 말문이나 대화 자체를 막아버리는 방법이 아닌 상호 의사를 자연스럽게 소통시키는 방법을 썼다. 그렇게 해서 순리적으로 상대를 진리 앞에 고개를 숙이게 만들었다.

맹자가 재물·여자·오락·전쟁을 좋아하는 제齊나라 선왕宣王에게 무턱대고 인의仁義의 정치를 펼칠 것을 주장했다면 쌍방의 관점은 근본적으로 어긋나 평행선을 달렸을 것이다. 맹자는 이러한 선왕의 결점을 인의의 정치를 시행하여 천하의 왕 노릇을 할 수 있는 조건이라고 말해주었다. 그 관련 대목을 한번 살펴보자.

제나라 선왕의 측근 신하인 장포莊暴가 맹자를 만났다.

"제가 왕을 뵈었사온데, 왕께서는 좋아하시는 음악을 가지고 말씀을 하셨으나 저는 대답할 길이 없었습니다. 음악을 좋아하는 것은 어떻습니까?"

맹자는 다음과 같이 대답했다.

"왕께서 음악을 좋아한다면 제나라는 잘 되어나갈 것입니다."

얼마 뒤 맹자는 제나라 선왕을 만나 물었다.

"장포에게 음악을 가지고 말씀하셨다는데 그렇습니까?"

왕은 얼굴색이 달라지며 변명했다.

"과인이 옛날 선왕들의 음악을 좋아한다는 말은 아니었소. 그저 세속적인 음악을 좋아할 뿐이오."

"왕께서 음악을 좋아하신다면 제나라는 잘 되어나갈 것입니다. 지금 음악이나 옛날의 음악은 같은걸요."

"그래요? 그에 관한 이야기를 좀 들을 수 있을까요?"

"혼자 음악을 들으며 즐기는 것과 몇몇 사람들과 함께 음악을 듣는 것 중 어느 것이 더 즐겁겠습니까?"

"그야 사람들과 함께 즐기는 것이 낫겠지요."

"그럼, 몇몇 사람과 음악을 듣는 것과 여러 사람들과 함께 음악을 듣는 것은 어느 쪽이 낫겠습니까?"

"여러 사람과 함께 듣는 것이 좋겠지요."

"그럼 이제 음악에 관해 말씀드리겠습니다. 왕께서 여기서 음악을 감상하시는데 백성들이 종과 북소리, 관악기 소리 등을 듣고는 골치를 앓고 인상을 찡그리며 서로 이렇게 말합니다. '우리 임금은 음악을 좋아하면서 어째서 우리들을 이 지경에까지 이르게 한 것일까? 부자간에 서로 만나지 못하고 형제와 처자식은 헤어져 흩어져 버렸으니.' 또 왕께서 사냥을 하시는데 백성들이 수레와 말 소리를 듣고, 호화로운 깃발을 보고는 다들 골치 아파하고 인상을 찌푸리며 이렇게들 말합니다. '우리 임금은 사냥을 좋아하면서 어째서 우리를 이 지경에까지 이르게 한 것일까? 부자간에 서로 만나지 못하고 형제와 처자식은 헤어져 흩어져버렸으니.' 이렇게 말하는 데는 별다른 이유가 있는 것이 아닙니다. 백성들과 함께 즐기지 않기 때문입니다. 그런데 백성들이 음악을 듣고 다들 즐거워하며 '우리 임금께서 제발 편찮으시지 말아야 할 텐데. 그렇지 않으면 어떻게 음악을 즐기신단 말인가?'라고 말하고, 사냥에 대해서도 '우리 임금께서 제발 편찮으시지 말아야 할 텐데. 그렇지 않으면 어떻게 사냥을 나가신단 말인가?'라고 말합니다. 이렇게 말할 수 있는 것은 별다른 이유가 있어서가 아닙니다. 백성들과 함께 즐기기 때문입니다. 왕께서 백성들과 함께 즐기신다면 천하의 왕 노릇을 하실 수 있을 것입니다."

맹자는 교묘하게 음악으로부터 정치를 끌어내어 제나라 선왕이 백성과 함께 즐겁게 지내도록 계발함으로써 나라를 잘 다스리게 하려는 목적을 달성했던 것이다. 맹자가 인의의 사상을 선전하는 데 의존한 방법이 바로 '공심전술'이었다. 이 전술은 언변술 중에서도 높은 차원에 해당한다고 할 수 있다.

언변은 진리를 선전하기 위해 상대방의 활동·이성·의식에 정확한 영향력을 행사해 최후에는 "그 마음을 빼앗아" 완전한 승리를 거두는 것이다. 상대방이 마음으로까지 설복하지 않으면 이상적인 전과를 올렸다고 할 수 없다. 언변에 필요한 각종 대책들, 예컨대 우회·직설·진퇴·이해·공수 등과 같은 전술과 전법의 운용은 모두 "상대의 마음을 아는 것"을 조건으로 하고, "상대의 마음을 빼앗는 것"을 목적으로 한다.

화적위우化敵爲友 적을 친구로 만든다

언변의 성공은 흔히 알고 있듯이 상대방을 아무 말 못 하게 만드는 데 있는 것이 아니라, 상대를 깨우치게 해서 인식상의 일치를 얻어내고 그를 진심으로 설복시켜 친구로 만드는 데 있다.

그렇다면 어떻게 적을 친구로 만드는가? "함부로 싸우지 말라!"는 원칙을 기억하고 있다면, "쉽게 적을 만들지 말라!"는 말도 염두에 두어야 한다.

교육부에서 한 학교를 시찰한 뒤 좌담회를 연 적이 있다. 다음은 그 좌담회에서 일어난 웃지 못할 일화다. 장학관 팀의 부조장인 A의 발언이 사람들의 주목을 끌었는데, 그가 다른 사람과 상반되는 의견만 발표했기 때문이다. 다른 사람들이 좋다고 하면 그는 곧 나쁘다고 하고, 남이 성공이라고 하면 그는 실패라고 말했다.

B: 이 학교의 청소 상태는 매우 좋았습니다. 휴지도 없고 껌이나 침을 뱉은 흔적도 전혀 없습니다.

A: 천만에요. 나는 그 말에 동의할 수 없습니다. '휴지 하나 없다'는 것과 청소와 위생 상태가 좋다는 것은 같을 수 없습니다. 당신은 그들이 항상 그렇게 깨끗하게 유지한다는 것을 보증할 수 있습니까? 그들이 장학사들에게 잘 보이기 위해 어제 전교생을 동원해 대청소를 했는지 어떻게 압니까? 또 '껌이나 침을 뱉은 흔적도 없다'고 했는데, 그것으로 이곳 학생들이 위생 습관이 철저해서 교외에서도 그렇지 않으리라고 단정할 수 있습니까?

C: 학생들의 반응에 따르면 '예술 감상'이란 과목에 많은 흥미를 보이는 것 같던데….

A: (또 반박한다) 아니요, 나는 그 말에 찬성할 수 없습니다. 학생들의 입장에서 보면 '하늘이 좋다고 말하면 세상이 평안하게 보장된다'는 말과도 같이, 장학사가 좋다고 하면 그들도 그저 좋다고 말하는 것입니다. 이치는 간단해요. 바로 당신이 장학사이기 때문이죠. 나도 그 교사의 수업을 들었는데, 무슨 이바노비치의 '다

뉴브강의 물결'인가 하는 춤곡을 감상하자고 큰 소리를 치고 학생들에게 테이프도 들려주더군요. 그러나 중학생들이 단조 위주의 애절하고도 심금을 울리는 선율의 아름다움을 제대로 이해할 수 있다고 보십니까? 중학생들에게 '왈츠'를 이야기하고 '매우 흥미를 보인다'고 하니 정말 불가사의하기 짝이 없군요.

D: 가정 시간에 궁정 요리를 소개하면서 왕비의 사치스러운 생활에 대한 비판을 너무 장황하게 하더군요. 정치 과목도 아닌데 요리 기술을 위주로 수업했어야….

A: 그렇지 않죠. 그건 당신의 관점이 틀린 것입니다. 어떤 과목도 정치에서 벗어날 수 없습니다. 기술 과목이라 해서 순전히 기술적 관점만을 전달할 수 있나요? 나는 왕비에 대한 비판이 그 과목의 진수로서 매우 성공적이었다고 생각합니다.

E도 A와 함께 좌담회에 참석했다가 A의 발언이 사람들의 반감을 불러일으켜 고립되어가는 모습을 보고 딱한 마음에 A를 도우려고 했다.

E: 저도 기술 과목이라 해서 정치나 사상 교육에서 벗어날 수 없다고 봅니다만….

이 말이 채 끝나기도 전에 A는 습관적으로 E의 말을 반박하고 나섰다.

A: 그게 아니에요. 나는 당신의 그 말에 반대합니다.
E: 그게….

E는 난처해져서 우물쭈물했다.

A와 같은 '웅변가'는 근본적으로 명확한 변론 목적을 갖고 있지도 못하며 더욱이 언변의 원칙도 준수하지 못하고 있다.

언변의 원칙은 변론 활동에서 반드시 지켜야 할 법칙이자 표준이다. 언변은 각종 사리를 평가하는 저울이자 진리 추구의 수단이다. 언변에 앞서 자기 자신에게 이런 질문을 던져라. "이 언변이 진리 추구를 위한 것인가? 아니면 내 자신의 말재주를 뽐내기 위한 것인가?" "이 저울과 수단을 운용할 필요는 있는가?" 언변 원칙을 벗어나 무슨 문제를 논해야 하는지, 어떤 상대와 대화해야 하는지, 언제 어디서 논쟁하는지도 제대로 모르고 자기 멋대로 쟁점의 극단만을 마구 끄집어내는 이런 언변은 맹목적이며 언변의 의의를 잃어버린 것이다. 언변이란 가치가 있어야만 비로소 진행될 수 있다. 답변할 가치도 없는데 답변을 남발하는 것은 오히려 자신이 한 말의 위신을 떨어뜨리는 꼴이 된다.

위의 A처럼 곳곳에다 적을 심어놓으면 결국 수세에 몰린다. 잘 싸워야 하지만 동시에 말싸움을 너무 가볍게 여겨서도 안 된다. 다시 말해 변론에는 할 바와 하지 말아야 할 바를 깊이 깨닫는 이치가 바탕이 되어야 한다. 해야 할 때면 하고, 하지 말아야 할 때면 하지 말아야 한다. 또 해야 할 것 중에 해서는 안 되는 것이 있으며, 해서는 안 될 것 중에 해야만 하는 것도 있다. 못 할 것이 없다면 할 것도 없어지는 것은 당연한 이치 아니겠는가?

변론자가 사사로운 감정에 치우쳐 상대방의 바람이나 객관적 조건을 고려하지 않으면 논쟁에서 승리할 수 없다. 언변의 한쪽에서는 상대의 심리적 반응이나 변화에 따라 그에 상응하는 심리적 반응 또는 변화를 거치고, 다시 언변 대책을 잘 고려해 선택해야 비로소 상대를 진짜 승복시키는 조건을 창출해낼 수 있다. 이렇게 정리에 부합하는 논설은 논제에 대한 깊은 이해를 가져오고, 박학한 지식과 웅변의 논리는 비로소 상대의 마음을 굴복시키는 '권위 있는 힘'을 발휘하게 되며, 결국 상대방은 열린 태도로 나의 논증에 귀를 기울이게 된다. 상대방이 내 말에 고개를 끄덕이며 옳다고 인정하더라도, 그 방법이 '겁주기' 식이나 그저 말로만 승리를 거두는 식이라면 상대는 나를 믿지 않게 되고 그의 태도는 폐쇄적이고 대항적으로 기울어질 수밖에 없다. 이렇게 되면 당초의 목적·목표와 상당히 동떨어져버릴 것이다.

변론자는 상대방의 정서적 장애와 인식상의 장애를 해소하는 데 힘을 기울이고 정중한 태도로 상대를 대해야 한다. 기세로 밀어붙여서는 안 되며, 지나치게 모나고 각박한 말로 상대를 자극해서도 안 된다. 적절한 비판과 탐구의 태도로 적시에 정서를 조절해가며 융합된 분위기 속에서 더욱 깊이 있는 논의와 교류가 이루어질 수 있도록 힘을 쏟아야 한다. 우정의 다리는 이렇게 해서 놓이게 된다.

효이리해曉以利害 이해득실을 따져 깨닫게 한다

이해 구분이 없는 일의 결과란 있을 수 없다. 모든 일은 이익 아니면 손해다. 당연히 논쟁에서도 이해의 분별은 대단히 중요하다. 이는 개인의 발전에 관련된 일로부터 가정·국가의 일에 이르기까지 마찬가지다. '검은 진주'로 불리는 브라질의 축구 황제 펠레는 어려서부터 축구를 끔찍이 좋아해 일찌감치 남다른 재능을 나타냈다.

언젠가 어린 펠레는 격렬한 축구 경기에 참가했다가 숨조차 쉬기 힘들 정도로 지쳤다. 휴식 시간 때 동료들은 담배로 피로를 풀고자 했다. 펠레도 으쓱해져서 담배를 피웠다. 희뿌연 담배 연기가 쉴 새 없이 입으로 뿜어져 나왔다. 이런 모습을 아버지가 보고 말았다. 아버지는 눈을 치켜떴다. 저녁 때 아버지는 의자에 앉아 있는 펠레에게 물었다.

"너, 오늘 담배 피웠니?"

펠레는 얼굴을 붉히며 고개를 끄덕였다. 어린 펠레는 아버지에게 야단맞을 마음의 준비를 했다. 그러나 아버지는 그렇게 하지 않았다. 아버지는 의자에서 일어나 한참 동안 방안을 오가다가 입을 열었다.

"애야, 너는 축구에 대단한 소질이 있으니 장차 크게 이름을 날릴 수 있을 게다. 그런데 벌써 담배에 입을 대다니. 흡연은 몸을 망가뜨려 경기에서 능력을 제대로 발휘할 수 없게 한단다. 아버지로서 난 네가 좋은 방향으로 노력하도록 교육할 책임이 있고, 네가 좋지 않은 행동을 할 때는 그것을 막아야 할 책임도 있다. 그러나 네가 좋은 길로 나가느냐 나쁜 길로 미끄러지느냐는 어디까지나 네 자신에게 달려 있다. 자, 한번 물어보자꾸나. 담배를 피우고 싶니, 아니면 뛰어난 축구 선수가 되고 싶니? 내 말뜻을 알았으면 네 스스로 알아서 선택하거라."

아버지는 주머니에서 지폐를 한 뭉치 꺼내 펠레에게 건네주었다.

"뛰어난 운동선수가 되길 원치 않고 굳이 담배를 피우겠다면 이 돈을 담배 사는 데 보태거라."

아버지는 밖으로 나가버렸다. 어린 펠레는 아버지의 뒷모습을 멍하니 쳐다보다가 아버지의 깊고도 간절한 말을 되씹었다. 그러다 자신도 모르게 울음을 터뜨리고 말았다. 한바탕 울고 난 펠레는 지폐 뭉치를 아버지에게 돌려주며 말했다.

"아버지, 다시는 피우지 않겠어요. 그리고 꼭 훌륭한 축구 선수가 되겠어요!"

펠레는 뼈를 깎는 훈련을 통해 기량을 키웠다. 15세 때 산토스 축구클럽에 입단했고, 16세 때는 국가대표가 되어 브라질이 '줄리메컵'을 영원히 보유하는 데 큰 수훈을 세웠다. 이후 펠레는 기업을 여러 개 거느린 큰 부자가 되었지만, 담배는 여전히 피우지 않았다고 한다.

어린 펠레는 흡연이 운동선수에게 그렇게 해로운 것인지 잘 몰랐을 것이다. 아버지는 인내심을 가지고 흡연이 훌륭한 운동선수가 되고자 하는 이상을 실현하는 데 장애가 된다는 점을 지적하여 어린 펠레가 그 이해관계를 알게 했다. 나아가서는 이해관계 속에서 단호한 결단을 촉구함으로써 펠레가 그 후로도 영원히 담배를 피우지 않게 했다.

2절
직설

단도직입單刀直入　단칼에 자른다

'단도직입'은 상대가 내세우는 명제의 요점에 신속하게 역량을 집중하여 순간적으로 나타난 전기를 잡아 돌연 습격을 가하는 방식으로, 상대가 미처 방어를 갖추지 못한 틈을 타 상대의 평형을 잃게 하고 단 한 차례의 접전으로 결정적인 승리를 거두는 것이다.

'단도직입'은 논전 중에 요점을 탈취, 변론의 주도권을 장악하고 논적을 수동적 입장에 빠지게 하여 나의 논증에 굴복시키는 것이다. 상대보다 한 발 앞서 공세를 전개하기 때문에 논전 과정에서 정신적 우세를 창출하여 선수先手의 이점을 획득할 수 있다.

충분한 연구 자료를 바탕으로 적의 상태를 장악하고 있다는 전제하에서 신속하고도 돌발적으로 문제의 실질적 성질을 건드려 단숨에 기세를 올려 적의 방어선을 돌파한다. 이런 돌발적인 문제 제기는 단침에 피를 보는 효과를 거둘 수 있다.

단도직입의 핵심 문제는 최초 타격의 효과를 보증하는 데 있다. 따라서 논쟁에서 불의의 돌발성을 제기할 수 있어야 함은 물론, 절대 우세의 위력을 발휘할 수 있어야 한다. 돌발성은 우세한 역량을 증강시키고 최초의 타격을 강화시키는 작용을 한다. 따라서 전기를 파악하여 속전속결로 초전에 승리를 거두어야 한다. 만약 초전에 상대방을 제압하지 못하고 주거니 받거니 하면서 시간을 끌게 되면 '단도직입'은 이내 수동적 위치에 빠지고 만다.

'단도직입'은 절대적이고 부인할 수 없는 이유로 상대가 반박하지 못하게 하는 질책 방식으로, 상대의 회답을 단호히 요구한다. 상대방이 안절부절못하며 단시간 내에 원만한 답변을 못 하게 되면 틀림없이 속수무책에 빠진다. 상대가 대답을 회피하면 그 이유를 다시 추궁한다. 또 그 답이 이치에 맞지 않거나 나에게 불리하면 미리 준비해둔 즉각적인 반박을 가한다. 그 성공과 실패의 관건은 전기를 파악하는 데 있다. 일정치 않은 착수와 우유부단은 언변가가 가장 꺼리는 것이다.

충언역이忠言逆耳 충고는 귀에 거슬린다

윗사람에게 바른말을 하는 것은 봉건사회에서는 신하의 미덕으로 통했다. 춘추전국시대의 위대한 시인 굴원屈原, 당나라 때의 재상 위징魏徵, 송나라 때의 구준寇准, 명나라 때의 해서海瑞와 동림당東林黨 등이 이런 전통을 이은 인물이었다.

춘추시대 제나라 경공景公은 신하들을 앞뒤로 줄줄이 거느리고 공부公阜를 유람

하러 행차했다. 왕은 높은 산 위에 올라 느긋하게 제나라 북쪽을 둘러보았다. 사방 천여 리에 펼쳐진 비옥한 들과 도도하게 흘러가는 강을 보노라니 대국의 왕이 된 듯한 뿌듯한 기운이 용솟음쳤다. 그러나 한편으론 점점 나이를 먹어가는 자신의 모습을 보니 인생의 서글픔 같은 비애감이 밀려왔다. 경공은 자신도 모르게 탄식을 내뱉었다.

"아, 인간이 죽지 않는다면 얼마나 좋을까!"

옆에 있던 안자晏子가 이 말을 듣고 몸을 굽혀 정중하게 절을 올리며 싸늘한 목소리로 말했다.

"왕의 말씀은 옳지 않습니다. 예로부터 황제들은 사람이 죽는 것을 결코 나쁜 것으로 생각하지 않았습니다. 도덕적인 사람이 죽으면 휴식을 취하는 것이고, 비도덕적인 자가 죽으면 소멸되는 것입니다. 사람이 죽지 않는다면 이미 죽은 태공이나 정공이 지금도 제나라를 차지하고 있을 것이고, 환공·양공·문왕·무왕이 저마다의 영역을 차지하고 있을 텐데 왕께서는 어디 가서 지금과 같은 자리를 얻겠습니까? 만일 그렇다면 왕께서는 밀짚모자에 헤진 옷을 입고 손에는 호미나 삽을 들고 밭에 쪼그려 앉아 땀을 뻘뻘 흘리며 일을 해야 할 텐데, 죽음이 어쩌고저쩌고할 겨를이나 있을 줄 아십니까?"

경공은 안자의 말에 한마디 대꾸도 못 하고 입을 다물고 말았다.

잠시 후, 멀찌감치 누군가가 여섯 마리의 말이 이끄는 수레를 끌고 달려오는 모습이 보였다. 폭풍우가 몰아치고 번개가 번득이듯 엄청나게 빠른 속도였다. 경공이 궁금해서 물었다.

"저자가 누구요?"

"양구거梁丘据가 아니고서는 달리 저렇게 할 사람이 없지요."

안자의 대답이었다.

"어떻게 그 사람이라는 것을 아시오?"

"이 더운 날에 저렇게 죽으라고 말을 몰면 말이 죽거나 부상을 당할 것이 뻔한데, 양씨 성을 가진 자가 아니고서는 누가 감히 저렇게 몰겠습니까?"

"내가 한번 만나보겠소. 나와 함께 있으면 아주 잘 어울리겠는걸."

"서로 같다고는 할 수 있어도 잘 어울린다고는 할 수 없지요. 어울린다는 말의 뜻은 예를 들어 군주가 단것을 좋아하면 신하는 신 것을 좋아하고, 군주가 싱거운 것을 좋아하면 신하는 짠 것을 좋아하는 것을 말합니다. 그런데 지금 왕께서나 저자나 모두 단것을 좋아하고 왕께서 좋다고 하면 저자도 좋다고 할 것인데, 이는 같은 것이지 어울리는 것이 결코 아닙니다."

이 말에 경공의 안색이 싹 달라졌다.

오래지 않아 어둠이 내리고 야영 준비를 갖추었다. 하늘에는 별이 가득했다. 갑자기 혜성 하나가 길게 꼬리를 끌며 서서히 지나갔다. 이를 본 경공은 황급히 무당을 불러 재앙이 없게 해달라고 기원을 드리도록 했다. 안자가 말리고 나섰다.

"안 됩니다. 혜성이 나타났다는 것은 하늘이 지상에 대해 경고하는 것입니다. 따라서 지상이 안정되면 혜성은 자연 모습을 감출 것인데 무엇 때문에 기원을 드린단 말입니까? 왕께서는 지금 술과 여자에 빠져 국정을 돌보지 않고, 소인배들을 가까이하시며, 유언비어를 믿고 현명한 신하를 멀리하고 계시니 어찌 혜성이 출현하지 않을 수 있겠습니까? 이보다 더 나쁜 징조도 얼마든지 나타날 것입니다."

경공은 새파랗게 질려 한마디도 못 했다.

그 일이 있은 지 얼마 후 안자가 먼저 세상을 떠났다. 안자의 사망 소식을 들은 경공은 황급히 마차를 타고 조문하러 나섰다. 그런데 길에 수레와 마차가 너무 많아 도무지 마차가 앞으로 나아가질 못했다. 경공은 마차에서 내려 뛰었다. 그래도 마차가 빨라 다시 마차를 탔다. 가까스로 도착한 경공은 곡을 하면서 안자의 시신을 찾왔다. 안자의 시신을 찾은 경공은 그 위에 엎드려 통곡을 했
다. 곁에 있던 장자章子가 군신의 예의에 어긋난다며 진정할
것을 권했다. 그러자 경공은 더 크게 통곡하며 말했다.

"이 상황에서 무슨 예의를 차리란 말이냐! 안자와 내가
공부로 유람 갔을 때 안자는 그날 하루에 세 번이나 나를 질
책했다. 이제 누가 그렇게 해주나! 그를 잃은 것은 곧 나를
잃은 것이나 마찬가지거늘 무슨 예의란 말이냐?"

경공은 안자의 비판을 바로 정면에서 들었다. 당시에는
기분이 좋지 않았지만, 일단 그 비판이 정확하다는 것을 깨

● 하루에 연거푸 세 번씩이나 경공에게 충
고했던 안자는 학식과 담력, 다시 말해
지혜를 갖춘 인물이었다. 지혜는 용기의
밑천이며 직언과 충언의 요건이기도 하
다. 바른 소리는 귀에 거슬리는 법이다.
받아들이는 자 역시 지혜와 용기가 없어
서는 안 된다.

달자 지난날 자신의 잘못을 뼈저리게 후회하게 된 것이다.
이것이 바로 "충고는 귀에 거슬리나 행동에는 유익하다."는
말의 이치다.

'충언역이'의 특징은 시기를 놓치지 말아야 한다는 데 있다. 경공의 그릇된 행동
을 본 안자는 즉시 그것을 지적했다. 작은 잘못을 큰 잘못으로 키워서는 안 되겠기
때문이었다. 단침에 피를 보듯 폐단을 정확하게 지적하고 요점을 밝혔다. 이는 학식
과 담력을 갖추어야만 가능한 충고다.

사인선사마射人先射馬 사람을 쏘기 전에 말을 먼저 쏜다

'사인선사마'는 설전을 벌일 때 정면으로 진군해 들어가는 일반 전술이다. 논거와 명
제의 관계로부터 논증의 근거가 충분하고 진실한가를 밝히고, 명제 자체의 성립 여

부를 확고히 하는 근본적인 방법이다. 논적의 논거에 대해 구체적으로 분석하고 검증하여 상대의 논거에 맹점이 없는가를 발견하고, 상황에 따라 비판·반박해야 한다.

　　지엽적인 문제를 이유 삼아 명제를 증명하는 것으로는 부족하다. 이 방법을 제대로 활용하기 위해서는 다른 사람의 이야기를 들을 때 그 말의 착오를 즉시 알아챌 수 있는 능력을 길러야 하며, 또 그릇된 오류가 논증 가운데 튀어나오지 않도록 해야 한다.

지용상생知勇相生 앎과 용기는 서로를 낳는다

논쟁의 장은 전쟁터를 방불케 한다. 논쟁에 참여한 쌍방은 마치 두 군대가 대치하고 있는 것과 같다. 논쟁의 형세는 검과 칼 빛이 번득이고 비바람이 몰아치는 것과 같아서 용기와 지혜가 없어서는 안 된다. 나폴레옹이 말하기를, 전투 지휘관의 용기와 지혜는 똑같이 중요한, 말하자면 정사각형과 같아서 어디에 놓든 높낮이가 같은 것이어야 한다고 했다. 마찬가지로 "막사 안에서 천리 밖의 승부를 결정"하고, 상황 변화에 맞추어 기기묘묘한 모략을 짜내는 웅변가는 지혜와 용기를 겸비해야 한다.

　　고대 인도의 수많은 교파들은 서로 논쟁을 벌이다가 논쟁에서 진 쪽은 얼굴에 진흙을 처바르고 광야로 내쫓기거나 심지어는 혀와 몸뚱이가 잘리는 처벌을 규정으로 만들 정도였다. 겁쟁이는 "아무리 말주변이 뛰어나고 유창하다" 해도 이런 곳에는 감히 나서지 못할 것이다.

　　프랑스의 유명한 혁명가이자 공상적 사회주의자였던 노엘 바뵈프François-Noël Babeuf가 1797년에 고등법원 법정의 신문을 받는 과정에서 자신을 변호한 대목을 보자.

"내가 처음 신문을 받을 때 나는 정중하게 요청했다. 내가 위대하고도 장엄하게 우리들의 사업을 지키게 해줄 것을 보증해달라고. 그래야 비로소 나는 프랑스의 진정한 친구들에게, 그리고 나 자신에게 면목이 서기 때문이었다. 나는 내가 한 약속을 틀림없이 지킬 것이다."

"자유의 정신! 내가 얼마나 너에게 감격했던가! 자유의 정신, 너야말로 나를 다른 모든 사람들보다 더 자유스럽게 설 수 있도록 해주었기 때문이다. 내가 더욱 자유로울 수 있는 것은 내 몸이 쇠사슬로 묶여 있기 때문이다. 내가 완수하려는 임무는 얼마나 아름답고 훌륭한가! 내가 지키려는 사업은 또 얼마나 숭고한가! 그것은 그저 나에게 진리, 내가 진정으로 말하고 싶던 진리를 말하도록 허락했을 뿐이다. 내가 내면적으로 진리를 말할 수 없다고 느끼더라도, 이 사업들이 나로 하여금 순수한 진리를 말하게 만든다. 바로 내 등에 지워진 쇠사슬이 그렇게 만드는 것이다. 무수한 피압박자와 수난을 받는 사람들 앞에서 자유를 말할 수 있는 우선권이 나에게 있다."

"나는 감옥에 갇혀 참혹한 고문을 받고 자백을 강요받았다. 하지만 우리가 아직 그 숭고한 위안을 누리기만 한다면, 우리가 지키려는 사업은 우리에게 그렇게도 사랑하는 진리를 공개적으로 선포할 책임을 줄 것이다."

바뵈프의 변호는 법정에서 혁명의 이상을 찬양한 것으로, 그 자신이 "미덕과 호방한 기개는 영원히 죽지 않는다."고 한 말을 실천한 것이었다. 격정으로 충만한 이 말은 웅변의 힘이 무엇보다 먼저 사심 없고 두려움 없는 담력에서 나온다는 것을 잘 보여준다.

● 논쟁에서 언변은 필수 요건이지만 당당한 자세와 용기가 겸비된다면 더 큰 위력을 발휘할 수 있다. 바뵈프는 이 점을 잘 보여주고 있다.

사심 없고 두려움 없는 담력을 바탕으로 한 변론은 진리를 위해 싸우는 의지의 표현이다. 의지는 논자가 예상한 논쟁 목적의 실현을 위해 자발적으로 노력하는 심리적 과정으로, 변론에서 승리할 수 있는 심리적 요소의 보증이다. 논자의 의지는 반드시 목적성과 강인성이라는 특징을 통해 체현되어야 한다.

실전에서는 얼마든지 강적을 만날 수 있다. 이때는 외부의 난관을 배제하기 위해 끊임없는 노력을 견지해야 한다. 소극적 태도를 보이지 않도록 해야 하며, 전투 의지가 흔들려 위축되는 심리적 취약점도 극복해야 한다. 논쟁 의지의 강인성은 상대방을 압도하고 자신을 통제하는 '자기 신뢰'와 '자기 억제력', '자강自强'으로 표현된다. 어떤 타격에 맞서도 일체의 흔들림을 배제하고 태산이 내리누르듯 표정에 변화나 동요가 전혀 없어야 한다.

언변에서 명제에 대해 결정을 내리지 못하고 머뭇거리며 언변의 요지를 정하지 못하고 대책의 선택에 대해 우유부단하면, 논적의 맹렬한 기세에 두려움과 불안을 느껴 틀림없이 싸우기도 전에 압도당하는 허약함을 노출하고 만다. 그렇게 되면 길은 단 한 가지, 투항뿐이다.

언변의 의지는 논쟁에서 승리하는 지극히 중요한 심리적 요인이다. 의지에 어떤 취약한 부분이 생기면 자발적으로 실천하는 단련을 통해 개선하고 힘을 키워야 한다. 단련은 어디에서부터 시작되는가?

자신감은 웅변가의 필수적인 심리 요인이다. 따라서 시종일관 과학적 신념으로 자신을 지지하고 격려하면서 논전에 참여해야 한다. 논쟁과 진리 탐색의 엄숙한 태도 및 책임감은 상호 연결되어 있는바, 스스로 백전불굴의 강인한 정신을 키워 항상 좋은 컨디션으로 '경기'에 임할 수 있어야 한다.

혼란과 흔들리는 투지의 소극적 정서를 극복하여 언변의 목적에서 빗나가려는 마음을 바로잡아야 한다. 유명한 교육가인 마카렌코Anton Semyonovich Makarenko는 "브레이크 없는 차가 있을 수 없듯이, 극복과 통제가 없으면 어떤 의지도 있을 수 없다."고 했다.

이 밖에 가장 중요한 것은 좌절을 견뎌낼 수 있는 힘을 기르는 것이다. 논쟁을 하다 보면 참으로 강한 상대를 만나 어쩔 수 없이 좌절하는 경우가 있다. 논자 개개인마다 견뎌내는 힘에서 차이가 나기 때문에 받는 타격과 압력이 똑같이 나타나지는 않는다. 어떤 사람은 아무리 심한 좌절에도 굽히지 않는 강인한 의지를 보이는 반면, 어떤 사람은 좌절하기도 전에 우왕좌왕하며 맥을 못 추는 것은 좌절을 받아들이고 견뎌낼 만한 의지가 박약하다는 표현이나 같다. 좌절을 견디는 힘을 기르면 좌절을 맛보았을 때 의지가 동요되고 언행이 흩어지는 것을 막을 수 있다.

논자는 논쟁에서 타격과 압력을 받았을 때, 이를 오히려 좌절을 견디는 힘을 단련하는 기회로 전환할 줄 알아야 한다. 이 점을 분명히 인식하면 좌절이 닥쳤을 때 적극적인 방어태세를 취하여 개인의 자존심을 지키거나 높일 수 있으며, 자기 논지의 잘못을 이런저런 말로 변명하는 따위의 행동을 하지 않을 수 있다. 이때야말로 논증의 합리적 핵심을 간파할 수 있는 때이며, 그리하여 그것을 보완의 계기로 삼아 실패를 성공으로 바꿀 수 있는 것이다. 이렇게 하면 적어도 상대가 압박해 들어오는 긴장된 국면을 완화할 수 있고, 그로부터 벗어날 수 있는 길을 찾을 수 있게 된다.

3절
완곡

언이극지言而極之　극단에 비유하여 충고하다

이것은 하나의 현상을 극단적으로 '증폭'시켜 상대방이 그것을 더 이상 얕잡아볼 수 없게 하는 것이다. 이런 '비례' 증폭법에는 유머적인 요소가 포함되는 것이 좋다. 그래야 대화의 분위기가 밝아지고, 상대방은 느긋하고 유쾌한 분위기 속에서 자연스럽게 가르침을 얻게 된다.

1940년 가을 오후, 연안에 있는 마르크스·레닌 학원에서는 교육부 차장 등 네 명의 간부에게 양가령楊家嶺에서 모택동을 영접하여 학원으로 데리고 오라고 통고했다.

학원에서 양가령까지는 적어도 4~5킬로미터 정도 되는 거리였는데 중간에는 연수하延水河가 흐르고 있었다. 네 사람은 서둘러 양가령으로 모택동을 맞이하러 달려

나갔다. 그들은 연수하 다리를 건너다가 모택동과 마주쳤다. 모택동은 그들이 입을 열기도 전에 먼저 물었다.

"네 분께서는 어디를 그렇게 급하게 가십니까?"

"학원에서 저희들더러 주석님을 영접하라고 해서 이렇게 가는 길입니다."

"나를 영접한다고요? 아, 알겠다! 내가 오늘 보고회가 있다는 사실을 잊었을까 봐? 하지만 걱정하지 마세요. 학원에서 내게 내린 임무를 어떻게 잊는단 말입니까?"

"저희더러 주석님을 영접하라고 했는데 이렇게 늦다니 정말 죄송합니다."

모택동은 손을 내저으며 말했다.

"나는 이런 걸 좋아하지 않습니다. 한 사람이 보고회에 참석하러 오는데 네 사람씩이나 나와 영접하다니. 이건 말도 안 되는 일입니다. 암, 안 되고 말고요."

모택동은 잠시 사방을 둘러보더니 아주 진지한 표정으로 말했다.

"응? 네 분, 가마는 어디 있습니까? 네 사람이 가마로 날 모시러 온 것 아닙니까? 다음번에는 지도부에 부탁해서 여덟 사람이 드는 큰 가마를 보내도록 하십시오. 그래야 체면도 좀 서고 위풍도 당당해 보이지 않겠습니까? 그러고도 사람이 남으면 종을 흔들며 길을 인도하는 사람 몇 명과 깃발을 흔들고 고함을 지르는 사람도 몇 명 더 보내 앞장세우도록 하십시오. 그러면 더 좋지 않겠습니까?"

물론 이것은 가볍게 비꼬는 말이었다. 네 사람은 모두 웃었지만 어느 누구도 대꾸하지 못했다. 모택동은 그들의 얼굴을 쳐다보면서 싱긋이 미소를 지었다. 그러고는 가볍게 손을 흔들며 말했다.

"우리는 공산주의자들이고 혁명을 외치는 사람들입니다. 혁명이 뭡니까? 낡은 왕조체제와 봉건의식을 혁명하자는 것 아닙니까? 그렇다면 낡은 제도와 봉건적 악습에 물들어서는 결코 안 되지요. 그런데 나 하나를 위해 네 사람씩이나 나오다니 이게 될 말입니까? 내가 길을 모르는 것도 아닌데…. 우리는 새로운 기풍을 길러야 합

● 언변에서 유머는 청량제와 같다. 모택동의 유머를 통해 우리는 모택동의 또 다른 면을 보게 된다. 언변은 그 사람의 이미지 와 직결되기 때문이다.

니다."

모두들 고개를 끄덕이며 그의 말에 동의했다.

네 사람씩이나 영접 나온 것이 잘못되었다는 것을 인식시키기 위해 모택동은 재치 있는 방법으로 '언이극지'를 활용했고, 그것을 증폭시켜 황제에게나 어울리는 "여덟 명이 드는 큰 가마", "깃발을 흔들고 소리를 지르며 앞장서는 사람", "종을 흔들며 길을 인도하는 사람" 따위와 같은 말을 했다. 자연스럽게 그들의 행위가 봉건왕조체제에서 관료들이 하던 짓과 다를 것이 없다는 점을 인식시켜주었다. 그리고 흥미롭고 익살스런 대화 방식으로 상대가 자각하게 만들었다. 이는 엄숙한 보고회에 비해 결코 뒤떨어지지 않는 작용을 했으며, 점잖게 충고하는 것보다 백배 나은 효과를 가져다주었다.

교우우회巧于迂回　돌아가서 파고든다

멀고 긴 우회도로가 목표에 이르는 가장 짧은 길이 될 수도 있다. 정면으로 대놓고 말하는 것이 막힐 때는 측면 또는 후면으로 돌려서 말한다. 즉, 꼬불꼬불한 작은 길을 통해 깊숙이 파고드는 것이다. 언뜻 말을 많이 하는 것처럼 보이지만 사실은 '단도직입'으로는 기대하기 힘든 효과를 거둘 때가 있다.

조나라 태후가 섭정을 하자 진秦나라는 이때가 기회다 싶어 조나라를 침략했다. 조나라는 하는 수 없이 제나라에 구원을 요청했다. 제나라에서는 조건으로 태후의 아들 장안군長安君을 인질로 요구했다. 태후는 거절했다. 대신들이 모두 간청했지만 태후는 막무가내였다. 태후는 이렇게 선포했다.

"누구든지 장안군을 인질로 주자는 말을 꺼내기만 하면 그 얼굴에 침을 뱉겠소!"

촉섭觸聾이 태후를 만나고자 했다. 태후는 화난 얼굴로 그를 맞이했다. 촉섭은 천천히 걸어 들어와 사죄하며 말했다.

"다리에 병이 나 빨리 걸을 수가 없답니다. 꽤 오래 뵙질 못했군요. 저는 태후의 옥체도 혹 불편하시지나 않을까 걱정이 되어 이렇게 뵙고자 왔습니다."

"나도 가마에 의지해 거동하는 형편입니다."

"식사량은 줄지 않으셨는지요?"

"죽만 겨우 먹지요."

"저도 통 식욕이 없어서 억지로 하루에 삼사 리 정도 걷습니다. 그렇게 해서 간신히 식욕을 돌려놓아 이제 몸도 좀 나은 것 같습니다."

"난 그렇게 못 할 것 같소."

이런 일상적인 대화가 오고 가면서 태후의 마음도 조금씩 풀려갔다. 이때를 놓치지 않고 촉섭은 다음과 같은 말을 꺼냈다.

"제 아들놈 중에 서기舒祺란 놈이 있는데 가장 어리고 버릇도 없지요. 나이가 자꾸 들어갈수록 그놈이 유별나게 가엾어지는군요. 원하옵건대 궁중의 호위병으로나마 쓸 수 있다면 채용해주십시오. 신, 죽음을 무릅쓰고 태후께 간청하는 것입니다."

"그야 어려울 게 없습니다만, 그래 지금 몇 살입니까?"

"열다섯입니다. 아직 어리긴 하지만, 부디 제가 죽기 전에 태후께 부탁드리고 싶습니다."

"남자가 어찌 그리도 자식을 사랑할 수 있습니까?"

"아마 모성애보다 더 지독하리라 여겨집니다만…."

"아무리 그래도 모성애만 하겠습니까?"

"제가 보기에 태후께서는 아들 장안군보다 연후(연나라로 시집간 공주)를 더 사랑하는 것 같습니다만…."

"무슨 그런 말씀을! 아무리 그래도 장안군을 아끼는 것만 하겠습니까?"

"아닐 것입니다. 부모가 자식을 사랑하는 척도는 그 자식의 장래를 얼마나 깊고 멀리 내다보고 계획을 세우느냐에 달려 있다고 봅니다. 태후께서 연후를 시집보낼 때 그 옷자락을 잡고 우시면서 슬퍼하셨습니다. 이 얼마나 연후를 아끼신 것입니까? 떠난 뒤에도 하루도 생각하시지 않는 날이 없고, '제발 잘못되어 돌아오는 일이 없도록 해주십사'며 기도를 드리시니, 이야말로 장구한 계획을 비는 것 아니겠습니까? 태후께서는 연후의 자식이 왕위를 이어받길 원하시는 것이지요?"

"그야 그렇지요."

"지금으로부터 3대 전 이후로 조나라 임금의 자손이나 제후 중에 그 자리를 대대로 이어온 사람이 있습니까?"

"없지요."

"어찌 조나라뿐이겠습니까? 다른 제후의 자손들 중에서도 3대를 지켜 내려오는 자가 있습니까?"

"들어보지 못했습니다."

"그 까닭은 가까운 화는 자신에게 미치지만 먼 화는 자손에게 미치기 때문이지요. 임금의 자손이 다 나빠서 그런 것은 아닙니다. 지위만 높고 공이 없거나 봉록만 넉넉히 받고 노력하지 않으며, 재물 따위만 긁어모아 꼭꼭 지키고 있기 때문이지요. 지금 태후께서는 장안군에게 기름진 땅과 많은 재물만 주었지 나라를 위해 공을 세울 기회를 주지 않고 계십니다. 이러다가 어느 날 갑자기 임금이 세상을 떠나기라도 하면 장안군이 조나라를 지탱할 수 있으리라 보십니까? 제 생각으로는 장안군을 생각하시는 태후의 계획은 짧고도 얕습니다. 자식이 귀엽거든 사서라도 고생을 시켜야 합니다. 그래서 제가 연후보다 장안군을 덜 사랑하신다고 말씀드린 것입니다."

"아! 그렇군요. 내 그대가 시키는 대로 따르겠소."(『전국책』)

논쟁이 벌어지면 '단도직입'이 필요할 때도 있지만, 때로는 '우회'가 필요하다. 막혀 있거나 튼튼한 곳을 피하고 열려 있거나 허점이 있는 곳을 파고드는 것이 곧 우회다. 즉, 상대방이 기대하고 있는 노선 또는 목표에서 비켜나서 언뜻 관계가 없는 것처럼 보이는 화제로부터 시작하여 상대방의 경계 심리를 누그러뜨린 후에, 자신이 원래 제기하려고 했던 본론으로 서서히 파고드는 것이다. 적에 대해 정면으로 논쟁을 전개하는 것이 아니라 저것에서 이것으로 이르는 것이기 때문에, 일단 상대가 저것을 받아들이면 내 쪽에서는 다시 방향을 완전히 바꾼다. 상대방은 그제야 자신이 접수한 것이 저쪽이 '오래 기다려왔던' 문제라는 사실을 알아차리게 된다.

언변자의 목적은 뭐니 뭐니 해도 이론으로 상대방을 설복하는 것이다. 일반적 상황에서라면 대개는 곧은 노선이 가깝고, 돌아가는 길이 멀다고 생각한다. 그러나 직선운동이 방해를 받거나 난관에 봉착했다고 판단되면, 즉시 우회하거나 양옆에서 싸고 들어가는 대책을 취하여 상대방의 예리한 반격을 피해야 한다. "돌아가는 것이 바로 가는 것"이라는 '이우위직以迂爲直'의 모략으로 복잡한 상황에 적용하는 것이다. 언뜻 보기에는 길고 먼 돌아가는 길이지만 오히려 승리를 위한 지름길이 될 수 있다.

노련한 외교가는 습관적으로 우회의 책략을 운용한다. 바른말과 거리낌없는 말투로 이름이 난 장비나 『수호지』의 이규李逵 같은 성격은 결코 외교가가 될 수 없다. 외교 담판에서는 욕을 하더라도 듣기 좋게 해야 한다. 국제회의 석상에서 각국 대표들이 청산유수와 같은 말을 내뱉을 때, 빙 돌려 말하는 그들의 상투적인 말투에 홀려서는 절대 안 된다. 그들의 진의가 아니기 때문이다. 그들의 진짜 관점은 '그러나'라는 역접속사 뒤에 숨어 있다. 이를테면 다음의 말투가 그렇다.

"우리 정부는 이 건의를 대단히 좋게 생각합니다. 그러나 지적하고 싶은 것은…."

'그러나'의 뒤에 진짜 하고 싶은 말, 즉 '거절'과 '부정'이 도사리고 있다.

언변의 환경 자체가 직선적인 공격을 허용하지 않지만 그래도 정면으로 공격해야 할 때는 직선을 우회로 바꾸거나, 우회하는 것처럼 보이면서 사실은 곧장 쳐들어가는 방법을 취할 수도 있다. 이른바 "뽕나무를 가리키며 느티나무를 욕한다"는 '지상매괴指桑罵槐'도 우회의 묘미를 갖추고 있는 말이다. 만약 성질이나 특징 등이 상반되는 사물 사이에서 어떤 연상 관계를 가지도록 할 수 있다면, 즉 오류를 정확함이라 하고 추한 것을 아름답다 하고 썩고 낡은 것을 새롭다 하고 천박한 것을 고상하다 하면서 신랄한 전투력을 발휘할 수 있다면, 상대를 모두의 웃음거리로 만들 수 있다.

청나라에 항복한 반역자 홍승주洪承疇는 남경의 총독으로 재직하고 있을 때 청군에 대항해서 싸운 신동 하완순夏完淳을 잡아 신문하면서 그를 청으로 귀화시키려 꼬드겼다.

"너는 아직 어려서 반란군 무리들에게 속았지만, 위대한 청에 귀순하기만 하면 앞날이 창창할 것이다!"

그러자 하완순은 홍승주를 모르는 척하면서 일부러 큰 소리로 떠들었다.

"반란군의 무리라면 너 같은 자를 가리키는 것 아닌가? 나는 위대한 명나라의 충신인데 어째서 반역자라는 것이냐? 나는 늘 우리 위대한 명나라의 '충신' 홍승주 선생이 청군과 싸우다 피를 흘리며 죽어갔다는 이야기를 듣고 자랐다. 내 비록 어리지만 그분처럼 이 보잘것없는 몸 하나라도 바쳐 나라에 보답할 것이다."

홍승주는 꿀 먹은 벙어리처럼 아무 말도 못 하고 어찌할 바를 몰랐다. 이때 옆에 있던 부하 하나가 하완순이 홍승주를 진짜 몰라서 하는 이야기로 판단하고, 눈치 없이 하완순을 향해 호통을 쳤다.

"여기 앉아 계시는 분이 바로 홍 대인이시다!"

"무슨 소리! 홍 대인께서는 일찍이 나라를 위해 몸을 바치셨다. 천하에 그 사실을 모르는 사람은 아무도 없다. 당시 천자께서도 통곡을 하시며 몸소 그분을 위해 제를 올리셨다. 물론 만조백관들도 통곡했다. 그런데 저 자리에 앉아 있는 파렴치한 반역자가 뭐라고? 어디서 감히 '충혼'의 이름을 더럽히느냐!"

하완순은 민족의 반역자에게 통쾌하게 욕을 퍼부었다. 그는 홍승주가 반역자임을 알면서도 직접 욕을 하지 않고 일부러 충신이라고 치켜세웠다. "나라를 위해 몸을 바쳤다."는 말은 "몸을 팔아 적에 투항했다."는 말과 선명한 대조를 이룬다. 즉, 고상함을 비열함에 대조시킴으로써 반역자의 추악한 영혼을 더욱 선명하게 폭로한 것이다. 바로 이 때문에 높은 자리에 앉아 있는 '총독대인'은 몸 둘 바를 몰라 하며 당황해했다. 반어법을 구사하여 우회 공격한 것이 정면으로 직접 공격하는 것보다 훨씬 큰 효과를 발휘했던 것이다.

논쟁의 목표와 수단 사이의 변이變異 관계를 기민하게 장악하여 언변 중에 늘 언변의 목적을 명확하게 상기시키고, 다시 형식상의 목표와 상반되거나 서로 어긋나는 언변 수단을 임기응변으로 선택하여 목표를 조정한다. 언변에 대해 한 걸음 앞서 예견하고 탄력성을 갖추려면 언변의 형세 변화에 기민하게 적응해야 한다.

언변의 전개 과정에서 저항에 부딪힐 때는 자신의 전투력을 보존하고 다툴 만한 가치가 없는 것에 헛된 말을 낭비함으로써 정력과 시간을 소모하지 않도록 하기 위해 장애물을 비켜가고 단단한 곳을 피한 후 주저하지 말고 상대의 허점으로 나아가야 한다.

우회 전략을 취하는 것은 논쟁의 상대로 하여금 언변 의식의 평형 상태를 상실하게 만들기 위함이다. 따라서 상대방의 주의를 피하려면 상대방이 가장 허술하게 방어하는 측면을 선택하거나 상대방의 실력을 헤아린 다음 저항력이 가장 약한 부분을 확대하여 '우회 진공'을 위한 길로 삼아야 한다.

상대방을 이러지도 저러지도 못하는 궁지로 몰아넣기 위해서는 자기 입장의 이론적 기초가 튼튼해야 한다. 먼저 패배할 수 없는 입지에 선 후에, 우회와 임기응변의 수단을 응용한다. 그리고 마음속으로 몇 가지 우회 작전노선을 확립하여 수시로 변하는 여러 언변 형세에 적용한다. 우회는 본래 탄력성이 있는 대책이다. 불변不變으로 만변萬變에 대응하려 해서는 안 된다. 언변자의 사유는 '느린 운동'을 절대로 피해야 한다. 한 차례 성공한 우회 전략의 경험과 방법이 다음번에 그대로 반복되지는 않는 까닭이다.

함축풍유含蓄諷諭 함축된 풍자와 비유

면전에 대놓고 말하기가 적절하지 않은 상황에서는 함축적인 말을 사용하여 질책하거나 은근히 권유한다. '풍자와 비유'라는 뜻의 '풍유諷諭'는 일종의 언어 수사적인 수단으로, 옛날이야기를 인용하거나 일부러 어떤 모습을 꾸미는 방식 등으로 자기의 관점을 나타내는 것이다. 여기서 오묘한 점은 그 풍자와 비유의 '정도'에 달려 있는데, '정도'를 잘 조절하면 성공을 거둘 수 있다.

당 태종은 허심탄회하게 신하들의 충고를 받아들인 황제로 역사에 그 이름을 남기고 있다. 그런 태종도 천하가 태평해지자 교만해져 만년에는 비평을 듣기 싫어하는 경향을 보였다. 그런데 며칠 동안 계속해서 대신 위징이 태종의 실책을 지적해 댔다. 놀러 다니지 말라고 권고하는가 하면, 풍자와 비유로 태종의 놀기 좋아하는 태도를 비꼬았다. 태종은 위징의 말을 더 이상 견디지 못할 것 같았다.

어느 날, 조회를 마치고 궁으로 돌아온 태종은 잔뜩 화가 난 목소리로 씩씩거렸다.

"조만간 기회를 봐서 그 촌스러운 늙은이를 죽여버려야지, 도저히 안 되겠어! 도대체 하루 종일 내 단점을 들추어내 날 못살게 구니 어디 견딜 수가 있나!"

이 말을 들은 문덕文德황후는 깜짝 놀라며 그 까닭을 물었다.

"대체 어떤 대신이 폐하를 이토록 진노하게 만들었습니까?"

"위징, 그 늙은이가 아니면 누구겠소? 대신들 면전에서 매번 내 잘못을 끄집어내어 날 창피하게 만드니, 내 체면이 뭐가 되겠소?"

문덕황후는 태종의 현명한 내조자였다. 그녀는 진작부터 황상이 최근 2년 사이 태평시대에 도취해 비판의 소리를 듣기 싫어한다는 사실을 잘 알고 있었다. 그러나 지금의 황상더러 비평을 기꺼이 받아들이던 초기의 상황으로 되돌아가라고 충고하기에는 황상의 심기가 말이 아니었기 때문에, 그럴 수도 없는 상황이었다. 잠시 고민하던 황후는 한 가지 아이디어를 생각해냈다.

그녀는 자신의 침궁으로 돌아와 성대한 의식에 참가하기라도 하는 것처럼 예복으로 단정하게 갈아입고 다시 태종의 침궁으로 가서 정중하게 인사를 올렸다. 황후의 갑작스러운 행동에 태종은 놀랐다.

"오늘 무슨 일이라도 있소? 이렇게 엄숙하게 차려입으시다니."

문덕황후는 만면에 미소를 띤 채 기분 좋게 대답했다.

"폐하께 축하를 드리러 왔사옵니다."

"축하라니, 무슨 축하를?"

태종이 어리둥절해하자, 문덕황후는 더욱 정중하게 대답했다.

"제가 듣기에 '성군 밑에 충신'이라 했습니다. 군주가 영명하면 대신들이 충심을 다해 군주에게 충고를 하지만, 황제가 어리석으면 그 주위는 아첨배들로 가득한 법입니다. 폐하께서 영명하시기에 위징 같은 대신이 용감하게 직언하고 폐하의 면전에서 폐하의 결점을 비판할 수 있는 것 아니겠습니까? 저는 영광스럽게도 폐하를 모시면서 폐하의 신변에 위징 같은 충신이 폐하를 보필하고 조정을 위해 몸과 마음을 다하여 위대한 당의 강산이 천년만년 태평을 누리는 것을 볼 수 있으니, 이 어찌 축하드릴 일이 아니겠사옵니까?"

● 수준 높은 언변에는 풍자와 비유가 따른다. 문덕황후의 충고는 이런 요소를 갖추었기 때문에 적절하게 당 태종의 마음을 움직일 수 있었다.

태종은 그제야 크게 깨달았다. 황후가 위징을 위해 은근히 빙 돌려서 자신을 비판하고 있다는 사실도 알았다. 태종은 황후의 지혜에 새삼 감탄했고, 위징의 충언도 전보다 더 기꺼이 받아들였다.

함축적인 풍자와 비유의 방법은 내가 최고라고 생각하고 남의 반대 의견을 받아들이려 하지 않는 사람에 대해 정면 비판으로는 얻을 수 없는 효과를 거두게 한다.

인간의 사상에는 모종의 공통된 규율이 있으므로 그 공통된 규율을 찾고, 그것을 바탕으로 자신을 해부하며, 다시 다른 사람에게 자신의 사상을 확대하여 사상 면에서 서로 공감대를 추구한다. 이것이 '현신설법'의 요점이다.

전국시대 제나라의 재상 추기鄒忌는 포부가 큰 인물로, 어떻게 하면 제나라를 강하게 만들까 늘 고심하고 있었다. 그런데 제나라가 강성해지는 관건은 왕으로 하여금 신하들의 비판과 충고를 허심탄회하게 받아들이게 하는 데 있었다. 추기는 어떻게 해야 왕에게 더 효과적인 방법으로 건의를 올리나 고민했다. 어느 날, 추기의 집안에 의미심장한 일이 일어났다. 그는 이 사건에서 영감을 얻었고, 그래서 이 일을 왕에게 말해주기로 작정했다.

그날 추기는 집에서 거울을 들여다보고 있었다. 거울 속에 비친 자신의 모습은 훤칠한 키에 잘생긴 용모, 단정한 의관 등등 자못 자부심을 가질 만했다. 추기는 옆에 있던 아내에게 물었다.

"나와 성 북쪽에 사는 서공徐公 중 누가 더 잘생겼소?"

아내는 주저 없이 대답했다.

"그야 당신이 잘생겼지요. 서공이 어떻게 당신과 비교가 되겠어요?"

추기는 믿기 어려웠다. 서공은 인근 지역에서 이름난 미남자였기 때문이다. 추기는 첩에게도 물어보았다. 첩도 추기가 잘생겼다고 했다. 또한 찾아온 손님에게 물었더니 손님의 대답도 같았다. 그런데 다음 날 공교롭게도 서공이 추기의 집을 방문했다. 서공을 자세히 뜯어본 추기는 그가 돌아간 뒤 다시 거울을 들여다보았다. 아무리 뜯어보아도 서공이 자기보다 잘생긴 것이 분명했다. 추기는 곰곰이 생각해보았다. 서공이 자기보다 분명히 잘생겼는데 어째서 아내와 첩과 손님은 내가 더 잘생겼다고 한 것일까? 고민 끝에 그는 마침내 답을 찾아냈다. 아내가 자신을 잘생겼다고 한 것은 자신을 편애하기 때문이고, 첩이 그렇게 대답한 것은 자신을 두려워하기 때문이며, 손님이 그렇게 대답한 것은 뭔가 바라는 것이 있기 때문이었다.

추기는 이야기를 다 마친 후 왕에게 말했다.

"지금 제나라는 사방 천리의 땅에 120개의 성이 있습니다. 조정의 신하들은 왕을 두려워하지 않는 자가 없으며, 사방 제후들은 너 나 할 것 없이 왕이 되려고 합니다. 이렇게 볼 때 왕의 주변이 너무도 심하게 가려져 있습니다."

추기의 뜻은 왕의 주변이 인의 장막으로 가려져 있어 반대 의견을 제대로 들을 수 없다는 것이었다. 추기의 말을 들은 제왕은 크게 깨달았고 추기를 칭찬해마지 않았다. 왕은 전국에 다음과 같이 선포했다.

"신하가 되었건 백성들이 되었건 과인의 잘못을 솔직히 비판하는 자에게는 상을 내리겠다. 내 앞에서 직접 잘못을 비판하는 자에게는 1등상을, 글을 올려 잘못을 지적하는 자에게는 2등상을, 여러 사람이 모인 자리에서 과인의 잘못을 지적하여 그것이 내 귀에 들리기만 하면 역시 상을 내릴 것이다!"

이 선포가 떨어지자 조정의 신하들은 물론 전국의 수많은 사람들이 앞다투어 좋은 의견을 내놓았다. 왕은 자신의 잘못을 바르게 지적한 비판들을 받아들여 반드시 고쳐나갔다. 1년 뒤 신하들과 백성들은 더 이상 건의할 사항이 없다고 느꼈다. 제나라는 부강해졌고, 주변 여러 나라들이 제나라를 상국으로 섬겼다.

추기는 일상생활에서 일어나는 작은 일에서 깨달음을 얻어 자신을 해부한 결과, 높은 자리에 있는 사람들이 왕왕 반대 의견을 듣지 못하거나 들으려 하지 않는 '폐단'이 있음을 분명히 알게 되었다. 신하가 임금의 앞을 가리고, 관리가 관청의 이미지를 흐리게 만드는 것이 바로 그런 경우였다. 그래서 추기는 자신의 일을 가지고 제나라 왕을 설득하여 과감하게 비판하는 자에게 상을 내리게 함으로써 즉각적인 효과를 거두었던 것이다.

충언순이忠言順耳 듣기 좋은 말로 하는 충고

청찬과 비평은 대립적이고 상반되는 것이지만 서로 뒤바뀔 수도 있다. 예리하고 지독한 비평도 청찬이나 치켜세워주는 방식으로 나타낼 수 있다. 충고가 꼭 귀에 거슬리지 않을 수 있고, 좋은 약이 꼭 입에 쓰지 않을 수도 있다.

전국시대 위나라 문후文侯는 대장 악양樂羊으로 하여금 중산中山을 공격하게 해서 승리를 거두었다. 문후는 점령한 중산을 자신의 아들에게 주고 난 후 신하들에게 물었다.

"나는 어떤 군자라 할 수 있는가?"

신하들은 이구동성으로 인자하고 의로운 임금이라고 대답했다. 문후는 대단히 흡족해했다. 이때 누군가가 다른 의견을 제기하고 나섰다.

"중산을 차지한 후 그 땅을 동생에게 나누어주지 않고 아들에게 주었는데, 어찌 인자하고 의로운 군자라 하겠습니까?"

발언자는 대신 임좌任座였다. 정면에서 반대 의견을 제기하고 나섰으니 문후는 화가 머리끝까지 뻗쳤다. 이를 본 임좌는 얼른 그 자리를 피해버렸다. 분위기가 딱딱해지자 문후는 대신 적황翟璜에게 물었다.

"경이 한번 말해보시오. 도대체 나는 어떤 군주요?"

적황은 주저 없이 대답했다.

"어진 군주이십니다."

문후의 얼굴에는 다시 은근한 미소가 감돌았다. 문후는 다시 적황에게 물었다.

"어째서 그렇게 생각하시오?"

"신이 듣기에 '군자가 어질고 의로우면 신하가 솔직해진다'고 했습니다. 방금 임좌가 솔직하게 왕의 면전에서 비판을 가할 수 있었던 것은 왕께서 어질고 의로운 군주라는 것을 증명하는 것이 아니고 무엇이겠습니까?"

문후는 다시 웃었다. 이번 웃음은 이전 것보다 훨씬 개운한 웃음이었다. 적황이 자신을 어진 군주라고 칭찬했을 뿐만 아니라 이치에 합당한 말을 했기 때문이었다. 그 말은 근본적으로 위나라에 유익한 것이었다. 문후는 즉시 명령을 내려 임좌를 다시 불러들이게 했다. 그러고는 몸소 자리에서 내려가 임좌를 맞이하면서 그를 상객上客으로 모셨다.

임좌의 충고는 '귀에 거슬리는' 것이었지만, 적황의 충고는 그와는 다른 '듣기 좋은' 충고였다. 적황은 '충언순이'의 방식으로 먼저 문후를 어진 군주라 칭찬했는데, 그 근거는 "군주가 어질면 신하가 정직해진다."는 것이었다. 그리고 그것을 임좌의 말로 증명했던 것이다. 적황은 군주를 칭찬하고 임좌도 긍정했는데, 이는 언뜻 듣기에 군주에 대한 비판의 뜻이 전혀 없는 것 같지만 실제로는 군주에 대한 엄숙한 비평이 내포되어 있었다. 이렇게 해서 적황은 군주의 잘못을 고치는 목적을 달성했다.

위완곡절委婉曲折 완곡함의 위력

직언으로 상대하기 쉽지 않을 때는 완곡하고도 은근한 방식을 취한다. 친절한 태도로 말함으로써 정서와 심리 면에서 상대가 더욱 쉽게 받아들이는 효과를 거둘 수 있다.

울프 부인은 유명한 배우였다. 언젠가 입센이 그녀에게 〈헤다 게블러〉(1890년)라는 연극에 나오는 하녀 베티 역을 맡아달라고 부탁했다. 그러나 베티 역은 작은 조연급으로, 그 역을 맡는다는 것은 대배우인 그녀의 체면을 손상시키는 것이었다. 그녀는 완곡하게 "이 배역은 다른 아무개 배우에게 맡기는 것이 좋겠다."며 거절했다. 물론 그 배우는 자신보다 명성도 떨어지고 유명하지 않았다.

울프 부인은 입센에게 자신의 진짜 생각을 말하지 않았지만, 입센은 그녀의 마음을 잘 알 수 있었다.

'작은 조연이라 성에 차지 않는 모양이군. 예술가는 고도의 예술적 소양도 갖추어야 하지만 그보다 훌륭한 사고방식을 갖추어야 하거늘, 명성이 높다 해서 어찌 배역을 거절하고 작은 조연을 깔볼 수 있는가.'

그 계통의 많은 사람들은 조연의 중요성을 모르고 있었다. 자, 어떻게 하면 울프 부인이 유쾌하게 배역을 받아들이고, 또 배역에 대한 인식을 높일 수 있을까? 이런 대배우에게 단순한 비평은 효과를 거두기 힘들 것이다. 심사숙고 끝에 입센은 한 통의 편지를 써서, 간곡하게 자신의 의견을 울프 부인에게 전했다. 그 편지의 내용은 이러했다.

이 극단에서 당신 외에 베티 역을 훌륭히 소화해낼 수 있는 배우는 없습니다. 극중의 타이스만과 그의 고모 그리고 충실한 하녀 베티는 함께 완벽하고도 통일된 명장면을 구성합니다. 연극이 진행되면서 그들 사이에 존재하고 있는 조화가 유감없이 표출될 것입니다. 그러나 이 모든 것은 울프 부인께서 이 역을 허락하셔야만 가능합니다.

부인께서는 현명한 판단력을 갖고 계시리라 믿기 때문에, 하녀라는 작은 조연이 예술가의 존엄성을 떨어뜨린다는 생각을 갖고 계시리라 믿지 않습니다. 부인은 배우일 뿐만 아니라 예술가이기 때문입니다. 제 말의 뜻은 부인께서 무슨 '역'이냐, 무슨 '연기'냐에 좌우되는 교만한 사람이 아니라, 허구의 역으로부터도 진정한 인물을 창조해내는 데 중점을 두는 분이라는 것입니다.

끝으로 입센은 전 유럽을 통해 커다란 명성을 누린 대배우들이 대사가 몇 마디 없는 배역을 맡은 예를 열거하여, 대배우가 작은 조연을 연기한다고 해서 결코 체면이 떨어지지 않는다는 것을 설명했다.

입센의 편지를 읽은 울프 부인은 감동했다. 그리고 부끄러웠다. 감동한 것은 '현대 연극의 아버지'라 불리는 입센이 자신을 그토록 높이 평가해준 것 때문이었고, 부끄러운 것은 하녀라는 작은 조연이 체면을 떨어뜨린다고 생각한 자만심 때문이었다. 입센이 보기에 그녀는 조연도 주연과 마찬가지로 어려운 예술적 창조라는 사실을 인식하고 있는 사람이었다. 마침내 그녀는 흔쾌히 베티 역을 받아들였고 연극은 크게 성공했다.

울프 부인의 그릇된 인식에 대해 입센은 그녀와 얼굴을 맞대고 이야기한 것이 아니라, 완곡하고도 은근하게 그녀에 대한 믿음과 기대를 표현함으로써 상대를 감동시키고 잘못된 시각을 바로잡았다.

입센의 방법에서 우리는 적어도 다음 두 가지 사실을 볼 수 있다. 첫째, 상대방에 대해 직접적으로 자신의 의견을 드러내지 않았다. 직접적인 비평이 적절하지 않았기 때문이다. 둘째, 설득하려는 대상의 특징에 맞추고 있다. 만약

● 부탁이나 사양은 완곡해야 한다. 상대의 자존심과 연계되어 있기 때문이다. 입센은 이를 잘 알고 있었다.

상대가 자존심과 진취성이 강한 사람이라면 완곡하고도 은근한 설득은 상대의 자존심을 상하지 않게 할 뿐 아니라 일을 더 빨리 진행시키는 자극제가 될 수도 있다.

지동설서指東說西 동쪽을 가리키며 서쪽을 말한다

겉으로는 A라는 사물을 가리키면서 속으로는 B라는 사물을 가리키는 것으로, '성동격서'라는 고사성어와 같은 말이다. 이 방법은 격렬하고도 심각한 말을 함축적이고 은근한 표현 속에 담을 때 유용하게 써먹을 수 있는 방법이다. 분명히 A를 말하고 있지만 실은 B를 가리킴으로써 B가 자연스럽게 받아들이도록 만든다. B를 직접 가리키지 않고도 B를 자각하게 만드는 것이다.

제나라 경공은 사냥을 몹시 좋아하여 촉추燭鄒라는 자에게 사냥감인 짐승과 새를 주관하도록 했다. 어느 날 촉추는 자신의 부주의로 사냥감을 잃어버렸다. 경공은 크게 화를 내며 당장 촉추의 목을 베라고 했다. 이 일은 이내 안자晏子의 귀에 들어갔다. 안자는 서둘러 경공을 만나 말했다.

"촉추가 자기 일을 게을리했으니 죽어 마땅합니다. 그자는 세 가지 죽을죄를 지었다고 생각하는데, 제가 하나하나 지적할 테니 들으신 다음에 그자를 견책하셔야 자신이 왜 죽는지 분명히 알 것입니다."

경공은 자신도 그렇게 생각하고 있었다면서 안자의 말을 받아들였다. 촉추가 경공 앞으로 끌려 나왔다. 안자는 살기등등한 목소리로 그의 책임을 추궁하기 시작했다.

"촉추, 너는 세 가지 큰 죄를 범했다. 네가 주관하고 있는 사냥감을 잃어버린 것이 그 첫째요, 군주로 하여금 새나 짐승 때문에 사람을 죽이도록 만들었으니 그것이 두 번째 죄다. 그리고 제후들이 이 이야기를 듣고 우리 임금은 사람보다 새를 더 중요시하는구나 하는 생각을 갖게 만든 것이 세 번째 죄다."

이렇게 죄상을 열거한 후 안자는 곧 그를 죽이려 했다. 경공은 안자의 한마디 한마디가 절실하게 느껴져, 차마 말로는 할 수 없는 어떤 깨달음 같은 것을 느끼고 서둘러 촉추의 처형을 저지했다.

"죽이지 마시오. 그대가 무엇을 말하고자 하는지 잘 알아들었소이다."

안자는 사실 "사람보다 새를 더 중시하는" 경공을 비판하려 했던 것이다. 그러나 안자는 오히려 촉추를 나무라는 행동을 연출했는데, 이것이 바로 '지동설서'의 수법이었다. 촉추를 나무라면서 군주의 마음을 찌른 것이다. "새 때문에 사람을 죽인다."와 "새를 사람보다 더 중시한다."는 말은 국내외로 군주의 명성에 영향을 줄 수 있는 것이었기에, 이 비평은 대단히 예리한 것이었다. 경공은 흔쾌히 받아들였다. 이 비평이 함축적이고 완곡하여 군주의 존엄성과 체면을 손상시키는 것이 아니었기 때문이다. 그래서 경공은 "죽이지 말라."고 했을 뿐 아니라, "무슨 말인지 잘 알아들었다."고 하여 안자의 비평을 완전히 받아들였다. '지동설서'의 방법을 운용하면 굳이 귀에 거슬리게 하지 않고도 충고의 효과를 거둘 수 있다.

비유법譬喻法 비유의 방법

비유는 언변술의 정수라 할 수 있다. 비유는 구체적이고 쉬우며 잘 알고 있는 사물로 추상적이고 심오하며 낯선 사물을 설명하거나 묘사하는 수법이다. 말 속의 비유가 분명해서 치밀한 논술이 묘사하고자 하는 형상과 일체가 될 때, 철학적인 자각을 줄 수도 있고 예술적인 아름다움을 줄 수도 있다.

『전국책』「초책楚策」에 보이는 장신莊辛의 말은 비유의 신기한 위력을 잘 보여 준다.

초나라 양왕襄王은 회왕懷王이 진秦나라에서 죽은 후에도 초나라를 강하게 만드는 데 신경을 쓰지 않고 소인배들을 가까이하며 음탕한 생활에 빠지는 바람에, 결과적으로 진나라 군대의 침략을 받아 야금야금 땅을 빼앗겼다. 장신이 여러 차례 충고했으나 양왕은 듣지 않았다. 진나라 군대는 잇따라 몇 개의 성을 빼앗았고, 양왕은 서둘러 수도를 버리고 쫓기는 신세가 되었다. 그때 장신은 지난날 왕에게 했던 충고에 방법상의 문제가 있었음을 자각하고, 양왕에게 일련의 비유법을 동원해 다음과 같이 충고했다.

"왕께서는 왕잠자리를 못 보셨지요? 다리가 여섯에 날개는 넷인데, 하늘과 땅 사이를 날아다니며 모기나 파리 따위를 먹고 달콤한 이슬을 빨아먹기도 합니다. 그놈은 스스로 걱정이 없다고 생각하여 남과 다투지도 않았습니다. 그러나 엿과 아교를 발라 만든 5척 동자의 잠자리채가 자신의 머리 위에서 기다리고 있고, 아래에는 땅강아지나 개구리 등이 자신을 잡아먹으려고 기다리고 있다는 사실은 까맣게 몰랐답니다."

장신은 왕잠자리가 먹고 마시는 것만 알고 아무 걱정 없이 경계심을 늦추고 있다가 개구리밥이 되는 비참한 신세가 되고 말았다는 이야기로, 양왕이 눈앞의 향락만 좇다가는 틀림없이 큰 화를 불러들이고 말 것이라는 이치를 은근히 비유했다. 장신은 다시 꾀꼬리와 두루미를 예로 들어 비유한다.

"왕잠자리야 보잘것없는 미물이라 할지 모르지만, 꾀꼬리도 마찬가지입니다. 꾀꼬리야 보잘것없다 할지 모르지만, 두루미도 마찬가집니다."

장신은 한 가닥 한 가닥 이어가는 식으로, 왕잠자리가 개구리와 땅강아지의 먹이가 되었다는 것에서 꾀꼬리 이야기를 꺼냈다.

"꾀꼬리는 낟알을 쪼아 먹으며 잎이 무성한 나무 위에 둥지를 틀고 날갯짓을 하면서 스스로 아무 근심이 없다고 생각하여 남과 다투지도 않았습니다. 그런데 누가 알았겠습니까? 자신과 아무 상관없는 어느 공자가 쏜 화살에 맞아 떨어질 줄 말입니다."

장신은 이어서 두루미 이야기를 꺼냈다. 두루미 역시 아무 걱정 없이 하루 종일 강 위를 날아다니며 놀다가 사냥꾼의 맛있는 요리감이 되고 말았다는 것이었다. 여기까지 이야기를 끝낸 장신은 이제는 사람의 경우로 확대시켜, 채나라 영후靈侯가 절제를 모르고 음탕한 생활을 일삼으며 나랏일을 돌보지 않다가 끝내는 초나라 영왕靈王의 발에 밟혀 옥에 갇히고 만 이야기를 꺼낸 뒤, 마지막으로 날카로운 풍자의 칼끝을 양왕에게로 돌렸다.

"채나라 영후의 일이야 사사로운 것처럼 보이지만 군왕의 일도 그와 다를 것이 없습니다."

"지금 우리나라 군왕이 자기 나라와 천하의 일을 돌보지 않다가 진왕의 명령을 받은 양후의 공격을 받을 줄 누가 알았겠는가?" 장신은 이 말을 하고 싶었던 것이다. 그것을 위해 네 차례의 비유를 거치면서 양왕의 현 상황까지 언급했다. 이야기를 다 듣고 난 양왕은 "얼굴빛이 싹 달라지며 온몸을 부들부들 떨었다." 그러고는 장신의 충고를 칭찬하며 그를 양릉군陽陵君에 봉했다.

장신의 훌륭한 '충고'는 비유의 도움을 크게 받았다. 이상의 경우들을 분석해보면, 비유가 어떤 이치를 밝힐 때 무궁무진한 묘미를 갖고 있으며 심지어는 아름답기까지 하다는 점을 알 수 있다. 양왕이 수도를 지키지 못하고 성양城陽으로 도망할 수밖에 없는 위태로운 상황에서 장신은 다시 한번 충고의 말을 양왕에게 했는데, 그 비유가 작은 것에서부터 큰 것으로, 사물로부터 사람에게로 서서히 다가가 끝내는 핵심, 바로 양왕의 치명적인 문제를 유감없이 드러냈다. 이는 들을수록 묘미가 있고 이치가 깊으면서도 알아듣기 쉬워 절로 감탄하게 한다.

만약 장신이 전처럼 "음탕하고 사치스럽다."느니, "나랏일을 돌보지 않는다."느니, "반드시 위기가 초래될 것이다."느니 하는 말을 되풀이했더라면, 양왕의 반응은 과연 어떠했을까? 장신은 빙 돌아 측면으로부터 감싸 안아 들어가는 식으로, 맨 먼저 이런 이야기로부터 실마리를 풀어갔다.

"신이 이런 속담을 들었습니다. '토끼를 보고 난 뒤에 사냥개를 찾아도 늦지 않고, 양을 잃고 난 뒤에 우리를 고쳐도 늦은 것이 아니다'는 말입니다. 그 옛날 탕왕과 무왕은 백 리 땅으로 시작해서 번성했고, 폭군 걸과 주는 천하를 가지고서도 나라를 빼앗겼습니다. 지금 초나라는 비록 작지만, 남은 것으로 모자라는 것을 채워나가면 수천 리가 될 수 있습니다. 어찌 굳이 백 리만으로 그치겠습니까?"

그런 다음 장신은 교묘하게 '왕잠자리', '꾀꼬리', '두루미' 이야기를 꺼내 단계적으로 나아가면서 결국 양왕이 충고를 받아들이지 않을 수 없는 상황으로 몰고 갔던 것이다.

고대 그리스의 철학자 아리스토텔레스는 "비유는 천재의 표지"라는 말을 남겼다. 그렇다! 비유를 잘한다는 것은 언어를 구사하는 능력이 뛰어나다는 표시다. 그 말이 착 달라붙듯 가깝게 느껴지고 비유가 교묘하면 나타내고자 하는 뜻이 더욱 생동감 넘치며 말의 매력도 그만큼 커진다. 비유를 통해 이치를 밝히면 사람들이 쉽게 이해하고 상상할 수 있다. "이것으로 저것을 비유하는" 데 천재적 재능을 보이는 사람은 풍부한 연상과 상상력을 가진 사람이라 할 수 있다. 상상은 사람의 인식을 시·공간 등 구체적 조건의 한계에서 벗어나 객관적 세계를 개조할 수 있는 능력을 높여서, 인류사회가 끊임없이 전진하도록 추진하는 정신력이다.

심리학자들은 상상이란 원래 존재하는 어떤 감지된 형상에 대한 가공과 개조이며 실천을 기초로 한다고 말한다. 상상의 꽃이 제아무리 화려하고 다양하게 피어난다 해도 그것은 모두 객관적 현실에서 기원하며, 실천이라는 제약을 받는다. 실천 활동을 통해 풍부한 사실적 자료를 쌓아야만 비로소 상상의 날개를 활짝 펼 수 있고, 그렇게 되어야 비유의 묘미도 더욱 생동감 넘치게 된다.

암시법暗示法 암시의 방법

관점을 선명하게 드러내지 않으면서 함축적 언어 또는 모종의 뜻을 나타내는 표정이나 행동을 통해 상황을 이해하고 깨닫도록 하는 것이 바로 암시법이다.

청나라 건륭제가 어느 날 신임 재상 화신和珅과 3대째 황제를 보필한 원로대신 유통훈劉通訓을 대동한 채 연우루烟雨樓 앞에서 풍경을 감상하고 있었다. 그때 건륭제가 문득 중얼거렸다.

"무엇이 높고 무엇이 낮으며, 어느 쪽이 동쪽이고 어느 쪽이 서쪽인가?"

그러자 박학다식한 유통훈이 즉각 화답했다.

"군자는 높고 신하는 낮으며, 문文은 동쪽에서 오고 무武는 서쪽에 있구나."

유통훈이 황제의 면전에서 은근히 자신을 비꼬자 화신은 불쾌하기 짝이 없었다. 화신은 기회를 틈타 되받아쳤다.

"하늘이 가장 높고 땅이 가장 낮으며, 하河(발음상 화和와 같아 화신 자신을 가리킨다)는 동쪽에서 와서 서쪽으로 흐른다'(흐른다'의 류流는 유劉와 발음이 같아 유통훈을 가리킨다)."

일반적인 관념상 동쪽이 서쪽보다 우위에 있기 때문에, 화신의 이 말은 늙은 유통훈 당신은 역시 나 화신보다 아래라는 것을 암시하는 것이었다.

물론 유통훈 역시 화신의 암시를 잘 알고 있었다. 다리에 이르자 건륭제는 두 사람에게 물(水)을 소재로 하여 시 한 수씩을 지어보라고 했다. 유통훈이 보복의 기회를 놓칠 리 없었다. 그는 수염을 쓰다듬으며 푸른 물에 비친 자신의 고상한 자태를 감상하다가, 의기양양한 표정을 짓고 있는 화신을 흘깃 쳐다본 다음 이렇게 화신을 꼬집었다.

> 물이 있어도 염계念溪요 물이 없어도 염해念奚라,
>
> 꽁지 빠진 새, 닭鷄으로 변하고 말았구나.
>
> 배불리 먹은 여우, 호랑이가 부럽지 않지만,
>
> 꽁지 빠진 봉황은 닭만도 못하구나.
>
> (계溪·해奚·계鷄는 모두 같은 발음 계통이다.)

총명한 화신은 '유통훈이 아직도 녹슬지 않은 보검임에 틀림없구나!'라며 감탄했다. 그러나 자신을 닭으로 풍자했으니 반격을 가하지 않을 수 없었다.

> 물이 있어도 염상念湘이요 물이 없어도 염상念相이라,
>
> 비가 상相 위에 떨어지면 서리가 되는구나.
>
> 각자 대문 앞 눈을 쓸면 그만인 것을,
>
> 남의 집 지붕 위 서리는 왜 그리 신경을 쓰는 걸까?
>
> (화신은 '상'자 계통을 가지고 풀었고, 상은 곧 유통훈을 가리킨다.)

늙은이 당신은 쓸데없는 일에 너무 신경쓰지 말라는 뜻이었다. 늙은 원로와 젊은 재상이 불협화음을 내는 것을 지켜보던 건륭제는 양손으로 두 사람의 손을 꼭 쥐고 말했다.

"두 분 말씀 잘 들었으니, 이 몸도 한 수 읊어보리다."

그리고는 호수에 비친 세 사람의 그림자를 보며 다음과 같이 읊었다.

물이 있어도 염청念淸이요 물이 없어도 염청念靑이라,

아끼는 경들이 힘을 합치면 마음속 정이 새삼스러워질 터.

중의 얼굴은 보지 않고 부처의 얼굴만 보려 하고,

짐의 정은 생각하지 않고 물의 정만 생각하는구나.

(건륭은 '청'자 계통을 가지고 풀었는데, 청은 곧 청나라를 가리킨다.)

● 중국사에 황금기를 가져다준 이민족 황제 건륭제는 언변술에도 뛰어났다. 이는 그의 수준 높은 인문학적 교양에 힘입은 바 크다. 언변의 기본 조건에 인문학적 소양은 필수적이다.

두 사람은 깜짝 놀라며 건륭제의 은근한 암시에 크게 감동했다. 화신과 유통훈은 건륭제에게 큰절을 올린 뒤 서로 손을 잡고 화해했다.

조정의 불화가 청나라 전체에 큰 손해를 가져온다는 점을 건륭제는 너무 잘 알고 있었다. 그러나 건륭제는 성급하게 제왕의 권위를 빌려 억압과 질책으로 문제를 해결하려 하지 않고, 두 사람의 성격 차이와 기호에 맞추어 순리대로 교묘하게 설득했다. 이를 위해 건륭제는 '암시법'을 활용한 것이다. 그의 암시는 결국 "물이 하천을 이루듯" 두 사람을 결합시켰다.

암유법暗喩法 암유의 방법

이 방법은 비슷한 점을 가진 두 가지 사물 중에 하나를 가지고 나머지 다른 하나를 묘사하고 설명하는 것이다. 다른 하나는 끝내 드러내지 않고 상대에게 연상의 여지를 남겨줌으로써, 속에 묻어둔 말을 상대방이 하도록 만든다.

남송 초기에 악비岳飛는 금과의 전쟁터에서 도성인 건강建康으로 잠시 돌아와 고종을 만났다. 얼마간 얘기를 나누다가 고종이 조용히 물었다.

"듣자 하니 최근 좋은 말을 구하셨다면서요?"

악비는 진작부터 고종에게 자신의 생각을 털어놓으려 했는데 기회가 없었다. 그런데 지금 고종이 질문을 던졌으니 마침 잘됐다 싶어 도도하게 흐르는 강물처럼 말문을 열기 시작했다.

"이전에 신에게 좋은 말이 두 필 있었습니다. 그놈들은 매일 콩 몇 되에 깨끗한 물을 한 말씩이나 먹는데, 그 양이 보통 말의 몇 배나 되었습니다. 게다가 식성까지 까다로워 조금만 더러워도 먹질 않습니다. 먹이가 많이 드는 놈들이긴 했지만 다른 보통 말보다는 훨씬 우수한 놈들이었지요. 새벽에 출발하면 얼마나 빠른지 달릴수록 빨라집니다. 마치 구름과 안개를 일으키며 바람과 번개처럼 한나절 동안 2백여 리를 달리고도 힘이 남아 다시 저녁까지 2백여 리를 더 달립니다. 목적지에 도착하여 안장을 내려놓아도 그놈들은 가쁜 숨은커녕 땀조차 흘리지 않습니다. 이런 말들이야말로 실로 중책을 맡을 수 있는 훌륭한 재목이지요."

악비는 자신이 아끼는 말 이야기를 했지만, 고종은 악비의 말 속에 담겨 있는 깊은 뜻을 알아챘다. 고종은 감탄한 듯 연신 머리를 끄덕였다. 악비는 이야기를 이어나갔다.

"그런데 불행하게도 그 두 놈이 모두 죽어버렸습니다. 지금 제가 타고 다니는 말도 좋기는 하지만, 아무 먹이든 잘 먹고 더러운 물도 그냥 받아 마십니다. 처음에는 신이 나서 빠르게 달리지만 백 리도 못 가 힘이 떨어져 숨을 헐떡이며 땀을 줄줄 흘립니다. 이런 시원찮은 말은 먹이가 덜 들어가고 아무렇게 해줘도 좋아하지만, 뒷심이 달리는 둔한 재목일 따름입니다."

"말하는 자 뜻이 있고, 듣는 자 뜻을 새긴다." 악비는 암유법을 써서 고종으로 하여금 자신이 하는 말이 곧 인재를 비유하는 것이며, 따라서 인재를 아끼고 귀중하게 여기라고 권고하는 것임을 깨닫게 했다. 인재를 기르고 활용하기 위해서는 많은 투자가 뒤따라야 한다. 그런 사람에게 더욱 뛰어난 공을 세울 수 있는 물질적 조건을 마련해주어야 보통 사람보다 훨씬 큰 공을 세울 수 있는 것이다. 군주와 신하 누구도 "인재를 아껴라."는 말은 하지 않았지만, '암유법'으로 피차 그 뜻을 이해했다. 악비의 얘기 속에는 고종에 대한 충고와 비판이 깔려 있었고, 고종은 그것을 기꺼이 받아들였다.

"아주 훌륭한 말씀이오. 이게 바로 '제대로 받아들이면 크게 받는다'고 하는 말이구려."

고종은 연신 악비를 칭찬해마지 않았다.

대비법對比法 대비의 방법

두 개의 사물을 대비·비교하는 것이다. 이것은 두 사물의 성질이 완전히 같은 비교와 뚜렷하게 상반되는 비교로 나누어진다. 서로 같은 것의 비교는 두 개의 사물을 더 단단히 결합시키고, 그 반대의 비교는 더 대립시킨다. 따라서 이 대비법은 복잡한 사회 관계를 좀더 분명하게 나타내주는 방법으로 중요하게 활용될 수 있다.

이 언변법을 바르게 활용하려면 자신의 관점을 숨기거나 자신의 결점을 감추려 해서는 안 되며, 이것이면 이것으로 저것이면 저것으로 상대와 대비해야 상대를 자신과 완전히 같은 지위에 올려놓고 대화할 수 있다. 상대에 대한 설득과 감화의 기초는 여기서부터 시작된다.

이는 언변모략들 중에서도 가장 전형적이고 일반적인 방법이다.

흥취법興趣法 흥취를 돋우는 방법

흥미나 취미는 무엇인가를 좋아하는 사람들의 정서를 가리킨다. 언변에서 상대방으로 하여금 나의 의견을 기꺼이 받아들이게 하려면 먼저 상대방의 정서를 움직이는 것으로 시작하여 그 정서를 따라 이치를 밝힘으로써, 상대방이 흥에 겨워하는 사이에 이치와 비유를 자연스레 받아들이게 한다.

춘추시대 진晉나라 영공은 사치가 너무 심해 백성을 도무지 아낄 줄 몰랐다. 어느 해인가는 9층짜리 높은 건물을 지으라고 명령을 내렸다. 막대한 인력과 물자가 드는 이 공사로 인해 백성들이 무거운 부담을 져야 할 것이 뻔했고, 국력도 적지 않게 소모될 판이었다. 이 때문에 대신들과 백성들은 이 공사를 반대했다. 그러나 영공은 자신의 의견을 굽히지 않은 것은 물론, 대신들에게 더욱 강경한 명령을 내렸다.

"이번 건축을 막으려는 자는 어느 누구를 막론하고 목을 베겠다!"

조정의 분위기는 팽팽하게 긴장되었다. 모두들 목숨을 보전하려고 엄동설한의 매미처럼 입을 꼭 다물었다.

이때 순식苟息이라는 대신이 영공을 만나자고 했다. 임금과 신하가 얼굴을 마주 대했다. 순식은 다소 상기된 표정으로 영공을 향해 전혀 엉뚱한 이야기를 꺼냈다.

"바둑돌 아홉 개를 쌓은 위에다 달걀 아홉 개를 올려볼까 합니다."

영공은 이렇듯 신기한 이야기를 듣고는, 순식이 그런 묘기를 부릴 수 있으리라고는 믿지 않았지만 그래도 구경거리에 혹해서 은근히 부추겼다.

"내 식견이 부족해서인지는 모르지만 아직 이런 경우는 보지 못했다. 어디 한번 해보라."

순식은 잘 알고 있었다. 만약 왕이 속았다는 사실을 알고 나면 자신의 목이 남지 않으리라는 것을. 영공은 곧 사람을 시켜 바둑판과 달걀을 가지고 오게 했다. 순식은 서서히 손을 놀리기 시작했다. 그는 우선 조심스럽게 바둑돌을 쌓기 시작했다. 바둑돌은 그다지 어렵지 않게 쌓였다. 이어 순식은 달걀을 집어들고 바둑돌 위에 쌓아갔다. 하나, 둘, 셋…. 전전긍긍 마치 살얼음을 밟는 것 같았다.

주위는 완전히 긴장감에 휩싸였다. 숨소리조차 조심스러울 정도였다. 달걀이 바둑돌과 부딪히는 소리만이 보는 사람의 가슴을 졸이게 했다. 달걀이 넘어지기라도 하면 어쩌나? 대신들은 모두 숨을 죽였다. 순식도 긴장감으로 쉴 새 없이 땀을 흘리고 있었다. 달걀은 세 개에서 더 이상 올라가지 않았다. 순식은 땀만 뻘뻘 흘리고 있을 뿐 달걀을 쌓을 생각을 하지 않았다. 달걀은 흔들흔들, 누가 약간의 입김만 뿜어도 와르르 무너질 판이었다. 영공은 더 이상 참지 못했다.

"위험하다! 위험해!"

영공의 '위험'이라는 외침이 끝나기가 무섭게 순식은 조용히 말했다.

"소신은 무엇이 위험한지 잘 모르겠습니다. 이 일보다 훨씬 더 위험한 일도 있는데 말입니다."

"아니, 무슨 일이 이보다 더 위험하단 말인가?"

영공은 눈을 동그랗게 뜨며 다그쳐 물었다. 순식은 쌓아올리려고 쥐고 있던 달걀을 어루만지며 천연덕스럽게 말했다.

"9층 건물을 짓는 일이 지금 이 장난보다 몇 만 배 위험한 일이 아니겠습니까? 그 일은 3년 안에도 끝날 것 같지 않은데, 그 3년 동안 전국의 건장한 남자들이 공사에 징발당해 농사를 짓지 못할 것입니다. 여자들이 베를 짜는 일에도 큰 차질이 생겨 국력이 떨어지고 인구도 감소하여, 백성들은 생계가 어려워 도망가거나 반란을 일으킬 것이니 말입니다. 게다가 이웃나라가 이런 우리 꼴을 보면 분명 군대를 이끌고 변경을 침입할 것이 아닙니까? 만약 나라가 망하면 대왕께서도 그걸로 그만입니다. 그러니 이보다 더 위험한 일이 어디 있겠습니까?"

이 말을 들은 영공의 등에서는 식은땀이 줄줄 흘렀다. 순식의 말은 이치에도 합당했을 뿐 아니라 아주 심각한 경고를 담고 있는 것이었다. 영공은 9층 건물의 건축을 취소했다. 자신의 잘못을 시인한 것이다.

순식이 영공에게 한 충고는 평소 영공이 오락을 좋아한다는 특성을 이용하여, 거기에 맞는 놀이를 가지고 영공의 흥미를 잔뜩 돋운 다음 본론으로 들어가 두 가지 위험스러운 일을 비교함으로써 순간적으로 영공을 자각하게 만든 것이었다.

인신법引申法 끌어당겨 펼치는 방법

'인신법'은 '보잘것없고 천박한' 사물이나 이야기를 아주 '심오한' 것으로 확대시켜, 상대방이 자연스럽게 그 '보잘것없고 천박한' 사물이나 얘기에서 '심오한' 그 무엇을 깨닫게 하는 것이다. '천박함'과 '심오함'이 같을 리야 없겠지만, 서로 연결되어 이치가 통하면 듣는 사람은 자연스럽게 한데 엮어 받아들이게 된다.

맹자의 이야기를 들어보자. 어느 날 맹자가 송宋나라의 대신 대불승戴不勝에게 물었다.

"당신네 임금이 좋은 임금이 되길 바라시오?"

"그것이야말로 내가 가장 바라는 것이오."

대불승이 주저 없이 대답하자 맹자가 다시 물었다.

"그렇다면 잘됐군! 내 분명히 일러두리다. 만약 초나라에서 태어난 아이에게 제나라 말을 하도록 가르치고 싶다면 제나라 사람이 가르치는 게 좋겠소, 아니면 초나라 사람이 가르치는 게 좋겠소?"

"그야 물론 제나라 사람이지요."

대불승은 맹자의 물음이 채 끝나기도 전에 답했다. 맹자는 기다렸다는 듯이 말을 이었다.

"그렇소. 그러나 제나라 사람이 가르친다고는 하지만, 그 애의 주위엔 온통 초나라 사람들밖에 없으니 하루 종일 초나라 말만 듣고 살아야 할 것 아니겠소? 이런 상황에서 매일 채찍으로 때려 억지로 가르친다면 그 애는 모르긴 해도 제나라 말도 못하게 될 것이오. 어떻게 생각하시오?"

대불승은 수긍하며 고개를 끄덕였다. 맹자는 이 대목에서 화제를 돌려 다음과 같이 말했다.

"당신이 설거주薛居州를 정직한 사람으로 생각하고 그를 송나라 왕의 측근에 안배했다 칩시다. 물론 좋지요. 그런데 송나라 왕 주위에 있는 측근들이 모두 설거주처럼 정직하고 현명하다면 송나라 왕은 과연 누구와 함께 나쁜 일을 할 것 같습니까? 그리고 만약 주위 측근들이 모두 설거주와는 반대로 아첨이나 하고 교활하고 엉큼

한 소인배들이라면 송나라 왕은 과연 누구와 좋은 일을 하겠소? 따라서 나는 설거주한 사람만이 송나라 왕에 대해 그렇게 큰 작용을 하리라고는 생각하지 않소."

대불승은 연신 고개를 끄덕이며 맹자의 말에 동의했다.

맹자가 얘기한 '주제'는 환경이 사람에게 미치는 영향을 지적한 것으로, "현명한 신하를 가까이하고 소인배를 멀리하여" 임금의 주위에서 현명한 신하들이 보좌하게 해야 한다는 것이었다. 맹자는 이 커다란 이치를, 말을 배우는 사소한 이야기에서 끄집어냈다.

차대법借代法 다른 사물을 빌려 본론을 전하는 방법

이 방법은 대상의 명칭을 직접 거론하지 않고 그 대상과 관련이 있는 다른 사물로 대신하는 언변 기술이다.

송나라 진종眞宗 때인 1004년, 익주益州에서 벼슬을 하고 있던 장영張咏은 절친한 친구인 구준寇准이 재상이 되었다는 소식을 듣고 혼잣말로 중얼거렸다.

"구공은 기재이기는 하나 학문이 모자라는데…."

장연은 구준과 오랜 친구였기 때문에 기회가 되면 구준에게 시간이 나는 대로 책을 많이 읽으라고 얘기해주고 싶었다. 재상이라면 천하의 흥망성쇠를 좌우할 수 있는 중요한 자리이기에 학식이 높아야 했기 때문이다.

그런데 얼마 뒤 구준이 일이 있어 섬서성에 왔는데, 공교롭게도 장영이 그곳으로 막 부임해 와 있었다. 오랜 친구가 서로 만났으니 얼마나 기뻤겠는가. 구준은 술자리를 베풀었다. 회포를 푼 다음 두 사람은 아쉬운 작별을 나누게 되었다. 작별하는 자리에서 구준이 장영에게 물었다.

"내게 해줄 말이 없는가?"

일찍부터 기회가 닿으면 구준에게 책을 많이 읽으라고 얘기해주고 싶었던 장영이었지만, 구준이 이미 한 나라의 재상인지라 대놓고 학문이 부족하다고 말할 순 없는 노릇이었다. 잠시 생각에 잠겨 있던 장영은 숨을 내쉬면서 천천히 입을 열었다.

"『한서』의 「곽광전霍光傳」은 읽어보지 않을 수 없지."

당시 구준은 장영의 이 말이 무엇을 의미하는지 몰랐다. 그렇지만 절친한 친구가 긴 말을 원치 않는 것 같아 그냥 작별하였다. 재상 관저로 돌아온 구준은 지체 없이 『한서』에서 「곽광전」을 찾아 꼼꼼히 읽기 시작했다. "곽광은 학문이 모자라 커다란 이치에는 어두웠다."는 대목에 이르러 구준은 비로소 크게 깨달았다. 그는 혼잣말로 "이것이 바로 장공이 하고 싶었던 말이로구나!"라며 감탄을 금치 못했다. 그 옛날 곽광은 대사마와 대장군 등 요직을 두루 거치면서 한나라를 위해 큰 공을 세웠지만, 자신의 공에 자만하고 학문을 게을리한 탓에 사리에 밝지 못했다. 이 점은 구준과 비슷했다. 구준은 「곽광전」을 읽고 장영의 의도를 알아챘던 것이다.

장영과 구준은 아주 가까운 사이였지만 구준의 지위가 크게 변했기 때문에 직접적으로 "학문이 모자란다."고 비판했다면 구준이 쉽게 받아들이지 못했을 것이다. 그렇게 되면 구준의 체면에 크게 손상이 간다. 그렇다고 비평이 너무 가벼워도 구준의 마음을 끌기 힘들었을 것이다. 그래서 장영은 단 한마디 "곽광전은 읽어보지 않을 수 없지."라고만 했는데, 이 한마디가 수천 수만 마디보다 더 큰 위력을 발휘했다. 이것이 '차대법'의 힘이다. 이 방법을 통해 장영의 충고는 구준의 사유의 틀에 깊게 새겨지게 되었다.

곽광은 학문의 부족 때문에 결국 전 가족이 몰살당하는 비극을 맞이했다. 사실 「곽광전」을 빗대어 행한 '차대법' 방식의 비판은 대단히 날카롭다고 할 수 있다. 학문이 모자란다는 말은 보통 사람도 받아들이기 힘든 비판이다. 그러나 「곽광전」을 통해서 이 말을 알게 되고 또 깨달았기 때문에 구준은 유쾌하게 받아들일 수 있었던 것이다. 이것이 이른바 "다른 책의 말을 빌려 내 마음을 전한다."고 하는 것이다.

4절
유도

요해관쇄법要害關鎖法 빗장을 질러 퇴로를 차단하는 법
───────────────────────────────────

이 방법은 구멍난 곳을 적시에 틀어막아 당해내기 어려운 적의 궤변의 퇴로를 끊고 일거에 굴복시키는 것이다.

　　서양의 유머 하나가 이 방법을 이해하는 데 기본적인 도움을 줄 것이다.

　　아버지: 톰, 만약 아빠가 너처럼 더러운 손으로 식사를 한다면 너는 아빠에게 뭐라
　　　　　고 하겠니?
　　톰: 음, 저라면 체면 때문에 아무 말도 하지 않겠어요.

　　물론 논쟁 중에 '요해관쇄법'을 운용하는 것은 톰이 아버지의 말문을 막은 것보

다 훨씬 복잡하다. 이 대책은 논쟁에서 신속하게 상대방 명제의 핵심을 움켜쥐고 전력을 다해 그 논증의 요해를 단단히 잠가 오도 가도 못하게 하여 굴복시키는 것이다.

범죄의 신문 과정을 예로 들어 '요해관쇄법'을 어떻게 운용하는지 설명해보겠다.

범죄의 신문은 복잡하고도 첨예한 대립이 이루어지는데, 변론 형식으로 나타나는 신문과 반신문의 겨루기가 볼 만하다. 신문자는 법률 규범의 제약 하에서 죄를 드러내고 사건을 조사하는데, 왕왕 궤변의 속임수에 능한 상대를 만나 골탕을 먹기 일쑤다. 다음의 절도 사건을 한번 보자. 신문자는 사건 현장에서 지문을 증거로 확보해놓고도 신문 과정에서 필요한 대책을 고려하지 않는 바람에 가장 유력한 증거가 부정되어버렸다.

> 신문자: 거짓말하지 마라! 금고를 열고 현금을 꺼내 갔잖아? 금고에 네 지문이 남아 있단 말이다. 자, 직접 네 눈으로 확인해봐! (지문을 찍은 사진을 보여준다.)
>
> 용의자: 그래요, 이게 내 지문일 수도 있죠. 왜냐하면 사건이 발생한 후 모두들 가서 구경을 했고, 나도 구경하면서 금고를 만져보았거든요.

신문의 경험이 풍부한 사람은 증거를 들이밀기 전에 미리 범인의 반발을 예상하고, 범인이 교활한 변명으로 빠져나가지 못하도록 퇴로를 막아놓는다. 따라서 다음과 같이 신문하는 것이 마땅하다.

> 신문자: 사건 발생 후 어디 있었습니까?
>
> 용의자: 달려가서 구경했죠.
>
> 신문자: 누구와 함께 갔습니까? 그리고 어디에 서 있었습니까?
>
> 용의자: B와 함께 갔고, 문 입구에 서서 구경했어요.

신문자: 안으로 들어가지는 않았습니까?

용의자: B가 증명해주겠지만, 둘 다 안으로 들어가지는 않았어요. 잠시 구경하다 함께 그 자리를 떠났어요.

신문자: 정말입니까?

용의자: 한마디도 거짓말이 아닙니다.

신문자: 그 전에라도 그 방에 들어간 적은 없습니까?

용의자: 아뇨!

신문자: 어젯밤에는 어디 있었습니까?

용의자: 일어나 소변을 보고 나오다 C를 만났죠.

신문자: 왜 바로 옆에 화장실을 놔두고 사무실 쪽까지 가서 소변을 보았나요?

용의자는 당황해하며 우물쭈물한다. 바로 이때가 증거를 들이댈 기회다. 용의자가 빠져나갈 수 있는 문이 이미 단단히 잠겼기 때문이다. 신문자는 마침내 손만 뻗치면 잡을 수 있는 곳까지 몰고 갔다.

신문자: 당신은 금고에서 현금을 빼내다가 지문을 남겼습니다. 자, 이게 바로 그 증거입니다. (증거를 들이댄다.)

용의자는 더 이상 버티지 못하고 범행을 자백한다.

논쟁에서 관점이 애매하고 논증이 갈팡질팡하며 예상하기 힘든 논쟁 상대에 대해 바로 이런 방법을 사용하는 것이다. '요해관쇄법'을 운용하기 위해서는 논쟁의 주도권을 장악한 상황에서 주도면밀한 계획으로 적시에 덫을 놓아 적이 돌아갈 수 없는 깊숙한 곳까지 들어오기를 기다린다. 이 전술이 성공하느냐 실패하느냐의 여부는 전체 국면을 통일적으로 내려다보면서 정세에 따라 문을 걸어 잠글 시기를 잘 선택하는 데 달려 있다.

우리가 위의 신문 과정에서 보았듯이, 현장에 남아 있는 지문만을 증거로 하여 범인의 자백을 받아내려는 것은 신문자의 주관적 희망사항일 뿐이다. 그것은 신문에서 용의자의 대항 관계라든지 신문 대책의 문제 등을 고려하지 않은 졸렬한 행위다. 반면에 후자의 신문자는 '요해관쇄법'을 활용하여 일곱 개 질문을 던지고 있다. 첫째 질문은 '끌어내는 질문' 단계로, 사건의 상황 속으로 진입하는 단계라 할 수 있다. 두 번째와 세 번째 질문은 '문을 걸어 잠그기 위한 질문' 단계로, 이 질문은 신문에서의 승부를 결정하는 중요한 첫걸음이 된다. 즉, "B와 함께 갔고, 문 입구에 서서 구경했다."와 "안에는 들어가지 않았다."는 진술을 받아낸 이 단계는 문의 빗장을 지르고 신문자가 지문이라는 증거를 제시하기 위한 장애물을 치는 단계이기도 하다. 네 번째 질문은 '질문을 더욱 공고히 단속하는' 단계로, 용의자의 "한마디도 거짓말이 아니다."는 진술은 이미 걸어 잠근 '문에 못을 박는 것이나 마찬가지의 작용을 하고 있다. 다섯 번째 질문은 재차 '문을 잠그기 위한 질문' 단계로, 지문이라는 증거를 들이댔을 때 용의자가 "사건 발생 후에 그 방에 간 적이 없지만, 발생 전에 그 방에 간 적이 있기 때문에 지문이 남을 수 있지 않느냐?"라며 교묘하게 발뺌하지 못하도록 사전에 방비하기 위한 단계다. 용의자가 "사건 발생 전에 그 방에 간 적이 없다."고 진술한 것은 바로 두 번째 빗장이 된다. 네 번의 질문으로 용의자는 덫에 걸렸고 두 번의 빗장 지르기로 확실히 퇴로를 차단당했다. 질문을 제기한 단계가 분명하고 안배가 주도면밀하여, 교활한 용의자도 더 이상 어쩔 수 없게 된다. 여섯 번째 질문과 일곱 번째 질문으로 항아리 안에 든 자라를 잡듯 범인을 완전히 낚을 수 있게 되었다.

삼로진병법三路進兵法 세 군데 길에서 좁혀 들어가는 방법

언변이 진행되는 동안 한쪽이 세 가지 선택 가능한 논제를 제기하여 상대방으로 하여금 그중 하나를 선택하도록 강요하는 경우가 있다. 사실상 이 세 가지 논제는 앞뒤로 협격하는 방법과 마찬가지며, 어떤 것을 선택하든 간에 그 결과는 모두 상대방이 접수하기 어려운 것이어서 필연적으로 상대방을 포위 공격하는 꼴로 만들 수 있다.

고대 그리스의 무신론 철학자 에피쿠로스Epicouros(기원전 341-기원전 270)는 이런 '삼로진병'의 전술을 사용하여 유신론자들에게 웅변함으로써 신의 부재를 증명했다. 그는 우선 이렇게 얘기를 꺼낸다.

다음과 같은 경우를 인정해야 한다. ① 신은 원하기는 하지만 세상의 악을 제거할 능력이 없다. ② 신은 능력은 있지만 세상의 악을 제거할 뜻이 없다. ③ 신은 능력도 있고 세상의 악을 제거할 뜻도 있다.

만약 첫째 경우라면 신은 만능이라고 할 수 없다. 이런 무능력은 신의 본성과 모순된다. 둘째 경우라면 신의 악의惡意를 증명하는 꼴이 된다. 이런 악의 역시 신의 본성과 모순된다. 세 번째 능력도 있고 의지도 있는 경우(이 경우가 신의 본성에 가장 잘 어울리는 가정이겠지만)라면, 어째서 지금도 악이 판을 치고 있는가?

에피쿠로스는 군대를 세 길로 나누어 공격시키듯 신에 관한 모든 가능한 해석을 세 가지로 개괄해놓고, 어떻게 대답하든 간에 결론은 유신론자들로 하여금 "신은 근본적으로 존재하지 않는다."는 것을 부인하지 못하게 만든 것이다.

● '삼로진병법'은 언변술에서도 기초이자 기본에 속한다. 하지만 그것을 적절히 구사하기란 쉽지 않다. 에피쿠로스는 그런 점에서 '삼로진병법'을 절묘하게 구사한 언변의 대가였다.

『손자병법』에는 적의 10배에 달하는 절대 우세한 병력으로 사방을 포위하여 적을 굴복시키는 용병법이 있다. 법정 신문 때 주도면밀한 조사와 연구를 한 뒤 조직적으로 포위망을 좁혀 들어가는 식으로 질문하여 피고가 빠져나가지 못하고 죄를 시인하게 만드는 것도 이 방법을 응용한 것이다.

사냥에서 포위망을 좁혀 들어가는 식의 이런 사변思辨 활동은 일종의 '확대성 연상聯想 과정'이라 할 수 있다. 어떤 문제가 눈앞에 펼쳐지면 그것을 중심으로 무수한 촉각을 뻗쳐 사방팔방으로 사유의 전파를 쏘아서 그것으로부터 모든 비슷한 점 또는 상반되는 점을 연상해가며 생각의 길을 신속히 확대해가는 것이다. 이는 마치 한신韓信의 용병술과도 같이 다다익선이다. 그런 다음 설전의 목적에 근거하여 방법을 선택하고 화력망을 집중하면, 상대는 속수무책으로 이 포위 공격에서 빠져나가지 못하게 된다.

선종후금법先縱後擒法 일단 놓아주고 뒤에 사로잡는 방법

'선종후금법'은 일단 '놓아주는(종縱)' 수단을 활용하여 끝에 가서 '잡는(금擒)' 목적을 달성하는 것인데, 일부러 파탄을 노출하여 적을 깊숙이 유인하는 모략 방법이다. 다음 변론을 보자.

갑: (누군가를 훈계하려는 태도를 취하며) 네 눈앞에 도덕과 돈이 놓여 있는데, 둘 중 하나만 택하라면 어느 것을 택하겠는가?

을: 돈을 택하겠네. (일부러 놓아준다.)

갑: (의기양양하게) 나라면 돈이 아니라 도덕을 택하겠네.

을: 그렇겠지. 누구든지 자신에게 부족한 것을 선택하게 마련이니. 자네도 자네에게 부족한 것을 선택하겠지. (꼼짝없이 잡는다.)

을은 "돈을 선택하겠다."며 고의로 파탄을 노출하여 갑의 공격을 유인하고, 갑으로 하여금 무의식중에 을이 그리고자 하는 "도덕이 부족한" 얼굴을 그리는 데 도움을 주도록 만든다. 이 정도면 야유도 그 극에 달하게 된다.

그렇다면 '선종후금법'은 어떻게 실행하는가? 상대의 기세가 등등할 때 고의로 그 예봉을 피하거나 심지어는 상대를 향해 자신의 논지가 취약하다는 것을 드러내 보임으로써 상대를 심리적으로 교만하게 만든다. 그런 다음 경계심을 잃은 기회를 포착하여 재차 심각한 타격을 가하는 것이다. 위 변론에서 보았듯이 갑은 일단 대단한 기세로 상대를 압도해 왔다. 이때 만약 을이 즉각 이런 식으로 면박을 주었다면 어떻게 되었을까?

"자네나 먼저 자신에게 나는 어떤 것을 택할 것인가 자문해보시지. 자네가 도덕 운운할 자격이 있는 사람인지 아무도 모르는데, 다른 사람에게 선택하라 마라 할 수 있는 권리가 있는가?"

갑은 분명히 이 질책을 받아들이지 않음은 물론 을과 격렬한 논쟁을 벌였을 것이다. 그 논쟁의 결과 을이 이겼다 해도 수많은 말과 심리적 소모가 뒤따를 것이 뻔하다. 이런 논쟁은 이겨도 이긴 것이 아니다. 위에서처럼 "놓아주었다가 잡는" 단 두 차례의 문답으로 갑을 꼼짝 못 하게 하는 것이 현명하다.

상대를 '놓아주라'는 말은 호랑이를 산으로 돌려보내라는 뜻이 결코 아니다. 호랑이를 산으로 돌려보내면 호랑이는 분명 힘을 키워 다시 내려올 것이고, 그때는 우세가 열세로 변할지도 모른다. '놓아준다'는 '종'은 수단이며, '잡는다'는 '금'은 목적이다. 의식적으로 한 박자 늦추는 '종'은 목적인 '금'을 위해 종사하는 것이다. '종'은 상대에게 주도권을 넘겨주는 것이 아니라, 오히려 논쟁의 주도권을 내 쪽으로 바꾸기 위한 것이다. 잘 보았다시피 을이 시기를 놓치지 않고 "그렇겠지. 누구든지 자신에게 부족한 것을 선택하게 마련이니, 자네도 자네에게 부족한 것을 선택하겠지."라고 했을 때, 갑은 싸울 기력을 잃어버리게 된다.

1927년 '4·12 대학살'이 있은 다음, 노신魯迅은 상해 기남暨南대학교에서 '문예와 정치의 기로'라는 제목으로 강연을 한 적이 있다. 강연 중에 노신은 대학살의 죄상을 분연히 폭로하는 한편, 일부 사람들이 이런 피의 교훈에도 불구하고 각성하지 못하고 있는 상태를 비난했다. 노신은 살해된 선구자들의 희생을 언급하는 대목에서 짐짓 다음과 같은 투로 말을 이었다.

"그러나 사회는 너무 적막합니다. 그러니 구경거리가 있어야 재미를 느낄 수 있겠지요. 인간은 구경하기를 좋아합니다. 그래서 문학가들은 재롱을 피워 사람들을 즐겁게 합니다. 또 어떤 사람은 포승줄에 묶여 형장으로 끌려가 목이 잘리거나 가장 가까운 담 아래에서 총살을 당하기도 합니다. 이 모두가 한바탕 난리법석을 떠는 일이지요. 상해 경찰들이 곤봉으로 사람들을 두들겨 패면, 모두들 빙 둘러서서 구경을 합니다. 자신은 두들겨 맞지 않기를 바라지만 남이 두들겨 맞는 것을 보면 자못 재미를 느끼는 것이지요."

노신은 사람들을 정면으로 비판하지 않고, 그 사람들의 마비된 심리 상태에 맞추어 이야기를 끌어갔다. 그리고 자연스럽게 이런 마비 상태에 있는 '방관자'의 반대편에 서서 그들의 병적인 정신 상태에 비판을 가한 것이었다. 언어의 표현 형식에서 볼 때 노신은 반어법을 운용했고, 모략으로 본다면 '선종후금'의 방법을 사용하여 귀먹고 눈먼 자들을 깨우쳤다.

'저격'이란 적의 상황을 확인한 후 안 보이는 곳에 숨어 있다가 틈타서 공격하는 것이다. 논쟁에서 저격 전술은 대체로 다음 4단계로 진행된다.

제1단계: 예측

제2단계: 차단

제3단계: 빠뜨리기

제4단계: 제압

모 호텔 지배인인 A와 독설가인 B의 논쟁을 통해 이 전술의 구체적 운용 예를 보기로 하자.

모 호텔에 근무하고 있는 '쇠주둥이'라는 별명을 가진 B라는 여 종업원은 입심이 아주 세서 당해낼 사람이 없을 정도였다. 어느 날 그녀는 호텔 정문 입구에서 고급 시계를 주웠는데, 이를 호텔 측에 넘겨 주인을 찾아 돌려주기를 거부했다. 동료들은 그녀에게 주인을 찾아 돌려줄 것을 권유하기도 하고 비난도 퍼부었지만 그녀는 막무가내였다.

쇠주둥이 B: 이 시계는 내가 주운 것이지 훔치거나 빼앗은 게 아냐. 그러니 넘겨주지 않아도 위법이 아니란 말이야.

종업원 C: 우리의 '근무 수칙'을 보면 '고객의 물건을 주웠을 때는 주인을 찾아 돌려줘야 한다'는 조항이 있는데 그걸 모른단 말이야?

쇠주둥이 B: 나에게 '근무 수칙'을 상기시키지 않아도 돼. 그보다 먼저 네 자신이 근무 수칙을 제대로 알고나 있는지 스스로에게 물어보시지. '근무 수칙'에는 '호텔 안에서 고객의 물건을 주웠을 때'라고 되어 있어. '호텔 안'의 범위에 정문 밖은 포함되지 않아. 나는 이 시계를 호텔 정문 밖에서 주웠단 말이야. 대체 안과 밖도 구분 못 한단 말이야? 내가 이상스럽게 느끼는 건 네가 인용한 그 조항이 마치 '고급 시계는 고객이 잃어버린 것'이라고 말하는 것 같다는 거야. 호텔 밖 땅바닥에 떨어진 시계가 고객이 잃어버린 것인지 아니면 지나가던 행인이 떨어뜨린 것인지 어떻게 아느냐 말이야. 고객이 떨어뜨리는 것을 네 눈으로 직접 보기라도 했어? 혹 네가 탐이 나서 잠시 기다렸다가 주우려는데 내가 먼저 습득한 것 아냐? 오, 이제 알겠다! 넌 뭔가 노리는 것이 있어 나를 물고 놔주지 않으려는 거지?

종업원 D: 너, 정말 지독하구나. 마치 저팔계가 쇠스랑을 마구잡이로 휘두르는 것 같군. 물건을 줍고서도 주인에게 돌려주지 않는 것은 범죄야. 주인에게 돌려주지 않으면 쇠고랑을 차게 되는 걸 몰라서 그래?

쇠주둥이 B: 쇠고랑으로 날 겁주려는 거니? 그렇다면 한번 물어보자. 내가 형법 몇 조 몇 항을 어긴 거지? 물건을 주워 주인에게 돌려주지 않으면 몇 년형이나 받는데? 무기징역이라도 되니? 정말 안타깝군. 나를 잡아들일 마땅한 형법 조항이 없으니 말이야. 멋대로 조항을 적용해 나를 잡아넣을 셈이야?

종업원 E: 얘기가 너무 엉뚱한 데로 빗나간 것 아냐?

쇠주둥이 B: 내 말이 너무 빗나갔다면, 너희들의 말은 마치 윗사람들로부터 야단맞지 않으려는 것 같군. 문제는 너희들이 제기했어. 나는 그저 너희들이 제기한 문제에 대해 내 개인의 의견을 말했을 뿐이야. 정말 안됐군. 시계 하나에 이렇게 많은 사람이 눈이 벌게져서 나를 포위 공격하며 없는 죄를 시인하라고 압박을 가하다니. 문제를 벗어난 것은 너희들이지 내가 아냐! 너희들은 떼거리로 나를 눌러 내 발언권을 막으려 하고 있어. 잘 알겠지만 언론의 자유는 헌법에도 보장되어 있는 권리야. 나에게 말을 못 하게 하는 것은 국민의 민주적인 권리를 침해하는 것이야!

한쪽에서 이들의 논쟁을 지켜보고 있던 지배인 A는 속으로 이런 생각을 하고 있었다. 만약 자신이 나서서 그녀와 논쟁한다면, 그녀의 논점은 분명 "이 시계는 내가 주운 것이지 훔치거나 빼앗은 것이 아니다. 그러니 넘겨주지 않아도 위법이 아니다."는 것이 될 것이다.(제1단계: 예측) A는 그녀가 '주운 것'과 '훔치거나 빼앗은 것'이라는 각기 다른 개념에 자신의 논점을 세워놓고 그로부터 돌파구를 찾고 있다는 것을 간파했다. 따라서 바로 여기에 복병을 숨겨놓고 '차단'하면 된다. A는 마침내 입을 열기 시작했다.

지배인 A: 너희들이 벌인 논쟁은 참 흥미 있었다. 그런데 내가 생각하기에 쇠주둥이 네가 나를 도와 하나의 개념을 분명히 해주었으면 하는데?(제2단계: 차단)

쇠주둥이 B: 문제가 있다면 뭐든지 말씀하세요.

지배인 A: '불로소득'이 무엇인지 분명히 해두었으면 하는데 말이야.

쇠주둥이 B: 나는 호텔 종업원이지 정치 전공자도 아니고, 공식회의 석상의 의장도 아니에요.. 그런 정치적 단어를 저에게 물으시다니, 그건 마치 안약을 사러 석회를 파는 가게로 달려가는 것이나 같죠.

지배인 A: 그래? 그렇다면 잘 들어봐. '불로소득'이란 노동을 거치지 않고 노동의 결
　　　　 과를 차지하는 것이지. 좀더 분명하게 말하면 남의 노동 결과를 차지하
　　　　 는 것이라 할 수 있지.

쇠주둥이 B: 언제 그렇게 글자를 꼼꼼하게 되씹는 것을 배우셨나요?

지배인 A: 그렇다면 말해보라고. 남의 물건을 '빼앗는 것'은 불로소득이겠지?

쇠주둥이 B: 그래요.

지배인 A: 그럼 남의 물건을 '훔치는 것'도 불로소득이지?

쇠주둥이 B: 물론이죠.

지배인 A: 그렇다면 남의 물건을 주워 자기 것이라고 하는 것은 불로소득인가, 아닌
　　　　 가?(제3단계: 빠뜨리기)

쇠주둥이 B: 그야 뭐….

지배인 A: '주운 것'과 '훔치거나 빼앗은 것'은 법률상 그 성질이 완전히 다른 개념이
　　　　 니까 '주운 물건을 주인에게 돌려주지 않는 것'을 놓고 법을 어겼다고는
　　　　 할 수 없겠지. 법률상 물건을 주워 주인에게 돌려주지 않는 사람에게 쇠
　　　　 고랑을 채울 수야 없지. 그러나 '주운 물건'과 '훔치거나 빼앗은 물건'을
　　　　 '불로소득'이라는 관점으로 비교하면 서로 통하는 점이 있어. 국가의 법
　　　　 률 외에도 이 사회에는 '도덕'이라는 법과 동등한 힘을 가진 것이 있기 때
　　　　 문이지. 호텔 안에서 주운 물건을 호텔 측에 건네주어야 한다는 조항이
　　　　 '근무 수칙'에 분명히 규정되어 있다는 점에 대해서는 너도 이의가 없을
　　　　 거야. 그리고 호텔 밖에서 주운 물건을 파출소에 신고해야 한다는 점은
　　　　 삼척동자도 다 아는 상식이니까 너도 모르진 않을 거야. 지금 네가 자기
　　　　 고집을 버리지 않는 것은 '나는 불로소득의 사상에 사로잡혀 있소' 하는
　　　　 말과 마찬가지야. 동료들의 지적을 받고도 잘못을 고치지 않는 것은 자

쇠주둥이는 결국 주운 시계를 파출소에 신고했다.

이상의 예에서 보았듯이 4단계를 구체적으로 응용하는 방법은 이렇다.

제1단계 예측: 논쟁도 용병과 마찬가지로 공·수가 있고 정공법과 변칙법이 있다. 변화무쌍한 전술을 운용해 자신의 의도를 헤아리지 못하게 해야 한다. 싸움에서 승리하려면 기본적인 요구 사항이 뒤따른다. 즉, 적의 정세를 정찰하는 것이다. 지배인 A는 쇠주둥이와 다른 종업원이 논쟁하고 있을 때 그 논쟁을 지켜보기만 하고 한마디도 하지 않았다. 쇠주둥이의 억지 논리로부터 A는 그녀의 논점이 "이 시계는 내가 주운 것이지 훔치거나 빼앗은 것이 아니다. 그러니 넘겨주지 않아도 위법이 아니다."는 점에서 시작되고 있음을 정확히 인식했다. 일반 논쟁의 경우 상대를 탐색하는 대책의 운용에는 두 가지 의미가 포함되어 있다. 첫째는 상대의 변론이 동에 번쩍 서에 번쩍 하며 그 본질을 포착할 수 없을 때 잠시 가부를 보류한다. 즉, 괜스레 풀을 들쑤셔 뱀을 놀라게 하는 식으로 내가 논쟁에 참여하여 공격하겠다는 의도를 드러내지 않는 것이다. 둘째는 상대방의 명제가 갖는 특징이나 논증 방법 등을 분명하게 인식해야 한다.

제2단계 차단: 상대방 주장의 주된 요지를 정확하게 겨냥하여 뱀을 구멍에서 유인해내는 식으로 질문을 제기하여 상대방이 자신의 손발을 스스로 묶어버리는 대답을 할 수밖에 없게 만든다. 지배인 A가 일부러 쇠주둥이 B에게 "불로소득의 개념을 분명히 하는 데 도와달라."고 한 것은, 계속되는 쇠주둥이의 억지를 차단하는 장애를 설치하여 그녀가 반격할 수 없도록 하기 위한 것이었다.

제3단계 빠뜨리기: 상대가 미처 깨닫지 못하거나 충분히 방어를 하지 못하는 틈을 타서 상대를 수동적인 입장에 빠뜨려 예기를 꺾어놓고 말문을 막음으로써 기선

제압의 이점을 얻어 내 쪽에서 공세를 취할 수 있는 창조적 조건을 얻는 단계다. 지배인 A가 때가 무르익기를 기다렸다가 "남의 물건을 주워 자신이 갖는 것이 불로소득이냐 아니냐."는 문제를 단호히 제기했을 때 쇠주둥이 B의 퇴로는 이미 차단당한 상태였고, 따라서 "그렇다."고 대답할 수밖에 없었다. 그녀는 이제 수동적인 입장에 빠진 것이다. 지배인 A가 이 제3단계를 벗어나면서 쌍방의 승부는 이미 결정난 것이나 다름없었다.

제4단계 제압: 지배인 A는 이 단계에서 비로소 정면으로 이치를 설명한다. 한 글자 한 글자, 한 구절 한 구절 논리에 맞는 변론을 펼친다. 제4단계에서 쇠주둥이는 잘못과 패배를 자인할 수밖에 없다.

유적취범誘敵就范 유도하여 고개를 숙이게 한다

낚시를 할 때 물고기가 낚싯바늘에 걸린 미끼를 눈치채게 해서는 안 된다. 짐승을 잡을 때도 땅 밑에 파놓은 덫을 발견하지 못하도록 해야 한다. 적을 유인해서 덫으로 끌어들이는 '유적취범'의 모략은 다른 사람이 생각하지 못했던 책략을 활용하여 언변에서 승리를 거두는 것이다. '적을 유인한다'는 말은 언변이 진행되는 동안 얕은 곳에서 깊은 곳으로, 먼 곳에서 가까운 곳으로 상대를 내 진지의 사정권 안으로 유인하여 공격하는 것이다.

다음 언변의 실례를 보자. X도의 도지사 A가 Y군을 시찰하면서 그 군의 군수 B를 만나 이야기를 나누었다.

A: 당신 밑에서 일하는 부하가 하루에 세 번씩이나 직무상 과실을 범했다면 처벌 하겠소? (B가 "아니오."라는 대답을 하지 못할 것이라 예상하고 한 말이다.)

B: 세 번씩이나 기다릴 것도 없지요.. 즉시 처벌할 겁니다. (첫 단계에 말려들었다.)

A: 그렇다면 당신도 직무상 과실이 매우 많겠군요? (세 번까지 기다릴 것도 없다는 말을 겨냥한 것이다.) 흉년이 들어서 이 군에서는 농민들이 수백 명씩 외지로 빠져나가지 않았소? (공격하는 척한다.)

B: 자연재해야 제 힘으로도 어쩔 수 없지 않습니까? (A는 B가 이 대목에서 질책을 받아들이지 않을 것이라 예상했고, 또한 공격을 피하면서 반격을 가하리라는 것도 예상했다. 그래서 공격하는 척한 것이다. 이런 의도는 아래에서 보겠지만 공격을 받아들이지 않을 수 없는 곳으로 유인하기 위한 것이다.)

A: 이런 예를 들어봅시다. 누군가가 다른 사람의 소와 양을 대신 방목하기로 했다면, 소와 양을 위해 목장과 풀밭을 물색해야 할 것입니다. 그런데 목장과 풀밭을 찾지 못했다면 소와 양을 주인에게 돌려주어야 합니까, 아니면 그대로 방치하다가 한 마리 한 마리 죽어 자빠지는 것을 지켜보아야 합니까? (정면 공격으로 B가 그 공격을 받아들이지 않을 수 없게 한다.)

B: 제 잘못을 인정합니다. (B는 자신의 과오를 인정하지 않을 수 없어서 기꺼이 인정했다.)

A가 마지막으로 든 비유에는 의미의 함축이 많다. "양을 원래 주인에게 돌려준다."는 말에는 "자진 사퇴하여 자리를 다른 사람에게 넘겨 일을 처리하도록 하라."는 뜻이 함축되어 있다. "그대로 방치해두고…"라는 말은 "흉년이 들어서 농민들이…, 그런데도 너는 아무런 조치를 취하지 않았다."는 말을 반영하는 것이다. 조치를 취하지 않았다는 것은 사실상 처음에 말한 직무상 과실을 가리키는 것이다.

흉년이 들어 굶고 있는 사람들이 많은데도 아무런 조치를 취하지 않았고, 또 자리에서 물러나려 하지도 않았던 것이 사실인 만큼 B는 그것을 인정하지 않을 수 없었다. 그의 책임은 직책을 사퇴하지 않은 데 있는 것이 아니라, 흉년이 들었는데도 주민들의 굶주림에 아랑곳하지 않은 데 있다. 전자의 책임은 가벼운 것이지만 후자의 책임은 크다. 그래서 B는 사직하지 않은 과실을 인정하지 않는 것보다는 국민의 사활을 돌보지 않은 과오를 인정하려 하지 않은 것이다.

B는 자신의 책임이 그저 자리에서 물러나지 않았다는 데 있음을 인정했을 뿐인데, 이는 자리에 있으면서 최선을 다하지 않은 직무상 과실이라는 점을 전혀 모르고 한 인정이었다. 실제로 B는 이미 흉년 때 주민을 돌보지 않고 내팽개친 과실을 인정하고 있다. 그럼 어떻게 처리할 것인가?

A는 여기서 무거운 것은 미루고 가벼운 것부터 시작하는 '피중취경법避重就輕法'을 운용했다. 언변자는 상대를 잘 관찰하고 다룰 줄 알아야 한다. 상대가 무거운 책임을 받아들이려 하지 않으면 즉시 상대가 받아들일 수 있는 가벼운 책임을 따지는 것이다. '무거움'과 '가벼움' 사이에는 필연적인 관계가 있다. '무거움' 속에 '가벼움'이, '가벼움' 속에 '무거움'이 있다. 그 자리에 있으면서 있는 힘을 다하지 않은 것은 직무상 과실이다. 따라서 그 실질적인 내용은 마찬가지다. 가벼운 책임을 거론한 것은 미끼였고, 그 미끼 속에 '무거운 책임 추궁'이라는 낚싯바늘이 숨겨져 있다. 두 가지 책임이 맞물려 있을 때 가벼운 쪽을 취하는 것은 인지상정이자, 상대방의 주관적인 약점이 될 수도 있다. 바로 이 약점을 단단히 잡아서 그가 '가벼운 책임'을 인정하기를 기다렸다가 한 걸음 더 나아가 '무거운 책임'을 끌어내면 부인하기 어려울 것이다.

이 전술을 운용하면 정면 공격으로 초래될 수 있는 저항력을 크게 줄일 수 있는데, 그 성공과 실패의 관건은 '유誘'에 있다. 그러나 이 '유'는 단순한 가상과 유혹 또는 낮은 차원의 기만으로는 결코 성공을 기할 수 없다. 상대방이 자신의 의지에 따라 진리 앞에 고개를 숙이도록 유도하는 방법이어야 한다. 상대에게 단걸음에 '무거운 책임'이라는 높은 계단으로 오르라고 하는 것은 여러모로 어렵다. 중간에 '가벼운 책임'이라는 한 단계 낮은 작은 돌을 마련해서 두 걸음에 나누어 오르도록 해야 한다. 첫 번째 높은 계단과 두 번째 작은 돌 모두가 사실이기 때문에 작은 돌을 밟게 하면 그만이며, 굳이 그것이 높은 계단을 오르기 위해 마련된 중간 돌이라는 사실을 미리 알려줄 필요는 없다.

5절
반격

반수위공反守爲攻 수세를 공세로 바꾼다

언변모략에서 공攻과 수守, 진進과 퇴退는 항상 뒤바뀔 수 있다. 공을 수로 바꾸기도
해야 하고, 수를 공으로 바꾸기도 해야 한다. 공으로 수를 돕기도 하고 수로 공을 돕
기도 한다. 그 운용의 묘와 변화는 무궁무진하다. 이름 높은 외교 모략가나 용병가
는 이 이치에 정통한 사람들이다.

중국의 마르크스-레닌 전문가인 이대소李大釗가 법정에서 신문을 받을 때의 일
이다. 법관이 살기등등하게 다그쳤다.

"이대소는 들어라! 너는 어려서부터 교육이 부족했고 청소년기에는 반항으로 일
관하는 등 천성이 반골로서 늘 정부에 맞서왔다. 사회에 발을 들여놓은 후에도 단
하루 잠잠할 날이 없었으니…"

이대소는 아주 냉정하게 반문했다.

"법관 나으리, 당신의 말은 한결같이 과장되어 있고 진실하지 못하군요. 반골은 뭐고, 고분고분한 건 또 뭡니까? 지금 이것이 범죄 사건입니까?"

그러고는 싱긋 웃으며 계속 반격했다.

"자, 이제 내가 당신들을 명확한 근거를 갖고 신문하겠다. 너, 주심 법관 하풍림何豊林, 일찍이 장작림張作霖과 한 패가 되어 한 번에 무고한 376명의 목숨을 살상하는 용서받지 못할 살인죄를 저질렀고…."

하풍림은 새파랗게 질려 입술을 파르르 떨며 사납게 소리쳤다.

"어디서 감히 헛소리를!"

좌우 법관들도 '호가호위狐假虎威'의 기세로 너 나 없이 외쳐댔다.

"여기가 어딘 줄 알고! 군법회의를 하는 법정에서 어디 죄인이 되레 법관을 신문하려 들다니…."

'반수위공'의 전환점은 전기戰機에 있다. 전기란 슬그머니 왔다가 눈 깜짝할 사이에 사라지고 만다. 이대소는 일단 반동 법관의 신문이 공허하다는 것을 알아채고, 즉시 주심 법관 하풍림의 움직일 수 없는 죄상을 이용해 반격의 포탄을 퍼부으며 신문받는 위치를 뒤바꾸어 오히려 법관을 신문했다.

외교나 논쟁에서 상대방의 '허'에 대해서는 움직일 수 없는 '실'로 맞선다. 만약 상대방의 논리적 근거가 '실'이라면 '허'로 그것을 풀어버리는 방법을 고려해볼 수도 있다. 이런 경우를 보자. 어떤 변호사가 갑을 위해 과실치사 사건을 변론하는 과정이다.

"피고 갑이 불법으로 사냥을 하다가 함께 사냥을 하던 을을 잘못 쏘아 죽인 것은 분명한 사실이고 증거도 확실합니다. 그에 대해서 변호인은 이의가 없습니다."

여기서 변호사는 현실을 직시하고 우선 '사실'을 긍정한다. 그런 다음 그는 '허'로

'실'을 흩어놓는다. 변호사는 화제를 돌려 다음과 같이 말한다.

"그러나 본 변호인은 기소장의 내용을 인정할 수 없습니다. 객관적 조건이 제한을 받는 상황에서, 또 피해자가 미리 한 약속을 엄수할 수 없는 상황에서 피고가 총을 발사하여 사람을 죽인 것은 예견할 수 없었던 의외의 사건이라는 점은 인정하지만 과실치사는 성립될 수 없으므로…."

변호사가 '사실'을 인정했을 때의 '수비태세'는 온건하고 타당했으며, '허'로 '사실'을 풀어헤치기 시작했을 때는 그 공세가 대단해서 재판관과 방청석의 주의력을 '공세' 쪽으로 확실히 끌어들였다.

절에서 있었던 일이다. 갑과 을 두 승려는 본디 사이가 좋지 않았다. 갑은 마음이 좁아 늘 틈만 나면 을을 헐뜯고, 또 헐뜯을 구실을 찾지 못해 안달이 나 있었다. 일찍부터 을의 밑에 있는 제자에게 눈독을 들이고 있던 갑은 비열한 수단으로 방장에게 고자질했다.

"오늘 대웅전에서 불경을 외면서 예불을 드릴 때, 을의 제자가 제일 끝줄에 꿇어앉아 있다가 혀를 날름거리며 부처님을 모독했습니다."

방장은 크게 화를 내며 다음 날 예불 시간에 모두가 보는 앞에서 혼을 내겠다고 말했다. 이 소식을 전해들은 을의 제자는 훌쩍거리며 스승인 을에게 구원을 요청했다. 을은 제자에게 귓속말로 몇 마디 해주었다. 제자는 눈물을 뚝 그치고 싱긋이 웃었다. 다음 날 방장은 예불이 끝난 후 을의 제자를 불러 그 일에 대해 나무랐다. 그러자 제자가 되물었다.

"제가 제일 끝줄에 있다가 혀를 내밀었다는 것을 누가 보았답니까?"

갑은 얼른 일어나 눈썹을 치켜세우고 근엄한 목소리로 으름장을 놓았다.

"내 눈으로 똑똑히 보았는데 발뺌을 하려는 거냐?"

을의 제자가 다시 물었다.

"그럼 스님께서는 당시 어디에 서 계셨습니까?"

"다 알다시피 나는 앞줄에 서 있었다."

여기서 제자는 어제 스승이 귓속말로 알려준 법보를 낭랑한 목소리로 내뱉었다.

"뒤돌아보지 않고서야 어떻게 제 모습을 보실 수 있었습니까?"

갑은 얼굴이 붉어지며 어찌할 바를 몰랐다. 불경을 외며 예불을 드릴 때는 딴 곳을 쳐다보는 것 자체가 부처를 모욕하는 일이기 때문이다. 갑이 자신이 딴전을 피운 사실을 인정하지 않는다면 그것은 곧 제자를 모함했음을 인정하는 셈이 된다. 을이 제자에게 일러준 반박 자료는 '앞'과 '뒤'라는 대립되는 측면에서 "앞줄의 갑이 뒤돌아보지 않고 어떻게 뒷줄의 제자가 혀를 날름거리는 모습을 볼 수 있었단 말인가?"라는 이치를 생각해낸 결과로, '반수위공'과 "등과 배 양쪽에서 협격한다"는 '복배협격腹背夾擊'의 방법을 함께 운용하여 공수의 형세 전환을 꾀한 것이었다.

이자지모以子之矛, 공자지순攻子之盾 그 사람의 창으로 그 사람의 방패를 찌른다

너무도 유명한 '모순'에 관한 고사는 『한비자』라는 책에 나온다.

초나라에 방패와 창을 파는 사람이 있었다. 방패를 선전하면서 "방패는 매우 강해 어떤 창도 뚫지 못합니다."라고 했고, 창을 선전하면서는 "제 창은 날카롭기 짝이 없어 꿰뚫지 못하는 것이 없습니다."라고 떠벌렸다. 어떤 사람이 "이 창으로 이 방패를 뚫는다면 어찌되겠소?"라고 묻자, 그 사람은 아무 말도 못 했다.

고대 중국의 유명한 사상가 맹자는 상대방이 무심코 드러내는 모순된 약점을 잡아 공격을 잘 하는 웅변가였다.

전국시대 진상陳相이라는 사람은 본래 유학을 믿었는데 등膝나라에 갔다가 농가農家 허행許行을 만나고 난 다음부터 유학을 버리고 모든 것을 자기 손으로 한다는 허행의 농가를 선전하면서 다녔다. 맹자에게도 허행에 대해 "어진 자는 백성과 더불어 밭을 갈며 밥을 손수 지어 먹습니다."며 칭찬을 늘어놓았다. 다음은 그와 맹자가 나눈 대화다.

맹자: 허자(허행)는 반드시 자기 손으로 곡식을 심어 먹소?

진상: 그렇습니다.

맹자: 허자 자신이 손수 베를 짜서 옷을 해 입소?

진상: 아닙니다. 곡식을 바꿔서 옷을 해 입습니다.

맹자: 관을 쓰오?

진상: 그렇습니다.

맹자: 무슨 관을 쓰오?

진상: 흰 것을 씁니다.

맹자: 손수 짭니까?

진상: 아닙니다. 곡식과 바꿉니다.

맹자: 왜 손수 짜지 않소?

진상: 농사짓는 데 방해가 됩니다.

맹자: 솥과 시루로 취사를 하고 쟁기로 농사를 짓소?

진상: 그렇습니다.

맹자: 자기가 그것을 다 만듭니까?

진상: 아닙니다. 곡식과 바꿉니다.

맹자: 곡식을 가지고 쟁기와 기물을 바꿔다 쓰는 것은 도공과 대장장이를 괴롭히는
것이 아닌데, 도공과 대장장이가 역시 그들의 쟁기와 기물을 가지고 곡식을
바꾸어 먹는 것이 어찌 농부를 괴롭히는 것이 되겠소? 허자는 왜 도공과 대
장장이 일은 하지 않는 것이오? 모든 것을 자기 집안에서 만들어 쓰지 않고
뭐 하러 귀찮게 도공과 대장장이와 교역을 하는 거요? 허자는 그렇게 귀찮은
일을 꺼리지 않소?

그러면서 맹자는 천하를 다스리는 일도 마찬가지라고 말한다. 나라를 다스리는
자가 할 일이 따로 있고, 농부가 할 일이 따로 있다는 요지였다. 진상은 맹자의 말에
수긍했다. 맹자는 "잡기 위해서는 일부러 놓아준다"는 '욕금고종欲擒故縱'의 방법을 취
하여 먼저 일상생활의 사실, 즉 허행의 모자·옷·연장 등이 모두 곡식과 바꾼 것이라
는 사실로부터 출발하여 그 모순을 드러내어 거듭 비판함으로써 상대방으로 하여금
자기 부정의 결론을 끌어내게 했다.

대기반격待機反擊 때를 기다려 반격한다

상대에게 반격을 가하기 위해서는 전기를 파악하고 차분히 기다리는 것도 논쟁에서
승리할 수 있는 중요한 원칙이다. 열세에다 약한 상태에서 우세하고 강한 상대를 역
전시키고 제압하는 모략이다. 주먹을 거두어들이는 것은 더 강한 펀치를 날리기 위
함이다. 사리 바르고 기세당당하며 논증이 조직적이고 치밀한 상대를 만났을 때는
차분히 예봉을 피하면서 상대가 자신의 능력을 한껏 발휘할 때까지 기다리는 것이

현명하다. 그동안 나는 힘을 비축하면서 기회를 엿본다. 상대방의 논설이 발전할 때, 특히 논쟁이 상대의 독무대가 될 때 내 쪽은 거듭 양보하고 물러서는 것이 좋다. 그래야만 상대가 교만해져 논지의 파탄을 노출하기 때문이다. 그때가 바로 반격의 기회다.

차분히 전기를 기다리는 동안 언변자는 자신의 논지를 가다듬고 반박할 명제가 성립 가능한가, 논증 이유 등이 논쟁 상황의 변화에 적용할 수 있는가를 생각할 수 있다. 기회를 살펴 변화에 적용한 기초 위에서 반박을 가하면 아무리 복잡한 상황에서도 민첩하고 기동성 있게 대처할 수 있다. 그런 다음 가장 정확한 대응책으로 명제를 제기하고 최고 수준의 논증을 들이대서 승리를 낚아챈다.

내가 약하고 상대가 강한 상황에서는 특히 전기를 기다리는 대응책으로 예봉을 피할 줄 알아야 한다. 불리한 상황에서 허겁지겁 맞서는 일이 있어서는 안 된다. 잠시 물러서는 것은 상대만 못하다는 것을 스스로 인정하는 것이 아니며 소극적 기다림도 결코 아니라는 사실을 인식하고 있어야 한다. 상황의 흐름을 잘 살펴 잠시 상대의 우세를 인정하고 양보하여 적이 제멋대로 설치도록 풀어놓는 것은 옆에서 지켜보는 사람이나 재판관 등으로부터 감정상의 지지를 얻는 방편이 되기도 한다.

순수추주법順水推舟法 물길을 따라 배를 밀고 가는 방법

상대방이 나를 공격하려 할 때는 상대의 의도를 잘 살펴 육감적으로 제때에 그 진로의 변화를 파악하고 세의 흐름에 따라 상대의 힘을 빌려 역으로 상대의 공격을 해체하고 반격을 가한다. 상대의 의도를 발견하고 대세의 흐름에 따라 상대를 깊이 유인하여 오류의 극단까지 치닫게 만든다. 그런 후에 기회를 잡아 화력을 집중하여 맹공을 퍼붓는다.

논쟁에서 우회 전술의 하나인 "뽕나무를 가리키면서 느티나무를 욕한다"는 '지상매괴指桑罵槐'와는 달리, 이 전술은 의외성으로 인해 상대의 예봉을 나의 반격으로 역전시키는 효과를 낸다. 상대의 논리에 잘 따르다가 갑자기 역전시키는 순간, 상대는 속으로 득의양양해 있다가 크게 당황해서 무엇인가로 머리를 얻어맞은 듯 갈피를 못 잡는 심리적 변화를 일으켜 무슨 말을 하고 싶어도 할 수 없는 난처한 입장이 되고 만다. '순수추주'에서 '순順'자는 구실을 붙인다는 뜻을 가지고 있는데, 상대방의 바람이 완전히 실현 불가능하다는 것을 완곡하게 표현하고 있다.

세계 최초의 여성 대사인 소련의 콜론타이Aleksandra Mikhaylovna Kollontai는 영어를 비롯한 11개 국어에 능통했으며, 노르웨이 주재 전권 무역대표로도 활약했다. 그녀는 외교활동에서 탁월한 재능을 유감없이 발휘했다.

한번은 노르웨이 청어 구매 문제를 놓고 노르웨이 상인과 담판을 가진 적이 있었다. 노르웨이 상인은 높은 가격을 불렀고, 그녀는 낮은 가격을 제시했다. 노르웨이 상인은 이런 담판에 이력이 날 대로 난 능구렁이였다. 그는 상대가 상상도 못 할 높은 가격을 부르면 다소 깎이더라도 꽤 높은 선에서 가격이 결정되곤 한다는 점을 경험을 통해 잘 알고 있었다. 콜론타이도 이런 '장사꾼들의 수법'을 익히 알고 있던 터라, 자신은 최저 가격을 제시해서 거래를 성사시켜야 한다고 생각했다. 담판이 결렬되지만 않는 상황이라면 이 방법이 꽤 좋은 수확을 거둘 수 있기 때문이었다. 그녀는 "가격은 낮게, 양보는 천천히"라는 원칙을 고수하며 노르웨이 상인과 가격을 놓고 주거니 받거니를 반복했다. 그러나 쌍방 간에 격렬한 논쟁이 벌어져 급기야 서로의 신뢰성을 떨어뜨리기 위해 안간힘을 쓰는 상황으로까지 치닫자 담판의 분위기가 자연 경색될 수밖에 없었다. 마침내 콜론타이는 고개를 내저으며 말했다.

"좋습니다! 당신이 제시한 가격에 동의하죠. 만약 우리 정부에서 이 가격을 비준하지 않으면 내 월급으로라도 차액을 지불하겠습니다. 단 지불 방식은 할부가 될 수밖에 없습니다. 어쩌면 평생을 다 갚아도 못 갚을지 모릅니다."

노르웨이 상인은 여태껏 이런 상대를 만난 적이 없었다. 두 사람은 서로의 입장을 다시 한번 밝히고 서로를 이해한 다음, 최저 표준가격으로 매매를 매듭지었다.

노르웨이 상인이 도대체 어떤 점을 깨달았기에 그렇게 완강하게 고수하던 가격을 양보했을까? 콜론타이가 노르웨이 상인이 제시한 가격에 동의한 것은 제스처에 지나지 않았다. 실제로 그녀가 보여준 태도는 정부의 비준을 얻을 수 없다는 의사표시였다. 상대가 양보하지 않으면 이 논쟁은 결렬이다, 이런 불합리한 가격을 고집하는 상태에서 담판을 성사시킨다면 내 월급으로라도 차액을 메우는 수밖에 없다, 만약 이렇게 하는 것이 합리적이라면 평생 갚아도 다 못 갚을 것이다, 이상이 그녀의 요점이었다. 상황이 이런데도 담판을 성사시키고 싶다면, 유일한 길은 노르웨이 상인이 가격을 다시 고려하는 것이다. 이렇게 해서 콜론타이는 가격 문제의 논쟁에서 결정적인 주도권을 잡았다.

'순수추주법'을 운용할 때는 순간적으로 '순順'과 '추推' 사이의 전환 관계를 잘 처리해야 한다. 이 관건이 되는 순간에 반문법의 기교를 채용하면 썩 좋은 효과를 거둘 수 있다.

버나드 쇼의 극본 『무기와 인간』이 처음 공연되었을 때, 관중들은 쇼가 무대에 등장하자 일제히 박수를 치며 환호했다. 쇼가 무대에 서서 관중에게 감사의 인사를 드리려는 찰나 갑자기 한 관중이 큰 소리로 비아냥거렸다.

"버나드 쇼, 당신의 극본은 누가 봐도 형편없구려! 당장 공연을 중지하시오!"

관중들은 쇼가 틀림없이 화를 낼 것이라 생각했다. 그러나 쇼는 화를 내기는커녕 빙그레 웃으며 허리를 굽혀 절을 하고 아주 공손하게 말했다.

● 언변에서 타이밍은 지극히 중요하다. 아무리 좋은 말이라도 시기가 적절치 못하면 그 효과는 반감하고 만다. 버나드 쇼가 유머의 귀재라는 소리를 들을 수 있었던 것도 언변에서 타이밍이 갖는 위력을 정확하게 알고 있었기 때문이다.

"친구여, 당신의 지적에 저도 전적으로 동의합니다."

그러고는 다른 관중들을 가리키며 말했다.

"그런데 유감스러운 일은 나와 당신 두 사람이 무슨 수로 이렇게 많은 관중들과 맞선단 말입니까?"

장내는 웃음바다가 되었고, 고의로 쇼를 골탕 먹이려던 사람은 슬그머니 꽁무니를 감추었다. 이것은 어느 지점에서 상대방의 관점을 '따라야' 하며, 어느 지점에서 반문 형식으로 상대와 대립되는 관점을 '밀고 나가야' 하는지를 잘 보여주는 일화다.

상대와 상반되는 관점을 '밀고 나갈' 때도 여전히 '따르는' 형식을 유지한다. 즉, 쇼가 보여주듯이 '당신과 나 두 사람'이라는 말을 사용했지, '당신 혼자' 또는 '당신'이라는 말을 사용하지 않았다.

'순수추주'에는 또 한 가지, 논쟁의 노선을 직선에서 우회로, 후퇴에서 진격으로 바꾸는 문제가 있다. '순수추주'는 상대방의 공세나 힘을 교묘하게 빌려 이용한다는 데 묘미가 있다.

확대현미법擴大顯微法 미세한 부분을 확대하여 드러내는 방법

논쟁 상대의 그릇된 명제 속에 은폐되어 있는 황당한 오류를 간파하여, 그 범위를 확대하고 그 성질을 강조하여 황당한 점을 남김없이 드러내는 것이다. 확대하면 할수

록, 미세한 것을 분명하게 드러내면 드러낼수록 반박 역량은 점차 강화되고 날카로 워질 수 있다.

캐나다의 외교관이었던 체스터 로닝은 1893년 중국 호북성 양양襄陽에서 태어났다. 그의 부모는 미국 국적을 가진 전도사였다. 로닝은 양양에서 태어나 중국인 유모의 젖을 먹고 자랐다. 그가 30세의 나이로 캐나다 주의원에 출마했을 때 반대파들이 그를 비방하고 나섰다. 비방의 이유는 로닝이 중국인 유모의 젖을 먹고 자랐기 때문에 그의 몸에 중국인 피가 흐르고 있다는 것이었다.

이에 대해 로닝은 '확대현미법'으로 반박을 가했다. 반대파의 논리대로라면, 즉 어떤 젖을 먹느냐에 따라 혈통이 형성된다면 소젖을 먹고 자란 사람의 몸에는 소의 피가 흐르고 있다는 말이 된다. 로닝은 반대파들에 대해 너희들은 캐나다 사람의 혈통과 소의 혈통이 뒤섞여 흐르는, 인간과 소의 혼혈이란 말이냐는 식으로 반박했다.

전이추론법轉移推論法 화제를 돌려서 추론하는 방법

상대가 제기한 주제를 빌려 자신의 논지를 펼쳐가는 '차제발휘법借題發揮法'이 논쟁 상대의 화제를 단단히 움켜쥐고 반격을 가하는 무기를 요구하는 반면, '전이추론법'은 상대가 공격적으로 내놓은 화제에서 한 걸음 물러서서 형식적으로는 다르지만 실질적으로 같은, 또는 다른 화제를 가지고 상대가 제기한 화제의 허구와 잘못을 추론해낼 것을 요구한다. 이 방법을 쓰면 쌍방의 화제가 서로 대치하는 것 같지만 공통된 경지에서 조화롭게 통일된다. 언뜻 보기에 마치 두 산봉우리가 대치하는 것 같지만 사실은 하나의 뿌리로 연결되어 있으며, 표면상으로 두 개의 강으로 나뉘어 흐르는 것 같지만 사실은 물줄기가 서로 통하는 것과 같은 이치다.

'전이추론법'에는 흔히 함축적인 판단이 숨겨져 있어 상대방이 피부로 느끼며 음미하게 만든다. 한 청년이 다른 사람의 작품을 표절하여 자기 이름으로 잡지사에 투고했다. 어느 날 잡지사 편집실을 찾아온 이 청년에게 편집장이 묻는다.

편집장: 이보게 젊은이, 이 시 자네가 쓴 게 틀림없나?

청년: 물론이죠 한 줄 한 줄, 한 자 한 자 심혈을 기울여 쓴 결정체라 할 수 있습니다. 당연히 저의 소중한 작품이지요.

편집장: (공손하게 자리에서 일어나 악수를 청하며) 그렇다면 셰익스피어 선생, 이렇게 만나뵙게 되어서 영광입니다. 저는 이미 이 세상에 안 계신 줄 알았는데 말입니다.

편집장은 청년이 '내가 직접 쓴 시'라는 화제를 피하여, 일찍이 1616년에 세상을 떠난 영국의 대문호 셰익스피어를 접대하는 것처럼 꾸며 청년이 그 함축적 의미를 몸소 느끼도록 했다. 즉, 너의 시는 셰익스피어의 시를 베낀 것이라는 사실을 넌지시 폭로한 것이다. 이런 폭로는 의식적이건 무의식적이건 등골을 서늘하게 만들 것이다.

제복강변술制服强辯術 강변을 제압하는 방법

살아가다 보면 이런저런 왜곡된 말을 듣게 되고, 또 그 왜곡을 자신도 잘 알고 있으면서 굳이 "이치에 합당하다."고 강변하는 사람을 심심찮게 만나게 된다. 이치에 맞지 않는 일을 옳다고 억지를 부리는 언변 방식을 '강변'이라 한다. 강변과 궤변은 둘 다 말하는 사람의 고의에서 비롯되며, 일부 강변은 궤변 수법을 이용하기도 한다. 그러나 궤변과 강변은 구별된다. 궤변은 착오를 진리로 포장하고 있기 때문에 간파하기가 쉽지 않지만, 강변은 손발 걷어붙이고 달려드는 식이므로 사람을 현혹시키는 베일을 벗기면 그만이다.

강변자는 논증하고자 하는 명제(메시지) 자체에 관심을 두지 않고 그 명제를 제기한 사람(메신저)의 인간성 등과 같은 요소를 크게 떠벌려서 인간성이 좋지 않은 사람이 제기한 명제는 필연적으로 착오를 범할 수밖에 없다는 점을 증명하려 한다. 반대로 인품이 고상한 사람이 제기한 명제는 틀림없이 정확하다는 것이다.

그들은 권세와 지위로 진리를 대체하려 한다. 어떤 한마디를 긍정하기 위해 이 말이 객관적 실제에 부합하느냐를 논증하지 않고, 그저 이것은 권위 있는 누구누구의 말이라는 점만을 강조한다. 또 어떤 설법을 부정하기 위해 이 설법이 어떻게 객관적 실제에 위반되느냐를 논증하지 않고, 이 설법을 내세운 사람이 범한 착오(제기한 명제와는 상관없다)나 그에 대한 여러 사람들의 일관된 인상에 의거한다. 이와 관련하여 다음과 같은 정치 우스개가 전해온다.

정치적으로 막강한 힘을 자랑하는 한 유력자가 특정 인물을 지명해 '개새끼'라고 욕을 한 적이 있다. 이 말은 금세 퍼져나갔고 욕을 먹은 사람이 소속된 기관에서는 그에게 '괘씸죄'라는 죄목을 씌워 파면했다. 사람들이 그 '개새끼'가 무엇을 잘못했느냐며 수군거렸다. 소속 기관장의 대답은 유력자께서 '개새끼'라고 했으니, 어쨌든 '괘씸죄'에 해당한다는 것이었다. 이런 강변을 반박하려면, 권력과 지위가 진리를 대변할 수 없으며 그런 것들이 행위의 이유를 충족시키는 논거가 될 수 없음을 지적해야 한다. 여기서의 착오는 논제 자체를 논증하지 않고 논제를 제기한 사람의 인간성을 떠벌리는 데 있다. 즉, 상대방의 인격에 대한 공격과 칭찬으로 논제의 합리적 논증을 대신하려 한 것이다.

또 한 가지는 다수로써 진리를 대변하려는 것이다. 19세기 독일의 유물론 철학가 포이어바흐는 '다수의 의견'을 진리의 표준으로 여겼다. 그러나 진리의 발전 규칙을 보면, 진리는 처음에 소수가 발견하지만 그릇된 인식을 가진 다수에 의해 거부되다가 시간이 지남에 따라 차츰 다수에게도 인정받는다는 것을 알 수 있다. 민주 체제에서 소수는 다수의 의견에 따라야 하는데, 이는 일종의 조직 원칙일 뿐이지 진리를 판단하는 표준과 꼭 일치하는 것은 아니다.

변론 중에 감정을 근거로 논증의 진위를 결정하곤 하는데, 그 흔한 예로 연민이나 동정을 근거로 한 논증을 들 수 있다. 예컨대 변호사는 피고에 대해 이런 식으로 변호한다.

"이 사건의 피고들 가운데 한 사람은 젊고 아름다운 부인이고, 또 한 사람은 명랑하고 사랑스러운 청년입니다. 따라서 이런 청년이 이런 부인을 유혹하여 남의 가정을 파괴할 리 없습니다."

여기서 지적되어야 할 점은 피고의 범죄를 부정한 변호사의 변론 근거가 절대 부족하다는 것이다. "그는… 할 리 없다."는 식의 변론은 허구에다 허풍을 가미한 얼토당토않은 설법이다.

그럴듯한 논거로 명제를 뒷받침하려는 경우도 있다. 그러나 애초에 명제가 성립할 수 없다면 그 근거는 주관적인 희망사항이 되고 만다. 진실하지 못한 논거에 의존해 명제의 진실성을 증명하려는 것은 잘못이다.

'강도 논리'라는 것이 있다. 습관적으로 남의 물건을 훔치던 자가 체포된 후 이런 식으로 자신의 행위를 변론한다.

"내가 물건을 훔친 것은 그들이 물건을 제대로 간수하지 않았기 때문이다. 따라서 나의 죄는 그들과 반반씩 나누어져야 한다."

또 여성을 강간한 부랑자가 이렇게 강변한다.

"누가 그렇게 예쁘랍니까? 저 여자의 얼굴과 몸매가 나를 미치도록 만들었단 말입니다. 존재가 의식을 결정한다고 하지 않습니까? 따라서 내 범죄의 근본적 원인은 저 여자에게 있단 말입니다."

'강도 논리'에 대응하기 위해서는 그 '논리'에 말려들면 안 된다. '강도' 행위 그 자체만을 단단히 붙들고 곤봉으로 머리를 한 방 내리쳐서 자신의 비열한 주둥이와 두꺼운 낯짝을 똑바로 쳐다보도록 만들어야 한다.

'악성 순환논증'이라는 것도 있다. 논거에서 명제를 추출하고 그 논거에 의존해 명제를 증명하려는 것이 그것이다. 이때 만약 논거의 진실성에 문제가 있다면 변론자는 또 다른 명제를 사용하여 논거를 증명해야 한다. 갑이 을의 무죄를 증명하고 을이 갑의 무죄를 증명하는 듯한 순환논증으로는 영원히 정확한 결론이 날 수 없다.

부석류오剖析謬誤 오류를 분석한다

궤변자는 고의로 교활한 수를 부리며, 강변자는 사리에 맞지 않는 말로 억지를 부린다. 그들은 이런 사실을 잘 알고 있으면서 일부러 그러는 것이다. 궤변과 강변의 논증은 그릇된 결론을 이끌어낼 뿐이다. 오류는 자신도 모르게 논증 속에 반영되어 나오는 사유상의 착오를 가리킨다. 즉, 객관적 사물 및 그 규율을 왜곡되게 반영함으로써 논자의 논증이 진리를 위반하게 된다.

오류는 말의 조리가 분명하지 않기 때문에 나온다. 이런 일화가 있다. 모 공장의 작업장을 방문한 검사관이 이 작업장의 문명화 정도를 놓고 작업장 주임과 언쟁을 벌였다.

> 주임: 문명화란 좁은 뜻으로 말하면 작업장의 청결 정도를 가리킨다고 생각합니다. 따라서 우리 작업장은 이미 충분히 문명화되었다고 봅니다만….
> 검사관: 내가 보기에 이 작업장은 문명화와 거리가 멀어도 한참 먼 것 같습니다.
> 주임: 무슨 소리요? 우리 작업장 어디가 청결하지 못하다는 것입니까? 한번 지적해 보십시오!
> 검사관: 이 작업장의 생산 질서가 이토록 문란한데 어떻게 문명화되었다고 할 수 있겠소?

작업장 주임의 오류는 '문명화'라는 개념에 대한 전면적인 이해가 부족한 데 있었다. 개념에 대한 이해는 전면적이어야 할 뿐 아니라 그것을 운용할 때 앞뒤의 의미가 일치해야 한다.

'웅변'의 효과를 내기 위해 실제와 맞지 않는 특정한 어구를 강조할 때도 오류가 발생한다. 어떤 사람이 '여행 보험'을 드는 것이 유익한지의 여부를 놓고 벌인 논쟁에서 이렇게 강조한다.

"보험에 들면 여행 도중의 안전을 위한 만반의 보장을 제공함으로써 여행을 유쾌하게 해줍니다. 사망·부상·질병의 경우를 제외하고 말입니다."

그러자 상대는 '만반'이라는 말에 최대의 '불완전 요소'가 배제되어 있다는 점을 지적하면서 '사망·부상·질병'을 제외한 '만반'의 보장이 말이 되느냐며 통렬하게 반박했다.

형식주의 방식으로 통계 방법을 마구 사용해도 오류가 발생하기 쉽다. 어느 나라엔가 이런 우스갯소리가 전해져온다. 두 철학자가 실험을 통해 술을 마신 후 정신이 흐려지는 원인을 연구하기로 했다. 한 철학자는 취한다는 것은 술 속의 알코올 성분이 중추신경에 작용을 일으키기 때문이라고 했다. 또 한 철학자는 이 견해에 동의할 수 없다며 이렇게 말했다.

"내가 작은 술집에서 계속 술을 마셔보았지. 첫날밤에는 위스키에 물을, 둘째 날에는 브랜디에 물을, 셋째 날에는 보드카에 물을 타서 마셨지. 3일 밤 모두 곤드레만드레 되도록 취했네. 나는 통계법을 이용해서 이런 추론을 내렸지. 마신 것은 각기 위스키와 물, 브랜디와 물, 보드카와 물이었는데 취한 정도는 모두 같았고 사흘 밤 계속 마신 것은 물이었지. 따라서 '취한' 원인은 틀림없이 '물'에 있어!"

변론에서 통계법이 흔히 운용되는데, 주의할 것은 통계 수치뿐 아니라 통계 수치로 대표되는 대상의 내용도 포함된다. 다음의 우스갯소리는 자가당착의 오류를 잘 보여준다.

환자: 제 기억이 완전히 없어져버렸습니다.
의사: 언제부터 그러기 시작했죠?
환자: 작년 8월 20일 오전 8시요.

척 보면 환자가 자신의 말을 스스로 부정하고 있다는 것을 알 수 있다. 평상시의 변론에서 말의 앞뒤가 모순된 상황은 어렵잖게 발견할 수 있다.

차제발휘借題發揮 상대의 화제를 빌려 반격한다

언변 대책으로서 '차제발휘'는 나의 주장이 공격을 받는 상황 하에서 정면으로 맞서지 않고, 상대가 제공하는 화제를 빌려 반격을 시도함으로써 논전의 국면을 전환하여 원래의 우세를 유지하거나 이미 정해놓았던 언변의 의도를 실현하는 것을 말한다.

'차제발휘'의 관건은 '차借'에 있다. '빌리는' 논제를 상대가 제공하고, 그것을 '빌려' 내 쪽에 유리하도록 사용할 수 있느냐는 이 대책을 운용하는 논자의 경험과 사유 능력을 반영하기 때문이다. 이러한 '빌림'에는 조건과 한계가 따른다. 즉, 언변 때의 특정한 환경과 논쟁 쌍방의 대립관계를 벗어날 수 없다는 점이 그것이다.

내 쪽이 공격을 받는 입장이 되면 즉시 상대가 제공한 화제로 사고의 방향과 입장을 바꾸어, 상대로 하여금 내 입장이 되도록 하거나 심지어는 내 쪽의 논단에 따르도록 함으로써 상대가 퍼부었던 공격력을 몇 배로 바꾸어서 되돌려 보낸다.

이런 일화가 있다. 러시아의 이름난 서커스단에서 어릿광대 역을 하고 있던 두로프가 연기를 마치고 막간에 잠시 쉬고 있을 때였다. 한 오만한 관중이 그의 면전에 대고 비아냥거렸다.

"광대 선생, 관중들이 당신을 좋아합니까?"

"물론이죠."

"서커스단의 광대는 꼭 그렇게 바보 같고 괴상한 얼굴을 하고 있어야 관중들의 사랑을 받는 겁니까?"

"확실히 그렇죠."

두로프는 여유만만하게 대답하고는 이렇게 덧붙였다.

"만약 내가 선생처럼 그런 얼굴을 가지고 있다면 적어도 월급을 두 배 이상 받을 수 있을걸요."

그 관중은 머쓱해져 그 자리를 빠져나가지 않을 수 없었다. 두로프의 뜻인즉, 내가 연기로 관중들의 사랑을 받는 것이 아니라 멍청하고도 괴상한 얼굴이나 분장 때문에 사랑을 받는 것이라면, 당신처럼 아주 못생긴 얼굴 정도면 월급을 두 배 이상 받을 수 있다는 것이다.

'차제발휘법'은 두 사람이 서로 욕을 하는 것과 다르다. 갑이 "이런 빌어먹을, 이럴 수가 있는 거야!" 하고 서로 욕을 했다고 하자. 여기에는 상대에게 받은 타격보다 몇 배로 반격할 수 있는 힘이 전혀 없다. 보통의 욕설과 이 방법의 차이는 바로 여기에 있다.

'차제발휘법'은 상대의 말이나 말하는 방법을 빌려 그 사람에게 되돌려주는 것이다. 논쟁 상대가 한 말이나 사용한 방법으로 반격을 가하면, 상대방의 논조를 반박하고 드러내는 데 상당한 위력을 발휘할 수 있다.

국제회의 기간에 서방 외교관 하나가 아시아의 한 대표에게 이런 말을 했다.

"이번에 귀하께서는 서방에 상당 기간 머물면서 서양에 대해 뭐 좀 깨달으신 것이 없는지요?"

서방 외교가의 말은 아시아 대표 당신은 서방을 직접 접촉해본 적이 없으니 서방에 대해 전혀 아는 바가 없지 않느냐는 풍자였다. 아시아 대표는 담담하게 웃으면서 이렇게 반박했다.

"저는 서방에서 교육을 받았습니다. 40년 전 파리에서 고등교육을 받았기 때문에 서방에 대해서라면 당신 못지않게 이해하고 있을 겁니다. 유감스러운 것은 동양에 대한 당신의 이해와 인식이 정말이지 너무도 보잘것없다는 사실입니다."

'차제발휘'는 유효한 대응책이기는 하지만, 화제에 맞추어 적시에 논리적으로 대응해야만 예상한 효과를 거둘 수 있다. 또한 '차제발휘'는 교묘하게 상대방의 논제나 명제를 빌려 상대의 말문을 막는 방법이기도 하다.

링컨이 학교에 다닐 때의 일이다. 선생님이 구두시험을 냈다.

"링컨, 여기 어려운 문제 하나와 쉬운 문제 두 개가 있다. 어느 쪽을 택하겠니?"

"어려운 문제 하나를 택하겠어요."

"좋다. 그럼 이 문제에 대답해보렴. 달걀은 어디에서 나오지?"

"닭이 낳죠."

"그럼 닭은 어디에서 나오지?"

달걀은 닭에서 나오고 닭은 달걀에서 부화되어 나오고…. 링컨은 이 문제의 답이 순환 반복될 수밖에 없는 것임을 알았다. 링컨은 즉시 선생님이 처음 말했던 '어려운 문제 하나'라는 말을 빌려 이렇게 대답했다.

"선생님, 어려운 문제 하나만 내겠노라 하시고는 왜 두 문제를 내십니까?"

논쟁 쌍방이 서로 양보가 없고 상대의 공격에 대해 유력한 반박이 어려울 때 수동적 입장을 바꾸기 힘든 것은 물론 점점 깊게 빠져들게 된다. 따라서 '차제발휘'는 날카로운 표현과 단어에 의존해야 한다. 예컨대 반격의 한 방법으로 반문反問이라는 언어 형식을 쓰면 문제 제기자의 말을 부정할 수 있을 뿐 아니라, 그 사람에 대한 풍자와 조롱의 뜻도 포함하게 된다.

소련의 시인 마야코프스키Vladimir V. Mayakovsky(1893-1930)가 모스크바 종합기술박물관 대강당에서 열린 강연회에서 자신의 논지에 반대하는 사람들과 설전을 벌인 적이 있는데, 그는 여러 차례 공격자의 말을 빌려 상대에게 반격을 가했다. 공격자가 말했다.

"그러니까 당신의 말은 진흙이 잔뜩 묻은 전통과 관습을 자신의 몸에서 씻어내야 한다는 것인데, 그렇다면 당신도 더럽다는 뜻이 되는군요."

"그럼 당신은 씻지도 않고 깨끗하다고 생각한단 말이오?"

복배협격腹背夾擊 배와 등에서 동시에 공격한다

'복배협격법'은 언변 과정에서 상대에게 반박을 가하기 위해 단 두 가지 가능성만 존재하는 전제를 제기하여, 이 둘 가운데 하나를 선택하도록 압박을 가하는 것이다. 실제로 상대가 어느 것을 선택하든 추론되는 결과는 모두 그 자신에게 불리한 것이다. 다른 길이 없기 때문에 상대는 진퇴양난에 빠지고 만다.

엥겔스는 마르크스의 『자본론』을 왜곡한 듀링을 다음과 같이 비판했다.

만약 듀링 선생께서 여전히 마르크스가 말한 잉여가치가 '통상적인 자본 영리'라 우기고, 또 마르크스의 책 전체가 잉여가치를 중심으로 한 것이라 한다면, 다음 두 가지 상황이 가능합니다. 하나는 듀링 선생이 전혀 모른다는 것인데, 그렇다면 이 책의 내용에 대해 하나도 아는 것이 없으면서도 비방을 가한 것이니 극단적인 후안무치가 아닐 수 없습니다. 또 하나는 선생께서 모두 알고 있다는 것인데, 그렇다면 이는 고의로 날조한 것이 됩니다.

듀링이 만약 『자본론』을 모르고 한 말이라면 자신의 후안무치를 인정해야 할 것이고, 알고도 그랬다면 고의로 날조한 것을 인정해야 한다는 말이다. 그러나 고의로 날조했다 해도 후안무치하기는 마찬가지다. 이 둘은 어쨌거나 하나로 통하므로, 어느 쪽을 인정 또는 부정하든 결과는 마찬가지다.

중세기 신학자들은 '하느님은 만능'이라고 떠들었다. 그때 어떤 사람이 이렇게 반문했다.

"하느님께서는 하느님 자신도 들 수 없는 돌을 창조하실 수 있습니까?"

이 문제에 대해 신학자는 대답할 수 없었다. 왜냐하면 하느님이 그런 돌을 만들어낼 수 있다고 대답하면, 돌도 들지 못하는 하느님이 무슨 만능이냐는 반문이 가능해지기 때문이다. 반대로 하느님이 그런 돌을 만들어낼 수 없다고 대답한다 해도 하느님이 만능일 수 없기는 마찬가지가 된다. 신학자가 더 이상 '하느님은 만능'이라는 명제에 대해 변론할 수 없었던 까닭은 배와 등 양쪽에서 공격을 당해 오도 가도 못하는 신세가 되었기 때문이다.

육천궤변戮穿詭辯 궤변의 본질을 꿰뚫는다

언변은 상대 논리의 본질을 꿰뚫어야 한다. 상대의 논리를 간파해야 반박의 과녁을 정확하게 겨눌 수 있다. 반드시 반박을 가해야 할 상대의 논리 중 하나가 바로 '궤변'이다.

궤변은 말하는 자가 허구의 논리적 근거에 의존하여 진실한 이치를 부정하는 것이다. 또는 허구의 이치를 진실한 것이라 강변하고 부수적인 것을 중요한 것이라고 떠벌리는 것이다. 지엽적이고 말단적인 것으로 주된 흐름을 오도하기도 한다. 형식상 마치 정확한 추리 수단을 운용하는 것 같아 보이지만 실제로는 논리의 규율을 어기는 사이비 논증을 일삼는다. 궤변은 진리를 가장한 모습으로 나타나기 때문에 그 피해가 대단히 크다.

사회적으로 성공한 A씨에게는 좀 모자라는 B라는 아들이 있었다. 이 아들은 매일 놀기만 하고 일을 하려 하지 않았다. 그런데 A씨의 손자, 즉 B의 아들 C는 아버지와는 딴판으로 아주 모범생이었다. A는 아들 B를 매일 꾸짖었다. 어느 날 이 못난 아들은 아버지의 꾸지람을 견디다 못해 아버지에게 대들었다.

"내 아버지(A)는 사회적으로 크게 성공했는데, 당신(B의 아버지 A)의 아버지(B의 할아버지)는 내 아버지(A)만 못했죠. 그리고 내 아들(B의 아들이자 A의 손자인 C)은 학교에서도 모범생인데, 당신 아들(A의 아들, 즉 B 자신)은 그렇지 못하니 당신 아들도 내 아들만 못하다는 것을 알 수 있죠. 당신은 아버지도 내 아버지만 못하고 아들도 내 아들만 못한데, 도대체 무얼 믿고 날 이렇게 야단치는 거죠?"

A씨 아들의 논증이 사이비에다 불합리한 것임은 말하지 않아도 명백하다. 자기 아버지와 아버지의 아버지(할아버지)를 비교하고 자기 아들을 아버지의 아들(자신)과 비교해서는, 내가 당신보다 낫다는 결론을 끌어낼 수 없기 때문이다. 게다가 내 아버지가 바로 당신이고 당신 아들이 바로 나라는 사실은 개념과 대상의 관계를 마구 뒤 엎어버린 것이다.

어느 날 맑은 아침, 왁자지껄한 채소 시장에서 작은 말다툼이 벌어졌다.

야채장수: 죽순 사세요! 방금 나온 겁니다.

가정주부: 안 사요. 죽순은 영양가가 없대요.

야채장수: 무슨 소리? 누가 그래요? 죽순이 영양가가 없다면 죽순을 먹는 곰은 어째서 그렇게 덩치가 크죠?

가정주부는 "죽순은 사람에게 영양가가 없다."고 했는데(잠시 이 관점의 시비는 따지지 말자), 야채장수는 그것을 "죽순이 곰에게 영양가가 있다."는 것으로 슬그머니 바꾸어버렸다. 이 말은 결국 곰에게 영양가가 있는 것은 사람에게도 영양가가 있다는 말이 된다.

궤변을 간파하고 깨부수는 방법에는 다음 세 가지가 있다.

① 논증이 합리적이냐의 여부를 따지고 논거로부터 이런 결론을 추출해낼 수 있는 가를 살핀다.

② 개념과 사실의 관계를 검증한다. 개념에 왜곡이 없는가, 사실을 왜곡하지 않았는가, 개념과 대상의 관계 및 개념 간의 관계를 혼동하지 않았는가 등을 분석한다.

③ 논증 과정에 사용한 개념이 앞뒤 모두 일치하는가, 개념을 옮기거나 슬그머니 바꾼 상황은 없는가에 주의한다.

6절
활용

교창환경 巧創環境 환경을 조성한다
─────────────────

언변에서 주의를 기울여야 할 점 가운데 하나는 당시의 주변 환경에 적합한가를 따져보는 것이다. 만약 적합한 환경과 분위기가 없다면 언변의 통과가 불가능하다.

　　1890년, 미국의 이름난 유머 작가 마크 트웨인을 비롯한 20여 명이 한 부인의 가족 파티에 참가했다. 파티가 시작된 지 얼마 되지 않아 큰 파티에서 늘 일어나는 상황이 발생했다. 다들 옆 사람과 얘기를 나누는데 동시에 떠들다 보니 목소리가 점점 커지고, 마침내 죽어라 고함까지 질러댔다. 마크 트웨인은 이런 소란이 고상하지 못하고 문명화되지 못한 행동이라 생각했다. 그러나 이렇게 왁자지껄 떠들고 있는 상황에서 조용히 해달라고 하면 모두 화를 내거나 심하면 기분이 나빠서 파티장을 박차고 나가버릴지도 모른다. 자, 어떡한다?

잠시 생각에 잠겨 있던 마크 트웨인은 옆자리에 있던 한 부인에게 다음과 같이 말했다.

"이 소란을 진압해야겠군요. 내가 이런 시끄러운 분위기를 조용하게 만들겠습니다. 방법은 단 한 가지인데, 저는 오묘한 방법을 알고 있어요. 자, 부인의 귀를 제 쪽으로 바짝 갖다 대고 마치 제 말에 아주 열심히 귀를 기울이는 것처럼 하십시오. 저는 속삭이듯 낮은 목소리로 말할 테니까요. 그러면 옆 사람들은 제가 무슨 말을 하는지 궁금해져 제 말을 듣고 싶어 할 겁니다. 제가 소곤거리기 시작하면 사람들은 곧 대화를 멈출 것이고, 이내 조용해져 제가 소곤거리는 말소리 외에는 아무 소리도 안 들릴 것입니다. 잘 보세요!"

트웨인은 낮은 목소리로 다음과 같이 속삭이기 시작했다.

"11년 전 제가 시카고에서 그랜트를 환영하는 행사에 참가했죠. 첫날 저녁 성대한 파티가 벌어졌는데 퇴역 군인 6백여 명이 참가했고, 제 옆에 앉았던 사람은 X선생이었습니다. 그런데 그분이 귀가 좋지 않아 소근소근 분위기 좋게 말하는 것이 아니라 큰 소리로 고함을 질러댔습니다. 어떤 때는 나이프를 들고 슥슥 문지르며 한 5~6분쯤 생각에 잠겼다가 별안간 고함을 지르는데, 부인께서 그 고함소리를 들었다면 기절초풍해서 미국 밖으로 날아가버렸을 겁니다."

여기까지 얘기가 진행되자 시끄럽던 옆 테이블이 조용해지더니 이내 그 분위기가 다른 테이블로 옮겨갔다. 그리고 마침내 파티장 전체가 잠잠해졌다. 마크 트웨인은 더 낮은 목소리로 진지하게, 그러면서도 점잖게 이야기를 이어나갔다.

"X선생이 고함을 지르지 않고 있을 때 제 맞은편, 그러니까 X선생의 옆자리에서 이야기를 나누고 있던 사람들의 얘기가 막 끝나려 할 때였습니다.… 말소리가 잘 들리지 않자 그는 그녀의 긴 머리카락을 확 끌어당겼습니다. 그러고는 그녀의 목을 자신의 무릎 위에 눕히고는…."

이 대목에 이르렀을 때 마크 트웨인의 속삭임은 이미 그 목적을 달성했다. 파티장은 완전히 정적에 휩싸여 있었다. 트웨인은 때가 되었음을 알고 곧 자신이 왜 이런 장난을 쳤는지 해명하면서, 모두들 한꺼번에 떠들지 말고 한 사람씩 얘기를 하고 그 말을 진지하게 들어주자고 요청했다. 모두가 트웨인의 제안에 동의했다. 파티의 나머지 시간을 화기애애하고 뜻있게 보낼 수 있었음은 물론이다.

트웨인은 그때의 일을 아주 자랑스럽게 회고하고 있다.

"내 평생에 그때만큼 기분 좋았던 적은 없었다. 그 이유는 새로운 조건이 내가 질서를 유지할 수 있게 해주었기 때문인데…."

트웨인이 그토록 자랑스러워한 데는 일리가 있다. 그는 재치 있게 모두가 보람 있는 대화를 나눌 수 있는 환경을 창조함으로써 그 사람들을 설득할 수 있었기 때문이다. 생각해보라. 무슨 '난리'라도 난 것 같은 아수라장에서 아무리 트웨인과 같은 유머의 도사라 하더라도, 그들 이름깨나 있는 명사들을 단번에 설복시키기란 불가능에 가까웠을 것 아닌가?

교용공간巧用空間 공간을 활용한다

언변은 공간 조건의 이용을 중시한다. 언변과 환경 그리고 장소의 관계는 아주 긴밀하다. 공간은 그 자체로는 내용이 없다. 그러나 언변자 쌍방이 서로 의견을 발표할 때 공간은 시각의 흐름을 전달하는 작용을 하기 때문에, 3차원적인 시·공간도 언어(말) 구조의 구성 성분이 된다. 아울러 공간은 시각 흐름의 전달 작용을 통해 언변 내용의 표현을 돕기도 한다. 따라서 특정한 언어 환경에 교묘하게 적응할 수 있을 때 언변은 청중들에 대해 강력한 흡인력을 발휘할 수 있다.

1935년, 고리키는 소련 작가협회에서 주최하는 이사회 제2차 전체회의에 초청을 받아 연설을 하게 되었다. 각 단위의 대표들은 고리키가 등장하자 오랫동안 박수를 쳤다. 고리키는 즉흥적으로 말했다.

"우리가 만약 박수를 보내는 데 소모하는 시간을 모두 계산해보면 엄청난 시간을 낭비하는 셈이 될 것입니다."

회의 초반에 고리키가 한 이 말은 그 회의 전 기간을 활기차게 만들었다. 환경에 임기응변하는 이 같은 동태적인 강연은, 만약 언변 때 적용해야 할 환경이 바뀌었다면 언변 구조의 운동 형식도 그에 따라 효과적으로 바꾸어 언변의 궁극적 목표를 실현할 수 있어야 함을 일깨워준다. 말싸움을 벌일 때도 그와 관련된 지리적 조건에 주의를 기울여야 한다. 실천과 경험을 통해 충분히 입증되듯이, 언변을 벌이는 쌍방 또는 논제와 관계된 당사자 쌍방이 처한 현실적 환경을 충분히 이용할 줄 아는 쪽이 그 논쟁에서 승리한다. 그 환경 자체를 상대방이 부정할 수 없기 때문이다.

청년 H군의 강간 사건 변론을 예로 들어보자.

S시 Z체육관에서 보일러 기술공으로 일하고 있던 H는 24세의 미혼 남성이다. 1980년 봄 어느 날 저녁, 젊은 여성 B양이 H에게 체육관 안의 무용실에 들어가게 해달라고 요청했다. 다음 날 저녁 6시, B양은 다시 H가 기숙하고 있는 방으로 와서 똑같은 요구를 한다. H는 이 기회를 틈타 외설적인 행위를 한다. B양은 H의 이러한 행위에 대해 아무런 반감이나 거부를 표시하지 않고 그저 "여기는 사람들이 수시로 왔다갔다하는 곳인데 누가 보기라도 하면 어떡해요?"라고만 했다. 그래서 H는 그녀를 체육관과 무용실 뒷담 사이의 계단으로 데리고 가 육체관계를 가졌다. 이 일이 있은 뒤 B양은 H가 자신을 강간했다고 법원에 고소했다.

형법을 공부하는 한 스터디그룹에서 이 사건을 놓고 한바탕 논쟁이 벌어졌는데,

그중 중요한 대목을 들어보자.

> 갑: H는 B를 무용실로 데려다주는 기회를 틈타 B양을 능욕했다. B는 피해자이
> 며 H의 행위는 강간죄를 구성하는 조건이 되므로 당연히 강간죄를 적용해야
> 한다.

> 을: 그렇지 않다. H가 B에게 외설적인 행위를 했을 때 B는 아무런 반감이나 거부
> 의사를 표시하지 않았다. 강간죄가 성립되는 기본 특징은 여성의 의지에 반해
> 서 여성이 저항할 수 없게 한 후 성관계를 맺는 행위라는 점에 있다. 그러나 B
> 는 어떤 반감도 거부 의사도 표시하지 않았기 때문에 H를 강간죄로 기소할 수
> 없다.

> 갑: 반감이란 마음속에 존재하는 것이고, 거부는 그것이 밖으로 드러나는 행위다.
> 그리고 내면 활동이 반드시 밖으로 드러나는 것은 아니다. 거부 표시를 하지 않
> 은 것에는 여러 가지 원인이 있을 수 있다. 피해자가 밤중에, 그것도 주위에 아
> 무도 없는 고립무원의 환경에 처해 있었다면 무서워 반항을 할 수 없었을 것이
> 다. 하물며 사건의 내용이나 경위에 대한 소개는 외설적인 행동을 했을 때를 가
> 리키고 있지 강간 행위 때가 아니지 않은가?

> 을: 외설적인 행위가 이루어졌을 때가 고립무원이라 두려워 반항할 수 없었다고? 고
> 립무원이라면 어째서 '이곳은 사람들이 수시로 드나드는 곳'이라고 말했을까?
> 이는 역시 H가 기숙하는 곳의 환경을 말하는 것인데, 그곳은 그녀가 위기에 처
> 해 있을 때 제삼자로부터 도움과 보호를 받을 가능성이 존재하는 곳이다. B양
> 은 어째서 '누가 보면 어쩌나' 하며 걱정을 했는가? 너무도 명백하게 B는 H가
> 기숙하고 있는 곳이 섹스를 하기 좋은 환경이 아니라고 생각했던 것이다. 그래
> 서 H는 그녀를 무용실 뒤 계단으로 데려갔다. B는 성관계를 맺을 안전한 장소

를 선택하는 데 참여했다. 반감의 표시가 없었다는 것으로 반감 여부를 단정할 수 없으나, 함께 섹스 행위를 할 수 있는 안전한 장소를 찾았다면 H가 그녀를 강간했다는 말이 어떻게 성립되는가? 하물며 당시 H는 흉기를 가지고 있지도 않았고, 사용하지도 않았다. 또 B를 묶거나 구타하는 등의 폭력도 사용하지 않았고, 죽이겠다는 따위의 협박으로 B에게 정신상 압박을 가하지도 않았으니, 겁이 나 반항하지 못했다는 논리는 더욱 성립할 수 없다. H와 B의 성관계는 밤에 있었고 위치는 무용실 뒷담 쪽으로 비교적 한적한 곳이었다. 그러나 바로 앞에서는 사람들이 무용 연습을 하고 있었고 체육관 주위에는 경비원들이 근무하고 있었기 때문에 B가 원치 않았다면 담 쪽으로 가는 도중이나 또 거기까지 갔다 하더라도 불과 10보만 도망치면 안전한 곳으로 벗어날 수 있었다. 그리고 고함이라도 한 번 질렀다면 보호를 충분히 받을 수 있었다. B는 근본적으로 고립무원이 아니라, 외부로부터 구원을 받을 수 있는 요소로부터 스스로 떠나 있었다. 물론 겁이 났을 것이다. 그러나 그 겁은 제삼자가 자신의 성행위에 영향(방해)을 주지 않을까 하는 데서 나온 것이다. 그녀가 H와 함께 '유리한' 환경을 선택했는데 무슨 거부란 말인가? 따라서 H와 B의 행위는 쌍방이 자발적으로 원해서 일어난 떳떳하지 못한 성행위다. H는 강간죄에 해당하는 것이 아니라 도덕적 결함에 해당하는 것이므로 해당 기관으로부터 행정 처분을 받아야 할 것이다. 강간죄는 성립할 수 없다.

갑: ….

을이 이 변론에서 승리한 관건은 H와 B가 함께 처했던 환경을 정확하게 움켜쥐고 논증했다는 데 있다. B가 반감을 표시했느냐, 반항을 했느냐 하는 것은 제삼자에게 증명할 수 없는 문제다. 오로지 환경과 쌍방의 환경에 대한 선택 또는 변경 표시의 태도로부터 출발해 여자 쪽에서 외부인을 피했느냐 아니면 구원을 요청했느냐를 따져야만 비로소 여자 측의 의지에 반한 강간이냐 아니면 쌍방이 스스로 원한 부당한 성행위냐를 논단할 수 있는 것이다. 일반적으로 법정 사건을 변론할 때는 당시 처했던 특정한 환경에서 피고인의 행위가 객관적으로 영향을 받았느냐를 파악한 후, 주관적 동기와 결합시켜 사실을 추구한 다음 판결이 내려진다.

언변에서는 특수한 환경을 파악할 수 있어야 한다. 언변자가 환경의 특수성을 파악하지 못하면 논제의 일부가 예상한 효과를 거두기 힘들어진다. 언변 환경에 능동적으로 적용하고 그것을 이용하는 것은 논자의 주관적 요소와 논쟁의 객관적 요소의 통일이라 할 수 있다. 그 통일은 구체적으로 다음과 같은 점을 요구한다.

① 언변 내용과 언변 환경의 통일. 경험이 풍부한 논자는 특정한 논쟁 환경에 완벽하게 적용하고 난 뒤 언변 내용을 결정한다. 논쟁의 자연적 환경과 사회적 환경의 변화는 논자에게 고도의 적응력과 지배력을 요구한다.

② 언변 형식과 언변 환경의 통일. 논쟁에서 언어 스타일은 화려할 때도 있고 거칠고 투박할 때도 있다. 구사되는 언어(말)의 구조와 형식 등은 느긋하기도 하고 긴박할 수도 있다. 특정한 논쟁 환경에서 기동성 있게 결정을 내리면 웅변력을 증강시킬 수 있다.

③ 언변자의 신념 및 태도와 언변 환경의 통일. 당연한 말이겠지만, 논쟁 환경에 근거하여 자신의 겉모습과 태도 등을 결정해야 한다. 이 모두는 언변 효과에 직접적인 영향을 미친다.

웅변가는 능동적으로 언변 환경에 잘 적응할 수 있어야 할 뿐 아니라, 어느 정도 논쟁 환경을 좌우하거나 조성하는 능력도 갖고 있어야 한다.

시가은진법示假隱眞法 　진짜 의도를 숨기고 거짓 모습을 보이는 방법

언변 때 진상 또는 본의를 감추는 언어 기교를 사용하여 상대방을 착각에 빠뜨리고 나의 의도를 간파하지 못하게 할 수 있다. 이를 통하여 상대방의 '자기 부정'을 유도해 낼 수 있다. 남녀 차별에 관한 갑과 을의 대화를 들어보자.

갑: 만약에 말이지, 현대 의학이 태아의 성별을 정확하게 예측할 수 있는데 내 아내가 딸을 임신했다면 그것이 비록 초산이라도 나는 인공유산을 시키겠네.

을: 왜?

갑: 한 부부가 자식을 하나만 낳는 추세인데, 딸이 커서 남의 집으로 시집가버리고 나면 그만이니 누가 대를 잇겠나?

을: 우리 집에는 세 살짜리 아들놈이 하나 있는데 아주 우량아지. 그런데 열 살쯤 되면 오대산으로 보내 중으로 만들 작정이라네.

갑: 자네 제정신으로 하는 소린가?

을: 나? 아주 정상이지. 왜냐하면 그놈은 대를 이을 능력이 없거든.

갑: 아니, 그 애가 무슨 몹쓸 병이라도 걸렸나?

을: 얘기했잖은가? 우량아라고. 우량아 선발대회에 참가해도 될 정도로 건강하네.

갑: 그런데 어째서 대를 못 잇는다는 건가?

을: 녀석이 성인이 되면 짝을 못 찾을 것 같아서.

갑: 지극히 정상인 남자가 왜 짝을 못 찾아?

을: 녀석이 성인이 될 때쯤이면 우리 사회에 여자는 없고 남자만 남지 않겠나?

갑: 정말 말도 안 되는 소리를 하는군. 왜 여자가 없어?

을: 여자는 대를 이을 수 없으니까.

갑: 갈수록 이상한 소리만 하는군. 자네와 나, 그리고 이 사회의 모든 사람치고 어머니 배 속에서 나오지 않은 사람이 어디 있겠나? 그리고 그 어머니는 여자가 아니던가?

을: 그때가 되면 근본적으로 어머니가 없어지니까 그렇지.

갑: 어머니가 없어지다니?

을: 없어지다마다! 엄마가 아직 세상에 태어나기도 전에 일찌감치 그 엄마를 '없애 버리니까!'

갑: 으잉? 음….

을은 상대방 말의 불합리한 곳을 지적하면서도, 정면으로 지적하지 않고 형식을 변화시켜 갑과 똑같은 황당한 논리를 끄집어냈다. 거기에 바로 을의 언변이 갖는 묘미가 있다. 상대방으로 하여금 자신의 황당무계한 논리를 부정하도록 유도함으로써 자신도 모르는 사이에 자신마저 부정하게 하는 것이다. 상대방이 부정해버린 착오를 드러내어 상대방이 자신의 잘못을 시인하게 만든다.

이런 단계적 언변에서 관건은 '전환 형식'에 있다. 그리고 그 전환에는 기교가 뒤따라야 한다. 즉, 상대방이 눈치채지 못하게 해야 승리를 보장할 수 있다. 그럼 어떻게 해야 상대방이 눈치채지 못하는가? 전환의 형식을 통해 상대방이 나의 불합리한 곳을 간파하게 만들어야 한다. 이 불합리와 상대방이 갖고 있는 본래의 착오가 결합되는데 그것이 지나치게 뚜렷해서는 안 된다. 동시에 민첩해야 한다. 상대에게 심사숙고할 여지를 주지 않아야 상대방의 '자기 부정'을 조성하는 효과를 거둘 수 있다. 이 방법은 상대방의 오류를 이끌어내는 '인신귀류법引申歸謬法'의 응용이지만, 전환 형식은 상대방이 자신도 모르는 사이에 자기를 반대하는 입장에 서게 하는 등 가상·연막의 특징을 갖고 있다. 이것이 '인신귀류법'과 다른 점이다.

'시가은진법'은 '성동격서'의 대책을 운용하여 말은 저쪽에 대해 하고 있지만 뜻은 이쪽에 두는 효과를 거두는 것이다. 한 쌍의 부부가 있었다. 아내는 음악에 홀딱 빠져 가수가 되고 싶어 했다. 남편은 아내에게 당신은 타고난 소질이 모자라 가수가 될 수 없음을 여러 차례 지적했다. 숱한 말다툼 끝에 남편은 가정의 평화를 위해 더 이상 아내의 꿈에 찬물을 끼얹지 않고 그녀가 꿈을 이룰 수 있도록 뒷바라지를 하겠다고 했다.

> 아내: 나를 뒷바라지하겠다고 해놓고서는 왜 내가 노래를 부를 때마다 뛰쳐나가 대문 앞에서 서성거리는 거예요?
> 남편: 별다른 이유는 없어. 그렇게 해야 이웃 사람들이 내가 당신을 때리고 있는 게 아니라는 사실을 알게 되지.

남편은 표면적으로 물어보지도 않은 것을 대답한 것 같지만, 사실은 아내의 노래가 마치 비명을 지르는 것 같아 정말이지 못 들어줄 수준이라는 점을 꼬집은 것이다. 처음 이 얘기를 들은 아내는 별다른 반응을 보이지 않다가, 가만히 생각해보더니 대놓고 비판하는 것 못지않은 비판임을 알아챘다.

'시가은진법'은 모호한 언어를 적당하게 운용한다. 이것은 외교적 변론에서 진짜 속셈을 감추는 기교로 흔히 나타난다. 다음 예를 보자.

> 갑: 귀하의 성명은 귀국 정부가 XX협정의 효력에 대해 의문을 표시한다는 뜻입니까?
> 을: 저는 그렇게 말할 준비가 되어 있지 않습니다. 물론 귀하가 어떻게 이해했느냐

에 따라 해석이 달라질 수도 있겠지만.

을의 '진심'은 갑 쪽에서 말한 '의문 표시'를 묵인하여 갑이 주도권을 쥐지 못하게 하려는 것이다. 따라서 갑은 을의 말에만 근거해서 그것을 대외적으로 발표해봐야 향후 외교무대에서 을을 수동적인 입장으로 몰 수 없게 된다. 을은 바로 이 때문에 애매한 대답을 한 것이다. 외교가는 모종의 원인 때문에 자신의 의도를 솔직하게 드러내지 못한다. 또 상대방에 대해 어느 정도 자신의 의도를 이해해주기를 희망하는 입장에서, 흔히 '시가은진법'에 의존하여 자신이 돌아갈 수 있는 충분한 여지를 남겨놓는다.

외교가는 국제무대에서 활동하면서 흔히 '시가은진법'을 운용하여 자신의 의도를 실현하곤 한다. 닉슨은 흐루쇼프와 나눈 '주방에서의 대화'를 회고하면서, 이렇게 서술하고 있다.

때때로 그는 시끌벅적하게 수다를 떨기도 하고, 신바람이 나서 들뜨기도 하며, 명랑한 모습을 보이는 등 우호적이면서도 사람을 거의 혹하게 만드는 매력을 표출했다.… 그의 정서는 여러 차례 거의 통제를 잃은 지경에 이르기도 했다.… 그는 엄지손가락으로 내 가슴을 쿡쿡 찌르며 고함을 질러대기도 했다. 나중에 가서야 발견한 사실이지만, 그는 일부러 이런 기질을 드러냈던 것이다. 그는 기질의 주인(통제자)이었지 노예(피통제자)가 아니었다.

흐루쇼프가 채택한 것이 바로 '시가은진'의 수법이다. 일부러 상대방에게 자신의 거짓 모습이나 행위를 보임으로써 상대에게 잘못된 인상을 갖게 하고, 상대방을 헷갈리게 유인하여 분석의 근거를 가지지 못하게 하며 사실과 다른 판단을 내리게 한

● 논쟁을 위한 언변에서는 무엇보다 자신의 의중을 들키지 않도록 해야 한다. '시가은진'은 이를 위한 모략이고 흐루쇼프가 좋은 사례를 남겼다.

다. 이리하여 외교적 논의에서 상대에게 반격을 가하기 쉬운 환경이 조성되고, 상대방을 제압할 수 있게 된다.

'시가은진법'은 상대에게 착각을 줄 수 있어야만 효과를 발휘한다. 착각이란 객관적 사물에 대한 부정확한 자각이다. 변론에서 착각은 일반적으로 심리적 원인 때문에 생겨난다. 오스트리아의 정신분석학자 프로이트는 우리들이 일상생활에서 간혹 잘못 말하고 잘못 듣는 경우가 생길 수 있다고 말한다. 언변에서 상대방이 어떠한 심리 상태에 있는가를 파악하면, 그로 하여금 잘못된 추리로 인해 착각에 빠지게 할 수 있다. 이때 '유도식'과 '충격식' 방법을 결합·운용하면 확실한 효과를 거둘 수 있다. 유도식 방법은 주로 상대방이 과거에 감지한 경험을 연구한 바탕 위에서 현재의 사물에 대한 감지 상태에 일정한 영향을 준 다음, '상황을 결정하는 착각' 중에 그 주체가 바라는 요소, 즉 상대가 좋아하는 대상 등에 맞추어 그가 심리적으로 필요로 하는 것에 잠시 적응하는 방법이다. 상대방의 자아도취는 착각의 싹을 키우는 온상이 된다. 상대방이 그 속에서 모종의 만족을 얻으면 그는 눈앞의 자극을 바로 자기가 바라는 것으로 받아들이게 된다. 이때 갑자기 뜻밖의 상반되는 분위기로 바꾸어 순응의 자세에서 대항의 자세로 정면공격을 가하면 상대는 배 이상의 타격을 입게 된다.

생활 속에서 형성되는 착각의 원인은 매우 많다. 물리적 성질에 속하는 것도 있고, 심리적 성질에 속하는 것도 있다. '시가은진'에서 이용되는 착각은 심리적인 것에 속한다. 착각을 일으키는 원인과 그것을 방지할 수 있는 방법에 대한 연구와, 언변에서 공수 대책의 운용에 대한 연구는 실천적인 의의를 지닌다. 우리가 언변에서 연막을 칠 수 있는 기교를 장악해서 운용하려면, 우선 그 연막의 정체를 식별할 수 있어야 한다. 상대의 언변에서 연막을 식별해냈다면 논쟁 상대의 기본적 경향과 그가 말하고자 하는 명제에 대한 기본적인 관점을 단단히 기억해둔다. 그러다 일단 논쟁이 시작되면 상대의 말에 어긋나는 점은 없는가, 또는 그 주된 요지가 본래의 뜻에서 벗어나는 현상은 없는가, 나아가서는 상대방의 논증 가운데 달리 해석될 여지를 포함하는 말은 없는가를 발견하여 그것을 나 자신에 대한 경계로 삼고 반격을 가해 꼼짝 못 하게 만든다.

곡직상생曲直相生 곧음과 구부러짐의 상호 보완

모든 사물의 관계는 상대적이다. 언변에서도 마찬가지다. 흔히 상대와 대화를 나눌 때는 '직설直說'과 '곡설曲說' 두 가지 방법 가운데 하나를 취한다. 그러나 이 두 방법은 상호 보완적으로 작용한다. '직'이면 '직', '곡'이면 '곡', 또는 '곡직'을 서로 섞고 보완해서 생동감 넘치게 운용하면 힘을 적게 들이고도 큰 효과를 거둘 수 있다.

'직설'이 후련하고 분명한 반면, '곡설'은 함축적이고 완곡하다. 언변에서는 이 두 가지를 적절히 구사해야 상대를 설득하고 원하는 결과를 얻어낼 수 있다.

파악양기把握良機 적절한 기회를 붙잡는다

같은 말이라도 장소·시간·분위기가 다르면 그 효과도 아주 다르게 나타난다. 기회를 포착한다는 것은 좋은 장소·시간·분위기를 선택하여 시간과 지리적 이점 등 유리한 외부 환경을 놓치지 않고 언변함으로써 적절한 효과를 거둔다는 말이다.

당나라 때의 이름난 재상 위징魏徵은 당 태종이 만년에 들어와 신하들의 반대 의견이나 충심 어린 비판을 받아들이려 하지 않는다는 사실을 발견하고, 시기를 봐서 당 태종에게 이 문제를 거론할 생각이었다. 정관貞觀 연간(627-649) 어느 날, 당 태종은 기분이 매우 좋은 듯 싱글벙글하면서 위징에게 물었다.

"그대가 보기에 요즈음 정치가 어떤 것 같소?"

이제나저제나 이런 질문을 갈망하고 있던 위징은 주저 없이 대답했다.

"정관 초기에 폐하께서는 신하들의 의견을 두루두루 청취하셨습니다. 그로부터 3년이 지난 후에도 충고를 하는 사람이 있으면 유쾌하게 받아들이셨습니다. 그런데 최근 1, 2년 사이에는 마지못해 의견을 받아들이시긴 하지만 마음은 늘 언짢아하시는 것 같습니다."

태종은 다소 놀란 표정을 지으며 다그치듯이 물었다.

"무슨 근거로 그렇게 말하는 것이오?"

황제가 사실을 듣고자 하는데 무엇을 망설일 것인가? 위징은 기다렸다는 듯이 말했다.

"폐하께서 즉위하실 당시, 원율사元律師에게 사형 판결이 내려진 일이 있었는데 대신 손복가孫伏伽가 사형은 지나치다며 과감하게 간언을 하고 나섰습니다. 그때 폐하께서는 백만 냥 값어치가 있는 난릉蘭陵공주의 정원을 상으로 내리셨습니다. 누군가가 상이 너무 지나치다고 하자 폐하께서는 '즉위 이래 짐에게 용기 있게 충언하는 사람이 없었기 때문에 특별히 후한 상을 내리는 것'이라고 하셨습니다. 이는 폐하께서 좋은 의견이나 정직한 충고를 적극적으로 끌어내기 위한 것이었습니다. 그 뒤 유웅柳雄이 수나라 때 관리 생활을 한 경력을 사칭하고 다니다 주관 부서에 발각되어 사형 판결을 받은 일이 있었습니다. 이때 대리大里의 소경 少卿 벼슬에 있던 대주戴冑는 유배형으로 충분하다면서 자신의 주장을 세 차례나 글로 올려 끝내 유웅의 사형을 번복시켰습니다. 그때 폐하께서는 '그대처럼 법을 지켜야 형벌의 남용을 막을 수 있다'면서 칭찬하셨습니다. 이 모두 폐하께서 신하들의 의견을 유쾌하게 받아들인 경우였습니다."

여기까지 얘기를 마친 위징은 태종이 이미 자신의 말에 진지하게 귀기울이고 있음을 확인하고는, 잠시 뜸을 들인 뒤 계속해서 또 다른 근거를 제시했다.

● 직언도 충언도 기회를 잘 잡아야 한다. 자칫 기나긴 눈치 보기로 흐를 위험도 있지만 언변에서의 적절한 기획 파악은 매우 중요하다. 당나라 때 명군 당 태종을 잘 보필했던 위징은 기회를 잘 파악하여 바른 소리를 올린 현명한 재상이었다.

"최근 황보덕皇甫德이 글을 올려 낙양궁 수리는 엄청난 인력과 자금이 드는 일이기 때문에 백성들의 세금 부담이 심각할 것이라고 했고, 민간 부녀자들 사이에 유행하고 있는 머리를 높이 올리는 풍습이 궁중에서 흘러나온 것이라고 했습니다. 그런데 폐하께서는 '저자는 아무도 노역시키지 않고 한 푼의 세금도 거두지 않으며 궁녀들 머리카락이 한 올도 없어야 직성이 풀릴 사람이야!' 하시며 불쾌감을 드러내셨습니다. 당시 신은 폐하께 '신하의 상소가 격렬하고 솔직하지 못해 군주의 주의를 끌지 못한다면 그것은 군주를 비방하는 것이나 마찬가집니다'라고 말씀을 올렸습니다. 폐하께서는 신의 말을 들으시고는 황보덕에게 비단을 상으로 내리셨지만 심기는 몹시 불편하셨지요. 이것이 바로 의견을 받아들이기 힘들어하신다는 증거가 아니고 무엇이겠습니까?"

태종은 위징의 말을 알아듣고 이렇게 말했다.

"그대가 아니고서는 아무도 이런 말을 하지 못했을 것이오. 자기 자신을 안다는 것은 대단히 어려운 일이오."

태종에 대한 위징의 비평은 태종이 기분이 좋아 정치에 관해 질문을 던졌을 때를 놓치지 않고 한 것인데, 그때가 황제가 충고를 받아들일 수 있는 가장 좋은 기회였다. 위징은 기회를 포착하여 대담하게 충고하여 태종을 설득시켰다.

급완상제急緩相濟 빠름과 느림의 조화

먼저 격렬한 말로 압도하는 기세를 보여 상대방이 이 문제를 매우 중시하고 주목하도록 만든다. 그런 후에 완만한 말로 급전환하여 솔직하게 심경을 밝힐 수 있는 길을 깔고 앞서 한 말과 서로 호응시킨다. 이때 '급急'은 결코 허풍이 아니며 '완緩'은 한마디 한마디에 천 근의 무게가 실린 것으로 만들어서 완급을 한데 융합시킨다. 이렇게 되면 감동의 정도가 더욱 깊어지게 된다.

전국시대 제나라에 무염無鹽이라는 여자가 있었는데 천하의 추녀였다. 그녀의 얼굴은 돌절구처럼 길었고 눈은 깊게 파였으며 코는 들창코에 피부가 검었고 머리카락도 듬성듬성했다. 등은 낙타 등같이 꾸부정했고 목은 남자처럼 굵었다. 용모가 이런지라 나이 서른이 지나도록 시집을 못 가고 있었다. 아무도 쳐다보지 않는 추녀 무염이었지만, 그녀는 천하의 흥망성쇠에 깊은 관심을 갖고 있었다. 그녀는 제나라 선왕宣王이 하루 종일 술만 마시고 노는 모습을 보고 언젠가 충고를 해야겠다고 단단히 마음을 먹고 있었다. 어느 날 무염은 짧은 옷을 입고 왕궁의 문 앞에 와서 고함을 질러댔다.

"가서 알려라! 나는 아직 시집도 못 간 제나라의 첫째가는 추녀인데, 임금께 어질고 현명한 왕비를 드리러 왔노라고!"

선왕은 이 보고를 받고 평범한 객이 아니라는 생각이 들어 무염을 불러들여 주연을 베풀었다. 못생긴 무염을 보고 좌우 대신들은 너 나 할 것 없이 큰 소리로 웃어댔다. 선왕이 말했다.

"궁중의 비빈들은 이미 다 갖추어져 있거늘, 네가 궁중에 들어오겠다고 하는데 무슨 별다른 재주라도 있는가?"

무염은 솔직하게 대답했다.

"별다른 것은 없습니다만 은어隱語를 좀 할 줄 압니다."

그러고 나서 무염은 눈을 둥그렇게 뜨고 이가 다 보이도록 입을 벌리고는 손을 사방으로 휘두르고 무릎을 치면서 큰 소리로 고함을 질렀다.

"위험하다! 위험해!"

무염은 이 말을 네 번 계속해서 외쳤다. 선왕은 깜짝 놀라며 그것이 무슨 은어냐고 물었다. 무염은 이렇게 풀이했다.

"눈을 둥그렇게 뜬 것은 대왕을 대신해서 왕가의 봉화가 어떻게 변화하는지 관찰한 것이며, 이를 드러낸 것은 대왕을 대신해 충고를 듣지 않는 자를 징벌하는 뜻이며, 손을 휘두른 것은 왕을 대신해 아첨이나 하며 남을 무고하는 무리들을 내친 것이며, 무릎을 친 것은 대왕께서 놀러 다니시는 곳을 없애버리고자 한 것입니다."

"그럼, '위험하다'고 소리친 것은 무슨 뜻인가?"

무염의 말에 귀가 솔깃해진 선왕은 서둘러 물었다. 무염은 차분한 목소리로 대답했다.

"지금 대왕께서 통치하고 계시는 이 제나라에는 서쪽에 진秦이라는 강국이 있고 남쪽에 초라는 강국이 도사리고 있습니다. 또 밖으로는 3국이 난을 일으키고 있고 안으로는 조정에 간신배들이 득실거립니다. 게다가 대왕께서는 아첨이나 하는 무리들을 가까이하고 계십니다. 이 나라 사직이 앞으로 백 년 후면 더 이상 버티지 못하고 무너질 것입니다. 이것이 첫 번째 위험입니다. 대왕께서는 거대한 토목공사를 위해 백성들을 가혹하게 부리시어 원망의 소리가 사방에서 들리니 이것이 두 번째 위험입니다. 현명한 자는 산속에 숨고 아첨꾼과 간신배들만이 사방에 널려 있어 대왕께 충고할 사람은 하나도 보이지 않으니 이것이 세 번째 위험입니다. 밤낮으로 술과 여자와 음악 소리만 궁중을 뒤덮고 모두들 향락에만 빠져 제후들이 예를 차릴 줄 모르고 안으로 나라를 다스리는 데 관심이 없으니 이것이 네 번째 위험입니다. 그래서 제가 네 번 '위험하다'고 외친 것입니다."

무염의 말은 구구절절이 옳았다. 실로 나라를 걱정하는 우국충절의 마음에서 우러나온 충고가 아닐 수 없었다. 선왕은 그녀가 말한 네 가지 위험을 생각하니 등골에서 식은땀이 흘렀다. 선왕은 길게 탄식하며 말했다.

"무염, 그대의 비판이 참으로 예리하구나. 내가 위험한 상황에 처한 것이 분명하도다!"

그 후로 선왕은 무염의 충고를 받아들여 노는 일을 일체 끊고 아첨배들을 물리쳤으며 군사를 재정비하고 직언을 경청했다. 아울러 무염을 황후로 삼으니 제나라는 크게 부흥했다.

이름 없는 사람이 큰 인물에게 자신의 생각을 얘기할 때는 먼저 상대방이 온 신경을 기울여 자기의 말을 끝까지 다 듣도록 만들어야 한다. 무염은 선왕에게 자신의 의견을 말하면서 먼저 '위험'이라는 격한 단어를 선택했다. 선왕은 그 말에 주의를 기울이지 않을 수 없었다. 먼저 큰 소리를 친 다음 차분하게 조목조목 '위험'의 실제 상황과 그 근거를 열거하고 분석했다. 현상에만 안주하고 쾌락만을 추구하던 어리석은 군주에게 먼저 큰 소리로 일갈하지 않았더라면, 군주는 그녀의 말을 들으려 하지 않았을 것이다.

촉경석의觸景釋疑 의심하면 직접 보게 하라

'백문이불여일견百聞而不如一見'이라는 말도 있듯이, 천 마디 말보다 한 번 보는 것이 낫다. '촉경석의'라는 방법의 장점도 여기에 있다. 어떤 상황에서는 아무리 많은 말로 설명해도 사태를 해결할 수 없다. 이럴 때는 차라리 말을 하지 말고 직접 눈으로 그 대상물을 보여주면 순식간에 의문이 사라진다.

진晉나라 때 악광樂廣이라는 사람에게 아주 친한 친구가 있었는데, 어찌된 일인지 자주 놀러 오곤 하던 이 친구가 한동안 집에 찾아오지를 않았다. 그러던 어느 날 갑자기 그 친구가 악광의 집을 찾아왔다. 악광이 반가워하며 물었다.

"이 친구야, 어찌 이리도 오랜만에 왔는가?"

친구는 기운이 하나도 없는 목소리로 대답했다.

"지난번 자네 집에 왔을 때 자네가 따라주는 술을 막 마시려는데, 아 글쎄, 술잔 속에 뱀이 있지 뭔가? 너무 놀라고 겁도 났지만 자네에게 솔직하게 말하는 것도 그렇고 해서 그냥 마시고 말았는데 그 뒤로 그만 병이 났다네. 병이 좀 심하네."

악광은 깜짝 놀라 그럴 리가 없다며 해명을 했지만 친구의 오해를 풀 수 없었다. 그러다 우연히 방안을 둘러보던 악광은 벽에 걸린, 상아로 만든 활 위에 뱀 무늬가 새겨져 있는 것을 발견했다. 친구가 말한 술잔 속의 '뱀'은 바로 벽에 걸린 활에 새겨진 뱀 무늬의 그림자였던 것이다.

그러나 친구는 이미 중병이 들었고, 그 병을 고치려면 술잔 속의 '뱀'이 바로 벽에 걸린 활에 새겨진 뱀 무늬라는 것을 확인시켜야 했다. 악광은 한 가지 방법을 생각해냈다. 그는 지난번과 완전히 똑같은 곳에다 술상을 차려놓고 친구를 불렀다.

"자네 술잔에 뭐가 보이나?"

"지난번과 똑같네그려. 술잔 속에 뱀이 한 마리 있군."

"그 술잔 속의 뱀은 저 벽에 걸린 활의 그림자라네."

친구가 고개를 돌려 보니 과연 그랬다. 친구의 병은 금세 씻은 듯 나았다.

악광은 친구에게 병이 나게 했던 환경과 똑같은 환경을 조성하여 친구에게 '뱀'의 실체를 확인시켜줌으로써 의혹을 풀게 했다. 심리적으로 큰 상처를 입은 사람에게 이런 방법은 대단히 효과적이다.

산장법算賬法 헤아릴 수 있는 것으로 바꾸는 방법

'산장법'은 헤아릴 수 있는 것으로 바꾸는 방법이다. 즉, 추상적 개념을 숫자로 나타낼 수 있게 바꾸거나 형상이 뚜렷한 '질'적인 것으로 바꿈으로써, 상대를 더 쉽게 움직이게 만들거나 설득하는 것이다. 이 방법은 과학성을 갖추고 있을 뿐만 아니라 상대가 쉽게 반박할 수 없는 힘도 갖추고 있다.

국가로부터 옛 왕궁터 안에 있는 사택을 수여받은 명망 높은 한 법관이 좋은 환경임에도 불구하고 그 사택을 거절하고 다른 보통 집으로 이사 가기로 결정했다. 그러나 그의 아들은 왜 이처럼 크고 좋은 집을 놔두고 이사를 해야 하는지 납득이 가지 않았다. 이에 법관은 아들을 다음과 같은 말로 설득했다.

"이 집은 정말 좋은 집이다. 정원도 넓고 아름다우니 말이다. 어디 가서 이만큼 좋은 집을 찾겠니? 절대라고는 할 수 없어도 적어도 찾을 가능성이 매우 작겠지. 그런데 왜 이사를 가냐고?"

법관은 손가락을 꼽아가며 말을 이었다.

"첫째, 나 한 사람을 위해 경비원을 두어야 하고, 벽난로를 때기 위한 장작도 많이 필요하고, 이 먼 곳까지 서류를 들고 왔다갔다하는 사람이 필요하단다. 굳이 나 하나를 위해 이렇게 많은 사람과 물건이 소용될 필요가 있을까? 그런데 법원 가까운 곳으로 이사하면 이 모든 문제가 한꺼번에 해결된단다. 그러니 이사를 가는 것이 현명하겠니, 아니면 그냥 여기에 있어야 하겠니? 둘째, 출근길이 너무 멀어 긴 시간을 차 안에서 보내야 하며 또 기름도 낭비된단다. 그런데 이사를 가면 걸어서 출퇴근할 수 있으니 시간은 물론 석유도 절약할 수 있지 않겠니? 더욱이 우리나라는 기름도 안 나는 나라잖니?"

아들은 아버지의 말을 알아들었고, 곧 이사했다.

이 아버지가 아들을 설득시킨 방법이 바로 '산장법'이다. 그는 국가의 물자를 절약하는 것으로부터 인력의 절약에 이르기까지 아주 구체적으로 아들에게 설명함으로써, 아들의 사고력을 끌어올렸다. 이 같은 설득으로 아들은 좁게는 장작·기름의 절약과 인력의 절약으로부터 넓게는 국가 예산의 절약이라는 문제까지 깊이 깨닫게 된 것이다.

제
6
부

경제모략 經濟謀略

정치 경쟁이나 군사 경쟁을 넓은 의미의 경제 경쟁 속에 포함시키기도 하지만, 서로 뚜렷하게 구분되는 특징은 무시할 수 없다. 정치 경쟁은 권력을 둘러싸고 벌어지며, 경제 경쟁은 물질적 이익을 둘러싸고 일어난다. 군사 경쟁은 피와 목숨으로 이루어지는 '힘'과 뗄 수 없는 관계에 있다. 국가 간의 경쟁인 전쟁이 그 단적인 표현이다. 한 국가 내에서 권력 상층부의 경쟁은 대체로 정치권력의 쟁탈로 표현된다. 경제 영역에서의 경쟁은 물질적 이익과 얽히지 않는 것이 없다. 정치·군사와 경제가 그토록 뗄 수 없이 가깝기 때문에, 정치권력은 물질적 이익으로 전화될 수 있고 물질적 이익은 흔히 정치권력으로 승화되기도 한다. 반면, 정치와 경제 간의 모순이 격화되면 전쟁으로 문제를 해결하기도 한다. 전쟁에서 승리한 쪽은 정치권력을 얻는 것은 물론 경제적 이익도 독차지한다. 그렇기 때문에 경제모략과 정치·군사모략은 불가분의 관계에 있으며, 아주 넓은 영역에서 서로 통하고 서로 융화되어 있다.

　　물질 재화가 부족했던 과거에는 생존을 위한 재화를 쟁취하는 데 갖은 아이디어를 짜냈다. 심지어는 피를 흘리는 희생까지도 기꺼이 받아들였다. 상품경제가 발전한 오늘날, 사람들은 시장을 쟁취하고 고객을 확보하기 위해 온갖 궁리를 다 짜내고 있다. 누군가가 "상품시장은 곧 전쟁터며, 경제 경쟁은 무혈 전쟁"이라는 말로 날카롭게 지적했는데, 전적으로 옳은 말이다.

무혈 전쟁에서 사람들은 용기와 담력을 겨루고 지혜를 겨루며 기술을 겨룬다. 피와 화염이 난무하고 생사가 교차하는 전쟁터는 아니지만 그곳에는 약육강식과 적자생존의 대결이 충만해 있으며, 이런 대결 과정에서 생동감 넘치는 장면들이 많이 연출된다. 사람들은 무수히 많은 성공의 경험과 실패의 교훈을 통해 상대를 제압하는 각종 묘수를 결합해낸다.

고대와 현대를 막론하고 인류의 경제활동은 늘 정치활동이나 군사활동보다 폭이 넓었고, 인간은 경제활동을 실천하면서 체험과 경험을 풍부히 쌓아갔다. 폐쇄적인 소규모 농업경제 시대에는 경제 영역의 경쟁이 그 격렬함에서 군사나 정치 영역에 비해 훨씬 정도가 약했다. 따라서 군사모략과 정치모략은 비교적 빨리 발전했으나 경제모략은 눈에 띄게 처져 있었다.

현대사회에서는 경제 영역의 경쟁이 갈수록 넓어지고 격렬해지면서 경제모략의 발전을 맹렬히 자극하고 있다. 이런 상황에서 경제모략은 군사·정치·외교 영역의 모략을 폭넓게 빌려 그것을 활용할 수 있도록 해야 한다. '상품 전쟁'이라는 단어만 놓고 보더라도 그것은 군사용어가 변화된 것이지만, 그것이 내포하고 있는 의미에서는 군사용어의 내용적 한계를 이미 훨씬 벗어나 있다. 거기에는 경쟁 상대와 기량을 겨루어 승리한다는 의미가 들어 있으며, 소비자를 만족시켜 소비행위를 완성케 한다는 뜻도 있다. 그런가 하면 곤경에 처했을 때 싸워 승리한다는 뜻도 들어 있다. 따라서 경제 영역의 모략들 가운데 상당수가 다른 영역에서도 본 듯한 느낌을 줄 것이다. 그러나 이것이 경제모략을 연구하고 종합하는 데 영향을 주지는 않는다.

변화무쌍한 경제 경쟁에서 승리를 거두는 상상을 해보았는가? 기업의 총수 노릇을 하는 모습을 상상해보았는가? 자신의 상품을 언제까지나 잘 팔리게 만드는 상상을 해보았는가? 그렇다면 주저하지 말고 여기에서 제공하는 보물 보따리 속의 모략들을 들추어보라.

1절
경영의 근본

인인성사因人成事 남의 힘을 빌려 일을 성사시킨다

───────────────────────────────

"남의 힘을 빌려 일을 이룬다"는 뜻의 '인인성사'는 『사기』 「평원군·우경열전」 권76에 나온다. 똑같은 계획이라도 여러 사람에게 맡기면 사람 수만큼 다른 결과가 나오게 마련이다. 따라서 사람의 선택은 모든 일을 이끌어나갈 때 극히 중요한 측면이 아닐 수 없다.

　미국의 코카콜라가 전 세계를 풍미하며 발전을 이룰 수 있었던 중요한 원인의 하나는 사람을 잘 선택하여 활용했다는 점에 있다. 회사에서는 국적을 가리지 않고 관리 능력이 있는 사람을 선택하여 그들이 자립할 수 있는 기반을 심어주는 한편, 세계 각지에 콜라병 공장을 세워 기업을 더 크게 확장했다.

　1984년 초, 석가장石家莊의 제지공장에 대해 상급기관에서는 17만 위안의 이윤

을 남길 수 있는 계획을 세우라고 지시했다. 공장장을 비롯한 지도자들은 곤혹스러워하며 3월이 되도록 계획을 세우지 못하고 있었다. 이때 판매과장이던 마승리馬勝利가 나서서 자신이 그 일을 맡으면 그해에 70만 위안, 85년에는 1백만 위안, 86년에는 120만 위안의 이윤을 남기겠다고 호언장담했다. 석가장 시당국의 지원 아래 마승리는 5월 1일부터 시작해서 그달 한 달 만에 21만 위안의 이윤을 남겼고, 84년 총 140만 위안의 이윤을 남겼다. 85년에는 전해의 두 배에 달하는 280만 위안의 이윤을 달성했다. 그렇다면 마승리가 성공한 비결은 어디에 있었는가? 그것은 크게 두 가지, 즉 사람을 적절하게 선택한 것과 대세를 따른 것에 있었다.

사람의 선택이라는 면에서 마승리가 '조직'한 총 14명은 기사가 4명, 경영관리 전문가가 8명으로 평균 연령은 45세였다. 위생지 작업장에서 일하는 한 보조기사는 60년대 초에 중등전문학교를 졸업했는데 출신성분이 좋지 않은 데다가 비판적인 견해를 많이 제기하는 바람에 학력이나 능력에 비해 줄곧 중용되지 못했다. 마승리는 우선 그를 자기 팀으로 끌어들여 작업장 주임으로 승진시켰다. 지금까지 늘 미운 오리새끼처럼 눈총을 받아온 이 사람은 자신을 알아주는 사람을 만나 중용되자 심기일전하여 온 힘을 다해 생산에 매달렸다. 그는 자기가 갖고 있는 지식을 총동원하고 거기에 과학적인 방법을 적용하여 수년 동안 해결하지 못했던 위생지의 중량 초과 문제를 해결했다. 위생지 한 두루마리의 무게를 10그램 정도 줄여 표준규격에 맞춘 것이다. 이 하나만으로 공장은 약 27만 위안의 비용을 줄일 수 있게 되었다. 또 여기사 한 사람은 과감한 발상으로 문제를 깊게 연구함으로써 단숨에 기술과장으로 승진했다. 그녀는 가격이 아주 싸고 재료가 풍부한 솜 부스러기를 원료로 하여 위생지를 만드는 실험을 성공시켰는데, 그 결과 톤당 단가를 6백 위안 줄여 1년에 총 66만 위안을 절감시키는 효과를 낳았다.

경영관리에서 인재를 선택하는 기준은 무엇일까? 일본의 한 잡지사는 경영 지도자가 갖추어야 할 조건을 다음의 14개 항목으로 집약했다.

    ① 두터운 명망으로 사람을 모을 수 있을 것.

    ② 고상한 인품과 근면·성실 그리고 남다른 공부.

    ③ 두뇌의 회전이 뛰어나고 반응이 빠를 것.

    ④ 인간미가 있고 남의 고통에 관심을 가질 것.

    ⑤ 부하들의 의견을 반영할 수 있을 것.

    ⑥ 명예와 신용을 철저히 지키고 도덕관이 수립되어 있을 것.

    ⑦ 경영의 철학적 기초가 튼튼하여 기업의 이익과 사원의 복리를 하나로 연결시킬

      것.

    ⑧ 과감한 판단과 굳센 의지.

    ⑨ 진취적 자세와 독창적인 정신.

    ⑩ 난관에 굴복하지 않고 전진하며 책임을 질 수 있을 것.

    ⑪ 윗사람에게 아부하지 않고 형식주의를 피할 것.

    ⑫ 잘못을 덮어 감추지 말 것.

    ⑬ 사를 앞세우고 공을 뒤로하지 말 것.

    ⑭ 남을 배척하지 말 것.

일본의 기업가들은 이런 말들을 한다.

"일찌감치 누구를 간부로 지목하여 부서의 책임자로 키우는 방법은 그다지 좋은 방법이 아니다. 그것은 밑지는 장사다."

"사람을 쓸 때 가장 피해야 할 사항은 서둘러 성공하려는 자세다."

사람을 선택할 때 이와 같은 방법이나 표준은 한 번쯤 새겨들을 가치가 있다.

천묵축본踐墨逐本 먹줄을 퉁긴 후 그 먹줄을 따라 일한다

'천묵축본'이라는 고사성어에서 '천踐'은 이행·실천을 뜻하고, '묵墨'은 목수가 사용하는 먹줄로 흔히 법도·규칙·기준 등의 뜻으로 인용된다. '천묵踐墨'이란 본디 목수가 작업을 시작할 때의 시공을 뜻하는 용어다. 목수는 요구되는 수치에 따라 재료에다 자로 재서 먹줄을 퉁긴 후 그 먹줄에 따라 작업한다. 『손자병법』「구지」편에는 "법도에 따라 적을 맞이한다."는 말을 비롯하여, "반드시 법도에 따라 거동하고 적의 동정을 살펴 유리한 상태에서 결전해야 한다."든가 "병법을 실천하는 것은 먹줄을 퉁기는 것과 같이 적의 상황에 따라 결전해야 한다."는 말들이 있다. 요컨대 작전의 방향을 선택하거나 작전 방침을 결정하거나 작전계획을 실행할 때 작전 규율, 적의 변화, 적의 행동 거지에 따라야 한다는 것이다.

기업 경영에서 '천묵축본'의 책략을 실시한다는 것은 객관적 규칙에 따라 시장의 본질적 수요를 추구한다는 것이다. 부차적인 수요의 '말末'을 나열하고 주도적인 수요의 '본本'을 소급해서 취하는, 말하자면 시장의 주도적인 수요를 방향키로 삼아 이익을 추구하는 모략이다.

1981년, 한 영국 회사의 '잠망경' 장사가 바로 이 모략을 아주 생동감 있게 운용한 본보기다. 당시 영국의 찰스 황태자와 다이애나는 런던에서 10억 파운드짜리 호화판 결혼식을 올려 전 세계를 떠들썩하게 했다. 처음 이 소식이 전해지자 런던시와 영국 각지의 수많은 기업과 장사꾼들이 이 세기적인 결혼식에 초점을 맞추어 큰돈을 벌어보려고 갖은 아이디어를 짜내기에 혈안이 되었다. 캔디회사는 포장 상자에 황태자와 황태자비의 사진을 넣었고, 방직·염색·의복회사들은 상품의 포장을 결혼 기념을 나타내는 도안으로 다시 설계했다. 호화스러운 결혼식은 경영자들에게 큰돈을 벌 수 있는 기회를 주었다. 그러나 정작 가장 많은 돈을 번 장본인은 뜻밖에도 잠망경을 만드는 작은 회사였다.

결혼식 날, 버킹엄 궁전에서 성 바오로 성당에 이르는 길은 백만 가까운 인파로 입추의 여지 없이 가득 찼다. 뒤에 서 있는 사람들은 도로를 지나는 결혼 행렬의 광경을 보지 못해 발을 동동 구르며 안타까워했다. 이때 사람들의 등뒤에서 고함소리가 들려왔다.

"자, 잠망경으로 결혼식을 보십시오! 한 개에 1파운드!"

마분지에 유리 거울을 붙인 이 간이잠망경이 순식간에 동이 났음은 말할 것도 없다.

백만 군중의 요구사항은 실로 다양하기 짝이 없었을 것이다. 예쁜 기념품을 사고 싶어 하는 사람, 빵을 먹는 사람, 아이스크림을 먹으려는 사람, 황태자와 황태자비의 사진이 박혀 있는 캔디를 사는 사람…. 그러나 가장 중요한 순간에 황태자와 황태자의 여인을 제대로 못 본다면 어쩌면 평생 유감으로 남을 것이다. 그 회사가 성공할 수 있었던 것은 사람들이 근본적으로 필요로 하는 것을 제대로 잡았기 때문이었다. 금세기 최대의 호화 결혼식 광경을 꼭 보아야겠다는 심리를 바로 꿰뚫어본 것이다.

소비의 수요는 각양각색이지만, 일반적으로 주도적 수요와 보조적 수요로 구분해볼 수 있다. 구매행위를 결정하는 것은 물론 주도적 수요다. 현명한 경영자라면 시장 소비에 영향을 미치는 여러 요인을 자세히 분석하여 여러 수요 중에서 어떤 것이 주도적 소비인지 파악하고, 객관적 경영의 '먹줄'을 퉁겨 시장 수요의 '본질'을 좇는다. 그것은 또한 경영의 주도권을 자기 쪽으로 바짝 끌어당기는 요체가 되기도 한다.

잡우이해雜于利害   이익과 손해는 서로 뒤섞여 있다

『손자병법』「변變」편에 이런 대목이 있다.

> 총명한 장수는 사물을 고려할 때 반드시 이해利害 양쪽을 모두 살핀다. 이로운 것
> 은 임무를 달성하는 근본으로 삼고, 해로운 것은 의외의 사태 발생을 방지하는 수
> 단으로 삼는다.

이 말을 좀더 쉽게 풀이하면 이렇다. 현명한 장수는 어떤 문제를 고려할 때면 늘
이득과 손해 두 방면을 함께 고려한다. 유리한 상황이라도 불리한 면을 고려하면 일
이 순조롭게 진행되며, 불리한 상황에서도 유리한 쪽을 고려하면 걱정거리를 해결할
수 있다. 기업을 이끄는 지도자들도 이해 두 방면을 변증법적으로 분석한 손자의 이
같은 관점을 본받는다면, 사고의 편협성을 탈피하고 경영상 이해의 균형을 유지하여
이익을 추구하고 손해를 피할 수 있을 것이다.

이익과 손해는 서로 뒤섞여 있을 뿐 아니라 왕왕 뒤바뀌기도 해서 경영에 위험
을 초래하기도 한다. 이로운 쪽을 취하다 보면 해로운 면도 생기게 마련이다. 백 가지
가 이롭고 해로운 것이 하나도 없는 사업은 존재하지 않는다. 이해가 함께 존재하는
상황에서 지도자가 지나치게 걱정하여 머뭇거리며 나아가지 못한다면 앞날을 개척
할 수 없다. 인간의 다양한 실천을 통해 기업가와 경제 이론가들은 이해를 추구하고
손해를 피하는 각종 다양한 수를 발명해냈다. 예를 들면, 정성定性·정량定量 분석 같
은 것들을 통해 이해의 비례와 발전 추세를 정확하게 분석·예측함으로써 현명한 선
택을 할 수 있게 되었다.

상해에 있는 대륭大隆 기계공장은 고강도의 합금강 롤러 체인을 생산하는 공장으로서, 1979년 이전까지만 해도 품질도 우수하고 판매도 좋은 편이었다. 그런데 1980년에 들어와 주문량이 전체 생산량의 절반에도 못 미쳤다. 관련 부처에서는 지난 10년 동안의 각종 자료들에서 대량의 수치를 뽑아내고 계산·분석을 거친 결과, 다음과 같은 흥미로운 사실을 발견했다. 즉, 상품의 판매이윤 비율이 아주 높을 때는 판매량이 저조했고, 반대로 이윤 비율이 비교적 낮을 때는 판매량이 증가하여 총이윤도 높아졌던 것이다. 예를 들어 가격이 10퍼센트 떨어지면 판매량은 50퍼센트 정도 증가하는데 이때의 이윤비율은 33퍼센트다. 만약 가격이 20퍼센트 떨어지면 이윤 비율은 26.5퍼센트가 되지만 판매량이 배로 증가하여 총이윤은 50퍼센트 증가하는 셈이 된다. 이 같은 과학적인 논증으로 이 공장은 정확한 방향을 찾았다.

경영 과정에서 단기적인 이익과 장기적인 이익의 관계를 잘 처리하여 눈앞의 이익에 급급하지 말고 장기적인 계획을 수립해야만 지속적인 발전을 유지할 수 있다. 제지 기계를 만드는 어떤 공장의 1978년도 사업의 경우를 보자. 이 회사는 제지공장들에 관한 자료를 수집하던 중, 시장에서 종이 수요가 급증하면 제지공장들이 생산력을 높이는 데 급급해한다는 사실을 알게 되었다. 따라서 이때 제지 기계공장에서 기계 생산을 늘리면 그만큼 많은 이익을 볼 수 있는 것은 당연한 일이었다. 그러나 장기적으로 보아 국민경제가 조정 국면을 맞이하면 사용자(제지 기계의 사용자)가 대대적으로 감소할 것이 뻔했다. 이 공장의 지도자들은 여러 자료를 토대로 분석을 가한 끝에 눈앞의 이익만을 생각하여 제지 기계를 증산할 수 없다는 결론을 내렸다. 그들은 사용자의 의견을 받아들여 제지공장의 기술 개조 공정을 맡아주기로 결정했다. 얼마간 기계공장의 이윤이 떨어지고 직공들의 보너스도 감소했다. 그러나 1년 후, 전국적 규모로 열린 상품주문회의 석상에서 단 하루 만에 1년의 작업량에 해당하는 주문이 쇄도하여, 이 공장에서 제시한 기술 개조 방안을 받아들이기로 한 제지

공장이 무려 120여 개에 이르렀다. 3년 동안의 작업량이 순식간에 눈앞에 쌓이게 된 것이다. 이와 대조적으로 같은 품종을 생산하는 다른 공장의 주문량은 썰렁하기 짝이 없었다고 한다. 그해 이 기계공장의 이윤은 다시 상승곡선을 긋기 시작했다.

이상은 기업가가 앞을 내다보는 눈과 전략을 수립하는 눈을 가지고 있어야 대세의 흐름을 잘 헤아려 단기적인 이익과 장기적 이익을 동시에 돌아볼 수 있다는 사실을 잘 말해주는 본보기다. 옛사람이 "가뭄이 들었을 때 배를 준비하고, 홍수가 났을 때 수레를 준비하라."고 한 말은 바로 이런 이치와 상통한다.

외국의 선진 기술과 설비를 끌어들여 비교적 짧은 시간 내에 기업을 변모시키는 것도 기업을 도약시킬 수 있는 방식의 하나다. 그러나 도약에는 높은 대가, 즉 자금이 필요하므로 때로는 돈을 빌리기도 해야 한다. 장춘長春에 있는 제일자동차공장은 기술을 도입하여 자동차의 형태를 개조함으로써 성공한 대표적인 사례에 속한다. 제일자동차에서 생산하던 차는 전 국민이 자랑스럽게 여겼던 '해방'표 버스였는데, 30년 동안 한 번도 모양을 바꾸지 않았다. 그러다 보니 외형은 물론 성능도 떨어져 옛날 '해방'표 버스가 지녔던 매력을 잃어가기 시작했다.

80년대에 들어와 외국 버스가 물밀듯이 밀려와 중국의 도시와 농촌을 누비기 시작하자, 제일공장은 마침내 버스의 형태를 개조하는 문제에 대해 심각하게 고민하기 시작했다. 그러나 정작 문제는 어떻게 하느냐 하는 것이었다. 외국의 이름난 버스 제조회사 네 개가 각기 제일버스를 살핀 후 내놓은 방안은 한결같이 '전면 도입'이었는데, 거기에 필요한 자금은 무려 23억 위안에 달했다. 이 거대한 액수의 자금을 놓고 제일버스의 식구들은 비교·분석을 거친 끝에 도입은 필요하지만 '전면 도입'은 국가 정서에도 공장의 형편에도 맞지 않다는 결론을 내렸다. 제일버스공장은 도입에 관한 다음과 같은 몇 가지 원칙을 확정했다.

① 소프트웨어는 도입하지만 하드웨어는 도입하지 않으며, 관건이 되는 단일 부분은 도입하지만 전체 설비는 도입하지 않는다.

② 외국과의 연합 설계는 가능하되, 외국 단독의 위탁 설계는 안 된다.

③ 몇 개 회사와 연합하여 도입하고, 한 회사에서 단독으로 도입하지 않는다.

④ 선진 기술을 도입하고 그것을 소화·흡수하여 외화를 절약함과 동시에 우리의 기술도 단련시킨다.

이 과정에서 제일버스는 총 14개 항목에 달하는 기술과 359기의 설비를 도입했는데, 그것은 새로 증설된 설비의 4.7퍼센트에 지나지 않는 수치였다. 예를 들어 열풍 방식의 먼지 제거 용선로(큐폴라cupola)의 경우 외국으로부터 설비 전체를 도입한다면 큐폴라·연소실·열 교환기·먼지 제거기·제어 계량기 등을 전부 사들여야 한다. 제일 버스는 외국 상사와의 반복된 협상을 거쳐 그중에서 가장 중요한 부분인 열 교환기와 제어 계량기만 도입하기로 했다. 열 교환기는 세 개가 필요했으나 하나만 사고 나머지 두 개는 모방해서 만들기로 하는 한편, 외국과의 연합 설계 방식을 택하여 합작하되 기술적인 면은 상대방에서 책임을 지기로 했다. 그 결과 이 방대한 공정에 불과 40만 달러만 지출하고도 선진 수준을 이루게 되었다.

정확한 도입은 자신의 능력을 증강시켜주지만, 부정확한 도입은 당장은 효과와 이득이 있을지 모르나 시간이 지남에 따라 그 효과의 이득이 떨어지고 심지어는 남의 손에 이리 끌려다니고 저리 끌려다니다 끝내 헤어나오지 못하는 꼴이 되기 십상이다. 따라서 도입 과정에서 가장 중요한 것은 자신의 능력을 키우는 것이라는 점을 명심하고, 외부의 힘을 빌릴 때는 각 방면의 이해를 균형 있게 맞추어 자력으로 설 수 있도록 해야 할 것이다.

기정호변奇正互變 신기한 것과 전통적인 것은 서로 뒤바뀐다

기奇와 정正의 변화는 헤아릴 수 없이 무궁무진하다.

손자의 중요한 모략사상이다. '기奇'와 '정正'에 함축된 뜻은 지극히 풍부하면서도 심오하다. 예를 들어 전략상 공개적으로 선전포고하는 것은 '정'이고, 갑자기 기습하는 것은 '기'다. 전술상 정면공격은 '정'이고, 에워싸는 식으로 측면공격하는 것은 '기'다. 밝음은 '정'이고, 어둠은 '기'다. 낮은 '정'이고, 밤은 '기'다. 그 기본 사상은 두 가지 의미를 포함하고 있다. 하나는 '기정'을 서로 보충·보완하여 일이 잘되도록 한다는 것이다. 또 하나는 '기정'이 서로 뒤바뀔 수 있다는 것이다.

상품에 대한 경영활동에서 '기정'의 상호 변화의 핵심은 새로운 것을 창조하고 개척하는 데 있다. 일본에서 '경영의 신'으로 떠받들어지고 있는 마쓰시타 전기산업 주식회사의 최고 고문 마쓰시타 고노스케松下幸之助가 이런 말을 한 적이 있다.

천지도 날로 새로워지고 있는데, 인간의 경영 패턴이 어찌 날로 새로워지고 바뀌지 않을 수 있는가?

'기정'의 변화를 제어할 수 있어야만 주도권을 장악할 수 있다. 현명한 경영자라면 이해관계를 통찰하고 발전의 궤적을 예측하여 적시에 변신할 수 있어야 영원히 패배하지 않는 자리를 지킬 수 있다. 그렇지 못하면 더없이 좋은 경영 조건에서도 실패를 면하기 어렵다.

남경의 유명한 판압板鴨(오리를 소금에 절였다가 납작하게 눌러 건조시킨 식품)은 지역

주민들이 좋아하는 전통 식품으로, 그 지역에서 오리가 많이 나기 때문에 가격도 싸고 마침 오리털의 수요가 급증하고 있던 터라 판압을 가공하는 데 아주 유리했다. 이 때문에 국영업체·대기업·중소기업 등 너 나 할 것 없이 판압식품 사업에 달려들었고, 그 바람에 판압의 생산과잉과 공급과잉 사태가 일어났다. 가격이 계속 떨어져 숱한 경영자들이 손해를 보았고, 이름난 상표의 판압도 밑지는 장사를 하기는 마찬가지였다.

하지만 지금 그 원인을 꼼꼼히 살펴보면 해결책이 없었던 것도 아니었다. 품질을 보증하는 기본 위에서 포장을 새롭게 하고 부위별로 나누어 파는 전략으로 남방이 아닌 북방으로 판압 시장을 확대했더라면 남경 판압의 상황은 크게 달라졌을 것이다. 이 사실로부터 우리는 아무리 당당하고 유명한 전통 상품이라도 시대의 발전에 따르고 시대의 요구에 부합해야만 오래도록 쇠퇴하지 않고 그 전통을 지킬 수 있다는 교훈을 얻을 수 있다.

물질문화 생활이 향상되어감에 따라, 사람들의 소비 심리가 좋은 것을 찾는 것에서 신기하고 새로운 것을 찾는 것으로 변화·발전하고 있다. 같은 천으로 만든 옷이라도 스타일에 따라 판매량에서 엄청난 차이를 보인다. '패션'의 시대인 것이다.

경쟁방식이 어떻게 변하든 간에 기본은 단 두 가지, '정' 아니면 '기'다. '정'은 상품의 질을 가리킨다. 품질이 우수하지 못하면 경쟁에서 제대로 다리를 뻗을 수 없다. 그림의 떡으로는 허기를 해결할 수 없고, 그림의 옷으로는 몸을 가리지 못하는 법. 고객을 속일 수는 없는 것이다. 아니, 이제는 어떤 고객도 속지 않는다. 질에 전력투구하고 질로 생존을 추구하겠다는 의식이 서 있어야만 고객의 신임을 얻고 사랑을 받을 수 있다. 신용과 명예를 얻은 상품이 가장 강력한 경쟁력을 갖는다. '기'는 상품의 종류·스타일·포장 따위를 가리킨다. 같은 질의 상품이라도 스타일이나 포장 등에서 차이가 나면 고객을 끌어들이는 힘에서 적지 않은 차이를 보인다. 크고 거친 상품으로 작고 귀여운 상품을 결코 이길 수 없다. 싱싱한 꽃이 꽃병에 꽂혀 있다면 예술품이지만, 쇠똥 위에 꽂혀 있다면 무슨 꼴이 되겠는가? 많은 상품들이 질은 높으면서도 스타일이나 포장이 시원찮아 국제시장에서 경쟁력을 상실하고 있다. 그 때문에 질에 비해 판매량이 형편없이 낮은 사례가 빈번하게 나타나고 있다.

상품의 '기'를 추구하려면, 어떤 상품들은 공정을 개혁하고 설비를 새로 마련해야 한다. 또 어떤 상품들은 커다란 변화나 개선 없이 약간의 수정만 가하면 상품의 성능을 높이고 외관을 개선할 수 있다.

'기'의 효과를 달성하기 위해서는 경영 지역의 특수성에 유의해야 한다. A라는 지역에서는 이미 흔해 빠진 물건도 B라는 지역에서는 희귀한 것이 될 수 있다. 산간벽지에서는 버스 한 대가 남녀노소 모두의 구경거리가 될 수 있고, 대도시 길 한복판에서는 닭싸움이 큰 볼거리가 될 수 있는 이치와 마찬가지다.

그리스의 한 산골 마을에 자기 고향을 유명하게 만들고 싶어 하는 사람이 있었다. 이 사람은 궁리 끝에 공군에서 폐기 처분한 쌍발 비행기를 사서 해체한 뒤 고향으로 운반해 왔다. 그는 이 비행기를 2층 건물 옥상 위에 다시 조립하여, 이른바 '에어플레인 커피숍'을 차렸다. 이 소문을 듣고 많은 사람이 구경을 왔고 먼 지방에서도 손님들이 적지 않게 찾아왔다. 장사도 잘되었거니와, 그가 애초에 기대했던 대로 이 작은 마을은 일약 유명한 '비행기 마을'이 되었다.

새로운 과학기술을 이용해 신품종을 창조해내는 것도 '기'로 승리를 얻는 중요한 조건이 된다. 최근 몇 년 사이에 의학·생리학의 발전으로 영양에 대한 사람들의 인식이 새롭게 변하기 시작했다. 먹고 싶은 음식을 먹던 문화에서 몸을 위해 음식을 가려 먹는 쪽으로 변화하기 시작한 것이다. 사람들은 흔히 고기를 좋아한다. 그러나 지방과 콜레스테롤에 대해서는 경계심을 돋운다. 어떻게 하면 고기의 맛을 내면서도 유해성분을 섭취하지 않게 할 수 있을까? 이런 고민을 해결하기 위한 많은 육류 모방식품이 쏟아져 나와 크게 환영을 받고 있다.

1987년 9월, 하북성 당산시唐山市에 있는 콩 제조공장에서 아주 색다르고도 특별한 요리 시식회를 열었다. 식탁마다 18가지 요리가 준비되었다. 잉어 홍소紅燒[33] 비취만두, 곱창볶음, 계란떡, 고기마늘볶음, 가루를 묻혀 기름에 튀긴 돼지고기와 김말이 등 보기 좋은 빛깔과 맛있는 냄새가 사람들의 눈과 코를 자극하고 입맛을 다시게 했다. 그런데 시식회가 시작되기에 앞서 이 공장의 경영자가 관중에게 한 말은 놀랍기 짝이 없는 것이었다.

"여러분! 여러분 앞에 놓인 요리들은 모두가 콩과 면으로만 만든 것입니다. 잡숴 보시고 허심탄회하게 의견을 들려주시면 고맙겠습니다."

요리들은 색·향기·맛이 한결같이 뛰어나 진짜를 방불케 했다. 모두들 놀라 입을 다물지 못했다. 요리의 원료는 이 공장에서 생산하는 순두부와 면으로, 그야말로 완전히 콩 하나만으로 만든 요리들이었다. 콩에 들어 있는 각종 영양분은 그대로 간직한 채 화학 잔류물과 콜레스테롤은 포함되어 있지 않아 고혈압·동맥경화·심장 혈관병·당뇨병에 아주 좋았다. 단가도 싸서 풀코스에 당시 돈으로 몇 위안에 지나지 않았다.

입경문속入境問俗 낯선 곳에 가면 그곳의 풍습을 묻는다

___

송나라 때 '당송팔대가'의 한 사람인 소동파의 「밀주사상표密州謝上表」에 보면 "어느 곳에 가든 풍속을 물어라. 언제 다시 그곳을 지나갈지 아는가."라는 구절이 있다. 『예

___

33 육고기나 물고기 등에 기름과 설탕을 넣어 살짝 볶고 간장으로 익혀 검붉은 색이 되게 하는 중국 요리법을 말한다.

기禮記』「곡례曲禮」에는 "국경에 들어서면 해서는 안 될 사항을 묻고, 나라에 들어서면 풍속을 묻고, 남의 집 대문에 들어서면 무엇을 꺼리는지 물어라."는 내용도 있다. 다른 지역에 가면 먼저 그 지역의 습속·금기사항 등을 물어서 귀찮은 일이 일어나지 않도록 하라는 말이다. 특정 제품이 어느 한 지역에서 고객을 얻고 단단히 잠겨 있던 시장의 문을 열려면, 그 지역의 풍속과 인심·소비성향 및 기호 따위를 잘 이해해야 한다.

『한비자韓非子』에는 다음과 같은 이야기가 있다.

노魯나라 수도에 한 부부가 살고 있었는데, 남편은 짚신을 잘 만들었고 아내는 베를 잘 짰다. 그들은 조趙나라가 농수산물이 풍부하여 살기 좋은 땅이라는 소문을 듣고 조나라로 이사를 가서 장사를 해볼 심산이었다. 그런데 이웃 사람이 그들에게, 조나라 사람들은 어려서부터 맨발로 다니고 너 나 할 것 없이 머리를 풀어헤치고 다니며 모자도 쓰지 않는데 누가 너희들의 짚신과 베를 사겠느냐고 충고했다. 이 충고를 듣고 그 부부는 조나라 행을 포기했다.

이 이야기는 서로 다른 지역, 서로 다른 민족의 풍속과 민심의 차이에서 출발하여 특별한 기능을 갖춘 '차별 제품'을 생산함으로써 '차별 이윤'을 얻어야 한다는 사실을 일깨워준다.

미국에서는 대체로 아내가 음식을 만들면 남편은 접시를 닦는다. 접시 닦는 일을 줄이려고 하루걸러 설거지를 하기도 한다. 이런 미국 사람의 식생활 습성을 잘 파악한 나라가 필리핀이었다. 필리핀은 미국에 등나무로 짠 접시를 수출했다. 그리고 이렇게 그 사용법을 설명했다. 먼저 둥근 냅킨을 등나무로 만든 필리핀산 접시 안에 깐다. 그런 다음 샌드위치나 치킨 따위를 올려놓고 먹는다. 다 먹은 후 남은 뼈다귀와 냅킨은 그대로 쓰레기통에 버리고 접시는 그대로 회수한다. 접시는 물론 씻을 필요가 없다. 얼마나 편리한가? 등나무 접시는 원시적인 제품이지만 외국으로 수출되어 많은 돈을 벌어다주었다.

아랍 국가에서는 이슬람교도들이 매일 경건하게 기도를 올리는데, 시간을 어기거나 거르는 법이 없다. 기도를 올릴 때 그들은 바닥에 까는 양탄자 위에 무릎을 꿇는데, 얼굴은 반드시 성지 메카 쪽을 향해야 한다. 1984년 초, 벨기에의 한 양탄자 회사는 기발하게도 나침반이 딸린 기도용 양탄자를 만들어냈다. 더 기발한 것은 이 나침반이 남북을 가리키는 것이 아니라 언제나 성지 메카 쪽을 가리킨다는 사실이었다. 이슬람교도들은 언제 어디서든 이 양탄자를 깔고 정확하게 성지 메카를 향해 기도를 올릴 수 있게 되었다. 양탄자는 단숨에 2만5천 장이 팔려나갔다.

이러한 경제모략을 운용하는 관건은 시장 요인을 분석하고 시장의 특성을 탐색하여 기업(생산품)의 특성(차별화)을 무기로 상대와의 경쟁에서 이기는 데 있다. 따라서 적절한 시기에 특정한 기능을 갖춘 차별 상품을 내놓아야 한다. 이는 경영자에게 특별한 결단력을 요구하는데, 그러기 위해서 경영자는 시장의 다양한 요인들에 대한 민감성과 통찰력을 갖추어야 함은 물론 여러 방면에서 박학다식해야 한다.

지과위무止戈爲武 창을 거두어 진정한 무를 이룬다

─────────────────────────────────────

『좌전』 선공宣公 12년(기원전 597) 조항을 보면 다음과 같은 이야기가 있다.

반당潘黨이 말했다.

"신이 듣기로는 적을 물리치면 반드시 자손들로 하여금 그것을 보게 하여 그 공을 잊지 않게 한다고 했습니다."

초나라 장왕莊王이 대꾸했다.

"그건 내가 알 바 아니오. 대저 글자를 가지고 말한다면 '지과止戈', 이 두 글자가 '무' 라는 한 글자를 구성한다는 것이오."

장왕의 말인즉, 무력을 뜻하는 '무武'자는 '지止'(그치다, 그만두다)자와 '과戈'(창·무기·무력)자로 이루어진 글자인바, 난을 평정하고 '무기'로 대변되는 군대를 쉬게 하는 것이야말로 진짜 무력이라는 것이다. 훗날 이 말은 무력을 사용하지 않고 적을 굴복시키는 뜻으로 바뀌었다. 오늘날 이 말은 상대의 강력한 세력을 피하거나 정면충돌을 피하고, 새로운 '무력'으로 측면을 공격하여 승리를 얻는다는 뜻이 되었다. 현재 이 모략은 지구촌 곳곳에서 교묘하게 활용되고 있다. 특히 기업의 방향이나 생산품의 구조 및 판매 수단 등을 조정할 때 응용된다.

이 모략의 운용에는 대체로 세 가지 형식이 있을 수 있다.

첫째, 생산품의 구조나 방향을 전환하여 새로운 경쟁 상대를 선택하는 경우가 있는데, 이는 근본적인 전략 수정이다.

둘째, 생산품의 구조와 방향을 바꾸지 않고 경쟁 시장을 전환하는데, 이는 강력한 경쟁 상대를 피하기 위한 것이다. 중국 천진天津의 한 시계공장은 1981년부터 대도시 시장을 버리고 농촌의 여성을 상대로 한 새로운 시계 시장을 개척함으로써, 같은 업종에 종사하고 있는 경쟁 상대와의 경쟁을 피함과 동시에 경쟁의 강도도 줄였다.

셋째, 생산품의 구조와 방향을 조정하여 상품의 품종적 차이로 경쟁에 참여한다. 일본 카시오 회사는 유명한 스위스의 정밀 시계를 모방한 정밀 시계로 단숨에 탁월한 실적을 올렸다. 카시오는 일약 스위스 시계의 경쟁 상대로 부상했지만, 결국은 패장이 되고 말았다. 쓰라린 고통을 맛본 끝에 카시오는 정밀 부문에서 남의 꽁무니를 뒤쫓아서는 두각을 나타낼 수 없고 오로지 독자적인 면을 개척해야 기업에 생기를 불어넣을 수 있음을 깨달았다. 그리하여 수차례의 모색을 거친 끝에 수정을 진동기로 하는 새로운 기술 영역으로 눈을 돌렸다. 반복 실험을 거쳐 마침내 정확도에서 타의 추종을 불허하는 값싼 수정 시계를 시장에 내놓기에 이르렀다.

"싸움을 피하는 것이 (진정한) 무武다." 이 말은 앉아서 죽음을 기다리라는 것이 아니라 "겉으로는 경쟁을 피하고 몰래 힘을 키워 측면을 공격하라."는 것이다. 이것은 전략상의 전환이자 후퇴의 책략이며, 이보 전진을 위한 일보 후퇴와 비슷한 의미를 갖고 있다.

2절
경영자의 자질

반탄비파反彈琵琶 비파를 거꾸로 탄다

'반탄비파', 이 모략은 경영자가 일반적 규율이나 법칙에 얽매이지 않고 이색적이면서도 희소가치가 있는 것을 추구하여 성공을 얻는 것이다. 시장은 사고파는 두 가지 주요한 요소에 따라 움직인다. 생산자가 상품을 공급하면 소비자는 그 상품을 산다. 표면적으로는 생산자가 상품의 종류와 공급 시기를 결정하는 것처럼 보이지만, 실제로는 소비자의 욕구와 필요성이야말로 기업의 생사를 결정한다. 시장은 공급자와 수요자라는 두 가지 중요한 요인에 따라 변한다. 어떤 상품이 공급은 적은데 사회적 수요가 많다면 그 상품의 가격이 오른다. 그 반대면 가격이 떨어지고 재고가 쌓이게 된다. 기업을 움직이는 경영자의 사유와 안목은 오로지 눈앞의 시장에만 매달릴 수 없고, 그래서도 안 된다. 좀더 먼 시·공간 위에 서서 시장 운행의 규칙을 파악하고, 시세

의 흐름에 따르기보다는 고객이 필요로 하는 것이 무엇이냐를 포착하여 남이 미처 생각하지 못한 시기에 예기치 못한 상품을 내놓아야 많은 고객을 끌어들이는 기회를 창출할 수 있다.

중국 해남도海南島에 가축을 잘 치는 손회소孫會昭란 사람이 있었다. 이 사람은 1982년부터 오리를 치기 시작했는데, 오리의 무게가 6~7근 정도 나가면 시장에 내다 팔았다. 그런데 오리가 너무 커서 잘 팔리지 않았다. 사람들이 비싼 돈을 주고 무게가 많이 나가는 큰 오리를 사려 하지 않았던 것이다. 그는 경영 방식을 180도 바꾸어 큰 오리를 작게 만드는, 말하자면 오리가 2~4근 정도로 크면 즉시 시장에 내다 팔기로 했다. 그 결과 판로는 아주 좋았다. 또한 그는 농민들이 제철이 아닌 때 야채를 심어 역시 제철이 아닌 때 내다 팔아서 많은 돈을 벌고 있다는 사실도 알게 되었다. 여기서 힌트를 얻은 그는 매년 오리가 대량으로 시장에 나오는 철이 여름과 가을 수확기와 겹쳐 있음을 알았고, 당연히 그때는 오리 값이 형편없어진다는 사실도 확인했다. 어쩌다 철이 지난 뒤에 시장에 나오는 오리는 수량이 적은 반면 값은 아주 비쌌다. 그는 대담하게 제철이 아닐 때 오리를 시장에 내다 팔아서 비교적 짭짤한 수익을 올렸다. '반탄비파'라는 경제모략의 아주 좋은 보기라 할 수 있다. 이 모략은 정상이 아닌 역발상으로 상품을 개발하거나 판매하는 책략으로서, 기업 경영에 새로운 전기를 가져다줄 수 있다. 이 모략은 대체로 다음의 몇 가지 방면에서 실행될 수 있다.

첫째, 때를 역으로 선택하라.

제철이 아닌 상품을 내놓는 것을 말한다. 겨울철에 여름 상품을, 여름철에 겨울 상품을 내놓는 경우가 가장 좋은 예일 것이다. 이럴 경우 고객도 적겠지만, 그런 상품을 개발하는 경영자는 더욱 적다. 하물며 일부 고객의 구매심리에 맞추어 제철이 아닌 때 물건을 내놓게 되면, 사는 사람은 적지만 가격 결정에서 선택의 여지가 매우 크다. 어떤 상품이 잘 팔려 물건이 달리면 소비자는 제철에 그 상품을 사지 못할까봐 안달하기 때문이다.

둘째, 과거로 돌아가라.

말 그대로 새로운 상품을 내놓는 것이 아니라 "과거로 돌아가 복고적인" 새로운 상품을 개발해내는 것이다. 중국의 일부 회사에서는 1930년대와 40년대에 걸쳐 크게 유행했던 '치파오'라는 전통복장을 다시 내놓아 유행시키고 있는데, 이는 사람들의 소비행위에서 나타나는 '향수 심리' 또는 '복고 심리'에 발맞춘 결과다. 경영자는 마땅히 소비자의 심리를 깊게 이해하고 있어야 경쟁에서 기회를 창출해낼 수 있다.

셋째, 상품의 기능을 거꾸로 생각해보라.

상품의 질과 양을 역으로 생각하여 실질적으로 혜택이 돌아갈 수 있는 상품을 내놓는 것이다. 상품의 질과 양은 두말할 것도 없이 한 상품의 생명을 좌우한다. 모든 상품이 기술 수준이 높다고 해서 더 잘 팔리는 것은 아니다.

이 모략을 제대로 활용하려면 전통적인 사고의 틀에서 벗어나 '역방향'적 사고로 소비자의 '우월 심리'를 파악해서 적시에 '우월 상품'을 던져줄 수 있어야 한다. 소비자의 기호에 적응하고 그 기호를 주도하며, 나아가서는 그것을 바꾸어놓을 수 있도록 시기를 잘 선택하고, 옛것을 신기한 것으로 변화시킬 수 있어야 하며, 새로운 것으로 실리를 얻도록 해야 한다. 단, 이 모략은 도가 지나쳐서는 안 된다.

투도보리投桃報李 복숭아를 주면 오얏으로 갚는다

─────────────────────────────

『시경』「대아大雅」의 '억抑'이라는 시를 보면 "나에게 복숭아를 주기에 나는 오얏으로 갚았노라."는 구절이 있다. 저쪽에서 선물을 보내면 이쪽에서도 거기에 보답한다는 것을 비유한 시다. 일본 요시다공업주식회사의 경영주 요시다 타다오吉田忠雄는 "만약 우리가 자비의 씨를 뿌려 다른 사람에게 자비를 베푼다면, 그 자비는 우리에게 되돌아와서 우리와 다른 사람 사이를 쉬지 않고 돌고 돌게 될 것"이라는 말을 한 적이 있다. 이른바 "복숭아를 던진다"는 것은 다른 사람에게 자비를 베풀어 이롭게 한다는 뜻이다. "오얏으로 갚는다"는 것은 자비가 우리에게 되돌아와 우리 자신도 이롭게 된다는 뜻이다. 기업이 서로 진실하게 마음을 열고 상대를 향해, 연합체의 구성원을 향해, 중개상을 향해 편의를 제공하고 혜택과 이익이 돌아가게 배려한다면 각 방면으로부터 칭찬과 격려를 받아 그 기업 자체의 이미지도 높아지고 발전할 수 있는 힘이 마련될 것이다. '투도보리'는 공공관계·대인관계를 중시하여 '인화人和'의 조건을 창조함으로써 많은 이윤을 취하려는 모략이다.

1934년, 앞서 말한 요시다가 창건한 요시다홍업사(뒷날 공업주식회사로 바뀐다)는 당시 작은 수공업 작업장에 불과했다. 요시다는 "웃는 얼굴이 부귀를 가져다준다."는 믿음과 얻고 싶으면 먼저 주는 '투도보리'의 방법이 효과가 있음을 발견하고, 이윤 3분법을 실행했다. 그는 말한다. 기업이 돈을 많이 벌면 벌수록 좋지만 독식하지 말고 3등분해야 한다고. 즉, 소비자와 관련 기업 그리고 자기 기업이 나누어 가져야 한다는 것이다. 그 구체적인 조치는 다음과 같았다.

① 소비자에게 이윤이 돌아가게 한다.
② 도매상에게 이윤이 돌아가게 한다.
③ 직원과 주주에게 이윤이 돌아가게 한다.

조직적이고 전문화된 협업 대량생산 시스템이 일반화된 오늘날, 개방적이고 활성화되어 있으면서 수평적인 발전을 지향하는 경제 연합의 추세 아래에서 '투도보리'

는 한결 실천적인 의미로 다가온다. 이는 땅에서 부를 생산해내고 물에서 배를 띄우는 데 유익하고, 먼저 남을 이롭게 하면 나에게도 이롭다는 지혜를 가르치며, 수평적 경제 연합을 촉진하는 데도 유익하다.

"못이 말랐는데 낚시질을 하면" 내년에는 낚을 고기가 없어지는 법이다. 서로 돕고 이익을 나누면 해마다 여유가 생긴다. '투도보리'는 기업과 기업, 기업과 중개인, 기업과 직원(주주) 등 다원 관계를 처리하는 종합적인 성격의 모략에 속한다. 그것을 제대로 운용하려면 각종 관련 요인들에 주목해서 가장 이상적이고 우수한 조합과 효과를 찾아내야 할 것이다.

수미상고首尾相顧 머리와 꼬리가 서로 돌아보다

인간의 행위는 사상에 지배된다. 통일된 사상이 없으면 협조라는 행위도 있을 수 없다. 지도자는 생산활동을 조직하면서 협업 생산이란 교육에 주의를 기울여 전체 구성원의 일체감을 높여야 한다. 하북성에 있는 모 화학비료공장은 각 작업장에 기술지표를 규정해주는 과정에서 공장 전체의 생산 균형을 그만 소홀히 하고 말았다. 가스 제조 과정이 순조로워 가스를 많이 제조했으나, 너무 많이 제조하는 바람에 그 이후 공정이 설비 고장을 일으켜 많은 원료가스를 대기 속으로 방출할 수밖에 없었다. 앞의 공정이 순조로우면 순조로울수록 낭비가 많아져 당초 의도와는 달리 생산원가를 높이는 결과를 초래했다. 그 뒤 공장의 지도자들은 균형 있는 생산을 위한 교육에 주의를 기울여 현장 지휘의 조절 능력을 강화함으로써 공장 전체를 자신의 꼬리를 볼 줄 아는 한 마리의 용과 같이 만들었다. 그 결과 생산량은 증가하고 원가는 낮아져 하북성에서 '양고兩高(생산량과 이윤이 높음)', '양저兩低(원가와 소모가 낮음)'의 챔피언이 되었다.

협조의 관건은 지도자의 전략 의식에 달려 있다. 지도자는 전체적인 국면을 완벽하게 머릿속에 그리고 있어야 정확하게 지휘할 수 있다. 그래야만 자신의 머리와 꼬리를 언제든지 돌아볼 수 있고 좌우를 여유 있게 살필 수 있다. 일부 대기업들은 자회사들이 많고 생산·경쟁 및 각종 라인이 길다는 특징을 갖고 있다. 이들 기업의 지도자는 하루 종일 업무에 쫓겨 이것저것 돌보느라 피곤에 지쳐서 머리가 아프면 머리를 치료하고 다리가 아프면 다리를 치료하는 식으로 어디에 문제가 생기면 허둥지둥 그 문제를 해결하는, 이른바 소방수가 불을 끄는 것과 같이 일을 처리하기 쉽다. 일부 문제들은 금세 해결될 수 있으나 왕왕 "호로병을 물속으로 밀어넣어봤자 다시 떠오르듯" 또는 "옷깃을 여미니 팔꿈치가 슬그머니 나오는 식"으로 곤경에 빠진다. "동쪽을 돌아보자니 서쪽을 보지 못하고" 결국은 악순환에 휘말리게 되는 것이다.

미국 기업들이 실행하고 있는 기획 관리법인 '관건노선법關鍵路線法'은 이와 관련하여 좋은 본보기가 될 수 있다. 그 원리는 이렇다. 전체 생산과정에 대해 과학적인 정량 분석을 거쳐 자체 생산과정을 약간의 구체적인 작업 항목으로 나눈다. 그런 다음 화살표와 점으로 서로 평행하거나 겹치는 공정을 서로 연결하여 작업 회로도를 만든다. 이와 함께 각 작업의 전후 순서·완성 시간·원가 등을 구체적으로 밝혀 작업 하나하나가 전체 생산과정에서 차지하는 지위와 작용을 확인한다. 이렇게 해서 전체 생산계획에 영향을 미치는 주요 노선을 산출해내고, 그 노선에 근거하여 전체 생산계획을 보다 긴밀하게 재조정하여 최선의 방안을 선택, 최소 비용·최소 인력·최단 시간으로 최대의 경제적 이익을 얻는 것이다.

기업들은 생산이라는 면에서 서로 긴밀히 연결되는 부분이 적지 않다. 상대가 나에게 이런 부품을 제공하고, 나는 상대에게 원료를 제공하는 등 기업 내부 각 단위의 관계도 긴밀히 연결되어 있다. 경영에서는 자신의 머리와 꼬리를 돌아보는 '수미상고'의 전략을 실행할 수 있어야 협조·발전할 수 있다.

　모든 기업은 장단점을 동시에 가지고 있다. 경쟁에서 자기의 장점으로 상대의 단점을 찌르면 효과가 확실하다. 쌍방이 많은 수의 '제삼자'와 맞서 경쟁하고 그로 인해 불리한 상황에 처하게 되었을 때, 상대의 장점을 취해 자기의 단점을 보완하는 식으로 단결해서 대적하는 것도 좋은 전략이 될 것이다. 스웨덴의 아시아주식회사와 스위스의 브라우닝 브로웨이 전력주식회사는 둘 다 발전·전력 수송·운수·공업 공정·통제 설비의 전자상품을 제조하는 회사들로, 과거에는 줄곧 경쟁하던 사이였다. 그런데 1987년 8월, 그들은 돌연 합병을 선포하여 세계 최대의 전자공업 그룹을 형성했다. 원래 전자공업 상품시장의 불경기와 미국과 일본의 거센 도전 때문에 유럽의 전자공업은 앞날이 어두워 보였다. 브라우닝 전력사는 시장은 넓었지만 경영 부진으로 86년 수입이 85년에 비해 11.9퍼센트나 떨어졌다. 아시아주식회사는 시장이 좁아 일시에 국면을 타개하기가 어려웠다. 이런 상황에서 두 회사는 한 회사로 합쳐, 기술과 시장 방면에서 상호 보완함으로써 강력한 그룹을 형성했다. '1+1>2'라는 효과를 보았음은 물론이다. 합병 원년의 영업액만도 150억 달러에 달했다. 3분의 2의 상품이 유럽 시장에서 팔렸으며, 그 나머지는 북미·아시아·오스트레일리아로 수출되었다.

상유이말相濡以沫 침으로 서로를 축여준다

──────────────────────────────

『장자』「대종사大宗師」에 이런 얘기가 있다.

샘물이 말라 물고기들이 물에 나와 몸의 물기를 서로 적셔주고 침으로 서로 축여 주는 것은 강이나 호수에 있으면서 서로 잊고 지내는 것만 못하다.

본뜻이야 그렇다 하더라도, 여기서 우리의 관심을 끄는 대목은 어려운 상황에 처한 물고기들이 몸의 물기와 입안의 침으로 서로 축여주며 산다는 것이다. 이는 어려운 환경에서 미미한 힘이라도 서로 돕는 것을 비유한 말이다. '상유이말'은 기업에서 만들어내는 종류가 다른 상품이나 부속에 대해 효과적으로 작용할 수 있다.

중소기업이나 지방에 있는 기업들은 뒤떨어진 기술력과 자금 부족 등으로 인해 상품 개발이 여의치 않게 마련이다. 이때 경영자는 이익 상품과 손해 상품을 교묘하게 결합하여 고정비용을 공동으로 균등하게 나누는데, 이런 모략을 '상유이말'이라 한다.

현명한 기업가는 이익이 높은 상품에도 관심을 보이지만 손해가 미미하거나 손해가 나는 상품을 더욱 중시한다. 이익과 손해가 하나로 융합되어 서로 보완 작용을 해야 전체 이익의 상승을 유지할 수 있기 때문이다. 정책 결정자는 기업의 내부 조건과 외부 환경에 대해 종합적인 평가를 내리고, 그 기초 위에서 정성·정량 분석을 통해 정확하게 각종 상품 간에 최선의 조합을 이루어내야 할 것이다.

영욕여공榮辱與公 영예와 굴욕을 모두가 같이한다

『손자병법』에 보면 "도道란 국민들과 정부가 한마음이 되게 하는 것이다. 그래야 죽어도 같이 죽고 살아도 같이 살 수 있다."는 말이 있다. 경제 경쟁도 군사 경쟁과 같아서 영광과 치욕을 위아래가 함께 나눌 때 승리를 거둘 수 있다. 수준 높은 기업 경영자치고 갖은 방법을 다 구사하여 기업 내부를 한마음 한뜻으로 만들어 "하나가 영광스러우면 모두가 영광이고, 하나가 다치면 모두가 다친다."는 분위기를 조성하지 않으려는 사람은 없다. 이러한 기본을 갖추지 않고서 기업의 발전과 번영을 이야기한다는 것은 어불성설이다.

스페인의 발레아릭 군도의 한 섬에서 프랑스인이 다국적 서비스회사를 차려 몇 년 경영하다가 빈털터리가 되어 섬을 떠나게 되었다. 그 후 그곳의 일부 식당·여관·술집 등에서 일하는 사람들이 합작회사를 차렸다. 합작회사의 지도자는 요리를 나르는 종업원이었다. 규정상 지도자의 최고 월급은 청소부의 1.5배를 초과할 수 없어 모두의 이익은 거의 똑같았다. 모두들 자기 일처럼 열심히 한 덕분에 장사가 번창하여 1년에 7천만 페세타를 벌었다. 이 합작회사에서 낸 세금은 스페인의 같은 업종들이 내는 액수의 두 배에 이를 만큼 수익이 좋았고, 전 직원들은 임금 외에도 연말이면 '자기'에게 돌아오는 거액의 배당금을 받을 수 있었다.

중국에 개혁의 높은 파도를 헤치고 우뚝 솟은 어떤 기업가가 있었다. 그는 1984년에 일궈낸 성과들로 무수한 경영자들을 매혹시켰고, 수많은 사람들이 숭배하는 새로운 우상이 되었다. 그러나 1987년 말, 이 기업가가 이끄는 공장은 엄청난 부채를 안고서 실질적인 파산 상태에 처하게 되었다. 그가 실패한 여러 가지 원인들 가운데 아주 중요한 것은 다름 아닌 인심을 잃었다는 사실이었다.

1985년, 그는 자기 사무실을 공들여 수리한 밀실 같은 곳으로 옮겼다. 사람들이 그를 만나려면 사전에 엄격한 절차를 거치고 또다시 2중, 3중의 관문을 거쳐야 했다. 그는 간부회의에 참석하지도 않았고, 공장 내부 상황에 대해서는 부사장의 서면보고로 파악을 대신했다. 그가 외출할 때면 편안한 일등 선실, 안락한 특별석, 고급 호텔, 외제 승용차, 일류 요리 따위가 뒤따랐다. 청중들 앞에서 강연할 때면 청산유수처럼 떠벌렸고, 심지어는 상해시장 선거에 출마할 것이라고까지 말했다. 그의 생각에는 시장의 모습이 바로 자신처럼 하고 다니는 것인 줄 알았나 보다. 이런 행동거지는 의심할 바 없이 그 자신을 군중들로부터 격리시키는 것이었다. 여기에 '공생공사'니 '영욕여공'이니 하는 의식은 애당초 끼어들 여지가 없었다. 덕을 잃은 사람은 인심이 떠나는 법, 이런 상황에서 기초가 제아무리 탄탄한 기업이라도 망할 것은 뻔한 사실이었다. "민심을 얻는 자 천하를 얻고, 민심을 잃는 자 천하를 잃는" 것이다.

어느 해인가 중국의 대외연출공사의 일부 단원들이 홍콩을 방문한 적이 있다. 홍콩의 모 공사에서 이들의 접대를 책임지게 되었다. 단원들이 비행기에서 내리자 얼굴에 미소를 가득 담은 웬 사람이 반갑게 단원들을 맞이하면서 짐도 들어주고 호텔로 안내했다. 호텔 방에서는 차를 따르고 화장실을 정리해주고 나갔다. 그 뒤에도 단원들은 이 사람이 식당에서 바쁘게 요리를 나르고 술을 따르고 냅킨을 건네는 모습을 보았다. 단원들은 이 사람을 웨이터로 보았다. 그도 그럴 것이 이곳 웨이터들은 모두가 친절하고 주도면밀하게 일을 하고 있었기 때문이다. 그 뒤 함께 모여 단체사진을 찍는데 직원들이 이 사람을 중간에 모시는 것을 보고서야 그가 자신들의 접대를 책임진 회사의 총지배인인 것을 알게 되었다. 여기서 우리는 서비스 요원들이 왜 그렇게 완벽에 가까운 서비스를 할 수 있었는지 어렵지 않게 상상할 수 있다. 이와 반대로 중국 내의 서비스업을 보면, 고객이 지배인의 고상한 얼굴을 보기가 여간 어려운 것이 아니다. 그래서 종업원들이 고객과 싸울 때 "문제가 있으면 지배인을 찾아가시오!"라고 말하는 것도 결코 탓할 수 없는 노릇이다. 이런 경영 스타일로 무슨 이익을 얻겠는가?

경제 체제를 개혁할 때 기업의 주권과 각 부서의 장 그리고 지배인들의 결정권을 확대하는데, 이때 그 결정권의 행사가 명령주의 또는 일벌백계식이어서는 안 된다. 어떤 부서에서 수 조항에 달하는 규칙을 정해놓았는데 그 가운데 한두 개 정도가 상을 주는 조항이고 나머지는 모두 징벌 조항이라면, 경영 효과는 일시적으로 좋게 나타날지 모르지만 시간이 지나면 지날수록 위험한 진흙 구덩이로 빠지고 만다. 개혁의 깊이가 깊어질수록 구성원에 대한 사상 교육도 함께 진행되어야 한다는 것은 두말할 필요가 없다. 기업의 운명과 기업 내 전체 인원의 운명을 긴밀하게 연결시켜 모두가 기업의 발전을 위해 노력해야 한다는 사실을 자각하게 한다면 어떤 난관이든 싸워 물리칠 수 있다.

삭봉평곡削峰平谷 봉우리를 깎고 골짜기를 평평하게 메운다

아주 오래된 시집인 『시경』 「소아」에 이런 시가 있다.

> 많은 시내가 불어나 산이 갑자기 무너져
> 높은 봉우리는 깊은 계곡으로, 계곡은 구릉으로 변했구나.

많은 시냇물이 흘러 산봉우리가 무너지는 바람에 높은 봉우리는 깊은 계곡으로, 깊은 계곡은 산으로 변했다는 것이다. 시장의 운동도 솟구치는 파도처럼, 또는 산봉우리와 계곡이 서로 이어져 있는 것처럼 고조기가 있는가 하면 쇠퇴기도 있다. 경영에서 "봉우리를 깎고 계곡을 평평하게 메운다"는 뜻의 '삭봉평곡'은 눈앞의 높은 봉우리, 즉 높은 이윤을 의식적으로 피하라는, 말하자면 단기간의 이익에 급급해하지 말라는 뜻이 된다. 봉우리를 깎고 계곡을 메우는 식의 장기적인 계획으로 안정된 경영 목표와 경영 효과를 추구한다. 이는 마치 물탱크와 같다. 즉, 우기에 넘치는 물을 저장해두었다가 건조기에 사용하는 것이다. '삭봉평곡'은 단기간의 영리만을 도모하려는 경쟁 상대의 행위와 구별되는 계획을 창출하여 원대하고도 안정된 발전을 추구하는 것이다.

홍콩의 환구항운環球航運의 회장이자 국제독립유조선협회 회장이었던 포옥강包玉剛은 석탄을 때서 움직이는 한 척의 구식 증기선으로 시작하여 20년 만에 총톤수 규모에서 세계 제일의 원양 선박을 거느리는 세계 선박왕으로 자리잡았다. 오늘날의 그가 있기까지 시기·지리적 요소 외에 결정적인 작용을 한 것은 그의 수준 높은 경영법이었다. 그 주요 책략은 다름 아닌 '삭봉평곡'이었다.

1955년, 포옥강은 환구항운주식회사를 설립했는데, 이때 그는 377만 달러를 들여 이미 27년간 사용한 낡은 화물선을 한 척 사들임으로써 세계 선박계에 첫발을 들여놓았다. 당시 세계 선박계에서 통용되고 있던 선박 사용료 계산법은 운항거리로 계산하는 편도 임대법이었다. 마침 세계 경제가 호황을 누리고 있던 터라, 편도 운송비 수입은 유조선 한 척이 중동을 한 번 다녀오면 약 5백만 달러를 벌 수 있었다. 포옥강은 이런 단기간의 높은 이윤에 동요하지 않고, 선박 임대료를 낮추는 대신 장기 계약을 체결하는 방식의 안정된 경영방침을 견지하여 투기성 경영을 애써 피하고 예측 가능한 위험부담을 최대한 줄였다. 사실 이런 경영방식은 경제가 불황일 때나 사용하는 것이었다.

그런데 경제가 호황을 누리고 있을 때 이처럼 이윤을 깎아내리는 식의 '삭봉' 방침을 견지하려면 남다른 원대한 포부와 의식 없이는 불가능했다. 포옥강은 위험부담이 두려워서 작은 보따리나 사수하는 인물이 결코 아니었다. 그와 반대로 포옥강은 원대한 목표를 품고 있었다. 그는 오랫동안 은행업에 종사했기 때문에 운송비 수입의 재투자에만 의존해서는 선박을 빠른 속도로 확충하기가 근본적으로 불가능하다는 사실을 잘 알고 있었다. 신속한 발전을 위해서는 은행으로부터 장기 저리 대출을 받는 것이 필수적이었고, 또 그런 대출을 받으려면 은행으로 하여금 사업에 전망이 있어 장기적으로 이윤을 볼 수 있다는 사실을 믿게 만들어야 했다. 그는 맨 먼저 사들인 선박을 신용이 좋고 재무구조가 튼튼한 사용자에게 아주 낮은 가격으로 장기 대여해준 다음, 그 사용자와 함께 은행에 장기 저리 대출을 신청하는 방식을 취했다.

70년대 중반, 전 세계를 경악시킨 석유 파동은 포옥강의 경영방침이 옳았음을 여실히 입증했다. '삭봉평곡'의 방침은 결국 그가 위험과 위기 속에서도 안정되게 난관을 헤쳐나갈 수 있는 지침으로 작용했다.

'삭봉평곡'의 성공 비결은 정책 결정자의 뛰어난 안목과 사고방식에 달려 있다. 거기에는 "돌아서 곧장 나아가는" '이우위직以迂爲直'과 '간접 노선'과 같은, 일시적인 손실을 보더라도 원대한 이익을 획득한다는 전략이 있었다. 이 모략은 전략적 두뇌와 대국적이고 종합적인 제어 능력 및 경제 운행법칙에 대한 투철한 인식 없이는 결코 제대로 활용할 수 없다.

가축외양家丑外揚 자기 집 허물을 밖으로 드러낸다

전통적인 문화 관념 때문에 사람들은 "자기 집 허물을 밖으로 드러낸다"는 뜻의 '가축외양'을 매우 꺼린다. 경제 분야에서도 더하면 더했지 결코 덜하지는 않을 것이다. "왕노파가 자기 참외를 팔면서 자화자찬한다.", "자기 참외 달지 않다는 참외 장수 없다."는 격언들도 있듯이, 일반적으로 자기 상품은 '품질과 성능이 최고'라느니 '전 세계적으로 유명'하다느니 떠벌린다. 그러나 그런 과정이 계속되면 고객들은 식상하게 되고 끝내는 상품 자체를 의심하게 된다.

'가축외양'은 그와 반대되는 효과를 가져다준다. 이것은 직접 소비자의 입장에 서서 고객을 위해 생각하는 모략이다. 자기 상품의 문제를 스스로 알림으로써 상품에 대한 고객들의 호기심을 유발하고 시장 점유율을 확대하는 것이다.

'가축외양'에는 용기가 필요하다. 미국 헨리 식품가공회사의 대표 헨리 호킨스는 어느 날 자사 연구원들이 제출한 화학실험 보고서를 읽고, 제품의 신선도를 유지하기 위해 첨가하는 약품에 유해성분이 들어 있음을 알았다. 많은 양은 아니었지만 장기간 섭취하면 인체에 해로운 성분이었다. 그렇다고 이 첨가제를 빼버리면 식품의 신선도에 영향을 미치게 될 것이고, 대중에게 공개하면 같은 업종의 경영자들로부터 강력한 반발을 사게 될 판이었다. 고심 끝에 그는 "방부제에 유해성분이 있어 인체에 해를 끼칠 수 있다."는 사실을 공표했다. 식품가공업자들이 벌떼같이 들고일어나 수단 방법을 가리지 않고 호킨스의 발표를 반박하는 한편, 다른 회사에 타격을 가하고 자기만 살아남으려는 비열한 수단이라고 비난을 퍼부었다. 외로운 싸움이 시작된 것이다. 이 논쟁은 장장 4년을 끌었고, 헨리 회사는 거의 파산할 지경에 이르렀다. 그러나 오히려 이 덕분에 헨리 회사의 이름을 모르는 사람이 거의 없게 되었다. 이때 마침 정부가 헨리 회사를 지지하고 나서자 상황은 급전되었다. 헨리 회사의 상품이 안심하고 먹을 수 있는 것으로 평가되자, 사람들은 다투어 헨리 회사의 상품을 사 갔다. 단숨에 원상을 회복했음은 물론 회사의 규모가 두 배나 커졌고, 헨리 호킨스는 미국 식품가공업의 대부와 같은 인물이 되었다.

경기가 시원찮아 상점이 썰렁하기 짝이 없는 스위스의 한 시계점이 있었다. 생각다 못한 주인이 하루는 다음과 같은 광고를 내다 붙였다.

저희 상점의 일부 시계들은 정확하지 못해서 하루에 24초가 늦습니다. 그러니 부디 오셔서 정확히 보고 고르시기 바랍니다.

이런 광고가 나붙자 이 시계점은 손님들로 문전성시를 이루었고, 창고에 쌓아두 었던 재고 시계까지 동이 났다.

자기 상품에 대해 '가축외양'의 전략을 취하는 것은 경영자의 솔직함과 역량을 나타내는 동시에 '고객이 왕'이라는 경영 사상을 드러내는 것이다. 고객의 신임을 얻 고 다른 사람들이 쉽게 받아들이게 함으로써 상품과 기업에 대한 고객의 걱정과 불 신을 해소시키고, 나아가서는 기업과 고객이라는 단순한 관계를 초월하여 기업과 상 품에 대한 고객의 신뢰도를 더 깊게 한다. 그 실질은 소비자의 이익을 지키는 데 있 다. 소비자의 이익을 지켜야만 기업의 이익도 챙길 수 있다. 상품의 '허물'을 드러내는 것은 경영자의 진심과 성실을 드러내는 것이다. 일시적으로 생산에 차질이 생기고 효율이 떨어질 수는 있지만, 기다리다 보면 더욱 큰 폭의 효율과 이득을 얻을 수 있 을 것이다.

모이후전謀而後戰 싸우기 전에 꾀한다

군사작전에서는 최대의 효과를 올리기 위해 누구나 "싸우기 전에 꾀하라"는 뜻의 '모 이후전'을 주장한다. 경제 경쟁이 격렬해짐에 따라 '모이후전'의 모략도 갈수록 그 중 요성을 인정받고 있다. 이런 경쟁에서는 경제모략을 중시하는 기업들만이 자신의 활 력을 한껏 발휘하여 최대의 경제적 효과를 얻을 수 있다.

무석無錫의 농민 기업가 허복민許福民은 『손자병법』을 읽고 그 속에 담겨 있는 '모 략 예술'에 대해 깊이 이해하게 되었다. 그는 경영에서 "싸우기 전에 먼저 꾀하고, 꾀 한 후 싸운다."는 원칙을 굳게 견지한 사람이었다. 허복민은 하천을 막아 양식장을 만들었는데, 이 과정에서 생태계 먹이사슬의 원리를 활용했다. 그는 물고기 양식과 별도로 소와 오리를 사육하면서 소와 오리의 똥을 저수지로 흘려보내 플랑크톤이 살 수 있는 조건을 마련했다. 플랑크톤은 물고기들의 이상적인 먹이였다. 그는 물고기를 입체적으로 양식했다. 물 위쪽에서는 민물 청어를, 아래쪽에서는 붕어를 길렀다. 말하자면 수면을 충분히 활용한 것이었는데, 이는 단일 어종만 양식하는 것보다 양과 수익 면에서 두 배 이상의 수익을 가져다주었다. 국가 영농조직의 전문가가 이곳을 둘러보고는 아시아 태평양 지역에서 가장 모범적인 양식장이라고 인정할 정도였다.

허복민의 오리 사육도 일반과는 달랐다. 일반 오리 한 마리 값은 몇 위안에 불과했지만, 알을 낳는 오리는 30위안씩 나갔다. 그리고 오리알을 피단皮蛋(요리의 일종으로 송화단이라고도 함)으로 가공해서 팔면 몇 위안의 이익이 더 추가되었다. 일반 오리 값이 너무 쌌기 때문에 허복민은 북경의 유명한 구운 오리 '카오야烤鴨'가 수익이 좋다는 사실을 생각해내고 동료들과 상의하여 카오야 식당을 차리기로 했다. 북경의 카오야는 살진 것으로 유명했지만, 허복민 양식장의 영국 품종 오리는 얇은 고기를 좋아하는 사람들의 기호에 딱 맞는 것이었다. 그들은 무석 시장 한복판에 '무석 카오야관'이라는 식당을 차렸다. 이 식당은 개업하자마자 30여 개에 달하는 테이블에 빈 자리가 없을 정도로 붐벼서 열 달 만에 4백만 위안에 이르는 매출액을 올렸다. 카오야는 한 마리당 평균 25위안으로 일반 오리보다 몇 배나 더 나갔다. 또한 오리의 내장과 간 따위는 외국으로 팔아 외화를 벌어들였다.

1987년 6월, 허복민은 호주를 방문했다. 여기서 그는 인도 출신의 한 농장 주인이 급히 농장을 팔려고 싼값으로 내놓았다는 정보를 입수했다. 현지 조사를 마친 허복민은 무석시 당국에 매입 허가를 요청했다. 그 후 1천2백만 평 면적의 땅과 6동의 별장이 딸린 농장이 눈 깜짝할 사이에 호수 농장으로 변모해갔다. 농장은 빅토리아 하반 근처에 자리잡고 있기 때문에 지리적 조건이 아주 좋았다. 약 1천만 평의 농장,

20만 평의 목지, 40만 평에 이르는 과수원을 구비한 이 풍요로운 땅에다 허복민은 양을 대량으로 방목하는 데 성공했고, 이 목장은 무석시 모직공업의 원료기지가 되었다.

국내외의 무역 발전에 적응하기 위해 중국 일부 지역에서는 여러 가지 '붐'이 잇따라 일어난 적이 있었다. '토끼털 붐', '양털 붐', '지렁이 붐', '포도 붐' 등이 그런 것들이었다. 결과는 누구는 득을 보고 누구는 손해를 보는 것으로 나타났다. 왜 그럴까? 이 문제의 관건은 경영 지도자의 냉정한 사고에 있다고 하겠다. 남에게 코를 꿰어 끌려다녀서는 안 되며, 경솔하게 비장의 카드를 전부 드러내서는 더욱 안 된다. 도박판에서 흔히 하는 말을 빌리자면 '포커페이스'를 유지해야 한다. 그리고 미래의 동향(상대의 움직임이나 표정)을 잘 예측해야 한다. 어떤 상품이 잘 팔리면 구매자는 좋은 가격을 지불하여 생산자로 하여금 투자 확대와 생산 강화를 유도할 것이다. 그러나 일단 그들이 나의 카드를 알고 나면 즉시 안면을 바꾸어 기를 쓰고 가격을 깎으려 든다.

언젠가 중국의 약초가 국외에서 크게 환영을 받은 적이 있다. 그 때문에 너 나 할 것 없이 맹목적으로 캐고 가공하니 생산량이 순식간에 급증했다. 수출도 하기 전에 국내 업자들끼리 다투어 가격을 깎아내리는 사태가 벌어졌다. 결과적으로 외화 수입은 감소되었고, 귀중한 약초 자원은 심각하게 파괴되었다. 화학공산품을 수입하는 모 회사의 경우는 이와 반대였다. 상대가 "귀한 물건은 미리 차지해두라"는 '기화가거奇貨可居'의 전략으로 가격이 오르기를 기다렸다가 바가지요금을 요구했다. 그러자 이 회사는 강경하게 자체 생산을 하겠다며 신문에 광고까지 냈다. 이렇게 되자 눈치를 봐가며 행동하라는 말도 있듯이 그 외국상은 하는 수 없이 싼 가격에 팔 수밖에 없었다.

상품경제의 조건 하에서 '모략'은 그 내용이 깊고도 광범위하다. 누구든지 경쟁에서 승리하려면 전략이 많아야 하고 판단이 옳아야 한다.

3절
투자전략

인지제의因地制宜 지리적 이점을 살린다

병사를 이끌고 전투에 임하는 지휘관이 지형을 정확하게 파악하고 있어야 하듯, 기업의 경영자도 그에 못지않은 지리 개념을 갖추고 있어야 한다. 옛사람이 "천기를 잘 알지 못하면 재물이 생겨날 수 없고, 지리를 잘 모르면 창고가 찰 날이 없다."고 한 말은 자연조건이 경영에 미치는 영향을 정확히 지적한 것이다. 자연·지리조건 및 정치·경제·교통·문화 등과 같은 요소는 경영의 성공과 실패에 지극히 중대한 영향을 미친다. 경영을 할 때는 온 힘을 다해 지리적 이점을 활용해야 한다. 공장을 건설하는 일이건 상점을 여는 일이건 이상적인 '지리'를 선택하는 일이 최우선이다. 관광 열기가 한창 불어닥치고 있을 때 한 외딴 지방에서 무턱대고 막대한 전기가 소요되는 대형 오락장을 만들었다. 관광 열기가 식자 여행객들의 수가 순식간에 줄어들었다. 그렇다고 그 지역 노동자나 농민들이 오락에 돈을 낭비할 만큼 부유하지 않았기 때문에 경영이 부진해졌고 수입은 지출을 따르지 못했다.

지리적 이점을 제대로 살피고 식별해내는 일은 결코 간단하지 않다. 이른바 "금쟁반을 모셔둔 채 빌어먹고 다니며, 수억 나가는 땅에 살면서 배고프다고 아우성친다."는 격언은 지리적 이점을 모르는 사람을 두고 하는 말이다. 경제를 개혁할 때 지방의 우수성을 발휘하게 해야 한다는 생각은 대단히 높은 식견이 아닐 수 없다. 그러나 그 장소에 발을 딛고서 지리적 조건을 정확하게 파악하지 않으면 장점을 제대로 발휘할 수가 없다.

스페인 마드리드의 상업 중심가에 자리잡고 있는 '책의 집'은 현재 유럽 4대 서점의 하나지만, 50년 전 개장했을 당시에는 하루에 겨우 몇 권밖에 팔지 못했던 서점이었다. 그 뒤 이 서점의 주인은 마드리드라는 대도시에 유명인들이 모여든다는 이점을 활용하여 '책'을 스타로 만드는 활동을 개시했다. 매일 이름난 작가와 베스트셀러 작가를 초빙하여 다과회·좌담회·강연회를 열고, 독자들에게 좋은 책을 추천했다. 동시에 추첨을 통해 책이나 레코드 따위의 상품을 고객들에게 선물했다. 이때부터 서점은 문전성시를 이루어, 매일 문을 열기도 전에 고객들이 줄을 서서 기다릴 정도가 되었다.

지리적 이점은 객관적으로 존재한다. 그러나 그것을 수동적으로 인식하고 소극적으로 운용하는 것만으로는 충분치 않다. 주의를 기울여 개척하지 않는다면 "앉아서 까먹으면 산도 무너지고 만다."는 식으로 해 저무는 석양녘이 되고 만다.

승덕承德에 있는 홍기紅旗화학비료공장은 계속 적자만 내는 곳이었다. 상급 기관에서는 승덕의 관광업이 발전 추세에 있다는 사실에 주목하고 비료공장을 맥주공장으로 개조한다는 결단을 내렸다. 결과는 대성공이었다. 맥주공장의 간부들은 거기에 만족하지 않고 여행객들의 수준에 맞추어 상품에 차별을 두고 보통 맥주에서 특제 맥주까지 여러 종류의 맥주를 만들어냈다. 거기에다 질이 좋고 특별한 맛을 가진 "누구나 좋아한다"는 뜻의 '보락普樂'표 흑맥주도 시험적으로 만들어 승덕을 찾는 여행객들이 시음하게 했다.

"승덕에 오셔서 승덕 요리를 들고 승덕 물(승덕 맥주)을 마셔야만 진짜 승덕을 여행한 것입니다."

그들이 내세운 이 같은 광고 문구에는 승덕의 지리적 조건에 대한 칭찬과 숭배의 의미가 내포되어 있었다.

천연의 지리적 조건은 모든 경영자가 꿈에서도 그리는 것이다. 그렇다고 해서 모든 경영자가 이상적인 지리조건을 얻는 것은 아니다. 지리조건의 좋고 나쁨은 결코 절대적인 것이 아니다. 유리함 속에도 불리한 점이 있을 수 있고, 불리함 속에도 이점이 있을 수 있다. 관건은 경영자의 정확한 인식과 과학적인 이용에 있다.

싱가포르의 급속한 경제 발전이야말로 그 좋은 본보기일 것이다. 싱가포르는 동남아에서 가장 작은 섬나라로, 국토의 면적이 616평방킬로미터에 불과하다. 게다가 별다른 천연자원도 없고 담수조차 이웃 말레이시아에서 공급받는다. 그러나 싱가포르는 1959년 자치국이 된 이후 공업화정책을 추진했고, 경제는 지속적으로 고속 성장하여 1980년대에 국민 1인당 GNP가 이미 6천 달러에 이르렀다. 이 수치는 아시아에서 일본 다음이었다. 싱가포르가 성공한 중요한 원인의 하나는 국토의 지리적 이점을 한껏 활용했다는 데서 찾을 수 있다. 싱가포르는 동남아의 중심에 위치하며 태평양과 인도양 선박 항로의 요충지인 말라카해협을 끼고 있어, 아시아·오스트레일리아·유럽·아프리카 대륙의 항공 및 선박 교통의 중추를 이루고 있다. 이 점에 착안하여 싱가포르는 우선 중개무역에 대대적인 힘을 쏟았다. 최고 성능의 국제 운수설비와 자유무역항을 세워, 동남아 각지에서 나는 고무·주석 등과 같은 원료를 싱가포르로 집결케 한 다음 유럽 등지로 수출했다. 60년대 중개무역은 싱가포르 국민경제에서 절대적인 위치에 올라섰다.

　60년대 이후 싱가포르는 이미 확립된 중개무역의 기반 위에서 공업을 발전시키는 일에 힘을 기울였다. 그중에서도 특히 정유 산업과 해양 탐사 서비스업에 집중적인 투자를 했다. 70년대부터 80년대에 이르기까지 동남아 해양 석유 탐사활동이 급증하자, 싱가포르는 기회를 놓치지 않고 세계 일류의 지구물리 컴퓨터 중심기지를 세웠다. 동시에 석유 탐사 및 채유와 관련된 회사를 2백여 개 설립하여, 탐사·채유·가공 등 전체 공정에 관한 기술자문을 제공했다. 또 해저 탐사에 관한 모든 기술과 관리 자료, 석유화학공업에 관한 자료를 제공했다. 그 이전까지 해상 석유시추기는 주로 유럽과 미국에서 제조되어 동남아 해역으로 운반되었는데, 그 기간이 몇 달에서 심지어는 1~2년씩 걸렸고 따라서 비용도 엄청났다. 이런 사실에 주목한 싱가포르는 곧 시추기 제조업에 뛰어들어, 1975년 무렵에는 이미 미국 다음가는 시추기 생산국이 되었다. 당시 전 세계에서 사용되고 있던 350여 대의 시추기 중 84대가 '메이드 인 싱가포르'였다. 싱가포르에는 석유가 한 방울도 나지 않았지만, 세계 산유지와 정유 소비지를 연결하는 중심지로 자리잡게 되어 가장 이상적인 항공기와 선박의 연료 보급기지가 되었다. 싱가포르 정부는 정유공업의 발전을 장려하기 위해 석유공업에 대하여 5년간 세금을 면제해주기도 했다. 이러한 지원을 바탕으로 싱가포르 정유업계는 중동 등지의 원유를 가공·처리한 후 오스트레일리아·북미·동남아 각국으로 운송하여 막대한 외화를 벌어들였다.

　싱가포르에는 뛰어난 명승고적이 없지만 관광업이 크게 발달해 있다. 그들은 자신들의 고유한 사당을 깨끗이 정비하고 공원과 휴양시설을 늘렸으며 국제회의 시설을 건설했다. 해마다 싱가포르를 찾는 관광객의 수는 증가를 거듭하여 2023년에는 1천만을 훌쩍 넘었다.(싱가포르의 국민소득은 2022년 약 8만 달러에 육박했다.)

지인반보遲人半步 상대보다 반 박자 늦춘다

새로운 상품을 개발하기 위해 많은 대기업들이 너 나 할 것 없이 자기들 특유의 수단을 강구하고 있다. 그러나 "반 박자 늦추는" '지인반보'의 방법이 사람들의 주목을 더 받을 수도 있다. 이 방법은 간혹 엄청난 이익을 가져다주기 때문에 신상품 개발의 훌륭한 전략으로 높이 평가된다.

일본의 닛산日産 자동차회사는 '샤니'라는 대중차를 개발·생산하기 위해 막대한 자금과 인력을 투자하는 한편, 전국적으로 차 이름을 공모하고 선전 광고에 엄청난 돈을 들여 큰 성공을 거두었다. 그런데 '샤니'의 성공이 엉뚱하게 경쟁사인 도요타를 들뜨게 만들었다. '샤니'에 대한 엄청난 광고 덕분에 일본 전역에 자동차에 대한 흥미와 관심이 고조되었기 때문이다. 도요타 측에서 보자면 닛산이 자신들을 위해 성공으로 가는 탄탄대로를 닦아준 셈이었다. 자동차에 대한 관심이 고조된 틈을 타서 도요타는 '샤니'의 장단점을 충분히 연구한 다음 그보다 한결 좋은 '카룰로'를 만들어냈다. 이 차는 시장에 나온 지 얼마 되지 않아 닛산의 '샤니'를 앞질렀다.

마쓰시타도 "반 박자 늦추는" 방법으로 톡톡히 재미를 본 경우다. 어떤 사람은 이 회사를 남의 흉내나 내는 회사라고 비꼬기도 하지만, 마쓰시타는 그런 비아냥거림에는 눈썹 하나 까딱하지 않는다. 왜냐하면 그들은 그런 방법으로 엄청난 수익을 올리고 있기 때문이다.

미국의 IBM도 자신이 앞장서서 시장에 새로운 기술 상품을 내놓는 경우가 거의 없는 회사다. 다른 회사들이 먼저 길을 열어놓으면 그 회사들의 활동 상황에서 교훈을 얻는 식이다. 한 전문가가 이 회사를 두고 신기술 방면에서 선두로 나서는 경우도 거의 없지만 크게 뒤떨어지지도 않는다고 분석한 것은 정확한 것이라 할 수 있다. 결과적으로 이 회사의 신제품은 늘 다른 회사의 설계보다 좋다. 한 계산기 회사는 이 방면에서의 경험을 다음과 같이 종합해서 들려준다.

"우리는 아예 기술적으로 2~3년 뒤떨어질 각오를 하고 있죠. 우리는 먼저 견본을 사용자, 주로 정부 연구기관 같은 곳에서 사용하도록 제공한 후에 일을 추진합니다. 그런 다음 사용 중에 발생하는 문제들을 검토하고 개선하여 믿을 만한 상품을 연구·개발해서 최종적으로 사용자들에게 공급하는 것이죠."

컴퓨터 관련 제품으로 유명한 휴렛패커드는 자신만의 비결을 가지고 있었다. 다른 회사의 제품들이 세상에 선보이면 이 회사의 기술자들은 사용자들에게 제품 검사 등을 서비스하면서 그 신제품들의 장단점을 탐문한다. 이를테면 사용자들에게 어떤 구체적인 요구가 있는가 등을 조사하는 것이다. 얼마 되지 않아 휴렛패커드의 판매원들은 사용자의 구미에 완벽하게 부합하는 자기 물건을 들고 소비자의 문을 두드린다. 사용자도 만족하고 회사의 수익도 증대되는 결과를 가져온다.

'지인반보'를 경영전략으로 내세우는 이 회사들은 2등 자리를 기꺼이 감수한다. 그렇다고 그들의 기술 능력이 뒤떨어지는 것은 결코 아니다. 약간 늦춘 템포가 묘하게도 연주를 더욱 기막히게 만드는 것이다.

심세포진審勢布陣　흐름을 살펴 진을 짠다

군사를 활용하는 기본은 적의 상황을 아는 데 있다.
병사를 포진할 때는 적의 상황에 맞게 군대를 나누어야 한다.

이러한 군사상의 용병 원칙은 기업이 상품을 관리하는 방법에 적용될 수 있다. 모든 전쟁이 일종의 '동태운동動態運動'인 것과 마찬가지로 기업의 상품 관리도 동태운동의 하나며, 시장의 상황으로부터 직접적인 제약을 받는다.

"흐름을 살펴 포진하라"는 '심세포진'은 기업이 여러 가지 상품을 생산할 때 각 상품이 처한 자리를 정확하게 평가하여 그에 맞는 대응책을 취하라는 것으로 해석될 수 있다. 즉, 각 상품의 시장 유인력과 기업의 실력, 이 둘 사이의 균형에서 출발하여 시장의 흐름과 상황을 분석하여 주도면밀하게 포진한 다음, 비중과 완급의 원칙에 의거하여 발전·안정·전진 또는 후퇴를 결정하라는 것이다. 이는 정책 결정과 관련된 기본 전략이라 할 수 있다.

이 모략은 주로 두 방면의 요소를 고려해야 한다. 하나는 시장의 흡인력이다. 시장의 수요량이 많으면 이윤이 높아지고 판매 성장도 높아져 흡인력이 커지지만, 그 반대가 되면 흡인력도 작아진다. 또 하나는 기업의 실력이다. 기업의 실력이란 주로 기술력·생산력·판매력·시장점유율을 말한다. 시장 흡인력과 기업의 실력이 모두 높은 상품이라면 시장에서 뻗어나갈 가능성이 크고 점유율도 높아질 것이다. 그 상품이 유명 상품이라면 최대의 수익을 염두에 두고 투자의 방향을 결정해야 할 것이고, 중점 상품이라면 우수성을 발휘하여 시장점유율을 높이도록 안배해야 할 것이다. 그리고 현상유지 차원의 상품이라면 일반적으로 성숙기에 접어든 상품이라 할 수 있다. 기업의 실력이 비교적 크고 현재의 판로도 괜찮지만 시장 전망이 좋지 않다면 앞길이 밝지 않다. 따라서 시기를 놓치지 말고 대량생산하여 많은 이익을 남기되, 다른 대체상품을 고려해야 한다. 성장기에 있는 상품은 시장 흡인력이 커서 전도가 양양하므로 신속히 투자해서 발전 궤도에 올려놓아야 한다. 쇠퇴기에 접어든 상품은 빨리 자금을 회수하고 단계적으로 미련 없이 거두어들여야 한다.

'심세포진'은 발전적인 개념으로서, 끊임없이 상품의 구조를 조정하는 모략이다.

이 모략은 시장 변화와 기업의 실제 상황에 착안하여 기업과 시장 관계를 유기적으로 조정하고, 눈앞에 놓여 있는 '먹을 것'과 장기적 발전을 유기적으로 결합하며, 힘을 균형 있게 사용하여 중점 상품의 발전을 확보할 때에 도움이 된다. 또한 한계가 있는 자원 역량을 가장 적절한 곳에 사용하여 가장 나은 경제적 수익을 쟁취할 때도 유용하다. 따라서 "진주알로 참새를 잡는" 식의 헛일 따위는 결코 발생하지 않는다. 동시에 기업이 생산해내는 여러 종류의 상품을 전체적인 균형의 차원에서 바라볼 수 있게 함으로써 기업의 총체적 목표의 실현을 확보해주기도 한다.

기화가거奇貨可居 신기한 물건은 일단 확보해둔다

『사기』「여불위전」에 나오는 여불위呂不韋에 얽힌 이야기를 한번 보자.

여불위는 원래 위衛나라 복양濮陽(지금의 하남성 복양 서남쪽) 사람이었다. 한韓나라에서 장사를 하면서 보잘것없는 물건을 사들인 뒤 비싸게 파는 방식으로 돈을 벌어 "집에다 천금을 쌓아둘" 정도의 거상이 되었다. 진秦나라 소왕昭王 42년(기원전 265) 무렵 그는 한단邯鄲에서 장사를 하다가 조趙나라에 인질로 와 있던 진나라 공자 자초子楚를 만나게 된다. 당시 자초의 처지는 아주 형편없었다. 여불위는 즉시 "신기한 물건은 확보해두라!"는 이 '기화가거'의 모략으로, 자초를 이용하여 엄청난 정치적 투기를 실행하기로 결심한다. 여불위는 자신이 데리고 놀던 예쁘고 요염하며 춤과 노래를 잘하는 조희趙姬를 자초에게 준다. 그때 조희는 이미 임신 2개월이었다. 이 조희가 낳은 아들 정政이 훗날 천하를 통일한 진시황이었다. 여불위는 다시 일련의 음모를 통해 자초를 장양왕莊襄王으로 즉위시킴으로써 조희는 태후가 되고 정은 태자가 되었다. 여불위는 상국相國이 되고 '문신후文信侯'에 봉해짐과 동시에 남전藍田(지금의 섬서성 남전현 서쪽) 땅 12개 현이 식읍食邑으로 주어졌다. 그리고 뒤에 다시 하남성 낙양(지금의 낙양 부근) 등 10만 호를 식읍으로 받는 등, 진나라 정권은 완전히 여불위의 손아귀에 들어갔다.

이것은 여불위가 장사를 하던 시절에 써먹던 '기화가거'라는 모략이 정치에까지 활용되었음을 잘 보여주는 역사적 사실이다. 여불위는 이 모략을 운용하여 엄청난 부와 명예를 거머쥐었다. 이 같은 여불위의 사고방식은 일찍이 자기 아버지와 나눈 대화에서도 엿볼 수 있다.

여불위: 농사를 지으면 이익이 몇 배나 될까요?

아버지: 열 배 정도되겠지.

여불위: 보석 같은 것을 팔면요?

아버지: 백 배는 되겠지.

여불위: 그럼 임금을 세워 나라를 다스리면요?

아버지: 그야 이루 헤아릴 수 없지.

이 모략을 경제활동에 활용하고자 할 때, 그 의미는 희귀한 물건을 입수해두었다가 가격이 오르면 내다 파는 것을 뜻하게 된다. 춘추시대의 학자 계연計然은 "귀한 것이 극에 달하면 도리어 보잘것없어지고, 보잘것없는 것이 극에 달하면 귀해진다."고 했다. 어떤 사물이 극에 달하면 반드시 그 반대쪽을 향해 움직인다는 말이다.

물건은 값이 비쌀 때 내다 팔아야 하며, 값이 쌀 때는 사들여야 한다. 이는 마치 그림 수집상이 한 화가의 그림을 사고자 할 때 그 화가의 장래성을 생각하는 것과 같다. 무명 시절일 때, 즉 그림값이 보잘것없을 때 대량으로 사둔 후, 다양한 홍보 수단

을 통해 그 화가의 명성과 그림값을 높인 다음 만족할 만
한 값이 제시되면 팔아서 큰돈을 버는 것이다.

어떤 물건을 사두기 위해서 경영자는 시장이 돌아가
는 상황을 이해하고 있어야 할 뿐 아니라 어느 정도의 역사
적 지식과 문화적 소양을 갖추고 있어야 한다. '기화가거'는
분명히 효과적인 경제모략이기는 하지만, 경영자가 '기화'
를 식별할 수 있는 혜안을 갖추고 있지 않을 때는 아무런
효력을 발휘하지 못한다.

● '기화가거'의 핵심은 안목에 있다. 장사꾼
여불위의 안목은 결국 정치적으로도 큰 성
공을 거두는 원동력이었다.

취인지장取人之長 타인의 장점을 취한다

뉴스 전파의 속도가 말 그대로 눈 깜짝할 순간이 된 사회에서는 선진 기술로 만든 새
상품들이 무궁무진 쏟아져 나온다. 유능한 경영자라면 눈을 내부로 돌려 자신이 경
영하고 있는 배의 키를 단단히 움켜쥐어야 함은 물론, 밖으로 눈을 돌려 타인의 장점
이 무엇인가 면밀히 살피고 그것을 활용함으로써 기술과 상품의 질을 비약적으로 높
일 줄 알아야 한다. 그래야 기업이 영원히 늙지 않고 젊음을 유지할 수 있다.

기술·자금·인재의 과감한 도입은 국가의 경제를 비약적으로 발전시키는 데 꼭
필요한 조건이다. 중국의 많은 기업들은 대규모 도입을 통해 과학기술 영역의 공백을
메웠으며, 수입에 의존하던 상품을 이제는 수출할 수 있는 단계로까지 끌어올렸다.
선진국들은 과거에 수출품을 외화를 벌어들이는 주요한 수단으로 삼았지만, 이제는
소모성이 크고 공해가 많은 공장들을 외국으로 옮겨 건설하고 있다. 말하자면 상품

수출 위주에서 기술과 자금의 수출로 전환하여 전보다 더욱 막대한 이윤을 남기고 있는 것이다. 한편 이러한 새로운 동향은 개발도상국이 철강·방직·자동차 등과 같은 분야의 공업을 발전시킬 수 있는 좋은 기회를 제공해주었다. 외국의 역량을 빌려 자기 발전을 촉진함으로써 선진국과의 거리를 좁힐 수 있게 된 것이다.

과거에 일본은 대체적으로 외국 독점자본의 경영을 허용하지 않았다. 그러나 컴퓨터 산업을 발전시키기 위해 관례를 깨고 IBM사에 대해 일본에서의 독자 경영을 허락했고, 심지어는 국내 시장을 내주기까지 했다. 몇 년 뒤 일본은 그들의 기술을 모두 배웠고, 한 걸음 더 나아가 새로운 기술을 창조할 수 있었다. 이로써 일본의 컴퓨터 산업은 몇몇 방면에서 최고의 기술을 자랑할 수 있었다. 자기의 입장에서 취사선택적으로 수용하는 방식인 '나래주의拿來主義'[34]가 돌아가야 할 먼길을 피하게 했던 것이다.

일본은 한때 경제력과 무역 그리고 기술의 세 방면에서 강대국의 위치에 있었다. 일본은 거기에 만족하지 않고 여전히 대량의 선진 기술을 도입했으며, 그 질과 양이 오히려 증가 추세를 보였다. 이 같은 기술 도입은 남의 장점을 취하여 자기의 단점을 보완하는 모략의 구체적인 활용이다. 이를 통해 자기 기술의 진보를 훌륭히 이루어내는 것이다.

미국처럼 과학기술이 발달한 나라도 도입에 많은 노력을 기울이는데, 미국의 특징은 인재를 도입한다는 점이다. 제2차 세계대전이 끝난 후 미국은 고급 과학자·기술자·의사 등 무려 24만 명에 달하는 인재를 끌어들였다. 당시 미국에서는 초등학교부터 대학교까지 한 사람을 교육시키는 데 정부에서 약 5만 달러를 투자했다. 따라서

---

34 '나래주의'란 중국의 문학자 노신이 만들어낸 말로, 말 그대로 하자면 '가져온다'는 뜻이다. 누군가로부터 자신이 원하는 것을 선택적으로 가져와서 자기 발전을 위해 활용할 때 쓰는 용어다.

대학 교육까지 마친 인재 24만 명을 도입했으니 무려 120억 달러를 절약한 셈이다. 거기에 가정과 사회에서 학생에게 부담하는 기타 비용을 합치면 그 액수는 가히 천문학적이다. 이렇듯 인재 도입은 밑천 없이 수억의 이득을 본 장사였다.

한번은 이런 일도 있었다. 스위스의 한 연구생이 전자펜과 그 보조 설비를 만들어내는 데 성공했다. 이 전자펜은 원격 위성에서 찍은 적외선 사진을 수정할 수 있는 기능을 지니고 있었다. 이 중대한 발명을 두고 전 세계가 주목하고 있었는데, 미국의 한 대기업도 급히 사람을 파견하여 그 연구생을 찾았다. 미국은 파격적인 대우 조건을 제시하여 미국으로 데려가려고 했고, 스위스의 일부 회사들도 갖은 방법으로 그를 붙잡아두려고 했다. 그리하여 인재를 쟁취하려는 '인재 쟁탈전'이 벌어졌다. 누가 얼마를 주겠다고 하면 다른 사람은 그 배를 주겠다며 나섰고, 그러는 사이에 거래는 차츰 신경전의 양상으로 전개되기 시작했다. 이때 미국이 대담한 조건으로 그를 스카우트하는 데 성공했다. 미국이 내건 조건은 이러했다. "지금 우리는 어떤 대우 조건도 제시하지 않겠다. 단, 당신이 원하는 조건을 제시하면 거기에 다섯 배를 보태주겠다." 마침내 연구생은 자신이 발명한 전자펜을 들고 미국으로 건너갔다.

이러한 경험들은 후발 국가들이 자국 인재의 해외 유출을 줄이고 나아가 외국의 인재를 도입하는 일에도 신경을 써야 한다는 사실을 잘 보여준다. 과거에는 인재의 이동을 그저 단편적으로 "담 밑동을 파는" 것이라 생각했지만, 지금은 그러한 인식이 허용되지 않는다. 인재의 이동은 이미 당연한 추세가 되어버렸다. 따라서 좋은 인재를 활용하기 위해서는 그 인재에 맞는 조건과 보수를 지불하여 인재의 흡수력을 강화하고, 인재의 '외류外流'를 '내류內流'로 바꾸는 것이 급선무라 할 것이다.

사금구옥舍金求玉 금을 버리고 옥을 얻는다

경영은 좋은 기회를 필요로 한다. 하지만 좋은 기회의 징조가 뚜렷하게 나타나면 나타날수록 그것을 좇는 사람도 많아진다. 기회를 이용하여 이득을 얻으려는 기대치가 높을수록 그것을 좇는 방향과 목표가 집중될 수밖에 없고, 그에 따라 거대한 '목표의 흐름'이 형성되어 갑자기 모든 기업이 한꺼번에 달려드는 국면이 나타나기도 한다. 바로 이 점 때문에 기업은 최후의 성공을 쉽게 얻을 수 없는 것이다. 따라서 총명한 기업가는 눈을 돌려 누구나 노리고 있는 제1목표를 버리고 사람들이 소홀히 하는 제2목표를 포착하여 시장 수요 중에서 부차적인 수요를 만족시킨다. 이 제2목표는 뚜렷하면서도 큰 이득을 가져다주는 제1목표에 수반되는 경우가 대부분이다.

제1목표를 과감히 버리고 제2목표를 추구하여 확실한 이득을 얻는 것, 이것이 바로 '사금구옥'이다. 그 실질은 경영전략의 방향 전환에 있다. 경영정책의 결정자는 정책을 짤 때 기존의 관념이나 '유행하는 사상'에서 벗어나 새로운 시장의 잠재력을 발굴해야 한다.

19세기 중엽, 미국 캘리포니아에 황금 열기가 한바탕 불어닥친 적이 있다. 목표가 분명한 좋은 기회였으므로 당연히 제1목표가 되었다. 17세의 젊은 농부 아모르도 이 행운을 잡으려고 준비했다. 그는 너무 가난해서 배를 탈 표도 사지 못하여 포장마차를 따라 길에서 먹고 자면서 캘리포니아로 향했다. 캘리포니아에 도착한 그는 금을 캐지 못하면 도저히 돈을 벌 가망이 없다는 것을 깨닫고 목표를 완전히 수정했다. 시원한 물을 팔아 돈을 벌기로 작정한 것이다.

사실 광산 지역은 기후가 건조하고 물이 부족하기 때문에 금을 캐려는 사람을 가장 괴롭히는 것은 마실 물이 없다는 것이었다. 이러한 필요성은 제1목표를 따라 부차적으로 나타난 것이었다. 금광을 캐는 사람들은 뜨거운 태양을 올려다보며 한숨을 내쉬었다.

"시원한 물 한 동이만 있다면 금화 한 닢이라도 주고 살 텐데…."

"누가 나에게 실컷 물을 마시게 해준다면 금화 두 닢도 아깝지 않을 텐데…."

이런 푸념들이 아모르에게 어떤 계시 같은 것을 주었다. 그는 생각했다. 만약 금을 찾는 사람에게 마실 물을 판다면 어쩌면 금을 찾아 버는 돈보다 더 많이, 그것도 빨리 벌 수 있을지 모른다고 생각한 아모르는 금광을 찾는 제1목표를 미련 없이 버리고 우물을 파고 물을 끌어들여 정수시킨 다음 물동이나 항아리에 담아 팔기 시작했다.

처음엔 적지 않은 사람들이 그를 비웃었다. 금을 캐서 돈을 벌지 않고 쥐꼬리만큼도 남지 않는 물장사를 하려면 무엇 하러 고향을 버리고 이 먼 캘리포니아까지 왔느냐며 놀렸다. 그는 조금도 개의치 않고 계속 물을 팔았다. 짧은 시간 내에 6천 달러를 벌었는데, 이 액수는 당시로서는 엄청난 것이었다. 많은 사람들이 금광을 찾지 못하고 빈털터리가 되어 주린 배를 움켜쥐고 낙향하고 있을 때 그는 알부자가 되어 있었다.

좋은 기회가 크고 뚜렷할 때는 흡인력이 엄청나 모두가 그 기회를 붙잡으려고 하지만, 바로 큰 기회 속에 다른 파생적인 기회가 잠재하고 있음을 알아야 한다. 이 둘은 동시에 존재하지만, 파생적인 기회는 큰 기회를 따라 발전하며 그 큰 기회를 위해 존재한다. 모두가 좇는 목표에 집착하기보다는 그것에서 파생되는 부차적 수요에 시각을 맞추는 것도 제1목표가 존재하는 한 확실한 성공을 거둘 수 있는 경제모략이라 할 수 있다.

금을 얻지 못하더라도 옥을 얻는 것이 '사금구옥'이다. 이것은 적절한 장소와 시기를 필요로 하는 중요한 경제모략으로, 그 관건은 보통 사람을 뛰어넘는 시각과 담력에 있다.

차계생단借鷄生蛋 닭을 빌려 달걀을 낳게 한다

부족한 경제력을 가지고 발전을 꾀하려면 때로 빚을 질 수 있다. 돈을 빌려 생산라인을 조직하고 그 투자된 돈으로 더 많은 돈을 벌어 자기 실력을 발전시키는 것, 이러한 경제모략을 "닭을 빌려 달걀을 낳게 한다"는 뜻으로 '차계생단'이라 한다.

중국 심천深圳의 새격賽格 집단이 1985년 여름에 처음 문을 열었을 때는 부채에 허덕였다. 그들은 외국 바이어들로부터 주문을 받아 와 심천과 다른 지역에 생산라인을 조직하고 외국 선진 기술과 관리 방법을 흡수하여 3년 만에 약 10억 위안의 자산을 늘렸다.

중국의 일부 업계는 해외에서 돈을 빌려 다시 해외로 투자하고 있는데, 이것 역시 '차계생단'의 모략을 운용하여 경제 발전을 꾀하는 것이라 할 수 있다.

배고픈 여행객들은 아프리카 오지 어느 구석에 가도 중국 광주의 쌀밥, 구운 오리(카오야), 심지어 상어 지느러미 요리 등을 소개받고는 깜짝 놀란다. 중국의 요리는 이제 아프리카 전 대륙에서 두각을 나타내고 있다. 중국 정부는 아프리카의 한 도시에 3만 달러를 출자하여 식당을 연 것을 시작으로 계속 투자하고 있다. 이는 야심만만한 해외 투자 정책의 하나였는데, 90년대까지의 투자 총액은 72억 달러에 이르며 526개의 합자기업이 포함되어 있다.

중국인들이 자신의 경제가 곤란한 상황에서도 해외 투자에 나서고 있는 것을 보고 사람들은 고개를 갸우뚱거렸다. 무역부 통계에 따르면 자금의 출처는 주로 국제은행의 차관이라고 한다.

홍콩에는 중국 정부의 통제를 받는 1천 개 이상의 기업들이 이윤을 남기며 활동하고 있다. 그 이윤은 다시 중국 국내의 경제 흐름 속으로 편입된다.

세계적으로 이름난 미국 맥도널드의 사장 레이몬드 크록은 식품기계공장의 판매원이었다. 그는 스낵 코너의 서비스를 개혁하겠다는 구상으로 투자금 한 푼 없이 스낵 코너를 차렸다. 그리고 '차계생단'의 전략을 활용했다.

그는 회사에 대해 자신이 차린 맥도널드 브라더스 스낵 코너의 점원으로 일하면서 회사 일도 병행하겠다고 요청했다. 아울러 기계 판매로 얻은 수익의 5퍼센트를 주겠다고 제의했다. 맥도널드는 흔쾌히 그 제의를 수락했다.

크록은 자신의 혁신적 구상에 따라 맥도널드 스낵 코너를 끊임없이 개선했다. 6년 후 그의 경험은 무르익을 대로 무르익었고 새로운 스낵 코너는 갈수록 늘어났다. 1961년, 마침내 그는 270만 달러를 지불하고 맥도널드를 사들였다. 그리고 얼마 있지 않아 투자액을 도로 벌어들였다. 80년대 이후 맥도널드는 세계 최대의 식품사로 발돋움하여, 전 세계에 3만4천 개 이상의 매장과 170만 명 이상의 종업원을 갖게 되었다(2021년 현재).

차선출해借船出海 배를 빌려 바다로 나아간다

홍콩의 제조업은 안정과 신속한 발전을 경영방침으로 삼고 있다. "배를 빌린다"는 뜻의 '차선'은 홍콩의 공장이나 상인들의 입장에서 보면 외국회사와의 합작에 정력을 집중하여 가공과 제조에 종사한다는, 즉 다른 나라 상품의 상표 및 수입 원료와 외국사의 판매망을 빌린다는 것을 의미한다. "바다로 나아간다"는 뜻의 '출해'는 "(남의) 배를 빌려" 자기 상품을 "바다로 내보내" 이익을 취한다는 뜻이다.

　1950년대 중반부터 홍콩의 제조업은 수출 증대와 함께 신속하게 발전했다. 70년대에 들어서자 이미 기본적인 현대 공업의 뿌리를 내렸고, 금융업과 기타 업종도 상당히 발전했다. 80년대로 접어든 후에는 다원화 방향으로 매진하여 '수출주도'형 경제가 성공적으로 정착되었다. 그러나 발전 과정에서 적지 않은 난관에 부딪히기도 했다. 첫째는 상품이 국제시장의 문을 두드리기 힘들었다는 것이고, 둘째는 장기간 무역적자 현상이 나타났으며, 셋째는 끊임없이 세계 경제의 영향을 받아야 한다는 것이었다. 동시에 모든 공업 원료·연료·생산설비를 수입에 의존하고 상품만 수출하기 때문에 국제시장의 의존도가 너무 높았다.

　'차선출해'와 같은 경영으로도 결코 바람과 풍랑을 잠재울 수 없었다. 이런 난관을 극복하기 위해 홍콩은 '차선출해'의 전략을 더욱 강화하여 순풍에 돛을 단 다음, 관련 당국과 업계가 광범위하게 협조하여 다음과 같은 유효적절한 해결책을 수립했다.

　첫째, 국제시장의 각종 요구를 누구보다 빨리 만족시킨다. 홍콩 제조업계는 국제시장이 어떤 상품을 필요로 하는지 파악하여 적시에 상품을 내놓았다. 관련 부서의 조사에 따르면, 홍콩 전자업계가 신상품을 만들어내는 데 걸리는 시간은 평균 3개월이지만 일본은 5개월, 미국은 그보다 더 길어 8개월 정도 걸린다고 한다. 다른 나라보다 빨리 상품을 시장에 선보이기 때문에 판로가 더욱 쉽게 열렸다.

　둘째, 국제시장의 변화에 최대한 빨리 적용한다. 홍콩의 공장들은 대부분 중·소형이고 투자액도 적다. 따라서 효과를 빨리 보고 업종 전환이 쉽게 이루어지는 장점이 있다. 권투에 빗대어 말한다면 치고 빠지는 데 유리한 순발력을 갖고 있는 셈이다. 어떤 상품이 잘 팔리면 소규모 공장들이 우르르 몰려들어 그 상품을 순식간에 시장에 내놓는다. 반면에 상품의 인기가 떨어지거나 수지가 맞지 않는다고 판단되면 잽싸게 업종을 전환하거나 잠시 시장을 떠나 있으면서 기회를 엿본다. 다양한 품종의 주문을 언제든지 소화할 수 있으며, 아무리 양이 많고 다급한 주문이라도 고객이 원하는 시간에 맞추어 만들어낸다. 세계 경제의 앞날이 불투명해지면서 외국의 고객들은 장기적으로 대량의 상품을 주문하던 형태에서 단기적이고 소량의 상품을 주문하는 것으로 주문 형태를 근본적으로 바꾸었다. 홍콩 업계가 재빨리 이 형태에 적응하여 재도약을 시도했음은 물론이다. 가발업의 흥망성쇠가 그 좋은 보기가 될 것 같다. 국제시장에서 가발이 유행하자 홍콩의 가발업도 일시에 번창해서 공장만도 6백 개 이상 생겨났다. 1970년도의 가발 수출액만 해도 9억3천만 홍콩 달러에 이르렀다. 그런데 가발업이 쇠퇴기에 접어들면서 가발공장들은 단 20여 군데만 남고 대부분 장난감 인형에 필요한 가발이나 기타 상품을 생산하는 업종으로 전환했다.

셋째, 국제시장의 조류를 바짝 뒤따른다. 홍콩의 시계업은 60년대 후기에 와서야 겨우 걸음마를 시작했다. 그러나 전자시계 쪽으로 발전 방향을 맞추어 국제시장의 조류에 순응했기 때문에 이후 홍콩 시계가 세계 시장의 50퍼센트 이상을 차지하기에 이르렀다. 국제 장난감의 흐름은 빈번한 변화를 가장 큰 특징으로 한다. 홍콩의 장난감 업계도 재빨리 그 변화에 적응하여 처음에는 전통적인 장난감을 주로 수출하다가 나중에는 전자 장난감 생산으로 전환했다.

홍콩 제조업계가 '차선출해'의 전략으로 발전할 수 있었던 관건은 그들이 현대 상업관을 철저히 갖춘 기업가와 숙련된 전문 기술 인력을 확보하고 있었다는 데 있다. 그와 더불어 홍콩 제조업은 경공업 위주의 중·소형 공장이 대부분이기 때문에 민첩하게 상황 변화에 대처할 수 있었다. 통계에 따르면 평균 18명 이하의 직원을 고용하고 있는 소형 기업과 공장들이 홍콩 전체 기업과 공장의 80퍼센트 이상을 차지한다고 한다. 이처럼 탄력 있는 공업 구조와 경영자의 기동력 있는 영업 수단이 결합했기 때문에, 천변만화하는 국제시장에 쉽게 적응하여 "배를 뒤집지" 않고 순조롭게 "바다로 나아갈" 수 있었던 것이다.

차풍행선借風行船 바람의 힘으로 배를 나아가게 한다

품질이 우수한 상품은 남보다 앞선 과학기술을 기초로 한다. 높은 기술이 없으면 우수 상품의 대열에 동참할 수 없다. 그러나 경영자는 발전 중에 있는 과학기술에 지나치게 힘을 쏟을 수는 없다. 높은 기술의 상품을 얻기 위해서는 다른 사람의 연구 성과 또는 성공한 실험 결과를 도입하여 신속히 시장의 문을 두드릴 수 있어야 한다. 과학기술의 "바람을 빌려" 경영이라는 "배를 움직이게 하는" 방법이다.

일본의 과학기술은 누구 못지않게 높고 상품경제도 번영을 구가했었다. 그러나 일본은 선진 기술을 도입하는 데 여전히 많은 돈을 썼다. 1990년대 20년간 모두 2만 항목에 달하는 선진 기술과 관리 경험의 도입을 위해 국가적 차원에서 이를 연구·개발하는 데 투자한 비용의 30분의 1을 지출했다. 브라질의 경우는 자원이 풍부하지만 그 자원을 개발하고 가공할 기술이 모자란다. 이 때문에 브라질은 전문적으로 기술 도입부를 만들어 도입된 기술을 보존하는 정책을 취했다. 그 결과 매년 1만 건 이상의 기술 전권을 도입하여 자국 기술 발전의 원동력으로 삼았다. 1964년 브라질 국민의 1인당 GNP는 692달러에 지나지 않았지만 70년대 말에는 1천6백 달러로 성장했다.

악서鄂西 북산 지구에 사자산獅子山이라는 산이 있다. 이 산에는 형태가 기이하고 부드러운 질의 돌이 많다. 지역 농민들은 이 돌을 떼어 성안에 내다 팔곤 했는데, 톤당 6위안 정도를 받았다. "얼마나 싼가!" 성안 사람들이 크게 환영했고 농민들은 이것으로 1년에 1만5천 위안 이상의 수입을 올렸다. 그 뒤 농민들은 성안 사람들이 자신들에게 사들인 돌을 가공하여 가짜 산으로 만들어 톤당 가공비 조로 70~80위안을 받고 있는 것을 발견했다. 농민들은 곧 가공기술을 배워 톤당 6위안씩 하던 돌을 80위안씩 받고 팔 수 있게 되었다. 그리고 북경을 시찰하러 갔다가 산에서 나는 사암이 1킬로그램에 몇 위안을 호가한다는 사실을 알게 되었다. 한번 눈이 트이자 농민들은 자기 고장의 자원을 더욱 잘 활용했고, 그 결과 '전자 음파 분무식 분재'를 연구·개발했다. 이 분재는 개당 260위안씩 팔렸다. 만약 농민들이 여전히 돌만 팔았더라면 그 귀중한 돌산은 금세 다 팔려 바닥이 났을 것이다. 현재 그들은 '첨단 상품'을 만들어 자원도 보호하고 큰돈도 벌고 있다.

교차동풍巧借東風 동풍을 탄다

지배적인 분위기에 순응하고 커다란 기회의 흐름에 적극 참여하여 그 세를 타고 새로운 전기를 만드는 모략을 '교차동풍'이라 한다.

전쟁터를 방불케 하는 기업 사이의 경쟁에서 정책 결정자의 정책은 한순간도 멈추어서는 안 된다. 모든 사람이 얻을 수 있는 커다란 기회가 왔을 때, 타인의 뒤를 좇아 기회 추구를 목표로 삼고 보조 수단으로 그 기세를 타게 되면 이익의 계기를 마련할 수 있다.

옛날 제갈량은 동오東吳를 위해 동풍의 힘을 빌려 조조의 80만 대군을 물리침으로써 손권에게 대승을 안겨주었다. 유비도 이 틈을 타 한숨을 돌릴 수 있었고, 그 결과 이른바 3국이 정립하는 형세가 창출되었다.

1970년대 말, 유럽인이 만들어낸 '루빅큐브'가 홍콩 신문에 소개된 후 수많은 공장들이 이 '루빅큐브'를 모방하여 공백이나 마찬가지인 동남아 시장에 파고드는 계기로 삼고자 했다. 그래서 너 나 할 것 없이 유럽으로 사람을 파견하여 상황을 탐지하게 했다. 이때 민생화학주식회사의 기업주는 이런 상황이 절호의 기회임을 예민하게 인식하고, 잽싸게 자신의 형을 유럽으로 보내 '루빅큐브'를 만들어낼 수 있는 기술 관련 자료를 홍콩으로 전송하게 했다. 그는 이 자료를 대량 복사한 뒤, 즉각 홍콩 4대 TV 방송에 "루빅큐브를 생산하고 싶으십니까? 민생화학에서 전체 기술 자료를 제공해드립니다!"라는 광고를 동시에 방영했다. 백여 개 이상의 회사가 앞다투어 자료를 사 갔고, 민생화학은 하룻밤 사이에 그야말로 일확천금의 꿈을 실현시켰다.

제2차 세계대전 후 미국의 건축업이 성황을 이루었을 당시의 일이다. 건축업 호황으로 벽돌공의 인건비가 치솟았다. 실업자들에게는 더할 수 없이 좋은 기회였다. 가난하기 짝이 없던 마이크도 생계 때문에 미니애폴리스에서 시카고로 이주했다. 벽돌공이 되고 싶었던 마이크는 인부를 모집하는 광고를 본 후 생각을 바꾸었다. 그는 벽돌공으로 가지 않고 오히려 신문에다 "당신도 벽돌공이 될 수 있다!"는 광고를 냈다. 그런 다음 마이크는 점포를 하나 세내어서 솜씨 좋은 벽돌공 기술자를 초빙, 벽돌 쌓는 기술을 가르치는 훈련반을 운영했다. 많은 사람들이 벌떼처럼 몰려들었고, 적지 않은 돈을 내고 기술을 배워 갔다. 마이크는 단 열흘 만에 3천 달러를 벌었다. 이 액수는 당시 벽돌공의 2백 일 수입과 맞먹는 것이었다.

"바람을 잘 타라"는 이 모략이 기회가 닥치기 전인 '태동기'에 실행되면, 기회가 닥쳤을 때 그 기회를 더욱 적극적으로 밀고 나아갈 수 있는 추진력으로 작용할 수 있다. 정책 결정자는 각종 정보를 종합적으로 분석하여 목표를 추진하는 방향에 따라 "만사를 갖추어야 할" 시기를 파악하고, "바람이 불어오는" 때를 정확하게 맞추어 유효적절하게 난관을 해결할 수 있는 조치를 취해야 한다.

이 경제모략을 운용할 때의 관건은 시기 파악과 그에 따른 결단력에 있다. 많은 기업들이 하나의 뚜렷한 목표를 추구하며 점차 큰 목표를 향해 달려가는 큰 흐름을 형성하고 있을 때, 자신도 역시 그 커다란 기류에 순응하면서 이익을 획득함과 아울러 목표를 실현하는 것이다.

광구일궤匡救一簣 마지막 한 삽을 뜬다

아주 오래된 정치서인 『상서尚書』에 보면 "아홉 인仞(1인은 약 8자다) 높이의 산을 쌓는 데 한 삼태기가 모자란다."는 구절이 있다. 여기서 말하는 삼태기를 궤簣라 한다. 높은 산을 쌓으려는데 한 삽의 흙이 모자라서 완성하지 못한다면 그처럼 안타까운 일이 또 어디 있겠는가. "시작 없는 일 없다지만, 제대로 끝을 보는 일은 드물다."고 하지 않는가. 일은 쉽게 시작할 수 있지만 끝까지 처음의 자세를 견지하기란 대단히 어렵다. 경영활동에서도 여러 원인 때문에 최후의 일격을 가하지 못해 공들여 쌓은 탑이 허망하게 무너지는 경우가 있다. 그러나 바로 이 '한 삽'의 부족이 때로는 지혜로운 자에게 기회를 줄 수도 있다. 즉, 원래 있던 기초에 단 '한 삽'을 보태서 '높은 산'을 얻을 수 있는 것이다. "마지막 한 삽을 잘 뜬다."는 '광구일궤'는 다른 사람의 잘못을 바로잡고 구제함으로써 성공을 얻는 모략이라 할 수 있다.

미국의 유명한 기업가인 걸프의 회장 아먼드 해머는 60년대부터 석유개발 사업에 열성을 다했다. 당시 텍사코 석유사는 옛 금광의 동쪽 하천 계곡에서 천연가스를 찾기 위해 5천6백 피트(약 1천7백 미터)까지 파들어갔으나 끝내 천연가스를 찾지 못했다. 텍사코 사의 정책 결정자는 자금을 너무 소모했고 앞으로도 엄청난 자금이 소모될 것이라고 판단하여 서둘러 '싸움'을 중단하고 철수를 명령함으로써 그 유정에 사형선고를 내렸다. 이 소식을 전해들은 해머는 즉각 전문가를 파견, 유정을 살피게 하고 대량의 수치 분석에 근거하여 실패율 30퍼센트, 성공률 70퍼센트라는 잠정 결론을 내리고, 다시 3천 피트(약 9백 미터)를 더 파들어간 끝에 마침내 천연가스를 얻을 수 있었다.

그 뒤 해머는 세계적으로 이름난 애시랜드 석유와 쉘 석유가 아프리카 리비아에서 유정을 탐사하다 중지한 폐정이 적지 않다는 정보를 입수하고, 곧 인력과 장비를 아프리카로 보냈다. 그는 "총이윤의 5퍼센트를 리비아의 농업 발전과 국왕의 고향(사막지대)에서 물줄기를 찾는 데 투자한다."는 조건으로, 다른 사람이 포기한 지역을 빌려 단시일 내에 아홉 군데의 유전 시추정에서 석유를 끌어올렸다.

이 모략을 운용하는 관건은 다른 사람이 실패한 것 중에서 혹 '한 삽'만 더 보태면 성공할 수 있는 것이 있나 없나를 파악하는 데 있다. '한 삽'을 보태어도 안 될 일에 맹목적으로 달려들면 결과는 아무 소득 없는 헛수고로 끝나게 되고, 이는 앞사람의 전철을 밟는 꼴이 된다. '한 삽'을 내재하고 있는 상황은 대체로 다음 네 가지 정도로 요약해볼 수 있다.

① 누군가 일을 했지만 효과가 없어 중단하여 여전히 결론이 내려지지 않은 경우.
② 객관적 조건의 제약으로 일을 진행할 수 없어 손을 뗀 경우.
③ 예정 목표를 벗어나 더 이상 나아갈 힘이 없었던 경우.
④ 인식상의 차이로 잘못된 결과가 발생했던 경우.

경영자는 타인의 실패에 대해 과학적인 분석과 여과를 거쳐야 한다. 어떤 의미에서 실패와 성공은 둘 다 가치가 있다. 타인이 실패한 기초 위에서 성공을 잘 엮어내는 것이야말로 지혜 중의 지혜라 할 수 있다. 실패의 원인을 정확하게 파악하여 유효적절하게 과학적인 '한 삽'을 뜨기만 한다면, 적은 노력을 기울이고도 '높은 산'을 쌓아올릴 수 있을 것이다.

4절
경쟁전략

용기소장用己所長 나의 장점을 활용한다
———————————

경영 경쟁을 벌이고 있는 각 분야에는 나름대로의 장단점이 있다. 실력이 상대보다 떨어지는 객관적 상황에서도 자신의 우수한 점을 충분히 발휘하고 상대의 약점에 유효적절하게 대응하여 상황을 잘 엮어낸다면 구체적인 특색을 갖춘 자기 경영 스타일을 확립하여 상대와 대등한 입장에 설 수 있고, 나아가서는 상대를 무색하게 만들 수도 있다. 일부 전통수공업 생산품의 경우는 적은 투자로 상당한 이익을 볼 수 있고, 위험부담도 적으며 상품 자체에 상당한 경쟁력이 있어 선진국의 기계 생산품과도 충분히 맞설 수 있다. 진흙 덩어리·돌·새털 따위가 장인의 손을 거치기만 하면 천금과도 바꿀 수 없는 귀중한 예술작품이 된다. 기계가 만들어내는 식품이 이미 널리 보급되어 있지만, 아직도 손으로 만드는 해당화의 열매 따위를 꼬치에 꿰어 설탕물을 묻혀 굳힌 '당호로糖葫蘆' 과자나, 천진 지방의 것이 가장 유명하다고 하는 작은 고기만 두인 '소롱포小籠包' 등은 외국에서는 없어서 못 팔 정도로 인기가 있다. 이렇게 모든 사물은 강약의 양면성을 아울러 갖추고 있다. 하룻밤 사이에 자기의 상품이 모든 경쟁자를 물리치길 바랄 수는 없다. 그러나 수시로 자신의 장점을 파악하여 그 장점을 가지고 시장 수요의 단점을 보완한다면 사업상의 활기를 계속 유지할 수 있다.

스위스 시계는 역사와 전통, 뛰어난 품질과 다양한 종류로 국제시장에서 아주 오랫동안 판매량 최고의 자리를 지키며, 말 그대로 자타가 공인하는 '시계의 왕' 노릇을 해왔다. 스위스에서 생산되는 시계는 원래 모두가 기계식이었다. 그런데 '전자공업'의 발전에 따라 일본이 앞장서서 전자기술을 시계에 응용하여 수정 전자시계를 생산해내기 시작했다. 이 시계는 정확도라는 면에서 기계식을 훨씬 앞질렀으며, 가격도 싸고 디자인 역시 다양하고 뛰어났다. 전자시계가 시장에 등장하자 고객들은 즉각 그쪽으로 눈을 돌렸고, 좀 과장되게 말하면 하룻밤 사이에 시계의 왕관이 스위스 시계에서 일본의 수정 전자시계로 옮겨갔다. 스위스 시계회사들이 속속 문을 닫기 시작하면서 스위스 사람들은 경악하지 않을 수 없었다.

그러나 스위스는 여전히 시계의 대국이었고 시계 제조업에 종사하는 사람들은 넘쳐흐르고 있었다. 당시 세계 시계 시장의 큰 흐름 중 하나는 시계 자체의 두께가 갈수록 얇아지는 것이었다. 일본의 전자시계는 두께가 2.5밀리미터에 불과했다. 스위스는 그들의 정교한 두 손으로 시계의 두께를 1밀리미터까지 끌어내리는 데 성공했다. 이는 세계의 그 어느 시계도 따를 수 없는 경지였다. 10여 년간의 와신상담, 고군분투, 절치부심 끝에 스위스는 다시 시계 시장의 왕관을 되찾았다. 스위스 사람들은 자신들이 가지고 있는 정교한 기술을 발휘하여 끊임없이 기계식 시계를 개량하고 개선했다. 1986년, 그들은 알프스산 화강암의 아름다운 색과 문양을 이용하여 그 누구도 흉내낼 수 없는 공전절후, 전대미문의 화려하고 오색찬란한 암석 시계를 만들어냈다. 석기시대의 소박한 멋에 현대적 감각의 낭만성이 멋들어지게 조화된 이 시계가 사람들의 마음을 사로잡았음은 물론이다. 이렇듯 스위스 사람들은 시계 제조 기술을 누구도 넘볼 수 없는 경지에 올려놓았다.

이전양전以戰養戰 싸우면서 전력을 향상시킨다

'전쟁 경제학'이라는 각도에서 보면 이것은 적으로부터 각종 전쟁 물자를 취하여 자기 군대에 보급하는 것인데, 역대 군사전문가들이 한결같이 중요시해온 모략이다. 손자는 일찍이 '인량우적因糧于敵'이라는 모략을 제기한 바 있고, 모택동도 '10대 군사원칙'에서 "적으로부터 빼앗은 무기와 인원으로 우리 편을 보충했다. 아군의 인적·물적 자원의 근원은 주로 전방에 있었다."고 말했다. 아군 전력 증강의 상당 부분을 전투를 통해 빼앗은 물자와 포로에 의존했다는 말이다.

회해淮海 전투에서 황백도黃伯韜 부대를 섬멸시킨 과정을 보면 모택동의 부대가 운하를 잇는 다리를 빼앗은 전투에서 바로 이 모략을 활용했음을 알 수 있다. 이 전투는 적이 강하고 아군이 약한 상황에서 진행되었다. 다리를 지키던 적은 약 1개 사단 병력에 우수한 중장비를 갖추고 있는 데 반해, 아군은 병력과 무기 면에서 적과 도저히 상대가 되지 않았다. 그들은 밤낮없는 장거리 행군 끝에 다리를 지키고 있는 적을 향해 공격을 개시했다. 부족한 부대의 인원, 바닥이 난 탄약, 기약 없는 지원부대, 이런 절박한 상황에서 그들은 한편으로는 적이 버리고 간 무기와 탄약을 수습하고, 또 한편으로는 포로를 부대 전력으로 보충하면서 전투를 계속해나갔다. 전투는 갈수록 치열해졌고, 그만큼 아군의 인원과 무기도 늘어났다. 이 전투는 적은 희생으로 적 3천여 명을 사살하고, 경·중기관총 90정, 박격포 30문, 소총류 2천5백 정을 노획하는 전과를 올리는 것으로 끝이 났다.

전쟁사를 볼 때 싸우면서 나의 전력을 향상시킨 예는 매우 많았다. 인적·물적 소모가 엄청날 수밖에 없는 미래의 전쟁은 후방 지원이 거의 절대적이다. 그렇다고 이 모략을 소홀히 해서는 안 된다. 적의 장비를 이용하여 적에게 타격을 가하고 적군을 와해시키는 것은 내가 승리할 수 있는 창조적 조건이 아닐 수 없다.

탈기공심奪氣攻心 기를 빼앗고 마음을 공략한다

상대방의 심리를 꿰뚫는 심리 전술은 상대로 하여금 감정 조절력을 잃게 하여 제풀에 주저앉게 만드는 것이다.

언젠가 벨기에의 수도 브뤼셀에 있는 어떤 화랑에서 그림 매매가 있었는데, 거기에서 미국 그림 수집상과 인도인이 그림값을 놓고 한바탕 싸움 아닌 싸움을 벌였다. 당시 인도인은 그림 한 폭당 대체로 1백 달러 안팎에서 가격을 불렀다. 그런데 유독 미국인이 눈독들인 세 폭의 그림에 대해서는 250달러를 불렀다. 남의 약점을 이용하려는 인도인의 이런 행동이 못마땅했던 미국인은 그림이 아깝긴 했지만 매매를 포기하려 했다. 그런데 이건 또 뭔가? 인도인이 기세당당하게 그림 중 하나를 미국인이 보는 앞에서 불태워버리는 것이 아닌가? 미국인은 자신이 눈독들인 그림이 자기 눈앞에서 재로 변해가는 안타까운 광경을 멀뚱멀뚱 쳐다보아야만 했다. 너무 안타까워 미국인은 인도인과 나머지 두 폭의 값을 흥정했다. 인도인은 여전히 250달러를 불렀고 거래는 성사되지 않았다. 그런데 인도인이 그중 또 하나에 불을 질렀다. 유명인의 사인이 들어 있는 그림을 사 모으는 데 광적이었던 그 미국인은 마침내 항복하고 말았다. 그는 마지막 남은 한 폭은 제발 태우지 말라며 애걸하다시피 했고, 끝내 5백 달러라는 고액을 지불해야 했다.

상대의 기와 심리를 빼앗는 전술의 관건은 이해득실에 있다. 상대의 이익이 어디에 있는가를 파악하고 상대에게 손해를 줄 가능성만 찾을 수 있다면, 상대방의 주장을 굽히게 만들거나 자신에게 유리한 선택과 양보를 얻어낼 수 있다. 이런 경우를 보자. 미국의 모 항공사가 뉴욕에 거대한 공항을 세우려고 에디슨 전력회사에 좋은 가격으로 전력을 공급해줄 것을 요청했다. 전력회사는 상대가 자기들에게 요청하고 나서므로 협상에서 주도권을 쥘 수 있다고 판단, 고의로 공공서비스위원회에서 비준을 하지 않는다며 합작에 응하지 않았다. 이런 상황에서 항공사 측은 담판을 중지하고, 자신들이 공장을 세워 발전하는 편이 전력회사로부터 전력을 공급받는 것보다 낫겠다며 호언장담을 했다. 이 소식을 접한 전력회사는 초조해질 수밖에 없었다. 엄청난 돈을 벌 수 있는 기회가 눈앞에서 사라질 판이었다. 전력회사는 즉시 태도를 바꾸어 공공서비스위원회에 상황을 설명한 뒤, 항공사에게 싼 가격으로 전력을 공급하겠노라는 의사를 전달해 왔다. 이 엄청난 교역에서 사실 불리한 입장에 있던 항공사는 "작대기로 풀을 헤집어 뱀을 놀라게 하는" '타초경사打草驚蛇'의 전략을 활용하여 상황을 역전시켰다. 즉, 총 한 방 쏘지 않고 전투에서 승리를 거두는 식으로 엄청난 이익을 얻은 것이다.

경영 경쟁자들 사이에는 흔히 시장을 차지하기 위한 쟁탈전이 벌어진다. 이때 승리를 얻기 위한 관건의 하나는 상대편 상품의 약점을 잘 지적하고 자기 상품의 특색을 돋보이게 하여 고객에 대한 흡인력을 높이는 것이다. 이와 동시에 판매술을 강구하여 인심까지 쟁취한다면 시장이라는 천하를 손아귀에 넣을 수 있다. 1984년, 하남성 항성현項城縣의 한 제약공장이 액당液糖공장과 합병한 뒤 주구周口 지구에 조미료공장을 세웠다. 그들은 매년 소득세 1백만 위안가량을 납부하고 난 뒤에 이윤이 많이 남으면 많이 나누고, 남지 않으면 나누지 않기로 합의했다. 공장의 간부들과 직원들이 모두 힘을 합쳐 노력한 끝에 생산량이 급증했다. 하지만 시장에 선보인 그들의 상품은 같은 품종의 다른 상품에 비해 단가도 높았고 질도 떨어져 판매가 부진했다. 그들은 즉시 상품의 질을 높이는 쪽으로 총력을 기울였다. 북경·천진·상해 등지에서 교수·기사와 전문가들을 고문으로 모셔와 상품의 질에 영향을 미치는 문제점을 찾아내는 한편, 공장의 생산공정을 개혁하는 데 도움을 받고 새로운 발효법도 개발했다. 이처럼 과학적 관리를 실행하여 생산단가를 전국에서 가장 낮은 수준으로 만들었다. 동시에 상품의 질을 최고로 높여 프랑스에서 열린 제12회 식품박람회에서 '금상'을 획득하기도 했다.

이제 모든 문제가 해결되었고 앞날이 환히 열렸다. 그런데 누가 알았겠는가? 판매 부문에서 돌부리에 걸릴 줄이야! 알고 보니 조미료 시장이라는 것이 큰 상점들에 의해 좌우되고 있었는데, 주구 지구의 조미료는 시장으로 진입하는 것조차 거부당했던 것이다. 어떤 성이나 시에서는 자기 지역의 생산품을 보호하기 위해 상점들로 하여금 다른 지역의 상품을 아예 못 들여놓게 했다. 심각한 상황에 직면한 주구 조미료는 긴급조치를 취했다. 배타적인 성이나 시에 건물을 한두 채 빌려 창고로 삼은 다음, 매일 문 앞에다 난장을 벌여놓고 자기 상품과 해당 지역 상품을 동시에 진열해서 두 제품의 질과 맛, 가격을 직접 확인하도록 했다. 주구 지구의 조미료가 질도 우수할 뿐 아니라 가격도 다소 쌌으므로 물건으로 직접 승부를 걸자는 전략을 세웠던 것이다.

이제 고객들의 공정한 판정만이 남았다. "발 없는 말이 천리 간다."는 속담이 있듯이 주구 조미료에 대한 평판은 갈수록 높아졌다. 큰 상점들의 유통구조에 그다지 영향을 받지 않는 행상들로부터 주문이 쇄도했다. 행상들은 곳곳을 돌며 주구 조미료를 팔았고, 이리하여 주구 조미료는 시장을 장악해나갔다. 한번은 이런 일도 있었다. 어떤 시에서는 특정한 상표의 조미료가 시장을 완전 독점하고 있었는데, 그곳 부식품회사는 아예 "주구 조미료는 팔 수 없다."는 팻말까지 내걸고 있었다. 그러자 주구 조미료사의 판매원들은 시외로 나가 행상을 조직하고 시외의 난장을 통해 판매를 개시했다. 주구 조미료의 명성은 시외로부터 시내로 퍼지기 시작하여 마침내 "주구 조미료의 입성을 환영함"이라는 표어까지 등장했다. 부식품회사에서도 대세와 민심의 동향을 보고 하는 수 없이 태도를 바꾸었고, '주구 조미료'는 마침내 시내로 당당하게 진입했다.

의옥조옥倚玉雕玉 남의 옥을 빌려 내 옥을 다듬는다

이 모략은 강자에 의지해 생존을 도모하다가 마지막에는 강자마저 물리치는 것을 목적으로 한다. 소기업이 대기업과 맞서 싸워 성공할 수 있는 모략이다. 50년대 말, 미국 흑인 화장품 시장은 프레이 화장품이 독점하고 있었다. 당시 이 회사의 판매원으로 일하고 있던 조지 존슨은 단돈 5백 달러의 자산과 세 명의 직원만으로 존슨 흑인 화장품 회사를 차려 독립했다. 그는 누구보다도 잘 알고 있었다. 지금 자신의 힘으로는 프레이 사와 맞서 싸울 수 없다는 사실을. 일단 존슨은 분 성질을 가진 크림을 집중적으로 생산하기 시작했다. 그리고 유명 상품에 살짝 끼어드는 '친탁법襯托法'에 의지해 자신의 상품을 팔기로 결정했다. 그는 자신의 상품을 이렇게 광고했다.

　"프레이 화장품으로 화장을 하신 후 다시 존슨 크림을 바르시면 상상하지 못한 효과를 얻을 수 있습니다."

동료 사원들은 이런 끼워 팔기 방식의 선전에 대해 상대 회사가 존슨 사를 집어 삼킬 것이라고 불만을 나타냈다. 존슨은 웃으면서 말했다.

"저쪽의 명성이 높기 때문에 그런 거야. 예를 들면 이렇게 말할 수 있겠지. 현재 알아주는 사람이라곤 거의 없는 나 존슨이 만약 어느 날 대통령과 한자리에 선다면, 내 이름은 순식간에 전국에 알려져 누구나 다 알게 되겠지? 화장품 판매의 이치도 같은 거야. 흑인 사회에서 저쪽 화장품은 단연 최고라 할 수 있지. 그런데 우리 상품이 그 이름과 나란히 등장한다면, 겉으로는 우리가 저쪽을 떠받드는 것 같지만 사실은 우리 자신의 가치를 높이는 셈이 되지."

이 전략은 단숨에 효력을 발휘하여 소비자들이 아주 자연스럽게 존슨 화장품을 받아들였고, 존슨의 시장점유율은 갈수록 확대되었다. 이어 존슨은 일련의 신상품을 개발하고 선전을 강화하여 단 몇 년 만에 프레이 화장품의 대부분을 고객의 화장대에서 끌어내렸다. 미국 흑인 화장품 시장은 존슨의 일인천하가 되었다.

일본 도요타 자동차가 자동차를 막 생산할 당시에도 남의 "옥을 빌리는" 전술을 채택했다. 그들은 미국의 유명한 자동차 회사인 포드와 제너럴 모터스의 설비와 기술을 도입했다. 심지어는 차체까지도 포드제를 사용하여 도요타의 가치를 높이는, 즉 남의 "옥을 빌리는" 전략을 채택했다. 그 뒤 도요타는 차별화 전략을 실행하여 서서히 "옥을 빌리던" 단계에서 자신의 "옥을 다듬는" 쪽으로 방향을 돌렸다. 시장 변화에 근거하여 절약형 소형차를 만들어 미국 시장의 문을 크게 두드렸다. 도요타의 명성은 일약 미국 전역을 뒤흔들어놓았다.

남의 "옥을 빌리는" 것은 입신술이며, 나의 "옥을 다듬는" 것은 자신의 힘을 기르는 근본이다. "옥을 다듬는" 실질은 상대방을 초월할 수 있는 '차별 상품'을 끊임없이 연구하는, 말하자면 (자신의) 옥으로 (상대의) 옥을 공격, 그 차이로 승부를 겨루는 데 있다. "(남의) 옥에 의지하는" 단계에서 "(나의) 옥을 다듬는" 단계로 바꾸는 것은 '소에서 '대'로, '약'에서 '강'으로 변화시키는 과정이기도 하다. 기업이 아직 날개를 달지 못한 미약한 상황에서 대기업의 깃발 아래로 들어가 대기업의 명성을 빌려 자기 상품을 다듬고 정예군을 길러두었다가, 뒷날 총출동하여 단숨에 '약'을 '강'으로 반전시키면서 혼자 힘으로 힘차게 훨훨 나는 것이다.

오월동주吳越同舟 오나라와 월나라가 같은 배를 타다

『손자병법』「구지九地」편에 보면 이런 얘기가 나온다.

오나라와 월나라는 본디 대대로 원수지간이었다. 그런 그들도 같은 배를 타고 강을 건너다 태풍을 만나면 마치 오른손 왼손처럼 서로 도와야 살 수 있지 않겠는가?

기업과 기업 사이는 경쟁관계에 있는 것이 틀림없지만 또한 동반관계이기도 하다. 이 사실을 인식하고 있어야만 자신의 존재와 발전을 유지할 수 있다. '적'과 '나' 사이는 서로 대립하면서 존재하고 서로 융화하면서 발전한다. 상대의 존재는 내가 발전할 수 있는 원동력이다. 상대를 무조건 쓰러뜨리려고 한다면 언젠가는 자신도 무너지고 말 것이다. 기업 간의 경쟁에는 경쟁을 하면서도 서로 돕는 단결이 있어야 하며, 제휴하면서도 서로 쫓고 쫓기는 발전이 있어야 한다. '오월동주'의 우호 전략을 취해야 한다는 말이다. 국내외의 성공한 기업가들은 경쟁 상대와의 관계에 주목하여 '오월동주'의 경제모략을 잘 운용하고 있다.

미국 뉴욕에 있는 한 유명 백화점의 경영전략을 살펴보자. 이 백화점에서는 자기 백화점에 없는 물건을 손님이 찾으면 안내 데스크에서 손님에게 그 물건이 있는 다른 백화점을 친절하게 알려주는데, 그 백화점이란 다름 아닌 자기와 경쟁하는 백화점이었다. "동반자가 원수 집안"이라는 일반적인 사고방식과 반대되는 이 경영방식은 경쟁 상대에게 우호적인 태도를 표시함으로써 오히려 많은 고객들로부터 호감을 얻는다. 이 백화점의 영업이 날로 번창했음은 말할 필요조차 없다.

북경의 한 시민이 모 공장으로부터 침대를 샀는데 불량품이어서 교환하려고 했지만 이 공장에서는 교환은커녕 불량품 자체를 인정하려 하지 않았다. 그런데 이 공장과 경쟁관계에 있는 강소성江蘇省의 소파와 침대를 주로 만드는 공장에서 이 사실을 알고 그 시민을 찾아가 제안했다.

"손님께서 사신 침대가 우리 공장에서 만든 것은 아니지만 손님의 고통은 우리 동반자의 치욕인 만큼 우리가 교환해드리겠습니다."

이 '상식을 뛰어넘는 행동'은 동반자를 경악케 했을 뿐 아니라, 고객으로 하여금 다시 한번 눈을 씻고 그 회사를 바라보게 함으로써 기업의 명성을 드높였다.

경쟁을 벌이는 양쪽은 모두가 사회라는 배에 함께 타고 있다. 국가와 민족의 이익 운운하지 않더라도, 기업들 자신의 이익을 위해서라도 정상적이고 깨끗한 경쟁 환경을 유지하는 바탕 위에서 제휴하고 합작하며 서로를 밀고 당겨야 할 것이다. 상대와의 역량을 비교할 때 특별히 주의해야 할 몇 가지 문제가 있다.

① 가격: 실력이 아니라 가격을 낮추는 식으로 시합을 한다면 정상적인 경쟁관계가 파괴되어 모두가 파산할 것이다.

② 상품의 질: 이것은 경쟁에서 승부를 가름하는 최후의 결정적 요인이다. 이것을 위해 조직적으로 새로운 상품을 광고·선전해야 할 것이다.

③ 선전: 광고를 통해 상대방을 낮추고 비방하는 식으로 자신을 높여서는 안 된다.

소송이 발생할 가능성이 크다.

④ 깨끗함: 항상 공명정대하게 경쟁해야 한다.

경쟁하는 양쪽 모두가 공존할 수 있는 환경을 유지하려는 노력, 이것이 바로 '오월동주'가 가르치는 중요한 측면이다. 비정상적인 경쟁은 "배가 뒤집히는" 결과를 초래한다.

창선일보搶先一步 한 발 앞서 나아간다

─────────────────────

"한 발 앞서 나아가라"는 뜻의 '창선일보'와 "반걸음 늦추어라"는 뜻의 '지인반보遲人半步'는 상반되는 것처럼 보이지만, 사실은 서로 잘 어울리는 모략들이다. 두 모략의 목적은 시장을 쟁취하자는 데 있다. 다만 취하는 방식이 같지 않을 뿐이다. "반걸음 늦추는" 것은 더 큰 걸음으로 남을 앞지르기 위함이고, "한 발 앞서 나아가는" 것은 남보다 앞서 나아감으로써 단숨에 상대의 기를 죽이고 놀라게 하기 위함이다. 자고 일어나면 각종 경제활동이 달라져 있을 정도로 현대사회는 급속도로 발전하고 있다. 경영 지도자는 빠른 템포에 잘 적응해야만 경쟁이라는 '비행기'에서 떨어지지 않는다. 아무리 웅대한 계획이 있고, 또 아무리 막강한 자본과 하늘이 내려준 듯한 조건이 갖추어져 있다 해도 시간을 아낄 줄 모르면 기회를 잃고 열세에 놓이게 된다. 군대로 말하자면 "시간은 곧 승리요, 생명이다." 상인과 기업가의 입장에서 말하면 "시간은 돈이요, 주식이다."

경영이라는 영역에서 나타나는 관료주의적 특징의 하나는 시간을 낭비하는 것으로, 일의 효율은 생각하지 않고 서류 작성이나 윗사람이라는 관문을 통과하는 데만 열을 올리는 경향이다. 단 몇 분 안에 차 안에서도 해결할 수 있는 문제를 사무실이나 회의실에서 몇 날 며칠을 주무르곤 한다. 단숨에 성사시켜야 할 좋은 거래가 질질 시간만 끄는 겹겹의 결재 과정과 곳곳의 난관 때문에 경쟁할 기회도 갖지 못하고 물거품처럼 사라진다.

시간의 평가절상이라는 과제를 해결하기 위해 기업가들은 사방팔방 온갖 아이디어로 기업 경영의 임기응변력을 높이고 있다. 임기응변에서 가장 필요한 요소는 빠른 속도로 다양하게 변화하는 것이다. 현재 기업 경영에서 나타나는 새로운 움직임의 하나는 작고 미세한 형태의 기업을 추구하는 것이다. 불과 두세 명의 직원만으로 회사를 꾸리는 경우도 있다. 이런 중소기업들은 배는 작지만 시장의 변화에 따라 방향키를 제대로 잘 잡을 수 있다는 이점을 발휘하여 신속하게 새로운 상품으로 바꾸고 대세의 흐름에 따라 민첩하고 기동성 있게 대처함으로써 설사 손해를 보더라도 크게 보지 않는다.

미국 샌프란시스코의 실리콘 밸리를 예로 들어보자. 그곳에는 셀 수도 없을 만큼 많은 회사가 있고, 해마다 그중 5분의 4가 문을 닫는다. 그러나 문을 닫는 만큼 새로운 회사들이 다시 생겨난다. 이런 숨가쁜 바꿔치기 현상은 상당한 가치를 갖고 있는 좋은 본보기다. 격렬한 경쟁과 자본 유입으로 실리콘 밸리의 사람들은 작업·생활 리듬이 무척 빠르고, 기술자들은 흔히 하루 15시간씩 주 7일을 하루도 빠지지 않고 일하기도 한다. 많은 사람들이 10년 정도 죽을힘을 다해 일을 한 뒤 백만장자가 되어 은퇴하길 바라고 있다. 그중 한 회사의 경영자는 이렇게 말한다.

"만약 어떤 기계가 1분에 1백 바퀴 돈다면, 우리는 그것을 분당 120바퀴 회전시켜야 직성이 풀린다. 모험과 긴장이 없으면 경쟁에서 살아남을 수 없으니까."

우리 상품은 "대대로 내려오는 전통적인" 것이므로 수시로 바꾸지 않아도 끄떡

없다고 말하는 경영자가 있을 수도 있다. 사실은 그렇지 않다. 어떤 사물의 존재에는 나름대로의 존재 조건이 있게 마련이다. 아무리 '전통적'인 것이라 해도 새로운 상황을 연구하지 않고 새로운 변화에 적응하지 못한다면, 원래의 영광스러운 '광채'를 잃어버리고 만다. 왕년에 스위스의 시계는 세계 최고를 자랑했다. 그러나 일본의 수없이 다양한 전자시계와 수정시계의 숨쉴 틈조차 없는 융단폭격을 맞고 한 차례 시계 왕국의 자리를 내주는 쓰라린 경험을 맛보았다.

같은 상품을 생산하는 과정에서 시간을 가장 잘 절약한 상품이 가장 강력한 정복력을 갖춘 상품이 되는 경우가 비일비재하다. 예컨대 질이 거의 비슷한 승용차를 만든다고 할 때, 어떤 나라에서는 1백 시간의 작업시간이 들고 어떤 나라는 20시간 정도가 든다면 그 차이는 엄청난 것이다.

중국 동북 지방의 한 공장은 상품의 모델을 혁신하기 위해 급히 플라스틱 뚜껑의 모형이 필요했다. 심양瀋陽까지 몇 시간을 달려갔지만 가공을 맡으려고 하는 공장은 한 군데도 없었다. 담당자는 수천 리 떨어진 절강성浙江省까지 달려가 간신히 농촌의 한 작은 가내 공업장을 찾아냈다. 그 사람은 선뜻 일을 맡아주었을 뿐 아니라, 설계비·모형비 등을 받지 않겠다고 했다. 담당자가 그곳을 떠나온 지 8일 뒤 모델이 동북의 그 공장에 도착했는데, 요구사항에서 한 치의 어긋남도 없이 틀림없는 물건이었다. 농부는 빠른 속도로 공장의 주문에 따라 가공을 완성해주었다. 이렇게 해서 수만 위안의 현금이 공업 발달 지역인 동북에서 절강성의 한 평범한 농부의 손으로 들어갔다.

발전이 더딘 회사에서 시간은 세기·년·월·일로 계산되었지만, 현대사회에서는 시간을 분·초로 따진다. 경영자는 자기의 시간도 아껴야 하겠지만 고객의 시간도 아낄 줄 알아야 한다. 갖은 방법으로 시간을 단축해서 효율을 높이는 것도 고객을 쟁취하는 중요한 지름길이다.

현대사회에서 시간을 쟁취하여 한 발 앞서 나아가 고객을 얻는다면 경쟁에서 결코 지지 않는, 아니 질 수 없는 위치를 확보할 수 있다.

첩족선득捷足先得 발 빠른 사람이 먼저 얻는다

『사기』「회음후열전淮陰候列傳」에 보면 "진나라가 사슴을 잃어버리자 천하가 모두 그것을 쫓았는데, 마침내 키 크고 발 빠른 자가 차지했다."는 이야기가 나온다. 여기서 말하는 "발 빠른 자가 먼저 차지했다"는 뜻의 '질족선득疾足先得'이나 '첩족선득'은 같은 뜻이다. 이 말은 고대의 변사(웅변가) 괴통蒯通에게서 나왔다.

　　기원전 3세기 말엽, 한漢나라 왕 유방劉邦은 장군 한신韓信으로 하여금 제齊를 공격하게 하여 제나라 왕 전광田廣을 크게 무찔렀다. 한신은 유방에게 임시로 자신이 제나라 왕이 되겠다고 했다. 유방은 한신이 혹 딴마음을 품을까 두려웠으나 일단 정식으로 왕에 봉해주었다. 이 당시 한신의 명성과 위세는 대단했다. 한신 밑에 있던 변사 괴통은 한신에게 유방으로부터 등을 돌리고 독립하여 항우項羽의 초楚, 유방의 한과 더불어 천하를 3분한 다음 다시 천하통일을 꾀하라고 권했다. 그러나 한신은 유방이 자신을 잘 대해주고 있다고 판단하여 괴통의 말을 듣지 않았다. 그는 계속 유방을 위해 출병했고 항우를 물리침으로써 마침내 한이 천하를 통일할 수 있었다.

　　유방은 한신을 믿지 않았다. 먼저 한신의 병권을 회수하고 한신을 초나라 지역으로 옮겨 초왕楚王으로 봉했다. 그 후 다시 낙양으로 불러들여 회음후淮陰侯에 봉함으로써 왕에서 제후로 낮추었다. 불만을 품은 한신은 몰래 진희陳豨와 반란을 모의했다. 진희가 반란을 일으키자 유방이 몸소 정벌에 나섰다. 한신은 몸이 아프다는 핑계를 대고 조정에 나가지 않고 진희의 군대와 합류할 심산이었다. 그런데 누군가가 한신의 의도를 고발했다. 유방의 아내 여후呂后는 소하蕭河와 모의하여 한신을 죽음으로 몰아넣었다. 죽음을 앞두고 한신은 이렇게 탄식했다.

"내 일찍이 괴통의 말을 듣지 않은 것이 후회스럽구나! 아녀자의 손에 죽게 되다니!"

유방은 한신의 최후를 전해듣고는 즉시 괴통을 잡아들여 한신에게 반란을 선동한 죄로 삶아 죽이려 했다. 당대에 명성을 날리던 변사 괴통은 이 순간에 다음과 같은 말을 했다.

"진나라 정권이 와해될 때 산동의 여섯 나라가 크게 난리를 일으켰고, 각지의 제후들은 너 나 할 것 없이 들고일어났습니다. 통치권을 잃은 진 왕조는 주인 없는 사슴과 마찬가지였습니다. 천하 사람들이 모두 사슴을 잡으러 나섰지요. 그러나 재주 있고 행동이 민첩한 자가 먼저 잡는 것은 당연한 이치입니다. 개는 그 주인을 위해 삽니다. 당시 저는 한신만 알았지, 한왕 당신은 몰랐습니다. 당시는 형세가 혼란스러웠고 누구나 다 왕을 탐내던 때입니다. 그런데 어째서 저를 삶아 죽이려 한단 말입니까?"

괴통의 말을 듣고 난 유방은 일리가 있다고 여겨 그를 풀어주었다.

'첩족선득'은 행동이 빠른 자가 먼저 목적을 달성한다는, 널리 통용될 수 있는 뜻을 담고 있는 모략이다. 현대의 경제 경쟁에서 이 사상은 거의 보편적으로 운용될 수 있다. 시간과 속도가 곧 이익이자 생명이라는 인식은 이제 거의 모든 경영자의 좌우명이 되었다.

신속하게 정보를 수집·전달하고, 빠르게 상품을 바꾸고, 빨리 상품을 회전시켜 시장에 투입하는 것은 성공을 얻는 주요한 요인이다. 순식간에 천변만화하는 국제시장의 상황에 대처하기 위해 유럽의 많은 기업들은 특정한 공중 수송기지, 즉 공항에 상품창고를 만들어놓고 있다. 그리고 각 공중 수송기지에는 매우 효율적인 '속달항

공운송사(DHL)'가 설립되어 있다.

예를 들어 독일 쾰른공항에는 이탈리아인이 경영하는 속달회사가 있다. 매일 밤 쾰른공항은 밝은 조명 아래에서 분주히 일하는 모습으로 활기를 띤다. 수백 톤의 화물들이 품종별로 분류되어 박스에 담겨 첫 비행기를 기다린다. 이렇게 해서 상품은 빠른 시간 안에 세계 각지로 배달된다. 이 시스템의 장점은 제조공장이 생산지에 별도로 저장창고를 만들지 않아도 되므로 창고 설립 비용을 절약할 수 있다는 데 있다. 예컨대 어떤 자동차공장에서 모종의 실린더가 급히 필요할 경우, 전화 한 통 또는 팩스 한 통이면 즉시 해결해주는 시스템이다.

파리에 있는 한 의류업체가 최신 스타일의 여성복을 디자인했다. 그런데 그 옷에 어울리는 색의 단추를 구하지 못해 초조해하고 있었다. 옷에 맞는 작은 단추를 위해 이 회사는 보통 단추 값의 수천 배에 달하는 운송비를 아끼지 않고 쾰른 비행장에 지점을 갖고 있는 한 단추회사에 지정된 규격의 단추를 속히 파리로 보내달라고 주문했다. 패션계는 스타일이나 컬러 등 모든 것이 급속도로 변하는 곳이다. 따라서 스타일이 판매가를 결정하는 관건이 되고, 생산원가는 상품 판매가의 극히 일부분을 차지할 뿐이다. 아무튼 그 회사의 여성복은 선풍적인 인기를 끌었다. 이 회사가 얻은 이윤에 비하면 엄청난 돈을 치른 단추 값은 그야말로 '조족지혈'이었다.

근수초월跟隨超越 뒤따르다가 앞지른다

이 경제모략은 다른 기업이 새로 만든 상품의 뒤를 따르면서 자신의 새로운 후속 상품을 창조해내는 데 그 의의가 있다. 기술 또는 상품에 대한 모방이라는 기초 위에서

'추종식 앞지르기'를 시도하는 것이다. '뒤따르기'를 출발점으로 삼고 '앞지르기'를 목표로 삼아, 먼저 허심탄회하게 상대의 장점을 인정하고 차분히 배운 뒤에 그보다 나은 상품을 만들어 경쟁에서 승리를 거두는 것이다. 이는 외부 조건을 빌려 "적은 노력으로 많은 효과를 거두는" '사반공배事半功培'식 모략을 달성하는 효과적인 경로다.

어떤 신상품도 시작부터 마지막 라운드 종료의 공이 울릴 때까지 완전무결할 수는 없다. '근수초월'은 경쟁 상대의 예봉을 피해 잠시 침잠해 있으면서 상대의 장점을 취하고 여러 조건을 자신에게 유리하도록 활용한 다음, 느린 것 같으면서도 빠르게 카운터펀치를 날려 상대를 쓰러뜨리는 것이다. 시장에 막 나왔거나 나온 지 얼마 안 된 신상품을 모방하고 일부를 개선하여 더 높은 수준의 동종 상품을 만든 후에, 시장이라는 링에 올라 먼저 링에 올라와 있는 기업과 싸운다.

'근수초월'의 최대 장점은 신상품의 연구, 생산시기와 비용을 크게 줄일 수 있다는 데 있다. "앞서면 끌고 나가고, 뒤에 처지면 개선해서 나아가며, 발명은 하지 않는다." 이것은 일본의 일부 기업들이 내세우는 주요 전략이다. "상대에게서 얻어 상대를 이긴다."거나 "조금 뒤에 앞서겠다."는 '후상술後上術'이다. 이 모략의 핵심은 생산기술의 완벽함에 있다. 따라서 기업은 비교적 탄탄한 바탕 위에 역량이 뛰어난 과학기술팀과 전문적인 기술개발팀을 갖추고 있어야 한다.

'근수초월'은 '새로움' 위에다 집을 짓는 것이어야 하지, 단순히 베끼고 답습하는 것으로는 안 된다. 그렇지 않으면 "호랑이를 그리려다 고양이를 그리는" 꼴이 되고 말아 앞지르기는커녕 더욱 뒤처진다. 이 모략을 운용하려면 때를 잘 선택해야 한다. 급속히 발전하고 있는 현대의 과학기술은 상품의 생명주기를 날로 단축시키고 있다. 앞지르기 위해서는 긴장을 풀어서는 안 되며, 생산에 들어간 후에는 가능한 한 빠른 속도로 시장을 파고들어야 한다.

독점오두獨占鰲頭 거북 머리를 독점한다

뭇 영웅들과 겨루어 장원급제하여 높이 발탁되도다!

옛날 과거 시험이 있었을 때, 장원급제를 하면 거대하게 만든 거북 머리 위에 서서 인사를 받았으니 얼마나 뿌듯했겠는가. 이것이 바로 '독점오두'의 뜻이다. 상품경쟁에서 누구든지 장원급제할 수 있다면 최대의 경제 이익은 보장된 것이나 마찬가지다. 이런 경쟁의 의미에서 상업·기업 경쟁은 여러 면에서 전쟁과 공통점을 가진다. 말하자면 어느 쪽이든 '높은 고지'를 점령해야 한다. 어떤 기업 경쟁이든 최종적으로는 상품과 시장의 경쟁으로 나타난다. 최신 상품 또는 아무도 주의를 기울이지 않는 상품을 정확하게 골라서 상대는 없지만 나에게는 있는 것을, 상대가 가지고 있으면 나는 더 좋은 것을, 상대가 우수하면 나는 전환하여 한 발 앞선 경영과 판매로 '독점오두'하는 것이다. 이런 경영은 더 이상 상대가 없을 만큼 자신을 절대적인 우위에 올려놓는 것으로, 상업·기업 경쟁에서는 공격형 모략에 속한다. 그 실질은 선제공격으로 승리를 얻는 것이요, 기발함으로 상대를 제압하는 것이요, 한 걸음 앞서 나아감으로써 상대의 기를 꺾는 것이다. 말하자면 매매를 독점하는 것이다.

남보다 먼저 상품 판매의 '높은 고지'를 점령해야 시장의 다양한 변화를 한눈에 내려다보며 유통정보를 남김없이 감시할 수 있다. 이 모략을 운용하자면 비교적 강력한 신상품 개발 능력과 위험 부담을 감당할 수 있는 역량을 갖추고 있어야 한다. 따라서 예민한 안목과 개척적인 담력 및 식견을 갖추고 과학기술 발전의 '높은 고지'를 정확하게 선택, 시장 수요의 새로운 동향을 살핀 다음 과감하게 결단을 내려야 단숨에 성공을 거머쥘 수 있다. 성공한 뒤에는 계속해서 자신을 북돋아 더 높은 고지를 향해 달려가야만 우세를 지키고 영원한 '장원급제자'가 될 수 있다.

미국에 헨리라는 평범한 수의사가 있었다. 그는 직장을 잃고 집에서 궁색하게 지내던 중 과학자들이 실험용으로 사용하는 쥐가 세균을 옮겨 뇌신경을 크게 손상시키고 있다는 뉴스를 접했다. 헨리는 즉시 균이 없는 쥐를 배양하여 큰돈을 벌었다. 그의 이런 성공도 '독점오두'의 결과라 할 수 있다. 그는 이렇게 말했다.

나는 그저 다른 사람이 생각하지 못한 것을 했을 뿐이다. 그리고 그것이 이 사회에 모자라는 점이기도 하다.

별출심재別出心裁 차별화로 마음을 붙잡는다

당나라 때의 대시인 두보는 '별재위체친풍아別裁爲體親風雅'라는 시구를 남긴 바 있다. 마음의 힘으로 새로운 스타일을 창조해내는 것을 비유한 말이다.

상품 판매 활동에서 수많은 경영자들이 동시에 같은 시장에 눈을 돌리고 있을 때, 총명한 경영자라면 자신이 처한 조건에 근거하여 적당한 시장 목표를 설정하고 그 시장으로 진입하기에 가장 좋은 경영·판매 수단을 조합한 다음, 경쟁 상대와 다른 상품을 내놓아 각종 시장과 고객의 수요를 만족시킨다. 즉, 상대방과 구별되는 판매 전략을 세워 최저의 비용으로 최대의 판매 효과를 쟁취함으로써 이전까지 팽팽하던 국면을 깨고 상대보다 한 발 앞서 나아가는 것이다.

이 모략의 실질은 기업 간의 경쟁이 "우열을 가리기 힘든" 팽팽한 단계에 있을 때 시장에 대한 세분화를 통해 같음 속에서 다름을 추구하는 차별화 전략에 있다. 분석을 통해 아직 경쟁자에게 점령당하지 않고 공백으로 남아 있는 시장과 잠재시장을 발견함과 아울러 비집고 들어갈 틈이 보이는 시장을 독점하려는 목표를 정한다. 그리고 기업을 위해 새로운 시장 판매의 기회를 찾아 적시에 적절한 조치로 기업의 전체 활동을 조직하여 경쟁 상대와 싸워 이김으로써 좋은 경영 효과를 얻는다.

일본의 대규모 과자공장이자 전범기업인 모리나가森永 제과사와 메이지明治 제과사 사이에 벌어졌던 한바탕 치열한 경쟁이 이 경영전략의 실천적 가치를 아주 생동감 있게 보여주고 있다. 두 회사는 실력이 엇비슷하고, 생산하고 있던 같은 규격의 초콜릿 판매량도 우열을 가리기 힘들었다. 그런데 모리나가에서 먼저 성인 시장을 상대로 한 70엔짜리 '크라운'이라는 새로운 초콜릿을 생산해냈다. 크라운은 성인의 입맛과 소비욕구에 들어맞았기 때문에 선풍적인 인기를 끌며 초콜릿 시장에서 선두로 나섰다. 그러나 그것도 잠시, 메이지에서도 이에 뒤질세라 고객 시장에 대한 면밀한 분석을 거친 끝에 '알파'라는 이름의 초콜릿을 두 종류로 나누어 시판했다. 기존의 60엔짜리에다 40엔짜리 그리고 이 둘을 합친 100엔짜리까지 세 종류의 초콜릿이었다. 이처럼 메이지는 가격 면에서 모리나가의 초콜릿과 맞서는 동시에 시장을 3등분하는 기발한 묘안을 내놓았다. 시장의 3등분이란 40엔짜리 초콜릿은 13~14세의 중학생을 목표로 삼고, 60엔짜리는 17~18세의 고등학생을 목표로 삼으며, 두 종류를 합친 100엔짜리는 성인을 목표로 삼은 것이었다. 이 초콜릿은 잠재시장까지도 대대적으로 개척하는 놀라운 효과를 보였고 순식간에 모리나가의 초콜릿을 따라잡았다.

'별출심재'의 정책을 결정하는 과정에서는 목표로 하는 시장을 선정한 후에 적당한 판매전략을 세우는 것이 필수적이다. 일반적으로 집중성 판매전략(또는 밀집성 판매전략)이 성공률이 높다고들 한다. 시장의 특징은 늘 유동적이어서, 영원한 발전·전환·변화의 과정 중에 있다고 할 수 있다. 따라서 시장을 분석할 때는 동태적 관념 위에서 끊임없이 연구하고 조사해야 한다. 기업 간의 '팽팽한' 국면은 상대적이고 일시적이다. 이는 정책 결정자에게 차별과 대체의 연동성連動性을 파악하여 부단히 분석하고 쉴 새 없이 새로운 차별성과 목표를 추구할 것을 요구한다.

단도부회單刀赴會 칼 하나만 들고 모임에 참석하다

『삼국지연의』를 보면 멋있는 수염을 기른 미염공美髥公 관우가 칼 하나만 들고 홀로 적장이 베푼 연회에 참가하여 그 자리에 모인 장수들을 깜짝 놀라게 했다는 얘기가 나온다. 여기에서 나온 '단도부회'는 그 후 많은 사람들의 입에 오르내리는 유명한 고사가 되었다. 시장 경영에서 이 모략을 구사하려면 기업의 상품과 관련된 불필요한 가치를 쳐내는 일이 필요하다. 넓고 얕은 생산라인을 좁고 깊은 쪽으로 발전시켜 단일 상품 내지 단일 부속으로의 전환에 집중해서 히트가 될 만한 상품을 만들어내는 것이다. 높은 효율과 대량생산, 낮은 단가로 곧장 쳐들어가 시장을 점유함으로써 최대의 경제적 수익을 거두자는 모략이다.

'단도부회'식 경영의 핵심은 '단單', 즉 '단순함'에 있다. 중소기업은 기술력이 부족하기 때문에 많은 종류의 상품을 생산하기 어렵다. 모든 것을 다 하려다가는 오히려 모든 것이 다 허약해진다. 한계가 뻔한 힘을 굳이 분산시켜 허약한 다각도 경영을 유지하려다 단 한 방에 쓰러지는 것보다는, 힘을 한데 모아 단일 히트 상품을 만들어내는 것이 낫다. "차라리 정교한 것이 낫다. 잡스러워지지 않도록 하라. 차라리 전문적인 것이 낫다, 이것저것 많아지지 않도록 하라." 말하자면 밀집성 발전으로 생존을 추구하라는 것이다.

사실 많은 경영자들이 바늘이나 실처럼 작지만 일상생활에 꼭 필요한 물건에 눈을 돌리려 하지 않는다. 그러나 판매량만 많다면 아주 싼 물건이라도 이윤이 좋은 법이다. '박리다매'란 말도 있지 않은가. 아무리 작고 보잘것없는 물건이라도 많은 사람이 산다면, 앞으로 자기 기업의 발전 여하에 따라 잠재시장을 이미 확보한 셈이 된다. 이 모략을 실천하고 활용하다 보면 기업 경영의 안정성이 떨어지고 경영에 부담이 생길지도 모른다. 그러나 이 위험부담을 경쟁을 통해 진취적인 원동력으로 바꿀 줄 알아야 한다. 앞으로 나아갈 방향을 정확하게 가늠하여 장점은 살리고 단점은 피하며 우세를 한껏 발휘하여 유명 상표를 창조해서 지명도를 높인다면, 그 기업은 결코 패하지 않는 위치에 서게 될 것이다.

다로출격多路出擊 여러 길로 나누어 출격시킨다

칼 한 자루만 쥐고 홀로 뛰어드는 '단도부회單刀赴會'의 경제모략과 대비되는 '다로출격'은 기본적으로 위험성을 줄이는 데 역점을 두고 있는 경영전략이다. 상품경제가 나날이 발전하고 있는 현재, 시장은 하룻밤만 자고 나면 변해 있기 일쑤다. 어제만 해도 '불티나게 팔리던' 상품이 오늘은 잔뜩 풀이 죽어 기업에 말할 수 없는 위기감을 가져다주기도 한다. '칼 한 자루'로 뛰어들었다가 날이 망가지거나 심하면 칼 자체가 부러질 수도 있는데, 이는 대형 전문기업의 입장에서는 엄청난 위험부담이 아닐 수 없다. 이 같은 기복이 심한 파동을 피하고 경영의 안정성을 높이기 위해서는 '다로출격'과 같은 모략을 활용하는 것이 좋다. "병사를 여러 갈래로 나누어 출격시키려면 전략·전술에 만전을 기해야 한다." 다각도 경영전략은 기업의 안정성을 확립하기 위한 전략이며, 여러 방법으로 승리를 쟁취하고 적극적으로 공격에 나서되 은근히 그리고 천천히 싸워 결코 지지 않는 상황을 유지하려는 전략이다.

물론 '다로출격'의 중점은 자신의 힘에 맞게 실행에 옮겨야 한다는 데 있다. 인적·물적 자원을 돌아보지 않고 그저 상품 품목의 증가에만 열을 올려 큰 것 작은 것을 가리지 않는다면, 수습할 수 없어 단 한순간에 앞날을 망쳐버릴 수 있기 때문이다. 정책 결정자는 이 전략을 실행하기에 앞서 전면적으로 분석해야 하고, 특히 시장권·생산권 그리고 재무구조와 투자 가능성을 면밀히 분석해야지, 말이 눈에 보인다고 맹목적으로 잡아타고 마구 달려서는 안 된다.

강본구리降本求利 근본을 줄여 이득을 얻는다

'강본구리'는 상품의 설계를 개조해서 원가를 낮추고, 상품의 '내적 차이'로 기업의 '외적 차이'를 얻는 책략이다. '상품의 내적 차이'란 상품의 원가·질·기능 등과 같은 요소들의 차이로 나타나는 지표를 가리킨다. '기업의 외적 차이'란 기업들이 경쟁을 하는 과정에서 나타나는 기업 간 경영 또는 실력상의 차이를 가리킨다. "끓는 물을 퍼냈다가 다시 부어 끓는 것을 막는 것보다 장작을 빼내 불을 끄는 것이 낫다."는 말도 있듯이, '강본구리'의 기본적인 의미는 상품의 구조에 착안하여 기술적인 부분을 종합적으로 분석하는 것에서 출발한다. 이어서 면밀하고 깊이 있는 조사·연구를 거쳐 개선할 점을 찾아내고, 최종적으로 "상품의 원가는 최저, 기능은 최대"라는 정신으로 고객의 수요를 만족시키는 것이다.

'강본구리'의 실질은 상품의 기본 성능을 보충하고 좀더 개선한다는 전제하에서 필요한 보조 기능만 남기고 과도한 기능과 남아도는 불필요한 기능을 제거함으로써 원가절감과 상품의 시장 판매력을 증강시키는 데 있다. '강본구리'는 상품의 전반적인 가치를 높이는 것에서 출발하여 기능과 원가의 이상적인 결합을 추구한다. 기업의 정책 결정자는 상품의 기능 분석에 중점을 두어 어떤 것이 필요한 기능이며 어떤 것이 남아도는 기능인지를 분명하게 인식한 후에, 과잉 기능은 제거하고 부족한 기능은 보완·개선하여 상품 구조를 더욱 합리화한다. 결과적으로 상품의 내부 개선으로 외부 시장을 얻는 것이다.

지혜성본智慧成本 지혜로 근본을 세운다

'지혜성본'이란 시장에 나온 동종 상품의 최저가를 기준으로 원가를 설정하고 설계 담당자가 상품의 성능·질·원가의 지표대로 설계를 완성하면, 그 줄어든 액수만큼 신상품 개발비를 부담하고 그 지표에 맞추지 못하면 초과한 만큼 개발비 액수를 줄이는 것을 목표로 삼는 모략이다. 말하자면 기술 인력의 창조성을 자극하는 모략이다.

염성鹽城에 있는 무선전신공장은 줄곧 제조과정에서 원가를 줄이는 데 노력을 기울여왔다. 실천 과정을 통해 그들은 이런 사실을 알게 되었다. 즉, 제품은 원가의 70퍼센트 이상이 설계 단계에서 결정되며, 일단 생산에 들어가면 아무리 치밀하게 계산하고 절약해도 원가를 대폭 줄이기가 힘들다는 것이었다. 이 공장은 원가절감의 중점을 작업장에서 설계소로 전환했다. 생산 노동자에서 기술 설계자로 목표를 바꾸어 '지혜성본'을 실행한 것이다.

공장에서 추정한 설계 원가의 기초 위에서 매 단계의 설계 원가를 1위안씩 절감하면 담당 설계 인원들에게 2백 위안에서 5백 위안까지 상금을 지급하고, 그 반대면 같은 액수의 돈을 벌금으로 내게 했다.

'지혜성본'의 시행은 연구·설계 담당자들의 적극성을 부추겼다. 원래 공장에서는 설계자들에 대해 상품의 신뢰성만을 요구했지 원가절감을 요구하지는 않았다. 때문에 재료 선택과 공정에서 적지 않은 낭비가 있었던 것이다. 설계 담당자들은 질과 성능을 보증한다는 전제 하에서 현재 사용하고 있는 부품·재료 등을 반복 비교하고 심혈을 기울여 측정·실험한 끝에 여러 가지 원가절감 방안들을 내놓았다. 이로써 방만한 설계로 인한 낭비가 크게 줄어들었다. 이 공장의 한 설계팀은 상품의 배선판과 배선의 구조를 면밀히 검토하여 새롭게 설계한 결과 배선판의 원가를 0.5위안 절감했는데, 배선판의 1년간 생산량이 36만 개이므로 이것만 해도 공장은 18만 위안의 순이익을 볼 수 있었다.

죽마궤영鬻馬饋纓 말을 팔면 가죽 고삐도 딸려 보낸다

"말을 팔 때 가죽 고삐도 딸려 보낸다"는 뜻의 '죽마궤영'은 상품 판매에서 '애프터서비스'와 같은 개념이다. 상품을 판 후 애프터서비스를 잊지 않아야 신용을 얻을 수 있다. 이 경제모략은 상품 경영자들에 의해 널리 채용되고 있다. 애프터서비스가 좋으냐 나쁘냐는 상품을 산 소비자를 만족시키느냐의 여부와 직결될 뿐 아니라 기업경영 성패의 중대한 문제가 된다.

'죽마궤영'은 애프터서비스를 통하여 기업의 신용과 명예를 새롭게 세우고, 그 신용과 명성으로 영향력을 확대하여 고객을 쟁취하는 데 목적이 있다. 그렇게 해서 끌어들인 고객들로 하여금 자기네 상품에 대해 안정감과 신뢰감을 갖게 함으로써 계속 자기 회사의 상품을 사도록 유도하는 것이다. 그러면 고객은 영원한 단골이 될 것이다.

미국의 캐터필러 사는 불도저와 흔히 지게차라 부르는 포크리프트를 생산하는 회사다. 이 회사는 다음과 같은 광고를 하고 있다.

저희 상품을 사주신 분들이 이 세상 어디에 계시든 부품 교환이 필요할 때면 48시간 안에 배달해드립니다. 만약 그 시간 안에 우송이 되지 않으면 우리 상품을 공짜로 드립니다.

단돈 50달러짜리 부품을 먼 외국으로 보내기 위해 그들은 기꺼이 2천 달러가 드는 항공기를 이용한다. 때로 48시간 안에 부품이 고객의 손에 들어가지 못하면 광고에서 말한 대로 그 물건은 고객에게 공짜로 준다. 이 같은 신뢰도 때문에 이 회사는 지금도 쇠퇴하지 않고 있다.

기업들은 "고객은 왕, 서비스는 댁에서"라는 경영관을 갈수록 중시하고 있다. 이 모략은 처음부터 끝까지 최선을 다하여 상품에 대한 고객의 우려를 말끔히 씻어주는 것을 목적으로 하고 있다. 신뢰의 씨앗을 고객의 마음에 심어 고객이 다시 그 회사 제품을 사도록 함으로써 상품의 시장점유율을 확고히 하는 동시에 확대시켜나가는 것이다.

기업은 상황에 따라 다양한 형식으로 '죽마궤영'의 목적을 달성할 수 있다. 예를 들어 기술 서비스망을 조직, 집집마다 방문하여 설치나 시운전의 서비스를 할 수도 있고 기술 자문과 세트 조립 등의 서비스를 할 수도 있다. 기업은 회사 내에 상품 판매 상황에 대한 장부를 마련하여 고객의 상품 사용 현황을 파악하는 한편, 통신 체제와 부품 공급망 체제를 수립하여 필요한 부품을 즉시 교환하고 수리할 수 있는 역량을 갖추어야 한다. 아울러 고객의 주소 등을 정확히 파악하여 우편으로도 상품을 구입하고 서비스를 받을 수 있는 체제도 갖추어야 한다.

표면적으로 '죽마궤영'은 기업의 인력과 물자와 정력을 소모하여 기업의 수익을 떨어뜨리는 것처럼 보인다. 그러나 대국적으로 보면 사회에 유익하고, 장기적으로 보면 기업 자체를 위한 판로를 열어준다. 결국 기업의 경제적 수익은 고객에게 제공하는 서비스의 과정을 통해 갈수록 높아진다.

이 모략을 실천에 옮길 때는 수리 서비스에 대해 지나치게 선전하면 안 된다는 점에 유의해야 한다. 자칫 고객들이 질이 별 볼 일 없으니까 수리 서비스만 연신 외쳐대는구나 하는 인식을 가질 수도 있기 때문이다. 한 시계회사의 광고 문구가 이 점에 대해 잘 말해준다.

세계 각지에 파견되어 있는 본 회사의 수리공들은 지금 할 일이 없어 놀고 있음!

5절
판매전략

이형복인以形服人 모습을 보여 설득하라

경영자의 생존은 상품 가치의 실현을 전제로 한다. 경영자는 시시각각 시장이 돌아가는 추세를 파악하여 그 상황에 맞는 경영방식과 판매전략을 세워야 한다. "모습을 가지고 사람을 설득하라"는 뜻의 '이형복인'도 이러한 책략의 하나다. 상품을 정식으로 시장에 내놓을 때가 되면 먼저 상품을 직접적이고 구체적으로 세상에 공개하여 그 상품에 대한 사람들의 구매행위를 부추기고 유발한다. 흔히 하는 말로 "말이든 노새든 끌고 나와봐야" 아는 것이다.

'소비자 정복'이라는 목적을 달성하기 위한 방식에는 대개 다음 세 가지가 있다.

① 파괴 실험: 많은 사람들 앞에서 상품에 강한 충격을 가해 상품의 내구성이 단단

하다는 것을 보여주는 것이다. 1986년, 강소성江蘇省 사양현射陽縣에 있는 소파와 침대를 주로 생산하는 공장에서 '소학蘇鶴'표 드림 침대를 만들었다. 그런데 판매가 영 저조했다. 그해 11월, 이 공장에서는 놀라운 계획을 실시했다. 판매원을 침대와 함께 마안산馬鞍山으로 보내 큰길에 여러 사람이 보는 앞에서 침대의 강도를 실험한 것이다. 10톤 트럭으로 침대를 깔아버렸지만 침대는 전혀 손상이 가지 않았다. 이 소식은 순식간에 시 전체에 퍼졌고, 6개월 만에 '소학'표 침대는 상해·남경·무석無錫 등 37개 중소도시를 석권했다.

② 기능 전시: 쇼윈도·가판대 및 기타 다른 방식을 통해 상품을 전시하여 그 기능으로 신뢰감을 주는 것이다. 1979년, 강소성 오현吳縣에 있는 한 전기제품공장이 선풍기 생산으로 생산 업종을 바꾸면서 중소기업이 어떻게 하면 대기업의 유명 상품과 경쟁해서 시장을 확보하고 신용과 명예를 얻을 수 있을까 궁리했다. 공장의 지도자들은 소비자들이 전기제품의 온도에 관심을 가지고 있는 것에 착안하여, 상해의 한 백화점 전시장에 자기 회사 선풍기를 설치해놓고 봄부터 가을까지 무려 171일 동안 쉬지 않고 돌렸다. 백화점을 찾는 고객들은 지나가다 이 선풍기에 열이 얼마나 나는지 만져보기도 하고, 종업원이나 영업사원들에게 이 선풍기에 대해 이것저것 물어보기도 했다. '작은 낙타'표 선풍기는 이런 식으로 상해라는 거대한 시장의 문을 두드렸다.

③ 성능 시범: 판매원들이 상품의 기능 등 사용가치에 대해 직접 시범을 보임으로써 신뢰감을 주는 것이다. 옷이나 장난감 등과 같은 종류의 상품은 이런 방식을 쓰면 좋다. 소비자의 감성을 자극하기 위한 이 모략은 상품의 모습을 '진짜 보여주는' 것을 우선으로 하고 책자나 방송을 통한 '선전'은 보조 방법으로 한다. 판매 촉진을 위해 영업사원들이 대대적으로 떠들 필요 없이 그저 상품 스스로가 '말하도록' 하면 된다. 소비자가 눈으로 보고 직접 만져보고 하는 사이에 정말

상품이 마음에 들어서 또는 충동적으로 구매행위를 하도록 만드는 것이다.

가장 설득력 있는 광고의 원천은 상품 자체에 있다. 한 상품이 소비자를 정복하기 위한 가장 효과적인 수단은 상품 자체로 말하게끔 하는 것이다. 가장 좋은 상품이란 고객이 가장 좋아하는 상품을 말한다. 소비자에 의해 좌지우지되는 시장 경쟁에서는 구매자의 각종 의문점을 해소시켜 그들로 하여금 상품의 질을 믿도록 하는 것이 가장 중요하다. 사람들을 만족시킬 수 있는 요점을 정확하게 찾아낸 후 유효적절하게, 그리고 집중적으로 상품의 모델을 선보임으로써 소리 없이 장애 요인과 의혹을 해소하는 것이다. '실물'로 하여금 소리 나게 하며, '실물'로 사람 마음을 빼앗아 판매 목적을 달성하는 것이 이 모략의 진정한 의의다.

이물역물以物易物 물건과 물건을 바꾼다

실물경제의 역사에서 "물건과 물건을 맞바꾸는" 식의 물물교환은 가장 원시적인 상품 교환의 수단이라 할 수 있다. 상품경제가 크게 발달한 오늘날에도 이 낡은 수법은 여전히 경영자에 의해 활용되고 있다. 기업들은 '물물교환' 등과 같은 수단으로 일시적으로 현금이 없어 곤란을 겪고 있는 소비자와의 교역을 성공시킨다. 이는 판매촉진법의 일종이다.

미국 국제 농기구 주식회사의 창업주가 제안한 "보리와 농기계를 바꾸어줍니다!"라는 구호가 이 판매전략의 성공적인 본보기다. 그는 농기계가 필요했지만 살 수 없는 처지에 있던 많은 농민들에게 돈을 받지 않고 일단 기계를 가져다 사용하게 하고 수확한 보리로 대금을 결제받는 방식을 제안했다. 농민들은 그의 제안을 열렬히 환영했고, 앞다투어 그가 제안한 교환 계약에 서명했다. 3년 후 그 효과는 엄청나게 나타났다.

시장 경영은 교역이라는 과정을 거쳐 수요 또는 잠재수요를 만족시키는 종합적인 성격의 활동이다. 소비자가 어떤 상품이 필요한데 그 상품을 구매할 능력이 없을 때, 그러면서도 객관적으로 그 요구를 만족시킬 만한 조건이 존재할 때 사람들은 어떤 방법을 통해서라도 자기의 욕구를 만족시키려 할 것이다.

경영자가 교역을 성사시키기 위해서는 사용자를 이해하고 사용자의 욕구 상태 및 가치관을 분석한 뒤, 각기 다른 상황과 특징에 적절하게 대응하여 그에 상응하는 경영·판매전략을 세워 매매를 성사시켜야 한다. '물물교환'은 소비자에게 물건을 구입할 현금이 당장 없을 때 화폐를 '실물'과 바꾸는 수단이다.

'물물교환'은 소비자가 사고 싶거나 꼭 사야 하는데 당장 수중에 현금이 없을 때 효과적이다. 정책을 결정할 때도 이 점을 충분히 인식하여 사용자의 심리를 잘 맞추고 때를 잡아야 한다. 때로 이 방식은 잘 팔리지 않고 있는 골칫덩어리 재고 상품을 해결해주기도 한다. 신제품이 잘 팔리지 않을 때, 이전 제품과 적당한 현금을 내면 신제품과 교환해줌으로써 신제품의 판로를 타개하는 것이다.

교환의 수단은 당연히 시장 환경의 동태에 따라 민첩하게 변화해야지 한 가지 교환방식에만 매여서는 안 된다. 넓은 의미에서 '물물교환'은 경영의 물길을 트기 위한 다양한 방식들 가운데 하나라고 할 수 있다. 많은 기업들이 취하고 있는 무역 보상, 임차대 구매, 상호 약정 구매, 우대 구매 등은 실질적으로는 '물물교환'의 변형에 속하는데, 이런 것들은 기업의 판매 경영에 어떤 계기를 가져다주기도 한다.

교명인객巧名引客 이름으로 손님을 끈다

예쁘고 부르기 쉬운 이름은 상품의 가치를 백 배 더해줄 수 있다. 일본에서는 한때 결혼에 따르는 과소비의 열기 속에서 가장 잘 팔리면서도 인기를 끈 상품이 하나 있었다. 한 무역상이 필리핀에서 수입한 '백년해로 동굴'이라는 신상품이 그것이었다. 수입 가격은 단 1달러. 그러나 이 회사는 거기에 예쁜 상자를 씌워서 무려 3천 엔에 팔았다.

이 상품은 남방 해상에서 자라는 작은 새우인데, 이 새우는 새끼 때 암수 한 쌍이 돌 틈으로 들어간다. 그러다가 성장하여 몸집이 커지면 돌 사이에서 빠져나올 수 없게 되어, 결국 암수 한 쌍이 그 돌 속에서 평생을 같이 지내게 된다. 그래서 '백년해로 동굴'이라는 이름이 붙여진 것이다. 이 이름은 장차 부부가 될 남녀나 젊은 신혼 부부에게 영원히 아름답고 행복한 상징으로 받아들여졌다. 이 상품은 결혼 예물로 안성맞춤이 되어 없어서 못 팔 정도가 되었다. 이혼율이 갈수록 높아지고 있는 젊은 세대의 심리를 역으로 대변한 것이다.

별다른 주의를 끌지 못하는 상품을 찾아 '백년해로 동굴'이라는 그럴듯한 이름을 붙임으로써 사람들의 호기심과 구매욕을 자극한 이 애교 넘치는 사고방식은 확실히 기발하면서도 민첩한 것이었다. 본래 '백년해로 동굴'은 먹지도 못하고 장식품으로도 그다지 볼 만한 것이 아니었다. 그런데 어째서 사람들은 수천 엔을 아깝다 하지 않고 서로 사려 한 것일까? 그것은 이 상품의 모양과 품고 있는 의미가 행복을 가져다주는 것으로 인식되었고, 희한한 이름이 상품의 가치를 백 배 더 높였기 때문이다.

매독환주買櫝還珠 상자를 팔고 진주를 돌려받다

상품의 겉포장으로 소비자의 구매욕을 자극하는 판매전략을 '매독환주'라 한다. '독櫝'은 나무 곽을, '주珠'는 진주를 뜻한다. 이와 관련하여 『한비자』 「외지설·좌상」에 다음과 같은 고사가 있다.

> 초楚나라 상인이 정鄭나라로 진주를 팔러 갔다. 상인은 귀하고도 이름난 나무로 정교하게 상자를 만들고 큰 진주를 그 안에 넣었다. 정나라 사람 하나가 화려하면서도 향이 코를 찌르는 나무 상자가 너 마음에 들어 비싼 가격으로 그것을 사고 진주는 상인에게 도로 돌려주었다.

이 이야기는 원래 진주의 가치를 못 알아본 정나라 사람을 비꼰 것이다. 동시에 이 이야기는 상품의 포장이 얼마나 중요한가도 말해주고 있다. 만약 정교하고 아름다운 나무 상자가 아니었다면 정나라 사람은 진주를 거들떠보지 않았을 것이기 때문이다.

"사람은 옷이요, 말은 안장"이라는 말도 있듯이, 상품의 포장은 상품을 생산의 영역에서 소비의 영역으로 이어주는 '웨딩드레스'와 같다. 포장은 상품을 보호하고 휴대를 편리하게 해주는 기능에 그치지 않고, 더 중요하게는 소리 없는 판매원의 역할을 한다. 어떤 사람에 대한 판단이 흔히 그 사람의 외모로부터 영향을 받는 것과 마찬가지다. 상품 포장의 심리적 기능에는 다음과 같은 것들이 있다.

① 식별 기능: 상품을 짧은 시간 안에 소비자의 눈에 띄게 함으로써 구매욕을 불러

일으킨다.

② 관리 기능: 소비자가 구매하고 사용하기에 편리한 느낌을 준다.

③ 미화 기능: 포장의 예술성이 소비자의 구매 동기를 일으킨다.

④ 상승 기능: 우수하면서도 상징적 의미를 가진 포장은 소비자에게 명예·지위·신분이 상승하는 느낌을 준다.

상품 포장은 보호 기능·스타일·광고 선전을 삼위일체로 융합하는 추세를 보인다. 이 삼위일체를 달성하는 데는 다음과 같은 몇 가지 형식이 있다.

① 금상첨화錦上添花: "비단에 꽃을 수놓다." 아름다운 술병일 경우 병뚜껑에 붉은 실로 수를 놓는 따위가 한 예다.

② 화룡점정畵龍點睛: "용 그림에 마지막으로 눈동자를 찍다." 도자기로 이름난 경덕진景德鎭에서 나는 도자기 포장에 쓰여 있는 "옥같이 희고, 거울같이 밝으며, 종이만큼 얇고, 맑은 소리"라는 글은 상품의 특징을 아름답게 나타냈다.

③ 유묵과장幽默誇張: "말없이 은근히 큰소리치다." 북경의 '장성長城'표 칫솔 포장에 그려져 있는 "칫솔 실 하나 뽑히지 않는다."는 만화는 풍류 넘치는 예술적 수법으로 상품의 성능을 소개했다.

④ 길경여의吉慶如意: "멋을 살리다." 1949년 이전에 상해에 있던 행화루杏花樓 식당 월병月餠, 추석 보름에 달을 보며 먹는 달떡의 포장은 유명한 화가가 그린 그림이다. 이 그림은 추석 보름달을 감상하는 그림으로, 달의 신 항아嫦娥가 너울너울 춤을 추고 있는데 "어느 집 월병이 좋으냐고 물으니 목동 하나가 행화루를 가리키더라!"는 시와 어울려 야릇한 멋을 풍긴다.

⑤ 기능파생技能派生: 포장 뚜껑을 열면 흔히 상표와 성능 소개가 보이는데, 그 포장

이 상자라면 먼지를 방지할 수도 있고 또 들고 다니기에도 편리할 것이다.

　"불상은 금도금이요, 물건은 포장이다." '매독환주'를 응용하는 목적은 "나무 상자를 파는" 것이 아니며, 고객에게 "진주를 돌려받자."는 것은 더욱 아니다. 진정한 목적은 나무 상자를 이용하여 진주를 파는 데 있다. 따라서 이 모략을 운용할 때는 단순히 포장의 화려함만 추구하여 "빛 좋은 개살구"가 되게 해서는 안 되며, "썩은 짚에 진주를 싸는" 식으로 물건 자체의 값어치를 깎아내려서도 안 된다. 포장으로 소비자의 구매욕을 자극하여 상품을 생산 영역에서 유통 영역으로 순조롭게 진입하도록 촉진하는 것이 이 모략의 본질이다.

육접양화育蝶揚花　나비를 길러 꽃을 피우다

상품경제의 발전으로 생산과 소비 사이에 도매상과 소매상 같은 전매 조직이 나타났다. 기업을 꽃에 비유한다면 많은 중개상은 꽃가루를 날라 꽃을 피우게 하는 나비라 할 수 있다. 중개상과 생산공장 사이에는 이익이라는 면에서 모순되는 측면이 있다. 따라서 중개인을 어떻게 다룰 것인가 하는 전략적 차원의 문제가 발생한다. 전략적 안목을 가진 기업가들은 눈앞의 이익을 위해 다투는 식의 좁은 테두리에서 벗어나, 중개인을 자신들의 협력자로 보고 노동력과 자본을 아끼지 않고 중개인 고유의 고리 역할을 충분히 발휘하도록 돕는다. 즉, "나비를 길러 꽃을 피우는" 목적을 달성하는 것이다. "나비를 기르는" 방법은 많지만, 경영자는 시장 환경과 변화에 근거하여 올바른 방법을 선택하여 생동감 있게 활용해야 한다.

첫째, 중개인 판매 사업을 적극적으로 나서서 돕는다. 예를 들어 회사에서 어떤 상품을 광고할 때 즉시 도매상과 소매상에 소개하는 것이다.

둘째, 고객에 대한 중개인들의 서비스를 돕고 때로는 서비스를 적극 촉구하여 상품의 신용을 유지한다. 예컨대 애프터서비스망과 판매망을 직접 연결하면 중개상들로부터 환영을 받을 것이다.

셋째, 중개상들에게 상품에 대한 전문적인 지식을 제공한다. 일상적인 화장품을 생산하는 미국의 클레이어 주식회사의 경우 영구적인 훈련반을 개설했는데, 여기서는 화장품 대리점을 경영하는 사람들에게 각종 신상품에 대한 지식과 사용법 등에 대해 교육을 시킨다. 이 회사는 매년 여기에다 수백만 달러 이상을 투자하고 있다.

넷째, 중개상들이 시장 경쟁에서 이길 수 있는 좋은 조건과 기회를 제공한다. 중개상들이 다급한 상황에 놓이면 이를 적극 돕고 그들의 요구사항을 해결해주는 등 중개상들이 경영 목표를 실현할 수 있는 조건을 마련해줌으로써 가장 이상적이고 장기적인 '나비 기르기'의 효과를 볼 수 있다.

'육접양화'를 성공시키는 관건은 정책 결정자가 중개상과 함께 번영한다는 의식을 가지고 있느냐의 여부에 달려 있다. 상대방의 입장에 서서 상대의 이익을 충분히 고려하는 것, 이것은 곧 자신의 이익과도 직결된다.

향이현어香餌懸魚 향기 나는 지렁이가 물고기를 낚는다

경제 경쟁은 총칼이 난무하는 전쟁과는 다르다. 그러나 '이익'이라는 문제에 관한 한

비슷한 점이 너무도 많다. 어느 쪽도 밑지는 거래를 원치 않기 때문이다. 현명한 경영자는 단지 이익 때문에 일을 도모하지도 않고, 모든 권리를 혼자 삼키지도 않는다. 고객에게도 이익이 돌아가게 해야 그 고객을 더 단단히 확보하고 시장을 다질 수 있기 때문이다.

판매 촉진술은 경영의 중요한 방면이다. 판매술을 장악하지 못하면 경영의 앞날은 상상하기 어렵다. 판매술을 장악하면 물건을 돈으로 변화시킬 수 있을 뿐 아니라 손해를 이익으로 바꿀 수도 있다. 선진국 사람들은 유능한 판매원을 덕 있는 사람이라 부른다. 고객의 이익을 내 일처럼 돌봄으로써 구매자를 만족시키기 때문이다.

미국 한 자동차 회사의 최고 세일즈맨 스미스는 50이 넘은 나이에도 고객들에게 최고의 서비스를 제공하는 남다른 능력을 과시했다. 미국에서는 자동차 한 대를 팔아봐야 몇 백 달러 정도의 이윤밖에 남지 않고, 또한 미국제 자동차는 외제보다 판매가 저조하다. 스미스 씨는 1986년에 17만5천 달러를 세일즈를 통한 수수료로 벌었는데, 그가 판 차는 전부 미국제였다. 그는 고객들을 거의 다 단골로 만들었다. 자동차를 산 사람들은 다시 그를 찾아오거나 다른 사람을 소개시켜 자동차를 팔아주곤 한다. 그의 세일즈에서 특기할 만한 점이라면 물건을 팔기 전에 고객을 위해 거의 완벽에 가까운 서비스를 제공할 뿐 아니라, 팔고 난 후에도 반드시 고객을 잊지 않고 정성껏 돕는다는 데 있다.

언젠가 이런 일이 있었다고 한다. 어느 날 한 단골로부터 전화를 받았다. 그 단골은 자동차 서비스업을 하고 있는 사람이었는데, 환자를 병원에 호송하려는 순간 공교롭게도 자동차 기화기가 고장이 났던 것이다. 근처에서는 부품을 구할 수가 없었다. 전화를 받은 스미스는 두말없이 전화를 끊은 뒤 진열실에 있는 기화기를 들고 고객에게 달려갔다. 이 일이 있은 지 얼마 후 그 고객은 스미스에게서 무려 63대의 소형 버스를 사들였다.

고객의 이익을 보호하려면 쌍방 관계를 더욱 긴밀하게 하여 고객들이 다시 찾고 싶다는 느낌을 주어야 한다. 술집이나 레스토랑에서는 고객을 위해 남은 술을 보관해주는 키핑 서비스를 하고 있다. 그럼으로써 고객들은 몇 잔 남은 술을 위해 다시 그 집을 찾게 된다. 어떤 경영자는 "고객으로 하여금 끌고 가게 하라!"는 것을 경영의 유일한 원칙으로 삼고서 고객의 수요에 근거하여 경영을 개선한다. 고객이 판매자를 이해하라는 식의 경영방법은 결코 타당하지 않다.

"강태공이 낚시질하듯 물고 싶으면 물어라!"는 식으로 지렁이도 없이 낚싯대를 드리우는 안일한 방식은 현대의 경제 전쟁에서 절대 통하지 않는다. 향기롭고 맛있는 지렁이라야 큰 고기를 낚을 수 있다.

차면파예借冕播譽 면류관을 빌려 명성을 선전한다

면류관은 고대의 천자·경·대부들이 머리에 쓰던 예관인데, 훗날에는 제왕의 예관만을 가리키는 말이 되었다. 따라서 면류관은 곧 제왕을 상징한다. 신문이나 방송 같은 언론매체의 '면류관'을 빌려 돈 들이지 않고 상품을 선전함으로써, 상품의 명성과 가치를 높이는 경제모략을 '차면파예'라 한다.

이 모략을 운용하려면 시기를 정확하게 선택하여 주도면밀한 준비를 갖추고 있어야 한다. 1950년대, 프랑스 브랜디 사는 그들의 명주 브랜디를 미국 시장에 팔기로 결정했다. 그들은 브랜디를 선전할 시기를 미국 대통령 아이젠하워의 67세 생일로 잡고 여러 신문 등을 통해 미국 시민들에게 이렇게 선전했다. 프랑스 국민은 미국 대통령에 대한 우호의 표시로 아주 귀한 69년 묵은 브랜디 두 병을 축하 선물로 드리노라고. 연속되는 보도로 수많은 사람들이 이 사실을 알게 되었다. 특별기가 축하 선물을 싣고 미국에 도착하자 수만 명이 몰려들어 그 선물을 구경하려는 희한한 현상이 벌어졌다. 브랜디가 도착한 그날 모든 매체는 브랜디 기사로 메워졌다. 프랑스 브랜디는 이런 분위기 속에서 당당히 고개를 쳐들고 미국의 국가 만찬과 시민의 식탁 위를 활보하게 되었다. 브랜디를 대통령과 연계시킨 발상은 참으로 대담하고도 기발한 것이었다.

'차면파예'는 정보를 포착하여 목표를 적극적으로 쟁취하는 모략이다. 1984년 미국 대통령 레이건이 중국을 떠나는 날, 답례 연회가 관례에 따라 인민대회당에서 거행되었다. 당시 개업한 지 얼마 되지도 않은 장성반점長城飯店은 각종 경로를 통해 미국을 성공적으로 설득, 이 연회의 음식을 담당하게 되었다. 5백여 명의 내외신 기자들이 취재를 위해 몰려들었는데, 국내외의 수많은 시청자들이 이 연회를 지켜보는 가운데 장성반점의 이름도 세계 방방곡곡으로 퍼져나갔다.

'차면파예'의 관건은 교묘한 '빌림'에 있다. 방향키를 잘 조정하면 팔방으로부터 바람을 얻는다는 말도 있듯이, 그것의 관건은 방향키를 쥔 사람의 안목과 경험에 있다.

'차면파예'의 실현은 신문·잡지·라디오·TV 등 언론매체들을 떠나서는 생각할 수 없다. 이 매체들은 여론을 이끄는 중요한 힘이다. 빠른 소식, 광범위한 영향권 때문에 언론매체의 영향력은 여전히 대단하다. 경영자들은 늘 이 매체들을 '무관의 제왕'이라 부르며, 엄청난 위력을 지니고 있는 이 '면류관'을 빌리기 위해 전력을 다한다. 언론매체는 적시에 자기 상품의 명예를 높이려고 할 때 없어서는 안 될 수단이다. 그것은 광고로는 도저히 따를 수 없는 막강한 효력을 지니고 있다.

할수환포割須換袍 턱수염을 자르고 두루마기를 바꾸다

"자를 것은 자르고, 갈아입을 것은 갈아입어라!"는 말은 러시아의 피요트르 대제가 등극하면서 내건 기치였다. 당시 러시아는 구태의연하고 낙후된 나라였는데, 남자들은 기다란 수염에 헐렁헐렁하고 질질 끌리는 도포 같은 옷을 입고 다녔다. 피요트르 대제는 명령을 내려 수염을 자르게 하고 편리한 헝가리 복장을 입도록 했다. 이러한 조치는 생활과 생산방식에 일대 혁신을 가져와 러시아의 근대 공업을 빠르게 일으켜 세웠다. 이에 편승한 일부 기업들은 '할수환포'라는 정치 수단을 시장에 끌어들여 전통적인 생활방식을 개변시키는 진취적이고 공격적인 판매전략을 추구했다.

물론 경영에서는 '할수환포'를 피요트르 대제처럼 강제적으로 밀고 나갈 수는 없다. 경영자들은 소비자의 심리 추세에 근거하여, 그 심리를 이끌어내는 수단을 통해 소비의 새로운 흐름을 창조해야 한다.

'할수환포'는 시장 수요라는 기본 구조 위에서 시기적절하게 정확한 예측을 하고 잠재수요와 소규모 수요에 큰 자극을 가하여 소비심리를 유발하고, 그 조건 위에서 소비자의 구매욕과 구매 방향을 통제하여 기업 경영의 목표를 실현하는 것이다.

사회 변혁은 생활방식의 변혁과 맞물려 돌아간다. 소비행위는 사회가 발전함에 따라 끊임없이 변한다. 갑작스러운 변화는 드물고 점진적인 변화는 많다. '할수환포'의 실질은 소비행위를 크고 빠르게 변화시켜 생산과 판매를 증가시키는 데 있다. 이 모략을 운용하는 관건은 생활방식 변혁의 내재적 법칙을 파악하고, 수요의 발전 방향을 적시에 그리고 정확하게 예측하는 데 있다.

6절
경영정보

교우용간巧于用間 간첩을 활용한다

현대사회에서 정보의 중요성은 엄청나게 크다. 각종 경로를 통해 들어오는 정보는 경영 정책에 없어서는 안 될 요소다. 국제경제의 교류에서 경제간첩(이른바 '산업 스파이'로, 자료에 따르면 세계 간첩의 70~80퍼센트 이상을 차지한다고 한다)이 여행객·기자·상인·교민·연예인·탐험가들의 신분으로 여러 활동 무대에 등장하곤 한다. 매년 각국이 서로 내쫓으려고 하는 "반갑지 않은 손님" 중에는 전문적으로 경제정보를 수집하는 사람이 포함되어 있다. 기업가는 반간첩(방첩) 의식을 가지고 있지 않으면 큰 손해를 볼 수밖에 없다. 일찍이 화교 신분으로 중국을 방문하여 '경태람景泰藍'35의 전체 제조공정

---

35   동으로 만드는 공예품으로, 표면에 무늬를 내고 파란색을 발라 불에 구워 만든다. 명나라 황제 대종 경태 연간

을 촬영해 간 사람이 이 자료를 외국 장식품 제조공장에 팔아넘김으로써 얼마 있지 않아 똑같은 제품이 경쟁 상대로 출현했던 적이 있었다.

1985년, 일본의 이름난 중국 문제 전문가 나가지마 미네오中嶋嶺雄 교수가 그의 저서 『홍콩』에서 많은 일본인이 외국에서 자료를 수집하고 있는 구체적인 상황을 폭로한 적이 있었다. 그 책에 따르면 주홍콩 일본총영사관에는 '외무성 특별연구원 제도'가 있는데, 일본의 중국 문제 연구자들이 홍콩과 같은 중국인 사회에서 자기 마음대로 연구를 진행할 수 있다고 한다. 이 연구원들은 중국의 글과 말을 이해할 수 있기 때문에 중국 문제에 대해 상당한 인식을 갖고 있으며, 홍콩 현지에서 몇 년 연구하고 난 뒤 일본으로 돌아갈 때쯤이면 명실상부한 중국통이 된다는 것이다. 당시 일본에서 중국 문제를 연구하여 상당한 성과를 올린 학자만도 2천 명을 넘는다고 한다.

일본의 웬만한 기관에는 중국에 관한 각 방면의 자료가 갖추어져 있으며, 중국의 주요 성과 시, 예컨대 북경·상해·광주 등과 같은 대도시 시장의 주요 상품 가격까지도 도쿄의 연구기관에서 매일 수집하며, 심지어는 채소 한 근이 얼마인지도 파악하고 있다고 한다. 말 그대로 손바닥 들여다보듯 훤하게 알고 있는 셈이다. 중국 문제를 연구하는 주요 기관들은 중국에서 발행되는 신문을 비롯한 정기 간행물을 구독하고 있는데, 성 단위 이상과는 거의 모든 간행물의 구독 계약을 체결하여 마이크로필름으로 보존하고 있을 뿐 아니라 많은 지방 소도시의 정기 간행물도 구독 신청을 하고 있다. 각 연구기관의 자료는 지극히 세밀하게 분류·보존되어 있어 필요할 때면 언제든지 일목요연하게 참고할 수 있게 되어 있다. 이 엄청난 자료들은 각종 교류에 필요한 근거 자료로 활용되기도 하며, 특히 교류를 주도할 수 있게 하는 밑천이 되기

(1450-1456) 북경에서 대량으로 제작하기 시작했다. '경태' 연간에 만들어졌고 파란색을 바르기 때문에 '경태람'이라 부른다.

도 한다.

지기지피知己知彼 나를 알고 상대를 안다

『손자병법』에는 "적을 알고 나를 알면 백전불태"라는 유명한 전략이 있다. "나를 알고 상대를 안다"는 '지기지피'도 있다. 이는 전쟁에서 승리를 거둘 수 있는 기본 법칙이다. 경제 영역에서 승리를 거두려 할 때에도 이 '지기지피'의 모략은 대단히 중요하다.

정보 시대에 경제정보의 중요성은 누구나가 잘 아는 사실이다. '지知'의 내용과 방법은 현대적 요구에 부합해야 한다. 더 중요한 것은 경영의 외부 환경을 통찰하여 정확한 경영 방향을 판단하고 그로부터 경영의 주도권을 장악하여 적시에 '고지'를 차지해야 한다. 외국의 많은 기업들은 '지知'의 시야와 깊이를 확대하기 위해 엄청난 돈을 들여 전문가를 초빙, '두뇌군단'을 조직하는 한편, "아랫사람에게 물어도 부끄러워하지 않는다."는 '불치하문不恥下問'의 정신으로 일선 생산라인에서 일하는 직공들의 의견을 열심히 수렴한다.

작전 과정에서 열세에 처해 있더라도 '지기지피'의 정신을 굳게 지키면 열세를 우세로 뒤집는 기적을 창조할 수 있다. 경제 경쟁에서도 경영 지도자가 '지기지피'하면 수동적인 입장을 벗어나 기업을 승리의 길로 이끌 수 있다.

경제 교류가 확대됨에 따라 기업 경영자는 국내 기업들의 동향을 잘 알아야 함은 물론 국외의 상황 변화에도 정통해야 한다. 보도에 따르면 외국 기술과 설비를 도입하는 과정에서 적지 않은 기업들이 과학기술 정보의 흐름에 주의를 기울이지 않아 낙후된 기술과 이미 도태된 설비를 샀고 그로 인해 엄청난 외화를 낭비했다고 한다.

상대의 상황에 대해 알고 있어야 하지만 합작자의 상황에 대해서도 분명히 알고 있어야 한다. '친구'라 해서 맹목적으로 믿을 수는 없다. 1985년, 중국과 아프리카의 한 나라가 합작하여 두 개의 어업공사를 차렸다. 그 두 공사에 대해 중국 측은 인력·자본·물자 등을 똑같이 제공했다. 그러나 두 공사의 경영 상황은 무슨 까닭인지 큰 차이를 보였다. 한쪽은 관리도 잘 되고 수익도 높은 반면, 다른 한쪽은 관리체계도 어지럽고 손실이 막심해 몇 개월도 안 되어서 문을 닫았다. 합작하기 전에 두 동반자의 상황을 전혀 모르고 있었기 때문에 발생한 일이었다. 전자는 기반이 튼튼하고 인력 배치도 잘 되어 있어서 경영 상태가 좋았고, 후자는 담당 책임자가 업무를 전혀 모르는 데다 다른 인원들도 모두 임시 고용자들로 구성된, 애초부터 빈 껍질만 남은 회사였다. 상대방의 내력을 미리 알아보지 않고 무조건 합작했기 때문에 크게 실패하고 말았다.

초윤장산礎潤張傘 주춧돌이 젖어 있으면 우산을 펼친다

"달무리가 보이면 바람이 불고, 주춧돌이 물기에 젖어 있으면 비가 온다."는 말이 있다. 어떤 일이 일어나기 전에 징조가 나타난다는 것을 비유한 말이다. 추세를 관찰하는 것은 기업 경영자가 운을 맞이할 수 있느냐의 여부를 가늠하는 중대한 요인이다. "주춧돌이 젖어 있는 것을 남보다 먼저 알아서 신속하게 우산을 준비하는 것"은 기회가 찾아오는 징조를 포착하여 그 기회를 충분히 활용함으로써 성공을 얻는 것을 말한다.

'초윤장산'의 관건은 과학적 추리와 정확한 판단에 있다. 그러한 추리와 판단은 대량의 정보 분석과 종합이라는 기반 위에서 가능하다. 자기만의 지혜로운 안목이 있느냐 없느냐, 엄청난 잠재 수익의 기회와 요소를 포착할 수 있느냐 없느냐 하는 것들은 정책 결정자의 영감에서 나온다. 창조는 영감과 뗄 수 없는 관계에 있다. 영감은 번쩍 뇌리를 스치고는 슬그머니 사라진다. 따라서 영감을 잡았거든 즉시 실행에 옮겨야 한다. 정확하게 예측해서 일찍 손을 쓰면 일의 주동자가 될 수 있다. 영감·속도·대책은 성공의 길로 가는 세 가지 기본 조건이다.

1975년 봄 어느 날, 미국 아모르Armour 식육가공회사[36]의 사장 필립 아모르는 소파에 앉아 신문을 보고 있었다. 순간 불과 몇 글자의 속보 하나가 그를 크게 흥분시켰다. 멕시코에서 전염병과 유사한 병이 나타났다는 보도였다. 그의 머리가 빠르게 돌아가기 시작했다. 멕시코에 진짜 전염병이 발생했다면, 분명 캘리포니아와 텍사스 접경지대를 거쳐 미국으로 번질 것이다. 이 두 주는 미국 식육 공급의 주요 기지다. 전염병으로 인해 육류 공급에 차질이 생긴다면 고깃값은 폭등할 것이 뻔하다. 바로 그날로 아모르는 주치의 헨리를 멕시코로 급파했다. 며칠 후 헨리는 전보를 통해 멕시코에 진짜 전염병이 돌고 있으며, 그것도 아주 지독한 전염병이라는 사실을 알려 왔다. 아모르는 전보를 받자마자 즉시 모든 자금을 긁어모아 캘리포니아와 텍사스주의 소와 돼지를 대량으로 사들여 동부로 운송케 했다. 아니나 다를까, 전염병은 빠른 속도로 미국 서부의 몇 개 주들을 강타했다. 미국 연방정부는 즉시 해당 주들로부터 식품을 운반해 나가는 것을 철저하게 금지시켰다. 그 속에 육류가 포함된 것은 당연했다. 미국 내에 육류 품귀 현상이 빚어지고 가격이 폭등하기 시작했다. 아모르는 단 몇 달 만에 9백만 달러를 벌어들였다.

'초윤장산'은 대량의 정보에 의거하고 정책 결정자의 박학다식에 근거해야 한다.

36　1967년에 미국 100대 기업 중 40위에 오른 대기업인데, 그 후로는 순위에서 사라졌다.

'초윤'은 조건이요, '장산'은 행동이다. 후자는 전자에 의존하며, 전자는 후자를 목적으로 한다. 세심한 곳까지 관심을 기울이는 '초윤'은 사실 매우 어려운 일이다. 이는 식견의 차이와 능력의 높고 낮음에서 나온다. 이 모략을 행동으로 옮기려면 정보의 확보와 과학적인 예측, 게다가 기업가의 박학다식함과 미세한 것까지 관찰할 수 있는 혜안이 있어야 한다.

투제등루偸梯登樓 사다리를 훔쳐 높은 건물에 오른다

"과학기술은 생산력이다." 이러한 인식은 모든 사람에게 당연한 것으로 받아들여지고 있다. 그러나 과학기술 성과의 이용은 여러 조건의 제약을 받는다. 정보 시대에는 각종 과학기술 정보가 광범위하게 전파된다. 관심이 있는 사람들은 다양한 매체와 자기만의 주파수를 통해 과학기술의 동향을 수시로 파악하여 시장 수요를 겨냥한 기적을 창조해내곤 한다.

가난한 한 일본인이 오로지 소련 잡지에서 수집한 과학기술에 의존하여 짧은 시간 안에 기적같이 백만장자가 되었다. 이러한 경영을 전문가들은 '투제등루', 즉 "사다리를 훔쳐 높은 건물에 오른다."고 말한다.

'투제등루'로 성공한 그 일본인은 이렇게 말하고 있다.

제가 젊었을 때는 교회당의 생쥐 못지않게 가난했죠. 저는 명예와 부를 얻고 싶은 욕심이 너무 강했고, 또 정력이 넘쳐흘렀습니다. 그래서 제 정력과 재능을 한껏 펼칠 수 있는 분야를 열심히 찾았죠. 그런데 한 친구가 저에게 소련의 과학기술을 통해 시장에 내놓을 만한 상품을 연구해보라고 진지하게 권하지 뭡니까? 제 기억으로 당시 저는 고개를 갸우뚱거렸던 것 같습니다. 공업이 발달한 서방보다 10~20년 이상 뒤진 나라에 무슨 선진 과학기술이 있겠느냐? 이런 의문 때문이었죠. 그러나 친구의 말은 농담이 아니었습니다. 이렇게 말하더군요.

"소련 사람 중에는 천재가 많아. 그들은 진보적인 과학기술 방면에서 선두에 서 있어. 다만 경제시스템과 선진 발명을 실현하고 채용할 만한 제도가 제대로 돌아가지 않기 때문에 날이 갈수록 선두 자리를 빼앗기고 있는 거야. 그러다 보니 어쩔 수 없이 자기들보다 원활하게 움직이는 서방(이를테면 우리 일본 같은)에 수출하는 식으로 사상을 실현시키곤 하지. 그러고는 그 돈을 자기들의 무질서한 체제에다 낭비하는 거야."

왜 이런 얘기를 하는가 하면 말입니다. 바로 거기에 큰돈을 벌 수 있는 가능성이 도사리고 있기 때문이었습니다. 수십 수백이 아니라 수억, 아니 수천억을 말이에요.

이 일본인은 이런 말도 했다.

저요? 저는 그들(소련)의 사상을 이미 20년 이상 팔아왔죠. 그러니 저에게는 충분히 말할 권리가 있는 셈입니다. 제 회사가 돈을 벌 수 있었던 것은 순전히 원활하지 못하고 자신들의 물건을 잘 이용하지 못하는 저들의 현실 때문이었죠.

또 이런 말도 했다.

제가 어디서부터 출발했는지 아십니까? 바로 저들의 『과학과 생활』이라는 잡지의 한 코너였죠.

솔직히 말해 처음에는 성공할 수 있을지 저 자신도 의심스러웠습니다. 그러나 성공은 제가 상상했던 것 이상이었지요. 엄청난 이익을 얻었고, 저는 그 사상들을 버리지 않고 꽉 붙잡아 전매권을 획득하는 한편, 그것을 상품 생산에 이용했죠. 어느 정도 시간이 지나자 저는 기업을 확대했고, 지금도 그들의 거의 모든 정기 간행물, 즉 전문 잡지들을 정기구독하고 있습니다. 제 밑에 있는 전문가들은 그 잡지들을 세밀하게 검토하고, 그것들로부터 용기 있고 신기하고 참신한 사상을 대량으로 섭취하죠. 그들 소련 사람은 그것을 이용할 수 없지만 말입니다.

어떠한 과학 발명이든 상품으로 변화되어 시장에 투입되어야 수익을 올릴 수 있다. 대량의 인적·물적 자원을 투입해야 하는데, 논문으로만 완성된 과학 발명이라면 결코 실현 가치가 없다. 이 일본인의 현명한 점은 다른 사람의 사다리를 훔쳐 높은 건물 위로 올라갔다는 데 있다.

낡은 과학기술 체제의 폐단 및 사람의 두뇌에 박혀 있는 전통적인 관념 때문에, 과학기술 영역에서는 껍질만 있고 실속이 없는 현상이 도처에 나타나고 있다. 과학 연구부서들은 매년 대량의 투자를 받고 있으며, 많은 과학기술 성과를 쏟아내고 있다. 그러나 많은 성과들이 그저 종이 위에서 잠잘 뿐 생산에 응용되지 못하고 있다. 적지 않은 기업들이 신기술·신발명을 눈앞에 두고도 반영이 늦거나, 결심이 굳지 못하거나, 그것을 생산력으로 전환하고 싶기는 한데 갖가지 저항에 부딪히거나 하여 그저 '넓은 바다'만 바라보면서 한숨짓는다. 많은 과학기술 연구자들이 탄식조로 "발명은 어렵지만, 사회적으로 인정받기란 더 어렵고, 그것을 널리 응용하기란 하늘의 별따기다."라고 말한다.

시장 경쟁은 대단히 격렬하다. 발명을 상품으로 전환시키는 시간은 갈수록 짧아지고 있다. 많은 신기술이 금세 도태된다. 만약 우리가 체제 개혁으로부터 시작하여 과학 연구 성과의 개발과 이용을 향해 필요한 걸음을 옮기는 데 중점을 두지 않는다면, 과학 발명의 성과가 긴 세월 방치되거나 다른 사람에 의해 절취당할 것이다. 이 어찌 막대한 손실이 아니겠는가!

7절
위기관리

우회발전迂廻發展 우회하여 발전을 이룬다
_____

경영자는 흔히 우여곡절의 길을 걷는다. 누구나 곧게 뻗은 도로를 따라 자기의 목표를 달성하고 싶겠지만 그 실현이 불투명한 경우가 비일비재하다. 일본의 기업관리 전문가 무라야마杣山孚는 경영에서의 '굽음[曲]'과 '곧음[直]'의 관계에 대해 이야기하면서, 중국 홍군紅軍의 2만5천 리 대장정을 예로 들었다. 즉, 그 당시 고통을 무릅쓰고 우회하지 않았더라면 그 후의 발전과 전력 강화가 있을 수 없었을 것이라는 설명이었다. 모든 경영자는 '곧음' 가운데 '굽음'이 있고, '굽음' 가운데 '곧음'이 있음을 간파해야 한다. 지름길로 가려다 곤경에 처하기도 하며, 고심 끝에 돌아가는 길을 택하지만 그것이 남보다 먼저 가는 길이 될 수도 있다.

베네수엘라에 독학으로 성공한 투도라는 기술자가 있었다. 투도라는 석유사업에 손을 대보려고 생각했다. 그러나 석유업계와 친분이 없는 데다가 튼튼한 자금도 없었다. 고심 끝에 그는 돌아가는 우회 작전을 채택했다. 이때 한 친구들로부터 아르헨티나에서 2천만 달러어치의 부탄을 사들이려 한다는 소식을 들었다. 아울러 아르헨티나의 쇠고기가 과잉 상태에 있음도 파악했다. 그는 곧장 스페인으로 날아가, 그곳 조선소가 마침 주문량이 없어 고심하고 있음을 탐지했다. 그는 스페인에 대해 다음과 같은 조건을 내걸었다. "당신들이 나로부터 2천만 달러에 상당하는 쇠고기를 산다면 나도 2천만 달러에 상당하는 특급 유조선을 당신들에게 주문하겠다." 스페인에서는 흔쾌히 그 제안을 받아들였다. 투도라는 아르헨티나의 쇠고기를 스페인에 팔았다. 그런 다음 석유회사를 물색하여 2천만 달러에 상당하는 부탄을 매입하는 교환 조건으로 석유회사에서 그가 스페인에 주문한 유조선을 빌려 사용하도록 했다. 이 같은 우회 전술로 그는 일약 석유 해운업의 대열에 뛰어들어 전도양양한 경영을 펼치기 시작했다.

속담에 "칼을 갈아 장작을 팬다."는 말이 있다. 칼을 가는 것과 그 칼로 장작을 패는 것은 모순되면서도 통일된다. 필요한 만큼 시간을 들여 칼을 갈아 장작을 패면 패는 속도가 빨라 시간과 힘을 줄일 수 있다. 백여 년 동안 쇠퇴함 없이 회사를 운영해온 미국의 식품회사 하인즈는 '토마토케첩의 대왕'이라는 별명으로 전 세계적으로 명성이 높다. 이 회사의 경영방식은 매우 독특했다. 어떤 지역의 토마토를 원료로 선택하기 전에 그 지역으로 사람을 파견하여 기후·토양·수질 따위를 조사하게 하고, 농장과 합동으로 감정한 후 구체적으로 품종 선택에서 씨뿌리기·재배·살충에 이르기까지 지도한다. 식품회사가 이렇게 번거로운 일까지 간섭하는 것은 너무 지나치다는 비판을 면키 어렵겠지만, 사실은 바로 이런 방식으로 원료를 공급하는 우수한 기지를 확보함과 동시에 믿을 수 있고 안정된 원료를 바탕으로 그토록 오랫동안 고객의 신뢰와 사랑을 받는 상품을 만들어낼 수 있었다.

자금·기술·인력 등과 같은 조건의 제한을 받으면 직접적인 방법으로는 목적을 달성할 수 없게 되는 경우가 많다. 우회 전술을 통해 전기를 잡아 자신이 처한 상황을 바꾸고, 시장 수요와의 모순을 변화시켜가면서 상대와의 힘겨루기를 피해야 한다. 새로 시작한 사업이 어려우면 어려울수록 교묘한 방법을 찾아 곤경에서 빠져나와야 한다. 거기에는 신념과 의지 그리고 깊이 있는 계획이 요구된다. 또 몸소 발로 현장을 뛰어다니는 힘겨운 노동도 필요하다. 지혜와 땀은 경영자가 오갈 데 없는 상황에 처했을 때, 하늘이 무너져도 솟아날 구멍이 있다는 평범한 진리를 일깨워주는 원천이 된다.

절처구생絶處求生　절박한 상황에서 생존을 추구한다

"하늘이 무너져도 솟아날 구멍이 있다."는 속담과 거의 상통하는 '절처구생'은 절박한 상황에 놓인 것을 전제로 한다. '절처구생'에는 주관적 능동성과 전략가다운 지혜로운 눈, 발명가다운 창조적 사유, 예술가다운 번득이는 영감이 필요하다. 상품경제라는 망망한 대해에서 격랑과 암초는 피할 수 없는 장애물이다. 그러나 절박한 상황에서 기회와 희망을 찾을 수 있다면 신비한 대해를 자유롭게 향해할 수 있을 것이다.

1970년에서 79년까지 세 차례에 걸친 전 세계적인 석유 파동으로 인해 석유값이 10년 전의 배럴당 1.8달러에서 32달러로 치솟았다. 1차 파동이 닥쳤을 때 서방의 많은 기업들이 일대 혼란에 빠져 추풍낙엽처럼 쓰러졌다. 경제 전략가들은 고심을 거듭했다. 일부 기업들은 아예 두 무릎을 꿇고 항복했다. 그러나 그 어떤 방법도 난관을 완전히 헤쳐나갈 수 있게 해주지는 못했다.

하지만 일본의 기업들은 상황이 달랐다. 그들은 이 충격 속에서 위기를 새로운 전기로 변화시키는 놀라움을 보여주었다. 이 파동 덕분에 일본의 경제는 오히려 더 강한 경쟁력을 갖추게 되었다. 위기상황에서 생존했음은 물론 발전까지도 도모한 셈이었다. 그 성공의 비결은 이러했다.

우선 그들은 산유국과의 정면충돌을 피하고, 누구도 생각하지 못한 방식으로 새로운 길을 열었다. 석유 거물급 인사들에게 은근히 추파를 던지며 각종 선물로 필요한 석유 물량을 확보하는 한편, 사람들이 에너지 소모가 적은 상품을 추구한다는 새로운 추세를 파악하여 그러한 기술 상품에 전력투구했다. 그 결과 전자 시스템을 갖춘 절약형 소형차가 탄생했다. 가격은 미국제의 절반 정도였다. 일본제 소형차들이 서방 시장으로 물밀듯이 밀려 들어갔고, 일본은 엄청난 무역 차액을 남겼다. 일본은 석유 파동이라는 위기상황에서 오히려 대어를 낚아 올렸다.

경영활동은 각종 위험부담을 안고 있으며 때로는 아주 절박한 위기상황에 몰리기도 한다. 어떤 기업은 이 상황에서 파산을 면치 못하는가 하면, 어떤 기업은 새로운 생기를 찾기도 한다. 파산하는 이유는 위기상황에서 새로운 살길을 찾지 못했기 때문이다. 아니 좀더 솔직하게 말하면 살길을 찾으려 하지 않고 운명에만 매달렸기 때문이다. 반면에 성공하는 이유는 눈앞의 난관에 기죽지 않고 냉정한 자세로 활로를 모색하는 한편, 시장의 추세 변화에 입각하여 새로운 발전 전략을 수립했기 때문이다. 그 관건은 삶을 바라보는 경영자의 철학이다.

제 7 부

간사모략奸詐謀略

"입으로는 달콤한 말들을 내뱉지만 속에는 칼을 감추고 있다."

"말은 옳은데 마음은 그렇지 못하다."

"양다리를 걸친 채 겉과 속이 다르다."

"겉으로는 상대를 치켜세우는 척하면서 속으로는 그 사람을 깔아뭉갠다."

이런 말들은 음모가들이 습관적으로 써먹는 수법으로, 지금까지 줄곧 세상 사람들로부터 비난을 받아온 것들이다.

복잡다단하고 넓디넓은 이 세상에서 아름다움과 추함, 음과 양, 간사와 충성, 정正과 사邪는 항상 같은 시공간에 지속적으로 존재해왔다. 음모가는 선량한 사람들이 저주한다고 해서 멸종되지 않는다. 이 세상에서 음모와 옳지 못한 계략의 맥이 끊어질 가능성은 거의 없다. 사회과학이 발전하여 인간들의 문화·교육 수준이 높아지고 그에 따라 문명의 정도가 높아지면서 객관적으로 존재하고 있는 현실을 근본적으로 고치고 바꾸기란 더욱 불가능해졌다. 음모가는 자신의 얼굴을 더욱 교묘하게 위장하여 사람들을 유혹할 것이다. 그에 따라 음모와 나쁜 계략은 더욱 음흉해지고 은밀해져 엄청난 기만성을 갖게 된다.

착한 사람들이 무시무시한 암초로 가득한 이 격랑 속에서 생명의 배를 잘 몰아 뒤집히지 않게 하려면, 암초를 꿰뚫어볼 수 있는 안목과 역경을 헤쳐나갈 수 있는 힘을 갖추어야 한다. 즉, 간사한 술책을 잘 간파해 노련하게 그것을 깨부술 수 있어야 한다. 옛 가르침에 "사람을 해치려는 마음을 가져서도 안 되지만, 사람을 경계하는 마음이 없어서는 절대 안 된다."는 말이 있는데, 이것은 대단히 제한적인 처세 철학이다. 하지만 적을 충분히 방어하고 음모에 걸려들지 않는 바탕 위에서, "그 사람의 방법으로 그 사람을 다스리면" 단번에 승리를 낚을 수 있다.

음모와 나쁜 계략의 일반적 표현 형태를 이해하고 그것을 연구·간파하여 그 사악함을 폭로하거나 그것을 역이용하여 제압하는 방법을 터득하는 데 도움이 될까 해서, 우리는 음모의 내용만 거론하고 음모를 해결하는 방법은 거론하지 않았던 지난날 모략 연구의 부족한 점을 개선하기로 했다. 그리하여 우리는 음모와 옳지 못한 계략을 다른 모략 분야와 함께 연구 속으로 끌어들였다. 갖가지 음모와 나쁜 계략들을 읽다 보면 어떤 계시나 유익한 가르침을 얻을 수도 있고, 매우 중요하고 귀중한 교훈에 깊은 고마움을 느끼게 될 것이다.

1절
아첨

첨유지술諂諛之述　아첨의 기술

어느 때를 막론하고 아첨이 솔직함보다 지나치면 그 효과를 보지 못한다. 상대가 눈치채지 않게 나름대로 어떤 표현을 전달할 수 있어야 한다. 전국시대의 유명한 유세가 장의張儀가 초나라에서 식객으로 머물고 있을 때의 일이다.

언제부터인지는 몰라도 장의는 자신을 대하는 초나라 왕의 태도가 점점 멀어지고 있음을 느꼈다. 쌀쌀하게 구는 것은 물론이고 어떤 의견을 내놓아도 시큰둥해했고, 심지어는 시종들 사이에서도 자신에 대한 불만의 목소리가 들려올 정도였다. 장의는 생각하는 바가 있어 왕을 만나 담판을 지었다.

"귀국에서 나를 필요로 하지 않는 것 같으니 북쪽으로 가서 위군魏君을 만나도록 하겠습니다."

"좋소. 원한다면 가시오."

"덧붙여 한말씀 드리겠습니다. 위나라에 대해 원하시는 게 있으면 제가 그것을 가져다 대왕께 바치도록 하겠습니다."

"우리나라에도 금은보화나 상아 등 모든 것이 흔한데 위나라한테 무엇을 더 바라겠소?"

"그렇다면 대왕께서는 여자를 좋아하시지 않는 모양이군요."

"무슨 소리요?"

"정鄭이나 주周나라는 흔히 사람들이 선녀로 오인할 만큼 아름다운 여자가 많기로 중원 내에서도 유명하답니다."

장의는 이 대목을 유달리 강조해두었다. 당시 초나라는 남방의 후진국으로, 문화가 앞선 위나라 등 중원에 대해 일종의 열등감 같은 것을 느끼고 있었다. 이 말을 들은 초나라 왕은 더 이상 오만하게 굴지 않았다.

"초나라는 남방에 치우쳐 있는 나라요. 중원의 여자가 그렇듯 아름답다는 것은 소문으로만 들었지 아직 직접 보지는 못했소. 그러니 공이 신경을 써서…."

그러면서 초나라 왕은 장의에게 보물과 자금을 두둑이 주었다. 이 얘기를 들은 왕후 남후南后와 초나라 왕이 총애하는 후비 정수鄭袖는 몹시 초조했다. 두 사람은 약속이나 한 듯 장의에게 사람을 보내 많은 황금을 건네주었다. 말로는 "여비에 보태라."는 것이었지만, 실제로는 미녀를 초나라로 데려오지 말라는 간접적인 의사 표시였다. 남후와 정수는 『전국책』에서도 말한 바와 같이 "초나라에서는 귀한 존재"로서 대단한 권세를 누리고 있었다. 장의의 꾀는 여기가 시작에 불과했다. 장의는 또 하나의 깊은 계략을 준비하고 있었다.

그는 길을 떠나기 전에 초나라 왕에게 자신을 위한 술자리를 베풀어줄 것을 요청했다.

"요즈음 같은 난세에 길을 떠나면 언제 다시 왕을 뵐 수 있을지 기약할 수 없사오니, 아무쪼록 술자리를 마련해주십시오."

초나라 왕은 장의를 위해 송별회를 마련했다. 술자리가 거나하게 무르익을 무렵 장의가 갑자기 절을 올렸다.

"더 이상 이런 자리는 없을 것 같사오니, 원하옵건대 왕께서 가장 아끼시고 사랑하는 분들에게 술을 한잔 받았으면 합니다."

왕은 곧 남후와 정수를 불러 장의에게 술을 따라주게 했다. 두 여자를 본 장의는 갑자기 탄성을 지르며 초나라 왕 앞에 무릎을 꿇고 또다시 넙죽 절을 했다.

"이 몸 장의, 대왕께 사죄하옵니다."

"무슨 소리요?"

장의는 또 한 차례 입술에 침도 안 바르고 달콤한 말을 내뱉었다.

"저, 장의는 천하를 안 가본 데 없이 다 돌아다녔지만 이토록 아름다운 미인들은 보지 못했사옵니다. 그런데 위나라에 가서 미녀를 얻어 오겠다고 했으니, 대왕을 속인 것이 아니고 무엇이겠사옵니까?"

이렇게 절세가인을 둘씩이나 거느리고 있는 초나라 왕에게 다른 나라에서 또다른 미녀를 데려오겠다고 했으니 왕을 속인 죄 죽어 마땅하다는 것이었다.

자기 황후와 후비를 극찬하는 말을 들은 초나라 왕은 화를 내기는커녕 장의의 말에 맞장구를 쳤다.

"개의치 마시오. 나 역시 천하에 저들처럼 아름다운 여인은 없다고 생각하고 있소."

남후와 정수는 평범한 칭찬에 싫증이 나던 차에 장의와 같은 비중 있는 인물로부터 칭찬을 듣고 보니 여간 기분이 좋은 게 아니었다. 이렇게 해서 장의는 교묘한 아첨술로 초나라 궁정의 총애와 신임을 한몸에 받게 되었다.

상대방을 기쁘게 하는 가장 좋은 방법 중에 상대의 필요한 부분을 만족시켜주는 것보다 더 좋은 것은 없다. 그것은 무작정 후한 예물과 아부를 안겨주는 것과는 차원이 다르다.

진秦나라 왕족 가운데 공손소公孫消라는 자가 있었다. 그는 여러 차례 대외정벌에 나서 많은 공을 세웠다. 그런데 어찌된 일인지 직위가 도무지 올라가지 않았다. 그 이유는 공손소가 진나라 왕의 생모인 황태후에게 미운털이 박혔기 때문이었다. 공손소는 갖은 방법을 다 동원해보았지만 황태후의 마음을 돌릴 수 없었다. 공개적으로 자신의 마음을 표시해보기도 했지만 돌아오는 것은 싸늘한 반응뿐이었다. 헌칙獻則이라는 모사가 이런 공손소의 처지를 알고 다음과 같은 꾀를 일러주었다.

"황태후의 친동생 화양군華陽君이 주周나라에서 벼슬을 하고 있는데 직책이 여의치 않아 뜻대로 일을 하지 못한답니다. 채후는 늘 이것이 마음에 걸렸는데 자신의 친동생이라 차마 직접 얘기를 꺼내지도 못하고 전전긍긍하고 있습니다. 그러니 진의 왕족이신 공께서 주에 압력을 넣어 화양군을 재상으로 삼게 하면, 틀림없이 공에 대한 태후의 편견을 없앨 수 있고 공의 계획도 실현시킬 수 있을 것입니다."

공손소는 이를 실행에 옮겼고, 황태후는 말할 수 없이 기뻐했다. (『전국책』「진책秦策」)

공손소가 귀한 보물을 아무리 갖다 바쳤다 해도 이런 수확은 얻지 못했을 것이다. 오로지 상대가 좋아하는 것, 필요로 하는 것, 절실한 것에 맞추어야만 성공을 거둘 수 있다.

협견첨소脇肩諂笑 어깨를 세우고 목을 움츠리고 알랑거리며 웃다

공자의 이름난 제자들 가운데 한 사람인 증자曾子는 '협견첨소脇肩諂笑, 병우하휴病于 夏畦'라는 말을 한 적이 있다.

'협견'은 어깨를 세우고 목을 움츠린 모습을 말하며, '첨소'는 알랑거리며 웃는 것을 말한다. 상대에게 머리를 숙이고 허리를 굽히며, 비위를 맞추어 아첨하고, 거짓으로 공손한 태도를 꾸미는 것을 '협견첨소'라 한다. '하휴'는 여름날 밭에서 일하는 것을 말한다. 찌는 듯한 무더위 속에서 밭일을 하니 얼마나 힘들겠는가. 정직하고 아첨하지 않는 사람이 볼 때 '협견첨소'와 같은 비열한 태도는 여름날 땀을 뻘뻘 흘리며 일하는 것보다 더 힘들어 보이기 때문에 "여름날 땀을 흘리며 밭에서 일하는 것처럼 고생한다"는 뜻의 '병우하휴'라고 한 것이다.

이 말은 『맹자』에 기록된, 맹자와 그의 학생 공손추公孫丑가 나눈 대화에서 비롯되었다. 공손추가 맹자에게 물었다.

"문인이나 학자들이 집권자를 찾아가 접촉해야 합니까, 말아야 합니까?"

"구체적인 상황을 보아야 한다. 고대에는 이런 습관이 있었다. 신하가 아니면 군주를 보지 않았다. 이전에 위魏나라 문후文侯가 명사 단간목段干木을 찾아갔으나 단간목은 담을 넘어 도망갔다. 노魯나라 목공穆公이 현인 설류泄柳를 찾아갔으나 설류는 대문을 걸어 잠그고 만나주지 않았다. 사실 이것은 너무 지나친 경우들이었다. 필요하다면 당연히 만나야겠지. 당시 노나라 집권자 계손씨季孫氏의 총관으로 있던 양화陽貨가 공자를 만나려고 했지만 자신을 낮추어 공자를 방문하기가 싫어 교묘한 술수를 부렸다. 즉, 공자께서 출타했다는 소식을 듣고는 사람을 보내 삶은 돼지고기(혹자는 불에 그을린 넓적다리라고도 한다)를 보냈다. 예절로 따져본다면, 대부 또는 대부에 상당하는 높은 관리가 선비에게 선물을 보냈을 때 그 선비가 집에 없어 자신이 직접 예의를 갖추어 받지 못했으면 그 뒤에라도 직접 찾아가 그 예물에 대해 답례해야 한다. 공자께서는 양화가 약은 수를 썼다는 사실을 아시고는 양화가 집에 없는 틈을 타서 답례하고 돌아오셨다. 만약 양화가 수를 부리지 않고 예를 제대로 갖추었더라면 공자께서는 단간목이나 설류처럼 양화의 접견을 거절하시지는 않았을 것이다. 물론 권세 있는 자에게 아부하거나 뜻을 굽히는 것은 부끄러운 일이다. 마치 증자께서 '협견첨소脇肩諂笑, 병우하휴病友夏畦'라 말하신 것과 같다."

일상생활에서 이런 사람과 이런 일이 없을 수 없다. 그러므로 '협견첨소'하는 무리들을 진지하게 살펴서 그 웃음 뒤에 무슨 수가 감추어져 있는지 알아내고, 절대 허상에 현혹되거나 선한 얼굴에 홀리지 않도록 해야 할 것이다.

곡의봉영曲意逢迎 자신의 뜻을 굽히고 남의 뜻에 영합한다

'곡의曲意'란 자신의 뜻을 굽히고 남의 의견에 따르는 것을 말한다. '봉영逢迎'은 영합한다는 뜻이다. 즉, 아부로 남에게 영합함을 가리킨다. 그 뜻을 좀더 풀어보면, 남의 비위를 맞추거나 아부 따위의 거짓 수단으로 다른 사람의 호감과 신임을 얻음으로써 자기의 목적을 달성하는 것을 말한다.

'곡의봉영'의 모략 수단은 인간 사회에서 아주 폭넓게 사용되고 있다. 정객들은 자신의 출세와 영달을 위해 윗사람의 심리에 영합하여 환심을 사려고 애쓴다. 장사꾼들은 상품을 팔기 위해 과장과 허풍 그리고 때로는 비굴한 웃음으로 고객의 비위를 맞춘다. 심지어는 가정생활에서도 '곡의봉영'의 예가 곳곳에 보인다. 물론 가족 구성원들 사이의 '곡의봉영'과 정치적 목적을 노리는 정객의 그것은 본질적인 차이가 있어 함께 거론하기에 알맞지 않다. 그러나 그 속에서 우리는 많은 사람들이 운용하고 있는 '곡의봉영'의 보편성을 확인할 수 있다.

정직한 사람들은 '곡의봉영'을 비열한 행위로 생각한다. 그러나 인류 문명사에서 정직한 사람들이 '곡의봉영'이라는 간접 수단으로 자신의 정치·경제·군사 목적을 달성한 예도 적지 않다.

『좌전』「선공宣公」 2년조에 나오는 경우를 보자. 진晉나라 영공靈公은 포악하고 음탕한 군주였다. 그는 성 위에서 탄환을 던져 사람들이 놀라 이리저리 도망 다니는 것을 보고 즐거워하는 인물이었다. 한번은 요리사가 곰발바닥 요리를 약한 불에 연하게 익히지 않았다 하여 목을 잘라 그 머리를 삼태기에 담고 궁녀로 하여금 그것을 들고 조정을 돌게 했다. 조돈趙盾이라는 신하가 여러 차례 충고했으나 영공은 버럭 화를 냈고, 게다가 간신 도안고屠岸賈의 부추김에 넘어가 서예鉏麑를 보내 그를 죽이도록 시켰다. 서예는 정의감이 있는 인물이라 차마 조돈을 죽이지 못하고 끝내 나무에 목을 매달아 자결하고 말았다. 조돈은 가신 제미명提彌明의 보호를 받고 망명하는 수밖에 없었다. 황급히 성을 빠져나가던 조돈은 사냥 갔다 돌아오는 조천趙穿을 만났다. 조천은 영공의 매형이고, 조돈과는 집안 친척이었다. 조천은 조돈으로부터 저간의 사정을 듣고 조돈을 잠시 피신하도록 했다. 그리고 자신이 '곡의봉영'의 계책으로 영공의 신임을 얻은 다음 틈을 타 영공을 살해했다.

조천은 영공에게 거짓으로 조돈의 일을 거론하며 조씨 집안이 죄를 지었으니 자신의 관직을 박탈하고 벌을 내려달라고 요청했다. 영공은 조천의 이런 태도를 진심으로 믿고 조돈의 일과 조천은 무관하다며 조천에게 아무런 조치를 취하지 않았다. 이에 조천은 다시 영공의 비위를 맞추고자 영공이 놀러갈 때를 택해 미녀를 선발하자고 부추겼다. 영공은 아주 기뻐하며 미녀 선발의 일을 누가 맡는 게 좋으냐고 물었다. 조천은 주저 없이 간신 도안고를 추천했다.

도안고를 보내고 난 뒤 조천은 영공에게 도원으로 놀러가자고 꼬드겼다. 그러면서 안전을 위해 무사를 선발하는 게 좋다고 했다. 영공은 아무것도 모르고 그저 좋아하기만 했다. 조천은 무사를 선발하여 영공이 술에 취해 있을 때 찔러 죽였다. 그 얼마 후 조돈이 귀국하여 국정을 주도했다.

우리의 일상생활에서 정직하고 선량한 사람들은 '곡의봉영'술을 배우려 하지 않는다. 하지만 그런 본인의 뜻과는 상관없이 '곡의봉영'을 강요당하는 곤란한 상황에 직면하기도 하며, 심지어는 '곡의봉영'하는 무리들에게 화를 당하기도 한다.

착한 사람들은 "달콤한 말 뒤에 악의가 감추어져 있고 사탕 속에 독이 들어 있다."는 말을 귀담아들어야 하며, 또 "좋은 약은 입에 쓰지만 병에 좋고, 충언은 귀에 거슬리지만 행동에 유익하다."는 오랜 격언도 아울러 기억해야 할 것이다.

투기소호投其所好 상대가 좋아하는 것을 던져준다

"남이 좋아하는 것에 비위를 맞춘다"는 뜻의 '투기소호'는 드러나는 양모陽謀와 드러나지 않는 은밀한 음모陰謀 모두를 포함하는 이중성을 갖고 있다. '투기소호'란 상대가 좋아하는 것을 파악하여 거기에 영합하는 것이다. 즉, 그 사람이 좋아하는 것에 맞추어 간사함을 팔아먹는 것이다.

기원전 658년, 진晉나라 대부 순식荀息은 굴지屈地에서 나는 좋은 말과 유명한 수

극垂棘의 옥을 우공虞公에게 뇌물로 주는 대신 우나라의 길을 빌림으로써 괵虢을 멸망시키고 끝내는 우나라까지 멸망시켰다. 이것은 '투기소호'의 모략을 성공적으로 활용한 좋은 본보기다. 순식은 우공이 재물을 탐내고 이득이 생기는 일이라면 의리쯤은 헌신짝처럼 버리는 인물이라는 사실을 정확하게 간파하고, 그에게 뇌물을 먹이는 한편 감언이설로 칭송했다. 우공은 진나라가 우방국이라 믿을 뿐, 다른 야심을 가진 적국이라는 사실을 알아채지 못했다. 우공은 궁지기宮之奇의 충고에도 귀를 기울이지 않았다. 그 결과 나라는 망하고 그 자신은 포로로 잡혀, 진나라 헌공獻公의 딸이 시집갈 때 딸려가는 혼수품 신세가 되고 말았다.

기원전 494년, 월나라 왕 구천은 오나라와의 싸움에서 패한 후 와신상담, 복수심을 깊이 감춘 채 오왕의 비위를 맞추기 위해 재물과 여자를 바침으로써 오왕이 갈수록 음란 속으로 깊이 빠져들게 했다. 그 결과 월나라에 대한 오나라의 경계심은 서서히 풀어져갔다. 구천은 패전 후 무려 20여 년이 지난 기원전 473년, 마침내 오나라를 멸망시키는 데 성공했다.

춘추시대 최초의 패자 노릇을 했던 제나라 환공의 측근 가운데 수조豎刁·역아易牙·개방開方, 이 세 사람이 유명했다. 이들은 음흉한 정치적 목적을 숨기고 갖은 궁리를 다해 권력을 잡으려 한 인물들이었다. 세 사람은 아부·뇌물·부추김·감언이설 등 온갖 수단과 방법으로 "상대의 비위를 맞추는" '투기소호'로 환공의 환심과 신임을 얻으려 했다.

수조는 환공을 옆에서 보살피는 직책상의 이점을 한껏 활용했다. 그는 늘 환공의 행동을 유심히 관찰하여 환공의 생활 습관과 각종 기호를 완전히 파악한 후에 환공이 바라는 것, 좋아하는 것, 하고 싶은 일들을 미리 알아서 처리했다. 환공은 이런 수조의 마음 씀씀이를 칭찬했다.

역아는 요리에 아주 능했다. 그는 먼저 환공의 애첩 장위長衛의 총애를 얻은 다음 환공에게 접근, 신임을 얻은 자였다. 언젠가 한번은 환공이 농담으로 사람 고기를 먹어본 적이 없다며 사람 고기 맛은 어떤지 모르겠다는 말을 했다. 이를 들은 역아는 세 살 난 자기 친아들을 삶아서 그 고기를 환공에게 갖다 바쳤다. 환공은 역아가 자신을 위해 친자식까지 희생시킨 것을 보고 자신을 사랑하는 마음이 친자식을 사랑하는 마음보다 더 갸륵하다며 칭찬을 아끼지 않았다. 역아는 환공의 총애를 한몸에 받았다.

개방은 환공이 색을 밝힌다는 사실을 알고, 위衛나라 의공懿公의 딸이 아름답다며 환공에게 추천했다. 환공은 의공의 두 딸을 차례로 첩으로 삼았고, 그 덕분에 개방도 환공의 총애를 받게 되었다.

제나라 환공은 수조·역아·개방에게 홀려 혼탁한 생활에 빠졌다가 결국은 자신도 굶어 죽는 비극적인 죽음을 맞이했다. 그가 죽기 직전에 자신의 잘못을 깨달았다고 하나 때는 이미 늦어 있었다.

봉건사회에서 군주는 독재권을 휘둘렀고 신하는 그 명령에 따라야 했다. 민주란 근본적으로 존재할 수 없었다. 간신배나 소인배들치고 아부와 음모 등 갖은 수단과 방법으로 군주의 비위를 맞춤으로써 통치자의 신임을 얻으려 하지 않은 자가 없었다.

상하기수上下其手 손짓으로 위를 가리키거나 아래를 가리킨다

이 음모는 『좌전』 「양공襄公」 26년조에 나온다. 초楚와 진秦이 오吳를 침입하여 운루雲婁에 이르렀는데, 오나라가 단단히 대비를 하고 있다는 말을 듣고 철수했다. 그러고는 방향을 바꾸어 정鄭을 공격하여, 5월에 성균城麇에 이르렀다. 정나라 쪽에서는 황힐皇頡이 성을 지키고 있다가 나와 초나라 군대와 싸웠으나 패하고 말았다. 천봉수穿封戌가 황힐을 포로로 잡았지만 공자 위圍가 공을 가로채려 했다. 이때 백주리伯州犁가 "포로에게 물어봅시다!"라고 제안했다. 백주리는 포로를 데려다 놓고 "이번 분쟁이 군자들 간의 분쟁이라는 걸 그대도 잘 알 것"이라고 운을 뗀 뒤에, 손을 들어올리며 "이분은 왕자 위이시며 우리 임금의 귀하신 동생분이시다."라고 공자 위를 소개했다. 그리고 이번에는 손을 내리며 "이 사람은 천봉수이며 방성方城 밖의 현윤縣尹"이라고 천봉수를 소개한 다음, "누가 그대를 포로로 잡았는가?"라고 물었다. 포로는 "나 황힐은 공자에게 패했다."고 대답했다. 천봉수는 화가 치밀어 창을 공자 위에게 던졌으나 맞히지 못했다. 공자 위는 포로를 데리고 돌아갔다.

이 고사는 백주리가 공자 위와 천봉수가 공을 다툴 때 써먹은 음모를 전하고 있다. 이 사건은 기원전 547년, 초나라 강왕康王 3년에 발생했다. 강왕의 동생 공자 위는 건虔이라고도 하는데 초나라 공왕共王의 아들이었다. 형 강왕이 죽자 그 아들, 즉 조카 정오균鄭敖麇이 뒤를 이었다. 공자 위는 영윤令尹이 되었다. 그는 4년 뒤 조카를 살해하고 스스로 초나라 영왕靈王이 되어 12년간 재위했다.

당시 공자 위는 진나라 군대와 함께 오나라를 공격하게 되었다. 지금의 하남성 상성현商城縣 동북쪽에 해당하는 운루에 이르러 오나라가 이미 단단히 방어를 하고 있다는 소식을 듣고는 공격 대상을 정나라로 바꾸었다. 마침 그때 정나라 장수 황힐이 초나라 군대와 싸우다가 천봉수에게 포로로 잡혔다. 그런데 공자 위가 황힐이 자신의 포로라며 억지를 부리고 나서자 두 사람 사이에 다툼이 벌어졌다. 도무지 결론이 나지 않자 태재太宰 백주리에게 가서 판결을 받게 되었다. 백주리는 원래 진晉나라 대부 백종伯宗의 아들로, 초나라로 도망쳐 와 태재 벼슬을 하고 있는 인물이었다. 태재는 황실의 일을 맡아보는 황실 집안의 신하였다. 백주리는 왕의 동생인 위의 비위를 맞추려고 아주 교묘한 수를 부렸다. 그는 먼저 포로에게 물어보자고 제안했다. 그리고 포로를 두 사람 앞에 데려다 놓고 이렇게 말했다.

"두 사람은 모두 신분이 있고 체면이 있는 분들이다. 따라서 이 다툼은 군자의 다툼이다. 황힐 그대가 모를 리 없을 테니 일은 쉽게 밝혀질 것이다."

백주리는 황힐의 앞으로 다가가 먼저 공자 위를 소개하면서 손을 높이 치켜들고 말했다.

"이분은 귀하신 공자 위이시다. 초나라 왕께서 총애하시는 동생이시다."

이번에는 손을 아래로 내리면서 황힐에게 천봉수를 소개했다.

"이 사람은 천봉수고, 나라 방성 밖의 현윤이다."

백주리는 손짓으로 공자 위와 천봉수의 신분상의 차이를 표시했고, 말 또한 두 사람을 구분하여 사용했다. 즉, 공자 위를 소개할 때는 '이분', '귀하신', '총애' 등과 같은 단어를 구사했고, 반면에 천봉수를 소개할 때는 '이 사람', '방성 밖'과 같은 표현을 썼다. 이렇게 소개한 다음 황힐에게 물었다.

"자, 누가 그대를 포로로 잡았는가?"

백주리의 암시를 알아챈 황힐은 이렇게 대답했다.

"나는 공자 위에게 패했소."

천봉수는 이 상황에 분노를 참지 못하고 창을 공자 위에게 던졌으나 명중시키지 못했다. 공자 위는 포로를 데리고 초나라 수도로 돌아갔다.

사람들은 이렇게 힘 있고 신분이나 계급이 높은 사람에게 잘 보이기 위해 윗사람을 속이고 아랫사람을 억누르는 소인배의 행동을 '상하기수'라는 말로 비유한다. 유사 이래로 현명한 군주와 신하는 나라의 생존과 번영을 위해 이런 부류의 소인배를 경계하고 멀리했다.

『구당서』 「위징전魏徵傳」(열전 21)에도 위징이 백주리의 고사를 인용하면서 당 태종에게 상소를 올렸다는 기록이 있다. 역사상 이런 음모 수단으로 일시에 세력을 얻은 간신이 적지 않았다. 춘추시대의 도안고, 진秦나라의 조고趙高, 당나라 때의 이의부李義府 등이 이런 종류의 음모를 구사한 간신배들이었다.

현대사회에서도 이런 음모를 꾀하는 자들이 끊이지 않고 있다. 시대가 달라졌을 뿐, 이런 음모에 대한 사람들의 인식은 역사가 흐르면서 더욱 심각해졌고 음모의 실행 방식도 더욱 교묘하고 교활해졌다.

미인계美人計 미인을 활용하는 계책

주周나라 때 여상呂尙(강태공)이 지었다고 하는 『육도』를 보면 "나라를 어지럽히는 신하를 길러서 (군주를) 홀리고, 미녀와 음탕한 소리를 바쳐 유혹하며"라는 구절이 나온다. 이 이야기는 「문벌文伐」편에 나오는데, '문벌'이란 무력을 쓰지 않고 적을 공격하는, 즉 모략으로 작전을 전개하는 것을 말한다.

『36계』에서는 '미인계'를 패전계敗戰計의 으뜸으로 꼽고 있는데 관련 대목은 이렇다.

병이 강하면 그 장수를 공격할 것이며, 장수가 지혜로우면 그 정情을 헤아릴 것이다. 장수가 약하고 군사가 쇠퇴해 있으면 그 위세는 절로 위축된다. (상대를) 이용해 통제하면 순리대로 보존할 수 있다.

이 내용을 좀더 풀이해보면 이렇다. 병력이 강대한 적에 대해서는 그 장수를 제거하거나 굴복시켜 전투 의지를 꺾는다. 장수의 투지가 약하고 병졸의 사기가 가라앉아 있으면 그 부대는 이미 전투력을 잃은 상태다. 적의 약점을 이용해 상대를 통제하고 와해하는 공작을 진행하면 대세에 따라 실력을 보존할 수 있다.

『36계』에는 또 이런 대목도 있다.

> 병이 강하고 장수가 지혜로우면 맞상대할 수 없고 대세에 따라 섬겨야 하는데,… 미인계로 상대를 홀려 의지를 꺾고 몸을 약하게 하면서 나의 원한을 키워간다. 이는 마치 월나라 구천이 오나라 부차를 섬기면서 끝내 패배를 승리로 바꾼 것과 같다.

미인계가 정치·군사 투쟁에 활용될 때는 성性으로 적장이나 지휘관을 유혹하는 것인데, 역사상 그 예가 적지 않았다. 미인계는 약자 쪽은 물론 강자 쪽에서도 널리 써먹었다. 여성이 남성의 부속물처럼 취급되던 시대에 여성은 일종의 '물건'으로 이용되었다. 현대사회에서는 여성이 '미인계'의 도구로 활용될 수 있을 뿐만 아니라 남자도 그렇게 활용될 수 있다. '미인계'가 어떻게 도구가 될 수 있는가에 대해 전면적으로 거론하려면 역사·사회·심리 등 각 방면에서 설명해야 하지만, 여기서는 이미 존재했던 모략 사례 몇 가지를 거론하는 선에서 그친다.

청나라 때인 1855년에 쓰인 주봉갑朱逢甲의 『간서間書』에는 일찍이 하夏나라(기원전 21-기원전 16세기) 소강少康 시대에 '여애女艾'를 시켜 요澆를 엿보게 했다는 기록이 있다. 이 기록을 바탕으로 시기를 계산해보면 그것이 적어도 약 4천 년 전의 일임을 알 수 있다.

기원전 약 660년, 진晉나라 헌공獻公이 고대 섬서성 임강臨江 일대의 부락이었던 여융驪戎을 무찌르자 여융에서는 미녀 여희驪姬를 진 헌공에게 바쳤다. 여희는 젊고 아름다우며 애교가 넘쳐 헌공은 곧 부인으로 삼았고, 얼마 되지 않아 해제奚齊라는 아들을 낳았다. 그러자 여희는 '밀봉계蜜蜂計'로 태자 신생申生이 윤리·도덕에 어긋나게 자신을 희롱하려 한다며 헌공에게 고해바쳤다. 또 거짓말로 신생의 생모가 자신의 꿈에 나타났다며 신생으로 하여금 지금의 산서성 문희현聞喜縣 동쪽인 곡옥曲沃에서 생모를 위해 제사를 지내게 하고 제사 때 사용한 고기를 헌공에게 갖다 바쳤다. 여희는 몰래 그 고기에 독을 넣고는 태자가 헌공을 해치려 한다고 모함하여 태자를 자살로 몰아넣었다. 헌공이 죽자 여희의 아들 해제가 그 뒤를 이었고, 진나라는 쇠약해지고 말았다.

『한비자』「내저설」하편의 기록을 보자. 공자는 노나라 애공哀公을 도와 나라를 다스렸는데, 백성이 풍족하게 살고 도가 제대로 시행되었다. 이에 경쟁자인 제나라 경공景公이 공자를 제거하려고 했다. 제나라 대신 여차黎且가 꾀를 내어 제나라 경공에게 말했다.

"중니(공자의 이름)를 제거하기란 쉽지 않습니다. 그러나 음악과 가무에 능한 미녀를 노나라 애공에게 바쳐 교만하고 허영스러운 심리를 부추기면 애공은 분명히 주색에 빠져 정사를 게을리할 것입니다. 중니는 틀림없이 애공에게 충고할 것이고 애공은 그 말을 듣기 싫어할 것입니다. 일이 그렇게 되면 중니는 두말 않고 노나라를 떠날 것입니다."

경공은 이 말에 따라 여차를 파견하여 노래를 잘하는 16명의 미녀를 애공에게 보냈다. 과연 애공은 그 후로 정사를 게을리했고, 공자가 수차례 충고했으나 듣지 않았다. 공자는 노나라를 떠나 초나라로 가버렸다.

기원전 492년, 구천은 오나라에서 치욕적인 3년을 보낸 후 조국 월나라로 되돌아왔다. 그는 귀국한 즉시 전국에서 미녀 수천 명을 선발하고 그중에서 가장 예쁜 여자 서시西施와 정단鄭旦을 뽑아 가무를 익히게 했다. 3년 후 미모와 재능을 완벽하게 겸비한 두 미녀를 오나라 왕에게 보냈다. 오나라 왕은 아주 기뻐했다. 오왕 부차는 허구한 날 두 미녀를 옆에 끼고 희희낙락하며 정사를 돌보지 않았다. 오나라의 유명한 대신 오자서伍子胥는 월나라 왕 구천의 의도를 간파하고 여러 차례 충고했다. 부차는 미색에 홀려 오자서의 충고를 도무지 들으려 하지 않았다. 구천은 오나라 왕이 북쪽으로 정벌에 나서고 국내에 큰 가뭄이 들어 힘의 공백이 생긴 틈을 타 일거에 오나라를 멸망시키고 오나라 왕 부차를 자살케 했다.

189년, 한나라 영제靈帝가 병으로 죽자 소제少帝 유변劉辯이 뒤를 이었다. 이때 동탁董卓과 여포呂布가 반역을 도모했다. 왕윤王允은 동탁을 제거하기 위해 먼저 동탁과 여포 사이를 갈라놓을 필요성을 절감했다. 왕윤은 정탐을 통해 두 사람 모두가 호색가들임을 발견했다. 마침 왕윤의 집에 초선貂蟬이라는 용모가 출중한 시녀가 있었다. 왕윤은 초선을 자기 딸이라 속이고 그녀를 여포에게 주기로 해놓고는 동탁에게 보냈다. 그런데 초선은 손짓 몸짓으로 자신의 마음은 여포 당신에게 있다고 표시했다. 일이 공교롭게 되려고 했는지 이 장면을 동탁에게 들켰다. 동탁은 여포가 자신의 애첩을 희롱한다고 여겨 벼락같이 화를 내면서 들고 있던 창을 여포에게 던졌다. 여포는 걸음아 날 살려라 하고 도망쳐 나왔다. 그러다 길에서 왕윤과 마주쳤는데, 왕윤은 불에 기름을 붓는 격으로 여포를 자극하여 마침내 여포의 손을 빌려 동탁을 죽이는 데 성공했다.

1917년 7월, 손중산孫中山(손문)은 '호법護法'의 기치를 내세우며 8월 '비상국회'를 소집하여 군 정부를 세우고 북벌에 나섰다. 광동성의 우두머리 주경란朱慶瀾은 직위를 이용하여 단기서段祺瑞를 간첩으로 보내는 등 눈엣가시와 같은 존재로 부상하고 있었다. 손중산은 그를 파면하려 했으나 적절한 구실을 찾지 못해 고심했다. 적당한 대책이 없어 전전긍긍하던 차에 주경란이 여자를 아주 밝히는 '색마'끼가 다분하다는 정보를 입수하게 되었다. 손중산은 몰래 사람을 배치하여 기생 소금령小金鈴으로

하여금 주경란에게 접근하도록 했다. 당시 주경란은 한 여학교에 강연을 나가고 있었는데, 예쁜 여학생만 보면 갖은 방법으로 유혹하곤 했다. 소금령은 명령에 따라 그 여학교에서 공부를 하게 되었고, 두 사람은 이내 눈이 맞았다. 며칠 후 이제 연인 사이가 된 두 사람이 주강珠江의 서호西濠 주점에서 밀회를 나누다가 기자들에게 현장을 들켰다. 주경란은 자신의 명예를 지키기 위해 아낌없이 돈을 뿌리며 기자들의 입을 막으려 했고, 광동성 의회에서 탄핵당할 것이 두려워 즉각 사퇴서를 내고 광주를 떠났다.

1978년, 소련의 KGB는 그리스의 선박 여왕 크리스티나의 10억 달러에 달하는 재산과 5백만 톤에 이르는 유조선, 그리고 지중해 북단에 위치한 중요한 군사적 가치를 지닌 스코르피오스 섬을 가로채려는 허황된 시도를 했다. KGB는 코제프라는 인물을 밀파하여 주도면밀한 작전 아래 크리스티나를 유혹하게 했다. 1978년 8월 1일, 두 사람은 마침내 결혼식을 올렸다. 그러나 결혼 2년 만에 코제프는 정체를 드러내기 시작했고, 크리스티나는 현실에 직면하여 '사랑'의 달콤한 꿈에서 깨어났다. 1980년 5월, 두 사람의 이혼과 함께 KGB의 음모는 수포로 돌아갔다.

2절
중상과 모함

구밀복검口蜜腹劍 입으로는 달콤한 말을 하지만 뱃속에 칼을 숨기고 있다

당나라 현종玄宗 때의 인물 이임보李林甫는 병부상서兵部尚書 겸 중서령中書令이라는 재상의 직위에 있었고, 출신 본가가 황제와 같아서 그 권세가 하늘을 찌를 정도로 대단했다. 그는 재능과 기예도 상당해서 글도 잘 짓고 그림도 잘 그렸다. 또한 아첨하는 재주가 뛰어나 종종 이 수법으로 현종과 현종의 심복 환관 및 총애하는 왕비들의 비위를 맞추곤 했다. 그는 이런 특별한 재능을 활용하여 무려 19년 이상 조정의 최고 자리인 재상직을 지켰다. 그는 일반 사람과 접촉할 때도 겉으로 늘 친근한 태도를 보이고 말도 듣기 좋은 말만 골라 했기 때문에, 사람들은 그를 참으로 보기 드문 충신이자 훌륭한 재상이라고 여겼다. 그러나 사실 그야말로 진짜 음험하고 교활하기 짝이 없는 인물이었다.

『자치통감資治通鑑』당 현종 천보天寶 원년(742)의 기록을 보면 이렇게 되어 있다. 이임보는 재상들 가운데 재능이나 공이 자기보다 높거나 황상에게 총애를 받는 사람들 가운데 그 세력이 자기와 맞먹는 자가 있으면 갖은 방법을 동원하여 제거하곤 했다. 그런 상대와 겉으로는 친하게 지내며 달콤한 말을 하지만 뒤에 가서는 모함했다. 세상 사람들은 이임보를 두고 말은 달콤하지만 가슴에는 칼을 숨기고 있다고 수군거렸다.

'구유밀口有蜜, 복유검腹有劍', "말은 달콤한 꿀처럼 듣기 좋게 하지만 뱃속에는 사람을 죽이려는 음모를 가득 품고 있는" 것을 가리키는 말이다. 이는 옛날 관료사회의 권력 암투에서 흔히 볼 수 있는 것이었다. 현대사회에서도 "앞에서는 좋은 말만 골라 하다가 등뒤에서 독수를 쓰는" 경우가 비일비재하다.

무중생유無中生有 없는데도 있는 것처럼 꾸민다

'무중생유'라는 말은 『노자』 제40장의 "천하 만물은 유有에서 생겨나며, 유는 무無에서 생겨난다."는 대목에서 나온다.

뒷날 사람들은 '무중생유'에 포함된 뜻을 변화시켜가며 사용해왔다. '무중생유'는 정치모략의 하나로서 흔히 음모가들이 널리 활용해왔고 지금도 활용하고 있다. 송나라 때의 위대한 장군 악비岳飛가 이른바 "날조된 죄명"이란 뜻의 '막수유莫須有'로 처형된 것이나, 청나라에 대항했던 영웅 원숭환袁崇煥이 사람들에게 버림받고 여러 해 뒤에야 비로소 누명을 벗은 것은 음모가들이 사용한 '무중생유'의 음모 때문에 빚어진 비극이었다.

『36계』에서는 '무중생유'를 전술의 하나로 취급하고 있다. 거짓이나 가짜 또는 허점으로써 상대에게 착각을 일으키게 하거나 속이는 것이다. "무중생유는 거짓이나 허점을 진짜로 변화시켜 적을 패배시키는 것이다."

『자치통감』「당기唐紀」에도 이 전술을 활용한 사실이 나온다. 때는 756년, 안사安史의 반란 때 반란군 장수 영호조令狐潮는 당의 장수인 장순張巡을 옹구雍丘에서 완전 포위하여 곤경에 빠뜨렸다. 당시 영호조의 군사는 4만이었고 장순은 2천에 지나지 않아서 세력으로는 도저히 비교가 안 되는 상황이었다. 전투가 계속됨에 따라 성을 지키던 장순의 군대는 결정적인 무기인 화살을 거의 다 소모했다. 상황은 갈수록 긴박해졌다. 이때 장순은 부하들에게 짚이나 풀로 1천여 개의 허수아비를 만들게 했다. 그러고는 이 허수아비에 검은 옷을 입히고 줄에 매달아 밤에 성 위에서 아래로 내려보내게 했다. 영호조의 군사들이 멀찌감치 보고는 성안의 군사들이 포위를 돌파하려고 내려오는 줄 알고 일제히 활을 쏘아 허수아비를 맞혔다. 이렇게 몇 차례 반복하고 나서야 영호조는 장순에게 속았다는 사실을 깨달았다. 장순은 허수아비를 이용하여 수십만 개의 화살을 적으로부터 얻을 수 있었다.

그 뒤 장순은 다시 밤에 성 위에서 허수아비를 내려보냈다. 적군은 이번에는 속지 않는다며 경계하지 않았다. 이렇게 상대의 방심을 확인한 다음 장순은 5백여 명의 정예군으로 선발 결사대를 조직하여 허수아비같이 검은 옷을 입혀 성밖으로 내려보냈다. 허수아비로 인해 감각이 무디어진 적이 채 정신을 차리기도 전에 5백여 명의 결사대가 적진 깊숙이 침투해 적을 닥치는 대로 죽이고 불을 질렀다. 영호조는 미처 막지 못하고 대패했다.

장순이 "허수아비로 화살을 얻고 결사대로 적진을 짓밟은" 것은 바로 이 '무중생유'를 구체적으로 활용한 사례였다.

중상제인中傷制人 중상모략으로 제압한다

전국시대에는 사람을 죽음으로까지 몰아가는 유언비어와 중상모략의 수단이 널리 사용되었다. 이 중상모략과 같은 수단은 많은 돈이 드는 것도 아니고 큰 힘이 드는 것도 아니었기 때문이다. 설사 상대가 반격하려 해도 목표를 찾을 수 없다. 게다가 효력은 놀랍다. 『전국책』과 같은 책에는 중상모략에 관한 역사적 고사가 많이 기록되어 있다.

이웃나라 임금이 초나라 왕에게 미녀를 선물했다. 초나라 왕은 이내 그녀에게 빠져들었다. 초나라 왕의 애첩들 중에 정수鄭袖라는 여자가 있었는데, 그녀는 새로 온 미녀에게 특별한 관심을 가지고 옷·장식품·가구·이불 등을 아낌없이 주었다. 그 관심의 정도는 초나라 왕보다 더하면 더했지 결코 뒤지지 않았다. 초나라 왕은 그녀의 행동을 보고 감동하지 않을 수 없었다.

"여자는 미모로 남자를 휘어잡으려 하고 시기심과 질투심이 강한 것이 보통인데, 정수는 내가 잘 대해주고 있는 여자를 나보다 더 잘 보살피는구나. 마치 효자가 부모를 공경하듯, 충신이 임금을 섬기듯 사사로운 욕심을 버리고 나를 위해 그렇게 해주다니 참으로 좋은 여자로고!"

초나라 왕이 정수를 칭찬하고 있을 때, 정수는 조용히 그 미녀를 찾아가 이런 말을 하고 있었다.

"왕께서는 이미 너에게 완전히 빠지셨다. 다만 한 가지, 네 코 모양을 마음에 들어 하지 않으시는 것 같으니 다음부터는 천으로 가리고 왕을 뵙는 것이 좋을 것이다."

미녀는 이 말에 아주 감격해하며, 그 후로 왕을 만날 때마다 늘 천으로 코를 가렸다. 초나라 왕은 의아해하다가 어느 날 정수에게 그 까닭을 물어보았다.

"어째서 나를 볼 때면 천으로 코를 가리는지 그 이유를 아는가?"

"저는 잘 모릅니다. 다만…."

"괜찮으니 말해보라."

"대왕의 몸에서 나는 냄새를 싫어하는 것 같습니다."

"뭐야? 이런 발칙한 것 같으니!"

초나라 왕은 즉시 그 미녀의 코를 베어버리라고 명령했다.

이 고사는 『전국책』과 『한비자』 등에 실려 있다. 신임을 잃게 만들 때 흔히 사용하는 수단이 중상모략이다. 그러나 중상모략을 상대가 알아차리게 되면 그 작용과 효과는 보잘것없어지며, 심지어 완전히 상반된 결과를 초래하기도 한다.

양봉음위陽奉陰違 겉으로 떠받들고 속으로 배신한다

정치 영역이건 군사·경제·외교 영역이건 간에 이 모략이 구사된 경우는 수없이 많다. 상대와 싸워 이기기 위해서는 먼저 상대의 경계심을 늦추어야 한다. 겉으로 순종하는 듯하면서 속으로 배신의 마음을 품고 있으며 "눈앞 따로 등뒤 따로, 입 따로 마음 따로"라는 뜻을 가진 이 모략은 그 극단까지 활용된 사례가 비일비재했다.

동진東晉 석륵石勒의 군대가 왕준王俊을 속수무책으로 만들며 무기에 피를 묻히지 않고 계주성薊州成을 점령했을 때 사용한 모략이 바로 "겉으로 떠받드는 척하면서 속으로 상대의 뜻을 어긴다"는 뜻의 '양봉음위'였다.

313년, 왕준은 황제가 되고 싶어 했지만 부하들의 마음은 이미 흩어진 상태였다. 석륵은 이 기회를 틈타 왕준을 습격하고자 참모 장빈張賓에게 계략을 물었다. 장빈은 다음과 같은 방책을 제시했다.

"왕준은 지금 진 왕조의 신하이긴 하나 본래부터 진을 없애고 자신이 왕이 되고 싶어 했습니다. 다만 천하의 영웅들이 자신에게 복종하지 않을까 주저하고 있을 따름입니다. 지금 그가 장군의 지지를 얻고자 하는 마음은 그 옛날 항우가 한신을 얻고자 한 마음 못지않다고 할 수 있습니다. 그러니 아무 걱정 마시고 후한 예물을 바쳐 섬기는 척하십시오. 그런 후에 기회를 틈타 그를 치는 것이 좋을 것입니다."

석륵은 후한 예물과 함께 사람을 보내, 왕준은 명문귀족으로 천하가 주목하고 있으며 지금 중원의 주인이 없는 상황에서 왕준이 황제 자리에 오르는 것은 당연하다는 뜻을 전했다. 이 말은 왕준을 기꺼이 천자로 모시겠다는 뜻과 다름없었다. 왕준은 뛸 듯이 기뻤다. 그는 석륵이 진짜 자기 쪽으로 돌아선 것으로 여겼다.

석륵은 표면적으로 왕준을 떠받들면서 몰래 그를 제거할 준비를 게을리하지 않았다. 314년 3월, 석륵의 군대는 역수易水에 이르렀다. 왕준의 부하 장수들은 석륵의 군대가 역수에 주둔한 것은 분명 무슨 음모가 있기 때문이라며 왕준에게 출격을 요청했다. 왕준은 석륵을 철석같이 믿고 있던 터라 오히려 화를 냈다.

"석륵은 나를 황제로 옹립하려는 사람이다. 두 번 다시 출격 얘기를 꺼내는 자는 목을 베겠다!"

그러고는 성대한 잔치를 준비시켜 귀하신 손님(?) 석륵을 맞이할 준비를 하게 했다.

4월 4일, 석륵은 왕준이 주둔하고 있는 계성에 도착했다. 성문을 지키던 군사는 석륵의 군대를 보자 즉시 성문을 열고 다리를 내렸다. 석륵은 이렇듯 순순히 자신들을 맞이하는 것을 보고 혹시 성안에 복병이 있지 않을까 의심했다. 그래서 기회를 엿보다 성문을 점거한 다음, 성의 군관들을 향해 잔치를 축하하기 위해 소와 양을 가져왔다며 소와 양을 성안으로 몰아넣게 했다. 수천 마리의 소와 양이 길을 가득 메우는 통에 행인들은 움직이기조차 불편할 지경이었다. 이런 상황에서는 설사 복병이 있다 해도 어쩔 도리가 없었다. 석륵은 군사를 끌고 입성하여 대대적인 노략질을 시작했다. 왕준의 측근들이 재차 출격을 요구했으나 왕준은 여전히 망설이며 결단을 내리지 못했다. 그러는 사이에 석륵은 왕준을 사로잡아 본국으로 보내 목을 베게 하는 한편, 그 부하 만여 명을 살상했다.

양면삼도兩面三刀 두 얼굴에 세 개의 칼을 품다

이 말은 『원곡元曲』에 나온다. '양면삼도'를 하나의 모략으로 볼 수 있느냐에 대해서는 많은 사람들이 부정적인 태도를 취한다. 왜냐하면 그것이 너무 악랄하여 치를 떨 정도이기 때문이다. 『홍루몽』 제65회를 보면 흥아興兒가 왕희봉王熙鳳을 두고 "입으로는 달콤한 말을 하지만 속마음은 독한, 두 얼굴에 세 개의 칼을 품고 있는 년", "위쪽으로는 웃고 있지만 아래쪽은 올가미", "겉은 불같이 밝지만 속은 칼을 감추고 있는" 등등의 말로 평가하고 있다.

모략이란 무엇인가? 모략은 계략·책략이다. 『오자병법吳子兵法』에 보면 "모謀는 해害를 멀리하고 이利를 취하는 것"이라고 했다. 정치 영역이든 군사 영역이든, 아니면 사회 교제든 어느 경우에나 '양면삼도'하는 자는 모두가 자기 이익의 입장에 서서 각종 기만적 수법으로 상대방을 홀려 함정에 빠뜨린다. 자신은 아무 힘도 들이지 않고 해를 멀리하고 이익을 취함으로써 의도한 바를 달성한다. 이런 의미에서 보면 이것은 확실히 모략의 일종이다.

춘추시대 정鄭나라의 대부 신후申侯와 진陳나라 대부 원도도轅濤涂는 일찍이 이런 방법을 사용한 대표적인 인물이었다. 기원전 656년 노나라 희공僖公 4년 여름, 당시의 패자 제나라 환공은 노魯·송宋·진陳·위衛·정鄭·조曹·허許 8국의 군대를 연합하여 채蔡나라를 총공격하는 한편, 남방의 강국 초楚나라와 평화 협정을 맺기로 하고 소릉召陵에서 동맹식을 열었다. 그리고 제나라 환공은 철군을 시작했다. 이때 진나라 대부 원도도는 정나라 대부 신후에게 제나라 환공의 철군과 관련하여 이런 의견을 내놓았다.

"연합군이 오면 진나라와 정나라를 거쳐가게 될 텐데, 그렇게 되면 연합군의 숙식을 우리 두 나라가 제공해야 하고 철군 때에도 마찬가지일 것이니 부담이 엄청나게 크다. 반면 해안을 끼고 동방의 거莒·서徐 등과 같은 동이국을 지나면서 철군한다면, 연합군의 위세도 과시할 수 있고 우리의 부담도 줄일 수 있다."

신후는 원래 초나라 문왕文王에게 총애를 받던 신하였는데, 문왕이 죽자 정나라로 도망가 여공厲公의 신임을 얻어 중용된 인물이었다. 탐욕스럽고 출세 지향적인 신후는 정나라의 이익을 위해 제나라 환공의 비위를 맞추려고 했다. 원도도의 말을 들은 그는 좋은 생각이라고 부추긴 뒤 원도도로 하여금 제나라 환공에게 가서 건의하게 했고, 제나라 환공은 진짜로 원도도의 건의를 받아들였다. 그런 후에 신후는 잽싸게 환공에게 달려가 다음과 같이 딴소리를 늘어놓았다.

"군대가 오래 비바람을 맞으며 행군했기 때문에 만에 하나 동방의 국가들로부터 공격을 받으면 큰일이니 해안을 따라 돌아가는 방법은 좋지 않다. 따라서 원도도의 건의는 순전히 자기 나라만 위한 것이지 제나라로서는 결코 좋은 의견이 될 수 없다."

이 말을 들은 제나라 환공은 신후의 말이 더 일리가 있다고 생각하고 원도도를 괘씸히 여겨 즉시 원도도를 잡아들이게 했다. 그리고 패자의 신분으로 정나라의 험준한 요새인 호뢰虎牢 지역을 신후에게 상으로 내렸다. 정백鄭伯은 제나라 환공의 조치가 못마땅했지만 복종하는 수밖에 없었다. 신후는 '양면삼도'의 술책으로 원도도에게 해를 입히고 제나라 환공에게 잘 보였다. 그러나 얼마 되지 않아 원도도도 같은 방법으로 신후를 죽음으로 몰아넣는다.

원도도는 석방된 후 신후를 찾아가 패자 제나라 환공이 신후에게 상으로 준 호뢰에다 아름다운 성을 세우는 한편, 제후들에게 건축에 따르는 각종 도움을 요청하라고 권했다. 이후 호뢰성이 완성되자 원도도는 정백을 찾아가 신후가 성을 세운 것은 딴생각이 있기 때문이라고 일러주었다. 그렇지 않아도 신후를 못마땅해하고 있던 정백에게 원도도의 이 말은 타오르는 불에 기름을 끼얹는 격이었다. 정백은 신후를 죽였다.

'양면삼도'의 술책은 상대방의 면전과 등뒤에서 각기 다른 술수를 써서 상대를 교란시키는 방법이라 할 수 있다. 신후는 먼저 겉으로 원도도를 지지하면서 원도도와 친한 친구인 체했다. 그러나 제나라 환공 앞에서는 더욱 '충성'을 표시하며, 자신의 말은 진정으로 환공 당신을 위한 것이고 원도도는 환공을 해치려는 나쁜 놈이라며 원도도를 함정에 몰아넣고 자신은 신임과 상을 동시에 거머쥐었다.

'양면삼도' 술책의 성공은 남의 의견을 듣지 않으려는 정책 결정자의 외고집·사리사욕·이기심·독단 등과 밀접한 관련을 갖고 있다. 제나라 환공은 두 가지 의견에 대해 누가 옳고 그른지 자세히 분석하지 않았다. 신후는 제나라 환공의 심리를 잘 헤아려 듣기 좋은 소리만 골라 함으로써 음모를 성공적으로 실현시켰다.

역사상 '양면삼도'의 술책을 잘 팔아먹은 간신들이 적지 않았다. 『사기』「이사열전李斯列傳」에 나오는 조고趙高 같은 인물은 이 술책을 밥 먹듯 써먹은 간신이었다. 그는 정적 이사李斯를 제거하기 위해 이사의 면전에서는 이사를 떠받들며 진秦 2세에게 가서 바른말로 충고하라고 부추겼다. 당시 진 2세는 이미 주색에 완전히 빠져 있어 구제가 불가능한 사람이었다. 이사는 사직을 위해 조고의 말대로 진 2세에게 충고하는 데 동의했다. 조고는 진 2세가 미모의 여자들을 좌우에 끼고 미친 듯 술과 쾌락에 빠져 있는 때를 골라 이사에게 황제가 보고 싶어 한다고 속였다. 이사는 황제를 찾아갔으나 황제는 면담을 거절했다. 이사는 몇 차례 계속 요청했고, 2세는 격분하여 이사에게 욕을 퍼부었다. 조고는 이때 불에 기름을 붓는 식으로 이사를 모함했다. 2세는 화가 머리끝까지 뻗쳐 즉각 이사를 잡아다 함양에서 허리를 절단하여 죽여버렸다.

함사사영含沙射影 모래를 품었다가 그림자를 향해 쏘다

전설에 따르면 옛날에 사람을 해치는 생물이 있었는데, 그 이름을 '역蜮(물여우라는 뜻)' 또는 '단호短狐(短弧)'라고 불렀다. 이 생물은 형상이 아주 괴상해서 흡사 '자라' 같았지만 다리가 셋뿐이었다. 가장 오랜 사전인『설문해자說文解字』에서는 "역은 단호다. 자라 같은데 발이 셋"이라고 했다. 역사서인『한서』「오행지五行志」에서는 "역은… 물가에 살면서 사람을 쏘는데 남방에서는 단호라고 부른다."고 했다. 또『경전석문經典釋文』이나『박물지博物志』와 같은 책에서는, 역은 속칭 '수노水弩'라고도 하는데 입에 활과 같은 모양의 고깃덩이가 달려 있다고 한다. 역은 주로 남방의 물에서 사는데 사람이 물가나 물 위를 지나가는 소리를 듣고는 입에 모래를 품었다가 사람을 향해 쏘거나 사람 그림자를 향해 쏜다. 이것에 맞은 사람은 등창이 나며, 그림자를 맞아도 병이 난다. 그래서 그놈을 '사공射公' 또는 '사영射影'이라고도 불렀다. 일설에 역은 "물로 사람을 쏜다."거나 "기를 쏘아 사람을 해친다."고 했다.

　　이 전설에 무슨 과학적인 근거가 있는 것도 아니지만, "모래를 품었다가 (사람)

그림자를 쏜다."는 말이 점차 생동감 넘치는 고사성어로 변하여 마음 씀씀이가 악하고 몰래 사람을 해치는 일을 비유하는 말로 사용되기에 이르렀다. 현재 우리는 간접적인 비방이나 우회적인 모욕을 형용할 때, 표면적으로는 다른 얘기를 하는 것 같지만 실제로는 악의에 찬 공격을 가하는 떳떳하지 못한 수법을 가리켜 이 전설에서 나오는 얘기를 따서 "모래를 품었다가 그림자를 향해 쏜다"는 뜻의 '함사사영'이라고 한다.

당나라 때의 시인 백거이는 「독사讀史」라는 시에서 다음과 같이 읊었다.

함사사인영含沙射人影, 수병인부지雖病人不知,

교언구인죄巧言構人罪, 지사인불의至死人不疑.

그 대체적인 뜻은 "모래를 품었다가 사람 그림자를 향해 쏘면 병이 나도 그 원인을 잘 모르며, 교묘한 말로 사람에게 죄를 뒤집어씌우면 죽음 앞에 이른 뒤에도 의심조차 못 한다."는 것이다. 단도직입적으로 분명히 말하지 않고 갑에 대하여 을을 가리키는 식의 암시를 사람들은 흔히 '영사影射'라 한다.

사실 옛날 사람들도 이 세상에 정말로 '역'과 같은 생물이 있다고는 믿지 않았을 것이다. 『시경』 「소아小雅」에 보면 "위귀위역爲鬼爲蜮, 즉불가득則不可得"이라는 구절이 있다. 역은 귀신과 같아서 볼 수 없다는 말이다. 『자화자子華子』라는 책에는 "극기회사極其回邪, 여귀여역如鬼如蜮"이라는 구절이 보인다. 귀신이나 역처럼 사악하기 그지없다는 뜻이다. 이것을 보면 옛사람들이 역과 귀신을 함께 거론하면서, 그것을 귀신처럼 몰래 화를 몰고 오는 나쁜 것으로 여겼음을 알 수 있다. 따라서 귀신 '귀鬼'자와 '역蜮'자를 한데 붙여 '귀역'이라는 단어로 사용하곤 했다. 예를 들어 남당南唐 진도陳陶의 "풍년이 들어 귀역이 몸을 숨겼구나."라는 시 구절이나, 원나라 방회方回의 "어중이떠

중이들이 귀역에 달라붙다.”라는 시 구절이나, 청나라 황준헌黃遵憲의 시에서 “귀역은 실로 헤아리기 어렵다.”는 구절 등이 그런 보기들이다. 음모로 몰래 해를 가하는 비열한 수단을 형용하여 ‘귀역기량鬼蜮技倆’이라고도 한다.

‘함사사영’은 정치 영역에서 문화 영역에 이르기까지, 또 관료 사회의 투쟁에서 사회 교제에 이르기까지 떳떳하지 못한 ‘귀역기량’으로서 보편적으로 존재하고 있다. 그것은 사회의 기풍을 흐리게 하고 정직하고 선량한 사람을 부패하게 만든다. 날로 발전·진보하고 있는 현대 문명사회에서 이 고상하지 못한 ‘귀역기량’은 사람들의 비판을 받고 있지만, 갈수록 교묘하고 사악하게 활용되고 있는 것도 사실이다.

지상매괴指桑罵槐 뽕나무를 가리키며 느티나무를 욕한다

『홍루몽』 제12회를 보면 가련賈璉이 외출 나갔다 돌아와서는 봉저鳳姐에게 힘든 것이 무엇이냐고 묻자 봉저가 이렇게 말하는 대목이 있다.

“우리 집안의 모든 일들을 그 할망구들이 사사건건 간섭하는데 뭐가 좋겠어? 조금만 잘못해도 ‘빗대어 욕하는’ 잔소리란….”

또 제59회에도 “앵아鶯兒가 황급히 말했다. ‘그것은 내가 한 일이야. 그러니 빗대어 욕하지 말란 말이야!’”라는 말이 보인다. 여기서 말하는 “빗대어 욕한다”는 뜻의 ‘지상매괴’는 표면상 이 사람 또는 이 일을 나무라는 것 같지만 사실은 다른 사람 또는 다른 일을 욕하는 것을 말한다.

고대 병법인 『36계』의 제26계 ‘지상매괴’ 중에는 이런 내용이 보인다. 강한 자가 약한 자를 굴복시키려면 경고 따위와 같은 방법으로 은근히 압력을 가한다. 적절하게 강경한 태도로 부하를 관리하면 호응과 지지를 얻을 수 있다. 위기가 코앞에 닥친 상황에서 용감하고 결단력 있는 태도를 보이면 부하들은 복종하고 존경을 표하게 된다. 또 '안어按語'라는 대목을 보면 이런 내용이 보인다. 자기에게 복종하지 않는 부대를 통솔하여 적과 싸우면, 이동을 시켜도 움직이지 않고 금전으로 매수해도 도리어 의심만 사게 된다. 이런 상황에서는 고의로 잘못을 저지르게 하는 방법을 써서 잘못을 저지른 사람에게 벌을 줌으로써 은근히 경고해야 한다. 경고는 또 다른 쪽으로 유도하는 것인바, 강경하고 결단력 있는 수단으로 복종시키는 방법이자 군대를 기동시키는 방법이기도 하다. 즉, 암시적인 수단으로 부하를 통솔하고 권위를 수립하는 모략이다.

소리장도笑里藏刀 웃음 속에 비수를 감추다

이 말은 북송시대의 구양수歐陽修와 송기宋祁 등이 편찬한 『신당서』 「이의부전李義府傳」에 나온다. "이의부는 생김새가 부드럽고 공손하며 사람과 얘기할 때는 늘 웃는 얼굴을 했다. 그러나 음흉스러운 도적 같은 심보가 마음속에 감추어져 있었다. 그는 자기의 뜻에 어긋나는 자가 있으면 모조리 중상모략으로 해를 입혔다. 당시 사람들은 그에게 '웃음 속에 비수를 감추고 있다'는 뜻에서 '소중도笑中刀'라는 별명을 붙였다. 또 부드러움으로 사물에 해를 가한다 해서 '인묘人猫'라고도 했다." 이것이 『신당서』의 이의부에 대한 평가다.

이의부는 당나라 태종 때 정책을 제안하여 문하성門下省 전의典儀라는 벼슬에 발탁되었다. 고종 때는 중서사인中書舍人으로 승진했고, 측천무후 때는 중서시랑참지정사中書侍郞參知政事라는 고위 관직에 올랐다. 657년에는 중서령中書令·우재상右宰相이 되어 허경종許敬宗 등과 함께 정국을 주도했고, 여재呂才 등에게 위임하여 『민족지民族志』를 다시 개정하게 함으로써 구 귀족을 억압하기도 한 인물이었다.

이 인물에 대한 『신당서』의 평가를 좀더 살펴보면 대체로 이렇다. 이의부는 겉으로는 온순하고 선해 보이며, 사람과 얘기를 나눌 때는 얼굴에서 미소가 떠나지 않았다. 그러나 내심은 음흉하고 악랄하여, 자기 마음에 차지 않는 사람은 무슨 수를 써서라도 중상모략해서 해를 입혔다. 사람들은 점차 그의 가면을 알아차리게 되었고, 그래서 그를 '소중도'라 불렀다.

이런 일도 있었다고 한다. 감옥에 아주 예쁜 여자가 갇혀 있다는 소문을 들은 이의부는 감옥을 관장하는 관리 필정의畢正義를 감언이설로 꼬드겨 그 여자를 석방하게 하고는 자신이 차지했다. 그 뒤 누군가가 이 일로 필정의를 고발하자 안면을 싹 바꾸어 필정의를 자살로 몰아넣었으며, 고발한 사람도 모함하여 변방 지구로 좌천시켰다. 이를 보고 당나라 때의 시인 백거이가 "미소 속에 감춘 칼을 갈지 마시게"라는 시를 남겼다.

고대의 병서인 『36계』에서는 '소리장도'를 적과 싸우는 네 번째 계략으로 꼽고 있다. 적이 나를 믿게 해놓고 나는 계획에 따라 몰래 준비를 갖추어 행동한다. 이것이 안으로는 살기를 감추고 겉으로는 부드러움을 보이는 책략이다. 『손자병법』「행군行軍」편에서는 "(적이) 말로는 저자세를 취하면서 뒤로 준비를 강화하는 것은 공격하려는 것이다.… 서로 약속이 없었는데 갑자기 강화를 요청하는 것은 적에게 모종의 계략이 있는 것"이라고 말하고 있다. 따라서 적이 웃는 얼굴을 하거나 듣기 좋은 말을 하는 것은 모두 살기를 간접적으로 드러내는 것이나 다름없다.

삼국시대 때 동오東吳의 여몽呂蒙은 관우가 위魏의 번성樊城을 공격하려 한다는 사실을 알고, 그 틈을 타 형주荊州를 빼앗으려 했다. 그래서 중병을 핑계로 건업建業으로 되돌아와서는 아직 이름도 알려지지 않은 육손陸遜을 우도독右都督으로 삼아 육구陸口를 지키게 했다. 육손은 관우의 세력을 마비시키기 위해 겉으로는 화해를 청하면서 뒤로는 싸움을 준비하는 두 가지 수를 활용했다. 그는 우도독에 부임하자마자 관우에게 편지를 보내 관우의 명성과 권위를 한껏 치켜세웠다. 그러면서 자신은 이런 자리를 맡을 능력이 없는 서생으로 모든 것을 관우의 명성에 의지하겠다는 둥, 갖은 방법으로 관우의 주의력을 조조 쪽으로 돌리게 했다. 이와 동시에 동오는 몰래 조조와도 관계를 맺음으로써 양면 전투를 피했다. 그리하여 관우가 동오를 안중에도 두지 않고 오로지 번성 공격에만 힘을 집중하는 사이에 여몽은 전함을 장사꾼들의 배로 가장하여 서서히 대군을 이끌고 강을 따라 북상한 뒤, 기습적으로 형주를 빼앗았다.

제2차 세계대전 때 일본 군국주의자들은 태평양전쟁을 도발하기로 결정했다. 상대방을 마비시키고 전쟁 발발의 돌발성이라는 면을 강조하기 위해 일본 정부는 태평양에서 일·미 쌍방의 이익을 명확히 해둔다는 것을 구실로 미국 정부와 빈번한 외교 접촉을 가졌다. 그 결과 미국의 지도자들은 일본이 성심성의껏 외교적 경로를 통해 양국 분쟁의 불씨를 해결하려 한다는 인상을 받았다. 1941년 11월 초, 일본 정부는 미국인 여자를 아내로 맞이한 한 인물을 워싱턴으로 보내 주미 일본대사 노무라野村의 외교 담판을 돕도록 했다. 12월 7일, 일본 함대가 진주만을 습격하는 바로 그때 일본 대사는 미국 국무장관에게 면담을 요청하고 있었다.

'소리장도'는 일반적으로 겉은 부드럽지만 속은 음흉하기 짝이 없는 것을 형용하는 말로, 음모가들이 흔히 쓰는 수법이다. 정상적인 인간 교제에서 사람들은 직선적이고 솔직한 사람을 오해하거나 심지어 미워하기까지 한다. 흔히 그 말이 너무 '공격적'이어서 싫어한다고 한다. 반면에 "부드러운 말과 얼굴에 미소를 띤" 사람에게 호감을 갖는다. 이는 정상적인 심리 상태라 할 수 있다. 인류의 교육 수준이 발전하고 문명화의 정도가 높아지면서 자연히 거칠고 투박한 사람은 갈수록 줄어들고, 웃는 얼굴에 매너 좋은 사람들이 많아지고 있다. 그러나 동시에 그 웃음 뒤에 비수를 감추고 있는 사람도 많아지고 있다는 사실을 잊지 말아야 한다. 즉, 표면적 현상에 홀려 경계심을 늦추어서는 안 된다.

차도살인借刀殺人 남의 칼을 빌려 사람을 죽이다

자신은 표면에 나서지 않고 다른 사람의 입을 빌려 타인에게 해를 가하거나, 다른 사람의 손을 빌려 상대를 제거하는 것을 비유하는 말이다. 이 계략은 서로 속고 속이는 술수로, 지난날 부패한 관료사회와 민간의 거의 모든 분야에서 보편적으로 볼 수 있었던 것이다. 조설근曹雪芹이 『홍루몽』 제16회에서 "우리 집안의 모든 일들을 그 할망구가 사사건건 간섭하는데 뭐가 좋겠어? 조금만 잘못해도 '빗대어 욕하는' 잔소리란…. '산에 앉아서 호랑이가 싸우는 구경이나 하고', '남의 칼을 빌려 사람을 죽이고', '바람을 빌려 불을 끄고', '남의 어려움은 강 건너 불구경하듯 하고', '잘못을 저질러놓고도 모른 척하고', 이 모두가 전래자全掛子의 수완이지!"라고 말한 대목이 좋은 예다.

'차도살인'의 성공적인 사례는 세상 사람들이 무릎을 치며 감탄할 만하다. 그중에서도 삼국시대 주유周瑜가 채모蔡瑁와 장윤張允을 죽인 사건을 꼽을 수 있다. 적벽대전에서 수전에 익숙하지 못한 조조의 군대는 수전 경험이 풍부한 형주의 패장 채모와 장윤을 기용, 하룻밤 사이에 수군을 훈련시켜 수전 능력을 크게 향상시켰다. 장강 방어를 책임지고 있던 주유에게 이는 커다란 위협이 아닐 수 없었다. 주유는 궁리 끝에 조조의 참모이자 자신의 오랜 친구인 장간蔣干이 방문했을 때를 이용, 술자리

● 남의 손을 빌려 상대를 제거하는 '차도살인'의 모략은 일반적으로 간사모략으로 분류되지만 어느 쪽에도 두루 활용되는 기본적인 모략의 하나이다. 주유는 적벽대전에서 이 모략을 한껏 활용했다.

를 마련하고 위조된 채모와 장윤의 투항서를 교묘하게 장간에게 노출시켰다. 장간은 이 거짓 정보를 얻어서는 그날 밤으로 조조의 군영으로 달려갔다. 투항서를 눈으로 확인한 조조는 앞뒤 볼 것 없이 채모와 장윤을 처형해버렸다. 그러고는 이내 후회했지만 엎질러진 물이었다. 주유는 교묘하게 장간과 조조의 손을 빌려 수전에 익숙한 두 맹장을 제거한 것이다.

'차도살인'이라는 모략의 이론과 실천에 관해서는 많은 모략 저서들이 언급하고 있다. 예를 들어 『병경백자』「차자」를 보면 이렇게 되어 있다. "힘이 달리면 적의 힘을 빌리고, 죽이기가 힘들면 적의 칼을 빌려라. 재물이 부족하면 적의 재물을 빌려라. 장군이 부족하면 적장을 빌리고, 지혜와 모략으로 안 되면 적의 모략을 빌려라." 이게 무슨 말인가? 내가 하고자 하는 바를 적을 유인해 대신하게 하는, 즉 적의 힘을 빌리는 것이다. 내가 죽이고자 하는 자를 적을 속여 처치하게 하는, 즉 적의 칼을 빌리는 것이다. 적이 가지고 있거나 저장하고 있는 재물을 빼앗는, 즉 적의 재물을 빌리는 것이다. 적을 서로 싸우게 하는, 즉 적장을 빌리는 것이다. 저쪽의 계략을 뒤집어 나의 계략으로 삼는, 즉 적의 지혜와 계략을 빌리는 것이다. 내가 하기 어려운 것은 남의 손을 빌리면 된다. 굳이 손수 행할 필요 없이 앉아서 이득을 누리면 되는 것이다. 적으로 적을 빌리고, 적이 빌린 것을 다시 빌리고 해서 적으로 하여금 끝까지 빌린 것을 모르게 하고, 적이 알았다 할지라도 어쩔 수 없이 자신을 위해 빌린 것으로 알게 하는 것, 이것이 빌리는 법의 오묘함이다.

『한비자』「내저설」 하편에는 이런 이야기가 실려 있다. 정鄭나라 환공桓公이 회鄶

나라를 공격하기에 앞서 먼저 회나라의 영웅호걸·충신·명장을 비롯하여 지혜가 뛰어난 자, 전투에 용감한 자들을 조사해서 명단을 작성하고, 일단 회나라를 쓰러뜨리면 이들에게 그 나라의 좋은 땅과 벼슬을 나누어주겠노라고 내외에 공포했다. 그런 다음 환공은 다시 회나라 국경 근처에다 제단을 차려놓고 작성한 명단을 땅에 묻은 뒤 닭과 돼지의 피로 제사를 올리며 영원히 약속을 어기지 않겠노라 맹세했다. 회나라 임금이 이 얘기를 듣고는 국내에서 누군가가 반란을 일으키려는 것으로 의심해서 정 환공이 작성한 명단에 들어 있는 인물들을 모조리 죽였다. 환공은 이 틈을 타 회나라를 공격하여 힘 안 들이고 회나라를 빼앗았다.

　1936년 겨울 어느 날, 파시스트의 괴수 히틀러는 정보부의 우두머리 라인하르트 하이드리히로부터 급한 보고를 받았다. 소련의 원수 두브체브스키가 정변을 일으킬 가능성이 엿보인다는 것이었다. 히틀러는 증거 부족인 이 정보를 나름대로 검토한 끝에 '차도살인'의 모략으로 두브체브스키를 제거하기로 결정했다. 두브체브스키는 당시 소련군 내에서 중요한 지휘관들 중 하나이자 명망 있는 국방위원회 부인민위원이기도 했다. 히틀러는 그를 소련 당국에 팔아넘길 수만 있다면 앞으로 전쟁에서 중요한 적 하나를 제거하는 것이 되고, 또 독일에 대한 소련의 신뢰도를 회복하여 소련을 다독거려놓음으로써 서방 국가를 공격할 때 등뒤의 후환을 해소할 수 있으리라 판단했다.

　히틀러는 하이드리히에게 극비리에 두브체브스키와 그 동료들이 독일의 고급 장교들과 주고받은 편지를 위조하도록 명령했다. 편지의 내용은 주로 두브체브스키의 정변 계획이 이미 독일 국방군 인사들의 지지를 얻었다는 것과 정변이 일어났을 때 독일의 지원을 요청하는 구체적인 방안을 암시하는 것들이었다. 그리고 두브체브스키 등이 독일에 팔아넘긴 정보 상황과 그 대가로 받은 거액의 출처 및 독일 정보기관이 두브체브스키에게 보낸 답장의 복사본 등도 위조했다. 이 위조 문서들은 빈틈이 전혀 없을 정도로 완벽했다. 히틀러는 이 위조된 자료들을 특정한 경로를 통해 소련 정보원의 손에 흘려 넣었다. 오래지 않아 소련은 3백만 루블이라는 거액으로 이 정보를 사 갔다. 두브체브스키 등 8명의 고급 장성들은 즉각 체포되어, 엄청난 '증거' 앞에서 뭐라고 제대로 변명도 하지 못한 채 단 몇 분 만에 사형을 선고받고 그로부터 12시간 내에 처형당했다. 소련은 전투에 능한 장성 여러 명을 잃었고, 그 결과 군 내부에 혼란이 조성되었다.

가수우인假手于人 남의 손을 빌려 일을 꾀한다

『병경백자』「차자」에 보면 "내가 하기 어려운 것은 남의 손을 빌리면 된다. 군이 손수 행할 필요 없이 앉아서 이득을 누리면 되는 것"이라는 대목이 있다. 적수나 타인의 힘을 이용하여 상대를 물리치며, 자신의 병력을 움직이지 않은 채 "(자신의) 병력을 무디게 하지 않으면서 이익을 완전히 보전하는" 목적을 달성하는 것이다.

춘추시대 위나라의 주우州吁는 계모에게서 태어난 형님인 위衛 장공莊公을 죽이고 왕위를 빼앗았다. 주우는 백성들이 따르지 않을까봐 겁이 나서 자신의 친한 친구 석후石厚로 하여금 석후의 아버지 석작石碏을 찾아가 대책을 강구하도록 했다. 위나라의 원로 신하인 석작은 퇴직하여 집에 있다가 이 사건의 전모를 전해듣자, 다른 사람의 손을 빌려 이 반역자들을 제거하리라 마음먹었다.

"군주의 자리를 안정시키는 일은 그리 어렵지 않다. 주우가 주周 천자에게 인사를 드리고 합법적 지위를 인정받기만 한다면 백성들도 아무 소리 못 할 것이다."

아들 석후는 아버지의 이 말에 어떻게 하면 천자를 만날 수 있는가 물었다.

"진陳나라 군주 환공桓公이 주 천자의 총애를 받고 있다. 진과 위 두 나라는 아주 화목한 사이인 만큼, 먼저 진나라 환공을 찾아가 환공이 나서서 일을 처리해달라고 부탁하면 틀림없이 성사될 것이다."

그런 다음 석작은 몰래 편지를 진나라 환공에게 보내 주우가 왕을 죽이고 자리를 탈취하였으며, 아들 석후가 폭군을 도와 악행을 일삼은 죄상을 낱낱이 고했다. 그러면서 자신은 이미 늙고 힘이 없으니 환공이 이 기회에 그들을 제거해주길 바란다고 전했다. 편지를 받은 진나라 환공은 깊은 공감을 표시했다. 이윽고 주우와 석후가 환공을 찾아오자, 환공은 즉각 그들을 잡아들이고 위나라로 소식을 전했다. 곧바로 위나라에서 사람을 보내와 주우와 석후를 처형했다. 뒷날 위나라 선공宣公은 석작이 대의를 위해 자신의 친자식마저도 희생한 정신을 높이 사서 그를 국로國老로 떠받들었다. 그 후로 위나라의 정치는 순조로웠다.

송나라 고종 건염建炎 2년인 1128년, 제남지부齊南知府 벼슬에 있던 유예劉豫는 금나라에 대항해 싸우던 장수 관승關勝을 살해하고 금나라에 투항했다. 2년 후인 1130년, 유예는 금나라로부터 '대제황제大齊皇帝'에 책봉되기에 이르렀다. 송나라 입장에서 보면 유예라는 존재는 금나라와의 싸움에서 최대의 장애물이었다. 명장 악비岳飛는 유예가 금나라 장군 점한粘罕과 아주 절친한 반면, 금나라 군부의 우부원수 김올술金兀術이 이 둘의 관계를 매우 질투하고 있음을 알아냈다. 악비는 적의 손을 이용해 유예를 제거하기로 했다. 때마침 악비 군영에 김올술의 간첩 하나가 사로잡혀 왔다. 악비는 짐짓 사람을 잘못 본 것처럼 꾸며, 다짜고짜 이자를 나무라기 시작했다.

"네놈은 우리 편 장빈張斌이 아니더냐? 유예를 찾아가 함께 4태자를 유인하자는 약속을 전하고 답장을 받아오라고 했거늘 네놈은 감히 돌아오지 않았다. 그래서 나는 다른 사람을 보내 올 겨울에 연합하여 장강을 친다는 구실로 4태자를 청하淸河로 유인하자는 작전에 이미 승낙을 받아놓았다. 그건 그렇고 네놈은 편지를 제대로 전달하지 못했으니, 어찌 내 명령을 어겼단 말이냐?"

간첩은 죽음이 두려워 자기가 장빈이라며 명령을 어긴 죄를 시인했다. 악비는 편지 하나를 간첩에게 주면서 말했다. 이 편지에는 유예와 함께 모의해서 김올술을 살해한다는 계획이 적혀 있었다.

"이번 한 번은 용서할 테니, 다시 유예에게 가서 거사 날짜를 받아오도록 해라."

그런 다음 간첩의 허벅지 살을 도려내고 편지를 넣은 밀랍덩이를 그 안에 넣고 봉했다. 그러고는 다시 단단히 주의를 주었다.

"절대 이 기밀이 새어나가지 않도록 해야 한다!"

간첩은 금나라로 되돌아가 편지를 김올술에게 갖다 바쳤다. 편지를 본 김올술은 대경실색하여 즉시 금나라 태조에게 이 사실을 보고했고, 유예는 '대제황제' 자리에서 쫓겨났다.

홍문연鴻門宴 홍문의 연회
_____

'홍문의 연회'는 『사기』 「항우본기」에 나오는 얘기다. 기원전 206년, 유방은 먼저 진을 멸망시키고 함양咸陽에 주둔한 뒤 함곡관函谷關으로 병사를 파견하여 서쪽으로 진격하고 있는 항우를 막도록 했다. 항우가 이끄는 대군은 함곡관을 돌파하고 지금의 섬서성 임동臨潼 동북 홍문에 이르러 유방에 대한 공격을 준비했다. 당시 유방의 병력이 10만이 채 안 되는 반면에 항우의 병력은 40만이 넘어서, 둘은 실력에서 현격한 차이가 났다. 유방은 하는 수 없이 정면충돌을 피하고 장량張良의 꾀에 따라 몸소 홍문으로 나아가 항우에게 사죄했다. 연회 석상에서 항우의 모사 범증范增은 항장項莊에게 칼춤을 추다가 틈을 보아 유방을 찔러 죽이라고 명령했다. 이 낌새를 챈 장량은 유방의 호위무사 번쾌樊噲에게 검과 방패를 들고 연회 석상으로 뛰어들어 유방을 보호하도록 했다. 당시 유방이 홍문으로 갔던 것은 정치·군사 투쟁을 위한 1차 외교활동이라 할 수 있었다. 이런 연회에 상대의 요인을 청해놓고 살해하거나 납치하는 음모는 고대 외교 투쟁에서 낯설지 않은 일이었다.

기원전 340년, 진秦나라 상앙商鞅은 효공孝公에게 위魏나라가 제齊나라에게 패해 국력이 크게 떨어진 틈을 타 위나라를 정벌하자고 건의했다. 위나라에서는 공자 앙卬을 보내 진나라와 맞서 싸우게 했다. 상앙은 편지 한 통을 공자 앙에게 보내, 자신은 지금까지 그대와 잘 지내왔는데 지금 두 사람이 각기 다른 두 나라의 장군으로 갈라져 싸우게 되었지만 차마 서로 죽고 죽일 수는 없다고 전했다. 그러면서 공자 앙 당신과 내가 마주앉아 서로 동맹을 맺어 진나라와 위나라가 평화스럽게 지낼 수 있도록 해보자는 뜻도 함께 전달했다. 공자 앙은 상앙의 말을 곧이곧대로 믿고 회담에 응했다. 쌍방이 회담을 끝내고 막 축배를 들려는 찰나 미리 매복해 있던 상앙의 군사가 돌연 공자 앙을 납치하고는, 즉시 군사를 일으켜 위나라를 공격하기 시작했다. 지휘관을 잃은 위나라 군대는 모조리 투항하고 말았다. 위나라 혜왕惠王은 잇달아 제나라와 진나라에게 패하는 바람에 국력에 허점이 생기고 병력이 달려 더 이상 싸울 수 없다고 판단, 강화를 요청하는 한편 하서河西 땅을 진나라에 떼어주고 대량大梁으로 수도를 옮겼다. 이처럼 겉으로는 평화를 얘기하면서 내면으로는 몰래 칼을 가는 외교적 수단은 고대의 정치·군사·외교에서 흔히 볼 수 있던 사례였다.

사회가 발전한 오늘날, 이런 외교 수단은 그리 많이 활용되지는 않는다. 현대 외교 투쟁의 복잡성과 기묘함 때문에 한두 사람의 목숨으로 한 국가의 정치적 대세를 일시에 바꾸어놓을 수는 없다. 또한 중요 인물에 대한 암살과 납치로 정치·군사적 목적을 달성할 가능성도 그다지 크지 않다. 때문에 각국의 외교술은 이런 비문명적인 외교 방식을 포기하고 있다.

요언공명謠言共鳴 유언비어가 진실이 되다
_____

'공명'이란 외부 음파의 자극을 받아 그 진동으로 소리를 내는 현상을 말한다. 이런 현상을 비유해서 유언비어를 퍼뜨려 상대에게 큰 피해를 입히는 것을 '요언공명'이라 한다.

'요언', 흔히 하는 말로 '유언비어'에 관하여 『사기』에 한 일화가 전해진다. 효자에 다 충성스럽기로 소문이 자자한 증삼曾參이 사람들 사이에서 우스운 이야깃거리가 된 적이 있다. 증삼은 높여서 증자로 불리는 공자의 고명한 제자들 중 하나며 『효경 孝經』을 지은 작자로 알려져 있기도 하다. 어느 날 증삼과 같은 이름을 가진 남자가 사람을 죽인 일이 일어났다. 누군가가 이 얘기를 듣고는 헐레벌떡 증삼의 어머니를 찾아가 알렸다.

"아드님이 사람을 죽였답니다!"

증삼의 어머니는 그때 마침 베를 짜고 있었는데, 이런 말을 듣고도 전혀 미동조 차 하지 않은 채 계속 베를 짰다. 잠시 뒤 또 한 사람이 달려와 말했다.

"아드님이 사람을 죽였대요!"

어머니는 역시 믿지 않고 짜던 베를 계속 짰다. 잠시 뒤 또 한 사람이 달려와 외 쳤다.

"아드님이 사람을 죽였답니다!"

그러자 증삼의 어머니는 두말 않고 밖으로 달려나갔다고 한다.

『사기』는 이 대목에서 이렇게 말하고 있다. "증삼이 어질고 그 어머니는 (증삼을) 믿었지만, 세 사람이 의심하자 그 어머니도 두려워했다." 증삼과 같은 뛰어난 아들에 대해 절대적인 신뢰를 갖고 있는 어머니였지만, 세 사람이 똑같은 상황을 말하자 사실로 믿었다는 것이다.

파시스트 히틀러가 흔히 사용하던 방법 중 하나가 바로 대중에게 유언비어를 퍼뜨려 현혹시키는 것이었다. 그가 남긴 명언이 있다.

유언비어는 1천 번만 반복하면 진리가 된다.

이것이 유언비어가 갖는 가증스러운 마력이다. 유언비어를 이용하면 중상모략이 공명 작용을 일으킬 수 있다. 관건은 '반복'에 있는바, 여러 사람들의 입은 '무쇠'도 녹일 수 있다.

심리학자들의 실험과 분석에 따르면, 완전히 똑같은 내용을 반복하는 것보다 조금씩 다르게 반복하는 것이 훨씬 효과가 크다고 한다.

가화우인嫁禍于人 화를 다른 사람에게 떠넘기다

이것은 자신에게 돌아올 피해나 화를 다른 사람에게 떠넘기는 음모다.

『사기』「조세가趙世家」를 보자. 조趙나라 효성왕孝成王 4년인 기원전 262년, 한韓나라 상당上黨 군수 풍정馮亭은 조나라 효성왕에게 사신을 보내, 한나라가 상당을 지탱할 수 없어 진秦나라로 귀순할 생각이었는데 관리들과 백성들은 오히려 조나라로 귀순하길 원한다고 알려왔다. 그래서 17개의 성과 진을 조나라에게 바치고 싶다는 것이었다. 조나라 효성왕은 매우 기뻐하며 그 청을 받아들이려 했다.

평양군平陽君 조표趙豹는 극구 말리고 나섰다.

"진나라가 한나라 땅을 야금야금 먹어 들어가며 교통로를 끊는 것은 가만히 앉아서 상당의 땅을 차지하려는 것이다. 한나라가 상당을 지키지 못하는 것은 틀림없는 사실이지만, 그렇다고 상당 땅을 들고 진나라로 귀순할 형편도 못 된다. 그렇기 때문에 차라리 우리 조나라에게 주려는 것이다. 진짜 목적은 자기들에게 닥칠 화를 우리에게 전가하려는 데 있다. 진나라가 우리 조나라로 하여금 가만히 앉아서 상당 땅을 취하도록 그냥 놔두겠는가? 하물며 진나라는 한나라의 상당을 공격하기 위해 위수渭水에서 하락河洛으로 식량을 운반하고 있고 조만간 수확이 있을 것인데 말이다. 사실 진나라는 일찌감치 상당을 자기 땅으로 여겨왔다. 그런데 약소한 우리 조나라가 한나라의 17성을 받았다가 무슨 화를 당할지 모르지 않는가?"

평양군은 이런 식으로 효성왕을 설득했다.

이미 눈앞의 이익에 눈이 먼 효성왕은 평양군의 말을 듣지 않고 평원군 조승趙勝으로 하여금 풍정의 10성을 접수하게 했다. 그 결과 평양군이 염려했던 대로 장평長平의 재앙을 불러들였다. 진나라 군대는 장평 전투에서 무려 40만에 달하는 조나라 군사를 산 채로 파묻었다.

『한비자』「내저설」에는 이런 이야기가 실려 있다. 언젠가 제나라의 중대부 이사夷射가 왕궁의 술자리에 참석했다가 거나하게 취해 복도 문에 기대어 있었다. 노복 월궤刖跪가 먹다 남은 술을 자기에게도 조금 나눠달라고 했다. 이사는 호통을 쳤다.

"썩 꺼지지 못할까! 어디서 천한 것이 감히 귀하신 몸에게 술을 달라고 하느냐!"

월궤는 혼비백산 도망쳤다. 이사가 집으로 돌아간 후 월궤는 복도 문 앞에다 술을 몇 방울 떨어뜨려놓았다. 마치 누군가가 오줌을 싸놓은 것처럼. 다음 날 제나라 왕이 문을 넘다가 그것을 보고는 누가 여기다 오줌을 쌌느냐고 물었다. 월궤는 어제 중대부 이사가 이곳에 잠시 서 있었다고 대답했다. 당시 궁내에서 이런 불미스러운 행위를 하면 큰 벌을 받게 되어 있었다. 제나라 왕은 이사를 사형에 처했다.

월궤는 이사가 자신에게 술을 주지 않았다고 그를 해쳤다. 그가 쓴 수법은 고의로 일을 만들어 그 화를 이사에게 전가시킨 것으로, 악랄하기 그지없는 수법이었다. 아마 이사는 이유도 제대로 모른 채 죽어갔을 것이다.

암전상인暗箭傷人 등뒤에서 활을 쏘다

등뒤에서 술수를 부려 다른 사람을 해치는 것을 가리키는 말이다. 겉으로는 동정하는 척하고 부드럽게 굴지만, 등뒤에서는 무서운 살기를 내뿜고 있다. 표면적으로는 관심을 나타내지만, 등뒤에서는 죄를 조작해서 죽음으로 몰아넣는다. 앞에서는 충성스럽지만, 내심으로는 속인다. 이런 것들을 모두 '암전상인'이라 한다. 역사상 이런 예는 많았다. 그중에서도 공손자도公孫子都가 영고숙穎考淑을 '암전상인'한 예를 보자.

춘추시대 정나라의 장공은 노나라와 제나라의 지지를 얻어 허許나라 정벌을 계획했다. 이와 관련한 사건은 『좌전』「은공隱公」11년조에 실려 있다.

기원전 712년 5월, 장공은 궁전 앞에서 열병식을 가진 뒤에 출병했다. 노장군 영고숙과 청년 장군 공손자도는 병권을 차지하기 위해 서로 다투었다. 영고숙은 늙은 나이임에도 전차를 끌고 달려나갔다. 공손자도는 줄곧 영고숙을 깔보며 그에게 한 치도 양보할 수 없다며 긴 창을 높이 치켜들고 쏜살같이 영고숙을 추적했으나, 영고숙은 이미 사라지고 보이지 않았다. 공손자도는 분해 어쩔 줄 몰라 하며 영고숙에게 깊은 원한을 품었다.

그해 7월, 장공은 허나라 정벌을 명령했다. 정나라 군대는 허나라의 도성 부근까지 진격해서 도성 공격을 눈앞에 두고 있었다. 영고숙은 용감하게 앞장서서 깃발을 높이 치켜들고 성을 기어오르기 시작했다. 공손자도는 영고숙이 큰 공을 세우려는 모습을 보자 질투심이 불같이 일었다. 그는 화살을 뽑아들고 영고숙을 향해 당겼다. 용감무쌍한 노장군은 순식간에 거꾸러졌다. 또 다른 장군 하숙영瑕叔盈은 영고숙이 적군에게 사살된 줄 알고 서둘러 깃발을 집어 들고 사병을 지휘하여 계속 전투에 임했다. 그리고 마침내 성을 돌파하여 입성했다. 허나라 왕은 위衛나라로 도주했고, 허나라 땅은 정나라 판도로 편입되었다.

공손자도처럼 상대가 준비를 갖추지 않은 틈을 타서 등뒤에서 싸늘한 화살을 날리는 것을 '암전상인' 또는 '냉전상인冷箭傷人'이라 한다. '암전상인'은 떳떳하지 못한 수단으로 틈을 엿보다 몰래 사람을 해치는 모략을 가리킨다.

당나라 현종 때의 인물인 이임보는 '암전상인'에 능통한 간신이었다. 이임보와 함께 임명된 또 다른 두 명의 재상 배요경裴耀卿과 장구령張九齡은 "학문이 깊었으며" 그릇된 일이 있으면 서슴지 않고 직언을 하는 재상들이었다. 이임보는 이들에 비하면 턱없이 모자라고 속이 빈 보잘것없는 인물이었다. 이임보는 이들에 대해 강한 질투심과 증오심을 품었다. 그러나 겉으로는 굽실거리며 꼬리를 쳤다. 그는 한편으로는 황상에게 아첨하면서 한편으로는 몰래 두 재상을 제거할 방법을 모색했다. 그때 황제의 총애를 독차지하고 싶은 욕망에 사로잡혀 있던 혜비惠妃가 태자를 모함하기 시작했다. 혜비는 현종에게 말했다.

"태자가 무리를 모아 신첩의 모자를 해치고 황상마저도 노리고 있사옵니다."

현종은 노기충천해서 태자를 폐위시키려고 했다. 장구령은 극구 방대했다. 이런 상황에서 이임보는 자신의 의견을 말하지 않고 배후에서 현종의 측근 환관에게 이번 일은 황가皇家의 일이니 다른 사람이 관여할 일이 아니라는 말을 흘리고 다녔다. 그러면서 은근히 장구령이 황상을 가로막고 있다는 뜻도 내비쳤다. 현종은 더 화가 났다. 이임보는 이 기회를 틈타 현종의 면전에서 장구령의 단점을 늘어놓기 시작했다.

736년, 현종이 우선객牛仙客에게 더 높은 벼슬을 주려 하자 장구령이 또다시 반대하고 나섰다. 이임보도 장구령과 뜻을 같이하기로 약속했으나, 막상 현종의 면전에서는 꿀 먹은 벙어리처럼 입을 다물었다. 그러고는 이 일을 우선객에게 밀고했다. 현종은 우선객에게 큰일을 맡기려 했으나, 장구령은 우선객같이 글도 모르는 자에게 큰일을 맡기면 사람들이 비웃을까 두렵다며 반대했다. 이임보는 은근히 현종을 부추겼다.

"인물의 기용은 천자의 고유한 권한이거늘 무엇이 걸린단 말입니까?"

그리고 넌지시 장구령을 헐뜯는 말을 덧붙였다.

"장구령은 너무 구식에만 매여 있는 문인이라, 전체 국면을 보지 못합니다."

현종은 장구령을 멀리하기 시작했고, 끝내는 장구령이 무리를 규합하고 있다고 의심하여 재상직을 박탈했다.

송나라 때의 인물 유반劉攽은 문장에 재주가 있고 특히 역사 연구에 정통해서 일찍이 사마광司馬光이 주도한 『자치통감』의 편찬에도 참여한 사람이었다. 같은 송나라 때 사람 소박邵博이 편찬한 『문견후록聞見後錄』에는 그와 관련하여 다음과 같은 이야기가 기록되어 있다.

언젠가 탄핵을 담당하는 중사中司 자리에 있는 사람이 동료를 부추겨서 모 인사를 공개적으로 탄핵하려 했다. 누군가가 유반에게 그 사람이 정말로 중사로부터 탄핵받을 만한 짓을 했느냐고 물었다. 유반은 싸늘한 웃음을 흘리며 말했다.

"중사야 공개적으로 탄핵을 하는 사람이지만 난 그런 암전자暗箭子에 당하고 싶지 않네."

　여기서 말하는 '암전자'란 몰래 사람을 해치는 '냉전'을 말한다. 유반은 몰래 사람을 해치는 음모에 가담하고 싶지 않았던 것이다. 그래서 그는 '암전자'에 당하고 싶지 않다고 말한 것이다.

　'암전상인'은 악명 높은 간사한 계략의 하나로, 떳떳한 마음을 가진 사람들에게는 통하지 않는다. 그러나 오늘날처럼 복잡하고 어지러운 세상을 살아가면서, 이런 음모를 구사하는 '소인배'나 '암전상인'의 모략을 서슴지 않고 사용하는 자들은 경계하지 않을 수 없다. 옛말에 "정면으로 공격해 들어오는 창은 피할 수 있지만, 등뒤에서 쏘는 화살은 방어하기 어렵다."거나 "사람을 해치는 마음을 가져서도 안 되지만, 사람을 경계하는 마음이 없어서도 안 된다."고 한 것처럼, 방어를 위한 경계심은 새삼 강조할 필요가 없을 만큼 중요하다. 등뒤에서 쏘는 '서늘한 화살'까지 제대로 방어할 수 있어야 할 것이다.

3절
속임수

납대기작호피拉大旗作虎皮　큰 깃발을 끌어다 호랑이 가죽으로 삼는다

남의 힘과 명성을 빌려 자신을 높임으로써 목적을 달성하는 모략이다. 『전국책』「위책魏策」과 『한비자』「설림說林」에 실린 내용을 살펴보자. 주조周躁라는 인물이 제나라를 찾아가 벼슬자리를 얻고 싶어 했다. 주조는 제나라에서 관직 생활을 하고 있는 친구 궁타宮他에게 부탁했다.

"자네가 제나라 왕께 이 몸이 외교를 담당하는 신하가 되고 싶어 한다고 말을 좀 해주게나. 제나라가 나에게 힘을 빌려주면 위나라로 가겠네."

친구 궁타가 대답했다.

"그건 안 될 말이네. 그렇게 되면 제나라는 자네를 가벼이 여기게 될 걸세. 그러니 위나라가 자네를 중요히 여긴다는 걸 보여주어야 하네. 자네는 제나라 왕에게 가서 '왕께서 위나라한테 바라는 것을 말씀하시면 제가 위나라로 하여금 그것을 들어 주도록 하겠습니다'라고 말해야 되네. 그러면 제나라는 필시 자네에게 힘을 줄 것이고, 자네는 제나라로부터 받은 그 힘으로 위나라를 움직이면 될 것이네."

위 이야기를 좀더 설명하자면 이렇다. 주조는 제나라의 특사로서 위나라를 방문하고 싶다는 뜻을 피력했다. "만약 제나라 왕이 자신을 지지해준다면 위나라로 하여금 제나라와 친하게 만들어보겠다". 반면에 친구 궁타는 그 생각에 반대를 표시하면서 이런 식으로 말한 것이다. "그건 안 된다. 그렇게 말하는 것은 자네가 위나라에서 환영을 못 받는 사람이라고 말하는 것이나 마찬가지다. 그런 사람을 제나라 왕이 임용할 리 있겠는가?" 주조는 그럼 어떻게 말해야 되는지 물었을 것이고, 이에 궁타는 다음과 같이 요령을 일러준다. "자신감 넘치게 제나라 왕에게 가서 '위나라에 대해 무엇을 바라십니까? 제가 위나라의 힘을 기울여 왕이 원하시는 바를 만족시켜드리겠습니다'라고 말하는 것이다. 그러면 제나라 왕은 자네가 위나라에서 영향력이 있는 인물이라 여길 것이고, 좋은 대우로 자네를 임용할 것이다. 그런 다음 자네가 그 힘을 갖고 위나라로 가면, 위나라 왕도 자네가 제나라에서 권세가 있다는 것을 인정하고 자네를 깔보지 않을 것이다. 이렇게 하면 자네는 제나라 왕도 움직일 수 있고 위나라 왕도 움직일 수 있게 된다."

주조는 무명의 인물인지라 제나라에서 벼슬을 얻기가 쉽지 않으리라 생각했는데, 친구 궁타가 좋은 방법을 강구해주었다. 즉, 거짓으로 위나라의 이름을 빌려 자신을 높임으로써 제나라에서 벼슬을 얻는 목적을 달성하고, 다시 제나라의 이름으로 자신의 위세를 높임으로써 위나라가 자신을 소홀히 대할 수 없도록 한 것이다. (통치모략 "범지이리, 물고이해" 참조)

현대사회에서도 이런 방법으로 자신의 진면목을 숨기고 사회에 끼어들어 남의 눈을 끌려고 이리저리 설치고 다니며 명성을 얻는 사람들이 적지 않다. 신문 지상에 매일 실리는 사기 사건을 보면 사기꾼들이 한결같이 사용하는 모략의 하나가 "큰 깃발을 호랑이 가죽으로 삼는" 것, 즉 "겉모양으로 사람들을 놀라게" 하는 것임을 알 수 있다. 그들은 자신이 모 인사와 관련이 있다거나 모 부처와 연관이 있다고 속여서 상대의 신임을 얻는다.

"큰 깃발을 끌어다 호랑이 가죽으로 삼는" 것은 간사한 모략으로, 예로부터 권력과 재물이 있는 사람은 물론 선량한 사람들도 이 모략에 피해를 당해왔다. 인류 문명이 발전함에 따라 이 모략이 성공할 확률은 갈수록 떨어지고 있기는 하지만, 여전히 벌어지고 있는 사건들이 우리의 마음을 씁쓸하게 하는 것도 사실이다.

어목혼주魚目混珠 물고기 눈알을 진주라 속이다

물고기 눈알은 그 모양이 마치 진주처럼 보일 때가 있다. 그래서 가짜로 진짜를 충당하거나, 천한 것으로 귀한 것을 충당하거나, 열등한 것으로 우수한 것을 충당하는 것을 '어목혼주'라 한다.

『한시외전韓詩外傳』에는 "코끼리 상아 같은 해골과 진주알 같은 물고기 눈알"이라는 구절이 보인다.

'어목혼주'는 '어목혼진魚目混珍'이라 하기도 한다. 당나라 때의 위대한 시인 이태백의 시에도 "벽에 그려진 벽호壁虎가 (진짜) 호랑이를 비웃고, 물고기 눈알과 진주를 구분하기 어렵다."는 구절이 보인다. 『옥청경玉淸經』에도 '어목혼주'와 관련된 다음의 이야기가 나온다.

옛날에 만원滿願이라는 이름을 가진 사람이 있었다. 어느 날 직경이 한 치가량이

나 되는 큰 진주를 구입하게 되었는데, 그는 이것을 애지중지 깊숙이 숨겨놓고 아무에게도 보여주지 않았다. 이웃에 사는 수량壽量이라는 자가 제법 큰 물고기 눈알을 얻었는데 언뜻 보기에 진주 같아서 진짜 진주라 착각하고는 만원과 마찬가지로 깊숙이 감춰놓고 아무에게도 보여주지 않았다. 그러면서 수량은 "만원의 진주가 뭐 그리 희한하단 말인가? 나도 있는데!"라고 말했다.

얼마 뒤 두 사람 모두 병이 났다. 의사가 진찰해보니 두 사람은 같은 병으로 진주를 가루로 만들어 약에 섞어 먹어야만 낫는 병이었다. 그래서 두 사람이 각자 감추어둔 진주를 꺼냈는데, 그제야 하나는 진짜고 다른 하나는 '어목혼주'임을 발견했다.

'어목혼주'는 음모가들에 의해 광범위하게 활용되어왔다. 특히 경제 영역에서 더욱 보편적으로 운용되고 있는데, 수많은 '유명상표 도용'은 이 모략의 손자 격이라 말할 수 있겠다.

혼수모어渾水摸魚 물을 흐려서 물고기를 잡는다

물고기를 잡아본 사람이라면 물고기가 흐린 물속에서 방향을 잘 분간하지 못할 때 쉽게 잡을 수 있다는 것을 안다. 그래서 물고기를 잡는 사람은 먼저 물을 휘저어 흐리게 만든 뒤 두 손의 감각으로 물고기를 잡는다. "물을 흐린 다음 물고기를 잡는다"는 뜻의 '혼수모어'는 혼란한 틈을 타 한몫 보려는 것을 비유하는 말이다.

『36계』 제20계에는 "혼란한 틈을 타 그 허점을 이용하고 주관이 없음을 이용하라. 그리고 때가 되어 휴식을 취하듯 순종케 하라."는 대목이 나온다. 좀더 쉽게 설명하면 이렇다. 적에게 혼란이 발생한 틈을 타 그 힘이 허약하고 주관이 없는 상황을 이용해서 마치 사람이 때가 되면 휴식을 취하는 것처럼 자연스럽게 나에게 순종하도록 만들라는 것이다.

제2차 세계대전이 막바지로 치닫고 있을 무렵, 히틀러는 패색이 짙은 전세를 만회하고 군의 사기를 고무하기 위해 수십만의 잔병과 2천여 대의 탱크를 규합하여 1944년 12월에 아덴 전투에 나섰다. 이 전투에서 독일의 한 군관은 2천여 명의 영어를 할 줄 아는 사병을 선발하여 미군 군복을 입히고 노획한 미군 탱크를 몰거나 미제 트럭과 지프에 탑승시키고서, 주력부대가 미군 방어선의 취약 지점을 돌파한 틈을 타 미군 후방에 침투시켰다. 그들은 미군의 방어선 한가운데로 침투해 들어가 도로를 차단하고 전선을 끊는 등 완전 무방비 상태의 미군을 공격했다. 그리고 일부는 피살된 미군 사병 복장으로 갈아입고 교통요지를 통과하는 미군을 다른 방향으로 인도하여 미군의 운송체계를 혼란에 몰아넣었다. 또 일부는 마스강까지 깊숙이 침투하여 교량을 탈취, 주력부대와 합류할 준비를 갖추었다. 그러나 독일군 주력부대가 뫼즈강에서 저지당하는 바람에 당초 전투 목표 지점이었던 안트베르펜까지는 이르지 못했다.

진화타겁趁火打劫 불난 동안에 훔친다

'진화타겁'의 본뜻은 화재가 발생하여 우왕좌왕한 틈을 타 물건을 훔친다는 것이다. 모략가들은 이 모략을 흔히 전투의 기회를 선택할 때 활용해왔다. 『손자병법』「계」편에서는 "혼란스러울 때 취하라."고 했고, 『십일가주손자十一家注孫子』에서 두목杜牧은 한결 명확하게 "적에게 혼란이 생기면 놓치지 말고 (원하는 것을) 취하라."고 했다. 둘

다 적의 위기를 틈타 승리를 거두라는 뜻이다. '진화타겁'은 『36계』에서 '승전계'의 다섯 번째에 배열되어 있다.

전략의 전체적인 국면에서 볼 때 적의 위기 상황은 일반적으로 내우內憂와 외환外患의 두 방면에서 초래된다. 내우로 초래되는 위기는 자연재해로 조성되는 경제적 곤란이나 민심이 도탄에 빠지는 등과 같은 경우다. 또는 간신이 정권을 휘둘러 국가의 기강이 어지러워지거나, 내란이 일어나는 등등의 경우도 있다. 외환은 적의 침입으로 말미암는다. 봉건체제의 역사를 통해 볼 때, 상대를 아우르기 위한 전쟁에서 활용되는 일부 모략들은 적에게 내우가 발생하면 출병하여 그 토지를 점령하고, 외환이 발생하면 민중 또는 재물을 탈취할 것이며, 내우외환이 함께 겹치면 그 나라를 집어삼키라고 주장한다. 모두 '진화타겁'의 구체적인 운용이다.

춘추시대 월나라 왕 구천은 오나라에게 패배한 뒤 와신상담, "10년간 인구를 늘리고, 10년간 백성을 가르치고 군사를 훈련시켜" 몰래 오나라 정벌을 준비했다. 주周경왕敬王 36년인 기원전 484년, 오나라의 명장 오자서가 백비伯嚭의 모함으로 죽임을 당했다. 기원전 482년, 오나라 왕 부차는 오나라의 전체 병력을 이끌고 북상해서 중원의 여러 제후들과 지금의 하남성 봉구현封丘縣 서남쪽의 황지黃池에서 회맹했다. 국내에는 늙고 약한 잔병들만 남아 있어 무방비 상태나 다름없었다. 기원전 478년, 오나라에 큰 가뭄이 들어 논게들과 벼들이 말라죽고 나라의 식량창고가 텅 비었다. 월나라 왕 구천은 이 틈을 타 대대적인 공격을 가해 오나라를 멸망시켰다.

'진화타겁'의 모략은 "남의 위기에 편승하고", "우물에 빠진 사람에게 돌을 던지는" 부도덕한 면이 있어 정상적인 인간관계 또는 국가·사회단체 간의 관계에서는 채택하기에 적절하지 않다. 그러나 쌍방이 이익이라는 근본적인 문제에서 영원히 조화할 수 없는 모순에 놓여 있을 때는 확실히 활용되기도 한다.

호가호위狐假虎威 여우가 호랑이의 위세를 빌린다

이 유명한 고사는 『전국책』「초책楚策」에 나온다. 기원전 369년, 초나라 숙왕肅王의 형제인 선왕宣王이 즉위했다. 어느 날 선왕은 군신들을 모아놓고 물었다.

"듣자 하니 북방의 여러 제후국들이 우리나라의 대장 소해휼昭奚恤을 두려워한다는데, 대체 어찌된 일이오?"

신하들은 아무도 대답하지 못했다. 이때 위나라 출신으로 지모가 뛰어난 강을江乙이라는 대신이 다음과 같은 이야기를 들려주었다.

"호랑이가 배가 고파 짐승을 잡아먹으려다 여우를 잡았습니다. 그러자 여우는 '너는 감히 나를 잡아먹을 수 없어! 하느님께서 나를 백수의 우두머리로 삼으셨단 말이다. 지금 네가 나를 잡아먹으면 하느님의 명을 어기는 것이다. 내 말을 못 믿겠다면 내 몸소 보여줄 테니 내 뒤를 따르면서 백수들이 나를 보고 감히 도망가지 않는 놈이 있는가 보라!'고 말했답니다. 호랑이는 그럴듯하다며 여우를 따라나섰습니다. 동물들이 보고는 모두 도망쳤습니다. 호랑이는 동물들이 자기 때문에 도망친 줄 모르고 그저 여우를 무서워하는구나 하고 생각했답니다. 지금 왕의 땅은 사방 5천 리에 백만 군대를 자랑하고 있으며, 소해휼은 그 일부분일 따름입니다. 북방 제후들이 해휼을 두려워하는 것은 실은 왕의 군대를 두려워하는 것입니다. 백수들이 호랑이를 두려워하듯이 말입니다."

사람들은 여우가 호랑이의 위세를 빌려 백수를 겁주었다는 고사를 '호가호위'라는 성어로 개괄했다. '가假'자는 빌린다는 뜻으로, 다른 사람의 권세를 빌려 남을 억누르는 것을 비유하는 말이다.

강을이 이 고사를 인용하여, 각 제후국들이 두려워하는 것은 대장 소해휼이 아니라 초나라 선왕이라고 한 아첨은 아주 적절했다. 당시와 같은 사회적 조건에서 각 국 간 전쟁이 빈번히 벌어졌기 때문에, 정치·군사·외교 영역에서 이러한 '호가호위'의 모략으로 생존을 꾀하는 것은 작은 제후국들에게 대단히 유용한 책략이었다. 외교 적으로 강대국에 의지하지 않고서는 언제든 남에게 먹힐 위험이 도사리고 있었기 때 문이다.

기원전 549년, 초나라와 진陳나라가 연합하여 정나라를 공격했다. 이때 진나라 는 정나라에 비해 약소국이었기 때문에 감히 정나라를 감당하지 못하고 완전히 초 나라에 의존할 수밖에 없었다.

'호가호위'는 외교적으로 결코 고상한 방법이 아니다. 대국들은 자기의 이익을 전제로 하여 그에 상응하는 외교정책을 채택하기 때문에, 대국의 권력에 의존하고 있는 소국은 때때로 자신을 보존하기조차 힘들어진다. 앞서 예로 든 진나라는 그로 부터 2년 후 정나라의 보복을 받지 않으면 안 되었다.

정나라 장공莊公이 주나라 천자의 명을 빌려 제나라와 노나라를 끼고 송나라를 공격한 것이나, 조조가 천자를 끼고 제후를 호령한 것 등이 '호가호위'의 음모를 사용 한 예들이다.

4절
기타

절외생지節外生枝 마디에서 가지를 친다

'절외생지'는 한 사건에서 또 다른 의외의 사건이 발생하는 것을 비유하는 말이다. 마치 대나무처럼 마디에서 가지가 나오고 그 가지의 마디에서 다시 작은 가지가 나듯이, 본래는 단순했던 사건이 복잡해지는 것을 말한다. 원래의 사건이 다른 사건으로 파급되거나 의외의 사건이 발생하는 것을 '지절枝節'이라 한다.

송나라 때의 성리학자 주희의 문집과 어록인 『주자전서朱子全書』 중 '독서법'에 관한 대목에 "독서란 본문의 뜻에 따라 보아야 하지, 또 다른 '지절'이 생겨서는 안 된다."는 대목이 보이는데, 여기에서 '지절'이라는 단어가 처음 나온다.

주희의 또 다른 책인 『주자어록』에도 독서법을 얘기하면서 "마디에서 가지가 나온다"는 뜻의 '절상생지節上生枝'를 거론하고 있다. 주희는 이렇게 말하고 있다. "말(본래의 뜻)에 따라 해석해야지, '절상생지'하면 만 권의 책을 읽었다 하더라도 쓸모가 없다." '절상생지'는 뒷날 '절외생지'와 같은 뜻으로 사용되었다.

원나라 때 양현지楊顯之가 지은 『임강역소상추우야臨江驛瀟湘秋雨夜』라는 잡극雜劇에도 '절외생지'가 나온다. 양현지는 이 극에서 선량한 아녀자 장취앵張翠鶯을 묘사하고 있는데, 그녀는 천리 먼길 현령 벼슬을 하고 있는 낭군 최전사崔甸士를 찾아온다. 그런데 최전사는 이미 다른 여자를 아내로 맞아들인 상태였다. 장취앵이 관가의 문 안으로 들어가려 하자 문지기가 그녀를 가로막으며 모욕을 주었다.

"이 여자가 감히 어딜 들어가려는 거야! 엄상공俺相公(최전사)께는 어엿한 부인이 계시는데!"

장취앵은 뜻밖의 일이 벌어졌음을 직감했다. 그녀는 슬프고 분한 심정으로 이런 노래를 불렀다고 한다.

'이 여자'라니 그게 웬 말인가? 무슨 뜻이란 말인가?
그가 어찌 감히 '절외생지'할 수 있단 말인가….

'절외생지'가 모략으로 운용될 때는 그 영역이 꽤 넓다. 크게는 국가의 외교·전쟁으로부터 작게는 사람 간의 교제에 이르기까지 어디서나 볼 수 있다.

일본 제국주의가 중국에 대해 일으킨 침략전쟁은 일본군 한 명의 실종 사건이 구실이 되었다. 외교무대 또는 쌍방이 논쟁을 벌이는 과정에서 한쪽이 주제와 일정하게 관련이 있거나 자기에게 유리한 사건을 찾아, 즉 어떤 일을 구실 삼아 트집을 잡는 식으로 오히려 큰소리를 침으로써 사리에 어긋나는 사실을 감추고 다른 사람의 시선을 어지럽혀 수동적인 자세에서 벗어나 주도권을 쥐려는 것이다.

경제활동에서 흔히 볼 수 있듯이, 약은 구매자들이 상품의 가격을 깎으려고 고의로 "터럭을 불어 헤쳐서 결점을 찾는" 식으로 억지로 결점을 찾거나 심지어 상품의 성능과 무관하거나 직접 관계가 없는 문제를 트집 잡는 행위가 바로 '절외생지'의 모략을 운용한 것이라 할 수 있다.

교토삼굴狡兔三窟　교활한 토끼는 굴을 세 군데 판다

이 유명한 고사성어는 『전국책』 「제책齊策·4」에 처음 나온다. "교활한 토끼는 굴을 세 군데 마련하여 죽음을 피합니다. 지금 공께서는 하나의 굴밖에 없기 때문에 발 뻗고 편히 주무시지 못하는 것입니다. 공께서는 두 개의 굴을 더 파십시오." 교활한 토끼는 맹수나 사람으로부터 해를 당하지 않기 위해 예비로 자신의 몸을 숨길 수 있는 굴을 세 개 만든다. 이것은 제나라 사람 풍훤馮諼[37]이 맹상군孟嘗君의 정치적 지위를 공고히 하기 위해 마련한 책략이었다. 실제로 이 책략은 이미 권세와 지위를 가지고 있는 통치자에게 앞날을 준비하라는 의미로 이해되어왔다.

　　맹상군은 성이 전田이고 이름은 문文으로 제나라 귀족이었다. 그는 지금의 산동성 등현滕縣 동남쪽에 해당하는 설薛 지방을 봉지로 받았는데, 맹상군이라는 명칭은 왕이 하사한 봉호封號였다. 그는 전국시대에 조나라의 평원군平原君, 초나라의 춘신군春申君, 위나라의 신릉군信陵君과 함께 4공자 또는 4군의 하나로 이름을 날린 인물이었다. 그의 명성은 집안에 늘 수천 명의 식객들이 북적댈 정도로 대단했다.

　　풍훤은 보검 한 자루만 지니고 다니는 궁색하기 짝이 없는 부랑자와 같은 존재

37　『사기』 「맹상군열전」에는 풍환으로 나오는 인물로, 맹상군을 위기에서 구한 식객이었다.

였다. 그는 사람을 중간에 내세워 맹상군의 식객이 되고자 했다. 맹상군이 그를 면담하는 자리에서 무얼 좋아하는지 묻자 그는 좋아하는 것이 없다고 대답했고, 또 잘하는 것이 무엇이냐고 묻자 잘하는 것도 없다고 대답했다. 맹상군은 싱긋이 웃으며 식객이 되고 싶다는 청을 허락했다고 한다.

풍훤에게는 별다른 재주가 없었기 때문에 주위 사람들은 그를 무시하여 가장 등급이 낮은 식객으로 취급하면서 형편없는 음식만 주었다. 풍훤은 분을 못 이겨 여러 차례 검을 휘두르며 소란을 피우기도 했다. 맹상군은 그를 하등 식객에서 중등 식객으로 올려주었고, 얼마 되지 않아 다시 상등 식객으로 우대해주었다. 맹상군으로부터 신임을 얻은 풍훤은 맹상군에게 보답을 해야겠다고 결심하고, 나름대로의 준비를 해나갔다.

한번은 풍훤이 자청해서 맹상군의 봉지인 설성에 가서 맹상군이 백성들에게 빌려준 빚을 모두 받아 오겠다고 나섰다. 떠나기에 앞서 풍훤은 맹산군에게 빚을 다 받으면 무엇을 사서 돌아올까 물었다. 맹상군은 별다른 생각 없이 대답했다.

"그대가 보기에 내 집에 가장 부족하다고 생각되는 것을 사 오게나."

설성에 도착한 풍훤은 백성들에게 빚을 독촉하기는커녕 그들이 보는 앞에서 채권을 모조리 불살라버렸다. 백성들은 일제히 만세를 부르며 환호성을 질렀다. 풍훤은 빈손으로 돌아와 맹상군에게 보고를 올렸다. 맹상군은 이렇게 빨리 돌아온 것에 고개를 갸우뚱거리며 무엇을 사 가지고 왔느냐고 물었다. 풍훤이 대답했다.

"말씀하시길, '내 집에 가장 부족하다고 생각되는 것을 사 오게나'라고 하셔서, 제가 부족한 것이 무엇인가 고려한 끝에 부족한 것이라곤 오로지 '의리義理'라고 생각되어 그 '의리'를 사 왔습니다."

맹상군은 속으로 언짢았지만 자기가 한 말도 있고 해서 그냥 넘어갔다.

그로부터 1년 후, 제나라 민왕閔王은 헛소문을 믿고 맹상군을 상국相國의 직위에서 파면시켰다. 맹상군은 자신의 봉지인 설 땅으로 돌아가는 수밖에 없었다. 그런데 이게 웬일인가? 설성의 백성들이 남녀노소 할 것 없이 길에 나와 설성으로 돌아오는 그를 열렬히 환영하는 것이 아닌가. 그제야 맹상군은 크게 깨달은 바가 있어 풍훤에게 고마워했다.

"선생이 나를 위해 '의리'를 샀다고 말한 그 진정한 의미를 이제야 두 눈으로 확인했구려."

여기서 풍훤은 이런 얘기를 들려준다.

"교활한 토끼는 굴을 세 군데 마련하여 죽음을 면합니다. 지금 공께서는 하나의 굴밖에 없기 때문에 발 뻗고 편히 주무시지 못하는 것입니다. 공께서는 두 개의 굴을 더 파십시오."(통치모략 "허회약곡" 참조)

당시 맹상군은 여러 나라를 통해 매우 두터운 신망을 얻고 있던 인물이었고, 각국은 천하를 손에 넣기 위해 인재를 목마르게 찾고 있는 상황이었다. 풍훤은 수레 50승과 금 5백 근을 가지고 위나라 수도인 지금의 하남성 개봉에 해당하는 대량大粱으로 가서 양혜왕梁惠王을 설득했다. 누구든지 먼저 맹상군을 얻기만 한다면 부국강병을 이루어 천하의 주인이 될 것이라고. 양혜왕은 즉시 원래의 재상을 대장군에 임명하는 한편, 황금 1천 근과 수레 1백 승을 보내 맹상군을 재상직으로 초빙했다.

풍훤은 양혜왕의 사신이 도착하기 전에 돌아와 이 사실을 맹상군에게 알렸다. 그러면서 양혜왕이 보낼 예물들은 아주 귀중하며 사신도 높은 직책에 있는 인물인지라 이 사실을 제나라 민왕에게도 알려야 한다고 했다. 양혜왕의 사신은 세 차례나 맹상군을 찾아왔으나 맹상군은 풍훤의 꾀에 따라 한사코 초빙을 거절했다. 이윽고 제나라 민왕도 이러한 사실을 알게 되었고, 혹 맹상군이 다른 사람을 위해 일하면 어쩌나 하는 걱정이 들어 서둘러 많은 재물과 함께 맹상군을 중용했다.

여기서 풍훤은 맹상군을 위해 또 하나의 예비 조치를 건의했다. 즉, 제나라 민왕으로 하여금 설 지방에 종묘를 세워 선왕 때부터 전해오는 제기를 모시도록 하게 한 것이다.

이로써 맹상군의 정치적 지위는 더욱 굳어졌다. 종묘가 완성되자 풍훤은 비로소 맹상군에게 이제 세 개의 토끼 굴이 모두 완성되었으니 발 뻗고 편히 주무시라고 했다. 쓸쓸하고 고단한 신세에 처했던 맹상군이 풍훤의 꾀 덕분에 정치적으로 더욱 안정된 지위를 확보하게 되었다.

'교토삼굴'이란 풍훤이 맹상군의 정치적 지위를 공고히 하기 위해 구사한 권모술수였다. 역사라는 긴 강물의 흐름 속에서 이 모략은 많은 고관들이나 귀한 지위에 있는 사람들에 의해 중시되어왔다. '교토삼굴'은 일이란 뿌리째 잘라서는 안 되며 뒷길을 여러 갈래 남겨놓아야 한다는 말과 같은 뜻이다.

풍훤이 맹상군을 위해 마련한 첫 번째 굴이 정치적인 원대한 식견에서 나온 것으로 맹상군이 쫓겨난 후 돌아갈 곳이 없을 때를 대비해 준비한 것이라면, 나중에 마련한 두 개의 굴은 순전히 수완을 활용한 것이다. 이 같은 정치모략은 당시 모든 부패한 정치판에서 확실히 중시되었다. 그러나 좋은 점이 전혀 없는 것도 아니었다. 예를 들어 첫 번째에 판 굴은 민심을 얻는 자가 천하를 얻는다는 정치의 기본 원리를 잘 반영하고 있기 때문이다. 아무리 권세가 높다 해도 민중에 기반을 두지 않으면 끝내는 버티지 못하고 쓰러진다.

'교토삼굴'은 토끼라는 연약한 동물이 자연계의 천적에 대항하여 생존을 위해 마련한 본능적인 모략이지만, 이것이 점차 인간 사회에 차용되었다. 그러나 이 말은 토끼처럼 여러 군데에 편안한 집을 만들어놓으라는 뜻이 아니다. 어떤 일을 도모하거나 정책을 결정할 때 여러 수를 준비해서 예측 불가능한 의외의 사태에 대비해야지, 노름꾼처럼 밑천까지 홀랑 다 걸고 마지막 단판 승부를 벌이거나 오로지 한길만을 사수해서는 안 된다는 것이다.

실제로 『전국책』이 완성되기 전에도 '교토삼굴'의 꾀는 세상 사람들에 의해 활용되었다. 춘추시대 제나라 관중管仲·포숙鮑叔·소홀召忽 등 세 사람은 서로 사이가 좋아 힘을 합쳐 제나라를 다스리고자 했다. 당시 제나라 왕에게는 아들이 둘 있었는데 큰아들이 공자 규糾, 작은아들이 공자 소백小白이었다. 소홀은 공자 규가 왕위를 계승할 것이라 확신하고 관중과 포숙에게 말했다.

"제나라로 말하면 우리 세 사람은 큰 솥의 세 다리와 같아서 하나라도 없어서는 안 된다. 공자 소백이 이미 왕위를 계승할 수 없음이 분명해지고 있는 만큼, 우리 세 사람 모두가 아예 공자 규를 보좌하자!"

이에 대해 관중은 다른 의견을 제기했다.

"그건 안 된다. 나라의 백성들은 공자 규의 어머니와 공자 규를 싫어하고 있다. 소백은 어머니가 없어 사람들의 동정을 받고 있다. 따라서 누가 왕위를 계승할지는 현재로선 말하기 어렵다. 우리 중 누구 하나는 공자 소백을 지지하지 않으면 안 된다. 장차 제나라가 두 사람 중 하나에 의해 통치될 것은 분명하니, 우리는 앞뒤 두 길을 모두 준비해야 한다. 그래야 일이 순조로울 것이다."

마침내 그들은 포숙이 공자 소백을, 관중과 소홀이 공자 규를 보좌하기로 결정했다. 과연 사태는 관중이 예상한 대로였다. 공자 소백은 공자 규를 살해하고 왕위를 계승했으며, 자신을 지지하지 않았던 관중을 죽이려 했다. 그러나 공자 소백의 중요한 참모 역할을 했던 포숙이 중간에서 알선함으로써 관중은 해를 당하지 않았음은 물론 오히려 제나라의 재상으로 발탁되었다. 우리가 아주 잘 아는 관중과 포숙의 우정을 말하는 '관포지교管鮑之交'의 고사는 이 과정에서 나왔다. 관중의 '교토삼굴'의 꾀는 두고두고 미담으로 전해져 내려온다.

이와 반대로 눈앞의 이익만 좇다가 불리한 상황이 조성될 수 있는 가능성을 보지 못하는 사람은 오로지 주관에 사로잡혀 객관적 상황이나 조건을 고려하지 않고 일을 처리하다가 흔히 된서리를 맞곤 한다.

　제1차 세계대전 때 독일군의 전력은 결코 열세가 아니었음에도 결과적으로는 패망했는데, 원인이야 여러 가지가 있겠지만 다방면에 대한 준비가 소홀했던 데 중요한 원인이 있었다. 독일군 참모본부에서 계획한 '슐리펜 계획'의 구상은 독일군 소규모 병력으로 러시아군을 견제하는 것이었다. 당시 러시아군은 힘이 비교적 약해서 그 공격력을 크게 두려워할 필요가 없었다. 그래서 독일은 전력을 프랑스군과 싸우는 데 집중하여 프랑스군을 단숨에 전멸시킨 연후에 러시아에 신경을 쓰기로 결정했다. 하지만 이런 각개격파 전략은 그저 자신의 뜻대로 되기만을 바라는 주관적인 전략이었다. 독일은 전쟁 초반에 러시아군이 힘들이지 않고 독일 국경까지 들어오게 내버려두고 프랑스를 물리친 이후에 대규모 반격을 가하려 했으나, 실제 상황은 전혀 다른 방향으로 발전해갔다. 러시아군은 독일 국경을 단숨에 넘어선 후 진격 속도를 훨씬 빨리하여 단시간 내에 동프러시아까지 쳐들어왔다. 즉, 독일과 프랑스가 교전하고 있는 후방을 공격하기 시작한 것이다. 아주 복잡하면서 다급한 위기 상황에서 독일은 아무 대비책을 세우지 못한 채 수동적으로 수세에 몰리다 끝내 버티지 못하고 철저하게 패배했다.

　앞사람들의 성공적인 경험과 실패의 교훈을 본받아 현대인들은 늘 어디서나 '유비무환', '미연에 방지하라', '여러 경우를 대비하라', '여지를 남겨놓아라' 등의 말을 강조하고 있는데, 이는 매우 현명한 처신이라 할 수 있다.

청군입옹請君入瓮 장본인을 청하여 항아리에 집어넣다

내준신來俊臣과 주흥周興은 당나라 측천무후側天武后가 집권했을 당시의 대신들이었다. 이들은 잔혹하기 짝이 없는 형벌로 무고한 사람을 수도 없이 죽음으로 몰아넣은 악명 높은 자들이었다. 『자치통감』에 따르면 주흥은 다름 아닌 자신이 고안해낸 고문법에 의해 최후를 마쳤다고 한다.

주흥이 누군가와 반란을 도모하고 있다는 밀고가 들어와, 그를 체포하여 신문하는 일을 내준신이 맡게 되었다. 주흥이 이런 일에 도가 통한 노련한 고수였기 때문에 그냥 잡아 족쳐서는 사실대로 자백하지 않을 것이라고 판단한 내준신은 꾀를 내어 주흥에게 술을 대접한다. 그때까지만 해도 주흥은 자신이 고발당한 줄 모르고 있었다. 술을 주고받다가 내준신은 정중한 태도로 주흥에게 가르침을 청했다.

"죄수 하나가 아주 교활하기 짝이 없어 어떤 고문에도 자백을 하지 않습니다. 노형께 무슨 묘수라도 없는지요?"

자신의 전공을 화젯거리로 들고나오자 주흥은 신이 나서 말했다.

"내 기막힌 방법을 하나 일러주리다. 먼저 큰 항아리를 준비한 다음 사방에서 불을 지펴 항아리 안팎을 뜨겁게 달구세요. 그리고 죄수를 항아리 속으로 집어넣으면 자백하지 않고는 못 배길 겁니다."

내준신은 간사한 미소를 흘리며 말했다.

"오! 그거 참 좋은 방법이군요!"

내준신은 곧장 사람을 시켜 항아리를 준비시키고 주흥의 말대로 불을 때서 항아리를 달구었다. 그리고는 항아리를 가리키며 어리둥절해하고 있는 주흥에게 말했다.

"당신이 옳지 못한 일을 꾀하고 있다는 사실이 이미 발각되었고, 나는 밀명에 따라 당신을 잡아서 진상을 자백받아야 하겠소. 자, 항아리로 드시지요!"

주흥은 기절초풍, 엎드려 싹싹 빌면서 죄를 시인했다.

훗날 사람들은 이 '청군입옹'을 하나의 모략으로 삼아, 그 사람의 방법으로 그 사람을 다스린다는 뜻으로 사용했다.

이 모략은 지난날 관료사회에서 서로 속고 속이는 투쟁에 기원을 둔 것으로, "독으로 독을 공격한다"는 '이독공독以毒攻毒'의 한 방법으로 활용되었다. 오늘날 정직하고 착한 사람들은 이런 방법을 사용하지 않는다. 물론 적과의 투쟁에서는 이 모략을 사용하는 경우를 어렵지 않게 본다. 이 모략의 음양 이중성에 비추어보아 그 근원은 음모에 있기 때문에 양모가陽謀家라면 이런 낡은 관료사회의 투쟁 방법을 제창하지 않는다. 따라서 우리는 이것을 음모로 분류했다.

참고문헌

『周易集解』(淸)孫星衍, 上海書店.

『論語譯注』楊伯峻, 中華書局.

『老子新譯』任繼愈譯著, 上海古籍出版社.

『孟子正義』(淸)焦循, 河北人民出版社.

『莊子淺著』曹礎基, 中華書局.

『呂氏春秋』陳奇猷校釋, 學林出版社.

『史記』中華書局出版.

『漢書』中華書局出版.

『後漢書』中華書局出版.

『舊唐書』中華書局出版.

『新唐書』中華書局出版.

『宋史』中華書局出版.

『通典』(唐)杜佑, 中華書局出版.

『資治通鑑』(宋)司馬光編著, 中華書局.

『續資治通鑑』(淸)畢沅編著, 中華書局.

『孫子解故』張文穆, 國防大學出版社.

『戰國策新校注』繆文遠, 巴蜀書社.

『說苑疏證』(漢)劉向撰 趙善詒疏證, 華東師範大學出版社.

『宋本十一家注孫子』中華書局.

『孫子兵法釋義』朱軍, 海軍出版社.

『智囊』(明)馮夢龍, 中州古籍出版社.

『三十六計新編』李炳彦編, 戰士出版社.

『企業經營三十六計』于澤, 南開大學出版社.

『新列國志』(明)馮夢龍編, 上海古籍出版社.

『二十二子』上海古籍出版社.

『三國志集解』盧弼, 中華書局.

『經營管理秘訣』劉宏昌 趙長敏, 中國靑年出版社.

『中國歷代戰爭史』(臺)黎明文化事業公社.

『中國古代兵法選輯』軍事科學院出版.

『中國人民解放軍戰史』軍事科學出版社.

『中國古代戰爭通覽』張曉生 劉文彦編著, 長征出版社.

『中國古代戰爭』袁庭棟 劉澤模, 四川省社會科學出版社.

『兵家權謀』李炳彦, 解放軍出版社.

『中國古代用間百例』宋培英編譯, 軍事科學出版社.

『先秦諸子軍事論譯注』邱少華 牛鴻恩, 軍事科學出版社.

『戰爭回憶錄』戴高樂, 世界知識出版社.

『從土倫到滑鐵盧』王朝田 梁湖南編著, 解放軍出版社.

『馬島戰爭研究』軍事科學出版社.

『軍事領導學』陳維仁 柴宇球主編, 國防大學出版社.

『吳子淺說』李碩之 王式金, 解放軍出版社.

『孫臏兵法淺說』霍印章, 解放軍出版社.

『兵經釋評』李炳彦 崔臣, 解放軍出版社.

『黃石公三略淺說』許保林, 解放軍出版社.

『武經七書注譯』解放軍出版社.

『孫子會箋』楊炳安, 中州古籍出版社.

『百戰奇法淺說』張文才, 解放軍出版社.

『兵叫淺說』李德源, 解放軍出版社.

『智慧就是財富』和華編著, 能源出版社.

『孫子兵法與經營之道』肖長書 李貴, 高等教育出版社.

『中國歷代百家論後勤』王雅軒, 解放軍出版社.

『第四種戰爭』楊旭華 郝玉慶, 國防大學出版社.

『將才論』董志新 王長林, 湖北人民出版社.

『投筆膚談』西湖逸士, 解放軍出版社.

『中東戰爭 全史』(日)田上四部.

『제2차 세계대전 회고록』윈스턴 처칠.

주요 참고문헌 해제

『모략고』에는 수백 종에 이르는 문헌들이 참고자료로 활용되고 있다. 역사서로는 정사의 필두인 『사기』로부터 25사 및 각종 사서들이 모략에 지혜를 제공하고 있으며, 병서로는 『손자병법』을 비롯한 수십 종의 병법서들이 절실한 문제들에 대한 해답들을 제시하고 있다. 이 밖에도 경서, 제자백가서, 소설, 개인 문집 등 많은 자료들이 『모략고』를 위해 동원되었다.

이들 참고문헌들에 대한 최소한의 해제가 필요하다는 판단에서 48종의 주요 참고서적을 선정하여 간명하게 소개하고자 한다.

다음에 소개된 서적들은 시대순으로 나열되어 있다. 책의 작자와 시대 그리고 주요 내용과 특징을 소개하고, 해당 책의 제원(권수와 편수 등)도 밝혀놓았다.

『역易』

傳 복희伏羲, 문왕文王/ 은주 교체기/ 64괘, 384효

자연현상을 상징하는 8괘의 형상으로 자연과 인간사 변화를 추측하고, 천변만화하는 사물을 음양의 교감이라는 추상적 개념으로 개괄한 철학적 정치서.

『육도六韜』

傳 태공망太公望(여상呂尙)/ 서주(전국시대)/ 6권 60편(약 20만 자)

선진시대 군대의 편제·관리·훈련·행군·포진·공수·병기·군사이론 등을 종합하여 문답식으로 논술한 보급형 군사전문서.

『안자춘추晏子春秋』

안영晏嬰/ 춘추시대/ 8권(내편 6권, 외편 2권)

춘추시대 제나라의 정치개혁가였던 안자의 사상을 반영한 정론서로, 사물의 객관적 규율을 중시하는 실용적 사상이 돋보임.

『사마법司馬法』

사마양저司馬穰苴/ 춘추시대/ 3권(현존 5편, 약 3천 자)

전쟁의 목적은 전쟁을 그치고 백성을 편안하게 하는 데 있다는 대의를 바탕으로 역대 전쟁 사례를 통해 군사이론을 논술한 병서.

『손자병법孫子兵法』
손무孫武/ 춘추시대/ 3권 13편(약 7천2백 자)
군사전문가 손무가 남긴 병법서로 13편이 세상에 전함. 현상으로부터 본질을 분석하는 방법으로 군사는 물론 정치(통치)와 외교의 본질까지 파헤친 병법서의 살아 있는 고전.

『노자老子』
이이李耳(노자老子)/ 춘추시대 말/ 상하 2편(약 5천 자)
도가의 경전. 우주만물의 근원으로서 시공을 초월한 절대정신인 자연의 '도'를 해설하여 후세 철학사상에 절대적인 영향을 미침.

『갈관자鶡冠子』
傳 갈관자鶡冠子/ 춘추시대(?)/ 19편
도가사상을 위주로 한 여러 사상이 혼합된 잡가서로, 군사와 관련해서는 제12편 '병세' 등에서 단편적으로 살펴볼 수 있음.

『좌전左傳』
傳 좌구명左丘明/ 춘추시대 말~전국시대/ 30권(약 19만 자)
춘추시대 각국의 자료를 참조하여 정치·군사·외교·문화 및 대표적 인물들을 다룬 편년체 역사서로, 문장이 간결하고 사건과 인물이 생동감 넘쳐 고대 역사학 및 문학의 명저로 꼽힘.

『국어國語』
傳 좌구명左丘明/ 춘추시대 말~전국시대/ 21권 196조목(약 7만 자)
춘추시대 8국별로 주요 인물의 언행을 기술하는 것을 특징으로 하며, 정치·외교·군사 등에 대해서도 기술한 국별 역사서인 『좌전』과 비교됨. 나라별로 기사를 기록한 체제는 후세에 큰 영향을 미침.

『논어論語』
공자의 제자들 외/ 전국시대 초/ 20편(약 15,900자)
공자의 제자와 후학들이 공자의 언행과 사상을 기록한 유가 경전. 공자의 정치·교육사상이 가장 잘 집약되어 있음.

『오자병법吳子兵法』

오기吳起/ 전국시대/ 2권 6편 18조(약 3천 자)

국가의 군을 다스림에 있어서 예의를 숭상하고 교훈을 밝히는 것을 주요 내용으로 한 병서로, 오기와 전국시대 역사를 연구하는 데 귀중한 자료.

『장자莊子』

장주莊周/ 전국시대/ 33편

노자의 '도'를 보다 심화시켜 신비적 색채를 띠게 하고, 인식론에서 상대성을 제기했으며, 주관적 인식능력을 강조하여 숙명·허무·퇴폐주의적인 이론적 기초를 놓은 도교 경전의 하나.

『맹자孟子』

맹가孟軻/ 전국시대/ 7편

인의와 인정을 역설한 맹자의 정치사상을 집약한 유가 경전으로, 송대에 '4서'에 편입됨으로써 후세에 지대한 영향을 줌.

『순자荀子』

순황荀況/ 전국시대/ 32편

성악설로 유명한 순자의 대표적 저서. 유학에 근원을 두면서도 혁신적 사상을 대표하여 선진시대 유물주의 철학의 집대성으로 꼽힘. 인간사 경험과 인간 의지를 중시한 인식론이 돋보임.

『손빈병법孫臏兵法』

손빈孫臏/ 전국시대/ 현존 30편(약 1만1천 자)

전국시대 손무의 후손 손빈이 『손자병법』과 『오자병법』 등 병서의 기초 위에서 군사사상을 더욱 발전시킨 대표적인 병법서. (죽간 출토)

『한비자韓非子』

한비자韓非子/ 전국시대/ 20권 55편

법·술·세를 결합한 정치이론서이자 진보적 역사관을 반영한 법가사상의 집대성으로, 변증법적 유물주의 철학을 대표하여 훗날 제왕학의 기본서로 평가받음.

『전국책戰國策』

전국시대의 사관 또는 책사 집단/ 전국시대/ 12책 486장춘추시대 말~진秦에 이르는 약 240년간의 역사를 정치·군사·외교, 특히 '사士' 계층의 활동을 중심으로 서술한 것으로, 생동감 넘치는 묘사로 문학적 가치를 인정받음.

『삼략三略』

황석공黃石公 또는 태공망/ 전국시대/ 3권(상략·중략·하략)

덕을 근본으로 삼아 부득이한 경우에만 군사를 사용하라는 사상을 보여주는, 체제가 반듯하고 논증이 풍부한 병서.

『위료자尉繚子』

위료尉繚/ 전국시대(진秦)/ 5권 22편(약 4천4백 자)

정치·전쟁·군령·군제를 다룬 병서로, 현실주의적이고 신중한 정치관과 작전 사상을 보여줌. (죽간 출토)

『귀곡자鬼谷子』

傳 귀곡자鬼谷子/ 전국시대/ 1권 12편

고대 정치심리학의 선구를 이룬 종횡가의 철학서로, 후세에는 병서로 분류되기도 함. 음양의 이치로 세상사를 논한 황로사상 중심의 '심술서心術書'로 평가받음.

『여씨춘추呂氏春秋』

여불위呂不韋의 문객들/ 전국시대/ 26권

잡가의 대표작으로 선진시대 각 유파의 학설과 사료를 보존하고 있으며, 유가·도가·묵가·농가·음양가·교육 등 다양한 분야의 사상을 반영하고 있음.

『회남자淮南子』

유안劉安/ 서한/ 21권

백가를 종합한 잡가의 저작으로 선진시대 원시 자료가 많음. 유가·법가·명가 등 여러 사상을 한데 모아 우주관·역사관·정치사상 등을 피력했음. 「병략훈」은 군사사상과 관련된 부분임.

『사기史記』

사마천司馬遷/ 서한/ 130권(약 52만 자)

최초의 기전체 통사로 중국 역사서의 신기원을 이룩했음. 수많은 인물들의 행적을 역사 속에 용해시키면서 인류의 보편적 지혜를 탐색한 걸작.

『설원說苑』

유향劉向/ 서한/ 20권 663장

춘추전국시대에서 한에 이르는 동안 없어졌거나 잃어버린 일들을 20류로 나누어 기술한 책으로, 국가 흥망의 이치와 격언을 많이 기록하여 소설에 가까움. 풍자와 비유가 풍부하여 후세 민간 고사와 소설에 영향을 주었음.

『법언法言』

양웅揚雄/ 한/ 10권 13편

성인과 왕도를 담론하면서 주로 유가의 전통사상을 선전한 정치 평론서로, 유심주의 틀 속에서 유물주의 경향을 드러내고 있음.

『십일가주손자十一家注孫子』

조조曹操 외 11명/ 삼국시대~/ 3권

손무의 『손자병법』에 11명의 명사와 학자들이 단 주석을 모은 책으로, 여러 사람의 군사사상이 한데 모여 있어 좋은 참고가 됨.

『박물지博物志』

장화張華/ 서진/ 10권으로 정리(원래 4백 권)

산천지리에 관한 지식, 역사 인물의 전설, 기이한 초목과 동물, 황당한 신선고사 등 복잡한 내용을 담고 있어 고대 문학과 역사 인물 연구에 참고 가치가 큼.

『삼국지三國志』

진수陳壽/ 서진/ 65권

삼국시대 연구에 필수적인 사서로, 풍부하지 못하고 너무 간략하지만 실지 답사와 견문을 바탕으로 한 중요한 자료임. 남조 송의 배송지의 주석과 함께 중시됨.

『악기경握奇經』

傳 풍후風后/ 당 이후/ 13편

고대 8진의 조합과 운용을 전문적으로 논한 군사 자료로, 자연현상과 동물 형상을 본떠 진형을 복합적이고 변화무상하게 운용하여 5행 8괘라는 전통적 사유 틀을 벗어남.

『통전通典』

두우杜佑/ 당/ 200권(약 1천5백 항목)

상고시대부터 당 천보 말에 이르는 역대 전장제도의 원류와 변화를 종합한 문헌으로 인용자료도 많고 체제도 뛰어남. 「병전」은 군사 관련 참고자료임.

『신기제적태백음경神機制敵太白陰經』

이전李筌/ 당/ 10권

부국강병을 위한 군사 방면의 공수전법 등을 논한 병서로, 소박한 유물론과 변증법 요소가 많은 반면에 둔갑술 등 미신적 요소도 혼합되어 있음.

『당태종이위공문대唐太宗李衛公問對』

傳 이정李靖/ 당 말~북송 초/ 3권(약 1만3백 자)

당 태종과 이정이 군사에 관해 98차에 걸쳐 나눈 문답으로 작전과 훈련 등의 내용을 포함하고 있으며, 군사이론 등에 대해 독창적 해석이 돋보이는 당대唐代 군사사상 연구에 좋은 참고자료임.

『무경총요武經總要』

증공량曾公亮 외/ 북송/ 40권 72류(약 1백만 자, 부도 560폭)

최초의 관찬 종합성 병서로 진법과 전쟁도구 등에 대한 서술이 상세한 반면 견강부회와 착오가 많은 편임.

『자치통감資治通鑑』

사마광司馬光 등/ 북송/ 294권(목록 30, 고이 30, 사론 186편)

기원전 403년~서기 960년까지 1,362년의 역사를 연대순으로 기술한 편년체 통사의 대표작. 정치와 군사를 중심으로 실록을 비롯하여 잡사·보록·비갈·가전·행장·소설·문집 등 각종 자료를 참고하여 방대하게 편집한 체제로 후대에 큰 영향을 미침.

『몽계필담夢溪筆談』

심괄沈括/ 북송/ 26권 609조

천문·역법·기상·지질·지리·물리·화학·생물·농업·수리·건축·의약·역사·문학·예술 등 다양한 방면을 거론하고 있는 종합적 저술이며, 특히 북송시대 과학기술의 결산으로 평가됨.

『경덕전등록景德傳燈錄』

석도원釋道源/ 북송/ 30권

중국 불교사, 그중에서도 선종의 역사와 계보, 선사어록 등을 수록한 선종사 연구의 귀한 자료임.

『통감기사본말通鑑紀事本末』

원추袁樞/ 남송/ 42권(약 230만 자)

『자치통감』 1,362년의 기사를 바탕으로 사건들을 종류별로 나누어 제목을 붙이는 등 재편집을 가한 최초의 기사본말체 사서.

『삼국연의三國演義』

나관중羅貫中/ 명/ 24권 240회(20여 종이 넘는 판본)

동한 말 위·촉·오 3국 쟁패의 역사 고사를 통해 어지러운 세태를 반영하고 통치계급의 복잡하고 모순된 투쟁을 폭로한 문학사의 걸작으로, 정통성 시비에 말린 봉건적 색채가 농후한 작품.

『백전기략百戰奇略』

유기劉基/ 명/ 계計~망忘까지 1백 자를 제목으로 삼아 서술

선진~5대에 이르기까지 사적에 보이는 전사 자료를 모아 작전 시 쌍방의 실력에 따라 1백 개 문자로 나누어 전략·전술·사례를 소개한 군사사의 중요한 자료임.

『기효신서紀效新書』

척계광戚繼光/ 명/ 18권 18편(각편 부도)

왜구와의 전투 경험과 교훈을 바탕으로 군사 전반에 관해 문답식으로 논술한 병서. 명대 군사사를 연구하는 데 필독서로 꼽힘.

『건곤대략乾坤大略』

왕여우王餘佑/ 명 말~청 초/ 10권(보유 1권)

천하의 대세를 두루 살피고 역대 제왕의 용병상 성패 득실을 추구한 병서로, 고증이 면밀하고 문장이 진지하여 언급된 전략전술은 참고 가치가 매우 큼.

『고금도서집성古今圖書集成』

진몽뢰陳夢雷 외/ 청/ 1만 권(약 1억 자)

현존하는 최대의 분류서이자 고대의 백과전서라 할 수 있음. 정치·경제·제도·문화·사상·지리·인물·

동식물 등 거의 모든 방면의 고금 도서를 모아 분류했음.

『홍루몽紅樓夢』

조설근趙雪芹/ 청/ 80회

가보옥과 임대옥 두 사람의 애정 비극을 주요 실마리로 삼아 봉건사회 말기의 부패하고 어두운 현상을 그려낸 반항적 시대소설로, 사상성이 높고 예술적 성취가 탁월한 작품으로 평가됨.

『동주열국지東周列國志』

채원방蔡元放 개작/ 청 건륭 간/ 23권 108회

춘추전국시대의 고사를 모아 진 통일에 이르기까지의 역사적 사실에 맞추어 구성한 회장소설로 대중의 인기를 크게 얻었음.

『설악전전説岳全傳』

전채錢彩/ 청/ 20권 80회

금에 항거한 남송의 명장이자 민족적 영웅 악비의 일생을 생생하고 감동적으로 묘사한 역사소설로 후세에 영향을 크게 미쳤고, 건륭 때는 금서로 지목되기도 함.

『간서間書』

주봉갑朱逢甲/ 청 말

역대 전적 중에서 간첩 사료를 모아 편찬한 군사정보서 성격의 책.

『성세위언盛世危言』

정관응鄭觀應/ 청 말~민국/ 14권 47편(부록 약 100권)

청 말 열강의 침략에 반대하면서 입헌의원제와 정치개혁 등 부국강병책을 논의한 논문집.

『36계三十六計』

미상/ 미상/ 6부(각 6항목)

'만천과해'로부터 '주위상'까지 36항목을 6부분으로 나누어 서술한 병서로, 소박하지만 군사 변증법을 잘 반영하고 있음.

찾아보기

개념, 성어 등

서책, 논설, 시詩, 영화, 신문잡지 등

인물